W0067494

Nach dem Erfolg ihrer ersten Buchveröffentlichung *Goethe's Briefwechsel mit einem Kinde* (1835) hatte Bettine zunächst nur wenig Interesse an einer literarischen Laufbahn gezeigt. Erst fünf Jahre später erschien ihr zweites Werk, *Die Günderode*, und daraufhin entstanden in rascher Folge *Dies Buch gehört dem König*, *Clemens Brentano's Frühlingskranz*, eine Vielzahl von halböffentlichen Briefen, auch Broschüren und Teile eines *Armenbuches*. Inzwischen hat man die innere Einheit dieses breiten Spektrums im politischen Wollen der Bettine von Arnim gefunden.

Mit der *Günderode* wie mit *Clemens Brentano's Frühlingskranz* griff Bettine in eine aktuelle Debatte ein. Gemeinsam mit ihren radikalen Freunden, den Junghegelianern Moriz Carrière und Bruno Bauer sowie Michail Bakunin, debattierte sie im »demokratischen Salon« des Hauses Arnim das Projekt einer »neuen Religion«, von dem die *Günderode* ja vor allem handelt. In deren Schriften ebenso wie in *Clemens Brentano's Frühlingskranz* zeichnet sich als Resultat ab, daß im Mittelpunkt dieser neuen Religion ›der Mensch‹ allein zu stehen habe, seiner selbst bewußt und frei von aller Entfremdung.

Bettines freier Umgang mit den Originalbriefen, die ihren Romanen zugrunde liegen, irritierte die Forschung lange Zeit. Der Kommentar dieser neuen Ausgabe rekonstruiert das geistige Umfeld der Briefromane, ohne die Originalbriefe zu vernachlässigen. Erst in dieser Doppelperspektive gewinnt die Leistung der Schriftstellerin Bettine ihre Kontur. Erstmals zeigt der Kommentar auch, wie Bettine sich in den politischen und religiösen Auseinandersetzungen der Zeit zu behaupten und stets, nach ihren eigenen Worten, »herzhaft in die Dornen der Zeit zu greifen« wußte.

DEUTSCHER KLASSIKER VERLAG
IM TASCHENBUCH
BAND 9

BETTINE VON ARNIM

CLEMENS BRENTANO'S FRÜHLINGSKRANZ DIE GÜNDERODE

Herausgegeben von
Walter Schmitz

DEUTSCHER
KLASSIKER
VERLAG

Diese Ausgabe entspricht Band 1, herausgegeben von Walter Schmitz,
der Edition *Bettine von Arnim, Werke und Briefe in vier Bänden*,
Frankfurt am Main 1986

Umschlagabbildung: Clemens Brentano,
Gipsbüste von Christian Friedrich Tieck, 1803,
Freies Deutsches Hochstift / Frankfurter Goethe-Museum

Deutscher Klassiker Verlag
im Taschenbuch · Band 9

© dieser Ausgabe Deutscher Klassiker Verlag, Frankfurt am Main 2006
Alle Rechte vorbehalten, insbesondere das der Übersetzung,
des öffentlichen Vortrags sowie der Übertragung
durch Rundfunk und Fernsehen, auch einzelner Teile.
Kein Teil des Werkes darf in irgendeiner Form
(durch Fotografie, Mikrofilm oder andere Verfahren)
ohne schriftliche Genehmigung des Verlages reproduziert
oder unter Verwendung elektronischer Systeme
verarbeitet, vervielfältigt oder verbreitet werden.
Vertrieb durch den Suhrkamp Taschenbuch Verlag
Satz: pagina GmbH, Tübingen
Druck: Ebner & Spiegel, Ulm
Printed in Germany
ISBN 3-618-68009-0

1 2 3 4 5 6 – 11 10 09 08 07 06

CLEMENS BRENTANO'S
FRÜHLINGSKRANZ
DIE GÜNDERODE

INHALT

CLEMENS BRENTANO'S
FRÜHLINGSKRANZ
aus
Jugendbriefen ihm geflochten,
wie er selbst schriftlich verlangte

Erster Band
Und liebes Kind bewahre
meine Briefe, lasse sie nicht verloren gehen, sie sind das
Frömmste, Liebevollste, was
ich in meinem Leben geschrieben, ich will sie einstens wieder
lesen, und in ihnen in ein ver-
schloßnes Paradies zurückkehren. Die Deinigen sind mir heilig! – Heidelberg 1805.

Verliere keinen meiner Briefe,
halte sie heilig, sie sollen mich
einst an mein besseres Selbst
erinnern, wenn mich Gespenster verfolgen, und wenn ich
tot bin so flechte sie mir einen Kranz. – Holland 1808.

Sr. Königlichen Hoheit
dem
PRINZEN WALDEMAR
von Preußen.

Lieber Prinz Waldemar!

So weit ists gekommen zwischen uns beiden, daß ich diese letzte Anrede wage und lieber und naturgemäßer sie finde als die auf der ersten Seite. Ich stehe auf einmal da vor *Ihnen* und alle Leute auf dem Markt vernehmen, was ich *Ihnen* zu sagen habe. Vor so viel Leuten ist man aber nicht aufrichtig, man ist da nur schicklich; folglich ists wohl nicht schicklich aufrichtig zu sein. Da man aber einem Prinzen gegenüber durchaus schicklich sein muß, Aufrichtigkeit aber Unschicklichkeit ist, so machen sich *Euer Hoheit* gefaßt, entweder was Unschickliches zu hören oder was Unaufrichtiges.

Wenn ich nun meine Zueignung so begönne:

Es ist das *aufrichtigste Gefühl der Verehrung und Liebe, was mich bewogen hat Euer Hoheit dies Buch zu widmen.* So würden Sie denken: die *Freifrau von Arnim* redet dies um der Schicklichkeit willen, denn aus welchen Gründen könnte sie mich so stark verehren? – Daraus müßte ich auf die Bescheidenheit schließen und auf die Einfachheit *Ihrer* edlen Natur, die größere Forderungen an sich macht. Fahre ich nun fort und sage: *In diesem Buch werden Euer Hoheit viel Analoges mit sich finden!* so könnten die Schicklichkeitsmenschen behaupten, dies sei sehr unschicklich einem Prinzen zu sagen, er habe Ähnlichkeit mit einer *Volksseele.* Ich darf *Ihnen* daher gar nichts sagen, denn meine Aufrichtigkeit würde entweder von Ihrer Bescheidenheit verneint, oder von dem Schicklichkeitsgefühl der Aristokraten mir verwiesen.

Dem Publikum, in welchem ich mich heimisch fühle, das mich angeregt durch seinen Beifall und durch sein Einverständnis mich inspiriert, zu dem kann ich doch wohl reden ohne Einwendung; da Aufrichtigkeit bei diesem auch Schicklichkeit ist. Nun also: Ihr Leute auf dem Markt! – Ich hab dies Frühlingsduftende Buch nur dem darbieten können, gegen den ich keinen Zweifel hege, der Feldblumenkranz könne ihm zu gering sein.

Ich sage Euch aber Ihr Leute auf dem Markt Ihr, deren
Gewissen Zeugnis gibt von jenen gefürsteten Fürsten, denen der Lorbeer und die Eiche und die Raute Ehrenkränze
tragen, daß gleich in der Brust jener großen Männer, auch
5 *Ihm* der die Huldigung im Feldblumenkranz willkommen
heißt *das vaterländisch Edle, der Eifer für Wahrheit, der Glaube an*
göttliche Dinge, die Würdigung der Volkseigentümlichkeit inne
wohnen, die sein eigenes Streben mit den Kräften des Ge-
meingeistes zu allen erhabnen Opfern zusammenschmelzen.
10   *Bettine.*

Liebe Bettine.

Noch einmal leb wohl. Ich habe wie immer auf meinem Rückweg noch recht mit Liebe an Dich gedacht und bitte Dich innig indem Du stets Dich selbst veredelst, diese Liebe zu veredlen und zu erhöhen von der der größte Teil meines Glückes abhängt, ich habe jetzt außer Dir für keinen Menschen ein ganz lebendiges Interesse das mir selbst Mut geben kann mich in die Höhe zu arbeiten. Du gibst mir Kraft und Mut und Aussicht, wenn Du in allem Guten gedeihest, denn Du gedeihest meinem wärmeren Anteil an Dir. Suche Dich über das was man Dir als Pflicht zumutet zu erheben, mache daß Alles um Dich zufrieden ist. Was Du mehr in Dir fühlst als das gewöhnliche *Bravsein* dafür hat die arme Welt ja doch keine Ordnung, das mußt du still in Dir bilden und Gott selbst dafür Rechnung stehen und mit der ganzen Harmonie der Gefühle dafür dankbar sein. Es ist dem vorzüglichen Menschen gewiß sehr leicht alle gewöhnlichen Forderungen zufrieden zu stellen, bequeme Dich ein wenig nach der Alltäglichkeit und sie wird mit ihren Klagen Dir nicht mehr zur Last fallen. Sei fleißig in der Musik und Zeichnung es sind die unschuldigsten Organe der Güte und Schönheit. Sei deinen Geschwistern duldsam und verschließe was Du mir bist still in Deinem Herzen, denn die meisten Menschen verstehen das nicht und ehren es daher nicht. Du kannst so nur Dir und auch mir großen Schmerz ersparen, weil es weh tut wenn das Beßre in uns mißhandelt wird durch den Unverstand. Lebe wohl! sei recht fleißig am Ofenschirm damit er bald fertig wird, ich freue mich drauf, daß die Flamme durch sein Gewebe schimmert und ich klimpere dann auf der Guitarre dazu Lieder und Melodien die Dein sind.

Dein *Clemens.*

Lieber Clemens.

Dein freundlich Abschiedsblättchen hat mir die Großmama
nicht gegeben, ich hätte es vielleicht nie erhalten wär ich
nicht durch Zufall an den Ort gekommen wo es lag und
schon eröffnet war.

Sieh ich hab Dich so lieb – Du bist so gut – ich möchte Dir
alles sagen, um daß Du mir lehrtest was mich gut und Dir
lieb machen kann.

Der Anfang Deines Briefchens sagt mir zum letztenmal
noch ein Mal Lebewohl! – Werde ich Dich denn lange, lange
nicht wiedersehen? und stehe weit zurück von allem was ich
liebe? – Und andre gehen dazwischen hin und her die gleichgültig sind für Dich und mich! – Die frankfurter Allee hat
allen Glanz verloren sie ist ganz öde in der Nebelluft, weil
Du jetzt nicht mit dem Abend dort mir entgegen kommst! –
So war doch der Morgen immer auch noch schön wenn Du
am Abend dagewesen warst. Weil Du willst ich soll früh aufstehen wegen dem Gold der Morgenstunde, so wollt ich es
ihr aus dem Mund nehmen und lief früh mit der Dämmerung
schon durch die Allee wo all Deine Tritte in den Kies geprägt
und schön bereift waren, wär ich später gegangen so hätten
die Marktleute drauf herum getrampelt. Ach die langen
Winterwege die Du gemacht hast, mir zu Lieb alle! – Aus
dem lustigen Haus, wo die Geschwister und Hausfreunde
zusammen Witze machten, heraus über die Schneefelder, auf
der kalten einsamen Hoftreppe wo wir die Winde zusammen
flüstern hörten. Und im Schneegestöber bist Du wieder allein in der Nacht den langen Weg nach Haus gewandert! – Ja
Du willst daß ich Dich immer so liebe wie Du mich liebst.
Und wärst Du doch ganz nah bei mir und könnt Dich ans
Herz drücken dafür daß ich in Dir finde was ich vergebens in
Andern suchte, ein Gespräch wo die Seele in der Pforte steht
in ruhender Stellung zwar, aber so hingebeugt zum Nachbar, so sanft lockend daß der auch sich ausspreche. – Ich war
in Sorgen um Deinen langen einsamen Weg in der Nacht, die
Sterne haben wohl noch mit Dir fortgeplaudert! – Adieu
mein *Clemens,* leide immer daß ich ein wenig an Dich

schreibe und wenn meine Briefe auch unbedeutend sind, es
macht mich doch so froh! – Kann ich Dir auch abgebrochene
Gedanken schreiben wie wenn ich mit Dir schwätzte wo Du
mir immer Antwort gabst eh ichs ausgesagt hatte? – Ach wie
willst Du mir Deine Briefe schicken, die Großmama gibt sie   5
mir vielleicht gar nicht!

Deine Bettine.

Liebe Bettine.
Daß die Großmutter Dir den kleinen Brief nicht gab ist mir
sehr leid, es wäre schön von ihr gewesen hätte sie Dich ge-   10
beten daß Du ihr ihn lesen lassest, das hättest Du denn auch
mit Freuden getan, übrigens verzeih es ihr in Deinem Herzen denn sie hat es gewiß gut gemeint. Diesen Brief schicke
ich Dir nun frei mit der Post, es tut mir zwar leid daß ich
Deinen lieben Namen muß so offen auf die Post geben, allein   15
es ist besser als ein andrer Weg, er würde ein Winkelweg sein,
da doch sich an Dir zu freuen und Dich zu hüten und verstehen zu lernen dem Bruder, ganz Natur-gemäß ist! –
Schreibe mir auch nicht zu heftig, es ist nicht gut wenn
man sich dran gewöhnt, und man tuts so leicht weil es einem   20
wohltut, aber ein solcher Brief ist zu sehr Stimmung und ein
Wort gibt zu sehr das Andre da eigentlich die Seele allein jedes Wort geben soll. Schreibe mir von Euern Scherzen und
kindischen Einfällen und kleinen Naseweisheiten. Liebe
Deine Geschwister und besonders die um Dich sind, mach   25
Dich ihnen unentbehrlich, mache Dich allen geliebt und
geehrt, dann ist Dein Inneres ungestört und Deine äußeren
Verhältnisse recht angenehm in der Welt. Spiele brav Klavier, singe, zeichne und lerne wo Du kannst, nur damit
kannst Du Dir Deinen Lebenskreis erweitern. Ich sehe Dich   30
bald wieder, zu Ostern komme ich gewiß, ich bin gar sehr
vergnügt hier und nächstens schreibe ich Dir alles wie ich
hier lebe. Freude das ist das Höchste, es ist Gesundheit an
Leib und Seele die man gibt und empfängt.

Dein Clemens.   35

Ob du mir abgebrochene Gedanken schreiben kannst wie
wenn wir zusammen sprechen? – liebes Kind so gut ich von
hier aus Dir nicht ins Wort fallen kann noch ehe Du's gefunden hast, würde ich Dich wohl auch nicht so gut verstehen
von so weit. Und dann ists ja auch ein Kunstinteresse sich
voll und bündig ausdrücken zu lernen. Der Schreiber muß
zugleich an sich selber schreiben, denn er selbst muß durch
den Brief mit sich bekannt werden, Du sagtest mir ja daß Dir
die Welt so unendlich weit vorkomme und Du Dir selber wie
verloren darin seist. Und dann sei Dir Dein Lebenskreis wieder so enge daß Du nur ganz kleine Schritte vorwärts tun
könnest. Dies alles kommt daher daß Du mit Deinem inneren Menschen noch nicht bekannt bist, Du begreifst Dich
noch nicht, aber in den Briefen schaust Du in den Spiegel
Deiner Seele, darum tut die tiefste Wahrheit Dir selber gegenüber so not, um auf keinen Irrtum zu geraten über Dich
selbst. Denn die edle Seele hat eine höchste Bestimmung!
Dieser nach zu kommen ist ihre ganze Aufgabe, die Welt ist
so voller Ereignisse, ist ein Gewebe in dem jedes Menschen
harmonische Bildung ein notwendiger und haltbarer Faden
sein muß. Nicht jeder Faden braucht als sichtbare Figur
eingewebt zu sein, aber zur Tüchtigkeit und Festigkeit des
Gespinstes trägt jeder bei der die Wahrheit in sich begründet,
ja es ist nicht anders möglich so, als daß er eine Hauptver-
mittlung aller wesentlichen Entwickelung werde. Doch was
ich Dir hier sage, was Deinem Alter und Deinem Gedächtnis
nicht angemessen ist, vergiß es wieder Liebe, und lasse Dir
ins Herz geschrieben sein daß selbst Jugendspiele und Scherze – kurz alles was Dir hier dem gesagten gegenüber vielleicht unbedeutend erscheint, nie unbedeutend sein kann so
lange es die in überquellender Lebenslust unverwirrten un-
verwickelten Gedanken hervorsprudlen.

An Clemens.
Clemente! Zu Ostern willst Du kommen? heute haben wir
den 22. März! – Nein es sind beinah noch vier Wochen. Aber

es wird dann schon sehr schön im Garten sein. Ich habe unsre
Rasenbank erhöht, das muß früh geschehen, das kurze Gras
muß recht dicht wachsen. Unsre Katze hat Junge, sie sind so
allerliebst, *Clemens* der Frühling ist nicht mehr zu leugnen die
Reben weinen. Es ist ja auch in wenig Zeit schon Mai, aber   5
doch in vier Wochen erst, denn dann ist gewiß das schönste
Wetter.

Ich soll von meinem Tagewerk Dir schreiben und was wir
Geschwister zusammen treiben. Heut war ich den ganzen
Tag im Garten, ich hab ja am Tag wo Du fort bist, am Abend   10
noch ein Beet umgegraben und hab Sallat hineingesäet, er ist
schon heraus, ich mußte eine Strohdecke drauf legen gegen
unzeitigen Frost. Ich will mir doch nichts mehr von den
Menschen weis machen lassen! Und statt am Abend mir Vorwürfe zu machen daß ich alles besser wissen will bin ich am   15
frühsten Morgen schon auf wo die ganze Welt noch schläft,
und beobachte sie, erst kommen die Tauben, sie baden sich
und trinken am Brunnen zwischen den Steinen das Wasser,
ich hab sie gelockt auf der Haustreppe mit gestohlenem Futter! Morgenstund hat Gold im Mund, darum soll ich früh   20
aufstehen meinst Du. – Es war noch ganz nebelig und verschlafen, doch bald fiel das Gold der Morgenstunde schräg in
die Straße, in den Hausgiebeln gingen die Fenstern auf, da
wohnen die jungen Mädchen, die wollen auch Morgenluft
schlucken, ich ging um die Ecke am Kanal längs den Gärten,   25
da sind so viel Veilchen, man steckt sie in den Busen sie duften Dir ein Weilchen, es ist ihre Sprache. Als ich vom frühen
Spaziergang heim ging, sah ich den Bäckerjungen laufen, er
schellte am Haus wo die Emigranten wohnen, der Duc de
Choiseul guckte aus dem Fenster und kaufte Milchbrot, ich   30
wollte ihn nicht beschämen und kehrte wieder um, als ich
zum zweitenmal zurück kam trat die Milchfrau ans Fenster
die ihm die Milch abmaß. Da kamen noch viele Milchtöpf-
chen zu allen Fenstern heraus; einer der sich von Spitzbuben
umringt sieht kann sich nicht ängstlicher durchschleichen als   35
ich zwischen dem Milchhandel dieser vornehmen Emigranten, ehemals waren sie von einer großen Valetaille umringt,

die sich wieder bedienen ließ von allerlei Gesindel, und nun
sind sie eingerichtet in eigner Person, wie kompendiöse englische Reisenecessaire wo man alles beisammen hat, selbst
das Überflüssige. Ists möglich daß man ein Heer von
5 Müßiggängern beschäftige mit Angelegenheiten die nur der
Müßiggang notwendig macht. Sie malen, sie schleifen in
Glas, sie sticken Blumen auf Bandschleifen, sie drechsln, sie
überschwemmen das Land mit närrischen Künsten und die
Großmama wundert sich daß unter allen keine Gelehrten
10 sich finden.

Deine *Bettine.*

Liebe Bettine.
Ich komme in ein paar Wochen wenigstens auf einige Tage
nach Frankfurt und Du bist eigentlich die Ursache, freue
15 Dich darauf und habe mir recht viel zu sagen. – Was Du einmal in Offenbach schriebst, lese ich noch oft mit vielem Genuß, es ist mir wie ein ewiger Brief von Dir. Ich bitte Dich
bring alle jene Gedanken die Dir selbst auffallen zu Papier, es
ist eine schöne Gewohnheit und wenn man einstens in ganz
20 andern Verhältnissen ist, so sind solche Blätter liebliche Andenken verfloßner Frühlinge. Ich kannte ein recht liebes
Mädchen die arm und von geringen Eltern war, sie konnte
nicht schreiben und bezeichnete alles was ihr am meisten auf-
fiel mit Blumenblättern, die sie zu solchen Zeiten gebrochen
25 hatte, diese Blätter hätte sie nachher um vieles nicht gegeben,
als sie schreiben konnte und für eine gescheute Frau galt, ja
diese Blumenblätter sind mir lieber als das was sie nachher
schrieb denn an denen kann sie ihre Fortschritte sehen, an
dem folgenden nur wie sie stehen blieb. Dies letztere wird
30 nun nie bei Dir der Fall sein, Du wirst nie stehen bleiben, Du
wirst ewig fortfahren Deine Seele zu bilden. Diese Bildung
besteht nicht sowohl in Kenntnissen die man uns lehrt als in
der eigentlichen *Erkenntnis.* Eine gebildete Seele ist die, die
alle Kenntnisse die sie hat, wie der bloße Mensch seine Sinne,
35 anwendet alles um sich herum zu vernehmen und zu beurtei-

len. Der bloße gesunde Mensch hört, sieht, fühlt, spricht: dem Gebildeten aber wird das Gehör zur Musik, das Gesicht zur Malerei, das Gefühl zur Gestalt, und die Sprache zur schönen gebildeten Sprache alle seine Bildung und seine Liebe zu verkündigen. Drum sei hübsch fleißig und fröhlich, treibe alles recht so von selbst ohne irgend gleich darauf zu denken, wie das und jenes, was das eigentliche Ende davon ist, dabei herauskomme; das Ende einer jeden Kenntnis sind wir selbst, die Menschen und unser erhöhtes Talent sie zu lieben, zu begreifen und uns ihnen verständlich zu machen. Lebe wohl.

Dein *Clemens.*

Lieber Clemens.
Clemens, Du hast mich mit Deinem Brief übereilt; ich wollte Dir ja noch mehr schreiben, letzt am Donnerstag gab ich den Brief so schnell auf die Post, weil ichs nicht erwarten kann daß Du meinen Brief hast, er ist ja bloß eine Liebkosung meiner Seele von der Du willst, daß sie durch ihre harmonische Bildung in das Gewebe der Weltereignisse sich mit als ein notwendiger Faden einwirke, und Du meinst es ist zu schwer für mich das zu verstehen? – Lieber *Clemens,* dies alles spricht ja laut genug und täglich und stündlich zu mir! – Aber! – Freilich ein großes Aber fährt aus blauer Luft ein Blitz auf mich ein! Und ich schäme mich meine Gedanken vor Dir auszusprechen. Wie soll ich denn anfangen? – Ja ich müßte Dir von meiner Verwunderung sprechen über alles was ich sehe und höre in der Welt! über die Lehren die jene Leute mir geben, die mich zu einem angenehmen und liebenswürdigen Mädchen erziehen wollen. Das kommt mir aber gar nicht angenehm sondern sehr horribel vor, was andre Leute wohlerzogen oder gebildet nennen. Ach und Du meinst ich könnte diesen Anstandsforderungen genug tun? – Ach *Clemens,* weißt Du daß mich dies alles ganz dumm macht? – Ich verstehe entweder Deine Briefe nicht oder alles was Du willst läuft stracks dem zuwider was jene heischen! –

Und ist das nicht eine sklavische Art des Seins, *vor andern Menschen sich zu benehmen,* und wird die Seele sich nicht an das Knechtische gewöhnen die den Konvenienzen auf Kosten ihrer reineren Gefühle nachgibt! – Ich bin so ärgerlich, es hat
5 mich was gekränkt. Das junge Mädchen was uns sticken lehrt ist eine Jüdin, sie heißt *Veilchen,* es ist ein recht liebkosender Name und ich fand letzt das erste Sträußchen ihrer Namens-vettern zusammen, da ging ich ganz früh zu ihr um sie damit zu überraschen, ich fand sie auf der Treppe mit dem Besen in
10 der Hand, sie war beschämt, ich aber gleich nahm ihr den aus der Hand und sagte, ach lassen Sie mich auch ein bißchen kehren. Da kam so früh schon denn es war noch nicht sieben Uhr der Hofmeister vom *Eduard Bethmann* vorbei, der mußte es der Tante gesagt haben daß er mich vor der Haustür eines
15 Juden auf offner Straße kehrend fand – ich muß jetzt lachen denn es ist auch recht lächerlich – ich will Dir die derbsten Ausdrücke von der Tante ihrer Mercuriale ersparen, sie meinte nur ich sei verloren, für ein besseres Dasein verloren, ich habe mich gänzlich weggeworfen! Vous n'avez point de
20 pudeur, point de respect humain, on vous trouve balayer la rue main en main avec une juive! ich mußte lachen! nein ich konnte nicht anders. Du weißt ich fürchte die Tante und mag sie nicht gerne beleidigen oder reizen! cachez vous devant le monde, qu'on ne lise point sur votre front les deshonorants
25 signes de votre effronterie. Ach ich mußte noch einmal la-chen, die Tante ging hinaus! ich hätte sie gern wieder gut gemacht, keine Möglichkeit, ich fühlte daß ich mich nicht ernsthaft stimmen konnte. Die Bahn war plötzlich ge-brochen, ich glaube ich werde nie wieder dazu kommen ihre
30 Anstandsregeln zu respektieren. – Ach und wenn Du wüß-test wie hübsch es bei dem lieben *Veilchen* war! – da war alles schon so sauber im Stübchen, ein kleiner Kaminherd, auf dem brannte ein Feuerchen, dabei kochte das Frühstück für den Großvater, der saß dabei und strich seinen langen wei-
35 ßen Bart durch die Finger, *Veilchen* stickt ein Goldmuster sehr schön in einen *rosinfarbenen* Sammet, so nennt sie ein sanftes Braunrot in ihrer Judensprache. Die Arbeit ist be-

stellt und sie bekommt dann viel Geld wenn es fertig sein
wird. Sie ernährt ihren Großvater und zwei seiner Urenkel,
die Waisen von dem gestorbnen Bruder, denen ist die *Veil-*
chen ganz wie eine Mutter, ich half ihr sticken, es ward recht
gut, denn ich hab Augenmaß und mache die Stiche sehr egal.
Alles was mit dem Geld angefangen werden soll! –
20 Louisd'or! – Da ist so viel zu bestreiten in der Haushal-
tung, vom Hemd bis auf die Schuhe und Schüsselchen und
Töpfchen, und der Herd, der eingefallen ist, und die Ofen-
platte geplatzt; das muß geflickt werden und das Wohnzim-
merchen frisch geweißt, wo die Leute eintreten um die Arbeit zu bestellen. *Veilchen* ist von der Gattung Mädchen die
einen Nelkentopf vor ihrem Fenster pflegen und Absenker
machen und endlich einen ganzen Flor daraus ziehen, die
auch wohl ein Myrthenbäumchen zur Blüte bringen, aber
kein Kränzchen daraus winden. *Es wär auch schade,* meinte sie
heut Morgen und lächelte. – Wir waren so vergnügt zusammen beim Sticken, ich fädelte die Flittern und Goldbouillon
auf einen langen Faden, da ging die Arbeit viel geschwinder;
wenn sie solche Hülfe hätte meinte sie dann würden die Sorgen ihr nicht so leicht über den Kopf wachsen: ich bat sie daß
sie mich alle früh Morgen mit soll sticken lassen, dann wirds
gewiß acht Tage früher fertig. Früh um vier Uhr geht schon
die Sonne auf da kann ich sticken bis acht Uhr, dann muß ich
zur Großmama zum Frühstück – jetzt wirds aber die Tante
nicht erlauben, denn weil ich die Gass gekehrt hab – und
sollt ichs heimlich tun das wirst Du mir nicht erlauben, und
sollt ichs gar unterlassen? das will ich nicht. Mein Wort brechen, einem Mädchen, was seinen Großvater ernährt und
seine Geschwisterkinder? – sie weiß nichts davon zum Tanze
zu gehen oder schön geputzt in Kleidern auf den Freier zu
warten. Und ich wollte da ein kleines unschuldiges Fädchen
anspinnen ins Gewebe der Welt, ein einzig klein Fädchen,
und – nein ich solls abreißen weil sichs nicht schickt. Ach! wo
soll ich in der ereignisvollen Welt meinen Faden anknüpfen
wenn das einfachste gegen den Anstand ist! – Wer hat diese
Lügen gemacht? – denn das sind wirkliche Lügen nach de-

nen ich mich niemals richten werde! Ach wenn Du hier wärst
Clemens, Du würdest vielleicht es der Tante so vernünftig
darstellen daß sie nichts dagegen haben könnte. Ich hab noch
viel zu erzählen aber nicht heut, jetzt lauf ich in den Garten
5 mit dem Spitz, es ist schon Nacht, ich fürcht mich nicht wenn
der Hund bei mir ist. –

 Am 25. März. Jeden Nachmittag kommt der Herzog, der
blinde Herzog von *Aremberg,* mit einem großen Pack Re-
volutionsblätter, *Sieyes, Mercier, Pétion,* noch andre die mit
10 großem Ernst am Weltgeschick weben. Das klingt ein in
meine verneinende Seele gegen Alles was ich in der Welt gewahr werde, sie beweisen und heben den Schleier von aller
Verkehrtheit. Abends wenn Alles fort ist spricht die Großmama mit mir, *Mirabeau* sei ein Komet der alles entzündet
15 was sich ihm nähert. Das Große in ihm verstehen lernen adle
die Seele, sie macht Auszüge aus seinen Briefen, sie gibt mir
eine Nadel damit soll ich ins Heft stechen, welchen Satz ich
treffe den soll ich als Gedenkspruch bewahren, sie hatte diese
Sätze selbst alle gesammelt, und war überzeugt, ich werde
20 mit der Nadel nicht unrecht stechen, aber ich stach in: *»Die
Macht der Gewohnheit ist eine Kette die selbst das größte Genie nur
mit vieler Mühe bricht,«* und die Großmama stutzt ob ich den
Satz nicht gar selbst erfunden hab. Nein liebe Großmama
hier steht er, ich bin nicht *Mirabeau* aber sein Geist ist mir ins
25 Blut gegangen, er wird mich ewig mahnen nicht von der
Gewohnheit abzuhängen. Die liebe Großmama! Adieu mein
Clemens und schreib daß du kommst.

Deine Bettine.

Liebe Bettine.
30 Ich kann für Deinen lieben Brief Dir nicht besser danken als
wenn ich Dir sage, daß ich die Woche nach Ostern bei Dir in
Offenbach bin, Du kannst Dich ins Geheim für Dich drauf
freuen, denn Du weißt nur mit mir allein daß ich komme. Ich
habe heute einen Brief von der Großmama erhalten, sie hält
35 viel von Dir und möchte alles auf Dich übertragen, was ihr

wünschenswert scheint, sie hat mir wieder ihren Wunsch
geäußert, Du möchtest Latein lernen. Du kannst es ja ihr zur
Liebe eine Zeit lang lernen. Obschon die Sprache nichts enthält für Menschen und Vieh, sie ist hölzern und eingebildet,
mit einer Wohlbeleibtheit die in ihrer langen Toga sich auf   5
den Bauch schlägt um auf ihre Würde anzuspielen, und der
Klang der dabei herauskommt ist ihre ganze Wohlredenheit;
die Großmutter läßt von dem Gedanken nicht los Deine
Sprachfähigkeit durch Latein auszubilden, ich hab ihr vorgeschlagen sie soll Dich lieber die Derwisch-, Fakiren-, Bon-   10
zen- und Braminensprache lassen lernen, wo so viel grillen-
hafte Superfeinheit drin ist, die an die mehrere hundert und
zwei und neunzigsylbige Wörter grenzt und eine Rangord-
nung eingeführt hat der Konsonanten als Aristokraten, die
den bürgerlichen Vokalen gar den Eintritt nicht gestatten nd   15
lssn ns s ws hnn gfllt xpngrn ns brll, s dß mnchml n wrrwrr
ntstht dß kn Tfl drs klg wrdn knn. Gib Dir Mühe der Großmama das Leben so viel als möglich zu versüßen, und lieber
als ein bißchen Latein gelernt, ihre Begeisterung dafür kann
unmöglich lang dauern, doch ists schön daß ihre Seele immer   20
nur im Gewand des Erhabnen sich wohl fühlt, und wir können beide uns drüber freuen. Denn in welcher Luft könntest
Du besser atmen als da wo der Gemeinheit Dorn und die
Nessel böser verleumdrischer Zungen nicht wachsen kann.
Die Großmutter schreibt mir auch von *Mirabeau,* gegenüber   25
stellt sie den *Grandison* als Ideal eines sittlich moralischen
Charakters, das grenzt ans Komische. Sie läßt sich von Dir
die Abhandlung *Mirabeaus* über Staatsgefängnisse übersetzen, und schreibt daß es Dich sehr interessiere. Das hab ich
nicht von Dir geahnt. Aber Kind, ist es nicht etwas Einbil-   30
dung oder Eitelkeit von Dir? – So oft haben wir in vertrauten Gesprächen alles vom Herzen weggeplaudert was
uns lieb und leid war; – und meine Seligkeit war Abends auf
dem Heimweg daß ich mich besann über Dich! – – wie auf
dem Grund eines Sees die Fische mutwillig durcheinander   35
spielen, so konnt ich Deine Gedanken spielen sehen auf dem
klaren Grund Deiner Seele! und war mein einzig Glück, und

nun klingts anders. Und ich lausche in die Nacht hinein, und
ich höre *Mirabeau, Pétion, Mercier;* das lautet ja wie die
dumpfe Sturmglocke, nein das ist ja nicht das sanfte Läuten
meiner Abendglocke wo Du die Gedanken ausfliegen ließest
5 wie Bienen nach den Feldblumen? – Bedenke liebstes Kind
daß Denken die Heimat der Seele ist, und suche nicht nach
fremden Regionen wo Dein Schutzengel Dich nicht zu finden ausging. Ein sich Daheimfühlen im innersten Dasein, ist
die Region in der wir in schuldlosem Bewußtsein am Duell
10 des Vertrauens und der Weisheit schöpfen, das heißt: *Denken.*
    Es ist Nacht geworden während dem Schreiben, da ging
ich noch weit ins Feld, da liegen noch einzelne Schneedecken
über der Saat, das Hessenland ist ein rauhes Land. Bei Dir ist
alles wohl schon viel frühlingsmäßiger, ich freu mich doch
15 auf Dich recht herzlich, und hab auch keine Angst daß Du
nicht dieselbe sein könntest die Du immer warst. Es ist ein so
heller Morgen heute, da sitz ich am Schreibtisch und der
Hahn kräht schon zum drittenmal, das flößt mir ein recht
Vertrauen ein in die Zukunft. Ich werde recht oft nach Offen-
20 bach kommen und alles tun um die Zeit recht innig mit Dir
zu verbringen. Es wird doch wohl eine Zeit kommen wo ich
selten von Dir entfernt bin, und wo wir Alles zusammen denken. Denken was heißt das, es ist die einzige Vermittlung mit
dem Göttlichen. Es stellt sich gleich eine Säulenreihe um
25 Dich auf und ein Tempel wölbt sich über Dir und Dein Gedanke durchduftet ihn. Das ist Denkseligkeit – Gedankenlosigkeit ist Unseligkeit. Aber Du wirst gewiß noch recht
glücklich werden und ich auch, aber das wird nur dann sein
wenn wir dem Bedürfnis genügen unserer Seele, das können
30 wir allein durch Bildung. Wenn ich was weiß und so in mir
gerüstet bin daß ich auch von jedem Punkte aus, ich mag sein
wo ich will und vom Schicksal eine Aufgabe habe, sie zu lösen verstehe und darin mir selber genüge und der Kunst.
Das ist Bildung! – Der Mensch ist auf Erden sich zu bilden
35 und dann wieder die Welt.
    Jetzt kommt der Frühling, da sitze ich Abends oft am Fen-
ster, ich wohne in einem Garten, klimpere ein wenig auf der

Guitarre und singe auch wohl das Lied »vien qua Bettina
bella« etc., in den Garten kommen oft einige Kinder mit denen ich spiele die zwar ein bißchen dumm sind, aber doch
gesund und treu. – Ehe ich weg gehe werde ich den Kindern
ein Fest geben, auch eine Schwägerin von *Rossi* hat drei
artige kleine Mädchen die gegen die schwarzen *Rossi*buben
wie Engelchen gegen Teufelchen aussehen, so schwarz sind
diese kleine Italiener, besonders ist das älteste Mädchen, etwas jünger als *Loulou,* sehr sanft und hold; sie hat den seltsamen Namen *Anonciata,* Verkündigung. Namen sind oft recht
einladend, der Deinige zum Beispiel. Diese Kinder nun, die
in einem traurigen schmutzigen Hause wohnen und mit eben
solchen Menschen, haben doch ein kleines Fleckchen rein
und schön zu machen gewußt. In dem kleinen Hof steht ein
Baum, um den herum haben sie sich ein äußerst niedliches
Gärtchen gebaut, so groß wie ein großer Tisch, in diesem
Garten nun stehen Butterblumen, Veilchen, Buchs und dergleichen, gleich daneben haben sie sich Tisch und Bank errichtet und sitzen beisammen wenn die Sonne scheint unter
einer Art Laube die sie durch in die Mauer gesteckte Tan-
nenzweige zusammen geflochten haben. Ich habe gestern
lang mit ihnen gesessen, ihnen erzählt und während sie allerlei bunte Perlen und Schmelz in Schnüre fädelten womit
sie ein kleines Handelspiel treiben, ihnen Klostereier gemalt. – Das ist so mein Zeitvertreib, und sie wird mir jetzt
lange bis ich bei Dir bin. Nimm dies als eine kleine Gegen-
erzählung für Deinen Bericht von dem *Veilchen,* der ist aber
schöner, und ich finde es auch ganz natürlich daß Du gern
mit dem *Veilchen* das Kleid fertig sticken willst, aber ich
meine doch es wird besser sein wenn Du nicht am Morgen so
früh Dich vom Haus entfernst. Hast Du nicht zufällig den
Herrn Hofmeister begegnet der Dir den Verdruß machte bei
der Tante, böse über Dich zu reden? – Nun könnten doch
noch andre Leute Dir begegnen die auch darüber reden
könnten.

Dein *Clemens.*

Weil ich die Ostern nicht komme, sondern erst acht Tage später so erwarte ich noch einen Brief von Dir Du wirst ja doch
wohl die zwei Sonntage recht still zubringen. Die Leute werden alle spazieren gehen und Du wirst aus dem Fenster se-
5 hen, und sie in ihrem Putz die Straße hinab, dem Tor hinaus
wandern und dann auch wieder heimkommen sehen. Aber in
der Zwischenzeit kannst Du schreiben bei Deinem Strauß
den Du doch gewiß im Glas zu stehen hast.

Lieber Clemens.
10 Wenn man aber auf den Barbara-Tag Reiser von den Obst-
bäumen abschneidet und die ins Wasser stellt, dann blühen
sie im März und das hab ich getan, und sie blühen auch alleweil. Apfelblüten sind zu schön! – Wär ich als Mädchen
was die Apfelblüte ist, ich wär doch wohl alles Liebe und
15 herzlich schöne. Was Du von mir denkst, dann könnt ich Dir
verzeihen was Du mir und Dir weis machen willst. Ja es ist
recht schön denn ich hab das Plaisir davon, und Dir schadets
nichts. Aber sei nur nicht ängstlich daß ich keine Apfelblüte
bin, weiß und rot und goldner Same darin, sondern daß ich
20 vielleicht gar so eine Nessel bin oder Distel oder Dorn, wie
Du meinst vor denen ich mich soll hüten.
     Ich hab am Feiertag nicht können schreiben, die drei
kleine Katzen auf dem Schoß so komod ineinandergelegt,
alle drei eingeschlafen unter der großmächtigen Pappel im
25 Eckelchen auf der Bank. Soviel Blüten tanzten herunter, soviel braune klebrigte Schalen platzten los von den Knospen,
ich dachte, was knistert doch im Baum; und später wie die
Katzen so sanft schliefen da hatte ich auch ein bißchen geschlafen. – Ach *Clemens* wir wollen recht vertrauend einan-
30 der schreiben, und nichts weis machen einander! – Und wenn
Du aber frägst ob das Einbildung sei oder Eitelkeit mit dem
Mirabeau, so kann das ja möglich sein und doch auch wahr,
ich wehr mich dagegen nicht! Aber der *Mirabeau*! – Ich wollt
ich stünd vor ihm; weißt Du? – Denk ich an ihn, ich fühl
35 mein Gesicht brennen. Liebster *Clemens* mit aller Sehnsucht

meiner Arme, meiner Augen, ja mit allem was umfassend ist
in mir, möcht ich seine Kniee umschlingen! Des großen Helden, der auf seine Lippe nimmt das Geschick des Volkes und
entzündet es, mit seines Mundes Hauch facht er es an.

Auf meiner Seele klarem Grund, die Fischchen herum- 5
spielen sehen das freut Dich? – Nun so guck! Wie sie da fahren wie der Blitz hin und her, sie prallen ans Ufer der allbe-
kannten todbringenden Langenweile, sie stoßen sich den
Kopf ein; und soll ich keine Leuchte anzünden zwischen diesen klippigten Grund einen Ausweg zu finden aus der Pfüt- 10
ze – ins Weltenmeer? – Wohin sonst? – Glaub nicht, daß ich
im angenehmen häuslichen Kreis mich gefangen gebe, und
auch nicht der Bildungsanstalt schöner edler Ideen. Auch
nicht Latein kann ich ein Jahr oder ein halb Jahr der Großmama zu Gefallen lernen, denn mir kann ichs nicht zu leid 15
tun. Ich habe ja nicht eine Vernunft der ich folge, ich bin ja
ein elektrischer Funke und ins Latein kann ich nicht hinein-
fahren, es stößt ab sagst Du selbst.

Es ist nichts, du Welt, wonach ich die Hand strecke. Wärs
Etwas! – Auf dem Dach vom Taubenschlag die Sonne sinken 20
sehen das ist meines ganzen Lebens Aussicht. Sie geht dort
unter so blutrot, und mein Blut – wallt mit im roten Meer
der Sonne und dort wirds röter und mein Gesicht wird blässer. Ja ich glaub daß der Geist des Blutes mit fortgezogen
wird wenn dort die Sonne ihre letzte Strahlen hineintaucht. 25
Denn denk ich feurig daß mirs Herz klopft dann werd ich
blaß, lange wars nicht so schön hier in Offenbach als heute
Abend, und lange hat mich ein schöner Abend nicht so froh
gemacht und so traurig zugleich. Es war da gar Niemand der
auch nur den geringsten Anspruch hätte gemacht an meine 30
Seligkeit. Ich wundre mich daß andre nicht sind wie ich! Und
Du? – Vielleicht in demselben Augenblick dachtest Du ganz
was anders, das geht mir zu Herzen. Die Sonne sank eben in
den Main. Ist es Dir nicht auch so wenn die Sonne sich im
Wasser spiegelt, man möchte sich gar zu gerne hineinstürzen 35
und so in dem Glanz untergehen. Aber es wiegte sich noch
eine schöne Harmonie von blasenden Instrumenten auf den

Wellen; ein leichtes Schiffchen trug alle die Seligkeit auf seinem Verdeck, still bedachtsam zogs den Strom hinauf.

>   Das Abendrot am Strand hinzieht
>   Ergiebt den Wellen sich mit Lust,
> 5   Da schwellet die beklemmte Brust
>   Der unbewußten Sehnsucht Lied,
>   So kühn gewaltig zwingt das Lied
>   Die Trauer der beklemmten Brust.
>   In Lebensmut erstrebt sie Lust
> 10 In Liebesflut sie Wolken zieht,
>   Und weckt in der beklemmten Brust
>   Der hohen Freiheit kühnes Lied.
>   Sein voller Klang
>   Das Herz durchdrang,
> 15 Das Lied sich schwang
>   In Liebesdrang.
>   Zu ihm zu dem ich hin verlang,
>   Dort über die Berge mit der Lerche
>   Ihm nach der Hymne zu singen dem Volk,
> 20 Dem von seinen Lippen sie sollte erklingen.

O Clemens was ist mir doch heute geschehen sonderbares,
da bringt die Großmama heute einen alten Brief vor vom
Lavater, der schon drei Jahre alt ist kurz vor seinem Tod geschrieben, der malt den *Mirabeau* und recht unglimpflich und
25 die Großmama holt die Silhouette aus dem Brief hervor die
er mitgeschickt hatte. »Beschauen Sie die Nase« schreibt er
»diese Nase ist eine Bauern-Nase die bezeichnet nicht den
Helden der die kühnsten Entwürfe beharrlich ausführt.
Seine Freunde glauben daß er die Tugend liebte, dies kann
30 aber unmöglich mit so schwülstigen Lippen deren Winkel so
matt herabhängen übereinstimmen, sein Auge ist zwar feurig aber von finsterer Vermessenheit und hat einen verach-
tenden Blick, eine schamvergeßne Gewaltsamkeit thront auf
seiner Stirne aber kein Heldenmut, ein Zug geht durch die
35 ganze Physiognomie der zwar die Karikatur des Genies mar-
kant ausspricht, nämlich Exaltation die an Narrheit grenzt.«
Und siehst Du, so hat mich die Großmama gequält ich solls

herausfinden worin es liege, vergeblich wollt ich sie erinnern
daß sie ja so verleumderische Ansichten über den erhabnen
Charakter nicht könne gelten lassen, aber sie wollte ihres
Lavaters Schwanengesang (so nannte sie diesen letzten Brief
Lavaters an sie) nicht als verleumderisch gelten lassen. – Und
Du predigst mir immer Pietät gegen die Großmutter! – Wo
und wie soll sich das alles zusammenfinden ohne daß heuch-
lerische und kleinliche Furcht sich drein mische! Ach *Clemens*!
vertrauend – und das heißt ganz wahr und offen sein, das
verlangt daß ich stets auch aus der Tiefe meines Herzens
mich an den Tag gebe, nicht umsonst will ich alles verstanden
haben, nicht umsonst hab ich meine französische Aufsätze
für Herrn *L'endroit* als geheime Antworten Fragen und Begeisterungen für diesen *Mirabeau* geschrieben, habe er meint-
wegen Pockengruben die ihn bis zur Häßlichkeit entstellen,
mich gehts nichts an; nicht tief genug kann ich mich in die
Gruben seines tiefen Denkens alles Reinen und Hohen hin-
einbetten, ja in diesen Gruben möcht ich begraben sein. Du
wirst antworten daß ich ihn ja nicht verstehe, – ich versteh
ihn freilich nicht, wie könnt ich all die großen Beziehungen
auffassen die er durch diese grausame Revolution hindurch
mit der größeren Zukunft des Volkes anknüpfte. – Aller
Jammer der seit dem hereingebrochen ist, den würde er mit
starker Faust zurückgewiesen haben, soviel versteh ich doch,
daß er liebte nämlich: und daher keine gehässige Gewaltsamkeit geduldet hätte. Und ich will lieber schweigen, ich bin
noch so jung – und mit jedem Schritt meines Daseins stoß
ich auf lauter widerwärtige Ungereimtheiten, ganz in der
Stille schlag ich die Hände zusammen über alle Narrheit, –
ganz in der Stille bete ich zu dem der in seinem schmerz-
vollen Tod noch mit allen Kräften seiner Sinne sich dem
Volk zuwendete für es zu sorgen, ja ich bete zu ihm daß er bei
mir, mit mir sein möge und mich lehren sprechen zu seiner
Zeit. Denn ich auch möchte die Welt umfassen. O ich weiß
was Du sagst, Du tadelst mich. – Du sagst ich sei überspannt,
ich wolle affektieren. – Ich beweise schon darin meinen
Heldenmut, auf einmal so aufrichtig meine Seele vor Dir aus-

zusprechen? – Ja wenn Du von offnem Vertrauen sprichst –
damals auf der Hoftreppe war ich ja gar nicht aufrichtig! – ich
schwieg mit meiner tieferen Seele. – Denn Du hättest sie getadelt. – Aber doppelt kann ich nicht die Wahrheit verleug-
5   nen. Wenn Du sagst ich soll recht vertrauend gegen Dich
sein, da muß der tiefste Quell meines Herzens hervorspru-
deln. –

Gestern hab ich bei *Arenswald* eine ganze Stunde Lektion
gehabt über Elektrizität, mir flimmerts vor den Augen wie
10 tausend elektrische Funken. Wenn Du ein Stück Papier ver-
brennst, dann laufen diese Funken alle durcheinander wie bei
einer Revolution, als wenn sie allesamt die wichtigsten Geschäfte hätten so gehts in meinem Kopf; wenns nur nicht so
traurig ausging, zuletzt bleibt einer nur übrig, oder zwei, das
15 ist noch melancholischer – der läuft ganz allein durch die
schwarzen verlaßnen Finsternissen; – flipps ist er weg! – Der
andre dort, weg ist er. Gestern Abend hab ich immer wieder
ein Papier angezündet um diesen beiden Fünkchen auf ihrem
Aschenweg nachzusehen. Die alte *Cordel* war auf ihrem le-
20 dernen Sessel eingeschlafen sie mußte husten vom Qualm
und erwachte mit sehr schlimmem Humor, sie sperrte Laden
und Fenster auf, da schien der Mond herein, mir was ganz
Neues, ich hatte nicht gedacht daß der scheinen sollte; ich lief
in den Garten, der Spitz der ist mein Geisterbanner, oder
25 vielmehr bewacht er meine Zusammenkünfte mit den Geistern denn weil ich die Geister nicht fürchte wenn er bei mir
ist, so ruf ich mir sie herbei und rede mit ihnen, ich würde das
allein nicht wagen ohne den Spitz.

Lieber *Clemens* ich hab Dir alles geschrieben, ich weiß Du
30 würdest zanken wenn Du schriebst – aber Du schreibst ja
nicht, Du kommst ja selbst, da kannst Du nicht, mit meinem
Mund geb ich Dir einen Kuß auf Deinen, in welcher Sprache
kann ich gebieterischer ausrufen, *halts Maul geliebter Bruder!*
O mein lieber *Clemens* wie freu ich mich darauf. – Die Sonne
35 scheint mir eben ins Bett und läßt mich nicht länger träumen
von Dir. Ich kann mich mit dem Kritzlen nicht aufhalten,
sieh wie das schöne Wetter mich schnöde macht.

Lieber *Clemens* die Sonne ist eben wieder weg, da wollt ich
gern weiter schreiben. Aber Adieu *Clemens* sie ist schon wieder da, es geht gleich in den Wald da wollen wir frühstücken
ich will sehen ob ich ein Veilchen für Dich finde komm bald
daß es noch blüht, ich bewahr Dirs am Herzen und wenn ich 5
dann so redselig mit Dir bin, dann duftet Dirs aus meiner
Brust.

Deine *Bettine.*

Frankfurt

An *Bettine.* 10

Sei nicht traurig liebe *Bettine* daß ich nicht mehr hinaus komme, es ist besser so, mir selbst tuts leid und es ist wahrlich
keine Trägheit von mir, denn laufe ich doch gern viele Meilen um deinetwegen da mich nichts hier herzieht als Du, ja
alles andre mich vertreibt. Es würde uns beide traurig ge- 15
macht haben, wenn ich noch zu Dir gekommen wär und
hätte nichts genützt. Du bist mir immer nah, und alle meinen
frohen und guten Stunden wohnst Du bei, so soll Dir auch
sein, drum freue Dich und sei gut. Die Freundschaft heißt
nicht zusammenhängen und zusammensitzen, Freundschaft 20
ist groß und frei und liegt im Gedanken, für den jeder Raum
gleich nah ist. Je mehr Du mir ähnlich fühlst wo ich gut fühle, je mehr Du mir ähnlich denkst wo ich groß und edel
denke je mehr bist Du mein Freund, je näher bist Du mir,
auch liebe ich nicht Dich hier in Frankfurt noch in Offenbach 25
zu sehen denn wir sind dann beide durch unsre Umgebung
gedrückt, und wir müßten wenn wir nebeneinanderstehen,
immer so stolz so glücklich und so edel sein als wir es können. Wenn ich nicht hier bin, bin ich viel besser, und kann
viel reiner und freudiger mit Dir umgehen. 30

Ich kann Dir nichts zurücklassen, und Dir nichts mehr sagen, Du weißt was schön und gut ist, ich hab es oft in Dir
gefunden, wolle es eifrig und mit Ernst; und wo dich die
Menschen drücken so hasse sie nicht, sehe sie an wie Pflanzen
die vielleicht auch in einem Boden stehen der ihnen nicht 35

gerecht ist. Menschen die sich selbst nicht kennen und nicht
wissen wo hinaus sie sollen, sind wie Pflanzen die nicht zum
Blühen kommen. Das Blühen des Menschen ist das innere
Bewußtsein; dieses aber ist zugleich auch der Begriff der ganzen Menschheit, wie sie in ihren Irrungen umherschwankt,
wie sie in ihrer Blindheit und krüppelhaften Verbildung oft
das Beßre zurückweist oder zerstört, aber der bewußte
Mensch, das heißt der Liebende, muß diese Störungen umgehen können, er muß das Zurückweisen überwinden und
muß grade diese Menschen pflegen denen so vieles mangelt,
deren innerem geistigem Lebenskeim so unendlich vieles im
Wege steht; er muß ihnen sein wie Dein Gärtner aus dem
Bosket den Du so lieb hast weil er ein so gesellschaftliches
Leben führt mit den Blumen; vom frühen Tag an, ist er in
fortwährendem Verkehr mit ihnen und noch spät in die
Nacht hinein macht er sich mit ihnen zu schaffen und bringt
sie alle zum Blühen, die einen durch Kühle und Schatten die
andren: durch Licht und Wärme. Immer geht er um sie her
und läßt sie doch in ihrer Freiheit gedeihen, sie empfinden
keinen Zuchtmeister in ihm, sie schmiegen sich willig am
Stab an dem er sie in die Höhe richtet. Nun aber ist jenen
Menschen die uns oft mißverstanden haben und haben geglaubt, sie müßten unsern Umgang stören, eine solche Pflege nie geworden, wie der Gärtner Deinem Nelkenstock
schenkt, der ihn begießt wenn er Durst hat und läßt ihn von
der heißen Sonne nicht versengen, nur am Abend darf sie mit
ihm spielen. – Die Tante weiß zum Beispiel von solcher
Pflege nichts. Ihr hartes Schicksal bei einem ganz verwilderten Mann hat ihr das heimliche im Lebensumgang ganz versagt, sie ist dadurch selbst weniger gefühlig geworden für
das was die Seele angeht, sie hat eine lange Zeit in ihren Ju-
gendjahren zwar sich müssen stählen gegen diesen Mann,
der wie ein grobes Ungeheuer vor der Pforte aller Lebens-
genüsse lag, und hätte sie auch nur selbst im bestem Willen
gewagt ihm nah zu treten so war das Ungeheuer gleich wach;
das heißt: mit Bosheit beschlich und mit Wut überwältigte er
sie, ich hab in meinen Kinderjahren oft ihn sehen halbtrun-

ken hinter der Tür lauern mit einem Messer in der Hand. Die
Tante hat damals sich so ernst zusammengenommen daß jeder in Coblenz die größte Ehrfurcht vor ihr hegte, obschon
man von der Grausamkeit des Herrn *von Möhn* sich leicht eine
Idee machen konnte, der mit lauter Postillionen von Mor-   5
gens bis Abends im Wirtshaus lag, ohne der Frau je zu gedenken ein Vermögen verzettelte und verschleuderte von
mehreren Millionen. Das Herz durfte dieser Tante nie aufgehen – sie mußte mit der Form alles bekämpfen und so ist ihr
auch nur die Form im Umgang mit Menschen geblieben.   10
Hätte sie je mit sich selber Mitleid gefühlt so wär die Festung
der Konvenienz in der sie sich verschanzt hielt, wie Schnee
geschmolzen, dann war sie dem Mitleid ausgesetzt oder auch
der Verachtung, beides ist gleich in gewissem Sinn und soll
in allen Lagen des Lebens gemieden werden. Man soll Mit-   15
leid mit Niemand haben, man soll sich vielmehr schämen daß
es so werden konnte. Der Unglückliche steht immer groß
dem gegenüber der sich im Hafen des Glückes wähnt und
wohl befindet, da doch wahrscheinlich ihm die bessere Tendenz ganz ermangelt, also den Unglücklichen bemitleiden   20
heißt dumm sein, nein vielmehr soll man vor dem Unglücklichen sich schämen glücklich sein zu können auf eigne Faust;
sich irgend einen Lebensgenuß aneignen zu können oder zu
wollen der nur Beraubung dessen ist der nicht mitgenießt.
Hat der Mensch irgend ein Weh, so fühlt er sich krank, ist   25
aber ein Teil der Menschheit gedrückt und bedürftig, so
tanzt der übrige Teil mit einer Art Wollust ihm auf dem Kopf
herum so lang ers zu tragen vermag, hat er ihn gänzlich zu-
sammengetreten, dann fällts ihm wohl ein, durch Mitleid die
arme Seele zu kitzeln, die aber gar nicht mehr wirklich,   30
sondern schon lange zum Gespenst geworden ist. Gespenster fühlen ein Behagen an solchem Tugendgekitzel, sie
schmeicheln sich selbst, sie tragen sich auf Händen, sie haben
einen faktiçen Verkehr mit Gott der aber nur Götzendienerei
ist, sie belämmern alle Menschen mit ihren Anstalten der   35
Menschenliebe; es fällt ihnen gar nicht ein, daß sie selber die
bösen Schicksalsdämonen sind, deren Grausamkeit sie ge-

rührt beweinen, und der sie steuern wollen mit einem Stück
englisch Pflaster von dem sie mit der feinen englischen
Schere der Mildtätigkeit Schnippelchen abschneiden, um damit den aufgesperrten Rachen der entsetzlichen Wunden zu
5 verkleben, aus denen das warme Blut an die Erde quillt. – Ich
möchte wohl aufhören noch weiter darüber zu sagen, denn
Du fühlst alles, und besser. Mitleid ist aus Verachtung geboren, und ist auch eigentlich Verachtung, und edelgeborne
Menschen werden durch Mitleid sich entwürdigt fühlen, sie
10 wollen lieber die eignen Kräfte dran setzen als vom Mitleid
sich betauen lassen, und so kommt es oft daß diese große
Helden werden, die dem Mitleid ausweichen; denn natürlich
liegt der Keim des Helden in ihnen. Jene Andern aber, die
dem Mitleid erlauben mit Schmarotzerliebe sich an ihnen zu
15 mästen, die werden verkümmern und menschlicher Würde
untauglich sein. Gewiß ist dies eine, daß Mitleid welches aus
Verachtung entspringt auch wieder die Quelle der Verachtung wird. Der Mildtätige hält sich hoch über dem Bedürf-
tigen. Der Habende dünkt sich in Bildung und Streben weit
20 über dem Nehmenden, und doch sollte er vielmehr ihn über
sich stellen. Wie die Indianer, die einen Menschen der nichts
irdisches sein nennt für göttlich halten, dem sie ihre Gaben
als Opfer darbringen und ihn bitten ihnen nicht zu zürnen
daß sie nicht so heilig sind wie er. Was machst Du mit deinem
25 Gelde? – Die Geschwister sagen Du habest nie welches und
doch wissen sie nicht wohin es kommt.

Sei fleißig, und mache daß Dir das bürgerliche Mechani-
sche im Leben nicht verächtlich wird, es ist die Quelle von
viel Geistigem und bestrebe Dich einer schönen Sparsam-
30 keit. Du glaubst nicht wie glücklich es Dich machen wird
wenn Du fortfährst den Luxus und die augenblickliche
Mode zu verachten, und bloße Reinlichkeit und das Gefällige Dich reizt, Du kannst mit allem was Du ersparst einstens
vieles Schöne und vortreffliche erschaffen. So sollte Dir auch
35 die Zeit sein, – geteilt in unschuldigem Genuß und in ern-
stem seelenvollem Geschäft!

Um was ich Dich aber noch bitte, so sehr ich Dich liebe,

lerne *schweigen,* für Dich selbst bestehen, und sei in der Würdigung eines jeden gerecht. Nur was ewig gefallen oder mißfallen kann dem ergib Dich, von dem wende Dich. Sei fleißig in Deinen Gedanken, das heißt sei lebendig im Geist, sehne Dich nach keiner andern Welt, als nach jener andern die in dieser schon lebt für den der sie findet und Du wirst sie finden, denn allen Wesen die mit einem edlen Durst nach dem Ewigen um sich blicken, denen gestaltet sich das Unsichtbare; der Geist aller Dinge erblühet in schöner Form um sie und das ist jene bessere Welt nach der man sich sehnt, sie ist um uns. – Die Kunst und ihr stiller einziger Tempel! ein reines unschuldiges und stolzes Herz.

Ich schicke Dir hier *Moritzens* Götterlehre, und wünsche daß Du sie mit Ruhe, ohne Mühe, und mit Genuß durchlesest. Du mußt nicht drin herumhüpfen und ein Anekdotenbuch draus machen, denn diese Götterlehre ist eine solche andre Welt, die sich das gebildetste Volk, die Griechen erschaffen hatten, und kann Dir selbst und Deinem Geiste nur wohltätig werden, wenn sie in Dir, in ihrer großen edlen Folge, gleichsam während dem Lesen entsteht. Du sollst besonders suchen den Gesichtspunkt für die mythologischen Dichtungen zu begreifen, das wird Dich aus Deinem Emigrantenverhängnis hoffentlich ein bißchen ablösen. Ich will Dich in Deinen Begeisterungen ja nicht tadlen für alles was Dein Verstand zu fassen und in Dir selber zu verdauen versucht. Weltgeschicke liegen jedem gleich nah und wirken in ihm, sowie er dadurch auch berufen ist in ihnen zu wirken. Also studiere in Gottesnamen mit der Großmama alle fliegenden Blätter und Reden der Nationalversammlung durch, wähle Dir Deinen Helden unter ihnen, bete zu ihm und für ihn und vergiß Deinen *Clemens,* er wird doch Dich nicht aus den Augen lassen. Aber bedenke daß Reife, Sachkenntnis und Neuheit ein Berg sind, der oft nur eine Maus gebärt; Du aber bist diese kleine Maus und wirst nicht ein Fädenchen an den Weltgeschicken zernagen, obschon es Dein Auge schärft zu überblicken, zu durchschauen und vielleicht auch manches zu durchdringen; und vergiß die Muse nicht über der Tonleiter der Revolutionshelden.

Schreibe mir öfter und schicke mir Deine Aufsätze dabei,
auch die über die Revolution. Der letzte »Sur la Volonté de la
france« war schön, und ich finde mich hinein weil er das Allgemeine in sich enthält. Lebe wohl, und nochmals herzlich
bitte ich Deine besondre Aufmerksamkeit auf Schweigen –
auf für Dich selbst bestehen, und innere Kraft zu wenden,
und recht froh und gesund zu bleiben.

Dein Clemens.

An Clemens.

Clemente! Die Sonne hat Kräuter und Sträucher in sich verliebt gemacht, sie schwellen vor Verlangen und werden ehe-
stens in Blüte ausbrechen, eine Knospe strebt der andern
vor, doch sind sie nicht eifersüchtig so viel ihrer sind. *Clemens*
wenns die Blumen tun, so will ich auch meine Liebeserklärung machen, aber wem? – Ich lege sie in Dein Herz
nieder, bewahre mir sie und wenn Du einmal auf einen hohen Berg kommst wo man eine weite Aussicht hat geliebter
Clemens, so kannst Du sie als Denkmal unserer Eintracht stiften, aber eine weite Aussicht muß meine Liebe haben, dann
übersehen wir beide alles zugleich und fühlen Übereinstimmung in allem wenn wir auch in manchem verschieden denken, und Deine griechischen Götter und meine französischen Helden bilden eine Welt.

Du frägst mich so viel in Deinem Abschiedsschreiben, Du
belehrst mich, Du zankst mich verborgen unter heimlicher
Decke und noch so viel Fragen weckst Du mir im Gewissen;
– und voll ist die Brust von der Fülle die Du mir all in Deinem Brief spendest, daß ich auch wie die Rosenknospen
angeschwellt bin und möchte aufbrechen dem Licht und gar
keine andre Rechenschaft mehr geben als den Duft den
gleich der Rose meine Seele aushaucht, weil Du sie wie die
Sonne wärmst und reizest. – Aber doch wend ich zur einfachsten Frage mich, »was ich mit meinem Geld anfange«
und gebe Dir die dummste Antwort, wo Du gleich meinen
wirst ich wär närrisch. *Ich habe das Geld verschatzgräbert!* – Ja

Clemente, ich habs in ein klein leinenes Beutelchen gesteckt
worauf ich mit Goldfaden und roter Seide meinen Namen
gestickt hab und noch allerlei kabalistische Zeichen; ich habs
zugesiegelt mit einem schwarzen Siegel, einem grünen und
einem roten, dann hab ich ein Loch gegraben zwischen den 5
zwei starken Wurzeln der Pappel an der Rosenwand, da hab
ichs in einem ledernen Schuh hineingeschoben und einen
Topf mit einem Basilikumstrauch drauf gestellt, und allemal
wenn ich Geld kriegte wechselte ich davon in Gold um und
allemal wenn der Mond schien, ging ich mit dem Spitz hin 10
und legte es dazu und dabei hab ich das Gelübde getan ich
wolle es verschweigen, und weil Du mir das Schweigen so
sehr anempfiehlst so erzähle ich Dir das einzige Geheimnis
was ich hätte verschweigen können, und nun ist alles leer an
Geheimnis, und ich kann also nichts mehr verschweigen! – 15
Denn sonst, – mit dem Mund bloß nicht reden, das ists doch
nicht was Du meinst, da die Tante sich alle Mühe gibt mir
abzugewöhnen daß ich nicht wie ein stummer Ölgötze den
Leuten in den Mund gucke, die mich etwas fragen. – Ja mit
meiner Schatzvergrabung, davon will ich Dir noch forter- 20
zählen weil ichs nun doch schon gesagt hab. Ich habe dies
Geld der *Selene* gewidmet, der Himmelsschwester des *Hes-*
perus, diese beiden sind unsre Schutzpatrone der Stern ist
der meinige als Bruder der mich Abends immer besuchte, der
Mond ist der Deine der Dein Andenken oft mit seinem 25
Schein in mir erhellt. Nun hab ich aber dieses Opfer doch der
Selene wieder geraubt, mit Zagen zwar – ich habe das Geld
eilig am Abend ausgegraben und habs über die Gartenmauer
geworfen in den Garten vom Magnetiseur neben an, ich
hörte es klingeln wies hinabfiel und ich rief dazu so laut als 30
ich konnte, ohne daß mans im Haus hätte hören können: *»Da*
ist Reisegeld!« Und dann war mir auch, als hörte ich das Geld
rappeln beim Aufheben, aber ich lief fort. – Denn die Tante
hatte am Tag vorher bei Tisch erzählt, der Magnetiseur
möchte gern abreisen aber es fehle ihm am Reisegeld. Aber 35
er ist doch noch da, denn ich seh ihn alle Abend noch im
Garten gehen und beobacht ihn vom Hof-Fenster, ich

schäme mich so sehr und traue mich gar nicht mehr in den
Garten wo wir sonst als über die Wand allerlei merkwürdiges verhandelten. Aber nun kommt was schreckliches was da
passiert ist, mir ists passiert. – Denk Dir, der alte Schuh in
den ich mein Geld hineingesteckt hatte um den schönen Beutel zu schützen, war eigentlich ein neuer Schuh, sein Com-
pagnon stand ganz vergnügt in dem kleinen Kasten bei den
andern Schuhen; ich soll abgeholt werden nach Frankfurt
morgen früh, die Tante frägt wo ist denn der andre neue
Schuh? das ist große Schlamperei von Dir einen Schuh zu
verlieren, ich muß Dich sehr bitten, strenge Dich an ihn zu
finden, ich lief in den Garten ich holte meinen Schuh unter
der Pappel hervor, ich wollt ihn ein bißchen reinigen an der
Pumpe und versuchte ihm ein Ansehen zu geben, da fällt was
heraus das glänzt in der Dämmerung, ein Ring, ich lass den
Schuh stehen, ein dunkler Stein, der funkelt so nächtlich
schwarz wie der Blitz des Räubers, oder wie *Mirabeaus* Auge
vielleicht, und inwendig im Schild steht ein schwarzes M.
   Wir gehen morgen auf die grüne Burg zu den Geschwistern, acht Tage bleiben wir dort, die Götterlehre nehm ich
mit und den Ring, wo soll ich ihn lassen, ich glaub er ist ein
Talisman, ich hab schon allerlei Fragen und Befehle um Mitternacht an ihn ergehen lassen, aber der Geist ist nicht erschienen, der mir vielleicht beistehen wollte dumme Streiche
zu machen. Adieu *Clemens,* ich hab Melodie gemacht auf ein
Lied aus dem Sänger.

Deine *Bettine.*

Göttingen.

Liebe Schwester.

Ich öffne wie eine Pflanze mein Herz und rolle alle Blätter
auseinander wenn Du herüberscheinst, Dein Brief ist mir
von Marburg aus zuvorgeeilt und hat mich hier empfangen.
   Ich will daß Du so vernünftig werdest daß alle Welt einst
ihre Zuflucht zu Dir nehme und Dich hochstelle, und dann
will ich Dirs wieder ablernen. Hast Du Lust dumme Streiche

zu machen so warte bis ich komme und mache sie ganz heimlich mir alleine, ich kann mich an Deinem ganzen Leben ergötzen, lese brav, schreibe viel, alles was Du empfindest
schreibe nieder, denn das Ausgesprochne ist lebendig wie
meine Liebe zu Dir.   5

Weil Du nun einmal mein guter Engel bist so mußt Du
auch Dein Amt mit Treue verwalten, mein guter Engel muß
immer heiter sein und meiner mit Hoffnung und Segen gedenken und auch mich strafen mit Worten und mich anmahnen in Deinen Briefen daß ich mein Ziel nicht aus den Augen   10
lasse, Du mußt mit Deiner Lebensfreude die meine anfachen,
Du mußt meinem Enthusiasmus die Flügel lösen, mit Deinem Ernst mit Deiner Güte und Wahrheit. Willst Du das? –
Sei recht fleißig und fröhlich, und ehre und achte was Du
tust. – Den Herbst besuch ich Dich, am End werd ich Dich   15
kaum noch kennen so wirst Du gewachsen sein, an Geist und
Leib; und fröhlich, und so schön wirst Du zeichnen. – Ach
Du weißt nicht was Du mir bist? was ich liebe das bist Du,
Du hast es also in Händen, kannst es mir hegen und pflegen.
Wirst Du das? – O fasse ein recht lebendiges Interesse an   20
Allem und dringe tief ein in das was Du lernst, nicht ober-
flächlich lieb Kind, Du glaubst nicht wie unendlich wohl es
Dir tun wird wenn Du in ein paar Jahren etwas besitzest dem
Du Dich ganz hingeben kannst, lasse Dirs daher recht ange-
legen sein, zeichne recht mutig, mach Dir nichts daraus ein   25
Bildchen fertig zu haben, sondern eine Gewalt zu haben im
Geist die Du mit Deinem Talent auszusprechen vermagst,
wenn Du über das Gewöhnliche hinauskämst ich würde
glücklicher werden als Du, schicke mir Deine Melodie,
schreibe mir und halte Wort und – fasle nicht mit Ring und   30
Talisman und *Mirabeau* etc.

Dein *Clemens.*

An Clemens.
Clemente! Hättest Du das letzte nicht geschrieben so hätte ich
Dir das erste nachgesehen daß Du mich vernünftig machen   35

willst für die Welt, – und denn am Rand daß ich nicht faslen
soll mit dem *Mirabeau;* in der Mitte die große Philisterglosse
wie ich mich und Dich soll bessern. Und der Sommer steht
inmitten seiner Glut wo jeder faul sein mag, und ich soll flei-
5 ßig sein und gewachsen wenn Du kommst, auf den Grasplatz
hab ich mich gelegt unter die Leinwand, vielleicht vom Begießen, daß ich wachse; aber ich kann in der Sonnenhitze nur
herumschlendern. Ach *Clemente!* Wenn ich mich hinsetze
zum Zeichnen, – weißt Du wie mirs da geht? es wühlt mir im
10 Kopf, ich muß mir Luft machen mit einem Lied, ich muß ein
neues Harpegge erfinden. Nein das auch nicht, es schwärmen
mir Gedanken im Kopf wie soll ich Dir sagen? – Schmetterlinge sinds, ich muß ihnen nachjagen, aber dazwischen jagts
mich selbst wie einen Schmetterling davon, und die Bohnen
15 in meinem Gartenbeet muß ich erst am Bindfaden hinauf-
schlängeln. Und will ich mir nicht davonlaufen dann krib-
belt's mir im Kopf und in den Füßen, ich kann nicht sitzen
bleiben, es fällt mir das dummste Zeug ein. Meine alte Puppe
vor zwei Jahren! Heut hat's mich geplagt, ich mußte sie wie-
20 der einmal betrachten, mit der ich mich zum letztenmal unterhalten hatte als Du zum erstenmal hierherkamst, *Clemente!*
Du weißt noch wie ich sie geschwind unter den Tisch warf als
Du hereintratst, und ich sah Dich an und kannte Dich nicht,
und hielt Dich für einen fremden Mann, der mir aber so wohl-
25 gefiel mit seiner blendenden Stirne und Dein schwarz Haar
so dicht und so weich, und Du setztest Dich auf den Stuhl,
und nahmst mich auf einmal in Deine zwei Arme, und sagtest weißt Du wer ich bin? ich bin der *Clemens!* Und da klammerte ich mich an Dich, aber gleich darauf hattest Du die
30 Puppe unter dem Tisch hervorgeholt und mir in den Arm
gelegt, ich wollte aber die nicht mehr, ich wollte nur Dich.
Ach das war eine große Wendung in meinem Schicksal,
gleich denselben Augenblick wie ich statt der Puppe Dich
umhalste. – –
35   Ich habe meinen angefangnen Brief mitgenommen, hierher auf die grüne Burg. Die Schwestern sind auf einem weiten Spaziergang ich war auf einem Nebenweg so ins hohe

Gras gekommen daß ich nicht mehr drüber hinaussehen
konnte wo die geblieben sind, da bin ich ein wenig liegen
geblieben zwischen Gras und Kräuter und hab ins Abendrot
geguckt, wie das den blauen Himmel bewältigte und die Lerchen fielen nieder gar nicht weit von mir, und die Frösche im 5
Burggraben untereinander halten ein Gered von der Moral,
durch die ganze Froschtonleiter hör ich vornehmlich kräch-
zen Moral, Moral, Moral. –

Die Linden blühen, *Clemente* und der Abendwind schüttelt sich in ihren Zweigen. Wer bin ich daß ihr mir all euren 10
Duft zuweht ihr Linden? – Ach! sagen die Linden, Du gehst
so einsam zwischen unsern Stämmen herum, und umfaßt
unsre Stämme als wenn wir Menschen wären, da sprechen
wir Dich an mit unserm Duft.

Adieu *Clemens!* es ist schon spät! – Ich konnte noch sehen 15
wie ich Dir von den Linden schrieb, sie haben mir ihren
Atem zum Fenster hereingehaucht, ich mußte sie wieder an-
duften mit meinen Gedanken, da kamen die Vögel zur
Nachtherberg in ihr Gezweig und ich hätt auch da schlafen
mögen, sanft bebend umschmeichelt vom flüsternden Laub, 20
wie angenehm da schlafen.

Schreib nach Offenbach übermorgen gehen wir drei
Schwestern schon wieder zurück.

Da schick ich Dir das Blatt worauf ich eben mit den Linden
mich unterhalten hab. 25

Ich will in die Wolken schauen und in den Mond von dem
eben der Tag Abschied nimmt, und ich will solang hin-
einsehen bis ich eine andre Welt entdecke und wenn ich sie
gefunden hab dann soll keine Träne mehr neidisch mir den
Glanz verdunkeln indem meine Seele ihre Farben spiegelt! – 30

Und was flüsterst du Linde mir ins Ohr? – Grün, grün ist
die zarte Farbe der Seelenruh, grün im Abendschein ist die
Wiege der Träume! und jeder Halm wiegt einen Traum, und
mein Geblätter raschelt im Netz der Träume, und es winkt
Dir! – 35

Ach schweig du Linde, es ist Nachtzeit, die Sterne glitzern
durch dein Laub und reden Anderes; und das rieselt mir

durchs Gebein! – Ahnung soll künftig meine Seherin sein
und wenn ich ihr die Töne meiner liebenden Trauer geliehen
hab, um das Schwellen zu malen, und das Sinken ihrer sehnenden Gewalt, so soll sie mich wieder trösten, die, ein ewiges Meer alle Wehmutstränen in ihren Wogen fortwälzt, bis
sie vom Trübsinn gereinigt aufsteigen als elektrisch Feuer
aus ihrem Wellenschoß. –

Ach Du! – flüstert die Linde, – sei nicht hoffärtig das löst
nicht den Zauber.

Ich horche auf dich nicht Linde ich lausche den Sternen da
oben! – ich hör Musik, sie schmelzen ihr Licht ins dunkle
Nachtblau, ihre Strahlen klirren im Tanz aneinander.

Was Du nur willst mit Deinen hochstrebenden Gefühlen,
sagt wieder die Linde; sie langen ja nicht hinauf, komm unter
meine Krone, sie schüttelt ihren Tau auf Dich, damit fühl
Dich gesegnet.

Ach nein immer lauter und klarer klingen die Sterne, ich
hör wie sie freudig ihre harmonische Verwandtschaft in die
freien Lüfte tönen.

O wehre meinem Flüstern nicht; sagt wieder die Linde
und schmeichelt – und meint was ist denn Musik der Sterne
dagegen? – Wolle mich denken, Du schaffest meinen Geist
durch Dein Begreifen meiner Natur, daß der wieder sich um
Dich winde wie jetzt der Deinige sich um mich windet, er soll
Dich berühren und immer, bis Deine Seele leicht und kühn
sich aufschwingen lernt zu eigner Freude, in einem Zug lieblich sprechender Töne!

Was sagst du Linde? – Ist mein Begreifen, deines Geistes
spielende Seele? –

Linde sagt: Meine Seele rieselt mit Schauern zu Dir hinüber weil Du sie denken magst. Denken beseelt, alle Wesen
färben sich im Gedankenlicht. Was ist der Abendschein Deinen Gedanken, daß sie weit über Feld mit ihm fliegen, und
weil Du ihn fühlst. Und wäre Denken nicht so würde kein
Wesen mehr beseelt sein, und die Schöpfung würde stumm
in sich versinken. Denken beseelt und alles Wesen erklingt in
eigner spielender Farbe in seinem Licht wodurch alles lebt,

und sich unsterblich glaubt und doch hängen sie nur vom Geiste ab, der das Denken ist.

Wir glauben uns selbst zu erkennen als lebend, und die geheime Freude des Werdens in uns ist doch weil wir erklingen im Geist der uns denkt! –

Sag ich wieder: So denke mich Linde denn schöner möcht ich nicht im Gedanken reifen als in dem grünen Schimmer deiner Blätter den der Abendschein küßt, und möcht nicht edler meinen Geist hinaufgetragen wissen als im Duft deiner Blüten.

Die Linde rauscht im Wind und schüttelt sich, es kitzelt sie daß ich so artige Worte mit ihr geredet hab, es passiert ihr nicht alle Tag.

                                        Deine *Bettine.*

                                        Am Rhein, Rüdesheim

An *Bettine.*
Dein Gespräch mit der Linde und der herrliche Abendschein über dem Rhein, und das schöne Mädchen *Walpurgis* hier im Wirtshause, haben vor wenig Minuten rings um mein Herz gebuhlt. Ich bin in das Mädchen verliebt wie ein guter Junge, und wenn sie das Papier geschrieben hätte, oder den Abendschein und die Linde verstände wie Du, so wäre kein Treiben und kein Sehnen mehr auf Erden für mich. Aber so ists nicht, ich werde nicht von ihr verstanden, denn ich verstehe den Abendschein; und sie, die sich und ihn nicht versteht ist wunderschön, und der liebe Gott hat Schätze in ihre Augen gelegt und einen Liebreiz in ihren Mund, daß man einen Tempel mit diesen Schätzen könnte errichten, und Gebet von diesen Lippen wie Honig von süßen Blumen sammeln könnte, aber sie ist in einer sehr unschönen Umgebung von Eltern und Geschwistern, und Gott segne Dich daß Du so bist wie Du bist. Es ist ein alt Sprüchwort, wo Schätze liegen stellt der Regenbogen seinen Fuß auf, aber es ist böse, es ist ein Aberglaube. Und wenn ich dies Mädchen ansehe bin ich so abergläubisch, der alte Bettler der hier in der alten

Ruine vom Schloß der *Gisela Brömserin* wohnt, das dicht am
Rhein steht, hat seinen Herd auf dem Altar der Kapelle, und
schläft in steinernen Gewölben durch die das Himmelsge-
wölk herabsieht, und seine Begeisterung die er trefflich auf
seiner Pfeife auszudrücken versteht, wenn er viele Heller beisammen hat, hallt zwischen den vielen Pfeilern durch recht
lustig, ich gehe da Abends in dem lauen Wind auf und ab,
und höre wie er aus einem raschen Walzer in den andern sich
hinein pfeift, und dabei schlägt er so munter den Takt als ob
er im Tanze mit einer schönen *Walpurgis* sich drehe. Ich rede
oft mit ihm, und er hat mirs gar nicht geleugnet daß er auch
noch oft sich verliebt. Am End kams heraus daß wir Nebenbuhler sind, und daß die *Walpurgis* der eigentliche Reiz seiner
musikalischen Belustigungen ist, denn sie hat nicht weit davon einen Weingarten wo sie den Gästen Abends ihren Wein-
schoppen reicht, in Krügen mit Deckeln von blankem Zinn,
und da tun ihr die Gäste schön mit Reden, und verlangen
auch wohl einen Kuß, sie läßt sichs gefallen, das ärgert mich.
Ich hab den Bettler damit eifersüchtig machen wollen, und
der hat mich ausgelacht, wir hörten das Gelächter aus der
Weinlaube herüber schallen, er trällerte auf seiner Pfeife dazu, und darauf ging er eine Wette mit mir ein, daß wenn ich
ihm eine Kanne Wein dort bezahle, so wolle er von der *Walpurgis* einen Kuß erwischen, in Gegenwart aller Gäste. Anstatt drüber zu lachen machte michs verdrießlich, er zog aber
ungeheuer fix die herunterhängenden Strümpfe und Beinkleider auf, die Jacke hing er an den Pfeiler und klopfte eine
Staubwolke heraus, dazu bellte der Hund den er im Zwinger
eingesperrt hat, der merkte es solle auf Abenteuer ausgehen
und wollte mit. – Wie er sich aber seinen staubigen Bart
wusch, und dann mit der Schuhbürste wichste und dann vor
die Haustüre trat und bemerkte wie der Mond sich drin
spiegle? Ich dachte der böse Feind lache mich aus. Der Mann
sah seltsam heimlich anziehend und stolz auf mich herab, und
was tat der Mann, er legte seine Hand auf meine Schulter und
ging mit einem Schritt als ob er ein spanischer Grande sei in
die offne Weinlaube. Ich forderte Wein für uns; vom Besten,

sagte er, im Vorübergehen gab ihm das Mädchen einen
Handschlag. – Und denk Dir er hat die Wette gewonnen! –
Und mir hat sie nie einen Kuß gegeben, so sehr ich auch
drum bat, ich vergesse diesen Mann nie wie er beide Ellen-
bogen aufgestützt, die Hände über die offne Weinkanne ge-
faltet hielt, dann und wann einen Zug draus schlürfte ohne
sich aus der Position zu rücken, mit seltsamen Trinksprü-
chen jeden Trunk würzte; das gefiel ihr, er sah ihr tief unter
die Augen, goß die Kanne in einem Glucks hinunter, und
das gefiel ihr auch. Und kurz sie gab ihm unaufgefordert den
Kuß. In ihren Zügen spiegelte sich eine wunderbare Schönheit, ihre Lippen zuckten und ihre Augen glänzten ihn so
freundlich an, als fließe ihre Seele über in Großmut, einen
unschätzbaren Schatz geben zu können. Der Mann der nicht
einmal aufgestanden war, sondern sitzend den hinab-
gereichten Kuß von der schlanken *Walpurgis* ihren Lippen
nahm, hielt sie noch eine Weile so im Arm. Kein Fürst
konnte freudig kühner sein Antlitz über die Menge erheben.

   Alle Gäste waren still geworden, denn alle sind in das
Mädchen verliebt; er genoß noch einen Augenblick seinen
Triumph, dann stand er auf und bot gute Nacht. Die *Wal-*
purgis stand an der Gartenhecke und grüßte indem wir vor-
übergingen; und das ists was mir am meisten ins Herz
schnitt. Ach es ist wahrlich all eins ob man bettelt oder gut
lebt, wem das Herz freundlich ist zu geben und seine Liebe
wieder willig zu empfangen, der allein ist reich. Wo ist Reichtum? – Auf Erden nicht! Gold ist Sonnenschein, und Rubin
ist Abendrot, aber Liebe ist alles. Aber die Erde ist nicht alles, denn es ist wenig Liebe in ihr; sie ist in der Liebe! – Es tut
mir leid daß Du das alles nicht auch sahst, Du würdest schöner davon sprechen, und schön sprechen soll man, damit das
Schöne immer lebendiger wird und mehr. Denn die Liebe
hat nimmer des Schönen genug. *Savigny* hat alles auch mit mir
gesehen, ich dachte, hier wo seine Studiermaschine nicht fortwährend im Gange ist, werde endlich einmal sein Inneres zu
Wort kommen; doch stumm wie immer marschiert er neben
mir die Natur auf und ab, und das verdirbt mir alles Genie-

ßen. Morgens kommt der Barbier aus dem Dorf, der sein
Antlitz ziemlich barsch behandelt, um ihm den Bart abzunehmen, er läßts geschehen; wenn *Walpurgis* zufällig herein kommt stelle ich mich vor ihn weil ich mich schäme, daß
5 dies schöne Mädchen sieht wie er den Barbier damit umgehen läßt, und dann! – Wie geht er mit mir um? – viel ärger
wie der Barbier. Er belächelt meine Reden, er belächelt
meine Gedichte, er belächelt auch meine Verliebtheiten, und
kurz sein Wesen wird mir eben nicht klar, und wenn ich dar-
10 über klage so meint er, alles sei ja unendlich klar. Etwas ists
was mir ihn unverdaulich macht; vielleicht ist die Schuld
mein, trotz meinem besten Willen.

Walpurgis hat einige Züge von Dir und die ziehen mich
vielleicht am meisten an, die übrigen die Du nicht hast, hast
15 Du in der Seele und sie im Gesicht. Ich denke immer an
Deine Seele bei diesen Zügen und sage dem Mädchen schöne
Sachen wenn ich an Dich schreibe, und rede Dich an wenn
ich ihr Schönes vorsage.

Werde nicht bös ich will ein bißchen hinuntergehen, viel-
20 leicht sehe ich sie, aber sie weicht mir aus, sie weiß nicht mit
mir zu sprechen, so Du nicht.

Ach weißt Du was sie eben mir sagte als ich fragte warum
sie den Bettelmann geküßt habe? – er gefalle ihr, – und ob ich
ihr denn gar nicht gefalle? – sie sagte nichts darauf. – Aber
25 wenn sie mir auch einen Kuß gäbe, so würde ich auf alle
andre eifersüchtig werden, und dann würde das ein groß
Gezänk geben im Wirtshaus und das wolle sie aber nicht haben. Mit wem sollte ich in Zank geraten, es ist ja Niemand im
Wirtshaus wie *Savigny* und ich, und der ist ja gar kein Kenner
30 von deiner Schönheit; ich plaudre dir auf der Guitarre so
schöne Abendlieder vor, ich erzähle dir so hübsche Geschichten, ich bin früher auf als Du und guck dir zu wenn du in den
Hof herunter kommst, das rührt dich nicht? – sie sagt selbst:
Garnicht! Du bist nicht so mein einzig Kind, mein Schutzen-
35 gel, was ich Dir zu lieb tue das hast Du gern und verdient
Dir einen Dank ab wenn es auch noch so gering ist. Wenn ich
nun auch herumschweife und mich in Liebeshändel einlasse,

wenn ichs tue so ists doch immer weil ich weiß daß ich meine
Heimat habe in Dir.

Ich hab dem *Savigny* gesagt er soll ein bißchen hier dran
schreiben, aber der arme Mensch ist froh daß er lesen kann.

Es ist wieder Abend, er hüllt die Welt in wild zerstreute
Farben, der Umriß meiner Tage spricht mich dagegen so far-
benlos an wie wenn ein Geist mich anredete. Die Natur
kommt uns armen unnatürlichen Menschen so oft übernatürlich vor. *Walpurgis* hing heut an meinem Arme, ihr Anblick, die ganze Reihe von Bergen umher, deren Häupter
unsre Nachbarn waren, erfüllte mich wie ein Traum. Die
Täler waren versunken im Nebel, und ein so lebhafter Spiegel aller Dinge in meiner Brust, für die ich keine Stelle mehr
sah um sie mir zu bewahren. Alles dies was ich Dir hier deutlich hinschreibe war Verwirrung in mir, und ich sah träumend in den Wald hinein, während ich mit vollem Bewußtsein eine der reinsten und entsprechendsten Umgebungen
meines Lebens hätte genießen sollen, hätte sie Herz oder
Sinn für mich gehabt. Dort sah ich ein Licht was im Grunde
des Holzes wankte, und erinnerte mich der behaglichen Gefühle die uns Beiden so oft die erleuchteten Hütten gaben
wenn Du mit mir am Abend durch die Dörfer gingst. Die
Ruhe nach der Ermüdung; und wir sahen da die Kinder rund
um den Ofen, die Spinnräder und die Lampe nach der Reihe
einschlafen.

Ach es ist sehr traurig wie ungeschickt einem das macht
was man im Leben die Konvenienz nennt, vielleicht hätte sie
meine Empfindungen ganz auf die verkehrte Seite verstanden. Eine auswendig gelernte Mannigfaltigkeit und ge-
schraubte Konsequenz, die sobald wir in die Natur treten
zu höchst verderblicher Ungeschmeidigkeit und Einseitig-
keit führen. Mit meiner Rückkehr zu mir selber versammelten sich nach und nach allerlei heterogene Empfindungen
und ich fand mich endlich in einer so wunderlichen Gemüts-
lage wie wenn ein Weltmann einen französischen Pas und
einen munteren natürlichen Sprung in der Mitte vereinigen
müßte.

Die Wolken drängten sich wie wilde Heere
Gestalt und Stellung wechselnd in dem Streite
Der Sonne Strahlen schienen blutge Speere
Es rollet leiser Donner in der Weite,
5   Noch unentschieden schwankt des Kampfes Ehre;
Von Tag zur Nacht neigt sichs zu jeder Seite.
Bald sinkt die Glut, es brechen sich die Glieder,
Es drückt die Nacht den schwarzen Schild hernieder,
    Doch, teilst Du froh mit mir was Du gegeben
10   Durch die allein von Schmerzen ich genas
Dann wirst Du auch mich über alles heben
Was ich in Deine Seele blickend gern vergaß;
Und kannst Du mir auf diesen Höhen trauen
So werd ich bald das Höchste überschauen.
15   Bald werd ich die Gärten der Armide fliehen bald bin ich
bei Dir.

Clemens.

An *Clemens.*
Liebster *Clemens* ich hab was von meinen Klosterarbeiten
20   hervorgesucht, ein Sträußchen von Seide gewickelt, die alte
Laienschwester *Monika,* wie die das Sträußchen mir wicklen
lehrte, kam es mir so allerliebst vor, und nun seh ich daß es
doch nur ein allerliebstes Nichtschen ist, aber vielleicht
machts der *Walpurgis* Spaß. Die *Monika* hatte einen Bierkrug
25   auf ihrem Tisch stehen, von dem erzählte sie mir damals, als
wir die seidnen Blumen wickelten, der Geist ihres verstorbenen Vetters sei gekommen und habe den Deckel vom
Krug aufgemacht und aus dem Krug getrunken, um ihr anzuzeigen daß er tot sei. Ist es denn nur bei solchen Gelegen-
30   heiten daß sich ein Geist auf die Beine macht? Ich frage weil,
ach weil ich in Gedanken so sehr, so ganz wahr und wirklich
bei Dir bin, weil ich Deine Guitarre höre im Geist und Deine
Stimme ihre feurigen Lieder dazu dichten. *Clemens* Du bist so
gut und so schön, wenn Du singst bist Du so besonders lie-
35   bend noch dazu, und mir der liebste der trefflichste, nicht al-

ler Menschen, denn Menschen kenn ich glaub ich gar nicht, mir sind sie nicht aufgestoßen, das lieblichste *Du selbst* bist Du mir, die andern sind mir kein Selbst, sie sind zusammen geliehene durch Umstände und Eigenheiten die ich besser noch Verkehrtheiten nenne, entstandne Unselbstheiten. Eine grüne Wiese mit tausend goldnen Blumen die all auf ihren feinen Stielen im Abendschein wanken und ein *Clemens* der über die grüne Wiese so stolz am Ufer vom stolzen Rhein hingeht und fährt so rasch über die Saiten und singt so feurig und weich seine Liebe. Ich möchte ihr Hohn sprechen daß sie Dich nicht küßt, lieber als hüben den Bettelmann der über Dich lacht, und drüben den *Savigny* der über Dich lächelt, und der sich so offenherzig rasieren läßt. *Clemente* die ungeheuren Stricke mit denen Du gebunden Dich wähnst, sind nur Spinnweb. Und Du fürchtest daß wenn Du einen Ruck tust, so reißt das ganze Liebes-gewebte Netz, Du willsts aber gar nicht zerreißen. Gäb sie Dir einen solchen Rheingauer Schmatz so fiel die Lieb Dir nicht mit der Tür ins Haus. Was solltest Du damit, Du fühlst es selbst. Der *Savigny* mag sie meinetwegen schon geküßt haben, im Weingarten oder am Brunnen oder sonst wo, er kommt herbei, man siehts ihm nicht an, er macht einen ganz trocknen Mund. Du aber *Clemente* würdest mit allen Sternen Dich darüber besprechen und Echo würde es Dir abluchsen um es durchs ganze Donnergebürg zu widerhallen, und Du selbst würdest schwanken wie ein Trunkner, des süßesten Weines voll. – Und *Walpurgis* hat recht daß es würde Streit setzen im Wirtshaus. Denn das Wirtshaus würde alles entgelten müssen, und wenn das Dachfenster Nachts im Winde klapperte so wärs ein Eingriff in Deine Träume, grade da wo Du vielleicht gewünscht hättest das Dachfenster hätte Dich um alles nicht geweckt, und wär die *Walpurgis* zutunlich mit dem Pommer oder mit dem Spitz, so würdest Du ihr vorwerfen daß sie freundlicher mit den Hofhunden sei wie mit Dir, und würdest dabei ungerecht sein, denn ein Hündchen das man hat aufgefüttert, und das einem so absichtlos treu ist das kann einem wohl näher am Herzen liegen als ein durchreisender Liebhaber.

Und sei doch ein kaltblütiger Dichter, der gern eine Rolle
übernimmt in dem eignen Lustspiel was er dichtet. Du und
der gelehrte Jurist der so ernsthaft jung ist, und der Bettelmann der so lustig alt ist, und das Mädchen das nach den
Äpfeln und Birnen sieht ob sie heuer reifen und dabei den
Liebhabern zublinzelt, nun würde ich wenn ich der Dichter
wär, das Stück oder auch den Akt so enden daß ich den kräftigen Bettelmann und den schmächtigen Gelehrten, dem zu-
rückgesetzten Studenten recht übermütig gegenüber stellte,
der sich eben auf seinen Philistergaul schwingt, weil die Ferien aus sind, und die beiden Nebenbuhler spottend von ihm
Abschied nehmen; allein wie er eben auf dem trägen Klepper
den kotigen Dorfweg nehmen will, siehe da, gleich wie im
Homer die alte Bettlerin am Wege sitzend ihre Kleider von
sich abwirft um plötzlich als blendende Göttin Minerva in
die Wolken zu steigen, wirft dieser Schimmel auch plötzlich
die alte Stalldecke ab und schüttelt seine blendende Flügel-
mähne und steigt in die Wolken so hoch mit meinem *Clemens*
und der wirft Kränze herab von seiner Himmel-ansteigen-
den Bahn, und schenkt den beiden Nebenbuhlern was sie
ohne ihn nicht fassen konnten, nämlich daß es lebende schwebende Natur ist, ihr himmlischer Sinnenreiz – der zu Füßen
der schönen Rheingauerin sich entfaltet und mit reinem Le-
bensodem sie anhaucht im jungen Grün in der tau-
sendfältigen Blumenflur, im klaren Rhein sich spiegelt und
wie Tau von der Sonne wird geküßt, und dann lieber *Clemens,* lebst Du ja nicht Deine eigensüchtige kleine Liebschaft,
nein den ganzen liebenden Frühling von 1804, und träufelst
ihn herab von den fünf Saiten Deiner Leier und betäubst
Deine Nebenbuhler, daß sie schlummern und Wunder träumen von Seligkeit die Du ihnen zumessest.

Das wär nun das Ende von dem Melodrama, das hab ich
mir erdacht am Pfingsttag in der Liebfraukirch wo vom heiligen Geist gepredigt wurde wie es mich fürchterlich lang-
weilte und ich konnte meine Füße nicht ruhig halten vor
Ungeduld, ich mußte immer einen über den andern stellen,
und in Gedanken war ich am Rhein bei Dir und bei dem Bet-

telmann, der gar nicht unfreundlich gegen mich war, denn
wenn Du meinst daß ich manche Züge ähnlich mit der *Wal-*
purgis ihrem Gesicht habe, so fühl ich daß ich wieder sehr viel
Ähnlichkeit hab mit ihrem Naturell und ich glaube der Bettelmann hätte auch bei mir den Sieg davon getragen, *wenn* 5
nicht! – Ja wie soll ich Dirs beschreiben? – nämlich als ich
eben von meiner Vision im Rheingau zurück in meiner Kir-
chenbank ankam, da war der Kaplan noch immer dran als
Pfingsttaube aus seinem Kröpfchen die Gemeine mit dem
heiligen Geist zu füttern. Der Bettelmann also hätte auch bei 10
mir den Sieg davon getragen, wenn meine Vision nicht plötzlich mir den lieben Bruder *Clemens* daher zauberte, wie der
plötzlich statt der Taube, in feurigem Galopp aus dem Schall-
loch herabgeflogen kam mitten in die Kirche! Der Prediger
auf der Kanzel erstarrt, die Gemeine in ihrem Gesang ver- 15
stummt, der herrliche *Clemens* aber auf seinem Pegasus ca-
racoliert gleich einem englischen Reiter, und macht wunderschöne Künste auf seinem Wolkenstampfer; und auf dem
Gewölk was seinem herrlich melodischen Ritt zum Tanzboden dient, schweben wunderschöne Rosenkränze von ei- 20
ner Wolkenstufe zur andern und blühen und duften immer
schöner, und die Menschen haben das Beten vergessen, alle
fangen sie die Rosen auf, und das war Dir ein Getümmel in
der Kirche und ein Jauchzen über die aufgefangnen Kränze!
Ach ich könnte Dir noch mehr erzählen wenns nicht zu lang 25
dauerte für ein Rosenfest, dessen höchster Reiz ist, daß er
bald verblüht. Die Kirche war aus eh ichs dachte, die Leute
tummelten sich zur Kirchtür hinaus. Die Bäcker liefen mit
weißgepuderten Kuchen, es war so heißer Sonnenschein.
Den zweiten Pfingsttag ganz früh war ich mit dem *Dominicus* 30
und *Anton* auf der Pfingstweide da wurde unter den großen
Linden ein großer Kranz gemacht für den Pfingstochsen, die
Kinder gingen bei den Gärtnern herum und bettelten Blumen dazu, sie hatten die Blumen alle zusammengebündelt
und so mancher den Stiel abgeschnürt daß ihr der Kopf ab- 35
fiel, wie ich aber am Kranz flechten half da ward er viel schöner, um acht Uhr war der Kranz fertig und der Brummelochs

ward mit angetan, am Nachmittag waren wir vor *Bethmanns*
Garten auf einem Floß, das schwamm mit uns ein Stückchen
dem Main hinunter, es war auch schön auf dem Main, und
wie wirds doch den Tag Dir gewesen sein, Du bist wohl ein-
5 sam da herumgewandert, ich weiß am Feiertag ists oft gar zu
wehmütig, je schöner die Natur ist, je schauriger belagern einem die langen Schatten des vergehenden Tages und die
Menschen sind auch alle wie Schemen; sie flirren umher, man
sieht kaum sie an und kein Nachgedanke über sie kommt uns
10 in den Kopf, ach und dann wenn man vom Spaziergang nach
Haus über die Schwelle tritt da legt man den Blumenstrauß
hin den man gepflückt hatte, er sollte so schön im Glase blühen, er muß welken auf dem Tisch, denn die Seele ist gar zu
müde. – So wird Dirs gewesen sein *Clemens.* Aber wenn nun
15 die Sterne aufgehen und winken sie hätten was mit Dir zu
flüstern, dann vergißt Du der stummen Schatten die neben
Dir hergingen, das helle Sternenlicht ist allein Dir geltend, so
wars gewiß vorgestern Abend, denn ich hab Dich sehen
heim gehen über die Wiesen und hab als in mir verborgen
20 mit Dir geredet und Dich bei der Hand genommen und es
war gewiß eine Stunde daß ich bloß mit Dir geredet habe in
mir, und als ich Schlafen ging da wars als habe ich recht was
angenehmes erlebt mit Dir.

Das ist meine Pfingsttagsgeschichte in Frankfurt, ich bin
25 jetzt wieder hier in Offenbach, wo ich tausend Federnelkchen
aufgeplatzt fand, und der Abendwind jagt sich mit ihrem
Duft.

Adieu *Clemens,* die Federnelkchen werden auch bald alle
geplatzt sein. Dann kommst Du zurück.

30   *Bettine.*

An *Bettine.*
Ich sollte schon bei Dir sein liebe *Bettine,* ich hatte mir gelobt
daß ich nicht wolle nach den Pfingsttagen hier verweilen,
und war auch schon in Mainz und jetzt bin ich doch wieder
35 auf dem alten Fleck, *Savigny* ist allein zurück, ich will ja nur

noch ein Weilchen mich sammeln und so manches Lied was
ich der Gegend und der geschäftigen Natur in ihr abge-
lauscht habe, noch einmal durchgehen, damit es Dir rechte
Freude machen soll:

O kühler Wald   5
Wo rauschest Du,
In dem mein Liebchen geht,
O Widerhall
Wo lauschest Du
Der gern mein Lied versteht.   10
  O Widerhall,
O sängst Du ihr
Die süßen Träume vor,
Die Lieder all,
O bring sie ihr,   15
Die ich so früh verlor. –
  Im Herzen tief,
Da rauscht der Wald
In dem mein Liebchen geht,
In Schmerzen schlief   20
Der Widerhall,
Die Lieder sind verweht.
  Im Walde bin
Ich so allein,
O Liebchen wandre hier,   25
Verschallet auch
Manch Lied so rein,
Ich singe andre Dir.

Ja liebe *Bettine* da hast Du wieder einmal durch die Ferne
herüber gesehen recht scharf, grad wie Du mir schreibst so   30
war mein zweiter Pfingstabend. – Sie war fort gefahren, sehr
schön geputzt über Land mit der ganzen Familie, ich und der
Hausknecht waren allein zurück geblieben; ich sagte dem
Hausknecht er solle nur auch ein wenig zu seinen Bekannten
gehen, wenn Gäste kommen so wolle ich ihn rufen, so war   35
ich den ganzen Vormittag allein, so still wie es im Weingarten war man konnte hören das Gras wachsen. Da kam man-

cher Wagen vorbei gefahren mit lustigen Leuten, und wenn
ihr Räderlauf in der Ferne sich verlor da fingen die Glocken
aus den Ortschaften rund um an zu läuten, so ist mir der
Morgen vergangen von früh vier Uhr wo die *Walpurgis* abge-
fahren war, bis um elf Uhr, wo sie wieder heimkehrte. – Da
kamen so viel Gäste von Bingen herüber, und so viele schiff-
ten hinüber nach Bingen, daß der Rhein ein groß Spekta-
kelstück gab von Jauchzen und Musik auf den Schiffen, die
sich bombardierten mit Trompetenstößen und allerlei ver-
schiedner Tanzmusik und Liedern, die sich einer über den andern hinaus wollten vernehmen lassen, ich habe auch mit
Link der von Frankfurt gekommen war den *Savigny* bis
Mainz begleitet. *Link* ist dort zu einer Frau gegangen von
der er mir Wunderdinge erzählt, sie ist eine Französin aus der
Vendée, war in Jena bis jetzt, hat dort mit den größten Gelehrten eine Zeit lang zugebracht, allerlei wissenschaftliche
Experimente gemacht. – Sie sei sagt *Link* eine Heldin, eine
ganz unerschrockne Seele, die in der Terroristenzeit durch
ihre Kühnheit unendliches gewirkt hat, – und namentlich in
der Vendée, sie soll so schön sein, so vollkommen wohlge-
bildet wie ein Weib aus den Nibelungen, sie reitet das wilde-
ste Pferd. – Ich stand vor ihrer Tür mit *Link,* er ging zu ihr
mit einem Empfehlungsbrief aus Weimar, ich kehrte um mit
dem Marktschiff, in Rüdesheim bin ich erst mit Sonnenuntergang zurückgekommen, alle Wirtshäuser tobten ganz
ausgelassen; da hab ich in meinem Giebelstübchen über das
Gelärm hinaus mich recht einsamlich in alles was das Leben
mir bietet hinein gedacht, nur Deiner hoffe ich gewiß zu sein,
daß auf allen meinen Irrwegen wo vielleicht keiner mir begegnen mag, Du aber mir nachgehen wirst und wenn ich
mich verlassen wähne, ich dennoch die edelste Wohnung besitze, in Deinem Herzen nämlich. – So war mein Abend beschlossen; getanzt und gejubelt unter mir, ich hörte das Lachen und dann leise klopfen an meiner Tür, als ich aufmachte
fand ich einen Krug mit Maitrank – rheinischer Hipocras –
auf der Schwelle und ein Stück Festkuchen; wärst Du hier so
würde ich geglaubt haben Du hättest es mir vor die Tür ge-

stellt. Aber wer solls nun gewesen sein? – Es war ja die *Wal-*
purg, ich hörte sie am End vom Gang laufen.

Du schreibst mir in Deinem Brief daß Du selbst eine gewisse Hinneigung zum Bettelmann empfindest. –

Wenn ich ein Bettelmann wär 5
Käm ich zu Dir,
Säh Dich gar bittend an
Was gäbst Du mir? –
Der Pfennig hilft mir nicht
Nimm ihn zurück, 10
Goldner als golden glänzt
Allen Dein Blick;
Und was Du allen giebst
Gebe nicht mir
Nur was mein Aug begehrt 15
Will ich von Dir.
Bettler wie helf ich Dir? –
Sprächst Du nur so,
Dann wär im Herzen ich
Glücklich und froh. 20
Laufst auf Dein Kämmerlein
Holst ein paar Schuh
Die sind mir viel zu klein,
Sieh einmal zu. –
Sieh nur wie klein sie sind 25
Drücken mich sehr,
Jungfrau süß lächelst Du
O gieb mir mehr.

Mainz.

An *Bettine.* 30
Liebe Schwester Du wirst mirs verzeihen daß ich nicht Ab-
schied von Dir nehme aber ich gebe Dir nicht etwas, ich bin
Dir gegeben. Du weißt nicht wie glücklich ich bin daß ich
Dir dies durch die liebenswürdigste Frau sagen kann die
durch ihr Geschick schon über den gewöhnlichen Kreis der 35

Menschen hinausragt, noch mehr aber durch ihre Selbststän-
digkeit, durch den festen ernsten Willen mit dem sie dies
Geschick bekämpfte und heldenmäßig ertrug, indem sie ruhig und allein zwischen den Schrecken der Blutgerichte hindurch wandelte. Mit solchen Naturen sich berühren zu dürfen ist eine Auszeichnung für den, dessen Seele und Geist
vielleicht darauf angewiesen ist durch solche Naturen sich
selbst zu bilden und durch sie zum Erhabenen gelenkt zu
werden. Wie sehr ich für Dich immer Sorge trage das Edle
und Schöne was ich auffinde, was mir seine Macht fühlen lässet mit Dir zu teilen, davon mag Dir hierin der Beweis gegeben sein daß ich *ihr* die ein so großes Herz hat, die mit diesem Herzen ausreichte wo so viele verzagt sein würden, auch
Dich und meine Liebe zu Dir empfohlen habe. Ja ich hab ihr
alles mitgeteilt, daß ich nämlich die besten Kräfte meines
Lebens dran wenden möchte um Dir eine würdige Zukunft
zu bereiten. – Sie hat mir in diesen Stunden, so einfach als sei
es nur ganz gewöhnlich, von sich erzählt. Durch die Vendée
ist sie oft auf wilden Pferden die kaum den geübten Reiter
trugen auf Kreuz- und Querwegen geritten um mit den großen Helden dort sich zu treffen, denen sie oft auf nächtlichen
gefahrvollen Wegen voran eilte, manchen jener armen Landleute (Chouans) hat sie gerettet mit Gefahr ihres Lebens, ihre
ganze Familie aber hat die *Guillotine* gefressen. Nur sie, geleitet durch ihren guten Stern, der ja auch von ihrer Stirne
glänzt, ist glücklich nach Deutschland gekommen. In Jena
hat sie eine geraume Zeit geweilt, und war in einer wissenschaftlichen Verbindung mit meinem Freund, dem großen
Physiker *Ritter* von dem *Göthe* sagt: *Wir alle sind nur Knappen*
gegen ihn. – Durch einen Brief von ihm hab ich sie hier in
Mainz getroffen wo ich seit gestern bin und von hier nach
Jena zurückgehe. Was kann ich Dir je sagen was an dieses
Weib hinanreicht, da ich nie einen bessern Gedanken hatte
als sie zu begreifen. Du sollst sie lieben wie mich, und mehr
wie mich. Du sollst ihr vertrauen und sie mit allen Deinen
Armen umschlingen mit Wurzeln und Gezweig, denn sie ist
Himmel und Erde, sie ist ein Weib an dem die Vortreff-

lichkeit und Barbarei du jour, (das heißt wie es heute zu Tage
hergeht) gescheitert ist, sie allein kann Deine Ideen über Revolution und Volksglück aufklären, o sie kann unendliches
für Dich, sie ist ein Geschöpf aus Gotteshand, ein gewöhnliches Weib wie Eva und wie sie aus dem Herzen jedes Man- 5
nes heraus steigen soll. Wundre Dich nicht daß ich so über sie
disponiere da ich sie nur eine Stunde gesprochen habe, aber
das organisch vortreffliche spricht sich in der Sekunde aus,
und verhüllst Du die Venus in die dichtesten Schleier, und
der unschuldige Mensch merkt nur die Bewegung ihres 10
Atems so wird er mit seiner Seele dafür haften, daß dieser
Mantel die Schönheit und die Liebe verberge. Schenk ihr die
Geheimnisse Deiner Seele, alle Deine Phantasien ergieße ihr,
sie muß sie aufnehmen und würdigen, und muß Dich beglücken, denn es ist in ihrem Wesen wie das Empfangen des 15
Weines im Kelch. Sprich von Allem dem gegen niemand. Es
ist ein glückversprechender Lebensmoment für Dich, denn
der großen Seelen sind nur wenige, sich aber mit ihnen in so
voller Unschuld geistig zu berühren ist auch nur wenigen
geworden. 20
     Schreibe mir bei *Friedrich Schlegel* in Jena.
                                        Dein *Clemens.*

Liebe *Bettine.*
Madame *de Gachet* bringt Dir einen offnen Brief von mir, ich
habe aber manches während dem gedacht. – Herzlich offen- 25
baren kannst Du Dich ihr, denn sie versteht Dich und der
gute Mensch hat keine Geheimnisse, auch sollst Du sie lieben
wie den geistreichen Menschen, doch nur ihren Geist und
Herz, die Narben aber, die ihr Erfahrung und Geschick geschlagen, das männliche Wilde ihres Seins und Verstandes 30
sollst Du übersehen, überhaupt Dich ihr nicht hingeben;
mein bleiben und Gott. – Unschuldig sein neben ihr, von ihr
lernen ohne Absicht, denn die Absicht überhaupt ists, die
solche Narben zurückläßt. Ich traue Dir unendlich viel zu
wenn ich Dich denke mit ihr umgehend, ohne von ihr hin- 35

gerissen zu werden; Dich immer selbst besitzend und doch
ganz aufrichtig, denke immer an mich dabei, hüte Dich wenn
Du sie verehrst daß nicht Dein eigener Genius den obersten
Platz verliere.

5   Schreibe mir nach Jena bei *Friedrich Schlegel* aber bald, in
einigen Wochen bin ich in Marburg.

Liebe *Bettine!*
Und immer noch von dieser *de Gachet,* aber Gott weiß es jagt
mich wieder aus dem Bette heraus, ich muß Dir noch einmal
10   von ihr sprechen, denn es kann bei ihr viel zu gewinnen und
zu verlieren sein, und ich könnte keine Minute ruhen, wenn
ich nicht wüßte, daß Du sicher wärst. Ich weiß von dieser
Frau nichts, als daß sie mit einem der geistreichsten Menschen, einem Freunde von mir genau verbunden ist, daß sie
15   jetzt die einzige Französin ist, die auf der Höhe der deutschen Wissenschaft steht, das ist ungeheuer viel, aber um dies
zu erringen, was hat sie vielleicht erfahren müssen, und wie
viel zarten Sinn haben ihr diese widerspenstigen Wissenschaften, wie kostbaren Hausrat erst zerschlagen, eh sie sich
20   besiegt gaben. Sie ist voll Enthusiasmus, und es ist ihr in allem Ernst auf Leben und Tod, auch hat sie die Mittel dazu,
Du wirst Dir leicht denken können, der Mensch sei ein Turm
der in der Erde wurzle und in den Himmel rage, und in dessen Mitte eigentlich das schöne liebe Menschenleben zwi-
25   schen Himmel und Erde ist, viele Menschen steigen in die
Tiefe und kehren nicht zurück und vergessen der Mitte die
allein lebendig ist, viele steigen in den Himmel und vergessen diese Mitte in der doch Himmel und Erde sich umarmen
und diese sind zwar große Menschen aber nach meiner An-
30   sicht werden sie doch nur als Mittel von Gott gebraucht, er
belohnt sie mit berauschendem Stolze für ihre Mühe mit den
Wissenschaften und lehrt sie die schöne Mitte verachten, um
sie zu verführen nicht zurück zu kehren. Ich bitte Dich bleibe
in dieser Mitte und steige nur in die Höhe um zu beten, sonst
35   wird das Gebet ein Handwerk. Da ich der *de Gachet* von Dir

erzählte, war es ihr sogleich so ernst mit Dir, daß sie vielleicht gar nach Offenbach ziehen wollte, wenn Du ihr ge-
fielst, um mit Dir umzugehen, es wäre schön wenn Du etwas
Chemie von ihr lernen könntest, und durch ihre herrlichen
Gedanken Deinen Geist erweitern, überhaupt durch sie ei- 5
nen Begriff von vielem erhalten, doch bitte ich Dich recht
herzlich, es nur zu tun wenn es der Zufall erlauben sollte. Ich
bereue es sehr, und es ist eine Übereilung, daß ich ihr den
Brief an Dich gab, ich kenne sie doch zu wenig dazu, doch
hoffte ich Du wirst beide morgen schon haben, und eher als 10
ihren, und darum durch jenen heftigen nicht verwundert
werden, den sie Dir bringt, Du kannst alles, was drinne
steht, solltest Du sie näher kennen lernen, an ihr erproben,
ob es so ist, das Meiste ist vermutlich so, aber ich will nur
nicht, daß Du sie gar für unsern Herrgott hältst, ich habe es 15
unstreitig zu arg gemacht, daher meine liebe Schwester werfe
Dich ihr weder zu Füßen, noch um den Hals, sondern *ästi-
miere* sie, und *profitiere* von ihr, ich will, Du sollst mir sogleich umständlich schreiben, wenn Du sie zum erstenmal
sahst, wies darbei herging, alles was an ihr wissenschaftlich 20
ist, mag vortrefflich sein, aber ihre Grundsätze, da glaube ich
brauchen wir zwei keine andre als unsre. Lieb gut Kind, ich
habe Dir da eine rechte Seelenschererei mit meinem hitzigen
guten Willen gemacht, so geht es wenn der Bruder ein Poet
ist. Du sollst Deine Singstunde immer in Gegenwart eines 25
Dritten oder der Tante nehmen, denn *Koch* ist doch etwas
gemein, setze alle Deine Arbeiten fleißig fort, und behalte
mich lieb. Du kannst die *de Gachet* etwa fragen, was Du wohl
lesen sollest, aber schreibe mir alles, was sie zu Dir sagt, und
Du zu ihr so viel als möglich. – Adies – Adies – die großen 30
dummen breiten Ausdrücke in meinem Briefe, den die *de
Gachet* bringt kommen mir jetzt so komisch vor, ich glaube
und schäme mich drüber, ich wollte ihr damit schmeicheln,
sehe selbst zu, wie sie Dir gefällt.

Clemens. 35

Adresse Jena bei *Friedr. Schlegel,* schreibe bald.

An *Clemens.*

Geliebter *Clemens.* Was ist doch alles widerfahren in diesen
wenigen Tagen der die Du *Bettine* nennst! – Ein Südwind auf
brennenden Sohlen, in einer Wirbelwolke von Staub wehte
5 mir ins Gesicht. Von einem Tag zum andern hat die Welt hier
in Offenbach einen Purzelbaum geschlagen. Denn erstens las
ich im grünen Zimmer auf der Fensterbank vor dem *Herzog
von Aremberg,* über die Volksmajestät ein französisches Ak-
tenstück, worüber ich unendliches hätte den Herzog zu fra-
10 gen gehabt, der schlief aber, ich wollte nur allmählig aufhören zu lesen, damit er nicht wach werde, ich fing schon an
ganz stille zu werden, ich hatte ausprobiert daß er fest schlief.
Siehe da kam im Sturm daher gebraust ein Cabriolet wie ein
abgeschoßner Pfeil vor die Haustür, herab springt der Wa-
15 genlenker, ein jugendlich voller schöner Mannjüngling mit
klirrenden Sporen, zwei Reiter die ihn begleiten treten mit
ihm ein, ich war, ich weiß nicht wie nicht warum, von
Schrecken durchgriffen daß ich vergaß zu reden, und besann
mich nicht die Großmama zu rufen, die im Garten war. Der
20 Herzog fragte wer da sei, ich deutete den Fremden an er sei
blind, und sagte: c'est un jeune Cavalier Monseigneur avec
deux Messieurs. Au contraire c'est une femme sagte der
Jüngling und näherte sich. Der Herzog wußte gleich wer sie
war, denn er ergriff ihre Hand und äußerte ein sehr warmes
25 Interesse. Ich lief in den Garten die Großmama zu holen. Die
sagte gleich von Madame *de Gachet,* einer Prinzeß aus der
Vendée und bis wir ins Haus eintraten schwindelte ihr der
Kopf vor Begeistrung. Ich besann mich unterdessen und
wollte gern unbefangner Zuschauer sein. Hinter der Tür vor
30 der Großmama ihrem Schreibzimmer blieb ich stehen, wo
ich einstens schon *Herder, Boonstedten, Friederike Brunn,* die
Krüdner und andre närrische Erscheinungen berühmter
Leute angestaunt hatte. Es war ein Verbeugen und Neigen
der beiden Frauen und ein Beteuern und ich hätte gern alles
35 behalten um dirs zu erzählen, es war ein zu groß Geschwirr
von lauten Stimmen; ich konnte nur den Herzog verstehen
der zu ihr sagte: Vous ètes la plus respectable des enemies de

la france, sie nannte die assemblée nationale le dépôt de la confience de tout un peuple, und redete als ob sie die Welt erneuere. Le peuple n'est plus livré aux intrigues de cour ni aux incertitudes ministerielles, und meinte damit sei ihr ganzes tragisches Schicksal ausgewetzt, und dann sprachen sie über Krieg zu Wasser und zu Land, von Vaisseaux de guerre und Cavalerie und Infanterie, und sie redete davon als wär sie bei allen Schlachten mit gewesen.

Liebster *Clemens* wenn Du mir freundlich bist, dann bin ich wo nicht ruhig, doch zufrieden. Ruhig sein heißt bei mir die Händ in den Schoß legen und sich auf den Kindchesbrei freuen den wir heut Abend essen. Ruhig sein kann ich nicht, ich freu mich auf alles was grade das Ruhigsein ausschließt, ich muß jauchzen vor Vergnügen über ein unbestimmtes Etwas. Was mag es sein? Das macht mich auch wieder unruhig, ich nehme drei Treppen unter die Füße bis zum Dachgiebel hinauf, ich guck zum Gaubloch hinaus was doch herkommen mag, worauf ich so sehr mich freue, und weiß doch nicht was, und ich sah doch auch gar nichts so weit der Blick trägt; aber nichts! – Aber meine Seele ist eine leidenschaftliche Tänzerin, sie springt herum nach einer innern Tanzmusik, die nur ich höre und die andern nicht. Alle schreien ich soll ruhig werden, und Du auch, aber vor Tanzlust hört meine Seele nicht auf Euch, und wenn der Tanz aus wär dann wärs aus mit mir. Und was hab ich denn von allen, die sich witzig genug meinen mich zu lenken und zu zügeln? Sie reden von Dingen die meine Seele nicht achtet, sie reden in den Wind. Das gelob ich vor Dir daß ich nicht mich will zügeln lassen, ich will auf das Etwas vertrauen was so jubelt in mir, denn am End ists nichts anders als das Gefühl der Eigenmacht, man nennt das eine schlechte Seite, die Eigenmacht. Es ist ja aber auch Eigenmacht daß man lebt! – Wir haben in dem Kloster ein Gebet gehabt, daß uns Gott hat das Leben neu geschenkt jeden Morgen. Ich habs nicht geachtet, jetzt mache ich eine andre Betrachtung darüber, daß wir für unser täglich erneutes Leben dem Gott danken, das macht uns feige dem Leben zu entsagen! – Aber auch noch schlimmeres

entsteht daraus, wir schließen die Grenze des Lebens so sehr
eng ab. Wir steigen so allmählich den Berg hinab und sagen:
mein Leben geht schon abwärts, wir setzen die Nachtmütze
auf, wir räumen auf und halten an eine kleinliche Ordnung,
5 kurz wir haben in einem fort mit der Kreide zu tun, mit der
wir alle *zufällige* Flecke unserer Seelenmontur zudecken, weil
wir uns auf die himmlische Parade vorbereiten. Wenn alles so
ziemlich in Stand ist setzen wir uns hin und seufzen und
schwitzen als noch die paar Lebenstägelchen fort die uns der
10 Herrgott zugemessen hat, in lauter Angst daß die Kreide
auch hafte auf den Flecken und daß kein neuer Schmutz dazu
komme, und da wird denn das Leben so ledern, daß man
dem Gott den ärgsten Schimpf antun würde, es als Geschenk
von ihm zu achten. Es ist aber noch mehr und ein viel grö-
15 ßerer Irrtum dabei. – Nämlich die närrische Idee, daß Leben
enden könne, Leben kann wohl verlassen was nicht vermag
Leben zu fassen, aber es kann nie enden. – Und kurz ich finde
diese Anstalten fürs ewige Leben so, daß es Reißaus nehmen
muß vor dem Tod in uns. Aber nicht wie ihr fälschlich meint,
20 daß der Tod über einen komme wie der Dieb in der Nacht.
Und wenn er käme wer wird denn Anstalten machen für diesen Esel der so schlecht das Lautenspiel versteht, daß er damit schon einer schwachen Seele den Garaus macht. Nein!
Wie ich Dir hier noch einmal sage das Leben flieht die Wüste
25 des Todes, aber dem Tod eine Macht zuschreiben über das
Leben, das ist Unsinn. Es ist aber noch eben so dumm irgend
eine Macht anzuerkennen, über uns, als nur das Leben selbst,
und leg Dirs zurecht wie Du willst, ich kanns nicht weiter
ausdrücken, ich kann nur sagen was auch in der Welt für Po-
30 lizei der Seele herrscht, ich folg ihr nicht, ich stürze mich als
brausender Lebensstrom in die Tiefe wohin michs lockt. –
Ich! Ich! Ich! – Ich greife um mich mit meinen Fluten, ich eile
in stolzen Wogen durch die Triften. Ich durchziehe Euch ihr
Heiden, – dort kommen die Berge die Welt ist rund, mir ist
35 jedes Tal die Höhe die mir zu durchbrausen beliebt, denn
eben weil die Welt rund ist. –
    Clemens! ich weiß daß Du diese Wellen des Vertrauens

gerne aufnimmst und ich weiß daß bei Dir gut weilen ist,
drum wird der Lebensstrom auch nur ganz langsam fließen
so lang er durch Deine Lebensgegenden zieht, aber über
meine Neigungen kannst Du nicht disponieren. Weiß ich
doch nicht was mich Dich lieben heißt, ich gehe Dir nach
ohne zu wissen warum, wenns nicht der Lebensstrom wäre
der eigenmächtig durch Deine Fluren wallet und sich wohl
befindet so, ja es ist sein selbstherrschender Wille, der sich
durch Deine Lebensgebiete drängt, ach und er strömt so voll
so selbst gefühlig in diesem reinen edlen Bett, über Perlen
und Goldsand, und die Ufer so blütenreich gratulieren meinem stolzen Wogengang. – Heut bin ich närrisch *Clemente!* –
Der Frau *Gachet* kann ich auch nur im Vorüberströmen günstig sein, *aber sie lieben wie Dich selber* liebes Flußbett was fällt
Dir ein. – Der Fluß strömt nur Dir freundlich und gutwillig,
gegen andre ist er rebellisch und rauh, ich will wohl mit der
Gachet umgehen und ein bißchen an ihr nagen mit meinen
Wellen, aber mich ihr hingeben, von ihr mich leiten lassen,
was fällt Dir ein? – Ich brause vor Zorn, daß einer etwas über
mich vermögen soll was nicht ich selber bin? – Nein *Clemens!*
welches Menschenschicksal auch über mich komme, das ist
mir so jetzt ganz nicht von Gewicht, aber mich durchreißen
Ich selber zu bleiben das sei meines Lebens Gewinn, *und* sonst
gar nichts will ich von allen irdischen Glücksgütern. Gute
Nacht für heute.

Eben jetzt bekomme ich Deinen letzten Brief, und bin
froh daß Du selbst bekennst ein wenig übereilt geschrieben
zu haben. – Sie hat gar nichts mit mir gesprochen und Deinen
Brief mir sehr freundlich in die Hand gedrückt, sie sah mich
oft ganz starr an, als wolle sie mir etwas sagen, Du kannst
überzeugt sein, daß ich mich ihr nicht zu Füßen und auch
nicht um den Hals werfen werde, ich werde alles was ich von
ihrem Geist begreife und erlerne Deinem Urteil unterwerfen, mein Leben und mein Glaube, und die Lust zu bekennen
was ich will und suche sind ja Dein und was meine Sprache
nicht auszudrücken vermag, Du mußts finden in mir die Dir
nicht fremd ist. – Unter allen frohen Stunden bleibt die mir

am lebendigsten wo Du mich zur Lust am Leben angemahnt.
Ich begreif doppelt rasch, ich weiß wo mirs herkommt daß
ich in den nächsten Lebensmoment schaue als in einen reichen Schatz der mir wie ein Demant entgegen blitzt und
5 mich begierig macht auf ihn. *Der ungehemmte Lebensatem von
dem das volle Herz getragen wird.*

Vernähme der Mensch besser was ihm die Sterne zuwinken so würde er sich im Flug entfalten, und könnt ichs besser
sagen so sähest Du deutlich und klar, der Sinn kann sich
10 nicht ändern, er dient Dir so willig um treu bleiben zu dürfen, so kann er keinem andern sich zuwenden wollen ums
besser zu haben.

Adieu lieber *Clemens* Du bist mir den Abschiedskuß noch
schuldig.
15   Deine *Bettine.*

Wo bleibt denn nun jetzt die *Walpurgis* und die schönen Lieder der Liebe? – Nicht wahr jetzt bist Du nicht mehr eifersüchtig auf den Bettelmann!

Liebe *Bettine.*
20 Ich danke von ganzer Seele für den beruhigenden Klang
Deines Briefes in dem sich Selbstgefühl und Liebe so schön
durchdringen. Ich weiß nun mehr über die *de Gachet,* Du
kannst mit ihr sein, und kannst sie auch vermeiden wenn sie
Dir nicht zusagt, denn ein Herz was so herrlich grünt und
25 blüht wie Deines, bedarf keiner Seele als nur der Liebe; die
hast Du von mir. Bleibe über alles Zufällige erhaben, folge
Deinem inneren Ruf er ist zu stark in Dir, wer wollte Dich
ihm entziehen? – es wäre Frevel es zu wollen, da wir alle
noch nicht da sind wo wir mit uns selbst rechten können, ob
30 wir irgend etwas wollen sollen, oder nicht, so würde der rein
als Natur hervortretende Instinkt ja nur in sich selbst er-
kranken, sollte er bezwungen werden durch Reflection, und
sein Genie die Rettungskraft aus dem Irrtum heraus, wär
ihm dadurch gebrochen.

Daß die Welt den großen Kreislauf macht durch Irrtum und leidenschaftliche Verkehrtheit, hat Dir selbst ja bei Deinem ersten Blick in die Welt eingeleuchtet, daß sie aber zu ihrer Ursprünglichkeit zurückkehren solle in vollem Bewußtsein und mit aller Gewalt die dieses Bewußtsein gibt, das soll in jedem Einzelnen wahr werden oder er wär dieser Welt verloren. Und außer ihr sein wollen ist Vernichtung. Nein! jede individuelle Kraft kann nur durch und in der Allgemeinheit Wurzel fassen, kann nur in ihr sich selbst verstehen lernen; und kann nur *an ihr* sich erproben. Drum ist die Geschichte der Dinge das wahre Element der Geister, und darum hat diese *de Gachet* eine elektrische Wirkung auf die Menschen weil ihre Eigentümlichkeit sogleich an der Geschichte sich entzündet und drin aufleuchtet, ja wenn der Mensch erst dasteht (das heißt oben ansteht), dann ist sein Leben ein fortwährendes Weltwirken. Alle kühne Taten großer Menschen sind ein unwillkürliches aber ganz naturgemäßes Mitwirken der Gesamtheit, oder der Geschichte der Dinge deren Erzeugnis ja auch der Geist ist; und *Mirabeau* würde nicht so Schlag auf Schlag getan haben mit jedem Worte, wäre seine Eigentümlichkeit nicht fortwährend elektrisch eben von dieser Geschichte seiner Zeit entzündet worden. Man beurteilt zwar oft die Menschen nach einem sittlichen Wert oder *Unwert,* dieser ist aber im allgemeinen Weltgeschick nicht mehr zu rechnen. Wer wird dem *Mirabeau* seine moralische Vergehen anrechnen? – sie sind geschleuderte Blitze seiner Sinne und seines Geistes, je nachdem sie in fortwährender elektrischer Reibung mit der Geschichte der Dinge sich entladen. Die Revolution hat unendliche derartige Charaktere hervorgebracht, sie haben alle geleuchtet, sind scheinbar wieder verschwunden, ob sie noch wirken? – daß sie noch wirken das weißt Du wohl am besten, da Du oft Deine höchste Begeisterung für sie ausgesprochen hast, und hierdurch die erste und tiefste Grundlage Deines Begriffes in Dir geworden ist. Ganze Generationen sind vorübergegangen, wo gar kein Weltbegriff in den Nationen hervorgetreten war, und das ganze Menschengeschlecht im Willen und im

Geist am Boden verkeimte, darum war aber auch keine Geschichte, erst indem sie sich zum wirklichen Leben entzündete regte sich diese Saat selbstwirkender Eigentümlichkei-
ten; und diese *Gachet* – was auch von der Philisterzunft ihr
5 nachteiliges möchte nachgesagt werden, war doch von ihrem
Zeitalter tief bewegt; sie zählte mit, sie hatte ein Geschick
und dies webte sie kühn und lebenskräftig in die grausamen
überwältigenden Weltgeschicke mit ein. – So manches Wagnis führte sie oft nur aus um eines einzigen armen Bauern
10 willen, dem sie Nachts vielleicht ein Brot brachte in seinen
Versteck, oder dessen Kinder und Weib sie nährte, während
der Mann nicht für sie sorgen konnte. Authentische Papiere
meinem Freund *Ritter* von ihr mitgeteilt, legen es dar. In
einer wilden nicht geheuren Zeit – was wir unendlich
15 menschliches Elend nennen würden, das wurde dort nicht
geachtet, nicht empfunden, es war angemeßnes Tagwerk,
diesem Elend der Lebensbedürfnisse zu steuern; – waren sie
in etwas befriedigt, so sprühte auch gleich wieder jener elektrische Funke der die Weltgeschicke durch große Charaktere
20 herausbildet und aufbaut, oder sie reinigt oder erzeugt. –
Wem hat diese Frau gedient in jedem Bauern dem sie Hülfe
leistete? – einem vertriebenen König, sie konnte das nicht
anders wollen, obschon auch ihr die Not und die Berechtigung und die Würde der Nation heilig waren. Und nachdem
25 nun dies schauerhafte Gewitter was den ganzen Erdenhim-
mel entzündete wo kein Blitz aus den Wolken fuhr der nicht
traf, allmählig ausgerollt und sich entladen hat, – da sind alle
die Ihren vom Blitz getroffen, sie bleibt allein stehen und ergreift die Wissenschaft zu ihrem Freundesstab, und sucht die
30 edelsten Geister auf in Deutschland, weil ihr der Vaterlands-
boden durch unendlich schwere Jammerszenen unerträglich
und auch verpönt ist. Dies alles ist schön und edel, und es ist
beglückend mit solchen Menschen sich berühren dürfen! Das
mußte ich Dir sagen, auf Deine Verteidigung Deiner *Le-*
35 *benseigenmacht;* sie sei Dir ganz individuell, unverletzt, so
kann sie doch nur als gesamtmitwirkend Dir selber wieder zu
gute kommen. Das ganze Du der Menschheit muß ein Ich

werden, große Menschen denken und fühlen nicht anders. Und so sollst Du auch sein mit ihr die ein Du für Dich ist, in der schönen und edlen Seite aber, dein eignes Ich sein muß. Es wird Dir vielleicht seltsam deuchten als ob ich Dich von der einen Seite warne auf der andern aber sie Dir im verklärten Lichte zeige, und so ist es auch. Ich will nämlich nicht daß Dein eigner Charakter der so fest und so entschieden sich schon ausspricht, sich allenfalls einem andern der so mächtig einzuwirken vermag sich unterwerfe, ich will aber auch nicht daß den Handlungen die nur der wirklich große Mensch begehen kann ein schlechtes Urteil gesprochen werde. Was ich Dir übrigens über die *de Gachet* hier schrieb ist teilweise aus dem Brief meines Freundes *Ritter* an mich, dieser große Mensch der in seinem innern Wissen und Wirken die Zeiten überragt, hat eigentlich hierin den Begriff von sich selber niedergelegt. Ihn mußt Du auch noch kennen lernen, es kann sich Dir nichts schöneres enthüllen von Menschensinn als dies kindliche bis ins Antike hinaufragende Gemüt.

Wenn ich von der gewohnten Weise mich mit Dir zu verständigen hier abgewichen bin, so ists weil ich die reine Menschlichkeit in *Ritters* Begriff in keine andre Sprache übertragen konnte. Ich möchte Dir alles zuwenden was mich je gerührt und bewegt hat. Lerne wenn Du auch nur dabei begreifst wie man Dich nicht lehren sollte. Dein Bestreben sei, Dich so mit Deiner Vorzüglichkeit zu durchdringen, daß kein Mensch merke, wo Du es bist. Antworte mir und bleibe bei dem was Deine Seele nähren kann. Ich werde Dir bald allerlei Bücher schicken. Vor allem bewaffne Dich gegen jeden Mißbrauch den man von Deiner Zukunft machen könnte, gebe Niemand auch nur das geringste davon in die Hände. Lasse nur Dir selber die Herrschaft in Deinem Gemüt, und lasse mich einen geringen Anteil dran haben wir sind ja keine zwei! –

Adieu Du edles geliebtes Kind.

Dein *Clemens.*

Lieber Clemens.

Jetzt schreib ich gleich weiter von allem was ich über Deine Warnungssorgen vergessen hatte. Diese Frau hat mich in einem fortwährenden Schauerriesel erhalten, und denke Dir während ich in die Türe gelehnt sie ansah, verstummte sie oft mitten in ihrer Rede und sah sich nach mir um, keine Goldfrucht winkt lockender aus dem dunklen Grün, als ihr lächelnder Blick nach mir, ich fühlte mich beschämt. Bei der Heimfahrt nahm der eine ihrer Begleiter den Platz im Whiski ein, sie schwang sich mit selbstgefälliger Anmut aufs Pferd, sie grüßte mich als wolle sie mir sagen: schwing dich auch aufs Roß, aus allem heraus was dich beengt, komm vertrau mir ich will dir die Hand reichen. – Und fort war sie; und ich lief in den Garten und stieg auf die Pappel, wo hätt ich hingesollt, so sehnsüchtig in die Weite? – Auf dem Gaul die Abendlüfte durchsausen im Galopp! – und hätt ich das gekonnt, mein ganz Glück würd ich darin finden und muß Dir alles sagen was ich hierbei denke.

Man muß doch wohl wissen was das Gegenteil ist von aller Verkehrtheit, denn nur in dieses hinüber kann man sich vor ihr flüchten, und doch wenn sie mich wie Lüge und Gespensterwesen anschauderte und ich glaubte ihr Gegenteil die Wahrheit zu empfinden, so war keine Gewalt in mir dazu. Die erste Melancholie, die erste Träne die wie eine Frage mir ins Gewissen fiel war der Art. Ich ging einmal in so unklarer Stimmung über den Hühnermarkt in Frankfurt, auf einmal befand ich mich wie im Traum, aus einem Weltenraum in den andern hineingerissen, aus der kalten mit spazierengehenden Philistern besetzten Straße unter die befiederten also zur Freiheit geschaffnen Tiere. Die Tauben die man im Abendschein, in Herden die Sonne vergoldeten Wetterfahnen der Kirchtürme umschwingen sieht, waren hier in schmutzige Körbe eingesperrt, wo sie ihr reines Gefieder besudelten bei kargem Futter. Und morgen sollten sie von der Hand und für den Magen eben dieser Philister geschlachtet werden, in denen nie ein Naturgefühl den Lebensreiz erhöht hatte. – Es machte mich traurig, ich fühlte mich hier besser und weniger beschämt als unter den Menschen. Diese Tiere sind ein Liebreiz der Natur, sie haben Mut, sie schwingen den wolkenbringenden Winden sich nach in die Lüfte und alle Lebensgeister in ihnen sind angefacht. So wie ich mich sehnte damals, mit den Tauben unter Gewittern die Türme zu umkreisen, so hätte ich gestern auf dem Gaul im Galopp dem gewohnten Schlendrian mich entreißen mögen. Ich hab es sehr deutlich gefühlt, was diese Frau voraus hat, dadurch daß sie so einem Reiz kann genügen. Freiheit fühlt sie in allen Gliedern auf dem Pferd, das sie zu lenken versteht, und wenn es sich bäumt und steigt und sie läßt so ruhig es gewähren, denn sie weiß es wird sich gleich fügen, und jetzt ist sie aufgeregt durch einen Gedanken, so setzt sie dem Gaul die Sporn in die Seite und er fliegt wie ihr Geist mit ihr zugleich dem entgegen, was sie erringen möchte. Ach wie muß das die Kraft fördern Leibes und der Seele, wie muß das den Gedanken treiben daß er gepanzert hervorspringt gleich, und drein schlägt in den Begriff und wie muß es das Herz heben das Reiten? – Nur edlen Naturen gehört das Pferd, kein Vorsatz konnte mich bewegen, auch keine Vorstellung, keine Belehrung, keine christliche Moral irgend mich selber im Zaum zu halten, das Gute zu tun das Böse zu lassen. Aber auf einem Pferd, da würde ich zu jeder kühnen Tat, auch noch im letzten Augenblick herangesprengt kommen, denn das würde genievolle Begeisterung in mir anregen. Was ist der Unterschied zwischen Gott und Menschen? – daß in ihm alle Lebensreize wach sind, und aber im Menschen schlafen sie. – Er hebt das Haupt, der Mensch, weil ihm irgend etwas deucht, – er sucht seine Meinung, er glaubt sie gefunden zu haben; er paßt sie den unbegriffnen Dingen an, die müssen sich danach zurecht setzen lassen, und den nennt man einen Weisen der das Ursprüngliche so lange verkehrt und das Göttliche durch Schein und Trug ersetzt, damit er sagen könne von mir geht der Begriff aus. Und seinen verrückten Plänen fügt man sich denn, er sitzt tief im Philisterstuhl, aber von dem Feuer eines kühnen Pferdes träumt ihm nichts. Eben so wenig von der Wahrheit die ein so lustiger und ra-

scher Gaul ist, der über Stock und Stein hinaus setzt und ums
Ziel siegend herum sich tummelt. Und da schreien die Leute
über den Tollkühnen der wie wahnsinnig über die Barriere
sprengt, verbotne Wege reitet durch die gefahrvollen brausenden Wellen hinauf zum steilsten Ufer, gleich wird er ver-
unglücken! Die Feigen wissen nicht daß diese tollkühnen
Sätze abgemessen sind nach ewigen Gesetzen der Begeisterung, sie sind gewagt, aber in ihrem Wagen liegt ihr Gelingen. Wär ich König ich würde die Welt untertauchen und sie
gereinigt aus den Zeiten-Wogen hervorgehen lassen. – Was
ich sage, sei es Frevel, o so ist mir dieser Frevel lieb. Wo war
je ein Gebet stolz genug, daß ich gern es nachgesprochen
hätte? –
     Hier liegen wir im Staube vor Dir Gott
               Zebaoth.
So mußten wir im Kloster singen und nachdem ichs jedesmal
mitgesungen hatte, besann ich mich eines Tags was es denn
wohl heißen möge, es schwante mir als ob dem Gott der
Menschheit, ein Götze gegenüber stehe der Zebaoth heiße,
denn Gott und Mensch konnte ich nicht trennen, und kann
es noch nicht, und Staub lecken vor dem Zebaoth, das heißt
mich eine innere Stimme bleiben lassen, wenn ich Frieden
haben wolle mit dem rechten Gott, der in den mondverklär-
ten Wolken Abends, sich ins Gespräch mit mir einließ über
allerlei, und mir recht gab, wo aber-witzige Menschen es besser wissen wollten. Und wie wunderliche Reden führte mit
mir oft dies oder jenes auch in der Natur.
     Was hab ich alles erfahren in jenen Kinderjahren; – Wur-
zeln und Kräuter, eine Blumendolde aus der bei leisem
Druck der Same aufsprang – die waren mir Unterpfand und
Beteurung vom Gegenteil alles Aberglaubens, sie sagen mir
immer dasselbe: *Frei sein,* und jeder Glaubensbefehl leugnet
mir das, und endlich da die Überschwemmung der ganzen
Erdenkultur auf mich losgeschwemmt kommt, da strecke ich
die Hand allem Unschuldigen entgegen, um es zu retten in
meinen Busen. Und jeder Begriff des Großen, Kühnen, der
Lüge zum Trotz Reinen, – das ist mir ein Lebendiges das

mich anwirbt mit schmeichelnder Verheißung. Und was war dagegen was man mich lehrte? – ach so unfaßlich, daß man eine Maschine sein mußte, um es nachzusprechen.

Du hast mir oft gesagt ich solle meine Erinnerungen auf-schreiben aus der Klosterzeit, über die ich nun schon mehr als drei Jahre hinaus bin. Es ist alles noch lebendig in mir, ich kann aber nicht die Blütenäste vom Baum abbrechen der ich selbst bin. Dies Klosterleben hat Knospen in mir angesetzt Ahnungen die zur Wahrheit müssen reifen. Denn der Baum kann nicht selber sich berauben seiner Düfte, die noch ver-schlossen sind. – Denn alles ist mir ja nicht ein Gegenstand, ich bin es selber. Weil es aber heute in so nächtlicher Zeit ganz toll in mir hergeht, daß ich nicht schlafen kann vor dem Gaul, der Schimmel der mir im Kopf herumtrabt, – so weckt er mir ja ganz leidige Erinnerungen, über die ich gleich da-mals als junges Kind schon den Bann ausgesprochen habe. Ach ich bin doppelt froh des Lichtes das ich in Dir sehe, denn alles was ich Dir schreibe und sage kommt mir vor als gehe es von Dir aus, und ich bin so stolz in Dir weil Du oft mich anredest als ob es die Stimme der Weisheit sei auf die ich lange gehorcht habe in die Ferne, und jetzt ist sie mir so nah in Dir daß ich sie von mir selber nicht unterscheide. Aber ach! hege keine zu großen Erwartungen von mir, bedenk daß ja Deine Liebe mir keinen Wert mehr läßt, ich hab ihn alle für sie hingegeben. Und heut schreib ich nun nichts mehr, aber morgen.

Nun ists Morgen *Clemente,* aber welch ein Morgen? – Die *Gachet* hat sich ansagen lassen mit noch merkwürdigen Be-gleitern, ein Chemiker *Buch,* ein Gottesgelahrter *Maijer,* ein Pferdemaler *Dalton.* Dies Pferdegenie soll sehr interessant sein, der blinde Dux wird auch da sein. Ich freu mich schon auf alles, und mir klopft das Herz, aber ich werde mich doch auch selbst fühlen gegenüber der Frau die ein Pferd regiert wie ein Mann! – Denn kann ich nicht vielleicht auch etwas regieren was dem Gaul gleich ist, oder mehr noch? –

Eben ruft die Großmama wir sollen ihr Blumen holen im Garten und die Urnen frisch mit Sträußern versehen. Ich werde alle Blumenbeete rasieren, ich muß fort.

Clemente sie ist da gewesen, wie ist doch alles durchein-
andergangen. – Nach dem ganzen Abenteuer haben die Franzosen im Garten einen fürchterlichen Äpfelkrieg geführt, ich
kann Dirs heute nicht mehr schreiben, ich muß erst noch eine
5 Nacht drauf schlafen. Aber morgen kommt sie wieder, sie
hat mirs im Vorübergehen ins Ohr geflüstert, sie ist des Teufels aber ich bin auch des Teufels, ich will keine Freundschaft
mit ihr, ich bin zu jung. Wär ich schon so wie es in mir werden will, dann ritt ich stehend auf zwei Gaulen und spränge
10 dazu durch den Reif. Mit Kunststreichen und Übermut wollt
ich ihren kühnen Ritt ausparieren.

Lieber *Clemens* heut am Montag erzähl ich fort vom Samstag und Sonntag, diesmal gingen hexenmäßige, die Großmama in höchster Spannung haltende Dinge vor, eine gal-
15 vanische Batterie! – Der kleine rotwangige Apotheker *Buch*
trug Blumenkörbe und Urnen hinaus auf den Hausflur.

Mit Salzwasser in einer großen erdnen Schüssel wurde ein
groß Geplätscher gemacht, runde Filzlappen und Taler und
Kupferplatten aufeinander gelegt, viele Stimmen und Hände
20 gingen durcheinander bei dem Aufbau der Säule. Der Herzog im Hintergrund hielt mich bei der Hand, ich mußte ihm
erzählen was vorgehe. Nachdem die Säule unter den Händen
der Gelehrten mehr wie einmal umgestürzt war, baute die
Vendéerin sie selbst auf und sie blieb stehen; es wurden ne-
25 gative und positive Versuche gemacht, davon kann ich nichts
sagen als daß es nicht ganz so ausfiel wie man wollte. Die *de
Gachet* verlangte feingesponnene Glasfäden, die Frau *Wrede*
uns gegenüber hat eine Sultansfeder von gesponnen Glas, sie
sagte mir daß sie den Sultan dem Magnetiseur geschenkt ha-
30 be, der ihn auch zu seinen Versuchen braucht, ich klingelte an
seiner Haustür, wie ich den Schall der Glocke hörte mußte
ich mich fürchten, aber ich war schon im Haus der Treppe
hinauf, und stand schon vor ihm und wußte nicht wie ichs
ihm sagen solle, er kam mir aber zuvor wie ich von ge-
35 sponnen Glas anfing und gab mir den Sultan in die Hand, da
sah er an meinem Finger den Ring aus dem ledernen Schuh,
den Stein nach inwendig mit roter Seide umwickelt und mit

Harz verklebt, ich schämte mich, ich wickelte den Faden los
und reichte ihm den Ring, er besah ihn und sagte: *Ein Talisman!* – und steckt ihn mir wieder an den Finger. Das war alles
was er mit mir sprach, mit dem ich doch manches schon gesprochen hatte über die Gartenwand; ich nahm mir auch vor, 5
gleich den Abend noch auf die Gartenbank zu steigen und
mit ihm zu sprechen, ich werde Dir gleich erzählen wie das
aber nicht gegangen ist. Erst wurden mit den Glasfäden
Schmelzversuche gemacht die nicht gelungen sind, drum
sollte die Säule ein paar Tage unberührt stehen und sich ver- 10
stärken, die Großmama war in großer Angst es könne daran
gestoßen werden, und ließ nachdem die *de Gachet* fort war,
Niemand ins Zimmer, die französischen Herren hatten sich
im Garten versammelt, es war schon dämmerig, ich kam dazu, sie sprangen wie toll herum, machten große Sätze über 15
die Blumenbeete, rissen die Stäbe von den Pflanzen los und
schlugen aufeinander, und rissen vom Spalier die gezählten
noch unreifen Äpfel zum bombardieren. – Ich war ja wie ver-
steinert. Denk, sie hatten ihre Röcke ausgezogen und auf die
Sträucher gehängt, die waren krumm gebogen von der Last, 20
der ganze Garten war verwandelt, ich konnte keinen erwischen so war er gleich hinter einem andern drein, und wollt
ich den wieder um Gotteswillen bitten, so hatte er eins zwei
drei Äpfel abgerissen und setzte über die Rabatten hinaus um
einen zu treffen, sie waren wie toll gewordne Geister, sie flü- 25
sterten und kicherten und gaben keinen Laut von sich, in der
Verzweiflung rief ich: Grand-Mama vient, da warfen sie ihre
Munition auf gut Glück dem nächsten an den Kopf, und mit
ihren Röcken wie der Wind zur Gartentür hinaus. Verwundert daß diese alten Herren mit ihrem Podagra und Asthma 30
so ungeheure Bocksprünge machen konnten, nahm ich den
Rechen und harkte die Wege, ich steckte die weggeworfenen
Blumenstäbe wieder in die Sträucher, es war schon dunkel da
suchte ich noch die abgerissenen Äpfel zusammen und legte
sie an die Erde, als wären sie von selbst abgefallen, vielleicht 35
vom Wind. Im Hof des Magnetiseurs sah ich die Leute bei
einem Packwagen beschäftigt, und denk Dir er ist fort, heute

Morgen noch ehe die Sonne aufging. Das ganze Haus öde! –
es sieht so traurig aus, der Wind spielt mit den Dachluken. –
Ich hab ihn also zum letztenmal gesehen wie er mir die Glasfäden gab. – Wie leid tut mir das! –

5   Die *de Gachet* war auch noch am Sonntag Nachmittag hier,
kein Mensch hatte sie erwartet und ich auch nicht, obschon
sie mir es zugeflüstert hatte, so war ich ein Weilchen allein
mit ihr. Wie ängstlich war mir das! – Ach *Clemens* laß uns
lieber allein alles vertrauen, alles miteinander erleben und

10   nicht mit andern. Dieser große Planet, die *Gachet* erschüttert
mich zu sehr, wenn er mir so nah rückt. – Sie redete von den
Himmelskörpern, ihrem subtilen Ausströmen und von
wechselseitiger Anziehung der Planeten in ihre Kreise, und
vom innerlichen Sinn im Ozean der Gefühle, und ich war

15   ganz betäubt. Wie komme ich ihr vor daß sie mir so was sagt!
– Sie hielt mich fest in ihren Armen, ich hätte des Teufels
werden mögen; ich schämte mich daß ich ihr zuhören mußte,
gefangen in ihren Armen und nichts verstand; sie ließ mich
los wie die Großmama hereinkam; ich, wie ein entwischter

20   Vogel sprang in den Garten auf die Bank und sah recht
sehnsüchtig in den verlassenen Garten vom Magnetiseur. Da
war er aber doch nicht fort, er wandelte noch ganz allein und
kam gleich an die Gartenwand; er sagte mir seine Leute seien
schon seit gestern fort, er reise in der Nacht ihnen nach. Ich

25   habe ihm rechte Vorwürfe gemacht daß er so fort gehe ohne
mir davon zu sagen, da fing er an zu lachen und sagte ich
hätte ihm ja Reisegeld geschickt, ich lachte auch weil ich mich
schämte zu weinen. Ach dieser Mann war mein bester
Freund. Er hat mir nie gute Lehren gegeben aber er hat mich

30   belehrt. Ach *Clemens* leb wohl, jetzt ist's aus mit der *Gachet,*
denn sie sagte der Großmama daß sie an den Rhein wieder
geht.

Bettine.

An *Clemens*.
Es ist aus mit den Blumen, die letzten Asternsträuße waren
die, womit wir in voriger Woche die Blumenurnen schmück-
ten und die wegen der Batterie vor die Tür gesetzt wurden.
Gestern haben wir den letzten Herbst gemacht, nur noch die 5
Winterbirnen hängen, von denen meint die Großmama wir
wollten sie hängen lassen bis erst Reif kommt, der war heut
Nacht, und nun frag ich: Wollen wir heut die Birnen ab-
machen, es war heut Nacht Reif. Großer Schrecken der Großmama, sie hatte so in den Tag hineingelebt und gemeint es sei 10
noch lang nicht Winter. Und wie sehen die Blumen aus? Wir
müssen heute noch Kränze haben, es ist eine Hochzeit hier
im Haus, um drei Uhr wird der Pfarrer hier sein und ein edles
Paar zusammengeben.

Lieber *Clemente* was doch alles hier im närrischen einsa- 15
men Haus passiert! Aber wir drei Geschwister ahneten gleich
die Geschichte, ich sprang mit Flügeln die Treppe hinauf wir
kriegten uns alle drei um den Hals und tanzten eine Ronde
daß die Wände zitterten. Auf einmal erscheint die Tante im
Negligee halb frisiert, was das für ein unanständiger Spek- 20
takel sei? – Und was die Hofdame denken solle die seit acht
Tagen im Saal unter uns wohnt, daß wir so ihr auf dem Kopf
herumtanzen. Und der Tanzmeister wartet schon eine Viertelstunde. Wir lernen nämlich schon seit vierzehn Tagen bei
einem französischen Balletmeister einen figurierten Tanz, an 25
dem sollen wir fortexerzieren bis zum Neujahrstag, da sollen
alle Nationen kommen dem Fürst *Ysenburg* gratulieren, die
Franzosen haben dazu Madrigale gemacht avec la pointe ca-
chée sagt Chateaubour der Hauptdichter. Ich stelle eine Spa-
nierin vor, blau und silbern, und eben so mein Tänzer, der 30
Prinz *Neunzehner,* der gar nicht vom Platz zu bringen ist, allemal rechts umdreht, es sei links oder rechts; so hat der Tanzmeister deswegen die Figur umgeändert damit er nun rechts
auch auf den rechten Platz komme, und nun läuft er wieder
allemal links, wir lachten so toll in der Probe, wir waren so 35
ausgelassen, wir wußten daß die Tante nicht kommen konnte
weil sie Toilette machte, wir sprangen auf Tisch und Stühle

Herr *Baleri* mit seiner Pochette in einer Staubwolke, die alte
Cousine die herein kam mit einem Befehl der Großmutter,
setzten wir auf ihren ledernen Sessel und trugen sie auf den
Köpfen, sie schrie die andern sangen, und *Baleri* spielte einen
Marsch. – Die Großmama ließ uns in den Garten beordern.
Alle Blumen vom Reif verdorben! – wir mußten uns an die
Hambutten und die herbstlich rote Jungfrauenrebe halten,
dazu Tannen und Efeu. Wir waren sehr lustig bei diesem
Dekorationsfest, wir machtens wie die Braut und gaben den
halb verblühten Astern mit farbigem Papier ein Ansehen.
Diese Heirat ist ein Werk der Großmama, vor kurzer Zeit
lernte diese Hofdame von Meiningen bei ihr den Herrn *von*
Drais kennen wie er grade vor unserm Hause eine Draisine
probierte, eine Bank mit Rädern die Herr *von Drais* drauf sitzend mit Händen und Füßen fortbewegt. Die Hofdame sah
ihn daher gerollt kommen, hinter ihm drein alles was Beine
hatte. – Nachdem sie getraut waren hielt die Großmama eine
bewegliche Rede. Wir spielten Abends ein Sprüchwort
worin die Draisine eine Hauptrolle hatte. – Heute werden
nun die Birnen abgemacht. Da freu ich mich drauf. Das
Hochzeitpaar ist nämlich gestern spät noch fortgereist und
alles wieder im stillen Geleise. Morgen wird Kartoffelernte
gehalten von einem kleinen Feld, worauf die Großmama
Musterkartoffeln ziehen läßt, die ihr von allen Enden der
Welt, ich glaub sogar von Amerika her, geschickt werden.
Da müssen wir ein Register machen wieviel jede Staude getragen hat, der Großmama ihre höchste Wonne, diese Register zu vergleichen. Nun weiß ich nichts mehr als daß Du
meinen letzten Brief nicht beantwortet hast. *Buch* sagte der
Großmama Du seist nicht in Marburg und würdest erst am
19. wieder da sein. Das ist mein Namenstag der nie mit andern Blumen kann gefeiert werden als die im Eiskristall am
Fenster anschießen. Heut ist der 4. Also 14 Tage soll ich
nicht wissen wo Du bist, da kann der Brief ein Weilchen frieren in Deinem unbewohnten Zimmer.

Bettine.

Liebe Bettine.

Deine Briefe erquicken meine Seele und nähren sie, der Winter ist hier so traurig, und *Savigny* tief in den Studien, überwintert die Saat seiner großen Zukunft unter einer Schneedecke von Verschlossenheit die mich verzweiflen macht. Was ich mir auch die liebende Mühe gebe ihm mitzuteilen, er ist stumm dazu, oft denk ich mit Behutsamkeit etwas aus ihm herauszulocken, allein die Erfahrung ist nun in sich vollendet, daß ich nie den geringsten Beweis von ihm erhalten werde, daß was ich ihm sage, ihn interessiert. Oft in meiner kalten Stube (was mir nun auch noch den Winter unerträglich macht daß der Ofen nicht heizt sondern raucht) komme ich darüber in Schweiß, ins klare zu kommen über seine Klarheit mit der bald die *Tonie* bald die *Gundel* oder Du mich plagen. Bin ich denn ganz auf den Kopf gefallen daß mir diese gepriesne Klarheit und Ruhe den peinlichsten Eindruck macht? – Also quäl Du mich nicht mit Deinen erhabenen Ansichten, da ich ihn in der Nähe habe, und er vielleicht besonders gut fernt.

Ich hab dem Buchhändler *Guilhomman* den Auftrag gegeben Dir den Homer zu schicken. Hast Du ihn bekommen, weiter sollst Du nächstens die Reise des jungen *Anarcharsis* lesen und recht aufmerksam das wird Dich unterrichten und ergötzen. Doch mußt Du Dir keinen Zwang bei solcher Lektüre antun, Du mußt sie würdigen indem Du sie liebst. – Die ästhetischen Briefe von *Schiller* – hast Du sie gelesen? – so bedaure ich Dich für die Pein: sie sind für eine kindliche Seele etwas hölzern. Hiervon schweige gegen die Großmutter, sie tut Wunder der Güte in ihrer Art – und Du sollst sie ehren. Schreibe wenn es möglich ist Deine Empfindungen während oder nach der Lektüre nieder und schicke mir so etwas, überhaupt sprich in Deinen Briefen oft mehr über den ganzen Kreis Deiner Empfindungen, wie sie nämlich in die Welt hinausstrahlen, als über ihre Konzentration.

Was Du tust, erhalte Deine Seele in reiner jugendlicher Liebe zum Großen und Schönen. Auch die Sinne wollen die Befriedigung in der Schönheit, sie suchen es in sich und in

dem was Einfluß auf sie übt. Du fühlst Dein Ohr beleidigt,
durch eine klanglose rauhe Stimme die keinen Geist wiederhallt, so Dein Auge lenkt ab von dem was seinem Schön-
heitsreiz wiederspricht. Oder es forscht nach der tieferen
5 Schönheit des Geistesadels und der Güte, wenn es mit häß-
lichen Zügen sich bekannt macht. So ist das unschuldige
Auge der strengste aber auch der edelste Richter, ja der König unter den Sinnen, denn es begnadigt den der unver-
schuldet gegen die Schönheit sündigt, es erhebt und rächt ihn
10 an den stumpfen Sinnen die das Tiefe nicht von der Oberfläche unterscheiden. Seelenreinheit im Verkehr mit Andern,
ohne Vorbedacht ohne Berechnung, die allein ist der helle
Kristall, durch den das Leben in seiner Ursprünglichkeit begriffen wird, und die aus sich selbst die ewigen Motive im-
15 mer wieder erzeugt, welche eine verwirrte Welt umwälzen
und ihre primitive Kraft ihr wieder verleihen. Verstehst Du
mich? – Nur solchen Naturen schließen sich alle Lebenstiefen
auf, nur sie werden gesund zwischen Lastern, ansteckenden
Krankheiten der verwirrten Zeit hindurchgehen, nur sie
20 werden Heilung ausströmen, nur sie werden taube Ohren
hörend und blinde Augen sehend machen. Sei unbekümmert
um die Zukunft, es gibt keine; wenn Du in jeder Minute rein
und voll und ohne Langeweile lebst, so gibt es nur eine gegenwärtige Ewigkeit.

25   Es würde mich freuen wenn Du wolltest Dich mit dem
Englischen beschäftigen. Sprachen sind ein großer Gewinn,
sie enthalten außer der Verschiedenheit des Ausdrucks, auch
noch ein melodisches Genie und dies erzeugt wieder auch ein
tanzendes Genie im Geist. Und willst Du hinter alle Geheim-
30 nisse des Geistes kommen, so nehme nur Rücksicht auf das
Leben was die Sinne führen, es spricht Dir Befähigung und
Kraft und Neigung aus. In unserer äußern Welt konstruieren
sie eine erhabne Geisteswelt, die reifen muß in ihr, und endlich sich selbständig zur Welt gebären muß. Das ist unsre
35 Erlösung aus dem Irdischen ins Himmlische. – So wie der
Tanz Dich lebendiger und rascher macht. – Als ob von frischem Frühlingswind angehaucht die Lebensglut aufflackert

und spielend ihre Flamme hier und dorthin wirft; so ists mit
dem Geist. Sprachen lernen, ist mit dem Geist der aufregend-
sten Tanzmusik folgend, sich behagen in harmonischen Beu-
gungen und zierlichen kecken labyrinthischen Tänzen, und
dies elektrisiert den Geist wie die Tanzmusik Deine Sinne   5
elektrisiert. In der Sprache aber vermählen sich die Sinne
wirklich mit dem Geist, und aus dieser Verbindung erzeugt
sich denn, was die Völker mit Erstaunen als ihr höchstes
Kleinod lieben und erheben, und wodurch sie sich erhaben
fühlen über andre Völker, was den Charakter ausspricht ih-   10
rer Nationalität, nämlich *der Dichter*. Drum liebes Kind ists
nicht so gemeint, wie die andern es meinen wenn sie Dich
zum Fleiß anmahnen, – wenn ich Dich drum bitte; es ist
wahrhaftig aus einem tieferen Grund; aus dem heiligen
Grund der Vernunft. Diese Vernunft, die immer über uns   15
schwebt, selten den Fuß auf die Erde setzt, nach der schaue
ich beständig und flehe sie an daß sie Deine Muse soll sein.
Dir kömmt vielleicht das trocken vor. Ich hab schon oft Dich
zürnen hören über Vernunft und Vernünftig, Du hast dies
Wort bei mir verklagt daß es so wenig Klang als innerlichen   20
Nachklang habe, und wenn ich Dir auch nachgebe daß der
Klang dieses Wortes nichts anziehendes habe, was daher rüh-
ren mag weil die Vernunftphilister es in falschem Gold nach-
machen, so erinnere Dich nur was Du mir noch vor einem
halben Jahr geschrieben, die Pockengruben die *Lavater* dem   25
Mirabeau so bös auslegt, können Dich nicht hindern in die
Gruben seines Geistes und Herzens Dich einzubetten? –
Nun so glaube mir daß wer im Begriff der Vernunft ein edles
Lager findet das mit Rosen und Lorbeern und auch mit Mir-
ten Dir bestreut ist.   30

Das Mißverständnis der Welt ist der wahre Verleumder,
sein Lügennetz verwickelt alle Hin- und Wiederreden, alle
sich aus gegenseitiger Opposition bildenden Meinungen,
und wer sich oder seinen Grundsätzen unrecht getan fühlt,
tut wieder dem unrecht den er selbst durch Irritation so weit   35
gebracht hat, daß ihm die Ahnung in der Seele gelöscht ist
vom Großen und Schönen, und betäubt nicht mehr das
Rechte erkennt. –

Aus Empörung gegen diese Mißverständnisse gegenseitiger Opposition ist die Revolution entsprungen, und aus
Eigensucht Derer, die für die höchste Liberalität zu streiten
behaupten, wird sie mit ihren schrecklichen Nachwehen, eine
5   schauerliche Ruine für die Nachwelt, dastehen. Aber gebes-
sert kann nur das ganze Weltverhältnis werden durch die heilige Vernunft, laß sie Dein *Mirabeau* sein, wenn dieser Name
Dir besser klingt. Widme ihm Deine Begeisterungen da er
Dir doch nur aus den Wolken herabpredigen kann, so wird
10 dies leicht mit der Vernunft übereinstimmen, die auch immer
über allen Projekten der Menschheit schwebt.

Verzeih mir wenn ich Dinge Dir mitzuteilen versuche, die
viel reiner in Deiner Seele wohnen, die ich eigentlich in Dir
selber wahrnehme um sie Dir auszusprechen. Die Hoffnung
15 auf eine köstliche Ernte macht mich so ungeduldig, ich sehe
alles hervorsprießen und zur Blüte sich drängen in Dir, und
kann es kaum erwarten daß es der Wahrheit und Schönheit
zu Gunsten reife.

Noch einmal führ ich Dich auf Deine Studien zurück. Ach
20 wenn Du erst den Shakespeare englisch lesen kannst, das ist
ein halbes Leben wert. Auch zeichne fort, recht fleißig und
mit der Begierde es zum Selbsterfinden zu bringen. – Die
Zeit die Du nicht arbeitest liebe *Bettine,* mußt Du ja doch
verlieren. Keine Minute lohnt Dir in Deiner Umgebung. Ja
25 wohntest Du in der freien Natur und könntest in Feld und
Tal und Wald und Berg herumlaufen, oder könntest Du mit
Menschen sein wie mit Sternen, die ihren Einfluß auf große
Charaktere ausübten und sie zu erhabnen Handlungen reiz-
ten. Aber leider haben die Sterne ihren Einfluß verloren, ich
30 würde Dir dann nicht sagen arbeite, denn dann würde die
Ursprünglichkeit aller höheren Anlagen in Dir, wie das
Wort im Geist, Fleisch geworden sein. Aber so kann es nicht
sein noch werden, weil der Genius nicht mehr als erste Kraft
in uns wirkt und wir uns an die Spekulation verkaufen. Du
35 mußt daher in Deinem Innern Dir einen Schatz sammeln,
worin Du Deiner Welt reines Sonnengold einschmelzest, auf
daß die lebendige Sonne in Dir selber aufgehe.

Ich wollte mir wäre so in meiner Jugend geworden! –
Doch keine Klagen! – Nein so ist mirs nicht geworden! –
Gott hat mich vieles nur im Bedürfnis kennen gelehrt, damit
ich es von Dir fordern könne; und gern vertrauend daß Du
mir sicher folgst und unbefangen trauest will ich Dir fol-   5
gende Zeilen aus einem größeren Gedicht nicht vor-
enthalten, die ich in einer Stunde geschrieben habe wo ich
recht fest an Dich glaubte und das Leben um Deinetwillen
liebte.

    Kehret Gedanken doch heimwärts, eilet den Tempel zu   10
        ordnen,
    Schafft mir im Herzen Gebet, eh es in Sehnsucht mir
        bricht,
    Drei sind ihrer, der Teuern, die weit in der Fremde mir
        weilen;   15
    Zwei dem Tode geweiht grüße noch einmal mein Blick,
    Daß ich friedlich entsage, dem was die Fremde begehrt.
    Dann umfasse mich Leben, – denn eine noch weilet, –
        ich fühle,
    Daß sie das Einzige ist: Leben und Liebe und   20
        Zukunft. –
    Wie mirs im Herzen, – das hat ihr der Gott in den
        Busen geschrieben,
    Wie in der Seele es mir, schrieb ihr der Gott in das
        Aug. –   25
    Schweigend spricht sie das Wort, was meine Lippe nicht
        redet;
    Flieh ich so ist sie die Flucht; ruh ich so ruht sie in mir.
    Suchst Du sie? – dort in den Schatten des Waldes wo
        sich das Dunkel   30
    Tiefer Begeisterung löst, stiller der Himmel sich lenkt,
    Wo an der liebenden Brust, dem Gestade des
        brausenden Lebens,
    Des unendlichen Meeres Woge melodisch sich bricht.
    Dort weilt sie, dichtet fromm, was Ihr Geister sie   35
        lehret,
    Begierig Geheimes zu fassen,

Und Euch Ihr Götter in mir, schuf nur des Kindes
Gebet.
Trösterin! – Freundliche! – Dein Seherauge entsiegelt
dem Tode
5   Der Dich als Leben umgiebt, selbst den geschlossenen
Blick. –
Alles *Bettine!* dem liebend Dein schaffender Geist sich
genährt,
Was Deine segnende Hand, was Dein Gedanke berührt,
10   Blühet schöner ein Freiheit verklärendes Leben.
Bilde in mir Deine Welt, Du die den Zweifel nicht
kennt,
Die aus dem Busen mir zog den vergifteten Pfeil.
Alles was der Genius zu bilden mich drängt,
15   Bilde ich Schwacher es nicht, weilt schon gestaltet in
Dir.
Schützend will ich Dir folgen, Du Leben, das, wo ich
zage mich schützt;
Das, wo ich welke erblüht, gern mir die Jugend ersetzt.
20   Verwechselt im Herzen, schreitest Du kühn auf
tobender Woge
Die aufbraust in mir und sänftigst sie, daß sie heller
melodischer klingt.
In Dir weile ich flammend, Du giebst die lindernden
25   Öle
Und so sühnt sich in Dir, opfernd den Göttern, der
Sturm.
    Ach liebes Kind wie einzig möcht ich Deine Begriffe und
Ahnungen so stark machen, daß sie wirklich endlich zum
30   Kern würden, zum reinen Gesetz an dem alle Verkehrtheit
zu scheitern komme. Ach lerne, arbeite, Dich zu bereichern,
was es auch sei, nichts ist unbedeutend, alles nährt und weckt
und erleuchtet. Aus allem kannst Du weben und flechten einen schattigen Hut wo die Sonne im Zenith steht, eine Frei-
35   heitsmütze die Deine höheren Anlagen schützt. Ach die Welt
ist groß. Es gibt mildere Sonnenhimmel! – Spanien wo die
Orangen Dir in den Schoß rollen, ich muß Dich hinführen

wo die ganze Natur Dir bestätigt was Du ahnest was Du
suchst und glaubst, drum lasse Deinen Geist kühn jede Stufe
erklimmen, fürchte nicht daß er ermüde, nein, er kann durch
sich selbst nur erstarken, wer von den Banden der Sklaverei
sich will befreien, der muß den Geist im Innern befreien.
Verberge was ich Dir hier sage. Es gibt Gedanken die dem
Gott im Menschen allein geweiht sind, und der Geist wird
nicht Schöpfer werden der nicht diese als Geheimnis bewahren kann. Der Geist ist Zauberer, dies ist die Schöpfung die
in sich selbst geheim und heilig ist, eine ewige Tiefe der
Freude und des unergründlichen Glückes, fern und unantastbar für die lärmende vernichtende Oberfläche des Lebens.

Wieder ein Posttag und Nichts von Dir! – Wie ist das? –
Hindert man Dich? – Der Buchhändler schreibt mir er habe
Dir den Homer geschickt, hast Du ihn? – Schreibe und liebe
Deinen *Clemens.*

Ach manchmal möcht ich verzweiflen, manchmal ist mirs
als müsse dennoch alles im Rauch aufgehen was mir so gut
und schön in Dir deucht, als könnest Du nicht zu Dir selber
kommen, um was hab ich Dich alles gebeten? – Du hast mir
versprochen was mich so glücklich machen könnte. Versprochen hast Dus, aber wirst Dus auch halten wo eine lederne Zeit sich Deiner anmaßet? – Du könntest – und doch
kannst Du nicht. – Warum nicht? – Frag Dich das! –

Warum hast Du nicht von Deinen Kinderjahren die Erinnerungen aufgeschrieben? Du hattest mirs versprochen,
Du hattest mirs gelobt. Werd ich nicht auf Dich zählen dürfen?

Clemens.

An *Clemens.*
Clemente Du warst bei der *de Gachet* und nicht zu Hause im
Stübchen, und jetzt klagst Du über Deine Einsamkeit wo Du
kaum den Fuß auf die Schwelle gesetzt hast. Und fragst
ängstlich warum ich nicht schreibe. Ei weil Du nicht da

warst. Weil bis zum 19. November keiner wußte wo Du gewesen bist. Du schreibst mir endlich den schönen langen
Brief den ich nun schon acht Tage mit mir herumtrage, jetzt
wirst Du denken warum ich immer noch nicht antworte! was
5 da dran schuld sein mag? – gar nichts ist schuld, als daß Dein
Brief mich ganz betäubt hat und ich hab ihn sehr vielmal gelesen und kann ihn nicht behalten, der Inhalt ist mir immer
noch fremd. Ja Du warst bei der *de Gachet,* dort hast Du an
der galvanischen Batterie Dich elektrisch geladen und nun
10 fährst Du mit feurigen Zungen auf mich los. Soll ich denn
wirklich schreiben heute? – oder soll ich wieder den Posttag
versäumen? Denk es liegt meinem Geist dem Du die Schöpfung einer neuen Welt zumutest wie Blei in den Gliedern. Ich
möcht lieber *nicht* schöpfen. Die ästhetischen Briefe von *Schil-*
15 *ler?* – Freilich hab ich die nicht gelesen, denn ich kann nicht
auf Komma und Punkt achtung geben. Der Großmama hab
ich wohl draus vorgelesen aber in Gedanken war ich wo anders, aber wo, weiß ich nicht; aber von der Lektüre hab ich
nicht profitiert, denn ich weiß nichts davon. Ist es Krankheit
20 daß ich so zerstreut bin? Es ist wohl Schwäche in dem geistreichen Kopf lieber *Clemens,* dem Du so hohe Würden und
Kräfte zuschreibst in Deinem Gedicht. Du schreibst aber
von mir nicht, nein gewiß nicht, ich bin kein solcher Einsam-
keitskobold, kein solch Wolkengespenst, noch Schattenriß
25 der Erhabenheiten.

    Jetzt wirst Du böse ich merks. – Macht es Dich böse *Cle-*
mens, daß ich so Dir antworte auf Deinen treusten ernstesten
Willen für mich? Von Spanien! – Ach erst hat mir die *de Ga-*
chet davon gesprochen, wie wir allein waren an jenem Sonn-
30 tag, da hab ich ihr recht glücklich widersprochen, worüber
sie sehr erstaunt war; und hab gesagt was denken Sie, daß ich
hier sollte den Garten verlassen der mir so lieb ist, und mein
Bruder *Franz* der mich so lieb hat, wenn ich so weit von dem
fort wollte, und mein anderer Bruder *Dominicus* der mir
35 Schmetterlinge bringt wenn sie bald aus der Puppe sich los
machen, die fliegen dann zu Dutzenden im Garten herum auf
den Blumen, und mein Bruder *George* der vornehmste aller

Menschen, und mein Bruder *Christian* der eine mathematische Korrespondenz mit mir führt, und mein Bruder *Anton*
der ist ein Phantast, mit dem dichte ich Fabeln, und mein
Bruder *Peter* liegt in der Familiengruft in der Karmeliterkirche bei Vater und Mutter und noch drei Schwestern, die
gewohnt sind daß ich sie grüße wenn ich in Frankfurt durch
die Mainzergasse gehe, wo die Karmeliterkirche steht. – Sie
war verwundert über dies große Register unzerreißbarer
Vaterlandsbande, sie sprach von einem großen Weltteil, von
Oliven und Orangenwäldern, von blauen Fernen, von heißem Mittag und kühlen Abendlüften, und daß Du mitgehen
werdest, und dann könne ich ja immer mit Dir sein, und es
seien so interessante Menschen dort, viel edler von Geist und
Gestalt wie hier zu Lande. Ich sagte: Ich will aber nicht immer mit dem *Clemens* sein, sonst könnten wir einander lästig
werden, und mir ist das liebste beim Willkommen, ihm an
den Hals springen und beim Abschied ihn vors Tor begleiten. Vous êtes un enfant, hat sie gesagt, sentez donc combien
en voyageant votre âme et votre fantasie se developeront et
puis vous séréz avec moi, je vous aimerais, et vous com-
prendrèz, la vie le monde la nature tout autrement. Glaubst
Du, das habe mir keinen Eindruck gemacht? – gewiß hat es
mich Überwindung gekostet. Ich sah ihr unter die Augen,
plötzlich kam sie mir vor wie ein Seeräuber, oder sonst eine
edle Spitzbubengattung; sie glaubte schon sie habe mich gefangen, da kam die Großmama, ich riß mich los, – und jetzt
verfolgt michs, daß sie vielleicht nicht eine Frau sondern ein
Kriegsheld sein könnte, sie sieht so edel aus zu Pferd, so frei,
sie bekümmert sich gar um nichts, sie läßt den Gaul dahin
sausen, nur der Reitknecht war diesmal mit, das Pferd
bäumte als sie aufstieg, sein Übermut wiegte sie in den Lüften, und fort! – Ich sah ihr durch die alte kalte Domstraße
nach. – Und also ich bleib hier und sie reitet nach Spanien, am
rauschenden Strom hin zwischen Felsen durch, der Schweiß
rinnt ihr vom Gesicht. Was schadets? – Immer hoch, immer
frei! immer stolz; und ich hier in der Mansarde zähle die
Dachziegel da drüben und betrachte dem Sperling sein Nest

unterm Dach, die dort sieht die Adler über sich wegschwe-
ben, und kämpft mit dem Lämmergeier, der die einsame
Herde beraubt, und ich laufe mit der Gießkanne und begieße
die Bohnen.

5   Ach was kann ich großes tun? auf die Pappel klettern beim
Gewitter daß es auf mich los donnert und blitzt? – oder im
Winter auf den Schneeflächen mich tummeln; dem Treibeis
nachhelfen im Main? –

Clemente schreib mir solche Briefe nicht von unmöglichen
10 Anlagen in meinem Geist. Ich mein dann, ob ein Kobold
Dich neckt, der Dir das alles weis macht. – O schreib keine
Gedichte worin Du meinen Namen nennst, es ist als ob Du in
die einsame Wüste hinein rufst, ich lausche selber, ob aus der
Tiefe meiner Sinne Dir etwas antworte. – Nein, – die Sinne
15 werden müde davon, Du rufst sie an zum arbeiten, das wollen sie nicht; sie sind eigensinnig. Du willst meine Trägheit
überwinden, mich aufreizen, und vor ungeduldigem Eifer
spring ich von einem Buch zum andern. Ich will nicht mit
den Katzen spielen, nein heute nicht, ich will gewiß schrei-
20 ben – lernen, – nein es will nicht in mir, es lacht mich inwendig aus und sagt du lernst ja doch nichts. Ach wenn Du wüßtest wie ich mich oft bezwingen möchte, Du würdest sehen es
ist nicht Mangel an Treue. – Ich kann mich keiner Beschäftigung hingeben. Inwendig ruft es: dorthin, und dort rufts
25 wieder hierher, und hier lockts, da flüsterts, und hinter mir
und vor mir, und in den Lüften gehen Stimmen durcheinander die mich reizen.

Heut hab ich mir vorgenommen meine Lebensgeschichte
zu schreiben. Gleich hier auf dem Blatt will ich anfangen.
30   Es war einmal ein Kind das hatte viele Geschwister. –
Eine *Lulu* und eine *Meline,* die waren jünger, die andern waren alle viel älter. Das Kind hat alle Geschwister zusam-
mengezählt, da warens dreizehn, und der *Peter* vierzehn und
die *Therese* und die *Marie* funfzehn, sechzehn, und dann noch
35 mehr, die hat es aber nicht gekannt, denn sie waren schon tot;
es waren gewiß zwanzig Geschwister, vielleicht waren es gar
noch mehr. Der Bruder *Peter* ist gestorben wie das Kind drei

Jahr alt war, von dem weiß es aber noch sehr viel. Er hatte schwarze Augen die ein blendend Feuer von sich strahlten, in die hat das Kind oft sich ganz verloren vor tiefem Hinein-schauen.

Der Bruder *Peter* trug das Kind oft auf einen kleinen Turm auf dem Haus, da fütterte der *Peter* allerlei Gefieder, Tauben und eine Glucke mit jungen Hühnern, da saß das Kind mit ihm, da dichtete er ihm Märchen vor. Das waren Stunden, die glitzern wunderschön aus der frühsten Kind-heit herüber. Was fing denn der *Peter* noch für närrische Dinge mit dem Kind an? – Er war mißwachsen, und daher sehr klein, er nahm es am Weihnachttag mit in die Kirche, das sollte keiner sehen, er nahm einen großen Bärenmuff und hielt ihn vor sich und das Kind, daß man nicht Kopf nicht Hand sah, nur die vier Beine trappelten immer vorwärts, die Leute wunderten sich über das kuriose Rauchwerk, das allein über die Straße lief.

Einmal hatte der liebe Bruder heimlich im Garten etwas gebaut, dann führt er das Kind hinein. Da ist ein kleiner Hügel aufgeworfen, da hebt er einen Stein auf, da springt auf einmal ein Wasserstrahl empor, ein kleines Weilchen dann hörts wieder auf. Das hast du alles deinem Schwesterchen zu Gefallen getan o Bruder *Peter*! Es liebte dich aber auch sehr. Morgens wenn es aufwachte, standest du vor seinem Bett-chen, und es lachte mit dir, noch ehe es die Augen öffnete. Es lernte an deiner Hand die Stiegen erklettern, immer führte es sich an dir. – Da wars einmal schon spät, eben wollte die Sonne untergehen, er stand an der Wendeltreppe mit dem Kind; die letzten Sonnenstrahlen leuchteten ihm ins Gesicht, er ward so totenblaß, das Kind klammerte sich fest ihm an, laß los, sagte er kaum hörbar und fiel die Treppe hinunter, das Kind hatte aber sein Kleid festgehalten und war mit her-untergefallen. Da trug man den *Peter* ins Bett, das Kind sah den liebenden Bruder nicht wieder. Auf seine Fragen war die Antwort, der *Peter* sei begraben; es verstand nicht was das sei. Noch manchmal sehnte es sich nach dem Bruder, und noch manchmal wenns in einem Eckchen saß, des Abends wo das Licht nicht bis hin leuchtete, da sah es in der Dämmerung seine dunkeln Augen es anleuchten oder war das Einbildung? –

Der Vater hatte das Kind sehr lieb, vielleicht lieber als die andern Geschwister, seinem Schmeicheln konnte er nicht widerstehen. Wollte die Mutter etwas vom Vater verlangen, da schickte sie das Kind, und es solle bitten daß der Vater *Ja* sage, dann hat er *nie* es abgeschlagen. Nachmittags wenn der Vater schlief, wo keiner Lärm wagte oder Störung zu machen, das Kind aber lief ins Zimmer, warf sich auf den schlummernden Vater, und wälzte sich übermütig hin und her, wickelte sich zu ihm in den weiten Schlafrock, und schlief ermüdet auf seiner Brust ein. Er lehnte es sanft bei Seite und überließ ihm den Platz; er ward nicht müde der Geduld. Viel Lieblichkeiten erwies er ihm, beim Spazierenfahren ließ er halten auf der Blumenwiese, bis der Strauß groß genug war, das Kind wollte gern *alle* Blumen brechen, das nahm kein Ende, die Nacht brach ein und den Strauß viel zu groß für seine Händchen, bewahrte ihm der Vater.

Was ging denn noch schönes vor, und webte allerlei Lustiges ihm in den Lebensteppig. Das belebte Leben auf der Straße! Gegenüber im Haus die offne Halle, in der vom Mai bis in den Herbst die Nachbarn kampierten den ganzen Tag, da spielten die Kinder mit dem Mops, und der Papagei auf der Stange plauderte Spitzbub, das wollten wir gern den ganzen Tag hören. Wie glücklich war das Kind mit dem Schlüsselblumenstrauß den die Milchfrau mitbrachte Morgens früh. Ach das Land! – Die Wege hinaus ins Freie! – Die Kinder schiebelten sich lustig den Wall hinunter ins tiefe Gras. Und das Klapperfeld wo das Gespenst rumorte im bösen Haus, und der Herr Bürgermeister hatte Wache hinpostiert, zehn Mann von Innen, und von Außen auch zehn an die Türe gelehnt hat das Gespenst in der Nacht umgeworfen, in der Nacht mit dem Glockenschlag zwölf. Der Doktor *Faust* habe da gewohnt ganz im Verborgnen und sei erst jetzt gestorben, seitdem rumort es. Da erzählten sich die Leute Abends spät noch Wunder vom Doktor *Faust,* wie er die

Bäume konnte blühen machen mitten im Winter und so schnell daß man zusehen konnte wie die Blüte herauskam. Das Kind schlief nicht, es erlauschte alles in seinem Bettchen und freute sich der Unmöglichkeiten.

Einmal starb eine vornehme fremde Frau, die in der Stadt krank gelegen hatte an unheilbarem Übel. Sie hatte das Kind oft kommen lassen an ihr Bett und ihm viele Spielsachen gegeben. Ein langgedehnter Grabgesang hallte durch die Straßen schwarze Männer trugen den Sarg. Da wird die vornehme Frau begraben, hieß es, und man erzählte viel von ihrem schmerzlichen Tod! – Was ist das Tod? Begraben! Nicht mehr da! – Das Kind kanns nicht begreifen daß man nicht mehr da sein könne. Und heute noch kann es nicht glauben ans *nicht mehr sein.* – Nein! Nur wie der Schmetterling aus seinem Sarg hervorbricht, ins Blumenelement, und nicht sich besinnt, nur taumelt lichttrunken, nur freudig schwärmt, so lösen die Kranken die Müden sich ab vom Leib, so steigen sie auf ins reinere Freiheitsleben, das ist alles was den Sinnen nicht sichtbar war. Wie die Raupe sich veredelnd umwandelt, so kanns der Mensch auch. – Hätte es doch wieder vergessen können, was das heißt von der Erde scheiden! – Der nächste Frühling vom Tod an der Hand geführt, kommt und geleitet ihm die schönste Mutter ins Grab. Da ist Zerstörung im Haus, die Freunde! – Und viele dankbare Tränen fließen. Der Vater kanns nicht ertragen, wohin er sich wendet muß er die Hände ringen, alles scheuet seinen Schmerz. – Die Geschwister fliehen vor ihm wo er eintritt, das Kind bleibt, es hält ihn bei der Hand fest, und er läßt sich von ihm führen. Im dunklen Zimmer von den Straßenlaternen ein wenig erhellt, wo er laut jammert vor dem Bilde der Mutter, da hängt es sich an seinen Hals und hält ihm die Hände vor den Mund, er soll nicht so laut, so jammervoll klagen! – Gesegnetes Haupt, das an seiner seufzenden Brust lag, und von seinen Tränen überströmt ihm Linderung gab. – Werde doch auch so gut wie Deine Mutter sagte in gebrochnem Deutsch, der italienische Vater. –

Ach lieber *Clemens* heute kann ich nicht mehr von der

Kindheitsgeschichte schreiben. Und es ist ja auch gar nichts, was ich da aufgeschrieben hab, und doch bin ich erschüttert und muß um die Toten weinen. Mein Licht geht gleich aus, es ist so kalt im Zimmer, jetzt spür ich erst daß ich mit bloßen
5 Füßen die ganze Zeit am Schreibtisch sitze. Wenn ich wieder schreibe will ich fortfahren vom Kloster zu erzählen, wo wir bald nach dem Tod der Mutter hingebracht wurden. Adieu *Clemens* wenn wir nach Frankfurt kommen geh ich gleich in die Karmeliterkirche und sehe wie es da ist, ich hab Eltern
10 und Geschwister so lange nicht besucht, wenn sie's fühlten, wenn sie sich wunderten daß ihr Kind sie versäumt.

Deine *Bettine.*

Liebe Bettine.
Ich habe Deinen Brief mit vieler Rührung gelesen, sei ver-
15 sichert daß ich bald umständlich schreibe, heute ist keine Zeit, ich füge Dir einen Brief bei, den ich von *Franz* erhielt. Glaube daß ich mich in gewisser Hinsicht unendlich über seine Treue gefreut habe. Was er von Dir schreibt ist ganz meine Meinung, nur daß alles was wir beide allein unter uns
20 und von einander wissen dadurch so überwiegend bleibe als es wahr ist. Was *Franz* schreibt ist so ehrlich gemeint und so wahr als Du wohl weißt daß es sich von selbst versteht, den Brief erhältst Du als Beweis meines unbegrenzten Zutrauens, und daß ich Dir nichts verhehle, die hintere Seite des
25 Briefs schneide ab für die *Meline* nebst den Abbildungen der *Cirkassierinnen* aus Oberhessen. –
Was *Franz* von unbekannten Ländern schreibt, heißt nichts als daß er selbst keine Lust zu reisen hat, fühlte er sich in Dich hinein, seine Güte und Liebe die immer nur für andre
30 sorgt, würde gewiß sich selber Aufopferungen zumuten um Dich zu befriedigen, und fühl ich Dich recht heraus, so glühst Du eigentlich vor Sehnsucht mit der *de Gachet* in das fremde Land zu ziehen, und das verdient dies göttliche Weib. – Ja ich war bei ihr, wenig Tage war ich mit ihr zusammen bei
35 meinem Freund *Ritter,* der doch gar zu gut ist, mir himm-

lische Briefe schreibt über Dich, die er liebt durch mich. Ich
kann Dir nicht aussprechen wie notwendig mir es ist manchmal über Dich zu sprechen, ich tu es aber mit solchen Menschen nur, die viel größer sind und besser als ich. Und *Ritter*
der liebenswürdigste, der wie *Moses* mit seinem Stab an den   5
harten Fels der Wissenschaft schlägt, aus dem die reine cry-
stallhelle Quelle der Weisheit hervorsprudelt und wer es
wagt seinen Becher dran zu füllen, der wird von der Größe
dieses unsterblichen Menschen durchdrungen. Mit *Schlegel*
war ich auch, aber mit ihm hab ich nie von Dir gesprochen; er   10
ist groß und sehr bedeutend in der Literatur, und Du mußt
ihn auch einmal sehen, aber ihm kann man nicht sagen was
das Innere beschäftigt, mit ihm kann man nur Witz und Übermut treiben, und doch kommt man dabei meist zu kurz weil
er Scharfsinn der Kritik und Satyre nie versteht, sobald es   15
auf ihn geht. –
   Ach was brauchst Du zu lernen wenn Du so lieb bist beim
Nichtlernen. Mag es gehen wie es will, das Beßre und Höhere wird doch Dich all durchströmen und wird sich läutern
in Deinem unberührten Wahrheitssinn. So bin ich auch un-   20
endlich erquickt von der Beschreibung Deiner Kinderjahre,
liebes Kind, wollt ich auch Dir beteuern, sie seien unendlich
schön und der tiefste Dichtersinn blicke da heraus, Du würdest es nicht glauben. Du glaubst in solchen Dingen mir nie.
Aber wenn Du nur Dir die einzige Frage tun wolltest warum   25
Du grade so schreibst, und nicht mit andern Wendungen und
Reflexionen; so wirst Du Dir antworten müssen, daß es so in
Deiner Seele geschrieben steht und weil Du denn nicht untreu sein magst, nicht ihm untreu sein kannst, so sprichst und
denkst Du so wie Du denkst. – Also leugnest Du schon nicht   30
daß Dein Denken und Sprechen der reinste Abdruck Deiner
Seele ist, wenn aber ein Maler ein Bild machte in dem er den
reinsten Abdruck der Natur wiedergäbe, würde das nicht ein
unvergleichliches Bild sein? – Eine Mutter verloren im Anschauen des Kindes und die von allem was sonst noch um sie   35
her vorgeht nichts weiß, würde das nicht ein ewiges Bild
sein? – Ein Mädchen wie Du so alt, in der Dämmerung sit-

zend unter einem Blütenbaum und ein Knabe wie ich, so wie
wir beide bei einander saßen am Weg das grüne Feld hinter
uns und der ferne Fluß, und die Schafherde die an uns vorüber zog, die eine Staubwolke machte was die Abendröte ein
5 wenig verdeckte, weißt Du's noch. Du sagtest es sei malerisch, warum denn aber? – es waren ja doch nur lauter einfache Gegenstände, keiner würde darauf gemerkt haben der
vorüber ging, noch weniger würden Leute expreß hingegangen sein um sich dran zu erbauen; aber doch ist viel Lärm um
10 nichts in der Welt, aber deswegen wird dies Nichts doch
nicht etwas. Deine Erzählung aber ist etwas und doch nicht
mehr als jene Abendszene die Du malerisch fandst. Drum
schreibe ruhig fort und mit Pietät, das heißt verwirf nicht
was Du schreibst, beglücke mich damit. Wenn es das ewige
15 Leben und Weben der Natur ist so einfache Szenen zu bilden,
so wolle es nicht besser machen können. Die Natur ist die
größere die edlere Bildnerin, und weil Du ihr nachgesprochen hast, so hat Deine Erzählung Styl, sie deckt nämlich den
Ausdruck des Begriffs und der Empfindung vollkommen.
20 Leb wohl und schreib weiter, ich warte mit Sehnsucht darauf. –

Dein *Clemens.*

An *Clemens.*
Lieber *Clemens!* am Neujahrstag haben wir unser Ballet
25 aufgeführt, es ist holter die polter durcheinander gangen, es
ist alles verkehrt gangen. Mein Neunzehner war ein Ritter
dem nichts haften wollte, wir mußten mehrere Proben halten
im Kostüme, bald fiel ihm der Panzer bald die Schienen ab;
und endlich am Tag der Aufführung war eine große Not,
30 alles rennte durcheinander, einer rief nach Schminke, der
andre nach Strumpfbändern der dritte hatte den Zwickelbart
verloren, wir Mädchen zogen uns aus dem Gedräng zurück
auf die Tische und Kanapees – und da warteten wir ruhig bis
die Flut sich gelegt hatte und die Ebbe eintrat, wo wir alle an
35 Blumenguirlanden geschnürt von unserm Balletmeister hin-

über geleitet wurden, dem der Schweiß von der Stirne rann
bis er uns in Ordnung hatte. Der Vorhang wurde hinweg
gezogen und wir tanzten vor alten Hofmasken und Perücken
einen trefflichen mimischen Tanz der allerlei bedeuten sollte,
es ging passabel, bis wo wir einen Ringeltanz um das *Ysen-* 5
burgische Wappen tanzten, an das wir unsre Kränze aufhängen
sollten; mein Neunzehner fiel und riß mit seinem Kranz das
Wappen herunter, das fiel auf ihn und alle Kränze flogen im
Saal herum. Ich richtete geschwind das Wappen wieder auf,
damit es nicht sollte für ein bös Omen ausgelegt werden. 10
Dann tanzten wir nach den Kränzen als hätt es nur so sein
müssen, und teilten diese den Herrschaften aus; dies Im-
promptu ging besser als das eingeübte. Die Damen traten
vor den Spiegel und probierten sie auf, und mancher stand
der Kranz recht schön. – Unterdessen verwandelten wir uns 15
in Bauern das ging auch sehr geschwind, wir Mädchen
schürzten die Röcke hoch, zogen die Hemdärmel hervor und
einen Brustlatz vor, ebenso schnell hatten die Ritter sich verwandelt die als Bauern schon im Pappendeckel-Panzer sta-
ken. Blumen, Bänder, Früchte, Obst in Körbchen standen 20
schon bereit. Eh man drei zählen konnte waren wir in Ordnung aufmarschiert, ein Erntezug, vorauf die Musikanten
und Fahnen der Landleute, alles mit Silber und Goldpapier
dekoriert, ein junger Mensch *Bükes* führte die Dorfmusikan-
ten, er spielte auf dem Haberrohr, er hatte schon so viel 25
Witze gemacht, er schnitt so närrische Gesichter daß ich
kaum konnte meine Verse deklamieren, da stolperte der
Neunzehner hinter mir, und läßt seinen Korb mit Äpfeln
über mich hinaus rollen, es erschallte ein groß Lachen, kein
Mensch denkt mehr an die Verse von *Chateaubour.* Der Dich- 30
ter, der sich so viel Hoffnung gemacht hatte, quel effét que
cela fera. – Die schönen zirkelrunden Borsdorfer waren bestimmt gewesen in einem Akt in unserm Bauerntanz, nach
der Rede, in der ich unterbrochen ward, zu figurieren. Wir
sollten im Tanz einander gegenüber zu stehen kommen und 35
nach der Musik mit diesen Äpfeln ein Ballspiel aufführen.
Und dies hatten wir nun Wochenlang eingeübt so sicher wie

die besten Bombardiere. – Sollte nun dies beste Kunststück durchfallen? – Wir rafften schnell die Äpfel auf und stellten uns in Ordnung auf. Die Rohrpfeife wollte nun die Zwischenmusik überspringen und die Musik zum Ballspiel ein-
5 leiten, oder aufpfeifen. Aber die Geigen verstanden das nicht und kamen ihm nicht nach, sie blieben auf dem alten Satz; es gab ein Charivari. Die jungen prinzlichen und gräflichen Herrschaften, die dies Spiel nicht zum Ballet gehörig glaubten, hatten sich drein gemischt, und warfen mit Äpfeln um
10 sich her, mancher mag da getroffen worden sein der nicht gemeint war. Doch es fing an menschlich zu werden unter ihnen, sie probierten ihre Kränze auf, wie sie nach ihrer Meinung ihnen recht gut standen, so ging man bekränzt herum, und als ob dadurch die Klausur der Etikette aufgehoben sei,
15 lief alles untereinander, stieß sich mit den Ellnbogen und stolperte ohne weitere Entschuldigungen. *Bükes* mit seiner Pansflöte, führte einen Satyrtanz auf aus eignem Ingenium und spielte selbst dazu auf, er endigte dies Impromptü mit einer Ode von *Ovid,* die er langsam und deutlich mit allen
20 möglichen Modulationen, bald mit Donnerstimme, bald mit sanftem Flüstern deklamierte, und dazwischen mit der Pansflöte Intermezzos spielte. – Er wurde bewundert. Mehrere, die sich als Lateiner wollten zeigen, gaben ihm das beste Lob, was er mit großem Plaisir anhörte, weil er allerlei la-
25 teinisches sinnloses Zeug zusammengewürfelt hatte, was ganz ohne allen Zusammenhang war gewesen.

   Gestern lieber *Clemens* hab ich bis hierher geschrieben, vielleicht langweilt Dichs, es ist aber gleich aus, die bekränzten Herrschaften setzten sich zur Tafel, sogar die alte
30 Prinzeß *Rothenburg* hatte einen Kranz von Wachholder mit Perlen durchflochten auf ihre altmodische Blondencoiffure gesetzt, die dadurch sehr verschönert ward. Tanne, Mirte, Orangen, Oleander und Lorbeer kränzte manchen alten Kopf, dessen große Hakennase unter dem Kranzschatten
35 sich sehr vorteilhaft ausnahm. Die Musik dauerte während dem Essen fort, das Ballet aufführende Personal tanzte dazu auf eigne Faust allerlei groteske Sprünge. Alle Augenblicke

wurde Tusch geblasen; wozu wir im Hintergrund das Vivat
verstärkten. Um Mitternacht war gegenseitiges Umarmen;
dazu tanzten wir die Ronde, alle an einem blauseidenen Band
uns haltend, auf dem Verse gedruckt waren auf alle hohe Personen. Im Tanz machten wir Halt, und schürzten das Band
mit dem Vers über den, an den es gerichtet war, so bekam
jeder seinen Vers zu lesen. Nun kam eine große Pastete, der
Deckel wurde abgehoben, da sprang ein kleines Hündchen
heraus, aber ganz klein, der Herzog hatte es, ich weiß nicht
woher, aus dem südlichen Frankreich verschreiben lassen,
zum Neujahrsgeschenk für die Fürstin von *Ysenburg.* Dies
Plaisir war ganz appart, kaum besann es sich ein wenig so
bellte es die ganze Gesellschaft an, noch zwei andre kleine
Hunde wurden herbeigeholt um Bekanntschaft zu machen,
die waren aber nicht so klein. Das Gebell der drei kleinen
Hündchen übertönte alles, und vermittelte die gegenseitigen
Redensarten und Glückwünschungen. Das Lob dieses Festes
läutet wie ein wohltönend Glockenspiel hier in der ganzen
Umgegend unsern Ruhm aus, man will es noch einmal wiederholt haben. Einmal ist keinmal, aber *noch einmal* das ist zu
viel.

Liebster *Clemens,* noch Lebensgeschichte kann ich gar heut
nicht mehr schreiben. Du lobst mir alles, aber um so mehr
drückt das mich nieder, diesem Lob zu entsprechen, Du
willst mir Lust machen, den gewöhnlichen Acker meines
Lebens umzupflügen jede harte Scholle zu zereggen; nein
Clemens, wenn Du die weißen Wände meines Studierkabi-
net's, das heißt meines Kopfes ansähest, und nichts drin fändest als Spinnweb, wie wolltest Du Zins von dieser Armut
fordern! – Ich kann doch nicht auf jede Seite schreiben daß
die Leute mir ganz närrisch vorkommen und sonst begegnet
mir nichts jeden Tag, und ist mir von Jugend auf nichts begegnet als der große Gedanke wiederhallend von Stufe zu
Stufe meines Ingeniums: *Alles was begonnen wird in der Welt sei
närrisch.* Dabei komme ich mir eben auch nicht anders vor,
eben weil kein Bestand in mir ist, weil ich von so manchem
ein profundes Gefühl habe und dennoch ein Spielball der

Zerstreuung bin, die ganz gehaltlos ist, das fühl ich, das quält
mich, davon möcht ich gesunden und weiß nicht wie. Wenn
Du aber nun wieder kommst und sagst es stecke alles in mir,
und ich könne Wunder verrichten, und ich fühle mich aber
behaftet mit allen Verrichtungsfehlern, und nur daß sie keinen Schaden machen weil nichts an mir verloren ist. Du wirst
Dich kreuzigen! – Ich kann aber nicht anders als daß ich bekenne worüber ich lange mit Zweiflen gerungen habe, daß
nämlich – *Alles nichts aus mir werden,* bloß Sünde Deiner närrischen Einbildung ist daß etwas großes in mir stecke. – Eine
Zeitlang hab ich Dir geglaubt wenn Du mir als manchmal
mit so vieler Liebe davon sprachst ich solle meine beßre Natur meine Vorzüge vor den Augen der Welt verbergen, ich
war des besten Willens; aber, da ich nun diese Vorzüge wirklich gut zu verpacken gedachte, siehe da fand ich gar nicht
was ich allenfalls zu verschweigen oder zu verbergen habe.
In Talenten komm ich nicht vorwärts, ich kann unmöglich
meine elenden Versuche in der Kunst hochschätzen, eine
Flora hab ich in Rötel gezeichnet, ich hab sie auch gleich darauf in Papierstreifen zerschnitten um die Wachslichte mit fest
zu machen. Meine musikalischen Versuche? – Ich hatte ziem-
liche Freude am Generalbaß, da hat sich mein Lehrer der
Herr *Preißing* zum Fenster hinausgestürzt. Ich mag ja an
Musik nicht mehr denken. – Und nun kommst Du mit meiner Lebensbeschreibung auf rechter Heide, man könnte die
Grashälmchen zählen die da wachsen. – Das einzige was
mich intressiert sind die französischen Miszellen über Re-
volutionsbewegungen, so menschlich so verständlich, ein
Kind muß ihre Naturgemäßheit empfinden. Ich hab mir die
Aufgabe gemacht in meinen französischen Arbeiten sie zum
Thema zu nehmen, ich bin zufrieden da ich vorwärts komme
auf einem Feld wo alles auf festen tiefen Begriff ankommt,
wo das Echte das Göttliche bloß ein vernünftiger Schluß ist,
wo ich glaube weil die Glaubensartikel Seelen-erziehende
Argumente sind.

    Wo aber die Sündenregister wie eine elende Hühnerleiter
an die Himmelspforte angelehnt sind, da mag ich keinen

Versuch machen mich zu bilden mich zu bessern, soll ich da
von Stufe zu Stufe hüpfen wie ein Hühnchen damit es auf die
Stange zu sitzen komme neben den Hahn. – Nein! *Auf mein
Seel* in einem Flug. Über die Sündenregister hinaus wie die
Verheißungen die Himmlischen. Sind die Seligen selig geworden, so lasse sie mit ihresgleichen, schmeichle nicht wie
ein Schmarotzer um sie herum, daß Du auch gern wöllest
vom Himmelsbrot essen. Ich aber sag mir, kannst Du nicht
lernen entbehren? grad das wonach alle verlangen? – kannst
Du nicht lieber wollen daß die *Andern* selig werden die so
sehnlich darum bitten und seufzen, da Du doch gar nicht danach seufzen kannst? – Dies Seufzen, Flehen und Ringen
nach Seligwerden macht mich mitleidsvoll, hätt ich was sie
fordern ich gäbs ohne Bedingung! Aber wer kanns haben? –
Wer kann den Anstrich des Himmels dem Unsinn geben, in
den hinein allen so sehr verlangt. – Wer kann das machen daß
Unsinn immerdar ein Quell erneuerter Freuden sei? – Gott
nicht, denn sonst würde er gewiß nicht anstehen den Selig-
keitsverlangenden die Himmelstore weit aufzusperren und
wie die alten Nönnchen in Fritzlar uns immer die himmlischen Freuden gleich einem Tanzboden beschrieben, nur viel
schöner als sie es beschreiben könnten, so würde er die Musikanten drauf losschmettern lassen und erquickende Him-
melsspeise in Fülle lassen herab regnen. Ach er könnte froh
sein wenn noch Menschen wären die solchen Genüssen
möchten sich hingeben. – Eine unschuldvolle Energie der
Unersättlichkeit, ist die möglich? – Ich war immer schon satt
von der Beschreibung des Himmels. Ein unaufhörlich preisen und Lobsingen – damit fings an. Ich sang auch gern, aber
nicht Kirchenlieder; ich sang um mein jubelnd Herz auszu-
strömen, das zum Tanz geneigt war von einem innern Le-
benstakt frisch bewegt, meine Entschlüsse waren rasch, und
sind es noch, das heißt ich entschließe mich. – Zu was? – Ei
davon ist gar nicht die Rede! der Entschluß! *Ein freudiges
Durchrauschen aller Lebensadern!* – Ein freies Auftreten auf den
Gott-geschaffnen Boden der Erde, überallhin blitzen meine
klugen Augen und jagen die Nachtvögel aus ihrem Versteck.

Was sind *Dinge,* zu denen wir uns einen Entschluß erküm-
mern, im heimlichen Rat unsicherer Begriffe, feiger Moral,
verschrobner Lebensansichten, und noch gar, heimlicher
Schwächen und eigensüchtiger Begierden, hin und her geworfen. Ein solcher Entschluß? wo blieb die Energie ihn zu
tragen. – Nein! Entschluß – tief in mich hinein fühl ich: – er
ist der Mut frei zu schweben über aller Gemeinheit. – Dinge
zu denen wir uns entschließen *müssen* die sind nicht. Wir
schauen den einzigen Gott an in uns; Er durchfährt elektrisch uns die Glieder; das ist Entschluß. Verstehen wir uns
lieber *Clemens*? – Mein alter Magnetiseur würde das verstanden haben, es sind seine Antworten auf meine Fragen, es
sind aber freilich keine Antworten auf Deine Forderungen
an mich, – ich weiß was Du mit Recht mir vorwirfst! – »Und
doch könne ich keinen Willen mir erkämpfen ruhig und einfach die Entwickelung meiner Talente zu betreiben.« Ach ich
weiß ja daß ich mich schämen muß, jeder blaue Berg wirft
mir das vor, er sagt: Ich stehe reiner und edler da als Du! –
mich befällt auch oft eine tiefe Melancholie über mein Nichts.
– Was kann ich dafür? – Die Sünden der Welt haben auch mir
den Boden abgegraben. Was ist das wenn die frische kraft-
volle Erde die den Baum nährt, ihm geraubt wird, und er soll
zwischen kalten Steinen Nahrung hinaufsaugen in den Gipfel! – Ach der Bach selbst muß traurig hinsickern über seine
entblößten Wurzeln. – So viel Lebensansicht hab ich mir er-
worben in diesen Verhandlungen über Freiheit und Lebens-
rechte, daß ich weiß daß dies die Sünde ist der Welt, für die ist
der Gott gestorben, das glaub ich, das weiß ich, aber soll er
auferstehen, so muß diese Sünde getilgt sein durch seine Auferstehung.

Ich fürchte mich vor Dir das auszusprechen, doch ists die
Mitte meines Denkens. Die unverständlichen Aufsätze von
mir, die Du mit so viel Neugierde studiertest, sie sind Funken und glühende Asche von diesem Herd, dessen Flamme
manchmal hell aufleuchtet; ein ewiges Menschwerden des
Geistes durchbricht alles sinnliche Bedürfnis und wirft es
nieder und steht aufrecht über ihm, und ja, das ists was ich

Entschluß nenne, zu sein und zu werden, ob ichs verstehe
oder nicht. Rechenschaft geben? – Warum? Die Geistesaufer-
stehung selbst ist Rechenschaft allem Unsinn der aber sie verwirft. Laß den Geist werden und seine großen Zauberkräfte
werden über dieses Fordern nach Rechenschaft über Höllen- 5
brodem und Fegefeuer sanft hinüberwallen und Satzung
und Glaubensartikel, sie reichen nicht an seine Region und
wenn sie auch noch so große Staubwolken aufregen unter
den Menschen.

Ich wollte Dir ja vom Kloster schreiben, ich wollte Dich 10
überraschen mit der Erzählung dieser einförmigen Tage wo
viel träumerische Knöspchen auf feinen Stielchen rankten! –
Aber da laß ich mich überraschen vom Schauder über das
Gewöhnliche, was die ganze Welt zum Narrenhaus umwandelt. O Ihr Bienen alle, die Ihr mich umsummt habt im Klo- 15
stergarten. Ihr Nelken- und Lavendelbeete die Ihr mich gedeckt habt mit Euern Düften. Ach es ist Winter in mir und
der Schnee der Weisheit deckt die Erde. O Erde laß den Frühling wieder treiben, halte den Atem nicht länger an, hauch
deinen süßen Duft aus, er genügt mir statt Paradiesesfreu- 20
den. Willst du deine Gräser herauslassen und deinen Bächen
freien Lauf, Erde dann küss ich dich und schenke dir meine
Seele.

Das heißt, das Unterhandlen mit dem Himmel bin ich
ganz müde. Das heißt wieder: Alles ist zwar in Richtigkeit 25
und an der Tafel angekreidet. Ach käm nur einer und löschte
mit dem Schwamm das ganze Fazit aus, dann wär noch Hoffnung daß die Natur im Menschen wieder aufwachte.

Deine Schwester Bettine.

Liebes Kind.   30
Ich fühle mich in eine ganz wunderliche Lage hineingeschoben durch Deine ausgreifenden und wieder tief im Le-
bensschacht herumwühlenden Mitteilungen. Oft ist mir als
stehe ich auf einem vulkanischen Boden, wo die verwitterte
Lava von der schaffenden Natur üppig begrünt hervorbricht 35

in Flammen und verzehrt es wieder. Und hier und da liegen
Brandstätten unter dem ewig blauen Himmel. Was nützt
mein guter Wille, meine Stimme, mein Wort. Wie könnte das
diesen Boden erschüttern, in dem ein innerliches Wirken verborgne Wege schleicht und dann jeder Gewalt unerreichbar
plötzlich das begonnene Gepflegte zerstörend aufflammt. –
Weißt Du was Du sprichst? – Nein! Denn ich kann Dir den
Mut nicht zutrauen Dich Nationen und Jahrtausenden gegenüber zu stellen und denen Hohn zu sprechen. Das tust
Du aber, blind wie Du bist springst Du über Abgründe und
immer glücklich fühlst Du den Boden unter Deinen Füßen.
Man sagt der Blitz erschlage keinen Schlafenden, drum soll
man während dem Gewitter keinen Schlafenden stören. Ich
frage mich ob Du schläfst, ob Du träumst, und dann mein ich
das Gewitter bist Du selber; es rollen Ideen donnernd in
Deinem Geist die aneinander zerschmettern; und vor meinen
Augen sinkt in die tiefste Spalte, die plötzlich gähnt, was
eben noch meine Hoffnung war, was ich mit demselben süßen Willen hütete wie Du Deine Blumen und Kräuter. Deine
unverständlichen Aufsätze wie Du sagst seien die glühende
sinkende Asche und ausfahrenden Funken von dem Herd,
auf dem der erwachende Geist sich seiner Unverständlichkeit
entbindet. Einmal will ich mich vor Dir aussprechen darüber, sollte ich mich irren so sage mir es. Ich war bis jetzt
noch immer so sehr der einzige Gesichtspunkt nach dem Du
mit inniger Begierde hinsahst, in dem das Meiste um Dich
her nicht das war, was den Geist auf eine würdige Art fesseln
kann. Deine Aufsätze, teilweise auch Deine Briefe stellen
daher oft mehr Selbstgespräche vor, oder eine Art Gebete in
denen der Gedanke sich selbst lieben und würdigen lehrt und
in einer sehnsuchtsvollen Andacht verweilt. Diese Andacht
ist von allen Gesichtspunkten heilig und unverletzlich, da *sie
allein* das Erwachen eines trefflichen Menschen verkündigen
kann; sie liegt über der Bildung wie alle Gottesverehrung als
die erste Poesie des Menschen; sie ist die Morgenröte vor
dem geschäftigen Tag, der Frühling und das Kindliche in
dem Fortschreiten jeder Art von Leben überhaupt; so schie-

nen Deine Briefe und Ergießungen bisher mir auch nur die
erste schöne reflektierende Bewegung Deines Erwachens in
der lieben Welt, und Dein Gefühl, Deine Rührung und Dein
Gott sind eins und dasselbe darin; ein Morgengebet eines an
sich frommen Menschen, den man nicht grade dazu angehalten hat. Wolltest Du meinen in Deinen Briefen spräche
bloß Deine Liebe, Dein antwortender Geist zu mir, so täu-
schest Du Dich, sie sind Deine Liebe zu allem, so wie es Dein
reflektierender Geist über alles und in allem ist, den Du mir
anvertraust; Du kannst nicht zweiflen daß sie mir daher das
höchste lebendige Interesse umfassen und daß Deine Geistesanlagen mir ebenso heilig sind als es mir rührend ist, daß
Du sie mir anvertraust; warum ich also wünschte daß Du die
Kette dieser reizenden Lebensaufregungen nicht unterbrechen mögest, das erweist sich von selbst, da es aber
ebenso unmöglich als unnatürlich sein würde, ewig oder sehr
oft in dieser Rührung zu verweilen, ja am End komisch und
dann gar schändlich werden könnte. Es gibt solche Epochen
in der Geschichte wo dasselbe im Großen geschah. Diese
Epochen bildeten ihre Krankheitsstoffe aus als die Andacht
nicht mehr im einzelnen Menschen vor dem Verstand sicher
war, und daher allgemeine Religionen hervorkamen, dann
als gar keine Andacht mehr da war, und eine Menge Reli-
gionszeremonien ihre Stelle vertraten, das war komisch, und
da die Religion als Mittel zu schlechteren Zwecken gebraucht ward, das war schändlich, denn sie ist die Krone alles
Lebens und die einzige Ruhe in uns, die jede einzelne Bildung krönt, und indem sie über alles Ungebildete bloß Zufällige erhebt, dieselbe dem ganzen Dasein, Gott und uns
zugesellt. Diese Andacht also, die Liebe die Du in Deinen
früheren Aufsätzen aussprichst, oder auch Deine Sehnsucht
überhaupt zu bilden und gebildet zu werden, kann nur wie
der Morgen jeden Tag einmal, und wie der Frühling jedes
Jahr einmal, und wie die erste kindische Poesie jeder Völ-
kerbildung in dem Volke nur einmal erscheinen und so ins
Unendliche in diesem Zirkel rückwärts und vorwärts in engeren und weiteren Kreisen, und es wäre daher komisch oder

schändlich Dich dazu zu zwingen oder zu verstellen, das erste
wär komisch und das zweite schändlich. Du schreibst also
bloß wenn ich Dich durch einen Brief, der Dich an das Bessere erinnert, in Deinem Geist aufrühre. – Aber kennte ich
Dich nicht besser, müßte ich dann nicht glauben, Du ließest
es bei dieser bloßen Andacht bewenden, und auf das ge-
rührte Gefühl des Erweckten in Dir folge keine Arbeit, kein
Streben; beinah willst Du mirs weis machen! – Darum hab
ich Dich aufgefordert Gedanken, Geschichten, Begebenheiten, Fragen, Meinungen etc. nieder zu schreiben, damit
Du mir ohne Anstrengung schreiben könnest und Dich nicht
dazu erst zu stimmen brauchst, es war mein Wunsch, denn
ich selbst lerne durch Dich mich aussprechen. Wie schön sind
Deine letzten Briefe davon erfüllt, wie wahr und warm
Deine Reminiszenzen aus den Kinderjahren, wie tief Dein
Gedächtnis noch aus Deinem ersten und zweiten Lebensjahr.
Liebste *Bettine* bedenk Dich doch, daß solche Eigenschaften
von der Natur als köstlichstes Lebensgeschenk in die Seele
geprägt sind, daß es feinste Organisation des Geisteslebens
ist so schreiben zu können. Vielleicht sag ich manches in meinen Briefen was Dich stört, laß es ungesagt sein. Überhaupt
nähre das Vertrauen, denk Du sprichst auf der Höhe auf
freien Bergen, oder im tiefen Wald, wo nur die Natur Dich
auffordert zum Sprechen, nicht der verblendete Mensch, der
vielleicht eigensinnig. Oft erschreckt es mich, und es kommt
mir vor als wär Dein Gefühl und Dein durch dies Gefühl
gebildeter kühner Wille lange wie eingesperrt gewesen und
bräche nun so stolz und unbändig hervor, so berührte mich
eben ein großer Teil Deines letzten Briefes; ich habe mich
gefragt ob ich durch Äußerungen Deinen eigentümlichen
Wendungen in den Weg getreten sei, und beinah glaube ichs,
denn auch in diesem Augenblick fühle ich, wir stimmen nicht
ineinander.

   Ich wollte Dir noch mehr schreiben, aber eben erhalte ich
einen Brief von *Leonhardi,* er habe Dich zweimal gesehen und
wenn die Zeit schöner werde wolle er öfter nach Offenbach
kommen; ich finde das nicht weiter sehr wünschenswert, weil

unbedeutende Menschen oft einen Einfluß haben, eben weil
sie das Bedeutende aufheben, ich habe jedoch nichts weiter
zu erinnern als dem *Leonhardi* doch nur höchstens scherzend
zu begegnen, auf andern Wegen würdest Du ins Philistertum
geraten, denn er ist ein hypochondrischer Mensch, der sich   5
leicht einbilden kann er sei dies oder jenes und müsse Dich
wärmen oder schützen, oder Dir Weltansichten eröffnen, ein
solches Pfuscherwesen lasse Dir nicht in den Weg treten. Er
hat Bücher und kann Dir die geben die ich will. Sei stolz und
lasse Deine Einsamkeit Dich nicht verführen, Deine Zeit an   10
Menschen zu verlieren, von denen Du nichts gewinnst.

Dein Clemens.

Du sollst einem meiner Freunde, der Dich bittet, den ich und
viele für den einfachsten genialischsten Menschen seiner Zeit
halten, ein kleines Geschenk machen, sticke, nähe irgend et-   15
was; es ist *Ritter* der Naturphilosoph, der Freund der *Gachet,*
denke was hübsches aus, sage niemand für wen.

Liebe *Bettine.*
Du schreibst mir nicht, dies martervolle Schweigen ertrage
ich nun sechs Wochen. Dein letzter Brief erregte mir Zweifel,   20
die mich ungeduldig auf den folgenden machten, ich schrieb
Dir in einer ganz entgegengesetzten Empfindung, wollte
Dir sagen daß die Basis alles sittlichen Gefühls nicht Stimmung, sondern Wahrheit sei, daß die Wahrheit wieder nur
echte Religion sein könne, daß aus dieser kein lügenhafter   25
sondern ein ganz echter Bildungstrieb nur hervorgehe, der
in jeder Handlung, in jeder Äußerung den ganz reinen Menschen darstelle; daß eben nur dieser Mensch allein wirkungs-
fähig sei, das wollte ich Dir sagen, ich wollte Dir aber nichts
sagen was Mißtrauen gegen Dich beweise; was ist das nun   30
daß Du schweigst? Ach wolltest Du mir doch nur einige
Hülfe leisten so würde mir das eine Erholung sein, woran ich
jetzt verzweifle, nämlich den Wegen nachzuspüren, die sich
Deinem höheren Interesse anfügen. Deine Briefe sind ja

doch keine Kunstarbeit? – oder kannst Du sie nur in gewissen Stimmungen hervorbringen? da doch so vieles darin sich
noch ganz unenthüllt zeigt, vieles nur ahnungsweise anregt.
Wie kommts daß dies alles Dich auch nicht reizt es noch fer-
5   ner in Dir zu beschauen und mir mitzuteilen. Es ist etwas
sehr vortreffliches und seltnes, Briefe zu schreiben, die bloß
die Geschichte des Herzens zum Gegenstand haben, ohne zu
lügen. Ich will hier dies näher auseinandersetzen. Der gebildete Mensch oder der empfindendere lebt ein doppeltes
10 Leben, er lebt das gesellige praktische Leben seines Standes,
seiner Familie, und lebt das Leben seines Geistes, seiner Begriffe, seiner Empfindungen. *Jenes* Leben ist gebunden und
bestimmt durch seine Umgebung und den Punkt, auf den er
in der bürgerlichen Welt gestellt ist; *dieses* aber hat das Uni-
15 versum, die Natur, und das eigne Gemüt zum Gegenstand
insofern es frei in sich selbst fortbildet, ohne daß das praktische Leben des Menschen darauf einwirke. Beides zusammen bildet seine *Geschichte,* die (wie sich diese beiden Leben
in ihm mehr oder weniger bestimmen, aufheben oder durch-
20 dringen, oder gegenseitig erhöhen), die Geschichte eines
schwankenden einseitigen geschlossenen oder ewig fort-
strebenden Gemütes ist. – Die Berührung des höheren Lebens in uns, mit dem Leben, welches durch die Umstände
hervorgebracht wird, bildet die Bequemlichkeit oder Unbe-
25 quemlichkeit unserer Lage, unsre Zufriedenheit, unser Gedeihen, was jedem Geschöpf das Klima und der Boden ist.
Aber alles kann ein Umstand dieses Lebens werden, auch
was sonst kein Umstand ist; die Geschichte eines andern
Menschen. Insofern nun diese mit unserm höheren oder bür-
30 gerlichen Leben in Berührung kommt, bildet sich uns der
Mitbürger, der Genosse, der Nachbar, und bei totaler Berührung, der *Freund.* Dieser kann, ewig fortschreitend, in
höherer Annährung endlich sich beinah mit uns durchdringen; dies nenne ich das Anziehen, Erfassen, es wird endlich
35 zum Bedürfen. Denn es geht von der einen Seite die nämliche Tätigkeit aus wie von der andern, und wird endlich geistige Lebensforderung. Und hier, wo vier Arme offen sind,

entsteht die Umarmung, der *Bund,* und dann die Trennung
mit Einverständnis in einem Dritten, das Ziel. Endlich aber
das *Wiederfinden,* wenn jeder seinen halben Zirkel durchlaufen hat. Das Leben ist zwischen Zweien vollendet; jeder hat
das seine im Sinne des Andern errungen; sie haben sich im
Mute verwechselt, im Streben getrennt, und durchdringen
sich nun im Errungnen, in der Ruhe des Bewußtseins, des
Ziels. Von hier aus geht ein neuer Abschnitt der geistigen
Lebensgeschichte an, diese Ruhe, dies errungne Ziel ist der
Stillepunkt eines erhöhten Werdens, denn die Verzwei-
gungen geistiger Verhältnisse gehen ins Unendliche, sie sind
der wahre Sacontalabaum, der Blüte und Früchte zugleich
trägt. Und das beglückt ja so unendlich in der Freundschaft,
daß der junge Blütenbaum, noch ganz innerlich beschäftigt
mit dem Treiben seiner Blüte, bewußtlos die Nahrung reift
für den Geist, der auf ihn angewiesen ist. Bei dieser Gelegenheit sage ich Dir, daß ich dies schöne Buch, die Sacontala,
für Dich bestellt habe; Du mußt sie in wenig Tagen erhalten.
Ich wollte sie Dir erst mitbringen, um sie vielleicht mit Dir
zusammen zu lesen; aber wenn wir beieinander sind, da ist ja
immer Blumenzeit, und da findet sich so manche Blume am
Weg, die wir spielend betrachten, daß wir zu keiner Beschäftigung und zu keinem ernsten Resultat kommen. Die
Sacontala soll ein solches Resultat in Dir bilden. Was an andern Menschen als vorüberstreifender Genuß auch nur eine
äußere Bildung bewirkt, das faßt in diesem Freundschaft-
Klima Wurzel und wird selbststrebender Geist.

   Ich habe Dir hier in der Berührung mit dem Freunde, die
Geschichte jeder Berührung mit dem Lebendigen erzählt,
deren Bedingung die *Wahrheit* ist, wenn sie nicht das elende-
ste Verderben in uns hervorbringen soll, denn alle Trauer
alle Unzufriedenheit ist eine Folge der *Lüge;* nicht grade der
Lüge in uns, sondern der *Lüge an sich.* Eine Ansicht, die wir
von jeher, durch uns und andre, durch Unerfahrenheit,
durch das was noch nicht ergründet ist, haben, ist *Lüge an
sich; –* und *fähig sein,* heißt daher nichts als Anlage zur Wahrheit haben; *sich bilden,* heißt diese Fähigkeit verstärken; *ge-*

bildet sein aber heißt in uns die Möglichkeit zur Annahme aller Wahrheit hervorgebracht haben. Dann tritt das Wissen ein, oder die wirkliche Besitznehmung von der Wahrheit; diese ist unendlich wie die Wahrheit. Es sind daher alle Men-
5 schen fähig. – Viele bilden sich, wenige sind gebildet, und zählbar sind die welche wissen. Das eigentliche Verderben aber ist die Wiedervernichtung des Erbauten, des Gewußten, dessen was einmal in unserm Besitz ist, ist die Zerstörung unsrer geistigen Gesundheit durch alle Art von Mißbrauch,
10 und endlich die schändlichste aller Arten der Schändung, die *Lüge in uns,* die wir um so leichter herrschen lassen, als wir meistens in der Trägheit die Selbstbetrachtung verabsäumen, und keinen Begriff von der Wahrheit haben, in diesem Falle nun sind die meisten Menschen, auch viele die sich zu
15 bilden scheinen, denen aber die Bildung nicht eine Verstärkung ihrer Anlage zur Wahrheit, sondern ein Amüsement wird, ihre Unfähigkeit zur Wahrheit zu entlangweilen, oder die Vorwürfe der Lüge in sich zu ersticken. Solche gebildete Lügner sind die miserabelsten, denn ihre Lüge hat eine Art
20 von Arm und Bein, und scheint lebendig, um sie noch dichter zu umschlingen, sie fürchten sich auch meistens vor jedem Zuwachs ihrer Bildung, wie vor einem neuen Schlangenkopf, und wissen sie sehr viel, so platzen sie vor Dünkel und Anerkanntheit, die letzte Gattung ist der Keim aller
25 Hoffart. – Wir können auch gewissermaßen unschuldig, aber doch nicht ohne die verdiente Beschädigung der Affektation, in die Lüge fallen, und zwar auf folgende Art. Da Konsequenz, oder ein vernünftiges Auseinanderfließen der Handlung, das wir selbst beherrschen, eine einzelne Tugend
30 scheint, so will man sie gern im Einzelnen ausüben und lügt, wenn man zugleich zwei oder dreierlei, verschiedene Arten von Konsequenzen auszuüben glaubt, grade auf ebensoviel verschiedene Arten. In dieser *Lüge* ist Schmeichelei, Heuchelei, ja sogar eine gewisse Gattung von Höflichkeit zu Haus,
35 der man sich oft mit Fleiß nicht enthalten darf. Es ist aber sehr lächerlich indem man seine Wahrheit aufopfert, konsequent sein zu wollen, da diese beide eins sind. – Man hört oft:

»dieser und jener Mensch hat keinen Charakter, er bleibt sich
nicht gleich.« – Und in dieser Rede ist doch nichts gesagt, als
daß dieser Mensch uns nicht in chronologischer Ordnung
eine gewisse Anzahl ähnlicher Empfindungen zusammen gelogen hat. – Oder hat er nicht gelogen, sondern ist wirklich
ein solcher Rosenkranz, der aus denselben Gebeten besteht,
und den man schlafend beten kann: »dieser Mensch ist nicht
komod, um ihn gelegenheitlich zu beurteilen, um von ihm zu
sagen, er ist ein hübscher, grader, krummer, kleiner oder
magrer Mann.« Der wahre Mensch, der sich hingibt in der
Freundschaft, klaubt nicht eine gewisse Partie seiner Erscheinung heraus, er gibt sich immer mit der ganzen Le-
benssumme grade so ausgedehnt hin, daß er den Augenblick
der Hingabe erfüllt. Das was man Charakter nennt, kann
daher nur durch die größte Menge ähnlicher Züge im Menschen begriffen werden, und ist nur merkwürdig im Begeisterten, als die Gestalt des Schattens, die seine Bewegung
nach irgend einem Licht, auf sein Gemüt zurückwirft, und
im bloß erwerbenden Menschen als die Gestalt seiner Beschränkung, aus denen man, wie aus den Schatten, welche die
Weltkörper aufeinander werfen, astronomische Schlüsse auf
die Gestalt, Lage und Durchkreuzung der Sphären, ihrer Bildung, ihres Stillstands, oder ihrer Bewegung machen kann.
Es gibt aber noch einen andern Gesichtspunkt für das Intresse, das man an einem Charakter haben kann, und obschon er nicht hierher gehört, wo ich nun vom Umgange,
(Verkehr untereinander) rede, so will ich um einem schiefen
Einwurfe vorzubeugen, doch etwas davon sagen.
    Der Charakter kann allgemein merkwürdig sein, wenn
man ihn als Kritiker betrachtet, dies ist die Betrachtung deren jeder Charakter als Kunstwerk würdig ist; es sei nun, daß
ich wirklich den Charakter einer gedichteten Person, oder
wirklich eines lebenden Menschen wie ein Produkt seines
Lebens, als Kunstprodukt der dichtenden Natur anschaue.
Sich zu dieser Ansicht erheben zu können, erfordert einen
sehr hohen Standpunkt denn man muß sich dann, zur ganzen
Poesie, – Schöpfungskraft der Natur – wie der Kritiker zum

Dichter verhalten; und hier wird mehr erfordert, als nach den geschriebenen Gesetzen einer gewissen Kunstschule dem freien lebendigen Gedicht die Brust aufzuschneiden, um noch Minuten lang zeigen zu können, wie ihm das Herz schlägt. –

Die Konsequenz aber, welche etwas wert ist, ja allein den Wert des Menschen bestimmt, ist eine Musikalische, sie ist Harmonie im weitesten Sinne, und wird, in sofern er mehr oder weniger das ganze Leben berührt, mehr oder weniger Tonarten und Modulationen umfasset, doch immer nur in harmonischen Übergängen wechseln. In sofern er nun bloß das Thema der ganzen Musik ist, ist sein Gang aus sich selbst, und kann er einen Charakter haben, aber insofern er die Harmonie des ganzen mitbegründet, hat er nur den Charakter seines Instruments; sein Leben aber ist ohne Charakter, bloß ein Teil der ganzen Harmonie. Von dieser Konsequenz der Harmonie kann aber nur die Rede sein bei umfassendern Menschen, denn um harmonisch zu werden, muß man schon eine gewisse Anzahl von Tönen umfassen, und ist hier die Rede nicht von jener Gattung, die nur in sofern leben als ihrer etliche Tausend wohl, wenn sie zusammentreten eben so leicht alle zu einem tüchtigen Menschen gehörigen Eigenschaften, als eine vollständige Kriegskontribution zusammenbringen könnten. Hierher gehören alle Menschen welche ihrem Stande Mittel sind, und sich nicht über ihn erheben, welche nur halb leben wie ich oben anführte, nur das praktische Leben haben und daher nie biographische Personen werden können, man müßte dann als Kunstprodukt einen einzelnen betrachten, nicht um *ihn,* sondern bloß um die Umstände seiner Zeit an ihm zu erlernen, denn diese Leute sind unglücklich genug, nichts als *ihre Umstände* zu sein, deswegen sind sie doch eben so wenig verächtlich als die *Irokesen,* obschon weniger merkwürdig. Sie sind die Besitzer des zeitlichen Lebens und werden auch bei der größten Frömmigkeit nie selig werden, da der Himmel nicht zukünftig, sondern von jeher und ewig ist, und in nichts anderm besteht als in dem Verstehen und Besitzen der Harmonie.

Wir erwerben durch Tugend den Himmel, wir erringen durch Fleiß die Kunst, wir lernen durch Harmonie die Musik, wir gebären sie endlich selbst, in leichter ewig voller und ergoßner und empfangener Lust des ewigen Lebens, das ist gleichbedeutend. Jene aber sind weit entfernt hievon, und verhalten sich, wie das gebogne Holz das noch am Stamme grünt oder dorrt, zur schön geschwungenen Mutter der Töne und der Lieder – der Lyra im Arme des Sonnengottes. Aber auch der wilde Wald rauscht und grünt und ist lieblich oder mächtig, wenn ihn ein empfindend Gemüt begreift, aber er ist nichts ohne dieses. Hier trennt sich der Weg, und ich sage Dir wo es recht ist jene Menschen zu vergessen, und wo es recht ist sie nicht zu verachten: Wo Du mit dem Höchsten an sich, mit dem Geiste das Wesen des Geistes betrachtest, wo Du betest, oder dichtest, oder liebst, sollst Du jener vergessen, und ständest Du unter ihnen; denn man soll auch im Haine Gott anbeten und die Bäume vergessen. Betrachtest Du aber die Welt historisch, so darfst Du sie eben so wenig verachten, um nicht in lächerliche Sentimentalität zu fallen als der ins lächerliche hineinfallen wird, der einen Acker verachtet, auf dem die Mäuse ihre Kornspeicher haben. Nur auf einem Punkte ihrer Erscheinung können sie mehr lächerlich, als verächtlich – doch wenn es etwas lange dauert, etwas fatal werden. Es ist dies der Fall wenn sie sich auf Augenblicke emporheben, wenn sie von Bildung reden und Geschmack haben wollen, besonders erscheint dies in den Menschengattungen in denen das praktische Leben am kondensiertesten ist, die nur eine Berührung mit dem äußern kennen, die nichts wollen als *brauchen,* die den Geschmack, um ihn zu brauchen, zur Mode herabschänden, und sogar auch manchmal jenes zweite Leben das sie nicht haben, brauchen und es zur lächerlichsten Grimmasse herabwürdigen, bis ein solcher das schimpft, was er nicht kennt, und verliebter, dürstender zu seinem praktischen Leben zurückkehrt. Auffallend ist es zu bemerken, wie er immer zu triumphieren scheint, und wie dieser scheinbare Sieg manchen an dem Kampf nach dem Vortrefflichen erlahmen macht, der sich

dann in den Sold begibt, der für kein Vaterland und keinen
Himmel streitet, der nur kümmerlich das Leben erwirbt und
keinen Himmel. Doch scheint er dies nur, und so sehr uns oft
der unwillige Ausruf gerecht scheint, die Kunst gehe betteln,
und die Dummheit grase, so halte ich ihn doch für die Erfindung einer sehr gemeinen Ansicht, und er hat sich auch
schon als solche charakterisiert, da er nun schon ein Gemeinplatz geworden ist. Die Kunst geht nie bettlen, wohl aber
der Künstler würde Kotzebue sagen, um aus seinem Reichtum zu beweisen, daß er kein Künstler ist. Wenn die Kunst
bettlen geht, ist es meistens nur ein Beweis daß sie arm ist,
denn die wahre Kunst beherrscht alles und öffnet alle Schätze, der selbstische Künstler aber, der aus Kaprice, oder Unkenntnis nur für sich selbst dichtet, er mag darben, und muß
gern darben, um nicht erbärmlich zu sein.

Nun aber haben wir jetzt keine allgemeine Kunst, und ist
bloß eine Zeit des Krieges in der Bildung, drum gehn viele
Künstler arm herum mit ihrem Reichtum, und mit Recht
mögen jene keine Beute machen, die nur aus Bosheit, Unsit-
te, und für kein Vaterland mitstreiten. Es ist eine wahre und
sehr würdige Reflexion, daß die Welt keine moralische Anstalt ist, wo ein Geschöpf das andre aufmuntern soll, so daß
gleichsam der Elephant dem Esel nichts als ein gut Beispiel
sei, ein Elephant zu werden, und so fort; denn die Progres-
sion geht nicht auf Erden, im Leibe – sie geht im Geiste vor.
Auch geht die Bildung nicht Feld einwärts oder der Quere,
sie geht in die Höhe anbetend, und in die Tiefe forschend.
Jedes Geschöpf ist als Kompositum beschränkt, und als vollkommen mehr oder weniger frei; in es selbst aber ist sein
Geist gesetzt, der insofern er nur empfindet, als er nur in sich
selbst ist, sich selbst als den Mittelpunkt des Ganzen betrachtet. So ist der Dünkel jedes Standes zu entschuldigen; aber
dem ganz freien, gebildeten Menschen ist die stille Betrachtung erlaubt, den bloß praktischen Menschen zu verachten;
wenn er spricht, ich triumphiere – denn triumphiert ein geboren tauber, der geigen will, aus Mode, und die Geige in
den Ofen steckt, mit den Worten: »ist es nicht viel edler Ta-

bak zu spinnen, und zu rappieren, da habe ich doch was für
meine Nase, ich weiß nicht was die Leute an dem Kolo-
phonium riechen.«

In eben diesen Fehler verfallen alle Menschen, die sich
krankhaft oder aus Trägheit zum Bessern zu erheben ausge- 5
ben, und eben so nur die Empfindung, Bildung oder Kunst
brauchen, ihre Lumpen mit zu flicken; sie geben die schänd-
lichsten Blößen und werden meistens sehr verächtlich; dies
ist sehr häufig bei den Weibern der Fall, die nach der bürgerlichen Ordnung, die jetzt sehr in Verfall ist, nichts als die 10
Repräsentanten der erbärmlichen Bildung, die eigentlich das
künstlerische Personale des praktischen Standes geworden
sind. Ich wollte, hätte ich Zeit, leicht beweisen daß alles
Übel, häusliches und körperliches und geistiges, bloß durch
das dumme Bestreben nach Geschmack, der Tochter der Ver- 15
achtung der Künste, entstanden ist. Ich verstehe hier bloß
das Verderben der Töchter, worüber von Familienvätern
und ältern Brüdern, ja oft von den Verderbern selbst geklagt
wird, und ich will gerne als Märtyrer für die Aussage sterben: Kein treuer und unschuldiger Greis und Vater kann 20
würdigere Tränen weinen, als um den Untergang der Religion; – so ganz, was der kräftige unschuldige gemeine Mann
Religion nennt, nicht das neue Wort. Die Weiber oder Mädchen, sagte ich, sind die kränksten an dieser Afterbildung,
ihre krankhafte unbefriedigte Laune ist Empfindung, ihr Fie- 25
ber Begeisterung, ihre Sittenlosigkeit wird Philosophie. Ich
sagte sie bedeckten ihre Lumpen mit Bildung, und setze hinzu, daß sie dadurch meist sehr lächerlich werden, indem sie
nur entblößen was sie bedecken wollen. Die Bildung ist
nichts als der höhere Glanz der Nacktheit, die die freie 30
Keuschheit der Schönheit ist. Nun aber heißt sich mit Bildung ausflicken nichts, als die Löcher im Gewand mit einer
Laterne beleuchten, denn die Bildung ist durchsichtig, und
um so mehr erscheinen daher heut zu Tag die meisten gebildeten Mädchen äußerst miserabel, als sie grad darin die 35
Ausbesserung nötig haben, was das Heiligste des Menschen
ist, im Verstande, der Liebe, im Herzen und der Zucht; und

ich möchte sie die Laterne nennen, die die schlechten Straßen
unsrer Städte nicht so erleuchten, daß man sie sicher durch-
wandle, um nicht den Hals zu brechen, nein sie leuchten nur,
damit man diesen Dreck bewundere, denn dies ist die Prätension dieser kleinstädtischen Dummheit (ich sage klein-
städtisch auch von Paris in Hinsicht des Universums). Laß
uns ihnen zum Trotz, meine liebe gesunde *Bettine,* ihre un-
saubere Illumination nicht betrachten, und kommen wir darauf zurück, daß alle die Abscheulichkeiten, die ich Dir hier
zeigte, nur Folgen der Lüge sind, von der ich zu sprechen
ausging, und daß wir deswegen Freunde sind, weil wir das
bessere Leben unsrer Sitten, unsrer Gefühle, unsres Fleißes
in Geselligkeit hinbringen, und mit zu dem großen geheimen Staat der vortrefflichen Menschen gehören wollen;
willst Du aber hier in diesem Lande mein Nachbar sein, so
darfst Du mir nicht eine einzelne Art von Reflexion bloß hinstellen, darfst nicht allein mir danken, wenn ich Dich grüße,
Du mußt ordentlich hübsch mit mir schwätzen, denn was so
mit Deiner Person vorgeht, ist mir meist unbekannter und
oft wissensnötiger, als was mit Deinem Gemüte vorgeht,
drum schreibe mir jeden Schritt und Tritt von den Menschen, die mit Dir sprechen, was Du über diesen und jenen
empfindest, was Du plauderst; denn ich habe mich nicht wenig geärgert, daß Du mir nicht erzähltest daß Du bei *Leon-*
hardi getanzt, und wie Du dort warst, daß die vortreffliche
Duchaget mit Dir sprach, die mir sagt, es sei Deine Pflicht mir
darüber zu schreiben, daß Du lange in Frankfurt warst, von
allem dem nichts? In Deinen Briefen ist oft ein Ausbruch von
Rührung über meine, aber ich will nicht Dich rühren, ich will
durchaus daß Du Dich selber rührst, das heißt, daß Du vor
meinen Augen herumspringst wie ein junges lustiges Mädchen; Deine allzugroße Ernsthaftigkeit gegen mich mußt Du
Dir nicht so Ernst werden lassen, sonst kömmst Du in Gefahr mich hoch zu schätzen, und dann bist Du auf dem gra-
den Weg des Kindes, das aus besonderer Achtung gegen den
beinernen Löffel nie Selbstessen lernt, und am Ende kannst
Du doch nicht immer Brei essen, der Mensch ist ein fleisch-

fressendes Tier, und da hilft kein Löffel, und das vorkauen
wird ekelhaft. Lebe wohl, schreibe, sonst schreibe ich nicht
mehr, oder bist Du krank, hast Du alle meine Briefe nicht
erhalten, ich verstehe es nicht. Noch eins, hüte Dich sehr auf-
zufallen, sei oder scheine stets in der Gesellschaft lieber
dumm, als vorlaut und mit dem Händeklatschen der Toren
belohnt, es verführt zu einer miserablen Selbstgefälligkeit,
die alle Fortschritte auch bei dem besten Willen tötet, und
kannst Du es nicht in Dir dahin bringen, so vermeide lieber
die Menschen, denn es ist entsetzlicher von gemeinen Menschen für genialisch, als für einen Narren gehalten zu werden, am besten aber für einen guten ruhigen Menschen.

Dein Clemens.

So eben schreibt mir die <i>Toni</i>, wie sie Dich besucht habe, sie
habe Dich munter und fleißig beschäftigt gefunden, aber Du
sehest übel aus; wie ist Dir liebes Kind, hast Du Kummer,
quält Dich etwas, Du weißt nicht wie mir der Gedanke meine
Ruhe nimmt, Du seist bang und ängstlich im Innern; ich
bitte Dich um alle Liebe, um Alles, Alles, gieße mir Dein
Herz aus.

Dein Clemens.

Drei Briefe hast Du, diesen lasse der <i>Toni</i> lesen, wir müssen
Freunde haben, sie liebt uns.

An <i>Clemens</i>.
Der verminderte Septakkord hat seinen Satz auf dem Leitton
des Grundtons.
    Kleine 3.
    Falsche 5.
    Verm. 7. Die erste Versetzung auf der Sekunde des Grund-
tons: Quintsextakkord, die zweite auf der Quart: Terz-
quartakkord, die dritte auf der Sext ist der Sekundenakkord.
    Ich hätte dies sollen in mein Studienbuch schreiben, ich
will Dir nur zeigen, daß ich studiere. Ich kann leichter eine
Melodie erfinden, als sie in ihre Ursprünglichkeit auflösen.

Innerlich ist alles tiefer zu fassen in der Musik als sich ans
Gesetz zu halten; dies Gesetz ist so eng, daß der musikalische
Geist jeden Augenblick es überschwemmt.

Was mich selber bilden soll, das muß aus mir auch hervorgehen, drum möchte ich aller Teilnahme ausweichen und
allein mit mir fertig werden. Es kommt mir wie Frevel vor,
daß ich mich einer Leitung hingebe, die vielleicht das Ursprüngliche in mir verleitet. So wars mit der *Gachet,* und was
Du über Freundschaft sagst in Deinem Brief, das macht mich
flüchten vor ihr. Gäb es Höhlen und Verberge, in die man
sich könnte zurückziehen vor gewissen Gefühlsanrechten,
ich würde dahin flüchten. Ich schaudre vor solchen Allge-
walten des Daseins, sie erregen die Eifersucht der Eigentümlichkeit; Freundschaft ist aber gewiß eine die höchsten Seelenkräfte verzehrende Schmarotzerpflanze. Ich soll doch
mein eigen werden, dies ist doch der Wille meines Ichs, denn
sonst wär ich umsonst; dies eine was mich eigentümlich aus
dem Gesamtsein heraus bildet, das ist der Adel des freien
Willens in mir; anders kann ichs nicht ausdrücken. – Sich dem
Begriff und Willen eines Andern unterwerfen, der auch kein
Selbstsein hat, – denn sonst würde dieser Wille nicht die Geistesnatur des Freundes zu seinem Herd wählen, sondern in
sich selber aufflammen, – das ist Verzichten auf diesen Adel
des freien Willens. So steht das in mir fest, daß ich *den nicht*
aufgebe. Die Freundschaft behauptet zwar, die edlere Natur
im Freund hervorzurufen; wie aber kann dieser Adel des Willens sich bilden, wenn nicht in sich und durch sich selber?
Raubt da die Freundschaft nicht die Kraft der höchsten Tätigkeit dem Freund, der dann nicht mehr den Willen in sich
trägt des besonderen Seins. – Die Freundschaft hat ihn ausge-
löscht. Held sein ist nicht befreundet sein, Selbstsein ist Held
sein; das will ich sein. Wer Selbst ist der muß die Welt bewegen, das will ich. – Dies helle Selbstsein soll nicht verdunkelt werden durch den Schatten der Freundschaft; ich brauch
das nicht, ich kann den Sonnenbrand vertragen, und Freundschaft ist Brudermord. –

Ich hab zu fechten mit meinen Gedanken, sie fahren gleich
auf und wollen immer recht haben.

Am Generalbaß hab ich auch meinen Ärger. Ich möchte diese Gevatterschaft von Tonarten in die Luft sprengen, die ihren Vorrang untereinander behaupten, und jeden, der den Fluß der Harmonien beschifft, um den Zoll anhalten. Aber so wahr diese unumstößlichen Ohrengesetze nur verschimmelte Vorurteile sind, die der Genius mit der Ferse von sich stößt, so wahr werden diese Gefühlsanrechte, denen ich drohe, daß sie mir nicht auf den Hals kommen sollen: als Freundschaft, Großmut, Milde, Mitleid (das ist das allerekeligste) Gerechtigkeit, Nachsicht, Ehrgefühl und alle sittlichen und Moraltugenden ein elend Ende nehmen – es sind Vampyre, die dies Selbstsein des freien Willens heimlich lüstern aufsaugen.

Alle Tugend komme von Gott, steht im Katechismus. Schachert der Gott so mit dem Pfennig des Verdienstes? – Verdienst ist Chimäre, ist Lüge. Das fühlt der freie Geist, und bei ihm wird die reine Kraft nimmer zum Verdienst sich ausmünzen die man abwägen könne; nein sie ist das Selbstsein. Wer ist der verdienstlose freie Geist? – der soll König sein! von ihm fällt der Verdienst ab, er muß frei sein. Verdienst macht ihn unfrei denn er muß sich ihm verpfänden. Dies ist aus meinem Tagebuch worin ich meine Revolutionsgedanken aufschreibe: »*der ist nicht König der aus Hülfsmitteln der Not das augenblickliche Mögliche benützt um seine Verdienste daraus zu bilden. Nur der ist König der ganz frei, ganz mächtig diesen Adel des Willens an seiner Zeit ausbildet. – Willkür kann nicht hervorgehen aus dem Adel des freien Willens, sie ist zusammengesetzt aus unfreier Bildung die der Egoismus der Klugheit ausgedacht hat. – Und Freundschaft ist ein vorbereitender Egoismus jener Bildung die den Platz des freien Willens sich angemaßt.*« – Ich könnte Dir noch mehr aus diesem Buch absonderlicher und verwirrlicher Gedanken aufzeichnen, die wie mutwillige junge Herden, untereinander sich stoßen, die aber ein gewaltiger Hebel sind dieser freien Natur in mir. Ich hab der Großmutter draus vorgelesen, und sie meint ihr sei bange ich könne vom Fels stürzen. Auch im Geist kann man sich versteigen mein Kind, sagte sie und erzählte mir die Geschichte des Kaiser

Max auf der Martinswand, sie sagte, die Engel sollen ihn da
wieder herunter getragen haben, aber nicht immer sind diese
bereit wenn man sich so mutwillig versteigt. – Was brauch
ich denn wieder herunter liebe Großmama wenn ich mich
oben erhalten kann? – könnte ich denn nicht auch ein Wol-
kenschwimmer werden? – Kind meiner *Max* sagte sie, was
hast du vor wunderliche Gedanken. Auch darüber kann ich
mich trösten wenn meine Gedanken nicht mit der Klugheit
der Menschen übereinstimmen; diese Klugheit verträgt sich
nicht mit meiner hüpfenden und springenden Natur, die in
allem sich selber verstehen will und wie ein Speer sich der
Klugheit entgegen wirft. Das weiß Gott sagte die Großmama. Aber Kind wie sieht es aus in dir?
      Wie es aussieht in mir liebe Großmama? nicht wie hier in
Offenbach die Wiesen weit hinaus sich ziehen, und der Waldrand hinter dem beschifften Fluß bescheiden und lieber, das
rasche Bächlein mit seinen großen Eichen überwölbt, und
die große Bleiche wo alles so früh schon tätig ist, und die engen Schleichwege zwischen blühenden Hecken die ums Dorf
führen – und denn ganz in der Ferne die Gebirglinie die an
den Himmel ihre Weisheitsschrift ankreidet, an die der freie
Wille ohne Auslegung der Schriftgelehrten ohne Glaubens-
zwang sich hingibt; dazu die blaue Heerstraße der Wolkenzüge. Nein dies Vaterlandsbild gleicht nicht meiner Seele, es
ist mir doch, ich komme anders woher! – hoch und niedrig
waldumwachsenes Felswerk, an dem der Rasen schüchtern
hinaufklettert und das seine eigensinnigen Klippen so trotzig hinausstreckt, an dem die Nebel sich zerreißen. – Wege
des Geheimnisses zwischen brausenden Wassern immer tiefer in unverständlichen Windungen, wo der Sonnenstrahl
herabblitzt ins enge Tal und nährt zärtlich die blauen Blüten,
und das Sinnenfeuer der Natur dampft aus dem kalten Stein
der in der Sonne erschwitzt. Der Wachholderstrauch duftet
mir da Weihrauch und stachelt meine Wange und ich weiß
nicht was Glück ist, als nur – daß die Natur dies heimliche
Vertrauen zu ihr so mächtig beantwortet.
      Dort wohnt der Knabe von dem will ich erzählen, wie er

in der Nacht sich eilig rüstet, so weit die Sterne leuchten zu
wandern, wo neue Berge heraufsteigen und Wälder, und
Quellen eng zwischen Klippen herab in freie Länder wallen.
Die Sonne steigt, er kommt herab zum Feigenbaum im
feuchten Sand zu ruhen, die Wolke kühl vom Wind herauf-
getragen regnet auf ihn nieder, er schöpft den Trunk aus der
Quelle, er ersteigt den Baum nach den Feigen die sind noch
herb, und er harrt unter dem belaubten Dach daß die Sonne
sie soll reifen.

Dies Lebensbild schrieb ich auf und sagte der Großmama
so sehe es aus in mir; die weite Welt wollte ich durchlaufen,
und bleib liegen unterm Feigenbaum, und warte daß die
Feige mir in den Schoß falle, und vergesse aller Zukunfts-
gedanken. Der Großmama gefiel dies alles, sie sprach von
poetischen Gesichten und Geistergegenden und die Seele
könne oft in ganz andern Klimaten gedeihen als der Leib. –
Und sagte sie, wenn man reiset kommt man in Gegenden in
denen die Seele zu Haus ist, da kommt man mit ihr zusammen; und lernt erst ihre Persönlichkeit verstehen.

Es ist wahr *Clemens* in mir ist ein Tummelplatz von Gesichten, alle Natur weit ausgebreitet, die überschwenglich
blüht in vollen Pulsschlägen und das Morgenrot scheint mir
in die Seele und beleuchtet alles. Wenn ich die Augen zudrücke mit beiden Daumen und stütze den Kopf auf, recht
fest, dann zieht diese große Naturwelt an mir vorüber, was
mich ganz trunken macht. Der Himmel dreht sich langsam
mit Sternbildern bedeckt, die vorüberziehen; und Blumen-
bäume die den Teppig der Luft mit Farbenstrahlen durch-
schießen. Gibt es wohl ein Land wo dies alles wirklich ist?
und seh ich da hinüber in andre Weltgegenden? – besinn
Dich doch darauf. Ich kann Dir doch heut nicht mehr schreiben ich bin zu schläfrig, die Großmama hat mir den ganzen
Abend indische Pflanzen gezeigt; und Kolibris so klein und
fein; wie Schönheitspfeile gucken sie mit ihrem spitzen
Schnäbelchen aus den Blüten.

Deinem Freund *Ritter* hab ich eine Sammetmütze gemacht wie ich selbst eine aus Übermut trage aber ohne den

Lorbeerkranz den ich darum gewunden, den er aber immer
aus Übermut tragen kann, weil dieser mir scheint der Fluß-
gott zu sein der die Urne seines Geistesstromes ergießt.

Deine *Bettine.*

5 *Liebe Bettine.*
Ich habe Deinen lieben lieblichen Brief vor zwei Minuten
erhalten; ich hab ihn noch nicht in mich selbst verwandelt,
das Herz bebt noch. *Ritter* wird sich freuen, *Ritter* dieser
große Ritter, zu dem *Göthe* sagte: gegen ihn sind wir alle
10 Knappen! – Lieb Mädchen er wird Dir danken daß Du ihn
nie wieder vergißt. In seinem letzten Brief schrieb er, er lasse
schon ein weiß seiden Felleisen machen die Dankbriefe an
Dich zu schicken. Leb wohl Engel, bald bin ich bei Dir im
Himmel.

15   Dein *Clemens.*

An Clemens.
Ich habe geglaubt Du würdest kommen, so sind nun schon
vierzehn Tage herum wo ich jeden Tag Dir entgegen sehe
und deswegen auch nicht schrieb, und noch wegen etwas an-
20 derem. Weil ich manchmal zu sehr ergriffen bin wenn ich an
Dich denke und versäume oder vergesse vielmehr darüber
an Dich zu schreiben was ich denke. Ich will Dir nun erzählen
wie mir ist und wie ich bin, damit Du keine Sorge um mich
haben sollst. Ein Tag wie der andere frohsinnig, lustig, ja
25 manchmal fast ausgelassen und dennoch find ich innerlich
recht viel ernste Fragen. Die erste Frage bist Du. Der *Clemens,* sagt mir eine innere Stimme hat viele Fäden ins Welt-
gewebe eingesponnen, alle sind sie Geist und Feingefühl, aus
Schönheit und Güte hergeleitet und man kann die edle und
30 erhabne Natur von ihm daran beweisen, aber doch führen sie
alle wieder zu Mißkenntnis und Undank, und auch nicht dahin wo der *Clemens* meint, und dem er doch so viele Glückseligkeit der Gegenwart opfert. – Und dann denk ich gar, Du

wirst durch Aufopferung Dich wohl um allen Vorteil dessen
bringen was die Menschen als Glück erringen möchten. Wie
komme ich dazu? – Ach verzeih mirs, ich habe ein Buch von
Dir gelesen. – Bei der Großmama lag es – und ich hörte daß
sie darüber sprach – sie wollte aber gar nicht daß ich es wissen solle, sie legte es auch sorgfältig unter andre Bücher. Wie
ich aber allein in ihrem Arbeitszimmer war, denn ich schlafe
da, damit eins von uns in der Nähe von der Großmama
Nachts ist. – Es ließ mich nicht schlafen ich dachte immer, es
sei wohl besser nicht nach dem Buch zu suchen aber ich habs
doch gelesen. Du hattest mir nie davon gesagt, und ists denn
wahr daß es von Dir ist? – und so vieles was mich ganz verwirrt! – Große und kleine, törigte und vernünftige Begebenheiten scheinen mir darin verflochten, und dann scheint
es mir so sonderbar geschwärmt, und Höhen und Tiefen die
meinem Geist wie ein Rätsel da liegen. Maria's Satyre heißt
dies Buch – ist das vielleicht wie die Schuld und die Unschuld
eine verkehrte Rolle spielen in der Welt, oder ist es scharfes
und schonungsloses Beobachten und Behandlen der Verhältnisse und Menschen? – Was frag ich doch, es geht mich ja gar
nichts an und wir zwei sind ja bis jetzt immer in – der Liebe
und dem Geist – sehr begreiflichen Lagen mit einander gewesen, wo Du recht wie Mai-Tau von dem man wächst und
gedeiht, auf mich gewirkt hast. – Nun aber ist mirs als wärst
Du verzaubert, und legtest die Haut der klugen Schlange
dann ab wenn Du bei mir bist. – Und da kommen mir Gedanken über Dein Glück die mich verwirren. Ach ich hoffe
daß Du es nicht der Mühe wert halten wirst auf meine mir
selbst unverständige Gedanken und Gefühle zu achten. Ich
will lieber von mir sagen: Ich hab jetzt viel zu tun, noch außer den Büchern von Dir lese ich auch noch viel vor, fran-
zösisch-politische Sachen. Ich bin aber jetzt sehr zerstreut
und kann gar solchen Anteil nicht mehr dran nehmen; obschon es mich immer dahin bringt daß ich an die Zukunft
denken muß, wie an einen großen freien Plan auf dem die
Welt ganz unabhängig von Meinungen und Willensstreit
sollte neu geboren werden, und sollte sich abwaschen von

den Zeitumständen und von Leidenschaften und Begierden
und alten Satzungen und sollte die besten nützlichsten
Kräfte und die erhabensten Empfindungen entwicklen.
Denn bis jetzt scheint mir als sei das noch nicht so gekom-
5 men! – Und soll ich denn fortfahren Dir alles zu sagen? Wenn
es auch nur kindisch herauskommt und ganz unerfahren? –
Ach was nützt Erfahrung? sie verführt nur dazu daß die
Leute mit Eigensinn an dem einmal festgestellten hängen
und durchaus sich nicht zugestehen daß die Vernunft das
10 Bessere oder das Wahre erfinde. Zu was nützt es denn einen
forschenden Geist zu haben, wenn es nicht wäre um die Mittel zu einer neuen Schöpfung zu finden, worin dieser Geist
als in einer Ordnung, die von ihm ausgeht, die zugleich ihn
trägt und ernährt, das Göttliche schafft. – So groß und ein-
15 fach wie ich mir das alles denke! Wie könnte ich je glauben
daß ich selbstgedachte Ideen über Welt und Menschenwesen
würde können geltend machen? – Und doch muß ich mich
dem hingeben, als sei es der Fußpfad der durch un-
bewanderte Gegenden mich leitet, vielleicht über ge-
20 fahrvolle Klippen die aber in mir Kräfte bilden mit welchen
ich vielleicht manches erwerben könnte wovor andre zurück-
schrecken und erbleichen, *ich aber nicht*. – Wenn ich manchmal
still stehe und mich nach andren Menschen umsehe so fühle
ich wie ich mit ihnen nicht zusammenstimme, wenn ihre Her-
25 zen von außen her erschüttert und berührt werden, dann zeigen sich Tugenden; das ist ja aber der Zufall der hier wirkt,
was ist das aber, eine Tugend des Zufalls? –

Ich möchte Dir alles vertrauen was mir im Herzen liegt,
aber es liegt soviel drin was ich selbst nicht erkenne. Ich
30 möchte beinah sagen alle Tugend sei mir zuwider! – ja! – ich
glaube dies, daß der Mensch *ganz* das Echte sein soll, und
nicht das Unechte. Tugend ist ja aber was von dem Unechten
sich gestaltet als eine Seeleneigenschaft die wir in ihrer
Übung Tugend nennen. Wenn aber die Echtheit, der große
35 Ozean wär; der zwar alle Strömungen in sich aufnimmt nie
aber überwallet sondern alles umfasset? – können wir dann
sagen der Ozean ist Tugendreich? – (Flüssereich) oder nur:

der Ozean ist er selber! – Sein und Werden ist zweierlei, das sag
ich mir auch, und Werden ist für das wirkliche Leben, Kraft
fühlen und diese anwenden, und nicht bloß sich zum Helden
träumen. Und dies ist was mich oft vor mir erschreckt daß ich
im Lande der Phantasie mir eine große Rolle auserwählt
habe die ich zwar ohne Gefahr spiele die aber nicht die Wirklichkeit berührt. – Wie mache ichs daß ich aus dieser Verbannung des Wirklichen erlöst werde? dann wär ich nicht mehr
traurig wenn es mir deutlich würde was ich will kann und
soll! dann würde ich mich mit den Plänen meiner eignen
Gedanken beschäftigen; die Welt wäre mein, ich brauchte
nichts von andern und meine Liebe würde gar nicht ein seh-
nendes Verlangen sondern eine wirkende Macht sein. *Clemens* ich bin dumm daß ich solche Gewaltsgedanken habe,
und sage mir oft: »das ist Dichtung, Du willst aber nicht bloß
aus feuriger Einbildungskraft Dich selbst erdenken wie Du
sein möchtest sondern Du willst selbst *sein.*« – Prüfungen
und Gefahren bestehen die aus der Tätigkeit hervorgehen,
das ist Tugend üben, daraus geht das wirkliche Sein erst hervor. Tugend ist also das Werden, das Sein aber ist Allmacht.
– *Clemens!* Welche Sehnsucht habe ich zu diesem Sein! – Aus
sich selbst handeln, fühlen daß man das Schicksal beherrsche
weil alle Keime zu allem, was mir widerfahren kann, durch
mein Tun lebendig werden und zum blühen kommen und zu
Früchten werden müssen. – Mit andern Worten vermöge
meines Charakters und meiner Kraft handeln, und was ich
überschaue auch bemeistern in meinem Innern; das scheint
mir der Herd des Lebens, oder der Altar auf dem die Opferflamme alles Irdische verzehrt dem innern Gott zu ehren,
und ich will dies immerhin Religion nennen, obschon dies
ganz und gar das Innerste tiefste Wurzellager ist des Geistes,
während Religion doch eine über uns selbst erhabne Einwirkung auf uns übt.

O Sonne schein hernieder und helle mir den Sinn auf, und
daß ich nicht schüchtern vor dem Schatten fliehe und daß die
Zukunft nicht einst wie ein schwerer Hammerschlag auf
meine Vergangenheit falle und sie als nichtig zusam-

menschmettere! – *Clemens,* da siehst Du wie das in mir ist was
andre Menschen mit Gebet ersetzen, ich auch rufe an ein
himmlisches, aber kein mit Tugenden (die ich in mir nicht
umfasse) ausgeschmücktes Phantom! – Ich rufe an, alles was
meine Tätigkeit reizt, ich sage mir, du willst alles was aus der
Natur des Menschen entspringt mutig ertragen, du willst mit
rechter Erkenntnis dich von der Erkünstlung und der Verstimmung des menschlichen Geistes ablösen und diese überwinden. Und dann sag ich mir: Wer ist Gott? – Gott ist die
Zukunft! Wen diese nicht göttlich an sich reißt, daß er sich
von den Ketten befreie aller Vergangenheit, und in der Zukunft ganz aufgehe, den führts nicht zu Gott. Ich weiß und
fühle, daß ich recht habe! – Denn dies allein löst alle Un-
gleichheiten des Glückes auf. Weltbegebenheiten die gefährlich aussehen für die Ruhe und die Gegenwart, die wallen da
als reiner geistiger Strom zwischen politischen Ufern die von
schwarzen stupiden Geistern bevölkert sind, dem Göttlichen zu; das heißt: dem die Freiheit zeugenden Gott. Politik
aber ist ein aus sehr beschränktem Interesse hervorgehendes
sehr stupides Handlen, und führt nicht zu Gott, nicht in die
Zukunft, sondern es fesselt die Sinne an eine schon im Werden vergehende Gewalt.

So träume ich, so denke ich wenn ich manchmal in der
Nacht aufwache und der Mond scheint ins Zimmer, wenn
das immerwährende Treiben in den Wolken die Frage an
mein Geheimnis richtet, was wird wohl aus meinem Leben
werden? – Viel soll daraus werden, geb ich den Wolken zur
Antwort, aller Kampf und Widerwärtigkeit in der dunklen
Flut der Seele rinnt in der Schöpfungskraft der Zukunft entgegen. Vieles übt das Mondlicht in mir, wie ein dichterisches
Genie sieht es und denkt für mich und übt Talente in meiner
Phantasie, und erhebt mich so hoch über mein Sein daß ich
gleichsam das Bewußtsein davon verliere und in dem Spiel
mich selbst gar nicht mehr herausfinden kann. Ach welche
schöne Träume, – ach wenn ich denen nachkommen könnte!
Aber wenn der Mond untergegangen ist und der Schlaf hat
mich überfallen, dann beim Erwachen ist keine Spur mehr

von diesem Zauber in meinem Geist. Die *Veilchen,* die kleine
Goldstickerin von der ich Dir im vorigen Jahr schon manchmal sprach, die hat mir von manchen jüdischen Religions-
gebräuchen erzählt; wenn der Jude den Neumond erblickt
dann sammlet er seinen Geist als wolle er seiner Zauberkraft 5
sich unterwerfen. – Und der Jude klagt ihm und betet daß
ihn der Haß gegen die Feinde nicht verblende und daß die
Verachtung dieser ihn nicht niederdrücke; und er stellt sich
vor dem Richterstuhl des Mondes, und auf seinen Heim-
wegen aus der Fremde da öffnet er sein Gewand dem Neu- 10
licht daß es seine Brust bescheine. Möchte es auch nichts als
bloß Gebrauch sein so deutet es doch darauf daß er will zu
einer höheren Sphäre empor gehoben sein durch den Neumond, er verlangt von der Gewalt der Natur daß sie ihn er-
hebe. Wie schön ist dies, und wie viel wahrer als wenn ich ein 15
Register mache meiner Sünden und mir diese schlimme
Rechnung auszulöschen erbitte von Gott! – *Clemens* ich habe
mir dies aus der jüdischen Religion angenommen, oder es ist
vielmehr in mich wie ein Blitz hereingefahren, daß ich zu
dem Mond eine Ehrfurcht hege und ein Vertrauen und ich 20
könnte Dir noch viel mehr sagen, aber auch von den Türken
habe ich gelernt das Abwaschen; wenn ich Abends meine
Hände wasche so dient mir das statt Abendgebet; es macht
mich unendlich heiter beim schlafengehen; – als liege ich in
der Wiege einer schöneren Welt, und als werde ich aus dieser 25
Wiege herausfliegen und – jetzt schweig ich *Clemente* denn
Du sollst Dich nicht verwundern über den Trieb solcher Eigenheiten, es ist ja auch nichts tiefes es ist nur ein leises Berühren mit der Natur. Und was mögen wohl andere für Gesichte und innerliche Seltsamkeiten haben! – Da fallt mir die 30
de Gachet ein, sie war am Rhein wo sie sich ein kleines Gut
gekauft hat, manchmal möchte ich bei ihr sein und ich glaube
auch und fühle daß sie vortrefflich ist wie Du und Deine
Freunde, aber oft zweifle ich noch an ihr, wenn ich höre, wie
sie bei jeder Gelegenheit von dem spricht – was ihr heilig sei, 35
sagt sie; und ich hab darüber eine Unterhaltung mit ihr gehabt, sie wohnt auf vierzehn Tage in Oberath wo sie jetzt

unwohl ist, aber sie wird bald wieder an den Rhein gehen, sie
frug mich ob ich nicht mit Dir auch bloß von dem spreche,
was mir heilig sei? – ich lachte sie aus. – Das machte sie böse,
sie suchte mich zu überführen daß ich ganz kindisch sei und
noch nichts vom Leben begriffen habe, denn ich habe noch
nicht vom Baum der Erkenntnis gegessen. – Ich sagte, der
trage Äpfel und ich mache mir nichts aus Äpfeln; wenn ich
nun noch dazu gewarnt sei daß die Äpfel von diesem Baum
eine so wunderliche, unangenehme Erkenntnis des Bösen
einem beibringe das dann überall einem in den Weg trete
um einem das Vergnügen am Leben zu verderben, so wolle
ich lieber nie Äpfel essen und lauter Kartoffeln, die nicht
schädlich sind. – Sie sah mich so gemischt an – sie sagte lieber
gar nichts mehr. – Ich guckte zum Fenster hinaus nach den
kleinen Pflänzchen die eben begossen wurden und nach dem
Feld wo der Landmann den Acker furchte, sie wohnt bei diesem Mann um das Pflügen zu lernen, denn sie will im Rheingau ihr Feld selbst bestellen, und sie ging hinaus um eine
Lektion von Hot und Haar zu nehmen, den Pflug ordentlich
wenden zu lernen, sie begleitete mich noch nachdem der
Pflug ausgespannt war durch die Hecken hinter der Gerbermühle weg; sie fragte ob das nicht was heiliges sei die Erde
zu bestellen. – Das kann wohl sein, aber daß man gegenseitig
sich ergieße über seine Heiligkeit das kommt mir fremd vor.
– Ja sagte sie, fremd kommt einem das Heilige vor, aber das
Unheilige befremdet nicht, das wie ein unheimlicher Strom
aller Unterhaltung das ganze Leben mit sich reißt, und überall seinen Schlamm zurückläßt. Wer kann noch darauf rechnen daß der Boden des Geistes wieder gereinigt werde von
bösen Dünsten. Die Welt die so schön könnte sein wird untergehen, weil das Heilige vertauscht wird mit dem Schein-
heiligen. Es wird eine große Verwirrung werden im Geist
der Menschen und die das Große zu tun berufen sind die
werden das Kleine tun, so geht es mit der Revolution; der
Strom des Unheiligen darin ist zu stark, und die ihm widerstehen die werden darin untergehen. Das Große zu bewirken
kann man immer nur die heiligsten Mittel ergreifen, wo aber

zum edelsten Zweck ein unheilig Mittel dient da ist er verloren und erzeugt nur Übel, sagte sie. Sie war so schön vom
Feuer ihrer Rede und von der Morgenluft. Du hättest sie lieben müssen, ich auch liebte sie, und sie sprach weiter: Wer
das große tut aus reinem Genie, nämlich ohne sündhafte
Vermittlung der eignen Schwäche, die ja doch das Große
nicht zu fassen vermag, der kann nicht untergehen. Umstände, Zufälle, Geschicke reichen diesem aus. – Seine Größe
muß alles decken, erzeugen zaubern. War unser König wirk-
licher König der nur seine Kraft sammelte durch das Genie,
das immer heilig ist. – Wer konnte ihm widerstehen! Nicht
die Nation! – Geist ist alles, er ist die Macht des Heiligen – er
fühlt sich und dies Gefühl eben macht ihn zum Herrscher.
Die Zuflucht aber zu fremden Mitteln ist unheilig, und sei
der Zweck auch noch so edel und groß, er wird nie verehrt er
wird unter den eignen Trümmern begraben. – Und die Welt
sieht das alles mit Staunen an und gewöhnt sich zuletzt an die
umgestürzten Trümmer und baut ihr herabgewürdigtes Leben darauf fort. – Wie die Frau das alles sagte so fühlte ich
mich so sehr beklommen vor ihr, und wie ich sah daß sie
keine Tränen wollte fließen lassen, ging ich zurück hinter einen Baum und sah mich nicht mehr um nach ihr; sie stand
bald auf von dem Stein wo sie gesessen hatte, sie sagte noch
zum Abschied, ich solle immer bedenken daß jeder Mensch
das Recht habe der größte zu werden, und daß darin die
ganze Erziehung der Seele begründet sei, – und daß dazu
nicht die äußere Größe und Anerkenntnis gehören, aber die
Geschicke die seien der Tempel aller Größe, und ihr eignes
Geschick beweise es, daß sie diesen Gedanken immer vor
Augen gehabt, sie wolle Groß werden in ihrem Schicksal,
Cette pensée est mon Pilote sagte sie, et il me menera par tous
les Mondes et Cieux! – Ich vergaß Abschied zu nehmen ich
sprang zwischen den Hecken fort. Wie ich mich nach ihr um-
sah stand sie noch da, ich winkte ihr mit dem Sacktuch, sie
nickte mir und ging weg, und jetzt legte ich mich an die Erde
und ließ mein Herz ausklopfen.

Ich war gestern in Frankfurt, es war ein Herr *Burckhard* da,

der uns viele schöne Bilder und Handzeichnungen zeigte, es
waren meistens italienische Gegenden. Ich möchte nach Italien, ich möchte so gern reisen, die Sehnsucht ist gar zu groß;
ich beschwichtige sie damit daß ich mir einbilde Dich bald zu
sehen, diese Freude ist doch noch größer; ich will mittler-
weile recht fleißig lernen. O Generalbaß! – Werden wir uns je
einander bezwingen? – O Zeichenkunst werde ich je weiter
kommen. Die *Toni* bekümmert sich recht viel um mich. –
    Ich habe mir ein kleines Kabinetchen eingerichtet, in dem
ich studiere, links steht das Klavier was die eine Wand des
Kabinetchens ausmacht, rechts ist das Fenster aus dem hör
ich Abends noch den Klavier*hofman* gegenüber oft bis Mitternacht phantasieren und vor mir ist der Tisch, und dazwischen noch ein kleiner Ausgang. Auf dem Tisch liegt *Homer*
und viele andere Bücher, und denn mein Schreibkästchen mit
allen Deinen lieben Briefen. Im *Homer* lese ich oft, könnte
ich Dir nur darstellen was ich da für Erfahrungen mache –
welche Rückerinnerungen einer früheren Welt in mir aufgehen. Diese Götter kenne ich mein *Clemens;* die auf goldnen
Sandalen die Wolken beschreiten. Sie machen ungeheuere
Schritte und gleiten weit dahin wie auf Schlittschuhen ehe sie
ein Bein vors andre setzen, und wenn sie sich wenden so prallen die Wolken vor ihnen zurück, und versenken sich zwischen Geklüft und wenn sie denn vorüber geschossen sind in
ihrer Ruhe wie der Blitz, dann bricht ihr Zorn in Gewittern
los. – Sieh da im Fenster steht noch eine Hyazinthe die ich
selbst früh aufzog, sie neigt sich zu mir als wollte sie sehen
was ich schreibe. Ich bin heute so vergnügt, und freue mich
so auf alles. Jetzt werde ich ein wenig in den Garten springen
und einen Grasplatz in meinem Gärtchen zurecht machen,
wenn Du wieder kommst daß wir uns zusammen darauf setzen. Ich will ihn so groß machen daß man sich recht bequem
drauf legen kann und träumen.

                    Lieb mich. – *Bettine.*

Eben lese ich diesen langen Brief durch. – Ach wie verwirrt
sind doch meine Gedanken auf dem ersten Blatt! versteh ich
denn was ich hab gesagt? – Wenn Du es vermagst einen Sinn
heraus zu denken das könnte mich noch bei mir rechtfertigen, denn gestern glaubte ich sehr deutlich mich selbst zu   5
verstehen. Ich hab auch so albern über Dein Satyrenbuch
geschrieben, wie ein altes Mütterchen. Und dann von der
Revolution zu reden, haben meine Gedanken auch so ungebärdig sich angestellt. Wie klar und hell ist dagegen was
ich Dir von der *de Gachet* wieder gesagt habe und doch hat   10
sies selbst noch einfacher und ganz mächtig ausgesprochen. –
Und doch hab ich manchmal mich unterfangen sie zu tadlen,
oder Argwohn zu hegen gegen sie – die doch soviel größer
und wahrer ist als alle andre Menschen. Gelt *Clemens* solche
Naturen wie die *Gachet* sind keiner Kritik unterworfen, denn   15
sie sind weit erhaben über die Gedanken die wie ein unge-
weihter Rauch aufsteigen aus Vorurteilen die Gott nicht
wohlgefällig sind.

   Hat mir denn der *Ritter* nicht danken lassen für meine
Sammetmütze? – und hat er sich nicht über den antiken Lor-   20
beerkranz gefreut. – Das hör ich so gern wenn die Leute sich
bedanken. –

   Wunderschöne Musik ist das meinen Ohren.

   Noch eine vergnügliche Stunde muß ich vor Abgang des
Briefes Dir melden. Heute Morgen als ich den Brief schon   25
zugemacht hatte und wollte ihn eben dem Juden *Hirsch* in
seinen Schnappsack werfen in der Meinung er sei es der an
der Türe klingelt, so war es der freundliche Pfarrer *Sch. . .z*,
der die Großmutter und auch mich besuchen wollte, so sagte
er mir wenigstens, ich habs geglaubt, obschon es mir was   30
Neues war, daß mich jemand besuchen wollte, und nun noch
dazu aus der Ferne, will ein so gelehrter Mann bis nach Offenbach gekommen sein, um mir weis zu machen daß er vorzüglich gekommen sei mich zu sehen! so ein Pfarrer kann lügen! – er hat mich geküßt auf die linke Wange und hat mich   35
versichert es sei wahr. – Und Du habest ihm schon lange
meine Bekanntschaft machen lassen durch Deine Gespräche

über mich! – Ich wußte nicht was ich dazu sagen sollte. –
Clemente; der Pfarrer ist ein guter Kerl, aber er ist, glaub ich
gewiß, ein Aufschneider. – Er kann wohl nichts davor, er
muß ja Sonntags immer himmeln. – Und er hielt mir auch
eine allerliebste Zauberrede die etwas Nachwehen von Kir-
chenduft hatte. Nein *Clemente* die Rede war wirklich schön; –
Ach er war ja gar zu gut der Mann wie kann ich doch dumm
von ihm reden; er hat mich später auch auf die rechte Wange
geküßt, und hat mir gesagt wie schön und edel – ich weiß es
gar nicht mehr was er gesagt hat, denn ich war zerstreut,
denn ich mußte an einen alten Töpfer denken der gleicht
ihm, von dem Töpfer will ich Dir was erzählen, was sehr
hübsches, ich hab seine Bekanntschaft auf dem letzten Weih-
nachtsmarkt gemacht, er hatte einen ganzen Korb voll Tiere
gebacken und bunt glaciert die bot er zum Verkauf fürs
Kindervolk, das seinen Korb umringte und mehr *danach* verlangte als nach allen andern Spielsachen. – Es war auch nicht
von Ohne. Zum Beispiel einen Schlitten hat er gemacht der
einen Schwan vorstellt weiß glaciert mit schwarzem Schnabel, ein Mohr steht hinten drauf schwarzbraun glaciert mit
einem grünen Kittel. Dieses Kunstwerk besitze ich selbst es
steht in meiner Kunstkammer, das heißt unter meinem Bett.
– Dem Töpfer hatte ich damals seinen ganzen Tonkunst-
vorrat abgekauft für die Kinder, jedes ging mit einem
Lamm, oder Fuchs, oder Wolf, Bär, Löwe etc. ab, ich behielt
das Hauptstück den Schlitten; er wollte nun eiligst wieder
Neues anfertigen und ich wollte gern mit ansehen wie er damit fertig werde. Und liebster *Clemente,* ich hab drei Abende
bei dem Mann zugebracht, Frau und Kinder saßen bei der
Lampe und machten Tiere die Gott nachträglich noch
schaffen muß, wenn er gerecht sein will, oder seine Unendlichkeit bleibt unerwiesen, denn was die Phantasie der Töp-
ferskinder erfunden hat, ist noch nicht im Naturreich geschaffen, dem Vater war aber alles recht, er gab diesen Geschöpfen einen Schneller und einen Drucker und setzte sie
auf Postamente, sie wurden angemalt von einem Kittel mit
einem breiten Schlaphut als Kopf, er saß in der Ecke beim

Feuer am Herd, und warf einen mächtigen Schatten. Wie ich
nun sah daß alles so fix ging, daß keiner zagte seine Kunstwerke zu fördern, wie keiner eine Kritik übte, wie alles recht
war was da entstand, da schämte ich mich meiner Schüchternheit. Ich saß nun auch am Tisch und machte Tonkünste, ins
Tierreich wollte ich mich nicht wagen ich machte einen
Baum, auf seinen Zweigen sitzen Vögel, so recht antik mit
wenig Blättern kannst Du denken. – Kaum fing er an zu
werden, so hatte der Schlaphut eine Schlange drum gerin-
gelt, und der Töpfer Adam und Eva drunter gestellt. – –

An *Bettine.*
Wer kann auf Deine Briefe antworten mein Kind, da es so
kalt ist hier und so einsam, wenn Dein liebes Bild nicht neben
mir stände, und alle Deine Liebe ruhig empfing, ich armer
Bewußtloser, von mir selber und von Menschen Verlaßner,
wäre erschrocken über die vielen Herrlichkeiten, die Du um
mich hervorzauberst; eine Welt ist mit Deinen Blättern einge-
drungen, und doch, ich bins nicht würdig, denn was kann ich
Dir wieder geben? – Etwas hat mich geärgert, aber es tut
nichts, auch habe ich mit dem Fuß gestampft, das ist, weil
Dich Sch. . .z geküßt hat, der ein guter freundlicher Mann,
aber etwas sentimental und stark wie die Großmutter ist, leid
das nicht wieder; – und was mich angeht macht er mir
schreckliche Langeweile, er liebäugelt mit dem Universum,
das noch nie an ihn gedacht hat, und meint immer es meine
ihn, wenn es ihn gar nicht meint. – So viel über diesen
Freund der über mich mit Dir spricht, und mir sehr gern
über Dich sprechen würde, daran zweifle ich keineswegs, allein da hat er seine Mühe verloren, wenn er einen ganzen
Milchkübel von Sentimenten aus mir melken will, – und bin
ich nicht ungerecht, wenn ich des Teufels über ihn werde: da
ich doch grade so mit *Savigny* stehe, von dem ich wieder
nichts losbringen kann, darüber nur folgende Worte: Ich
gehe nun schon lange mit *Savigny* um und ringe vergebens
gegen seine Verschlossenheit, die mir zwar nichts verbirgt,

weil ich durch lange Übung eine Sprache an ihm erfunden
habe, die er nicht spricht, sondern die sich selbst spricht. Ich
empfinde diese Verschlossenheit jetzt mehr als sonst, weil ich
fauler geworden bin zu buchstabieren. Seine Äußerung über
meine Bitte hierum war die, daß ich alles um mich herum
eher verschließen als eröffnen könne; dies befremdete mich
nicht, weil mir es schon mehrmals geäußert wurde. Da ich
nun keinen einzigen Menschen sehe als ihn, und unser gegenseitiges Verstummen etwas peinliches hat, so lang es mit
dem Lusten zum Sprechen kämpft, so will ich diesen Lusten,
der von ihm in gleichem Maße erwiedert werden dürfte, nach
und nach aufheben. – Ich habe nun nichts mehr in der Welt,
wovon ich gern rede als von Dir, und habe weiter auch niemand, mit dem ichs könnte. *Savigny* verstummt dann ganz,
wenn ich von Dir rede, ist es eingeborne Antipathie gegen
Dich oder gegen meine Art zu sprechen. – Wenn Dichs interessiert, so lege Dirs selber aus.

Ach ich sehe immer nach Deinem Bilde hin, und bin unendlich einsam, da hab ich gestern zwei Lieder geschrieben
für Dich.

Wie sich auch die Zeit will wenden, enden
Will sich nimmer doch die Ferne,
Freude mag der Mai mir spenden, senden
Möcht Dir alles gerne, weil ich Freude nur erlerne,
Wenn Du mit gefaltnen Händen
Freudig hebst der Augen Sterne.
Alle Blumen mich nicht grüßen, süßen
Gruß nehm ich von Deinem Munde.
Was nicht blühet Dir zu Füßen, büßen
Muß es bald zur Stunde, eher ich auch nicht gesunde,
Bis Du mir mit frohen Küssen
Bringest meines Frühlings Kunde.
Wenn die Abendlüfte wehen, sehen
Mich die lieben Vöglein kleine
Traurig an der Linde stehen, spähen
Wen ich wohl so ernstlich meine, daß ich helle Tränen
weine,

Wollen auch nicht schlafen gehen,
Denn sonst wär ich ganz alleine.
   Vöglein euch mags nicht gelingen, klingen
Darf es nur von ihrem Sange,
Wie des Maies Wonneschlingen, singen 5
Alles ein in neuem Zwange; aber daß ich Dein
                 verlange
Und Du mein, mußt Du auch singen,
Ach das ist schon ewig lange.

     Am Berge hoch in Lüften, 10
Da baute er sein Haus;
Am Tore liegt Gewitter,
Nun kann er nicht hinaus.
Die Wolken, sie wollen nicht ziehen,
Der Pfad ist steil und schwer, 15
O Lieber, Herzlieber in Lüften,
O wenn ich bei Dir wär!
     Wohl bei Dir über Wolken,
Wohl bei Dir über Wind,
Wo fromme Vöglein schweben 20
In Himmelsluft so lind.
Meine Flüglein, die sind mir gebrochen
Und heilen auch nicht eh
Bis ich zu der Herzliebsten
Durch Tür und Tor eingeh! 25
     Daß ich so stolz in Lüften
Mein Haus gebauet hab,
Das muß mich gar betrüben,
Ich kann nicht mehr hinab;
Die Riegel sind alle verrostet, 30
Die Tore sie gehen so schwer,
O Liebchen, Herzliebchen im Tale,
O wenn ich bei Dir wär!
     Wohl bei Dir in dem Garten,
Wohl bei Dir in dem Wald, 35
Wo dichte Bäume stehen

Und Vogelsang erschallt.
Ich kann kein Kranz mehr flechten
Und singen auch nicht eh
Bis ich zu Dir Herzliebste
5   Durch Flur und Wald eingeh.
    Sie dringt wohl durch die Wolken,
Geht ein durch Tür und Tor,
Die Flüglein schnell ihr heilen
Und heben sie empor,
10   Wohl über die Wolken und höher
Zu Gott wohl in die Höh,
Trägt sie das treue Herze,
Ade, Herzlieber, Ade! –
    Er dringt wohl durch die Wolke,
15   Geht ein durch Flur und Wald,
Ein Kranz wird ihm geflochten,
Ein Lied ihm auch erschallt,
Wohl unter dem Baum und wohl tiefer
Wohl unter grünem Klee
20   Ruht nun sein stolzes Herze,
Ade, Herzliebste, Ade! –

Mach doch eine Melodie darauf.

                                Dein *Clemens.*

Und nun schließe ich den Brief, als ob ich das geringste Dir
25 geantwortet hätte auf alle Liebkosungen Deines Geistes, die
in Deinem Brief in so schöner Konsequenz einander folgen.
Deucht mir doch, als habe Gott Berg und Tale und alle
Schönheiten der Natur in so lieblicher Verwirrung unterein-
andergeworfen, als Deine Weisheit ihr gleicht, und die *Ga-*
30 *chet* hast Du so warm in Deine Begeistrung eingebettet, als
sei sie Dein Gast, dem Du den Ehrenplatz einräumst.
    Du machst mich dennoch reich, obschon Du mich auch
marterst, denn ich verbringe viele Stunden einsamer Zeit mit
Nachdenken über einzelnes. Deine letzte Erzählung vom
35 Töpfer hat mich wieder auf alte Sprünge geführt, ob Dein

Platz nicht auf eine Künstlerwerkstatt sich beschränken möge! – Und doch könnte mich Deine Zukunft anklagen, Dich
beschränkt zu haben mit diesem Begriff. Das Wort ist das
allumfassendste Element, das den reinsten Genuß gewährt,
aber auch ist es das gewagteste, aber wer kühn ist der muß
ein Feld dazu haben; – Du bist zu allem zu lebendig, schreitest über alles hinaus; Lernjahre kann ich Dir gar nicht zudenken, reflektieren. – Ach Kind es ist was trauriges, lies dies
Blatt was ich hier beilege und was ich an meinem mondhellen
Schreibtisch schrieb gestern als ich Deinen Brief in der Dämmerung zum zweitenmal überlesen hatte und über Kunst
und Deine Verwandtschaft zu ihr viel gedacht hatte.

Sobald wir Geschichte der Kunst sagen wollen, setzen wir
eine einzige Kunst voraus, die aber nur Idee ist, und als
Kunst nie existiert hat, denn es liegt eine historische Unmöglichkeit in der Totalbildung aller Menschen, und sobald
diese eine Kunst soll dagewesen sein, müßte diese Totalbildung dagewesen sein, und nach meiner Meinung ist nur nach
dem Ende der Welt eine solche einzige Kunst dagewesen. Es
gibt keine einzige Kunst, denn die Kunst kann nie gewußt
werden, und nur die Künste waren da. – Diese einzige Kunst
kann nie gedacht werden, denn so lange noch gedacht wird,
ist die Kunst noch nicht bewiesen einzig, da das Denken in
der Kunst aufgehoben sein und als Gedachtes erscheinen
muß. Es gibt ein einziges Leben, denn alles Leben ist ein
Gelebtes, die Kunst aber ist ein ungelebtes Leben, und ist
daher im Leben unmöglich. Das einzige Wissen ist das, dem
eine einzige Kunst entgegen gesetzt werden könnte; da aber
diese totale Kunst das ganze Wissen aufheben würde, indem
diese sogenannte einzige Kunst das ungewußte Wissen ist, so
kann diese einzige Kunst nur im allgemeinen Tode liegen
oder im allgemeinen Nichtwissen, wir wissen von keinem
Wissen als durch unser Dasein, unser Dasein ist unsere Trennung von dem Äußeren durch die Sinne. Unsere Sinne sind
der Gegensatz der Kunst oder der Künste, und je höher
unsre Sinne gebildet sind, je mehr Künste sind da, denn jedem Grade des Wissens ist eine neue Kunst entgegen gesetzt.

Die Kunst ist also nimmer da als lebendig, sondern als Tod.
Denn bloßes vollendetes Dasein ist Tod, – Schönheit ist Tod
– jede angenommene Kunst als einzige Kunst, kann also nur
ein verlornes sein, und daher alle Erhebung, alle Rührung
5 bei echten Kunstwerken nur religiös und nicht künstlerisch.
Kunst ist daher Bedingung der Religion, wie Religion Un-
bedingung der Kunst; und Kunstwerk ist Bedingung dieser
Bedingung in der Erscheinung. Wie Erscheinung Bedingung einer gewissen Konstruktion des Wissens ist; aber nie
10 des totalen Wissens, denn dieses ist Nichtwissen, weil zum
Wissen keine Gleichheit, sondern Sieg gehört. Es gibt also
nur Künste und Sterben ist nur der Sieg des größeren zu
wissenden Tod, oder der allgemeinen Unsterblichkeit.

Freundschaft hat allein keine Gottheit, weil sie über-
15 sinnlich ist! – –

Hier fielen mir die Augen zu; grade im Augenblick als ich
Deinem Genius widersprechen wollte, der in einem Deiner
früheren Briefe Dir diktierte Freundschaft sei Brudermord.

Ach ich bin matt und müde und höchst traurig. – Der
20 Geist Deines Briefes ist stark kompromittiert durch den meinen, daß er Dir nicht besser zu entgegnen weiß. Adieu, lieb
mich und verzeih mir alle Schwächen die ich heute so stark in
mir fühle. Ich habe heute Morgen den *Savigny* persuadieren
wollen Dein Bild anzusehen, und es schön zu finden, ich
25 machte einen Versuch ihn zum Sprechen zu bewegen, allein
er sagt partout nichts. –

Lieber Clemens.
Der *Savigny* kann wohl ruhig Dir zusehen wie Du schwärmst
für ein Bildchen das zwar nur bemalt auf ein kleines Brett-
30 chen doch Deine Schwester Dir lieblicher ins Gedächtnis ruft
als sie wirklich ist. – Der *Savigny* sieht still dem zu, wie Du
und Andre ausgreifen nach Glück, und tausend Mißverständnissen dadurch begegnen; seine Glückseligkeitslehre
geht ungestört über dem Gewirr Eurer phantastischen Nei-
35 gungen weg, er sieht Eure Freuden und Leiden wie Tag und

Nacht wechseln, denn wie könnte er Anteil nehmen an dem
neugefundnen Glück, das Ihr jeden Augenblick aus dem großen Ozean der Zufälligkeiten herausfischet, und gleichgültig
wieder in diesen Ozean hineinfallen lasset, was Euch im ersten Augenblick geblendet hat. Ihm aber wächst im heimlichen Grund eine Blume die nicht verblüht, Du nennst sie
seine Studiermaschine, ich nenne sie seine Muse. Was er hört
und sieht das entgleitet seinen Sinnen wieder sobald es nicht
Bezug auf sie hat. Und das ist natürlich was Dir unnatürlich
deucht. Und wo er fühlt, mag er nur sich selber in diesem
Wirken fühlen, seine Muse führt ihn mit freundlichem Anstand die Berge hinan die andre unersteiglich finden und bereitet ihm die Ordnung die er notwendig fordert, wenn er
sich einheimisch bei ihr fühlen soll, es muß ihr doch was an
ihm liegen, sonst pflegte sie ihn nicht mit dieser Sorgfalt.
Drum soll Dich auch sein Stillschweigen nicht verdrießen,
denn Du und ich sind außer aller Ordnung. – Das nennt er
nun verschließen, – daß seine Ordnung mit Deiner Außerordnung die Grenzscheide zieht. – Du bist ungerecht ihm
das zu verargen, aber Dir ists zu verargen daß es Dich ungeduldig macht; ich bitte Dich was fragst Du danach, oder
wie ists möglich daß Du nachträglich noch melancholisch
darum sein kannst. – Welche Freude hab ich wenn er mir
schreibt, auch nur wenig Worte, seine Briefe sind mir Heilig-
tümer, aber welche Freude hab ich, auch wenn er nicht
schreibt, an dem reinen Himmelsblau das die schwarzen
Schwalben durchjauchzen heute zum erstenmal, die alte *Kordel* freut sich, und liest aus ihrer frühen Ankunft einen warmen Sommer, ihre neunzig Jahre sonnen sich gern. Wie
schön ists an ihr daß sie an allem sich freut. Ja es gibt viele
Lesearten von dem was die Seele begehrt. – Und alles tönt in
die Wahrheit die in Dir selber erklingt, und dazu kann *Savigny* immer schweigen. Was er Dir wörtlich sagen könnte das
ist nur Nebensache gegen diesen Hauptinhalt des Schweigens oder Nichtssagens, worüber Du klagst, dessen doch
sein inneres Leben bedarf.
Ich bin nicht neugierig was innerhalb seiner Geistesburg

vorgeht; so wenig, als auf das was innerhalb von Kloster-
mauern vorgeht. Wer einmal weiß, alles geht innerhalb der
vier Wände der Ordnung, wie kann der noch Kunde davon
haben wollen, und sich kränken wenn keine erschallt.

Weißt Du, es ist heute der 7. Mai, geh in den Wald, lausch
der Nachtigall die drauf losschmettert, trotz dem »schweigenden Haine« sie durchschallet das Revier allein, und allein
hört sie begeistert sich zu. Schweigt Ihr Nachbarn, denn sie
antwortet eben ihr volles Leben dem Frühling, der hat sie
darum gefragt. Mit *Savigny* und Dir ist solch Frag- und Ant-
wortspiel nicht, wie der Frühling und die Nachtigall haben. –
Was willst Du nun noch? – Du bist im Unrecht, und er ist im
Recht in seiner Stummheit. – Du aber *Clemens* darfst nicht
verstummen, Du lockst wie ein Vogelsteller die zärtlichen
Waldsänger; o wer hat nicht Lust ein Vögelchen in der Nähe
zu sehen, zu haschen und zu liebkosen, und dann wieder fliegen lassen. Du lockst mir sie herbei die das Naturleben so
glücklich, so ganz ergötzlich bevölkern. –

Die Briefe Deines *Ritter*! – er singt ja zu mir! – und Du
hast mirs ganz verschwiegen? – und jetzt bitte ich schick ihm
die beiliegenden Zeilen. –

Clemens! – Ich weiß daß eine ganz eigne Polizei existiert,
womit man die jungen Mädchen verfolgt. – Und das nennt
man in der Ordnung. Und aber Ordnung umfaßt nicht das
Außerordentliche das sich reimt mit dem Göttlichen. Ordnung ist hölzern, sie kann sich nicht reimen! – Aber Göttlich
und Außerordentlich reimt sich. Die Purpurröten! sie wogen, sie durchleuchten und färben reizend die strömenden
Lüfte, lasse sie das freie Blaue in sich trinken? –

Lieber *Ritter!* dem *Clemens* zum Trotz zaubere Du doch
ein wenig Rot mir in die blaue Ferne, ich schlürfe es wie das
rote Blut der Traube, und wenn ich auch ein wenig trunken
träume! –

Clemente ich muß Deiner lachen! – »Wie sie so sanft ruh'n,
alle die Seligen.« – Dies Lied fällt mir eben ein. – Ja es ist in
der Ordnung daß sie ruhen, und es reimt sich nicht auf mich,
die singt: Du o *Dionisos* umschlingst die Seele, und trägst aus

purpurtrunknen Gluten sie hinüber ins ewig frische Blau! –
Das ist nicht in der Ordnung (denn wer Teufel versteht es)
aber es ist doch unendlich schön, und reimt sich mit meiner
lebendigen Seele.

Mir sind *Ritters* Briefe ein Zauberspiegel seiner Geistesnatur! nichts von Ordnung darin. Aber *»jeden Nachklang fühlt
mein Herz«* reimt sich auf diese *Außerordnung.* Jeder Halm auf
der Abendwiese wiegt sich in diesem Nachklang und darauf
reimt sich: *»Es steht von goldnen Blumen die ganze Wiese so voll,«*
und es ist schön wie sie aus seinen Briefen mir zunicken und
das ganze Seelengeheimnis ist nur ein ewig Blühen und
Fruchtbringen der Natur, an dem der Vergleich des Herkömmlichen stumm vorübergeht; – es hat keinen Teil an
ihm. – Im Geheimnis ist der Mensch frei, er hat keinen Richter, sein Gewissen hält Wache für ihn auf der höchsten Höhe.
Und übersieht und erkennt und erreicht alles was dem Gewissen der Vorurteils-Menschheit ein furchtbarer Kampf ist.

Wer Ewigkeit glaubt, hat die Unsterblichkeit. Wer dem
Geheimnis nicht einverleibt ist, hat keine Existenz. – Ich hab
das antworten wollen auf Deine kunstvertiefte Schauung;
und ich hab sie gar nicht verstanden, und wieder gelesen und
noch nicht verstanden. Und endlich hab ich aber gemerkt,
daß ich mich immer zerstreuen ließ durch einen schmalen
Lichtstreif, der durch ein Astloch des zugemachten Ladens
fiel, quer über meinen Schreibtisch, in dem tanzte der De-
mantstaub des Lichtes, und ich sah ihren Contertänzen zu,
anstatt nachzudenken über das was ich nicht gleich verstand.
– Jetzt hab ich aber dem Astloch den Rücken gewendet. Und
da hab ich mich besonnen so scharf ich vermochte. Da sagst
Du: *»Es gibt nur ein einziges Leben, denn das Leben all ist ein gelebtes.«* – Ja *Clemens!* – Ein gelebtes wo jeder Atemzug ewig
drin fortlebt. – *»Die Kunst aber ist ein ungelebtes Leben und ist
daher im Leben unmöglich.«* – Ach darauf hab ich mich stark
besonnen; und immer schwankts. – – Und jetzt weiß ichs! –
Oder weiß ichs dennoch nicht? – *ein ungelebtes Leben!* Mein
Gott! meine Götter zu denen der Geist alle Sinne, alle Augenblicke die Tempelstufen hinanträgt. – Wie die Lichtstäub-

chen dort den Sonnenstrahl hinantanzen, – in denen aller
Geist sich einwebt oder auflöst. Ist das die ungelebte Kunst,
die nicht möglich ist im Leben, – so lebt doch der Geist einzig in ihr, und steigt bis zur obersten Sprosse der Himmels-
5 leiter mit starkem Willen; – mir ist bang sie muß ihm nachgeben. – Still! hier verwirrt sichs! – *»Das einzige Wissen ist das,
dem eine einzige Kunst entgegengesetzt werden könnte.«* Ich schäm
mich, eine Antwort zu suchen. Und doch hab ich sie: *Das einzige Wissen* ist der liebende Geist, *die einzige Kunst,* ist das des
10 zu liebenden Göttlichen was des Geistes Streben an sich reißt
durch seine magnetische Kraft. Die Kunst also ist ungelebte
Magnetkraft die alles Leben an sich reißt. – Ach! – in der fern-
sten Ferne meines Lebens sehe ich, fühle ich diese Magnetkraft mich beherrschen, – sie ist Kunst in sich. Feuerkraft ist
15 sie dem Geisteswillen sich zu unterwerfen. Das Ungelebte
zwingt das Lebende! – bist Dus zufrieden *Clemens?* – –
Adieu.

Bettine.

An *Bettine.*

20 Liebes Mädchen! hier ohne Dich zu wohnen, wenn ich das
aushalte, so darf ich mich meiner Stärke rühmen. – Ach wo
ists in der Welt wieder so schön, als hier in diesem Frühling
hoch in den Lüften zu schweben, dem Himmel so nah, daß
jedes der sechs Fenster meiner Stube eine prächtige Land-
25 schaft unter Rahm und Glas bringt. Nur das Große der Stadt
berührt mich; die Türme sehen mir in die Fenster, und die
Stadtuhren sind meine Wanduhren, ich kann nichts tun als an
Dich denken, Dein Bild hinhalten. Der Frühling flieht von
meilenweiten Bergen über die blühenden Felder und den
30 sanften Strom, und die klingenden, singenden, schwingen-
den Wälder her zu mir; und bringt Blumendüfte, Farben und
Klänge mit, all herein zu den sechs Fenstern, und da halte ich
Dein Bild in die Mitte daß es der Reichtum der Jugend um-
walle. Ach warum bist Du nicht da? – Ich bin entsetzlich un-
35 geduldig um Dich! – Überall entbehre ich Dich, und selbst an

Dich zu schreiben macht mir Schmerz, weil Du mir auch *da*zu
fehlst! Ja zu den Gedanken an Dich, zu Dir selbst fehlst Du
mir. Und wenn Du da wärst so wärst Du überall in der Herrlichkeit. – Und alles Sprechen ist nicht wert ein Wort darüber
zu verlieren, so wie alles Schießen keinen Schuß Pulver wert
ist. – Wenn ich Dir sagen soll wie es hier ist, wie es mir ist,
wahrhaftig ganz anders als beim *de Gabrielli* der Sonn und
Mond, Wald und Tal und Ferne und Sturm auf ölgetränktem
Papier uns so deutlich vormalte und wir uns beide freuten so
herzlich darüber. Nein es ist auf dem Papier nicht zu
erschwingen was ich brauchte, Dir zu sagen, was man hier in
einer Minute empfinden kann, ich müßte in einer Minute
wahnsinnig und gescheut, dichtend und liebend und spottend, und lebend und sterbend sein, um Dir dies Leben recht
wieder zuzuströmen. Das Haus mitten in den Berg gebaut,
aus allen Stockwerken in den Garten, selbst aus dem Keller.
Wenige Schritte oben das prächtige Schloß und Eichen und
alles. O ich möchte noch einmal närrisch werden, da ichs einmal schon bin. Daneben steht am Garten ein hoher alter
Turm, da lassen wir nun eine Treppe hinaufführen, ich bin
schon mit einer Leiter hinaufgestiegen; oben wird ein Zelt
aufgeschlagen, und da hängt man wie ein Luftschiffer über
Berg und Tal. – Ach ich langweile mich tot daß Du nicht da
bist, *Bettine,* daß Du nicht da bist all du Frühling, den ich so
eben erzählt hab, daß Du alles nicht da bist was da ist, weil
Du mir fehlst lieb Mädchen. Gott weiß ich sehe nur alles im
Auge, im Genuß derer die ich liebe, und ohne sie ist die Welt
mir eine ausgebrannte Kohle. Aber ich liebe auch Gott und
sein Werk und am meisten Dich, Du bist mir sein Absteig-
quartier. Die Vögel philosophieren in den Lüften die Frösche weissagen in den Teichen und ich versuche ihnen nachzusingen und zu quaken, derweile sie ihre Studia absolvieren. – Ach helf mit – wirke auf Deinem Fleckchen, der Welt
den Frühling in seiner Fülle in den Schoß zu ergießen, damit
das Leben überall sich regt; sonst kommen Vögel und Frösche bei Euch zu kurz vor lauter Amtsgeschäften. – –

Sieh aber nur, so sind die Menschen, so bin ich auch. Ge-

stern und vorgestern hab ich das Vorhergehende geschrieben, da war alles das noch neu und wünschenswert, ich
konnte noch nach Dir und nach der Natur begehren. Heute
ist es schon ganz anders, ich begehre nur nach Dir, es ist mir
als hätt ich Dich in ewiger Zeit nicht gesehen, und ich empfinde recht deutlich, wie Erinnerung und Sehnsucht einander
so ähnlich sind, daß sie sich sogar ergänzen. Und was die
Erinnerung nie gewußt hat, das kann die Sehnsucht in Erfahrung bringen und es der Erinnerung überliefern. Daß ich
Dich so lebhaft vor mir sehe und in jeder Minute Deiner gedenke, ist doch nur eine Folge davon, daß Dein Bild erst so
kurze Zeit deutlich in mir aufgeregt ist durch Deinen Brief,
und hätte ich nun seit längerer Zeit nichts von Dir erfahren,
so würde mein Sehnen danach der Erinnerung die Rolle abnehmen. Die Nähe hinter und vor uns, regt uns gleich stark
an. Was wir vergessen töten wir, wessen wir gedenken das
beleben wir. Was uns vergißt das tötet uns. Jede Sehnsucht
ist Begierde zu bilden, zu gebären, jede Erinnerung ist eine
Wiedergeburt. Wahrhaftig, liebes Kind, ich liebe den Frühling nur weil ich mit innigerer Rührung Deiner drinnen gedenken mag, weil er das einzige ist das mir in Momenten
Dich würdig ersetzen kann, und er versteht und reflektiert
mich doch noch nicht, wie Du, und kann mich nicht so belehren und erquicken. Aus einer recht herzlichen offenher-
zigen Liebe kann doch nur allein in der Welt etwas werden,
und wenn der Menschen Geist sich nicht recht gewaltig
durchdringt und nicht recht muß, so bleibt es eine ewige
Lumpenkrämerei und gibt immer Plattheiten. So wie die Elemente sich durchdringen und die Welt bilden, und der Geist
und die Welt sich durchdringen und den Menschen bilden,
und der Mensch diese Liebe mit einem freien Blick ansieht,
und indem er ihre Notwendigkeit, und seine Freiheit in dieser Notwendigkeit betrachtet, den Gott erkennt und anbetet
– alles das ist nur eine herzliche Liebe, wo diese Liebe nicht
ist, da ist die Dummheit und all das Böse, das uns empört. –
Ich kann mich oft recht an dem Gedanken entzücken, daß
mir in Dir die Welt, die mir gegenübersteht, die Welt, die ich

gern ansehen und lieben mag, ja alles was des Meinigen auf
Erden werden sollte zum Menschen erschaffen worden ist,
der mich wieder aufnimmt in seine Gedanken, und sich an
meinen Freuden ergötzt; seitdem kommen alle freundlichen
Ideen die ich denke, zu mir zurück und denken mich wieder; 5
und was ich anschaue mit Liebe, das schaut mich wieder so
an; seitdem bin ich zur Welt geworden und lebe das Leben
das man mein Leben nennt, das aber des Lebens Leben selber
ist. – Ich habe mich oft unterfangen meine Liebe zu Dir zu
meinem eignen Werk zu machen, aber es war ein verkehrter 10
Streich, ich bin das Werk meiner Liebe zu Dir, und nicht
diese Liebe mein Werk. – Meine unglückliche frühere Neigung preise ich jetzt hoch, denn ich habe mich dadurch erkennen gelernt, und so kann ich Dich in jeder Minute recht
verstehen und Du brauchst keinen Blick unerwiedert in die 15
Welt zu tun; und alles was von Dir laut wird findet einen
freundlichen Richter in mir. – Gott wills so haben daß wir
uns lieben und einander belehren sollen, ich sehe es in allen
Dingen, und gebe mich dem offen hin, denn ich will nicht mit
der Wahrheit streiten, denn es ist nicht möglich sich zu tren- 20
nen von dem, in dem man sich begriffen fühlt; es ist undenkbar wie alles Resignieren, was immer nur auf sich selbst verzichten heißt. – Es resigniert Niemand, so wenig als das
Wasser resignieren kann Wasser zu sein, so lange es noch
Wasser ist. – Und Resignation ist nach meinem Begriff nichts 25
als eine lächerliche Selbstgefälligkeit in einer notwendigen
Veränderung unserer Selbst, welche Veränderung durch
diese lächerliche Selbstgefälligkeit allein entsteht. – Resignation und Kaprise sind an und für sich dieselben tötenden
Feinde des eigentlichen freien und vollen Lebens, das nichts 30
von sich weiß, und das mit einer von beiden zu sterben beginnt. Wenn wir mit Kaprise das Leben festhalten wollen, so
resignierte das Leben schon auf uns und ist im Abmarsch. –
Wenn wir resignieren, so sind *wir* im Abmarsch, und das Leben hat die Kaprise uns nachzulaufen oder nicht, und beides 35
ist eine gegenseitige schlechte Koketterie, bei der man die
Zeit verliert. Denn daß wir so oder so leben, ist grade der

Beweis daß wir so leben wollen und sollen, so lange wir wollen; da das Leben die Durchdringung des Geistes und Stoffes ist, in der sich nach ewigen Gesetzen grade die Lebenserscheinung konstalisiert, so ists in allem. Das ganze Leben kehrt in sich selbst zurück, und wo wir schon so in uns selbst zurück gegangen sind, daß wir von uns selbst und also von keinem Ding uns mehr getrennt denken können, heißt es, sei der Tod; der Tod aber ist in jedem Momente des Lebens, da das Leben nichts ist, als das ewige Zurückkehren und Hervorgehen des Lebens aus und in sich in demselben Momente. – Eben so ist das Leben in jedem Momente des Todes, denn Leben und Tod sind eins; um leben zu können muß man ewig sterben, und um sterben zu können ewig leben. Die Ansicht vom Leben im Gegensatze vom Tod ist eine sehr beschränkte Ansicht, und etwa so als klage ein Handwerksbursch über die Flüchtigkeit der Zeit, weil der viele Spaß am blauen Montag ihm den seinen so kurzweilig macht. Alle Menschen, die ihre eigne Biographie für ihr Leben halten, und so lange einen Menschen für lebendig halten, als seine Stelle nicht vakant ist, sind solche Handwerksburschen und ihr Leben sind blaue Montage. –

Wir leben nur durch das Bewußtsein unseres Lebens, aber ohne alles Leben überhaupt haben wir kein Bewußtsein, und wir leben daher nur durch die Ewigkeit des Lebens, die alles Leben ist und jedes Leben.

So gibt es denn nur ein Leben. Damit übrigens Etwas lebe, muß es im Momente erscheinen, und also von der Zeit gefesselt sein; insofern also unser eigentümlich Leben im Momente liegt, ist es in diesem von der Zeit gefesselt, und hinter jedem Momente liegt dessen Tod; der Tod also befestigt das Leben in der Zeit, die Zeit aber selbst ist ein Produkt von uns, denn wir können eine Ewigkeit denken, also liegt der Tod in der Ewigkeit, und Leben ist nichts als die Ewigkeit, die wir uns zueignen dadurch daß wir uns ein Stückchen von ihr mit einem hinten vorgehaltnen Tod auffangen. – Doch ich kehr zu Dir zurück, liebes geliebtes Kind, ist doch diese Reflexion schon eine Sünde gegen Dich, ich

habe in Dir meine Ewigkeit so schön gefangen, daß ich nicht
länger grammatisieren darf; da das Leben der Sprache ein
Gedicht mit mir lebt, das Du bist, Du Lied vom Weibe, von
Liebe und von Gott. – Daß ich Dich so liebe, dafür danke
Gott wenn es Dich glücklich machen kann, ich danke ihm   5
auch um Deiner Liebe willen. Es ist ein großes Erbarmen
von ihm, daß er uns alles in einander gegeben hat, und wir
dürfen nicht stolz darauf sein, denn es ist nur Gott den man
liebt, den Gott im Menschen, und je schärfer und tiefer wir
blicken, je mehr erkennen wir ihn, und je ruhiger und ein-   10
facher wird die Liebe. – Etwas Rührendes liegt in unserer
Liebe; wenn ich Dir ernst über lebendige Stellen meines Lebens spreche die nun gestorben sind, und wenn ich Deiner
gedenke! – Aller Lärm wird dann stumm, alle Menschen werden mir steinern neben Dir, und dies Stille erwacht in eine   15
Musik, ich möchte sie eine innere Musik nennen die sich selbst
hört. Wenn ich aufrichtig sein soll, spreche ich mich gegen
niemand gern aus als gegen Dich, denn Du verstehst mich und
freust Dich meiner. Mit den andern Menschen verbindet mich
nichts, als ihre Seltenheit. – Gute Nacht bis morgen! –   20
Clemens.

Sollte die *Günderode* Dir einen sehr wunderbaren Brief von
mir zeigen, so verwundre Dich nicht, ich bin begierig was sie
darauf spricht.

An *Clemens.*   25
Es geht schlecht mit meinem Witz, Dein Brief ist wie der
Blitz in mich eingeschlagen, und ich kann Dir Neues davon
sagen wie das einem tut! – *Gar nicht* – tut es einem. Geist,
samt Eindruck verschwunden! erst hab ich mich besonnen,
ob ich nicht Dir diese Lähmung verschweigen solle, daß ich   30
nämlich mit Deinem Brief nichts anzufangen weiß, und lieber Dir etwas vorzaubere vom Frühling, der hier gar nicht
schlecht ist. Gibts der Tage viele wie der gestrige Sonntag? –
Himmelsbläue – unendliche! kräftige! vom Sonnenfeuer

durchglüht, die Bäume vermählten ihre Schatten einander,
alles im schönsten Frieden lautloser Stille, – die Orangen
warfen als ihre Blüten herunter, – da hab ich gelegen im Boskett und alle Blüten aufgefressen, konnt nichts mehr zu Mittag essen, die Großmama frägt ob ich krank sei, in der Nachbarschaft sind die Röthlen. –

Dein Brief kam um zwei Uhr, ich wollt ihn studieren unter
jenen duftenden Bäumen, ein narkotischer Balsam strömte
aus seinen weisheitsvollen Blättern, der Sonnenschein ging,
ich hatte den Brief nicht bedacht, aber beschlafen, aber doch
blieb mein Begriff gelähmt. Der Mond kam und der Tag war
noch nicht vergangen, ich ging zum Gitter im Boskett wo die
Blumen alle stehen auf hohen Paradegestellen, man kann
dran hinaufsteigen. Der Gärtner stand oben mit der Gießkanne, ich ward ganz durstig wie sie so gierig das kühle Wasser schluckten, ich trank aus der Gießkanne. Der Gärtner
wollt es nicht leiden, ich sollte warten daß er ein Glas hole.
Ich bin dem Gärtner gut, er ist mein bester Geselle. Alles was
er sagt verbindet sich so nah mit der Gegenwart. Die Blu-
menglocken bewegten sich vom Abendwind, der zieht mit
sanftem Brausen durch die erfrischten Sträucher und nimmt
den Staub der Blumen mit sich fort; jeden Abend sieht der
Gärtner diesem Spiel des Windes mit den Blumen zu. Grade
in diesem Monat versäumt der Wind es keinen Abend, sagt
der Gärtner.

Was ich gesehen hab noch? – Eine Biene die sich ein Bad
zurecht machte in dem Schüsselblatt von einer Geisblatt-
blüte, sie patschte drin herum, tauchte den Kopf unter und
wusch sich von allen Seiten mit ihrem Rüsselchen, grad wie
eine Katze. – Nun denk ich, ob man eine Biene nicht könne
zahm machen auch wie eine Katze. Daß sie hereingeflogen
käm, Abends und schlief da auf einem Nelkenstock oder
Wicken, oder sonst einem Blumenstock den die Bienen lieben. Der Gärtner meint, eine oder die andere die einen apparten Sinn habe, könne das wohl – und sagte noch allerlei
von den Bienen was die Leute nicht glauben, weil es zu gescheut wär für so kleine Tiere, aber es sei dennoch wahr; ich

glaubs, warum soll er es nicht besser wissen, da er diese mit
so großer Liebe beobachtet, das heißt mit Geist. Die Leute
sind wohl auch so dumm zu glauben, ein Gärtner habe keinen Geist; – aber, der hat Geist – und kann also mit Geist
beobachten, das heißt mit Liebe. –   5

Ja *Clemens,* ich hab gestern Abend noch an Dich schreiben
wollen, aber ich mußte nachdenken über die Bienen. Ob sie
wohl einen an der Stimme erkennen würden? – Die Bienen
haben ein fein Gehör, sie richten sich bei weiten Ausflügen
nach dem Abendgeläut, sie unterscheiden genau die Glocke   10
ihres Dorfs, das hat der Gärtner in seinem Dorf hundertmal
beobachtet. Wir überlegtens noch mit dem Heimlichmachen
der Bienen; – einen Blumenstrauß im Mund, sich ins Gras
legen, und schlafend stellen. Kommen die Bienen, so muß
man sie nicht verjagen, sagt der Gärtner, wenn sie auch an   15
den Blumen vorbei aufs Gesicht fliegen, sie stechen nicht. –
Wenn eine erst zahm ist, dann kommen mehrere. – Das war
mir eine Freude *Clemente,* über alle Freuden, wenn ich so an
einem heißen Sommertag in der Lindenallee spazieren ging,
und die Bienen kämen alle von den Bäumen herabgeflogen   20
und umschwärmten mich. Er würde gleich mit schwärmen
meint der Gärtner! – Ich weiß es – und er flög wohl auch
daneben; und ich weiß – liebster *Clemente!* Der ist aber kein
sentimentaler Pfarrer der mit dem Universum liebäugelt!

Bis die Bienen wirklich kommen und mich umsummen   25
daß ich mein eigen Wort nicht hör, hats Zeit Deinen liebenden Brief zu besprechen. Schon in Deinem früheren Brief
über Kunst, steht – – ich fühl daß solche tief durchdachte
Gedanken, die Du an mich zwar richtest, doch vielmehr der
Welt angehören, das erstemal wollte ich sie wie einen musi-   30
kalischen Satz durch einen Gegensatz beantworten, wodurch erst seine Basis begründet wird, sagt der Musiker und
eine Symphonie aus sich hervorzubilden vermag. Aber *Clemens,* ich fühlte mich so beklommen bei Deinem neuen Brief!
– er paßt nicht zu meiner feurigen Frühlingsstimmung.   35
»Durch Feld und Wald zu schweifen, mein Liedchen wegzupfeifen!« – – – er paßt nicht zu meinem himmlischen leicht-

sinnigen Stubenkamerad, meinem Dämon, – nicht Damon –
der mirs unter die Füße gibt, ich soll mich nicht auf Stelzen
begeben. – Und *»was kann ich, was kann ich dafür?«* – daß es mir
gar um Freundschaft und Liebe nicht zu tun ist.

5   Gestern Dienstag waren wir im Forstwäldchen auf einem
Ball, bei *Moritz Bethmann.* – Der Brief kommt nicht weiter
heute, es steht ein Blumenstrauß auf meinem Tisch von lauter Vergißmeinnicht, wunderlich gebunden wie ein Kelch-
glas. In der Mitte auf dem Grund des Kelches sind Moos-
10   rosen. Wie schön! – ja ihr Rosen seid schön und euer Gewand
ist die Schönheit selbst, und euer Reiz umwallt gleich die
Brust an der ihr vergeht! und ihr seid so schnell fort, und
doch hat man so zärtlich euch geliebt – und doch seufzt man
euch nicht nach! – Warum nicht? – Hats Gott gewollt daß
15   man euch liebe, wie der *Clemens* mir sagt: ich sei berufen mit
ihm zusammen daß wir einander lieben, wenn das so wär daß
Gott wolle wo er gar nicht zu wollen hat, ich würde ihm
widerspenstig sein, und den grad nicht wollen lieben den er
dazu geschaffen. – Denn das bändigt mich eben grade nicht,
20   wenn er vielleicht sagte, wie die Kindererzieher wenn sie
Äpfel austeilen, *magst du den nicht, so kriegst du gar keinen!* –
Fühl ich mich hingezogen zu manchem, so ists nicht aus vor-
bedachtem Gefühl, nicht weil ich glaub Gott hab es so gewollt, – es würde mir allen Farbenschmelz und Heiligen-
25   schein konsumieren, dies Soll oder Muß. Die Rosen – sie
glänzen im Abendschein, sie locken mich sie zu umfassen, sie
zu küssen. Ich bin ganz bei ihnen wenn wir Abends im
Mondenschein allein zusammen plaudern, und fühle mich
nicht allein mit den Blumen, wie oft mit Menschen. Und
30   wenn es *Deine eigne Ideen sind, Clemens,* die Dich wieder lieben, wie Du mir schreibst, so sind die Blumen wohl die Liebesgedanken der Natur, von denen sie auch wieder geliebt
wird. Liebesgedanken sind sie. – Die Rosenknospe ists, sie
wirft in ihrer Verschränktheit glühende Blicke in das Auge
35   das sich in ihrem Anschauen verliert. Wenn sie nachher dem
Tag sich erschließt, dann ist sie nicht mehr so, sie lacht dann
jedem Vorübergehenden, und wird die Blume des Tages, an

der alle gleichen Anteil zu haben meinen. Drum als ich gestern von meinem knospenreichen Rosenstock ein Paar davon abbrach zum Ballsträußchen, das tat ich ungern, so jung
von ihrem nährenden Stamm sie zu trennen, die so an der
Grenze ihrer Jungfrauenzeit aus ihrem grünen Kinder-
joppelchen recht neugierig herausguckten, aber ich dachte:
ach morgen habt ihr ja doch das grüne Jäckchen abgeworfen
und seht die Tage eurer Kindheit für nichts an. – »Und Du! –
für was siehst Du sie an, Deine Kinderzeit, daß Du so reden
darfst?« – sagen die Rosen wieder. – Ach Rosen! – Vorwürfe
von euch! – da ich doch meine Zeit mit euch vertändle. Aus
der Natur süßestem Gefühlsschmelz ihr selber hervorgegangen! – Seid ihr Blumen nicht der Liebesdrang, der Venus-
gürtel der Natur? – ihrer Lippen würzigen Atem hauchen die
Blumen in reizenden neckenden Antworten allen Liebesan-
trägen aller Wesen in ihr. Und die Rosen, sie sind die Antwort die im Necken schon sich in einen Kuß verwandelt, und
ohne Widerstand durch ihre eigne Schönheit Zeugnis gibt:
»die Liebe hat die Natur besiegt.« –

Es war mir so wehmütig gestern Abend mit meinen Rosen allein, und bin ungern von ihnen geschieden um schlafen
zu gehen, und hab mich noch recht in ihr weiches junges
Grün hineingeschmiegt zum Abschied! – Und hab so
wunderliche Träume gehabt in der Nacht. – Sonnenstrahlen
die scharf und rein durch dichtes Gewölk auf mich trafen,
und da war alles in üppiger Blüte um mich her und atmete
kaum vor Schwüle, und ich stand da allein unter diesen Blüten allen, mit offner Lippe nach einem Tropfen Labung. –
Ach heißer Tag, Du drückst die Blumen! – so dacht ich dort.
Es tat mir so leid daß ich nicht den Regen ihnen aus dem
Gewölk niederschütteln konnte, und als ich aufwachte war
mirs noch schwermütig, und heute den ganzen Tag so fort. –
Wenn nicht eins mir Freude gemacht hätte. – In der heißen
Mittagsstunde kamen wirklich ein Paar Bienen hereingeflogen, umsummten meine Rosen, meinen Maiblumenstrauß,
meinen Basilikum, meine Ranunkel sind noch nicht offen,
schmecken den Bienen auch nicht, Nelken sind auch noch

nicht aufgeblüht, die sind aber wahre Lockspeise für sie, und
die stehen doch schon alle da, daß sie von ihnen gesehen werden, was in der Zukunft auf sie wartet, sie werden wiederkommen und werden sich in meinem Wirtshaus betrinken,
dazu mache ich ihnen Musik. Gleich als sie ankamen heut, so
nahm ich die Guitarre und klirrte ihnen was drauf vor, sie
summten, es war ein deliziöses Doppelkonzert und hat mir
meine Munterkeit wiedergegeben, die mit einem Fuß schon
ausgeglitten war und schier in den rauschenden Bach der
Empfindsamkeit wäre gestürzt. – Adieu! – ich und meine
Bienen, was kann ich mehr verlangen.

Bettine.

Meine liebe *Bettine*.
Da ich vermute daß Dich ein kleiner Ärger weiter nicht ins
Grab stürzen wird, so hab ich einigen Lusten mit Dir zu
schmälen. Stelle Dir vor, einiges in Deinem Brief hat mir einen unangenehmen Eindruck gemacht, zum Beispiel das mit
dem *Rosenstöckelchen*. Es kam mir immer vor als sei es recht
artig, eine gewisse Rührung bei unschuldigen Dingen zu
empfinden, ja zur Not könne man auch sagen, es war mir als
müsse ich es umarmen, aber es wirklich zu umarmen und
noch gar dabei in wehmütigste Gedanken zu versinken, das
geht etwas in die Wildnis und ist stark empfindsam, hält auch
nicht Stich, stelle Dir vor an welchem knappen Fädenchen
die Geschichte hängt; fällt sie, so fällt sie mit der schönsten
Empfindung ins Lächerliche, denn eine gelbe Rübe, eine
Kartoffel sind doch eben so unschuldig als ein Rosenstrauch,
und dennoch wäre Deine ganze Umarmung verunglückt,
wenn das Rosenstöckelchen sich in eine solche Rübe verwandelt hätte. Auch hast Du bei näherer Beleuchtung wohl
nur einen erdnen Topf umarmt. Wenn ich der Rosenstock
gewesen wär, so hätt ich gesagt: Oho, schönstes Kind! und
dann hättest Du wahrscheinlich gelacht. Ich hoffe Du gewöhnst Dir täglich mehr solche Explosionen ab. Du weißt
wie oft ich Dir über ähnliche Anfälle gepredigt habe. Auch

das lange Herumtragen und Betrachten der Träume ist kindisch, und während man auf eine Menge schöne Empfindungen, die man bei Gelegenheit solcher Träume hat, bei hellem Tag auf eine geträumte Weise stolz wird, vergißt man eine Menge zu tun, was wirklich, wahr und Pflicht ist. – Wie viel gescheuter wärs gewesen, wärst Du auf dem Ball recht vergnügt gewesen und hättest mir das meiste, ja alles erzählt, das hätte mir weit mehr, ja unendlich viel Spaß und Freude gemacht. – Sehr artig wärs, wenn Du doch einmal Deine Träume gern näher überlegst, die Nacht drauf in einem neuen Traum den vorigen zu bedenken, bei Tag aber recht lustig und vergnügt, und fleißig zu sein, denn sonst läufst Du Gefahr einem gewissen Mann ähnlich zu werden, der sehr bewandert in der Sternkunde war, und alle Augenblicke in einen Graben fiel; ja endlich elendiglich in einem Brunnen ersoffen ist, weil er immer gen Himmel guckte; Du läufst Gefahr daß die Leute sagen, sie ist sehr klug im Traum, aber nicht recht gescheut im Wachen. Ich bitte Dich um des Kaisers seinen Bart willen, werde nicht empfindsam, und lasse Dich nicht von dem Lied der Katzen sogar rühren, gehe spazieren, gebe Dich mit der *Toni,* mit der *Lotte* ab und freue Dich ihrer vernünftigen Kälte. Ich bitte Dich um alles in der Welt, werde mir keine *Seraphine Hohenacker die Geisterseherin*! – Wahrhaftig dann mußt Du am End verzweiflen, denn ich werd alle Tag gescheuter und unempfindsamer, es ist was miserables um einen empfindsamen Menschen in der Welt; und zwar grade, weil die Welt nichts weniger als empfindsam ist; und einem kein Baum aus dem Weg geht, oder beweint, wenn man sich ein Loch an ihm in den Kopf stößt. Wenn Du überdem wüßtest, wie man durch Kränklichkeit zu all diesen zärtlichen Empfindungen kommen kann, und daß die Besessenen und Hexen in den vorigen Jahrhunderten nichts anders als solche hypochondrische Personen waren, so würdest Du Dich noch mehr hüten in eine solche Empfindsamkeit zu fallen. Dagegen hilft oft viel Bewegung, Springen, Singen und Tanzen, Beschäftigung, der *Agnes* helfen in der Küche, wenn sie allenfalls einen guten Kuchen backt, den auswäl-

chern, kneten und in die Backschüssel hineinrunden, oder
auch einen ordentlichen Aufsatz machen, selbst über die französische Revolution wär mir lieber, und ich bin jetzt sehr
bestraft dafür, daß ich dies Interesse bei Dir untergraben
hab. Ich bitte Dich wenn es noch Zeit ist, ergreif es wieder,
hol Deine alten Tagebücher hervor, in denen wirst Du An-
knüpfungspunkte genug finden, es war manches so Schöne,
so wahrhaft Große darin; ja ich kann Dir sagen daß ich manches draus erfaßt habe als ganz neu gedacht und als gut gedacht, es hilft einem auch zur Vermeidung aller Liebesgedanken, das Große, das Wesentliche der Welt zu seinem
Hauptthema zu machen. Dort bist Du ja auch auf dem Boden, der Deinem Geist die wahre Elastizität gibt. – Der Empfindsame bringt auch nie etwas hervor, weil er sich keines
Dinges bemächtigen kann, sondern nur von allem überwältigt wird. Ich habe überhaupt einen entsetzlichen Widerwillen gegen die Empfindsamkeit, denn sie wird über nichts
empfindlicher als wenn man sie für eine Kränklichkeit erklärt, da sie eine Feinheit der Seele sein will. Was ich aber
unter Empfindsamkeit verstehe, wirst Du wohl wissen. –

Nichts vor ungut, Du weißt daß ich Dich vernünftig liebe
und es gut meine.

Es würde mich freuen wenn Du etwas Geschichte läsest,
und außerdem meistens *Goethe,* und immer *Goethe,* und vor
allem den siebenten Band der neuen Schriften, seine Gedichte sind ein Antitodum der Empfindsamkeit. Aber als
Geschichte rate ich Dir *Müllers* Schweizergeschichte, es ist
etwas himmlisches, ich glaube *Leonhardi* hat sie. Es sind zwar
einige dicke Bände, aber desto länger dauert die Freude,
setze Dir täglich ein Paar bestimmte Stunden wo Du drinnen
liesest. – Wenn Du Dich meines heftigen Unwillens erinnerst, den ich in Offenbach hatte, so oft ich alberne Bücher
bei Dir fand, so wirst Du mir das Recht zugestehen, mich
sehr zu beklagen daß Du jetzt vermutlich alles lesen magst
was Dir vorkommt. Überhaupt ist es mir sehr verdrüßlich,
daß Du mir nichts von Deiner innern Bildung schreibst,
mich nicht fragst was Du lesen sollst u. dgl. Was soll alles

Phantasieren über dies und jenes, was nun einmal so ist wie
es ist. Besser wäre es wenn Du Dein Vertrauen zu mir so be-
nütztest, daß Du mir Einfluß in Deine Bildung gönntest. –
Daß Du mich über alle Lektüre um Rat fragtest – und dergleichen. – 5

Um eins bitte ich Dich noch in Deinen Briefen, nämlich
gebe mir immer Nachricht, sobald irgend etwas Bedeutendes
bei Euch vorfällt, von jeder Reise, sobald Du davon erfährst.
– Meine Briefe an Dich zeige Niemand, mit solchen die betrübt sind, wie immer ohne Ursache, habe Mitleid mit ihnen, 10
suche aber nicht etwa sie zu trösten, indem Du beim Lichte
besehen in dieselbe erbärmliche Stimmung Dich herabsin-
ken läßt und auch betrübt wirst. Der Umgang mit solchen
Leuten ist deprimierend, und zerstört alle Kraft in uns. Daß
Du übrigens dieses nicht so wörtlich nimmst wie Eulenspie- 15
gel, hoffe ich. – Du könntest mir einen großen Gefallen tun,
wenn Du, doch ohne Übereilung oder Faulheit, mir ein halb
Dutzend leinene Stiefelstrümpfe stricktest, aber nichts weniger als fein, sondern nur stark und derb. *Toni* wird so gütig
sein, Dir das Garn nach Offenbach zu besorgen. Auch höre 20
ich gar nichts mehr von *Lulu* und *Meline,* es tut mir leid, daß
Du von diesen Deinen treuen Gespielinnen gar nichts zu
schreiben weißt. Schicke mir doch mit umgehender Post
einige Lot der besten schwarzen Kreide, auch etwas weiße,
auch englische ist mir lieb; es ist für einen armen Jungen hier, 25
der ganz vortrefflich zeichnet, schicke sie aber ja gleich. Von
Savigny hab ich keine Grüße an Dich, wenn Du etwa danach
fragen solltest, ob er sich Deiner noch erinnert. – Er hat seine
Studien und seine Freunde, und denkt an sie, wenn sie ihm
ins Gedächtnis kommen, er schreibt öfter an *Gundel,* ver- 30
mutlich weil er ihr manchen Rat gibt. *Savigny* der immer helfend und wohltätig ist, nützt ihr unstreitig viel. Dir kann er
in dieser Weise nicht nützlich sein, deswegen schreibt er an
Dich nicht, ich finde das ganz natürlich, da er in Sachen des
Umgangs ganz anders denkt als ich, so würden wir uns oft 35
stören. Du verlangst ja wohl auch nichts weiter als daß ich
Dir alles was ich weiß und für Dich gut finde, Dir von Her-

zen mitteile, und ich verlange daß Du mir traust. – Sei kein
Allmein, schicke die Kreide, stelle Dich nicht so heilig,
nehme das Leben leicht, und Deine Pflichten ernst, lerne mit
vernünftigen Leuten lustig und fröhlich umgehen, und habe
mich in vernünftigem Andenken.

Dein ehrlicher Bruder Clemens.

Noch etwas! – verphantasiere Dich nicht mit dem Gärtner! –
er ist ein guter vernünftiger Bursche an seinem Platz, nämlich unter Kraut und Rüben. Es ist sein romantisch Leben
ganz gut mit den Blumen, das aber doch gewiß halb aus Deinem Magen kommt. – Aber einen tüchtigen Kohl muß er
mir doch auch ziehen und muß seinen ordentlichen Respekt
davor haben. –

Lieber *Clemens.*

Liebe *Günderode!* denn lieber *Clemens,* ich muß doch gewiß
einen haben, bei dem ich Dich verklage, Dir ins Gesicht kann
ichs nicht alles sagen was ich schlimmes von Dir weiß und
aus Deinem Brief heraus sogleich entdeckt habe. Ach ich
möchte gar zu gerne nicht pfiffig sein, und lieber gar nichts
merken, aber wenn ichs nun einmal gemerkt hab, wie soll
ichs machen, es übergehen würde doppelt listig sein. – Also
schreib ichs hier ans *Günderödchen,* da kannst Du gleich erfahren wie zwei Mädchen sich über einen listigen Jüngling lustig machen. Also denk nur *Günderödchen,* der *Clemens* ist eifersüchtig über den Gärtner. – Lies nur diesen Brief von ihm,
wo er gleich von vorne herein mir meine Sentimentalität mit
den Blumen vorwirft, und wirklich die Vergleiche bei den
Haaren herbeizieht. Kartoffel, Gelerüb, Rose! – und dann
ich wär sentimental, und dann mir Heilmittel eingibt, ein
halb Dutzend Paar leinerne Stiefelstrümpf, an denen ich ein
halb Dutzend Jahre knottlen soll, um mich zu kurieren, und
denk doch *Günderode,* so geht das drei, vier Seiten fort, aber
von dem was ihn eigentlich ärgert, davon weiß er nichts zu
sagen, da ist er ganz unschuldig. Mit der gesunden *Lotte* soll

ich umgehen, um von meiner Empfindsamkeit mich zu heilen, schwarze Kreide soll ich ihm schicken und weiße Kreide,
und von meinen Geschwistern soll ich ihm schreiben, von
denen wisse ich nichts zu sagen, wirft er mir vor, – und ich
hatte mir doch vorgenommen ihm zu schreiben, daß *Lulu* ein 5
kaffee- und milchfarbnes seidnes Kleid an hatte, was ihr so
sehr schön stand. Vom Ball soll ich ihm erzählen, schreibt er,
wie kann ich das? – Wollt ich mein Liebesabenteuer von jener
schönen Ballnacht ihm mitteilen, das wär ihm wohl gar nicht
angenehm. *Günderode,* davon lasse Dir ja nichts heraus- 10
locken, von meiner triumphierenden Heimfahrt erzähle ihm
nichts, und wen ich beim Aufgehen der Alba, am Wege stehen sah, der mich grüßte und dem ich meinen Kranz aus dem
Wagen zuwarf, das schreib ihm nicht, *das bleibt unter uns Mä-
derchen!* – Und die Revolutionsgeschichte mit allen ihren Re- 15
bellern hier in Offenbach und mit meinen tausendfach facet-
tierten Reflexionen darüber, die meint er soll ich wieder her-
vorholen. – Ja wenn er wüßte, was wir zwei beide, ich und
Du, alles schon drüber mit einander gedacht und verhandelt
hatten und was wir niedergeschrieben, und auch so manches 20
Blatt schon zerrissen haben. O *Günderode,* damals hatte er
auch keine Ruh und predigte Dir so lange, Du solltest mich
davon abbringen, so hatten wir denn beschlossen, im Stillen
darüber uns allein Rechenschaft zu geben, weil doch diese
Weltangelegenheit eine ganz andre lebendige ins tiefste Den- 25
ken eingreifende Gewalt ist, weil sie doch ein Richteramt
führt über alle heiligen Rechte der Menschheit, weil sie doch
in sich selber eine ganz von allen Urgründen der Lebens- und
Bildungsstufen aufstrebende Geistesbahn ist. Geschichte
studieren! *Müllers* Schweizergeschichte! bon! Aber sie ist vor- 30
bei, gedürrte Quetschen, schmackhaft zwar, aber was soll ich
mit Backobst! – was soll ich mit euch – ihr krüppeliches
Winterausdauerungsprodukt, bin ich ein Hamster der beide
Backentaschen voll in seine Vorratskammer aufspeichert? –
Nein ich bin eine frank und freie lustige helle Bergquelle 35
vom Zufall oft durch Wüsten und Paradiese hinrauschend
mit gleicher Lebendigkeit; gehts über Klippen, dann ist er

gleich noch einmal so aufgeregt, da stampft er, da gischt er,
da dampft und braust gleich seine Lebenskraft heller aus dem
lichten Schaum hervor. Nein ich bin nichts. Aber wenn einer
das sagt, dann bin ich gleich etwas. – Auch fürchtet der *Cle-*
5 *mens,* ich lese alles durcheinander – und macht mir Vorwürfe,
er denkt Romane können mir die seltsamen Gedanken einprägen, und wenn er wüßte, daß keine Romane mir je gefallen können als nur meine eignen! – gibt es etwas ärger-
licheres als Liebschaften sich vorerzählen lassen, wo man sich
10 gleich wundert wie die Schafe, welche auf diesem Romanen-
Teppich weiden nur zu diesem Schwindel kamen, und *der*
meint dazu käme ich. – Noch eine ganz närrische Seite tritt
oft wie ein mir unverständliches hebräisches Wort auf den
Lehrstuhl, und zwar mit den feierlichsten Gebärden, so daß
15 ich im Anfang ganz ängstlich wurde und mir vergeblich den
Kopf zerbrach, was das sein möge. – Von nun an beseitige
ich meine Skrupel, weil ich erst jetzt deutlich sehe, daß der
liebe liebste *Clemens* auch von allerlei ihm selbst nicht recht
deutlichen Beweggründen angespornt wird manches zu wol-
20 len, zu fordern, zu beteuern. Das Wort ist *Pflicht.* »Tue Deine
Pflicht mit Ernst – das Leben nehme leicht.« – Seh ich mich
um nach meiner Pflicht, so freut michs recht sehr daß sie sich
aus dem Staub macht vor mir, denn erwischte ich sie, ich
würde ihr den Hals herum drehen! so erpicht bin ich gegen
25 sie. – Nun ich hoffe daß ich und meine Pflicht nie zusammen
kommen, falls eine sollte auch auf *mein* Los gekommen sein,
– ich würde sie mit meinem ernsten Blick schon in Schranken
halten, daß sie mir nicht über den Hals käme, ich verstehe
keinen Spaß hierüber, meine ganze Natur kommt in Auf-
30 regung und Kräfte machen sich in mir auf die Beine, die alles
in Grund und Boden trampeln, was sich mir aufsätzig machen will. Also Pflicht halte dich im Hintergrund, wenn du
nicht abgedroschen sein willst. – Meinetwegen geh zum
Herrgott und klag daß du nichts bei mir ausrichten kannst,
35 wenn ich ihm's vorstell, wird er schon Raison annehmen.
Heilige Harmonie der Natur, dich wollen sie aus dem Geleis
bringen der einzig göttlichen Sphäre, der Freiheit nämlich,

und wollen zur zinspflichtigen Pflicht machen alles, bis auf
den Adel der Seele sogar, aus dem alles Große entspringt. –
Entspringen heißt ja aber schon dem Strang der Pflicht ausweichen, ich aber entspringe ihr nicht, ich wende mich grade
um gegen sie, seh ihr scharf ins feige Angesicht und sage ihr:
Weiche zurück vor meinem reinen Instinkt des reinen großen
Mächtigen, von dem du dir nichts träumen lässest. – Und
denk *Günderode,* auch meine Träume greift mir der liebe *Clemens* an mit seiner Satyre, und wenn er doch in unserm
Traumbuch läse, wo wir so seltsame wunderliche Sachen und
Gedanken schon aufgeschrieben, aus denen Du schon Stoff
zu manchem schönen Gedicht gefunden hast. – Wenn er Deinen Franken in Ägypten läse, ein geträumtes Abenteuer gab
dazu den Stoff, – aber jetzt werd ich gleich einmal meine
Pflicht überschreiten und werde ein bißchen zum Gärtner
gehen, da es die Abendstunde ist wo er begießt, da hab ich
ihm versprochen zu kommen und zwar nicht aus Pflichtgefühl, sondern aus Lust am lieblichen Geschäft, aus Lust an
alle dem frischen Leben, was sich in dem schönen Schmelz
der Farben regt, am Wachstum der Knospen und an Allem in
Allem! und auch zum Kohlbeet werd ich gehen, was der *Clemens* für des Gärtners Pflichtniederlassung hält. – Ich werde
mich da mit meinem Pflichtstrickstrumpf hinsetzen und etliche Pflichtmaschen stricken, ich werde aus Pflicht gegen
meine Bildung in der alten Schweizergeschichte lesen, daß
der Teutone keine Stiefelstrümpfe trug, als er noch ein freier
Mann war, ich werde also aus Pflichtgefühl am Altar der
Freia mein Strickzeug niederlegen und das Gelöbnis ihr tun,
nie wieder Stiefelstrümpfe zu stricken, die dem freien deutschen Charakter Fesseln anlegen! –

So weit meine Mitteilungen an die *Günderode,* lieber *Clemens,* über Deinen Brief; ich hab ihr zwar nicht wörtlich so
geschrieben, denn es braucht zwischen uns der Worte nicht so
umständlich, und diesmal war sie selbst hier, und wir gingen
zusammen spazieren im Boskett, und wir lachten am aller
vergnüglichsten über Deine Besorgnis um meine Melancholie, hinter der sich doch nur immer die Langeweile ver-

birgt, da ich die aber gar nicht herberge, da ich wie ein kleiner
Spritzteufel, oder sogenannter Laubfrosch (Rakete) feurig
herumhüpfe, Morgens aus dem Bett in den Garten barfuß,
denn ich hatte ja wahrhaftig gestern meine Studienbücher
5   liegen lassen. – Dann wieder hinauf, angezogen, dann zur
Großmama frühstücken, dann Klavier exerzieren, Generalbaß, – *Hoffmann* kommt entwickelt kabalistische Mysterien
der Musik, die ungeheure Kabale und Chikane ihrer Tor-
sperre; der geniale *Hoffmann,* der Mann des Ruhmes und der
10 Begeistrung hebt diese Gesetze mir zu lieb auf, namentlich
die der Metrik, die so engherzig sind daß jedem Volksredner
in dieser engen Taille der Atem ausgeht. – Jetzt macht mirs
Freude zu komponieren. – Hymnen der Diane, Päane an
Dionysos, von *Stollberg* übersetzt. – Ja das macht mir Freude,
15 ich klettere als Abends aufs Dach von der Wäschküche, dort
erfind ich die wunderlichsten Wendungen. Der Himmel rötet
sich davon vor tiefem Mitgefühl, und die Sterne drängen
sich herbei und lauschen, und *Hoffmann* lauscht auch, er ist
unser nächster Nachbar. Meine Stimme ist durchdringend,
20 wär mein Geist es auch! – *Hoffmann* kommt am Morgen in
die Stunde, kann meine Melodie halb auswendig, was ich mit
Bleistift notiert habe, kann er meist besser als ich – übers
Metrum streiten wir zwar nicht, denn er will durchaus es soll
sein wie ichs ursprünglich singe, Takt und Auftakt kommen
25 in Subordination und dürfen nicht ihre herkömmliche
Observanz mehr geltend machen, er sagt wenn ich mich hin-
einstudiere, so wirds der Musik eine neue Bahn brechen.
Närrischer Kerl! willst mir schmeicheln, mir Mut machen
zum Lernen; weiß ich doch daß ers mir weis macht, so trägts
30 doch meine Begeistrung unendlich hoch! zu unerhörtem
noch ungehörtem. *Hoffmann* machte als ein kraus Gesicht. –
Aber denk doch – bald gewöhnte er sich – nein er verliebte
sich hinein – und letzt als er in einem Konzert phantasierte
auf dem Klavier, hat er alles ineinander geflochten; es war
35 schön, ja so begeisternd schön, ich wußte nicht was ich hörte,
ich konnte meinen Ohren nicht trauen! es kam mir so deutlich vor als habe ich das gesungen. Als er am andern Tag in

die Stunde kam und fragte wie sein Spiel mir gefallen habe, sagte ich ihm mein Entzücken, aber doch sei es mir so bekannt vorgekommen, ich hätte beinah jede Wendung vorausgeahnt, so fremdartig sie auch geklungen habe. »Ja freilich es sind Ihre eignen Wendungen.« – Gott, ich war ganz beschämt, daß ich so schön gefunden was ich selber erfunden hatte, er tröstete mich aber! – er sagte, er habe die Mauer zu übersteigen oft Lust gehabt, allein über einen gelehrten Musiker fallen die andern alten Generalbaß-Tyrannen wie die Krähen her, rupfen und hacken ihn, aber eine unschuldige Liebhaberkomposition berücksichtigten nicht diese alten Hintersassen des Hochmuts und der Pedanterie. Andre mit gesundem Gefühl begabte werden diese Lieder schon ihrer Eigentümlichkeit halber gern hören und gern nachsingen. Denn aus fremden Landen komme manches in der gestatteten Harmonieenfolge unerhörtes und doch errege es selbst das verbildete Ohr zum Genuß, glaubt, es wird am End dergleichen keinen Widerspruch mehr erleiden, die unschuldige Weisheit muß sich einschwärzen.

Genug vom Generalbaß. Du siehst, lieber *Clemens,* daß er seinen Platz in meinen verschiednen Interessen behauptet. – In meinen Heften die ich vor vierzehn Tagen, also zum 1. Mai geheftet habe und die den ganzen Monat ausdauern sollten, hab ich schon jetzt kaum Platz Randglossen zu machen, so hats Ideen geregnet mit dem Mairegen. – Ich hatte nämlich aus Pedanterie mir meine Hefte numeriert und eingeteilt auf jeden Tag so viel Seiten, heute in der Geschichte, morgen Musik, übermorgen Ph., ich sags nicht was, aber Philosophie ists nicht, die mich übel anriecht auf hochdeutsch. – Aber es ist das schönste weisheitsvollste Wissen für mich, in dem ich unendliche Aufschlüsse finde von Sonne und Mond und allem was war und noch sein wird, und hab ich wollen eine Einrichtung der Ordnung machen und einmal Pflichtgefühl spielen, und alles war in schönster Ordnung und Gelöbnisse sie nicht zu überschreiten. Aber *Mirabeau* hat Recht behalten, mein Genie hat diese Ketten gesprengt wie ein Pulverturm, der in die Luft flog und alles

untereinander warf, es ist kurios mit anzusehen. Aus den vier
Heften ist keins zu unterscheiden was es behandlen soll, schon
auf der dritten vierten Seite ists wie unterirdisch Feuer,
das sich aus dem Schoß des Wissenschaftlichen hervor-
5 wühlt und wie eine Lava alles verschüttet. Das Erdreich über
das solche Lava sich ergießt, soll am fruchtbarsten werden.

Ich hab schon sehr genug geschrieben! – Doch kann ichs
nicht unterlassen, noch alles was den ganzen Tag mich wie
einen Bratapfel auf dem häuslichen Herde dem Feuer aus-
10 setzt und gar macht, hier zu notieren. – Auf die Darre bei der
Großmama komme ich auch jeden Tag ein Paar Stunden, des
Unendlichen unendlich viel was da vorkömmt. – Vorzüglich
eine Reise zweier Erdwürmer ihr vorzulesen, welche die Erd-
schichten untersuchen. Die Großmama schluckt Kohlen,
15 Kalk, Kreide, Kies, Kranit-Lager hintereinander (fünf K
von ungefähr), ich bin immer froh wenn die guten Herren
ins Wirtshaus einkehren, wenn sie die Schnapsflasche heraus-
holen und die Wurst, wenn sie die Nachtmütze überziehen
und aufs Ohr sich legen, aber ich kann ja nicht mit ausruhen,
20 ich muß gleich weiter – das ist meine peinlichste Zeit, ich seh
auch die Großmama oft so stupid an, daß sich die Verwunderung darüber auf ihrem Gesicht malt. – Jetzt denk Dir
die Emigrantenangelegenheiten noch alle unter meiner Obhut, alle Wege wozu einer zu faul ist die Beine aufzuheben,
25 fliege ich im gewaltigen Sturmflug hinab, hinan. Die frühen
Morgentauwege wo ich allemal mit nassem Schuhwerk heim-
kehre und bringe einen Strauß mit. – Und das ist doch noch
nicht alles: Hühner und Hunde der ganzen Nachbarschaft
wollen auch sich mit mir abgeben, und Deine Stiefelstrümpfe
30 stellen sich nun gleich einer Heiduckenwache vor die *Tür des
Gartens des Lebens,* »wo die wirbelnden Blüten im Winde sich
drehen.« – Lied komponiert von *Sterkel.* Adieu! –

Liebe Bettine! –
Ich gebe Dir in wenig Worten eine recht erfreuliche Antwort
35 auf Deinen lieben tollen wunderlichen Brief, der wie alle

Deine Briefe nicht zu beantworten ist. Denke Dir – in vierzehn Tagen seh ich Dich wieder! – Den 1. Juni bin ich in Frankfurt, und den 1. Juni ist mein lieber Freund *Achim von Arnim* in Frankfurt! *Ritters* großer Nebenmann in der Physik. – Die eigentliche große Freude die mich hinzieht, ist, daß Du meinen lieben göttlichen *Arnim* kennen lernen wirst, und ein freundliches Bild mehr in Dein Leben tritt. Es wäre schön wenn Du um die Zeit in Frankfurt sein könntest, wo nicht! – wo nicht, so bringe ich ihn nach Offenbach! Gott gebe dann besser Wetter als nun, damit Dein Kabinet, der Garten brauchbar ist, uns drei mit einander zu erfreuen. Versteht sich daß Du niemand vom Inhalt dieses Briefes erzählst.

Ich schreibe Dir hier einige Lieder der Minnesänger aus dem Altschwäbischen her, die ich soviel es der Reim erlaubt übersetzt habe. Es gibt wohl kein Gedicht mit so viel Klang als das erste, es ist vom Herrn *Ulrich von Liechtenstein* an seine Geliebte, und nun an Dich von mir, an die Alles von mir ist.

> Wohl mir der Sinne,
> Die je mir gegeben die Lehre,
> Daß ich sie minne
> Von Herzen je länger je mehre,
> Daß ich ihr Ehre
> Recht als ein Wunder so sunder so sehre
> Minne und meine sie reine, sie selig, sie hehre.
> Selig ich wäre,
> Ja ganz ich in Freuden erglühte,
> Wollte mein Schwere
> Bedenken ihr hohes Gemüte.
> Nimmer doch müde
> Werd ich zu ringen mit singen im Liede
> Wie ich mir hüte ihr Güte, sie Blume sie Blüte.
> Mit Händen umfalte
> Ich flehentlich auch ihre Füße,
> Daß wie Isalde
> Tristanten sie mich trösten müsse.
> Und mich so grüße

Daß ihr Gebäre mein Schwere versüße,
Daß sie mich scheide von Leide, sie liebe sie
Süße.
All mein Gedanken
5   Dabei meine Sinn allgemeine,
Gar ohne Wanken,
Besorgen besonders das Eine,
Wie ich ihr bescheine,
Daß ich nun lange mit Sange sie meine
10   In stetem Mute sie Gute sie reine.
Sehnlich ich ringe,
Daß einstens bei grauendem Haare
Freudig ich singe
Wie ich ihr Herz noch bewahre.
15   Traurige Jahre
Wird sie mit Blicken erquicken für wahre
Dann wird mein Singen verjüngen die Holde,
die Klare.
Es hat mich einige Mühe gekostet es Dir zu übersetzen,
20 und ich habe es daher, doch fast zu seinem Gewinnst, etwas
verändern müssen.
Es stund eine Frau alleine
Und harrte über die Heide
Und harrte wohl ihres Lieben
25   Ein' Falken sah sie da fliegen.
O wohl dir Falke, frei du bist,
Fliegst hin wo dirs am liebsten ist
Erwählest dir im Walde
Einen Baum der dir gefalle.
30   Und also hab auch ich getan,
Ich wählt' mir selber einen Mann,
Den suchten mir meine Augen,
Den halten mir schöne Frauen.
O weh wann lassen sie mein Lieb,
35   Hielt ich doch ihre Trauten nie!
Dies und das folgende ist von Herrn *Dietmar von Ast* dem
Minnesänger.

Auf der Linden obene
Da sang ein kleines Vögelein,
Vor dem Walde ward es laut
Da hob sich neu das Herze mein,
An einem Ort da es eh schon war,   5
Da sah ich Rosenblumen blühn,
Die mahnten mich der Gedanken viel
Die mich zu einer Frauen ziehn.
Es dünket mich wohl tausend Jahr
Daß ich in Liebesarmen lag,   10
Und ohne mein Verschulden gar
Miß ich das nun schon manchen Tag,
Ach seit ich keine Blumen sah,
Und hörte kleiner Vöglein Sang
Seit war all meine Freude kurz   15
Und auch der Jammer allzu lang.

Was Du noch über mein Buch sagst ist ihm zu viel Ehre
angetan, wenn ich Dir nichts davon gesagt habe, wenn ich
Dir es nicht in Händen gab so ists weil ich fühle daß was Besseres in Dir ist als alle meine Bücher und Gedanken Dir ge-   20
ben können. –

Den Brief den *Ritter* mir über Dein Geschenk geschrieben, lege ich Dir hier bei, finde Du den Dank selbst heraus,
aber bewahre ja mir den Brief mit den übrigen die ich Dir
letzt schickte, denn seine Handschrift ist mir heilig. Wenn Du   25
doch auch ein Käppchen für den *Arnim* machen könntest,
damit wir ihm gleich etwas schenken können, da er wohl
schnell abreist, so wär das wohl hübsch. Du weißt nicht wie
ich mich freue, daß Du ihn und er Dich sehen soll, er ist gar
zu lieb und lustig wie wenige Menschen auf Erden. Adieu,   30
lieb Kind, schreib doch dem *Savigny* ein oder zwei Worte, wie
Du sonst auch immer von Zeit zu Zeit ein Blättchen ihm oft
schicktest. –

Briefe auf seiner Rheinreise mit *Arnim,* die sie zusammen
machten, nachdem sie acht Tage in Frankfurt und Offenbach   35
zugebracht hatten.

Liebe *Bettine.*

Der Frühling war so schön, der Rhein trug mich so gastfrei. *Arnim* hat mich so lieb. Da trat ich hierher in meine Jugend, die mich rings umfing. – Ach und ich bin so unglücklich ge-
5 worden, ich liebe so heftig, so heftig die Geliebte meines ein- zigen Freundes hier, Gott gebe mir Kraft, daß ich entsagen kann, das Mädchen ist *Benediktchen K.* – –, schreibe mir gleich, schreibe auch an sie ein Paar Zeilen dazu, wenn sie Dich kennte, sie liebte mich vielleicht.
10 Koblenz!

Brentano.

Bei Bürger Scheidel, Firmungstraße.

Schreibe dem *Savigny* was ich Dir schrieb, ich kann nicht mehr. –

15 An *Clemens.*

»Schreib mir gleich« das kann geschehen, da bin ich mit der Feder in der Hand! – »Schreibe auch an *sie* ein Paar Zeilen dazu!« – Ei *Clemens,* Du bist nicht recht gescheut! – »Wenn sie Dich kennte, sie liebte mich vielleicht.« Gewiß nicht. Wenn
20 sie mich kennte, so würd ich ihr sagen, sei ganz ruhig *Bene- diktchen,* der *Clemens* wird allemal ein Narr wenn er an den Rhein kommt, im vorigen Jahr wars so mit der *Walpurgis,* da brausten Reime wie Schäume! – *Clemens* versuch's doch zu dichten, das erleichtert vielleicht Dir die Brust. – Dort wo
25 Deiner Kindheit goldne Tage in fröhlichem Spiel dahin flo- gen, auf nimmermehr wiederkehren, wo Du mit Nachbars- kindern im Sand spieltest, wo *Benediktchen* schon seinen blon- den Lockenkopf an Deine Schulter versteckte, wenn die Sonne zu heiß brennte, wo Du ihm das Stumpfnäschen putz-
30 test und schon damals ihm drohtest, daß wenn es nicht Deine Braut sein wolle, so werdest Du Dich erschießen. Gäb das nicht eine Idille, einen zärtlichen Roman? Woher weiß ich das alles? – Eben kam der Kanonikus *Linz* zur Großmama di-

rekt von Koblenz, erzählt daß Du dort im *Korbach*ischen Hause Schiffbruch gelitten, daß Dein Freund ein schöner munterer vollblühender preußischer Jüngling weiter gereist sei, wahrscheinlich um Deiner Liebe keinen Eintrag zu tun, da er dem *Benediktchen,* das auch rote Wangen habe und blond sei, und voll wie eine Rose und ein Ringelhaar habe bis auf die Erde, diesem habe Dein preußischer Freund besser gefallen; so sei er fort nach Düsseldorf, wo er Dich erwarte, wenn Du würdest Deine Liebeskapriolen fertig geschnitten haben (Ausdruck des Kanonikus *Linz,* Du kannsts ihm nicht übel nehmen, er ist geistlicher Herr und muß aus Solidität schon dergleichen Liebeshändel verachten.) *Clemente* Du bist närrisch! – ich kann es deutlich erkennen an der Nachschrift Deines Briefes: *»Schreibe dem Savigny alles was ich Dir schrieb.«* Was ist denn das *Alles* was ich schreiben soll? – Ich habe das Blättchen auf die andere Seite gedreht, es befand sich ganz weiß, und ich bin in höchster Unwissenheit! – Was soll ich dem *Savigny* schreiben? daß Du glücklich in Wochen gekommen bist mit einer neuen Liebschaft? – am Rhein wo's allemal so geht? – ja in Wochen! – denn so lang wirds kaum dauern, denn Du wirst Dich gewiß schon früher wieder heraus machen, und wirst gelaufen kommen und Deinen Kirchgang tun bei mir und von mir Dich aussegnen lassen wieder, denn das muß ich allemal. Das erstemal *Walpurgis,* das zweitemal die *Gachet,* und nun *Benediktchen,* hinter all dem steckt nun noch *Mienchen,* da steckt die *Günderode,* da steck ich auch, dahinter steckt auch die Eitelkeit. – Die Braut Deines einzigen Freundes. Der Freund ist vielleicht ein dicker ungeschliffner gar nicht reizender Bräutigam. Du siehst im Spiegel ein edles Antlitz mit sanftem Reiz der Unterlippe, mit unendlich anmutig witzgem Feuer der Oberlippe widersprochen. Du siehst eine blendende Stirn, auf der das Genie nicht zu verschleiern ist, und ein Paar schwarze Augen und einen ganzen Kerl der gewohnt ist zu siegen! – Du kommst und die Braut ist schon mit Kuchenbacken beschäftigt; sie hat keine Zeit mehr zum Scherzen, die Wirklichkeit geht an, das Spiel der Lieblichkeit kann nicht auf dessen Kosten getrieben werden. O *Clemente,* Deine blaue Halsbinde, Deine wunderschön lederne Beinkleider! Deine rote Freiheitsmütze! – Die ganze Armatur wurde vor mir bestellt, und dem Schneider mit einer witzigen Bemerkung nach der andern, das Bequeme aber notwendig Elegante eingeschärft. – Ich war bei der *Günderode* als ich von Eurer Begleitung nach dem Mainzer Schiff zurück kam, ich lachte und sie lächelte (sie lächelt immer nur über Dich, sie lacht nie) wie ich ihr aber die Beschreibung machte von Euch zwei, wie *Arnim* so schlampig in seinem weiten Überrock, die Naht im Ärmel aufgetrennt, mit dem Ziegenhainer, die Mütze mit halb abgerißnem Futter, das neben heraus sah, Du so fein und elegant, mit rotem Mützchen über Deinen tausend schwarzen Locken, mit dem dünnsten Röhrchen, einen lockenden Tabaksbeutel aus der Tasche, und wie *Arnim* unterwegs die Bemerkung machte, die Mädchen am Brunnen sähen Dir mit Wohlgefallen nach, daß Du da unterwegs getan hast als verständest Du das nicht, und nachher es dem *Arnim* zuschobst, aber doch gleich sehr viel schärfer auftratst, als wenn Dir wer weiß welcher originelle Geist so ganz durch den Leib gefahren wär, und wie Du mit Deinem zierlichen Sprung ins Mainzer Schiff mit einem so selbstbewußten Genuß hineinsprangst. – Es sei prophetisch, meinte gleich die *Günderode*! – Und wir verbrachten noch den letzten Nachmittag in ihrem Stiftskämmerchen mit Glossen über Dich. – Kaum bin ich hier so kommt Dein Briefchen mit allem Schaden, den Deine Vorbereitung Dir angerichtet hat, denn sie hat leider wie der Blitz in Dich selber eingeschlagen. Verzweifle nicht! – Aber dem *Savigny* schreib ichs nicht, genug daß es die *Günderode* weiß. – Da hast Du nun meinen Brief.

Und noch eins hab ich mit der *Günderode* ausgemacht Dich zu fragen – ob Du's noch so unpassend findest, daß der Gärtner an den Blumen hängt, seiner Passion, und nicht so am Kohl, seiner Pflicht.

Deine barbarische Schwester.

An *Clemens.*

Lieber *Clemens.* Es wird mir bange daß Du nicht schreibst, und eine Zeile kannst Du schreiben! bist Du wieder ruhig? mein unartiger Brief wird doch kein Mißverständnis zwischen uns gemacht haben. Ich hab Nachricht von der *Gachet* bekommen, sie ist auf ihrem Gut in Laubenheim und freut sich über ihre gedeihenden Felder. Bei untergehender Sonne geht sie ihrem Pflug entgegen und reitet dann auf dem Acker- pferd nach Haus, ich hab sie recht lieb jetzt so mitten in ihrer Haus- und Feldwirtschaft, sie hat so weit mehr anzügliches für mich, als wenn sie geistreiche Sachen erzählt, sie hat mich grüßen lassen, auch ließ sie sich erkundigen, ob ich Dich immer noch so lieb habe, wie das närrisch gefragt ist? – Du gehst doch wohl zu ihr auf Deiner Heimreise. Ach ich möchte Dich zerstreuen, ich hab an allerlei gedacht was Dir Freud machen kann! – Diesen Herbst wirst Du gewiß am End doch am Rhein zubringen, der Kanonikus *Linz* meinte es sei die Rede davon gewesen nach Düsseldorf zu gehen, hast Du keine Nachricht von Deinem Freund *Arnim*! – bei dem würde es gewiß am besten sein für Dich, der heitere Ju- gendmutige wird Dich vom Schwindel befreien. Vielleicht daß Du recht verzweifelte Stunden haben magst. Was weiß ich von der Liebe! – Ich hätte Dir nicht so leichtsinnig, so unbarmherzig schreiben sollen. – Verzeih mirs! – Ich werde diese Messe ruhig hier in Offenbach bleiben! – damit es mir nicht zu leid tut, wenn ich Dich nicht sehe. Ach ich wollte, könnt ich Dir eine Freude machen! – Die Lebensgeschichte, die Lebensgeschichte die fliegt da oben am Himmel wie eine Schwalbe, sie hat sich eben so hoch geschwungen daß ich sie mit bloßen Augen gar nicht mehr sehe, wenn Du nicht willst, daß ich sie ganz aus dem Gesicht verliere, so schicke mir ein Fernglas. Schreib ich soll Dir zu lieb es tun, gib mir ein Le- benszeichen! –

An *Bettine*.

Wer diesen Brief von mir erhält weiß ich nicht! Welchem von
meinen Freunden schreibe ich, und wer ist mein Freund? Ich
bin schon acht Tage in der französischen Republik, bin auch
5   verliebt, habe Ruinen gesehen, Spitzbuben und Weiber, die
bloß der Einfachheit der Forderungen an sie wegen, immer
die Besten sein mögen, die wir haben, in der schlechtesten
Welt, die wir haben. Wenn Du ein Mensch bist, der sich gerne
mit der Idee abgibt, wie dies oder jenes besser sein könne,
10 der sich in der Zeitlichkeit damit beschäftigt, die Stube zu
möblieren, so wäre hier unendlicher Stoff für Deine Ideen,
für Schlosser und Schreiner. Alles Gegenwärtige ist mir nur
der Stiel, an dem ich Vorzeit und Zukunft anfasse. Die unendlich tiefen vollen und unsichtbaren Gefäße. Die meisten
15 haben nur den Stiel in Händen und sind mit dem Stiel zufrieden, weil sie nicht wissen dürfen was sie tun, um etwas zu
tun. Wie mirs gegangen ist willst Du wissen, mir ists nie gegangen. Ich bin, drum liebe ich, und lebe ohne Liebe und
Leben; ich bin ein geborner Idealist. Ich bin ein Schüler der
20 ewigen Erkenntnis! – Alles begreifen, ist mein Handlen! –
Alles lieben, meine Sorgen. Und daß ich alles Deinem Herzen hinbiete, das zu reich an Gerechtigkeit und ewiger Milde
ist, um zu besitzen, das ist mein kleiner Fluch, glücklich bin
ich nicht, das ist Menschenwerk, unglücklich bin ich nicht,
25 das ist auch Menschenwerk; ich bin alles, das ist Gotteswerk,
und mag es niemand beweisen, das ist arme Bescheidenheit,
die Kunst aber ist die Kanaille, die mich mit diesem sorgen-
vollen Ehrgeize behängt hat, und die Trägheit ist es, der ich
es verdanke, daß ich so edel bin.

30   Lieb und Leid im leichten Leben,
        Sich erheben, abwärts schweben,
        Alles will das Herz umfangen,
        Nur verlangen, nie erlangen.
          In dem Spiegel all ihr Bilder
35   Blicket milder, blicket wilder,
        Kann doch Jugend nichts versäumen,
        Fort zu träumen, fort zu schäumen.

Frühling soll mit süßen Blicken
Mich entzücken und berücken
Sommer mich mit Frucht und Myrthen
Reich bewirten, froh umgürten.
    Herbst du sollst mich Haushalt lehren,   5
Zu entbehren, zu begehren,
Und du Winter lehr mich sterben,
Mich verderben, Frühling erben.
    Wasser fallen um zu springen,
Um zu klingen, um zu singen   10
Schweig ich stille, wie und wo? –
Trüb und froh, nur so, so!

Arnim, Arnim, Dir ruf ich ewig nach, nur neben Dir mag
ich leben und sterben, beides muß ich, seit ich Dich kenne,
mag ich es auch. Du freue Dich meinen Teil, Du weine mei- 15
nen Teil, ich gönne Dir Beides, und wäre zufrieden mit Dir,
und so wenig als einer sich selber gewährt, der kein Verlangen nach mehr hat. Neben Dir ist mirs traurig ergangen und
doch konnt ich in Dich als in den Frühlingshimmel schauen!
– Dich hab ich als einen solchen gefunden und mein selbst 20
vergessen. So bist Du mir entgegen gekommen, und hast
mich solchermaßen geliebt! – O Jugend, o Leben, o Liebe, o
Tod, o Webstuhl der Zeit! – O Teppich, o Gastmahl, o
Rausch, o Kopfweh, o Nüchternheit der Gegenwart. O notwendige Ewigkeit der Gemeinheit und Ungemeinheit, o 25
Allerheiligstes, o Allerunheiligstes.

Im Sandrat steht ein Kupfer, es stellt eine trinkende Psyche vor, auf der Stirn der Psyche fängt die einzige kreisende
Linie an, die das ganze Bild herausbringt; an diesem Pünkt-
chen sucht mich, wenn Ihr Euch nach mir sehnt, da sitze ich 30
und hab ein Hütchen auf.

Du bist es, Du liebes Mädchen, die diesen Brief erhält. Du
bist mein einziger Freund; auch bin ich bald wieder bei Dir.
Meine Liebe hier ist geendigt, nein Dir geopfert, hier hast
Du noch ein Lied, schreib mir nicht hierher, ich bin früher 35
wieder bei Dir. Mein Herz sehnt sich wieder nach Deiner reinen tiefen Seele, o Du Engel, Du bleibst mir ewig. Hier hast

Du ein Lied, das ich niederschrieb, als ich *Benediktchen* gesehen hatte, ich hatte es eigentlich geschrieben als ich an Dich
dachte. Doch zuerst einige Worte über einliegende Zeilen
von *Ritter,* die er mir ohne eine Zeile an mich so schickte. Ich
5 weiß nicht was er damit sagen will, finde sie auch sehr un-
verständlich, und Du sollst ihm also nichts drauf antworten,
und sie so lange für einen Wisch halten, bis etwas gescheu-
teres oder nichts erscheint, und damit gut.

Am Rheine schweb ich her und hin
10 Und such den Frühling auf,
So schwer mein Herz, so leicht mein Sinn,
Wer wiegt sie beide auf.
Die Berge drängen sich heran
Und lauschen meinem Sang.
15 Sirenen schwimmen um den Kahn,
Mir folget Echoklang.
O halle nicht du Wiederhall,
O Berge kehrt zurück,
Gefangen liegt so eng und bang
20 Im Herzen Liebesglück.
Sirenen tauchet in die Flut,
Mich fängt nicht Lust, nicht Spiel,
Aus Wassers Kühle trink ich Glut
Und ringe heiß zum Ziel.
25 O wähnend Lieben, Liebeswahn,
Allmächtiger Magnet,
Verstoße nicht des Sängers Kahn,
Der stets nach Süden geht.
O Liebesziel so nah, so fern,
30 Ich hole dich noch ein,
Die Frommen führt der Morgenstern
All zu der Liebe ein.
O Kind der Lieb erlöse mich,
Gieb meine Freude los,
35 Süß Blümlein ich erkenne dich,
Du blühest mir mein Los.
In Frühlingsauen sah mein Traum

Dich Glockenblümlein stehn,
Vom blauen Kelch zum goldnen Saum
Hab ich zu viel gesehn.
    Du blauer Liebeskelch, in dich
Sank all mein Frühling hin,   5
Vergifte mich, umdüfte mich,
Weil ich dein eigen bin.
    Und schließest du den Kelch mir zu
Wie Blumen Abends tun,
So lasse mich die letzte Ruh   10
Zu deinen Füßen ruhn.
Adieu lieb Kind, auf Wiedersehn.

                        Clemens.

Liebe *Bettine.*
Ich habe zu viel die ganze Zeit an Dich gedacht, und mein 15
Gemüt saß zu gleicher Zeit zu sehr wie auf einer Schaukel, als
daß ich Dir hätte schreiben können, auch hab ich täglich abreisen wollen, aber es hat sich mir Abenteuer an Abenteuer
gereiht, und ich bin mit allerlei künstlichen Spinnweben um-
flochten worden, die ich im Anfang leicht hätte zerreißen 20
können, aber ich sah mit künstlerischer Lust den Geweben
zu, und habe aus kindischer Tollkühnheit mir selbst Stricke
daraus geflochten. Ich habe den Geliebten *Benediktchens* so
liebgewonnen, daß ich den beiden Glücklichen emsig in ihrer
Intrigue helfe. Beide haben sich wie Engel gegen mich be- 25
tragen, *Benediktchen* ist eins der holdesten und genialsten
Mädchen, die man wahrscheinlich nur einmal begegnet. Außerdem habe ich noch eine wunderliche Liebschaft, aus der
ich gar nicht klug werde. Zwei Freundinnen hab ich auf einer
einsamen Insel in einem engen Flußtal hier kennen gelernt, 30
der Vater des einen Mädchens hat auf der Insel einen Eisen-
hammer, das andre Mädchen ist von hier, eine Freundin *Benediktchens,* sie ging die Einsiedlerin besuchen und ich begleitete sie. *Hanchen* heißt die Einsiedlerin und *Gretchen* die
Freundin, sie ist klein, äußerst niedlich und fein, eines Se- 35

raphs Gestalt, aber einen ernsten Kopf mit schwarzen tiefsinnigen Augen, an ihrem Gesichte ist nichts schöner als die
ewig rege Freundlichkeit, die in einem beständigen wunderlichen Kampfe mit dem Tiefsinn von Stirn und Auge be-
5 griffen ist. Wenn man sie ansieht, ist es, wie wenn schnelle
Wolkenschatten unter dem Sonnenschein her über die Felder
fliehn. Sie ist streng und freundlich, und gleich einem Gra-
natbäumlein, das in unserm Klima keine Frucht trägt. Sie ist
nicht glücklich, denn kaum mag man sie zu umarmen wün-
10 schen, so wünscht man auch, sie zur Freundin zu haben, weil
sie zu bescheiden ist ihr volles Herz in sehnsüchtigen Blicken
zu verraten. Sie sieht einen nur mit vertraulichen Augen an,
an denen die Begierde zu einem schwermütigen Ergötzen
des Zweifels wird.

15 Lieber *Clemens.*
Dein fliegend Blatt ist mit dem Morgenwind nicht zum Fenster herein, sondern hinaus geflogen. Eben hatte ich meinen
Sitz zum Schreiben zurecht gerückt, so macht der Wind die
Tür auf, packt mein Blatt und ab mit zum Fenster hinaus,
20 dahin von wannen er gekommen war, was kein Mensch weiß
wo das ist, ich seh ihm nach und entdecke, daß er mit dem
Blatt in den Schornstein unsers Nachbars *Johann Andree* sich
retiriert, er konnte in den Suppennapf fallen und dem Herrn
Andree aufgetischt werden, um dem zuvor zu kommen
25 sprang ich hinunter, fand das Blatt schon unterwegs nach
dem Kanal, es schwebte über dem Wasser, nur ein Wunder
konnte es retten, das war eine graue Mütze die es auffing, die
dem *Arnim* gehörte, der vor mir stand, mit einem zweiten
Brief in der Hand, den er mir von Dir mitbrachte. Aber
30 warum hast Du auch auf so dünn Papier geschrieben, ätherischer wie die Luft selber, vielleicht weil er das Gewand Deiner Seele ist, der Wiederschein Deiner selbst! –
Die beiden Freundinnen sind ein Paar Nebenfacetten Deiner verklärten Einbildung, die hundertfältig facettiert ist, sie
35 strahlt im eignen Glanz was schön ist zu empfinden, zu ge-

nießen, und wer sich in Dir gespiegelt sieht, der muß Dich lieben weil er eben nicht frei ist von Eigenliebe. Man kann vor anmutigster Schelmerei, die vom Witz zur Rührung sich durchneckt, aus der hinüberspringt zur Seiltanzkunst, und da solche Sprünge macht, daß einem Hören und Sehen vergeht, gar nicht dazu kommen, daß man so weit sich mit Dir einließe, Dir ein Gnadengeschenk zu machen mit irgend einem Pfand der Zärtlichkeit. Einen Kuß zum Beispiel, wie kann man ihn Dir geben, Du hattest Dir ihn schon genommen wie einen Apfel, den man gedankenlos vom Zaun bricht, Du spielst Ball mit, zum Zeitvertreib, Du haschst ihn wieder, Du wendest und drehest Dich damit vor dem geblendeten Auge der Geküßten, die nicht begreifen kann, wie dies Pfand der Zärtlichkeit bestimmt war solche Luftsätze zu machen. Die andern die zusehen, lassen sich hinreißen von diesem Spiel, sie sind außer sich vor Vergnügen über den göttlichen *Clemens,* eh sie sichs versehen hast Du einen neuen Apfel abgerissen von den Zweigen des Wohlwollens, der Hinneigung und Begeistrung, der alte Apfel rollt in die Ecke und beschämt die, der Du ihn durch Deine Neckerei geraubt hattest. – *Clemente* sei nicht böse über diese Charakteristik, sie ist ja nur die spanische Wand Deiner andern *»Torheiten«,* sagte die *Günderode.* Tiefe *Weisheit* sagte ich, wahre tiefe Liebe sagte ich, Heiligtum der reinsten edelsten Freundschaft. Und der *Clemens* kann in seiner Treue nicht verglichen werden: er faßt die Seele, er legt sich warm wie ein brütender Vogel über sie und schützt sie und streitet für sie, und harret geduldig über ihr mit großer Sorge und Vorsicht, aber dann kriecht öfter auch ein Gänschen aus dem Ei, aus dem er einen Schwan auszubrüten hoffte, und das ärgert ihn dann sehr.

So weit ich und die *Günderode* über Dich; nur noch eins wollte ich behaupten, daß sie nämlich gewiß auch einen Apfel misse an den herabsenkenden Zweigen ihrer adeligen Seelengüte! – *Clemens* wenn Du den geraubt hättest auch zum Spiel nur, und hättest ihn nicht bewahrt als ein Geschenk der Göttin Fortuna, so prophezeih ich Dir Schlimmes. – Du

weißt wer ein solches Pfand vernachlässigt, an das diese eigensinnige Göttin oft das Heil ganzer Geschlechter knüpfte, der muß dann einen bösen Dornenpfad wandern, von dessen stacheligen Zweigen er keine süße Feigen sammlen kann. –
Ich fragte die *Günderode* über dies Pfand, und ob sie glaube, daß es in Deiner Seele Gedächtnis gut und edel verwahrt sei – sie ward ein bißchen nachsinnend darüber – dann lächelte sie und zog mich auf ihren Schoß und küßte mich zärtlich! – Ich weiß daß die *Günderode* Dir gütig gesinnt ist, sie ist die beste und edelste von uns dreien. Aber natürlich, wenn Du auf dem Tanzplatz herumgaukelst all Deiner seltsamlich verphantasierten Scheingöttinnen, da kann die echte sich nicht herablassen, eine von Dir gewählte Rolle zu übernehmen. – Ach ich vergesse ganz Dir noch viel zu erzählen.

Der *Arnim* kam zu uns ins Stift, und fragte ob man bei dem herrlichen Abend nicht wolle hinaus nach der grünen Burg, so wanderten wir bei Abendschein die stillen Feldwege, ich lief immer voraus, wendete um und sah die beiden vom untergehenden Tag mit einem Nymbus umfangen, schreiten, mehr schweben – optische Wirkung des Lichtes, das seinen Sonnenharnisch abgelegt hatte! – Das Licht wenn es nicht *thront,* ist mild, einfach, bescheiden, kindlich, und wohl gar wie ein Kind zum Spielen geneigt. – So auch der Weltherrscher, im Sonnenfeuer seiner Macht, durchglüht er alles mit Geistesfeuer, ihm muß werden was seines Willens ist; aber wenn er sich entkleidet dieser Gewalt, ist er wie ein Kind! – Der *Arnim* sieht doch königlich aus! – die *Günderode* auch; der *Arnim* ist nicht in der Welt zum zweitenmal, die *Günderode* auch nicht. Die beiden gehen da neben einander an diesem schönen heitern Abend! Aber dort kommt ein Gewitter! die Winde kehren vor uns den Weg, wir müssen eilen! wir fangen an zu traben, wir wollen eben in Galopp uns setzen, ergießt das schwarze Gewölk sich über uns, unten blitzt es, die Donner schlagen ihre Wirbel. Wir erreichen einen dichtlaubigen Kastanienbaum, die Regenflut läuft an seinen breiten hängenden Ästen hinab, dicht am Stamm ists trocken. Der *Arnim* breitet seinen grünen Mantel um uns,

die *Günderode* hat mit dem Kragen den Kopf geschützt, ich
konnte es aber nicht drunter aushalten, ich mußte sehen was
am Himmel passiert. Da zogen die Regenschichten nach einander vorüber, es war ein Gewühl. Ganz so stell ich mir das
Wetter vor unter der Erde, wenn da ein Postament von Wol- 5
ken wär, auf dem sie thronte. – Kurz es war entweder das
unterste Naturgestell, was mit dem Gewand ihrer Farben
und Schönheitsschmelz verdeckt ist und sie hatte dies ein
bißchen zu hoch geschürzt, oder es war die Kehrseite der
Koulissen, hinter die man wirft was nicht soll an Tag kom- 10
men. Aber Nacht und Dunkel kommt ja auch an den Tag; um
so heller *der* leuchtet, um so dunkler *sie* uns droht. – Ein
Weilchen gefiel mir dies böse Abenteuer. *Arnims* wunderschöne Jugendnähe elektrisierte mich, ich opponierte dem
Gewitter mit allerlei vom Zaun gebrochner Philosophie, die 15
nicht Hand und Füße hatte und nasse Flügel, die ließ sie hängen. – Wir gingen weiter, jetzt wo der Wind die Wolken ins
Gebet nahm, rissen sie aus. Die *Günderode* wurde ins Bett
gesteckt, wir sollten die Nacht da bleiben. Wer war froher
wie ich. Eine schöne Sommernacht unter einem Dach mit 20
dem *Arnim,* und *Günderödchen* durchplaudert; – doch haben
wir uns gezankt. Wir stiegen die Leiter der Begeistrung
hinan in unserm Nachtgespräch, eins überhüpfte das andere,
oben zankten wir einander daß wir nicht in ihn verliebt seien,
dann zankten wir einander daß wir kein Vertrauen hätten, 25
und wolltens nicht gestehen daß wir ihn doch liebten, dann
rechtfertigten wir uns daß wir es nicht täten, weil jede geglaubt hatte daß die andre ihn liebe, dann versöhnten wir
uns, dann wollten wir großmütig einander ihn abtreten,
dann zankten wir wieder daß jede aus Großmut so eigensin- 30
nig war ihn nicht haben zu wollen. Es schien ernst zu werden, denn ich sprang auf und wollte mein Bett von dem ihrigen wegrücken aus lauter Zorn daß sie den *Arnim* nicht
wollte. Auf einmal hören wir husten und sich tief räuspern.
Ach der *Arnim* war durch eine dünne Wand nur von uns ge- 35
schieden, er konnte deutlich alles vernehmen, er mußte es
gehört haben, ich sprang ins Bett und deckte mich bis über

die Ohren zu. Uns klopfte das Herz wohl eine halbe Stunde,
keins muckste mehr die ganze Nacht. – Am andern Morgen
früh um sechs Uhr sah ich zum Fenster hinaus den *Arnim*
schon unter den Linden spazieren gehen. Jetzt wollten wir
5 doch probieren, ob er uns gehört könne haben. Ich ging ins
Nebenzimmer, die *Günderode* sprach ungefähr dasselbe und
eben so laut wie am Abend. Ich legte mein Ohr an die Wand
und hörte teilweis, aber nicht alles, als ich aber sah daß sein
Bett grade an der Tür stand und daß das Schlüsselloch mit
10 dem Kopfkissen auf gleicher Höhe stand, und daß man da
alles deutlich hören konnte; – wie zwei marode Schiffer die
eben gescheitert sind an der Sandbank, die sie so lange ängstlich umschifft hatten, guckten wir uns an. Wir mußten zum
Frühstück! – Wir setzten uns mit dem Rücken gegen die Tür,
15 um ihn nicht gleich sehen zu müssen, was half der eine Augenblick, wir mußten ihm ja doch die Sträußchen abnehmen,
die er eben aus dem Feld mitbrachte, Vergißmeinnicht! – Ach
nun wars gewiß daß ers gehört hatte. Ach *Clemente,* es war
recht wunderlich! – Das war gewiß so ein Gefühl was man
20 Verlegenheit nennt! – Ich nahm die Guitarre von *Gunda* und
sang »Das schmerzt mich sehr, das kränket mich, daß ich
nicht genug kann lieben Dich.« – Der *Arnim* gab mir seinen
Handschuh und bat den zerrißnen Daumen zu flicken. – Ich
habs getan *Clemente.* Ach aller Anfang ist schwer, der Hand-
25 schuh duftete so fein, so vornehm. – Ein grauer Handschuh
von Gemsleder, ich habe ihn mit Hexenstichen benäht, er
zog ihn gleich an, den linken Handschuh aber ließ er liegen
und promenierte mit seinem Stock neben uns. Ich warf seinen vergeßnen Handschuh unter den Tisch, ich dachte da
30 mag er liegen, wenn er ihn zurück läßt, dann heb ich ihn zum
Andenken auf, denn er geht ja morgen fort. *» Wird nicht wieder*
kommen, wird nicht wieder kommen, das tut mir weh« – Ich hab
ihm dieses alte Volkslied vorgesungen, es hat ihm sehr gefallen. –

35   Der *Arnim* ist fort! – er hat den Handschuh zurückgelassen. Gestern nahm er Abschied und gestern leuchteten
noch die Sterne uns beim Heimgehen, er suchte einen Stern

aus, den wir alle drei wollten sehen, wenn wir aus der Ferne
aneinander dächten. Ach Gott ich hab den Stern vergessen,
er hats so deutlich expliziert und nun kaum war er fort, wußt
ichs nicht mehr, ich fragte die *Günderode,* denn die ist stern-
kundig, aber die neckt mich und nimmt dies als einen Beweis
daß ich gewiß in ihn verliebt sei! es ist aber doch nur weil
mirs so leid tut, daß er vielleicht treu und redlich seinen mit
uns ausgemachten Stern ansieht, in der Meinung wir kuck-
ten auch, und nun kucken wir beide wie die Hahlgänse daneben! –

Lieber *Clemens,* gestern nahm *Arnim* Abschied und gestern schrieb ich dies nieder, und heut bin ich wieder ruhig
über die Sternengeschichte, denn mein Gewissen würde
mich dann ewig geplagt haben, ob ich auch zu rechter Zeit
nach dem Stern sehe. Ich würde am End jeden Tag eine ganze
Stunde meinen Kopf haben in die Höhe halten müssen, es
wär eine Pein gewesen, um gleich des Kuckucks zu werden.
Ich wollt Du wärst bei mir, ich hab Dich doch ganz allein
lieb, und so lieb wie mich hast Du niemand anders. – Wenn
Du auch noch so sehr meinst, Du müssest über Deine Liebschaften verzweiflen, weil immer keine Gegenliebe dabei herauskommt. Es ist einmal so, die Menschen machen sich
nichts aus uns beiden, und wenn wir ihnen eben so vorkommen wie sie mir alle zusammen vorkommen, dann ists ihnen
nicht zu verdenken, denn so albern sind sie wohl daß sie uns
eben so absurd finden als wir gescheut sind sie närrisch zu
finden. Aber vom *Arnim* tut mir nichts leid als daß ich so kalt
Abschied von ihm genommen hab, ich fragte ihn lachend, ob
es ihn dann gar nicht rühre daß er nun weggehe, und es war
mir doch gar nicht so ums Herz. Ich hätte viel lieber Abschied von ihm genommen wie von Dir, nicht wie von einem
Fremden der mich gar nichts angeht.

Jetzt freut michs daß ich so aufrichtig gegen Dich sein
kann, und wenn Du an *Arnim* schreibst, so sage ihm daß ich
ihn noch recht lieb habe, aber nicht so deutlich sage es ihm
wie hier in diesem Brief. Ich würde Dir eher geschrieben haben, aber ich bekam erst viel später Deinen Brief von *Chri-*

stian, der auf der grünen Burg den ganzen Tag im Gras liegt
und Flöte bläst und die Leute sagen, die ganze Gegend wär
wie verzaubert von diesen Flöten-Variationen *»mich fliehen
alle Freuden«,* und wenn er aufhört zu blasen, so spitzen sie
die Ohren als ob sie was hörten, das ist die schweigende Stille
die sie hören, das ist ihnen ein so längst entwöhnter Ton,
eben weil die Flöte weder bei Tag noch Nacht von seinen
Lippen kommt.

    Clemens komm bald, komm ja recht bald, an *Benediktchen*
einen Gruß und sie soll Dich gehn lassen. – Komm ich hab
Dir viel zu sagen.

Bettine.

Liebe *Bettine!* –
Während ich Deinen Brief las, donnerte und blitzte es rings
im Tale, nun ist es ruhig, aber ich kann Dir nicht heute ruhig
antworten, es ist keine Zeit wahrlich Dein Brief selbst läßt
mir keine Zeit, ich gehe jetzt in den Garten, da will ich an
Dich denken, und Deinen Brief dem Sonnenschein der durch
die Gewitterwolken bricht vorlesen, der wird Dich in Offenbach freundlich dafür ansehen, und Dir danken daß Du an
ihn geschrieben hast. Drum, er konnte auch nicht umhin, er
muß Dir gleich recht warm glühende Antwort geben. Ein
freundlicher Kerkermeister, dem es jammert daß er den Ge-
fangnen im Kerker muß schmachten lassen, wie vergnügt
bringt er die Botschaft der Befreiung, und wie eilig und wie
sanft löst er die Fesseln; so wars mit Deinem Brief, er kam
mit dem Schlüssel in Händen, ich fühlte vom erleichterten
Herzen die Fesseln niederfallen eine nach der andern, und die
Sonne schien mir ins Herz, da wars auf einmal anders; ich
dachte wie bin ich doch betrunknen Sinnen hingegeben gewesen. – Ja es ist alles schön was ich erlebte, und die Liebe
und Güte dieser Menschen gegen mich ist wirklich lieb und
edel, aber schöner ist doch nichts als frei sein und ungefesselt
lieben wie ich meine Schwester liebe, und dann fühlte ich daß
nichts mich so beglücken kann als die spielende Heiterkeit in

Dir, die doch aus innigster warmer Lebensquelle strömt, lieb
Kind! – Tanz ist doch edel! – ja gewiß mit die reinste, die
erhabenste der Künste! – Denn jede Kunst hat im Geist ihre
Apotheose, und Deine heitere Lebensansicht, Deine Gefühle
sind tanzende Wendungen nach der lieblichsten Melodie. –
Diesmal im Brief spielen Deine Gefühle auf der Schalmei
und begleitet der Witz mit dem Triangel dazu. –

Meine Guitarre wünsche ich mehr als je hierher, ich
möchte sie mit nach Düsseldorf nehmen, wenn Du sie könntest lassen in eine Decke einpacken wäre gut. Hast Du dem
Ritter geschrieben? – schreib ihm doch, er ist einer der besser
ist wie die Albernen, die uns für absurd halten, schreib ihm
lieb Kind! – wie Du ans Weltall schreiben würdest, wenn Du
auf einem vertrauten Fuß mit ihm wärst. Denn er ist im Begriff die Schöpfung auszusprechen. So wie der Urgeist sie im
Moment der Erfindung aussprach, was eins und dasselbe ist
dem Erfinden, so geht sie in geläuterten gehöheten geistigen
Begriffen durch ihn durch, als ob sie bloß geschaffen um auch
einem so erhabnen Streben des Geistes durch ihren Begriff zu
lohnen. – Lies doch wieder in den guten Büchern die Du
hast, lieber Engel, – und werde immer ruhiger, und bemühe
Dich einzelne Dir merkwürdige Lebenspunkte aufzusetzen
und schenke mir dann und wann so was! – Dem *Arnim* will
ich schreiben daß Du ihn lieb hast, er erwartet sichs aber auch
nicht anders, denn er hat Dich gewiß eben so lieb; – und vom
Günderödchen wars eben so recht, daß es ihm nicht den Vorzug
gab. Denn es will gewiß gleich teilen zwischen mir und ihm,
und wir vier gehören ja alle einander an.

Düsseldorf.

An *Bettine.*

Warum schreiben wir uns nicht? – ich gehe in jeder Stunde
mit Dir um, Dein Bild steht immer hinter meinem Dinten-
faß, und ich sehe Dich immer an. Wenn ich Dein Bild aufgestellt habe, so bin ich honett, gut, einfach und stolz. – Ich
gehe hier mit vielen Leuten um die schlechter sind als ich und

Du, man muß auch das lernen. Was mich hier fesselt ist die
Gallerie und das artige Theater, dann der geschickte Musikdirektor, dem ich eine Oper dichten will und der mir dafür
Unterricht in der Komposition geben wird. Eine kleine
5 Oper habe ich schon fertig für Neujahr, wo sie aufgeführt
werden soll in Manheim, er arbeitet noch daran. Hast Du
Savigny in Frankfurt gesehen? wie war er? – Wie lebst Du,
was machst Du? – Ich hab heut an *Christian* geschrieben, ich
bitte schreib ihm auch. Bald ist mein Namenstag, schick mir
10 dann einen recht langen Brief, er ist mir das liebste, aber ungezwungen, ungeniert, so wenn Dirs einfällt und was Dir
einfällt, ich werd mirs schon zurecht legen. Kommt *Mienchen
Günderode* nicht auch zuweilen mit ihrer Schwester zu Dir? –
Ich bin ihr einen Brief schuldig. Küsse sie von mir, sage ihr
15 daß ich sie liebe wie ich jetzt kein anderes Wesen lieben kann!
– Denn in meine Oper denk ich die Hauptrolle mir grade wie
sie! und den ersten Liebhaber wie mich. – Ich muß ihr zu
Füßen fallen, ich muß sie küssen, sie mag wollen oder nicht.
– Und sie muß auch am End einer langen Arie mir in die
20 Arme fallen und mich beglücken, stelle ihr das doch recht
beweglich vor; und daß es ja nicht anders sein könne, weil sie
einmal meine Opernheldin ist, sie soll sich bewegen lassen
darauf einzugehen. Das wird recht schön sein, wenn ich mir
denke es sei alles wahr, dann werde ich mir die lieblichsten
25 hinreißendsten Szenen zum Küssen malen!
    Hast Du was gedichtet, geschrieben, schicke mir es in
meine Einsamkeit. – Wenn Du ein Kinderkleidchen für ein
liebes rundes Mädchen von drei Jahren hättest, aber recht
hübsch und bald, so würdest Du mir große Freude machen.
30 Wo nur *Arnim* stecken mag, ich hörte seit meinem Brief
nichts mehr von dem Jungen. Du bist wohl recht ruhig. – Ich
bin es auch. Ich schicke Dir vielleicht bald mein Portrait.
Schreibe mir einen langen historischen Brief. Deine Empfindung, meine Empfindung kennen wir ja! – –
35   Ich werde noch eine Weile hier bleiben, denn zu sehen, zu
hören, ja mitzufühlen, wie alles Denken und Erdenken plötzlich fließend wird in musikalischen Gesetzen, die der Poesie

den Kopf zurecht rücken, das macht mich ganz hingerissen. –
Leb wohl! schreib!

Clemens.

Lieber *Clemens.*
Ich will gleich anfangen mit dem was mich zuletzt frappiert
in Deinem Brief! – Ich hab Angst die Musik wird schlecht zu
Deiner Oper. – Warum? – weil Du eine so enorme Freude
daran hast! – Ich kenne Dich ja! – Du läßt Dich gar zu leicht
begeistern. Einem Kapellmeister gegenüber, wenn er seine
Musik vorträgt, ist nicht zu spaßen mit fünf Sinnen, sie gehen in die Brüche! er betrachtet Dich als einen guten Kerl,
den er mit Herablassung Straßen führt, welche Dir unbekannt sind, Du kannst da gar keine Autorität haben, Du
mußt Dich führen lassen! Die Effekte die Du nur in Gedanken hörst, und Dir natürlich ganz übernatürlich vorstellst bei
vollem Orchester, machen Dich in Dankbarkeit hinschmel-
zen vor dem Kapellmeister, der überrascht von dem Eindruck den er Dir macht, eine ganz neue Bekanntschaft mit
seinem Talent zu machen glaubt, er komponiert drauf los,
weil er eine Quelle der Erfindung in sich entdeckt, auf die er
früher nicht sich verlassen konnte! – Nun findet er daß Du
trotz Deinen Dichterlaunen ein sehr verständiger urteilsfä-
higer junger Mensch bist, Du wirst gelobt als höchst liebenswürdig, die Sängerinnen werden begeistert, sie strengen sich
an, wetteifern! Fräulein Petersilie soll die Hauptrolle haben,
sie verleugnet den Peter zu Haus und kommt bloß als Silie.
Der Name Silie bewegt Dein Dichtergenie zu Explosionen
von Begeistrung. – Kurz es wird ein Wonnemonat, wie noch
kein schönerer war, wo Dichtkunst und Tonkunst sich vermählen! –
   Hoffmann hat hier ein Duett gemacht, wozu Du mir den
Text schon früher gabst: »*Hör es klagt die Flöte wieder, und die
kühlen Brunnen rauschen.*« – Ja wenn Dein Komponist so arbeitete wie er! – Dazu muß man aber in eine Einsiedelei verborgen, Blumen und Gras umher, im Schlaf versunken, nach

der Ferne lauschen, wo die rauschende Welt endlich auch betäubt ruht. – So ist aber der gute *Hoffmann,* sein kränklicher
gebrechlicher Körper sondert ihn ab von den Schwelgereien
der Musiker, von ihren Weltverhältnissen und Liebeleien! –
5 Durch den *Hoffmann* hab ich manches begreifen lernen. Erst
war ich als immer verwundert, wie doch ein Mensch so ein
traurig Los tragen müsse, der seinen Leib doch nicht verlassen könne, der ihm Schmerzen macht; jetzt weiß ichs aber
anders. Der Geist überwindet alles. Und wenn der Geist
10 kämpft, so muß er doch stark dadurch werden. Der Geist
kann nicht Wunden erliegen. Invulnerable sagt *Mirabeau.* Es
kann nur vielleicht ihm versagt sein, sich geltend zu machen!
– Aber vielleicht ist der Leib die verschloßne Werkstätte, in
der der Geist zur höchsten Stufe der Bildung gelangt; und
15 wenn er erst durchgeläutert und geglüht als vollendetes
Kunstwerk seiner selbst, zugleich mit dem Lebenskeim zu
einer höheren gewaltigeren Bildung versehen neue Welten
durchdringt – was ists da, daß in dieser Welt die Krankheit
wie ein böser Traum ihn anflog. – Guter *Hoffmann!* – Ich
20 höre sein Klavier bei offnen Fenstern in die Mondnacht rauschen! er denkt gewiß ich lieg im Bett und hör ihm zu! –
    Gute Nacht, morgen schreib ich weiter, weil Du einen so
langen historischen Brief verlangst. –
    Den wollt ich Dir wohl schreiben den schönen langen hi-
25 storischen Brief, wenn nur was vorgehen wollte! – Ich hab
zwar gar keine Neigung daß etwas vorgehen soll, aber doch
wie letzt in der Blaufärberei am Kanal Feuer ausbrach,
machte mir das ein unendliches Vergnügen; damit stimmte
das Volk mit seinem Schauspielertalent überein. – Eine Ver-
30 zweiflungs- und Jammergeschrei-Komödie, gewürzt mit
den ausgelassensten Scherzen; das ganze war unwiderstehlich, ich bedauerte daß es nicht schicklich war mitzu-
spielen, sondern nur zuzuhören. – Gegenüber vom Feuer-
brunsttheater, im freien Feld steht das große Haus, worin
35 *Bernards* blasende Instrumentisten alle wohnen, die manchmal sich das Plaisir machen, aus allen Fenstern heraus nach
den vier Weltgegenden hin ihre Passagen zu exerzieren, diese

waren durch die ausschlagenden Flammen in Begeistrung
versetzt, – sie bliesen Tusch, wenn ein Stück Dach einfiel
oder Mauer! – Was einem doch gleich Lebensübermut durchströmt, wenn die Menschheit nicht so ängstlich am Besitztum klebt! – Wenn man hört Mitleidsquellen rieslen, über
das einzige bißchen Habe was den Armen nun verloren ist, –
Das macht so malade, es steht einem der Verstand still, da
doch gewiß jeder genug hätte, wenn jeder wüßte was er mit
dem seinen anfangen soll. – Der Blaufärber hatte die groß-
mütigste Gleichgültigkeit bei diesem Veraschen seiner Ein-
bläuung, und es kamen die närrischsten Witze vor bei der
Judenspritze, bei welcher der Blaufärber selber stand und sie
fortwährend dirigierte gegen die zwei uralte Linden in seinem Hof, die sein Ururgroßvater, der auch Blaufärber war,
gepflanzt hatte, unter denen der Färber seine Hochzeit gehalten. – Wenn ihr mir die erhaltet, sagte er zu den Juden, so
schenk ich euch zwanzig Taler. – Nun wurden die Juden so
feurig, lauter arme Lumpen! – Es gab ein Gezänk mit der
Polizei, sie wollte auf die unnützen Linden kein Wasser verwendet haben, die Juden schrieen mörderlich, als man ihnen
den Schlauch entriß, nach dem Blaufärber; der kam herbei
und mußte ihn wieder erobern. *» Was solle die alte Bääm«*, sagt
der Herr Bolezei! – Wie, Herr Polizei! – Sie schmähen die
alten Linden, das Wahrzeichen von Offenbach? – Ei do könnt
ganz Offebach abbrenne und die Wahrzeiche blibe alleen stehe. Die könnten doch das Maul nicht uftun und erzähle daß
Offebach da gestane hat. –
   Die Linden wurden übrigens gerettet, denn die Juden ließen sich nicht zu nah kommen! – Die Hornisten, Haut-
boisten, Klarinettisten und Fagottisten schmetterten ihre
Passagen dazwischen, wie freie Göttersöhne in des Mondes
blauem Licht, der über ihrer Wohnung thronte und nichts
von seinem Glanz verlor durch die gegenüber aufqualmende
Feuersäule, die sich oft vom Rauch nieder mußte drücken
lassen! – Der Mond hat Charakter, die Gestirne haben Charakter, der Himmel der sie trägt, wie ein Baum die Äpfel, der
ist der Charakterbaum. – Die Menschenseele ist ein kleiner

fliegender Samenstaub, der einen guten Boden sucht, um auch Charakter zu werden. Das Werden! – das große Werden – *ist und soll sein der einzige Genuß,* sagt die *Günderode, der wird aber nicht, der nicht göttlich wird,* sagt die *Günderode* auch noch. –
5 Für heut hab ich genug geschrieben; nun wünsch ich daß morgen wieder was vorfallen möge, einzig um meinen historischen Brief fortsetzen zu können. –

Heut ist aber doch nichts vorgefallen, so sehr ich auch getrieben habe, und dem Fenster hinausgekuckt ob nichts kom-
10 men wollte. – Vom Feuer war viel die Rede, man besuchte die Großmama, um ihr zu gratulieren, daß ihr der Schreck nichts geschadet habe; sie wurde am End ärgerlich, wie einer nach dem andern kam, die Fürstin von Ysenburg war zuerst bei ihr gewesen, da war es gleich Mode geworden. – Es ist
15 schlimm daß die Großmama sich nicht gut verleugnen kann, weil sie nie aus Garten und Haus kommt! – Diese Häuslichkeit hat einen eignen poetischen Schimmer alles in der höchsten Reinlichkeit und Heimlichkeit erhalten, – zu jeder Stunde, zu jeder Jahreszeit ist nichts vernachlässigt, selbst
20 das aufgeschichtete Brennholz am Gartenspalier ist unter ihrer Aufsicht der Schönheitslehre. – Wenn es im Winter muß verbraucht werden, so läßt sie es immer so abnehmen daß die Schneedecke soweit wie möglich unverletzt bleibt, bis Tauwetter einfällt, wo sie's abkehren läßt. Im Herbst hat sie ihre
25 Freude dran wie die roten Blätter der wilden Rebe es mit Purpur zudecken. – Im Frühling regnen die hohen Akazien ihre Blütenblättchen drauf herab und die Großmutter freut sich sehr daran! – Ach was willst Du? – es gibt doch keine edlere Frau wie die Großmutter! – Wer den wunderschönen
30 Blitz ihres Auges verkennt, wenn sie manchmal sinnend mitten im Garten steht, und späht nach allen Seiten, und geht dann plötzlich hin, um einem Zweig mehr Freiheit zu geben, um eine Ranke zu stützen! – und dann so befriedigt in der Dämmerung den Garten verläßt, als habe sie mit der Über-
35 zeugung alles gesegnet, daß es fruchten werde. –

Nein heute ist nichts weiter vorgefallen, was ich historisch nennen könnte, der Tag ist total vorbei! – und nichts was nur

den Hund hätte zum Bellen gebracht. – Nur eine kleine elegische Szene. Die Großmama hat manchmal einen Verdruß
an so einem Federvieh, wenn es in ihre Hausordnung sich
nicht fügt, so muß es geschlachtet werden, diesmal traf das
traurige Los der Hinrichtung ein impertinentes Huhn, was 5
immer mit großer Geschwindigkeit die Weizenkörner, welche sie für alle streut als Dessert zum Haber, für sich allein
erschnappte. Dies Huhn war von *Meline* in Affektion genommen gleich als es auskroch, heißt Männewei, von Mannweib-
chen, weil es lang unentschieden blieb, ob das Tier ein Hahn 10
oder Huhn sei, da es einen so roten stolzen doppelten Kamm
und einen schönen roten Bart hat, kurz ich komme grade an
der Küche vorbei, wie die taube *Agnes* auf dem Schemel sitzt,
das Huhn zwischen den Knien das Messer wetzt. – Ich
springe hinzu, zieh den Schemel unter ihr weg, sie fällt auf 15
die Nase, das Huhn unter dem Messer weg flattert mit großem Geschrei durchs Küchenfenster; es war die Zeit wo die
andern Hühner schon alle im Hühnerstall mit ihrem Hahn
der goldnen Ruhe genießen, kaum hörten sie aber das Not-
geschrei der Henne, als alle loslegten mit Gackern! Ich war 20
voll Schreck über meine Kühnheit, die Hinrichtung zu verhindern. Ich jagte das Huhn durch den Garten, ganz am End
der Pappelwand fing ichs erst ein, wo sollte ich mit hin,
bracht ichs zurück so wurde es dennoch abgetan, aber mir
schauderte eine Suppe von diesem Huhn zu essen. – Ich mar- 25
schierte zum Gärtner im Boskett. – Der nimmt es unter seine
Obhut bis bessere Zeiten kommen – Wie kann man auch
Tiere, die täglich unter uns herum laufen, uns trauen, einem
nicht aus dem Weg gehen, plötzlich, was sie gar nicht ge-
wärtig sind, über sie herfallen und fressen. Die taube *Agnes* 30
ist sehr erschrocken, daß der Poltergeist die Schawell unter
ihr weggezogen hat, sie erzählt noch mehrere Fälle von diesem Spukeding; – einmal war es mit ihrer Haube ausgerissen, – sie war aber am Fensterriegel hängen geblieben. –
Diesmal mit der Henne, keiner glaubt ihr das, aber jeder 35
wundert sich daß es verschwunden ist und nicht wieder erscheint. – Und endlich, meint die *Agnes,* werden wirs doch

einsehen daß es spukt. Die alte *Kordel* setzte sich mit dem
Rädchen herbei, die *Agnes* erzählte lauter Geschichten vom
Küchenteufel, eine ganz apparte Klasse; wollt ich auch jetzt
sagen, daß ich das Huhn weggeschleppt habe, keiner würde
5 es glauben. – Abends beim Sternenschimmer, wo ich den
Kopf weit aus unserm Mansardfenster streckte, um recht
viele Sterne zu Zeugen meines feierlichen Schwures aufzu-
rufen, tat ich das Gelübde, Alles dran zu wagen wenn ich einen Menschen in Gefahr sehe und wenn auch selbst das
10 Messer schon über seinem Haupte schwebt. – Ein rascher
Entschluß vermag viel, aber Zagen ist das Verderben aller
Großtaten! Hätt ich nur einen Augenblick mich besonnen,
so lebte jetzt kein Männewei mehr! – Und mit so einem Tier ists
eine besondere Sache, man weiß nicht ob es ein Jenseits hat,
15 doch lebt es gern, doch hat es mehr mit der Natur zu schaffen
wie wir, doch gehört ihm die Welt, jeden Augenblick es
drauf verweilt, ja es ist der Mühe wert ein Leben zu retten,
sei es welches es wolle. Ach die Schwäne fallen mir hier ein,
die ihr schneeweiß Gefieder im eignen Blute mußten baden,
20 die Helden der Gironde! –
   Schon wieder ist der Abend angerückt, lieber *Clemens!* –
Heute sind keine Ereignisse vorgefallen, nur Nachrichten
eingelaufen, die aber viel versprechend sind. – *Savigny* ist auf
dem Trages und erwartet uns zum Diner den Sonntag, wir
25 werden also morgen in die Stadt gehen, diese Nachricht
brachte Doktor *Ebel* als Auftrag von *Leonhardi,* der uns einen Platz in seinem Wagen anbot. – *Ebel* ist ein na-
turforschender Mistfinke, aber die Großmama geht ganz darüber hinweg, daß er immer ein schmutziges Hemd an
30 hat und schwarze Nägel, und tat folgenden merkwürdigen
Ausspruch: Mein Kind! – die Reinlichkeit ist zwar die edelste
Tugend und ist verschwistert mit der sittlichen Reinheit.
Selbst ein lasterhafter Mensch erhebt sich aus seinem Sün-
denpfuhl, wenn er sich wäscht und ein reines Hemd anlegt,
35 die Würde des Menschen fühlt sich dadurch neu belebt. –
Aber – – sagte sie und hielt ein, denn der Mistfinke der einen
Augenblick abwesend gewesen war, trat herein und brachte

der Großmama allerlei Abfall von der Natur, den sie sollte in
ihr Naturalienkabinet aufnehmen. Unter andern ein Stück
Leinwand von Asbest, was unverbrennlich sei. – Moose wel-
che auf der höchsten Spitze der Spitzberge wachsen, – pur-
purrot! – *St. Piere* und *Büffon* wurde geholt, um über
Schnecken und Muschelsamen, wovon *Ebel* eine ganze Bon-
bondüte voll mitgebracht hatte, zu befragen, sie blieben die
Antwort schuldig! – *Ebel* erzählte also daß dieser aus dem
Grund des schwarzen Meeres ihm von einem Freund zur
Untersuchung mit vielen Mühen und Unkosten gesendeter
Muschelsame die wunderbarsten Erscheinungen enthalte,
mit einem Vergrößerungsglas betrachtet werde man die
ausgebildetsten Formen drinnen finden, die so klein seien
daß man sie für Sandkörnchen halte. – Die Großmama war
begeistert für diese Merkwürdigkeitstreckelchen, aus denen
die Welt zusammen gebacken ist und die *Ebel* mit Lebens-
gefahr unter einer Taucherglocke von einem kühnen Tau-
cher wollte erhalten haben, ein Paketchen draus gemacht und
mit Noten versehen in ein Kästchen gepackt, worin noch
andre Seltenheiten der Art liegen. – Das war nun was er in
der rechten Rocktasche mitgebracht hatte. Nun griff er in die
linke Rocktasche. Das erste Päckchen enthielt ein Stück
Spinnweb von der Riesenspinne, – er konnte es ordentlich
auseinander falten, ohne es zu zerreißen, es fiel dabei sehr
viel Staub heraus, die Großmama hätte dies Chemiset der
Arachne gewiß gern unter ihren tausend Wundern der Welt
besessen, allein *Ebel* wickelte es sorgfältig wieder ein und
steckte es in die Westentasche! – Ich glaub er hats irgend im
Winkel auf dem Boden entdeckt, und hat ihm die Reise aus
Indien erspart! – Dafür entschädigte er sie mit einem Stück
Brot von der Brotbaumfrucht in Otaiti. – Dies war eine
große Galanterie, denn bekanntlich ist ihr Liebling unter allen ihren Werken dieser Roman, der auf Otaiti vorgeht; sie
war also durch dies Brot so entzückt, daß ihr die Tränen her-
abrannen! – O Kinder, sagte sie, wie viel Schönes harret
noch Eurer, wenn Ihr Euer Interesse an der Natur ausbildet,
glaubt mir, nicht allein das wozu die Natur etwas geschaffen

zu haben scheint, hängt mit diesem *Etwas* zusammen, und ist
darauf angewiesen; nein es führt alles eine Sprache mit dem
Geist. Dieser aber ist wie ein Kind, die große Rednerin Natur spricht nur liebkosende Worte zu ihm, ja sie ahmt sein
Lallen nach nur um ihm sich verständlich zu machen; aber es
muß einstens dahin kommen daß sie die höchste Begeistrung
zu ihm ausspreche und daß er ihr Antwort darauf geben könne. Ja, sagt ich, liebe Großmama. Wenn die Natur erst mit
dem Menschen spricht, wie *Mirabeau* zu der Nation, dann
werden lauter Freiheitshelden geboren werden! – *Ebel!* –
kreuzigt sich immer vor mir, er ist mehr noch als Hase! –
Jede Idee die ich ausspreche deucht ihm ein Pistolenschuß,
das geringste was ich sage hält er für eine Erbse, die ich ihm
mit einem Blaserohr in die Perücke ziele; – es kommt ihm
immer vor als erschüttre ich das Weltall mit meinen Behauptungen. – Er lauscht manchmal ob ers nicht krachen hört. –
Er kuckt nach dem Wetter und behauptet die Wolken die da
heran kommen seien gewitterhaft von meiner elektrischen
Natur zusammen gezogen, und er mag durchaus nicht in
meiner Nähe verweilen bei schwüler Luft, er fürchtet für sein
geschätztes Dasein, das Gewitter könne in ihn einschlagen,
und seine Seele ungewaschen und ungekämmt vor den Richterstuhl Gottes bringen! – Der Herzog von Gotha war dabei,
als er dies einmal sagte, und hatte seine Verwundrung über
den gelehrten Naturforscher, er fragte ihn, ob er denn an ein
letztes Gericht glaube, ob er an die Hölle glaube? – Da kam
es heraus daß er an noch mehr glaubt; nämlich an einen großen Aktenschrank, worin alle Lebensprozesse aller Menschen drinnen in höchster Ordnung aufgestapelt sind. Dieser
Aktenschrank ist sehr leicht beweglich, auf einen Wink fliegt
er auf und präsentiert grade die Akten, die zum Prozeß des
Lebensverfloßnen die nötigen überweisenden sind, denn
kein Mensch wird verurteilt, er werde denn von der Gerechtigkeit des Richterspruchs überzeugt, – damit er sich die
Höllenpein nicht durch den Trost erleichtere, er sei ungerecht verdammt, – denn Gott kann nicht ungerecht sein
setzt *Ebel* hinzu! O Hirngespinst, o Scheusal, o Gespenst, o

Empusa, sagte der Herzog, und seitdem trägt *Ebel* den Namen Empusa! er wird auch nicht mehr maskuliniert, sondern muß weiblich passieren, was ihn ärgert, mich aber auch.

Genug von der Empusa; als sie geflohen war, so wollte die Großmama das Wort für ihn nehmen! und meinte, es sei doch gut von ihm diese Freude ihr zu machen. Ich holte Licht und bat die Großmama so sehr, sie möge doch die Asbestleinwand ins Licht halten. Aber ach, sie brannte ab. – Adieu Leinwand! – Adieu *Ebel,* Du bist kein scharmanter *Ebel* mehr! –

Fortsetzung des historischen Briefes.

Am Samstag sind wir um neun Uhr nach Frankfurt gefahren! Der erste, der am Kornfeld von Sachsenhausen uns begegnet, war die Empusa; sie hatte sich nicht mehr am Abend in die Stadt getraut, es war Mehltau gefallen und so blieb sie auf der Gerbermühle, damit nicht auf ihm der Mehltau sich hafte, der sehr oft die Auszehrung veranlasse. Ich rief dem Kutscher halt, sprang aus dem Wagen, brach mehrere Ähren ab, nahm sie in den Mund und ließ sie blühen; – dann persuadierte ich die Empusa, doch diese Roggenblüte durch den Mund zu streifen und zu essen, als ein ganz sicheres Mittel gegen die Auszehrung. – Dies hab ich im Kloster gelernt. Empusa fraß die Roggenblüte, fühlte sich nun, gesichert gegen den Mehltau, ganz munter. – In unserm Haus war alles voll Sonnenschein und erinnerte mich sehr an unsere Kindheit, wo wir uns als in die Gallerie versteckten, um dort das kleine Seeschiff zu betrachten, und die unzähligen kleinen Wachspüppchen von allen Ordensgeistlichen, vom Papst an bis zu den Bettelmönchen und Nönnchen. – Die Gallerie stand offen, ich verweilte dort bei manchem aufgehobenen Kinderspiel aus unserer frühsten Zeit; auch fand ich dort in einem Schrank den schönen Kastorhut der Mutter mit einem blitzenden Band von Stahl und Goldperlen, auf den der Papa als die Johanniswürmchen setzte, wenn er mit uns am Abend im hohen Sommer spazieren fuhr. – Der Kastorhut war mir gar zu lockend; ich setzte ihn auf, er stand mir schön, ich glich der Mama, denn ihr Bild wurde mir wieder ganz deut-

lich – und der Papa hatte mich auch lieb vor allen Kindern,
ich glaub wohl daß ich ohne Sünde den Hut kann behalten. –
Ich frage bei dir an, obs ein Diebstahl ist, – unterdessen hab
ich ihn zum *Günderödchen* gebracht daß sie mir ihn versteckt,
bis du mir schreibst, ob du erlaubst daß ich den Hut behalte!
– ich behalt ihn aber doch! – Abends war bei der *Gunda* der
Tee; da waren allerlei Menschen, die ich noch nicht gesehen
hatte, aber auch *Link* war da, dein Freund! – sie erwarteten
Heinse, aber der kam nicht, den ich doch so gern gesehen hätte. Ich saß auf einer Schawell an der Türe des Kabinettes, das
ganz voll war! – an *Günderödchens* Seite, so lehnte ich mich an
sie und während ein Doktor *Kästner* sang: nicé bella nicé
amata schlief ich ein; kein Mensch hats gemerkt. –

Gestern am Sonntag fuhren wir nach dem Trages; – schon
um sieben Uhr waren die Wagen vorgefahren, alles was mit-
fuhr hatte sich im Saal versammelt, alles war eingestiegen,
und als alles eingestiegen war, da war kein Platz mehr für
mich! – Da hieß es der *Leonhardi* kommt gleich vorgefahren
mit Fr. *von Barkhausen,* mit denen fährt die *Bettine.* – Der *Leon-*
hardi kam erst gegen zehn Uhr! – keine Frau *von Barkhausen*
mit; man war unsicher ob ich allein mit ihm über Feld fahren
könne, unterdessen stieg ich ein und sagte fahr zu Kutscher,
und bald war ich mit meinem *Leonhardi* in die sommerlichen
Felder entflohen. – Jetzt laß Dir erzählen und glaub es nicht,
das kann mich nur überzeugen, daß es Dir zu toll vorkommt;
er klappte einen Tisch auf, darauf legte er einen Folianten,
den er mitgenommen hatte, einen Krug Geilsheimer Wasser,
den er mit einer Schlinge ans Fenster befestigte, plazierte er
auch darauf, – und nun legte er sich mit beiden Ellbogen auf
seinen Tisch und fing an in der Chronik zu studieren und
Exzerpte zu machen. – Nachdem ich eine Weile eine große
Warze und eine kleinere Warze auf seinem Backen betrachtet
hatte, so fing ich an zu pfeifen. – Das war ihm verdrießlich; er
bat mich stille zu sein, denn er habe da was sehr ernstes vor
und sich es zum Gesetz gemacht, nie Zeit zu verlieren! – ich
schwieg recht gern, aber ich sang in Gedanken und vergaß
das Schweigen und sang wieder laut. – Das störte ihn sehr; er

machte mir Vorwürfe, daß ich keinen Augenblick Ruhe haben könne! – Als wir an einer Schenke hielten um die Pferde
zu futtern, setzte ich mich auf den Bock und ließ den *Leon-*
hardi mit seiner alten Chronik im Wagen! – nur einmal ließ
ich halten, weil eine wunderschöne Blume am Weg stand, die 5
wollt ich pflücken; da machte der *Leonhardi* einen fürchterlichen Lärm, ich hatte aber meine Blume. O blühte sie doch
ewig! – Es ist mir lieb daß bis jetzt mir noch niemand gesagt
hat wer sie ist, denn dann setzt man gewöhnlich auch hinzu,
sie ist ganz gewöhnlich und wächst da und da sehr häufig! – 10
Nun laß Dir nur erzählen, wie schrecklich bös ich den *Leon-*
hardi gemacht hab; ich wollte nämlich ein Bißchen fahren!
und ich kann es auch recht gut. Da hat mir der Kutscher die
Zügel gegeben; der *Leonhardi,* der alle Augenblick aus seiner
Chronik herauskuckt, sieht das, ruft ich solls sein lassen die 15
Pferde scheuen leicht. Der Kutscher sagt ich könnte getrost
fahren; – ich schnalze mit der Zunge und werfe den Pferden
die Zügel ein bißchen auf den Hals, sie werden scharmant
mutig und es geht noch einmal so rasch! – Der *Leonhardi*
kriegt Angst schrecklich, die Pferde seien ausgerissen, steckt 20
eilig den Kopf durchs offne Fenster, wirft den Krug, der
Propfen geht heraus und das Geilsheimer Wasser fließt über
die Chronik. –
   Es mußte gewischt und geduppt werden den ganzen Weg!
– aber jetzt kommt was sehr lächerliches; er holte einen gan- 25
zen Pack alter Zeitungen aus der Tasche, ohne die er nie reist
sagte er, – und nun wurden die nassen Stellen bepflastert; das
ging so fort bis wir in den Wald kamen, wo der Weg zu
schlecht ist, um zu lesen oder zu pflastern. – Wir kamen an,
wie eben die Krebse auf den Tisch getragen wurden, – un- 30
geheuer große Kerle aus dem Goldweiher. Der *Leonhardi*
zankte noch nachträglich auf mich daß ich allein am späten
Kommen schuld sei, – ich hätte alle Augenblick eine Blume
abbrechen wollen; ich hätte das Geschirr an den Pferden in
Unordnung gebracht, ich hätte die Pferde wild gemacht. – Es 35
waren mehrere Hakennasen aus *Savignys* Familie da; – es war
ein ziemlich heißer Nachmittag, mit verbrannten Nasen ka-

men wir vom Hahnenkamm zurück; *Savigny* war über die
Maßen freundlich und schloß alle Schleusen seines Paradieses auf, und schien dennoch so einsam unter uns allen, als
wären wir wie eine Horde Räuber bei ihm eingefallen. Die
5 Zeit kam zum Aufbruch; auf der Heimfahrt war ich nicht in
Leonhardis Kutschenverlies eingesperrt, er hatte dagegen ap-
pelliert. – Ich schlief im Wagen bis in Hanau, wo die Pferde
futterten; da sahen wir *Minchen* und da teilte ich ihr Deinen
Brief mit, sie freut sich recht die Heldin Deiner Oper zu sein.
10 Dort kam der *Georg* gefahren und nahm mich in sein Gyk,
wo ich durch die kühle Nachtluft sehr erquickt ward. – Heute
Nachmittag sind wir wieder in Offenbach angekommen; ich
wollt, ich wär gar nicht fortgewesen, so müde bin ich von
dieser Reise. – Ich endige meinen historischen Brief, weil es
15 mir grade so ist, als werde nichts heut vorgehen, woraus ich
geschichtlichen Honig saugen könnte. – *Günderode, Minchen*
und *Marianne* grüßen. – Du kommst wohl diese Messe nicht
nach Frankfurt? –

Bettine.

20   Düsseldorf.
Liebe *Bettine.*
Dein letzter Brief hat mich mehr als je ein vorhergehender
erfreut, er ist recht fröhlich ohne alle Melancholie und Du
hast eine große Darstellungsgabe; immer mehr werde ich
25 überzeugt, daß Du eigentlich zum poetischen Auffassen aller
Ereignisse, auch der kleinsten, das größte Talent hast, und
ich kann Dir nicht genug empfehlen daran festzuhalten. Alles, was Du mir erzählt hast, ist gut und lieb und wahr. – Wie
weh sollte mir es tun, wenn Du aus Deiner natürlichen Rich-
30 tung herauskämest. – Wie schön wird unsere Freundschaft
werden, wenn nichts unklares und trübes mehr in ihr
herrscht und unsre Empfindungen sich klar und tief aussprechen, und wir uns recht vernünftig an einander freuen
können. Daß Du ruhig und heiter bist und dahin strebst,
35 fühle ich mit Freuden, und daß ich auch dahin strebe darfst

Du mit Recht von mir begehren. Du glaubst, ich werde diese
Messe nicht nach Frankfurt kommen, ich komme doch, und
vielleicht bleibe ich den ganzen Winter über in Frankfurt.
Savigny ist dann freilich allein in Marburg, doch im Sinne des
Worts genommen, ist er das wohl immer, was Du wohl auch 5
an ihm bemerkt hast. Am deutlichsten erscheint seine Einsamkeit darin, daß er einem nie vermißt; mich schmerzt das
oft. Da ich aber an die Vollendung eines Menschen kaum stärker glauben darf, als an die seinige, so wäre es töricht von mir
näher zu untersuchen, ob er ganz recht hat, mich nur grade so 10
zu lieben und nicht mehr; er hat sicher recht und damit holla!
– Eines fehlt uns, liebe *Bettine,* und mir mehr als Dir; es ist
die Kunst mit sich selbst genug zu haben, die müssen wir
erlernen. Es ist das einzige Mittel zum Überflusse zu kommen, denn dann haben wir die Hülle und die Fülle, indem 15
unsre Liebe zu einander, die nun Gott sei Dank das beste und
edelste Geschenk des Geschickes ist, ein Übermaß ist, über
das was als unsere innere Lebensgenüge noch obendrein uns
geworden ist. – Gott wird Dir vielleicht und hoffentlich zu
einem lieben Mann helfen, und mir zu einem lieben Weibe, 20
mit diesen Verhältnissen und dem gehörigen Glück und Unglück wird es sich so angenehm leben, als es zum Leben notwendig ist. Das nach der Meinung vieler Narren und Weisen
höchst eitel und nicht sehr zu schätzen sein soll. – Doch noch
eins mein Kind! – es ist zwar leicht sich über vielen Verdruß, 25
über viele Kleinlichkeiten hinauszusetzen, noch leichter aber
ists sich alles das zu ersparen. Sich ein wenig einzuschränken,
um keinen Verdruß zu haben, lohnt wohl der Mühe; Verdruß kränkt uns doch, und nimmt uns das Vertrauen zu den
Menschen; hieraus wäre wohl zu empfinden daß er dem 30
freien Lebensorgan unseres Herzens in den Weg tritt, und
wenn wir ihn nicht mehr empfinden, so ist das doch eine Ab-
stufung unserer Seele. Wie schön ist es nun die Menschen um
sich her so zu berühren, daß sie einem keinen Verdruß mehr
machen können, und doch die Freiheit und das ganze Leben 35
seines Herzens zu behalten. Daß Du nun von so vielen Menschen verkannt wirst, wie zum Beispiel von *Ebel,* der trotz

seiner schwachen Seiten ein sehr gelehrter Mann ist, und von
Leonhardi, der offenbar einen Widerwillen gegen Dich hat,
wundert mich nicht, da mir selbst in einzelnen Minuten
Deine Erscheinung nicht ganz gefällt und mich drückt.
5 Wenn ich das empfinde, der ich Dich so gut kenne, wie sollen
das alle die Leute nicht empfinden, die keinen Menschen kennen? – Nun zweifle ich aber gar nicht, daß es Dir einleuchten
werde, wie es nicht zu verschmähen sei allgemein liebenswürdig und geliebt zu werden, denn nur dann kann man be-
10 haupten zur wahren Schönheit des Gemüts gelangt zu sein,
wenn kein guter Mensch unbefriedigt von uns geht. – Ich
weiß nicht *Bettine* warum es mich so unendlich unmutig
macht, wenn ich Trätschereien über Dich höre, aber ich
glaube es ist deswegen, weil es eine wirkliche Nachlässigkeit
15 von Dir ist, sie zu veranlassen. – So habe ich jetzt zum Beispiel wieder gehört daß Du dem Mädchen, was Dich Sticken
lehrt, Briefe von mir und Dir vorliest, und was hindert dies
Mädchen, sie mag ein gutes Geschöpf sein oder nicht, das
was sie gehört, herumzutragen? – Was Du selbst nicht ver-
20 birgst, wird sie auch nicht verschweigen, und hat es wohl
nicht verschwiegen, sonst wüßte ichs nicht. So wie Du zu ihr
mit Deiner Vertraulichkeit hinab steigst, steigt sie wieder
hinab, und sofort ist der Weg sehr kurz, daß unser ganzer
Umgang ein Gassenhauer wird. Das ist nun eine sehr ver-
25 drießliche Sache, das macht Dich und mich den Leuten lächerlich und mit Recht, und uns beiden macht es die Leute
beschwerlich, denen Du es so wenig wie ich verdenken darfst
über das zu lachen und zu spotten, was mit solchen Prätensionen im Kote gefunden wird. Sehr ungeschickt und
30 eben so töricht aber wär es, wenn Du dem Mädchen das verweisen wolltest, oder nur ein Wort darüber verlörst, denn
das Mädchen hat gar nichts verbrochen, sondern bloß Dir
selber sollst Du es verweisen und das recht tüchtig. Diese
ganze Geschichte kann zwar sehr zufällig und nicht so be-
35 deutend sein, als sie hier auf dem Papier Dir wiedergegeben
ist, auch hast Du vielleicht Dein Vertrauen seitdem beschränkt, von deren Mitteilung zu der niedrigsten Klasse

kein großer Schritt ist, sie selbst mag sein wie sie will, sie
darum zu verwerfen wäre unmenschlich, aber überhaupt in
eine vertraute Freundschaft mit ihr zu geraten, ist sehr töricht. Du siehst nun ob die Brüder und Anverwandte keine
Ursache haben mit Dir und mir unzufrieden zu sein, wenn sie
solche Dinge von uns erfahren sollten; ich glaube sie haben
keine Ursache unsern Umgang zu ehren, wenn Offenbacher
Juden sich über ihn unterhalten. Werde nicht traurig über die
Geschichte, sondern nehme Dich in acht mit Deinem Vertrauen. Es kommt am Ende der Verdruß auf mich und mit
Recht, warum habe ich Dich nichts besseres gelehrt. Ich habe
unlängst dem *Franz* gebeten Dich nach Frankfurt zu nehmen; er täte es gern, nur macht er mancherlei Einwendun-
gen, er begehrt daß Du der *Toni* gehorchen, reinlich, fleißig
und häuslich sein sollst, das ist nun freilich in Etwas gegen
Deinen Freiheitssinn, der in Dir von der Großmutter ordentlich erzogen wurde, aber das wirst Du ihm doch nicht verdenken, bei der großen Ausbreitung des Familienzirkels im
Hause kann er nur wünschen daß ein so junges Mädchen wie
Du, sich an ihn und *Toni* anschließe, dies ist eine notwendige
Folge seines treuen Gemüts. – Du wünschest nicht in Frankfurt zu sein, so wie Du jetzt bist ist es Dir viel angenehmer,
weil Wald und Flur Dir vor der Tür entgegen lachen, weil
Musik und alles und die Einsamkeit Dir dort teilweise geraubt werden und auch der Umgang der Großmutter Dir
dort fehlen wird. Aber wär es vielleicht nicht besser und zu-
träglicher für Deine ganze Zukunft, wenn Du Dich mit Geist
und Seele in einen ganz andern Zirkel stelltest? – Du würdest
eine schöne Mühe anwenden Dich dem *Franz* gefällig zu
machen, Du wirst selbst nach und nach Dich mehr der Gesellschaft anderer Menschen, der das Weib nie entgehen soll
und darf, anpassen, und mit viel größerer Freude und Ruhe
wirst du dich selbst und die innere Bildung Deiner Seele
fortsetzen, wenn Du siehst daß die Menschen Dich lieben. Es
wäre selbst das schönste Unternehmen mit Mühe daran zu
arbeiten (ohne doch deswegen es merken zu lassen) die Geselligkeit und Freundlichkeit unseres Hauses unter Deinem

heimlichen Schutzrecht gedeihen zu machen, und ich zweifle nicht daran daß es Dir möglich wäre, wenn Du recht woll-test. –

Sieh, das sind alles fromme Wünsche, und ich weiß kaum, ob die Momente, an die sie sich knüpfen, wirklich eintreten werden, und ob es möglich sein wird je auf einem solchen Parterre des Witzes und des Extraordinairen, einen freund-lich häuslichen Garten anzulegen, wo jeder gern sein möch-te. Ich habe nie Gemüter angetroffen, die so warm lieben, und zugleich sich schämen diese Liebe zu äußern. So trifft der Spott immer die Innigkeit, und ist keiner da, der sie auslacht, so lacht sie sich selber aus. – Übrigens weiß ich bei allem dem nicht, ob man damit übereingekommen ist, Dich nach Frank-furt zu nehmen; mein Wunsch wäre es beinah daß Du mehr in den gewöhnlichen Frankfurter Schlendrian kämst, damit Du das Auffallende in Deinem Betragen etwas unterdrück-test, denn durch dies Auffallende kannst Du leicht einstens noch viel Verdruß haben, nicht als wäre es deswegen schlecht an sich, nein, es ist nur hinderlich und steht oft und bei dem Weibe fast immer im Wege Gutes zu wirken.

Die Sitte kann keinem Menschen erlassen werden; sie ist eine Art Allerweltsprache, ohne die man nie verstanden wird; doch soll der Mensch in sie eben so wenig von Jugend auf hineingeleimt werden, als er ganz unfähig für sie werden darf. Aber schön ist, wenn sie der Mensch mit freiem Willen ergreift, sie durch die schöne Eigentümlichkeit seines Da-seins veredelt, und so allen Andern in dieser allgemeinen Sprache sich selbst liebenswürdig und verständlich macht. Jede gänzliche Verschließung des Menschen ist verderblich und hat etwas fürchterliches und unnatürliches, um so mehr, wenn sie nicht ganz freiwillig, sondern durch eine äußere schmerzliche Berührung mit der Welt hervorgebracht ist, die aus Unfähigkeit und Unbildung entstand; denn in dem Zu-sammenhang besteht die ganze Größe der Welt, und an ihr können wir uns allein stärken und bilden. Wer sich diesem Zusammenhang entzieht, muß ein großes reiches Leben zu-rückgelegt haben, das er nun ausbilden und verarbeiten will,

oder er muß sich von seinen Wunden heilen wollen, so kann
er zu entschuldigen sein, wenn er zurücktritt. Aber jener, der
durch Ungewohnheit und Ungeschicklichkeit im Umgang
mit Schmerz und Sehnsucht nach eben der Welt, der er sich
nicht anpassen kann, sich zurückzieht und auf sich selbst reduziert, der verdient bei allen übrigen Verdiensten doch von
dieser Seite für einen unvollkommnen ungeschickten Menschen gehalten zu werden, und wird mit Recht ausgelacht,
wenn er seiner Unbeholfenheit den Namen der Zu-
rückgezogenheit oder der Betrachtung geben will. So lange
liebe *Bettine,* als die Einsamkeit dir noch anklebt als Widerwillen gegen die Gesellschaft, mußt Du Dich nach den Menschen umsehen, und alle Mittel anwenden Dich von allen
Menschen geliebt zu machen.

Das Leben des Weibes ist fester und unbeweglicher als das
Leben des Mannes, das Weib berührt die Menschen näher
und muß Segen über ihre Umgebung verbreiten. Was
frommt es Dir, wenn dann und wann ein geflügelter Denker
an Dir vorübereilt, der Dich grüßt und weiter eilt, und Dir
die Sehnsucht unbefriedigter Liebe zurückläßt! Ich weiß
nicht, welches Bild schöner ist, ein Marienbild von einem
trefflichen Meister, das in einer kleinen Dorfkirche vergessen
hängt, aber vor dem fromme und unschuldige Menschen beten, oder eine herrliche Statue in den Händen von Barbaren,
die dann und wann von einem durchreisenden Kunstkenner
oder von einem reisenden Engländer bewundert wird. Jenes
wird nie verkannt und immer gewürdigt, dieses wird selten
erkannt und jeder Dünkel brüstet sich mit ihm. Ich wünsche
es daher herzlich liebe *Bettine,* daß Du auch verkehrtere Menschen und gewöhnliche durch deinen Umgang, durch eine
einfache, durchaus sittliche Erscheinung, die ohne aufzufal-
len alle die Rechte der Liebenswürdigkeit und Güte geltend
macht, erfreuen mögest. Du rettest dadurch mich von Vorwürfen, und machst daß Deine Liebe zum Schönen nie als
eine Zuflucht erscheint, sondern ein freies schönes Erheben,
das wie die Andacht und Religion, neben dem stillen häuslichen Leben steht. –

Arnim hat mir neulich viel geschrieben, er ist bis Mailand
herumgeirrt und hat viel gedichtet; sein ganzer erster Brief
ist über Dich, doch ohne Verliebtheit, mit freundlicher Achtung und Annäherung erfüllt. Wenn ich nach Frankfurt
5 komme lese ich ihn Dir vor; er ist jetzt in Genf und grüßt
Dich herzlich. – Sollte Dir übrigens der Vorschlag gemacht
werden nach Frankfurt zu kommen, so mache keine Einwendung, als höchstens daß Du gern Dein eignes Kämmerlein haben möchtest, denn die vielen anderweitigen Berüh-
10 rungen, denen du ausgesetzt bist, wenn Du die Wohnung
teilst mit *Gundel,* die ganz andere Gewohnheiten und Verkehr hat als ein so junges Mädchen wie Du sie haben kannst,
würde auf Deine fernere Bildung sehr verderblich wirken. –
Adieu liebstes Schwesterchen, sei vergnügt und fleißig und
15 fein.

Dein *Clemens.*

Düsseldorf.

An *Bettine.*

Bettine Du schreibst nicht! Das macht mich ängstlich um
20 Dich. Du bist seit vierzehn Tagen in Frankfurt; ich muß mir
das von andern schreiben lassen, es ist zum ersten Mal daß
ein Brief so lang ohne Antwort blieb; ich hatte Dir geschrieben aus ernsten Gründen und Dir ans Herz gelegt, was Dir
so notwendig, mir so wichtig und heilig ist. Was kann Dich
25 abhalten mir zu antworten? – Ich bin seit gestern hier aus
Jena wo ich mit meinem *Ritter* war, der auch Dir so gut ist,
dem Du nichts geantwortet hast auf seine liebevollen Zeilen.
Was ist das, daß Du verachtest, wenn ein so großes Gemüt
Dich freundlich begrüßt, daß Du diesen Gruß verschmähest!
30 ist es nicht, als wenn Du dem Sonnenschein, der sich über die
Dächer zu Dir hernieder stiehlt, um Deine Wohnung durch
seinen Besuch Dir freundlich zu machen, die Fenster ver-
hängtest. Ich schreib Dir heute nicht mehr, aber ich bitte
Dich, vernachlässige nicht Deinen treuen Bruder! Ich bitte
35 Dich schreib, Du glaubst nicht wie es mich manchmal packt
als könne diese reine Freude an Dir mir verdorben werden. –

Lieber *Clemens.*

Ich sitze hier schon eine halbe Stunde und besinne mich, – nicht was ich Dir schreiben soll, denn ich hab genug zu sagen, aber wo ich anfangen soll! Das geschieht mir nun schon so oft, als ich auf Beantwortung Deines letzten längeren Briefs denke. – Und sonst war das nicht so! – nie hab ich mich bedacht, es floß mir aus der Feder! – Deine Verweise kränkten mich nicht, wenn sie auch manchmal aus der Luft gegriffen waren, – und jetzt weiche ich dem aus Dir zu schreiben, alles dient mir zum Vorwand; ich geh zur *Günderode* ins Stift, ich bleibe länger bei ihr mit dem heimlichen Willen, daß es zu spät sein möge Dir heute zu schreiben, und so vergeht ein Tag nach dem andern; an jedem wache ich auf mit dem Gefühl einer Tagespflicht die ich gern hinter mir haben wollte, und zu untüchtig bin sie zu leisten. Also Du siehst wohl daß es nicht Leichtsinn war, hätte ich den nur dabei gehabt so wär mein Brief schon längst bei Dir angelangt. – Ich hab der *Günderode* davon gesagt und hab ihr (es mag Dir vielleicht nicht recht sein) Deinen Brief ganz vorgelesen. – Sie sagte der *Clemens* spielt in einer fremden Tonart in der Du nicht bewandert bist, in die Du auch nie hinein kommen wirst, es ist daher nur zweierlei zu tun, entweder Du antwortest ihm Punkt für Punkt wie wenn Du vor Gericht ständest, wo man ja auch aus dem innern Lebenskreis herausgeworfen wie ein Hund parieren muß. Oder Du überspringst alles was er rügt, was er frägt und empfiehlt, denn er wird doch wohl nicht mehr von der Stimmung dieses Briefs durchdrungen sein. Ich fand auch diesen letzten Rat vorzuziehen, allein wo ich hier am Schreibtisch sitze mit mir allein, (denn Dein Brief hat mich isoliert und ich weiß nichts in diesem Augenblick vom Spielplatz geschwisterlicher Liebe) also mit mir allein hier, in den Spiegel sehend über meinem Schreibplatz. – Da regt sich ein ungeheures Selbstgefühl! – *Clemens!* ich glaub wohl es gibt Menschen die sich lenken lassen von dem Geiste anderer, ich auch, sobald dieser Geist in dem meinen wiederhallt, sobald also er den meinen zur Übereinstimmung weckt. – Diesmal tut er das nicht, ich könnte diesem Brief wie der In-

quisition gegenüber stehen, die nie den Sinn von einem frei-
sinnigen Menschen erfassen kann als nur zu seinem Verderben! – Und – noch eine Frage: Soll ich Dich beschämen durch
meine Antwort? – Das wär schlimm, denn es bewiese Dir
daß es mit der Hingebung in Freundschaft und Liebe nichts
ist, daß alles Rufen und Berufen immer dem inneren Selbst
weichen müsse, daß alles was diesem inneren Selbst widerspricht von ihm mit Füßen getreten wird, und ich muß Dir
sagen lieber *Clemens,* daß ich ganz nach diesem göttlichen
Ebenbild des Selbstseins geschaffen bin. –

Nun lasse uns immer diese bittere Frucht anbeißen, denn
ich seh es geht doch nicht anders; und eher wird mir das Herz
nicht leicht Dir gegenüber.

Also erst der Eingang Deines Briefes der mir ein Streben
nach Klarheit und Ruhe unterlegt! – Nein *Clemens,* ich habe
kein mir bewußtes Streben der Art, das muß von selbst aus
dem Lebensquell hervorspringen. Eines Strebens bin ich mir
bewußt, weil sich alle meine Kräfte darin bewegen. Das ist
innere *Unantastbarkeit.* Du nennst das »die Kunst mit sich
selbst genug zu haben« – mir ist das keine Kunst, warum? –
weil ich alles mein nenne, weil alles mein ist, was ich anrede,
was mich erregt. – Sehnsucht hab ich nie gehabt, von Kindheit an nicht, ich könnte Dir aus dem Kloster darüber erzählen. Das Schöne hab ich lieb gewonnen, ich nahm es an wenn
man mir es schenkte, um gleich es wieder zu verschenken.
Nur in der Freiheit, in dem Fürsichbestehen gefällt mir das
Leben; und ich werde nie etwas an mich reißen. Ich werde
mich hinneigen, aber ich werde mich nicht gefangen geben.

Du denkst Dir also unsre Liebe zu einander als den
»Überfluß und die Fülle des künftigen Lebens? die uns zu der
Genüge desselben noch obendrein gegeben ist.« – Du
sprichst aus: »Gott werde mir hoffentlich zu einem lieben
Manne und Dir zu einer lieben Frau helfen.« Das sind Deine
Worte an mich! und das ist die Tonart in die ich durchaus
nicht übersetzen kann. Und – ich kann mich dabei auch gar
nicht aufhalten, die liebe Frau, der liebe Mann mögen sich
zusammen finden wo es ihnen deucht, ich will sie nicht ge-

nieren! mehr läßt sich von mir nicht herausbringen. – Jetzt gehst Du weiter in Deinen Vermahnungen, als ob die Philister Dich trunken gemacht hätten und sprichst vom Verdruß und von Abstumpfung gegen die Berührung mit Menschen. Ach das mag ich gar nicht noch einmal lesen, mir ist als müsse ich mit einem Mückenplättscher diese närrische Mücken von Dir alle totschlagen. – Nun sagst Du, daß Dir, der mich doch so gut kenne, meine Erscheinung in einzelnen Minuten auch nicht gefalle.

Ach wär es möglich, daß eine fremde Sprache eine andre fremde Sprache mit ihren Klängen und Wortarten so ganz decke, daß einer einen Roman in der einen schrieb, der andre in der Meinung es sei die andre Sprache in ihr diesen in der ersten geschriebnen Roman läse? – und kriegte da eine Geschichte heraus, von der keine Spur je geahnt oder gemeint war. So ists mit Dir, und ich muß Deine Hoffnungen alle niederschmettern, daß ich mich bemühen würde, *»allgemein liebenswürdig und geliebt zu werden.«* Du hast mich nicht in meiner Sprache gelesen; Du hast eine andre Natur herausgekriegt, die Dir nur *dann und wann* nicht gefällt, meistens aber doch. Wenn Du aber in der meinigen Sprache mich gefaßt hättest, so würde ich keinen Augenblick Dir gefallen, nein davon nicht, von andern Dingen wär die Rede. Ein Gewimmel von Mißverständnissen.

Nun lasse uns noch durch den Morast der *Trätscherei* waten, da ich hochgeschürzt bin und daher nicht fürchte mich zu beschmutzen. – Und doch kommt es mir sehr hart an daß ich hier Halt machen muß. – Was Deine Briefe anbelangt, so liegen sie alle mit Nummern bezeichnet in einem kleinen Schränkchen, das ich zur Not bei einer Feuersbrunst oder Überschwemmung unter den Arm nehmen könnte und damit das Weite suchen; ich geh an diesen Behälter nie, nur wenn ich einen neuen Ankömmling hineinsperre wie im Kloster, heraus kommt mit meinem Wissen keiner! – ja ich selbst lese sie nicht leicht wieder wie ich sonst wohl tat, denn eine zu große Masse von Gedanken durchströmt mich und führt mich wie ein gelichtetes Schiff auf die hohe See, die Heimat

hab ich im Herzen, aber ich kehr zu ihr nicht zurück, ich
lande unter fremden Himmelsstrichen. – So gehts mit Deinen Briefen, sie sind meine Heimat, in ihnen bin ich geboren,
aber die Heimat hab ich verlassen. So wenig ich die Türe
5 meiner Hütte öffnen kann hier im fernen Weltteil, so wenig
öffne ich diese Briefe die mir geliebt aber fern liegen. – Versteh mich! das heißt liebe mich darum!

Nun will ich Dir noch vom *Veilchen* erzählen, Du sagst von
ihr »sie mag ein gutes Geschöpf sein, zu der *ich* hinabsteige
10 mit meiner Vertraulichkeit!« – Wer bin ich denn daß ich mich
herablasse wenn ich mich zu einem *guten Geschöpf* vertraulich
wende? – Bin ich ein Engel? nun die fliegen ja den guten
Menschen nach und bewachen sie auf Schritt und Tritt, aber
ich glaube nicht daß ich ein Engel bin, ich glaub vielmehr daß
15 ich zu ihr hinansteige statt herab! – Sie ist diesen ganzen Sommer in Wiesbaden mit ihrem Großvater, sie weiß der alte
Mann muß sterben mit seiner Krankheit, er ist schon zwischen siebzig und achtzig Jahr, aber sie hat ihn hingeführt,
seine Enkel hat sie ausgetan bei befreundeten Juden für ein
20 Kostgeld so hoch sie es zu erschwingen vermag. Die Hoffnung daß die Bäder ihm nutzen, macht den alten Mann geduldig in seinen Schmerzen; so denkt sie ihn leise den Lebenspfad fortzugeleiten, so pflegt sie ihn! Er ist mein Großvater sagt sie, mein Vater war sein Liebling, er hat gar sehr
25 viel an ihm getan! – und so wischte sie sich den Schlaf aus den
Augen am Abend, denn sie war früh aufgestanden; – also da
las ich ihr als vor aus den Büchern die ich von Dir hatte, manches schöne Lied vom *Goethe* hat sie auswendig gelernt während dem Sticken, und ich fädelte ihr die Nadeln ein. Es wa-
30 ren die liebsten Zeiten mir. Als sie wegging hab ich ihr versprochen nach den Kindern zu sehen; und ich bin deswegen
mit ihr im Briefwechsel, so lasse ich ihr Stickmuster bei dem
Goldarbeiter *Fink* machen, wenn sie neue Aufträge hat, – ich
schicke ihr die Seide und das Gold und geb ihr meine An-
35 sicht, es ist mir immer das größte Plaisir wenn ein Auftrag
bei ihr einläuft, wobei meine Erfindung von ihr in Anspruch
genommen wird, mein liebstes ist Stahlflitter und Perlen,

und letzt haben wir eine grüne Sammet-Robe in solchen
Stahlguirlanden angeordnet mit einem Netz von goldnen
Raupen darüber, und das soll so wunderschön gewesen sein
schreibt sie, daß man nicht glaubt in Paris könne es besser
gemacht sein. – Meinst Du so was hätte keinen Reiz für
mich? Wohl freue ich mich über einen solchen Brief. Und wie
manche Stunde in der Nacht habe ich in Erfindungen ge-
schwelgt. Du siehst lieber *Clemens,* die Gegend ist anders als
Du sie gedacht hast, da ist kein Steg der hinab in die Gemeinheit führt. Wir befinden uns innerhalb der Grenzen des
einfachsten Verkehres, und Deine Furcht, daß Dein Umgang
mit mir ein Gassenhauer werde und daß man ihn belache und
sich darüber ärgere im Kote zu finden was mit so hohen Prätensionen auftrete ist dem inneren Wesen nach ungegründet.
– Du schreibst »in eine vertraute Freundschaft mit ihr zu geraten ist töricht.« – *Clemens* was wär es wenn ich auch dadurch mich abhalten ließ der *Veilchen* die kleinen Gefällig-
keiten zu erzeigen, weil Offenbacher Juden von mir sprechen? –

Mein Aufenthalt hier in Frankfurt dauert nun schon vierzehn Tage, Morgens früh wecke ich den *Franz* und laufe mit
ihm in die Gemüsgärten vor der Stadt. Das ist meine beste
Zeit. Da ich mit der *Gundel* in einem Zimmer wohne so ist
das Eckelchen worin ich mich bewege sehr klein, dafür hab
ich einen größeren Raum bei der *Günderode* im Stift, wo ich
Landkarten male von Alt-Griechenland. – Doch dort
kommt der alte Domherr *von Hohenfeld* hin und sieht auf
mich herab und gibt mir Anweisung, das ist mir unangenehm. – Ich hab früher mit dem Sonnenschein gern verkehrt,
jetzt ist mir lieber die Nacht wo ich auf den langen dunklen
Gängen spazieren gehe, und erwarte, daß ein Geist kommt
mit mir zu reden; mit dem *Dominikus* unterhalte ich mich
über die Republik der Herbstspinnen auf der Altan. Wohin
ich gehe ist der wie von einem allgemeinen Landregen aufge-
weichte Pfad der Langenweile, in dem man leicht mit dem
Schuh stecken bleibt und nicht weiter kann! – Doch sollte ich
mich nicht fassen können und meinen Geist auf die Weide

treiben, (Du nennst es Bildung meiner Seele ist mir ganz un-
verständlich!) »ich soll mein auffallend Betragen unterdrücken,« weiß nicht in was es besteht, – soll die »Sitte als
eine Allerweltsprache aus freier Anmut führen lernen,« wo
5 ist das Theater wo man diese Rolle spielt? –

Du hast es also gewünscht ich möchte Offenbach verlassen
um in einen höheren Kreis und Verkehr mit der Welt zu treten. – Lieber *Clemente,* in dem Offenbacher Kreis war die
Katz zu Haus, in diesem hier tanzen die Mäuse auf dem
10 Tisch! – Die Katze konnte ich verstehen und Lehre von ihr
annehmen, obschon ich oft dabei gähnen mußte. Das letzte
was ich ihr vorlas sind die »lettres de Madame de Sevigné«, es
hat ihr sehr leid getan daß sie meiner *Seelenbildung* nicht
konnte diese letzte Hand anlegen. Hier verstehe ich wohl
15 was sie meint. Diese an eine Tochter geschriebne Briefe sind
ein eleganter Tanz der Seele auf dem Tanzplatz der höheren
Welt wo alles ihrer Grazie bei jeder Wendung Beifall
klatscht. – Ich werde nie in die Verlegenheit kommen solche
Briefe schreiben zu müssen. –

20 Adieu *Clemens.* Ich werde auch unter den Mäusen keine
Gelegenheit haben mich geltend zu machen; es ist ein appart
Geschlecht, ich gehöre nicht dazu.

Ich hab einen recht garstigen Singlehrer, einen alten *Di-
stelbart!* pfui! wie mir der zuwider ist; wenn er fort ist mach
25 ich Fenster und Türen auf, damit die Atmosphäre seines
Dagewesenseins nicht im Zimmer eingeklemmt bleibe. –
Wenn Dir nächstens geschrieben wird daß ich über Schmerzen auf der Brust klage, so bedaure mich nicht, ich muß lügen
um des *Distelbarts* willen.

30 Adieu, ich gehe jetzt zur *Günderode* und lese ihr diesen
Brief vor, und konsultiere ob ich diesen widerbellerischen
Brief Dir schicken soll.

Clemens! – die *Günderode* hat gesagt, der Brief wär sehr gut
und ich soll Dir ihn schicken.

35   *Bettine.*

Düsseldorf.

Liebe *Bettine.*

Du wirst *Arnims* Brief für Dich und *Gundel* erhalten haben,
heute erhielt ich Dein liebes Schreiben und danke Dir herzlich. Ich hoffe von Dir einen Brief in Marburg zu finden,
wohin ich in wenig Tagen abreise, und begehre denn auch
sehnlich nach einem ordentlichen schriftlichen Verkehr mit
Dir. Dein heutiger Brief hat mir einen ganz eignen Eindruck
gemacht. Ich weiß nicht in wiefern sich Dein Gemüt verändert hat durch Deinen Aufenthalt in Frankfurt, daß Du so
ruhig in eine verneinende Position Dein ganzes Wesen übertragen hast. Ich kann mich nicht ohne Deine Treue im Leben
denken, und so habe ich leicht Furcht ich könne durch ein
unwillkürliches Verletzen Dich verscheuchen wie ein Reh,
dem einer nachging und es liebt doch mehr den Wald als alle
Liebe die man ihm bietet. – Und was ist es denn was ich in
meinem letzten Brief Dir aussprach? – Alles was ich von Deiner Liebe erwarte; ich erwarte in ihr die Liebe eines un-
verschrobenen reinen einfachen Gemütes. Wenn Du aller
Verschrobenheit entgegen arbeitest, ich glaube zum andern,
was ich *Bildung der Seele* nenne brauchst Du keine Mühe. Um
eines bitte ich Dich, lasse Dich nicht in die Basereien und
Flüstereien ein die dort in der Luft wehen, die als ewig lang-
weiliger Schweif schiefer Liebeleien das Interesse für unmittelbaren Geist durchkreuzen! Bleibe um Gotteswillen wie
Du warst. Sei jedermann höflich, aber *nie, nie* mit einem Menschen vertraulich, den Du nicht achtest. Ich weiß wie leicht
man durch das langweilige unordentliche Leben in der Gesellschaft zu niedrigen Gattungen der Unterhaltung seine
Zuflucht nimmt, da nichts Großes, nichts Edles in ihr unsre
Fähigkeiten anregt, sondern Klatscherei, Coquettieren, dummes Witzlen etc. worüber der Mensch nach und nach schlecht
wird. Und solltest Du mirs verdenken daß ich zärtlich um
Dich besorgt bin, und daß ich in dieser Besorgnis jeden
Schatten verfolge der sich in Deine Nähe wagt, von dem ich
nicht weiß, ob nicht ein falsches Licht diesen Schatten wirft,
da seit einem langen Monat Du nicht geschrieben hattest. Du

müßtest mir immer etwas zu sagen haben, *aber* Du vergißt
mich gewiß einmal ganz. Andre mögen mir wohl gut sein,
aber herzlich geliebt, scheint mir, war ich nur von Dir, bei
der ich keine Nebenbuhler hatte, deren Lehren Dir mehr gal-
5 ten als die meinen. Menschen die nie wünschen können was
ich wünsche, die waren nie Deine Freunde, und Du hast
mich bisher nicht in meinem Glauben geschwächt und mich
mit meinem Vertrauen noch nicht entzweit, wie mir schon
manche schmerzliche Erfahrung geworden. Liebe *Bettine,*
10 tue Dein möglichstes mir getreu zu bleiben, hebe das dunkle
schwankende in Deinem Vertrauen zu mir auf, lasse es klar
und fest werden, daß nie etwas zwischen uns treten könne,
selbst Deine Nachlässigkeit nicht. Außerdem bitt ich Dich
noch um eines: Ohne Dich öffentlich allzuhoch zu halten, so
15 halte Dich doch innerlich über jeden Preis. Der Edelstein,
der seinen Preis bestimmen kann, ist der Taxe immer noch
unterworfen. Sich so betragen, daß man den verdient den
man nicht lieben kann und den glücklich machen kann den
man liebt; das ist die Würde und die Höhe auf die sich die
20 Bildung der Seele schwingen soll, und das ist das ganze Geheimnis was Du vorgibst oder auch meinst nicht verstehen
zu dürfen. – O weiche mir nicht aus; – die Idee, daß ich Dich
jemals weniger schätzen dürfte, als ich bis jetzt zu meinem
Trost und meiner Lebensfreude immer noch getan, macht
25 mich sehr betrübt. O ich bitte Dich liebe *Bettine,* bringe es
dahin daß die Menschen und Du selbst Dich ehren. Wenn
auch jene Dich nicht verstehen, und Du selber Dich nicht
begreiflich machen kannst. – Den zweiten oder dritten Jän-
ner bin ich wieder in Marburg. Wenn es Dir und *Gundel*
30 Freude macht an *Arnim* zu schreiben, so erwarte ich Euern
Brief in Marburg zum Einschluß. – Hast Du nicht wieder das
ungezogne *Hannchen* oder *Hänschen* gesehen, *Mienchen* vergiß
um alles in der Welt willen nicht zu grüßen und zu küssen,
ich kann sie manchmal Tage lang nicht vor den Augen weg-
35 bringen, sie ist meine Opernheldin, nur noch viel lieber und
zärter, sie hat mich einmal dazu verführt daß ich diese Oper
schrieb, täglich läßt mir der Kapellmeister *Ritter* ihre Grazie

in den schönsten Melodieen erklingen, und oft muß ichs
selbst ihr sagen in Tönen; noch am Abend spät erfind ich mir
Melodieen zu meinen Versen, die *Ritter* mit freundlicher Anerkenntnis in die Oper aufnimmt, für mich klingt das alles
schön, ja hinreißend. Aber kann michs nicht auch bestechen,
die Lust sie doppelt zu besingen, mit der Melodie und den
Worten. –

Deine Verhältnisse mit dem Stickermädchen berühr ich
nicht ferner. – Es ist einmal traurig daß oft das einfachste
wenn es ungewöhnlich ist, eine Laufbahn der Gefahr wird,
aber ich kenne auch Deinen Eigensinn oder Heroismus, –
um Dich nicht zu beleidigen, – dem Trotz zu bieten wenn Du
etwas für Recht hältst, kenne ich.

Ich freue mich doch sehr auf den *Savigny,* da ich nun wieder
Proviant auf die langen Winterabende habe, ihm zu erzählen.
Wenn er auch wenig oder gar nichts antwortet, so hört er
doch mit einem Interesse zu, das entschädigt für die Antwort
die er einem schuldig bleibt. – Du glaubst nicht wie wenige
man findet in der Welt die ganz frei sind vom Schlechten und
Gemeinen, und wie ein Mann gleich *Savigny* ein wahres
Wunderwerk ist.

Ich will Dir noch eine Ballade hierher schreiben die ich
gestern gemacht habe, nur um dem *Arnim* ein Gedicht
schicken zu können, die Geschichte von *Gottschalk Overstoulz*
und der Maus und Bischof *Engelbrecht,* habe ich in der Köll-
nischen Chronik gelesen, es geschah im dreizehnten Jahrhundert, das andre ist hinzugedichtet, viel Gutes mag vielleicht nicht dran sein, aber es reimt sich doch, hat Anfang und
Ende und gefällt Dir vielleicht.

Von Köllen war ein Edelknecht
Um Botschaft ausgegangen,
Den Vater hielt ihm *Engelbrecht,*
Der Bischof hart gefangen.

Er ging gen Arle manchen Tag,
Er ging in schweren Sorgen,
Sein Liebchen ihm im Sinne lag,
Der hätt' er es verborgen.

> Gar traurig er am Brunnen lag,
> In Busch und grünen Hecken,
> Da hört er schallen Hufesschlag
> Und tät sich schnell verstecken.
>   Zum Brunnen ritt ein froher Mann,
> Sein Hütlein tät er schwenken,
> Ein andrer ging betrübt heran,
> Die Lanze tät er senken.
>   Und sprach zum frohen – Froher Mann,
> Was mag Dich so erfreuen –
> Laß ab zu trauren, hub der an,
> Gott will uns Trost verleihen.
>   Denn *Gottschalk* der getreue Mann,
> Geht frei aus seinen Banden,
> Durch Gottes Wunder er entrann
> Mit allen den Verbannten.
>   Er hatte eine kleine Maus
> Sich also zahm erzogen,
> Die lief da freundlich ein und aus,
> Und war dem Herrn gewogen.
>   Doch einst der kleine Freund entlief
> Und wollte nicht mehr kehren,
> Und wie Herr *Gottschalk* pfiff und rief,
> Das Mäuslein wollt nicht hören.
>   Da sprach betrübt der treue Mann,
> Ich muß Dich wieder haben,
> Und mit den Freunden er begann,
> Dem Mäuslein nachzugraben.
>   Und in der Erde eingescharrt
> Fand Meißel er und Feilen,
> Womit er ihre Bande hart
> Gar leichtlich konnte teilen.
>   Der andre sprach, mein Schwesterlein
> Das liegt gar hart gefangen,
> So hart, daß selbst das Mäuslein klein
> Nicht könnt zu ihr gelangen.
>   Des Schlosses Dach ist himmelblau,

Die Mauern grüne Wellen,
Die Graben rings sind Flur und Au,
Die Fenster Fluß und Quellen.
　　Der süße Knecht, die Liebe brach
In ihres Herzens Kammer,   5
Ihm folgten die Gesellen nach,
Der Schmerz und böse Jammer.
　　Die Hoffnung blies ihr Lämpchen aus,
Die Schmerzen sie bezwangen,
Und legte sie ins dunkle Haus   10
Wohl auf den Tod gefangen.
　　Am Fels wo wild der Rhein zerschellt,
Wo bös die Schiffe stranden,
Dort ewig sie gefangen hält
Der Schlund in kühlen Banden.   15
　　Ein Freund des Bischofs sie belog,
Herr *Hermann* sei erschlagen,
Der insgeheim gen Arle zog,
Den Vater zu erfragen.
　　Dann zäumten sie die Rosse auf,   20
Um von dem Quell zu scheiden,
Und gaben sich die Hand darauf,
Den Bischof zu bestreiten.
　　Und wie sie aus dem Walde schon,
Trat wieder an die Quelle,   25
Hermann des treuen *Gottschalks* Sohn,
Der traurige Geselle.
　　Er eilte an das Wasserschloß,
Wo bös die Schiffe stranden,
Und schrie, wer macht mich fessellos,   30
Wer sprenget mir die Banden.
　　Leb wohl, leb wohl, o Vater mein,
Leb wohl in großen Ehren,
Ich hab verloren das Mäuslein klein,
Es kann nicht wiederkehren.   35
　　Leb wohl, leb wohl, o Kerker mein,
Das Mäuslein ist verloren,

Das Schwert muß meine Feile sein,
Da tät er sich durchbohren.
    Und stürzt hinab ins kühle Haus,
Wo Liebchen liegt gefangen,
5   O Liebchen breit die Arme aus
Ihn herzlich zu empfangen.
    Ach läg' gefangen im kühlen Haus,
Die mich so hart betrogen,
Sie hätte, eh' dies Lied noch aus
10   Mich auch hinabgezogen.
    Grüße die *Gundel* und alles, wem es Spaß macht dem lese
mein Liedlein.

Clemens.

Marburg, am Mittwoch.

15 An *Bettine.*
Den Montag bin ich von Münster wieder zurückgekehrt.
Savigny ist mir dort begegnet und war freundlich; daß ich keinen Brief von Dir hier gefunden habe macht mich traurig,
oder läßt mich einsam in meiner Trauer. – Deinen Brief,
20 worin die Reise auf den Trages beschrieben, hab ich ihm lesen lassen; er hat aber keine Silbe gesprochen und die Zeitung nachher gleich weiter gelesen. Überhaupt spricht er nie
von Dir und hört ungern von Dir reden. Das ist vielleicht in
seiner Art und muß dich nicht verdrießen, Du hast die rich-
25 tigste Ansicht von ihm, und wenn Du nichts mehr von ihm
begehrst, werde ich nichts mehr an ihm vermissen, der keinen Menschen vermißt.
    Adieu, in höchstens vier Wochen bin ich bei Dir.

Clemens.

30 Lieber *Clemens.*
Es ist wohl wahr daß ich Dir lange nicht geschrieben habe,
denn mein letzter Brief, in dem ich wie ein ungebärdig Kind
mich allem wiederstemme, was Du mir vorhältst, der gilt

nichts. Aber diesmal, noch ehe ich Deinen langen Brief eröffnet hatte, nahm ich mir vor auf der Stelle zu antworten; so
hielt ich denn an mich, ließ mir erst eine Feder schneiden, mit
der ich gleich recht coulant schreiben wollte; und wie ich
schreibefertig war erbrach ich erst Deinen Brief, in dem ich
las, und noch einmal las und wieder las, daß Du in meinen
letzten Brief Dich nicht zurecht gefunden hast, und nicht
mehr weißt, ob meine Briefe ruhig und zufrieden oder kalt
und erschlafft sind; ob ich Dich noch eben so liebe wie sonst,
oder Dich ziemlich vergessen habe, da stockten meine Gedanken. –
    Ich habe zwar lange stillgeschwiegen gegen Dich, der
Grund aber war kein andrer, als weil die Antwort mir nicht
gleich einfallen wollte; ich bin nicht geübt mich zusammen zu
nehmen und zu suchen in meinem Herzen nach Antworten.
Auf Vorwürfe die Irrtum sind, auf Sorgen die mich nicht
grämen, auf Fragen von denen ich nichts weiß. Da denk ich
und will noch einmal denken, weil ich ja suchen muß nach
Antwort, und weil es ja nicht ist wie in Offenbach, wo ein
frischer Wind durch die Pappeln rauschte, alle Blätter zum
Flüstern und Plaudern brachte, auch meine Gedanken auf die
Flügel nahm und zu Dir hinflog! – Sieh das ist Schuld daß ich
weniger schrieb; der Offenbacher Luftzug, ach, der erhielt
mich so frisch! – Ach die Straßen waren mein! die so sauber
Morgens in der Frühsonne da lagen, und die roten dunkelroten Granithäuser mit Spiegelfenstern und grünen Gittern.
Ach jetzt erst vermiß ich alles! Wenn die liebe Domstraße
noch in gemächlichen Morgenträumen sich dehnte, und ich
mit den reinlichen Täubchen allein drin auf- und abspazierte;
sie waren mich so gewohnt, sie flogen nicht auf, wenn ich
kam! – und dann waren noch mehr kleine Hauptplaisir und
Schelmstreiche, die auf den ganzen Tag mich glücklich machten. Das war zum Beispiel, wenn ich ging auf Raub nach Rötel für meine Zeichnungen. In dem roten Granit, von dem
dort die Häuser gebaut sind, steckt solcher Rötel von verschiedenen Nuancen bis zum stärksten scharlachrot! den hab
ich in der frühsten Frühe, wo kein Mensch merkte daß ich die

Häuser demolierte, mir beim Herrn Nachbar herausgebohrt, und habe dann meiner Flora einen Kranz von Rosen aufgesetzt mit diesem gestohlnen Gut! – Vier Knaben in Rotstift mit Perücken in schwarzer Kreide spielen mit einem Bock in weißer venetianischer Kreide auf hellblauem Papier. – Die Gassenbuben, denen ich sie manchmal aus dem Fenster heraushielt, freute es unvergleichlich, und einer holte den andern herbei; manchmal waren ihrer fünf bis sechs, die baten, ich soll ihnen den Bock zeigen, sie haben mich bewundert. – Hier hat Fräulein *Leonardi* einen Homer gezeichnet! – er wird sehr geschätzt; ich werds nie dahin bringen einen Kopf zu zeichnen, der so viel Lob verdient und so wenig Neid, da er grade aussieht wie ein alter Schulmeister, der die Auszehrung hat, und deswegen sehr ärgerlich gestimmt ist. Die Gassenbuben würden vor ihm ausreißen, aber nicht ihn bewundern wie meinen Bock! – Ach die schmutzigen Straßen hier! wenn in Offenbach ein Platzregen kam, sahen da die Pflastersteine aus wie frisch gewaschne Gesichter, – hier muß man ein Paar Tage durch die Pfützen patschen! – aber was schadet das, wenn die Sonne, die dort sie schnell auftrocknete, nur hier Gelegenheit fänd irgend zu einem zu schleichen; so lang ich hier bin hat sie noch nicht einmal mir das Fenster auf die Dielen gemalt! – um solche Dinge muß ich Sehnsucht haben, als müsse ich aus der Haut fahren. – Ich gehe in die Karmeliterkirche, setze mich da in die Bank, wo das Kirchenfenster mit seinem Weinlaub sich auf den Boden malt; der Schatten des Laubes spielt mir auf dem Kleid, der Wind weht das Blatt herunter, so fällt Schatten mir vom Schoß, das amüsiert mich so träumerisch. – Die Zeit, die ich dort verliere, – nicht wahr, ich könnte sie nützlicher anwenden? Alles ist hölzern, was ich hier ernsthaftes beginne! ich hab nur Interesse an Dummheiten. – Ein innerer Drang, heraus aus der Frankfurter Eierschale, die ich durchpicken möchte; – In die Kirche gehe ich ins Hochamt gern. Der *Franz* sagt: Du bist ja recht fromm Mädchen! – Was zieht mich in die Kirche? – Der Weihrauch, es ist doch ein bißchen ein stolzer Geruch! – In den Straßen riecht es nach Schacher;

Sonntags sind die Läden geschlossen! Was steckt denn hinter
diesen eisernen Stäben und Gittern? – Schacher, Geld! – Was
machen die Leute mit dem Geld? – Ach! sie geben Dinees, sie
putzen sich und fahren mit zwei Bedienten hinten auf. – Gestern erzählt der *Dominikus* daß in Wien immer ein Bedienter ₅
von Heu ausgestopft ist, das riechen des Fiakers hungrige
Pferde; sie schieben dicht an den Staatswagen heran, der Fia-
ker schlummert, jeder Gaul packt ein Bein der Gallahosen,
und rupft das Heu heraus. Die Schenkel werden dünner, bis
nur die Hälfte des Heumannes noch am Wagen hängt; der ₁₀
Herr steigt ein, der andere Diener springt hinten auf neben
den Halbmann, dessen Eingeweide der Wind plündert. –
Aller Reichtum ist ein ausgestopfter Kerl mit dem man Parade macht, und die Lungerer sind die Hungerpferde, es ist
ihnen einerlei, ob der seine Eingeweide verliert, an dem sie ₁₅
sich sattfressen. –

Du merkst *Clemens,* daß ich wieder mit allerlei der Beantwortung deines Briefes ausweiche! – Mich hat zwar dies
lange Stillschweigen nicht irre gemacht, ich glaub noch fest,
daß ich Dir am nächsten bin. Dein Käfig voll Turteltauben, ₂₀
die Du am Rhein Dir eingefangen hast, die Dir im Kopf gir-
ren und gurren und (Bemerkung der *Günderode*) dazu noch
andere herbeilockst. Deiner Bruderliebe zapfst Du ein
Schöpchen Moral für mich ab. Ich lasse es stehen, denn ich
kann keinen Appetit mir dazu anschaffen, aber ich nehme es ₂₅
für genossen an. – Und da muß ich Dir doch wohl beweisen,
wie ich das Kleinod Deiner Liebe heilig halte über alle Moral
hinaus.

Und sage Du nicht, *aber Du vergißt mich gewiß einmal ganz*!
Dich vergesse ich nie, aber ich vergesse manches über Dich. – ₃₀
Deiner Sorgen, die mich ermüden würden, wollt ich nicht
augenblicklich sie vergessen; Deiner Moral vergeß ich, die
meiner Liebe Eintrag tun würde. –

Das Alltägliche Leben ist hier sehr zudringlich, wo nicè
bella nicè ingrata mich verfolgt durch die ganze Wüste, in ₃₅
welchem die Gemeinde der Gesellschaft sich versammelt; da
wars in Offenbach doch anders, wo ich jeden Tag im Erbrau-

sen der Symphonieen mich konnte verlieren. Die Abendstunden waren lieblich bei der Großmama, wo wir über alten
Büchern studierten, dort sind mir oft über Nacht die tiefsten
Gedanken eingefallen. Ich hab die höchsten Rollen durch-
gespielt, mich tief ins Leben hineingedacht, nicht bloß so
obenhin, und hab mehr in denen gewaltet und geschaffen in
meinem innern Sinn, als in allem Äußern. Ich dachte oft: auf
was freust Du Dich denn so sehr? – Es war, den Traum der
Einbildung von voriger Nacht fortzusetzen, wenn ich schlafen gehen werde. Meine großen Menschheitsprojekte, führte
ich da auf die Höhe des Weltmeeres. – In der Dunkelheit der
Nacht so allein, da wird das Tiefste was man will recht deutlich! – Wenn man durchführte was man in der Nacht bei
Mondschein halbschlummernd sich ausdenkt! – Was würde
dann noch als Traum können verworfen werden? – Ich tue
meine große Taten alle im Traum, das Morgenrot scheint mir
oft noch hinein, so nah drängt sich ihm das Tagsleben, und
ich springe auf meine Füße ganz voll Willenskraft, aber wo
soll ich doch das Leben anfassen? – Für Einen zu sorgen oder
Zwei, die mir grade in den Weg kommen, deucht Euch allen
Extravaganz! – Ihr verbietet mir mit einem armen Juden-
mädchen Umgang zu haben; und ich will Umgang haben mit
allem was zugleich mit mir auf dieser Welt lebt. Oder sind
dies etwa keine gerechten Ansprüche: daß ich bin; und der
Hülfe bedarf, die Du geben kannst. – Aber Sittlichkeit und
Anstand, das sind zwei dumme Wächter, die dem menschlichen Sein und Willen den Weg verwehren. Fordere nun
nicht mehr, ich soll Dir treu bleiben; ich bleibe Dir in allem
treu, was meine Natur nicht verleugnet, aber Deine närrische
Angst, ich soll *nie, nie* mit einem Menschen vertraulich werden, den ich nicht achte, während ich mit allen Menschen
vertraulich bin! und gar keinen Unterschied zu machen weiß,
als der sich von selbst macht! – Manchmal bist Du doch gar
zu blind über mich. – Ich kann die Menschen gar nicht von
einander unterscheiden, und soll doch mich nur an die halten,
die ich achte! – ich könnte zu dieser Achtung sehr leicht die
unrechten herausgreifen, was soll ich sie erst lange hin und

her wenden, zu dem bißchen Umgang, das doch nichts mehr
gilt, als eine Prise, welche die schnupfenden Leute sich bieten. Die *Günderode* und ich gehören einstweilen zusammen,
bei ihr ist der Ablagerungsplatz unserer Bemerkungen und
Witzeleien; das macht sich von selber. – Ich bitte Dich um
Gotteswillen, gebe doch auch Deine Stoßseufzer auf, um einen lieben Mann, den du mir herbeiwünschest, und an den
Du nur denkst, wenn Du präokkupiert bist, von einer andern
Liebe, als der brüderlichen, wo dann, wie natürlich, keine
Zeit zu dieser bleibt. Es ist Vorsorge, geliebter *Clemens,* aber
glaube, daß ich keiner Stütze im Leben bedarf und das ich
nicht das Opfer werden mag, von solchen närrischen Vor-
urteilen. Ich weiß, was ich bedarf! – ich bedarf, daß ich meine
Freiheit behalte. Zu was? – dazu, daß ich das ausrichte, und
vollende, was eine innere Stimme mir aufgibt zu tun. – Die
Liebe mein *Clemente,* die werde ich einfangen, wie den Duft
einer Blume, alles wird dem Geist zuströmen, der nicht mehr
sorgen wird, wie er sich soll zu verstehen geben; denn im
Allerinnersten ist es Tag bei mir, dagegen mir die Welt sehr
dunkel vorkommt, in der ihr glaubt Licht zu haben, und dies
Licht ist aber nur das, welches die Philister scheinen lassen;
ein garstiges, schmutziges Talglicht zum Nutzen und Besten
der Bärenhäuter, zu deren Nutzen immer das ganze Leben
berechnet ist. – So gehöre ich denn in einen andern Kreis der
Allgemeinheit, wo sich fassen möchten: Kinder, Helden,
Greise, Frühlingsgestalten, Liebende, Geister. – Warum
wähl ich mir diesen, weil die mich nicht fragen nach dem Irdischen, sie gehören zu mir! – Da glänzen die Wolken schon im
Abendrot. – Späte Rosen glühen schon in der Halb-
dämmerung! Nacht gib doch Kraft zur Unsterblichkeit.

Bettine.

Einen Gruß von *Gundel.*

An *Bettine.*
Ich habe einmal eine Geschichte gelesen, von zwei Liebenden, die mutterselig allein in einem Walde saßen, aus dem sie

nicht mehr heraus konnten. Diese Leute wandten alle Mittel auf, um der Langenweile zu entgehen, sie setzten sich einander gegenüber auf Bäume, und pfiffen, und schimpften, und machten sich Vorwürfe, hatten Ängste etc.; sollten in unsern letzten Briefen sich nicht einige Ähnlichkeiten mit diesen Verliebten finden lassen? – Ich zweifle kaum daran, und es hat also vermutlich nichts auf sich. – Zu meiner letzten ängstlichen Ermahnung an Dich, hat mir eine gewisse Undeutlichkeit eines Briefes über Dich Anlaß gegeben, die aber nur eine Undeutlichkeit ist. Laß Dir daher meine Besorgtheit als einen Beweis meiner Liebe, und nicht als einen Argwohn oder Beschuldigung gelten. Daß ich seit einer Zeit nicht mehr im Ton früherer Tage schreibe, fühl ich selbst deutlich, aber ich bereue es nicht. Alles Wesen hat auf Erden seinen Frühling, Sommer u. s. w.; wir spielen ganz natürlich mit den Kindern und werden ernster mit den Erwachsneren, denn wir fühlen, daß sie selbst zu leben beginnen, und wir haben nun kein Recht mehr, sie zu zerstreuen. Wenn einer ein Erzieher wäre, so tät er dies absichtlich, ist er ein bloßer Liebender, so tut er es ohne davon zu wissen, und so ist es bei mir der Fall; unser Verhältnis ist nun ernster zu einander, und weniger auf die bunte Phantasie gegründet, weil unser Verhältnis zum Leben ernster ist. Man wird zu leicht verführt, die andern Menschen zu vergessen, sobald man sich einem einzigen mit Bequemlichkeit ergeben kann, und man nennt es nur zu leicht ein liebendes Gemüt haben, wenn man ein einseitiges Gemüt hat; und wir sollen uns ja durchaus bilden, und alle unsere Flächen der Seele, mit der Welt in unschuldige, wohltätige Berührung bringen. Je einzelner und ausgezeichneter aber der einzelne Mensch ist dem wir uns allein hingeben, jemehr beschränken wir uns, jemehr bestehlen wir die andern Menschen um das Wohltätige was unsere Liebe für sie haben könnte, und wenn wir es beim Lichte betrachten, sind die Menschen nicht so verschieden als sie aussehen. Wir dürfen nur das Wesentliche vom Zufälligen in ihnen trennen und nur jenes lieben, so wird unsre Selbstliebe zur natürlichen schönen Liebe für die ganze Gattung; und richten wir dann

über uns einzelnen, wie wir über die ganze Gattung so gern
richten, so gehen wir der schönsten Bildung entgegen; wir
erheben uns zu Repräsentanten der reinen Menschheit, wir
werden, was wir für das Höchste, Schönste in der Produktion des Universums erkennen, wir werden Bilder der reinen   5
Menschheit, Ebenbilder Gottes. –

Je begehrender, je wünschevoller aber unser Herz ist, je
größere Pflicht liegt uns ob uns zu bilden, je rührender uns
die Liebe anderer zu empfinden und anzuschauen ist, jemehr
müssen wir das in uns für sie ausbilden, was uns mit ihnen   10
verbinden kann; denn der ist kein guter Mann, der gerne
wohltut und nichts zu erwerben sucht. Wir beide lieben einander herzlich um unserer selbst willen, das hat die Natur
durch die Ähnlichkeit unserer Gemüter so wohltätig in uns
vorbereitet, – es bliebe also bloß uns noch übrig, uns einan-   15
der zu lieben um aller andern halben! – Das ist schwerer,
denn hier setzen wir allgemein anzuerkennende Vortrefflichkeit in uns voraus: – laß uns bescheiden sein, und wir müssen
eingestehen, daß wir sehr weit von der Vortrefflichkeit entfernt sind, und hier trennen sich unsere Wege, nicht unsere   20
Herzen; denn wir müssen uns auf einige Zeit aus dem Gesichte verlieren, da du ein Weib bist und ich ein Mann, und
ein vortreffliches Weib etwas ganz anderes ist, als ein braver
Mann. –

Doch lasse das alles ungeschrieben sein, es gefällt mir   25
nicht, glaube mir, Deinem Herzen und Deiner Liebe. Damit
Du mein Vertrauen und meine Liebe erkennst, damit Du die
Menschen begreifst, die um Dich sind, damit Du etwas freudig fühlst, was auch mich innig erfreut hat, so sende ich Dir
einen Brief, der mir über Dich geschrieben ward, und der für   30
Dich und mich den Beweis enthält, daß ein vortreffliches
geistvolles Wesen den innigsten Anteil an uns nimmt, Dich
und mich liebt, – so schicke ich Dir die beiden Briefe, wovon
der erste meine Warnung an Dich veranlaßte. – Auf diesen
ersten Brief antwortete ich und beschwerte mich über die   35
Undeutlichkeit seines Inhalts in Hinsicht Deiner, und erhielt
hierauf die heutige schöne Antwort, die ganz Dein Herz und

Geist einnehmen muß. Ich bitte Dich aber, davon daß ich Dir
die Briefe mitteile, Dir nichts merken zu lassen, da diese
Leute Dir nicht vertrauen, wie ich es tue. – Nochmals bitte
ich Dich herzlich, ja sogar ernstlich, um Vermeidung aller
5   männlichen Gesellschaft, außer in Gegenwart von *Franz*
und *Toni.* Auch bitte ich um Fleiß, lieb Kind; sei wahr und
treu, ich liebe Dich unendlich.

Clemens.

Beiliegenden Brief besorge an *Minchen.*
10   Ich finde den ersten der beiden Briefe nicht gleich; ich
schicke also nur den zweiten, aber schweige und schicke ihn
zurück.

Clemens.
Sehr viel Ärger wird Dir alles machen, was ich eben im Be-
15   griff bin Dir zu schreiben. Ich spür schon, daß ich sehr alles
das sein werde, was Du im Ganzen ein ungezognes oder un-
gebärdiges Ding nennen kannst, wenn Du willst; – erstens,
da der zweite mir gesendete Brief, den Du wunderschön edel
nennst, nichts als Lüge über mich und von mir ist, so behalte
20   nur Deinen ersten ganz und gar für Dich, – denn es ist mir
gar nichts daran gelegen, dergleichen durchzustudieren! –
Und ich wollte doch lieber etwas anders tun, als dergleichen
Geschwätz nur zu berücksichtigen an Deiner Stelle, ob dies
oder jenes ist oder war. Ich sage Dir feierlichst, warte bis ich
25   irgend eine Explosion gemacht habe; dann schreie: *hätte ich
mir das gedacht*! – obschon auch dies nach geschehener Tat
nichts helfen kann! – aber dann hat doch Dein Nachseufzer
einen Grundton, und kann daher schon eine Melodie aus sich
entwickeln. – Du hast mich nach Frankfurt promoviert –
30   jetzt, wo ich da bin, läufst Du wie eine Glucke am Ufer, wo
das Entchen schwimmt und glucksest Dich ganz müde vor
Angst. Aber ich schwimme gar auf keinem gefährlichen Element, es ist lauter Einbildung von Dir!
Deine Illusionen hüpfen wie die Heuschrecken in Deinem

Brief herum; ich weiß nicht welche ich zuerst erwischen soll. – Die aller ledernste Heuschrecke ist mir die, wo Du mich mit Gewalt willst auf den großen Unterschied hinweisen zwischen einem *vortrefflichen Weib,* und einem braven Manne. Mögen sich diese zwei beiden zusammen finden auf irgend einem glücklichen Stern, nur das einzige bitte ich mir aus, daß Du es mir nicht zu wissen tust; und ein für allemal will ich von diesem Heiligtum gänzlich ausgeschlossen sein! – Und zweitens – Deine Warnung vor aller männlichen Gesellschaft! Die *Günderode* sagt zu mir, sie *kenne keine männliche Gesellschaft, außer die meine.* Ich lieber *Clemens,* kenne auch keinen männlichen Umgang, als den mit den Hopfenstecken, die mir die Milchfrau besorgt hat für den kommenden Frühling, sie sind die derbsten unter meinen Bekannten, auch gehe ich zwar mit ihnen um, aber nicht zart; ich schneidle dran zu recht kleine Rinnen, an denen die Bindfäden hin und her sich flechten. – Manchmal hab ich die ganze Stube voll Hobelspäne und Schwielen in der Hand. Die nicè ingrata, obschon sie Dein Universitätsfreund ist, und nachdem Du ihr den Doktorschmaus bezahlt hattest, mit Deinen besten Kleidern durchging, hat zwar einen Bart, und möchte vielleicht auch für einen Mann gehalten sein; aber sie sieht in den Spiegel und singt nicè bella, und wer zweifelt, daß sie eine Nicè ist. Gerne fliehe ich sie, so weit der Schall ihrer Stimme trägt. *Clemens,* vor Ärger kann ich das Schöne in Deinen Briefen nicht würdigen, ich will im ursprünglichsten Geist mit Dir eins sein, aber mich faßt eine Ungeduld, Deine Belehrungen zu überspringen; – es ist ein wahrer Schiffbruch mit der Moral, sie ist wie ein Uhrwerk, an dem die Kette gesprengt ist, sie rasselt sich aus und auf einmal steht die Uhr still, und so tot sind mir diese Werke der Belehrung! ich laufe zur *Günderode,* sie liest mit mir Deinen Brief; wir sind beide drüber hinaus, wir zanken einander, wir lachen einander aus, wir kommen auf keinen grünen Zweig! – Gestern gingen wir bei schönem Frost um die Tore, *Günderödchen* und ich – es war schon dämmerig und die Allee ganz leer; ich war aufs Glacis gesprungen und wollte das Kunststück machen, von einem

Tor zum andern zu kommen, ohne herab zu fallen, da trat der
Mond hervor und ein leiser Wind machte ihm durch die Wol-
ken Bahn, da sprang ich wieder herab, und zog es vor mit der
Günderode einen sanften philosophischen Schritt zu halten.

5   Adieu! – Noch einmal! Dein mitgeteilter Brief ist voll Unkraut der Lüge.

Bettine.

St. Clair ist hier, – erste *männliche* Unterhaltung in der Ecke
des Fensters, – ich könne eine Jeanne d'Arc sein, in mir läge
10   Stoff zur Heldennatur, die Auriflamme zu ergreifen, für die
Erhaltung der Freiheit und Menschheitsrechte. Diese Unterhaltung hat mir geschmeichelt, – ich liebe Kriegestaten! –
Kühn! Entschieden! – das sind Eigenschaften, die ich in meiner Seele ausbilden möchte, – aber der Sklavenmarkt der
15   Gesellschaft ist dazu nicht. – Wohin fliehen! – überall triffst
Du auf einen Boden, der der Saat der Drachenzähne nicht
günstig ist.

An *Bettine.*
Meine liebe Schwester, Dein letzter Brief hat mir einen recht
20   traurigen Tag gemacht, weil ich so etwas nicht erwartete.
Der Brief, den ich Dir anvertraute, ist einer der liebevollsten
Briefe, deren ich mich erfreute, Du erklärst ihn für eine offenbare Lüge! *Wer so lügen kann,* liebe *Bettine,* der ist sehr geistvoll, und sehr liebenswürdig, ich hab diesen Brief nochmals
25   gelesen, und mich trotz Deiner Beschuldigung wieder von
ihm hingerissen gefühlt; – und wenn Du seinen Inhalt eben
so verstehst, wenn ich ihn nicht unrecht erkläre, so sind
unsre Meinungen verschieden. Übrigens will ich Dir nicht
Unrecht geben, da du wissen mußt, was Du schreibst; nur
30   mußt Du mir erlauben, mich für Dein Recht *hierin* nicht zu
interessieren. Ich sage nur so viel noch von jenem Brief, was
ihn mir durch und durch unschuldig macht: erstens fängt er
damit an sich selbst zu beschuldigen, dann erzählt er eine
Abfahrt zum Ball, die wohl nicht wahr sein muß, weil Du

mir von ihr gar nichts geschrieben hast. Ein Ball, *wo Dich die Leute alle ansahen, und Du allen auffällst,* ist ja auch nichts merkwürdiges in Deinem Leben. – Sonst enthält er nichts als innige Rührung über Deine Liebe zu *Franz* und zu den Kindern, ja er tadelt sogar *Franzens* Neckerei und erkennt wie Du Dich schön dabei beträgst. Was von Deinem Gemüt darin gesagt ist, das ist nach meiner Kenntnis Deiner, nicht nur wahr, sondern sogar geistvoll dargestellt. Über den ganzen Brief ist Innigkeit, Begierde nach der Liebe eines würdigen Wesens, und nach schöner Eintracht verbreitet.

Jetzt will ich aus dem Briefe das ausziehen, was allein gelogen sein kann, weil es allein Tatsache ist, weil der übrige Teil nur die Empfindung des Schreibers darstellt. – Erstens: *Bettine war schön!* das ist nun freilich gelogen und muß Dich ärgern; *sie sprach viel auch wohl in den Tag hinein!* das halte ich nicht ganz für gelogen, da ich es sehr oft bei ähnlichen Gelegenheiten mit einer unangenehmen Empfindung an Dir bemerkt habe. Ich weiß wie leicht Du in unendliche Lebhaftigkeit übergehst, und um so auffallender aus einer traurigen Stummheit hervor. – Das Unschuldige darin kenne ich auch, aber das kennen nicht alle Menschen, nicht dieser oder jener, der gegenwärtig ist und dem Du dadurch frei oder töricht oder coquett vorkömmst. –

Ob und wann ihr vor oder nach der Ankunft von Leuten retiriertet, ein Umstand, dem Du mit Unrecht einige Widerlegung widmest, ist ganz uninteressant. Genug daß ihr euch zurückzieht, da ihr wißt, daß *Franz,* dem wir nur seine Vortrefflichkeit danken können, euch gern sieht, er der mehr wert ist, als wir alle, hat die Paar Freistunden, nicht die Freude der Geselligkeit, er liebt uns so innig, und wir dankens ihm nicht. Ihr, die bei ihm wohnt, solltet ihm noch treuer anhängen, und er klagt so bescheiden über das, was er Dir befehlen könnte, daß Du nicht herunterzubringen bist. – Du mußt viel von *Gundel* zu lernen, mit ihr auszutauschen haben, da Du selbst die Paar Minuten dem *Franz* nicht gönnen kannst. – Ich habe immer gefunden, daß mit mir zusammen Du nicht viel zu erzählen hattest, da wir keine große

Abenteuer haben, warum mußt Du nun der Familie die
Abendstunden rauben, um sie wieder da zu verbringen, wo
man auch Dich nicht wünscht, und wo Du beschwerlich
fällst, was Du aus folgendem Brief ersehen kannst, in dem
dargelegt ist, daß *Gundel* ihren ganzen Tag opfert, Dich an-
zuregen, daß Du Deine Schuldigkeit tust (ich hoffte, Du würdest sie von selbst tun). Ich finde es daher sehr indiskret von
Dir, ihr diese Stunden, in denen sie allein sein möchte, auch
noch zu stehlen.

Wenn ich in Frankfurt bin, so lese ich oft Abends vor; Alle
hören mir gern zu und sind zufrieden mit diesen Stunden,
warum kannst Du das nicht auch? – Ich verlange nicht von
Dir daß Du dem einen in der Familie mehr anhängst, wie
dem andern; man soll keinem Menschen anhängen, insofern
er Partei macht! In Deinem Wesen sollte sich vielmehr jede
zufällige Trennung vereinigen, jedes Mißverständnis lösen.
Im Wesentlichen hat nach meiner Ansicht einer so wenig mit
Dir gemein, als der andre; und Du sollst Dir selbst vertrauen, und dem was Dein Herz am liebsten beschäftigt. –
Erinnere Dich daß man Dir sagte, Du würdest Dich an mir
betrogen finden, und daß man Dir Dein Vertrauen zu mir
vorwarf. – Du äusserst oft Ausdrücke von Charakterstärke;
diese sind zum wenigsten, wenn Du sie auch noch nicht erprobt hast, doch ein Beweis daß Du auf diese Eigenschaften
den höchsten Wert legst; ich hoffe daher daß Du nichts zwischen unsere Liebe kommen läßt, was sie erkälten könnte.
Wie der Hunger der beste Koch ist, so ist auch die Langeweile der beste Kuppler. – Ich bin nicht vortrefflich, es sind
daher nicht meine Verdienste, die mich Dir interessant erhalten können, oder das neue Überraschende in mir, es ist
Deine Treue, wenn die nicht zur Lüge in Dir soll werden,
wodurch alles in Dir zur Lüge werden müßte, was wir in diesen Jahren mit einander erlebt haben an guten und bösen
Stunden, so kann der nächste Wind dies Band, das dann nur
ein Strohband ist zerpflücken und es als Spreu in die Lüfte
zerstreuen. –

Wenn Du, wie ich hoffte, jene Erkenntnisse, die ich Dir

immer gepriesen, wirklich liebtest, wenn Du Dich dem eigentlichen Wesen der Kunst und Poesie hingeben wolltest, so würdest Du Ruhe, Friede und Glück genießen, ohne Dich den andern zu entziehen; Du würdest als wahr empfinden, was ich Dich immer gelehrt habe, *daß nur der Mensch kann ge-* 5 *liebt werden, insofern er ein wahrer und reiner Spiegel des Ewigen und Göttlichen wird.* – Und Du würdest selbst Deiner Liebe zu mir ihren Wert und ihr Gesetz geben können, insofern ich jener Voraussetzung entspreche. Ich habe Dir nie das Einzelne geraten. Ich habe Dir immer das Ganze zu zeichnen gesucht, 10 wie ich es begriff; – um Deiner Persönlichkeit keine Gewalt anzutun. Ehre Deine Persönlichkeit und bilde sie zum Schönen für Alle, dann wirst Du glücklich sein; werde nicht zur Törin, wie die Andern, bilde Dir nichts ein! *Arnim* läßt Euch grüßen; er schrieb mir von Genua, Nizza und Paris. – Mein 15 Lustspiel wird jetzt zugleich mit einem Buch von *Arnim* in Göttingen bei *Diedrich* gedruckt.

Schreibe Deinem Clemens.

Grüße die *Günderode,* sage daß ich schreiben würde, aber ihre Antworten sind nicht auffordernd, nicht erschließend, son- 20 dern vielmehr abschließend. Weiß Gott, warum wir alle aus dem Paradies des Vertrauens herausgeworfen sind und keiner findet irgend einen Schleichweg dahin zurück. –

An *Clemens.*
Die Weck- und Schreckposaune! ist aber nichts destoweniger 25 das Kämpfende. Achtes Kapitel sechster Vers: *Jakob* hatte lange mit dem ihm unbekannten Manne gerungen; alle seine Kräfte angewandt und noch nicht genug, ob ihm gleich das Gelenk seiner Hüfte verrenkt war; daher sagte jener: »Laß mich gehen, denn die Röte des Morgens bricht an.« Aber 30 *Jakob* antwortete: ich laß dich nicht; es sei denn, Du segnest mich.

Er will den Segen, der den Segen in Armen hat! – Er hält den der ihn und alles hält.

Dein Brief ist so voll sorgender Liebe zu mir und doch so ohne Zutrauen daß ich eigentlich nicht weiß, ob ich mich freuen soll oder nicht. Wie kannst Du glauben daß ich witzig und coquett werde, um Deine Liebe zu verspielen; ich werde alles tun, um sie unberührt zu behalten; ich will einfach bleiben und gut. – Ich will auch auf den vergangenen Streit nicht zurück kommen und nichts entscheiden über Recht oder Unrecht. Nur allgemeine Bemerkungen lasse mich hier oben ansetzen; nämlich:

Erstens: Empfindung ist grade gelogen und Tatsache wahr.

Zweitens: Wer klagt ist nicht unschuldig!

Drittens: Einen Ball, wo die Leute mich ansehen, wie die Kuh das neue Scheuertor, ist mir gar nicht wichtig von ihm zu erzählen.

Viertens: Man kann mich loben, aber auch lügen.

Fünftens: Die unendliche Lebhaftigkeit, zu der ich oft plötzlich aus einer traurigen Stummheit übergehe, und die Dir oft unangenehm aufgefallen ist, hat sich auf jenem Ball nicht ergossen! – Soll ich Dir sagen, wie es mir ergangen ist an jenem Abend? – Als wir eintraten in den Saal, da stand ein ganzer Trupp langer, dünner, kurzer, dicker, breiter, alle schwarz gekleideter Tanzherrn in der Mitte, die so viel Raum zum Tanz ließen zwischen sich und den Wänden an denen die jungen Mädchen zwischen Mama's aufgereiht waren, wie allerlei Marktfrüchte, worunter Schoten, Rüben und Zwiebeln nicht die wenigsten waren, hier und da ein angenehmer Blumenkohl, nur selten ein Borsdorfer Apfel, worunter ich zu zählen; jetzt holten die Herrn diese Rübchen, Zwiebelchen und Schoten-Bouquettchen zum Tanz. Alle hatten Uhrketten mit allerlei Berlocken, manche zwei aus der Tasche hängen; diese Berlocken machten ein Glockenspiel wie eine Herde. Ich saß da dicht am Musikantenbalkon und vertrieb mir die Zeit mit beiden Händen meine Ohren zuzuhalten, um nichts von der Musik zu hören; dabei sah ich mir die Menschen an, die da herumhüpften, und hatte die Empfindung, als ob sie alle toll seien und endlich mußte ich lachen, ich ließ

die Hände los, da brauste mir der Walzer seinen vollen Strom
ins Gehör! – dann machte ich ein zweites Experiment; ich
klappte die Ohren auf und dann wieder zu, so kam ich stückweis zu einer ganz apparten Musik, die ich mir aneinander-
flickte, wie eine Harlequinjacke! – so vertrieb ich mir die
Zeit. Endlich kam *Grunelius* der lange, und tanzte einen Walzer mit mir, ich aber nicht mit ihm, denn er hielt mich schwebend und ich kam nicht dazu eine Fußspitze auf die Erde zu
setzen. Zu diesem Kunststück mit mir, wie mit einer Por-
zellanurne herumzutanzen, brauchte er alle Kneifgewalt seiner langen Finger, die er wie Krallen in mich einschlug; denn
wär ich heruntergefallen, so konnte ich den Hals brechen; da
hätte man ihm vielleicht Vorwürfe machen können. Wer war
froher als ich, da ich wieder an meinem Platz war; nun schob
ich mich ganz unter den Balkon, hinter einen Haufen Shawls
und Flöre; ich lehnte mich in ein Eckchen und hatte ein hei-
matliches Gefühl, noch ein Weilchen konnte ich mit Mühe
mich wach erhalten, aber wie es kam daß ich dem Drang zu
schlafen nachgab, weiß ich nicht zu sagen, genug der Kampf
war kurz, der Schlaf siegte, aber als edler Feind, denn nie hab
ich süßer geschlafen, die Musik war wie Goldfrüchte, die ein
duftender Wind von den Zweigen löste, da oben auf dem
Berg und mir alle in den Schoß rollten; alle die Lichter waren
Sterne am Himmel. Auf einmal erwache ich zu meinem Erstaunen da zu sein, wo ich bin; statt dem Berg mit Orangenbäume besetzt, lauter närrische Gesichter, die im Schweiß ihres Angesichts Baßgeige und Fidel streichen oder mit aufge-
blasenen Backen trompeten! – statt dem klaren Nachthimmel mit Sternen, Staubwolken, die sich mit der Erleuchtung
um den ersten Platz streiten. – Eine Pause tritt ein, toute la
masse des mâchoires en mouvement, mehrere Erfrischungen
zu verkauen. Es machte diese Bewegung, die immer zwischen den Kinnladen und den Schläfen korrespondierte, einen so fatalen Eindruck auf mich daß mir schwindelte, und
ich fühlte daß ich eine Art mal au coeur bekam! – Ach *Clemens*
kann man so physisch unglücklich werden, wie ich in diesem
Augenblick war? – Ach hätte ich doch in jenem Augenblick

in Offenbach in unserm Hof können meinen Kopf unter die
Pumpe halten, wo ich mir schon manchmal ähnliches Weh
vertrieb, wenn mich ein Ekel überkam über irgend etwas,
das mir unerträglich war. – Ach Gott! – Ach lieber Gott, Du
5 hast so viele geflügelte Boten, schick mir doch einen, der
mich hier wegträgt auf mein Kopfkissen in die Sandgasse, –
Das war mein inneres Stoßgebet, ich wagte nicht den Kopf
umzudrehen und nach dem Engel umzuschauen aus Furcht
vor dem Schwindel. – Da steht plötzlich der *Franz Chameau*
10 vor mir, ob ich den Kehraus wolle tanzen? – Da ich als vierjähriges Kind oft mit ihm gespielt hatte, wo wir uns oft
einander den Wall herunter gestoßen hatten, so machte ich
diesmal keine Komplimente mit ihm und sagte: *ach gehen Sie
Esel und machen Sie mir nicht schwindlich mit Ihren Uhrketten.*
15 Diese Worte können höchstens das gewesen sein, was ich *in
den Tag hinein geredet soll haben;* mehr ist mir nicht bewußt den
ganzen Ball hindurch gesprochen zu haben, den ich noch
verwünsche! – ich muß fort, ich muß wieder nach Offenbach, in die dunkle reine Nachtluft dort meine Seufzer ver-
20 hauchen. Die weißen Wände meines Stübchens mit den
gelben Streifen, die Diele von Holz, der grau angestrichene
Tisch und Schrank! – ach ich sehne mich dahin! – ach ich
kann die Teppiche nicht leiden! die rotseidenen Vorhänge
rauschen mich noch ganz krank – und ich kann jetzt
25 nicht fortschreiben weil ich ganz übel bin, bloß von der Erinnerung. –

Lieber *Clemens,* seit zwei Tagen liegt der angefangene
Brief da, und ich mochte nicht wieder dran gehen aus Furcht
vor dem Schwindel, lasse uns über die anderen Punkte jenes
30 Briefes schweigen, aus Furcht vor diesem Schwindel! – ich
weiß Dir ja auch was Besseres zu sagen, jetzt kommt der
Frühling bald denn in Erwartung des März, hab ich keinen
Respekt mehr vor dem Winter, und meine Sehnsucht, die
grüne Saat bald herauskommen zu sehen stellt ihn mir auch
35 näher, ach ja gewiß, der Frühling ist ein Knabe aus weiter
Ferne, in so reiner klarer Luft kommt er herangezogen, daß
man ihn schon von sehr weit her sehen kann. Heute habe ich

einen Brief von Dir wieder gelesen, den Du mir im letzten
Frühling schriebst, er ist so schön; wenn ich die Zeit mir ihm
so entgegen eilend denke, wie die Felder und Wiesen dann
auch bei euch grün werden, und dann fangen die Obstbäume
an zu blühen und der Himmel wird ganz blau! vielleicht 5
schreibst Du mir dann auch einen blühenden Brief wieder,
wenn die Sonne auf Deinen Schreibtisch scheint. Ich habe
dann zwar noch eine Beschäftigung mehr, denn die Altan
wird ganz mit Bohnen und Hopfen bepflanzt. – Das wird ein
grünendes Zelt, das ganze Haus wird lustiger aussehen. Die 10
Stangen hab ich mit dem *Dominicus* schon geordnet; – Kasten
haben wir mit guter Erde gefüllt, da sollen die Son-
nenblumen zu einer erstaunlichen Höhe drin wachsen; auf
die Mauer kommen erstens ein Aurikelflor, zweitens Ranunkeln – meine liebsten Blumen! – wenn diese sind abge- 15
blüht, dann kommen die Grasblumen! Nein diese sind mir
die liebsten! – In die Mitte mache ich einen Sitz, auf beiden
Seiten kommen meine zwei große weiße Rosensträuche
hin, die der Gärtner in Offenbach mir überwintert, und den
Granatbaum, und den Feigenbaum, unter dessen Schatten 20
man ganz gedeckt ist! – Adieu lieber *Clemens*! ich bin und
bleibe wie ich war, Du tätest mir das größte Unrecht, wenn
Du nur vermuten könntest daß ich anders werde. – Ach
ich kann ja meine Seele nicht abwerfen wie ein schlechtes
Gewand! – 25

Bettine.

Lieber *Clemens.*
Eben ist mein Brief fort, und da kommt *George* mit einem
nachträglichen Anliegen an Dich. Am 19. März ist dem *Clausner* sein Geburtstag; *George* will daß wir ihm etwas vorzau- 30
bern, um sein langes Alleinsein ein bißchen mit vergnügten
Augenblicken zu unterbrechen, er meint, Du würdest gewiß
etwas Schönes erdenken! – wo wir alle mitwirken könnten. –
Was könnten wir machen *Clemens,* besinne Dich, in der
Übereilung fällt mir gar nichts ein: vielleicht ein Schatten- 35

spiel in der Tür vom Saal angebracht, das gibt ein Familien-
plaisir, wenn wir am Abend alle beisammen sind und die
Dekorationen malen und die Figuren dazu; und mach fort,
schüttels aus dem Ärmel! –

5 An *Bettine.*
Ich kann Dir nur ein paar Worte schreiben, da die Post spät
ankam. Dein Brief hat mich recht gerührt, schreib mir doch
ausführlicher und hüte Dich vor aller Überreizung. Du hättest eine Ohnmacht gehabt, schreibt mir die *Toni,* und an die
10 Wand Dich gestoßen und ein tiefes Loch dicht unter dem
Aug! –
Ich fühl es an meinem Aug, so sehr leid tut mirs! So sind
wir denn wieder recht einig; ach Gott ich bin doch so ängstlich! – Sei doch nur recht vergnügt, so wirst Du gewiß nicht
15 mehr solche Anfälle haben! Ich habe Dich gekränkt zwei
Wochen lang mit dummen Briefen, und dann kamst Du auf
den Ball und warst im Herzen nicht freudig dazu, da war Dir
die ganze Welt ein Ekel, da mußte Dir wohl wüste im Kopfe
werden! – Warum muß ich denn allein nur so dumm sein,
20 hätte ein Anderer so von Dir gedacht, ich hätte ihm den
Kopf zurecht gesetzt, und hätte Dich geschützt gegen jeden
Vorwurf! – Ach ich bitte Dich, sei glücklich. Ostern komme
ich nach Frankfurt da wollen wir uns recht ausschwätzen.
Grüße die *Gundel,* sage ihr mein Mitleid mit ihrem Un-
25 wohlsein, wie auch daß ich einen großen Brief von der *Mereau* habe und daß zwischen uns ein artiger Briefwechsel, eine
Art Präliminair-Friedensartikel sich zu erheben scheint. –
Grüße die *Toni,* aber Dein Aug, Dein Aug! das scharfe Eisen
was so dicht daran Dich verwundete, leidet doch Dein Aug
30 nicht; ich fühle wie ich Dich liebe voll Angst! tut es denn
noch sehr weh? – und eine Ohnmacht, gut daß ich nicht dabei
war. Ich bitte halte Dich gut! ergib Dich keiner Betrübtheit,
wenn es vielleicht eine böse Narbe wird! Wenns doch erst
besser Wetter wär, so könntest Du doch die frische Luft ge-
35 nießen, sie ist Dir sehr notwendig, sie ist Dein Element. – Du

mußt alles Traurige vermeiden! – es könnte Dir schädlich
sein.

Lebe wohl lieber Engel.

Clemens.

Liebe *Bettine.*
Ich erhalte Deinen kleinen Brief wieder zu spät, um viel zu
schreiben, grad noch fünf Minuten. Kannst Dus mir genauer
noch beschreiben das Geburtsfest betreffend! Illumination? –
Ölgetränkt? – wohin? – wie groß? so will ich euch viele Ideen
angeben, wenn Du mir umgehend bestimmter schreibst und
ihr noch nichts angefangen habt; – so kann ich euch bis zum
19. noch ein kleines Lustspiel dichten für die Schatten-
personnagen. Braucht ihr etwa auch Verse? Schreibe bestimmt darüber.

Clemens.

Liebe Bettine.
Euer Fest auf *Klaudinens* Geburtstag liegt mir so am Herzen,
daß ich wünschte ihr möchtet etwas recht Schönes und Edles
vorstellen, das euch Ehre machte, Du weißt, wie oft auch das
Ölgetränkte, wenn es noch so gut angelegt war, verunglückt. – Ich habe daher nachgedacht und etwas ziemlich artiges erfunden, was sich auch gut ausführen läßt und bis auf
ein Härchen paßt. Das Ganze ist ein kleines Drama in einer
Szene, das ich euch schreiben will, und das ihr, wenn ihr mir
augenblicklich schreibt, ob ihr meinen Vorschlag folgen
wollt, schon den nächsten Mittwoch haben sollt. Ich will es
euch hier näher beschreiben: Einige Mädchen haben eine
Freundin, die sie sehr lieben und deren Geburtstag sie feiern
wollen; sie wissen aber nicht wie, denn ihre Freundin ist so
vortrefflich, daß sie nicht wissen, wie sie ihr recht Ehre er-
weisen sollen. Da sie über ihre Anschläge sinnend in den
Wald gehen, finden sie eine Matrone, der sie ihr Anliegen
vorbringen; diese ist eine Zauberin und verspricht den Jung-

frauen zu helfen. Sie sagt: ich will eurer Freundin die Taten
des edlen Weibes zeigen, das an ihrer Wiege stand, sie unsichtbar wiegte, ihre Träume bildete und ihr, ohne daß sie es
weiß, Vorbild und Schutzengel geworden ist, nehmt die Blu-
5 men die hier liegen und windet Kränze; da müßt ihr euch
dann zusammensetzen und Kränze machen und während der
Arbeit ein zweckmäßig sanftes Terzett oder Duett singen,
wozu ich euch, wenn ihr mir irgend ein Muster angebt aus
einer Oper, einige Verse machen will, auch kann es Lied mit
10 Chor- oder Wechselgesang sein, wie ihr mir die Anzahl der
Jungfrauen, oder das Lied bestimmt. Wenn dann eure
Kränze fertig sind, so spricht die Zauberin: geht und holt
eure Freundin und bekränzt sie; dann geht ihr auf *Clodine* zu,
die unter den Zuschauern sitzt, hängt ihr die Kränze von
15 weißen Rosen und Lilien um und führt sie zu der Zauberin;
diese nun hebt den Vorhang von ihrem Zauberspiegel, indem die folgende Geschichte transparent gemalt und illuminiert erscheint.

»*Claudia* war eine römische Vestalin; ihr Vater ein Feld-
20 herr. Nach einem Sieg wollte er einen Triumphzug in Rom
feiern, aber ein Tribun der sein Feind war, verbot es ihm;
Claudius triumphierte dennoch. Der Tribun, erzürnt über
seine Kühnheit, näherte sich ihm von hinten und wollte ihn
plötzlich vom Wagen reißen, *Claudia* bemerkte es und ver-
25 gißt aus Liebe zu ihrem Vater die Ruhe und Majestät ihres
geheiligten Standes; sie springt dem Tribun vor, wirft sich in
des Vaters Wagen, umfaßt ihres Vaters Knie und weist den
Tribun zurück. Dieser muß nun von seinem Vorhaben ab-
stehn, denn was eine Vestalin berührt ist heilig und sie ist
30 dem Tribun an Macht gleich. Ich habe euch die Szene mit der
Feder skizziert hier beigelegt, wie sie am wenigsten Mühe zu
malen kostet. Man sieht von hinten in den Wagen, der
Triumphierende merkt es noch nicht, alles ist der Moment.
Die Vestalin muß ganz verschleiert sein in weiße Gewänder
35 gehüllt; auf dem Rande des Wagens steht eine Viktoria, wie
gewöhnlich bei dem Triumph, in der Ferne werden Tro-
phäen getragen; das Ganze ist in den kleinsten Raum ge-

drängt. – Wie schön paßt das auf *Klodine,* ihre treue Liebe zu
ihrem Vater, ihre Zucht, ihr Name *Klaudia.* Das wäre eine
Szene. Eine andre aus dem Leben dieser Vestalin ist folgende: die Römer wollten das Bild der Göttin Zybele nach Rom
auf einem Schiffe über die Tiber fahren, aber das Schiff ging
nicht von der Stelle; da trat die Vestalin in einen Kahn, betete
die Göttin an, band dann ihren Gürtel an das Schiff der Göttin und zog das Schiff ohne Mühe herüber als einen Beweis
ihrer Tugend. Das wäre ein zweites transparentes Bild; dann
könnt ihr um sie herum tanzen und sie küssen und drücken
etc. Ihr müßt mir aber bestimmt die Arien schreiben und die
Anzahl der Mädchen, damit ich die Verse schreiben kann, ihr
müßt mir dazu die Worte der Arie schreiben und wie sie einfallen, damit ich meine eben so einrichten kann. Ich meine
Lotte die Zauberin, *Kundel,* Du die Mädchen, oder auch die
Jung dabei wenn ihr wollt, wegen dem Tanz oder wie es euch
lieb ist. Da hättet ihr euer ganzes Fest einfach, neu und
schön; sprech doch mit dem *Georg* gleich darüber und wenn
ihr dann wollt, so habt ihr am Mittwoch alles; ich eile mich
und bleibe ein Paar Nächte auf. Die Bilder könnt ihr ja nach
der Skizze besser gezeichnet gleich von einem Maler zurecht
pinseln lassen, sie müssen in der Form eines großen Spiegels
gemacht werden.

In diesem Augenblick erhalte ich den äußerst geistvollen
Plan zu eurem Schattenspiel, ich will alles so gut machen als
ich kann, aber ich erschrecke fast vor dem Plan, wenn ich nur
Leichtigkeit genug besitze; das Ende sei mir überlassen sagt
ihr. So haben wir denn wirklich wie Brüder in der Ferne gearbeitet. Der *Klausner* steigt mit *Winkelmann* ein und fährt zu
Brentano. Nun fällt der Vorhang eures Schattenspiels und
nun laßt meine Szene angehn, die geht gleichsam bei *Brentano*
vor, und das Edle Rührende in ihr hebt das Komische wieder
auf, so daß das Fest ganz den Eindruck einer freudigen Anmut bekömmt. Euer Schattenspiel ist dann ein himmlisches
Vorspiel; was ich entworfen ist überhaupt äußerst leicht aus-
zuführen, und wie glücklich wird *Klodine* durch die Berührung ihrer kindlichen Zärtlichkeit sein. – Schreibt mir doch

gleich den Samstag, ob euch mein angehängter Plan gefällt.
In *Tonis* Stube unter der Treppe kann die Höhle der Zauberin
sein, ihr dürft nur um die Ecke herum eine spanische Wand
stellen, so habt ihr ein Theater und in der Höhle ist ja noch
5 dazu ein Eingang auf den Gang; schöner könnte es nicht
sein. Das Schattenspiel macht ihr an der Saaltüre und seid in
Tonis Stube. Während es hinweggenommen wird, kleiden
sich die Schauspielerinnen an, die Gesellschaft tritt in *Tonis*
Stube und ist nun gleichsam mit dem Postwagen in der Sand-
10 gasse angekommen und da geht das Weitere vor. Den Gesang, den Tanz könnt ihr ja weglassen, wenn es euch zuviel
wird. Aber mein Bild der Vestalin, meine kleine Szene mit
der Zauberin, sie freut mich gar sehr und ich weiß es wird
sehr herrlich auf das Komische wirken. Schreibt gleich um-
15 gehend was ihr wollt, an dem Schattenspiel fange ich heute
schon an. Die Idee mit dem Postwagen und *Winkelmann* ist
göttlich. Danke der *Toni* herzlich.

Clemens.

Liebe *Bettine.*
20 Du hast mir einen schönen Ofenschirm gestickt, er entzückt
alle Leute die ihn betrachten und ist jetzt der größte Schatz
meines Mobiliarvermögens, außer Deinem Portrait, wie
Deine Liebe überhaupt mein größter Besitz ist.
Ich sende euch hier das Schattenspiel, ich habe es in einem
25 Tag geschrieben, das ist alles was ich zu seiner Entschuldi-
gung sagen kann. Die kleinen Cochonerien die es enthält
habe ich genau nach dem übersendeten Plan verfaßt und mir
darin keine Freiheit erlaubt! – So eben erhalte ich euren Fa-
milienbrief, worin ihr noch viele Umstände vorbringt von
30 Theater und dergleichen was ich von hieraus nicht begreife,
ich habe euch doch das Lokal bestimmt könnt ihr nicht fertig
werden damit, so spielt das Schattenspiel, und lacht wo möglich, ich will versuchen allein ohne Hülfe *Claudine* zu erfreuen; die Posse hab ich geschrieben das Edle will ich dich-
35 ten! – Auf den Schirm hat die *Günderode* mit Bleistift von un-

gefähr ihren Namen gekritzelt, auch dies Zufällige hat mich
sehr gerührt. Schreibe bis Mittwoch wieder Deine Briefe
sind die einzigen die ich jetzt habe! –

Adieu *Clemens.*

An *Clemens*! –
Unser Teetisch hat sich in eine Pappfabrik verwandelt, *George*
führt den englischen Phaeton aus mit Jockey und Pferden.
Franz macht die Dekorationen, ich wollte die Schauspieler
machen es mißlang, ich wurde abgesetzt und darf nur immer
noch das zweite Bein machen den zweiten Arm und die Zimmer darf ich möblieren! – auch soll ich alle Nähnadeln ein-
fädeln. *Günderödchen* kommt zuweilen, weil ich nicht so oft zu
ihr komme und dann verschwinden wir ins kleine grüne Ca-
binetchen hinter der Treppe. Den *Christian* hatten wir erwartet daß er uns würde helfen, er kam gestern an zu Pferde
mit einem scharlachroten Mantelsack, einer Pelzmütze, einem Dompfaffen und einem zahmen Marder, den er mir
schenkte; dies Tierchen plagt mich sehr! aber weil es so sehr
schön ist; es will auf meinem Schoß schlafen, und wenn ichs
herunter nehme dann knurrt es und fletscht mir die Zähne.
Auch hat ihm der *Christian* tanzen gelehrt, es quält mich,
aber es ist mir doch eine Gesellschaft! – Die Proben vom
Schattenspiel werden gemacht; da ich keine Rolle dabei habe,
so konnte ich gestern mit *Marianne* in die Oper gehen! – ich
hab mich an Offenbach erinnert bei der Musik. Palmira! –
diese Oper gibt mir die Empfindung, als läg ich auf duftendem Heu und schlief! und hörte das ganze nur mit halbem
Ohr. Heute Morgen war so schöner Reif, ich bin mit *Marianne* bis auf die Gerbermühl gefahren, von dort ging ich zur
Großmama! – sie war recht erfreut: ich hab mit ihr ausgemacht, daß ich zum Frühjahr bei ihr sein will und die ganze
Frühlingsarbeit im Garten machen wie im vorigen Jahr
noch! – Ach das ist jetzt für mich ein Erholungsplaisir! beim
Gärtner war ich und hab nach meinen Bäumen gesehen, alles
sieht kernfrisch bei ihm aus und dem Frühling entgegen stre-

bend. – Er glaube nicht, sagt er, daß es diesen Frühling so
schön sein werde, wie im vorigen Jahr! – die Witterung lasse
sich nicht so gut an! – Ach Frankfurt, du liegst mir wie Blei
auf dem Herzen! in meinem Schreibschrank hab ich in Offenbach gewühlt und hab da den Anfang von einer Beschreibung meines Klosterlebens herausgefunden und dann auch
ein Märchen, zu dumm – die *Günderode* hats gesagt. Aber
vom Kloster soll ich weiter schreiben, wenn das Schattenspiel vorbei ist. –

Es ist hier im Haus kein einsam Winkelchen, wär die *Gün-*
derode nicht, dann wüßt ich nicht, wo ich mich suchen sollte! –
Der *Toni* ihr Kind hat die Röthlen gehabt, da hab ich als
Abends gesessen.

Heute Abend wird eine Hauptprobe des Zauberfestes
vorgenommen. Ich mußte alle Rollen abschreiben, hin und
wieder laufen alles herbei holen! Am Samstag werde ich Dir
die Einrichtung und Verfassung des Ganzen berichten und
den nächsten Dienstag wie das Ganze abgelaufen ist. Lieber
Clemens wenn wirst Du denn kommen? schreib mir genau
den Tag, rechne es aus, wenn es möglich sein kann, daß ich
mich freue und jeden vorgegangenen Tag einen weniger zählen kann, bis plötzlich die Freude hereinbricht daß Du da
bist, und dann gibt es schöne Tage! Ich werde die ersten Früh-
lingsgänge mit Dir machen, wir werden mit dem *Günдеröd-*
chen manche Stunde verbringen; ach gestern wars schön bei
ihr, da hatten wir ein klein Feuerchen in ihrem Ofen ange-
macht und ohne Licht waren wir da beisammen, und sahen
die Flammen spielen, die *Günderode* machte ein Märchen
draus, sie legte alles aus, was die Flammen mit einander plauderten. –

Das schöne Wetter duftet schon wenn man vors Tor
kommt, die Hecken können die Veilchen nicht mehr verbergen, sie hauchen einem an, ganz vergnügt daß sie gebrochen werden! Die Luft, sie kommt geströmt aus wärmeren Landen, man möchte mit sich aufschwingen, wenn sie
den süßen Atem der Pflanzen davon trägt. –

Bettine.

Liebe *Bettine.*

So eben hab ich Deinen Brief erhalten, es freut mich daß meine schlechte Arbeit euch genügte; die Kürze der Zeit etc. – Beiliegenden Brief gib am Morgen ihres Geburtstags der *Claudine,* er enthält ein Gedicht von mir, gedruckt für sie, Du sollst Niemand im Hause davon sagen, ehe Du es ihr selbst gegeben hast; dann aber kannst Du ein Paket mit etlichen funfzig bis sechszig Exemplaren dieses Gedichtes, welches ich heut mit dem Postwagen schickte öffnen, dem *George* fünf Exemplare zum verteilen geben, der *Toni* eben so viel, eben so viel der Großmutter schicken; der *Gundel* auch so viel, auch schicke jeder *Günderode* eins, die übrigen gibst Du der *Clodine* für ihre Freunde. Ich bitte Dich aber das Paket vom Postwagen nicht eher zu öffnen, als die *Clodine* den inliegenden Brief erhielt, denn es ist unschicklich, daß Du es eher gelesen hättest, als sie, auch liegt in jenem Paket keine Zeile von mir an Dich, ermäßige daher Deine Neugierde und hebe es auf bis zur rechten Stunde, dann gehst Du auf Dein Zimmer und teilst die Exemplare ein, und gibst jedem das seine. So geschwind habe ich noch nichts gedichtet. Seit meinem letzten Brief, bis heut, gezeichnet, geschrieben, gedruckt! – Ich wünsche sehr daß Du mir alles schreibst, wie es gegangen, besonders ob sich *Schwab* erfreute.

Am Geburtstage einer Freundin
von Clemens Brentano, den 19. März.

Durch grüne Auen wollt' ich mit dir schweifen,
Wärst du des süßen Maien frohes Kind,
Und wollte sinnreich nach den Blumen greifen,
Zu flechten dir ein zärtliches Gewind,
Wir Blüten werden all' in Liebe reifen,
So spräch' der Kranz, weil wir dir ähnlich sind.
Doch keine Blume ist vor dir entsprungen,
Der ungeteilten Kraft bist du gelungen.
 In leisem Schlummer träumend sinnt die Erde,
Wie sie die junge Zeit erfreuen soll,

Da sieht sie sich, in züchtiger Geberde
Stehst du vor ihr so sinnend, liebevoll,
Und jungfräulich begrüßte dich ihr Werde,
Der keine Blume noch am Busen schwoll.
5 Doch bald die Einsamkeit dir zu versüßen,
Läßt als Gespielen sie dich Veilchen grüßen.
　　So fehlen Blumen, Blume dich zu kränzen,
Die selbst des Jahres frühste Blume blüht,
Doch in des Lebens Garten ohne Gränzen,
10 In dem der Frühling ewig kehrt und flieht,
Seh' eine edle Blume fern ich glänzen,
Die bis zum Namen selbst dir ähnlich sieht,
Das Herrliche kehrt ewig zu dem Leben,
Und jeder Sommer muß uns Lilien geben.
15 　　Dich Römerin, Vestale seh' ich wieder,
Dich *Claudia,* die treu den Vater ehrt.
Keusch hüllt ein reiner Schleier dir die Glieder,
Die aller Liebe reine Flamme nährt.
Es priesen uns noch keines Sängers Lieder,
20 Den hohen Sinn, den uns dein Leben lehrt,
Bescheidne, zürne nicht, laß es gelingen,
Die Römerin will der Barbare singen.
　　Da *Claudius,* der Feldherr, siegreich kehrte,
Will er, als Sieger soll ihn Roma sehn,
25 Der in der eignen Tat den Römer ehrte,
Will im Triumphe auch die Tat erhöh'n,
Doch ein Tribun, der tiefen Haß ihm nährte,
Will ungepriesen soll sein Werk vergeh'n:
Es läßt der Mächtige dem Sieger sagen,
30 Du sollst durch Rom nicht deine Lorbeern tragen.
　　Doch achtet, trotzend auf des Sieges Flügel,
Der Feldherr nicht des Richters ernsten Stab,
Im Heeresprunk grüßt er die sieben Hügel,
Von seines Wagens goldner Höh' herab,
35 Und tausendfach in heller Waffen Spiegel
Grünt ihm der Lorbeer, den der Sieg ihm gab,
Es lenket durch des Volkes laute Mitte,

Der Zug zum Kapitole hin die Schritte.
Da öffnet zweien sich das Volks Gedränge,
Erzürnt tritt der Tribun zum Sieger hin,
Ihn, dem er untersagt des Siegs Gepränge,
Will er gewaltsam von dem Wagen ziehn: 5
Auch *Claudia* dringt durch der Bürger Menge,
Zu ihrem Vater und umfasset ihn.
Besiegt muß der Tribun zum Volke kehren,
Den sie berührte, muß er zürnend ehren.
    Die Jungfrau gab dem Sieger das Geleite,   10
Der mit dem Adler nun die Taube trug,
So stand sie schüchtern an des Vaters Seite,
Und um die Tochter er den Purpur schlug,
In schönerm Sieg trug sie aus schönerm Streite,
Zum Kapitole hin der laute Zug: 15
So Heldenmut und Schönheit sich gesellten,
Es triumphiert die Holde mit dem Helden.
    Wer auf der Erde gleich den Göttern handelt,
Dem öffnet sich der hohen Götter Kreis,
Auf Erden sind sie menschlich einst gewandelt,   20
Und waren edel, sinnbegabt und weis',
Zu Göttern hat der Glaube sie verwandelt,
Denn Göttlichkeit ist aller Schönheit Preis,
So wollte *Rhea* gern, da du gebeten,
In deiner Heimat Götter Mitte treten.   25
    Zu Schiffe auf der gelben Tiber Wogen
Führt man *Cybelens* Bild von *Pessinunt,*
Schon nahet sich des Segels voller Bogen,
Der Göttin Ankunft eilt von Mund zu Mund,
Sie zu empfangen kommt das Volk gezogen,   30
Doch plötzlich faßt den Kiel des Flusses Grund,
Und wie sich auch der Schiffer Arme regen,
Fest ruht das Schiff, und läßt sich nicht bewegen.
    Da flehet knieend *Claudia* am Strande,
Der hohen Götter gute Mutter an,   35
Löst dann den keuschen Gürtel vom Gewande,
Und zu dem Schiffe führet sie der Kahn,

Den Gürtel knüpft sie an des Kieles Rande,
Und gütig folgt *Cybele* ihrer Bahn.
Stumm sieht das Volk sie durch die Wellen gleiten
Von Reinen lassen Götter gern sich leiten.
5   So in des Vaterlandes großer Sitte
Lebt *Claudia* die Römerin auch groß,
Nun teilst du, *Claudia,* in unsrer Mitte,
Ein frommes treues Kind des Vaters Los.
Was göttlich noch auf Erden, folgt dem Schritte
10   Der Jungfrau gern noch in des Hauses Schoß.
Strebt Ihr zu gleichen, der wir uns verbanden,
Ich liebe Sie, die früher ich verstanden.

Liebe *Bettine.*

Diesem Brief tue nicht so viel Ehre an, als allen meinen vor-
15   hergehenden, denn ich schreibe in einer wunderlichen Stimmung, und scheine mir gar nicht vernünftig zu sein. Seit einigen Tagen ist es so schönes Wetter hier wie im Sommer; ich
sitze nicht mehr meinem schwarzen Ofen gegenüber, alle
Fenster meiner hellen Stube stehen auf; ich habe keine Rast
20   und keine Ruhe, ich gehe dem Haus aus und ein, kleide mich
alle Augenblicke anders an und empfinde eine ganz wunderbare Angst, so als harre ich am Fenster ein geliebtes schönes
Mädchen vorübergehen zu sehen; oder als müsse mich jemand heimlich lieben, ich wüßte nicht wer, und wünschte
25   dieser oder jener, kurz ich kann Dir's nicht sagen wie mir es
ist, und ich muß mich recht zusammennehmen nicht weich-
herzig zu werden. Es ergreift mich alle Frühling so ein Hin-
ausweh! – Heimweh darf ich es nicht nennen, – und was mich
dann betrübt, das ist, ich weiß daß es mir draußen auch nicht
30   wohler wird. Wenn Du es nicht wärst die mir das Leben zu
erfreuen suchte, so wüßte ich nicht wie mich anstellen. Bin
ich nicht recht undankbar gegen Dich, Du opferst mir Dein
ganzes Leben auf, und ich bringe den größten Teil des Jahres
fern von Dir zu; Du zählst die Minuten bis zu meiner An-
35   kunft und ich halte mich noch ein Paar Tage in Wetzlar auf.

Aber schreiben mußt Du mir nach Wetzlar, bei Herrn *von Bostell* werde ich wohnen, mit der nämlichen Post mit der Du sonst hierher schreibst. Dienstag Abend mußt Du mir schreiben, damit ich gleich aufbreche und zu Dir laufe. Den ersten und zweiten Tag wird es nun zwar sehr herrlich sein wenn wir zusammen sind, aber die ganze Woche, wie wird es dann sein? – und den Monat? – werden wir uns nicht im Hause langweilen, während draußen im Wald jeder Sperling es besser hat? – Wir wollen recht viel spazieren gehen, und Morgens früh, wenn noch alles schläft schon vor den Toren herumlaufen. So eben erhalte ich Deinen Brief, der eben so abgeschmackt vom schönen Wetter spricht wie der meinige, ich hoffe doch, dieser soll Dich mehr freuen, als mich der Deinige! ich fand einen fremden Ton drin, oder vielmehr ermüdet und abgespannt, was ich sonst gar nicht an dir gewohnt bin, Deine Unruh treibt Dich auch umher, vielleicht ist das schöne Wetter dran Schuld. Bis den Sonntag werde ich gewiß bei Dir sein, lebe wohl. –

Clemens.

Von *Minchen Günderode* hast Du lange nicht geschrieben; wenn die *Günderode* Dein Märchen nicht gut findet, so ists noch nicht gesagt, daß ichs nicht erst sehen will, ehe Du es ins Feuer wirfst, wie Du es schon mit manchem gemacht hast. Wenn sie aber sagt, daß Deine Klostergeschichte gut ist, so freue ich mich unendlich darauf sie mit Dir zu lesen. Ist sie denn schon so weit, oder hast Du vielleicht noch Platz in dem Heft, das Du dazu wirst geheftet haben? Wie schön wärs, wenn Du mir alle Tage ein einziges Blatt wolltest davon vollschreiben bis ich komme, noch acht Tage nach Empfang meines Briefes.

Liebe Bettine.
Claudinens Brief war mit die schönste Belohnung, und doch ist mir ein ganz gewöhnlicher von Dir immer viel lieber als ein solcher ungewöhnlicher. Daß Du mir heute nicht ge-

schrieben ist mir ordentlich ganz schmerzlich gewesen; Du
hast mich verwöhnt mit Deinen Briefen. Ich werde nun nicht
mehr lange ausbleiben; *Bostell* ist hier, mit dem werde ich
einige Tage nach Wetzlar gehen, dann komme ich nach
5 Frankfurt, aber eher mußt Du nicht aufhören mir hierher zu
schreiben, bis ich Dir sage daß ich nach Wetzlar fort bin, bis
zum Sonntag hab ich gewiß einen Brief noch von Dir. Ach es
ist mir eine so große Wohltat, wenn ich Dich zufrieden weiß
daß ich am Freitag mit Begierde dem Postwagen entgegen
10 eilte, weil mir *Christian* geschrieben hatte, er werde kommen;
ich hab zum wenigsten erfahren daß Du heiter und vergnügt
bist, auch hat er mir die Relation vom Fest gebracht. *Robinson*
ist mit *Christian* gekommen; ein guter Kerl, eine Art von
wunderlichem *Leonhardi*. – Ich kann heute Dir nicht mehr
15 schreiben, es genüge Dir daß ich seit Tagen mehr als je an
Dich denke, und besonders seit ich von *Arnim* aus Bern einen schrecklich langen Brief erhielt, in dem er von Dir kein
Wort spricht. Nein das ist nicht wahr; er grüßt dich herzlich
und denkt oft an Dich. –
20 Wie stehts um Deine Klostergeschichte? – schreib mir! es
ist keine rechte Ruh mehr hier im Hause; der Pfarrer *Bang*
liegt oben und schnarcht, *Christian* bläst immer lamentable
Flöte und *Winkelmann* exerpiert die Lesebibliotheken. Nun
kommt dieser Welthanswurst der *Robinson* und will von mir
25 profitieren, und nun bin ich schon ganz zusammengeworfelt
und finde mich zwar zusammen, aber nicht aus mir heraus.
Clemens.

Lieber Clemens.
Hier ein Brief von Md. *Mereau,* der an mich adressiert war;
30 Du hast sie vielleicht jetzt schon gesehen und mit ihr gesprochen, sage mir, ob sie noch schön ist oder vielmehr, ob
Du sie noch lieb hast. Ich war auf der Gerbermühle und hab
der *Marianne* von Deinem Lied erzählt, nun mußt Du ihr es
auch schicken, sie ist sehr begierig darauf wie natürlich, ich

soll Dich grüßen von ihr. Ich hab gefragt, warum sie so wenig mit uns war während Deinem Hiersein; ach sie wußt es
nicht warum! – Und ich weiß auch nicht warum ich hier sitze
und der Zukunft den Rücken drehe und in den Spiegel einer
weit zurückgezogenen Zeit schaue und auf einen kleinen
Fleck nur schaue. Das ist der Beginn unseres Briefwechsels! –
Weil Du jetzt fort bist, so hab ich mich gar nicht mehr besinnen können, wie ich Dir sonst schrieb, der *Mereau*brief will
doch zu Dir, ich muß ihn schicken und schreiben! – da suche
ich nun in Deinen früheren Briefen, wie es sonst mit uns war,
so ganz gedächtnislos bin ich und finde ein Lauffeuer verbundener Gefühle und Gedanken, ein Morgenrot, ein Morgenlicht, ein Aufblühen, ein Mittagsglühen, ein unermüdli-
ches idealisches Tragen und Heben, ein Lehren in Liebe verwandelt und endlich eine schöne reine Lebenskühle! – Ich
bin ermattet, sie tut mir wohl diese Frische! – meine Sinne
wollen schlafen ein wenig, es war ein zu heißer Frühling.
Knospe an Knospe blühen alle, – Du gehst voran; ungeduldig, da machst Du die Tür auf vom nächsten Revier, wo die
Blüten freudig herumtanzen und wie es da weiter geht mit
Befruchten und Reifen, das ergreift Dich. Das Leben will
keine Zeit verlieren! Ich aber bleib noch hier, das schmale
grüne Fleckchen des Unvergeßlichen! – erster Geschwisterliebe, erster Erscheinung des Lebens, der ich mich verbunden habe; das braucht ja keiner Rosenglut, keiner glühenden
Früchte, das Hoffnungsgrün ist so rein, so einladend immer,
auch im Nebel lebendig durchschimmernd. – Das ist mein
Plätzchen. –

Es ist jetzt sehr still bei mir weil Du nun fort bist, ich werd
mich aber bald wieder dran gewöhnen. – Du wirst doch wohl
nicht mit Deinem Freund *Wrangel* nach Rußland gehen! – ich
rate herum! – sonst hast Du mir alles gesagt, diesmal gingst
Du mit einem Geheimnis auf dem Herzen! – Ich seh Dich in
Gedanken übers Meer forteilen; das gebührt Dir ja auch. –
Ich ging in andre Weltteile und machte da jede Hütte auf an
Deiner Stelle. – Wie ist das dumm, daß man wie ein einge-
sperrter Vogel von einem Stängelchen zum andern hüpft,

von Marburg nach Frankfurt, wieder nach Marburg, zur
Abwechslung nach Jena oder Weimar! – für was lernt man
Geographie und kann die Welt auswendig auf den Tisch malen! – und bleibt hinterm Tisch sitzen, kommt nie in sie hinein. O welche schwere Verdammnis die angeschaffnen Flügel
nicht bewegen zu können; Häuser bauen sie, wo kein Gastfreund Platz drin hat! – O Sklavenzeit, in der ich geboren
bin! – Werden die Nachkommen nicht einst mitleidig mich
belächlen daß ich mirs mußte gefallen lassen, wenn wir vielleicht als Geister einstens sklavische Natur uns vorwerfen! –
Wie! Ihr habt den Geist eingesperrt und einen Knebel ihm in
den Mund gesteckt und den großen Eigenschaften der Seele
habt ihr die Hände auf den Rücken gebunden? – Ach *Clemens*
gehe Du doch nur immer aufs Meer, wo jede Welle in die
andere fließt! wo nichts noch feste Gestalt hat, wie gewonnen
so zerronnen! besser daß alles zerfließe, als daß Gestalt ge-
winne, was nicht ganz Großmut und Freiheit wäre! – Das
sind so nachwehende Töne aus meinen Unterhaltungen mit
der *Günderode,* die auf drei Wochen nach Hanau ist.

Gestern waren wir bei *Bethmann* zu einer Lektüre vom
Hamlet, die Szene, zwischen ihm und Ophelia unterbrach die
Vorlesung, jeder hatte sie allein für sich gelesen, aber laut sie
zu lesen das wollte keiner. – Ich wills vorlesen rief ich, und
glaubte nur die Schwierigkeit dieser Szene, Charakter und
Doppelklang der Ironie wieder zu geben, verhindere das
Weiterlesen. Wie, Sie wollens lesen schrieen alle; ich war
schon aus meiner Ecke hervor am Tisch und las mit lauter
Stimme die ganze Szene trefflich, ja trefflich, denn die ganze
Zeit hatte ich eine Umwälzung aller Sinnen erlitten und nun
kam die Rache, und die Lenznacht meiner Empfindungen
stieg aus meiner Brust empor wie eine Feuersäule und ich las
fort stehend und freute mich am Widerhall meiner Stimme,
und – siehe da, alle waren fort in die andren Zimmer, ich war
allein gelassen worden. – Was sie dachten weiß ich nicht. Auf
mich hatte es eine glückliche Wirkung; zum erstenmal wieder
eine Nacht wie die in Offenbach sonst waren, wo der Schlaf
so leicht mich deckte, als sei es ein Erwachen in eine höhere

Sphäre. – Es weissagt etwas in mir, daß eine Kraft in dieser
Welt sei, die mit Leidenschaft mich liebt.

Bettine.

Weimar bei *Friedrich Maier.*

An *Bettine.*

Ich ging so hastig von Frankfurt; mein eiliges Entlaufen,
mein gehemmtes Gehen und Wiederkehren, das mußte Dir
geliebtes Kind wie das Tun eines Nachtwandlers vorkommen und so wars auch, ich war wie ein Schlafender, der sich
gern seines Traumes erledigte wenn er nur könnte; nun hab
ich bei diesem Abschied von Dir gefühlt daß ich träume, daß
ich wohl erwachen werde, wenn ich im Traumwahn von Deiner Seite weiche, daß ich dann in nichts Ersatz finden werde
für die Heimat bei Dir. – Aber der Traum gibt einem andre
Hoffnungen, die allergrößten vom Erdenleben! – und führt
einem durch die allerunbesonnensten feurigsten Lebensepochen; ist man erwacht, so sitzt man tief in der leeren Er-
denscheererei und alle prophetischen Klänge der hohlen Baßgeige Erfahrung, begrüßen einem mit dem fatalen: *hab ich
dirs nicht gesagt?* bis jetzt bin ich dahin noch nicht gekommen,
meine Hoffnung im Steigen, meine Erwartung vom Zusammenleben mit viel bedeutenden wunderlichen, liebenswürdigen Menschen hier, aufs höchste gespannt! – Der Park
steht in seinem edelsten Grün. Du hast solchen üppigen Rasen, so belaubte Kronen, noch nicht gesehen wie hier, wo ein
rascher kühler Fluß mit unendlicher Geschäftigkeit alles Leben nährt und in seinem Verband hält, er gibt der irdischen
Lust allhier einen himmlischen Anstrich von Kraft, von Poesie, von Lebensfülle. Einbrüche, Wortbrüche und noch spe-
ziellere Brüche stürzen alle die Verhältnisse ein, die nicht unter des *Wonne*monatsheiligen Gerichtsbarkeit stehen. Er teilt
Hirtenbriefe aus zu Schäferidyllen; Ablaßbriefe, Beichtzet-
tel, Schmutztitel von Erbau- und Predigtbüchern im Wonnemonat gehalten, findest Du an den heimlichen Ufern der
Ilm hingestreut, alles vom Wonnemonatheiligen unterschrieben. Du findest aber auch in diesem Park die schönsten

Altargeländer zum Anbeten der Heiligen! – Gerichts-
schranken zum verurteilen, Ketten und Fußblöcke zum fesseln. Und da liegt mancher der sich nicht kann helfen, da sind
Prüfstände des tentamen und examen rigorosum des Lebens,
5 Krieg, großer Kampf, kleine Hinrichtungen, Missetäter, die
ihr Lebenlang an einer Kette schleppen, Gaudiebe und Gau-
diebinnen, die leicht von Hand zu Hand gehen lassen, was sie
ewig zu bewahren geschworen hatten. Aber auch mitten unter diesem Gewühl findet sich der Schlüssel zu dem stilleren
10 Garten des Eden, in dem zuerst das stille milde Erfreuen
über das Sein einem anwehet, – wo man zuerst es sich sagt,
welch beglückend Gefühl dieses Sein ist, das die Entzückung
unterbricht, um aufs neue wieder den Segnungen der Ruhe
sich hinzugeben. Der Morgen geht auf; – unter dem Baum-
15 schatten auf der Haustürbank ruhig hingelagert, sich und die
Welt anschauen, das deucht einem das perennierende Vergißmeinnicht des Genusses. –
    Ich könnte so fortträumen, um Dir zu beweisen daß ich
träume! – Es ist ein wahrer Tauschimmer von Lebensblüten
20 und alle meine Empfindungen sind ein blumiges Spiel-
gärtchen, in dem die erfrischte Welt in der Morgenröte liegt!
– Und die Vergangenheit? –
        Ich wohnte unter vielen vielen Leuten
        Und sah sie alle tot und stille stehn,
25   Sie sprachen viel von hohen Lebensfreuden
        Und liebten, sich im kleinsten Kreis zu drehn;
        So war mein Kommen schon ein ewig Scheiden
        Und jeden hab ich einmal nur gesehn,
        Denn nimmer hielt michs, flüchtiges Geschicke
30   Trieb wild mich fort, sehnt ich mich gleich zurücke.
        Und manchem habe ich die Hand gedrücket,
        Der freundlich meinem Schritt entgegensah,
        Hab in mir selbst die Kränze all gepflücket,
        Denn keine Blume war, kein Frühling da,
35   Und hab im Flug die Unschuld mit geschmücket,
        War sie verlassen meinem Wege nah;
        Doch ewig ewig trieb michs schnell zu eilen,

Konnt niemals nicht des Werkes Freude teilen.
Rund um mich war die Landschaft wild und öde,
Kein Morgenrot, kein goldner Abendschein,
Kein kühler Wind durch dunkle Wipfel wehte,
Es grüßte mich kein Sänger in dem Hain;   5
Auch aus dem Tal schallt keines Hirten Flöte,
Die Welt schien mir in sich erstarrt zu sein.
Ich hörte in des Stromes wildem Brausen
Des eignen Fluges kühne Flügel sausen.
Nur in mir selbst die Tiefe zu ergründen,   10
Senkt ich ins Herz mit Allgewalt den Blick;
Doch nimmer konnt es eigne Ruhe finden,
Kehrt trübe in die Außenwelt zurück,
Es sah wie Traum das Leben unten schwinden,
Las in den Sternen ewiges Geschick,   15
Und rings um mich ganz kalte Stimmen sprachen:
»Das Herz, es will vor Wonne schier verzagen.«
Ich sah sie nicht die großen Süßigkeiten,
Vom Überfluß der Welt und ihrer Wahl
Mußt ich hinweg mit schnellem Fittig gleiten.   20
Hinabgedrückt von unerkannter Qual,
Konnt nimmer ich den wahren Punkt erbeuten
Und zählte stumm der Flügelschläge Zahl,
Von ewigen unfühlbar mächtgen Wogen
In weite weite Ferne hingezogen.   25
    Eben erhalte ich Briefe von *Arnim* mit seinen Reiseplänen
schon unter Segel, er geht übers Meer; unsre guten Wün-
sche, mögen sie ihm gute Engel der Begleitung sein; lese
selbst, die Briefe schicke hierher zurück. – Deine kleine
Freundin *Löwenstern* wirst Du nun bald wieder sehen, sie ist   30
gestern abgereist, ich hab sie aus meinem Fenster bei ihrer
Freundin *Fümelle* einen zärtlichen mädchenhaften Abschied
nehmen sehen; wenn Du sie siehst, so empfiehl mich ihr als
Deinen treuen Bruder, den ihre Freundschaft zu ihrer Ge-
spielin sehr gerührt hat; das Fräulein *Fümelle* wohnt mir ge-   35
genüber und wird wie ich höre auch bald nach Offenbach
gehen, ich sehe oft mit Vergnügen wie sie ihre kleine zierli-

che Figur von Fenster zu Fenster trägt und keine Ruhe in
den Füßchen hat, und wie ihr Herr Papa sein Barbierbecken
am Fenster stehen hat, und wie das Barbierbecken den Herrn
Papa abwartet bis er seinen Bart hineinschaben läßt von dem
kunstreichen Messer eines Weimarer Barbierheros! – Alles
ist nämlich hier von einer Muse des Übermutes genährt, keiner geht über die Straße ohne persönliches Gefühl des Mit-
wirkens in die tolle Alltäglichkeit, selbst bis auf den Friseur,
der einer der wichtigsten Kavaliere ist. Das ganze Wind-
mühlenwerk der Künste ist fortwährend im Gang, die Hand
des Tonkünstlers und der Fuß des Tänzers klappen in einander, die Kunstreihe körperlich geistiger Fertigkeiten wird
durch einen Aufwand geistiger Regierung aufs höchste gesteigert. Fragen, Suchen und Finden sind drei verschiedene
Ichs die überall sich beisammen finden, sie bilden wie eine
Ölschlagmühle eine Witzschlagmühle. Nun schlagen auch
noch die Nachtigallen dazu. Zwischen den blühenden Büschen wandlen Deutschlands größte Geister, eingehüllt in
den Nymbus ihres Namens; – es ist für einen Anekdoten-
jäger das beste Revier; wärst Du hier, wir würden die Zeit
aufs beste genießen und Du würdest auf dem Schmetter-
lingsflügel der Welt wie auf einem Teppich Dich tummeln,
denn so möchte ich Weimar nennen statt deutsches Athen,
mit welchem absurden Namen es sich prahlt. –

Ich bleibe auf jeden Fall einige Zeit hier, wo Du mich gern
wissen sollst, denn ich bin sehr gern und glücklich hier und
streife meinen Mißmut ab wie eine alte Schlangenhaut. Das
einzige ist, das Salbadern mit *Herders* Tod langweilt mich;
aber auch hierüber ist ein Scherz nicht unwillkommen:

> *Herder* ist von uns gegangen,
> *Göthe* sieht ihm traurig nach;
> *Wieland* trocknet seine Wangen
> Und *Amaliens* Herze brach. –

Diese empfindsame Gesellschaft hab ich wie sie im Vers
beschrieben ist, mit schwarzer Kohle an die weiße Gartenwand vor *Göthes* Garten, der in den Park führt, abgemalt;
alles ist hingegangen es zu betrachten. Der abgehende *Herder*
und der weinende *Wieland* sind unwiderstehlich gelungen! –

Lebe wohl! schreibe mir, schreibe doch der *Mereau* ein paar Worte und liebe sie, wie ich es um Dich verdiene, daß Du die liebst, die mich versteht. – Von allem diesen haben wir *unter uns* gesprochen und Du wirst mit andern nicht davon reden.

Du kannst mir einen Gefallen tun, wenn Du mir sechs kleine Chemisettchen gestickt und mit Kragen von feiner Leinwand machen läßt; ich wünsche sie aber sehr bald, deswegen laß sie recht artig, aber nicht zeitspielig machen. Ich konnte diesen kleinen Toilettenbetrug sonst nicht leiden, aber ich will hier ein bißchen unter die Leute gehen und weiß ja noch nicht ob sie verdienen mich in meinem wahren Hemde zu sehen; die Dinger müssen nur ein Herzfleckchen und bißchen Hals sein. Herz und Hals wage ich nur in der Liebe.

Dein Clemens.
bei Friedrich Maier.

Ich habe nicht Zeit das Lied an *Marianne* abzuschreiben, schreibe Du es ab. –

> Es stehet im Abendglanze
> Ein hochgeweihtes Haus,
> Da sehen mit schimmernden Augen
> Viel Knaben und Jungfraun heraus.
> Sie wechslen mit Weinen und Lachen,
> Sie wechslen mit Dunkel und Hell,
> Mit schimmernden Augen und Wangen
> Sie wechslen ihr Röcklein gar schnell! –
> Dort hab ich mein Liebchen gesehen
> Ein freundliches zierliches Kind;
> Sie konnte wohl schweben und drehen
> Wie fallende Blüten im Wind.
> Und die in dem Hause dort wohnen
> Sind heilig und wissen es nicht,
> Sie spielen mit Kränzen und Kronen
> Alltäglich ein neues Gedicht.

Sie sind gleich den Göttern und handlen
Alltäglich in andrer Gestalt,
Mein Liebchen wird auch sich verwandlen
Das tut meinem Herzen Gewalt.
O Liebchen wo bist du geblieben?
Ich steh vor dem schimmernden Haus,
Und will dich bescheiden nur lieben
O Liebchen, o sehe heraus!
Ich will dein pflegen und warten
Im Herzen so treu als ich kann,
Da seh ich sie sitzen im Garten
Wohl bei einem reichen Mann.
So kauf ich mir Harke und Spaten,
Bind mir ein grün Schürzelein vor.
Ich stell mich als wär ich der Gärtner
Und klopf bei dem Reichen ans Tor.
Tu auf, o Reicher den Garten,
Ich will dir so gern ohne Sold
Die Blumen all pflegen und warten
Sie sind ja mein Silber und Gold.
So sei mir o Gärtner willkommen,
Zieh höher die Rosenwand mir.
Verflecht sie zu Netzen und Schlingen,
Ich habe ein Vögelchen hier.
Zieh höher und dicht mir die Laube,
Zieh mir ein gitternes Haus,
Daß keiner das Vögelchen raube,
Daß es nicht fliege heraus.
Da klinget so herzlich und süße
Im Garten ein inniges Lied,
Die Bäume sie senden ihr Grüße,
Die Blume lauschend ihr blüht.
Da seh ich mein Liebchen so weinen,
Sie sieht zu mir heimlich herauf.
Die Sonne will nicht mehr scheinen,
Die Blumen sie gehen nicht auf.
So hast du dann es verlassen

Das schimmernde Götterhaus,
Deiner Locken Gold wird blassen,
Deiner Augen Licht gehet aus.
    O Liebchen, o sei nicht so munter
Du hast vergeudet dein Los;   5
Dein Sternlein, es gehet ja unter
Tief in des Meeres Schoß.
    Ans Meer will ich und stehen
Still in dem Abendschein,
Da muß in den Wellen ich sehen   10
Versinken dein Sternelein.
    Im Niedersehen da rollen
Die Tränen still hinab,
Die sich vereinen wollen
Mit deines Sternes Grab.   15
    Dies Lied hab ich ersonnen
Wohl vor jenem Zauberhaus,
Das glänzt in der Abendsonne,
Wo du nicht mehr siehst heraus.
    Als Jugend um Liebe brennte   20
In irrem Liebeswahn,
Da wolltest du ihn nicht erkennen
Die hell mich blickte an.

Lieber *Clemens*.
Dein Brief hat einen Eindruck auf mich gemacht, wie un-   25
gefähr das Licht wirken muß auf einen, der lange blind gewesen oder im Dunkeln herumtappte. – Du gingst von hier
und warst so unzusammenhängend, daß selbst die Trennung
von Dir übersprungen war; Du liefst, Du liefst, hätte ich
nicht dem Buben vor der Haustür mein Schnupftuch in die   30
Hand gedrückt und ihm gesagt, er solle Dir nachlaufen, denn
Du habest es vergessen, so wußte ich nicht, wie ich Dich im
letzten Augenblick noch an mich erinnern sollte. – Der
Knabe kam zurück und sagte Du habest es in den Busen gesteckt und aufgetragen mich tausendmal zu grüßen! – tau-   35

sendmal! – Einmal wär genug gewesen! – wenn Du nur vorher Dich besonnen hättest daß Deine Schwester Dir gegenüber stand und wartete, daß Du sie ans Herz drücken solltest. – Der Knabe sagte mir auch der Postwagen war noch
5 nicht fertig angespannt, Du seiest voran dem Tor zugegan-
gen! – Ach Deine Ungeduld fort zu kommen, sie war Dir
eingeimpft durch jenen letzten Brief, den Du aus Weimar er-
hieltst; das Fieber ergriff Dich gleich, Du stürmtest fort! –
Du hast mich immer geplagt daß ich nie einen Versuch ge-
10 macht habe Deine Bitte zu erfüllen, irgend etwas niederzu-
schreiben. Ich hab ein Märchen geschrieben seit Du weg bist.

Ein schwermütiger Jüngling von Träumen aufgeregt erwacht in der Nacht, die heiß und glühend die Welt umfängt,
wie gestern, wo es die ganze Nacht wetterleuchtete: er stürzt
15 hinaus ins Freie mit seinen getreuen Hunden und kommt in
einsame fürchterliche Gegenden, wo schreckliche Wasserfluten von den Felsen niederstürzen, und die Bäume auf den
Höhen über ihm zusammenkrachen, wo es feucht ist, und
giftige Kräuter am Gestein sich hinauffranken und betäubend
20 duften. Hier hört er auf einmal ein helles fröhliches Lied singen, mit lustiger Stimme, er geht dem Tone nach und entdeckt einen mutwilligen Knaben, der über einen schrecklichen Abgrund sich schaukelt über den brausenden Wassern,
die in stürmender Eile dahin rollen. Er siehts, erschrickt,
25 wird tief bewegt von der Lebenskeckheit, viele Empfindungen machen sein Herz ganz wild und glühend, er glaubt das
Kind zu kennen, er will es warnen er will es retten, doch nein
es ist ihm noch fremd, nun entspringt heiße Liebe zu dem
heiteren Wesen in Todesgefahr, die Hunde klettern ihm nach
30 wie er sich versteigt dem Kinde nachzukommen, sie suchen
ihm Bahn, doch mit Angst, und möchten ihn abmahnen, er
gelangt endlich hinauf, jetzt ist die Frage was er mit dem
Kinde anfangt. –

Er stößt ihm einen Dolch in die Brust ohne es zu wissen,
35 sagt die *Günderode*. Ich bin aber nicht so grausam und will das
nicht, ich sage nein, es begegnen ihm mit dem Knaben noch
wunderbare Dinge, der sich ganz mit seinem Schicksal ver-

knüpft, das führt ihn durch Glaub, Hoffnung und Lieb, und das Märchen endet auf eine eigne Art. – Wenn es so enden soll sagt die *Günderode* wieder, dann ist der *Clemens* der Jüngling, seine neue Geliebte ist der Knabe, und wir zwei sind die zwei getreuen Hunde, die zwar ihn warnen aber nichts vermögen, hätt es aber nach meiner Art geendet, so warst Du *Bettine* der Knabe. –

Ja wir beiden getreuen Hunde von Dir lieber *Clemens,* ahnen ein schwer Gewitter über Deinem Haupt. – Wir möchten Dich wieder nach Hause persuadieren und Dich beschwören den Block zu fliehen, wenn Du auch ein Weilchen die Ketten mit Dir noch herumschleppen mußt. –

Ach *Clemens* ich bin müde und bin wie krank, aber es wird schon besser werden, könnt ich nur zur Großmama nach Offenbach; die Luft ist mir dort zugetan, sie brachte mir immer gute Botschaft von Dir, besonders im Frühling, da war die Luft ganz würzig von aller herzlichen Begeistrung der Bruderliebe. Die *Günderode* sagt auch zu mir, geh nach Offenbach, aber nun hat mir gestern der Gärtner meinen Orangenbaum geschickt, und meinen Feigenbaum und den Granatbaum voll Knospen, wer wird sie pflegen bis ich wiederkomme? – Ich häng an diesen Bäumen die nun schon zum zweitenmal mir blühen, ich bin ihr Spiegel, sie sehen sich in mir, sonst sagt ihnen keiner daß sie schön sind, – so will ich hier bleiben. – Aber die Schwalbe dort, die alle Jahr am Dachfenster baut und der zu lieb ich Nachts es offen ließ und die hereinkam Morgens, mich zu grüßen wenn ich noch schlief, die wird nach mir suchen, und der Lavendel der jetzt blüht wer wird ihn abschneiden! es wird alles verkehrt gehen dort, ich will hin auf acht Tage nur. Ich hab mit Bäumen und Sträuchern zu reden, hören sie meine Rede zu ihnen nicht mehr, so werden all sie meine Sprache wieder vergessen. – Oft am Fenster früh, wenn der kühle Wind von Osten her den Tag ankündigte, sah ich den Mond noch am Himmel mit dem Morgenstern sich unterhalten. Alles ist Mitteilung in der Natur, alles hat Flammenzungen, selbst der kalte Quell, in dem Du Dein Antlitz badest! denn: ist Kälte nicht auch

Feuer? – Ob der Schnee nicht die glühende Asche ist die vom
Himmel herabfällt, Du kannsts nicht wissen! – Gleich drauf
als er die Asche abgelagert hat, entzündet sich die blühende
Erde, die düftereiche, – alles wird Flamme, der Vogel der im
5 Busch hüpft ist ein spielend Flämmchen, und so alles Leben
ist Flamme des erschaffenden Geistes! – Wer ist aber dieser? –
Ich bin die es zu denken vermag, und im Gedanken den Glauben verbirgt wie den Keim im Busen der Erde. Der Glaube
ist die Kunst, die Macht und die Kraft des Schöpfungswer-
10 kes! – sie wird stille stehen, die Welterzeugung, die Schöpfung – wenn wir sagen, weiter gibt es nichts als was wir
durch die bedingende Grenze unsers Wissens erlauben daß es
sei. – Ja wohl auch – weiter gibts nichts! Ich erlaub aber Alles, was ich zu denken vermag, daß es gleich sein darf. Wie
15 soll ich das Schöpfungswort: *Es werde,* mir anders auslegen? –
Ich glaub daran daß wir einander begreifen sollen, wir ge-
schaffne Wesen – daß im Begreifen das Erschaffne liege, daß
im Erschaffen die Unsterblichkeit ihren unendlichen Keim
heraufträgt zum Licht! – Licht! – Licht! – was ist das? – ists
20 das was wir mit dem dunklen Blick unseres Auges auffangen? – was uns den Vorhang wegzieht der Nacht, und Flur
und Wälder zeigt im Schmuck der Farben? – ja das ists, aber
wo ist sein Ende? – Es erleuchtet die Unendlichkeit in die
Ewigkeit hinein. O was ist in der Ewigkeit möglich? – Die
25 offne Pforte, aus der die Schöpfungskraft niederwallt, ein
voller unversiegbarer Strom! – Das Lichtelement, – der Alles
umfangende Schoß dessen, was der Geist begreift. – Dies
Begreifen ist ein Lichtschöpfen; das ist der Gedanke. Denken
ist einen Leib annehmen, das ist Wirklichwerden! – Wer aber
30 dies *Wirklichwerden* erzeugt, der ist eine erschaffende Kraft!
diese Kraft ist die Unsterblichkeit im Menschen, wer sie übt
der kann nicht vergehen, was aber nicht in ihr liegt, das ist
Asche die niederfällt, wie der Schnee niederfällt von der Him-
melsfeste. Diese Geistesasche liegt schützend über dem nach-
35 kommenden Weltenfrühling, er wird durchdringen mit seinen tausend und aber unzählbaren Flammengeschlechtern
die alle zur Unsterblichkeit sich aufschwingen, die alle Tat-

kraft werden der Erschaffung! Ja das ist die Werkstätte des
Gottes, sie heißt Weltengeist, in ihr wirkt die Menschheit das
Unendliche, nur um selbst unendlich zu sein! – Und ich bedenke dies, und frage mich was für ein Werk in der Schöpfung soll ich doch vornehmen? – damit ich meine Unsterb- 5
lichkeit feste, und sie durch die Ewigkeit strahle, denn alles
Tun ist nur Selbsterhaltung, und was ich nicht belebe mit
meinem Geist, in dem bin ich gestorben, aber den Tod soll
ich bezwingen das ist die Aufgabe der Unsterblichkeit.

Wie tief fühle ichs, daß es so ist und sein muß! – und ich 10
getraue mir in meinem Geiste diese Schöpfung fortzuführen
in dem was mir am nächsten liegt, was mich anspricht um
Erlösung! – Es sind die Blumen, die wollen von mir begriffen sein, allerdings um ihrer selbstwillen! – sie sind verstanden in allen Winken die sie uns geben, so sind sie in eine 15
neue Sphäre geboren, und auch *sie* sind unsterblich durch den
Begriff, der sie immer weiter erzeugt! – so ists gewiß daß sie
eine Sprache führen, die ganz mit unsern Empfindungen verwandt ist, sie reden also mit uns! – nun? – haben wir denn
keine Antwort? – keine Mitteilung ihnen zu machen? – Ach 20
nein! eine Blume ist ja nur ein Fragzeichen der Natur; – die
ganze Natur ist Sprache, die Blume ist ein Wort, ein Ausdruck, ein Seufzer ihrer vollen Brust! – ja die Blume spricht
auch für sich zu Dir, aber die ganze Natur bedarf ihrer, um
sich selbst auszusprechen, und alles Sein ist ihre Sprache, so 25
redet die Natur mit dem Geist! und diese liebende Unterhaltung ist die Nahrung des Geistes, daraus schöpft er seine
Unsterblichkeit daß er sie begreifen lernt und durch den Begriff sie eben fort erzeugt. Also ein Erzeugender kann nicht
sterben, denn in ihm würde die Unsterblichkeit unterge- 30
hen! –

O lache mich nicht aus mit meinen Reden, es ist nichts, es
ist Kopfweh, unendliche Müdigkeit; schlafen verlangts in
mir! An die *Mereau* soll ich schreiben? – was denn? – ich
kenne sie nicht, sage mir was sie ist, so will ich einen Stein in 35
den Brunnen werfen, ob sie versteht was der ankündigt.

Am Morgen nach einer wohldurchschlafenen Nacht muß

ich doch dem Brief von gestern noch einen menschlichen
Schluß geben, Du könntest sonst glauben ich habe mich verstiegen (übergeschnappt). *Clemens* was hab ich Dir vorge-
plaudert? – ich wills nicht wieder lesen sonst würde ichs vielleicht zerreißen, und einen zweiten schreiben kann ich nicht.
Gestern war ein Kopfwehtag, heute bin ich wohl aber matt
und sehr aufgelegt zum Schlummer, und es ist mir doch so
bequem daß ich mir selber angehöre, und nichts will ich von
allem behalten was mir auf ewig sollte bleiben. Übertrage
meine Liebe zu Dir auf die gute *Sophie*! Ich werde dann kommen und naschen wie ein Kätzchen von dem was ehmals
mein war! – Adieu doch! ich bin schon ganz froh daß ich
nichts mehr zu hüten habe mit saurem Schweiß. Lieber ein
Bettelmann sein, als ein Hüter von etwas was einem doch
nicht gehört!

Bettine.

Liebe Bettine!
Ich bin sehr betrübt daß Du mir gar nicht schreibst, ich bin
immer in Ängsten, Du mögest krank oder unwillig auf mich
sein, auch *Sophie* ist betrübt darüber, denn sie liebt Dich gar
sehr, ich habe mir alle Deine Briefe von Marburg schicken
lassen und sie ihr vorgelesen, Du glaubst nicht Liebe wie sie
das rührt, und täglich wenn ich vertraulich mit ihr zusammen
sitze und uns recht wohl wird, spricht sie: ach wenn doch
Bettine bei uns wäre! sie wird durch Deine Freundschaft recht
glücklich werden, bis jetzt hat sie auf Erden noch keine Seele
gehabt die sie so recht lieben konnte, sie ist ihr ganzes Leben
durch, wohl grausamer getäuscht und mißhandelt worden,
als irgend ein anderes gütiges und schuldloses Wesen, und
allen hat sie vergeben, alles hat sie vergessen, ist nicht men-
schenfeindlich gesinnt, ist immer freundlich, mild und unendlich anmutig, ich habe eine ruhige herzliche Empfindung
für sie, die ich vorher nie gehabt, und auch sie liebt mich täglich mehr und inniger, und wir vertrauen unserm Geschick,
das uns von einander gerissen, um uns einander besser wie-

der zu geben. Liebe *Bettine,* ich habe Dich so unendlich lieb, so lieb, als ich Dich je liebte, ich fühle immer mehr daß Du mein Herz genährt und erhalten hast, Du hast mich zu dem Menschen erzogen, den meine Geliebte achten und lieben muß, ohne Dich wäre ich verzweifelt am Leben und an dem Heil. Ich wollte Du könntest mich verstehen, ich wollte Du könntest recht deutlich fühlen, wie Dir nichts durch meine Liebe zu *Sophien* entzogen wird, nein ich fühle tief im Herzen wie ich mich durch sie in Deiner Liebe verherrlichen kann, ich werde, durch sie zur Ruhe gebracht, alle die Kräfte meines Geistes und meines Herzens im Tüchtigen, glücklicher entwicklen, ich werde ohne Sehnsucht, ohne Begierde die Augen auf mein Tagewerk wenden können und es zur Ehre meines Lebens vollenden, Du bleibst ewig meine Richterin, Du bleibst das Maß meiner Empfindung, und mein vertrauter Gott auf Erden. Wie Du liebst *Bettine,* solcher Liebe wird auf Erden nicht genug getan, und wen Du an Dein Herz schließest, der betet, Deine Arme aber überreichen ihn, sie reichen in den Himmel und holen den Segen herab, für den Frommen, den Du liebst. – Liebes Kind, wir werden noch einstens sehr glücklich sein auf Erden, denke Dir, wenn Du die Gattin eines einfachen vortrefflichen Mannes wärst, der mich liebt, und ich und *Sophie,* wir alle viere leben in inniger Verbindung und teilen alles, und ehren uns gegenseitig und lernen uns einander das Vortreffliche ab. Ich habe das feste Vorgefühl, daß es uns bald so werden wird, und ich bete darum zum Himmel, Du kannst meinem Himmel nur recht vertrauen, denn er liebt Dich, und gewährt er Dir meine Bitte nicht um meinetwillen, so ist es doch um eines gewissen lieben Kindes willen, um die geliebteste *Bettine.* Ich bin jetzt täglich bei dem vortrefflichen Bildhauer *Tieck,* der mich sehr lieb hat, es ist etwas entzückendes ihn arbeiten zu sehen, wie er Götter und Menschen mit einem kleinen hölzernen Spatel aus Ton herauszaubert. Ich wünschte Dich oft zu mir her, daß Du das auch sehen könntest. Ich hoffe Dir bald etwas von seiner Arbeit schenken zu können, um es auf Deinen Tisch zu stellen, er hat mir es versprochen. – Ich bitte Dich

nochmals herzlich mir ja gleich und viel zu schreiben, und
wenn Du *Sophien* auch schreiben wolltest so recht wie es Dir
ums Herz ist, ich glaube es würde sie sehr freuen. – Ich bat
Dich in einem Briefe um eine Puppe für der *Mereau* ihr Kind,
5 ich bitte Dich nochmals herzlich darum, die Kleine plagt
mich alle Tag und hier kann man keine leidliche haben.
Schreibe mir doch ja, so glücklich bin ich doch nicht auf Erden, daß einige Worte von Dir mich nicht unendlich glücklicher machen könnten, sei mir tausendmal geküßt; grüße
10 *Gundel* von Herzen.

Dein *Clemens.*
bei Doctor Fr. *Mayer.*

Liebe Seele!
Schon viele Tage war ich sehr betrübt gar keinen Brief von
15 Dir zu haben, ich war oft recht ängstlich Du mögest mich
nicht mehr recht lieben, und ich wäre doch so recht unglücklich ohne Dich. Heute wollte ich Dir nun mein Leid
über Dich recht kläglich beschreiben, und da erhielt ich denn
Deinen einzig lieben Brief, der mich wieder ein bißchen trau-
20 rig macht auf eine andere Weise. Daß Du *Sophien* nicht recht
leiden magst, oder vielmehr Dich gegen sie verschließt, betrübt mich, wie sehr! – Deine Liebe ihr übertragen? – O mein
Kind das ist auch wunderbar – wem auf Erden könnten wir
unsre Liebe zu einander übertragen? – Ich schwöre Dir liebe
25 *Bettine,* ich würde nie ein Weib nehmen können, bei dem ich
Dich entbehren könnte. Ich werde glücklich sein mit ihr,
wenn Du mit glücklich sein willst; sie wird mit mir in meine
Einsamkeit nach Marburg ziehen, – den Winter schon wird
sie mein Weib sein, st – st – kein Wort davon geredet. – Wir
30 wagen keine Freiheit, wir sind beide gut und vernünftig,
unsre bürgerliche Verhältnisse werden sich nicht verwickeln
und uns strangulieren! – wir sind vergnügt und leicht. Das
ganze Blatt hat sich überhaupt gewendet, sie liebt mich jetzt
leidenschaftlich, wie ich sie sonst liebte, und ich bin ruhig.
35 Ich werde nicht an ihr handeln, wie sie einst an mir, sie würde

sterben, – sie ist sehr gut und resigniert auf alles um meinetwillen. Doch lerne sie kennen, und dann liebe sie, dann hasse
sie, Du wirst überhaupt entscheiden über uns. Schreibe mir
noch immer hierher, aber um Gottes und des Himmels willen schreibe mehr das Unmittelbare, was mich und *Sophie*
angeht; wenn Du es nicht tust das kränkt mich unendlich.
Nochmals aber bitte ich Dich der *Mereau* selbst zu schreiben!

O Kind, Du willst mit Blumen und Kräutern Dich ein-
lassen, und glaubst schon sie zu verstehen. Warum willst Du
den Kreis des Vertrauens nicht auch *ihr* aufschließen? – Sie
auch wirst Du erlösen aus einem bezauberten Kreis der peinlichsten Gefühle! – Mich liebt sie mehr wie ihr eigenes Leben, und Du die ich so liebe, Du stehst starr und stumm vor
ihr als gehöre sie nicht zu Deiner Welt. – Du stoßest sie aus?
– was hat sie Dir getan? schreib es ihr, sie wird sich dann verteidigen, denn sie liebt Dich innig und liest immer in Deinen
Briefen und lernt lieben daraus! – Sonst kenne ich mehrere
vortreffliche Familien, so was ich und Du vortrefflich achten,
Leute die mich leiden mögen! – Und besonders lege ich mit
meiner Guitarre und Deinen Kompositionen viel Ehre ein.

Alle Abend sitze ich mit irgend einer Gesellschaft bis spät
in die Nacht und singe und spiele daß mich alles lieb hat, und
hinterdrein doch wieder auf mich schimpft, das gehört sich
aber so auf dem Weimarer Plundermarkt. Ich bleibe wohl
noch ein Paar Wochen hier, drum schreibe immer hierher;
sehr erfreuen könntest Du mich, wenn Du mir was *Hofmann*
komponierte wenn auch bloß mit Klavierbegleitung abschreiben ließest, aber bald, und mir es schicktest.

Vor einigen Tagen war ich in Lauchstädt, sechs Meilen
von hier; ein Badeort, wo während der Kurzeit die hiesigen
Schauspieler spielen, dort sah ich das neue Stück, von *Göthe,*
die Eugenie, es wurde schlecht gegeben, aber es ist, nu, es ist
halt *Göthe.* – Als ich in die Promenade dort trat, wer kam
mir zuerst unter die Augen? – *Minna R–bach,* das Mädchen
von Altenburg, das ich einst liebte, *Perigot* der Pariser (läßt
Dich grüßen) führte sie. *Perigot* begrüßte mich, sie erblaßte;
sie hat einen dummen reichen Mann geheiratet, sie ist sehr

unglücklich. Bei Tisch saßen wir öfters nebeneinander, sie
war sehr verlegen, ich redete kein Wort mit ihr; am Abend
vor ihrer Abreise machte ich durch *Perigot* die Bekanntschaft
ihres miserablen Mannes, den ich bat mich seiner Frau zu
5 präsentieren, er tat es; ich setzte mich neben sie und sagte ihr
leise: nicht wahr *Minchen* ich hatte recht, es geht dir recht
schlecht, wie ich dir gesagt habe. – Da weinte sie beinah und
mußte Tanzen gehen; ich aber entfernte mich und setzte mich
allein in die Allee, wo ich recht vergnügt an Dich gedachte,
10 wie doch die andern Weiber alle nichts gegen Dich sind! – Du
sollst bald eine große Freude haben; ein Geschenk erhältst
Du in einigen Wochen von mir, so köstlich, so lieb, so hast
Du in Deinem Leben nichts gehabt, ich möchte es gar zu
gern sagen, was es ist, aber ich denke durch mein Stillschwei-
15 gen Dir einige Briefe abzujagen. Übermorgen wird es angefangen, nun Du wirst ein freudig Wunder daran erleben,
aber höre, sei mir auch gut und halte auch mehr auf *Sophien.*
Lebe wohl, für Puppe, Chemisettchen und Rock danke ich.

Dein Clemens.

20 Ich schreibe Dir morgen einige Gedichte ab die ich gemacht.

Lieber *Clemens.*
Eins hab ich ganz vergessen Dir zu sagen daß *Marianne* ihr
Gedicht von mir empfangen hat! ich war so sehr betäubt als
ich Dir das letztemal schrieb, wie es immer geht, wenn ein
25 tiefer Traum durch nichts sich abwälzen läßt, wenn alles was
das äußere Leben hinzubringt von ihm ergriffen wird, um
sich tiefer hineinzuträumen, wenn jedes zufällige Ereignis
neue Traumverflechtungen bildet. – So war mirs und so ist
mirs noch hier in dem alten Stadtleben! Diese Empfindun-
30 gen, diese Erinnerungen meines Traumlebens müssen erst
ganz abgestorben sein, ehe ich offen und frei mit euch sprechen kann über das Wie und Warum. Denk Dir eine Schä-
ferhütte mit einer Wiese umher mit duftendem Grün, ein
Muster einfachen Glückes, die Lämmer hatten da ihre poe-

tische Trift, – die niederregnenden Blüten versprachen
Früchte! – Und nein! Du hast geirrt, es war da keine Wiese, es
war nur ein Traum hinter einem grünen Bettvorhang! – ich
reib die Augen, ich frag ists möglich? – es war doch alles so
wahr in jener Heimat daß ich mich in dies Erwachen nicht
finden kann, und nun weiß ich nicht, ob ich nicht jetzt eben
erst in die Traumpforte trete und entschieden ist, ob ich jetzt
träume oder früher geträumt hab, bis dahin werd ich an
Deine *Sophie* nicht schreiben. – Ach *Clemens*! das deucht Dich
wunderlich, eigensinnig vielleicht, und widersprechend Deiner Bitte, Deiner Sehnsucht! – Aber Dein letzter Brief führt
ja da schon wieder ein *Mienchen R—bach* auf, die Du *einst* liebtest, von der ich nichts weiß! – Und war das kein Traum von
Dir? – Und nun führst Du den Traum fort, so wie Du sie
kommen siehst, gehest Du wieder auf Deinen Traum ein; Du
gehst an ihr vorbei, tust im Traum als ob Du sie nicht kennst,
schleichst Dich dann an sie heran, um ihr Vorwürfe ins Herz
zu schleudern, die sie verdient wie Du meinst, und zuletzt
wachst Du auf mit der Satisfaktion Deiner früheren Geliebten eine Röte und dann eine Totenblässe abgejagt zu haben.
Du erzählst mir Deinen Traum wie Du eben im Begriff stehst
mich in einen neuen Traum mit hineinzureißen; – was soll ich
mich willkürlich brauchen lassen, da ich wirklich bin, in Geschichten die unwirklich sind? – Wollte ich mich da gleich
bereit finden lassen, Du könntest nach geraumer Zeit aus
diesem Traumleben erwachend, mir Vorwürfe machen, Illusionen in Dir genährt zu haben, die dann zu nichts zerfallen! – Du sagst jetzt schon Du liebtest sie nicht mehr wie
sonst! – Du sagst, daß sie selbst Dich einmal verworfen habe.
Ach was kann mich denn abhalten Dir zu dienen, als die Gefahr, die Du dabei läufst! war ich nicht manchmal schon die
kleine Rettungsinsel, wenn alles rund um Dich her überschwemmt war? – soll ich mich nun auch überschwemmen
lassen? daß Du nicht weißt, wohin Du den Fuß setzen sollst,
wenn die Flut über Dich gestürzt kommt. Wenn ihr beide
euch wirklich wach glaubt, so entschuldigt mich, daß ich so
traumversunken bin und mich nicht zu euch hinüberträumen

kann! – und entschuldigt es daß dies alles eine Sorge ist um
Dich, die mich im Traum gepackt hat.

Weiter weiß ich Dir nichts zu sagen, als daß ich müde und
schläfrig bin. Gestern waren wir auf der Gerbermühle, die
Günderode mit mir, welch himmlischer Aufenthalt; warum
kann man's versäumen, wenn man die Sonne so untergehen
sah, daß man sich wieder auf dem Platz einfindet, um sie am
Morgen wieder zu empfangen! – Adieu doch! –

Bettine.

An *Bettine.*
Du hast nun wohl meinen letzten Brief, der mit dem Deinigen sich gekreuzt hat, und ich hoffe er hat Dir einen ruhigen
ja glücklichen Eindruck gemacht, damit die Verwirrungen
der Sprachen wie in Babylon nicht den Fortbau unseres
Glückes hindern.

Was hat Dein Brief mir und der armen *Sophie* für eine
Angst gemacht, ich begreife Dich nicht! – Hab ich Dir nicht
mehrmals gesagt daß von Dir meine Zukunft abhänge, daß
es Dein Wille ist, ja Deine Neigung, die mich bewegt zu allem, die mich lenkt! – Und ich sage Dir nun daß ich *Sophien*
nie heiraten werde, wenn Du sie nicht lieb haben kannst, das
ist auch ihre feste Entschließung, und sie opfert mehr dabei
auf als ich, denn sie liebt mich mehr als ich sie liebe, sie hat
keine *Bettine,* ich habe eine, die ich ewig mehr lieben werde
als alle Menschen! Es ist mir ewig leid daß ich darüber an
andre geschrieben habe. Man scheint alle Glocken bei einer
Sache angezogen zu haben, die gar nicht der Mühe wert ist;
was hat man Dir über uns gesagt? – sag es aufrichtig. Dabei
sitzt Du in Frankfurt zwischen trostlosen Wänden und weißt
Dir keinen Rat! hast Du denn gar kein Vertrauen mehr zu
mir? – O liebes Herz sei ruhig! glaube an mich und verirre
Dich nicht! auch der Traum hat seine Ansprüche an die un-
verkümmerte Wahrheit; das zu schöne Leben ist ja Traum
und wenn Du erst mit uns beiden vereint bist, dann ist mein
Leben zu schön und dann träumen wir alle drei uns glück-

lich, und Du wirsts doch nicht scheuen im Traum Deinen
Bruder glücklich zu fühlen, glücklich zu machen! –

Jetzt erst merke ich wie ich von den Leuten verschieden
bin, denn meine Idee mich mit *Sophie* zu vereinigen, ist mir
eine der einfachsten meines ganzen Lebens; ich kann Dich
versichern, zu Dir aus meiner Stube in die Deine zu gehen
war mir immer wichtiger und mit mehr Sorge verknüpft;
Deine Angst aber ist nicht in der Ordnung. Du solltest mich
so lieben daß alles was ich mit Gleichmut und Ruhe tue, das
heißt: daß alles was ich eigentlich tue, Dir gar keine Sorge
machen könnte. Schau mir in die Augen, mein Kind, mein
treues gutes Kind und störe Dich nicht, was an meiner Seite
vor sich geht; es geht uns beide nichts an, wir müssen unser
Sein unser Denken mit einander, nicht mit der Welt vermen-
gen, sonst gibt es Schmerzen. So wie Du allerlei Übles ahnest, so ahne ich Gutes, oder doch vielmehr ganz ordentliche
ruhige Begebenheiten und erschrecke nur darüber, wie Dich
etwas so ganz gewöhnliches in Sorgen setzen kann! – Ich
sage Dir daher nur noch einmal, *Sophie* wird nicht mein Weib
wenn Du sie nicht lieben kannst, aber Du wirst sie lieben, das
ist gar nicht anders möglich, sie wird Deinetwegen expreß
nach Trages kommen, sie hat eine Begierde nach Dir wie
noch nie nach einem Menschen. So oft ich ihr einen solchen
Sorgenbrief wie den letzten Deinigen bringe, wird sie immer
sehr gerührt und betrübt, aber wenige Minuten drauf wird
sie wieder froh und viel mutiger als vorher, sie fühlt sich so
viel viel besser als man von ihr denkt, und freut sich inniglich
darauf eure Liebe zu gewinnen. Ich versichere Dich ich
werde so glücklich mit ihr sein, als man es dans ces pays bas
auf dieser Erde sein kann, und das Schönste bei dem allen ist
daß wir uns gar nicht störend sein werden, daß das Schwere,
Plumpe der gewöhnlichen Ehe, uns nicht berühren soll; wir
werden leben wie es Schneeflocken zusammenschneit und
wie die zerrinnen, wenn ein neuer Frühling kommen sollte,
so werden auch wir zerrinnen, wenn wir nicht beisammen
bleiben sollten etc.

Mache mich nicht unglücklich liebes Kind, sei nicht trau-

rig um mich, ich schwöre Dir, so wahr als Gott und unsere
Liebe lebt, es ist da nichts, was Dich mit Recht betrüben
kann! Vertraue mir ganz, aber verstelle Dich nicht als seist
Du ruhig, wenn Du es nicht bist. Ach aber, welcher göttlicher Beweis von Deiner großen Liebe zu mir wäre es, wenn
Du mit aller Innigkeit so recht aus ganzer Seele mir vertrau-
test! wenn Du wirklich ruhig würdest und zu Dir sprächst:
der *Clemens* kann nichts tun, was mich betrübt, er wird mein
Glück nur vermehren, nur befestigen können; in diesem Vertrauen will ich auf die Zukunft mich freuen. Liebes Kind
blicke um Dich auf die Herrlichkeit Gottes in der Natur und
in der Kunst und in unserer Liebe, liebes Kind, lasse Dich
keine Sorge einnehmen. Ein tüchtiger Mensch kann nicht
unglücklich werden, ich fühle, ich kann es nicht, denn ich
bemerke mich nicht mehr, so klein bin ich gegen Natur,
Kunst und die Liebe, und so auch tue Du.

Es wäre sehr betrübt, wenn Dich dieser Brief gar nicht ein
bißchen trösten sollte, er geht mir so recht von Herzen! –
Gunda schreibt mir aus Frankfurt Du seist sehr krank gewesen aus Liebe und Sorge zu mir, deswegen hättest Du mir
nicht geschrieben, Du seist so krank gewesen daß die ganze
Familie um Dich besorgt gewesen sei! Mein Kind ist das
wahr? – und Du hättest es mir verschwiegen? – das kränkt
mich, das ist gewiß ein Schreckenberger von der *Gundel*! Liebes Kind nehme Dich zusammen, sei lustig und vergnügt,
ich schwöre Dir, es ist auch nicht für zwei Pfennige Elend auf
der Erde, und ich hab gar nicht nötig besorgter oder vergnügter als sonst zu sein; denn es wird ewig beim Alten bleiben; die Natur strengt sich nicht an natürlicher zu sein, Gott
hat bis dato noch keine Ursache gefunden göttlicher zu werden, der Mensch ist so menschlich als genug und der *Clemens*
ist und bleibt halt der *Clemens,* und wenn ich sechstausend
Weiber nehme, so werde ich immer nach wie vor der *Clemens*
sein. Ich würde auf die letzten Nachrichten von euch gleich
zu Dir gekommen sein, wenn mich nicht folgendes abhielt:
Erstens kann *Sophie* nicht eher nach Trages reisen als in ungefähr vierzehn Tagen, und ich sie doch nicht allein hinreisen

lassen; zweitens will ich meine Büste von *Tiek* für Dich modellieren lassen und der konnte noch nicht anfangen, weil ein
großer Bacchus den er macht umgefallen und zerbrochen ist,
so daß er ihn erst von neuem machen mußte. Diese Büste ist
das überraschende Geschenk, was ich Dir versprochen habe, 5
es wird Dir große Freude machen; er gießt einem nicht ab,
wie *Franz* und *Toni* abgegossen wurden, er modelliert einem
aus freier Hand! – Ich will nun doch nicht eher von hier gehen bis ich Dir mein Wort gehalten habe! –

   Savigny schrieb mir heut, er habe einen Brief von *Arnim* an 10
mich, ich aber habe den Brief noch nicht, auf den ich unendlich ungeduldig bin; er hat ihn *Christian* gegeben ihn mir zu
schicken und der ist ein *kommst du heut nicht so kommst du mor-*
gen! –

   Eben erhalte ich zu meinem haarzubergerichtenden Er- 15
staunen beiliegenden verwirrten Brief der Großmutter! Ich
weiß nicht was er bedeuten soll. Es muß ihr von hieraus, wo
vom Schuster bis zum Herzog alles von mir und der *Mereau*
spricht, manches Unwahre erzählt worden sein; – sie spricht
mir auch von Dir! – O sei um Gotteswillen nicht betrübt 20
über mich, wolltest Du denn daß ich nie heiraten sollte? –
Liebe *Bettine,* wenn Du es verlangst, so will ich das einzige
Weib, was mich als Gattin glücklich machen kann, verlassen
und will ein Einsiedler werden! Sei doch ruhig und setze
mich nicht in Angst. Ich weiß mir nicht zu raten und zu hel- 25
fen, wenn Dir es nicht wohl wird. –

   Heut hab ich ein Liedchen an *Arnim* gemacht und eine
schöne Melodie dazu, ich weiß noch nicht wo er jetzt wohnt,
drum schicke ich es Dir allein, da er noch wohl in Deinem
Herzen wohnt. Mädchen! wenn Du meine Freunde so lieben 30
kannst, warum wehrst Du Dich so gegen meine Freundin? –

   Wunderlich ists daß alle Leute, welche die *Mereau* kennen,
sich eben so wunderlich gegen unsere Verbindung wehren;
wie ihr auf sie zürnt, so zürnen sie auf mich. Ja zieht und zerrt
nur, wir lieben uns und ihr müßt euch einst noch freuen dar- 35
an!

   Dies Liedchen ist das Beste, was ich gemacht habe, mir ist
es recht wie dem Jäger!

Der Jäger an den Hirten!

Durch den Wald mit raschen Schritten
Trage ich die Laute hin,
Freude singt was Leid gelitten,
5   Schweres Herz hat leichten Sinn!
Durch die Büsche muß ich dringen
Nieder zu dem Felsenborn,
Und es schlingen sich mit Klingen
In den Saiten Ros' und Dorn.
10   In der Wildnis wild Gewässer
Breche ich mir kühne Bahn,
Klimm ich aufwärts in die Schlösser
Schaun sie mich befreundet an.
Weil ich alles Leben ehre
15   Scheuen mich die Geister nicht,
Und ich spring durch ihre Chöre
Wie ein irrend Zauberlicht.
Haus' ich nächtlich in Kapellen
Stört sich kein Gespenst an mir,
20   Weil sich Wandrer gern gesellen,
Denn auch ich bin nicht von hier.
Geister reichen mir den Becher,
Reichen mir die kalte Hand,
Denn ich bin ein guter Zecher
25   Scheue nicht den glühen Rand.
Die Sirene in den Wogen
Hätt' sie mich im Wasserschloß,
Gäbe den sie hingezogen
Gern den Fischer wieder los.
30   Aber ich muß fort nach Tule
Suchen auf des Meeres Grund.
Einen Becher meine Buhle
Trinkt sich nur aus ihm gesund.
Wo die Schätze sind begraben
35   Weiß ich längst, Geduld! Geduld!
Alle Schätze werd' ich haben
Zu bezahlen meine Schuld.

Während ich dies Lied gesungen
Nahet sich des Waldes Rand,
Aus des Laubes Dämmerungen
Trete ich ins offne Land.

Aus den Eichen zu den Myrthen,   5
Aus der Laube in das Zelt
Hat der Jäger sich dem Hirten,
Flöte sich dem Horn gesellt.

Daß du leicht die Lämmer hütest,
Zähme ich des Wolfes Wut,   10
Weil du fromm die Hände bietest
Werd ich deines Herdes Glut.

Und willst du die Arme schlingen
Um ein Liebchen zwei und zwei,
Will ich dir den Baum bald zwingen   15
Daß er eine Laube sei.

Du kannst Kränze schlingen, singen
Schnitzen, spitzen Pfeile süß,
Ich kann ringen, klingen, schwingen
Schlank und blank den Jägerspieß.   20

Gib die Pfeile, nimm' den Bogen,
Ich bin Ernst und Du bist Scherz,
Hab die Sehne ich gezogen,
Du gezielt – so triffst ins Herz.

Schreib mein Kind, sei ruhig, Heiopopeio, in drei Wochen   25
küssen wir uns.

Clemens.

Weimar 23. Juli 1803.

Liebe *Bettine*!
Gestern Abend war ich bei *Sophien,* sie war ungewöhnlich   30
schwermütig, auch ich war nicht vergnügt, der Gedanke an
Deine zärtliche Angst um mich versetzt uns beide oft in sol-
che Trauer; wenn ich ihr dann erzähle, wie ich Dich über
Alles liebe, wie ich Dich so vortrefflich halte, so wächst ihre

Sehnsucht nach Dir unendlich, und mit dieser ihr Mut. In dieser Idee Deiner Liebe gewiß würdig zu sein, Dir nah zu sein, Deine geliebte Freundin zu werden, von Dir vieles zu erlangen, was sie bis jetzt umsonst auf Erden gesucht hat,
5 ergriff sie eine innerliche himmlische Heiterkeit, sie ward ruhig und ihr Anblick gab mir eine eigne Seligkeit. Heute Morgen schickte sie mir beiliegenden Brief an Dich, den sie noch spät in der Nacht in jener hoffnungsvollen liebenden Begeisterung geschrieben hat; ich zweifle nicht, Du vortreffliches
10 geliebtes Herz, daß Du die Seele dieses Briefes ehren wirst, daß Du ihr aufrichtig, ohne *Delikatesse,* ohne alle *Resignation* antworten wirst; Wahrheit sage auch ihr, sage Alles, was Du empfindest, sie kann Alles ertragen um meinetwillen, und sei recht ruhig und zufrieden; wenn Du sie kennen wirst und sie
15 keineswegs lieben kannst, so wird sie nie mein Weib. Ich muß noch an *Savigny* schreiben; drum lebe wohl; ich bitte Dich herzlich schreibe mir öfter, aber ums Himmelswillen lauter Wahrheit! – mein, Dein, *Sophiens* Glück hängt davon ab. Heute hat *Tieck* meine Büste für Dich angefangen.
20   *Clemens.*

An *Clemens.*
Was uns nah ist lieben wir innig im Leben, was uns näher ist können wir nicht genug lieben! Wer liebend auf seinem Weg weiter geht bis ans Ende, der hat die Wallfahrt nach seiner
25 Heimat recht als ein Kind mit aller Andacht vollendet und kommt auch als Kind an das End seines Lebens! – Wie weise, wie ernst müssen diese Kinder nicht sein! wie groß, wie herrlich, und doch sieht ihnen ihre Größe niemand an. Sie treten lächelnd in den Kreis, und wenn sie scheiden treten sie lä-
30 chelnd wieder ab, dies ist Sonnenschein im Leben, ihr aber seid gerührt über die lächelnde Einfalt und schauert über das geheime Geistige darin; das sind kühle Wolken, erquickender Regenschauer im Leben. – Der lächelnde Mund kömmt näher, er küßt euch die Tränen von den Wangen, dies ist Re-
35 gen und Sonnenschein zugleich, eine Art Aprilwetter, das

man Laune nennt, und auf welches gemeinlich der herrliche
Regenbogen erfolgt, der Friedensbote von Gott gesandt,
der die Weltanschauung in ein freudiges Licht stellt und
Milde nach dem Sturm verkündet. So geht es auch mir. Oft
hängt die Träne auf der lächelnden Lippe und der Friede
sieht aus den Augen, von denen die Träne eben hinabrollte.
Wenn nun aber der lächelnde Mund nicht gleich bereit ist die
Träne zu empfangen, das heißt, wenn der Regenbogen nicht
gleich erscheinen will, so entsteht daraus die Trauer, die Dich
ängstigt und die Du mir für diesmal vergeben mußt, weil ich
Dir mit Wahrheit den Beweis geben kann von meiner Liebe
zu Dir, daß mir nichts mehr weh tun wird, was Du auch un-
ternimmst, daß ich alles um deinetwillen lieben werde, was
Du Dir aus voller warmer Seele aneignest; ich weiß ja, daß
Du meinen Anteil an Deinem Glück nicht verschmähest,
mehr begehre ich nicht. Sieh ich denke oft, ehe man eine
Hand umwendet ist es anders mit des Menschen Gedanken
und Träumen und Entschlüssen. Also mag auch noch vieles
geschehen, wovon jetzt unser Herz nichts ahnt und was es
traurig machen würde, wenn es das jetzt schon wüßte; denn
wenn wir nur bemerken wollen, wie oft kein Pulsschlag, kein
Wink mehr von Dingen da sind, von denen wir uns nie zu
trennen glaubten. Es ist eigentlich entsetzlich! – man darf
nicht viel dran denken, denn sonst erscheint einem das Leben
wie ein alter Mann, der eine kindische Neuigkeit mit wichtiger Miene uns hinterbringt, um uns etwas weis zu machen,
und dem wir auf die Spur gekommen sind und nun nichts
mehr glauben wollen, und wenn wir denn immer fort denken und grüblen wollen, so werden wir am Ende wie spu-
kende Geister, und spazieren ewig unter unsern alten Ruinen
herum, indessen die übrigen sich schon neue Gebäude aufgeführt haben. Freilich wenn freundliche Jäger, sich gerne in
solche Schlösser verlieren, sich nicht vor dem geistigen
Druck der geistigen Hand fürchten, unerschrocken den
glühenden Becher kredenzen, mit wandeln in stiller Mondnacht über Flur, Berg und Tal und Strom, leise durch die Flut
rauschen. – O blieb es ihm immer so kühl bis ans Herz wie

dem Fischer! O könnte er doch immer aus Thulens Becher trinken, trinken bis zum Hinsinken wo er begraben liegt.

Clemens Dein Lied hat mich erfreut – es gibt eine Zeit im Jahr, wo die Bäume so festlich rauschen, geschmückt mit ih-
5 rem Laub als ob sie den Bräutigam erwarten, und wenn wir wissen wollen was denn die eigentliche Macht ihrer Schönheit ist, so ists immer ihre eigne Gestalt! So ists mit Deinem Lied, vielleicht auch mit Deinem Charakter, mit Allem was aus Dir hervorgehen wird noch! – es ist als ob es die Vor-
10 bereitung einer festlichen Zeit sei, und wenn wir uns näher ihm vertrauen, so ist es immer wieder es selbst! Du bist es selbst das Glück auf das Du Dich so festlich vorbereitest, das Glück dem Du Dich anvertraust.

So eben habe ich *Sophiens* Brief erhalten, er ist zu freund-
15 lich gegen mich. Wirklich ich verdiene es nicht. Sie sollte mich schelten daß ich die ganze Zeit so mürrisch gegen sie war, und nun unterwirft sie sich meinem Urteil! – was soll ich darauf sagen? – *Clemens,* was ist dies Verehren was sich auf nichts reimen will in mir? – Ihr kommt mir vor wie einer der
20 den heiligen Geist erwartet, und weil da grade eine Taube sich zu euerm Fenster gewöhnt, so empfangt ihr sie mit großer Begeistrung! Und doch Deine Begeistrung hat mehr heiligen Geist in sich als die Taube die nur ein Paar Futterkörnchen sucht. In wenig Tagen schreib ich an *Sophie;* daß die Post
25 mir auf dem Nacken sitzt, merkst Du am kurzen Atem meines Briefs. Wir gehen in wenig Tagen nach Schlangenbad; verzögre Deine Reise bis wir zurück kommen, denn hier bleiben kann ich nicht, schon der Gedanke an andre Luft sagt mir, ich soll gehen.

30 Appropo's von der Großmama, die schon mit Deinem Vorhaben uns benachrichtigte, noch ehe die Propheten und Vorläufer Deinen neuen Glauben verkündet hatten, die also aus dem Urborn geschöpft haben muß, nämlich aus Handbrieflein von Weimar. – Daß ich krank gewesen ist auch
35 wahr, ich habe Dir nichts davon gesagt, weil ich Dir erst schrieb als ich schon wieder besser war, und Dir keinen unnützen Schrecken einjagen wollte. Ich möchte Dir gern noch

viel Liebes sagen und meiner Treue Dich versichern sowie
auch *Sophie,* aber wirklich die Zeit will nicht warten. Adieu,
ich umarme euch tausendmal.

Bettine.

Liebe *Bettine*!
Deinen unendlich liebevollen, seelenvollen Brief habe ich
heute morgen im Bette erhalten, er hat mich aufgeweckt und
ich habe ihn gebetet. Sei zufrieden mein Kind, es hat sich
Alles so gewendet wie Du es wünschtest, *Sophie* wird mein
Weib nicht, aber meine liebe, sehr liebe Freundin. Sie selbst
hat freiwillig nach reifer Überlegung dieser Verbindung entsagt, aber sie kann nicht leben ohne mich, und sie ist entschlossen nach Marburg zu ziehen, um meiner und *Savignys*
Gesellschaft zu genießen. Ich habe ihr heute morgen sogleich
Deinen Brief geschickt, und die beiliegenden Zeilen schickte
sie mir mit zurück, Du glaubst nicht wie sie Dich und mich
liebt, und wie wir auf Erden ihr Alles sein werden. Liebe
kann ich nicht für sie empfinden, aber ein Vertrauen, eine
Neigung die nahe an Liebe grenzt. – Der Dichter *Tieck* war
vor kurzem hier, er hat mich so lieb gewonnen daß wir Tag
und Nacht beisammen waren, ach er ist ein recht vortreffli-
cher Mann, er hat mir seinen Dornenstock den ihm *Hardenberg (Novalis)* geschnitten, geschenkt, und ich gab ihm dafür
die kleine Vorstecknadel von Dir, ich habe ihm viel von Dir
erzählt, er liebt Dich herzlich, und ich habe ihm versprochen,
Dich um ein Kleidchen für sein vierjähriges Kind zu bitten,
der Gedanke machte ihm unsägliche Freude. Sein ganzes
Wesen hat eine große Gewalt über alle Menschen, wie auch
Arnims Wesen eine solche Macht übt. Die beiden lieben sich
wechselseitig von Herzen. Du glaubst nicht wie mich die
Liebe dieses Mannes gestärkt und aufrichtig gemacht hat. –
Meine Büste wird in wenigen Tagen fertig, und dann reise
ich ohngefähr von heut in zehn Tagen nach Marburg, und
von da nach Schlangenbad zu Dir, um Dir vieles zu erzählen;
daß ich nach Schlangenbad komme, ja von allem rede kein
Wort. Freust Du Dich dann nicht auf die Büste? – Überlege

es recht welches Opfer *Sophie* gebracht hat für Dich, für mich, ach ihre Güte ist unbeschreiblich groß, ich schwöre Dir, sie wird Dir eine teuerste Freundin werden. Lebe wohl, sei gesund, pudle Dich hübsch, bald bin ich bei Dir. Aber um Gotteswillen schreibe noch einmal hierher, gleich von Schlangenbad. Schicke den Brief an die *Mereau.*

Clemens.

Freitag, den 4. August.

Lieber Clemens.

Nur ein Wort, ich bin in Schlangenbad und habe so eben Deinen Brief bekommen, ich kann Dir nur erzählen daß ich morgen ausführlich schreiben will, wenn der Genuß auf die Höhen zu steigen und in die Ferne zu spähen mich dazu kommen läßt.

Sophie ist wunderbar daß sie mich so gern sehen will, ich weiß nicht was ich von mir denken soll, daß ich bis jetzt noch gar nicht daran gedacht hab.

Bettine.

Grüße sie von Herzen und sag ihr ich hoffe mein möglichstes von unserer Zusammenkunft, aber so bald wirds nicht sein können, da wir sechs Wochen hier bleiben! –

Clemens Du bist artig! und *Sophie* ist fein, ihr wollt euren Brautkranz von *mir* geflochten haben, darum ist es daß ihr ihn wieder aufbündelt und mir alle aufgelösten Blumen in den Schoß schüttet! – Geschwind Wasser her, daß sie mir frisch bleiben, und dort auf der Wiese breche ich noch viele dazu, und alle Ihr kleinen Geschlechter, die Ihr die Augen noch nicht dem Licht öffnet, seid zum Reigen im Hochzeitskranz gebeten. Ihr sollt an euern feinen Stielen nicken auf der Braut ihrem Köpfchen und Ja sagen, wenn allenfalls die Braut zagt, denn! – es ist wahr – ich würde ja auch gar sehr zagen – wenn ein wonneträumender Trunkener vor mir stände und wollt mich fragen: Willst du mich glücklich machen? – Und: Nein! würde ich da sagen viel eher, aber nicht:

Ja, und der Pfarrer würde sich wundern; und weiter würd
ich sagen: Seh wie du fertig wirst, wenn du durchaus und mit
Gewalt dein Glück Dir willst bequem einrichten, damit es
sich bei dir niederlasse! – euch sag ich meine teuren Freunde,
denn die seid ihr mir jetzt, was ich nicht verdeutschen kann,
was aber tief in meiner Seele liegt. Grad vor meinem Fenster
steht ein Rosenstrauch mit unzähligen Rosenfamilien, heut
morgen vom Tau ganz schwer lagerten die langen schwanken Äste beinah am Boden, ich nahm einen Zweig ins Aug
auf den grad die Sonne blitzte und dachte das soll die *Sophie*
sein und wie ich hinunterkam wars eine freudige Rosenmutter mit drei Knöspchen dicht ihr am Busen! – ich hab sie nicht
abgebrochen, ich will sehen wie sie emporkommen. Ach! ein
Knöspchen ist grad wie ein Wickelkindchen! – ach auch sie
verlangen daß man die Lippe zusammenziehe, und ein
Schnütchen mache und sie küsse! – sie wollen tändln, sie
lächlen und wollen angelacht sein, und die Lust, wie ein Vögelchen hüpft in ihren Zweigen! –

Ich war ja auf der Reise hierher sehr vergnügt! – auf dem
Bock saß ich, und die Neugierde was es denn alles gäb in der
Welt, ließ mich die ganze Nacht nicht schlafen! – Was hab ich
gesehen? – ganz stille Landstraßen mit Bäumen besetzt, die
wie besessen an uns vorbeirennten! – durch Dörfer. Die kleinen Häuser sind ja auch Knospen sie umhüllen in seinen
Windeln ein Geschlecht, es könnte edel blühen; aber ihm
fehlt die Luft, die reine balsamische des Geistes. Ach wann
wird der herabträufeln und von welchem Himmel? – er ist
höher als der Nachthimmel voll unzähliger Sterne, der über
meinem Haupte schwankte! – Die Sterne strahlen gegen
Morgen viel heller und freudiger, und doch sahen sie ihrem
Untergang entgegen! Alles wird schöner wenn es sich bald
verändert; und wird das wohl im Tode auch so sein? Die
Wolken erröteten endlich ganz freudig – und die Sterne? –
wo waren die geblieben? – Ist das Fexierspiel, im Himmel ein
schönes Spiel; ei dann nehm ich mirs heraus, und meint der
liebe Himmel er hat mich, eh er sichs versieht bin ich ihm
entwischt. – Und eine Philosophie schaffe ich mir gegen ihn
an, die es ihm wett mache!

Ich bin krank gewesen bloß von der Gottphilosophie die mir *Günderödchen* wollte eintrichtern, das regte mir die Galle auf, und machte mir so fürchterlich Schwindel, dagegen ist nun nichts gut, als ein Kräutchen am Weg gebrochen! – oder am nächsten Bach, oder auf der Wiese wo alle Tag die Herde weidet; pflück ichs nicht, so frißts der nächste Hammel ab! – und damit dreh ich dem Gott den Rücken und freß mein Futterkraut, ich kann so nicht in die närrische Art mich finden vom Gastmahl im Evangelium, wo der eine der kein hochzeitlich Kleid an hatte, zur Tür hinauspromoviert wurde! Und doch, weil einmal ein Paar gute Schelmen etwas Besseres zu tun hatten als bei Tische zu sitzen und zu schlemmen, wird der Herr des Gastmahls aufsässig und ladet die Krüppel und Bettler ein, die kommen zu Scharen herangehinkt und gehockt und getrampelt. Sie hatten die besten Seiten ihrer Lumpen nach außen gehängt, der Herr des Gastmahls war damit zufrieden. Sie räuspern sich, sie husten, sie niesen in die Suppe wie solcher Leute Brauch; der Herr des Gastmahls läßt es sich gefallen! – Sie genießen sie, knöpfen sich den Bauch auf, sie schwemmen mit köstlichen Weinen die Bissen hinab! – der Herr hat seinen Wohlgefallen dran. Der Weinstrom begräbt unter seiner Woge den gastlichen Anstand. Der Herr des Gastmahls streicht sich den Bart, und geht so ganz fidel mit diesen Fleetzen um, aus Trotz gegen die welche sein Gastmahl nicht wollten annehmen; der eine hatte einen Acker, der andere einen neuen Backtrog, der dritte eine Frau im Handel.

In meinen Lernbüchern aus dem Kloster wo wir alle Sonntag mußten eine Betrachtung über das Evangelium aufschreiben, was vorgelesen worden war, steht folgende Bemerkung: »Ich bin recht froh daß die armen Schlucker sind bei dem Herrn zu Tisch gewesen, aber warum konnte er doch so böse sein gegen die welche lieber ein anderes Geschäft taten, als bei ihm zu Gaste essen, vielleicht weil sie sahen daß er den zur Tür hinauswarf der ihm nicht gefiel, wollten sie nichts mehr mit ihm zu schaffen haben! ich hätte mich auch gefürchtet bei einem so strengen Gastgeber zu essen. –

Unsre Reisenacht hat mich ganz glücklich gemacht, obschon sie die Gegend mit ihrem Mantel zudeckte. Außer ein
Paar Strohhütten die vor Weinlaub nicht aus den Augen sehen konnten war nichts am Wege, ein plaudernder Bach dessen Mundart ich noch nicht verstehe, war unser Begleiter im
engen Tal bis ins Schlangenbad hinein, von wo aus ich Dich
grüße, in der Hoffnung auf vier bis sechs himmlische Wochen! – in denen die Muse des Vielschreibens mich umtanzt. –
Du hattest mir Gedichte wollen abschreiben, Deine Liebes-
liedchen! – Schicke sie mir, damit ich sie entziffern kann.
Bettine.

Liebe *Bettine.*
Du bist ein närrisches Mädchen, nun bist Du in Deinem letzten Brief wieder lustig, und wir waren grade sehr traurig
wegen Dir. *Sophie* weint oft Tage lang, sie glaubt sie werde
mich durch Dich verlieren. Nun waren wir schon entschlossen in ein Paar Tagen nach Trages zu reisen, damit Du sie
dort sehen könnest, und nun gehst Du auf einmal ins Schlangenbad. *Sophie* ist sehr traurig darüber, sie weiß nun gar
nicht wie sie zu Dir gelangen soll, ich bitte Dich schreibe
bald, ob es vielleicht gar nicht möglich ist, dann gehe ich
grade nach Marburg, doch ohne *Sophie* die auch dahin zieht;
wann, wissen wir noch nicht. Ich bitte Dich herzlich, werde
nicht wieder ängstlich, beim Lichte besehen war die Langeweile in Frankfurt viel dran Schuld. *Arnim* ist jetzt in England wohin ich ihm nicht schreiben kann. Meine Büste erhältst Du in einigen Wochen; Du wirst sie finden wenn Du
von Schlangenbad zurückkehrst, vielleicht besuche ich Dich
dort von Marburg aus. Um alles in der Welt willen verliebe
Dich in Niemand den ich nicht kenne. Die Männer sind außer mir, *Arnim* und *Wrangel,* nichts wert und *Savigny,* der aber
einen starken Naturfehler hat, daß er Dich nicht versteht,
kann auch noch hinzugezählt werden, der ist aber mehr *vor-*
trefflich als daß er mirs wert wäre, folgert sich daraus.
Schreibe der lieben *Sophie,* antworte auf ihren lieben Brief! –
Dein *Clemens*! –

Du fragst nach meinen Liebesliedern närrisch Kind, nicht
alle Seufzer lassen sich in Worten aussprechen, und daß Du
sie mit seufzen solltest, – ach nein! das macht mich zu wehmütig, viel lieber lasse Dich mit ihnen anhauchen; an die der
5 Schmelz der Poesie in reinen Krystallen sich anlegt.

> Von den Mauern Wiederklang –
> Ach! – im Herzen frägt es bang:
> Ist es ihre Stimme;
> Und vergebens sucht mein Blick
10 Kehret mir ein Ton zurück? –
> Ists nur meine Stimme? –
> Auf der Mauern höherm Rand
> Sind die Blicke hingebannt,
> Doch ich seh nur Sterne;
15 Und in hoher Himmelssee
> Ich die Sterne küssen seh,
> Wärens unsre Sterne.
> Nacht ist voller Lug und Trug,
> Nimmer sehen wir genug
20 In den schwarzen Augen;
> Heiß ist Liebe, Nacht ist kühl,
> Ach ich seh ihr viel zu viel
> In die schwarzen Augen.
> Sonne wollt nicht untergehn,
25 Blieb am Berg neugierig stehn;
> Kam die Nacht gegangen,
> Stille Nacht in deinem Schoß
> Liegt der Menschen höchstes Los,
> Mütterlich umfangen.

> Willst du mir Trost verleihen
30 Laß mich aus deinen Augen,
> Der Liebe Schwärmereien
> Minutenwahrheit saugen,
> Laß um des Lichtes Quelle
35 Die trunkne Fliege schwirren,

Laß, wird es ihr zu helle
Sie in die Flamme irren.
Du sahst im Nektarkelche
Die heitre Psyche sterben,
Wenn ich noch länger schwelge   5
Läßt du mich auch verderben?
Aus deines Herzens Raume
Möcht ich nur einmal trinken,
Und dann zum kühnsten Traume
Im Götterrausche sinken.   10
Du bist die Zaubervase,
Die meinen Geist umhüllet,
Und im Champagnerglase
Ist schon mein Los erfüllet. –

Dies letzte kleine Gedicht, liebe *Bettine,* entstand weil *unsre*   15
Sophie (denn so muß ich sie nennen, die auf Deine Gunst
meines Glückes Los gesetzt hat) einen kleinen Schmetterling
retten wollte, der nachdem er seine Flügel am Licht ver-
brannt hatte, in ihrem Champagnerglas versank. – Ach Kind!
diese Gedichte sind wie die kleinen Johanniswürmchen, die   20
leuchtend hin und wieder fahren.
    Nun sing ich Dir hier noch ein Liedchen was aus den Saiten
meiner Guitarre entschlüpfte, als ich gestern Abend im
Mondenschein mit *Sophie* am Fenster lag, nachdem ich Deinen lieben Brief ihr vorgelesen hatte; und sie recht tief be-   25
wegt war von dem Glück was Du ihr im Rosenbusch unter
Deinem Fenster prophezeihst. –
    Sieh dort auf dem Wiesengrunde,
    Tanzen jetzt ein Elfchen munter
    Unterm Rosenbusch hinunter,   30
    Der die Blätter niederstreut.
    Elfchen spielen Lotto heut,
    Schreiben auf die Blätter Nummern,
    Ja du darfst nur kühnlich schlummern,
    Denn dein Glück kommt dir im Schlummer.   35
    Du gewinnst die beste Nummer:

Eine Braut wirst du im Schlummer,
Drum erwachst du ohne Kummer,
Hochzeit Hochzeit, hohe Zeit. –
Sieh wie scheint der Mond so weit,
5   Und die Frösche und die Unken
Singen bei Johannisfunken
Ihre Metten ganz betrunken.
Brünstig glühn Johannisfunken,
Sternlein kühl am Himmel prunken,
10   Und das Irrlicht hüpft betrunken,
Wo Du gingst ein Jungfräulein.
Auf dem Acker glüht ein Schein,
Wo beim Drachen eingetruhet,
Kaltes Gold das rot erglutet,
15   Fiel dein Kränzlein unvermutet
In des Drachen Gruft hinunter
Und der Drache ist gebunden,
Und der Schatz ist dir gefunden:
Gold und Silber, Edelstein,
20   Und drei Rosen die sind dein.

Diese kleinen Gedichte, oder poetische Mücken die einem umschwirren in heiteren Stunden, summen einem im Geist bis man sie mit dem Reim totschlägt, und in dem Busen eines Freundes einsargt, damit sie doch da anständig begraben sein 25 mögen! – Deiner Treue von jeher, hab ich diese Spur heiterer und beglückender Stunden nun ganz unbefangen hingegeben; keinem andern Menschen könnt ich das. O wie sehr fühl ich in diesem Augenblick was Du mir bist! – Ach lasse darum diese Gedichte einen Wert für Dich haben, weil Du der Le-30 bensbaum bist, der in seine frische Rinde sie von der Bruderhand sich eingraben läßt; lasse es mit Dir verwachsen das Gefühl daß glückliche Zeiten auch mich begrüßten, und wenn böse Zeiten kommen, so lasse mich in Deines Herzens Schrein die Schätze der Erinnerung finden. In dieser Emp-35 findung einer stillen Nacht, wo ich die Schätze der Freundschaft und Treue, die nur in geliebten Menschen aufbewahrt sind, überzählte, hab ich auch nachfolgendes Gedicht an Dich gemacht.

Laß Dich, mein Kind den Tadel nicht verführen,
Vertrau wenn du ihn hast, dem guten Sinn,
Und sprich: Nur weil ich nicht unsterblich bin
Will die Versöhnung liebend mir gebühren.
    Denn Gottes Hand sie kann uns plötzlich rühren,   5
Und stürb der Freund mir unversöhnet hin,
So würde scharfer Tadel, den Gewinn
Daß Liebe ich gegeben, mir entführen.
    Bis dahin suche Trost in dem Sprüchworte,
Daß Rom nicht ist in einem Tag gebauet,   10
Daß Alle Alles auch zugleich nicht können.
    Daß vor dem Morgen erst, der Himmel grauet,
Daß trunken bunt Aurora pflegt zu brennen,
Bevor der Gott tritt aus der Sonnenpforte.

Schreib, befriedige uns, beglücke und pflege unser Glück, 15
ersehnt, verlangt von Deinem treuen Bruder
Clemens.

Schmerzlich ists mir immer, wenn Du Deiner Klostertage
erwähnst und nie Dich bemühen magst sie ein bißchen zu
ordnen, da Du selbst noch Material dazu hast! – Wärs denn 20
nicht höchst intressant einen kleinen Katechismus Deiner religiösen Begriffe zu geben!

An *Clemens.*
Endlich komme ich dazu laut zu sagen, was ich heimlich oft
dachte. Du siehst im Zauberspiegel die *Bettine* wie sie sein 25
könnte, aber nicht ist! –
    Ich staune an, was Du von mir glaubst und erwartest, ich
wundre mich und begreife nicht vor was und wem Du mich
warnst! – Die *Günderode* schreibt, Du habest Dir die Aufgabe
gemacht, mich durch eine Wiedergeburt Deines Geistes als 30
Ideal zu bilden. – Ach ich bin recht erschrocken davor! – und
möchte mich vor Dir verbergen, daß Du ja nicht dazu kom-
mest! – Du bittest mich, mich nicht zu verlieben; ach *Clemens,*

wenn Du mich nicht idealisieren willst, dann will ich Dir das
gern versprechen! mein Herz ist nicht leicht bestechlich, und
verliebe ich mich einmal wirklich, so werd ich dich nicht zum
Vertrauten machen, aus Furcht daß es Dir mißfallen könnte.
Hier im Schlangenbad hab ich mit dem Herzog von Gotha
viel zu kämpfen, der mir alle Tage von *Sophie* spricht, er
nennt sie seine Erate und gibt mir beiliegenden Streckvers
für sie. Ihr werdet es in der Überfülle eures Glückes nicht
achten! – warum hat ers auch gereimt und geleimt. Was man
in der Prosa zu sagen sich gedrungen fühlt geht tiefer. –
    Ich schwelge hier, es gefällt mir Alles; am liebsten ist mir
der Morgen, wo man nur Bauern begegnet und der Abend,
wo die Lichter in den Hüttchen brennen, man sieht da das
ganze Familienleben hellerleuchtet. – Da geh ich oft Abends
spät noch mit dem Voigt hinab den Talweg, und da durch ein
kleines Fensterchen sehe ich die armen Leute sitzen und
emsig spinnen und wirken, so fern von allem Bedürfnis im
Reichtum des Fleißes, der Andacht und des Vertrauens! Eine
so kleine Stube deucht mir so voll von dem Gefühl ihres innern Wertes dieser Menschen, die ihr schwer errungenes
Abendbrot gerne teilen mit dem ärmeren Gast. – Wenn ich
mir nun denke, daß ihr beide ein solches Haus bewohntet und
daß euch da die Einsamkeit nicht drücken sollte, und ihr
backtet da euer Ambrosiabrot um es andern mitzuteilen, so
habe ich euer Glück begriffen und schreibe davon der *Günderode*. Die *Günderode* mit der sanften Würde ihres dichterischen Standpunktes unter den Menschen schreibt wieder wie
folgt: »Wer liebt den *Clemens* nicht? so wie er einem entgegentritt, wer durchschaut alle Menschen, wer geht so tief
in dem Auffinden ihrer Innerlichkeit, und was könnte man
ihm sagen, was er nicht schärfer und wahrer aufgefaßt hätte!
Alle Menschen berührt kaum sein Hauch und sie atmen, als
wenn sie aufblühen wollten in edlere Begriffe und schönere
Handlungen.« – So schreibt die *Günderode;* das lautet ganz
schön zum Ansatz eines Posaunenstückes Deines Ruhmes,
der aus dem Nebel der Zeit golden aufsteigen und einen
schönen Tag verbreiten werde. »*Aber*« fährt die *Günderode*

fort: »so scharf dieser *Clemens* und so nahe er fremden Menschen in ihrem eignen Bewußtsein tritt, so sehr heben ihn seine Launen aus dem Sattel über sich selbst, die ihm den Begriff seines Amtsgeschäftes ganz verdüstern und ich kann es gar nicht leiden, wenn er davon so klein und unbürgerlich denkt. – Wie dieser Dekrete ausfertigt und jener auf den Rednerstuhl tritt, so ist der *Clemens* dazu bestimmt durch sein Leben, das sich in die Begeisterung des Witzes, der Philosophie, des Eifers und der Experimentenlust verzweigt, die Menschen zu wecken und in der dunklen Kammer eine Kerze anzuzünden, manches Neue alt und manches Alte neu zu machen, und daß er nicht wie die meisten gebildeten Menschen gegen das Leben, gegen Geschäfte, Künste, ja gegen Vergnügungen nur mit einer Art von Selbstverteidigung zu Werke geht und lebt, wie man einen Pack Zeitungen liest, nur damit man sie los werde, – das macht ihm viel Ehre. Nur bisweilen überfällt ihn eine seltsame Blödsinnigkeit, daß ihm die Tage unnütz vorkommen und meint, es wäre Nichts und käme zu Nichts, weil das, was durch ihn entstanden, nicht wie ein beschriebener Bogen Papier vor ihm liegt.« – Ach *Clemens* es ist gut, daß sie über Dich und nicht an Dich schreibt, denn Dir selber hättest Du das Alles nicht sagen lassen und Dein Verwerfen ihres Mißbegriffs von Dir, will ich gar nicht hören müssen. Das fügte sie noch hinzu, daß der Lebensbalsam, den Du für Andre hast, einem feinen geistigen Öl in einem verschloßnen Gefäß gleich ist. Nur mäßig verbreitet, erquickt und belebt es, ganz geöffnet betäubt, tötet es und verzehrt sich selbst, oft habe Dein Witz einen in die Ecke geworfen, wo er das Aufstehen vergessen! – Von *Jung Stilling,* dessen Bekanntschaft die *Günderode* in Heidelberg machte, schreibt sie: »Der Mann hat meine ganze Aufmerksamkeit gefesselt, er hat etwas Liebes, man sieht daß sein Leben aus einem Guß ist, daß sich von seiner Jugend bis ins Alter eine grade Linie zieht und *er* mehr die Umstände bestimmt hat, als sich von ihnen bestimmen lassen; selbst seine breite Eitelkeit, mit der er unaufhörlich Fürsten und Prinzen bei den Haaren herbeizieht, indem er sich ihre Na-

men von seiner Frau souflieren läßt, hat etwas treuherziges
und beleidigt nicht« –

Liebster *Clemente,* ein wahrhafter Zug nur aus meiner
Seele gebe Dir Licht über mein Zurückhalten gegen Deine
Verbindung mit *Sophie*! – Du schwebst also immer noch im
Irrtum, als könne es mich unglücklich machen? – Hab ich Dir
das gesagt? – Nein! – Meine Krankheit, ein Gallenfieber –
hat wahrhaftig keine Beziehung zu Dir! – Die *Günderode*
hatte mich geplagt mit Philosophie; ich mußte ihr *Schelling*
vorlesen, – das hat mich krank gemacht. Ach ich war so brennend verlangend nach frischer Luft, daß die ganze Welt um
mich vor Begierde zitterte, wie die Gegenstände in der Nähe
des Feuers; so kam Bewußtlosigkeit, und als ich wieder zu
mir kam, da war das Erste, daß sie ein Gelübde tat, mich nie
wieder Philosophie studieren zu lassen, – ich hatte im Fieber
fortwährend davon phantasiert. Was willst Du nun? – Wär es
Deine Verbindung gewesen, die mir zwar auch Sorge machte, aber doch nicht so viel wie die verdammte Philosophie, so
würde ich von der phantasiert haben, das war aber gar nicht.
– Und sei jetzt ruhig über beides, denn keines kümmert mich
mehr! – Und sag nicht Du willst um meinetwillen jetzt nicht
heiraten und willst lieber mit Deiner *Sophie* zusammen unglücklich sein! – Ich würde Dir gleich hierher schreiben: *»Du
sollst sie heiraten!«* wenn ich nicht fürchten müßte, Du glaubtest am Ende gar, Du habest sie nur um meinetwillen geheiratet. Nein, so was muß man tun aus sich, für sich und wegen
sich, aber keinen andern zu Gefallen weder lassen noch tun. –
Ich begreif kein Philistergesetz, aber daß ein Baum wurzle im
geeigneten Boden seiner Nahrung, das begreife ich, und mögen seine Äste recht schlank in die Weite sich strecken, daß
die Sonne ihn früh vergolde und der Wind mit ihm plaudere,
und daß kein häßlicher Irrtum Dich um die Wahrheit Deines
Glückes betrüge.

Es ist heut so trüb, so trüb wie nirgend in der Welt, man
möchte sich vor lauter Trübsinn verlieben. Die Nebel nehmen hier die seltsamsten Gestalten an, und der Regen fällt
zuweilen auf kleine Stellen, nicht tropfenweis, sondern aus

einem Guß herab. Diese Trübheit macht mir Deutlichkeit
und Klarheit so lieb, so reizend sonst auch öfters Dunkelheit,
Verworrenheit und Undeutlichkeit erscheinen mag; – drum
hab ichs auch gewagt durch meine Deutlichkeit diesmal die
Verworrenheit in Dir aus dem Dunkel ins Klare zu bringen.   5

Ich küsse Dich lieber *Clemens* und drücke Dich an mein
Herz; sei gut und gegen mich besonders und traue mir mehr
wie Dir, das heißt in gewissen Dingen. – Du mußt wissen
daß ich schon eine Weile im Mondschein schreibe, weil mein
Licht ausging. Der Mond schwimmt zwischen dem Gewölk   10
und die grauen Berge drüben sonnen sich in seinem Schein,
ich wollte sagen: *monden* sich, und begleiten sich gegenseitig
mit Schatten und die kleinen Quellen ruschlen so leise wie
Gespenster. –

Leonhardi ist hier, er stählt sich mit Stahlbädern! Was wird   15
dann erst werden, wenn diese Kur gelingt! –

Bettine.

Marburg.

Liebe *Bettine.*

Ich bin seit wenigen Tagen wieder hier. Meinen Brief, in dem   20
ich Dir sage, daß ich *Sophien* nicht heirate, hast Du wohl erhalten? – Ich hoffe auf Antwort; – unterdessen muß ich Dich
um alles in der Welt bitten Dich nicht phantastischer Schwermut zu übergeben, der alles Schöne und Wahre endlich in uns
erliegt. Ich habe Dich so oft gebeten, Du solltest Deine Emp-   25
findungen und Phantasien mehr von Dir trennen und sie allein für sich in irgend einer Form niederschreiben, sie zur
Poesie erheben, wie die Kirche von dem Dorf, der Wald vom
Felde stets getrennt sein muß, wenn etwas gedeihen soll.
Dann fordere ich weiter auch, nie wieder an meiner Liebe zu   30
zweiflen, noch zu glauben, daß ich je ohne Deine Liebe leben
möchte. – Wenn Du Dich nicht zu *Sophien* neigen kannst, so
ist dies nur, weil Du sie ganz verkennst; es ist nicht jene *Sophie* mehr, die mich nicht verstand, es ist ein unschuldiges,
liebes, treues göttliches Weib.   35

Liebes Kind sei glücklich! es tut mir leid daß Du mir nie schreibst es freue Dich meine Büste zu erhalten, in ungefähr drei Wochen wird sie Dir *Tieck* zusenden, es ist die beste Büste, die er gemacht, ein wahres Kunstwerk! – Sie ist Dir zu lieb gearbeitet, halte sie lieb und schone sie! Ich werde wohl in einiger Zeit zu Dir kommen, wenn Du mir schreibst, wann Du wieder in Frankfurt sein willst.

Da ich von Weimar wegging ist *Sophie* auf einige Zeit nach Dresden gegangen, um sich zu zerstreuen. Ein Brief des Herzogs von Gotha an *Sophie,* worin er über Theater schwindelt und nur davon spricht, *Sophiens* und mein Dichtertalent der Bühne zu widmen, bewog mich folgendes zu schreiben, wozu mein Aufenthalt in Lauchstädt mir Gelegenheit gab; ich habe mit dem trefflichen *Tieck* dort viel über Theater verkehrt. – Diese Truppe, von *Goethe* auf eine Stufe gebracht, wo sie jedem gefällt und eigentlich imponiert, war der Gegenstand der galanten Konversation an der table d'hôte und da alle Laufgräben der Fadheit, Unwahrheit und Gemeinheit mit Wetter- und Theatergesprächen eröffnet werden, so ist es doch noch wunderbarer, wenn man in öffentlichen Blättern verkündigt, wie dieser oder jener mit Beifall aufgetreten und bis auf ein gewisses Schnarren mit hinreichendem Gebrülle das schwer zu befriedigende sehr gebildete Publikum zu München, Mannheim, Stuttgardt u. s. w. ganz entzückt hat; Alles dergleichen kommt mir viel erstaunlicher als Zeitungsartikel vor, als irgend die einsamen Wetterbeobachtungen eines neben seinem Barometer studierenden Landpredigers im Reichsanzeiger oder sonst in einem Provinzblatt.

Es kann sein, man will dadurch einer Geschichte der Kunst vorarbeiten, gleich einer Weltgeschichte aus Armenbülletins, doch dergleichen soll mit vieler Teilnahme und großem Nutzen gelesen werden. – Mir auch scheint es eine äußerst wichtige Sache ums Theater zu sein, mit der man es über die Maßen gern recht ernsthaft meinen möchte. Ich selbst gedenke meiner frommen Wünsche, die sich bei meinem schweren Leiden im Parterre, wo ich doch wohl seit der Vetter von Lissabon Häring in den Kaffee getaucht, fünfund-

zwanzigmal gesessen haben mag, entwickelt haben, ich
würde diese Wünsche veröffentlichen, wenn nicht alles dieses
wie Spreu in der Luft verflöge vor *Ludwig Tieck,* der allein
beauftragt ist der Mimik ein Licht aufzustecken, da er das
größte mimische Talent ist, was jemals die Bühne *nicht* be- 5
treten. Dieser Dichter, der als darstellender Künstler, die
Bühne zu einer Ehre gebracht haben würde, deren sich wenige diesseit oder jenseit der Lampen träumen, ist kein
Schauspieler geworden, worüber Thalia und Melpomene
mit inniger Beschämung trauern sollten, denn er hat den in- 10
nersten Beruf und ein Talent zur Bühne, wie es sich alle Jahrhunderte einmal hinaufverirrt. – Seine einzelne Äußerungen
müssen einem zum Nachdenken erwecken, sie sind im Zusammenhang mit vielen trefflichen andern Kunst- und Lebensansichten, und haben mich so erhoben und begeistert 15
zur Bühne, der ich gern darum mein Talent widmen werde,
wenn ich welches habe; – ich glaube aber auch, daß man so
wenig in der Kunst und der Geschichte, als in der Natur
plötzlich wirken könne. Der Bedingungen zu einer Voll-
endetheit auf irgend einem Punkte des Daseins sind unend- 20
liche; es kann wohl ein Mensch vortrefflich sein, er kann gelungen sein, daß ihm aber alles gelinge, besonders in einer
Sache, die wie die dramatische Kunst nur mit allgemeiner
Weltkrankheit erkrankt und mit allgemeiner Weltgenesung
genesen kann, wäre eine beinah rasende Zumutung. Selbst 25
einem so außerordentlich von dem Schöpfer geliebten Menschen als *Goethe* ist, konnte das nicht gelingen, – denn es wäre
eine eben so gesegnete Vereinigung aller geistiger, phy-
sischer und historischer Weltkräfte nötig, um mittelbar
durch einen Menschen der Bühne aufzuhelfen als sie nötig 30
war, um einen so großen reinstrebenden Menschen, als *Goethe* war, aufzustellen! – In keiner Kunstgattung sind aber die
Bedingungen ihrer Vollendung so unendlich, als in der dramatischen. Nur auf dem äußersten Gipfel ihrer historischen,
moralischen und künstlerischen Größe kann eine Nation ein 35
vortreffliches Theater haben, dies ist zu beweisen! – aber von
dem Bedürfnis desselben ist man entfernt in einer Zeit, wo

man mit peinigenden Mängeln überzufrieden stolziert, und das Theater ohne alle Kunstheiligung in den Kreis der menus plaisirs hinabgesunken ist.

Als in der menschlichen Gesellschaft die Unschuld verloren ging, trat die Sitte als Vermittlerin auf, als Zucht und Treue entwichen, ließen sie die Höflichkeit und Savoir faire als Geschäftsträger zurück. Als die Würde sich von dem Verdienst trennte, ließ es sich mit der Etikette ein, da die Völker nur große Haufen eigennütziger Bürger wurden, entstanden die stehenden Heere, und die Ehe als zwingendes Gesetz zeigt, daß die Liebe sich nicht immer sehr ehrbar betragen haben mag! – Alle diese vermittelnden Selbstvertreter aber sind ehrwürdig, wenn gleich nicht unmittelbar göttlich und heilig, denn sie sind Fußstapfen, Träger, Telegraphen, Hieroglyphen entflohener Götter von der Erde, und an sie knüpft sich die Hoffnung, die Erweckung besserer Zukunft und alles Strebens. Sie stehen zwar stumm, starr und tot wie Memnonssäulen in den Wüsten der Geschichte, aber jede Morgenröte legt ihren Strahl erinnernd an ihre Stirne und läßt sie mahnend tönen. Für die Kunst aber ist immer nach ihrem Untergang ein solcher wohltätiger, wenn gleich armer doch allein würdiger Träger jene, ihre ernste, strenge, rechte, oft pedantische Periode gewesen, die wir Schule nennen. Wenn die freie genialische Produktion das sterbliche Kind der Unsterblichkeit, seinen schönen blühenden Leib, dem Scheiterhaufen des ewigen Geschickes hingegeben, dann sammlen fromme und gerechte Menschen das bloß Rechte, Notwendige und Gesetzliche, ich möchte sagen Mathematische aus ihrem Andenken und stellen uns das Gerippe des Untergegangenen in seiner gesetzlichen Schönheit vor Augen, das mit Verstand drappiert oft lange noch herrlicher und bewunderungswürdiger, ja würdiger ist, als wir es sind, die es nicht verstehen. Manche Völker haben nur der Schule zu verdanken, daß sie noch eine Ahnung der Künste besitzen, und ich halte es für eine Weisheit, Bescheidenheit und Mäßigung *Goethes* auf seiner Stelle für das Theater die Schule in Deutschland aufgestellt zu haben, die seinen Bemühungen dauderndern Wert geben wird, als wenn er alle Genialität auf dieser Bühne zu einer Zeit losgelassen hätte, wo nichts als eine Tierhetze daraus werden konnte. Es ist nicht Not in der Kunst das Vortreffliche anzuschaffen, es ist Not das Schlechte, Falsche, Verkehrte abzuschaffen, denn alles Vortreffliche erblühet aus dem Rechten und Wahren. – *Die Freiheit ist die Blüte des Gesetzes,* der Tod aller darstellenden Kunst aber ist die Eitelkeit und Selbstgefälligkeit, und ich werde mir es niemals nehmen lassen, daß einst die strenge, grausam scheinende bürgerliche Verachtung der Schauspieler ein Hausmittel der Geschichte war vortreffliche Künstler zu haben. Um auf die Bühne berufen zu sein dazu gehört ein Schatz von Talent und Unschuld, der die ganze Welt mit ihrer Ehre gewissermaßen wie ein Schiff in den Grund bohrt, um über den Lampen auf der Zauberinsel der fata morgana zu landen. Jetzt aber gleicht das Theater einem Strande, dessen Bewohner aus gestrandeten Schiffern bestehn, die sich ganz wohl befinden, ist hie und da ein Robinson drunter, den wir gern ansehen, so spielen seine Gehülfen doch die Affen zu schlecht, indem sie aus Eitelkeit sich ihre Menschlichkeit immer merken lassen, als daß man nicht lieber den *Kampe*-schen Robinson läse als ihm zusähe. –

Die große Trauer und Angst aber, die mich bisher immer im Parterre, besonders wenn die Helden und Biedermänner, die ersten Liebhaber männlichen und weiblichen Geschlechts in ihrem durch ganz Deutschland hergebrachten eckelmütigen, edelhaften, eitlen, heuchlerischen mit Empfindung eingesalbten Ton, die Tränen und Seufzer des unschuldigen Publikums erwürgen und erjammern, geht mehr aus einem allgemeinen Entsetzen über dies Geschick der Kunst, als aus Unwill über die Schauspieler hervor, die sich unendlich quälen und allen möglichen Lohn und Dank verdienen; denn wie sollten sie es besser machen, als man es *machen kann?* Die Leute wollen es nicht besser und ein Schelm gibt mehr als er kann*.

---

* Sollten vielleicht nicht manche wirkliche Schelme sein? – denn viele können gar nichts.

Dies Bruchstück aus meinem Glaubensbekenntnis über das Theater hab ich Dir hier hergeschrieben, um daß wenn bei euren Soirées dort im Schlangenbad vielleicht die Rede zwischen dem Herzog *August* und Dir, auf mich oder *Sophie*
5 kommt, Du ihm allenfalls das nötige sagen kannst. Es ist mir wichtig, daß Männer wie dieser, der immer *Sophiens* warmer Freund war, doch zugleich auch gewahr werden daß es keine engherzige Natur ist, keine Liebeständelei, die mich und *Sophie* zusammenführte, sondern mannigfache Übereinstim-
10 mungen und Ergänzungen der Gemüter, der Ansichten, der Begriffe und der Ausführungen unserer Lebenspläne. –

Lebe wohl, laß bald von Dir hören und behalte lieb Deinen

Clemens.

15 Eben erhalte ich Deinen Brief mit den Mitteilungen der *Günderode,* schicke mir den ganzen Brief, und sage ihr, daß ich ihr herzlich danke für alles was sie über mich denkt und beschließt, und ihr werde ich antworten. –

An *Clemens*! –
20 *Clemente,* gestern erhielt ich Deinen Brief in Schlangenbad! Ich hätte sehr gern ihn dem Herzog von Gotha vorgelesen oder lesen lassen, allein er war schon am Morgen abgereist, es war schade er hatte gern etwas mit mir zu verhandeln, da er so oft auf dem Spaziergang neben mir herlief, zog er seine
25 Schreibtafel heraus, stellte sich vor mich daß ich nicht weiter gehen solle, es war recht lächerlich. Von der *Günderode* erzählte ich ihm, von Deiner *Sophie* hat er mir viel erzählt, unendlich Schönes. Sie hat mir eingeleuchtet wie ein Stern, ich mußte darüber entzückt sein; und verwundere mich, daß ich
30 ihn begegnen mußte hier, der die *Sophie* so verehrt, mir eine ganze Brieftasche voll Gedichte an sie vorlas, alle Tage unendlich Vortreffliches mir erzählte. Dafür hab ich ihm auf meiner Guitarre mehrere Präludien zu seinen Liedern komponiert. Es war eine Not mit seinen französischen Gedich-

ten, zu so was konnte ich keine musikalische Anwendung machen. Unter mir wohnt die Kurprinzessin von Hessen, der hab ich alle Nacht aus dem Fenster vorgespielt, das machte ihr viel Freude, sie hat mich in Affektion genommen und ist oft mit mir allein spazieren gegangen, ich sollte ihr 5 erzählen, da war viel von Dir die Rede! Von wem soll ich sonst reden. Aber von meinem Aufenthalt bei der Groß-mama und von manchen ernsten Geschichten und Gesichten der französischen Revolution war die Rede; da wunderte sie sich daß ich so ernste Dinge berühre schon in der Jugend. 10

Ich weiß was Jugend ist: Inniges unzerstreutes Empfin-den des eignen Selbst. – Die Einsamkeit aber ist eine Quelle sich selbst zu trinken. Dieser Gedanke gefiel der Kurprinzeß, ich mußte ihn ihr in ein Denkbüchlein schreiben; und ich setzte noch hinzu: Denken ist die Wege Gottes beschreiten, – 15 durch Denken gelangt man zu Gott! »Und dies gefiel der Kurprinzeß so daß sie mich dafür auf die Stirne küßte. – Sie redet nun oft mit mir und nennt das, seltsame Gedanken, was ich so herausplaudere ohne viel Nachdenken; so hatte ich letzt gesagt, der Gedanke sei ein geflügelt Roß, und wer 20 es regieren könne der schwinge sich mit ihm auf in die Un-sterblichkeit. – Das alles will sie behalten und aufschreiben; – immer möchte sie mehr aus mir herauslocken als ich grade sagen kann oder mag, denn zu geistiger Offenbarung gehört der Wille, den Geist zu entfalten. – Der Geist ist zwar immer 25 wandelnd, nämlich in ihm selber wandelt sich alles was er be-rührt und davon wächst und blüht er, und reift zur Frucht selber. – Unser höchstes Wirken ist Denken, gibt es vielleicht Geister die noch ein höheres Wirken haben als denken? und was mag das sein? – Nein! Denken ist das große Lebensmeer 30 der Gottheit, aus dem entspringt alles Wirken! – So sag ich und die Kurprinzeß freut sich an diesen Reden, und will wis-sen wo ich das alles her habe, ich sage das sind Hobelspäne von Gesprächen mit der *Günderode,* und daß ich mich da oft durch die Gedankenfülle durchdränge, wie durch eine Volks- 35 menge die mich umwimmelt und daß ich den ersten besten beim Ohr kriege, und viele andre witschen mir durch.« – Da

freut sich die Kurprinzeß und will mehr wissen, und ich muß als in einem fort aus dem Ärmel schütteln. – Und der Glaube ruft den Geist herbei, der sagt seine Geheimnisse, die Natur haucht sie aus. – So ist jeder der belehrt sein will ahnungs-
5 voll, wie die Knospe die dem Licht aufbricht, aus ihrem Kelch duftet die Begeistrung fürs Licht. – Und das Licht kann dieser Begeistrung nicht widerstehen, so wenig der Geist der Liebe widerstehen kann! –

Ich bin heute so munter, ich möchte noch mehr schwätzen!
10 meine Augen sehen im Dämmerlicht sehr hell, ich schreib gern bei Mondschein, da kann ich so vergnügt im Zimmer auf und abgehen. Am Himmel tragen die Wolken ihre Be-gebenheiten mir vor, sie ballen sich zusammen und türmen sich, und schreiten auseinander und steigen und kreuzen sich
15 und lassen sich nieder, kurz es ist ein Staatsleben unter ihnen. – Am meisten seh ich Revolutionsereignisse drin! – Wollt ich prophetisch sein, ich würde mich an die Wolken halten! – Nicht daß sie wirklich Geschicke ausmalen könnten. Aber der Geist kann sich selber ahnen, selber erkennen, und sich
20 selber hinüber erzeugen in das was er sich vorstellen kann. Gewiß kommt einst eine Zeit der Erlösung, wo nicht mehr einer die Wahrheit prophetisch oder ahnungsweise vorträgt, sondern wo die ganze Welt zugleich weiß und empfindet, was ihr Lebensnahrung gibt, und wo sie drin wuchert wie im
25 üppigen Boden die Pflanzen und Früchte wuchern! – Gedei-hen des Geistes ist eine über alle Vorsichtsmaßregeln und Begriffe und Bedeutungen hinaus strebende Kraft. – Alle Philosophie erstickt, umstrickt und zwar mit groben Stricken, den ungebundenen Geist. Ach ich habe da letzt
30 noch mit *Sinclair* disputiert. – Ich kann aber nicht disputie-ren, ich muß mich nur totärgern bis der Kerl fertig ist, wo ich gleich bei der ersten hölzernen Redensart als schon außer mir komme, ich kann auf nichts acht geben, sie sagen ich wär eingebildet; die andern sind eingebildet mit ihrer Repulsion
35 und Attraktion und Potenz, und Notstall der Philosophie und Kunstreligion.

Es gibt Menschen die sind wie die Raupen, sie zehren nur

vom Pflanzenstoff des Geistes, wenn die sterben so werden
sie zu Schmetterlinge, die gauklen in ihrer Seligkeit, so über
den Blumen. Das womit sie ihren Geist nährten gab ihnen
keine andere Offenbarung der Seligkeit als nur diese! –
Was der Geist in sich entwickelt, das wird seine Offenbarung, sein höheres Leben! – Der Maler hat ein ganz besonders Himmelreich (Verewigung) in das er sich durch seine
Kunst hinüberübt und lernt! – Aber! aber! – die Maler malen
ja alle daneben, und nicht das was ihnen wieder Geist gibt.
Der Künstler muß ja etwas hervorbringen was ihn wieder
erzeugt, sonst ists aus mit der Ewigkeit. Der Musiker komponiert ja falsch und wenn er noch so sehr den Generalbaß
reitet, grade deswegen; er spielt ja Menschensatzung und
nicht über Irdisches! – Der Sänger singt ja falsch und wenn er
noch so rein trifft, er trifft ja die Seele, das Gefühl, dessen
nicht der Geist hat und auf höhere Berührung wartet. – Der
nur erzeugt die wahre Kunst, der das hervorbringt, was die
Zeit zu dem erhöht wozu sie reif ist, um sie weiter zu reifen.
– Der singt falsch, der durch seinen Gesang nicht das göttliche Licht der Freiheit in dem Hörer entzündet, denn er erfüllt nicht den Zweck der Kunst, und gibt dem Geist Ärgernis, denn er zieht ihn herab.

Mit diesem letzten will ich in Deine Saiten eingreifen, von
dem was Du über Schauspielkunst sagst. – Mir hat der Mond
diktiert.

Ich möchte der lieben *Sophie* auch noch was sagen, aber ich
hänge vom Mond ab, daß er mir doch einen Augenblick dazu
Licht gebe! – eben kommt er! – Licht und Feuer in den zerstreuten Hütten funkelt durch das Grün der Bäume. – So
weit ich seh, versinkt die Welt in Ruh!

Clemens, die Sterne funkeln zu tausenden am Himmel, unter meinem Fenster steht meine alte Invaliden-Schildwache
und paßt auf ein Ständchen meiner Guitarre, er ist gewohnt
mich Abends noch singen zu hören, ich werd ihm ein alt
Klosterlied an die Jungfrau Maria singen, denn es ist Morgen Maria Himmelfahrt.

Deine Freundschaft mit *Tieck* entzückt mich, – oft wenn

ich in seinen Schriften las, hatte ich eine große Begierde ihn
kennen zu lernen. Ich werde ein Kleidchen machen für sein
Töchterchen, so schön als möglich, das schenk dem Liebchen
von mir. – Du kommst also *Clemente*! ich freue mich. – Wir
sind jetzt ganz allein hier! – wir machen Promenaden ins
Wilde! – Die *Toni* hat aber als den Mut verloren, wenn wir
den Weg verloren hatten! ich dachte es wäre recht närrisch,
wenn wir uns nicht wieder in die Heimat fänden und gingen
so fort und kämen in fremde Lande.

                                                            Bettine.

Lieber Clemens.
In wenig Tagen gehn wir von hier ab. Ich weiß nicht ob wir
uns in Wiesbaden aufhalten. Du mußt meinen letzten Brief
nicht erhalten haben, weil ich nichts von Dir weiß. So sehr
ich mich freu Dich wieder zu sehen tuts mir doch leid die
Gegend zu verlassen; hier hab ich zum erstenmal die Natur
beklettert, mitten in ihrem Schoß konnte der Mutwille nicht
Ruhe halten; wohin mein Auge blickte dahin wollte ich, oft
meint ich mit Händen die Berge zu greifen, und wenn ich
eine Strecke gelaufen war, dann wars als sei ich viel weiter
entfernt vom Berg. Erreichen muß man nicht wollen; goldne
Wünsche, grünende Hoffnungen wartet nicht daß ich euch
nachlaufe, wenn ich auch euch nachseufze ein Weilchen! – Es
ist vor ein Paar Tagen ein Mann hier durchgekommen mit
einer Flugmaschine, er wollte sich damit sehen lassen, aber
Leonhardi, der noch zwei Stahlbäder zu nehmen hat, wovon
er ganz stahlblau wird, wollte durchaus nicht, daß der Mann
fliegen solle, der Mann wollte uns auf der Terrasse ein Flug-
stückchen machen, für einen Taler wollt ers tun. *Leonhardi*
sagte, der Mensch fällt gewiß, und bricht Hals und Bein,
dann haben wir die Heilkosten, den Doktor, den Apotheker,
den Chirurg, den Aufwärter, das Essen, die Nachtwache, die
Wartfrau, und zuletzt vielleicht gar die Begräbniskosten
samt Pfarrer und Küster auf dem Hals, zu so wenig Bade-
gästen, als wir noch sind, kann sich das sehr hoch belaufen.

Alles war von *Leonhardis* Weltweisheit eingenommen, der noch vorbrachte, er säh es dem Kerl an, der sei expreß gekommen ein Unglück anzurichten. Vom Manne hatte ich erfahren daß er keine drei Batzen habe, denn er hatte auch schon gestern keine mehr gehabt und sich durchbetteln müssen. *Leonhardi* behauptete, des Mannes Augen seien auf seine Taschen gerichtet gewesen, er sei ein Dieb. – Ich brachte die Nachricht, der Mann wolle mit Gewalt fliegen, da seht ihr, sagte *Leonardi*, er will uns einen Streich spielen. Ich wurde also wieder zu dem Mann geschickt, ob er nicht gutwillig gehen werde, wenn man ihm ein Douceur gebe. Ich brachte die Nachricht: der Mann wolle absolut fliegen und lade die Gesellschaft bei Mondschein auf die Terrasse. Ach, sagte *Leonhardi,* in dem Menschen sitzt die Verzweiflung; das ist eine dumme Geschichte in der einsamen Gegend, wo keine ordentliche Polizei ist, – dem Mann verbieten zu fliegen habe er keinen Befehl, meint der Polizeimann, sagt der Badepeter, erzählte ich. – Der gute invalide Polizeisoldat mußte kommen; der sagte: Lassen sie ihn, der wird nicht weit fliegen, er ist auch Invalide, es kann nicht jeder Nachtwächter in Schlangenbad sein, um sein Brot zu verdienen. – Da haben wirs! – ein zerschoßner Kerl will da noch ungeheure Kunststücke machen! – Alles war aufgeregt, jeder lachte darüber, aber man wollte ihn los sein. – Mit zehn Gulden geht er ab, rief ich. Die zehn Gulden waren gleich beisammen und noch mehr, jeder steuerte ungezählt bei. – Ich lief mit dem Geld zum Mann, der gar nichts davon wußte, auch so viel Geld seit lange nicht gesehen hatte. Ich konnte ihm schwer begreiflich machen daß es sein gehöre, wenn er nicht fliegen wolle; dies letzte begriff er vollends gar nicht, denn er ließ sich durchaus nicht vom fliegen abhalten, was er vorher eigentlich nicht im Sinne hatte, es mußte jetzt geschehen! Ich lief auf die Terrasse und rief der Mann kommt, er will doch mit aller Gewalt fliegen! – Ein großer Spektakel war da los, der Mann zog aus einem Pappkasten zwei Schläuche, blies Luft hinein, es wurden zwei Pferdchen draus, ein weißes und ein schwarzes, so groß wie Windhunde, angespannt an einen

Luftballon in dem der Amor saß, das ging in die Höhe an
einem langen Bindfaden und schwebte zehn Fuß über uns, er
hielt dabei eine Rede über das schwarze und weiße Pferd am
Liebeswagen. *Voigt* sagt diese Rede sei aus dem Plato. Als
der Phaeton vom Abendwind eine Weile herumgetrieben
war, wickelte der Mann den Bindfaden wieder auf, entließ
die Luft aus den Gaulen und nahm mit tausend Danksagun-
gen Abschied. – Wir alle waren sehr lustig über die Geschichte und gönnten es dem guten Mann, der durch seine
Gutmütigkeit den besten Eindruck gemacht hatte.

Wir sind jetzt ganz allein hier, wir machen von Morgens
bis Abends die herrlichsten Spaziergänge, ich glaube es wird
traurig werden, wieder in mein finsteres Zimmer eingesperrt
zu sein. Aber es wird doch ein angenehmer Winter sein; die
Heiraten der Geschwister werden nicht wenig zur häuslichen
Glückseligkeit beitragen. Ich wundre mich, daß Du so wenig
Anteil dran nimmst.

Grüße *Sophie* von mir, und wenn Du schon in Marburg
bist, so schreib ihr, daß ich alle Tag an sie denke.

Bettine.

Liebe Schwester!
Deinen letzten Brief von Schlangenbad in dem Du Deine
baldige Abreise angezeigt, nebst der Fluggeschichte, erhielt
ich eine Minute später als mein Brief an Dich abgegangen
war. Ich erwarte von diesem für Dich so gütig gewesenen
Sommer nun auch gute Wirkung für Deine Gesundheit, Deinen Mut und Fleiß. Was mich betrifft, so bleibe ewig beruhigt, und vertraue mir ganz daß ich in unserm engen Bund
nie ein Wesen aufnehmen werde, als nur wenn es sehr vortrefflich ist. Ich liebe und ehre *Sophien* zu sehr, um mehr von
ihr zu sprechen, wenn Du sie kennen wirst liebe *Bettine,* so
wirst Du für sie empfinden, was auch ich für sie fühle. Sie
macht alles gesund und blühend, sie ist die ewige Jugend
und immer ein Kind, sie ist wie ihr letzter Brief sagt, eine
sehr arme Frau, aber ein unendlich reiches Kind. Wenn ich

nach Frankfurt komme, will ich Dich über alles belehren und
Deine Besorgnisse so aufklären, daß Du Dich über das ganze
so freuen sollst, wie ich es tue. Nur bitte ich Dich nochmals,
in allen Dingen die mich betreffen keine Vertraute zu haben.

Mit *Savigny* stehe ich auf einem ganz ordentlichen Fuß, wir
achten uns, ohne doch daß unsere Herzen innige Mitteilungen hätten. Seine Verschlossenheit, sein Verkehr mit *Gunda*
und *Winkelmann,* ohne daß ich weiß was sie mit einander wollen, und vor allem sein Geständnis, »daß er mit Dir plat-
terdings gar nicht existieren und keine Berührung mit Dir
erträglich sei.« Dieser deutliche Widerwille gegen das, was
ich auf Erden am meisten liebe, gegen Dich, dies Alles hat
mir mein Verhältnis mit ihm bestimmt. Ich achte ihn aber
mehr als irgend einen Menschen in der Welt; daß er das Talent nicht hat vertraulich zu werden, lasse ich ihn weiter nicht
entgelten. Übrigens teile ich ihm nichts mehr mit, weil er
stumm wie ein Ölgötze gegen mich ist, und so wäre das gut.
Manchmal muß ich tief in Gedanken über ihn sitzen, denn
ich habe manche kontroverse Erfahrungen an ihm gemacht,
die ich zu reimen nicht im Stande bin; doch – Alles ist gut
und bedeutsam in der Welt, und wer weiß, wie sich dies noch
einmal zurecht rücken wird! Über was kann ich denn klagen,
als daß ich ihn in dieser Abgeschlossenheit nicht verstehe;
das ist am End auch meine Schuld und nicht die seine. Und
mir selber kann ich dies auch nicht verdenken, da ichs bei
allem guten Willen noch nicht weiter gebracht habe, als mich
zu verwundern, und mir jede Mißbilligung zu verbieten, bis
ich eines Bessern belehrt werde, was ohne Zweifel einst sein
wird, da mir noch so viel zu lernen und zu begreifen bevor-
steht. Nun siehst Du mit meinem guten Weib werde ich gerechter werden, da sie mild ist, und doch unendlich lebens-
frisch; da sie die Weltverhältnisse weit besser versteht als ich
und die große Lebensklugheit besitzt, an die menschliche
Gesellschaft keine Ansprüche zu machen, obschon sie allen
Beziehungen in ihr genügen kann und mit ihrem Wohlwollen immer gibt, wo sie verlangen könnte; und ihre Liebe niemals aufdringt, in der Einsamkeit selbst ihren Reichtum an

Geist niedergelegt hat, in dem sie schwelgen kann und reicher ist als andre, die sich im Besitz der Wohlhabenheit fühlen. Es wird kommen und muß kommen, daß sie das Eis
schmelze, denn sie ist der Frühling und hat den Geist des
Belebens! – und das gewinnt die Herzen! drum ist fürs Erste
mein Aufenthalt in Marburg mir wichtig grade um *Savignys*
willen, wenn das so kommen dürfte, daß er allem dem ent-
spräche, was in ihm sein muß, was ich aber nie zu Tag fördern
konnte, wenn ich wirklich durch meine Hast, durch meine
Unbefähigung bessern Menschen gerecht zu sein, allein die
Schuld trüge, dieser oft qualvollen ungewürdigten Stunden
und Tage unseres Zusammenseins! – und *Sophie,* die ganz
menschliche Freundin meiner Seele, baute zwischen uns die
Brücke eines edlen Verkehrs, wo nicht mehr eine grausame
Ironie mich mit ihren Pfeilen träfe. Liebes Kind, dann müssen wirs ihm auch hingehen lassen, daß er Dich nicht mag! –
Es wird kommen, es wird kommen die gewünschte Früh-
lingszeit! – Nun sei froh und glücklich und grüße mir die neu
verheiratete Schwägerin.

Eben erhalte ich Deinen früheren Brief aus Schlangenbad,
der über Weimar gegangen war. Ich bitte Dich herzlich
schreibe mir oft so, schreibe mir oft und viel, Deine Gedanken ziehen so im Flug, als wären sie Vögel aus fremden hei-
ßeren Ländern. – Wie soll man ihrer habhaft werden, wenn
nicht ein treuer Freund sie auffängt. Spreche mir auch von
Günderödchen, von *Mariannen,* die ich ewig lieben werde. –
Und noch eins. – Alles was durch andre Leute von *Sophie* Dir
gesagt wird, glaube nicht, denn Du weißt ja wie andre Leute
von mir sprechen, wie auch die, welche für die besten, die
edelsten gelten, nur Böses von mir zu sagen wußten oder
ahnten, und doch hast Du das nie in mir gefunden! – Nicht
wahr liebstes Kind, das hast Du nie? – Das ist auch der Segen, der auf Dir ruht, daß keine Ungerechtigkeit noch aus
Deiner Seele geflossen ist, daß keine Äußerlichkeit, kein
Egoismus mit Deinem Gefühl wuchert oder prachert. – Aus
der Ambition entspringt manches Übel der Seele und dies
hat so böse Folgen oft, daß ich manchmal meine, alle Läh-

mungen des Geistes entspringen vielmehr aus dem Ehrgeiz,
als daß dieser ihn fördert. – Großmut ist die Quelle alles
Reichtums und jeder, der sich abzuschließen wähnt, um sein
inneres Eigentum für sich allein zu bewahren und es wie einen künstlichen Springbrunnen in die Höhe zu treiben, der
wird auch einen solchen Springstrahl hervorbringen, lustig
und ergötzlich anzuschauen, und die Menschen werden sich
wundern und es wird die Rede sein von dem fameusen springenden Wasser im ganzen Land, wie von der Fontaine auf
Wilhelmshöhe! – Aber was ist es nun, wenn die Röhren,
durch welche das Wasser läuft, einmal aus ihrer Lage kommen und der Strahl versiegt, oder wenn die unterirdischen
Wasser durch Zufall und Naturereignisse eine andere Wendung nehmen, dann steht die Fontaine mit ihren Prätensionen bewundert zu werden, ganz verlassen; höchstens geht
die Rede durchs Land: *die Fontaine springt nicht mehr!* schade
um die alte Fontaine sagen dann die Leute, wir haben unsern
spiegelklaren Bergstrom, der sich wohltätig durch unsere
Fluren verbreitet! sehet den schiffbaren Fluß, in dem unsre
munteren Bäche und Flüsse zusammen kommen, dem gemeinsamen Leben zu Nutz und Frommen! – Da unterscheidet man sie nicht mehr von einander, ob dieser oder jener
seine Wellen dazu hergibt den Verkehr des Menschen unter
einander zu fördern. – So muß es sein liebes Kind! so und
nicht anders kann das Vollkommne, das Genügende im Geist
sich erweitern und verteilen und beleben alle, die von ihm
sich zu nähren berufen sind! – Und so will es sich gestalten
seit ich meine *Sophie* habe! – Und mögen die Fontainen für
sich springen so lang es geht zur Bewundrung der gelang-
weilten Menge; trägt der schiffbare Fluß erst die Weltbegebenheiten und die Entwicklung des Weltgeistes auf die Höhe
des Weltmeeres, in den er einströmt, dann mag die Fontaine
in verödeter Natur springen oder nicht, Schiffe könnte sie
doch nimmer tragen. Schreibe bald Deinem *Clemens,* der von
Dir lebt, sich von Dir getragen fühlt zum Bessern, zur Lust
das Leben zu genießen und zu beherrschen.

So eben kommt die Frankfurter Post. Ich habe keine Zeile

von Dir und von Niemand. *Savigny* erhält die Briefe bün-
delweise; meine Einsamkeit erhöht sich so immer mehr, ich
bitte Dich herzlich schreibe, ich bin traurig, wenn ich so meinen Herrn Baron seine Briefe verschlingen sehe, ohne mir
5 etwas mitzuteilen, und ich habe gar nichts. Du hast ja auf der
Welt nichts zu tun, schreibe mir doch oder ich glaube daß Du
mich nicht mehr liebst.

Clemens.

Ende des ersten Bandes.

DIE GÜNDERODE

ERSTER TEIL

BRIEFE AUS DEN JAHREN
1804-1806

DEN STUDENTEN

Die Ihr gleich goldnen Blumen auf zertretnem Feld, wieder
aufsprosset zuerst! In fröhlichen Zukunftsträumen der Mut-
tererde huldigt, harrend voll heiligem Glauben daß endlich
Eurer Ahnung Gebild vollende der Genius, und Fesseln der
Liebe Euch umlege und großer Männer Unsterblichkeit in
den Busen Euch säe. –

Die Ihr immer rege, von Geschlecht zu Geschlecht, in der
Not wie in des Glückes Tagen auf Begeistrungspfaden
schweift; in Germanias Hainen, auf ihren Ebnen und stolzen
Bergen, am gemeinsamen Kelch heiligkühner Gedanken
Euch berauschend, die Brust erschließt, und mit glühender
Träne im Aug, Bruderliebe schwört einander, Euch schenk
ich dies Buch.

Euch *Irrenden Suchenden!* die Ihr hinanjubelt den Parnassos,
zu Kastalias Quell; reichlich der aufbrausenden Flut zu
schöpfen den Heroen der Zeit, und auch den Schlafenden im
schweigenden Tal, schweigend, feierlichen Ernstes die
Schale ergießt.

Die Ihr *Hermanns Geschlecht* Euch nennt, *Deutschlands Jün-
gerschaft!* – Dem Recht zur Seite, Klingenwetzend der Gnade
trotzt; mit Schwerterklirren und der Begeistrung Zuversicht, der Burschen Hochgesang anstimmt:
>» *Landesvater, Schutz und Rater!* «
mit flammender Fackel, donnernd ein dreifach *Hoch* dem
Herrscher, dem Vaterland, dem Bruderbunde jauchzt, und:
>» *Strömen gleich, zusammenrauschet in*
> *ein gewaltig Heldenlied.* «
Ihr die mit Trug noch nicht nach nichtiger Hoffnung jagtet! –
Wenn der Philister Torengeschlecht den Stab Euch bricht, so
gedenket *Musensöhne!* daß ihre Lärmtrommel, des leuchtenden Pythiers Geist nicht betäubt; keine Lüge haftet an ihm,

keine Tat, kein Gedanke! Er ist wissend! – und lenkt, daß unberührt von des Gesetzes Zwang, schnellen feurigen Wachstums, das Göttliche erblühe und in der Zeiten Wechsel, ein milder Gestirn schützend über Euch hinleuchte.

An die Günderode.
Der Plaudergeist in meiner Brust hat immer fort geschwätzt
mit Dir, durch den ganzen holperigen Wald bis auf den Trages, wo Alles schon schlief, sie wachten auf und sagten, es
wäre schon 1 Uhr vorbei, auf dem Land blasen sie Abends ⁵
die Zeit aus, wie eine Kerz, die man sparen will. Wie ich erzählte, daß Du mitgefahren warst bis Hanau, da hätten sie
Dich All gern hier haben wollen, ein Jeder für sich allein, da
wär ich doch um Dich gekommen. Durch Dich feuert der
Geist wie die Sonn durchs frische Laub feuert, und mir gehts ¹⁰
wie dem Keim, der in der Sonn brütet, wenn ich an Dich
denken will, es wärmt mich und ich werd freudig und stolz
und streck meine Blätter aus, und oft bin ich unruhig und
kann nicht auf einem Platz bleiben, ich muß fort ins Feld, in
den Wald; – in freier Luft kann ich alles denken, was im Zim- ¹⁵
mer unmöglich war, da schwärmen die Gedanken über die
Berg und ich seh ihnen nach.
    Alles ist heut nach Meerholz gefahren zum Vetter mit der
zu großen Nas, ich bin allein zu Haus, ich hab gesagt, ich
wollt schreiben, aber die Hauptursach war die Nas. ²⁰
    Eben komm ich aus der Lindenallee, ich hab das ganze
Gewitter mitgemacht, die Bäum geben gut Beispiel, wie man
soll standhaft sein im Ungewitter, Blitz und Donner hinter
einander her, bis sie außer Atem waren, nun ruhen alle Wälder. Ich war gleich naß, und so warm der Regen, hätt's nur ²⁵
stärker noch regnen wollen, aber bald wars schön Wetter,
und der Regenbogen auf dem Saatfeld, ich war wohl eine
halbe Stund weit gelaufen und ihm doch nicht näher gekommen, da fiel mir ein, daß man oft denkt, es wär so nah alles,
was man gern erreichen möcht, und wie man mit allem Eifer ³⁰
doch nicht näher rückt. Wenn nicht die Schönheit vom Himmel herab uns überstrahlt, von selbst, ihr entgegenlaufen ist
umsonst, – ich hab den ganzen Nachmittag verlaufen, eben
kommen sie schon angefahren.

Sonntag.

Gestern ging ich noch allein in der Dunkelheit durchs Feld. Da fiel mir wieder ein, alles was wir am Sonntag von Frankfurt bis Hanau im Wagen zusammen geredet haben; – wer von uns beiden zuerst sterben wird. Jetzt bin ich schon acht Tag hier, unser Gespräch klingt noch immer nach in mir. »Es gibt ja noch Raum außer dieser kleinen Tags- und Weltgeschichte, in dem die Seel ihren Durst, selbst etwas zu sein, löschen dürfe,« sagtest Du. – Da hab ich aber gefühlt, und fühls eben wieder und immer: wenn Du nicht wärst, was wär mir die ganze Welt? – kein Urteil, kein Mensch vermag über mich, aber Du! – auch bin ich gestorben schon jetzt, wenn Du mich nicht auferstehen heißest und willst mit mir leben immerfort; ich fühls recht, mein Leben ist bloß aufgewacht, weil Du mir riefst, und wird sterben müssen, wenn es nicht in Dir kann fortgedeihen. – Frei sein willst Du, hast Du gesagt? – ich will nicht frei sein, ich will Wurzel fassen in Dir – eine Waldrose, die im eignen Duft sich erquicke, will die der Sonne sich schon öffnen und der Boden löst sich von ihrer Wurzel, dann ists aus. – Ja mein Leben ist unsicher; ohne Deine Liebe, in die es eingepflanzt ist, wirds gewiß nicht aufblühen und mir ists eben so durch den Kopf gefahren, als ob Du mich vergessen könntest, es ist aber vielleicht nur weils Wetter leuchtet so blaß und kalt, und wenn ich denk an die feurigen Strahlen, mit denen Du oft meine Seele durchleuchtest! – bleib mir doch. –

Bettine.

An die Bettine.

Ich habe die Zeit über recht oft an Dich gedacht, liebe Bettine. Vor einigen Nächten träumte mir, Du seist gestorben, ich weinte sehr darüber und hatte den ganzen Tag einen traurigen Nachklang davon in meiner Seele. Als ich den Abend nach Hause kam, fand ich Deinen Brief; ich freute mich und wunderte mich, weil ich glaubte, einen gewissen Zusammenhang zwischen meinen Träumen und Deinen Gedanken zu finden.

Gestern Abend ist Clemens hier angekommen, ich wollte Du wärst hier, es würde ihm viel behaglicher und heimlicher sein, ich glaube, wenn Du nicht bald hierher kömmst, so geht er nach Trages.

In diesem ganzen Brief ist wohl noch kein einziges Wort, was Dich erfreut? Du drehst das Blatt herum und siehest ob nicht eine Art von russischem Cabriolet gefahren kommt; aber es will nichts kommen; weißt Du warum? weil ich Ihn in der ganzen Zeit nur zwei Minuten gesehen habe; weil Er geritten kam, und weil er kein vernünftiges Wort gesprochen hat. Sei lustig Bettine, und laß Dir nicht mit Cabriolets im Herzen herum fahren.

Grüße den Savigny recht freundlich von mir, erinnere ihn doch zuweilen an mich, ich habe ihn sehr lieb, aber nach Trages komme ich doch nicht.

Tue mir den Gefallen und frage die Sanchen, ob ich nicht einen Chignonkamm und eine Kette in Trages hätte liegen lassen? – Wenn Du noch nicht bald wieder zu uns kommst, so schreibe mir wieder, denn ich habe Dich lieb, sage mir auch wie Ihr lebt.

Karoline.

Grüße doch auch die Gundel von mir. Auf meiner Heimfahrt von Hanau hab ich das Gespräch gedichtet, es ist ein bißchen vom Zaun gebrochen. – Ich wollt die Prosa wär edler, daß heißt: ich wollt sie wär musikalischer; es enthält viel, was wir im Gespräch berührt haben. Du schreibst mit mehr Musik Deine Briefe, ich wollt ich könnt das lernen.

DIE MANEN.

SCHÜLER Weiser Meister! ich war in den Katakomben der Schwedenkönige, ich nahte mich dem Sarg des Gustav Adolph mit sonderbarem schmerzlichem Gefühl, seine Taten gingen an meinem Geist vorüber, ich sah zugleich sein Leben und seinen Tod, seine überschwengliche Tatkraft und die tiefe Ruhe, in der er schon dem zweiten Jahrhun-

dert entgegenschlummert; ich rief mir die grausenvolle Zeit
zurück, in der er lebte, mein Gemüt glich einer Gruft, aus
der die schwankenden Schatten der Vergangenheit heraufsteigen. Ich weinte so heiße Tränen seinem Tod, als sei er
5 heute erst gefallen. Dahin! Verloren! Vergangen! sagte ich
mir, sind dies des großen Lebens Früchte alle? – Ach! – ich
mußte die Gruft verlassen, ich suchte Zerstreuung, ich
suchte andre Schmerzen, aber der unterirdische trübe Geist
verfolgt mich, ich kann die Wehmut nicht los werden, die
10 wie ein Trauerflor über meine Gegenwart sich legt, dies
Zeitalter ist mir nichtig und leer, sehnlich und gewaltig
zieht michs in die Vergangenheit dahin! Vergangen, so ruft
mein Geist. O möcht ich mit vergangen sein und diese
schlechte Zeit nie gesehen haben, in der die Vorwelt ver-
15 geht, an der ihre Größe verloren ist. –

LEHRER Verloren ist nichts, junger Schüler, und in keiner
Weise, nur das Auge vermag nicht des Grundes unendliche
Folgenkette zu übersehen. Aber willst Du auch dies nicht
bedenken, Du kannst doch nicht verloren nennen und da-
20 hin, was so mächtig auf Dich wirkt; – Dein eigen Geschick,
die Gegenwart bewegen Dich so heftig nicht, wie das Andenken des großen Königs, lebt er da nicht jetzt noch mächtiger in Dir als die Gegenwart, oder nennst Du nur Leben
was im Fleisch und im Sichtbaren fortlebt, und ist Dir dahin
25 und verloren was noch in Gedanken wirkt und da ist? –

SCHÜLER Wenn es Leben ist, so ist es doch nicht mehr als
Schattenleben, *dann* ist die Erinnerung des Gewesenen
mehr als die bleiche Schattenwirklichkeit.

LEHRER Gegenwart ist ein flüchtiger Augenblick, sie ver-
30 geht indem Du sie erlebst, des Lebens Bewußtsein liegt in
der Erinnerung, in diesem Sinn nur kannst Du Vergangnes
betrachten, gleichviel ob es längst oder eben nur vorging.

SCHÜLER Du sprichst wahr! – So lebt denn ein großer
Mensch nicht nach *seiner* Weise in mir fort, sondern nach der
35 meinen. Wie ich ihn aufnehme, wie und ob ich mich seiner
erinnern mag? –

LEHRER Freilich lebt das nur fort in Dir, was Dein Sinn be-

fähigt ist aufzunehmen, insofern es Gleichartiges mit Dir
hat, das Fremdartige in Dir tritt nicht mit ihm in Verbindung, darauf kann er nicht wirken und mit dieser Einschränkung nur wirken alle Dinge. Wofür Du keinen Sinn
hast, das geht Dir verloren, wie die Farbenwelt dem Blin- 5
den.

SCHÜLER So muß ich glauben nichts gehe verloren, da alle
Ursachen in ihren Folgen fortleben, daß sie aber nur wirken
auf das, was Empfänglichkeit oder Sinn für sie hat. – Der
Welt mag genügen an diesem *Nichtverlorensein,* an dieser Art 10
fortzuleben, mir ist es nicht genug, ich möchte zurück in der
Vergangenheit Schoß, ich sehne mich nach unmittelbarer
Verbindung mit den Manen der großen Vorzeit.

LEHRER Hältst Du es denn für möglich? –

SCHÜLER Ich hielt es für unmöglich als noch kein Sehnen 15
mich dahin zog, gestern hätte ich noch jede Frage danach
für töricht gehalten, heute wünsche ich schon die Verbindung mit der Geisterwelt wäre möglich, ja mir deucht ich
wäre geneigt sie glaublich zu finden.

LEHRER Mir deucht die Manen des großen Gustav Adolph 20
haben deinem innern Auge zum Lichte verholfen. So ver-
nehme mich denn. So gewiß alles Harmonische in Verbindung stehet, es mag sichtbar oder unsichtbar sein, so gewiß
sind auch wir in Verbindung mit dem Teil der Geisterwelt,
der mit uns harmoniert. Ähnliche Gedanken verschiedener 25
Menschen, auch wenn sie nie von einander wußten, ist in
geistigem Sinn schon Verbindung, der Tod eines Menschen, der in solcher Berührung mit mir stehet, hebt sie
nicht auf; der Tod ist ein chemischer Prozeß, eine Scheidung der Kräfte, aber kein Vernichter, er zerreißt das Band 30
zwischen mir und ähnlichen Seelen nicht, aber das Fortschreiten des Einen und das Zurückbleiben des Andern
kann wohl diese Gemeinschaft aufheben, wie Einer, der in
allem Trefflichen fortgeschritten ist, mit dem unwissend
gebliebnen Jugendfreund nicht mehr zusammen stimmen 35
wird. Du wirst dies leicht ganz allgemein und ganz aufs besondere anwenden können.

SCHÜLER Vollkommen! – Du sagst Harmonie der Kräfte ist
Verbindung, der Tod hebt diese Verbindung nicht auf, da er
nur scheidet und nicht vernichtet.

LEHRER Ich fügte hinzu, das Aufheben dessen, was diese
Harmonie bedingt, müßte auch notwendig diese Verbindung aufheben – eine Verbindung mit Verstorbenen kann
also Statt haben, insofern sie nicht aufgehört haben, mit uns
zu harmonieren.

SCHÜLER Ich kann es fassen.

LEHRER Es kommt nur darauf an, diese Verbindung gewahr
zu werden. Bloß geistige Kräfte können unsern äußern Sinnen nicht offenbar werden, sie wirken nicht durch Aug und
Ohr, sondern durch das Organ, durch das allein eine Verbindung mit ihnen möglich ist; durch den innern Sinn, auf
ihn wirken sie unmittelbar. Dieser innere Sinn, das tiefste
und feinste Seelenorgan, ist bei fast allen Menschen unent-
wickelt und nur dem Keim nach da. – Das Weltgeräusch,
der Menschheit Handel und Wandel, der nur oberflächlich
und nur die Oberfläche berührt, lassen es zu keiner Ausbildung, zu keinem Bewußtsein kommen, so wird es nicht erkannt, und was sich zu allen Zeiten in ihm offenbarte, hat
viele Zweifler und Schmäher gefunden, und bis jetzt ist sein
Empfangen und Wirken nur in seltnen Menschen, die in-
dividuellste Seltenheit. – Ich will nicht ungeistigen Gesichten und Geistererscheinungen das Wort reden, aber ich
fühle deutlich, daß der innere Sinn so hoch angeregt werden kann, daß die innere Erscheinung vor das körperliche
Auge treten kann, wie auch umgekehrt die äußere Erscheinung vor das geistige Auge tritt; so brauch ich nicht durch
Betrug oder Sinnentäuschung alles Wunderbare zu erklären, doch weiß ich, man nennt in der Weltsprache diese innere Entwicklung der Sinne, Einbildung.

Wessen Geistesauge Licht auffängt, der sieht dem Andern unsichtbare, mit ihm verbundene Dinge. Aus diesem
innern Sinn sind die Religionen hervorgegangen, und so
manche Apokalipsen alter und neuer Zeit. Aus dieser Sin-
nenfähigkeit, Verbindungen wahrzunehmen, die andere,

deren Geistesauge verschlossen ist, nicht fassen, entsteht
die prophetische Gabe, Gegenwart und Vergangenheit mit
der Zukunft zu verbinden, den notwendigen Zusammenhang der Ursachen und Wirkungen zu sehen, Prophezei-
hung ist Sinn für die Zukunft. Man kann die Wahrsager-
kunst nicht erlernen, der Sinn für sie ist geheimnisvoll, er
entwickelt sich geheimnisvoller Art; er offenbart sich oft
nur wie ein schneller Blitz, der dann von dunkler Nacht
wieder begraben wird. Man kann Geister nicht durch Beschwörung rufen, aber sie können dem Geist sich offenbaren, das Empfängliche kann sie empfangen, dem inneren
Sinn können sie erscheinen. –

Der Lehrer schwieg und sein Zuhörer verließ ihn. Mancherlei Gedanken bewegten sein Inneres, und seine ganze
Seele strebte, sich das Gehörte zum Eigentum zu machen.

An die Günderode.
Du weißt, daß der Bostel hier ist, – der läuft mir immer nach
und sagt: »Bettine warum sind Sie so unliebenswürdig?« –
ich frag, wie soll ichs machen, um liebenswürdig zu sein? –
»Sein Sie wie Ihre Schwester Loulou, sprechen Sie ruhig mit
Einem und bezeigen Sie doch nur ein klein wenig Teilnahme
an, was man Ihnen sagt, aber wenn man Sie auch aus Mitleid
wie ein Mädchen, das schon was bedeutet, behandlen wollt,
es ist nicht möglich, Sie haben nicht weniger Unruh als eine
junge Katz, die einer Maus nachläuft, derweil man Ihnen die
Ehre antut, mit Ihnen zu sprechen, klettern Sie auf Tisch und
Schränken herum, Sie steigen zu den alten Familienportrai-
ten und scheinen weit mehr Anteil an deren Gesichter zu nehmen als an uns Lebenden.« – Ja Herr von Bostel das ist bloß
weil die dort so ganz übersehen und vergessen sind, weil
kein Mensch mit denen spricht, da gehts mir grade wie es
Ihnen mit mir geht. Aus Mitleid, weil ich übersehen bin,
sprechen Sie mit mir jungem Gelbschnabel und das steckt
mich an, daß ich dasselbe Mitleid mit den alten gemalten Perücken haben muß. – »Aber sagen Sie, sind Sie gescheut? –

Wie wollen sie Mitleid haben mit gemalten Bildern?« – Ei Sie
habens ja auch mit mir! – »Nun ja, aber die Bilder empfinden's doch nicht.« – Ei ich empfind's auch nicht. – »Aber bei
Gott ich bemitleide Sie, – Sie sind auf dem Weg närrisch zu
5 werden.« –

Ich hätt Dir die Dummheiten nicht erzählt, wenns nicht
einen großen Lärm gegeben hätt, der Clemens wollte das
vom guten Bostel nicht haben, sie redeten so heftig hin und
her von Schelmufsky und dem Großmogul, und im kleinen
10 Häuschen, wo sie zusammen hingegangen waren, ward es so
laut, daß es sich von Weitem wie Streit anhörte, ich ging hinunter und wartete bis der Bostel herauskam, der war ganz
erhitzt, ich nahm alles auf mich, und bat um Verzeihung, daß
ich so unartig gewesen sei, und was weiß ich, was ich alles
15 sagte, bis er endlich versprach, mit dem Clemens nicht mehr
bös zu sein, und wenn ich meine Unart eingestehe, so wolle
er mir verzeihen. – Ich gestand alles zu, dachte aber doch
heimlich, was *der* vor ein possierlicher Kerl wär; der Clemens
kam dazu, da ward von beiden Seiten die Schuld auf mich
20 geschoben; ich ließ es ohne Widerspruch geschehen und be-
sänftigte beide, sie gaben einander die Hand und mir gute
Lehren.

Die Menschen sind gut, ich bin es ihnen von Herzen, aber
wie das kommt, daß ich mit Niemand sprechen kann? – Das
25 hat nun Gott gewollt, daß ich nur mit Dir zu Haus bin. – Die
Manen les ich immer wieder, sie wecken mich recht zum
Nachdenken. Du meinst daß Dir die Sprache nicht drin gefällt? – Ich glaub, daß große Gedanken, die man zum erstenmal denkt, die sind so überraschend, da scheinen einem die
30 Worte zu nichtig, mit denen man sie aufnimmt, die suchen
sich ihren Ausdruck, da ist man als zu zaghaft einen zu gebrauchen, der noch nicht gebräuchlich ist, aber was liegt
doch dran? ich wollt immer so reden wie es nicht statthaft ist,
wenn es mir näher dadurch kommt in der Seel, ich glaub ge-
35 wiß, Musik muß in der Seele walten, Stimmung ohne Melodie ist nicht fließend zu denken; es muß etwas der Seele so
recht angebornes geben, worin der Gedankenstrom fließt. –

Dein Brief ist ganz melodisch zu mir, vielmehr wie Dein Gespräch. *» Wenn Du noch nicht bald wieder zu uns kommst, so schreibe
mir wieder, denn ich habe Dich lieb.«* Diese Worte haben einen
melodischen Gang, und dann: *» Ich habe die Zeit über recht oft
an Dich gedacht liebe Bettine! vor einigen Nächten träumte mir, Du*
seiest gestorben, ich weinte sehr darüber und hatte den ganzen Tag einen
traurigen Nachklang davon in meiner Seele.« Ich auch liebstes
Günserödchen würde sehr weinen, wenn ich Dich sollt hier
lassen müssen und in eine andre Welt gehen, ich kann mir
nicht denken, daß ich irgendwo ohne Dich zu mir selber kommen möcht. Der musikalische Klang jener Worte äußert sich
wie der Pulsschlag Deiner Empfindung, das ist lebendige
Liebe, die fühlst Du für mich. Ich bin recht glücklich; ich
glaub auch daß nichts ohne Musik im Geist bestehen kann,
und daß nur *der* Geist sich frei empfindet, dem die Stimmung
treu bleibt. – Ich kanns auch noch nicht so deutlich sagen,
ich meine man kann kein Buch lesen, keins verstehen, oder
seinen Geist aufnehmen, wenn die angeborne Melodie es nicht
trägt, ich glaub, daß alles müßt gleich begreiflich oder
fühlbar sein, wenn es in seiner Melodie dahinfließt. Ja weil
ich das so denke, so fällt mir ein, ob nicht alles, so lang es
nicht melodisch ist, wohl auch noch nicht wahr sein mag. Dein
Schelling und Dein Fichte und Dein Kant sind mir ganz unmögliche Kerle. Was hab ich mir für Mühe geben und ich bin
eigentlich nur davon gelaufen hierher, weil ich eine Pause
machen wollt. Repulsion, Atraction, höchste Potenz. – –
   Weißt Du wie mirs wird? – Dreherig – Schwindel krieg ich
in den Kopf und dann weißt Du noch? – ich schäm mich, – ja
ich schäm mich, so mit Hacken und Brecheisen in die Sprach
hinein zu fahren, um etwas da heraus zu bohren, und daß ein
Mensch, der gesund geboren ist, sich ordentliche Beulen an
den Kopf denken muß, und allerlei physische Krankheiten
dem Geist anbilden. – Glaubst Du ein Philosoph sei nicht
fürchterlich hoffärtig? – Oder wenn er auch einen Gedanken
hat, davon wär er klug? – O nein, so ein Gedanke fällt ihm
wie ein Hobelspan von der Drechselbank, davon ist so ein
weiser Meister nicht klug. Die Weisheit muß natürlich sein,

was braucht sie doch solcher widerlicher Werkzeuge, um in
Gang zu kommen, sie ist ja lebendig? – sie wird sich das nicht
gefallen lassen. – Der Mann des Geistes muß die Natur lieben über alles, mit wahrer Lieb, dann blüht er, – dann pflanzt
die Natur Geist in ihn. Aber ein Philosoph scheint mir so
einer nicht, der ihr am Busen liegt, und ihr vertraut und mit
allen Kräften ihr geweiht ist. – Mir deucht vielmehr er geht
auf Raub, was er ihr abluchsen kann, das vermanscht er in
seine geheime Fabrik, und da hat er seine Not, daß sie nicht
stockt, hier ein Rad, dort ein Gewicht, eine Maschine greift
in die andere, und da zeigt er den Schülern, wie sein Perpe-
tuum Mobile geht, und schwitzt sehr dabei, und die Schüler
staunen das an und werden sehr dumm davon. – Verzeih
mirs, daß ich so fabelig Zeug red, Du weißt ich habs mit
meinem Abscheu nie weiter gebracht als daß ich erhitzt und
schwindelig geworden bin davon, und wenn die großen Gedanken Deines Gesprächs vor mir auftreten, die doch phi-
losophisch sind, so weiß ich wohl daß nichts Geist ist als nur
Philosophie, aber wends herum und sag: es ist nichts Philosophie als nur ewig lebendiger Geist, der sich nicht fangen,
nicht beschauen noch überschauen läßt, nur empfinden, der
in jedem neu und ideal wirkt, und kurz; der ist wie der Äther
über uns. Du kannst ihn auch nicht fassen mit dem Aug, Du
kannst Dich nur von ihm überleuchtet, umfangen fühlen, Du
kannst von ihm leben, nicht ihn für Dich erzeugen. Ist denn
der Schöpfernatur ihr Geist, nicht gewaltiger als der Philosoph mit seinem Dreieck, wo er die Schöpfungskraft drin hin
und her stößt, was will er doch? – meint er diese Gedan-
kenaufführung sei eine unwiderstehliche Art, dem Natur-
geist nahzukommen? Ich glaub einmal nicht, daß die Natur
einen solchen, der sich zum Philosophen eingezwickt hat,
gut leiden kann. *» Wie ist Natur so hold und gut, die mich am Busen hält.«* – so was lautet wie Spott auf einen Philosophen.
Du aber bist ein Dichter und alles was Du sagst ist die Wahrheit und heilig. *»Man kann Geister nicht durch Beschwörung rufen, aber sie können sich dem Geist offenbaren, das Empfängliche
kann sie empfangen, dem innern Sinn können sie erscheinen.«* Nun ja!

wenn es auch die ganze heutige Welt nicht faßt, was Du da
aussprichst, wie ich gewiß glaub, daß es umsonst der Welt
gesagt ist, so bin ich aber der Schüler, dessen ganze Seele
strebt, sich das Gehörte zum Eigentum zu machen. – und aus
dieser Lehre wird mein künftig Glück erblühn, nicht weil
ich's gelernt hab, aber weil ich's empfind; es ist ein Keim in
mir geworden und wurzelt tief, ja ich muß sagen, es spricht
meine Natur aus, oder vielmehr, es ist das heilige Wort »Es
Werde« was Du über mich aussprichst. – Ich habs jetzt jede
Nacht gelesen im Bett, und empfind mich nicht mehr allein
und für nichts in der Welt; ich denk, da die Geister sich dem
Geist offenbaren können, so möchten sie zu meinem doch
sprechen; und was die Welt »überspannte Einbildung«
nennt, dem will ich still opfern, und gewiß meinen Sinn vor
jedem bewahren, was mich unfähig dazu machen könnte,
denn ich empfinde in mir ein Gewissen, was mich heimlich
warnt dies und jenes zu meiden. – Und wie ich mit Dir red
heute, da fühl ich, daß es eine bewußtlose Bewußtheit gebe,
das ist Gefühl, und daß der Geist bewußtlos erregt wird, – so
wirds wohl sein mit den Geistern. Aber still davon, durch
Deinen Geist haucht mich die Natur an, daß ich erwach wie
wenn die Keime zu Blättern werden. – Ach eben ist ein großer Vogel wider mein Fenster geflogen und hat mich so erschreckt, es ist schon nach Mitternacht, gute Nacht.

Bettine.

An die Bettine.
Es kömmt mir bald zu närrisch vor liebe Bettine, daß Du
Dich so feierlich für meinen Schüler erklärst, eben so könnte
ich mich für den Deinen halten wollen, doch macht es mir
viele Freude, und es ist auch etwas Wahres daran, wenn ein
Lehrer durch den Schüler angeregt wird, so kann ich mit Fug
mich den Deinen nennen. Gar viele Ansichten strömen mir
aus Deinen Behauptungen zu, und aus Deinen Ahnungen,
denen ich vertraue, und wenn Du so herzlich bist, mein Schüler sein zu wollen, so werd ich mich einst wundern, was ich
da für einen Vogel ausgebrütet habe.

Deine Erzählung vom Bostel ist ganz artig, nichts lieber
tust Du als die Sünden der Welt auf Dich nehmen, Du trägst
keine Last an ihnen, sie beflügeln Dich vielmehr zu Heiterkeit und Mutwillen, man könnte denken, Gott habe selber
sein Vergnügen an Dir. Aber dahin wirst Du es nicht bringen, daß die Menschen Dich als etwas Bessers achten als sie
selber sind. Doch wie auch Genie sich Luft und Licht mache,
es ist immer ätherischer Weise, und wär es selbst den Ballast
des Philistertums auf den Flügeln tragend. In solchen Dingen bist Du gebornes Genie, darin kann ich nur Dein Schüler sein, und trachte auch mit großem Fleiß Dir nachzukommen, es ist ein spaßiges In die Runde laufen, daß während
Dich jedermann so oft über Deine sogenannte Inkonsequen-
zen verklagt, ich heimlich mir Vorwürfe mache, daß mein
Genie hierzu nicht ausreicht. – »Sorglos über die Fläche weg,
wo vom kühnsten Wager die Bahn Dir nicht vorgegraben
Du siehst.« – immerhin nur das einzige tue mir, und fange
nicht alles unter einander an, in Deinem Zimmer sah es aus
wie am Ufer, wo eine Flotte gestrandet war. Schlosser wollte
zwei große Folianten, die er für Dich von der Stadtbibliothek geliehen hat und die Du schon ein viertel Jahr hast,
ohne drin zu lesen. Der Homer lag aufgeschlagen an der Erde, dein Kanarienvogel hatte ihn nicht geschont, deine
schöne erfundne Reisekarte des Odisseus lag daneben und
der Muschelkasten mit dem umgeworfnen Sepianäpfchen
und allen Farbenmuscheln drum her, das hat einen braunen
Fleck auf Deinen schönen Strohteppich gemacht, ich habe
mich bemüht alles wieder in Ordnung zu bringen. Dein Flageolet was Du mitnehmen wolltest und vergeblich suchtest,
rat wo ichs gefunden habe? – im Orangen-Kübel auf dem
Altan war es bis ans Mundstück in die Erde vergraben, du
hofftest wahrscheinlich einen Flageoletbaum da bei Deiner
Rückkunft aufkeimen zu sehen, die Liesbet hat den Baum
übermäßig begossen, das Instrument ist angequollen, ich
hab es an einen kühlen Ort gelegt, damit es gemächlich wieder eintrocknen kann und nicht berstet, was ich aber mit den
Noten anfange die daneben lagen das weiß ich nicht, ich hab

sie einstweilen in die Sonne gelegt, vor menschlichen Augen
darfst Du sie nicht mehr sehen lassen, ein sauberes Ansehen
erhalten sie nicht wieder. – Dann flattert das blaue Band an
Deiner Guitarre, nun schon seitdem Du weg bist, zum großen Gaudium der Schulkinder gegenüber, so lang es ist zum
Fenster hinaus, hat Regen und Sonnenschein ausgehalten
und ist sehr abgeblaßt, dabei ist die Guitarre auch nicht geschont worden, ich hab die Liesbet ein wenig vorgenommen, daß sie nicht so gescheut war das Fenster zuzumachen
hinter den dunklen Plänen, sie entschuldigte sich weils hinter
den grünseidnen Vorhängen versteckt war, da doch so oft
die Türe aufgeht, die Fenster vom Zugwind sich bewegen.
Dein Riesenschilf am Spiegel ist noch grün, ich hab ihm
frisch Wasser geben lassen, Dein Kasten mit Hafer und was
sonst noch drein gesäet ist, ist alles durch einander empor-
gewachsen, es deucht mir viel Unkraut drunter zu sein, da
ich es aber nicht genau unterscheiden kann, so hab ich nicht
gewagt etwas auszureißen, von Büchern hab ich gefunden
auf der Erde, den Ossian, die Sacontala, die Frankfurter
Chronik, den zweiten Band Hemsterhuis, den ich zu mir genommen habe, weil ich den ersten Band von Dir habe, im
Hemsterhuis lag beifolgender philosophischer Aufsatz, den
ich mir zu schenken bitte wenn Du keinen besondern Wert
darauf legst, ich hab mehr dergleichen von Dir, und da Dein
Widerwille gegen Philosophie dich hindert ihrer zu achten,
so möchte ich diese Bruchstücke Deiner *Studien wider Willen,*
beisammen bewahren, vielleicht werden sie Dir mit der Zeit
interessanter. Siegwart, ein Roman der Vergangenheit fand
ich auf dem Klavier das Tintenfaß draufliegend, ein Glück
daß es nur wenig Tinte mehr enthielt, doch wirst Du Deine
Mondschein-Komposition über die es seine Flut ergoß,
schwerlich mehr entziffern. Es rappelte was in einer kleinen
Schachtel auf dem Fensterbrett, ich war neugierig sie auf-
zumachen, da flogen zwei Schmetterlinge heraus die Du als
Puppen hineingesetzt hattest, ich hab sie mit der Liesbet auf
den Altan gejagt, wo sie in den blühenden Bohnen ihren ersten Hunger stillten. Unter Deinem Bett fegte die Liesbet

Karl den Zwölften und die Bibel hervor, und auch – einen Lederhandschuh, der an keiner Dame Hand gehört, mit einem französischen Gedicht darin, dieser Handschuh scheint unter Deinem Kopfkissen gelegen zu haben, ich wüßte nicht daß Du Dich damit abgibst französische Gedichte im alten Styl zu machen, der Parfüm des Handschuh ist sehr angenehm und erinnert mich, und macht mir immer heller im Kopf, und jeden Augenblick sollte mir einfallen, wo des Handschuh Gegenstück sein mag; indes sei ruhig über seinen Besitz, ich hab ihn hinter des Kranachs Lukretia geklemmt, da wirst Du ihn finden; wenn Du zurückkommst; zwei Briefe hab ich auch unter den vielen beschriebenen Papieren gefunden noch versiegelt der eine aus Darmstadt also vom jungen Lichtenberg, der andre aus Wien. Was hast Du denn da für Bekanntschaft? – und wie ists möglich wo Du so selten Briefe empfängst, daß Du nicht neugieriger bist, oder vielmehr so zerstreut. – Die Briefe hab ich auf Deinen Tisch gelegt. Alles ist jetzt hübsch ordentlich, so daß Du fleißig und mit Behagen in Deinen Studien fortfahren kannst.

Ich habe mit wahrem Vergnügen Dir Dein Zimmer dargestellt weil es wie ein optischer Spiegel Deine apparte Art zu sein ausdrückt, weil es Deinen ganzen Charakter zusammenfaßt; Du trägst allerlei wunderlich Zeug zusammen um eine Opferflamme dran zu zünden, sie verzehrt sich, ob die Götter davon erbaut sind das ist mir unbekannt.

Karoline.

Wenn Du Muße findest, so schreib bald wieder.

Beilage zum Brief der Günderode.

(Ein apokaliptisches Fragment.)

1. Auf hohem Fels im Mittelmeer stand ich, vor mir der Ost, hinter mir der West, und der Wind ruhte auf der See.

2. Die Sonne sank, kaum war sie verhüllt im Niedergang, enthüllte im Aufgang sich das Morgenrot; Morgen, Mittag,

Abend und Nacht jagten in schwindlender Eile um des Himmels Bogen.

3. Ich sah staunend sie sich drehen, mein Blut, meine Gedanken bewegten sich nicht rascher; die Zeit, indes sie außer mir nach neuen Gesetzen sich bewegte, ging in mir den gewohnten Gang.

4. Ich wollte ins Morgenrot mich stürzen oder mich tauchen in die Schatten der Nacht, eilend mit ihr dahin strömend um nicht so langsam zu leben, aber im Schauen versunken ward ich müde und entschlief.

5. Da sah ich ein Meer vor mir von keinem Ufer umgeben, nicht im Ost, noch Süd, noch West, noch im Nord; kein Windstoß bewegte die Wellen, aber in ihren Tiefen bewegte sich, wie von innerer Gärung gereizt, die unermeßliche See.

6. Und mancherlei Gestalten stiegen auf aus dem tiefen Meeresschoß, und Nebel stiegen auf, und senkten sich in Wolken, und in zuckenden Blitzen berührten sie die gebärenden Wogen.

7. Und immer mannichfaltiger entstiegen der Tiefe Gestalten, mich ergriff Schwindel und Bangheit, meine Gedanken wurden hiehin und dorthin getrieben, wie eine Fackel vom Sturmwind, bis meine Erinnerung erlosch.

8. Als ich wieder erwachte und von mir zu wissen anfing, da besann ich mich nicht, ob ich Jahrhunderte oder Minuten geschlafen, denn in den dumpfen, verworrenen Träumen war mir nichts begegnet, was mich an die Zeit erinnert hatte.

9. Es war dunkel in mir, als habe ich geruht in dieses Meeres Schoß und sei wie andere Gestalten ihm entstiegen. – Ich schien mir ein Tropfen Taues, ich bewegte mich lustig in der Luft hin und wieder, und freute mich, und mein Leben war, daß die Sonne sich in mir spiegle und die Sterne mich beschauten.

10. Ich ließ von den Lüften mich dahin tragen in raschen Zügen, ich gesellte mich zum Abendrot, zu des Regenbogens siebenfarbigen Tropfen, ich reihte mit meinen Gespielen mich um den Mond, wenn er sich bergen wollte, und begleitete seine Bahn.

11. Die Vergangenheit war mir dahin, nur der Gegenwart gehörte ich an, eine Sehnsucht war in mir, die ihr Begehren nicht kannte, ich suchte immer, und was ich fand, war nicht das Gesuchte, und sehnend trieb ich mich umher im Unend-
5 lichen.

12. Einst ward ich gewahr, daß alle die Wesen, die dem Meer entstiegen waren, wieder zu ihm zurückkehrten, und in wechselnden Formen sich wieder erzeugten. Mich befremdete diese Erscheinung, denn ich hatte von keinem
10 Ende gewußt. Da dachte ich, meine Sehnsucht sei auch zurückzukehren zu der Quelle des Lebens.

13. Und da ich dies dachte und lebendiger fühlte als all mein Bewußtsein, ward plötzlich mein Gemüt wie mit betäubenden Nebeln umfangen. Aber sie schwanden bald, ich
15 schien mir nicht mehr ich, meine Grenzen konnte ich nicht mehr finden, mein Bewußtsein hatte ich überschritten, es war größer, anders, und doch fühlte ich mich in ihm.

14. Erlöset war ich von den engen Schranken meines Wesens und kein einzelner Tropfen mehr, ich war allem
20 wiedergegeben und alles gehörte mir mit an, ich dachte und fühlte, wogte im Meer, glänzte in der Sonne, kreiste mit den Sternen; ich fühlte mich in allem und genoß alles in mir.

15. Drum wer Ohren hat zu hören, der höre! Es ist nicht zwei, nicht drei, nicht tausende, es ist Eins und Alles; es ist
25 nicht Leib und Geist geschieden, daß das eine der Zeit, das andere der Ewigkeit angehöre, es ist Eins, gehört sich selbst, und ist Zeit und Ewigkeit zugleich, und sichtbar und unsichtbar, bleibend im Wandel, ein unendliches Leben.

An die Günderode.
30 Wie wir hier leben das will ich Dir erzählen. Morgens kommen wir alle im Schlafzimmer von Savignys zusammen. Da wird gegalert und als ein bißchen Krieg mit Kopfkissen und Rouleaux geführt, und im Nebenzimmer wird gefrühstückt dabei. Wir nehmen uns zwar sehr in Acht den großen Savi-
35 gny zu treffen, aber er ist gescheut wenns Gefecht heiß wird

da zieht er sich zurück. Später zerstreut sich Alles. Wir sind auch jetzt schon zweimal geritten, ich bin beidemal herunter gefallen, einmal wie wir bergauf ritten und einmal vor Lachen. Nachmittags gehen wir manchmal in den Wald und Savigny liest vor, da hab ich meine Not mit dem Zuhören, auf dem Wald-Rasen hab ich gar zu viel Zerstreuung, alle Augenblick ist ein Kräutchen oder ein Spinnchen oder ein Räupchen oder ein Sandsteinchen, oder ich bohr ein Löchelchen in die Erd und find allerlei da, der Savigny sagt ich sei hoffärtig und wollt nicht zuhören, er kanns nicht leiden, drum setz ich mich hinter seinen Kopf, da merkt ers als nicht. Wir gehen auch als auf die Jagd und ich nehm die kleine Flint, ich schieß aber immer was Du wohl weißt, wonach ich immer auf die Jagd geh, Hirngespinste aus der Luft, gestern wollte mir der Bostel lehren nach den Vögelchen zielen, ich schoß und das Vögelchen fiel herunter, ich dacht gar nicht daß ichs treffen würde, ich war sehr erschrocken aber der Bostel machte so großen Lärm von meinem scharfen Blick, und die Andern lobten mich alle daß ich so gut ziele, daß ich meine Reue über diesen ersten Mord nicht merken ließ. Ich nahm das Vögelchen in die Hand wo es vollends erkaltete, in der Nachtstille hab ichs begraben unter dem Fenster von Deiner Schlafkammer und nicht ohne schwere Nachgedanken; wahrlich ich hab es nicht mit Willen getan, aber doch mit Leichtsinn. Was liegt am Vogel, alle Jäger schießen ihn ja! – Aber ich nicht, ich hätt es niemals getan, aus dem Laub, in seiner heiteren Lebenszeit den Vogel herunter zu schießen, den Gott mit der Freiheit des Flugs begabt hat. Gott schenkt ihm die Flügel und ich schieß ihn herunter, o nein das stimmt nicht!

Eben kommt Dein Brief an, Deinen Kamm und die Kette hast Du wohl erhalten? ich hab sie an Mienchen geschickt in einer kleinen Schachtel, Clemens hat einen kleinen Brief beigeschlossen an Deine Schwester, und ein paar Zeilen an Dich; mein Zimmer gefällt mir wohl in seiner Unordnung, und ich gefall mir also auch wohl da Du meinst es stelle meinen Charakter vollkommen dar. Am liebsten ist mir daß Du

zur rechten Zeit kamst um die Schmetterlinge zu befreien.
Du kommst immer zur rechten Zeit um meine Dummheiten
gut zu machen. Den philosophischen Aufsatz wie Du ihn zu
nennen beliebst schenk ich Dir, ich nenne ihn einen steif-
stelligen verschnippelten buchsbaumernen Zwerg, ein fata-
ler grüner Würgengel von supperklugem Gewälsch, ohne
Sprach ohne Musik, es sei denn das hölzerne Gelächter; dem
gleichts ganz im Ton und Inhalt; mach mich nicht närrisch, –
ich will nichts mehr davon wissen. Dein apokaliptisch Fragment macht mich auch schwindlen; bin ich zu unreif, oder
was ist es daß ich so fiebrig werd und daß Deine Fantasien
mich schmerzlich kränken. *»Meine Gedanken wurden hie hin und
dort hin getrieben wie eine Fackel vom Sturmwind bis meine Erinnerung erlosch.«* Warum schreibst Du mir so was? – das sind
mir bittere Gedanken! es macht mich unzufrieden und voll
Bangigkeit daß Du Deinen Geist in eine Unbewußtheit hinein versetzest. Ich weiß nicht, wie ich immer empfinde als sei
alles Leben inner mir und nichts außer mir, Du aber suchest
in höheren Regionen nach Antwort auf Deine Sehnsucht,
willst *»mit Deinen Gespielinnen den Mond umwallen,«* wo ich
keine Möglichkeit mir denken kann mitzutanzen, willst *»erlöst sein von den engen Schranken Deines Wesens«* und mein ganz
Glück ist doch, daß Gott Dich in Deiner Eigentümlichkeit
geschaffen hat; – und dann sagst Du noch so was trauriges:
»Ich schien mir nicht mehr Ich, und doch mehr als sonst Ich.« Meinst
Du damit wär mir gedient? – *»Meine Grenzen konnte ich nicht
mehr finden, mein Bewußtsein hatte sie überschritten, es war anders.«*
Mit dem allem ist mein Urteil gesprochen, mich quält Eifersucht, mir scheint Dein Denken außer den Kreisen zu
schweifen, wo ich Dir begegne. Du bist herablassend daß Du
vor mir solche Dinge aussprichst, die ich nicht nachempfinden kann und auch nicht mag weil sie unsern engen Lebenskreis überschreiten, in dem allein mir nur lieb zu denken ist.
Straf mich nun mit Worten wie Du willst, daß ich so dumm
bin, aber der Eifersucht Brand tobt in mir, wenn Du mir
nicht am Boden bleibst, wo auch ich bin. In diesem Fragment
lese ich, daß Du nur im Vorübergehen mit mir bist, ich aber

wollte immer mit Dir sein, jetzt und immer, und ungemischt
mit andern; erst hast Du geweint im Traum um mich, und
nachher im Wachen vergißt Du alles Dasein mit mir, ich kann
mir nichts denken als nur ein Leben wie es grad dicht vor mir
liegt, mit Dir auf der Gartentreppe, oder am Ofen, ich kann 5
keine Fragmente schreiben, ich kann nur an Dich schreiben,
aber innerlich weite Wege, große Aussicht, aber nicht dem
Mond nachlaufen und im Tau vergehen und im Regenbogen
verschwimmen. Zeit und Ewigkeit, das ist mir alles so weit-
läuftig, da fürcht ich Dich aus den Augen zu verlieren, was ist 10
mir »*Ein unendliches Leben bleibend im Wandel,*« jeder Augenblick den ich leb ist ganz Dein, und ich kanns auch gar nicht
ändern daß meine Sinne nur bloß auf Dich gerichtet sind, Du
wirfst mich aus der Wiege, die Du auf dem großen Ozean
schwimmend vor Dir hergetrieben hast, hinaus in die Wel- 15
len, weil Du in die Sonne fahren willst, unter die Sterne und
im Meer zerrinnen. – Mir ist schwindelig, taumelig. – So ist
einem der vom Feuer verzehrt wird, und kann doch kein
Wasser dulden das es lösche. Du verstehst mich nicht, und
wenn Du noch so klug bist und alles verstehst, das Kind in 20
Deine Brust geboren, das verstehst Du nicht. – Ich weiß
wohl wie mirs gehen wird mein ganzes Leben, ich weiß es
wohl. Leb wohl.

                                                    Bettine.

Heut haben wir den 19. Mai, am 7. Mai hats zum erstenmal 25
gedonnert in diesem Jahr, das wird grad gewesen sein wo
Du das verdammte apokaliptische Fieber hattest.

   Noch vierzehn Tag bleiben wir, alles blüht, ein Abhang
voll Kirschbäume, so dunkelrote Stämmchen so jung wie
unser eins, ich geh alle Morgen früh hinaus, und such die 30
Raupennester dort ab, so viel ich hinan reichen kann bieg ich
die Zweige herab und brech die boshaften Raupennester heraus, sie sollen sich freuen dies Jahr, die Bäume, und nicht mit
kahlen Häuptern da stehen vor dem Herbst. – Ich tus auch,
weil ich mich gegen Dich zusammennehmen will, hast Du 35
Deine Regenbogenkränzchen und Deine Mondcoterieen,

wo Du übers Bewußtsein hinausspazierst, und das Heimkehren vergißt, mit Deiner Haiden, mit Deiner Nees, mit
Deiner Lotte Serviere Reigen im Sternen-Nebel tanzest, so
hab ich meine einsame Unterredungen mit den jungen Erbs-
5 keimen und mit den Mirabellen und Reine claude und
Kirschbäumen in der Blüte, und gestern war ich mit dem
Gingerich drauß am Goldweiher, da haben wir eine Hütte
gemacht von Moos, da haben die zwei jungen Wiedertäufer
geholfen, der mit dem braunroten Bart der so stolz drauf ist;
10 der schöne Hans und der blonde Georg; sie ließen beide ihre
Pflüge stehen und kamen heran mir zu helfen, und schnitten
mir Tannenäste herunter, und alles was ich Loses an mir hatte, damit hab ich die Äste festgebunden, mit meiner hell-
blauen Schärpe und mit dem rosa Halstuch, wovon Du die
15 andre Hälfte hast hab ich sie zusammengeknüpft, und am
Nachmittag kam der Savigny heraus und legte sich in die
Hütte, sehr vergnügt, und ich las vor, Gedichte vom Bruder
Anton, eine Wasserreise nach den verschiedenen Sauer-
brünnchen und ein Gedicht auf Euphrosine Maximiliane,
20 und eine philosophische Abhandlung von einem gläsernen
Esel, der auf einer blumenreichen Wiese sich satt gefressen
hatte, und dem die seltensten Blumen durch den Bauch
schimmern, und ihn so verschönen daß er die Bewunderung
aller Laubfrösche ist, die alle auf ihn hinaufhüpfen und sich
25 vergebens abmühen in diesem schönen Blumen-Labyrinth
herum zu hüpfen, so müssen sie sichs vergehen lassen, weil
der gläserne Bauch es umschließt, und dann die Moral ist von
dieser wunderbaren Fabel: »Streben nach unmöglichen Genüssen hilft zu nichts und verdirbt die Zeit,« denn einmal
30 hatte Gott schon früher diese schöne Blumenweide zur Verschönerung des Esels bestimmt und nicht zur Schwelgerei
der Frösche, und zweitens war der vornehme Esel auch zu
ganz was anderem bestimmt als zum Belustigungsort gemeiner Frösche, denn als ihn zwei verständige Philosophen
35 und Gelehrte aus der an schönen Naturseltenheiten reichen
Stadt Frankfurt begegneten, so führten beide diesen wunderschönen Esel an einem grünseidnen Band durch die Stadt.

Am Gallen-Tor wo sie einpassierten, präsentierte die Stadt-
wache das Gewehr vor ihm und auf dem Roßmarkt (also
grade vor Deinem Stift) versammelten sich alle Bürger und
begleiteten ihn mit Siegsgeschrei auf den Römer, allwo der
Herr Bürgermeister mit allen Ratsherrn versammelt war, 5
und die Herrn von der ersten Bank wie auch von der zweiten
und dritten stimmten alle ein in das Lob der Wunder Gottes,
als sie in dem Bauch des Esels die schönen Tulibanen, Levkoyen, Narcissen, Hyazinthen, Schwertlilien, Kaiserkronen
und vor allem die schönen Rosen herum florieren sahen. Als 10
sie dessen sattsam sich erfreut hatten, so ließ der Herr Bürgermeister fortfahren in den angefangenen Ratschlägen, und
den gläsernen Blumenesel einstweilen auf einem erhabenen
Platz aufstellen, wie nun der Rat vollendet war, welcher wegen wichtigen Angelegenheiten etwas lange gedauert hatte, 15
und man den Esel in die Raritätskammer führen wollte, so
hatte dieser unterdessen seine Notdurft verrichtet, und es
war keine einzige Blume in seinem Bauch geblieben, sondern
war alles zu Mist geworden, und der Bauch des Esels sah
nicht anders aus als eine schmutzige ranzige Ölflasche. Die 20
Stadtmusikanten, welche auf Befehl des Rates herbeigekom-
men waren, um diese schöne Naturseltenheit Gottes mit
Trommeln und Pfeifen durch die löbliche freie Reichsstadt zu
geleiten, wurden zum großen Leidwesen der Gassenbuben
verabschiedet, die aus Rache den armen Esel mit Steinen 25
warfen, daß sein gläserner Bauch in tausend Stücken ging
und er elendiglich sich auf dem Scherbelhaufen vom Dip-
penmarkt am Pfarreisen zum Verscheiden hinlegte, wo er
unter dem Gespött und boshaften Zwicken seiner langen
Ohren mit lautem Gestöhn den Geist aufgab. Die Moral und 30
große weise Lehre von dieser Fabel ist: Brüste dich nicht vor
deinem Ende; wenn das falsche Glück dir den Bauch voll der
schönsten Blumen stopft, so zwingt Dich oft die Notdurft,
alles worauf Du einst so stolz sein konntest, als stinkenden
Mist wieder von dir zu geben, und jene so dir früher 35
schmeichelten um deiner seltnen Gaben willen, sind dann
grade die, welche dich am unbarmherzigsten verfolgen. Hät-

test du Esel, dich nicht von ein paar überspannten hochtra-
benden Gelehrten verführen lassen, deine Blumenschönheit
in der Stadt Frankfurt, als eine bewundernswürdige Seltenheit zu zeigen, sondern wärst du ruhig in deinen Stall gewandert, so konntest du ruhig deine Verdauung abwarten,
und jeden Tag in der Blumenzeit aufs neue deinen Bauch mit
lieblichen würzigen Speisen füllen, und dein Ruhm würde
auch nicht ausgeblieben sein, denn man würde zu dir hinausgekommen sein ins Feld um dich zu bewundern. Die dritte
Moral ist die, daß doch ein hochweiser Rat es sich zur war-
nenden Lehre nehme, alles womit ein Esel in seinem Bauche
prahlt, ja nicht hoch anzuschlagen, da es nach kurzer Zeit
doch immer zu Mist werden muß. –

Den Savigny und alle hat die Geschichte des Anton höchlich amüsiert, es wurde noch viel gelacht und zuletzt unter
Gesang beim Untergehen der Sonne nach Hause gewandert.

Ich wollte zwar früher zurückkommen und mein Gewissen mahnt mich auch, nicht alles was ich dort angefangen,
so lang aus den Augen zu lassen; aber es schleicht ein Tag
nach dem andern so anmutig vorüber, und der Savigny ist so
anmutig und kindisch, daß wir ihn nicht verlassen können,
alle Augenblick hat eins ihm ein Geheimnis anzuvertrauen,
der führt ihn in den Wald, der andre in die Laube und die
Gundel muß sichs gefallen lassen, und Gescheutsein ist gar
nicht Mode, der Clemens hat ihm schon ein paar Wände mit
abenteuerlichen Figuren vollgemalt, und Verse und Gedichte werden mit schwarzer Farbe an alle Wände groß geschrieben. Der Clemens hat Wieland, Herder, Göthe und die
Prinzessin Amalie grau in grau gemalt und den dir bekannten Vers dazu. – Heut muß ich aufhören, ich schick dir eine
Schachtel mit dem großen Maiblumenstrauß, schmücke
Dein Hausaltar und verrichte eine Andacht für mich, es ist
meine liebste Blum. Geh in Dich und frag Dich, wer Dir am
nächsten steht von allen Menschen; und frag Dich recht deutlich, wer sich am liebsten an Dein Herz schmiegt ohne große
Anforderungen an ein hyperboräisches Glück, und da wirst
Du sagen müssen, daß ichs bin, die allein das Recht hat, Dir

nah zu stehen, und wenn Du das nicht einsiehst, so ist der Schade mein, aber Dein auch.

Bettine.

Beilage zum Brief der Bettine.

Der Aufsatz, der im Hemsterhuis lag.

Es sind aber drei Dinge, aus diesen entspringt der Mensch, nicht nur ein Teil oder eine Erscheinung von ihm, sondern er selber mit allen Erscheinungen in ihm, und sein Same und Keim liegt in diesen drei Dingen, diese aber sind die Elemente, aus welchen die ganze erschaffne Natur sich in dem Menschen wieder bildet.

Das erste ist der Glaube, aus diesem entspringt der gewisse Teil des Menschen, nämlich der Leib, oder das Kleid des Geistes; der Gedanke; dieser ist die Geburt, und sichtliche Erscheinung des Geistes, und eine Befestigung seines Daseins. Der Glaube aber ist Befestigung und ohne diesen schwebt alles und gewinnt keine Gestalt, und verfliegt, in tausend Auswegen, die die erschaffende Natur noch nicht unter sich gebracht hat so wie der Natur Eigenschaft aber ist, den ewigen Stoff, die Zeit zu bearbeiten, so ist jener ihre Eigenschaft, die Gestalt von sich abzustoßen und nicht anzunehmen, bis sie von der Natur in seligem Kampf besiegt ist.

Der Glaube aber ist die Erscheinung Gottes in der Zeit, der Glaube ist Gewißheit und Ewigkeit. Die Erscheinung Gottes ist immer ewig, in jedem Augenblick, und so ist der Mensch ewig, denn sein Sein ist Gottes Erscheinung. Gott aber ist Alles, das das Gute ist als Gegensatz gegen Nichts, das das Böse ist.

Daher ist auch alles in dem Menschen, der die Erscheinung Gottes ist; daher begreift er einzig in sich Gott, und den Glauben an ihn, weil sein Sein der Glaube ist, sein Wesen aber Gott.

Was also der Mensch erblickt mit seinen Augen außer sich,

das ist Gottes Blick in ihm, was er aber hört mit seinen Ohren
außer sich, das ist Gottes Stimme in ihm, was er aber fühlt
mit seinem ganzen Leib und Geist außer sich, das ist Gottes
Berührung, der Funke der Begeisterung in ihm, was aber in
ihm ist, das erschafft und bildet aus ihm, was aber erschaffen
und außer ihm ist, das spricht ihn an und bildet sich wieder in
ihn hinein, in ihm aber liegt auch die Zeit, und es ist das
Werk des Erschaffens nichts anders, als die Zeit umwandlen
in die Ewigkeit, wer aber die Zeit nicht umwandelt in die
Ewigkeit, oder die Ewigkeit herabziehet in die Zeit, der
wirkt böses, denn alles was ein Ende nimmt, das ist böse.

Die Ewigkeit in die Zeit herabziehen, aber heißt wenn die
Zeit der Ewigkeit mächtig wird, wenn die Nichtigkeit mäch-
tiger wird, als die Gewalt des Schaffens, wenn der Stoff des
Meisters sich bemeistert, der ihn behandelt.

Böse ist also der Selbstmord, denn der Willen der Vernichtung ist zeitlich, und der Gedanke geht in sich selbst zu
Grund, weil er ein Kleid der Zeitlichkeit ist, nicht aber eine
sichtbare Erscheinung des ewigen Geistes, und hier lehnt
sich der Stoff – die Zeit, gegen seinen Meister (das Schicksal
der Ewigkeit) auf.

Wenn man aber sagt, der Mensch ist im Guten geboren, so
ist dieses wahr, weil er im Glauben geboren ist; wenn man
aber sagt, er hat das Böse nicht, sondern er zieht es nur an, so
ist dieses nicht wahr, denn er hat die Kraft, das Böse von sich
zu stoßen, nicht aber es an sich zu ziehen, denn das Böse ist
die Zeit, und sie dient zur Nahrung für das Göttliche und
Ewige, die Zeit aber frißt die Ewigkeit und den Geist, der
ewig sein soll, wenn er sich nicht ihrer bemächtigt und sich
zur Nahrung nimmt; denn das ist das Böse, daß das Zeitliche, Irdische, das ewige Himmlische verschlingt, das Gute
aber ist, wenn das ewige Himmlische das Irdische in sich umwandelt, und alles zu Gott in ihm macht.

Gott aber hat das Zeitliche nicht in sich, denn sein Sein ist
die Umwandlung des Zeitlichen ins Himmlische, weil er aber
ist, so ist die Ewigkeit.

Die Vernunft aber ist eine Säule, festgepflanzt in dem Menschen, sie ist aber ewig, und also eine Stütze des Himmels, und wie sie eingegraben ist in uns und mit uns eins ist, so geht ihr Haupt in die Wolken, und in ihrer Wurzel liegt die Zeit, aber wie sich aus dem Stoff der Geist entwickelt, so entwickelt sich die Ewigkeit aus dieser Zeit, und steigt in der Vernunft zur Ewigkeit, und der Mensch wird durch die Vernunft aus einem Irdischen ein Himmlisches.

An die Bettine.

Frankfurt.

Melonen, Ananas, Feigen, Trauben und Pfirsich und die Fülle südlicher Blüten, die eben in eurem Hause sorglich verpackt werden, haben mir Lust gemacht, Dir das *Violen- und Narcissensträußchen* (Wandel und Treue) beizulegen, ich hätte mich gern selbst mit hineingelegt. Der Heliotrop mit den Nelken und Jasmin zusammen ist ein aparter Strauß vom Gontard für Dich, er trug mir auf, es Dir zu melden. Es ist mir jetzt recht traurig, da Du fort bist. – Das Schicksal frönt Deiner Zerstreutheit, bei Euch auch ist *ein ewiges Wandern, Kommen, Gehen.* Ich bitte Dich, schreib wie lange Ihr bleibt, oder zu bleiben gedenkt. Erst wollt ich nicht, daß Du hier bliebst, und wärst Du nun schon wieder da! – Es ist keine heitere Zeit in mir, viel Muße und keine Begeistrung für sie; man hängt von manchem ab, dem man gar keinen Einfluß zugestehen würde, die Gewohnheit, Dich zu erwarten am Nachmittag, hängt mir wie ein zerrißner Glockenstrang in den Kopf! – Und doch muß ich immer in die Ferne lauschen, ob ich Deinen Tritt nicht höre.

Der Sommer in der Stadt, – es bedroht mich ganz dämonisch, den hellen Himmel zu versäumen. – Meine Spaziergänge um das Eschenheimer Tor ertöten mich gänzlich. Auch die Engländer wollen Euch diese Woche noch besuchen, alles geht fort.

Schreib mir viel, auch über meine Sachen, ich schicke dann mehr. Daß ich als Narciß mich gegen Dich verschanze, besser wie im Gespräch, wo Du immer recht behältst, mußt Du Dir

gefallen lassen, so mein ichs, und so hab ich Recht und Du
hast Unrecht; und ich meine, Du könntest immer zufrieden
sein damit, so empfunden zu sein durch Deine eigne frische
Natur, daß Du meiner sicher bist. Wer im Ganzen etwas sein

5 kann, der wird sich auch fühlbar zu machen wissen, und so
wird der *Wandel* nirgend anders als bei der *Treue* heimkehren,
denn sie ist die Heimat. Du bist ja auch heute nicht was Du
gestern gewesen, und doch bist Du eine ewige Folge Deiner
selbst. Mir scheint es noch außerdem höchst verkehrt durch

10 selbstisches Bestehen auf dem, was nur wie Sonnenschein
vorübergehendes Geschenk der Götter ist, dem Geist die
Freiheit zu verkümmern. Treue wächst in dem Geist auf der
liebt, gedeiht sie zu einem starken Baum, so wird kein Eisen
so scharf sein, ihn auszurotten, aber ehe die Treue von selbst

15 stark geworden, kann man ihr nichts zumuten, sie würde nur
bei einer Anforderung ihr aufkeimendes Leben einbüßen,
wenn sie aber einmal vollkommen ausgebildet ist, dann ist
sie kein Verdienst mehr, dann ist sie Bedürfnis geworden,
Lebensatem; – sie hat keine Rechte mehr zu befriedigen, weil

20 sie ganz organisches Leben geworden ist. – Das sei unsre
Sorge, daß jede Lebensregung eigentümliches, organisches
Leben werde, das sei unsre Fundamental-Treue, durch die
wir in allem Erhabenen mit den Göttern uns vermählen. Bis
dahin laß uns einander treffen in ihrem Tempel, die Gewohn-

25 heit, uns da zu finden, einander die Hand zu bieten in gleicher Absicht, die wird den Baum der Treue in uns pflegen,
daß er als selbstständiges Leben von uns beiden ausgehe und
stark werde.

Ich habe mich mit dem Gedanken oft herumgetragen, ob

30 nicht alles, was sich vollkommen und also lebendig in der
Seele ausbilde, ein selbstständiges Leben gewinnen müsse,
das dann, als willenskräftige Macht, (wie jene Treue, mit der
Du mich magnetisierst) Menschengeister durchdringt, und
sie zu höherem Dasein inspiriert. – Was sich im Geist ereig-

35 net ist Vorbereitung einer sich ausbildenden Zukunft, und
diese Zukunft sind wir selber. – Du sagst, alles gehe ins Innere herein und Du empfändest die Welt nicht von außen.

Aber ist denn die äußere Welt nicht Dein Inneres? – oder soll
sie es nicht werden? – von innen heraus lernt man Sehen,
Hören, Fühlen, um das Äußere ins Innere zu verwandlen,
das ist nicht anders als wie wenn die Bienen den Blumen-
staub in die Kelche vertragen, die für die Zukunft sich befruchten sollen. In der Seele liegt die Zukunft in vielfältigen
Knospen, da muß aus reiner Geistesblüte der lebendige
Staub hinein getragen werden. Das scheint mir Zukunft zu
sein. – Jahre vergehen gleich einem tiefen Schlaf, wo wir
nicht vorwärts und nicht zurück uns bewegen, und wirkliche
Zeitschritte sind nur die, in denen der Geist die Seele befruchtet, in der Zeiten Raum geht das wirkliche Leben aus
solchen einzelnen befruchtenden Momenten wie die Blüten-
perlen dicht an einander auf. – Was ist auch Zeit in der nichts
vorgeht? – die nicht vom Geist befruchtet ist? – Pause, be-
wußtloses Nichts! – Raum, den wir durchschreiten, der noch
unerfüllt ist. – Aber jene Momente müssen noch so dicht gesäet werden, daß der ganze Raum ein ewiges Blütenmeer von
befruchtenden Lebensmomenten sei. – Alle Anreizung in
selbstständiges Leben entwicklen, das Geist-bewaffnet nach
eigentümlicher Weise die Zukunftsblüten erweckt, *das* allein
ist lebendige Zeit, aber uns selbst für abgeschlossen halten,
und einer Zukunft entgegenschreiten, die nicht wir selbst
sind, das scheint mir Unsinn und eben so wenig wahr, als
wenn unsere Einsicht nicht Folge unseres Begriffs wäre. Ich
habe mich zusammengenommen, um deutlich zu sein, allein
das ist das schwerste, man empfindet etwas unwidersprech-
lich und kanns dennoch nicht aussprechen. – Deine Eifersucht um mich, die ich wahrhaftig erst für Laune hielt, später aber ihr Gerechtigkeit widerfahren ließ, obschon ich sie
nicht billigen kann, leitete mich zu diesen Betrachtungen. Ich
bin Dir nicht entgegen Bettine, daß Du mit Ernst und auch
mit besonderem und vielleicht auch mit mehr Recht Teil an
mir habest, wie alle die andern; denn da wir so unwillkürlich
manchen lebendigen Begriff, nur gegenseitiger Berührung
zu danken haben, und ich mehr Dir, als Du mir, so sollte dies
organische Ineinandergreifen, uns auch frei machen von je-

der kleinlichen Eigensucht, und wir sollten wie die Jünglinge, während sie nach dem Ziel laufen, nicht uns Zeit gönnen,
an was anders zu denken, als im schwebenden Lauf auszuhar-
ren. Und was habe ich auch am Ende von allen Andern? – Du
⁵ kannst Dir das selbst wohl beantworten, und Deiner Seele
darüber den höchsten Frieden gönnen. –

Schreibe, wenn Du antwortest, auch einen Brief für den
Clemens, er mahnt in seinem Schreiben an mich darum, es
wird ihm sehr überraschend sein, wenn er Deinen Aufenthalt
¹⁰ im Schlangenbad erfährt. Adieu! schreib bald.

Karoline.

Beilage zum Brief der Günderode.

Wandel und Treue.

Violetta.
¹⁵ Ja, du bist treulos! laß mich von dir eilen;
Gleich Fäden kannst du die Empfindung teilen.
Wen liebst du denn? und wem gehörst du an?

Narziß.
Es hat Natur mich also lieben lehren:
²⁰ Dem Schönen werd' ich immer angehören
Und nimmer weich ich von der Schönheit Bahn.

Violetta.
So ist dein Lieben wie dein Leben, wandern!
Von einem Schönen eilest du zum Andern,
²⁵ Berauschest dich in seinem Taumelkelch,
Bis Neues schöner dir entgegen winket –

Narziß.
In höh'rem Reiz Betrachtung dann versinket
Wie Bienenlippen in der Blume Kelch.

Violetta.

Und traurig wird die Blume dann vergehen,
Muß sie sich so von dir verlassen sehen!

Narziß.

O Nein! es hat die Sonne sie geküßt.   5
Die Sonne sank, und Abendnebel tauen.
Kann sie die Strahlende nicht mehr erschauen,
Wird ihre Nacht durch Sternenschein versüßt.
Sah sie den Tag nicht oft im Ost verglühen?
Sah sie die Nacht nicht tränend still entfliehen?   10
Und Tag und Nacht sind schöner doch als ich.
Doch flieht ein Tag, ein Andrer kehret wieder;
Stirbt eine Nacht, sinkt eine Neue nieder,
Denn Tröstung gab Natur in jedem Schönen sich.

Violetta.   15

Was ist denn Liebe, hat sie kein Bestehen?

Narziß.

Die Liebe will nur wandlen, nicht vergehen;
Betrachten will sie alles Treffliche.
Hat sie dies Licht in einem Bild erkennet,   20
Eilt sie zu Andern, wo es schöner brennet,
Erjagen will sie das Vortreffliche?

Violetta.

So will ich deine Lieb' als Gast empfangen;
Da sie entfliehet wie ein satt Verlangen,   25
Vergönnt mein Herz Ihr keine Heimat mehr.

Narziß.

O sieh den Frühling! gleicht er nicht der Liebe?
Er lächelt wonnig, freundlich, und das trübe
Gewölk des Winters, niemand schaut es mehr!   30
Er ist nicht Gast, er herrscht in allen Dingen,
Er küßt sie Alle, und ein neues Ringen

Und Regen wird in allen Wesen wach.
Und dennoch reißt er sich aus Tellas Armen,
Auch andre Zonen soll sein Hauch erwärmen,
Auch Andern bringt er neuen, schönen Tag.

Violetta.
5   Hast du die heil'ge Treue nie gekennet?

Narziß.
Mir ist nicht Treue was ihr also nennet,
Mir ist nicht treulos was euch treulos ist! –
10   Wer den Moment des höchsten Lebens teilet,
Vergessend nicht, in Liebe selig weilet;
Beurteilt noch, und noch berechnend, mißt;
Den nenn' ich treulos, – ihm ist nicht zu trauen,
Sein kalt Bewußtsein wird dich klar durchschauen
15   Und deines Selbstvergessens Richter sein.
Doch ich bin treu! Erfüllt vom Gegenstande
Dem ich mich gebe in der Liebe Bande
Wird Alles, wird mein ganzes Wesen sein.

Violetta.
20   Giebt's keine Liebe denn, die dich bezwinge?

Narziß.
Ich liebe Menschen nicht, und nicht die Dinge,
Ihr Schönes nur, – und bin mir so getreu.
Ja Untreu an mir selbst wär andre Treue,
25   Bereitete mir Unmut, Zwist und Reue,
Mir bleibt nur so die Neigung immer frei.
Die Harmonie der inneren Gestalten
Zerstören nie die ordnenden Gewalten
Die für Verderbnis nur die Not erfand. –
30   Drum laß mich, wie mich der Moment geboren.
In ew'gen Kreisen drehen sich die Horen;
Die Sterne wandeln ohne festen Stand,
Der Bach enteilt der Quelle, kehrt nicht wieder.

Des Lebens Strom, er woget auf und nieder
Und reißet mich in seinen Wirbeln fort.
Sieh alles Leben! es hat kein Bestehen,
Es ist ein ew'ges Wandern, Kommen, Gehen,
Lebend'ger Wandel! buntes, reges Streben!   5
O Strom! in dich ergießt sich all mein Leben!
Dir stürz ich zu! vergesse Land und Port!

An die Günderode.
Den ersten Tag als wir ankamen wars so heiß, daß es mehr
wie unerträglich war; wir warfen unsere Nankin-Reise-   10
Jacken aus, und legten uns in den Unterkleidern, in
Hemdsärmel, auf dem Gang vor unserer Zimmertür ins Fenster, von da kann man versteckt hinter Bäumen, auf eine
Terrasse sehen, wo sich die Gesellschaft zum Tee bei der Kurprinzessin von Hessen versammelt, die grade unter uns   15
wohnt. Das machte mir Spaß, man konnte Manches verstehen, und ein Wort aus der Ferne, wenns auch an sich unbedeutend ist, ist immer anregend wie eine Komödie. Doch hat
das Vergnügen dran nicht lang gedauert; ein krebsroter
Kammerherr, der mir im Anfang Vergnügen machte zu se-   20
hen, wie er hin und wieder lief, und den Frauen allerlei in die
Ohren zischelte, und dann ein Herzog von Gotha mit langen
Beinen, rotem Haar und sehr melancholischen Gesichtszü-
gen und ein großes weißes Windspiel zwischen den Knieen,
der trägt einen leberfarbnen Rock; dann viele Damen mit   25
überflüssigem Putz, die Hauben auf hatten, als wärs die
Flotte vom Nelson mit aufgeschwellten Segeln, und dann
französische Schiffe, wenn so zwei mit einander parlierten,
das war grad als ob einzelne Schiffe handgemein würden,
bald brüstete sich das Schiff, dann thronte es wieder, dann   30
streckte es seinen Schnabel in die Höh, und Herren und Damen von besonderer Affektion gegen einander: bald
zerstreuten sie sich auf der Promenade, und plötzlich stand
der rote Kammerherr hinter uns auf dem Gang. Die Tonie
entsetzte sich, und ging ins Zimmer, ich aber war gar nicht   35

erschrocken und fragte, was er wünsche; er war verlegen und
sagte, er wünschte der Dame Bekanntschaft zu machen; ich
fragte: warum werden sie denn so rot, er ward noch roter
und wollte mich bei der Hand nehmen, ich sagte: Nein! und
ging ins Zimmer, er drängte sich mir nach, ich rief: Tonie helf
mir den Mann bezwingen, sie war aber so voll Angst, daß sie
sich nicht vom Platz regte, denk Dir nur, und ich lehnte mich
mit aller Gewalt wider die Tür und der rote Mann dazwischen, der durch wollte; ich rief: Tonie zieh an der Schelle,
denn unsre Bedienten waren alle noch am Packwagen beschäftigt, aber die Tonie fand den Schellenzug nicht; – der
unartige Mann, immer wollte er doch noch herein, wo er
doch sah, daß man ihn nicht wollte, ich konnt gar nicht begreifen, was er wollte, ich dachte einen Augenblick er wolle
uns umbringen, ich erwischte einen Sonnenschirm, der an
der Tür stand, und stach mit dem nach seiner Lunge oder
Leber, ich weiß nicht – er zog sich zurück und die Türe fiel
ins Schloß, da stand ich wie einer, der über Berg und Tal gejagt war von einem Gespenst, ich konnte eine viertel Stunde
keinen Atem kriegen; ich dachte wirklich er sei ein Mörder,
ich hatte schon allerlei Anschläge im Kopf, wie ich ihn erwürgen wollte. Die Tonie lachte und sagte, geh doch, ein
Kammerherr und ein Mörder; sie meinte, er sei nur ein bos-
hafter und gemeiner Schelm, wies deren am Hof die meisten
seien. – Wir haben aber den Bedienten die Nacht vor der
Schlafzimmertür schlafen lassen und die Lisette zu uns ins
Zimmer genommen, ich konnte aber die ganze Nacht nicht
schlafen, mich störte es, daß der Diener vor der Tür lag. Es
ist doch zum ersten Mal in meinem Leben, daß ich Angst
hatte, aber denk doch nur, am andern Tag meldet uns der
Bediente den roten Herrn, er komme von der Fr. Kurprinzessin mit einem Auftrag und ließ sehr bitten, ihn anzunehmen, ich rufe Nein! wir wollen von keiner Kurprinzessin was
wissen, die Tonie aber sagt, das geht nicht an, wir müssen ihn
annehmen. Ich bewaffnete mich mit dem Sonnenschirm als er
eintrat und uns zur Frau Kurprinzessin zum Tee auf die Terrasse einlud, zugleich machte er viele Entschuldigungen, er

habe gar nicht geahnt, wer wir seien, weil wir in Hemdsärmel im Fenster gelegen haben; ich war still, aber ich war sehr
ergrimmt über den roten Mann. Als wir bei der Kurprinzessin vorgestellt waren, die mich bei der Hand nahm und ins
Gesicht küßte, da saßen wir alle in einem Kreis, und der Rote 5
stellte sich hinter mich, daß ich seinen Atem fühlte, das
kränkte mich sehr, ich sagte, gehen Sie fort hinter mir Sie
garstiger Mann, da lief er weg, aber die Tonie sah mich sehr
ernsthaft an, und wie wir wieder oben waren, da schmälte
sie, daß ich so laut gesprochen habe, das ist mir aber einerlei, 10
ich kann ihn nicht in meiner Nähe leiden, was liegt mir dran,
obs die Kurprinzessin merkt, wenn sie frägt, so sag ich, er
hat uns wollen ermorden in unserem Zimmer, und dann
kann er sich nachher verteidigen, wenns nicht wahr ist, und
kann sagen warum er uns so mörderischer Weise angefallen 15
hat. – Die Tonie will auch nicht, daß ich Abends allein spazieren gehe, sie sagt der Kammerherr könnte mir begegnen, so
muß ich immer einen hinter mir drein laufen haben. – Es ist
nichts schöner als so ein Spaziergang im Nebel, mit dem sich,
wenn die Nacht kommt, alle Schluchten füllen und in tau- 20
senderlei Gestalten im Tal herumtanzt und an den Felsen
hinauf. – Aber einen hinter mir drein laufen zu haben das ist
mir verdrießlich. – Ich kann nicht dichten wie Du Günderode, aber ich kann sprechen mit der Natur, wenn ich allein mit ihr bin, aber es darf niemand hinter mir sein, denn 25
grad das Alleinsein macht, daß ich mit ihr bin. Auf der grünen Burg im Graben, im Nachttau, da war es auch schön mit
Dir, es sind mir meine liebste Stunden von meinem ganzen
Leben, und so wie ich zurückkomm, so wollen wir noch acht
Tage zusammen dort wohnen, da stellen wir unsere Betten 30
dicht neben einander und plaudern die ganze Nacht zusammen, und dann geht als der Wind und klappert in dem rap-
peligen Dach, und dann kommen die Mäuschen und saufen
uns das Öl aus der Lampe und wir beiden Philosophen halten, von diesen Zwischenszenen lieblich unterbrochen, 35
große tiefsinnige Spekulationen, wovon die alte Welt in ihren eingerosteten Angeln kracht, wenn sie sich nicht gar um-

dreht davon. – Weißt Du was, Du bist der Platon und Du bist dort auf die Burg verbannt, und ich bin Dein liebster Freund und Schüler Dion, wir lieben uns zärtlich und lassen das Leben für einander, wenns gilt, und wenns doch nur wollt gelten, denn ich möcht nichts lieber als mein Leben für Dich einsetzen. Es ist ein Glück – ein unermeßliches, zu großen heroischen Taten aufgefordert sein. Für meinen Platon, den großen Lehrer der Welt, den himmlischen Jünglingsgeist mit breiter Stirn und Brust, mit meinem Leben einstehen! Ja so will ich Dich nennen künftig, Platon! – und einen Schmeichelnamen will ich Dir geben, Schwan will ich Dir rufen, wie Dich der Socrates genannt hat, und Du ruf mir Dion. –

Es wächst hier viel Schierling in dem feuchten Moorgrund, ich fürchte es aber nicht, obschon's Gift ist; es ist mir ein geheiligt Kraut, ich breche es ab im Vorübergehn und berühre es mit meinen Lippen, weil der Socrates den Schierlingsbecher getrunken. Lieber Platon, es ist meine Reliquie, die mich von bösen Schwächen heilen soll, daß ich vor dem Tod nicht verzagen muß, wenn es gilt. – Gute Nacht mein Schwan, gehe dort schlafen auf dem Altar des Eros. –

Am Sonntag. – Schlangenbad.
Hier ist auch eine Kapelle, und eine kleine Orgel, die hängt an der Wand, die Kapelle ist rund, ein mächtiger Altar nimmt fast den ganzen Platz ein, ein großer goldener Pelikan krönt ihn, der einem dutzend Jungen sein Blut zu trinken gibt. Das Ende der Predigt hörte ich aus als ich hineinkam, ich weiß nicht, wars der goldne Pelikan, die mit vielen Spinnweben überflorten Zieraten und Kränze von Golddraht, die frischen Sträußer daneben, von Rosen und gelben Lilien und die düsteren Scheiben, wo oben grad über dem Pelikan die dunkelroten und gelben Scheiben die Sonnenstrahlen färben. Der Geistliche war ein Franziskaner aus dem Kloster bei Rauenthal. »Wenn ich jetzt von Unglück sprechen höre, so fallen mir immer die Worte Jesu ein, der zu einem Jüng-

ling sagte, der unter seine Jünger wollte aufgenommen werden: die Füchse haben Gruben, die Vögel des Himmels haben ihre Nester, aber des Menschen Sohn hat keinen Stein,
da er sein Haupt hinlege. – Ich frage Euch, ob durch diese
Worte allein, nicht schon alles Unglück gebannt ist? – Er
hatte keinen Stein, um auszuruhen, viel weniger einen Gefährten, der ihm sein irdisch Leben heimatlich gemacht hätte,
und doch wollen wir klagen, wenn uns ein geliebter Freund
verloren geht, wollen uns nicht wieder aufrichten, finden es
nicht der Mühe wert, ins Leben uns zu wagen, werden matt
wie ein Schlaftrunkner. Sollten wir nicht gern die Gefährten
Jesu sein wollen, wenn die Not uns trifft? sollten wir nicht
Helden sein wollen neben diesem großen Überwinder, der
ein so weiches Herz hatte, daß er aus liebendem Herzen die
Kinder zu sich berief, daß er den Johannes an seiner Brust
liegen hieß? Er war menschlich, wie wir menschlich sind, was
uns zu höheren Wesen bildet, nämlich das Bedürfnis der Liebe, und zu selbstverleugnenden Opfern befähigt, das war die
Grundlage seiner göttlichen Natur, er liebte und wollte geliebt sein, bedurfte der Liebe; weil nun die Liebe auf Erden
nicht zu Hause war, so fand er keinen Stein, da er sein Haupt
ruhen konnte, da verwandelte sich dieses reine Bedürfnis der
Liebe in das göttliche Feuer der Selbstverleugnung, er
brachte sich dar, ein Opfer für die geliebte Menschheit, sein
Geist strahlte wieder himmelwärts, von wo er in seine Seele
eingeboren war, wie die Opferflamme hinaufsteigt ein Gebet
für den Geliebten, und dies Gebet ist erhört worden, denn
wir fühlen uns allzumal durch diese Liebe geläutert, und
wenn wir uns ihrer Betrachtung weihen, so werden wir göttlich durch ihr Feuer, und dieses ist wie der Odem Gottes, der
alles ins Leben ruft, jeden Keim des Frühling, so auch ruft
nun die Liebe Jesu, die auf Erden nicht begnügt und beglückt konnte werden, zu sich, alle die mühselig und beladen
sind, sie sind verschloßne tränenschwere Knospen, die mächtige Sonne der göttlichen Liebe wird sie zum ewigen Leben
der Liebe wecken, denn dies ist alles Lebens, alles Strebens
Ziel auf Erden. Amen.« Diese schönen Worte waren die ein-

zigen, welche ich von der Predigt hörte, aber sie waren mir
genügend, um mich den ganzen Tag zu begleiten, sie klan-
gen wie ein himmlisch Geläut in mein Ohr, wie ein schöner
Sonntag-Morgen; als Alles zum Tempel hinaus war, ging ich
5 von der Emporkirche herab in die runde Kapelle, ein andrer
Priester hatte eben die Messe gelesen, es kam ein alt Mütterchen, die löschte die Kerzen und räumte auf; ich frug ob sie
Sakristan sei, sie sagte ihr Sohn sei Küster, aber der sei heut
über Land, ich frug wo sie die vielen Blumen hernehme, da
10 ich doch nirgend einen Blumengarten gesehen, sie sagte die
Blumen sind aus unserem Garten, mein Sohn pflegt sie alle;
ich hatte eine rechte Lust mit in den Garten zu gehen, das war
sie zufrieden; das ist ein Garten, so groß wie der Hof von
unserem Haus, an der weißen Wand des Hauses wachsen
15 Trauben und ein paar hohe Rosenbüsche sind dazwischen
verflochten, Rosen und Trauben, ich kann mir keine schönere Vermählung denken, Ariadne und Bacchus. Ein hölzern
Bänkchen war da an der Mauer, ich setzte mich ganz ans End,
und die Frau neben mich, es war kaum groß genug, daß wir
20 Platz hatten, ich mußte recht dicht an die Frau heranrücken,
ich legte meine Hand in ihre auf ihren Schoß, sie hatte eine so
harte Hand, sie sagt das sind Schwülen vom Graben im
Land, denn hier ist ein felsiger Boden. Du glaubst nicht, wie
schön der Garten in der Sonne lag, denn jetzt ist grade die
25 reichste Blumenzeit, alles ist doch so schön; wenn die Natur
mit Ordnung bedient wird, gleich ists ein Tempel, wo ihre
Geschöpfe als Gebete aufsteigen, gleich ists ein Altar, der
voll kindlicher Opfergeschenke beladen ist. – So ist das Gärtchen mit feinen reinlichen Kieswegen und buchsbaumnen
30 Felderteilchen; der Buchsbaum ist so ein rechter Lebens-
freund, von Jahr zu Jahr umfaßt und schützt er was der Frühling bringt, es keimt und welkt in seiner Umzäunung und er
bleibt immer der grüne Treue, auch unterm Schnee, das sagt
ich der alten Frau, die sagte, ja das ist wohl wahr, der Buchs-
35 baum muß alles Schicksal mitmachen. – Aber stell Dir doch
das hübsche Gärtchen vor, links vom traubenbewachsnen
Haus die Mauer mit Jasmin; gegenüber im Schatten eine

recht dichte Laube von Geisblatt, der Eingang zum Haus
von beiden Seiten mit hohen Lilien besetzt. So viel Levkoyen, so viel Ranunkeln, so viel Ehrenpreiß und Rittersporn und Lavendel, ein Beet mit Nelken, ein Maulbeer-
baum in der einen Ecke und in der andern geschützt gegen 5
die kalten Winde, zwei Feigenbäume mit ihren lieben rein gefalteten Blättern, ich war ganz erfreut Kameraden von meinem Baum zu finden, unter denen springt ein Quellchen hervor in einen Steintrog, da kann die Frau gleich ihre Blumen
begießen, und in den offnen Fenstern hing ein Käfig mit 10
Kanarienvögel, die schmetterten so laut. Ach es war recht
Sonntagswetter, und Sonntagslaune in der Luft, und Sonn-
tagsgefühl in meinem Herzen. Ich bitte Dich, sorg daß mein
Baum von der Lisbet nicht versäumt werde, er muß bald
reife Früchte haben, wenn er so weit ist wie die im Küster- 15
gärtchen, die brech Dir ab. – Die Frau schüttelte mir Maulbeeren ab, die sammelte ich auf einem Blatt und einen Strauß
von Nelken und Ehrenpreiß und Rittersporn hatte ich mir
auch gepflückt; und wie ich so da steh ganz still in der Sonn,
da kommt der geistliche Herr aus der Tür, er hatte da sein 20
Frühstück genossen, was die Küsterfrau immer nach der
Kirche bereit hält. – Der Geistliche ist ein schöner ganz stiller
Kopf, und sanfte Augen, und noch jung. Mich strahlten die
schönen Worte, die ich von ihm gehört hatte, noch einmal
aus seinem Gesicht an, ich konnte auch aus Ehrfurcht ihm 25
nichts sagen, er sah mich aber freundlich an und sagte: Ei
wie! schon reife Maulbeeren; ich reichte ihm die Maulbeeren,
er nahm auch welche davon, und den Strauß nahm er mir
auch ab und steckte ihn in seinen Ärmel, denn ich war so
überrascht, als ich ihn kommen sah, daß ich nicht wußte was 30
ich tat, und ihm beide Hände entgegenstreckte, ich wußte gar
nicht, daß ich ihm den Strauß geboten hatte, und erst als er
mir ihn mit einem Dank abnahm, merkte ichs. Nun ging er
weg und ich blieb betäubt stehen, der Spitzhund aber begleitete ihn sehr höflich vor die Gartentür, ich hörte ihn noch 35
vor der Tür freundlich mit dem Hund sprechen: Geh nach
Haus Lelaps sagte er. – Ich war recht vergnügt, und mehr als

all die Tage über auf der Terrasse, mit meinem Sonntagmor-
gen.

Wie ich nach Haus kam waren alle bei Leonhardi versammelt und tranken Chocolade; sie fragten wo ich geblieben war nach der Kirche, ich erzählte daß ich im Küster-
gärtchen gewesen und hätte den lieben Prediger gesehen. Da
war aber schon die Kritik drüber her gewesen und hatte die
Unmöglichkeiten von unchristlicher Gesinnung drin gefunden; der Mann ist berühmt und Leonhardis waren aus Neugierde auch drin gewesen und die Engländer und die Lotte
und der Voigt, und noch ein paar Stiftsfräulein die Leonhardis kennen, der Fritz lag auf dem Bett ganz blauschwarz von
seinem Stahlbad, aus dem er eben gekommen war, wenn das
noch lange dauert so wird er ein Mohr. Du hättest diesen
Schnattermarkt mit anhören sollen, und der Niklas Voigt der
im Mainzer Dialekt sie alle auslachte und die Lotte mit der
besten Weisheit versehen und der Christian Schlosser, was
jeder sagte oder vielmehr über die andern hinausschrie, das
verstand ich nicht, also noch weniger was jeder meinte, aber
der Niklas Voigt, dem Lotte in Ermanglung eines besseren
Auditoriums ihre Weisheit übermachte, taumelte wie ein Be-
trunkener um den geschlossenen Zirkel der Disputierenden,
bejahte alles was sie sagten, und dann rief er wieder: »in meinem Leben hab ich kein ärger Kauderwälsch gehört als die
Narren da durcheinander schreien, hören sie doch Bettine
was die vor Zeug schwätzen,« und dann schrie er wieder
drein sie hätten ganz recht, so ein Prediger wär ein eitler
Narr, ich sagte: Ei Voigt! – »Nun was wollen Sie denn machen wenn Sie mitten unter den Wölfen sind so müssen Sie
mit heulen, daß dich, daß dich, was vor kapitale Narren
sinds! Ei freilich ist ein Prediger ein Narr, der seine himmlische Weisheit so vor die Narren gibt,« – und so zerrte er
mich zum Zimmer hinaus auf die Terrasse, war ganz begeistert von der Predigt, »ein Mann ists wies unter hunderttau-
senden keinen wieder gibt! ein Mann der seine individuelle
Natur von Gott durchdringen läßt! ein lebendiger Mann der
leider die Weisheit den hölzernen Maulaffen vorpredigt.

Kein Mensch hat Andacht, Geistes-Andacht hat kein
Mensch! – Maulandacht, und eine Zucht und eine Sitte, wie
man Hunde dressiert: so dressiert die ganze Menschheit ihr
eigen Gewissen, sie verstehens nicht besser, sie wissen nichts
davon, daß der ganze Mensch gar kein Richter mehr über
sich selber sein soll, sondern ein lebendiger Anger wo kein
Urteil mehr Statt findet, sondern lauter Seelennahrung, lauter Himmelsspeis der Weisheit; wahre Weisheit die kann nur
genossen werden, nicht beurteilt, denn die ist größer als daß
der geringe Verstand sie durchschaut, – aber so gehts! – was
hilft mich die christliche Religion, die Menschen sind Narren
und werdens bleiben, und da hats dem Herrn Christus auch
nicht besser geglückt, daß er da herunter gekommen ist. Ein
Narr der sich Christ nennt ist halt eben auch einer! – wenn er
hundertmal vom Himmelsthron herunter gekommen ist, er
hat tauben Ohren gepredigt wie unser geistlicher Herr, oder
Narren hat er gepredigt, die es nach ihrem Behagen ausgelegt haben. – Wäsch mir den Pelz und mach mir ihn nicht
naß, das ist die ganze Geschicht mit der Frömmigkeit. Tu die
Augen auf und werd gescheut, denn unser Herrgott kann
keine Esel brauchen, aber Ihr werd' Esel bleiben, und so
tragt nur Euer schwere Säck von Vorurteil auf Euerm
Buckel bis in alle Ewigkeit, Ihr seid doch zu nichts tauglich
als die Mühl zu treiben, in der Euch der Kopf immer dus-
seliger wird.« – Aber das war nicht alles was der Voigt sagte,
und dabei machte er Sätze links und rechts. Jetzt erzähl ich
Dir wieder weiter wie's noch mit dem roten Kammerherrn
weiter gegangen ist, alle Tage sind wir auf der Terrasse, da
gibt bald eine Dame bald die andre ein Goutée, und dann
wieder die Prinzeß, aber der Krebs ist immer wieder hinter
mich gekommen, da hab ich mir eine Schawell aus unserm
Zimmer geholt und dicht neben die Kurprinzeß gestellt, und
mich drauf gesetzt; und nun ist das alle Tag mein Platz, und
da darf er nicht mehr an mich streifen, und wenn wir spazieren gehen über die Bergrücken nach dem Tee, da nimmt
mich die Kurprinzeß immer bei der Hand; sie hat ein klein
Blondchen weiß und rot, dem fliegen die Sonnenhaare so

flammig um den Kopf, dem lieben Hessenkind, ich könnt
recht gut mit ihm spielen, sie halten mich ja doch für ein
Kind, weil ich keine Gesellschaftsmanieren hab; Ball werfen,
um die Wett laufen; – aber so einem Prinzeßchen ist nicht
beizukommen; da ist eine Frau von Gundlach die führt das
Regiment, und Kammerfrauen die begleiten es. Dann ist
mirs auch nicht möglich mit einem Kind Komödie zu spielen, ich muß mit ihm sein können unter Gottes Schutz, nicht
unter Menschenaufsicht. – Prinzeßchen, in Gold und Silber
angetan, – zu ihrer Geburt kommen gute Feen die sie beschenken, – das erfährt man in Feenmärchen. Was mögen sie
dem feinen Kind alles geschenkt haben? – Gaben die es noch
nicht zu brauchen weiß, wer wirds ihm lehren? – Scheu! –
aber keine scheinheilige, – ich hab sie vor allem Kinderschicksal, unentfaltet noch in so süßer Knospe verschlossen,
man hat auch Scheu eine junge Knospe zu berühren die der
Frühling schwellt. Ein Wiegenkindchen lallt so berührsam
wie kein Gespräch mit Menschen. Nur allein mit dir ist Sprechen lebendig, wo wir ohne Vor- und Nachurteil, den Gedanken uns auf die Schwingen werfen, und jauchzen, und
gen Himmel fahren. Um so ein Kinderschicksal möcht ich
einen Kreis ziehn, das Erdenschicksal wollt ich aufheben von
ihm, daß es ganz gleichgültig wär ob ihm dies oder jenes zu
Teil werde, und nur sein himmlisch Weisheitsschicksal darf
gelten. Lautere Güte, das ist der Erfrischungsquell für die
Kindernatur aus dem sie Gesundheit trinkt – und Abends
wenns schlummert, da haucht es Segen, wie die schlummernden Sträucher auch Segen duften, an denen man hingeht in
der Dämmerung. – Ein Kindchen einwiegen bei Mondenschein, dazu würden mir gewiß schöne Melodien einfallen,
was geht einem die Welt an, die verkehrt ist. Alles was ich seh
wie man mit Kindern umgeht, ist Ungerechtigkeit. Nicht
Großmut, nicht Wahrhaftigkeit, nicht freier Wille sind die
Nahrung ihrer Seele, es liegt ein Sklavendruck auf ihnen.
Ach wenn ein Kind nicht innerlich eine Welt hätte, wo wollt
es sich hinretten vor dem Sündenunverstand, der bald den
keimenden Wiesenteppich überschwemmt. – Da sagen die

Leute, ein Kind darf nicht alles wissen. – Wie dumm! – Was
es fassen kann, das darfs auch wissen, für was hätte es die
Macht zu begreifen? – Der Geist langt wie eine Pflanze mit
jungen Ranken hinaus in die Lüfte und will was fassen, und
da kommt der Unverstand, an den kann er sich freilich nicht
ansaugen, da muß der Kindergeist absterben; sonst, wie bald
würde die Weisheit der Unschuld, den Aberwitz der Unverschämtheit beschämen. Ungeduld und Zorn und Mißstim-
mung werden ihnen wie Autoritäten entgegengestellt, man
schämt sich vor ihnen keiner bösen Regung, vor Andern hü-
tet man sich wohl, da versteckt man die böse Natur, aber vor
Kindern nicht, man denkt sie begreifens noch nicht, man
sollte doch lieber auf ihre Reinheit bauen, die das Böse nicht
gewahr wird, oder auf ihre Großmut, sie verzeihen viel und
rechnen es einem nicht an. Deswegen sind sie aber nicht witz-
los und untüchtig für den höchsten Begriff. Aber die Menschen sind über sich selber so dumm, sie glauben in ihrem
schmäligen Unrecht noch an ihre eigne Weisheit wie an einen
Ölgötzen, dem sie Opfer bringen aller Art, nur die eigne
Bosheit erwischen sie nicht bei den Ohren, um sie einmal zu
schlachten. Der knospenvolle Lebenstrieb wird nichts geachtet, der soll nicht aufgehen, aus dem die Natur, hervor ans
Licht sich drängen will; da wird ein Netz gestrickt wo jede
Masche ein Vorurteil ist, – keinen Gedanken aus freier Luft
greifen und dem vertrauen, – alles aus Philistertum beweisen
und erfordern, das ist die Lebensstraße die ihnen gepflastert
wird, und wo statt der lebendigen Natur lauter verkehrte
Grundsätze und Gewohnheiten es umstricken. Der Voigt
sagte, ihm sei das Lachen und Weinen nah gewesen beim
Examen in der Musterschule, wo der Molitor mit so großem
Eifer die Judenkinder examiniert habe über die Großtaten
der Römer und Griechen, wenn er dächte welchen schmutzigen Lebenspfad sie wandern müßten, »Zieh Schimmel
zieh, im Kot bis an die Knie,« ja da mag einer noch so ein
weißer Schimmel sein, er muß im Morast stecken bleiben;
und das ganze Lehrgebäude ist bloß wie Fabelwerk, alles
lehrt man durch Exempel, aber große Taten die zeigt man

nur wie die Chimära aus dem Bilderbuch, da dreht jedermann um und läßt sie stehen ohne weitere Gebrauchsan-
weisung. Diese Bemerkungen sind alle aus Gesprächen mit
dem Voigt, der mir gern seine Weisheit bringt aus dem
5 Grund weil ihn kein Mensch sonst anhört, er sagte ich bin
jedermann langweilig, aber ich kann Ihnen versichern die
Leute sagen Sie wären auch langweilig; er sagte: aus einem
Kind sollte lauter Weisheit hervorblühen, daß alles Denken
freudige Religion in ihm würde ohne ihm das Kreuzschlagen
10 zu lehren, oder Heiden und Christen zu unterscheiden, und
seine Seele müßte aufblühen am Lebensstamm ohne zu fragen nach Gutem und Bösem. – Weißt Du was, – heut hat sich
das zarte Kind in der Tür den Finger sehr arg geklemmt, und
die Kurprinzeß war sehr erschrocken, und ganz hinfällig ge-
15 worden, denn es hat ihm sehr arg weh getan, mich hats auch
geängstigt, es hatte Fieber, jetzt liegts im Bett und schläft, als
es beruhigt war ging die Kurprinzeß zur Erholung spazieren, sie nahm mich mit, ich lief von ihrer Seite um ihr Blumen
zu holen die ich in der Ferne sah, die nimmt sie mir immer
20 freundlich ab und zeigt mir wohl selbst, welche ich pflücken
soll, ich brach aber so viele und kletterte jede steile Seite hinan; die Damen wunderten sich über meine großen weiten
Sprünge, und sagten ich beschwere die Hoheit mit den vielen
Blumen, ich band einen Strauß mit meinem Hutband und
25 gab ihn ihr zu tragen, ich sagte er sei fürs kranke Kind zum
Spielen, nicht ins Wasser zu stellen; sie trug den großen
Strauß und wollte nicht daß man ihr ihn abnahm. Die Gesellschaft wunderte sich über meine *naive Art,* damit meinen
sie *Unart,* ich merkte es; sie halten mich für einen halben
30 Wilden, weil ich wenig oder nie mit ihnen spreche, weil ich
mich durchdränge wohin ich will, weil ich mich ohne Erlaubnis an der Prinzeß Seite setze, als ob ich den Platz gepachtet
habe, sagt Frau von B. R., weil ich so leise geschlichen komm
daß mich keiner merkt, weil ich davon laufe und nur das
35 Windspiel vom Herzog von Gotha sich mit mir zu schaffen
macht, das mir nachsetzt und bellt wenn ich ins Gebüsch
spring; der L. H. sagte mir daß man sich über meine Unart

aufgehalten, den Hund so laut bellen zu machen; er erzählte
mir aber nicht was ich von der Tonie hernach hörte, daß die
Kurprinzeß sagte: sie ist ein liebes Kind, und daß der Herzog
von Gotha sagte: ein allerliebstes Kind. – Nun, ich gefall mir
selbst gut. –

Lieb Günderödchen, über allen Wechsel und Zerstreuung
von heute hinweg klingen noch immer die Worte der Predigt
in mich hinein, als wär heut ein feierlicher Tag gewesen. – Es
ist ja wahr, Du und ich sind bis jetzt noch die zwei einzigen
die mit einander denken, wir haben noch keinen Dritten gefunden der mit uns denken wollt; oder dem wir vertraut hätten was wir denken, Du nicht und ich nicht; Niemand weiß
was wir mit einander vorhaben, und wir lassen jetzt schon
ein ganzes Jahr die Leute sich wundern warum ich doch alle
Tag ins Stift lauf. – Aber den Geistlichen, – wärs in Frankfurt
gewesen, den hätt ich angeredet daß er mit mir zu Dir gegangen wär. – Der hat gewiß keinen Freund – sein Geist
wird sein Freund sein müssen, der wird ihm antworten. Ich
denk, ob einer mit seinem eignen Geist reden kann? – Der
Dämon des Socrates wo ist der geblieben? – Ich glaub jeder
Mensch könnte einen Dämon haben der mit ihm sprechen
würde, aber worauf der Dämon antworten kann, das muß
unverletztes Forschen nach Wahrheit sein; da mein ich mit, es
darf sich kein andrer Wille drein mischen, als bloß die Begierde zur Antwort. – Frage ist Liebe, und Antwort Gegenliebe. Wo die Frage bloß Liebe zum Dämon ist, da antwortet er, der Lieb kann Geist nicht widerstehen, wie ich
nicht und Du nicht. So lang ich vom Socrates weiß, geh ich
dem Gedanken nach, wie Er einen Dämon zu haben; er hatte
wohl ein inneres Heiligtum, ein Asyl wo der Dämon zu ihm
kommen mochte, ich hab in mir gesucht nach dieser Türe
zum Alleinsein, wo ich diesem Weisheitsgeist ins Gesicht sehen könnt, flehend um Lieb. Aber Du hast recht, ein mutwilliger Wind jagt meine Gedanken wie Spreu auseinander,
ich werd fortgerissen von einem zum andern von meiner
Zerstreutheit, dann ists so nüchtern in mir, und so beschämend öde wenn ich mich sammeln will, wie soll da der Geist

sich einfinden, wo es so leer ist, der Socrates hatte wohl
große Taten getan vorher, und nie seinen Genius verleugnet,
dann kam er zu ihm. – Ich sag als zu mir, laß nur ab, der Geist
würde von selber kommen, könnt deine Natur ihn herbergen. Ich denk als der Geist muß entspringen aus vereinigten
Naturkräften und ich hab so keine Feuernatur die sich so
konzentrieren kann daß der Geist aus ihr entspringe, aber ich
wollt es doch, ich sehne mich nach ihm. Ich hab ihn nicht, ich
denk mir ihn aber, und trag ihm alles vor in meinen Nacht-
gedanken, und manchmal schreib ich an Dich als wärst Du
sein Bote, und er würde durch Dich alles erfahren von mir.
Manchmal wenn wir zusammen schwätzten im Dunkel bei
dem verglommenen Feuer in Deinem Öfchen, wo der März-
schnee vom Baum vor Deinem Fenster herunter fiel, da
dacht ich, was schüttelt doch den Baum? – und da war ich
gleich so begeistert, als lausche was und reize mich an, und
Du sagtest es fülle sich unser Gespräch mit Gas, ein Gedanke
nach dem andern stieg in die Wolken, und verglichst sie mit
romanischen Lichtern die hoch über uns sich in sanften
Leuchtkugeln ausbreiten. Das Rasseln im beschneiten Baum,
an der Wand das neugierige Mondlicht, das aufflammende
Feuerchen, Du, und ich die mit Deinen Fingern spielte beim
Sprechen, das war als so, daß ich dacht der Geist wär nah bei
uns und trenne uns von allem Unsinn; und das Leben war
auch so weit ab, auf der Straße wenn ich nach Haus ging,
wenn mir da Menschen begegneten, so wars wie eine Scheidewand zwischen mir und ihnen und zwischen allem was in
der Welt vorgehe. – Ja die Welt, die auch von Begeistrung
leben sollte wie der Baum vom Tau, die strömt so viel Stick-
luft aus (Langeweile), daß der Geist nicht eratmen kann.

Heut sind die Früchte angekommen und die Blumen all
noch frisch, Dein Brief duftet mit dem Heliotrop und gelben
Jasmin in meiner Brust, wo ich ihn hingesteckt hab. – Was
Du mir sagst scheint mir auch vom Dämon durch Dich ge-
meldet, Du kleidest seine Weisheit in Balsam hauchende Re-
deblüten – ich soll und muß Dir Recht geben, nicht wahr? –
Meinst Du es wird den Dämon verdrießen wenn ich ihm

nicht nachgebe mit der Eifersucht? – und daß meine Leidenschaft in so stolzen Flammen aufsprüht, und will ihn gefangen nehmen wo er sich verborgen hat in Dir? – Eifersucht
fährt heraus aus dem Geist der Liebe als wärs der Dämon
selber, sie ist eine starke bewegende Kraft, ich weiß was ich
ihr zu danken hab; – ja vielleicht ist sie eine Gestalt, in die
sich der Dämon kleidet; wenn ich eifersüchtig bin ist mirs
immer göttlich zu Mut, alles muß ich verachten, alles seh ich
unter mir, weil es so hell in mir leuchtet und nichts scheint
mir unerreichbar, ich fliege wo andre mühselig kriechen; und
während mirs im Herzen ängstlich pocht, da rauschts im
Geist so übermütig, ich biete Trotz, so arg Trotz, daß ich
ohnmächtig werden muß, aber mein Mut sinkt nicht, der ist
noch stärker wenn ich mich erhole, nach was verlang ich
denn? – was will ich mir erzwingen? – Ja es ist gewiß der
Dämon den ich wittere; als ich Dir in die Hand biß und an zu
weinen fing, so war es doch der Dämon der mich neckte,
nicht Deine Geheimnisse die Du mit andern hast die mich
nichts angehen, ich weiß daß die nicht zwischen uns treten,
und Du, wo willst Du hin? – Ich und Du, uns berührt nichts
in unserer Eigentümlichkeit mit einander. Aber es schlägt
Feuer aus mir daß ich Ihn fassen will und will mich an ihn
klammern, denn er war gewiß oft zwischen uns beiden,
meine Ahnung war nicht falsch, und ich wollt ihn gern an
mich reißen als ich von Dir ging, drum biß ich Dich und
schrie. – Ja es ist Eifersucht – wie soll ich aber nicht eifersüchtig sein, es ist ja die einzige Möglichkeit meines Gefühls, schmeicheln kann ich ihm nicht, ihm vertrauen wie
kann ich das, ich weiß ja nicht, ob er mir lauscht. Aber daß
meine Eifersucht rege wird, wo ich ihn ahne, daß ich da
mächtig mit den Flügeln schlage um ihn, der mich selber
dazu reizt, das ist die Stimme der Wahrheit heißer Liebe. Ja!
ja! ja! – da brauch ich mich nicht zu erschöpfen in Vorbereitungen, da bin ich nicht mehr zerstreut, und zaghaft gar
nicht. Ach Günderode! und nun antwortet er mir so sanft in
Deinem Brief, Du bist ganz mitleidig geworden durch ihn, er
hat Dich so gestimmt und verkündet mir in Deinen Worten,

wie der Baum der Treue zwischen uns erwachsen und erstarken werde und daß ich nicht verzage. – Ja ich glaubs daß er
mir alles sagt, was Du mir schreibst, er versüßt mir die Pausen mit Träumen von ihm, und verheißt mir daß er allen
Raum ausfüllen werde mit Geistesblüten, wie das Meer mit
Wellen ausgefüllt ist. Ewigkeit ist allumfassendes Empfinden, nicht wahr, das sagt die Narcisse zur Viole, und die
senkt den Blick in den eignen Busen und beschränkt sich in
die Unumkränztheit der Liebe, die sie da ahnt und fassen
lernt. – Nicht alles ist der Liebe fähig, aber wenn ich dem
nachgehe, was ihrer fähig ist, dann werd ichs durchdringen.
Wo soll mein Geist den Fuß aufsetzen, überall ist er fremd,
wenn es nicht selbst erobertes Eigentum der Liebe ist. – Versteh ich mich? – ich weiß selbst nicht. – Die Augen sind mir
vor Schlaf zugefallen so plötzlich über dem Besinnen, ich
muß morgen früh um sieben Uhr den Brief dem Boten mit-
geben, überdies brennt mein Licht so düster, es wird bald
ausgehen, gute Nacht Brief! Der Mond scheint so hell in
meine Stube, daß sie ganz klingend aussieht – die Berge gegenüber sind prächtig, sie dampfen Nebel in den Mond. Alleweil will das Licht den Abschied nehmen, ich will aber sehen, ob ich nicht im Mondschein schreiben kann. – Ich bin so
vergnügt, wie die Blätter wenn sie ganz beregnet sind vom
Gewitter in der Nacht und der Himmel wird wieder hell, und
sie schlafen dann ruhig ein, weils Gewitter vorbei ist. – Da
hör ich schon die ganze Zeit einen fremdartigen Vogel
schreien, sollte das ein Käuzchen sein, das die Frau Hoch einen Totenvogel nennt, er schreit ganz dicht vor meinem Fenster; ach Günderödchen ich schäm mich ein wenig, weil ich
mich ein wenig fürchte. Meine Stube ist so düster, das Licht
wird gleich ausgehn, die Berge da üben sind so grausend,
man sieht sonderbare Gestalten, die kleine Quell unter meinem Fenster ruschelt so leis und bedächtig wie ein alt Haus-
gespenst. Was bin ich so dumm? – Da fällt mir der Dämon
ein, und sollt mich fürchten vor dem Käuzchen, siehst Du so
albern bin ich, und doch macht die inwendig Seel solchen
Anspruch, der Geist soll sie heimsuchen, und fürcht mich vor

dem Käuzchen! – gleich mach ichs Fenster auf und seh nach
ihm, da fliegts weg, die Sterne funklen zu tausenden am Himmel, da unter meinem Fenster steht meine alte Invaliden-
schildwach und paßt vermutlich auf ein Ständchen von meiner Guitarre, was er gewohnt ist alle Nacht zu hören, ich 5
werd ihm ein Lied von der heiligen Jungfrau Maria singen,
denn es ist heut Maria Himmelfahrt und nicht Sonntag, wie
ich irriger Weise sagte, ich hab diese Seite im Mondschein
geschrieben, Du wirst nicht lesen können, nun es schad
nichts, es steht auch nichts drauf, was Du notwendig wissen 10
müßtest, es ist mir doch so wohl seit dem kleinen Schauer-
chen von Furcht, ich hab auch keinen Schlaf mehr. Der
Mond schwimmt so eilig hinter den weißen Wölkchen hervor, daß es mir ordentlich im Herzen Gewalt antut. Ich muß
singen, sonst muß ich weinen. 15

> Gute Nacht. Bettine.

Günderödchen. Die Engländer sind recht närrische Passa-
giere, sie brachten mir einen Brief vom L'ange mit, der mich
warnt mich nicht in sie zu verlieben. – Der mit dem gepu-
derten Haupte, Mr. Haise ließ sich gestern in einem Nan- 20
quin-Morgenrock auf der Terrasse sehen und gelben Pan-
toffeln, die Tonie sah zum Fenster hinaus, sie wollte nicht
hinunter, sie schämte sich vor den Leuten, wenn er mit ihr
spreche, weil er so absonderlich aussieht. – Ich sah aber wie
er herauflugte nach unsern Fenstern, und wie er die Tonie 25
erblickte, da rief er sie an, bei dem herrlichen Wetter herunter
zu kommen, ich mußte mit; er spannte einen grünen Para-
plüie über ihr auf um sie vor der Sonne zu schützen, so
mußte sie mit ihm die Terrasse auf und ab wandlen, ich lief
herauf und machte eine Zeichnung davon, die ich der Tonie 30
ins Arbeitskästchen legte, was sie immer mit nimmt auf die
Terrasse zum Tee, und freute mich schon auf die Bewundrung, wenn es erblickt würde. Aber sie legte das Papier
schnell zusammen und wickelte Seide drauf; sie wollte nachher schmälen, ich hatte ihr aber einen so schönen Kranz ge- 35
macht von Farrenkraut, der ihr so gut stand und ihre

Wunderschönheit noch erhöhte, daß wir ganz content auf
den Ball kamen, der beinah aus so viel Karikaturen bestand
als Menschen da waren. Der Clemens hat mir aus Weimar
geschrieben und mich gewarnt vor dem Verlieben, – über-
5 flüssig! – wär er doch auf dem Ball gewesen – höchstens daß
man einem Rippenstoß ausgesetzt ist, sonst ist keine Gefahr. –
L. H. war auch da mit seinen Schwestern, wird alle Tage
blauschwärzer von seinen Stahlbädern; sein extra weißer Jabot und Halsbinde machten dies in die Augen fallend, er war
10 sehr fein und elegant gekleidet, denn da er eine diplomati-
sche Ambition hat, so versäumt er keine Gelegenheit sich
standesmäßig auszuzeichnen. So lange wir am Eingang saßen, wo viele Menschen sich drängten, merkte keiner was,
als L. H. aber vortrat um irgend wem sein Kompliment zu
15 machen, entdeckte man und Franz der an meiner Seite saß
zuerst, daß er statt eines Fracks einen Joppel an hatte ohne
Schößen, rund wie ein Fleischerwams, dies sah gar zu närrisch aus, mit schwarzseidnen Beinkleidern, weißseidnen
Strümpfen und Schnallenschuh, kurz vollkommne Hofeti-
20 kette und Federclaque unterm Arm. – Er hatte, während die
Familie sich zum Ball fertig machte, den Überrock angezogen, dann lief er in sein Zimmer, wo ihm der Wind das Licht
auslöschte, um den Frack anzuziehen, und ergriff statt dessen
einen englischen Halbrock, den die Herrn nach neuster
25 Mode bei kühler Witterung über den Frack anziehen. – Er
hatte sich bis jetzt noch nicht von hinten dem großen Publikum präsentiert, und noch mit dem Rücken gegen uns
gewendet; es wurde in Eile Concilium gehalten und beschlossen, zwei Damen, Lotte und die B. sollten ihn ge-
30 sprächsweise sanft rückwärts schreiten machen, ohne ihm
das verfänglich Dilemma, in welchem er sich befinde, zu entdecken bis er gerettet sei; dabei sollten Tonie, Franz und
Voigt eine kleine Hintertruppe bilden, um seinen Rückzug
zu decken; ich wurde ausgemerzt von dieser Expedition,
35 weil ich vor Lachen über die unerschöpflichen Witze von
Franz untauglich dazu war. Der Zug rückte aus und drängte
sich schon zwischen manchen verwunderten Blick, der auf

dem schößlosen Rücken haftete, sie schlichen immer behutsamer heran je näher sie kamen, so schleicht man sacht hinter einem Vogel her, dem man Salz auf dem Schwanz streuen will um ihn fangen zu können, aber er fliegt weg ehe man nah genug kommt; so kam es auch hier, als sie schon ganz nah waren und eben ihn zu haschen meinten, wendete er sich plötzlich um. Ach! ich sprang hinter den Vorhang am Fenster und wickelte mich hinein, und biß in den Vorhang vor Lachvergnügen, und ging nachher auch fort, denn mir wars zu übermütig für den Gesellschaftssaal; der Voigt begleitete mich und erzählte mir, daß die Arrieregarde ihn durchpassieren lassen, sich dann dicht angeschlossen und wie einen vornehmen Staatsgefangenen transportiert bis zum Eingang, dort habe er sich nieder gelassen wo man ihm seine ästhetische Fatalität mitteilte und er sich umgeben von seinen Getreuen zurückzog; jetzt würden sie wohl die ganze Nacht kein Auge zutun, denn da er bei dem hessischen Hof angestellt sein möchte, so ist ihm gewiß bange sein Schicksal untergraben zu haben durch den zipfellosen Aufzug. Voigt ging noch eine Weile mit mir auf der Terrasse wo es so still war, man hörte die Violinen vom Ball; die Wolken überzogen prophezeihend (ein Gewitter nämlich) das Sternenheer, und senkten sich auf unsere Berge, die Bäume standen so ehrfurchtsvoll still den Gewittersegen erwartend; die ganze Gegend sah aus als ob sie sich zu ihrem Schöpfer wende, Voigt vergaß darüber seine unzähligen Witze, mit denen er mich überschwemmt hatte, die entfernten Lichter und Feuer, die in den umliegenden Hütten brennten, funkelten durch das Grün der Bäume, wie Opferfeuer zum Alliebenden, so weit man sehen konnte sah die Welt aus als ob sie unsern Herrgott um eine sanfte Nacht bitten wolle für Alle; für Dich und für mich, für unser ganz Leben, bis an die letzte Nacht. – So ist die Natur süße Fürbitterin, immerdar; alle Seufzer wiegt sie ein, so wollen wir ihr denn danken dafür und ihr vertrauen bis an die letzte Nacht.

Der Clemens mit seinen Warnungen? – Ich hab ihm heut geschrieben. Die Linden blühen wohl noch und hauchen ei-

nem süß an, aber keine Menschen, und die Natur ist schöner
und gütiger und größer als alle Weisheit dieser Welt. Was
einer mit mir spricht darauf möcht ich ihm antworten mit
einem Tannenzapfen, den ich ihm in die Hand drücke, oder
5 eine Schnecke die am Weg kriecht, oder einen angebißnen
Holzapfel, es wär immer noch gescheuter als die Antwort,
die mir einfällt. Mich geht kein Erdenschicksal was an, weil
ich doch nicht Freiheit es zu lenken hab; – Wär ich auf dem
Thron so wollt ich die Welt mit lachendem Mut umwälzen,
10 sagte ich gestern Abend zum Voigt. »Meinetwegen,« sagte
er, »Schad ists nicht drum, auf der neuen Seite kann sie nicht
verkehrter liegen als auf der alten. Alle die mühseligen Per-
sonagen, die etwas unter Narren bedeuten, sind ein absurdes
Zeugnis von ihrer lächerlichen Autorität, solche haben so
15 großen Respekt vor ihrer hohen Tendenz, daß sie sich nicht
getrauen sich ins Gewissen zu reden, sie meinen was durch
sie geschähe wär der Schicksalsschlüssel, der durch sie die
Zukunft aufschließt die schon fertig da läge und nicht erst
durch ihren Unsinn verkehrt gemacht wird, sie würden sich
20 nicht getrauen vollkommne Menschen aus sich zu bilden und
allenfalls die Bedürfnisse der höheren Menschenrechte vor
sich selber zu vertreten; O nein! je dringender die Forderungen der Zeit ihnen auf den Hals rücken, je mehr glauben sie
sich mit Philistertum verschanzen zu müssen und suchen sich
25 Notstützen an alten wurmstichigen Vorurteilslasten, und erschaffen Räte aller Art, geheime und öffentliche, die weder
heimlich noch öffentlich anders als verkehrt sind; – denn das
rechte Wahre ist so unerhört einfach, daß schon deswegen es
nie an die Reihe kommt. Wenn alle Pharisäer an der Regie-
30 rungsmaschine auf einmal die Starrsucht bekämen, es würde
der Welt nichts abgehen an ihrer Gesundheit, nicht einmal
verschnupfen würde sie.« – So politisiert mir der Voigt gewöhnlich unterm Sternenhimmel noch eine Stunde vor, wo
ich bei schönem Wetter auf der menschenleeren Terrasse mit
35 ihm wandle; er sagt: hören Sie mir immer zu, Sie sind noch
jung und haben mehr Energie im Judirium vor den andern
Allen, oder vielmehr: wo ists geblieben könnte man die an-

dern fragen, denen die Ohren nach Fablen jücken, und die
sich von der Wahrheit abwenden oder sie nach eignem Ge-
lüst auslegen, daß sie ihnen zur Fabel wird. – Den Voigt will
kein Mensch anhören, jedermann schreit über ihn, ich aber
fühl mich sehr geehrt, daß er mir gern das ernste Große sei- 5
nes Geistes darlegt, ich hör ihm begierig zu. Er ist so kurz
und entschieden zwischen Recht und Unrecht, daß man keine
Zeit im Schwanken verliert und daß man einen Heldencha-
rakter bedarf ihm zu folgen. »Für einen Freund muß man in
den Tod gehen können. – Wer nicht Alles hingibt, den eige- 10
nen Genuß, die selbsterworbne Größe um den Freund zu
stützen, gehört nicht zu der Gattung Geschöpfe, die Freundschaft empfinden. – Was ist Gefühl? – Farbe, die nicht lebendig ist als nur im Lichtstrahl, der ist die Liebe – also
braucht man vor keinem Sentiment Respekt zu haben, es ist 15
lauter eingebildet Zeug. – Es gibt tausend Handlungen die
man niemand verargen kann, wer aber Hochsinn hat der
wird selbst aus Demut solche Handlungen töten, zum Beispiel: einer der seinem Freund alles Böse was in seiner Natur
ihm widerspricht offenbarte, tötet der nicht auf der Stelle alle 20
Pharisäer?« – Das war noch gestern Abend, was ich von seinem Gespräch behielt, nicht der zehnte Teil, denn er ist rasch
wie ein Schmied beim glühenden Eisen; ich frug ihn warum
er vor andern nicht auch so spreche, er sagte wenn ich mit
einem Wein will trinken, so muß ich einen Becher haben, in 25
den ich ihn eingieße, Ihre Seele ist ein Becher.

Montag.

Zwei-, dreimal zwischen Eichen und Buchen und jungem
lichten Gebüsch, Berg auf Berg ab – da kommt man an einen
Fels, glatte glänzende Basaltfläche, die die Sonnenstrahlen 30
wie ein dunkler Zauberspiegel auffängt, dazwischen grüne
Moossitze, heute Morgen war ich hierher gegangen, es ist
mein gewöhnlicher Spaziergang wenn ich allein bin, nicht zu
weit und doch versteckt, – da sah ich noch den Nebel wie
jungen Flaum zwischen den Felsspalten hin und her schwim- 35
men, und über mir wards immer goldner, die Morgenschat-

ten zogen ab, die Sonne krönte mich, sie prallte scharf vom
schwarzen Stein zurück, sie brennte sehr stark, sie drückte
doch nicht meine Stirn, ich wollte eine Krone schon tragen,
wenn sie nicht schärfer drückt als die heiße Augustsonne, so
saß ich und sang gegen die Felsen hin und hörte aufs Echo,
und die Regierungsgedanken stiegen mir in den Kopf. So
nach Grundsätzen die Welt regieren, die in innerster Werkstätte meiner Empfindung erzeugt wären, und alles Philistertum um und um stoßen, das sind solche Wünsche die an
einem so heißen Sonnenmorgen mir in den Kopf steigen und
wozu Voigts Sternengespräche einen starken Reiz geben; er
sagte, alles Gefühl, aller Begriff werde zu einem Vermögen,
es ziehe sich wohl zurück, aber zur unerwarteten Stunde trete
es wieder hervor, – und da setze ich mich an einsame Orte
und simuliere so ins Blaue hinein und komme zu nichts, zu
keinem hellen Augenblick, nur daß mir oft das Herz unbändig klopft wenn ich dran denke daß ich das Geschrei der
Philister, die des Geistes Stimme mit Grundsätzen be-
drängen, durch das bloße Regiment meiner Empfindung ersticken wolle; ja es wär eine himmlische Satisfaktion für die
Rutenstreiche womit sie blind alle Begeistrung verfolgen.
Günderode, ich wollt Du wärst ein regierender Herr und ich
Dein Kobold, das wär meine Sach, da weiß ich gewiß daß ich
gescheut würde vor lauter Lebensflamme. Aber so! – ist es
ein Wunder daß man dumm ist? – Und so war ich bald im
Sonnenbrand ganz träumerisch versunken, und jagte im
Traum auf einem Renner wie der Wind, nach allen Weltgegenden, und richtete mit hoher übertragner Begeistrung von
Dir, die Welt ein, und kommandierte wohl auch hier und da
mit einem Fußtritt mit einem Fluch dazwischen damit es geschwind gehe, – aber Dein Dramolet zu lesen was ich mitgenommen hatte, mich recht hinein zu studieren, das hab ich
versäumt durch die vielen heftigen Bewegungen meiner Seele, ich mußte mich beschwichtigen mit Schlafen was mich immer befällt, wenn mir die Schläfe so brennen vor heißem
Eifer in die Zukunft. O Seelenbecher, wie kunstreich und
göttlich begabt ist Dein Rand geformt, daß er die brausen-

den Lebensfluten faßt, wie unrettbar wär ich sonst über dich
hinausgebraust. – Mein Freund das Windspiel hatte mich
aufgespürt, es weckte mich mit seinem Bellen und wollte mit
mir spielen, es bellte daß alle Felsen dröhnten und echoten,
es war als wenn eine ganze Jagd los wär, ich mußte jauchzen 5
vor Vergnügen und Lust mit dem Tier; es hatte mir meinen
Strohhut apportiert den ich dem steilen Fels hinabgeworfen
hatte, mit so zierlichen langhalsigen Sprüngen – so ists wenn
man einem gut ist, da mißt man nicht die Gefahr des Ab-
grunds, man vertraut in die eignen Kräfte und es gelingt. – 10
Ach Günderode, es wär viel, wenn der Mensch nur erst so
weit wär seinem eignen Genie zu trauen wie so ein Windspiel, es legte mir seine Pfoten um den Hals wie es mir meinen Hut gebracht hatte ohne ihn zu verderben; ich nannte es
zum Scherz Erodion, und dachte so müsse der an der Göttin 15
Imortalita hinauf gesehen haben, denn es ist so edel und
schön und kühn, und Menschen sehen nicht leicht so einfach
groß und ungestört aus in ihrer Weise, wie Tiere es oft sind.
Der Herzog war dem Bellen seines Hundes nachgegangen
und kam hinter den Bäumen hervor, er fragte warum ich den 20
Hund so nenne dem er Cales ruft, und sagte es sei der Name
eines Wagenführers vor Troja den der Diomedes erschlagen,
ich zeigte ihm Dein Gedicht um zu erklären wo mir der
Name Erodion herkomme, er setzte sich auf den Fels und las
es teilweis laut und machte mit dem Bleistift Bemerkungen, 25
die send ich Dir, Du siehst, er hat es mit Sammlung gelesen
und dann sogar mit Liebe. Ich weiß nicht wie oft Dich der
Zufall begünstigen wird die feineren Saiten der Seele zu rühren, so wirds Dich freuen. – Er frug mich ob ich denn das
Gedicht verstehe? – ich sagte Nein! aber ich lese es gern, weil 30
Du meine Freundin seiest und mich erziehst. Er sagte eine
Knospe ist dieses kleine sorgsam vor jeder fremden Einwirkung geschützte Erzeugnis, die die große Seele der Freundin
umschließt, und in diesen sanft gefalteten Keimen einer noch
unentwickelten Sprache schlummern Riesenkräfte. Die In- 35
spiration der Wiedergeburt hebe ahnungsvoll die Schwingen
in Dir; und weil die Welt zu schmutzig sei für so kindlich

reine Versuche, Deine Ahnungen auszusprechen, so werde
sie diesen anspruchlosen Schleier der Deine weit ausgrei-
fende Phantasie und Deinen hohen philosophischen Geist
umschlinge, nicht entfalten. – Ich ließ mir dieses Lob verwundert gefallen; er begleitete mich, ich mußte ihm auf dem
Weg von Dir erzählen, von unserm Umgang, von Deinem
Wesen, von Deiner Gestalt, da hab ich mich zum erstenmal
besonnen wie schön Du bist, wir sahen eine vollsaftige weiße
Silberbirke in der Ferne mit hängenden Zweigen die mitten
am Fels aus einer Spalte aufgewachsen ist und vom Wind
sanft bewegt gegen das Tal sich neigt; unwillkürlich deutete
ich hin wie ich von Deinem Geist sprach und auch von Deiner Gestalt, der Herzog fragte, die Freundin werde wohl jener Birke gleich sein auf die ich hinweise? – Ich sagte, Ja. So
wollte er mit mir zusammen hin und Dich von nahem beschauen, aber es war so glatt und steil da hinan, ich meinte
nicht daß wir hin kommen würden, – er vertraute auf den
Cales der werde uns schon einen Weg ausfinden. »Was hat sie
denn für Haar?« – Schwärzlich glänzend braunes Haar, das in
freien weichen Locken wie sie wollen sich um ihre Schultern
legt. – »Was für Augen?« – Pallasaugen blau von Farbe, ganz
voll Feuer, aber schwimmend auch und ruhig. – »Und die
Stirn?« – Sanft und weiß wie Elfenbein, stark gewölbt und
frei, doch klein, aber breit wie Platon's Stirn; Wimpern die
sich lächelnd kräuseln, Brauen wie zwei schwarze Drachen
die mit scharfem Blick sich messend, nicht sich fassend und
nicht lassend, ihre Mähnen trotzig sträuben, doch aus Furcht
sie wieder glätten. So bewachet jede Braue, aufgeregt in
Trotz und Zagheit ihres Auges sanfte Blicke. – »Und die
Nase, und die Wange?« – Stolz ein wenig und verächtlich,
wirft man ihrer Nase vor, doch das ist weil alle Regung,
gleich in ihren Nüstern bebet, weil den Atem sie kaum bändigt, wenn Gedanken aufwärts steigen von der Lippe, die
sich wölbet frisch und kräftig, überdacht und sanft gebändigt
von der feinen Oberlippe. – Auch das Kinn mußt ich beschreiben, wahrlich, ich hab nicht vergessen daß Erodion
dort gesessen und ein Dellchen drin gelassen das der Finger

eingedrückt, während weisheitsvolle Dichtung füllet ihres
Geistes Räume; und die Birke stand so prächtig, so durch-
goldet, so durchlispelt von der Sonne, von den Lüftchen, war
so willig sich zu beugen, hold dem Strom der Morgenwinde,
wogte ihre grünen Wellen freudig in den blauen Himmel, 5
daß ich nicht entscheiden konnte was noch zwischen beiden
liege, jenem zukömmt und dem andern nicht. – Cales fand
mit manchen Sprüngen erst den Weg zur Birke, dann der
Herzog, ich blieb zurück, ich hätte leicht nachkommen können, aber ich wollte nicht in seiner Gegenwart. Er schnitt 10
dort Buchstaben in die Rinde ganz unten am Fuß und sagte,
er wolle sie solle die Freundschaftsbirke heißen; und er wolle
auch unser Freund sein. Ich war bereitwillig dazu, Ach laß
ihn, er kommt den Winter nach Frankfurt, erstlich vergißt
ein Prinz leicht so was über vielen andern Zerstreuungen, 15
denn der glaubt gar nicht daß es möglich wär, daß wenn man
sich ganz an etwas hingäbe, daß dadurch grade allein der
Scharfblick die Wägungskraft der Allseitigkeit entspringe,
nach der sie alle jagen und sich drin verflattern und dann ist
er auch krank und hat wenig gesunde Tage, einem solchen 20
muß man alle heilende Quellen zuströmen. – Adieu. Morgen
Nachmittag ist eine große Partie zu Esel und morgen Vormittag geht die gute Kurprinzessin weg. – Und in aller Früh
um drei Uhr wollen die Engländer mit uns einen Berg ersteigen und die Sonne aufgehen sehen, die andern wollten 25
den Voigt nicht mit haben, ich habs ihm aber doch gesteckt,
sonst langeweile ich mich, so wie die andern behaupten, daß
er sie langeweilt. Morgen früh kommt die Botenfrau, ich
schicke diesen Brief mit, obschon er noch nicht so gefährlich
lang ist wie mein erster, aber du bist maulhängolisch und da 30
will ich Dich ein bißchen kitzeln, mit der anmutigen Geschichte vom Herzog, daß Du mit Gewalt lachen mußt wenn
Du auch noch so sehr den Mund zusammenziehst. Gelt es
macht Dir doch Plaisir? Ich hab mir seine Liebeserklärung
abgeschrieben an Deine Immortalita, die von seiner Hand 35
gehört Dein – er hats geschrieben für Dich, Du kannst Wert
darauf legen, ich hör daß er sehr berühmt ist, großartig, wit-

zig, und sehr gefürchtet deswegen von manchen Menschen,
er wär aber auch sehr großmütig und gutmütig, aber viele
wollen doch nicht gern mit ihm zu tun haben aus Furcht
seine beste Freundlichkeit wär doch ein heimlicher Witz. Was
5 das für eine Narrheit ist, über mich möcht einer sich lustig
machen so viel er wollt, es wär mir recht angenehm wenns
ihm Plaisir macht.

Bettine.

Beilage zum Brief an die Günderode.

10   *Immortalita.*

                    Personen.
IMMORTALITA, eine Göttin.
ERODION.
CHARON.
15 HEKATE.

ERSTE SZENE.

*Eine offene schwarze Höhle am Eingang der Unterwelt, im Hin-
tergrunde der Höhle sieht man den Stix und Charons Nachen der hin
und her fährt, im Vordergrund der Höhle ein schwarzer Altar wor-
20 auf ein Feuer brennt. Die Bäume und Pflanzen am Eingang der
Höhle sind alle Feuerfarb und schwarz, so wie die ganze Dekoration.
HEKATE und CHARON sind schwarz und Feuerfarb, die Schatten
hellgrau,* IMMORTALITA *weiß,* ERODION *wie ein römischer Jüngling
gekleidet. Eine große feurige Schlange die sich in den Schwanz beißt,
25 bildet einen großen Kreis, dessen Raum* IMMORTALITA *nie über-
schreitet.*

IMMORTALITA *aus der Betäubung erwachend:* Charon! Charon.
CHARON *seinen Kahn inne haltend:* Was rufst du mich?
IMMORTALITA Wann kommt die Zeit?
30 CHARON Sieh die Schlange zu deinen Füßen, noch ist sie fest
geschlossen, der Zauber dauert so lange dieser Kreis dich

umschließt, du weißt es, warum fragst du mich?

IMMORTALITA Ungütiger Greis, wenn es mich nun tröstet,
die Verheißung einer bessern Zukunft noch einmal zu vernehmen, warum versagst du mir ein freundlich Wort?

CHARON Wir sind im Land des Schweigens.   5

IMMORTALITA Wahrsage mir noch einmal.

CHARON Ich hasse die Rede.

IMMORTALITA Rede! Rede!

CHARON Frage Hekate *Er fährt hinweg*

IMMORTALITA *streut Weihrauch auf den Altar:* Hekate! der   10
Mitternacht Göttin! der Zukunft Enthüllerin die schläft in
des Nichtseins dunklem Schoß! Geheimnisvolle Hekate!
Hekate! erscheine.

HEKATE Mächtige Beschwörerin! Was rufst du mich aus den
Höhlen ewiger Mitternacht; dies Ufer ist mir verhaßt, sein 15
Dunkel zu helle, ja mir deucht ein niedrer Schein aus des
Lebens Lande habe hierher sich verirrt.

IMMORTALITA O vergib Hekate! und erhöre meine Bitte.

HEKATE Bitte nicht, du bist hier Königin, du herrschest hier
und weißt es nicht.   20

IMMORTALITA Ich weiß es nicht! warum kenn' ich mich
nicht?

HEKATE Weil du nicht dich selber sehen kannst.

IMMORTALITA Wer wird mir einen Spiegel zeigen, daß ich
mich schaue? –   25

HEKATE Die Liebe.

IMMORTALITA Warum die Liebe?

HEKATE Weil ihre Unendlichkeit nur ein Maß für deine ist.

IMMORTALITA Wie weit erstreckt sich mein Reich?

HEKATE Über jenseit einst, über Alles.   30

IMMORTALITA Wie? – die undurchdringliche Scheidewand,
die mein Reich scheidet von der Oberwelt, wird sie einst
zerfallen?

HEKATE Sie wird zerfallen? Du wirst wohnen im Licht! – alle
werden dich finden.   35

IMMORTALITA O wann wird dies sein? –

HEKATE Wenn glaubige Liebe dich der Nacht entführt.

IMMORTALITA Wann? – in Stunden? – in Jahren?

HEKATE Zähle nicht die Stunden, bei dir ist keine Zeit. Siehe
zur Erde! – die Schlange, die ängstlich sich windet, – fester
beißt sie sich ein, vergeblich möcht in ihrem engen Kreis sie
5   dich gefangen halten, vergeblich ist ihr Widerstand; – des
Unglaubens Herrschaft, der Barbarei und der Nacht sinkt
dahin.

Sie verschwindet.

IMMORTALITA O Zukunft wirst du ihr gleichen? – jener se-
10 ligen fernen Vergangenheit, wo ich mit Göttern in ewiger
Klarheit wohnte. Ich lächelte sie Alle an, und ihre Stirnen
verklärten mein Lächeln wie kein Nektar sie verklären
konnte, und Hebe dankte ihre Jugend mir, und immer
blühender Aphrodite ihre Reize. Aber durch der Zeiten
15 Finsternis getrennt von mir, noch ehe mein Hauch ihnen
Dauer verliehen, stürzten von ihren Thronen die seligen
Götter, und gingen zurück in die Lebenselemente; Jupiter
in des Urhimmels Kräfte, Eros in die Herzen der Menschen, Minerva in die Sinne der Weisen, die Musen in der
20 Dichter Gesänge; und ich Unseligste von Allen wand nicht
des unverwelklichen Lorbeers um die Stirne dem Helden,
dem Dichter. Verbannt in dies Reich der Nacht, der Schatten Land, dies düstere Jenseit, muß ich der Zukunft nun
entgegen leben.

25 CHARON *fährt mit Schatten vorüber:* Neigt euch Schatten, der
Königin des Erebos, daß ihr noch lebt nach eurem Leben,
ist ihr Werk.

Chor der Schatten.

Stille führet uns der Nachen
30 *Nach dem unbekannten Land,*
Wo die Sonne nicht wird tagen
An dem ewig finstern Strand. –
Zagend sehen wir ihn eilen,
Denn der Blick möcht noch verweilen
35 *An des Lebens buntem Rand.*

Sie fahren weg.

DIE VORIGE SZENE.

Charons Nachen landend. Erodion springt ans Ufer. Immortalita
im Hintergrund.

ERODION Zurück Charon, von diesem Ufer, das kein Schatten darf betreten! Was siehst du mich an? – Ich bin kein 5
Schatten wie ihr; eine frohe Hoffnung, ein träumerischer
Glaube haben meines Lebens Funken zur Flamme angefacht.

CHARON *für sich:* Gewiß ist dieser der Jüngling der die
goldne Zukunft in sich trägt. *Er fährt ab mit seinem Nachen.* 10

IMMORTALITA Ja du bists von dem Hekate mir weissagte, bei
deinem Anblick werde des Tages Strahl durch diese alte
Hallen, durch diese erebische Nacht hereinbrechen.

ERODION Wenn ich der Mann bin deiner Weissagungen,
Mädchen oder Göttin! wie ich dich nennen soll, so glaube, 15
du bist die innerste Ahnung des Herzens mir.

IMMORTALITA Sage, wer bist du, wie heißest du, und wo
fandst du den Weg zum pfadlosen Gestade hierher? – wo
Schatten nicht, noch Menschen wandlen dürfen, nur unterirdische Götter. 20

ERODION Ungern möcht' ich zu dir von anderm reden, als
nur von meiner Liebe. Aber red ich dir von meiner Liebe so
ists ja mein Leben. Höre mich denn: Eros Sohn bin ich und
seiner Mutter Aphrodite, der Liebe und Schönheit Dop-
pelverein hatte in mein Dasein schon die Idee jenes Genus- 25
ses gelegt, den ich nirgend fand, und überall doch ahnete
und suchte. Lange war ich ein Fremdling auf Erden, von
ihren Schattengütern mocht ich nichts genießen, bis träumend mir durch deine Eingebung eine dunkle Vorstellung
von dir in die Seele kam. Überall geleitete mich dieser Idee 30
Abglanz von dir, überall verfolgte ich ihre geliebte Spur,
auch wenn sie mir untertauchte im Land der Träume, und so
führte sie mich zu den Toren der Unterwelt, aber nie konnt
ich zu dir durchdringen; ein unselig Geschick rief mich immer wieder zu der Oberwelt. 35

IMMORTALITA Wie Knabe! – so hast du mich geliebt, daß lieber den Hälios und das Morgenrot du nicht mehr sehen
wolltest, als mich nicht finden?

ERODION So hab ich dich geliebt, und ohne dich, konnte die
Erde nicht mehr mich ergötzen, nicht mehr der blumige
Frühling, der sonnige Tag, die tauige Nacht, die zu besitzen
der finstere Pluto gern sein Zepter hätt vertauscht. Aber wie
eine größere Liebe in meiner Eltern Umarmungen sich vereint hatte, als alle andre Liebe, – denn sie waren die Liebe
selbst, – so die Sehnsucht auch, die zu dir mich trieb, war die
mächtigste, und über alle Hindernisse siegreich war mein
Glaube dich zu finden; denn meine Eltern wußten, daß der
aus Lieb und Schönheit entsprungen, nichts höheres auf
Erden finde, als sich selbst, und hatten diesen Glauben zu
dir, mir gegeben, daß meine Kraft nicht sollt ermüden, nach
Höherem zu streben außer mir.

IMMORTALITA Aber wie kamst du endlich zu mir? unwillig
nimmt Charon Lebende in das morsche Fahrzeug, für
Schatten nur erbaut.

ERODION Einst war mein Sehnen dich zu schauen so groß,
daß alles was die Menschen erdacht dich ungewiß zu machen, mir klein erschien und nichtig. Mut begeisterte mein
ganzes Wesen: ich will nichts, nichts als sie besitzen, so dacht
ich, und kühn warf ich dieser Erde Güter alle, weg von mir,
und führte mein Fahrzeug hin zu dem gefahrvollen Fels, wo
alles Irdische scheitern sollte. Noch einmal dacht ich: wenn
du alles verlörst um nichts zu finden? – aber hohe Zuversicht verdrängte den Zweifel, fröhlich sagt' ich der Oberwelt das letzte Lebewohl, die Nacht verschlang mich, – eine
gräßliche Pause! – ich fand mich bei dir. – Die Fackel meines
Lebens flammt noch jenseit der stygischen Wasser.

IMMORTALITA Die Heroen der Vorwelt haben diesen Pfad
schon betreten, der Mut hat herüber zu streifen gewagt,
aber der Liebe nur war vorbehalten, ein dauernd Reich hier
zu gründen. Die Bewohner des Orkus sagen, mein Dasein
hauche ihnen unsterbliches Leben ein; so sei denn auch du
unsterblich; denn du hast Unnennbares in mir bewirkt, ich

lebte ein Mumienleben, aber du hast mir eine Seele eingehaucht. Ja, teurer Jüngling! in deiner Liebe erblicke ich
mich verklärt; ich weiß nun wer ich bin, weiß, daß ein son-
niger Tag diese alten Hallen beglänzen wird.

Hekate tritt hinter dem Altar hervor. 5

HEKATE Erodion! trete in den Kreis der Schlange. *Er tut es:*
die Schlange verschwindet. Zu lange, Immortalita, warst du,
durch die Macht des Unglaubens und der Barbarei, von
Wenigen gekannt, von Vielen bezweifelt, in diesen engen
Kreis gebannt. Ein Orakel, so alt als die Welt, sagt, der glau- 10
bigen Liebe werde gelingen, dich *selbst* in dem erebischen
Dunkel zu finden, dich hervorzuziehen und deinen Thron
in ewiger Klarheit, zu gründen, zugänglich für Alle. Diese
Zeit ist nun gekommen, dir, Erodion, bleibt nur noch etwas zu tun übrig. 15

Der Schauplatz verwandelt sich in einen Teil der elisäischen Gärten,
die Szene ist matt erleuchtet, man sieht Schatten hin und wieder
irren. Zur Seite ein Fels, im Hintergrund der Styx und Charons
Nachen.

DIE VORIGEN. 20

HEKATE Sieh Erodion, diesen Einsturzdrohenden Fels, er
ist die unübersteigliche Scheidewand, der des sterblichen
Lebens Reich von dem deiner Gebieterin scheidet, er ver-
wehrt der Sonne ihre Strahlen her zu senden, und ge-
trennten Lieben sich wieder zu begegnen. Erodion! ver- 25
suche es, diesen Felsen einzustürzen, daß deine Geliebte
auf seinen Trümmern aus der engen Unterwelt steigen möge;
daß ferner nichts Unübersteigliches das Land der Toten von
dem der Lebenden mag trennen.

Erodion schlägt an den Felsen, er stürzt ein, es wird plötzlich helle. 30

IMMORTALITA Triumph! der Fels ist gesunken, von nun an
sei den Gedanken der Liebe, den Träumen der Sehnsucht,
der Begeisterung der Dichter vergönnt, aus dem Lebens-
lande in das Schattenreich herabzusteigen und wieder zurück zu gehen auch. 35

HEKATE Heil! dreifaches, unsterbliches Leben, wird dies
blasse Schattenreich beseelen, nun dein Reich gegründet ist.
IMMORTALITA Komm Erodion, steige mit mir auf, in ewige
Klarheit; und alle Liebe, alles Hohe soll meines Reiches teil-
5 haftig werden. Du Charon, entfalte deine Stirn, sei freundlicher Geleiter denen, die mein Reich betreten wollen.
ERODION Wohl mir, daß ich die heilige Ahnung meines Herzens, wie der Vesta Feuer, treu bewahrte; wohl mir, daß ich,
der Sterblichkeit zu sterben, der Unsterblichkeit zu leben,
10 das Sichtbare dem Unsichtbaren zu opfern, Mut hatte.

Von der Hand des Herzogs Emil August von Gotha auf das
Manuskript der Immortalita geschrieben.

Es ist eine Kleinigkeit, die deiner Aufmerksamkeit nicht
wert ist, daß ich es ein Geschenk des Himmels achte, dich zu
15 verstehen, du edles Leben. Siehst du zur Erde nieder, gibst
gleich der Sonne du, ihr einen schönen Tag, doch auf zum
Himmel wirst du vergeblich schauen, suchst deines Gleichen
du unter den Sternen.
Wie frische Blütenstengel so schmückt deiner Gedanken
20 sorglos Leben den bezwungenen Mann; sein Busen bebt von
tiefen Atemzügen, wenn dein Geist gleich aufgelösten
Locken, die jetzt dem Band entfallen, ihn umspielt.
Er sieht dich an, ein Liebender! wie stille Rosen und
schwankende Lilien schweben deiner segnenden Gedanken
25 Blicke ihm zu. Vertraute, nahe dem Herzen sind sie. Wahrhaftiger, heller und schöner beleuchten sein Ziel sie ihm und
seinen Beruf, und auf schweigendem Pfade der Nacht, sind
hochschauende Sterne, Zeugen seiner Gelübde dir.
Doch ist eine Kleinigkeit nur, die deiner Aufmerksamkeit
30 nicht wert ist, daß ich als ein Geschenk des Himmels es achte,
dich zu verstehen, du edles Leben.

Emil August

An die Bettine.
Dein Brief liebe Bettine ist wie der Eingang zu einem lieblichen Roman, ich habe ihn genippt wie den Becher des
Lyäus der ein Sorgenbrecher ist, es tat mir auch sehr wohl,
mich bewegten grade Sorgen um Dinge, die eine not- 5
wendige Folge des Lebens und daher nicht unerwartet sind;
die ich Dir nicht mitteile weil sie in Deinen Lebensgang nicht
einstimmen.* Du bist mein Eckchen Sonne das mich er-
wärmt wenn überall sonst der Frost mich befällt. Ich werde
die Stadt auf ein paar Wochen verlassen, ein Brief wird mich 10
am Donnerstag noch treffen, dann aber, den nächsten find ich
wenn ich zurückkomme, und dann sind wir bald wieder ganz
beisammen. Lasse Deine Briefe recht heiter sein ohne
schwermütigen Nachklang, Deiner Natur ist eine freie ungehemmte Lebenslust gemäß; die trüben mißmutigen Re- 15
gungen mit denen Du zuweilen prahlst, sind nur Zeichen
geheimnisvoller Gärungen denen der Raum zu eng ist sich
zu läutern, das muß ich glauben wenn ich Deine jetzige natürliche Stimmung vergleiche mit jener gereizten, die Dich
zuletzt hier befiel, wo mir ganz bange um Dich war. Es war 20
Dir nichts weiter nötig, als die beengende Stadtluft nicht
mehr zu atmen. Du bist wie eine Pflanze, ein bißchen Regen
erfrischt Dich, die Luft begeistert Dich und die Sonne verklärt Dich. – Die Tonie schreibt hierher daß Du gesund aus-
sähest und keine Spur von der interessanten Blässe übrig sei; 25
– rate wer darüber seinen Ärger nicht verhehlen kann? –
»Elle ne sera plus ce quelle a été« gab er mir auf alle Trost-
gründe zur Antwort. Indessen hoffe ich daß unsereins auch
noch bei Dir gilt, und mir ists lieber daß Du auf Kosten jener
interessanten Blässe zunimmst, als daß ich immer hören muß 30
Deine Lebendigkeit werde Dich noch töten, was komisch
klingt und auf mich gestichelt ist. Ich habe mir selber die
Vorwürfe nicht erspart. – Was Du Schlaftrunkenheit nenn-
test, das war nach Sömmering Nervenfieber, er sagt Du habest keinen Sinn für Krankheitszustände, Du habest die 35

---

* Ihr war eine Schwester gestorben.

Kinderkrankheiten wie lustige Spiele durchgemacht, diesmal sei es von überspanntem Studieren gekommen. Die philosophischen Ausdrücke Absolutismus, Dualismus, höchste
Potenz etc. mit denen Du in Deine Fieberphantasien spieltest
5 zeugten wider mich. Ich habe mir fest vorgenommen, diesen
Winter nur solche Sachen mit Dir zu treiben, die Dir recht
von Herzen zusagen. – Ich bin zwar nicht so ganz allein an
diesem Mißgriff schuld, Andre denen ich vertraue, die wie
mir schien nicht mit Unrecht Dir viel philosophischen Sinn
10 zusprechen, meinten er müsse entwickelt werden, ich folgte
unschuldig diesen Weisungen und nahm Deinen Widerspruch für die gewohnte Unbequemheit, Dich etwas Ern-
stem zu fügen. Der Hohenfeld sagte mir, Ebel erzähle Du
habest aus überreiztem Widerwillen gegen die Philosophie
15 starkes Erbrechen gehabt, daraus sich ein galliges Nervenfieber gebildet habe; er warnte mich und sagte Du seiest ein
unbedeutendes Mädchen und kein philosophischer Kopf,
der Deine könne zwar übermütig und überspannt, weiser
aber nicht werden etc. – Ich erriet daß er ein diplomatischer
20 Abgesandter sei von klugen Leuten, die viel von einem wissen und von denen man nichts weiß; seine Zitationen von
überspannten Reden und absurden Behauptungen die hier
unter den Philistern im Umlauf sind, ergötzten mich: Dein
eigner Brief der wie der junge Strauch das kränkelnde Laub
25 abwirft und in frischen Trieben ergrünt, macht mich mit dem
guten Hohenfeld einverstanden über Deine Unbedeutenheit, auch gefällt sie mir besser, als was ich an Gelahrtheit Dir
zuschanzen könnte, Du bist gefühlig für die Alltäglichkeit
der Natur, Morgendämmerung, Mittagschein und Abend-
30 wolken sind Deine lieben Gesellen mit denen Du Dich verträgst wenn kein Mensch mit Dir auskommt. – Wenn Du
willst so können wir umtauschen und ich Dein Jünger werden in der Unbedeutenheit, so wie Du Dich für meinen Schüler hieltest als ich einen starken Geist aus Dir bilden wollte.
35 Jetzt wo es rückwärts geht mußt Du mein Lehrer sein, ein
Zaghafter kann sicherer bergauf gehen, aber einen steilen
Weg hinab, dazu gehört Entschlossenheit, die hast Du, Du

schwindelst nicht und hast Dich noch nie besonnen über
Hecken und Gräben zu setzen. Es dämmern mir schon ganz
glückliche Spekulationen über den Geist der Unbedeutenheit auf; ich hatte unsägliche Lust dem Domdechant, der
mich so hoch stellt, als Überläufer ein paar Dummheiten zu 5
sagen, die ihm Zweifel in sein Urteil gäben, ich habe ihm
auch eine gesagt worüber er die Hände zusammenschlug,
und meine Behauptung, daß ich viel von Dir empfange und
Dein Umgang mich belehre, auf mein Unvermögen mich
selbst zu schätzen schob, das mir da einen absurden Streich 10
spiele, alle Welt wundere sich daß ich meine Zeit mit dem
Sausewind verbringe und ihm *vor andern* solche köstliche Minuten schenke. – Nun es wird mir nicht fehlen daß mir
nächstens die ergötzliche Unbedeutenheit aus diesen meinen
Verkehrtheiten zuerkannt werde, um die mich keiner benei- 15
den wird weil man eben das Bedeutende nicht zu schätzen
weiß. Ich ahne sehr hell, daß wenn in dem bescheidenen Knos-
penzustand Unbedeutenheit verborgen, nicht der volle innere Lebenstrieb wirkte, das Bedeutende nie ans Licht blühen würde, am wenigsten wenn diebischer Eigennutz sich 20
der Zeit vordrängt bloß um auf der Höhe zu stehen, wo die
Andern zu seinen schimmernden Phantomen aufsehen müssen. Wie die Titanen mit großem Gepolter ihre Treppe zu der
Götter Burgen auftürmten, und die stillen Gipfel des Olympos als unbedeutend hinabstürzten. Eins empfinde ich in 25
Dir, daß die Natur das Ideal des Menschengeistes, gleichwie
das Pflanzenglück unter warmer, nährender Decke vorbereiten muß, sonst werden die Menschen davon nicht wachsen und reifen und im Sonnenglanze grünen.

Deine Begebenheiten, Deine Bemerkungen, alles macht 30
mir Freude, sorge daß mir nichts verloren gehe, wenns nur
Deiner Gesundheit nicht schadet, so schreibe doch jeden
Abend, darum bittet der Dämon der mirs zuflüstert und gern
alles von Dir bewahren will.

Wo soll ich mit Deinem Kanarienvogel hin? Ich nehme ihn 35
mit in fremde Lande, es wird nicht viel Mühe machen, ich
kann ihn niemand anvertrauen so wenig wie Dich. – Apro-

pos! Wenn ich nun auch eifersüchtig sein wollte auf die Prinzeß mit der Du immer Hand in Hand gehst? Hast Du Dich je
von mir an der Hand führen lassen, wenn wir draußen waren? – summtest umher wie eine wilde Hummel durch alle
Gebüsche und ließst mich allein nachsteigen? Was vermag
doch diese Fürstlichkeit über Dich daß Du Dich so zahm an
der Hand führen läßt im Freien? – Dein Vogel ist mir eben so
zahm geworden, daß er mir in den Mund pickt, das ist nicht
anders als Liebe zu mir, ich weiß nicht, ob er mir jetzt nicht
mehr zutunlich ist wie Dir, grad wie Du mit der Kurprinzeß.
– Ich war in Sorgen um ihn, denn wie ich einmal zur Gartentür hinausging flog er mir nach in den Garten, aber wie er
eine Weile unter den Bäumen herum geflattert war, setzte er
sich mir auf den Kopf und ließ sich ruhig wieder hinein tragen, ich war recht froh, denn ich hätte nicht gewußt wie ich
bestehen solle, wenn Du ihn nicht wiederfandst. – Der Feigen waren eilf an Deinem Baum, ich habe am Montag Ernte
gehalten, drei davon habe ich vom Baum verspeist, drei habe
ich in Gesellschaft verzehrt mit dem Jemand, der mich in der
Tür begegnete, er begleitete mich nach Haus und schien sich
zu freuen, daß der Baum der von ihm stammt so süße
Früchte bringt. Nun liegen noch fünf Früchte, die noch etwas härtlich waren, unter der Glasglocke beim Apoll die ich
in die Sonne gestellt habe, sie haben auch schon nachgereift,
ich werde sie vor meiner Abreise in Kompagnie verzehren,
aber mit Niemand der sie allenfalls wie eine *unbedeutende*
Frucht mit Stumpf und Stiel hinunter schluckte, sondern mit
Jemand der Deiner Pflege für den Baum die Süßigkeit der
Frucht zuschreibt, und sie dankbar genießt. –

Karoline.

Eine Merkwürdigkeit muß ich Dir noch melden von Deiner
Altan, die Spinnen haben eine große Brabanter Spitze ge-
woben von einem Ende zum andern, von der kleinen
Edeltanne über den Orangenbaum, über die Bohnenlaube in
die man nicht hinein kann wenn man dies Kunstwerk nicht
durchbrechen will, dann über den Granatbaum zum Feigen-

baum; ich habe alles geschont beim Brechen der Früchte.
Dein Bruder Dominikus kam herunter und sprützte im
Kreis sie alle an mit der kleinen Gießkanne, die Mittags-
sonne schien sehr hell. Da spiegelten die kristallnen Tropfen
allerliebst in den Netzen, Dein Bruder meinte, wenn die 5
Netze noch weiter gingen so könne das eine Voliere für
Schmetterlinge sein, die er vergeblich sich bemüht als Raupen zu zähmen, denn wenn sie aus der Puppe ausflögen so
hätten sie aller Pflege und Nahrungssorgen die er für sie als
Raupen getragen vergessen. – Mich amüsierte sehr seine 10
ernsthafte Behauptung bei der Raupe und Puppe auf die
Seele des Schmetterlings wirken zu wollen. – Ich meine die
ungeheuren Spinnen würden wohl alle Dankbaren und Un-
dankbaren verzehren die in dieser Voliere eingefangen wären. – Noch soll ich Dir sagen von ihm, daß der Hopfen 15
übers Dach hinauf gewachsen ist in die offnen Fenster herein.
– Du hörst gern von Deinem kleinen Paradiesgarten in dem
alles so schön ist und kein Baum von dem man die Äpfel
nicht essen darf.

An die Günderode. 20
Mit der einen Hand hab ich meinen Brief dem Bot gereicht,
mit der andern Deinen genommen, wir kamen eben von unserm Sonnenaufgang zurück, so sah ich den Bot überm Tal
am Berg hersteigen, ich wollt mit ihm zusammen ankommen, ich lief, die andern wußten nicht warum, sie riefen mir 25
nach, ich galoppierte als an der Bergwand hin und schlug mit
dem Stecken an die Äst, das regnete im heißen Lauf kühlen
Tau auf mich, dann schoß ich Berg ab ins Tal und konnt nicht
einhalten, der gut Bot stellte sich gegenüber und fing mich
auf; oben stand die ganz Gesellschaft, ein Kopf über dem 30
andern, der Mstr. Haise in der Mitt und guckt durchs Perspektiv, ich legt mich ins Gras und schnaufte aus. – Potztau-
send wie viel Hämmerchen pochten in meinem Kopf, lauter
Goldschmied, und der große Hammer in meiner Brust das
war ein Grobschmied; die andern kamen herbei, wie ich im 35

hohen Gras verschwand glaubten sie, ich sei ohnmächtig
oder sonst was, der Voigt schrie, Gott bewahr, solche Einbildungen hat sie nicht; ich guckte aus dem Gras hervor und
lachte sie aus, aber da schrie alles: ich hätt können den Hals
abstürzen, ich hätt können Arm und Bein brechen, mich hätt
können der Schlag rühren, unvorsichtig, tollkühn, sinnlos
schrieen sie. – Was Guckuck, ich wollts nicht mehr hören, ich
setzt mich wieder in Galopp, der Badepeter hatte grad die
Bäder angelassen, ich rief ihm zu: sagt nicht, wo ich geblieben bin, und sprang ins Wasser mit Schuh und Strümpf, und
allen Kleidern; da unterm Wasser warf ich die Kleider ab,
und dacht nicht gleich, daß ich Deinen Brief im Busen
stecken hatt, bis er auf dem Wasser schwamm, ich hab ihn
gleich auseinander gelegt und an dem Strick festgemacht in
der Mitte vom Badegewölb, womit man die Klapp aufzieht
wenns zu heiß ist, er flatterte im Luftzug über mir, und
drehte sich hin und her, ich bin ihm immer nachge-
schwommen, links und rechts, und hab ihn buchstabiert, hier
ein Teil und dort wieder, wie der Wind das Blatt drehte, das
hat mich ergötzt und auch hab ich mich gefreut, wenn ich aus
dem Bad käm ihn zu lesen, und dann stimmt ich an: »O du
der Götter Höchster, der über Olympia mächtiglich waltet,
laß beim Laufe der Flur günstige Winde in den Schläfe-be-
schattenden Kränzen mir wehen.« – Da wußten sie auf einmal, wo ich geblieben war, denn alles war in den Bädern und
meine Stimme schallte laut am Gewölb; und da hört ich sie
rufen: La voila! – und: wieder eine Tollheit, so erhitzt ins
Wasser zu springen. – Wollt ich nicht von allen Seiten
schreien hören, so mußt ich wieder singen: »Laß o Jupiter
mit leichten Füßen mich hingleiten dem schnellfüßigen Tage
zuvor, der mich sieggekrönt am Abend begrüße mit der
Unsterblichkeit süß hallendem Ruf.« – Da kam die Lisett
als Gesandtschaft von den andern, was war die verwundert,
als sie die Kleider unter Wasser sah, und die Schuh auf der
untersten Treppe, zwei volle Becher. – Ich sah ihr die Bestürzung an, sie glaubte ich sei toll geworden, sie reichte mir verstummt ein Zettelchen, darauf stand: »Wohlan Füllenbän-

diger, opfere einen feisten Stier der Rossebezähmerin Pallas
Athene und ihren goldgewürkten Zügel wirf schnell um den
jungfräulichen Hals.« – Ich frag wer ihr den Zettel gab, sie
sagt der Badpeter, ich frag den Badpeter, der sagt sein Sohn
Lipps, ich frag den Lipps, der sagt am Röhrbrünnchen ein
Herr in Schlappschuhen, eine Zigarre im Mund. – Was hatte
er an, wie sah er aus? – Weißer Mantel, graue Sammetmütze.
– Ich hielt fürs beste zu schweigen und niemand was vom
Zettel zu sagen, den Zettel legt ich zu meiner merkwürdigen
Naturaliensammlung, worunter ist ein goldglänzendes
Horn von einem Weinschröter, das hohl ist und so zierlich,
daß es sehr gut als Trinkhorn könnt passen für ein Elfchen,
das ein Jäger wär, ich habs deswegen aufgehoben, wenn mir
einmal eins begegnet, ferner mehrere durchsichtige Steine,
die sehr gut Edelsteine sein könnten, wenn die Sonn nur
noch ein bißchen besser durchschien, und eine Puppe, aus der
ich selbst den Schmetterling hab auskriechen sehen, die tut
sich auf und entläßt den Schmetterling und schließt sich wieder, sie hat inwendig wie kleine Stahlfedern, an die rührt der
Schmetterling, wenn er reif ist, und dann öffnet sie sich, außen ist die Puppe ganz hart, daß man sie nicht verletzen
kann. – Ich hab mirs expreß aufgehoben für Dich, ich will
Dirs zeigen und über die Unsterblichkeit mit Dir nachdenken dabei. – Wenn ich so was seh in der Natur, wovor ge-
sorgt ist, daß alles geschützt ist so sorgsam, daß es nicht gestört wird bis es reif ist, das schauert mich an, und gewiß ist
nichts so traurig, als sie stören, denn so zärtlich wie sie ist,
muß es ihr durch die Seele gehen. – Ich mag mich nicht an ihr
versündigen, nicht mich empor drängen und was sein wollen
vor der Zeit, mag nicht ein starker Kopf werden, sie wills
nicht, die Natur, sie sagt ich soll laufen und springen und
Überlegung soll ich gar nicht haben, und in Deinem Brief
stehts nun auch geschrieben, was mich so sehr freut, Unbedeutend! – Da bin ich von Herzen dabei, wenn Du nur auch
so dumm sein willst und mich den bedeutenden Leuten vorziehen. Du mußt allen Leuten zugeben, daß nichts ist mit
mir, da wird sichs bald geben; eigentlich wer schuld ist, das

ist der Clemens, der hat aus großer Lieb zu mir, sich immer
an allem gefreut, was ich getan hab, und hat meine un-
bedachtsame Reden als wunderschön gefunden. Nun was
liegt dran? – Aber auf die Burg kommst Du doch noch? –
5   Nicht wahr? da sind wir zwei mit dem Dämon zusammen
und fragen nach sonst Niemand. – Ich freu mich so drauf,
daß mir manchmal das Herz klopft, und wenn ich mich besinn, was es ist, so sind es die acht Tage, wo wir zwei zusammen in einer Stube schlafen, und der Herbstwind geht dann
10 schon, und schüttelt das Laub ab von den Platanen, und
Nachts wecken wir uns, wenn wir einen Gedanken haben,
und schlafen dann gleich wieder. Ich kann Dir auch viel von
hier erzählen, ich hab eine Menge Gedanken, die ich nicht
aufschreiben kann, manchmal spring ich auf als müßt ich zu
15 Dir und Dir gleich was ganz neu gedachtes sagen. – Aber ich
hab Dir ja noch nicht erzählt, was heut noch vorgefallen ist.
Um zwölf Uhr sind wir hinunter, bloß ich und die Tonie zur
Kurprinzessin, um Abschied von ihr zu nehmen, die Tonie
hatte ihr auf den Tisch im Vorsaal all die schönen Früchte
20 aufgestellt und die Blumen dazwischen, sie nahm sehr
freundlich von allen und sagte so viel herzlich gutes zur Tonie, daß ich zum erstenmal empfand, als wenn es wahr wär,
was ich bei andern nie glaub, wenn sie höflich sind. Du
frägst: wenn Du nun auch eifersüchtig sein wolltest auf die
25 Kurprinzeß. Ei warum bist du's nicht? – Das ist eben, was
mir leid ist, wenn ich Dir heut sagte, sie wollt mich mitnehmen und ganz bei sich behalten, da würdest Du am End ganz
kalt schreiben: Liebe Bettine, es tut mir zwar leid, daß unser
Umgang hierdurch unterbrochen wird, aber ich rate Dir
30 sehr, laß Dich dadurch nicht abhalten. – Und ich würde das
aber nicht tun, selbst wenn ich mir denk, daß Du mir so kalt
antworten könntest und könntest es leicht verschmerzen,
obschon mir die Kurprinzeß am liebsten ist von allen, die ich
gesehen hab, denn außer der Großmama und Dir hab ich nie
35 Frauen gesehen, die mir edel vorkamen, denn ich häng innerlich mit Dir zusammen, das weiß ich, und der Dämon hält
mich auch fest bei Dir; und wo sollt ich noch einmal fühlen so

vertraulich? – kann man so bei Prinzessinnen simulieren, so
im Mondschein im Zimmer an der Erde liegen und ihm nach-
rücken und Geschichten erfinden wie wir den Winter, und
wenn ich Dein Haar flechten wollt, da hast Du michs lassen
aufflechten und wieder flechten, und erfandest Ossians- 5
Gesänge, während ich es kämmte.

Deine Locken gleich den Raben düster,
Deine Stimme wie des Schilfs Geflüster,
Wenn der Mittagswind sich leise wiegt.

Weißt Du noch, wie ichs Dir still nachsang, was Du so 10
schauerlich mir vorsagtest, und weißt Du wohl, daß da mein
Herz ganz voll Tränen war, mehr wie einmal, und heimlich
stritt ich mit mir, daß ich stark sein wollt und meine Schmerzen bezwingen? – Ich wollt Dirs nicht zeigen, wie tief das in
mich ging: 15

Denn mein Schwert umgiebt wie Blitzes Flügel
Dich du liebliche, du schönes Licht. –
Wie oft hab ich das gesungen für mich, und war ein Held. –

Collas Tocher sank zum Schlafe nieder
O! wann grüßest du den Morgen wieder?   20
Schöngelockte wirst du lange ruhn? –
Ach! die Sonne tritt nicht an dein Bette
Spricht, erwach aus deiner Ruhestätte,
Collas schöne Tochter steig herauf! –
Junges Grün entkeimet schon dem Hügel   25
Frühlingslüfte fliegen drüber her.
Sonne birg in Wolken deinen Schimmer!
Denn sie schläft, der Frauen Erste! – nimmer
Kehret sie in ihrer Schönheit mehr.

Das hab ich so oft gesungen, und auch am Fels vorgestern, 30
und ich kann so schöne Melodien drauf, die mir alle durchs
Herz gehen, und wenn wir auf der Burg sind den Herbst,
dann wollt ich Dirs vorsingen wenns dunkel ist, eh das Licht
kommt; wie kannst Du nur denken, daß ich die Kurprinzeß
lieber haben könnt? – aber Du denkst es auch nicht, du stellst 35
Dich nur so, denn sonst wärs gar zu traurig für mich, daß Du
nicht betrübt darüber wärst. – Ich kann mir unter Collas

Tochter immer nur Dich denken; denn sie schläft der Frauen
Erste! – und so hab ich in mancher Stunde mit Tränen Dich
besungen, denn ich kann das nicht singen ohne daß es mein
Herz so stark bewegt, Abends wenn ich allein bin, daß ich oft
meinen Kopf in die Kopfkissen stecke und will alle Wehmut
ersticken, weil sie mich gar zu schmerzlich befällt. – Aber was
soll ich doch hier so fern von Dir, Dir von meinen bitteren
Stunden sagen, das kann Dich nur traurig machen, und Du
bist jetzt so betrübt. – Aber laß dichs nicht betrüben von mir,
das ist nur so vorübergehend, wie eben die Schlossen, die
hier fielen, ich will Dir lieber noch weiter erzählen von der
Kurprinzeß, du weißt, daß ich traue in Deine Lieb und gar
nicht denk, daß ich Dir gleichgültig bin und auch nicht, daß
Du an mir zweifelst. Die Kurprinzeß verlangte heut morgen,
ich sollte ihr noch ein Lied singen zur Guitarre, das sie als
zuweilen vom Fenster gehört habe, das erschreckte mich
sehr, denn der Herzog stand dabei und zog den Mund so
kurios zusammen, und sagte, er hab auch meine Stimme gehört, sie sei sehr schön; ich hätt gern ausgewichen, aber ich
fühlte, daß es unschicklich war, ich holte also meine Guitarre
und unterwegs bezwang ich meine Angst vor dem Herzog,
vor der Prinzeß hätt ich mich auch nicht gefürcht, denn ich
hatte schon oft die Abende in dem Laubgang vor ihrem Fenster allerlei Melodieen improvisiert, weil mich einmal eine
geheime Neigung zu ihr anregte, daß ich als recht zärtliche
Melodieen erfand. Vor dem Herzog hätt ich mich auch nicht
gefürcht, aber weil ich den Morgen im Bad gesungen hatte,
so dacht ich, er hätts gehört und möcht wohl gar davon anfangen, und an den Zettel dacht ich auch. – Aber da kam mir
mit einmal ein Gedanke, der half mir drüber hinaus, ich
nahm dein Darthulagedicht* aus meiner Brieftasche mit und
sang draus was ich da oben Dir hingeschrieben aus dem
Kopf in eine Melodie hinein, im Anfang wars ein wenig steif,
aber bald gings recht wie ich manchmal selbst überrascht bin,
und tief erschüttert, wie die Melodie so viel gewaltiger es

---

* Anhang 1.

ausdrückt, und erst das Herz empfinden lehrt, und ich wiederholte es, da wars so schön, ach wenn ichs doch noch einmal so singen könnt vor Dir; – der Herzog verlangte, ich
sollte noch fortsingen, da war ich nicht mehr bang, ich sang
gleich: 5

»Laß zehntausend Schwerter sich empören
Usnoth sollt von meiner Flucht nicht hören
Ardan! sag ihm rühmlich war mein Fall.
Winde! warum brausen eure Flügel?
Wogen warum rauscht ihr so dahin? – 10
Wellen! Stürme! denkt ihr mich zu halten?
Nein ihr könnts nicht, stürmische Gewalten!
Meine Seele läßt mich nicht entfliehn.
Wenn des Herbstes Schatten wiederkehren,
Mädchen, und du bist in Sicherheit, 15
Dann versammle um dich Ethas Schönen
Laß für Nathos deine Harfe tönen
Meinem Ruhme sei dein Lied geweiht.« –
Und dies zweite Mal sang ich noch besser, mit tieferer
Stimme und war selbstfühliger; es sind die zwei Stellen, die 20
ich aus Deinem Lied auswendig weiß, weil Du sie in meiner
Gegenwart gemacht hast, im Dunkel, und sagtest zu mir:
behalt es auswendig bis Licht kommt, ich will unterdes weiter dichten, und ich wiederholte immer vier Verse bis noch
vier dazu fertig waren, die Du auch meinem Gedächtnis ver- 25
trautest und immer weiter schifftest im Ozean, Günderode,
wie schön war doch das? – wie werd ich je schöneres erleben
als mit Dir? – Dem Herzog hab ich Dein Gedicht gegeben
und gesagt, es sei von Dir, und auch den Don Juan* hab ich
ihm geschenkt, er lag dabei, ich dacht du gibst mirs wieder; 30
ich wollt ihm es so gern geben, weil ich sah, daß er große
Freude dran hatte. Du gibst mirs wieder. – Die Kurprinzeß
verlangte, ich soll ihr die Melodie abschreiben lassen von
dem Lied, ich sagte ja, aber wo ist die hin? ich weiß nicht
mehr, – sie hat mich auch noch herzlich geküßt auf beide 35

* Anhang 2.

Wangen; und der Tonie sagte sie sehr freundlich, wenn sie es
erlaube, so wolle sie den Strauß aus der Ananas mitnehmen
und zum Andenken in ihrem Treibhaus pflanzen lassen. –
Gelt das war so freundlich, und ich will dirs nur gestehen,
daß mir heimlich recht leid getan hat, wie sie fort war und
alles kam mir so leer vor, daß ich doch drüber weinen mußte,
obschon ich nicht wollt, ich hielt mich auch gar nicht dabei
auf, eben weil ich an Dich dachte und Dir keine Untreue
wollte begehen. – Wir begleiteten sie bis zum Wagen und sie
sagte mir noch, wo ich sie begegnete, da sollte ich immer zu
ihr kommen, ich küßte ihre Hand und ging zurück, denn der
Herzog sprach noch mit ihr. – Sein Wagen war auch vorgefahren, er legte mir die Hand auf den Kopf und sagte, auf
Wiedersehen, – und lachte mich an, und ich dachte: Ach Gott,
am End hat er den Zettel dem Lipps gegeben. Er stieg in den
Wagen im leberfarbnen Rock, und wie das Windspiel nach-
sprang und sich zu seinen Füßen legte, da sah ich wohl so
etwas auf dem Rücksitz liegen, wie einen weißen Mantel, der
hellblau gefüttert war, aber er sah doch nicht ganz weiß aus,
sondern mehr hellgrau, aber die graue Mütze sah ich, wie
mich deucht, auch. – Ja ich sah sie gewiß, ich wollt sie nur
nicht erkennen, weil ich mich schämte; – aber das dauerte
noch eine Weile, daß ich mich gar nicht trösten konnte, und
so oft mirs einfällt werd ich aufs Neue rot vor mir selber. –
Aber ich denk nur immer, ein Prinz hat kein lang Gedächtnis, er wirds bald vergessen. Ach wenn ers nur recht bald
vergäße! – Gute Nacht. Morgen erzähl ich Dir noch mehr
von heut, von unserm Sonnenaufgang hab ich Dir noch gar
nichts erzählt, daß wir den gar nicht gesehen haben, und daß
die Sonne hinter uns aufging, – und daß alles über die in der
Ferne liegenden Berge sah und meinte, sie sollt dort hervor-
kommen, und daß sie hinter der Felswand in unserm Rücken
aufstieg und der Mstr. Haise mit dem Perspektiv bewaffnet,
und der Voigt, der mir immer ins Ohr sagte: geben Sie acht
was passieren wird, sie werden sich alle bald verwundern,
kein Mensch achtete seiner Reden. – Es ward hell und hell
und die Sonn kam nicht, und auf einmal war sie hinter uns,

ganz mäßig und vernünftig, ohne Aufwand, wie wir sie beim
Frühstück auf der Terrasse auch hätten sehen können, aber
der große Streit, der vorfiel, keiner wollte der sein, der es
nicht gleich gedacht hatte, jeder sollt den andern verführt
haben, es war wirklich ein wunderlicher Streit und der Mstr.
Haise mit dem Perspektiv, mit dem er die Sonn zuerst hatte
entdecken wollen! – der Voigt wurde am meisten gezankt
und er sollte zuletzt allein dran schuld gewesen sein, er hätt
sie mit Fleiß all herum gewendet, und er hätte davon gesprochen zuerst, daß dort gen Morgen läg. Er sagt aber,
nein, er hätt sie nicht verführt, er hätt es aber wohl gewußt,
drum hätt er auch gesagt: sie würden sich bald alle sehr verwundern, aber er wüßt, er stände in so schlechtem Kredit bei
ihnen, daß er sich nicht getraut hab es ihnen zu sagen, denn
sie hättens doch nicht geglaubt.

Am Samstag –
Den Kanarienvogel schenk ich Dir, Du sollst ihn behalten, er
hat Dich lieber wie mich, und ich bin ihm gut, was soll ich
ihm seine eingesperrte Lebensfreud verketzern. Ich bin aber
kein Kanarienvogel und Du kannst mich nicht hingeben
wollen, denn ich schenk Dir alles, Du sollst mich nicht hergeben. – Meine Altan ist doch schön, nicht wahr? – als Kinder hat uns da der Herr Schwab die biblische Geschichten
vorerzählt, Abends, eh wir zu Bett gingen, da hab' ich den
Mond zum erstenmal scheinen sehen. Wie wunderlich wars
doch, und die Fenster von den Stuben nebenan, wenn da
Abends Licht drin war, die malten den Schatten von den
Sträuchern auf den Boden, da saß ich so gern allein auf dem
Boden und sah den Schatten rund um mich sich bewegen. Ich
hab mich wohl immer gefürchtet als Kind, aber mehr bei
Tag, wenn ich allein war, und im Zimmer, wo alles so nüchtern aussah, aber in der Nacht war was vertrauliches, was
mich lockte, und noch eh ich was von Geistern gehört hatte,
war die Empfindung in mir, daß etwas Lebendiges in der
Umgebung sei, dessen Schutz ich vertraute; so war mirs auf
der Altan als Kind von drei oder vier Jahren, wo beim Son-

nenuntergang immer alle Glocken den Tod des Kaisers ein-
läuteten, und wie's da immer nächter ward und kühler, und
es waren keine Leute um mich und als ob die Luft lauter
Geläute sei, was mich umfing; da kam eine Traurigkeit über
mein kleines Herzchen, und dann wieder so rasches Zusammennehmen, ich fühls noch, wie wenn der Schutzengel mich
auf den Arm nähm. Jetzt muß ich aber sagen: Was ist doch
das Leben für ein groß Geheimnis, das so dicht die Seel umschließt, wie die Puppe den Schmetterling, kein Licht strahlt
durch den Sarg, aber die Sonnenwärme empfindet die in-
wendige Seele und wächst und wächst unter schweren Ahnungen, unter Tränen. Ach verzeihs, daß ich gleich traurig
war, aber die Altan! – Dort hab ich ganz sehnsüchtige Augenblicke schon gehabt, die mir wie Schwerter durchs Herz
gingen und ich wußte nicht was es war, und weiß es noch
nicht. – Grad in der schönen blühenden Zeit war mirs immer
so traurig, grad am hellen Mittag, wenn da so ein Bienchen
eine Weile herumschwärmte. – Ach was! – ich will lieber was
anders denken. – Du bist recht gut, daß Du allerlei so sub
rosa hervorleuchten läßt, was mich heimlich freut. – Was mir
doch noch wird? – ob ich je aus dem Licht heraustrete, was
Dein lebendig Aug auf mich strahlt? – denn Du kommst mir
vor wie ein ewig lebender Blick – und als wenn von ihm
mein Leben abhing. – Aber davon will ich auch nicht reden.
– Von der Eselspartie gestern nach Rauhenthal, sie ist zu
Wasser geworden aber erst am End, es kam ein ungeheurer
Platzregen wie wir noch eine halbe Stunde von der Heimkehr entfernt waren, das zusammenlaufende Wasser von den
Bergen herab ins Tal gab ordenlich Seen, die der Wind wellig
kräuselte. – Und wie die Esel mitten durchs Wasser pfatsch-
ten mit uns, kam ein ungeheurer Donnerschlag, die meisten
schrieen auf, die Esel schrieen nicht, aber sie warfen uns alle
mit einemmal herunter in die Pfützen und da konnt keiner
sich halten, nur der Engländer wollte es zwingen mit seinen
langen Beinen, der Esel warf sich nieder und bäumte sich,
und so galoppierten alle Esel fort, daß sie im Nu aus den
Augen waren, die Eseltreiber hinterdrein, denen nachgeru-

fen wurde, uns Laternen zu schicken. Der ganze Haufe konsultierte in der Pfütze, setzte sich nach wieder erlangter Be-
sinnung in Bewegung, auf das verwirrte Untereinander-
schreien folgte bald Stille, der Weg war zu beschwerlich als
daß man auf etwas anders denken konnte als nur wie man 5
den Fuß mit samt dem Schuh wieder aus dem Morast heben
wolle, dies aber war nicht möglich, die meisten Schuhe blieben stecken, die Laternen kamen uns bald entgegen, die be-
schwichtigten Esel wurden wieder heran geführt, und so kamen wir zwar beritten an, aber in welchem Zustand? – Alle 10
Strohhüte hatten im Morast gelegen. Die Schuhe fehlten, die
Damengewande so naß, als sollten sie zu Statuen Modell stehen, und die Herren nicht minder; man verfügte sich in die
Bäder und kam neugeboren und neugestrählt heraus, ein
Gesamt-Abendtee in Pantoffel und Schlafröcken und Puder- 15
mäntel eingenommen, machte den Beschluß, alles beschrie
des Unfalls Jammer und lachte sich halb tot drüber. Mstr.
Haise, dessen natürliche Haarfarbe jetzt zu Tag kam, war
nicht mehr zu erkennen, aber seine Schönheit wurde allgemein bewundert, sein braunrotes Haar stand ihm so viel 20
schöner als der Puder, womit ers hatte verbergen wollen, daß
man schrie: jetzt könne er erst interessieren, was man vorher
für unmöglich hielt. Wer war vergnügter wie Er, der feierlich dem Puder abschwor und mit himmlischer Selbstzu-
friedenheit bei den Frauen herumspazierte, sich bewundern 25
zu lassen. – Ich und die Lisett haben noch bis Mitternacht die Strohhüte renoviert, ich schlug sie alle auf der
einen Seite mit einer Kokarde auf, wenn man nun im Schatten sein will, so setzt man die Schippe nach vornen, wo die
Sonn nicht scheint dreht man sie herum; die Verwandlung 30
fand allgemeinen Beifall und sieht nach Voigt malerisch aus.
Heut morgen kamen die Eseltreiber mit den verlornen Schuhen auf ihren Stecken in Prozession angerückt; sie hofften ein
Trinkgeld, es mußte auch bezahlt werden, obschon die
Schuhe besser wären geblieben wo sie begraben waren; man 35
war ärgerlich, daß sie die beschmutzten Schuhe so öffentlich
zur Schau trugen. Das war die gestrige Geschichte. Voigt

hatte schon lange drum gebeten, die ganze Gesellschaft zu
Esel in sein Skizzenbuch zeichnen zu dürfen, heut Morgen
war ein schöner heller Himmel und doch wars abgekühlt
vom Gewitter, wir machten uns so malerisch wie möglich,
5 ließen Bänder flattern, Schleier wehen, die Herrn steckten
Sträucher auf den Hut, gaben sich nachlässige Posituren,
schaukelten mit den Beinen, so gings langsam vorwärts,
Voigt war voran mit seinem Malkasten, hatte die Palette
aufgesetzt, saß auf einem Zeltstuhl vor der Höhe, wo wir
10 herabkamen und beobachtete den Zug mit dem Fernglas, auf
einmal rief er halt, ich war voran mit einer grünseidenen Fahne, die ich mir gemacht hatte, die stemmt ich in die Seite und
hielt recht feierlich still, die Guitarre hing auch am Sattel.
Voigt malte eifrig auf ein Stück Wachsleinwand, das auf ein
15 Brett genagelt war. Es dauerte ein Weilchen, die Esel hingen
die Ohren und waren eingeschlafen, die Sonne brannte, die
Mücken stachen, die Schleier und Bänder hingen schlaff, sie
glaubten alle, sie könntens nicht länger aushalten, ich hätte
doch dem guten Voigt so gern das Plaisir gegönnt, daß seine
20 Skizze fertig wurde; ich nahm meine Guitarre und stimmte
den Kosiusko an, Crothwith begleitete mich auf dem Flageolett, mehrere Maultrommeln der Eseltreiberjungen fielen ein, es erhob die Stimme Baß und Diskant, andere
pfiffen, Haise neben mir an gab einen Ton von sich mit dem
25 er eine Pauke nachmachte, die mit einer Rute und einem
Klöppel geschlagen wird, pfitsch pfitsch, bum bum. Die Esel
wachten auf und spitzten die Ohren wieder, die Lüftchen regten sich wieder in den flatternden Bändern, alles war begeistert und Voigt malte schneller als eine Windmühle in die der
30 Sturmwind bläst; die Eseljungen hatten sich auch in nach-
lässigen Stellungen postiert, bald wars so weit, daß wir umwenden konnten, Voigt bestieg seinen Esel und wir zogen
vergnügt und singend zurück. Die Skizze ist allerliebst kräftig, er will sie zu Frankfurt fertig malen, wärst Du doch auch
35 dabei gewesen. – Im Nachhausereiten sah ich die Birke von
fern, die so leise wehte, in der ich ohne daran zu denken wie
eine Vision Dein Bild gesehen hatte. Ich dachte daran, ob

ichs doch versuchen wollte, Dich hier zu besuchen, wenn
man allein ist, da kann man viel besser klettern, und wie heut
Nachmittag alles Siesta hielt, bin ich hierher gekommen und
hab gesehen, was der Herzog für Buchstaben in den Baum
geschnitten hat: Z D F und seinen Namen drunter, ich weiß 5
was es heißt, grade was er unter Dein Manuskript von der
Immortalita geschrieben hat. – Der Voigt sagt mir, sein Buch
sei sehr witzig und hat mir noch manches Schöne erzählt von
ihm und auch Sonderbares. – Das Buch müssen wir zusammen lesen den Winter. Heut Nachmittag war alles versam- 10
melt beim Tee auf der Terrasse. Die Lust auf weite Partien ist
gedämpft, wir spielten Federball, und machten Seifenblasen,
die flogen zwischen die Bäum und bald hier oder dort hin,
auch eine auf dem Haise seine Nas glaub ich.

                                          Sonntag. 15
Heut Morgen war man zum letzten Frühstück versammelt,
denn morgen geht alles fort, der ganze Vormittag verging
mit Spaziergängen von Paar und Paar im Wald, ich
schlenderte mit dem Voigt nach einem grünen Platz und las
ihm vor aus deiner Brieftasche, ich las ihm die Manen vor, 20
und knüpfte allerlei Ideen dran, die ich nicht recht aussprechen konnt, ich kann vor niemand sprechen wie vor Dir, ich
fühl auch die Lust und das Feuer nicht dazu als nur bei Dir,
und was ich Dir auch sag oder wie es herauskommt, so spür
ich, daß etwas sich in mir regt als ob meine Seele wachse und 25
wenn ichs auch selbst nicht einmal versteh, so bin ich doch
gestärkt durch Deine ruhigen klugen Augen, die mich ansehen, erwartend als verständen sie mich und als wüßten sie,
was noch kommen wird, Du zauberst dadurch Gedanken aus
mir, deren ich vorher nicht bewußt war, die mich selbst ver- 30
wundern, andre Leut haben mit mir keine Geduld, auch der
Voigt nicht, der sagt: ich weiß schon was Sie wollen, und sagt
etwas was ich gar nicht gewollt hab. – Dann mach ichs aber
wie Du und hör ihm zu, und da hör ich allemal was Kluges,
Gutes. – Heut sagte er: die Vernunft sei von den Philosophen 35
als ihr Gott umtanzt und angebetet wie jeder seinen Gott

anbete, nämlich als ein Götze, der zu allem gelogen werde
was man nur in der Einbildung für wahr halte, Dinge, die
man auf dem Weg des Menschensinnes und der Empfindung
allein finden könne und solle; die würden zu Sätzen, die auf
5 keiner empfundenen Wirklichkeit beruhen, nur als willkürliche Einbildungen gelten und wirken. – Philosophie müsse
nur durch die Empfindung begriffen werden, sonst sei es leeres Stroh was man dresche, man sage zwar Philosophie solle
erst noch zur Poesie werden, da könne man aber lange war-
10 ten, man könne aus dürrem geteertem Holz keinen grünen
Hain erwarten, und da möge man Stecken bei Stecken pflanzen, und den besten Frühlingsregen erbitten, er werde dürr
bleiben, während die wahre Philosophie nur als die jüngste
und schönste Tochter der geistigen Kirche aus der Poesie
15 selbst hervorgehe, dies sagte er dem Mstr. Haise, der studier-
ter Philosoph ist, der war darüber so aufgebracht, daß Voigt
die Poesie die Religion der Seele nenne, daß er mit beiden
Füßen zugleich in die Höhe sprang – und nachher mir allein
sagte: ich möge dem Voigt nicht so sehr trauen, denn seine
20 Weisheit sei ungesund und könne leicht ein junges Herz verführen, sonst war alles ganz gut, wir tranken Nachmittag auf
dem Musenfels Kaffee und machten ein lustig Feuer im Wald
an und tanzten zuletzt einen Ringelreihen drum, bis die letzten Flammen aus waren, und alle waren wie die Kinder so
25 vergnügt, und mir kam vor als wenn gar kein Falsch oder
versteckte Gesinnung mehr unter allen wär. Ein freies Gemüt ist doch wohl das höchste im Menschen. Nie eine Periode des Menschenlebens verlassen so wie sie rein erschaffen
ist, um in eine andre überzugehen, dabei nie eine derselben
30 vermissen, ewig Kind sein, als Kind schon Mann, und
Sklave des Guten sein, Gott anbeten in Ehrfurcht und mit
ihm scherzen und spielen in seinen Werken, die selbst ein
Spiel seiner Weisheit, seiner Liebe sind, sagte Voigt auf dem
Heimweg zum Mstr. Haise und der war zufrieden und
35 reichte ihm die Hand. –

Gute Nacht.

Am Montag.

Gestern hätt ich nun rechte Zeit gehabt Dir zu schreiben, alles ist fort, aber ich war müde. Tonie liegt auf dem Bett und schläft, man war bis spät in der Nacht auf gewesen, ich ging noch auf die Terrasse um Abschied zu nehmen, weil am Mor- 5 gen alles vor Tag abreiste; nur der Voigt blieb da bis Mittag, weil er nur bis Mainz ging. Er ging mit mir in die kleine Kapelle zur Messe, da war eben die Predigt wieder am Ende, es war unser Franziskaner. »Warum hat Jesus, da er ans Kreuz geschlagen ist und die bittersten Schmerzen leidet, 10 zugleich eine himmlische Glorie um sein Haupt, die allen Anwesenden das Mitleid verbietet, die zugleich das seligste ruhmvollste Entzücken andeutet mit dem menschlichen Kampfe im Elend? – Warum liegt in jedem seiner Taten, sei- ner Worte, das Irdische mit dem Ewigen so eng verbunden? 15 – Er hat seine Leiden nicht mit Freuden vertauscht da er es wohl vermochte. – Also Mensch hab dein Schicksal lieb, wenn es dir auch Schmerz bringt, denn nicht dein Schicksal ist traurig, wenn es dir auch noch so viel Menschenunglück zuführt, aber daß du es verschmähest, das ist eigentlich das 20 große Unglück, und so schließ ich wovon ich ausging, daß allemal das Schicksal des Menschen, das höchste Kleinod sei, das nicht wegwerfend zu behandlen ist, sondern es soll mit Ehrfurcht gepflegt und sich ihm unterworfen werden.« – Der Voigt bereuete sehr, daß er die Predigt nicht ganz gehört 25 habe und meint, da er in wenig Worte so viel zusammen- dränge, so müsse er in der Entwickelung sehr geistreich sein. Ich aber war froh, daß wir zu spät gekommen waren, denn mir schien das Thema sehr traurig, Leiden im Voraus zu ah- nen und sich darauf vorzubereiten, das will mir nicht in Sinn. 30 – Am Abend waren wir ganz einsam, die Tonie und ich, es ist gar niemand mehr hier, ich wär so gern noch hinaus spazie- ren gegangen, und ließ mir den Lelaps holen, den Hund von der Küstersfrau, der mich kennt, weil ich schon oft ihn mit- genommen habe auf dem Spaziergang, der kam mit einem 35 Laternchen am Hals mit einem brennenden Lämpchen, wo- mit er immer bei neblichem Wetter seinen Herrn begleitet;

das machte mir groß Plaisir, ich nahm meinen guten Stock, der zusammengeflochten ist von drei guten spanischen Rohren, und den mir der Savigny geschenkt hat und ging mit meinem guten Lelaps als fort zwischen die Schluchten, in
5 denen der Nebel hin und her wogte und sein klein Lichtchen verschwand oft, daß ich ihn nicht mehr sah, aber wenn ich rief, da kam er durch den dicken Nebel herbei gelaufen, da wurde das Lichtchen wieder sichtbar, was mir das für Spaß gemacht hat, der Hund und ich allein, und die Nebel, die
10 herum flankierten wie Geister, herüber und hinüber, aufstiegen und hinabkletterten, es war eine Geschäftigkeit in diesen Felsritzen und an den Bergwänden hinab, wo man einen freien Blick ins Tal hatte, ich konnt mir gar nicht denken, daß es nicht Geister wären, und ich glaubs noch, und ich war in-
15 nerlich recht glücklich und froh, daß ich dazu gekommen war, und daß ich und der Hund von den Geistern so gut gelitten war, denn Du glaubst nicht wie gut der Nebel tut, wie sanft, wie weich er sich einem anschmiegt, mein Gesicht war ganz glatt davon, und wir sind auch glücklich wieder nach
20 Haus gekommen. – Ich bin so froh, daß ich unbedeutend bin, da brauch ich keine gescheute Gedanken mehr aufzugablen, wenn ich Dir schreib, ich brauch nur zu erzählen, sonst meint ich, ich dürfte nicht schreiben ohne ein bißchen Moral oder sonst was Kluges, womit man den Briefinhalt ein bißchen
25 beschwert, jetzt denk ich nicht mehr dran einen Gedanken zurecht zu meißlen oder zusammen zu leimen, das müssen jetzt andre tun, wenn ichs schreiben soll, ich selbst denk nicht mehr. Ach von dem Einfältigsten, Ungelehrtesten verstanden und gefühlt zu werden ist auch was wert; und dann dem
30 Einzigen, der mich versteht, der für mich klug ist, keine Langeweile zu machen, das kommt auf Dich an.

Wir waren am Rhein und sind wieder an andern Tag zurück spät Abends, so ist heut schon Donnerstag, es war schön in Rüdesheim, die Tonie hatte dort über Jemand zu
35 sprechen, der als Geistlicher in unser Haus soll, ich guckte indes auf der Bremserin aus dem großen schwarzen Gewölb auf die Wiese im Abendschein, es flogen als die Schmetter-

linge über mich hinaus, denn da oben auf der Burg wächst so
viel Thymian und Ginster und wilde Rosen und alles hat der
Wind hinaufgetragen; man meint als, der fliegende Blu-
mensamen müßt eine Seel haben und hätt sich nicht weiter
wollen treiben lassen vom Wind, und wär am liebsten da geblieben, alles blüht und grünt, so viel Glockenblumen und
Steinnelken und Balsam, ich dacht wie ists doch möglich, daß
das alte Gemäuer so überblüht ist. – Blum an Blum! Unten in
der Ruine wohnt ein Bettelmann mit der Frau und zwei Kindern, sie haben eine Ziege, die bringen sie hinauf, die grast
den duftenden Teppich mir nichts dir nichts ab. – Ich war
eine ganze Stunde allein da und hab hinaus auf dem Rhein
die Schiffe fahren sehen, da ist mirs doch recht sehnsüchtig
geworden, daß ich wieder zu Dir will, und wenns noch so
schön ist, es ist doch traurig ohne Widerhall in der lebendigen Brust, der Mensch ist doch nichts als Begehren sich zu
fühlen im Andern. Du lieber Gott! eh ich Dich gesehen hatt
da wußt ich nichts, da hatt ich schon oft gelesen und gehört,
Freund und Freundin, und nicht gedacht, daß das ein ganz
neu Leben wär, was dacht ich doch vorher von Menschen? –
gar nichts! – Der Hund im Hof, den holt ich mir immer um in
Gesellschaft zu sein; aber nachher wie ich eine Weile mit Dir
gewesen war, und hatte so manches von Dir gehört, da sah
ich jed Gesicht an wie ein Rätsel, und hätt auch manches gern
erraten oder ich habs erraten, denn ich bin gar scharfsinnig.
Der Mensch drückt wirklich sein Sein aus, wenn mans nur
recht zusammennimmt und nicht zerstreut ist und nichts von
der eignen Einbildung dazutut, aber man ist immer blind
wenn man dem Andern gefallen will und will was vor ihm
scheinen, das hab ich an mir gemerkt. Wenn man jemand lieb
hat, da sollt man sich lieber recht fassen, um ihn zu verstehen,
und ganz sich selbst vergessen und ihn nur ansehen, ich
glaub, man kann den ganz verborgnen Menschen aus seinem
äußern Wesen heraus erkennen. Das hab ich so plötzlich erkannt, wie ich Menschen sah, die ich nicht verstand, was sie
mir sollten, und nun sind mir die meisten, daß ich sie nicht
lang überlegen mag, weil ich nichts merk, was mir gefällt

oder mit mir stimmt, aber mit Dir hab ich wie eine Musik
empfunden, so daheim war ich gleich; ich war wie ein Kind,
das noch ungeboren aus seinem Heimatland entfremdet, in
einem fremden Land geboren war, und nun auf einmal von
5 weit her übers Meer wieder herüber getragen von einem
fremden Vogel, wo alles neu ist, aber viel näher verwandt
und heimlicher, und so ist mirs immer seit dem gewesen,
wenn ich in Dein Stübchen eintrat; und so wars auch auf den
alten Burgtrümmern gestern: so lachend wie die Wiesen wa-
10 ren und die lustigen Mädchen die sangen, und der Abendschein und die Schiffe und die Schmetterlinge, alles war mir
nichts, ich sehnt mich nach Dir, nur nach Deinem Stübchen,
ich sehnt mich nach dem Winter, daß doch draus Schnee sein
möcht und recht früh dunkel und drin brennt Feuer; der Son-
15 nenschein und's Blühen und Jauchzen zerreißt mirs Herz. –
Ich war recht froh wie die Tonie mit dem Wagen vorfuhr, wie
ich unten hin kam waren dem Bettelmann seine zwei hüb-
schen Kinder bloß im Hemdchen, und kugelten mit Lachen
über einander und hatten sich so umfaßt; ich sagt, wie heißt
20 Ihr denn? – Röschen und Bienchen. – Das Röschen ist blond
mit roten Wängelchen, und das Bienchen ist braun mit
schwarzen stechenden Augen. Das Bienchen und Röschen
hatten sich so recht in einander gewühlt. – Um Mitternacht
heimgekehrt – höchst angenehmer Schlaf beim Rauschen
25 von Springbrunnen.

Am Montag.
Ich hab Deinen letzten Brief noch oft gelesen, er kommt mir
ganz besonders vor, wenn ich ihn mit andern vergleiche, die
ich auch hier in derselben Zeit erhalten hab, so muß ich den-
30 ken, daß es Schicksale gibt im Geist, die so entfernt sind von
einander und so verschieden, wie im gewöhnlichen Tages-
leben, der eine wird sichs nicht einbilden vom andern, was
der denkt und träumt, und was er fühlt beim Träumen und
Denken. – Dein ganz Sein mit Andern ist träumerisch, ich
35 weiß auch warum; wach könntest Du nicht unter ihnen sein
und dabei so nachgebend, nein sie hätten Dich gewiß ver-

schüchtert, wenn Du ganz wach wärst, dann würden Dich
die gräßlichen Gesichter, die sie schneiden, in die Flucht jagen. – Ich hab einmal im Traum das selbst gesehen, ich war
erst zwei Jahr alt, aber der Traum fällt mir noch oft plötzlich
ein, daß ich denke, die Menschen sind lauter schreckliche 5
Larven, von denen ich umgeben bin, und die wollen mir die
Sinne nehmen, und wie ich auch damals im Traum die Augen
zumachte, ums nicht zu sehen und vor Angst zu vergehen, so
machst Du auch im Leben aus Großmut die Augen zu, magst
nicht sehen wies bestellt ist um die Menschen, Du willst kei- 10
nen Abscheu in Dir aufkommen lassen gegen sie, die nicht
Deine Brüder sind, denn Absurdes ist nicht Schwester und
nicht Bruder; aber Du willst doch ihr Geschwister sein und
so stehst Du unter ihnen mit träumendem Haupt, und lächelst im Schlaf, denn Du träumst Dir alles bloß als dahin 15
schweifenden grotesken Maskentanz. – Das lese ich heute
wieder in Deinem Brief, denn es ist jetzt so still hier und da
kann man denken, – Du bist zu gut, für mich auch, weil Du
unter allen Menschen gegen mich bist als wärst du mehr
wach; als machtest Du die Augen auf, und trautest wirklich 20
mich anzusehen, O ich hab auch schon oft dran gedacht, wie
ich Deinen Blick nie verscheuchen wollte, daß Du nicht auch
am End nachsichtig die Augen zumachst und mich nur an-
blinzelst, damit Du alles Böse und Schlechte in mir nicht gewahr werdest. 25

    Du sagst: »Wir wollen unbedeutend zusammen sein!« –
Weißt Du wie ich mir das ausleg? – wie das was Du dem Clemens letzt in meinem Brief schriebst: *»immer neu und lebendig
ist die Sehnsucht in mir, mein Leben in einer bleibenden Form auszusprechen, in einer Gestalt, die würdig sei, zu den Vortrefflichsten* 30
hinzuzutreten, sie zu grüßen und Gemeinschaft mit ihnen zu haben.
Ja nach dieser Gemeinschaft hat mir stets gelüstet, dies ist die Kirche,
nach der mein Geist stets wallfahrtet auf Erden.« – Du sagst aber
jetzt, wir wollen unbedeutend zusammen sein, – weil Du lieber unberührt sein willst, weil Du keine Gemeinschaft fin- 35
dest; – und Du glaubst wohl jetzt noch, daß irgend wo eine
Höhe wär, wo die Luft so rein weht und ein ersehnt Gewitter

auf die Seele niederregnet, wovon man freier und stärker
wird? – Aber gewiß ists nicht in der Philosophie; es ist nicht
der Voigt, dem ichs nachspreche, aber er gibt mir Zeugnis für
meine eigne Empfindung. Menschen, die gesund atmen, die
können nicht sich so beengen, stell Dir einen Philosophen
vor, der ganz allein auf einer Insel wohnte, wo's so schön
wär, wie der Frühling nur sein kann, daß alles frei und lebendig blühte und die Vögel sängen dann, und alles, was die
Natur geboren hätt wär vollkommen schön, aber es wären
keine Geschöpfe da, denen der Philosoph was weis machen
könnt, glaubst Du, daß er da auf solche Sprünge käm wie die
sind, die ich bei Dir nicht erzwingen konnt. – Hör, ich glaub,
er biß lieber in einen schönen Apfel, aber so eine hölzerne
Kuriosität von Gedanken-Sparrwerk würde er wohl nicht zu
eigener Erbauung aus den hohen Zedern des Libanon zurecht zimmern; so verbindet und versetzt, und verändert,
und überlegt, und vereinigt der Philosoph also nur sein
Denkwerk, nicht um sich selbst zu verstehen, da würde er
nicht solchen Aufwand machen, sondern um den andern von
oben herab, den ersten Gedanken beizubringen wie hoch er
geklettert sei, und er will auch nicht die Weisheit seinen un-
tenstehenden Gefährten mitteilen, er will nur das Hokus-
pokus seiner Maschine Superlativa vortragen, das Dreieck,
das alle Parallelkreise verbindet, die gleichschenklichen und
verschobenen Winkel, wie die in einander greifen und seinen
Geist nun auf jener Höhe schwebend tragen, das will er, es ist
aber nur der müßige Mensch, der noch sich selber unemp-
fundne, der davon gefangen wird; ein andrer lügt, wenn er
die Natur verleugnet und diesem Sparrwerk anhängt und
auch hinaufklettert, es ist Eitelkeit, und oben wirds Hoffart,
und der haucht Schwefeldampf auf den Geist herab, da kriegen die Menschen in dem blauen Dunst eine Eingebildtheit
als nähmen sie den hohen Beweggrund des Seins wahr; ich
bin aber um dies Wissen gar nicht bang, daß es mir entgehen
könnt, denn in der Natur ist nichts, aus dem der Funke der
Unsterblichkeit nicht in Dich hineinfährt, sobald Du's be-
rührst; erfüll Deine Seele mit dem was Deine Augen schöp-

fen auf jener segensreichen Insel, so wird alle Weisheit Dich elektrisch durchströmen, ja ich glaub, wenn man nur unter dem blühenden Baum der Großmut seine Stätte nimmt, der alle Tugenden in seinem Wipfel trägt, so ist die Weisheit Gottes näher als auf der höchsten Turmspitze, die man sich selbst aufgerichtet hat. Alle Früchte fallen zur Erde, daß wir sie genießen, sie haben keine Flügel, daß sie davon fliegen, und die Blüten schwenken ihren Duft herab zu uns. Der Mensch kann nicht über den Apfel hinaus, der für ihn am Baum wächst, steigt er hinauf in den Wipfel, so nimmt er ihn sich, steht er unterm Baum und wartet, so fällt der Apfel ihm zu und gibt sich ihm, aber außer am Baum wird er sich keine Früchte erziehen. – Du sprichst von Titanen, die die Berge mit großem Gepolter aufeinander türmen, und dann die stillen Gipfel der Unsterblichkeit hinabstürzen, da meinst Du doch wohl die Philosophen, wenn Du von ihnen sagst, daß ihr diebischer Eigennutz sich der Zeit vordrängt und sie mit schimmernden Phantomen blendet. – Ach aller Eigennutz ist schändliche Dieberei, wer mit dem Geist geizt, mit ihm prahlt, wer ihn aufschichtet oder ihm einen Stempel einbrennt, der ist der eigennützigste Schelm, und was tun denn die Philosophen, als daß sie sich um ihre Einbildungen zanken, wer zuerst dies gedacht hat; – hast Du's gedacht oder gesagt, so war es doch ohne Dich wahr, oder besser: so ists eine Chimäre, die Deine Eitelkeit geboren hat. Was geizest Du mit Münze, die nur dem elenden Erdenleben angehört, nicht den himmlischen Sphären. Ich möcht doch wissen, ob Christus besorgt war drum, daß seine Weisheit ihm Nachruhm bringe? – Wenn das wär, so war er nicht göttlich. Aber doch haben die Menschen ihm nur einen Götzendienst eingerichtet, weil sie so drauf halten, ihn äußerlich zu bekennen, aber innerlich nicht; äußerlich dürfte er immer vergessen sein, und nicht erkannt, wenn die Lieb im Herzen keimte. – Ich will Dir was sagen, mag der Geist auch noch so schöne erhabene Gewande zuschneiden und anlegen und damit auf dem Theater herumstolzieren, was wills anders als bloß eine Vorstellung, die wir wie ein Heldenstück deklamieren, aber

nicht zu wirklichen Helden werden dadurch. Du schriebst an
den Clemens: »Sagen Sie nicht, mein Wesen sei Reflexion
oder gar, ich sei mißtrauisch, – das Mißtrauen ist eine Harpye, die sich gierig über das Göttermahl der Begeistrung
5 wirft und es besudelt mit unreiner Erfahrung und gemeiner
Klugheit, die ich stets jedem Würdigen gegenüber
verschmäht habe.« Diese Worte hab ich oft hingestellt wie
vor einen Spiegel Deiner Seele und da hab ich immer ein
Gebet empfunden, daß Gott einen so großen Instinkt in
10 Dich gelegt hat, der einem aus den Angeln der Gemeinheit
heraushebt, wo alles klappt und schließt; und wenns sich
nicht passen wollt, zurecht gerichtet wird fürs Leben, ach
nein, Du bist ein Geist ohne Tür und Riegel, und wenn ich
zu Dir mein Sehnen ausspreche nach etwas Großem und
15 Wahrem, da siehst Du Dich nicht scheu um, Du sagst: Nun
ich hoff es zu finden mit Dir.

Am Montag.
So ernsthaft hab ich geschrieben, ich weiß selbst nicht wie ich
darzu komme, doch ists der Nachklang von vor Mitternacht.
20 Ich weiß selbst nicht, wenn ichs ansehe, warums dasteht. Du
gehst weit über mich hinaus im reinen Schauen, denn Du bist
ein Seher, ich betrachte nur die Schatten des Geistertanzes in
den Lüften, die Dich umschweben. Was soll das alles vor Dir,
ich fühl, daß ich von einer viel niederen Stufe, zu Dir hinan-
25 rufe, ob dies und das so ist; ich ahne auch, daß Du mit einem
leisen Zauberschlag mich strafen kannst, daß ich bei solchen
Nachgedanken mich aufhalte. Ich weiß und weiß nicht. – Im
Tau baden, in den Mond schauen bei nächtlicher Weile ist
schöner als sich wenden und den Schatten messen, den man
30 in die beleuchtete Ebne wirft; ja ich war auch traurig wie ich
gestern schrieb, und aus der Traurigkeit steigt mir immer
solcher Qualm von Hyperklugheit auf, Philistergeist! – Ich
schäme mich – es ist eine schlechte Sonate, deren Thema man
bald auswendig kann und die einem abgeleiert vorkommt,
35 wenn man sie wiederholen wollt, das kommt vom Ein-
samsein her, da meint man, man müsse was bessers vorstel-

len, wenn man mit sich selber spricht. Ich merkt es als beim
Schreiben das selbstgefällige Geschwätz, was sich so schön
fügte, mich verführte, und nun auf einmal bin ichs satt. Wie
anmutig und scherzend hast Du alles ausgesprochen und mit
Deinem Zauberstab Dir spielend einen Kreis gemacht, mit
mir drin zu scherzen, und ich hab mit Dornen und Nessel
und Disteln um mich gepeitscht; ach ich fühl einen Widerwillen gegen meine Schreiberei von gestern. – Hätt ich Dir
nicht besser den wunderlichen Abend beschrieben, die
seltsame Nacht, die ich mit der Tonie erlebt habe. – So eine
Wundernacht vergeht nicht, sie besteht ewig mit ihren leisen
Schattenbildern, mit ihren Lichtdämmerungen und eiligen
Luftzügen und wie sie den Schlummer Woge auf Woge
wälzt; gewiß wie die Welt geboren wurde, da war es Nacht
und da stiegen die Gipfel der Unsterblichkeit, die stillen von
denen Du sagst, zuerst auf aus den Wassern und da drängte
sich die Welt ihnen nach und liegt nun, und über ihr strömen
die Sprachen jener Einsamen durch den Nachthimmel. – Ja
ich find mich nicht zurecht, wenn in einer solchen Nacht alles
schläft weit und breit, und der Geist mächtig mit seinen Flügeln die Luft durchsegelt. – Und alle die Philosophen, die die
Menschheit erwecken wollen, schlafen doch so fest und füh-
lens nicht. – Und ob bloß, wenns einem gegönnt wär in jeder
Nacht die Augen zu öffnen, und ihren tiefen Faltenmantel zu
durchschauen, den sie über die Natur ausbreitet und dann
ihre heimlichen Geister umherschweifen, anhauchen – alles
Lebende; ob der nicht hierdurch ein Seher würde himmlischem Wissen. Es ist doch so Seltsames in der Nacht, man
sollte meinen, der Tag sei einmal schon in Beschlag genommen von der Verkehrtheit, aber die Nacht sei noch ganz frei
davon; man fühlt sich in der lautlosen silbernen Mondzeit
aufgezogen wie die rankende Pflanze, die hinausstrebt in die
Lüfte, – den vorüberschweifenden Geistern sich anzuhängen
und hier und dort von ihrem Hauch zu trinken. – Aber was
steig ich und schwindel ich denn immer noch, als lief ich am
Waldrand hin? – ja in der Nacht wars so klar in meinem Sinn,
daß ich laut lachte, und nun schweifts von Berg zu Tal und

betastet die Erinnerung. – Und all mein Denken solcher
Nachhall wie wär ich in eine Kluft gefallen. Wir waren am
Nachmittag zum weiten Spaziergang fortgewandert und
wußten wohl nicht genau die Zeit, die später war als wir
glaubten, und weil überall der Pfad an etwas Neugierigem
sich hinzog, bald ein brausend Bächlein zwischen Klippen,
bald sonnenhelles Grün und Hügel und Gemäuer und dann
ein Wald mit mächtigen Kronen, da kamen noch Scharen
von Vögel über uns hingezogen, denen wir nachsahen, da
wars bald gar aus, wir wußten nicht wo wir hergekommen
waren und wo wir hinwollten, gern wären wir wieder um-
gewendet, wenn wir nur ahnen konnten wo der Heimweg
war. Wir machten einander Mut durch den Wald auf einem
breitern Weg, der quer lief, fortzuwandern; weil frische Spuren da waren, so mußte er dort zu Menschen führen, noch
hielten wir den Wind, die allmählich sinkende Helle für vor-
überziehende Wolken, aber es war der Abendwind, der das
Laub vor uns her wehte, wir sagten es einander nicht, aber
merkten es bald, schritten immer fort und sahen bald zwischen den hohen Wipfeln durch, den roten Himmel glänzen,
und wie der sich verzog in ein dämmerndes Gold, aber ohne
Schein und endlich ein Blau, schweigende Sternchen glitzer-
ten, und der Pfad lief immer fort im Wald und die Sterne sahen hoch herab, und keins wagte die Stille zu unterbrechen,
schweigend, ein Tritt nach dem andern raschelte durchs
Laub. – Ach, sagt ich, laß uns einen Augenblick ausruhen,
Du wirst sehen, dann wird der Wald auf einmal sich auftun;
ach, sagte die Tonie leise, was wird das werden, wo kommen
wir hin? – statt zu klagen, mußte ich laut lachen; – »um Gotteswillen wie kannst Du so schaurig lachen, schweig still, es
können böse Leute in der Nähe sein, die uns hören.« Ich
meint aber, wenn wir so sacht redeten und wanderten, das
könnt noch viel gefährlicher sein, und die Tonie ließ sich
überreden, daß ich ein Lied sang. – Das schallte! – Das
machte mich so glücklich, und der schweigende Wald, – und
dann ich wieder, und dann er wieder. Die Tonie hatte sich auf
dem Pfad so gesetzt, um die Richtung nicht zu verlieren, der

wir schon die ganze Zeit gefolgt waren, ich aber lag rückwärts und sah in die Höh, auf einmal entdeckte ich, daß der
Wald links lichter ward, und daß der Himmel ganz frei war;
ich sagte, dort müssen wir hin, da sind wir gleich aus dem
Wald. »Um Gotteswillen verlaß den Pfad nicht, denn so im
Dickicht herum zu stolpern in der Nacht, da können wir in
Gruben fallen, laß uns ruhig auf dem Weg fortgehen,« ich
war aber schon vorwärts geschritten und stolperte wirklich
und raffte mich auf und fiel wieder, und kletterte über Stock
und Stein, und die Tonie rief von Zeit zu Zeit, ich antwortete, und da war ich plötzlich im Freien auf der Höhe, die
sich abflachte in eine weite Ebne, die ich nicht ermessen
konnt, aber ganz in der Ferne sah ichs glänzen, ich rief: hier
steh ich und seh den Rhein, Du mußt aus dem Wald heraus,
denn auf dem Waldpfad kannst Du noch Stunden lang unnütz fortwandern. Wir kamen uns entgegen mit Rufen durch
die Nacht, doch rückt ich nicht weit herein, aus Furcht, den
Weg zu verlieren, endlich reichten wir einander die Hand
und nun zog ich sie hinter mir her. Es ist ein dumm klein
Abenteuerchen, aber es machte mich doch so froh, so aus
dem finstern Wald heraus gefunden zu haben. Da standen
wir und guckten uns um – ob das dort ein Dorf ist; oder dort,
ob das ein Licht ist? – Wir setzten uns am Waldrand hin und
lugten, es ließ sich nichts hören, kein Vögelchen, es war gewiß schon spät, vielleicht bald elf Uhr, und da brennte auch
kein Licht mehr in den Örtern, drum konnten wir sie in der
Ferne nicht sehen; wir ruhten gelassen ein Weilchen, und da
war es so groß um uns her, und das tat so wohl, und dann
ward es heller, der Mond mußte bald kommen, da wußten
wir, daß es um elf Uhr war. – Jetzt sah die Tonie einen Ort
für ganz gewiß, sie sah das Kirchdach deutlich glänzen, wir
schlenderten, rutschten, kletterten und kamen in die Ebene.
Die Tonie behielt das Kirchdach im Aug, ich war zu kurzsichtig, aber ich lief voran, denn einen Weg zu bahnen, das kann
ich besser. – Links! – rechts! – rief sie, und so gings über abge-
mähte Felder, endlich an einen Graben mit Wasser, den wir
glücklich übersprangen, dann über Zäune, dann Wiesen,

dann Gärten, und der Mond war auf, beleuchtet einen breiten Weg, der nach dem Ort führt, aber ein großes festes Tor
schließt diese verwünschte Stadt, die in ihrem Mondschein in
Totenstille versunken liegt, daß nicht ein Hund bellt, nicht
5 eine Katz mauzt. Da stehen wir mit unsern Stecken in der
Hand und gucken das Tor an, das war mir schon sehr lächerlich, ich sag: ob ich versuch hinüber zu klettern? – denn
es war oben offen, aber unmöglich, denn es war sehr hoch,
von eichnen Bohlen in ein Paar glatte dicke Pfähle die
10 Angeln eingefügt. Da seh mal, sagt die Tonie, da ist zwischen dem Pfahl und der Stadtmauer ein Ritz, – Hand breit –
wenn ich die Oberkleider abwerf und den Atem anhalt, so
kann ich durch, und nun geschwind alles, was mich hinderte,
an die Erd geworfen und durch war ich, da setzte ich mich
15 aber erst auf den Eckstein am Tor und lachte, und das schallte
die Straße hinab und fand ein Echo und schallte wieder herauf. – Ach ich bitte Dich, lach nicht, Du weckst alle Leute auf
und die können uns wer weiß was tun, flehte sie durch den
Ritz, – ich nahm mich zusammen, besichtigte das Tor, fand
20 daß es mit zwei starken eisernen Riegeln zugebummst war,
nahm einen Stein und klopfte die Riegel zurück. »Mach keinen Lärm, poltere nicht so,« – aber das half nicht, ich war im
heißen Eifer, das Tor mußte weichen, auf einmal gingen
beide Flügel aus einander, und da stand sie vor mir und hielt
25 ihren Einzug; jetzt wanderten wir schweigend durch die Straßen und musterten die Häuser, wir klopften an den Türen,
an den Laden, kein Laut gab Antwort, endlich öffnet sich ein
Giebelfensterchen, ein Männchen guckt heraus mit einem
brennenden Kienspan in die Luft leuchtend, bei dessen
30 Flamme wir ein bebartetes Kinn entdecken, und also auf ein
ungetauftes Mitglied der Menschheit schließen, welches
seine Stimme auch nicht leugnet. »Wir sind Kurgäste aus
Schlangenbad, die sich verirrt haben und hätten gern einen
Führer.« – Er bedeutet, daß gegenüber der Torwächter
35 wohnt. Wir klopfen an, – eine Weile dauert es, auf einmal tut
sich ein Loch am Boden auf und unter der Erde kommt herauf ein in braunem Pelz eingehüllter Riese mit einem Baum

in der Hand, ein Stock wars nicht, dazu wars zu groß, er setzt sich in Trapp und treibt uns vor sich her zum Tor hinaus, immer zu, den Pfad am Berg hinauf, – bald aber sagte mir die Tonie ins Ohr, »wenn der gewaltige Mann dahinter uns mit seinem Kolben einen Schlag gäbe, es ist mir recht bang,« – nun wir lassen den Mann vor uns gehen, da sehen wir doch wenn er uns was tun will. So marschierte denn der Goliath vor uns her, ach wie rauschten die Birken neben uns her und malten ihren Schatten uns unter die Füße, wie quoll das Dunkel aus dem Wald dem Mondlicht entgegen, und die kleinen Wässer rauschten von den Bergen nieder und wallten zwischen Weiden fort, und an manchem schlafenden Dorf gings vorüber, und dann auf der Höh, noch einmal mußt ich mich noch umsehen nach dem Silberstreifen des Rheins im Mondglanz, und Berge in der Ferne sanken und stiegen, aber am meisten war doch das Regen in der Luft, was umherschwirrte und flüsterte in den Zweigen, und Träume, kindische, die mir das Herz beben machten, und dunkle Bilder, die aus dem Wald nebenan hervortraten, das hielt mir die Seele wach und doch wars als schlummre ich sorglos und wandle nur im Traum, und die Himmelssterne erblaßten allmählich – und die einzelnen Hütten im Tal waren noch unbewußt des Tags, der sich ahnen ließ, aber die Wachteln schlugen im Feld und kündeten ihn an, da sahen wir Schlangenbad. Wer war froher wie wir, ich aber über alles, mich freut die herrliche Nacht. Die Schatten am Weg, die unsern beleuchteten Weg still umstanden, und der Abschied der Nacht, wie sie noch einmal die Wipfel schüttelte, das alles ist mir lieb, es ist ein Geschenk von den Göttern, wie so manche andre Stunden, wo's war als wollten sie mich beschenken mit süßem schwärmerischem Gefühl von innerlicher Kraft des Entzückens. – Das wars, was ich Dir erzählen wollt und was viel schöner ist, wie alles Denken und Urteilen: sich dem Leben der Natur nahen und still und stumm ihre Vorbereitungen mit ansehen und wie sie weiht und reinigt in feierlicher Nachtstille.

An die Günderode.

Offenbach. Mai 1805.

Sorg nicht um meine Gesundheit; im Dachstübchen bin ich
ganz fidel; ich muß mit meinem Schatten an der Wand lachen.
5 Drei Sätz die Trepp herauf, und die Flügel gespreizt und herunter hinter die Pappelwand, wo was weißes flattert. – Da,
wo wir vorm Jahr den Spitz begraben haben, spielte der
Wind im Mondschein mit einem Papier; es flog aber gleich
über die Gartenwand, wie ichs haschen wollt. Mit dem guten
10 Spitz fürchtete ich mich nicht in der Nacht; er bellte mir als
immer die Geister aus dem Weg. Der Klavierhofmann ist
noch immer unser Nachbar; heut Nacht wie ich im Bett lag,
da jagte er wieder wie sonst seine enharmonischen Läufe im
gestreckten Galopp auf und ab; ich gab meinen Schlaf auf,
15 und meine Sinne freudig drein, die jagten mit. – Mit dem
Verstand Musik fassen, wie die musikalischen Philister, das
geht nicht, – ich muß empfinden. – Sinne-gewiegt von der
Musik – mich hingeben wie schlummernd, dann hab ich Gedanken, schnell – wie die Sterne dahin fahren, oft – am Him-
20 mel. Ich bekümmre mich als, daß ich nicht denken kann was
ich will, und muß von allem mich irren lassen, wie auf dem
Markt, wo man hin und her läuft vom Guckkasten zum Puppenspiel, zum Bär der tanzt, oder mit den Zigeunern mich
ergötzen am Mainufer, wenns Marktschiff Philister ausspeit,
25 und die betrunknen Musikanten schmettern sie hinaus. Allerlei geht mir im Kopf herum, aber wenn ich schreiben will,
ist die Luft leer von Gedanken, und die meisten Worte sind
überflüssig, ich muß sie wieder wegstreichen, wie hier im
Brief. Bei Musik bin ich gesammelt, die Gedanken fahren
30 nicht herum, sie sind still und schauen innerlich Ding, was
mich vergnügt. Die Seel wächst, die Knosp springt auf und
saugt Mondlicht. – Eine Weil hört ich zu im Bett wies Gewitter kam sprang ich heraus und setzte mich aufs Fenster. –
Musik bringt alles in Einklang, sie donnert durch die hell-
35 sternige Nacht ihren gewaltigen Strom, dann tanzt sie hin
und grüßt mit jeder Well die Blum, die da heimlich blüht am
Ufer. Wenn dann die Wolken vom Windsturm daher gejagt

kommen, dann werden sie als gleich, als von ihrem Hauch
bezaubert; der Regen rollt Perlen unter ihren tanzenden
Schritt, beim leuchtenden Blitz vom Donner durch die
schwarze Nacht geschnellt, die er mit schallenden Schwingen
durchrast, das ist alles ein Hymnus mit der Musik, – nichts
widerspricht, noch störts das stille Brüten der Sinne. So hab
ich die halbe Nacht verlebt, ein Leben, wies nicht besser ist
noch sein wird mit der Zeit. – Jetzt steh ich in der Blüt, Honig bis an Rand voll, alles aus dem Innern. Mit den Andern
hab ich kein Verstehen, ich schäm mich, vor ihnen anders zu
sein wie sie. Du bist mir gut, und der Clemens, mit dem kann
ich doch nicht sein wie ich bin, er fürchtet sich und kann nicht
vertragen, daß ich mich ausström, bald ists zu feurig, bald zu
wehmütig, wo ich doch gar nicht traurig bin, aber weil er
schön ist wie ein Gedanke aus meiner Seel, so muß ich lieb-
voll zu ihm sein. – Das weiß er nicht, daß es Musik ist in mir,
die ihn liebt, ich muß es so gehn lassen, alles muß reifen mit
der Zeit. – Mit Dir ungestört sein, da fühl ich das junge
Grün, wie das aus mir hervorkeimt, Du machst kein Wesen
davon, daß im Frühjahr die frischen Grashalme und Kräuter
duften; – so bin ich zufrieden und blüh all meine Gedanken
heraus vor Dir.

20. Mai.

Gestern war Sonntag, heut Morgen war ich gar nicht ärgerlich, wie mich die Hühner aus dem besten Traum gegagst
haben, wie als in Frankfurt, wo die Lisbet als grad Holz in
Ofen geworfen hat, wie eben ein goldner Vogel mir wollt auf
die Hand fliegen. Die Akazien im Hof sind recht gewachsen,
sie schneien im Sonnenschein ihr letzt Silber aufs Grün. Der
Garten lag so Morgentrunken vorm Fenster, ich ging hinab,
meinen alten Weg nach der Bretterwand hinter den Pappeln,
und kletterte herüber ins Boskett, wo ich Dir hier schreib. –
Daß doch immer meine Kleider reißen, wenn ich recht jauch-
zend bin. Zank nur nicht, *daß ich mein Gewand nicht geschont
habe.* Dornen-Röschen hat mir ein Fetzchen davon behalten,
wie ich versucht hab, ob ich noch zwischen dem Eisengelän-

der vom Boskett durchwitschen kann; es geht noch, ich hab
noch nicht zugenommen an Erdenballast, – da sitz ich auf der
Terraß am Main, auf dem die Wasserspinnen lustig in der
Frühsonne herumfahren. Käm der Genius doch daher gewandelt; – ich könnt ihm mehr nicht sagen, als was die Bienen summen. – Ist mir doch als gehör ich zu dem blühenden
Zitronenbaum; ist so still alles – wie am Feiertag, und der
reinliche Kies mir unter den Füßen klirrt schüchtern, – Alles
voll Schauer und Harren, daß Er komme, *Der,* auf den auch
Ich harre, oder war er schon hier? – und hat es früher so
geordnet für mich, daß ich merke, Er sei's gewesen, dem die
sonnebelasteten Äste sich gebeugt, und die Welle nachmur-
melt zu meinen Füßen. Ich wollts besingen, abers Lüftchen,
das nach ihm sucht im Gebüsch, kehrt wieder und hat ihn
nicht gefunden und schweigt, und regt sich nicht mehr, so
muß ich auch stumm sein.

An die Bettine.
Dein Brief macht mir Freude, es ist ein gesundes, munteres
Leben darin, das ich immer lieb in Dir gehabt habe. Du
führst eine Sprache, die man Styl nennen könnte, wenn sie
nicht gegen allen herkömmlichen Takt wär. Poesie ist immer
echter Styl, da sie nur in harmonischen Wellen dem Geist ent-
strömt, was dessen unwürdig ist, dürfte gar nicht gedacht
werden, oder vielmehr darf alles Ereignis den Geist nur poetisch berühren, sonst leidet er Abbruch, wie ich das heute
Morgen habe erfahren müssen, wo mir von Hanau eine veraltete Familien-Schuhmacher-Rechnung von 17 Flr. zuge-
schickt wurde, die ich nicht bezahlen kann, meine Verlegenheit poetisch aufzulösen schicke ich Dir den kleinen Apoll als
Geisel samt Türkheims Lorbeerkranz, gib mir das Geld.
    Wenn Du einige Stunden in der Geschichte genommen
hast, so schreibe doch darüber; besonders in welcher Art
Dein Lehrmeister unterrichtet, und ob Du auch rechte
Freude dran hast. – An dem Mährchen hab ich die Zeit sehr
fleißig geschrieben, aber etwas so leichtes, buntes, wie mein

erster Plan war, kann ich wohl jetzt nicht hervorbringen; es ist mir oft schwer zu Mut und ich habe nicht recht Gewalt über diese Stimmung.

Grüße den Clemens wenn Du schreibst, ich denke daran, ihm zu schreiben, und warte nur den Moment ab, wo mirs wieder leichter ist, damit ich ihm mit gutem Gewissen seinen Unmut und seine Launen vorwerfen kann.

Karoline.

An die Günderode.

Geld liegt im Pult am großen Spiegel, in der dritten Schublad links, in den andern Schubladen liegt aber auch vielleicht noch, zieh alle Schubladen ganz heraus, ob etwas dahinter gefallen ist. Der Schlüssel liegt unter dem Blumenkasten auf der Altan, wo die Kapuzinerblumen stehn, den Apoll halt rein vom Staub, und daß ihn die Fliegen nicht bedippeln mit samt dem Lorberkranz; und vom Styl weiß ich nichts als von Dir, nichts überflüssiges, nur was zur Sach gehört sollt ich schreiben. Ich hab meinen Brief verputzt, wie beim Apfelbaum, alle Raupennester und Zweige ohne Fruchtkeime ausgebrochen, bis er ganz kahl war. – Man soll von jedem unnützen Wort Rechenschaft geben, geschrieben kann man nicht ableugnen, so muß man sich zusammennehmen. Der Mensch empfängt den Geist mit Gedanken und Worten, es sind die Gemächer, in denen er ihn herbergt, die Ehrengewande, die er ihm umlegt, aber die müssen durchsichtig sein und knapp anliegen, und die Räume einfach, denn was er nicht ausfüllt, das verbaut ihn. Ich merk als daß die Menschen sehr dumm sind, und fürchterliche Umwege machen ums Zentrum, ja mir scheint jede Wahrheit ein Zentrum zu sein, das wir nur umkreisen, nie berühren. Gestern mußt ich der Großmutter aus dem Hemsterhuis vorlesen, sie sagte, »das ist ein herrlicher Gedanke,« und legte mir eine Pfeffernuß drauf, da kam mir dieser Gedanke.

Am Montag.
Der Geschichtslehrer kommt dreimal die Woch, Dienstag,
Mittwoch und Donnerstag, eingeklammert hinten und vorn
in zwei Faulenzer, Freitag Samstag am End, Sonntag Montag am Anfang. – Er unterrichtet mich so, daß ich wahrscheinlich der Zukunft ewig den Rücken drehen werde, und
so auch um die liebe Gegenwart geprellt wär, wenn die unreifen Aprikosen in der Großmutter Garten nicht meinen
Diebssinn weckten, mit dem ich doch für meinen Verstand
etwas handgreiflicheres zu erbeuten gedenke, als: »Die Geschichte Ägyptens ist in den ersten Zeiten dunkel und ungewiß.« Das ist ein Glück, sonst müßten wir uns auch noch
darum bekümmern; – »Menes ist der erste König, von dem
wir wissen,« – mir auch recht, wenn wir nur was gescheutes
von ihm erfahren haben. – »Er erbaute Memphis und leitete
den Nil in ein sicheres Bett. Möris grub den See Möris, die
schädlichen Überschwemmungen des Nils zu hindern. –
Dann folgt Sesotris der Eroberer, der sich selbst entleibte.« –
Warum? – War er schön? – hat er geliebt? – war er jung? – war
er melancholisch? – auf all dies erfolgt vom Lehrer keine
Antwort, nur die Bemerkung, er möge wohl eher alt zu denken sein. – Ich demonstriere ihm vor, daß er jung war, bloß
um das Rad der Zeit in Schwung zu bringen, das im Ge-
schichtskot der Langenweil immer stecken bleibt. – Es rumpelte auch noch über den Busiris, der Thebä erbaute, Psamti-
chus, der die geteilten Staaten unter seine Flügel nahm, dann
die Kriege mit Babylonien, Nebucadnezar, dems der Cambyses Cyrus Sohn wieder abnimmt. Die Ägypter vereinen sich
mit Lybien, machen sich wieder frei, kriegen mit den Persern, bis Alexander dem Streit und zu meinem Vergnügen
dieser Geschichte ein End macht. – Das ist der Inhalt der ersten Stunde, Du siehst, daß ich aufgepaßt hab. Hätt ich aber
den Sporn nicht gehabt, Jagd auf die Langeweile zu machen,
und Dir zu zeigen, wie unnütz es ist, die Asche, von der die
Natur nicht einmal das Salz verbrauchen kann, wieder an-
zufachen, es gibt doch keine Glut mehr; ich dächte wir ließen
einstweilen die alten Herrscher in ihren Pyramiden fort-

schimmeln. – Frühling schwellet die Erde, ringsum drängt er
die Keime – und grünt in entfaltenen Blättern – drängt auch
wohl meinen Sinn, berauschet mir schwellend die Lippe, daß
in erneuerter Sonne die spröden Hüllen und Knospen meiner Gedanken zerbersten. – Ich war heut Morgen im Wald,
an der Chaussee schon mit der Morgenröt, die eine Safran-
binde um seine Wipfel legte, der feuchte Grund wechselte die
blauen Vergißmeinnichtbeete mit den goldnen Butterblumen; es war so feucht, so warm, so moosig, es war so brennend im Gesicht, und so kühlig am Boden.

Der Tau war so stark, ich war ganz naß geworden; als ich
nach Hause kam, da trat mir der Lehrer schon mit dem acht-
zehnhundertsten Jahr der Welt entgegen, wo Nimrod Babylonien gestiftet. Ich wollte nicht fragen, wer der Nimrod
war, aus Furcht er möcht mirs sagen, und es wär eben auch
unnütz, es zu wissen. Wenn nun der Nimrod ein guter Kerl
war, um den es schad wär und der mir besser gefallen könnt,
als die jetzigen Menschen, so wollt ich ihm wohl die Dauer
der Unsterblichkeit gönnen, aber der Lehrer jagte gleich den
Assyrer Ninus hinter drein, der das Reich erobert, von wo er
Mittelasien beherrscht, ich jagte also ohne Aufenthalt mit,
bis das Reich wieder befreit wird durch Nabopolasar, von
dem ich auch nicht weiß, woher er geflogen kam. – Nebucadnezar erobert Ägypten; Babylonier, Assyrer, Meder führen Krieg – bis Cyrus der Perser alle Reiche wieder erobert. –
Babilonische Geschichte umfaßt 1600 Jahr, hat um elf Uhr
angefangen und Glockenschlag zwölf Uhr aus, ich spring in
Garten.

Freitag.

Heut Morgen war der Geschichtskerl nicht da, da hab ich
Generalbaß studiert, von dem könnte ich eher sagen, daß ich
was gelernt hab, über den hab ich Gedanken, er spricht mich
an wie Geheimnis, obschon der Hofmann sagt: Alles ist klar
wie der Tag – ich gebs zu – deswegen ist der klare Tag mir
auch ein Geheimnis, so gut wie der einfache Harmoniensprung, von dem Hofmann heut sagte: »Betrachtet man die

Tonika nicht allein als solche, sondern auch in Bezug auf jede andre Tonika, als eine ihr verwandte Tonart, wo sie vermöge, und in dem Grade ihrer Verwandtschaft wieder Beziehung hat auf alle Seitenverwandtschaften, und daher immer wieder als solche sich geltend machen kann; so sieht man leicht, wie alle möglichen Gattungen von Dreiklängen vermittelst einfacher Harmoniensprünge auf einander folgen können.« Ich glaubs, aber begreifs nicht; – betrachten? – kann man denn alles betrachten, wie man will? – kann ich die Wolken da oben betrachten wie mein Daunenbett, so werden sie doch nicht herunter kommen, mich zudecken. Der kleine Hofmann sieht mich an, erstaunt über meine Dummheit und wird selbst ganz dumm, denn er verstummt. Endlich sagt er ganz freundlich, das nächstemal werde er gewiß eine Form gefunden haben, um mirs begreiflich zu machen, er ging in die Musikprobe, wo er tausend Harmoniensprünge mitspringen wird. Käm doch bald die nächste Stund, am Tanz der Dreiklänge möcht ich erproben, ob mein Geist auch einen kühnen Sprung tun kann, oder ob ich geboren bin, kriechend zu lernen wie die Raupe. – Wahrlich, ich möchte gern wissen; – nicht wie mit der alten raupenfräßigen Geschichte. – Ach Gott! – ich hab keine Aussicht! – Gestern Abend ging ich noch nach dem Nachtessen hier im Garten; da hört ich ordentlich das Gras wachsen, aber so was gilt nicht für Gescheutheit oder Verstand. Die grünen Äpfel am Spalier unterm grauen Laub, die bepelzten Pfirsich muß ich respektieren, die kommen vorwärts, aber ich – da wollt ich mich besinnen auf was ich von je an gelernt hab, da kann ich doch nicht die Gebetchen mehr, die ich vier Jahr lang jeden Tag hersagte. Das Vaterunser, den Glauben, den englischen Gruß kann ich nur noch bruchstückweis; den ganzen Sommerabend, auf den ich so lüstern war, hab ich versimuliert, um den Glauben wieder zusammen zu flicken: »Aufgefahren zu den Himmeln« – so weit, – schreibe mirs im nächsten Brief, was folgt. – Aber im Grund: – Aufgefahren zu den Himmeln, wär ein gut End, wenn Du's also auch vergessen hast, so schad's nichts, so brauchen wir beide es nicht zu wissen; aber nachkommen tut noch was, das weiß ich. –

Samstag.

Ach gestern war ein Tag voll Sonnenschein, die Mückchen und Käfer haben ihn vertanzt und versummt, die verstehn das Schwelgen im Genuß; ich hab sie belauscht, im hohen Gras überbaut von der Leinwand, die da auf der Bleiche liegt. Die alte Cousine begoß sie ein paarmal in der Mittagsglut, es dauerte eine Weile bis die einzelnen Tropfen durchkamen und mich benetzten, ich hörte da unten der Musikprobe zu von den Symphonien, die aus dem Boskett herüberschallten in mein ungebildet Ohr, und es in Erstaunen setzten über alles was es nicht fassen konnt. Musik, – in Tönen daher getragen, durch die Lüfte, die ganze Gewalt der Offenbarung über uns ausströmend, und dann verschwebend; – wer kann sie wieder wecken, wenn sie verhallt ist; ich bin so närrisch, mir deucht ich müßt verzweifeln, daß sie verklungen ist, und hab ihr nichts abgewinnen können. So wirds noch manchmal gehen, *es wird klingen und ich werds nicht fassen.* Gestern sprach ich mit der Großmutter, die sagte: was der Verstand nicht faßt, das begreift das Herz. – Ich begreif das wieder nicht.

Heut Morgen sagt der Hoffmann: »Der einfache Harmoniensprung ist, wenn zwischen zwei auf einander folgenden Akkorden eine Harmonie im Verstande gehört wird.« – Ich hör nicht im Verstand diese Harmonie, ich bin ganz durchdrungen von dem was ich fühle, nicht was ich versteh. – Glaubs, Musik wirkt, begeistert, entzückt, nicht dadurch, daß wir sie hören, sondern durch die Macht der übergangnen dazwischenliegenden Harmonien, *diese* halten den hörbaren körperlichen Geist der Musik durch ihre unhörbare geistige Macht verbunden mit sich. – *Das* ist das ungeheure Einwirken auf uns, daß wir durchs Gehörte gereizt werden zum Ungehörten; denn wir sind durch *Einen* Ton mit allen verwandt und durch Alle mit jedem einzelnen besonders; allein ich kanns sagen, – gewiß ich bin während der Musikprobe auf einen Gedanken gefallen wie Gott die Welt erschaffen hat. – Das große Wort: *Es werde,* leuchtet mir ein. Ohne das Eine ist Alles nichts; Ohne Alles ist nicht das

Eine. Im Atemzug wallt die ganze Schöpfung: Feuer, Erde,
Luft und Wasser, und alles Leben und alles Sein ist Vermählung dieser vier Geister, die das Leben des Weltalls sind.
Diese Vier schaffen und erzeugen auch sich selbst im Geist,
den sie in einander vereinigen. Musik ist Selbsterzeugung
dieser vier Elemente in einander. In jedem Wesen das lebt,
erzeugen sich die Elemente; das ist Geist der ist Musik. Auch
das Tier hat Musik, es ist sinnlich durchdrungen von Wasser,
Luft, Erde und Feuer, von ihrem Geist, der in ihm sich erzeugt, darum wirds so aufgeregt durch Musik, weil seine
Sinne in ihr schlummern, träumen, und alles hat gleiche
Rechte an die Gottheit, was durch Selbsterzeugung der Elemente in ihm, zu Geist erhoben wird. – Ich habs aufgeschrieben, ich starr diese Zeilen an, und weiß nicht was ich
sagen wollte. –

Am lichten Tag zerstiebt das Geisterheer der Gedanken,
aber dort unter der Leinwand, wo die Sonne durch die gesammelten Wassertropfen auf mich tropfte, wo ich im Netz
gefangen lag all der blühenden Gräser, dort war mirs klar:
Nicht was wir mit den Sinnen vernehmen ist wahre Wollust,
nein! – vielmehr das was unsere Sinne bewegt – zum Mitleben, Mitschaffen, das ist Leben, das ist Wollust, – Wirkend
sein! – Genug, die Geister waren mächtig in mir während der
Musik; deutlich riefen sie mir zu: Eine Geige nimm und fall
ein, so wie du fühlst, daß du zur Entfaltung des Harmo-
nienstroms mitwirken kannst, und kannst ihn heben und
dich geltend machen im Verbrausen deiner Begeistrung; –
und dort auf der Höhe dich ausdehnen, dich fühlen in jedem
Ton durch die Verwandtschaft deiner Stimme mit. – Sollte
Einer Harmonielehre verstehen und mit Verstand anwenden, er müßte heimlich die Welt beherrschen, ohne daß es
einer merkt, und das ganze Universum kläng ihm wie *eine*
Symphonie und die ganze Weltgeschichte trommelte und
pfiff und schalmeiete zu seinem großen Weltplaisir.

Ja ich verstehs, dem Hoffmann werd ichs zwar so nicht
sagen, dem werd ich den ersten, zweiten und dritten Grad
aller Verwandtschaften darlegen, und wie alles mir unter-

worfen ist zu dienen, wie ich jedem die Herrschaft übertragen kann, und wieder abnehmen und wie ich also immer
herrsche, so lang ich im Strom göttlicher Harmonie mit-
schwimme.

Adieu! ich strecke wie ein
Krebs meine Scheren aus dem
seichten Grund meiner Wahrnehmungen und packe was ich
zuerst erwische um mich aus
dem eignen Unverstand loszu-
winden.

An die Bettine.
Halte doch noch eine Weile aus, mit Deinem Geschichts-
lehrer; daß er Dir möglichst kurz die Physiognomien der
Völkerschaften umschreibt, ist ganz wesentlich. Du weißt
jetzt, daß Ägypten mit Babylonien, Medien und Assirien im
Wechselkrieg war, fortan wird dieses Volk kein stehender
Sumpf mehr in Deiner Einbildung sein. Regsam und zu jeder Aufgabe kräftig – waren ihre Unternehmungen für unsre
Fassungsgabe beinah zu gewaltig; sie zagten nicht, bei dem
Beginn das Ende nicht zu erreichen, ihr Leben verarbeitete
sich als Tagwerk in die Bauten ihrer Städte, ihrer Tempel,
ihre Herrscher waren sinnvoll und umfassend heroisch in ihren Plänen, das Wenige, was wir von ihnen wissen, gibt uns
den Vergleich von der Gewalt ihrer Willenskraft, die stärker
war, als die jetzige Zeit zugibt, und leitet zu dem Begriff hin,
was die menschliche Seele sein könnte, wenn sie fort und fort
wüchse, im einfachen Dienst ihrer selbst. Es ist mit der See-
lennatur wohl wie mit der irdischen, ein Rebgarten auf einen
öden Berg gepflanzt, wird die Kraft des Bodens bald durch
den Wein auf Deine Sinne wirken lassen; so auch wird die
Seele auf Deine Sinne wirken, die vom Geist durchdrungen
den Wein Dir spendet der Kunst oder der Dichtung oder
auch höherer Offenbarung. Die Seele ist gleich einem steinigten Acker, der den Reben vielleicht grade das eigentümliche

Feuer gibt, verborgne Kräfte zu wecken; und zu erreichen, zu was wir vielleicht uns kein Genie zutrauen dürften. Du stehst aber wie ein lässiger Knabe vor seinem Tagwerk, Du entmutigst Dich selbst, indem Du Dir den steinigten Boden, über den Dorn und Distel ihren Flügelsamen hin und her jagen, nicht urbar zu machen getraust. Unterdes hat der Wind manch edlen Keim in diese verwilderte Steppe gebettet, der aufgeht um tausendfältig zu prangen. – Dein scheuer Blick wagt nicht den Geist in Dir selber aufzufassen. Du gehst trutzig an Deiner eignen Natur vorüber, Du dämpfst ihre üppige Kraft mit mutwilliger Verschwörung gegen ihren Wahrnehmungsgeist, der Dirs dann doch wieder über dem Kopf wegnimmt, denn mitten in Deiner Desolationslitanei sprühst Du Feuer, wo kommt es her? – haben Dich die Erdgeister angehaucht? – fällt Dirs vom Himmel? – schlürfst Du's mit der Luft in Dich? – ich weiß es nicht, soll ich Dich mahnen, soll ich Dich stillschweigend gewähren lassen? – und vertrauen auf den, der Dirs ins Gesicht geschrieben hat? ich weiß es wieder nicht. – Ich möchte wohl, aber dann wird mir zuweilen so bange, wenn ich, wie in Deinem letzten Brief, das Vermögen in Dir gewahr werde, wie das lässig in sich verschränkt keinen Mucks tut, als ob der Schlaf es in Banden halte, und wenn's sich regt, dann ists wie im Traum, nur Du selber schläfst um so fester, nach solchen Explosionen! – Ob ich recht tue, Dir so was zu sagen? – das quält mich auch, man soll den nicht wecken, der während dem Gewitter schläft! – Du kommst mir nun immer vor, als entlüden sich elektrische Wolken über Deinem verschlafenen Haupt in die träge Luft, der Blitz fährt Dir in die gesunkne Wimper, erhellt Deinen eignen Traum, durchkreuzt ihn mit Begeisterung, die Du laut aussprichst, ohne zu wissen was Du sagst, und schläfst weiter. – Ja so ists. Denn Deine Neugierde müßte aufs Höchste gespannt sein auf alles, was Dir Dein Genius sagt, trotz dem, daß Du ihn oft nicht zu verstehen wagst. Denn Du bist feige – seine Eingebungen fordern Dich auf zum Denken; das willst Du nicht, Du willst nicht geweckt sein, Du willst schlafen. Es wird sich rächen an Dir –

magst Du den Liebenden so abweisen? – der sich Dir feurig
nähert? – ist das nicht Sünde? – ich meine nicht mich, nicht
den Clemens, der mit Besorgnis Deinen Bewegungen
lauscht, ich meine Dich selbst, – Deinen eignen Geist, der so
treu über Dir wacht und den Du so bockig zurückstößt. – Je
näher die Berge, je größer ihr Schatten, vielleicht daß Dich
die Gegenwart nicht befriedigt, was uns näher liegt wirft
Schatten in unsre Anschauung, und daher ist gut, daß
der Vergangenheit Licht die dunkle Gegenwart beleuchte.
Darum schien mir die Geschichte wesentlich, um das träge
Pflanzenleben Deiner Gedanken aufzufrischen, in ihr liegt
die starke Gewalt aller Bildung, – die Vergangenheit treibt
vorwärts, alle Keime der Entwicklung in uns sind von ihrer
Hand gesäet. Sie ist die eine der beiden Welten der Ewigkeit,
die in dem Menschengeist wogt, die andere ist die Zukunft,
daher kömmt jede Gedankenwelle, und dorthin eilt sie! Wär
der Gedanke bloß der Moment, in uns geboren? – Dies ist
nicht. Dein Genius ist von Ewigkeit zwar, doch schreitet er
zu Dir heran durch die Vergangenheit, die eilt in die Zukunft
hinüber sie zu befruchten; das ist Gegenwart, das eigentliche
Leben; jeder Moment, der nicht von ihr durchdrungen in die
Zukunft hineinwächst, ist verlorne Zeit von der wir Rechenschaft zu geben haben. Rechenschaft ist nichts anders als
Zurückholen des Vergangenen, ein Mittel das Verlorne wieder einzubringen, denn mit dem Erkennen des Versäumten
fällt der Tau auf den vernachlässigten Acker der Vergangenheit, und belebt die Keime noch in die Zukunft zu wachsen. –
Hast Du's nicht selbst letzten Herbst im Stiftsgarten gesagt,
wie der Distelbusch an der Treppe, den wir im Frühling so
viele Bienen und Hummeln hatten umschwärmen sehen,
seine Samenflocken ausstreute: »Da führt der Wind, der Vergangenheit Samen in die Zukunft.« Und auf der grünen
Burg in der Nacht, wo wir vor dem Sturm nicht schlafen
konnten, – sagtest Du damals nicht, der Wind komme aus
der Ferne, seine Stimme töne herüber aus der Vergangenheit, und sein feines Pfeifen sei der Drang in die Zukunft
hinüber zu eilen. – Unter dem Vielen, was Du in jener Nacht

schwätztest, lachtest, ja freveltest, hab ich dies behalten, und
kann Dir nun auch zum Dessert mit Deinen eignen großen
Rosinen aufwarten, deren Du so weidlich in Deinen musikalischen Abstraktionen umherstreust. – Du gemahnst mich an
die Fabel vom Storch und Fuchs, nur daß ich armes Füchslein
ganz unschuldig die flache Schüssel Geschichte Dir anbot,
Du aber Langschnabel, hast Dir mit Fleiß die langhalsige
Flasche der Mystik im Generalbaß und Harmonielehre
erwählt, wo ich denn freilich nüchtern und heißhungrig
dabei stehe. Den Blumenstrauß hat der Jude* abgegeben,
den Wachholderstrauch hab ich hinter dem Apoll aufge-
pflanzt, sie umdufteten ihn, die blauen Perlen, und die feinen
Nadeln stichlen auf ihn. – Wenn Du kommst, so verbrennen
wir sie im Windöfchen in meiner Kammer, und alle böse
Omen mit, drum sei nicht ungehalten, wenn ich Dir manchmal ein wenig einheize, ich freu mich aufs lustige Feuerchen.

Karoline.

Sei mir ein bißchen standhaft, trau mir, daß der Ge-
schichtsboden für Deine Phantasien, Deine Begriffe ganz
geeignet, ja notwendig ist. – Wo willst Du Dich selber fassen,
wenn Du keinen Boden unter Dir hast? – Kannst Du Dich
nicht sammeln, ihre Einwirkung in Dich aufzunehmen? –
Vielleicht weil, was Du zu fassen hast gewaltig ist, wie Du
nicht bist. – Vielleicht weil *der* in den Abgrund springt freudigen Herzens für sein Volk, so sehr hatte ihn Vergangenheit
für Zukunft begeistert, während Du keinen Respekt für Va-
terlandsliebe hast, – vielleicht weil *der* die Hand ins Feuer
legt für die Wahrheit, während Du Deine phantastischen
Abweichungen zu unterstützen nicht genug der Lügen auf-
bringen kannst, denen Du allein die Ehre gibst, und nicht
den vollen süßen Trauben der Offenbarung, die über Deinen
Lippen reifen.

Ob Hofmann Deine musikalischen Erleuchtungen unter

---

* Ein Briefbote, der alle Tage von Offenbach nach Frankfurt
ging.

der nassen Leinwand begreifen wird bin ich begierig zu
erfahren. – Wenn er verstehen soll, ob Du recht verstanden
hast, so wirst Du ihm wenigstens in deutlicheren Modulationen Deinen enharmonischen Schwindel vortragen
wie mir. – Das ist es eben, – die heilige Deutlichkeit, – die 5
doch allein die Versicherung uns gewährt, ob uns die Geister
liebend umfangen. – Wenns nur nicht bald einmal aus wird
sein mit der Musik wie mit Deinen Sprachstudien, mit Deinen physikalischen Eruptionen und Deinen philosophischen
Aufsätzen, und dies alles als erstarrte Grillen in Dein Dasein 10
hineinragt; wo Du vor Hochmut nicht mehr auf ebnem Boden wirst gehen können, ohne jeden Augenblick einen Purzelbaum wider Willen zu machen. –

Karoline.

An die Günderode. 15
Du strahlst mich an mit Deinem Geist, Du Muse, und
kommst wo ich am Weg sitze, und streust mir Salz auf mein
trocken Brot. – Ich hab Dich lieb! pfeif in der schwarzen
Mitternacht vor meinem Fenster und ich reiß mich aus meinem mondhellen Traum auf, und geh mit Dir. – Deine Schel- 20
lingsphilosophie ist mir zwar ein Abgrund, es schwindelt
mir da hinab zu sehen wo ich noch den Hals brechen werd, eh
ich mich zurecht find in dem finstern Schlund, aber Dir zu
lieb will ich durchkriechen auf allen Vieren. – Und die lüne-
burger Haid der Vergangenheit, die kein End nimmt, mit 25
jedem Schritte breiter wird; – Du sagst im Brief, der mir zu
Lieb so lang geschrieben ist, sie sei mir notwendig zum Nachdenken, zur Selbsterkenntnis zu kommen; ich will nicht widersprechen! – Könntest Du doch die neckenden grausener-
regenden Gespenster gewahr werden, die mich in dieser Ge- 30
schichts-Einöde verfolgen und mir den heiligen Weg zum
Tempel der Begeistrung vertreten, auf dem Du so ruhig dahin wallest, und mir die Zaubergärten der Phantasie unsicher
und unheimlich machen, die Dich in ihre tausendfarbigen
Schatten aufnehmen. – Tut der Lehrer den Mund auf, so sehe 35

ich hinein wie in einen unabsehbaren Schlund, der die Mam-
mutsknochen der Vergangenheit ausspeit, und allerlei ver-
steinert Zeug, das nicht keimen, nicht blühen mehr will, wo
Sonn und Regen nicht lohnt. – Indes brennt mir der Boden
unter den Füßen, um die Gegenwart, um die ich mich be-
werben möcht, ohne mich grad erst der Vergangenheit auf
den Amboß zu legen und da plattschlagen zu lassen. Du
sprichst von meinem Wahrnehmungsvermögen mit Respekt; hab ichs aus der Vergangenheit empfangen wie Du
meinst, – wenn ich Dich nämlich recht versteh, so weiß ichs
doch nicht wies zuging. – Ists der Genius, der dort herüber
gewallt kommt? – das willst Du mir weis machen! – feiner
Schelm! – Mein Genius, der blonde, dem der Bart noch nicht
keimt, – sollte aus dem Schimmel herausgewachsen sein wie
ein Erdschwamm! – Wahrlich, es gibt Geister, die drehen
sich um sich selber wie Sonnen; sie kommen nicht woher und
gehen nicht wohin, sie tanzen auf dem Platz, Taumeln ist ihr
Vergnügen, der meinige ist ganz berauscht davon, ich lasse
mich taumelnd dahin tragen. Der Rausch gibt Doppelkraft,
er schwingt mich auf, und wenn er mich auch aus Übermut
den vier Winden preis gibt, es macht mir nicht Furcht, es
macht mich selig wie sie Ball mit mir spielen, die Geister der
Luft! – und dann komm ich doch wieder auf gleiche Füße zu
stehen, mein Genius setzt mich sanft nieder – das nennst Du
schlafen in träger Luft, das nennst Du feige? – ich bin nicht
feige; seine Eingebungen fordern mich auf zum Denken,
meinst Du, – und daß ich dann lieber schlafe meinst Du, –
Ach Gott! – Denken, das hab ich verschworen, aber wach
und feurig im Geist, das bin ich. – Was soll ich denken, wenn
meine Augen schauen jene Vergangenheit hinter mir im
Dunklen, wie kann ich sie an den Morgen knüpfen, der mit
mir vorwärts eilt. – Das ist die Gegenwart, die mich mit sich
fortreißt ins ungewisse Blaue, ja ins Ungewisse; aber ins
himmlische, blonde, goldstrahlende Antlitz des Sonnengotts
schauen, der die Rosse gewaltig antreibt, und weiter nichts.
Der Abend fängt mich auf in seinem Schoß, sinnend lieg ich
ein Weilchen, lausch in die Ferne! größere Helden deucht mir

da auf der vollen Heerstraße der Geschichte, am heutigen
Tage ihre mutigen Rosse tummeln zu hören; ja ich will, ich
möcht hin, das Banner vor ihnen hertragen, wie wollt ich
mich des Lüftchens freun das drin flattert, wie wollt ich mich
der eignen Locken freun, die getragen im jauchzenden Ga- 5
lopp mich umspielen mit leisem Schlag auf meine Wangen,
wie kühn ins Leben hinein gejagt, wie rasch hinter Ihm
drein, über die Heid! – Wie lustig! aufwärts, vorwärts, hinab
durch den Dampf. – *Der* auf dem Berg winkt, sein Aug ruht
auf mir, seine Trommeln lenken, seine Trompete ruft! – und 10
dann in der Nacht – vor seinem Zelt! – und schlaf fest, denn
Er, der Zeiten Genius, weckt zur rechten Stund, und im
Schutze seines Gefieders, schau ich die Gefilde, Ihn über-
wallen, die Völker wecken, sie anglühn mit seinem Feuerblick, daß sie freudig Hochzeit machen mit dem Tod, auf 15
Lorbeerumsproßtem Bett; – nun Kamerad willst Du mit?

Heute hat die Vergangenheit ausgespieen, so kurz wie
möglich, denn ich saß ihr auf dem Dach, *das assyrische Reich*
von Asser gleich nach dem babylonischen Reich gestiftet; das
Wort »gestiftet« macht mir immer Zerstreuung, vom Kloster 20
her noch, wo ich so oft hab vorlesen müssen, der heilige Bo-
nifacius stiftete den heiligen Orden der Benediktiner, oder
der Antonius von Padua oder Franziscus etc., es gemahnt
mich an jene Kämpfe, die diese heiligen Feldherrn mit der
Legion Teufel zu bestehen hatten, und da denk ich mir gleich 25
alle Völker, mit denen sie im Kampf waren, gehörnt mit
Bocksfüßen, feuerspeiend und pestilenzialischen Gestank
verbreitend, den mir die Vergangenheit herüberweht. – Die
heiligen Assyrer aber in Kutten, die ihnen das Kämpfen er-
schweren. – Ich denk, ich denk – alle Teufel, unterdes Ninus 30
der Eroberer von Mittelasien herüberwitscht, Ninive die
Hauptstadt von Assyrien erbaut, mit Tod abgeht, seinem
kriegs- und baulustigen Weib Semiramis noch ein Stück Babylon zu bauen übrig läßt, worauf sie glänzende Feldzüge
macht; – das alles versäumt über dem Kloster und Waldteu- 35
fel samt heiligen Ordensmännern. – Durch Winkelzüge und
Fragen kriegt ichs aus dem Lehrer noch heraus, *daß weiter*

nichts passiert war. Über der Geschichte der Semiramis hat
Vergangenheit so dicken Schimmel wachsen lassen, daß sie
noch eben mit dem blauen Aug der Unsterblichkeit ihres
Namens davon kommt, sonst wüßten wir gar nichts. In der
5 Folge beherrschten die Meder Assyrien, es machte sich wieder frei, bis der babyloner König Nabopolasar, (unter welchem ich mir einen Centaur denk, der Sylbenfall seines Namens hat etwas Ähnliches mit dem Galopp eines leichten arabischen Renners) es erobert und mit den Persern teilt. – Da-
10 mit hat die Vergangenheit für heute noch nicht genug, sondern meldet ferner: »Die älteste Geschichte der Meder ist
unbekannt, Arbazes, ihr Statthalter, befreit durch Überwindung des Sardanapals vom assyrischen Joch im Jahr der Welt
3108, genau gemessen, des Lehrers Phantasie erstreckt sich
15 lediglich aufs Jahr der Welt. Dejozes erbaut Eckbatana (lies
Tians Offenbarungen über diese herrliche Stadt). – Astya-
ches (wo kommt der her?) vermählt seine Tochter dem Per-
serkönig Cambyses, dessen Sohn Cyrus seinen Großvater
vom Thron stieß, (der also zu lang sitzen geblieben war), – er
20 vereinigt Medien, Assyrien und Persien und *stiftet* das große
Medopersische Reich, der Jud Hirsch vom Geschlecht Esau
streckt seine rauhe Hand herein, es in Besitz zu nehmen, er
wirds unterjocht halten in seinem alten Sack, bis Du's be-
freiest, schmeißt Du's ins Ofenloch mit dem alten Papier, so
25 bringst Du mich um einige schwer eroberte Vergangenheit. –

Schreib vom Mährchen. –

Schreib dem Clemens nichts von mir, sag ihm nur nichts
von meiner Ausgelassenheit, er meint gleich, ich wär be-
30 sessen, er tut mir tausend Fragen, er ist ganz verwundert,
daß ich so bin, er forscht, er sucht eine Ursach und frägt
andre Leut, ob ich verliebt sei, wo ich doch nur im heiligen
Orden meiner eignen Natur lebe. Zum Beispiel wenn er wüßte, daß ich Abends auf dem Dach vom Taubenschlag sitz und
35 der untergehenden Sonne auf dem Flageolett vorblase,
würde ers gut heißen? – Mein arm jung Leben liegt mir am
Herzen, ich kann ihm nichts versagen. – Red nichts von mir,

laß die Leute bei ihrer herzlich schlechten Meinung von mir,
es ist meine beste Freud, ich geh mit meinem Dämon um, der
sagt: *Du sollst Dich nicht verteidigen.* – Ich tu was er will, alles
andre ist mir einerlei; einmal hab ich Visionen von ihm, so
gut wards der Psyche nicht, sie sah doch nicht seinen Wieder-   5
schein, denn es war stockfinstre Nacht um sie, ich aber, wenn
ichs im Herzen fühl, so seh ichs auch was mich entzückt,
warum ich leben mag, himmlisch feucht Leben im Jugend-
strahl, vortretend, ein Bißchen auf die Seit geneigt, steht er
immer vor mir, nicht den Blick mir grade zuwendend, nein   10
bescheiden zeigt er sich in meiner Brust, der Gott, dem ich
mich einschmeichle, mit süßen Tränen, der mich Morgens
vom Lager schüttelt, wo's kaum tagt, ich soll mich aufma-
chen, vielleicht begegne ich ihn bei Tagesanbruch, so eil ich
flüchtig vorwärts, ich fühl mich schön im Herzen, ich fühl   15
meine Schönheit, mein Geist ist ein Spiegel, der ist voll
himmlischem Reiz, – jeder Tautropfen am Weg sagt mir, ich
gefalle meinem – ihm, was brauchts mehr, wem sollt ich noch
gefallen wollen außer ihm? – Nein glaubs doch nur, er ist
wirklich! er schreitet so leicht, er entschwindet mit jedem   20
Tritt, aber er ist gleich wieder da! – Wie sich das Licht im
Auge spiegelt, mich blendend deckt es sich im Schatten, dann
faßt es wieder Licht, dann schwindelts, es sieht den Strahl
verschweben, doch leuchtet der fernhin wieder auf, das Auge
sucht ihn, es hat ihn schon gefunden, dann schließt sichs und   25
siehet innerlich, das ist ein still Genießen. – O ich weiß alles!
– ich weiß zu lieben, aber nur den Genius. – Keiner darf wissen das Geheimnis, was sich im Feuerkreis um mich
schwingt. – Wenn ich so da steh, still – mit geschlossenen
Armen. – Und der Blick, den nennt die Großmama starr; –   30
Mädele was starrst, – sollt man glauben, Du wärst außer der
Welt entrückt. – Ich fuhr auf – da lacht sie. – »Gutes Kind wo
bischt? – bischt beim Schutzengel?« – und zieht meine Hand
an ihre Brust, – »so sagen die Schwaben, wenn einer so in
sich verstummt.« – Ich wollts bejahen und konnt doch nicht.   35
– Der ruft mir: Schweig! – und sollt ich einen Laut tun? – ? –
Nein er sagt: Schweig! das schließt mir den Mund auf ewig. –

Ewig, Günderod. – Du bist der Widerhall nur, durch den
mein irdisch Leben den Geist vernimmt, der in mir lebt,
sonst hätt ichs nicht, sonst wüßt ichs nicht, wenn ichs vor Dir
nicht ausspräch. – Dem Clemens sag nichts als daß ich brav
5 studier wies vom Himmel regnet, und daß nichts dabei herauskommt, das sage auch, aber von mir – von Uns sag nichts.
Er brauchts nicht zu wissen, daß wir so himmlische Kerle
sind, heimlich mit einander, wo er nicht dabei ist und keiner.
Schau auf, Günderod, gleich wird ein himmlischer Tänzer
10 aus den Coulissen hervor schweben. Tanz ist der Schlüssel
meiner Ahnungen von der andern Welt. Er weckt die Seel,
sie redt irr wie ein Kind, was in Blumen-Labyrinthen sich
verliert, da schwankts Kindchen und die Ärmchen streckts
aus, nach blühenden Zweigen, weils taumelt, weils so lang
15 im Kreise sich drehte; – schauts auf, da steht der Mond über
ihm und sänftigt den Schwindel – mit angehaltnem, stillem
Blick, an dem erholt's sich wieder. – Was meinst Du was ich
Dir da vorschwindel und muß die Tränen verbeißen. – Ich
mein als, ich könnt die ganz Welt auf die Welt bringen mit
20 meinem Mund, wenn der nur sprechen wollt wies Gott ihm
auf die Zung legt, aber wenn sie heraus damit soll, dann
stockt sie. Aber dabei bleibts, wir mögen stammeln oder lallen oder auch nur seufzen, wir wollens einander alles still
verborgen abhören, nicht wahr? – wie auf der grünen Burg
25 im Abendrot, wo wir im Feldgraben lagen, da war ich freudig mit der Zung, da wars immer als wär einer hinter mir der
mirs einflüstre, Du fragst, was ich mich denn umdreh so oft?
– ich sagte hinter mir tanzt's – denn ich wollt nicht sagen:
sprichts, denn es war mehr so getanzt, und flüchtig ge-
30 schwungen im Kreis, Nymphen die sich bei der Hand hielten
hinter den drei großen Cypressen hervor, schmiegten sich
anmutig, die Füßchen zusammen, und die Köpfchen, Du
guckst mich an und sagtest: sei kein Narr! – haha, ich muß
lachen – das war zu spät, freilich bin ich ein Narr! – denn was
35 ich Dir da vorplaudre, das ist eine Weise, nach der wird getanzt hinter mir, und so war unser tiefer Philosophentext in
die Luft gesprengt, was wars doch? – von der innerlichen

Wahrnehmung und von der Anschauung im Geist, ob die
verschieden wären und wo sie herkämen, aus der Empfindung oder aus dem Gefühl, und wo diese Quellen sich her-
leiten, ob links ob rechts; das alles wolltest Du da im zuneh-
menden Dämmerlicht aus mir herauspumpen. Schwernot! – 5
das war zu arg, ich möcht Dir heut noch eine Ohrfeig geben
drüber, – aber das war grad mein himmlischstes, daß Du
nicht bös geworden bist, und hast die geschlagne Wange
sanft an mich gelehnt, und hast gegirrt wie eine Taube, und
sagtest: »ja« wie ich fragte, tuts weh, »aber es tut nichts.« – 10
Hier hab ichs hingeschrieben, denn wenn so viel unnütz
Zeug geschrieben steht, so kann auch geschrieben stehen,
daß ich Dir eine Ohrfeig gab. – Aber die große schöne Ver-
söhnungsstille über uns, – die Dämmerung, die immer
breiter ward und größer, und der Nebelvorhang vor dem 15
Weidengang vom Feldberg herab, – und der Feuersaum
längs dem ganzen Horizont, wie werd ichs vergessen? –
erst hingen wir einander im Arm, ganz still, und dann
lag ich quer über Deinen Füßen, so dacht ich Du schläfst,
weil ich Dich hart atmen hörte, und wollt eben auch ein- 20
schlafen.- Da fingst Du an zu reden (da hast Du's in Musik
gesetzt):

Liebst du das Dunkel
Tauigter Nächte
Graut dir der Morgen? 25
Starrst du ins Spätrot
Seufzest beim Mahle
Stößest den Becher
Weg von den Lippen
Liebst du nicht Jagdlust 30
Reizet dich Ruhm nicht
Schlachtengetümmel
Welken dir Blumen
Schneller am Busen
Als sie sonst welkten, 35
Drängt sich das Blut dir
Pochend zum Herzen –

Ach Du stocktest. Das hab ich meiner Ungeduld zu danken – zu hören, nein zu fühlen Deinen süßen Wörtertanz,
wie er sich mit vollem Busen sanft hinablehnte zu den Wellen, die ihn umfassen wollten und kühlen. – Ich konnts nicht
5 erwarten, daß Du weiter tanztest Deiner Seele Tanz. – Und
da wars vorbei; da macht ich einen Vers dazwischen um Dich
in Trapp zu bringen, Du sagtest: »geh Du Esel« – da wars
aus. – Ach wie viel Melodien hab ich auf diesen Vers gesungen, alle Stimmungen hat er müssen aufnehmen, heut noch
10 längs der Gartenwand schlug ich mit einem Stock ans Eisen-
gitter, das dröhnte mir im Herzen wieder als wärs Herzpochen, und sang dazu so kühn, so laut, so schreivoll, als stünd
mein Herz mitten in Flammen und eilte sich mit Pochen über
alle Maßen. Weißt Du nicht weiter zu singen, was passiert,
15 wenn sich das Blut pochend zum Herzen drängt? – oder
willst mirs nicht sagen? – bin ich Dir dazu auch noch zu jung?
– wenn Du das meinst, dann will ich Dir beweisen, daß ich
weit drüber hinausgreif und daß ich mehr weiß als viele denen das Herz schon gepocht hat wie mir nicht. – Einmal er-
20 regt sich das Herzpochen durch Anlächeln – das hab ich aus
eigner Wahrnehmung, gestern Abend erst auf der Bank vor
der Hoftür, da saß ich – es war elf Uhr, alles schlief, beim
Nachbar brannte ein Nachtlämpchen.

Adieu, schlaf recht wohl, denn es ist elf Uhr, alles schläft
25 wieder, ich will wieder mich auf die Bank setzen vor die Hoftür, es ist Vollmond, geht gleich auf, ich will ihn steigen sehen. Gute Nacht.

An die Bettine.
Dein buntes Füllhorn fröhlicher Verschwendung erlöst mich
30 vom Übel. – Gedanken sind mir oft lästig in der Nacht, die
mir am Tage einen trüben Nachklang geben, so wars heute! –
Dein jung frisch Leben, das Schmettern und Tosen Deiner
Begeisterung und besonders Dein Naturgenuß sind Balsam-
hauch für mich, laß mirs gedeihen und schreib fort, auch
35 Deine Dithyrambischen Ausschweifungen, die so plötzlich

der Flamme beraubt verkohlen, als habe sie ein mutwilliger
Zugwind ausgeblasen, sind mir gar lieb. – – Bleib mir zu
Lieb noch eine Weile bei der Geschichte, so wie Du es jetzt
treibst kann es Dir nicht lästig fallen, wenn sie auch jetzt Dir
noch nicht viel Ausbeute gibt, so weißt Du sie doch ins 5
Kunstgeflecht Deines Tags zu verwenden, ich seh Dich bald,
George hat mir versprochen, mich im Gick mit hinauszu-
nehmen, verbring Deine Nächte nicht ohne Schlaf, klettre
nicht auf die Dächer und Bäume, daß Du den Hals nicht
brichst, und denk, daß dies der Weg nicht ist, Deine Gesund- 10
heit zu stärken. Was sagt denn die Großmama dazu, ist sie
damit zufrieden? –

Dem Clemens will ich gern von Deinen Briefen an mich
nichts sagen, weil Du es nicht willst, und ich fühl auch, daß es
nicht sein kann, es wär Störung ohne Gewinn, er sieht Dich 15
so ganz anders, ohne daß er Dich falsch beurteilt, nur sieht er
in jedem Farbenstrahl Deines Wesens, wie Diamanten, die er
meint fassen zu müssen und doch nicht erfassen kann, weil es
eben nur Strahlenbrechen Deiner Phantasie ist, die ihn und
jeden verwirrt. Glaubst Du denn, daß ich ruhig bin, wenn 20
Du so mit mir sprichst, von einem zum andern springst, daß
ich Dich jeden Augenblick aus dem Auge verliere. Du hebst
mich aus den Angeln mit Deinen Wunderlichkeiten! – Doch
ich will nicht freveln! – Dein Lachen, das mich oft außer mir
gebracht hat, womit Du mich beschwichtigen wolltest – nun 25
ich muß mir es gefallen lassen, daß Du mit allen Pfeilen wie
ein armes Wild mich hetzest. – Und der Clemens, der mich
immer spornt mit Dir zu lernen, der immer von mir wissen
will, was und wie Du es treibst. Dem es leid tut um jeden
Atemzug, der von Dir verloren geht, der hingerissen ist von 30
Deinen kleinen Briefen an ihn, wo Du ganz anders, wie ein
Kind schreibst, so fromm, und an mich so ausgelassen, was
soll ich dem nur sagen? – Das Eine tu mir nur, und rappel mir
nicht einmal vom Dach herunter mit Deinem Flageolett; hätt
ich nicht Vertrauen in Gott, daß der weiß, zu was alles in Dir 35
so ist und nicht anders, und daß es ja doch nur ihn angeht, da
es sein Belieben war, Deine Seele so zu bilden. – Was sollt ich

von Dir denken? – Clemens schreibt, Du müßtest fortwährend dichten und nichts dürfe Dich berühren als nur was
Deine Kräfte weckt, es ist mir ordentlich rührend, daß während er selber sorglos leichtsinnig, ja vernichtend über sich
5 und alles hinausgeht was ihm in den Weg kommt, er mit solcher Andacht vor Dir verweilt, es ist als ob Du die einzige
Seele wärst, die ihm unantastbar ist, Du bist ihm ein Heiligtum, wenn er manchmal von Offenbach herüberkam, da
war er ganz still in sich vertieft, wo sonst seine Koketterie
10 fortwährend gespannt war, kleine Kritzeleien von Dir hat er
oft sorgfältig aufgehoben, es wäre traurig wenn Du keinen
liebenden Willen zu ihm hättest; schreib doch nicht mehr
»passiert«, das Wort ist nicht deutsch, hat einen gemeinen
Charakter und ist ohne Klang, kannst Du nicht lieber in den
15 reichen deutschen Ausdrücken wählen wie es der reine Ausdruck fordert. Vorgehet, ereignet, begibt, geschieht, wird,
kömmt; das alles kannst Du anwenden aber nicht: passiert.
Ich muß Dir aber doch antworten, weiter passiert nichts. –
Und Du weißts ja schon alles besser wie Du schreibst, da Du
20 in der Nacht auf der Hofbank so große Abenteuer erfahren
haben willst, die Dein Herz bewegten. Ich bin nicht bange,
daß Du mir es nicht sagen solltest, wenns wirklich was Erlebtes ist und Du Deine Lügen bis zum nächsten Brief nicht
vergessen hast. – Dann auch bitt ich, daß Du nicht mehr
25 fluchst, Deine Briefe sind mir so lieb, und Deine Extrava-
ganzen alle sind mir verständlich und lieb, aber Worte, die
Du bloß um zu prahlen hinzufügst, wie Schwerenot, und die
keine Bedeutung haben in Deinem Mund, die kannst Du
ungesagt lassen, denn sonst glaub ich nicht, daß der Wohl-
30 lautenheit und des Tanzes Genius Deine inneren Erlebnisse
begleiten. – Zweitens schieb mir nichts zu, was ich nicht verschuldet habe; des Abends auf der Burg erinnere ich mich
deutlich, grade wie Du ihn beschreibst, ich war auch sehr
heimlich und bewußt, und bis zum andern Tag war die Stim-
35 mung mir geblieben von den Worten, die Du mit mir wech-
seltest, aber Esel hab ich Dich nicht geschimpft, das ist wieder eine von Deinen ungeeigneten Erfundenheiten, – laß

nichts dergleichen wieder auf mir belasten, ich bin empfind-
lich; im Anfang Deines Briefes nennst Du mich Muse und am
End läßt Du Deine Muse Dich Esel schimpfen, es wär zum
Lachen, wenns nicht zum Weinen wär, daß Du Deine eigene
Muse so zu beschimpfen wagst. –   5

                                        Karoline.

An die Günderode.
Drei Uhr Morgens! – Hier bin ich – auf der Terrasse am
Main, ich wollt als immer einmal hergehn in der Früh wenn
der Tag noch nicht auf den Beinen ist und Lärm macht, am   10
Tag bin ich zerstreut, was mir immer wie Sünde deucht, daß
ich Anteil nehm an was mich nichts angeht. – Aber in der
Früh, da hab ich ein ganz lauter Herz; und schäm mich nicht
die Natur zu fragen, und ich versteh sie auch, gestern Abend
war mir so wohl hier, wie Bernhards Schiff mit der Harmonie   15
hin und her fuhr auf dem Main, die meisten Leut waren
nachgefahren auf Nachen, wir blieben am Ufer, ich hatt mich
ganz in die Ecke gesetzt, da steht ein großer Zitronenbaum,
es war Wetterleuchten, aber die Hitz war doch nicht abgekühlt, und die Blüten vom Baum wetterleuchteten auch,   20
oder sollt ich mich getäuscht haben? – denn ich war eingeschlafen über der Musik, und wie ich aufwachte, da sah ich
ganz verwundert wie der Zitronenbaum Flammen hauchte
aus den Blüten. – Ich kanns doch nicht geträumt haben? –
Denn ich guckte eine ganze Weile zu, bis ein leiser Regen   25
kam, da gingen wir nach Haus. Wer weiß, was doch alles
vorgeht in der Natur, was sie uns verbirgt. Der Mensch hat
ja auch als Gefühle, die er nimmer wollt belauscht haben.
Daß aber der Baum über mir fortleuchtete, wie ich mich besann und ihm zuschaute, das ist mir so lieb, – ich konnt nicht 30
schlafen im Bett, es war mir zu wohl dort gestern, wo ich den
Herzschlag der Natur fühlte und wo sie mit ihren Blumen
mich anflammte. Im Dunkel haucht man die Lieb aus, und
schämt sich nicht vor dem Schatz, weils dunkel ist. – Nun bin
ich mit Zagen hergeschlichen, heimlich, daß es nicht gewußt   35

sei, wie auch jenes Leuchten nicht gewußt ist. – Erst greinte
die Hoftür, aber heut Abend will ich sie salben, wie der Pro-
perz, wenn er einen Liebesweg vor hat; dann krachte die
Gartentür, dann schurrte der Kies unter den Füßen. – Man
5 scheut das Gebüsch zu wecken, so still ist alles mit Ruh gedeckt. Die verschlafnen Federnelkchen schuckern zusammen
im frühen Tau, und mich schauert auch das stille Wirken der
Natur, hier über der schlafenden Welt, obschon der Wind
nicht so scharf ist der den Tag heraufweht. Heut ist doch
10 ganz milde, gestern Abend war der Himmel grün und
mischte sich mit dem Rot, das vom Untergang heraufzog,
unten waren Purpurstreifen und Violett mit Feuer umsäumt,
dann kam die Nacht herauf. – Heut früh schlagen die Mor-
genwolken ihre Feuerflügel um Euern schwarzen Dom, man
15 denkt als, sie wollten ihn in der Glut verzehren; dazu schmettern die Nachtigallen, und das blaue Gebirg drüben, so stolz
und kühl! – das alles freut mich besser als Weisheit, – hier
unter dem Zitronenbaum, der gestern Flammen und heut
Tränen über mich schüttelt.
20   Und jetzt geh ich, Dir hab ich alles eingeprägt, das ist nicht
ausgeplaudert, mich lockts, damit es nicht vergessen sein
soll, daß ich Dirs vertraut hab.

                                        Nr. 2. Am Abend.
Heut ist der Jud erst um sieben Uhr kommen.
25   Mit der Großmama bin ich im besten Vernehmen, so lang
die Tante im Bad ist bleib ich hier, es gefällt ihr, daß ich gern
bei ihr bleib, ich hab aber noch so manch andres was mich
anzieht, wovon sie nichts weiß. Heut Morgen kam ich dazu
wie der Bernhards Gärtner mit einem Nelkenheber die dun-
30 kelroten Nelken in einen Kreis um einen Berg von weißen
Lilien versetzte, in der Mitte stand ein Rosenbusch. Diese
Früharbeit gefiel mir wohl und hab mit Andacht dabei geholfen, der Dienst der Natur, der ist wie Tempeldienst.
Wenn der Knabe Jon vor die Tempelhalle tritt, und die zie-
35 henden Störche bedeutet, daß sie ihm die Zinne des Tempels
nicht verunreinigen sollen, wenn er dann die Schwelle mit

kühler Flut besprengt, die Halle fegt und schmückt, so fühl
ich in diesem einsamen Tagwerk ein hohes Geschick, vor
dem ich Ehrfurcht habe. Ach ich möcht ein Knab sein, Wasser holen in der Morgenfrische, wenn alles noch schläft, den
Marmor polieren von den Säulen, meine Götterbilder still 5
bedeutsam waschen, und alles reinigen vom Staub, daß es
leuchte im Dämmerlicht; dann, nach der Arbeit die heiße
Stirn auf die kühlen Stufen legen und ruhen, in heimlichem
Genügen; ruhen die Brust, die schwillt von Tränen, daß es so
schön ist in der dämmrigen Stille im Tempel; so scheint mir 10
auch die heutige Arbeit ein Tempeldienst der Natur; dann
ihre Blumen in Kreisen schön verschlingen, ist das nicht ihr
gedient? – Die Blumen, die ihren Duft unter einander
schwenken in so dichter Fülle, ist denen nicht ein schönerer
Frühling bereitet? – denn was uns schöner ist in der Natur, 15
ist das nicht auch ihr selber schöner? – Und ihre Bäume vom
Moos reinigen, in nachbarliche Reihen pflanzen, ihre Blu-
menkelche füllen, ist das nicht ihrem Willen sich hingeben? –
Läßt sie die Sorge nicht gedeihen, und gibt der Früchte vom
gepropften Reis mehr und schöner und süßer dafür? – Tem- 20
pel und Natur, friedliche Nachbarn, Freunde! wie ich und
Du, teilen ihre Gaben wie ich und Du. – Vom Frühling bis
zum Winter – (da hast Du mein Gelübde) teil ich mit Dir, wie
mit dem Tempel der Naturgarten der ihn umzieht – im Frühling hast Du meine Keime, die alle dicht um Dich her auf- 25
wachen. Im Sommer wilder Vögelgesang, der anschlägt in
einsamer Nacht an deinen verschloßnen Pforten, und dann in
der Ferne auch, wenn die Pilger heimziehen, die am Tag deinen Göttern huldigten, da glühen die Blumen, am Weg von
mir zu Dir. – Im Herbst da roll ich meine Früchte zu Dir hin, 30
leg sie auf Deinen Altar, und den Honig meiner Bienen die
Dich umsummen, bewahr ich in Deinen Opferschalen. Dann
rausch ich die falben Blätter herab auf Deine Stufen, die umtanzen Dich im Winterwind, begraben sich unterm Schnee,
den meine belasteten Äste auf Dich niederstürzen, dann 35
braust es draußen und stürmt, aber meine Seele wohnt in Dir
und pflegt Dich, gibt der Lampe reines Öl zu, die Deine stille

Halle erleuchtet, und die Sterne vom hohen Firmament herab, leuchten über Deiner Zinne. Still ists dann und verlassen
von allen Menschen sind wir, die gebahnten Wege
verschneit, allein in Dir zu wohnen, wenn wir des Lebens
5 Grenzen mit einander ermessen haben. –

Wie die Natur eingeht zum Tempel im Winter und ruht da
im Gottfühlen aus, das nennen die Menschen Winterschlaf,
dann kehrt sie wieder mit neuer Blütekraft, und taut und
duftet den eingesognen Himmelsatem, und ewig ist der Tem-
10 pel Gottes angehaucht von der Liebe der Natur.

Ich schreibs dahin, daß mirs so wohl ist heut weil die Sonn
mir aufs Papier scheint und meine Gedanken beleuchtet, da
lese ich so deutlich in meinem Herzen. –

Der Gärtner ist so gut, er suchte mir aus allen Büschen die
15 schönsten Blumen heraus, der Strauß ragte mir über den
Kopf mit schönem Bandgras, auch frisches Laub dabei, und
vom Lerchenbaum und von der Scharlach-Eiche. Dieser
Baum ist, was man schön gewachsen nennt, er steckt sein
scharlachrot Laub in die blaue Luft hinaus zum Tanzen, der
20 leiseste Wind bewegt ihn. – Im Heimgehn hat ich Gedanken,
die mich ergötzten, an denen mir gelegen ist, daß sie wahr
sein möchten, sie waren nicht in mich gepflanzt, sie wuchsen
von selbst auf wie jene Blumen auf der Heide. – Morgenstund hat Gold im Mund – wär ich nicht früh draus gewesen,
25 so hätt ich sie nicht denken können. – Natur ist lehrsam, wer
ihre Lehrstund nicht versäumt, der hat zu denken genug, er
kriegt die trocknen Lebenswege gar nicht unter die Füße, auf
denen andern die Sohlen brennen. Was hast Du zu sorgen
um mein Nachtwachen? – So viel Blumen, die nur des Nachts
30 duften! – Müssen denn alle Menschen in der Nacht schlafen?
– können sie nicht auch wie der Nachtschatten und Viola
matronalis am Tag schlafen und Nachts ihren Duft aushauchen? – Warum sind manche Menschen so unaufgeweckt und
können nicht zu sich selbst kommen am Tag, als weil es
35 Nachtblüten sind, aber die leidige Tagsordnung hat sie aus
den Angeln gerückt, daß sie kein Gefühl haben von ihrem
Naturwillen. – Drum verlieben sie sich auch verkehrt, weil

ihre Sinne ganz verwirrt sind. – Manche Leut sind nur gescheut zwischen Licht und Dunkel, am Abend verstehen sie
alles. Morgens haben sie lebhafte Träume, am Tag sind sie
wie die Schaf, so geht mirs, mein Wachen ist früh, ich muß
dem Sonnengott zuvorkommen, wie jener Tempelknabe sei- 5
nen Tempel reinigen – dann kehrt er ein bei mir und lehrt mir
Orakelsprüche – alles paßt, – fügt sich wollt ich sagen – auch
daß ich immer so unaufgeweckt bin wenn der Geschichtslehrer kommt in der Mittagsstund, das ist grad meine ver-
schlafenste Zeit. – Du bist auch keine Tagsnatur, Dein Wa- 10
chen deucht mir anzufangen, wenn der Taggott sich neigt,
und nicht mehr so hoch am Himmel steht – *Dir* neigt er sich
herab, und wandelst anmutig mit Ihm die Bahn vom späten
Nachmittag zum späten Untergang, und winkt Euch noch
mit Eurer Gewande Saum fern hin, dann leuchtet der Abend- 15
stern zu Deinen Nachgedanken von ihm, und wogst einsam
in der Erinnerung wie die Meereswelle am Fels wogt zur
Zeit der Flut, und ihn abspült von den Gluten die ihm der
Tagesgott eingebrannt hat zur Zeit der Ebbe. Der Jud
kommt, Adieu. Was hast Du denn, daß Dich so unmutig 20
macht, laß Dich anhauchen von meinem Brief. Savignys sind
noch drei Wochen auf dem Trages, geh doch hin. Aber, »Teufel, Donnerwetter« ist das auch geflucht. Darf ich das auch
nicht sagen? –

Vom Clemens glaub doch nicht, daß ich ihn belüg, ich bin 25
anders mit ihm in meinen Briefen, weil ich so sein muß. In
Bürgel die kleine Orgel hat elf Register, groß und kleine
Choralstimm, Harfenstimm, Trompetenstimm, Posaunen-
Ton, schnarrende Engelsstimm, was weiß ichs alles – und
vox humana, der Hofmann hat mir gestern eine halbe Stund 30
lang davon erzählt, und daß es Orgeln gibt die dreißig Register haben, er sagt meine Kehl wär wie so eine Orgel, ich
zög allemal ein ander Register wenn ich sanft oder begeistert
sing, oder schmetternd wenn ich tob, oder bewegt wenns
zum Seufzen stimmt in meiner Brust, oder gewaltig wenn 35
mirs ist als ob ichs allein alles zwingen müßt. – Das hat der
kleine Kerl alles gewußt, er hat mir zugehört gestern Abend

wie ich einen homerischen Hymnus an die Diana ableierte
auf dem Dach weils Vollmond ist. Das deuchte mir so schön
dieser Göttin einen vollen strömenden Gottesdienst aus meiner Brust zu halten, daß ich nicht dran dachte ans Belauschen
5 und hab recht geschmettert. – Der Hofmann sagt es war zum
Verwundern. – Nun ich mein der Clemens zieht immer das
Register der Kinderstimm aus meiner Brust. – In Frankfurt,
in der Gesellschaft beim Primas, da prädominiert die quar-
rende Engelsstimm. Bei dir da muß ich immer das Gewalts-
10 Posaunenregister mit Gewalt mit der sanften vox humana
unterdrücken.

An die Bettine.
Mit dem Clemens versteh ich Dich, oder ahne doch wie es
zusammenhängt, ich hab auch gar nicht die Idee, daß es an-
15 ders sein solle, nur über das was er von Dir sagt, wie er Dich
ausspricht, und das geschieht oft, ist mir manchmal so
wunderlich zu Mut, weil er ganz prophetisch Dich durch-
sieht, andre Leute sagen er schneide auf, und das ist auch eigentlich so, aber er trifft die Wahrheit wie ich unter allen al-
20 lein es am Besten weiß. – Dann um seine Extravaganz zu
beweisen, fällt wohl alles hinter seinem Rücken über Dich
her, was in seiner Gegenwart man nie wagt, wo man immer
stillschweigt, mir ists oft peinlich gewesen über Dich urteilen
zu hören, jetzt aber hab ich diese kleinliche Ängstlichkeit
25 überwunden. Gestern war Ebel, St. Clair, Link, die Lotte
und ich im kleinen Cabinett bei der Tonie, da ich weiß, wie
weit die Pfeile vom Ziele ablenken, die man gegen Dich
schnellt, so hatt ich keine Furcht um Dich, Ebel ist nicht aus
persönlichem Widerwillen, sondern aus Abgeneigtheit sei-
30 ner Natur, wider Dich. Und weil er während dem Hiersein
von Clemens immer am meisten erdulden mußte, da er aus
Zaghaftigkeit seinem Eifer nie auszuweichen wagte, so ists
ihm nicht zu verdenken, daß er jetzt mit vollem Genuß sich
schadlos halte. St. Clair schüttelte mit dem Kopf und sah
35 mich an, weil die Lotte perorierte: gänzlicher Mangel an hi-

storischem Sinn und gar keine Logik beweise, daß du ein
Narr seist. Er sagte: Gebt ihr eine Fahne in die Hand und laßt
sie uns voranschreiten, so führt sie uns sicher, trotz ihrem
Mangel an historischem Sinn, zu einem gesunden Wende-
punkt der Geschichte. Möcht Ihr mit Eurer Logik in Gefahr 5
schweben, so wird sie ihr entgehen lehren, so unlogisch sie's
nach Eurer Weise auch anfangen würde. Und geht doch,
sagte er, mit Eurem Weisheitsurteil über ein Naturkind, das
von ihr nicht stiefmütterlich behandelt ist, es ist ihr an der
Stirne geschrieben, daß ihr keine Sorge zugemessen ist. Er 10
reichte mir die Hand, er sah mirs an, daß es mich freute auf
der Lotte ihre breite Rede, die nun mit verdoppeltem Eifer
sich durchdrängte mit ihrer Weisheit, sagte er nichts weiter,
und keiner; das Gespräch ging aus wie ein Licht das ein starker Windzug ausgeblasen. – Um so mehr bin ich geneigt 15
Dich vor allen zu verschweigen. – Der Clemens – er wird
Dich einst nach hundert Jahren auf dem Berge Arafat finden,
– wie Adam, als er nach seiner Verbannung aus dem Paradiese die Eva aus den Augen verlor, die in der Nähe von
Mekka auf jenem Berge weilte, er aber auf Serendib oder die 20
Insel Ceylon verschlagen war, er kannte sie wohl, ihre Seele
war in seine Seele eingeprägt, und suchte sie fleißig; oft auch
redete er die wilden Tiere an, und die Gewitter auf den Bergen und die Vögel, daß wenn sie hinziehen und ihr begegnen, sie sollen sie ehren; und so suchte er nach ihr, und sprach 25
von ihr zu dem Gevögel und den Pflanzen und Tieren des
Waldes, bis der Engel Gabriel den Adam auf den Gipfel jenes
Berges bei Mekka führte, wovon der Berg seinen Namen
Arafat, heißt auf arabisch: Erkennen, erhielt. – Auf welchem
die Pilgrime von Mekka am Tage Arafah, dem neunten im 30
letzten Monat des arabischen Jahres, ihre Andacht auf diesem Berge verrichten. Mag denn Clemens wie Adam den
Untieren und Bergklüften von Dir vorpredigen, ich bin zufrieden unterdes, daß Du mich zum Hüter Deiner verborgnen Wohnung bestellt hast und mich zum Kerbholz Deiner 35
heimlichen Seligkeiten machst; ich möchte Dir immer still
halten, so anmutig fühle ich mich bemalt und beschrieben

von Deinen Erlebnissen, versäume nichts, schreib mir alles,
wie wenn es gesungen wär, wo Du auch keinen Ton auslassen darfst, ohne die Harmonie zu zerstückln, ich werd gewiß still halten und still schweigen. Und die Gedanken »die
5 Dich ergötzen, von denen Du wünschest, daß sie wahr sein
mögen, und die von selbst in Dir aufwachsen«, willst Du sie
nicht auch aufzeichnen für mich? – Ich warte alle Tage auf
Deine Briefe, mir bangt immer du mögest einen Tag über-
schlagen, bis jetzt warst Du sehr gütig gegen mich – ich geh
10 mit Zuversicht wenn ich Abends nach Hause komme und
fasse den Brief auf meinem Kopfkissen, wo er hingelegt wird
von der Magd, im Dunklen, und halt ihn bis Licht kommt –
im Bett lese ich ihn noch einmal, das macht mir gute Gedanken, ich bin auch jetzt ganz heiter, nur kann ich selbst nichts
15 tun. – Deine Erzählungen und Ahnungen beschäftigen
mich, ich träum mich in den Schlaf, in dem ich Dir alles nachfühle und nachdenke. Ich hab einen innerlichen Glauben an
Deine Schwindeleien von mir, ich ging heut hinaus vors
Gallentor, als der Sonnengott hinabstieg, weil du meinst es
20 sei meine Zeit mit ihm, ich war auch da ganz durchdrungen
von seiner großen Gegenwart, allein beim Nachhausegehen
verdarben mir zwei frankfurter Philister die Andacht, die
hinter mir gingen und von Dir und mir sprachen; die Frau
sagte zum Mann: Im Stift wird dem Mädchen noch ganz das
25 Konzept verdorben, daß sie am End gar närrisch wird, sie ist
so schon zu allen Tollheiten aufgelegt, sie soll im Stiftsgarten
immer aufs Dach steigen, vom Gartenhaus oder auf einen
Baum, und von da herunterpredigen – und die lange G. . .s,
die Günderode, steht unten und hört zu. – Jetzt gingen sie an
30 mir vorüber, ich erkannte die Frau Euler mit ihrer Tochter
Salome und den Doktor Lehr, der erkannte mich in der Dämmerung und sagte es ihr, sie blieb stehen und sah mich an bis
ich wieder an ihr vorbei gegangen war, was doch gewiß noch
dummer war als wenn ich unterm Baum stehen blieb, wo du
35 predigst. – *Teufel,* und Donnerwetter ist auch zum Fluchen
üblich, hat aber einen anregenden kriegerischen Geist, also
unter gewissen Bedingungen, wenn zum Beispiel Du jenes

Banner wehen ließest, das St. Clair, Dir Glück und Heil vertrauend, überantworten wollte, allen Philistern zum Trotz;
dann magst Du Deiner Zunge den Zügel schießen lassen, bis
dann aber, lasse Deinen Mut nicht in vergeblichen Aus-
brüchen verrauchen. 5

Adieu! Am Märchen schreib ich nicht. – *Der* vergißt mit
dem Pflug umzudrehen; über den Sternen die er im Wasser
blinken sieht. Leb wohl und gedenke meiner

Karoline.

Die Ursache, warum der Streit angegangen war über Dich, 10
war ein Brief von Dir, den Du im achten oder neunten Jahr,
kurz vor Deines Vaters Tod aus dem Kloster an ihn geschrieben hattest, und der Deinen Vater sehr gefreut haben
soll, so daß er ihn in seiner Krankheit oft gelesen, St. Clair
hatte ihn vom Clemens, der ihn aufbewahrt, abgeschrieben, 15
und sagte in diesem Brief läge Deiner ganzen Anmut Keim.
Das wollte die Lotte nicht zugeben, und meinte es sei lächerlich nur ihn als Brief zu rühmen, der Clemens verdrehe
Dir den Kopf. Der Brief lautete wie folgt, da magst Du selbst
Dich beurteilen: Lieber Papa! Nix – die Link (da war eine 20
Hand mit der Feder gezeichnet) durch den Jabot gewitscht
auf dem Papa sein Herz, die Recht (wieder eine Hand gemalt)
um den Papa sein Hals. Wenn ich keine Händ hab kann ich
nit schreiben

Ihre liebe Tochter *Bettine.* 25
Fritzlar 1796 am 4ten April.

Was mich verstimmte, war, daß die Lotte den Brief fortwährend mit gellender Stimme vortrug, und die Dummheit
eines achtjährigen Kindes und die Liebe des verstorbenen
Vaters nicht schonte, ich warf dem St. Clair vor, daß er ihn 30
herausgegeben hatte, ach! sagte er, ich habs schon hundertmal bereut. – Man kann ihr auch einst zurufen wie dem
Simson: Bettine Philister über Dir, zum Glück liegt ihre
Stärke nicht in den Locken, die man abschneiden kann, son-

dern im Geist, und der wird sich nicht gefangen geben. Gelt,
das ist ein gut Geschichtchen, ich glaub der St. Clair liebt
Dich, die Lotte meinte, Du habest letzt auf der Gerbermühl
eine so lange Unterhaltung heimlich mit ihm gepflogen.

5 An die Günderode.
Vor ein paar Jahren wohnte hier neben an in dem jetzt leer-
stehenden Haus ein Mann der war aus der Fremde gekommen, ich glaub es war die Schweiz, der tat Wunder mit
seiner Willenskraft, bei Tisch war viel die Rede, er könne mit
10 seinem Blick die kranken Menschen zum Schlafen bringen,
daß die ihm dann über ihre Krankheit im Schlaf mitteilen,
wie man sie heilen könne, und daß sie auch hellsehen in die
Zukunft und in die Vergangenheit, beim Erwachen aber
nichts mehr davon wissen, – dieser Mann hatte mir was ge-
15 heimnisvolles, da die Leute so unheimlich von ihm sprachen.
Auf einer Rasenbank an der Gartenwand konnt ich in seinen
Garten sehen, wo er im Mondschein auf und ab wandelte, er
kam auf mich zu und reichte mir ein paar Erdbeeren über die
Wand und sagte: Esse sie mit Bedacht und koste sie recht, so
20 hast Du mehr davon als wenn Du einen ganzen Korb voll,
unbedachtsam ißt. – Ich stieg von der Bank mit meinen Erdbeeren und aß eine nach der andern, verwundert über den
freundlichen Mann. Und am andern Tag, wie ich ihn im Garten wandlen sah, ging ich wieder hin, er kam und reichte mir
25 die Hand, die hielt ich fest und sagte: die Erdbeeren hab ich
geschmeckt. »So? – Nach was schmeckten sie denn?« – Nach
schönem Wetter und ganz fruchtbarem Erdboden. – Dem
Mann gefiel die Antwort, er sagte: »jetzt ists zu dunkel, aber
Morgen bei Tag nehme ein Blatt von einem Baum oder sonst
30 von einer Blume und halte es so, daß die Sonnenstrahlen
durchschimmern, da wirst Du eine Menge Gefäße drin erkennen die vom Licht durchströmt sind; so ist es auch mit
Deinem kleinen Kopf, er ist geeignet, daß das Licht leicht-
lich durchströme und Dich reife, daß Du auch dann
35 schmeckst wie die Erdbeere, nach schönem Wetter, nach Son-

nen- und Mondstrahlen« – ich sagte ihm, daß ich gehört habe, er schaue mit seinem Willen in die Menschen, daß sie denken müssen was er wolle. – Er sagte: »Ja ich will immer, daß
sie die Wahrheit denken von sich – und da folgen sie ganz
leicht, weil es ihrer Natur gemäß ist; von Dir will ich auch, 5
daß Du die Wahrheit denkst die Dir gemäß ist, wenn Du dem
folgst, wirst Du so manches in Dir erleben, was Dir vollauf
genügt.« – Ich redete noch mehr mit ihm – er sagte ein paarmal: »Du tust recht wunderliche Fragen, aber ich muß immer
Ja dazu sagen, denn sie sind wahr.« Er ehrte mich noch mit 10
manchen freundlichen Lehren, ich hab ihn nicht mehr gesehen und hab auch nichts mehr von ihm gehört, er war wenige
Tage darauf weggezogen, man wußte nicht wohin. – Es
wurde noch mancherlei von ihm gesprochen, als sei er ein
Betrüger, ich nahm mir das nicht an, ich hielt am Wort was er 15
mir gesagt hatte, daß die Sonne und Mond mich wollten
wohlschmeckend machen, obschon es mir beinah so ging wie
den Andern, die beim Erwachen nichts mehr wissen; ich
konnte mich nicht mehr auf das besinnen, was ich mir doch
gewiß vorgenommen hatte, nicht zu vergessen. Aber wenn 20
mir so Gedanken kommen, die mich belehren, da denk ich
manchmal auf den Mann zurück, ich möchte sie zwar gern
behalten oder aufschreiben, aber sie ziehen mich immer weiter, und um den nächsten nicht zu versäumen, muß ich den
früheren aufgeben, so ists daß ich nicht anders kann; es muß 25
doch so in der Natur des Lichts liegen was den Menschen
durchströmt und ihn nährt, wie die Sonnenstrahlen die
Pflanze – daß das frische Licht immer das frühere verdrängt,
wie im Strom eine Welle die andere, so mag es denn hingehen, daß ich kein Buch schreiben kann wie der Clemens will, 30
ich müßt ein Herbarium machen und sie trocknen, daß ich sie
könnt neben einander hinlegen, unterdessen würden so manche Blumen verblühen, das will ich nicht, weil ich aber auf
Dich gerichtet bin, fliegen so manche Gedanken auf zu Dir
von selbst. Ja sie kommen sogar zwischen uns wenn ich mit 35
Dir bin. Du bist eben gar nicht wie ein Mensch der mich fassen und halten will, Du bist wie die Luft, der Sonnenstrahl
fährt nieder durch Dich in meinen Geist, so hell bist Du.

Die Eule, die Jungfer Salome, der weise Meister im Abendschein, eine Vision des Philistertums, in dessen Geist sie versammelt waren.

In der Bibliothek hab ich heute einen geschnittnen Stein gefunden, der blecherne lackierte Kerl, der heut aus Homburg herüber kam, der G. r. g., der die Welt durchs Perspektiv beguckt um alles zu durchschauen, (zufällig passiert nichts vorm Guckloch), erklärt den Stein für antik, sonst wollt die Großmama mir ihn schon schenken für Dich. – Daphnis vom Apoll verfolgt, wurzelt fest mit der flüchtigen Sohle und sprießt in Lorbeer auf. Das paßt so schön auf Dich. Dein Schicksal, du siehst's vor Augen. Geliebt, verfolgt, umfangen vom Gott der Musen, und dann, ewig immerdar goldne Keime aufschossend, und der Dichter reiner Orden der Dich umwandelt mit Dir sich zu berühren, das ist kein Philistertum, solche Geschicke wie heilige Gefäße umfaßten ein Menschenleben zur Zeit der Griechen. (Ist mir doch als spräch ich mit Deinen Lippen.) Aber heut! aber ich – Mein Kopf ein Feld das brach liegt, – ich wandle zwischen Hecken, seh jede Erdscholle benutzt, der Sallatkopf in der Mitt, die Bohnenstangen oben drüber, und mir bangt daß ich nicht angepflanzt bin, ich denk daß Du dir Müh gibst mit mir, daß es nichts hilft. Nachts denk ich als, wenn die Sonn aufgeht will ich lernen, am Tag wollt ich, die Nacht käm doch daß ich allein wär und könnt mich selbst verstehen, ich armes Käuzlein kleine.

Und stiftete das große Medopersische Reich. – Da sind wir geblieben, da hab ich ein groß Medusenhaupt in mein Geschichtbuch gezeichnet mit aufgesperrtem Rachen, fräß es doch die ganze alte Geschichte mit samt dem Arenswald auf. Ich war so froh über die Pfingsttage – eine ganze Woche war er ausgeblieben, ich hatte mich so schön entwöhnt! – Die Perser, von den Griechen Cephonen genannt, von Cepheo dem Sohne Belli, dessen Tochter Andromeda, Perseus der Sohn Jupiters und der Danae geehelicht, ich glaub der Kerl hat gefaukelt, ich mein den Geschichtslehrer. Wird ein Götterjüngling ein Philister sein und eheligen. Indes meldet

Arenswald einen Sprößling dieser Ehe der das Cephonen-
land beherrscht unter dem Namen Persien, Cyrus vereints
mit Medien, erobert Babylon, Klein Asien, bleibt in der
Schlacht gegen die Königin der Masageten. Ich frag gar nicht
mehr wer und woher – wer kann das Volk all im Kopf be- 5
halten. – 3458, Cambyses erobert Ägypten, bekriegt die
Ethioper, der Magier Smerdis schwingt sich auf den Thron
und hätt das Land bezaubern können, die Großen des Reichs
zu eselhaft von einem Zauberer sich beherrschen zu lassen,
entthronten ihn durch Mord. – 3462, Darius Hystaspis be- 10
zwingt Babylon im Aufruhr, erobert Thrazien, Macedonien,
Indien. – Sein Sohn Xerxes bezwingt Ägypten im Aufruhr,
zieht gen Griechenland, wird besiegt – heimkehrend ermordet. Artaxerxes schließt Frieden, sein Feldherr kehrt die
Waffen gegen ihn, wird vom II Xerxes unterjocht, Sogdian 15
aber mordet seinen Bruder Xerxem, Ochus aber mordet seinen Bruder Sogdian, beherrscht als II Darius Persien, der
zweite Artaxerxes aber mordet seinen Bruder Ochus, zerstört das Reich, der dritte Artaxerxes aber mordet seine Brüder alle, erobert Ägypten, Togoas aber ermordet den III 20
Artaxerxem. – Togoas aber mordet dessen Sohn Aëstes und
den größten Teil der königlichen Familie, damits gleich in
einem hingeht (Bemerkung des Lehrers), der Stadthalter
aber mordet den letzten Königssprößling Darius Codoma-
nus. Zweihundert fünf und zwanzig Jahr bestand die Für- 25
stenschlachtbank von Persien. Alexander kommt und beherrscht's 3654. – Der Lehrer sieht mir den Ärger über seine
lederne Geschichte an, reißt aus, Gott weiß wies zuging, daß
die Tür seine Hosen faßte, es blieb ein Fetzen dran hängen,
jetzt muß ich ihm für seine Mordlitanei noch eine Gratifi- 30
kation geben, damit er sich ein paar neue kaufen kann. – Clemens verfolgt mich mit Bitten, daß ich Bücher oder Verse,
oder Erlebnisse und Erinnerungen aus dem Kloster aufschreiben soll. – Da hast Du seinen Brief. – Der Abgrund der
vermoderten Geschichte unter mir, der unerreichbare Ster- 35
nenhimmel über mir – und Nachts Gedanken die mir den
Kopf zerbrechen.

(Am 10.)

Heut morgen hab ich Deinen Brief beim Frühstück der
Großmama vorgelesen, sie ist schon so alt, sie nimmts all mit
ins Grab, sie hat Dich so lieb, sie sagt Du wärst die edelste
Kreatur die sie je gesehen, und dann sprach sie von Deiner
Anmut; sie spricht immer schwäbisch wenn sie recht heiter
ist. »Siehst Mädele wie anmutig und doch gar bequem deine
Freundin ist.« – Sie ist wirklich liebreizend, und da las ich ihr
auch meinen Brief vor, sie sagt »Du bischt halter e verkerts
Dingele,« und dann hat sie mir den Stein mit der Daphnis
doch geschenkt für Dich, ich lasse ihn fassen, du mußt ihn
tragen und mußt nicht sagen von wem er ist. – Was ist Dein
Brief voll schöner Geschichten, nur der Clemens ist doch
mein Adam nicht, das prophezeihst du schlecht daß er mich
erst nach hundert Jahren auf dem Berg der Erkenntnis
treffen werde. Ich hab ihn so lieb, so lang kann ich nicht Ver-
steckelches mit ihm spielen, und doch hast Du vielleicht
recht, im nächsten Brief will ichs sagen, aber dem Clemens
fall ich um den Hals und küß ihn, da hat er mich wie ich bin.
Aber! – es geht ein Weg – der führt in die Alleinigkeit. – Ist
der Mensch in sein eignen Leib allein geboren, so muß er
auch in seinen Geist allein geboren sein. – Der St. Clair ist
gut, voll Herz, er wollt ja zum kranken Hölderlin reisen – er
soll doch hin! nach Homburg – ich möcht wohl auch hin. –
Er sagt es würde dem Hölderlin gesund gewesen sein, ich
möcht wohl, ich darf nicht. – Der Franz sagte: »Du bist nicht
recht gescheut, was willst Du bei einem Wahnsinnigen?
willst Du auch ein Narr werden? – – Aber wenn ich wüßt wie
ichs anfing, so ging ich hin, wenn du mitgingst, Günderode,
und wir sagtens Niemand, wir sagten wir gingen nach Hanau. Der Großmama dürften wirs sagen, die litts, ich hab
heute auch mit ihr von ihm gesprochen, und ihr erzählt daß
er dort an einem Bach in einer Bauernhütte wohnt, bei offnen Türen schläft, und daß er Stunden lang beim Gemurmel
des Bachs griechische Oden hersagt, die Prinzeß von Homburg hat ihm einen Flügel geschenkt, da hat er die Saiten entzwei geschnitten, aber nicht alle, so daß mehrere Klaves klap-

pen, da fantasiert er drauf, ach ich möcht wohl hin, mir
kommt dieser Wahnsinn so mild und so groß vor. Ich weiß
nicht wie die Welt ist, wär das so was unerhörtes zu ihm zu
gehen und ihn zu pflegen. Der St. Clair sagte mir, »ja wenn
Sie das könnten, er würde gesund werden, denn es ist doch
gewiß, daß er der größte elegische Dichter ist, und ists nicht
traurig, daß nicht ein solcher behandelt werde und geschützt
als ein heiliges Pfand Gottes von der Nation, sagte er, aber es
fehlt der Geist, der Begriff, keiner ahnt ihn und weiß was für
ein Heiligtum in dem Mann steckt, ich darf ihn hier in Frankfurt gar nicht nennen, da schreit man die fürchterlichsten
Dinge über ihn aus, bloß weil er eine Frau geliebt hat um den
Hyperion zu schreiben, die Leute nennen hier Lieben, heiraten wollen, aber ein so großer Dichter verklärt sich in seiner Anschauung, er hebt die Welt dahin, wo sie von Rechts-
wegen stehen sollte, in ewiger dichterischer Fermentation:
sonst werden wir nie die Geheimnisse gewahr werden die für
den Geist bereitet sind. Und glauben Sie, daß Hölderlins ganzer Wahnsinn aus einer zu feinen Organisation entstanden,
wie der indische Vogel in einer Blume ausgebrütet, so ist
seine Seele, und nun ist es die härteste rauhe Kalkwand die
ihn umgibt, wo man ihn mit den Uhus zusammensperrt, wie
soll er da wieder gesund werden. Dieses Klavier, wo er die
Saiten zerrissen, das ist ein wahrer Seelenabdruck von ihm,
ich hab auch den Arzt darauf aufmerksam machen wollen,
aber einem Dummen kann man noch weniger begreiflich
machen als einem Wahnsinnigen.« – Er sagte mir noch so viel
über ihn, was mir tief durch die Seele ging, über den Hölderlin, was ich nicht wieder sag, und ich hab mehre Nächte
nicht schlafen können vor Sehnsucht hinüber nach Homburg, ja wollt ich ein Gelübde tun ins Kloster zu gehen, das
könnt doch niemand wehren, gleich wollt ich das Gelübde
tun diesen Wahnsinnigen zu umgeben, zu lenken, das wär
noch keine Aufopferung, ich wollt schon Gespräche mit ihm
führen, die mich tiefer orientieren in dem was meine Seele
begehrt, ja gewiß weiß ich daß die zerbrochnen unbesaiteten
Tasten seiner Seele dann wieder anklingen würden. – Aber

ich weiß daß es mir nicht erlaubt würde. So ist es, das natürliche Gefühl was jedem aus der Seele tönt, wenn er nur
drauf hören wollte (denn in jeder Brust, auch in der härte-
sten, ist die Stimme die ruft hilf Deinem Bruder), diese
5 Stimme wird nicht allein unterdrückt, sondern auch noch als
der größte Unsinn gestraft, in denen sie sich vernehmlich
macht. Ich mag gar von Religion und von Christentum
nichts mehr hören, sie sind Christen geworden um die Lehre
Christi zu verfälschen. – Brocken hinwerfen und den nackten
10 Leib decken, das nennt man Werke der Barmherzigkeit –
aber Christus in die Wüste folgen und seine Weisheit lernen,
das weiß Keiner anzufangen. – Bildungsflicken hängt man
einem auf, mit denen man nichts anzufangen weiß, aber die
Tiefe und Gewalt eines einzigen Seelengrunds zu erforschen,
15 da hat kein Mensch Zeit dazu, glaubst Du denn nicht daß ich
statt dem Geschichtsgerümpel, wohl mit der größten Sammlung, mit der tiefsten Andacht hätte Jenem folgen wollen,
wenn er mir gelehrt hätte wie er andern lehren mußte um
sein Leben zu gewinnen, und wahnsinnig drüber werden
20 mußte. Wenn ich bedenk – welcher Anklang in seiner Sprache! – Die Gedichte die mir St. Clair von ihm vorlas – zerstreut in einzelnen Kalendern – ach was ist doch die Sprache
für ein heilig Wesen. Er war mit ihr verbündet, sie hat ihm
ihren heimlichsten innigsten Reiz geschenkt, nicht wie dem
25 Goethe durch die unangetastete Innigkeit des Gefühls, sondern durch ihren persönlichen Umgang. So wahr! er muß die
Sprache geküßt haben. – Ja so gehts, wer mit den Göttern zu
nah verkehrt, dem wenden sies zum Elend.

St. Clair gab mir den Oedipus den Hölderlin aus dem
30 Griechischen übersetzt hat, er sagte man könne ihn so wenig
verstehen oder wolle ihn so übel verstehen daß man die Sprache für Spuren von Verrücktheit erklärt, so wenig verstehen
die Deutschen was ihre Sprache Herrliches hat. – Ich hab nun
auf seine Veranlassung diesen Oedipus studiert; ich sag Dir,
35 gewiß, auf Spuren hat er mich geleitet, nicht der Sprache, die
schreitet so tönend, so alles Leiden, jeden Gewaltausdruck in
ihr Organ aufnehmend, sie und sie allein bewegt die Seele

daß wir mit dem Oedipus klagen müssen, tief tief. – Ja es
geht mir durch die Seele, sie muß mittönen wie die Sprache
tönt. Aber wie mir das Schmerzliche im Leben zu kränkend
auf die Seele fällt, daß ich fühl wie meine Natur schwach ist.
So fühl ich in diesem Miterleiden eines Vergangnen Verleb- 5
ten, was erst im griechischen Dichter in seinen schärfsten
Regungen durch den Geist zum Lichte trat, und jetzt durch
diesen schmerzlichen Übersetzer zum zweitenmal in die Mut-
tersprache getragen, mit Schmerzen hineingetragen – dies
Heiligtum des Wehtums, – über den Dornenpfad trug er es 10
schmerzlich durchdrungen. Geweihtes Blut tränkt die Spur
der verletzten Seele und stark als Held trug er es herüber. –
Und das nährt mich, stärkt mich, wenn ich Abends schlafen
gehe dann schlag ichs auf und lese es, lese hier dem Päan gesungen, den Klaggesang, den sing ich Abends auf dem Dach 15
vom Taubenschlag aus dem Stegreif, und da weiß ich, daß
auch ich von der Muse berührt bin und daß sie mich tröstet,
selbst tröstet. O was frag ich nach den Menschen, ob die den
Mangel an historischem Sinn und der Logik an mir rügen,
ich weiß den Teufel was Logik ist. – Und daß mir St. Clair so 20
viel zutraut, daß ich die Fahne glücklich schwingen werde
und sicher, und die Besseren und Hohen unter ihr sammlen.
– Sag ihm von mir ich werde nicht fehlen, was mir einer zutraut, alle Kräfte dran zu setzen. Den kleinen Brief vom Papa
hab ich ihm selbst geschenkt, er wollte ein Andenken von 25
mir zum Gegengeschenk für den Oedipus, da hab ich ihn
wählen lassen unter meinen Papieren, da hat er den hervor-
gezogen.

    Lese hier den Klaggesang dem Päan geweiht, obs Dir
nicht durch die Seele weint. 30

        Weh! Weh! Weh! Weh!
        Ach! wohin auf Erden?
        Io! Dämon! wo reißest du hin?

        Io! Nachtwolke mein! du furchtbare,
        Umwogend, unbezähmt, unüberwältigt! 35

O mir! wie fährt in mich
Mit diesen Stacheln
Ein Treiben der Übel!

Apollon wars, Apollon, o ihr Lieben.
5   Der das Wehe vollbracht,
Hier meine, meine Leiden.
Ich Leidender
Was sollt ich sehn,
Dem zu schauen nichts süß war.

10   Was hab ich noch zu sehen und zu lieben,
Was Freundliches zu hören? – ihr Lieben!
Führt aus dem Orte geschwind mich,
Führt, o ihr Lieben! den ganz Elenden,
Den Verfluchtesten und auch
15   Den Göttern verhaßt am meisten unter den
                                        Menschen.

so hab ich mir die Zeilen zusammengerückt sie zu singen,
diese Leidensprache, und sie fesselt mich an seine Ferse, der
sich Frevler nennt.
20   Wirf aus dem Lande mich, so schnell du kannst,
        Wo ich mit Menschen ins Gespräch nicht komme.
In die Ferne sehend, nach dem Taunus still getränkt im
Abendschein, der die Nebel durchlichtet, die flüchtenden die
ihn umschweifen; – da denk ich mir das Grabmal selber ihm
25 erkoren von Vater und Mutter, sein Kithäron. Da sing ich
meinen Gesang hinüber, und der Wind spielt mich an, und
gewiß, er bringt mein Lied hinüber zum Grab; mir ists eins,
ob der Zeiten Last sich drüber gewälzt, doch dringt die Trän
hinab das Grab zu netzen, drang doch sein Weh herauf zu
30 mir; und heute nur stiegs auf mir im Herzen, als ich die Laute
dem Gott – die jammernden, der ganzen Welt geschrieen –
zaghaft in Musik verwandelte. – Und dort wohnt auch Er,
der die noch lebenswarme Brust voll Wehe, und gesäet voll
der Keime des Dichtergottes, jetzt zermalmt im Busen die

Saat, – in aufseufzenden Tönen herübertrug ins Mutterland, und wärmte – das Jammergeschick des Zwillingsbruders – in der Liebe, die aus der Verzweiflung Abgrund ihn mit heißer Begierde heraufrief, das müde jammervolle Haupt sanft zu lehnen, zusammen mit dem Geschick, das ausgeblutet hat. Ja wer mit Gräbern sich vermählt, der kann leicht wahnsinnig werden den Lebenden, – denn er träumt nur hier am Tag, wie wir träumen in der Nacht, aber drunten im Schlaf wacht er und geht mit jenen mitleidsvoll Hand in Hand, die längst verschollen der geschäftigen Eile des Tags sind. Dort fällt der Tau auf die Seele ihm, die hier nicht Feuchtung in der Kehle mehr hatte zum Seufzen. Dort grünen die Saaten und blühen, die hier der Dummheit Pflug – die Wurzel umstürzend, wie Unkraut der Luft preis gab, und die tauvolle Blüte rein vom Staube, stürzt in der Erde Grab. – Denn irgendwie muß die Saat der Götter lebendig werden, sie können Ewiges nicht verdorren lassen. Seine Seele wächst, die hier unten schläft und verwirrte Träume hat, hinauf als himmlisches Grün, die schwebende Ferse der Götterjünglinge umspielend, wie der frische Rasen hier seine tanzenden Blumen an meinem flüchtigen Lauf hinbewegt. – Ach Poesie! heilig Grabmal, das still den Staub des Geistes sammelt und ihn birgt vor Verletzung. – O du läßt ihn auferstehen wieder, laß mich hinabsteigen zu ihm und die Hand ihm reichen im Traum, daß er mit heiligem Finger die goldnen Saatkörner mir auf die offne Lippe streue und mich anblase mit dem Odem, den er nach dem Willen der Götter aus ihrem Busen trinkt. Denn ich begehr sehnsüchtig, mit zu tragen gemeinsam Weh des Tags, und gemeinsam Tröstung zu empfangen in den Träumen der Nacht. –

Was willst Du? halte mirs zu gut Günderode, daß ich so spreche, verfolg den Faden meiner Gedanken, so wirst Du sehen es geht nicht anders. Du trägst ja auch mit mir, daß sie Dich meiner Narrheit beschuldigen. Mangel an historischem Sinn – ist es doch, das Weh was in der Fabelwelt begraben liegt, mit dem zu mischen des heutigen Tages. – Sie haben Recht mir keine Logik zuzusprechen, da müßt ich ja den dort

verlassen, der aufgegeben ist, da müßt ich mich aufgeben,
was doch nichts fruchtet. – Sei nicht bang um mich, ich bin
nicht alle Tage so, aber ich komm eben vom Taubenschlag,
wo die Sonne mir die blauen Berge anglänzte, wo Hölderlin
5 schläft über dem Grabe des Oedipus, und hab ihnen den
Gesang gesungen, mit Tönen unzurechnungsfähig der
Kunst, auffassend was sie vermochten an scharfem Wehe und
es besänftigend mit dem Schmelz der Liebe, den ich durch
die Stimme hinzugoß aus dem Herzen, daß der durch die
10 Wolken dringe, – hinab am Horizont, hinauf, – wo die gewaltigen Geschicke immer auch weilen, – und sich mische
mit ihren bitteren, salzigen Fluten. Was wären doch die Dichter, wären sie es nicht, die das schauervolle ins Göttliche verwandlen. – Wo der Gesang doch allein aus meinen Sinnen
15 hervordringt, nicht aus dem Bewußtsein, da sprichts nachher
so aus mir, daß Stimmen aus mir reden die mit keinem andern im Einklang sind, der Ton der Rhythmus, den ich übe,
ist es auch nicht; keiner würde zuhören wollen, aber jene
denen ich singe die müssens doch wohl hören, nicht wahr? –
20   Es ahnt mir schon, Du wirst wieder bange werden um
mich wie vorm Jahr! – aber Du weißt ja, es ist nichts, ich rase
nicht, wie die andern mich beschuldigen, und mir die Hand
auf den Mund legen wenn ich sprechen will. Sei nicht dumm,
lasse Dir nicht von den Philistern bange machen um meine
25 Gesundheit, wo sie mir schon den Verstand absprechen; wer
seinen Bruder einen Narren schilt ist des Todes schuldig, sie
sind unschuldig, ich bin ihr Bruder nicht, Du bist mein Bruder. Noch einmal, ich bin nicht krank, störe mich nicht damit
daß Du mir das Geringste sagst, denn ich will Dir noch mehr
30 sagen wenns möglich ist, was hättest Du an mir, wenn ich
nicht lernte Dir meine Seele geben, nackt und bloß. Freundschaft! das ist Umgang der Geister, nackt und bloß. –

An die Bettine.
Liebe Bettine! – Du drückst mir die Schreibefinger zusam-
35 men, daß ich kaum atme noch weniger aber es wage zu den-

ken, denn aus Furcht, ich könne willkürliche Gedanken haben, denke ich lieber gar nicht, magst Du am Ende meines
Briefes fühlen, ob ich in den engen Grenzen meiner geistigen
Richtungen Dich nicht verletzte, so daß Dein Vertrauen
ohne Hindernis hinabströme zu mir, ja hinab, denn ich bin
nichts. So lasse mich denn gesund mit Dir sprechen, da nichts
mir fremd ist in Dir, denn in Deine Töne eingehen, das wäre
Deinen Lauf stören.

In Dein Lamento über Deine Geschichtsmisere stimme
ich ein, sie macht mich mit caput, kauf in Gottes Namen ein
paar Beinkleider als Sühnopfer, und entlasse Deinen Arenswald in Gnaden. Clemens schreibt, daß ich ihm Antwort
schuldig sei, ich wußte nicht daß er in Marburg ist, wenn Du
ihm schreibst so gib ihm die Einlage, er ist mehr wie unendlich gut gegen Dich, und es ist ein eigen Schicksal daß unser
beider Bemühung Dich zu einer innern Bildung zu leiten
oder vielmehr sie Dir zu erleichtern nicht gelingen will, so
schreibt er mir heute. Unter vielen Witzfaseleien, träumeri-
schem Geseufze und Beteuerungen, daß er gar nicht mehr
derselbe sei, ist es das Einzige was auf Dich Beziehung hat.
Weil er Dich immer auffordert, Deine phantastischen Ahnungen zu sammlen, diese Fabelbruchstücke Deiner Vergleiche, Deine Weltanschauung in irgend einer Form nieder-
zulegen, so meinte ich wie ein guter Bienenvater Deinen
Gedankenschwärmen eine Blumenwiese umher zu bauen,
wo Deine Gedanken nur hin und her summen dürfen Honig
zu sammlen. Ein glücklicher Schiffer muß guten Fahrwind
haben; ich dachte Deine Studien sollten wie frischer Morgenwind Dir in die Segel blasen. – Ich schrieb heute an Clemens, es werde sich nicht tun lassen Deinen Geist wie Most
zu keltern und ihn auf Krüge zu füllen, daß er klarer trink-
barer Wein werde. Wer nicht die Trauben vom Stock genießen will, wie Lyaeus der Berauscher, der Sohn zweier Müt-
ter, der aus der Luna geborne, endlich sie reifen lasse, der
Vorfechter der Götter, der Rasende; – und heilige Bäume
pflanzte, heilige Wahrsagungen aussprach.

Der Naturschmelz, der Deinen Briefen und Wesen einge-

haucht ist, der meint Clemens, solle in Gedichten oder Märchen aufgefaßt werden können von Dir; – ich glaubs nicht.
In Dich hinein bist Du nicht selbsttätig, sondern vielmehr
ganz hingegeben bewußtlos, aus Dir heraus, zerfließt alle
5 Wirklichkeit wie Nebel, menschlich Tun, menschlich Fühlen
in das bist Du nicht hineingeboren, und doch bist Du immer
bereit, unbekümmert alles zu beherrschen, Dich allem
anzueignen. Da war der Icarus ein vorsichtiger, überlegter,
prüfender Knabe gegen Dich, er versuchte doch das Durch-
10 schiffen des Sonnenozeans, mit Flügeln, aber Du brauchst
nicht Deine Füße zum Schreiten, Deinen Begriff nicht zum
Fassen, Dein Gedächtnis nicht zur Erfahrung, und diese
nicht zum Folgern. Deine gepanzerte Phantasie die im Sturm
alle Wirklichkeit zerstiebt, bleibt bei einer Schwarzwurzel in
15 Verzückung stocken. Der Strahlenbündel im Blumenkelch,
der Dir am Sonntag im Feldweg in die Quer kam, wie Du
dem rückwärts gehenden Philosophen Ebel Deine Philosophie eintrichtern wolltest, ist eine blühende Scorza nera, so
sagt Lehr der weise Meister. – Ich werd eingeschüchtert von
20 Deinen Behauptungen, ins Feuer gehalten von Deiner
Überschwenglichkeit. Hier am Schreibtisch verlier ich die
Geduld über das Farblose meiner poetischen Versuche, wenn
ich Deines Hölderlin gedenke. Du kannst nicht dichten, weil
Du das bist was die Dichter poetisch nennen, der Stoff bildet
25 sich nicht selber, er wird gebildet, Du deuchst mir der Lehm
zu sein den ein Gott bildend mit Füßen tritt, und was ich in
Dir gewahr werde ist das gärende Feuer was seine übersinn-
liche Berührung stark in Dich einknetet. Lassen wir Dich
also jenem über, der Dich bereitet wird Dich auch bilden. –
30 Ich muß mich selber bilden und machen so gut ichs kann.
Das kleine Gedicht, was ich hier für Clemens sende hab ich
mit innerlichem Schauen gemacht, es gibt eine Wahrheit der
Dichtung, an die hab ich bisher geglaubt. Diese irdische
Welt, die uns verdrießlich ist, von uns zu stoßen wie den al-
35 ten Sauerteig, in ein neues Leben aufzustreben, in dem die
Seele ihre höheren Eigenschaften nicht mehr verleugnen
darf, dazu hielt ich die Poesie geeignet; denn liebliche Be-

gebenheiten, reinere Anschauungen vom Alltagsleben scheiden, das ist nicht ihr letztes Ziel; wir bedürfen der Form,
unsere sinnliche Natur einem gewaltigen Organismus zuzu-
bilden, eine Harmonie zu begründen in der der Geist ungehindert einst ein höheres Tatenleben führt, wozu er jetzt nur 5
gleichsam gelockt wird durch Poesie, denn schöne und große
Taten sind auch Poesie, und Offenbarung ist auch Poesie, ich
fühle und bekenne alles mit Dir was Du dem Ebel auf der
Spazierfahrt entgegnetest und ich begreife es in Dir als Dein
notwendigstes Element, weil ich Deine Strömungen kenne 10
und oft von ihnen mitgerissen bin worden, und noch täglich
empfinde ich Deinen gewaltigen Wellenschlag. Du bist die
wilde Brandung und ich bin kein guter Steuermann glücklich durchzuschiffen, ich will Dich gern schirmen gegen die
Forderungen und ewigen Versuche des Clemens, aber wenn 15
auch in der Mitte meines Herzens das feste Vertrauen zu Dir
und Deinen guten Sternen innewohnt, so zittert und erbebt
doch alles rings umher furchtsam in mir vor Menschensatzung und Ordnung bestehender Dinge, und noch mehr er-
bebe ich vor Deiner eignen Natur. Ja schelte mich nur, aber 20
Dir mein Bekenntnis unverhohlen zu machen: mein einziger
Gedanke ist, wo wird das hinführen? – Du lachst mich aus,
und kannst es auch, weil eine elektrische Kraft Dich so durchdringt, daß Du im Feuer ohne Rauch keine Ahnung vom Ersticken hast. – Aber ich habe nichts was mich von jenem Le- 25
benerdrückenden Vorläufer des Feuers rette, ich fühle mich
ohnmächtig in meinem Willen, so wie Du ihn anregst, obschon ich empfinde, daß Deine Natur so und nicht anders
sein dürfte, denn sonst wär sie gar nicht, denn Du bist nur
bloß das was außer den Grenzen, dem Gewöhnlichen un- 30
sichtbar, unerreichbar ist; sonst bist Du unwahr, nicht Du
selber, und kannst nur mit Ironie durchs Leben gehen.
Manchmal deucht mir zu träumen, wenn ich Dich unter den
andern sehe, alle halten Dich für ein Kind das seiner selbst
nicht mächtig, keiner glaubt, keiner ahnt was in Dir, und Du 35
tust nichts als auf Tisch und Stühle springen, Dich verstecken, in kleine Eckchen zusammenkauern, auf euren lan-

gen Hausgängen im Mondschein herumspazieren, über die
alten Boden im Dunklen klettern, dann kommst Du wieder
herein, träumerisch in Dich versunken, und doch hörst Du
gleich alles, will einer was, so bist Du die Treppe schon hinab
es zu holen, ruft man Deinen Namen, so bist Du da und
wärst Du in dem entferntesten Winkel; sie nennen Dich den
Hauskobold, das alles erzählte mir Marie gestern, ich war zu
ihr gegangen um sie zu fragen, ob es tunlich sein möchte, daß
ich mit Dir nach Homburg reise, sie ist gut, sie hätte es Dir
gern gegönnt und ich wär Dir zu Gefallen gerne mit Dir hin-
gereist; St. Clair hatte uns begleiten wollen, und ich sagte
auch der Marie nichts als, ich möchte wohl nach Homburg
reisen und Dich mitnehmen, dort den kranken Hölderlin zu
sehen, das war aber leider grad das verkehrte, sie meinte im
Gegenteil dahin solle ich Dich nicht mitnehmen, sie glaube
man müsse Dich hüten vor jeder Überspannung – ich mußte
doch lachen über diese wohlgemeinte Bemerkung, nun kam
Tonie, der es Marie mitteilte, sie meinten Du seist so blaß
gewesen im Frühjahr und auch letzt habest Du noch krankhaft ausgesehen, nein, sagt Tonie, nicht krank, sondern gei-
sterhaft, und wenn ich nicht wüßte, daß sie das natürlichste
Mädchen wär, die immer noch ist wie ein unentwickeltes
Kind, was noch gar nichts vom Leben weiß, so müßte man
fürchten sie habe eine geheime Leidenschaft, aber hier in der
Stadt befindet sie sich nur wohl in der Kinderstube, sie
schleicht immer weg aus der Gesellschaft und vom Tisch,
und geht an die Wiege, nimmt die kleine Max heraus, hält sie
wohl eine Stunde auf dem Schoß und freut sich an jedem
Gesicht das sie schneidet. Das Kind hatte die Röthen, niemand kam zu mir. Sie allein saß Stunden lang beim Kinde, es
hat ihr nicht geschadet; sie kann alles aushalten, noch nie hab
ich sie klagen hören über Kopfweh oder sonst etwas, wie
lange hat sie bei der Claudine gewacht, kein Mensch könnte
das, ich glaub sie ist vierzehn Tage nicht ins Bett gekommen,
sie ist wie zu Haus in jeder Krankenstube, und amüsiert sich
köstlich wo andre sich langweilen. Aber ihr ganzer Geist besteht in ihrem Sein, denn ein gescheutes Wort hab ich noch

nie von ihr gehört, ihr liebstes ist den Franz zu erschrecken, alle Augenblick sucht sie sich einen andern Ort wo sie ihn überraschen kann, letzt hat sie sich sogar auf den einen Bett- pfosten gehockt, ich dachte sie könne keine Minute da aus- halten, nun dauerte es eine Viertelstunde bis Franz kam, als der im Bett lag, schwang sie sich herunter, ich dachte sie bricht den Hals, wir konnten sie die ganze Nacht nicht aus dem Zimmer bringen. – Über dieser Erzählung war Lotte gekommen, die behauptete ernsthaft, Du hättest Anlage zum Veitstanz. Deine Blässe deute darauf, du klettertest auch beim Spazierengehen immer an so gefährliche Orte, und letzt wärt Ihr im Mondschein noch um die Tore gegangen mit dem Domherrn von Hohenfeld und da seist Du oben auf dem Glacis gelaufen bald hin, bald her Dich wendend ohne nur ein einzigmal zu fallen, und der Hohenfeld auch, habe gesagt das ging nicht mit natürlichen Dingen zu. Kaum hatte Lotte ihre Geschichte, wo immer der Refrain war, Mangel an historischem Sinn und keine Logik, geendet, so trat Ebel ein, er wurde auch konsultiert wegen der Fahrt nach Homburg (ach hätt ich doch nicht in dies Wespennest geschlagen), der fing erst recht an zu perorieren, der wußte alles: »um Gottes Willen nicht,« Lotte saß im Sessel und sekundierte; nein um Gottes Willen nicht, man muß logisch sein. Ebel sagte: Wahnsinn steckt an, ja sagt L.: besonders wenn man so viel Anlage hat. Nun Lotte Du machst's zu arg, sie kann wohl dumm sein, und das ist noch die Frage, denn sie ist eigentlich weder dumm noch gescheut, oder vielmehr ist sie beides, dumm und gescheut. – Ebel aber sagte: ich muß hier als Na- turphilosoph sprechen, sie ist ein ganz appartes Wesen, das von der Natur zu viel elektrischen Stoff mit bekommen, sie ist wie ein Blitzableiter, wer ihr nahe ist beim Gewitter, der kanns empfinden, er war nämlich letzt auf der Spazierfahrt mitten im Gewitter unter Donner und Blitz im stärksten Platzregen trotz Schuh und Strümpfen bloß wegen Dir aus dem Wagen und im kurzärmelichen Rock querfeldein nach Hause gesprungen. Die Tonie sagte ihm dies und er gestand es ein, es sei Furcht gewesen, das Gewitter könne durch

Deine elektrische Natur angezogen werden, er glaubt steif
und fest, der Schlag sei so dicht vor den Pferden niederge-
fahren, weil Du in Deiner Begeistrung zu viel Elektrizität
ausströmtest. – Der arme Freund, seine Rockärmel sind vom
Regen noch mehr verkürzt. – Lotte behauptete es sei unlogisch von Ebel zu sagen, Begeisterung, denn dazu müsse ein
logischer Grund sein und der sei in Deiner Seele nicht zu finden. – Dabei kam St. Claire auch zur Teestunde, ich hatte ihn
hin bestellt, um zu hören wie der Versuch ausfallen werde,
wärs gelungen, so hätten wir Dich heute überrascht und
Dich gleich mit dem Wagen abgeholt, aber Franz kam herauf und George, denen wurde es vorgetragen. Lotte behauptete fort und fort, es würde das unlogischste der Welt sein
Dich hingehen zu lassen, denn trotz Deiner Unweisheit,
Faselei und gänzlichem Mangel etc. seist Du doch sehr ex-
zentrisch und es wurde einmütig beschlossen, Du sollest
nicht mit; Tonie behauptete noch, Du seist ihr von Clemens
noch mehr auf die Seele gebunden und der würde ihr ein
unangenehmes Konzert machen, wenn sie ihren Beifall
dazu gäbe. – Ich weiß einen, der ihnen allen gern die Hälse
herumgedreht hätte, das war St. Clair, er war so ernst,
er tat den Mund nicht auf, aber ich sah seine Lippen beben,
kein Mensch wußte, welchen Anteil er daran nahm, er
nahm ohne ein Wort zu sagen seinen Hut und ging, und
ich sah daß ihm die Tränen in den Augen standen, Deinem
Ritter.

An Clemens.

Die Herren lagen auf der Erde
Und schlummerten um Mitternacht.
Da kam mit freundlicher Geberde
Ein Engel in der Himmelspracht.
Mit Sonnenglanz war er umgeben,
Und zu den Hirten neigt er sich,
Er sprach geboren ist das Leben,

Euch offenbart der Himmel sich. –
Auch ich lag träumend auf der Erde,
Ihr dunkler Geist war schwer auf mir,
Da trat mit freundlicher Geberde
Die heil'ge Poesie zu mir, 5
In ihrem Glanz warst Du verkläret,
Vertrauet mit der Geisterwelt,
Den Becher hattest Du geleeret,
Der Dich zu ihrem Chor gesellt.
Dein Lied war eine Strahlenkrone, 10
Die sich um Deine Stirne wand,
Die Töne eine Lebenssonne
Erleuchtend der Verheißung Land.
Der Liebe Reich hab ich gesehen
In Deiner Dichtung Abendrot; 15
Wie Moses auf des Berges Höhen,
Als ihm der Herr zu schaun gebot;
Er sah das Ziel der Erdenwallen
Und mochte fürder nichts mehr sehn.
Wohin, wohin soll ich noch wallen, 20
Da ich das Heilige gesehn? –

An die Günderode.
Ich hab mirs nicht gedacht, daß ich so sein könnt in diesen
schönen Tagen. In Deinem Brief, Zeile für Zeile, lese ich
nichts Trauriges und doch macht er mich schwer. – Du redest 25
von Dir als seist Du anders wie ich, ganz anders, ach und
stehst mir doch allein unter allen Menschen gegenüber, und
alles was wir mit einander besprachen, da waren wir nicht
eins, Du warst anders gesinnt und ich anders, und doch hast
Du mich immer vertreten, ja gewißlich ich bin anders wie 30
Du, ich fühls auch heut aus jeder Zeile Deines Briefs, die mir
doch so wahr sind und den tiefen Grund Deiner Seele beleuchten. Wie ist doch jeder Mensch ein groß Geheimnis,
und bis alles ins Himmlische sich verwandelt, wie viel bleibt
da unverstanden. Aber ganz verstanden sein, das deucht mir 35

die wahre alleinige Metamorphose, die einzige Himmelfahrt.
– Im Gartenhäuschen, wo wir vorm Jahr um die Zeit uns
zum erstenmal gesehen haben – also ein ganz Jahr sind wir
schon gut Freund miteinander? ? ? ! ! ! – – – und so könnt
ich fortfahren Zeichen zu machen der Verwunderung, des
Stummseins, des Denkens – Seufzens, ja wenn ich ein Zeichen des Schauderns, der Tränen zu machen wüßte, so
könnte ich die Blätter voll der merkwürdigsten Gefühle bezeichnen, denen ich keine Namen zu geben weiß. – Das Geisblatt, das da herabschwankt über die Latten, blüht dies Jahr
viel üppiger. Weißt Du, das war unser erst Wort, ich sagte zu
Dir: es war ein recht kalter Winter dies Jahr, der Hahnenfuß
hat seine meisten Zweige erfroren, die Laube gibt wenig
Schatten; da sagtest Du: die Sonne gibt und die Laube
nimmt, was sie nicht fassen kann vom Licht das muß sie
durchlassen zu uns, und dann sagtest Du diese Pflanze sei
schöner benannt Geisblatt als Hahnenfuß, weil man dabei
eine schöne Ziege sich denke, die mit Anmut gewürzige Blumen fresse, und daß die Natur für jedes Geschöpf ein idea-
lisch Leben darbiete. – Und wie die Elemente in ungestörter
Wirkung das Leben erzeugen, tragen, nähren und vollenden,
so bereite sich im Genuß einer ungestörten Entwickelung
abermal ein Element, in dem das Ideal des Geistes blühen,
gedeihen und sich vollenden könne. – Und dann sagtest Du,
ich solle mich doch weiß kleiden der Natur zu Lieb, die rund
um uns her so herrliche Blumen aufsprieße, dabei ein Kleid
tragen zu wollen mit gedruckten Blumen, das sei geschmack-
los und man müsse im Einklang leben wollen mit der Natur,
sonst könne die Knospe des Menschengeistes nicht aufblühen. – Ich dachte ein Weilchen über Deine Reden, so waren
wir beide still' – die Antwort war an mir – ich getraute mich
gar nicht, Du kamst mir so weisheitsvoll vor, es schien mir
Dein Denken wirklich mit der Natur übereinzustimmen,
und Dein Geist rage über die Menschen hinaus, wie die Wipfel voll duftiger Blüten im Sonnenschein, im Regen und
Wind, Nacht und Tag immer fort streben in die Lüfte. Ja Du
kamst mir vor wie ein hoher Baum von den Naturgeistern

bewohnt und genährt. Und wie ich meine Stimme hörte, die
Dir antworten wollte, da schämte ich mich als sei ihr Ton
nicht edel genug für Dich. – Ich konnts nicht heraussagen,
Du wolltst mir helfen und sagtest, »der Geist strömt in die
Empfindung, und die geht aus allem hervor was die Natur ₅
erzeugt, der Mensch habe Ehrfurcht vor der Natur, weil sie
die Mutter ist die den Geist nährt mit dem, was sie ihm zu
empfinden gibt.« – Wie sehr hab ich an Dich gedacht, und
Deine Worte, und an Deine schwarzen Augenwimpern die
Dein blau Aug decken, wie ich Dich gesehen hatt zum al- ₁₀
lererstenmal, und Dein freundlich Mienenspiel und Deine
Hand, die mein Haar streichelte. Ich schrieb auf: Heut hab
ich die Günderode gesehen, es war ein Geschenk von Gott. –
Heut lese ich das wieder, und ich möcht Dir alles zu Lieb tun,
und sags mir lieber nicht, wenn Du mit andern Menschen ₁₅
auch gut bist. Das heißt: sei mit andern was Du willst, nur laß
das uns nichts angehen. Wir müssen uns mit einander ab-
schließen, in der Natur, da müssen wir Hand in Hand gehen
und mit einander sprechen nicht von Dingen, sondern eine
große Sprache. Mit dem Lernen wirds nichts, ich kanns nicht ₂₀
brauchen, was soll ich lernen was andere schon wissen, das
geht ja doch nicht verloren, aber das was grad nur uns zu
Lieb geschieht, das möcht ich nicht versäumen mit Dir auch
zu erleben, und dann möcht ich auch mit Dir all das überflüssige Weltzeugs abstreifen, denn eigentlich ist doch nur ₂₅
alles comme il faut eine himmelschreiende Ungerechtigkeit
gegen die große Stimme der Poesie in uns, die weist die Seele
auf alles Rechte an. Einmal ist mir die Höflichkeit zuwider
die sich immer neigt vor andern und doch keinen Verkehr
mit einem hat, als ob das unhöflich wär, dem auszuweichen ₃₀
der einem nichts angeht; – wär die Natur so verkehrt, so in-
trigant und unsinnig wie die Menschen sind, es könnte kein
Erdapfel reifen, viel weniger denn ein Baum blühen, alles ist
die reine Folge der Großmut in der Natur, jede Kornähre die
den Samen doppelt spendet, gibt Zeugnis. Engherzigkeit ₃₅
wird immer ihren Samen spalten zum Licht, sie verkeimt.
Jetzt fang ich an zu fühlen zu was ich da bin. Alle Morgen bet

ich wenn ich aufwache: »Lieber Gott, warum bin ich geboren,« und jetzt weiß ichs, – darum daß ich nicht so unsinnig
sein soll wie die andern sind, daß ich den reinen Pfad wandle
in meinem Herzen bezeichnet, für was hätt ihn der Finger
5 Gottes mir eingeprägt und meine fünf Sinne in die Schule
genommen, daß ein jeder ihn buchstabieren lerne, wenn es
nicht wär diesen Weg zu bekennen. – Ja man muß dem Menschen Weisheit zumuten und sie ihm als den einfachen Weg
der Natur vorschreiben, aber das Verleugnen eines großen
10 mächtigen Weltsinnes in uns, ist immer Folge unseres Sitten-
lebens mit andern, das hängt sich einem an, daß man keinen
freien Atemzug mehr tun kann, nicht groß denken, nicht
groß fühlen aus lauter Höflichkeit und Sittlichkeit. Groß
handlen, das dank einem der Teufel, das müßte von selbst
15 geschehen wenn alles natürlich im Leben zuging. Es ist eine
Schande, was die Menschen alles mit dem Namen Großmut
belegen, als ob nicht ein rasches selbsttätiges Leben, immer
das als elektrisches Feuer ausströmen müsse was man große
Handlung nennt. –

20 Das mühselige Menschengeschlecht plappert wie die El-
stern, es versteht nicht das Stöhnen der Liebe, das muß ich
sagen weil die Nachtigallen so süß stöhnen über mir. Vier
Nachtigallen sinds, auch im vorigen Jahr warens Vier. Ja lieben werd ich wohl nie, ich müßt mich vor den Nachtigallen
25 schämen daß ichs nicht könnt wie die. – Wie hauchen sie doch
ihre Seel in die Kunst der Wollust, in die Musik – und in einen Ton hinein, so rein, so unschuldig – so wahr und tief –
was keine Menschenseele weder durch die Stimme noch
durch das Instrument hervorbringen kann. Warum doch der
30 Mensch erst singen lernen muß, während die Nachtigall es so
rein, so ganz ohne Fehl versteht tief ins Herz zu singen, ich
hab noch gar keinen Gesang gehört von Menschen, der mich
so berührt wie die Nachtigall – eben dacht ich, weil ich ihnen
so tief zuhör, ob sie mir wohl auch zuhören wollten, wie sie
35 eine Pause machten, kaum heb ich die Stimm, da schmettern
sie alle vier zusammen los, als wollten sie sagen, lasse uns
unser Reich. Arien, Operngesänge sind wie lauter falsche

Tendenzen der sittlichen Welt, es ist die Deklamation einer falschen Begeisterung. Doch ist der Mensch hingerissen von erhabner Musik, warum nur, wenn er nicht selbst erhaben ist? – Ja, es ist doch ein geheimer Wille in der Seele groß zu sein. Das erquickt wie Tau, den eignen Genius die Ursprache führen zu hören, – Nicht wahr? – O wir möchten auch so sein wie diese Töne, die rasch ihrem Ziele zuschreiten ohne zu wanken. Da umfassen sie die Fülle, und dann, in jedem Rhythmus ein tief Geheimnis innerlicher Gestaltung, aber der Mensch nicht. Gewiß, Melodien sind gottgeschaffne Wesen, die in sich fortleben, jeder Gedanke aus der Seele hervor lebendig, der Mensch erzeugt die Gedanken nicht, sie erzeugen den Menschen. – Ach! Ach! Ach! – da fällt mir ein Lindenblütchen auf die Nas – und da regnets ein Bißchen: was schreib ich doch hier dumm Zeug hin, und kanns kaum mehr lesen, jetzt dämmerts schon stark – wie schön doch die Natur ihren Schleier ausbreitet – so licht, so durchsichtig – jetzt fangen die Pflanzenseelen an umher zu schweifen, und die Orangen im Boskett. Und der Lindenduft – es kommt Well auf Well herüber geströmt – es wird schon dunkel – Nachtigallen werden so eifrig – sie schmettern recht in die Mondstille, – ach wir wollen was recht großes tun – wir wollen nicht umsonst zusammen getroffen haben in dieser Welt – laß uns eine Religion stiften für die Menschheit, bei ders ihr wieder wohl wird – ein Sein mit Gott – dein Mahomet hats mit ein paar Ritt in den Himmel auch zu Wege gebracht. – Ein bißchen Spazierenreiten in den Himmel.

An die Günderode.
Gestern hab ich vergessen Dir zu schreiben, daß ich Dein Gedicht an den Clemens geschickt hab nach Marburg, ich hab mirs aber erst abgeschrieben, ich wollt Dir auch sagen wie schön ichs find. Aber vor Dankbarkeit daß ich Dich als Freundin hab, hab ichs versäumt. Aber Du siehsts doch im Brief gespiegelt, daß es Dein groß Herz ist, das mich rührt, und daß ich mich unwert halt Deine Schuhriemen zu lösen. –

Du wählst Dir einen schönen Gedanken und fügst ihn in
Reime zu einem Ehrenmantel für den Clemens, ach was hast
Du da für eine schöne Tugend, hebst den Geist heraus aus
dem Erdenleben. – Gott schuf die Welt aus Nichts, predigten
immer die Nonnen, – da wollt ich immer wissen wie das war
– das konnten sie mir nicht sagen und hießen mich schweigen, aber ich ging umher und schaute alle Kräuter an, als
müßte ich finden aus was sie geschaffen seien. – Jetzt weiß
ichs, er hat sie nicht aus nichts geschaffen, er hat sie aus dem
Geist geschaffen, das lern ich vom Dichter, von Dir, Gott ist
Poet, – ja – so begreif ich ihn – heut las ich bei der Großmama
aus dem Hemsterhuis vor: der Choiseil sagte, il faut que
Dieu ait la figure de l'homme comme il l'a créé d'après son
immage, der d'Allaris meinte: C'est fort singulier monsieur
de se figurer la figure de Dieu avec un visage humain, comme
celui la est fait pour des besoin et des fonctions terrestres au-
quelles dieu ne doit avoir aucun raport, en raison de sa force
et de son grand courage le monde entier devrait s'en aller en
poussière si par exemble le bon Dieu s'amusait une seule foix
a eternuer de bon coeur. – Wenn Gott den Menschen nach
seinem Ebenbild geschaffen, so begreife ich dies so, Gott hat
eine Persönlichkeit die kann aber er selbst nur fassen, denn er
steht sich selbst allein gegenüber, aber als Poet verschwindet
ihm seine Persönlichkeit, sie löst sich auf in die Erfindung
seiner Erzeugung. So ist Gott persönlich und auch nicht. Der
Dichter stellt dies dar – der ist persönlich und auch nicht,
eben ganz nach Gottes Ebenbild, denn er erschafft mit dem
Geist was ganz außer dem sinnlichen Dasein liegt, und doch
ist es sinnlich da es die Sinne fassen, und sich hierdurch gewiegt fühlen und genährt, und da doch Nahrung der Sinne
nur ihre höhere Entwicklung ist, so löst der Dichter, wie
Gott, seine Persönlichkeit auf, durch sein Denken in eine
höhere Form, und bildet sich selbst in eine höhere Entwicklung hinüber. – Was sag ich Dir da? – Ach ich habs einen
Augenblick verstanden was Gott ist, als könnt ichs in den
Wolken lesen, und da sah ich am Himmel wie der Mond her-
vorschwippt, und zerstreut mir die Gedanken, daß ich eben

gar nichts mehr lesen kann, alles ist zerflossen, und die Worte
da oben, in denen ichs festhalten wollt, die sind ver-
schwommen, ich habs mit andern Worten müssen reden, es
ist nicht recht wie ichs gemeint hab. Ja, Gott läßt sich nicht
fangen, ich dacht ich hätt ihn schon. – Aber das eine hab ich   5
behalten, daß Gott die Poesie ist, daß der Mensch nach seinem Ebenbild geschaffen ist, daß er also geborner Dichter
ist, daß aber alle berufen sind und wenige auserwählt, das
muß ich leider an mir selber erfahren, aber doch bin ich Dichter, obschon ich keinen Reim machen kann, ich fühls wenn   10
ich gehe in der freien Luft, im Wald oder an Bergen hinauf,
da liegt ein Rhythmus in meiner Seele, nach dem muß ich
denken, und meine Stimmung ändert sich im Takt. – Und
denn, wenn ich unter Menschen bin, und lasse mich von ihrem Takt oder Metrum, was ganz auf den gemeinen Gassen-   15
hauer geht, mit fortreißen, da fühl ich mich erbärmlich und
weiß nichts mehr als lauter dumm Zeug, fühlst Du das auch,
daß dumme Menschen einem noch viel dummer machen als
sie selber sind, – die haben nicht so unrecht, wenn sie sagen
ich sei dumm. Aber Herz was mich versteht komme nur und   20
ich will Dir ein Gastmahl geben was Dich ehrt. – Aber hör
doch nur weiter: – Alle große Handlung ist Dichtung, ist
Verwandlung der Persönlichkeit in Gottheit, und welche
Handlung nicht Dichtung ist, die ist nicht groß, aber groß ist
alles was mit dem Licht der Vernunft gefaßt wird – das heißt: 25
alles was Du in seinem wahren Sinn fassest das muß groß
sein, und gewiß ist es, daß jeder solcher Gedanke eine Wurzel muß haben die in den Boden der Weisheit gepflanzt ist,
und eine Blume die blüht im göttlichen Licht. Hervorgehen
aus dem Seelengrund, nach Gottes Ebenbild, hinüber, hin-   30
auf in unsern Ursprung. Gelt, ich hab recht? – Und wenn es
wahr ist, daß der Mensch so sein kann, warum soll er anders
sein? – ich begreifs nicht, alle Menschen sind anders als wie es
so leicht wär zu sein; – sie hängen an dem was sie nicht achten
sollten, und verachten das an dem sie hängen sollten.   35
    Ach ich hab eine Sehnsucht rein zu sein von diesen Fehlen.
Ins Bad steigen, und mich abwaschen von allen Ver-

kehrtheiten. Die ganze Welt kommt mir vor wie verrückt,
und ich schußbartele immer so mit, und doch ist in mir eine
Stimme, die mich besser belehrt. – Lasse uns doch eine Religion stiften, ich und Du, und lasse uns einstweilen Priester
und Laie darin sein, ganz im Stillen, und streng danach leben, und ihre Gesetze entwickeln, wie sich ein junger Königssohn entwickelt der einst der größte Herrscher sollt werden der ganzen Welt. – So muß es sein, daß er ein Held sei,
und durch seinen Willen alle Gebrechen abweise und die
ganze Welt umfasse, und daß sie *müsse* sich bessern. Ich glaub
auch, daß Gott nur hat Königsstämme werden lassen, damit
sie dem Auge, den Menschen so erhaben hinstellen, um ihn
nach allen Seiten zu erkennen. Der König hat Macht über
alles, also erkennt der Mensch, der seinem öffentlichen Tun
zusieht, wie schlecht er es anfängt, oder auch wenn ers gut
macht, wie groß er selber sein könne. Dann, steht grade der
König so, daß ihm allein gelinge, was kein andrer vermag,
ein genialer Herrscher reißt mit Gewalt sein Volk auf die Stufe, wohin es nie ohne ihn kommen würde. Also müssen wir
unsere Religion ganz für den jungen Herrscher bilden. – O
wart nur, das hat mich ganz orientiert, jetzt will ich schon
fertig werden. Ach ich bitt dich, nehm ein bißchen Her-
zensanteil dran, das macht mich frisch so aus reinem Nichts
alles zu erdenken wie Gott, dann bin ich auch Dichter. Ich
denke mirs so schön alles mit Dir zu überlegen, wir gehen
dann zusammen hier in der Großmama ihren Garten auf und
ab, in den herrlichen Sommertagen, oder im Boskett, wos so
dunkle Laubgänge gibt, wenn wir simulieren so gehen wir
dort hin und entfalten alles im Gespräch, dann schreib ichs
Abends alles auf und schick Dirs mit dem Jud in die Stadt,
und Du bringst es nachher in eine dichterische Form, damit
wenns die Menschen einst finden, sie um so mehr Ehrfurcht
und Glauben dran haben, es ist ein schöner Scherz, aber
nehms nur nicht für Scherz, es ist mein Ernst, denn warum
sollten wir nicht zusammen denken über das Wohl und Bedürfnis der Menschheit. Warum haben wir denn so manches
zusammen schon bedacht was andere nicht überlegen, als

weils der Menschheit fruchten soll, denn alles was als Keim
hervortreibt, aus der Erde wie aus dem Geist, von dem steht
zu erwarten daß es endlich Frucht bringe, ich wüßte also daher nicht, warum wir nicht mit ziemlicher Gewißheit auf eine
gute Ernte rechnen könnten, die der Menschheit gedeihen 5
soll. Die Menschheit, die arme Menschheit, sie ist wie ein Irrlicht in einem Netz gefangen, sie ist ganz matt und schlam-
mig. – Ach Gott ich schlaf gar nicht mehr, gute Nacht, alleweil fällt mir ein, unsre Religion muß die *Schwebe-Religion*
heißen, das sag ich Dir Morgen. 10

Aber ein Gesetz in unserer Religion muß ich Dir hier
gleich zur Beurteilung vorschlagen, und zwar ein erstes
Grundgesetz. Nämlich: Der Mensch soll immer die größte
Handlung tun und nie eine andre, und da will ich Dir gleich
zuvorkommen und sagen, daß jede Handlung eine größte 15
sein kann und soll. – Ach hör! – ich sehs schon im Geist,
wenn wir erst ins Ratschlagen kommen, was wird das für
Staubwolken geben. –

Wer nit bet, kan nit denken,

das laß ich auf eine erdne Schüssel malen und da essen unsre 20
Jünger Suppe draus. – Oder wir könnten auch auf die andre
Schüssel malen: Wer nit denkt, lernt nit beten. Der Jud
kommt, ich muß ihm eilig unsere Weltumwälzung in den
Sack schieben, auch wir werden einst sagen können, was
doch Gott für wunderbare Werkzeuge zum Mittel seiner 25
Zwecke macht, wie die alt Nonn in Fritzlar. Siehst Du den
St. Clair? – grüß ihn.

An die Bettine.
Oder am besten können wir sagen: *Denken* ist Beten, damit
ist gleich was gutes ausgerichtet, wir gewinnen Zeit, das 30
Denken mit dem Beten, und das Beten mit dem Denken. Du
willst ungereimtes Zeug vorbringen, Du bist ungeheuer listig, und meinst ich soll es reimen. Deine Projekte sind immer ungemein waghalsig, wie eines Seiltänzers, der sich darauf verläßt, daß er balancieren kann, oder einer der Flügel 35

hat, und weiß, er kann sie ausbreiten, wenn der Windsturm
ihn von der Höhe mit fortnimmt. Übrigens hab ich Dich
wohl verstanden, trotz der vielen süßen Lobe, die Du ein-
streust wie Opfergras, daß ich das Opfer bin was Du ge-
5 schächtet hast, um mit dem *Jud* zu reden. Ich fühls, daß Du
recht hast, und weiß, daß ich zu furchtsam bin, und kann
nicht, was ich innerlich für recht halte, äußerlich gegen die
aus der Lüge hergeholten Gründe verteidigen, ich ver-
stumme und bin beschämt grade wo Andre sich schämen
10 müßten, und das geht so weit in mir, daß ich die Leute um
Verzeihung bitte, die mir unrecht getan haben, aus Furcht sie
möchtens merken. So kann ich durchaus nicht ertragen, daß
einer glaube, ich könne Zweifel in ihn setzen, ich lache lieber
kindisch zu allem was man mir entgegnet, ich mag nicht dul-
15 den, daß die, welche ich doch nicht eines Bessern überzeugen
kann, noch den Wahn von mir hegen, ich sei gescheuter als
sie. Wenn sich zwei verstehen sollen, dazu gehört lebenvolles
Wirken von einem dritten Göttlichen. So nehm ich auch
unser Sein an, als ein Geschenk von den Göttern, in dem sie
20 selber die vergnüglichste Rolle spielen; aber meine innere
Fühlungen, folgelosen Behauptungen ausstellen, dazu leiht
mir weder die blauäugige Minerva, noch *Areus der Streitba-*
*re** Beistand. Ich gebe Dir aber recht, es wäre besser ich
könnte mich mannhafter betragen, und dürfte diesen *groß-*
25 *mächtigen Weltsinn in dem Sittenleben* mit andern nicht mir untergehen lassen. Aber was willst Du mit einer so Zaghaften
aufstellen, die sich immer noch fürchtet im Stift das Tischgebet laut genug herzusagen. – Lasse mich und vertrage
mich wie ich bin, hab ich das Herz nicht meine Stimme zu
30 erheben gegen allen Unsinn, so hab ich auch dafür an diesem
harten Fels keine kleinste Welle Deiner brausenden Lebensfluten sich brechen lassen. Er steht trocken und unbeschäumt
von Deinen heiligen Begeisterungen, so kannst Du auch unbekümmert darum, Dein Leben dahin fließen. – Ich weiß,

---

* Dem die Jungfrauen einen Widder opferten, wenn sie öffentlich
einen Wettlauf hielten.

daß es Dir weh tut, weil wir den Hölderlin nicht besuchten. St. Clair ist gestern abgereist, er war noch vorher bei mir, er sah Deinen dicken Brief, er war so sehnsüchtig etwas daraus zu vernehmen, und die *Zaghafte* war kühn genug auf ihr richtiges Gefühl hin, ihm die Stelle zu lesen, wo die Bettine über den Oedipus spricht. – Er wollte es abschreiben, er mußte es abschreiben, seine Seele wär sonst vergangen, und die Zaghafte war zu mutlos es ihm abzuschlagen. Er sagte, »ich lese es ihm vor, vielleicht wirkt es wie Balsam auf seine Seele, und wo nicht, so muß es doch so sein, daß die höchste Erregung durch seine Dichternatur erzeugt, auch wieder an ihm verhalle, so wie er verhallte. Ich muß es ihm lesen, es wird doch zum wenigsten ihm ein Lächeln abgewinnen.« – Nun sieh mich schon wieder voll Zagheit, daß Dir meine Kühnheit mißfalle, aber doch – betrog mich mein Ohr nicht, so war jener Hymnus auf dem Taubenschlag dem armen Dichter gesungen, daß er solle dort mit in sein zerrißnes Saitenspiel eintönen.

Ich hab jetzt so viele Gesellschaftsnot, ich muß diese Woche schon zum zweitenmal in den schwarzen Stiftstalar kriechen, auch dahinein verfolgt mich meine närrische Feigheit, ich komme mir so fremd drin vor, es ist mir so ungewöhnlich eine angelehnte Würde öffentlich zu behaupten, daß ich immer den Kopf hängen muß und muß auf die Seite sehen, wenn ich angeredet werde. Gestern haben wir in Corpore beim Primas zu Mittag gespeist, da verlor ich mein Ordenskreuz, es lag unterm Stuhl, ich fühlte es mit der Fußspitze, das machte mich so konfus, und denk nur der Primas selbst hat es aufgehoben, und bat um Erlaubnis es anzuheften auf die Schulter, dazu kam unsere Duenna und nahm die Mühe auf sich, Gott sei Dank, – ich konnte doch die ganze Nacht nicht vor der Geschichte schlafen, ich muß rot werden, wenn ich dran denke, – dann war ich bei der Haiden – der Moritz im Cabriolet ist mir begegnet, von da in die Komödie in Eurer Loge, George führte mich hinein. Die Geschwister. – Es war sehr leer wegen der Hitze, George war fortgegangen, die Frau Rat saß ganz allein auf meiner Seite, sie rief aufs

Theater: »Herr Verdy spielen Sie nur tüchtig, Ich bin da«, es
machte mich recht verlegen, hätte er geantwortet, so wär ein
Gespräch draus geworden, indem ich am Ende noch eine
Rolle hätte übernehmen müssen. – Im Parterre saßen keine
fünfzig Menschen, Verdy spielte recht gut und die Rat
klatschte bei jeder Szene, daß es widerhallte. Verdy ver-
beugte sich tief gegen sie, es war gar wunderlich, das leere
Haus und die offnen Logentüren wegen der Hitze, durch die
der Tag hereinschien, dann kam Zugwind und spielte mit
den lumpigten Dekorationen, da rief die Goethe dem Verdy
zu, »Ah das Windchen ist herrlich« und fächelte sich, es war
doch grad als spiele sie mit, und die Zwei auf dem Theater, so
gut als wären sie allein in vertraulich häuslichem Gespräch,
dabei mußt ich an den größten Dichter denken, der nicht
verschmähte so prunklos seine tiefe Natur auszusprechen. –
Ja Du magst recht haben, es ist was Großes darin, und es ist
schauerlich, und daher tragisch gewesen diese Leere, diese
Stille, die offnen Türen, die einzige Mutter voll Ergötzen als
habe ihr der Sohn den Thron gebaut, auf dem sie weit erhaben über den Erdenstaub sich die Huldigung der Kunst
gefallen läßt. – Sie spielten auch recht brav, ja begeistert,
bloß wegen der Fr. Rat, sie weiß einem in Respekt zu setzen.
Sie schrie auch am Ende ganz laut, sie bedanke sich und wolle
es ihrem Sohn schreiben. Darüber fing eine Unterhaltung an,
wobei das Publikum eben so aufmerksam war, die ich aber
nicht mit anhörte, weil ich abgeholt wurde. Morgen wird sie
wohl in der ganzen Stadt herumkommen.

   Ich bin nicht wohl, sonst wär ich heut hinausgekommen –
so sehr interessiert mich Dein Brief, Du hängst Dich an die
Gipfel der Lebenshöhen, wie das junge Gefieder, und siehst
Dich gleich um, wie am besten nach der Sonne zu steuern sei,
dann zerstreuest Du Dich eben so leicht wieder. Wenn ich
wohl bin, so komme ich die Woche noch, ich glaube die
Angst vor dem Aderlassen macht mich krank, ich kann mich
nicht drein finden, wenn ich denk daß ich Blut vergießen soll
so wird mir übel. – Schreibe mir doch heute noch von der
Schwebe-Religion was das heißen soll, daß ich was zu den-

ken und zu faslen hab, weil ich nichts anfangen kann und das
Zimmer hüten muß.

Caroline.

An die Günderode.
Ach lasse doch ja nicht zur Ader, aus tausend Gründen, denn 5
(vielleicht): wenn einer nur *einmal* zur Ader gelassen hat, so
kann er kein Soldat mehr sein, kein Held! man kann gar nicht
wissen was so ein Eingriff in der Natur für Verändrung im
menschlichen Geist macht, und wozu er als die Fähigkeit verlieren kann. Ich bitte Dich, lasse nicht zur Ader, im Kloster, 10
da, wenn der Tag kam wo das Aderlaßmännchen im Kalender steht, ich glaub es war grad in der heißen Zeit wie jetzt,
da ließen die Nonnen alle am linken Fuß zur Ader, da kam
ein Chirurg, ich war immer im Anstaunen seiner Häßlichkeit
verloren, er hieß Herr Has. – Eine alte Nonne sagte einmal, 15
man könne in seine Pockengruben, in denen sehr viel erdiger
Schmutz war, Kresse säen, so würde er einen grünen Bart
bekommen, ich hielt also immer Kresse bereit und paßte auf
die Gelegenheit ihm den Samen einzustreuen, und habe auch
einen Augenblick wo er über dem Warten auf die Nonnen 20
eingeschlafen war, benutzt, und Du magsts glauben oder
nicht, die Kresse hatte einen sehr günstigen Boden, sie begann mit Macht emporzuschießen, man brauchte ihn nur mit
Essig und Öl einzuseifen, so hatte man den trefflichsten Salat
von seinem Bartschabsel. Aber gelt Du *gläubest* nicht? – Aber 25
hör, da fällt mir ein, esse doch eine recht tüchtige Schüssel
voll Salat, das kühlt das Blut ab, aber wenn Du bei einer Entzündung noch Blut verlierst, so wird natürlich diese verstärkt, denn wenn Du ein Dippen mit Wasser kochend hast,
und schüttst einen Teil davon weg, so kochts viel stärker. – 30
Die Hahnen krähen es ist schon nach Mitternacht, und nun
will ich Dir fortschreiben bis morgen früh, daß Du recht viel
zu lesen hast auf Deinem Krankenlagerchen, gleich fang ich
von der neu Religion an, aber erst will ich Dir noch was erzählen, wie der Jud kam mit Deinem Brief, das war vier Uhr, 35

da dacht ich auf was, was Dir recht gut wär, da dacht ich
gleich die Aprikosen in der Großmama ihrem Garten müßten Dir gesund sein, da ging ich um die Bäum herum und
erspähte die besten, und lernte sie alle auswendig wo sie hin-
5 gen, und so spazierte ich in einem Wiederholen meiner Lektion, bis die Sonne unterging, denn bei Tag konnt ich sie
nicht stehlen, ich mußte warten bis alles am Spieltisch saß, es
war Dir das schönste Plaisir, diese Aprikosen zu stehlen, erstens die Angst ist ein wahrer Spaß, das Herz klopfte mir so,
10 ich mußte so lachen vor Freud, Herzklopfen ist so was angenehmes, und denn wars grad als ließen sie sich recht gern
stehlen, sie fielen mir in die Hand, ich hatte mir ein Tuch um
den Hals gebunden da warf ich sie hinein, zwanzig! – ich war
recht froh wie ich sie all hatte, und glücklich auf meiner Stube
15 war, da hab ich sie alle in die jungen Weinblätter gepackt, die
sind vom zweiten Schuß und haben einen so weichen Samt
auf der linken Seite. Da liegen sie in der Schachtel und
gucken mich an als hätten sie Appetit auf einen Biß von meinem Mund, aber da wird nichts draus, sie sind all für Dich,
20 sie müssen sichs vergehn lassen von mir gespeist zu werden.
Esse sie Günderod, sie sind gut, Gott hat sie geschaffen für
Entzündungen, damit die aus dem Blut wieder in den Geist
zurückgehen soll, aus dem sie eigentlich nur ausgetreten war
ins Blut. Laß nur nicht zur Ader, denn wie gesagt, es ahnt
25 mir, daß dadurch etwas im Menschen zu Grunde gehen könne, vielleicht das echte Heldentum; wer weiß, ob nicht einer,
der einmal Ader gelassen hat, hierdurch nicht seine ganze
Nachkommen um die Tapferkeit gebracht hat, und daß diese
Tugend eben darum jetzt so rar ist. – Das Aderlaßmännchen
30 ist der Teufel, der hat sich so ganz sachte in den Kalender
geschlichen, um die Menschen um das einzige zu betrügen
was ihm Widerstand leisten kann, um den Stahl im Blut, der
übergeht in den Geist, und den fest macht daß er tun kann
was er will. Weisheit und Tapferkeit! der Mensch will immer
35 die Weisheit, er hat aber *den Mut nicht* sie durchzusetzen. Eins
bedingt das Andere, denn wenn der Mut dazu wäre, so wär
auch die Weisheit da. Denn es ist nicht möglich, daß wenn

Kraft in der Seele ist das Höchste zu tun, daß in ihr nicht auch
der Same der Weisheit aufblühen sollte, der das höchste Tun
lehrt. Wer zum Beispiel Mut hat das Geld zu verachten, der
wird bald auch Weisheit haben zu erkennen welch fürchter-
licher Wahnsinn aus diesem grausamen Vorurteil hervor- 5
schießt, und wie Reichtum und Macht so sehr sehr arm sind.
Weisheit und Tapferkeit müssen einander unterstützen. Ach
in unserer Religion soll die Tapferkeit obenan stehen, – denn
wenn wir nur darüber wachen daß wir kühn genug sind das
Große zu tun und die Vorurteile nicht zu achten, so wird aus 10
jeder Tat immer eine höhere Erkenntnis steigen die uns zur
nächsten Tat vorbereitet, und wir werden bald Dinge beweisen die kein Mensch noch glaubt. Zum Beispiel man kann
nicht von der Luft leben! – Ei das könnt doch sehr möglich
sein, und es ist eine sehr dumme Behauptung, die der Teufel 15
gemacht hat um den Menschen an die Sklavenkette zu legen
des Erwerbs, daß man nicht von der Luft leben könne, daß er
nur recht viel habe. Wer viel hat der kann vor lauter Arbeit
nicht zur Hochzeit kommen, und von der Luft lebt man doch
allein, denn alles was uns nährt ist durch die Luft genährt 20
und auch unsere erste Bedingung zum Leben ist das Atem-
holen. Und Gott sagt damit, du teilst die Luft mit allen so
teile auch das Leben mit allen, und wer weiß denn wie sehr
die Natur sich noch ändern kann, und kann sich dem Geist
anschmiegen, wenn der einmal die Seele mehr regiert, ob 25
dann der Leib nicht auch mehr Luft bedarf und weniger andere Nahrung. Alle alberne Gedanken, Begierden und verkehrte Einbildungen die machen so hungrig nach tierischer
Nahrung, ich weiß an mir daß wenn mir etwas durch den
Geist fährt dem ich nachgehen muß, aus Ahnung daß es Le- 30
bensluft enthalte, so hab ich gar keinen Hunger, und die
Franzosen, wenn sie witzig sind, so haben sie immer auf was
petillantes oder gewürztes Appetit, es käme also sehr auf den
Geist an, daß wir am End gern von der Luft leben. – Und
unser Tischgebet soll heißen: Herr ich esse im Vertrauen, daß 35
es mich nähre, und die alten Küchenzettel und Bratspieß und
Backgeschichten all dem Teufel in die Garküch geschmissen,

daß er den Hals drüber bricht, wir haben keine Zeit uns dabei
aufzuhalten, geh zum Nachbar und nehm Brot von ihm und
nehme die Frucht vom Baum dazu, und vom Opfermahl ein
Weniges, und dulde nicht, daß sich Bedürfnisse des Mahls bei
5 Dir einnisten, zu dieser oder jener Stunde; oder sonst Dinge,
die den Leib abhängig machen. Da fällt mir noch etwas ein,
mit dem verdammten Zugwind, oder mit der Nachtluft, alle
Augenblick heißts, »hier ziehts!« – und dann reißen die Leute
aus als ob ihnen der Tod im Nacken säß, oder der Nachtwind
10 hindert sie die nächtliche Natur zu genießen, oder der Abend-
tau ist ihnen gefährlich, und doch – hat man je bei einem
Gefecht in der Schlacht gesehen daß ein Held vor dem Nachttau ausreiße? – also auch, über die Verkältung hinweg im
Nachtwind wie im Sonnenschein sein eigner Herr bleiben,
15 das muß ein Gesetz unserer schwebenden Religion sein. –
Ich weiß nicht, es duftet mir ordentlich im Geist, als würden
wir auf sehr wunderbare Entdeckungen kommen. Jetzt haben wir schon entdeckt, daß man nicht Aderlassen muß, damit der Stahl im Blute nicht abgelassen werde der die Be-
20 geisterung der Tapferkeit erzeugt, – da könnte einer sagen
durch eine Wunde im Krieg könne denn auch dieser Geist
des Stahls entfliehen, so daß ein Tapferer könne zu einem
Feigen werden, – dem ist aber nicht so, denn bei einer
Wunde die in der Begeistrung selbst empfangen wird, da
25 haucht das Blut selbst Unsterblichkeit aus. Wenn nämlich die
Tugend (die Tapferkeit) wach ist in dem Menschen, das
heißt: wenn der Genius in sein Blut gestiegen ist und kämpft,
und er geht auf die Wunde los die er empfangen soll, da ist
die Kühnheit so Herr, daß keine sklavische Entweichung
30 stattfinden könne, denn dann ist grad aller Stahl im Blut in
den Geist übergegangen, – denn wie Gott immerdar in jedem Hauch erzeugt weil er ganz Weisheit ist, so erzeugt auch
das Genie weil es mit Gottes elektrischer Kette verbunden
ist, ewig seine Schläge empfängt und wieder einschlägt ins
35 Blut. – Ich bitte Dich, wie willst Du denn die elektrische
Kraft erklären, anders, als daß durch Gottes Geist die Natur
zuckt und bis ins Blut geht, wo sie im Menschen wieder den

Weg in die Begeistrung findet, weil *der* Geist hat. – Und siehe
da! – die Kraft empfängt den Blitzstrahl, und so erzeugen
Weisheit und Tapferkeit sich in einander. – Was hab ich im
vorigen Brief gesagt: – Gott sei die Poesie, und heute, daß er
die Weisheit ist, – das ist schon eine alte Geschichte, das ha- 5
ben glaub ich die Kirchenväter herausgestellt, und haben
deswegen großen Respekt vor Gott, aber heute haben wir
herausgekriegt, daß Gott die große elektrische Kraft ist die
durch die Natur fährt und ins Blut des Menschen, und von da
sich als Genius in den Geist des Menschen hinüber bildet. 10
Der Genius steigt aus dem Stahl auf im Blut, und dort dringt
er auch wieder ein, wenn er wirkend ist in den Sinnen. Wer
keinen Stahl im Blut hat kann auf die Weise Gott nicht empfangen. Es ist schon drei Uhr, wenn ich so fortschreib, ich
glaub ich brächt allerlei kuriose Sachen heraus, die mich 15
selbst verwundern. – Ich wittre schon den Tag, mein Licht
brennt ganz nüchtern. Ich sollt schlafen gehen, aber ich will
Dir doch für einen ganzen Tag zu denken geben weil Du allein bist. – Aber jetzt muß ich erst von der Religion absprin-
gen und Dir was dazwischen erzählen. – Du schreibst, der 20
Moritz hat Dich im Kabriolet begegnet, ich bedanke mich,
aber ich hab grad auf vierzehn Tag wo ich noch hier bin ein
Gelübd getan, und kann also Deiner Mahnung kein Gehör
geben, sags ihm wenn Du ihn siehst. – Der Bernhards Gärtner ist ein junger schlanker Mann, er hat eine feingebogne 25
Nase, blaue Augen, schwarze Wimpern, schwarze Haare und
hat eine sanfte Stimme – zum wenigsten gegen mich, denn
wie er letzt den Hund wollt zurückhalten der mich anbellte,
da hatte er eine sehr kräftige Stimme. – Dem Moritz wird das
wunderlich vorkommen, aber mir ist es keine Scheidewand, 30
weil er von der gebildeten Klasse übersehen wird. Ein
Mensch von Race müßte seine Race auch unter der Sklaven-
tracht wittern, aber das ist die Unechtheit des Adels, denn
gewiß ist daß das echte Blut zerstreut ist in der Welt und viel
ungestempelt herumläuft, und doch will man nur das gelten 35
lassen was gestempelt ist, aber das sag ich Dir, ich halte alle
Menschen für unadelich die ihre Race nicht erkennen auch im

Kittel. – Der Gärtner also, der mir immer Arbeit gibt Morgens früh, Du weißt, – ich hab ihm die abgeblühten Feder-
nelken von den Rabatten geschnitten, ich hab die Erdbeeren
umgesetzt, ich hab die Reben ausgelaubt, ich hab das Geisblatt binden helfen, ich hab die Pfirsich spaliert, ich hab die
Nelken gestengelt, ich hab die Melonenräuber ausgebrochen, und noch mancherlei anders hab ich immer Morgens
früh tun helfen wenn ich in der Früh zum Mainufer lief, weil
ich schreiben wollt oder dichten für den Clemens, und es
wollt nicht gehn, weil mir nichts einfiel, weil die Natur zu
groß ist, als daß man in ihrer Gegenwart sich erlaubte zu denken, da hab ich denn mit dem Gärtner lieber Erbsen gepflückt, als auf der Lauer nach großen Gedanken – da hat mir
der Gärtner als immer einen Strauß verehrt, erst recht schön
voll, und seltne Blumen, dann weniger und einfacher, ich
denk weil ich alle Tag kam es wär ihm zu viel, aber zuletzt –
es war grad am Tag wo ich Zuckererbsen brach, da gab er mir
bloß eine Rose und – – –

Morgens.
Da hab ich so nachgedacht und bin drüber eingeschlafen. Die
Rose hab ich mit ins Bett genommen. – Was soll sie im Glas
langsam welken – überall sollt man ein Heiligtum der Natur
mit herumtragen, das frei macht vom Bösen, wer kann in
Gegenwart einer Rose nicht mit edlen Gedanken erfüllt sein,
ich habs lieb das Röschen mit dem ich geschlafen hab, – es
war matt, nun hab ichs in Wasser gestellt, es erholt sich. – Ich
bin so dumm, ich schreib so einfältig Zeug – der arme Gärtner. –

An die Günderode.
Der Jud kommt heut um fünf Uhr und sagt er hätt den Brief
heut Morgen im Stift abgegeben und hat nichts von Dir gehört, der ungeheure Esel mußte heute wie ein Windspiel herumlaufen, er hätt müssen Paradiesäpfel zum Lauberhütten-
fest einkaufen, da hätt er nicht warten können, der Kerl sah

so närrisch aus, aus seinem Sack guckten lange Palmzweige
über seinen Kopf, mit der einen Hand hielt er seinen langen
Bart fest, mit der andern stellt er seinen langen Stab weit von
sich und schwört immer bei seinem Bart, und keuchte unter
der Last; ich ließ ihn eine Weile stehen, so gut gefiels mir ihn 5
anzusehen, ein Bild, wers verstünd zu malen. Diesmal haben
also meine Religionsdepeschen wegen der Lauberhüttenan-
gelegenheit nicht können befördert werden: – wenn Du nur
gesund bist, wieder. – Heut Abend mußt ich mit der Großmama spazieren gehen, am Kanal im Mondschein. Sie er- 10
zählte mir aus ihrer Jugendzeit, wie sie noch mit dem Großpapa in Warthausen beim alten Stadion wohnte, und wie der
den Großpapa weit lieber gehabt als die andern Söhne, und
wie der ihn erzogen hat, gar wunderlich mit großer Sorgfalt,
er ließ ihn als Jüngling von nicht achtzehn Jahren schon eine 15
große und ausgebreitete politische Korrespondenz führen;
er gab ihm Briefe von Kaiser und König, von allen Reichs-
verwesern und Staatsbeamten aller Art zu beantworten, es
kamen Verhandlungen über alle mögliche Staatsangelegen-
heiten vor, Handel, Schiffahrt, alte Anrechte, neue Forde- 20
rungen, Länderteilung, Verrätereien, Umtriebe, Gefangen-
nehmung großer Personen, Mönchs-Sachen, klösterliche
Stiftungen, Geldangelegenheiten, kurz alles, was einem großen Staatsminister obliegt zu untersuchen und zu ordnen,
dies alles besprach der Stadion mit ihm, ließ ihm seine Mei- 25
nung drüber darstellen – Aufsätze darüber machen, dann mit
eignem Beifügen von Bemerkungen ließ er diese von ihm ins
Reine schreiben, Briefe an verschiedne Potentaten schreiben,
namentlich führte er die Korrespondenz mit Maria Theresia,
zuförderst über Thronbesteigung, über Mitregentschaft ih- 30
res Gemahls, dann über die leere Schatzkammer, dann über
die Heereskraft des Landes, über Mißvergnügen des Volks,
über die Ansprüche von Baiern an die östreichischen Erblan-
de, und wie die Kurfürsten wollten die Erbfolge der Theresia nicht anerkennen, über den Krieg mit Friedrich dem 35
Zweiten, mit England, Anträge um Hülfsgelder; Briefe an
einen französischen General Belle-isle, dann ein Briefwech-

sel mit Karl von Lothringen, mit dem Kardinal Fleuri, mit
dem östreichischen Feldherrn Fürsten Lobkowitz, dann endlich einen Briefwechsel mit der Marquise de Pompadour, immer im Interesse der Kaiserin, diese letzte Korrespondenz
war erst ins Galante und endlich ganz ins Zärtliche übergegangen, es kamen Briefe mit Madrigalen als Antwort worauf
der Großpapa im Namen Stadions wieder in französischer
Poesie antworten mußte, da habe der Großpapa manche Feder zerkaut, und der Stadion habe ihm gelehrt die Politik mit
einfließen zu lassen, und hat Anspielungen machen müssen
auf Reize, auf blonde und braune Locken, – und dem Stadion
ists häufig nicht zärtlich genug gewesen. Die Antworten sind
dann mit großer Freude vom Stadion ihm mitgeteilt worden, besonders wenn sie Empfindlichkeit für des Großpapas
Galantrieen hatten spüren lassen, da hat der Stadion so gelacht und ihn angewiesen wie die feinste Delikatesse zu beobachten sei. – Und endlich einmal, als nach der Thronbesteigung der Maria Theresia und ihrer Krönung als Kaiserin,
die Gratulationen abgefertigt waren, an seinem einundzwan-
zigsten Geburtstage, da schenkte Stadion dem Laroche einen
Schreibtisch worin er alle seine Briefe in drei Jahren geschrieben, die er über Land und Meer gegangen wähnte,
noch versiegelt wiedergefunden, und die Antworten, welche
von Stadion selbst erfunden waren und von verschiedenen
Secretairen abgeschrieben, dazu, und er sagte ihm daß er ihn
so habe zum Staatsmann bilden wollen. Dies hat den Großpapa erst sehr bestürzt gemacht, dann aber ihn tief gerührt,
und hat diese Briefe als ein heilig Merkmal von Stadions großem liebevollem Geist sich aufbewahrt. Die Großmama hat
diese Briefe noch alle und will mir sie schenken. – Sie war
gesprächisch heut, sie wird alle Tage liebevoller zu mir, sie
sagt, mir erzähle sie gern, obschon manches in die Erinnerung zu wecken ihr schwer werde; sie sprach viel von der
Mama, von ihrer Anmut und feinem Herzen, sie sagte: Alles
was Ihr Kinder an Schönheit und Geist teilt das hat Eure
Mutter in sich vereint; und dann hat sie zu sehr geweint um
von ihr weiter zu sprechen, die Tränen erstickten ihre Stim-

me. – Sie legte die Hand auf meinen Kopf während sie
sprach, und als der Mond hinter den Wolken hervorkam da
sagte sie – wie schön Dich der Mond beleuchtet, das wär ein
schönes Bild zum malen. – Und ich hatte in demselben Augenblick auch den Gedanken von der Großmama, es war gar 5
wunderlich wie sie unter einem großen Kastanienbaum mir
gegenüberstand, am Kanal, in dem der Mond sich spiegelte,
mit ihren großen silberweißen Locken ihr ums Gesicht spielend, in dem langen schwarzen Grosdetourkleid mit langer
Schleppe, noch nach dem früheren Schnitt der in ihrer Ju- 10
gendzeit Mode war, lange Taille mit einem breiten Gurt. Ei
wie fein ist doch die Großmama, alle Menschen sehen gemein aus ihr gegenüber, die Leute werfen ihr vor sie sei empfindsam, das stört mich nicht, im Gegenteil findet es Anklang
in mir und obschon ich manchmal über gar zu Seltsames hab 15
mit den andern lachen müssen, so fühl ich doch eine Wahrheit meistens in Allem. – Wenn sie im Garten geht, da biegt
sie alle Ranken wo sie gerne hinmöchten, sie kann keine Unordnung leiden, kein verdorbenes Blatt, ich muß ihr alle
Tage die absterbenden Blumen ausschneiden, gestern war sie 20
lange bei der Geisblattlaube beschäftigt, und sprach mit jedem Trieb: »Ei kleins Ästele wo willst du hin,« und da flocht
sie alles zart in einander und bands mit roten Seidenfaden
ganz lose zusammen und da darf kein Blatt gedrückt sein,
»alles muß fein schnaufen können« sagte sie – und da brachte 25
ich ihr heute Morgen weiße Bohnenblüten und rote, weil ich
ihr gestern eine Szene aus ihrem Roman vorgelesen hatte,
worin die eine Rolle spielen, sie fand sie auf ihrer Früh-
stückstasse. Sie ließ sich aus über das frische Rubinrot der
Blüte, hielts gegens Licht und war ergötzt über die Glut – 30
mir ists lieb wenn sie so schwätzt – ich sagt ihr, sie komme
mir vor wie ein Kind, das alles zum erstenmal sehe. – »Was
soll ich anders als nur ein Kind werden, sind doch alle Le-
benszerstreuungen jetzt entschwunden die dem Kindersinn
früher in den Weg traten, so beschreibt das Menschenleben 35
einen Kreis und bezeichnet schon hier daß es auf die Ewigkeit angewiesen ist, sagte sie, jetzt wo mein Leben vollendet

so gut als mirs der Himmel hat werden lassen – so viel der
schönen Blüten sind mir abgeblüht, so viel Früchte gereift,
jetzt wo das Laub abfällt da bereitet sich der Geist vor auf
frische Triebe im nächsten Lebenskreislauf, und da magst Du
5 ganz recht ahnen.« – Ach Günderode, ich will auch erst wieder ein Kind werden eh ich sterb, ich will einen Kreis bilden,
nicht wie Du willst, recht früh sterben, nein, das will ich
nicht, wo ists schöner als auf der schönen Erde, und dann als
Kind, wos am schönsten ist, wieder hinüber wo die Sonne
10 untergeht. Die Großmama erzählte auch noch eine schöne
Geschichte die ich dir hierher schreiben will, weil ich sie nicht
gern vergessen möchte, von dem Vater des Stadion, der habe
einen Löwen gehabt der sei zahm gewesen, der habe Nachts
an seinem Bett geschlafen, da sei er eines Morgens aufge-
15 wacht weil ihn der Löwe gar hart an der Hand leckte, da war
er von seiner rauhen Zunge bis aufs Blut geleckt, und dem
Löwen hat das Blut sehr gut geschmeckt, der Stadion hat
sich nicht getraut die Hand zurückzuziehen und hat, mit der
andern Hand nach einer geladnen Pistol gegriffen die am Bett
20 hing, und dem Löwen vor dem Kopf abgedrückt. – Und als
die Leut auf den Lärm hereingedrungen waren zu ihrem
Herrn, da hat der Stadion über dem toten Löwen gelegen
und ihn umhalst und ihn ganz starr angesehn, und hat einen
großen Schrei getan, »ich hab meinen besten Freund gemor-
25 det,« und da hat er sich mehrere Tage in sein Zimmer eingeschlossen, weil es ihn so sehr gekränkt hatte. – Ach ich hätte
dies Tier lieber nicht umgebracht, und hätt auf seine Großmut gebaut, ob der Löwe mich gefressen hätt, ich glaubs
noch nicht, und mir wär lieber gewesen die Geschicht wär
30 nicht so ausgegangen. – Sie erzählte noch manches von ihm,
was seine große Gegenwart des Geistes bewies, und sprach
so weise über diese große Eigenschaft, daß ich ganz versunken war im Zuhören; sie sagte, daß die Menschen als lang
sich abmühen was Genie sei, sie kenne kein größeres Genie
35 als in dieser Macht über sich selber, und daß die endlich über
alles sich ausbreite, da man alles beherrschen könne wenn
man sich selber nicht mit Zaum und Gebiß durchgehe, »wie

Du, kleines Mädele«, sagte sie zu mir, »so steil hinansprengst
mit den Füßen wie mit dem Geist und der Großmama
Schwindel machst«; – und wenn je große Herrscher gewesen,
so wären sie durch diese Geisteskraft allein hervorgebildet
worden, die sie in einem früheren Leben genötigt waren zu
üben. – Die Großmama glaubt, die Seele, das Wesen des
Menschen gehe aus einem Geistessamen in ein ander Leben
über, dieser Same sei was er während einem Leben in sich
reife, und dann sich durch allmählige Erkenntnis, durch ge-
übtere Fähigkeiten immer in höhere Sphären erzeuge. Dann
erzählte sie mir von dem Ahnherrn unseres Großvaters, der
im dreißigjährigen Krieg sei auf dem Schlachtfeld gefunden,
bei Duttlingen, wo die Franzosen eine große Niederlage erlitten, als Fahnenjunker die Fahne um den Leib gewickelt,
und die Stange durch Brust und Leib gestoßen und einge-
hauen, und sein Bruder auch tot über ihm gelegen, der hat
die Fahne schützen wollen, und mit seinem Leben bezahlt:
sie waren in französischen Diensten, das hat der große Condé
gesehen und gesagt: ferme comme une roche, da sie sonst
Frank von Frankenstein geheißen, so haben sie jetzt sich genannt Laroche, weil der König der Witwe seines Bruders der
auch in jenem Gefecht geblieben, ein Landgut im Elsaß geschenkt hat und ihnen drei Fahnen zu dem Fels ins Wappen
gegeben, über diese letzte Geschichte hab ich meine eigne
Betrachtungen angestellt, eine so einfache und doch so große
Handlung hab ich mir im Geist dargelegt, er war Fahnenjunker dieser Ahne von mir, und haben eine unsterbliche Tat
getan, beide Brüder, indem sie die Fahne zu der sie geschworen treu verteidigten, und ließen ihr Leben dafür, da
der Junker die Fahne sich um den Leib gebogen und so den
Tod fand, so schützte sie sein Bruder der Wachtmeister war,
noch im Tod mit seinem Leib, und retteten dem Heer die
Fahne des Condé, daß sie nicht als Siegeszeichen in die
Hände des kaiserlichen Tilly komme, obschon sie von Geburt Deutsche waren. – Ein Schwur muß doch Erwecker einer großen Kraft im Menschen sein, und die gewaltiger ist
wie das irdische Leben. – Ich glaub, alles was gewaltiger ist

wie das irdische Leben, macht den Geist unsterblich. – Ein
Schwur ist wohl eine Verpflichtung, eine Gelobung das Zeitliche ans Geistige ans Unsterbliche zu setzen – da hab ichs
gefunden was ich mein was der innerste Kern unserer schwebenden Religion sein müßt. – Ein jeder muß ein inneres Heiligtum haben dem er schwört, und wie jener Fahnenjunker
sich als Opfer in ihm unsterblich machen – denn Unsterblichkeit muß das Ziel sein, nicht der Himmel, den mag ich denken wie ich will so macht er mir Langeweile, und seine Herrlichkeit und Genuß lockt mich nicht, denn die wird man satt,
aber Aufopferung und Not die wird man nicht müde. – Und
im Glück, im Genuß wird der Mensch nicht wachsen, in dem
will er immer stille stehen. Und was ist denn das wahre das
einzige Fünklein Glück was von dem großen Götterherd
herüber sprüht ins Leben? – Das ist Gefühl, daß Bedrängnis
das Feuer aus dem Stahl im Blut schlägt, ja das ists allein; –
die geheime innerliche Überzeugung der lebendigen Mitwirkung aller Kräfte, daß alles tätig und rasch sei in uns, ein-
zugreifen mit dem Geist, und die eigne irdische Natur wie
ihr Besitztum und Alles dran zu setzen. – Nun wohl, geistige
Kraft die die irdische zum eignen Dienst verwendet, die ist
das einzige menschliche Glück. – Ja ich glaub Besitz ist nur
insofern Glücksgüter zu nennen, als sie uns gegeben sind
damit wir sie verleugnen können um der höheren Bedürfnisse der inneren Menschheit willen. – Dies Verleugnen, dies
Dahingeben, daß es durch jene Glücksgüter in die Hand gegeben ist, uns über sie hinaus zu schwingen, das deucht mir
göttliche Gabe, *ach! ach!* die lassen wir aber fallen; wir lassen
die Begeisterung, die im Göttertrank des Glücks unsre Sinne
durchrauschen dürfte – und fürchten uns davor, und wenn
wir schon lüstern wären, doch deucht es gefährlich wie ein
Gott trunken den Becher in die Weite hinzuschleudern wenn
er ausgetrunken ist. – Merks, zu unserer schwebenden Religion gehört das auch daß wir den Wein den Göttern trinken
und trunken die Neige mit samt dem Becher in den Strom
der Zeiten schleudern. – So ists, sonst weiß ich nichts was
glücklich wär zu preisen als nur Tatenfroh immer Neues

schaffen, und nimmer mit Argusaugen Altes bewachen. –
Außerdem wüßt ich nichts was mich anfechte, was ich möcht
sein oder haben als nur mit meinem Geist durchdringen. –
Von mir soll niemand hören ich sei unglücklich, mags gehen
wies will, und was mir begegnet im Lebensweg das nehm ich
auf mich als seis von Gott mir auferlegt. Merks wieder, das
gehört auch noch zu unserer schwebenden Religion – und
mein inneres Glück das mach ich mit den Göttern ab. Diese
Momente, wo ein Gefühl: Göttertriebe seien in uns wach,
dem Stolz das Gefieder aufblättert, daß die Gedanken Respekt vor uns haben, die Gemeinen, – und uns aus dem Weg
gehen. Ach das ists – dann steigt man allein auf die Berggipfel und atmet die Lüfte ein im Nachtwind, in denen der Genius uns anhaucht vor Lust und Dank daß er ohne Sünde,
ohne Verleugnung wiedergeboren ward in uns; und dann
weiht man aufs neue sich ihm und verschwistert sich mit sich
selber, alles zu tragen, zu dulden. Nichts ist zu klein was solche große Seelenkräfte in Anspruch nimmt, denn eben diese
zu üben ist ja das Große; und versäumen kann man nicht das
Höhere um das Geringere, denn eben daß an das Geringe
alle Seelenkraft gewendet werde, mit Fürsorge gleich der des
Lebenspenders, das ist das wahre Opfer was uns göttlich
macht. »Man muß alles dem lieben Gott überlassen« sagen
die guten Christen – ja wohl, von ihm nehme ich an was er
mir zuerst entgegensendet, wozu die erste Regung meines
Geistes mich mahnt, und laß auf dem Zeitenstrom mich dahinschwimmen den er mir geschenkt, und ob ich da früheres
versäume oder größeres, das kann ich nicht wissen, und
wenns ein Bienchen wär daß ohne meine Hülfe ertrinken
müßte so reich ich erst den Zweig ihm sich zu retten, das ist
das Fundament von meinem innerlichen Glück, überhaupt
was sollt ich doch um irdisch Glück für Not haben, es ficht
mich nicht an. Soll sich einer glücklich preisen, ich müßt ihn
auslachen. – Sagt mir einer dir geschieht nichts, die Tage gehen vorbei, und kannst dein Wirken nicht vereinen mit der
Zeit, sie will nichts von dir, und läuft ihren Weg, sie hat taube
Ohren im Gebrause aller deren jeder einer für sich sorgend

seine Stimme will geltend machen und sich durchfechten.
Nun das ist mir nichts. – Ob handelnd oder fühlend, tiefemp-
findend mit dem Genius umgehen, das ist dasselbe, was ist
denn Handlen anders als fühlbar werden das Rechte, und es
tun. Handlen ist nur der Buchstabe des Geistes, es ist noch
nicht so süße als die heimliche himmlische Schule des Geistes. Wo ich auch hinaus denk, mir deucht nichts glücklicher
als im Schatten liegen jener großen Linde unter ihren fallen-
den Blüten, und durch ihr rauschend Gezweig dem Geliebten entgegen lauschen, dem heiligen Geist. Der ist mein Geliebter, der kommt und besucht mich jetzt in der heißen Jahreszeit, wenn ich im Boskett tanze, und es regnet Linden-
blüten auf mich mit jedem leisen Lüftchen. Ach er macht kein
Wesen von der Weisheit, von Gottesgelahrtheit, von Tugend, von Religion. – Ich bin ihm recht wie ich bin, er lacht
mich aus wenn ich belehrt sein will und bläst mich an; – da
hast du Weisheit, sagt er. – Dann spring ich auf und glüh im
Gesicht von seinem Hauch – ich lauf ins Haus, ich denk, wie
bin ich doch glücklich! – ich werf mich auf die Erd mit dem
Angesicht und küß die Erde. Das ist mein Gebet – wie soll
ich ihn umfassen als bloß wenn ich die Erde küß? – Einsam –
bin ich nicht – ist der Schatz überall, – die dritte Person in der
Gottheit überall; auch im Blumenstrauß vom Gärtner der an
meinem Bett steht vom Mond beleuchtet in der Nacht,
wenns alles still ist und tief schläft alles, und kein Licht mehr
brennt in den Nachbarhäusern, da fangen diese bunten Farben das Mondlicht auf; – wenn ich den anseh, dann sag ich:
»gelt das ist deine Rede zu mir heiliger Geist, dies Farben-
spiel in den Blumen?« – das leugnet er nicht daß ich ihn versteh. Dir kann ichs alles sagen denn durch Dich hab ich ihn
fassen gelernt, wenn ich Dir gegenüber saß und Du lasest
mir vor am Morgen was Du am Abend gedichtet hattest, da
sah ich mich immer nach *Dem* um der Dirs wohl vor-
buchstabiert hätt, der Klang der riß mich hin, ich ahnte es
war der Geist der auch mir begegnet draus wenn ich auf der
Höhe steh, und er braust von Ferne daher, beugt die Wipfel
auf und nieder, und kommt näher und näher und fährt grad

auf mich zu – umschlingt mich! wer solls sein? – wer kanns
wehren? – ich fühl seine Weisheit, seine Liebe ist Rhythmus.
– Was ist Rhythmus? – Widerhall der Gefühle am großen
Himmelsbogen, daß es schallt! – zurück! macht sich uns hör-
bar, was wir fühlten, daß es zärtlich anschlägt ans Ohr der 5
Seele bis tief ins Herz, das ist Rhythmus, das ist der heilige
Geist, aus der eignen Gedankenkelter gibt er uns zu trinken,
süßen Most, der süße heilige Geist.

Am Mittag.
Ach Günderode, ich weiß was das ist, die Weltseele, ich hab 10
oft gedacht, was doch so braust wenn ich ganz allein sitze in
der Mittagssonne, denn da ist das Brausen am stärksten; das
ist mein Geliebter der unter der Linde mit mir ist und im
Abendwind. – Der heilige Geist ist die Weltseele. – Er berührt alles, er weckt von den Toten auf, und hätt ich ihn 15
nicht, so wär alles tot. – Und Leben ist Leben wecken, ich
war verwundert als der Geist mirs sagte. – Ich besann mich
ob ich Leben wecke oder ob ich tot sei. – Und da fiel mir ein,
daß Gott sprach: Es *werde,* und daß die Sprach Gottes ein
Erschaffen sei; – und das wollt ich nachahmen. Ich ging am 20
Mainufer am Abend, ich sah in der Ferne den blauen Taunus,
und sah ihn drauf an daß er lebendig solle werden. Wie bald
war mein Wille erfüllt! Du hättest sehen sollen und fühlen
den Strom lebendigen Atems der herüberwallte von ihm auf
mich, wo ich saß. – Die Schwalben kamen vorausgeflogen, 25
die Nebel stiegen herab, die Abendstrahlen überleuchteten
ihn flüchtig und die Wiesen am Abhang, die Blumengärten
alles strömte er hinab aus seinem Talschoß mir zu, und enthüllte sich vor mir daß der Blick ihn deutlich fassen konnt,
wie sah mein Aug gewaltig. – *Aha!* – sonst hab ich weiter 30
nichts gedacht, er war mir der langerwartete, innigbekannte
Geliebte! – so wandelt sich denn der Geist in alles was ich mit
Lebenweckendem Blick anseh. Und keiner wird mir begegnen mich zu lieben, es ist der heilige Geist der aus ihm zu mir
spricht. – Ach ja! – ich kann von Glück sagen! – Seelen- 35
lauschen! himmlische Grazie! Du trägst mich ins Liebesbett,

auf den grünen Rasen. – Was du weckst, das weckt dich wieder, – und was uns weckt, das ist der heilige Geist, der an ferne Gipfel über den Nebeln mir aufstieg, denn weil ich gern mit Augen ihn sehen wollt. – Wie vertiefte sich doch
5 mein Blick in ihn, und merkte nichts vom Abenddunkel und daß er mich im Schleier fing der Nacht und ganz drin einwickelte. Ja wecke Du das Leben so ists gleich selbstständig und überrumpelt Dich. Und Du gehörst *ihm* statt daß es dein gehöre. – Ich hab aber noch was ganz anders im Schild, das
10 will ich Dir hier sagen: je stärker die Gewalt je lebendiger ist sie, drum ist Schönheit der lebendige Geist, denn sie weckt allein Leben, – alles andre weckt den Geist nicht. Ach wie schmachtet doch die Seele nach Schönheit, nach Leben, – die Schönheit ist Lebensnahrung der Seele. Das ganze Unglück
15 ist wenn nicht alles Schönheit um uns ist, da stirbt alles ab, und auch für die Ewigkeit ist alles verloren was nicht Keim der Schönheit ist. Sehnsucht ist Schönheitskeim der sich entfaltet. – Sehnsucht ist inbrünstige Schönheitsliebe.

Heute Nachmittag brachte der Büri der Großmama ein
20 Buch für mich – Schillers Ästhetik – ich sollts lesen meinen Geist zu bilden; ich war ganz erschrocken wie er mirs in die Hand gab als könnts mir schaden, ich schleuderts von mir. – meinen Geist bilden! – ich hab keinen Geist, – ich will keinen eignen Geist; – am Ende könnt ich den heiligen Geist nicht
25 mehr verstehen, – Wer kann mich bilden außer ihm. – Was ist alle Politik gegen den Silberblick der Natur! – Nicht wahr das soll auch ein Hauptprinzip der schwebenden Religion sein daß wir keine Bildung gestatten, – Das heißt kein angebildet Wesen, jeder soll neugierig sein auf sich selber, und
30 soll sich zu Tage fördern wie aus der Tiefe ein Stück Erz oder ein Quell, die ganze Bildung soll darauf ausgehen daß wir den Geist ans Licht hervorlassen. Mir deucht mit den fünf Sinnen die uns Gott gegeben hat könnten wir alles erreichen ohne dem Witz durch Bildung zu nahe zu kommen. Ge-
35 bildete Menschen sind die witzloseste Erscheinung unter der Sonne. Echte Bildung geht hervor aus Übung der Kräfte die in uns liegen, nicht wahr? – Ach könnt ich doch alle Ketten

sprengen die uns daran hindern jeder innern Forderung Genüge zu leisten; – denn dadurch allein würden die Sinne in
ihre volle Blüte aufbrechen. –

Ich lese eben meinen Brief durch und wundre mich über
den Paradegaul von prahlerischen Gedanken der drin an der
Leine im Kreis läuft. – Ein philosophischer Harttraber, ich
fühl mich nicht bequem wenn ich ihn reite, was kommt mir
doch so viel in den Kopf was ich selbst gar nicht wissen mag,
– könnt ich nur immer von der Himmelsleiter des Übermuts
herab unter die Philister speien. – Gute Nacht – das ist der
vierte Tag wo ich nichts von Dir weiß, jetzt wenn Morgen
kein Brief kommt so frag Dich doch selber was ich dann denken soll. –

An die Bettine.
Gestern Abend kam ich von Hanau, wo ich drei Tage in prosaischen Geschäftsaufträgen verbrachte, Deine zwei Briefe
lagen auf meinem Kopfkissen, und einer von Clemens der
nach Dir frägt, weil er die ganze Zeit nichts von Dir gehört
habe, keine Antwort auf mehrere Briefe. Er meint Du könntest krank sein, hast Du ihm denn gar nicht geschrieben? –
versäume doch nicht gleich zu schreiben, er frägt nach Deinen Studien und meint Dein Generalbaß-Eifer von dem Du
mit so viel Begeistrung ihm geschrieben, sei wohl auch wieder ins Stocken geraten. Ich soll Dein faselig Wesen zur Be-
sonnenheit bringen, und schilt mich einen Faselhans, und
klagt mich an ich versäume Dich, ich mache mir selber Vorwürfe und kann doch nach allem Überlegen zu keinem besseren Resultat kommen als eben Dich ganz Dir selber überlassen. – Der Clemens meint Du habest ein *enormes* Talent zu
jeder Kunst, und es müsse die Steine am Wege erbarmen
Dich so dahin schlampen zu lassen, Deine Selbstzufrieden-
heit hänge davon ab daß Du Dich mit Leib und Seel einmal
dran gebest, es sei der Schlüssel Deines ganzen Lebens. – Ich
darf ihm nicht sagen daß Du ein Religionsstifter bist, und die
ganze Menschheit auf Dich genommen hast, und willst sie

lassen von der Luft leben, und bildungslos dahertappen, und
willst nichts Gekochtes mehr essen, von lauter rohen Mohr-
rüben und Zwiebel leben, und die Bratspieße alle zum Teufel
werfen, und Dir das ganze Taunusgebirg zur Gesellschaft
bitten und daß Deine Religion schweben solle, und daß Du
in dem Gärtner einen adeligen Herrn entdeckt hast, das darf
ich ihm doch alles nicht sagen. Was soll ich ihm denn sagen? –
Da helf mir doch einmal ein bißchen drauf. – Der rasche
Wechsel von Anregungen in Deinen Briefen würden dem
Clemens die Haare zu Berge stehen machen, und Dein zärtlicher Umgang mit dem heiligen Geist, wie Du das nennst,
den Du gleich einem Jagdhund witterst, das würde ihm unsägliche Sorgen machen. Er frägt mich was Du mir schreibst,
denn er wisse, daß ich enorm lange Briefe von Dir bekomme.
Wo er das her weiß das ist mir ein Rätsel, ich hab mit Niemand davon gesprochen. Ich mein daß der Clemens recht
hat, denn wenn du auch ein neues Leben ausgefunden hast
indem Du mit Dir selber zusammentriffst, wie Du sagst, so
mußt Du doch auch fühlen: so gut wie in jenen Naturer-
scheinungen, die Dein Genius, wie Du meinst, benutzt, um
zu Dir zu gelangen, so würde er jede Kunst wohl auch benutzen dazu, wenn Du ihm nur die Pforte öffnen wolltest,
aber der Arme! ich glaube Du würdest ihn eher zerquetschen
ehe Du ihn da durch ließest. – Was Dich einen Augenblick
anregt, wozu sich wirklich Dein Feuer sammelt, das
zerstreuest Du mit allem Fleiß wieder, und gibst es den vier
Winden preis. Du kannst nicht leugnen daß die Musik mit
allem was Anregung in Dir bedurfte übereinstimmt. Du hast
mir selber geschrieben, Dein eigner Lebensgeist rufe Dir immer zu, eine Geige nimm, und verstärke den Strom der Harmonieen, sonst kannst Du nimmer glücklich werden. Dies
wars oder doch was ganz ähnliches, was Du mir vor vier
Wochen geschrieben, und daß Du fühlest die Musik sei der
Urgeist aller Elemente, und sie allein wecke den Geist im
Menschen, und Geist könne nur Musik sein, und was dergleichen prahlerische Gedanken mehr waren die wie ich sehe
aber gänzlich aus Deinem Kopf verschwunden sind. – Wo ist

nun Dein musikalischer Urgeist jetzt hin? – ich will Deinem
Lebensweg gar nicht in den Weg treten, aber daß Du dem
Geist der Dir auf geheimen Wegen entgegen kommt, den Du
so liebst daß Du meinst in allem sei nur Er es den Du je lieben
werdest, daß Du dem zu Lieb nicht einmal eine Kunst üben
willst, Dich zu nichts anstrengen, kein Buch lesen; nur spazieren gehen, auf Dächer klettern und über die Hecken auf
Nebelpfaden umherschweifen, schwebende Religionen zu
erfinden, das ist ein wahrer Jammer! wie gerne wollte ich
alles an Dir versuchen was Clemens als meine Pflicht mir vor-
hält, aber Du stehst mir ja doch nicht Rede, und haspelst wie
ein Schmetterling über Dich selber hinaus. – Wie lang bleibst
Du noch draußen. – Die Tonie läßt Dir sagen, sie werde Dich
am Mittwoch abholen Abends um halb neun Uhr, auf einen
Ball den der Moritz in Niederrath gibt, sie konsultierte mit
Marie und Claudine über Deine Kleidung, weil Du keinen
Ballanzug in Offenbach hast, eine weiße Krepp-Tunika eine
breite blaue Schärpe und blaue Achselschärpe, meinte Claudine, und was auf den Kopf? – Du trügest nichts auf dem
Kopf, meinte die Marie – ich will aber doch diesmal Dich
auffordern daß Du Dir einen Kranz von Aschenkraut auf-
setzest, das muß gar gut stehen, der Moritz will Dir einen
Strauß schicken. Heut haben wir Samstag, am Mittwoch also
wenn Du nicht abschreibst.

An die Günderode.
Ich schreib nicht den Ball ab, ich freu mich recht drauf, ich bin
jetzt schon vier Wochen recht vergnügt hier, und will auch
durchaus noch bei der Großmama bleiben bis die Tante aus
dem Bad kömmt, wir haben uns gar sehr ineinander gewöhnt die Großmama und ich, ich hab sie um Erlaubnis gefragt ob es ihr nicht unlieb sei wenn ich auf den Ball gehe. Sie
sagt nein gut Mäuschen, hast lang genug hier ausgehalten,
wann kommst Du wieder? – Denn Du wirst doch wohl den
andern Tag in Fr. bleiben? – ich sagte ich wolle noch in der
Nacht wieder herauskommen, denn ich sah ihr an daß sie

fürchtete ich möchte in der Stadt bleiben, und das könnt
leicht kommen daß die Brüder mich dann nicht wieder herauslassen, und ich will doch nicht eher fort bis die Großmama selber will und nicht mehr allein ist, richte es also mit
5 Tonie und Marie so ein daß die zusammen fahren und ich mit
dem George seinem Gick herausfahren kann, denn ich fürcht
mich nicht vor der Nachtluft, das weißt Du ja daß das ein
Gesetz ist in unserer schwebenden Religion. – Und Dein
fürchterlich Gebrummel, davor fürcht ich mich gar nicht,
10 denn ich weiß doch daß es Dir grad so gefällt, und mach dem
Clemens weis was Du willst aber sag ihm nichts wieder aus
meinen Briefen; wers ihm gesagt hat daß ich Dir so lange
Briefe schreib, das war der St. Clair, dem hast Du ein Stück
aus meinem längsten Brief gezeigt und abgeschrieben, wenn
15 er ihm nur nicht auch vom Inhalt gesprochen oder ihm gar
mitgeteilt hat, dann weiß ich gewiß daß mich der Clemens
lang ansehen wird, und wird mit Fragen hinten herum kommen, ich weiß gewiß er wird allerlei Kuriosigkeiten fragen,
und so lang über mich hinausfahren ins Kreuz mit Segen-
20 sprüchen, um mich von der Behexung los zu machen. Wie ich
Dir sag, mit dem Clemens führ ich ein ganz ander Leben, es
ist ein ander Register das da aufgezogen ist wenn ich an ihn
schreib, es hat gar denselben Ton nicht wie mit Dir.
　　Es ist noch nicht aus mit der Musik, es sind noch keine
25 erstarrten Grillen. Ich bin aufrichtig, und die einzige Tugend
der Wahrheit geht durch mein Nervensystem, alles ist in ihr
aneinander gereiht wies menschliche häusliche Leben in meinem Geist. Wenn ich Dir den großen Einfluß den die Musik
auf mich hat zu verschiedenenmalen mitgeteilt hab, so
30 kannst du denken daß ich dabei nicht stehen blieb, allein
wenn man Wege betritt die noch zu keinem Ziel geführt haben, wo alles noch wüste ist, noch keine Lösung hat, noch
selber mir nicht einleuchtet, was kann ich da viel sprechen. –
Die Bekanntschaft mit dem innern Leben einer Musik wird
35 von den Virtuosen ganz auf eine Weise gemacht die bloß auf
Auseinandersetzung ihrer einzelnen Teile geht, und sie wissen sich recht viel mit ihrer gelehrten Unterhaltung darüber;

sie wirbelt mir auch nicht, wie ein blauer Dunst durch den
Kopf – mir geht noch zugleich ein romantisch oder geistig
Bild dabei auf, das eine gibt mir Stimmungen, das andre
wohl Offenbarungen, – erst gestern wurde im Boskett unter
verschiedener neuer Musik die mich gar nicht anregte, eine
Symphonie aufgeführt von Friedrich dem Zweiten. Gleich
vorne steigt er mit klirrenden Sporen in Steifstiefeln mutig
auf, von allen Seiten her tönts ihm wieder er müsse keck über
die schüchterne Menschheit weggaloppieren, und bald
macht er sich kein Gewissen mehr draus; nur die einzige
Muse, die Tonkunst, tritt ihm fest entgegen, sein Roß hat ihn
in die einsamste Öde getragen, fern von den Menschen die er
wie eine Koppel Hunde mit einem Pfiff lenkt. Hier sinkt er
vor der einzig Übermächtigen nieder, hier bekennt er die
weite Leere seines Gemüts, hier will er Balsam auf alle Wunden gelegt haben, ungeduldig und zärtlich, demutsvoll küßt
er die Spuren ihres Wandels, und mit Vertrauen beugt das
gekrönte Haupt sich unter ihrem Segen. – Gereinigt, getröstet, wie wenn nichts geschehen wär mit ihm, kehrt er aus
diesem Flöten-Adagio wieder zu den Seinigen in das bril-
lante Geklirre der Violinen und Hoboen zurück. – Ich aber
spürs was die Kunst für Weisheit übt. Wo keine Hand hin-
reicht, wo keine Lippe sich öffnet, kein Gedanke sich hin-
wagt, da tritt sie als Priesterin auf, und das Herz bricht vor
ihr, legt flehend seine Bekenntnisse dar, will jedes Fehls sich
zeihen, will ganz im Busen ihr aufgenommen sein. Ja Musik
– sie schrotet Gold und Stahl, kein Helm sitzt so fest auf dem
Haupt, und kein Harnisch auf der Brust, sie dringt durch,
und es gelobet sich *Ihr* der König wie der Vasall.

Wie aber ists mit der Symphonie von Beethoven die gleich
darauf folgte? – Willst Du mit hinüber unter jenes Ölwalds
gleiche Stämme mit Laub wie Samt, schwimmend im Wind
der Wellen schlägt in ihren grünen Schleiern, und sanft auf
flockigem Rasen den einsam lautlosen Tritt Dir umflüstert! –
Komm! – schau die Sonne im Feuerpanzer ihre Pfeilstrahlen
vom Bogen strömend ins ewige Blau. – Bald vom Wechsel
der Wogen getragen schwankt unter Dir das unendliche

Meer. Der Wind fährt daher zwischen türmenden Wellen – bahnt Weg silbernen Göttern die aufrauschend, sich umschlingen mit Dir nach himmlischen Rhythmen Dir aus der Brust geboren. So nah ist alles verwandt Dir. – Doch ohne
5 End wechselnd dies Meer, fährt es dahin, in seiner Launen-Verzückung durchschlüpft Färbung auf Färbung sein Wellenspiel, fesselt Dein Schauen – durchdringt Deine Sinne, schmachtend und dann feurig, lächelnd, weinend, blendend und verhüllt wieder – so rasch vorüber streifts wie von ge
10 liebten Augen der Begeistrung Blick; kannst ihn nicht fassen, nicht lassen von ihm. – – Rein von Gewölk der Himmel, sein Hauch sanft jagt vor sich her Wellchen – unzählige – eins ums andere, und sterben am Ufer alle mit leisem Geseufz. – Ach! – süßer Moment herrschend über der Leidenschaften Meer! –
15 Da stockt Dein Atem, und möchtest halten – ganz und immer was jeden Augenblick ohne Aufhören Dir alles entschwindet. –

Was ists, die Seele im Meer der Musik? – fühlt sie Schmerzen? – Hat sie Wonnen, die wunderbar Bewegliche? – Kein
20 Gedanke mag ihr folgen – fühlt sie mit durch Rückwirkung alle Regungen? – Liebt sie wenn wir lieben? – Schmeichelts ihrem Schäumen wenn unsre Tränen hinein sich mischen. – O ich möcht hinein mich werfen in die schmaragdnen Lagunen, über die leise hingetragen durchs ungeheure Meer bis
25 zu seiner Höhe, uns zwei verwandte Seelen harmonisch der Kahn wiegt bis zum letzten Ton, – und dann – dieselbe Luftstille, dieselbe Himmelsreinheit, derselbe Atem, süß – unberührt, – dasselbe Sonnenlicht im Geist, – trunken von süßem Schwanken der Töne die durch den Busen wühlen.
30 Doch bald erhebt sichs! Der große Geist des Erschaffens – Du hörst im Brausen seine Stimme, der alles sich schmiegt, veratmen – dann hebt im Schauer Deiner Brust ihr Hauch sich wieder – und jetzt – gewaltig – in unermüdlichem Steigen und Sinken strömt sie schäumend den Winden entgegen,
35 die dröhnen – in Abgrund sich wühlend – sie zurück. – Ja das ist Beethovens Meer der Musik, von Himmel zu Himmel steigen die Töne und kühner je öfter hinab sie wieder strö-

men, und fühlst hoch über diesem Doppelschall Dich geborgen auf freiem Fels, umkreist von jenen wütenden Orkanen,
jenen Wogen, die ohne Ende Dir ans Herz steigen und ohne
Ende zurückgeworfen, ohne Aufhören wiederkehren mit
erneuter Macht, Dich umschmettern einander überwogend ⁵
und doch sich wieder teilend im Sonnenozean der Harmonie.
Und endlich die sehnenden Stimmen all, tummlend in fröhlicher Verwirrung des Jauchzens der Wehmut, und der tausend Gefühle die von seiner Meisterhand ein einzig leises
Zeichen – alle zugleich einstimmen: jetzt ists genug! – 10
  Ach wie ists doch da in der Brust? – ja gesteh! – ist sie nicht
das Meer, die Musik? – und Er, der Beethoven, ist Er es nicht
der ihm gebietet? – Und fühlst nicht auch hier: das Göttliche,
was den Geist des Erschaffens gibt, sei die ungebändigte Leidenschaft? – Und glaubst nicht, daß Gottes Geist sei nur lau- 15
ter Leidenschaft? – Was ist Leidenschaft, als erhöhtes Leben
durchs Gefühl das Göttliche sei Dir nah, Du könnest es erreichen, Du könnest zusammenströmen mit ihm? – Was ist
Dein Glück, Dein Seelenleben, als Leidenschaft, und wie erhöht sich Deines Wirkens Kraft, welche Offenbarungen tun 20
sich auf in Deiner Brust, von denen Du vorher noch nicht
geträumt hattest? Was ist Dir zu schwer? – welches Deiner
Glieder würde sich nicht regen in ihrem Dienst, – wo bleibt
Dein Durst, Dein Hunger? – siehst Du wohl, da fängst Du
schon an von der Luft zu leben; leicht wie ein Vogel über- 25
steigst Du Unersteigliches, und in die Ferne hinüber sendest
Du Deiner Unsterblichkeit Flammen, und sie entzünden
Ewiges, und es weiht sich Deinem Dienst, ergießt sich auch
in Leidenschaftsströmen, in den großen Ozean über dem die
ewigen Sterne Dir leuchten und die Nacht in ihrem Glanz 30
erbleicht und die Morgenröten freudig aufwachen. – Ja
drum! – der Irrtum der Kirchenväter, Gott sei die Weisheit,
hat gar manchen Anstoß gegeben; denn *Gott ist die Leidenschaft.* – Groß, allumfassend im Busen der alles Leben spiegelt wie der Ozean, und alle Leidenschaft ergießt sich in ihn 35
wie Lebensströme. Und sie alle umfassend ist Leidenschaft
die höchste Ruhe.

Jetzt will ich Dir was sagen: ich will nicht mehr haben daß
Du voll Angst seufzest um mein Nichtstun! ich weiß wohl –
und wenn ichs beim Licht betracht so könnt ich meine Zeit
besser zubringen als sie zu dem verdammen was mein Herz
5 nicht erfüllt, so hätt ich mir selbst mehr gewonnen, und
meine Liebe zum Besten, zum Höchsten hätt die Ungerechtigkeit nicht zur Stütze gehabt, ich weiß wohl daß ich im
Eifer allem was mir nicht unmittelbar Lebensnahrung war
unrecht getan hab. Ich hab mich immer im Voraus gewaffnet,
10 da ich nicht wußt ob es Streit geben werde; ich hab hundertmal die Wahrheit selbst über die Klinge springen lassen
wenn ich sagte dieses oder jenes rege meinen Geist nicht an,
denn alles regt ihn an, ja alles, und ich fühle Deinen Beruf
mich zu leiten mich zu lehren mit einer innern Stimme zu-
15 sammentönend, die mich eben mahnt wie Du; aber der
Drang mich meiner Leidenschaft zu überlassen ist so mächtig in mir daß ich glaub eine so starke Stimme überwinden zu
wollen ist Unsinn! Nicht möglich, – nein nicht möglich ist
mirs auf irgend etwas auch nur mehr acht zu geben als nur im
20 Vorüberschiffen, so wie man die Ufer kommen und schwinden sieht; – mein Blick fängt sie auf und fasset sie scharf daß
ich sie fest mir einpräge, aber im innern Gefühl nur vor-
überstreifend. Das Weiterziehen liegt mir im Herzen, das
Abschiednehmen wo ich kaum anlange, liegt schon im Will-
25 komm; und das geringste was meine Fahrt belangt seis nur
ein Schiffsseil teeren, tu ich mit mehr Genuß als an jenen
Ufern der Kunst und des Wissens mich aufhalten; sollte ihr
Sand auch lauter Gold sein, ihre Felsen Diamant und ihr Tau
Perlen. – Und wo will ich hin? – auf die Insel wos Äpfel und
30 Birn gibt hätt ich bald gesagt. – Aber ja freilich – dorthin wos
Moos duftet, wos Blüten regnet, wo die Himmelslüfte sprechen, wo der Sommerwind die Äste schüttelt, wo die Wälder
die Nacht in ihren Schatten hüten, daß sie sich gefangen gibt
so lange der Tag weilt, wo auf blühender Wiese die Adler
35 niederfahren und holen die Jünglinge hinan zum Allvater
daß er ihnen kose einen Augenblick und wieder sie entlasse
zum Spiel am Bach. – Wo die Bienenscharen von Dichterlip-

pen und in seinen blumensprossenden Tritten Honig sammlen, und wo Geister, lichte Berggipfel umtanzen, wo die
Seele sich aufschließt leis wie eine Knospe und des Geistes
Strahlen in ihrem Kelch eingebettet, wie die goldnen Staub-
fäden in der Rose, ihr Leben entwicklen und auch beenden. 5
Dort will ich hin, das liegt mir im Sinn, nichts wie Blütenmeer, Duft einatmen, Birn speisen und reife Trauben und
süße Pfirsig geteilt mit mir von Doppellippen, ich die Hälfte,
und die Er der heute noch am Scheideweg meiner harrte als
die Sonne hinunter war. Was ists? – es wird mich schon erzie- 10
hen, Tränen wirds geben, das weiß ich, aber auch Lust, so ists
immer wo Schönheit reifen soll, und das ist alles was ich verlang vom Schicksal, es soll mich scheiden vom Schlechten, es
soll keine Sünde in mir dulden, – in meinen unaufhörlichen
Träumen nur möcht ich eine Vollendung empfinden – der 15
Liebe, der Schönheit – das ist mein Ziel, und mein Geist
strebt eine Natur da heraus zu finden in dem ich dem Schönen fortwährend begegne. Das ists und nichts anders. Und
alles was ich erfahre von der Kunst, von Poesie und Wissen,
das schlägt an wie Echo in den unbekannten Tiefen meiner 20
Brust, da erschreck ich daß es *doch* wohl wahr sein möge was
manchmal nur wie Traum in mir wogt, da toben alle Pulse
vor Hoffnung es sei ein Doppelleben was wirklich auch Dop-
pelliebe kann haben, und daß wenn ich heiß mich sehne verstanden zu sein daß ich dann verstanden sei, wo? – wie – ach 25
was weiß ichs! – vom Nebel der dort flattert, vom Wind in
der Ferne, vom letzten Lichtstreif wenn die Nachtkuppel
schon sich senkt über mir, – kurz ich weiß nicht, alles was ich
anseh das müßte Geist haben, liebenden Geist, – wahrlich
sonst tut mirs Unrecht. Welche Wege übernehme ich doch? – 30
Welche Gefahren besteh ich im Geist? – – da schwimm ich im
Dunkel in uferlosen Fluten, eine Woge stürzt mich auf die
andre, aber ich vertrau, und eine Stimme in mir daß ich dem
Genius zu Lieb so kühn bin! – o das lebendige Feuer, und
trotz dem Stürmen halt ich die Palme hoch, und eile dem lei- 35
sen Schein des Morgenrots entgegen, weil das Er selber ist. –
Gott sei die Poesie hab ich in meinem letzten Brief gesagt,

und die Weisheit, sagen die Kirchenväter, ich habs geleugnet und gesagt, Gott sei die Leidenschaft, die Weisheit, die kommt ihm zu gut das Leidenschaftsall zu bestehen, aber sie ist nicht er selber; meine Gründe: was sollte Gott mit aller
5 Weisheit, wenn er sie nicht anbringen kann. Wenn aus allem was geschaffen ist, sich Neues erzeugt, wenn keine Gewalt, keine Kraft überflüssig ist, sondern grad um ihrer höchsten Entwickelung willen sich ewig selbst anregend steigern muß, so kann die Weisheit Gottes nicht selbst die Händ in
10 den Schoß legen wollen. – Himmel und Erde regieren wo Sonn und Mond und alle Stern schon für die Ewigkeit ange-papt sind, das kann der Weisheit kein Reiz sein: sich in Men-schenangelegenheit mischen, ihre Gebete erhören die alle verkehrt sind, das muß bei himmlischer Hofhaltung doch
15 wohl von selber gehen. Sollte Gott sich des Dings selber an-nehmen, – es wäre unweise, – denn der Hauch Gottes über-wiegt alles geistige Wehen der Menschheit, so würde diese denn nimmer der eignen Weisheit Keim lösen können in sich. Unser Geist ist feuermächtig, er soll sich selbst an-
20 fachen; wir haben die Leidenschaft, sie soll im Geistesfeuer gen Himmel steigen zum ewigen Erzeuger, in seiner Leiden-schaften Glut mit allem übergehen; nicht umsonst steigt in der Leidenschaft der mächtige Geist der Unsterblichkeit auf, jeder Hauch, jeder Blick soll ewig währen, das sagt eine in-
25 nere Stimme. Alles was mich entzückt in der Natur, dem schwör ich ewige Treue, der Lüfte Liebkosungen, wie könnt ich ihnen den heißen Atem weigern, der heiß nur ist um in der Lüfte Liebe sich zu kühlen. Die klaren schwankenden Wässer, wie sollt ich ihnen nicht vertrauen die mich tragen,
30 ruhig gebettet, auf ewig regem Leben wie die Liebe das Ge-liebte trägt, und die sanfte weiche Erde, wie sollten die Sinne ihr sich abwenden die keine Regung ungeboren lässet, jeden Keim in die Lüfte trägt, und Flügel gibt, heimlich in die Wiege alles Geschaffnen, die der Geist mächtig zum Himmel
35 einst entfalte wenn er gereift ist durch ihre Spende – sie die himmlische Erde, – auf der frohlockend sich alles Leben tum-melt und alles trägt im Busen und über ihm, – die sie auf sich

herumtrapplen läßt all die Lebendigen, – und gibt ihnen die
Milch ihrer Kräuter und Früchte die in so großer Fülle aus
dem Busen ihr springen, – ja wie sollt ich nicht mit heißer
Liebe sie lieben die Doppelliebige? – Und dann, – das Licht
das niedersteigt ins Dunkel einsam drin zu spielen: – und der
Einsamkeit Odem einbläset, und der Erde Kräfte nährt und
tränkt, die dann den Geist umspielen daß er im verschlossenen Dunkel seiner Selbst, des Lichtes Leidenschaft für ihn
sich erinnere und auch ihm zuwachse sich mit ihm zu küssen.
Wenn Ihr alle dichtet von jenen Wahrheiten, so mächtig so
selbstlebend daß sie dem Dichter den Busen bewegen daß er
ihr Element werde, und sie ewig ausspreche, o so lasset sie
für mich geboren sein daß ich ihnen traue, daß ich mich ihnen
hingebe und sie genieße, für was drängten sie sich ewig in
Euren Geist, für was rührten sie Eure Lippen die Ihr sie aus-
sprecht, wenn sie nicht wahrhaft lebendig Leben wären das
durch Euch wiedergeboren soll werden in die Sinne der Menschen. Nun meine Sinne sind fruchtbarer Acker, sie haben
Euren Samen aufgenommen, o denket daß nichts von Euch
geahnet war, nichts, was Ihr nur in den Wolken gelesen, was
mir nicht lebendig geworden. Das ists! – Und was wollt ich
doch sagen? – Ach wie weit hab ich mich verlaufen, und
wollte doch nur sagen von dem Gott, und daß er nicht die
Weisheit könne sein, sondern die Leidenschaft, die der Weisheit bedürfe um kühn und tapfer zu Stande zu bringen was in
ihr gärt. – Wie sag ich Dirs doch wenn Du's nicht von selbst
verstehst, wenn Du nicht verstehst daß alles Wesen durch
Leidenschaft ausgesprochen sein wolle, ja selbst die Ruhe
nichts anders sei als nur Leidenschaft, daß *der* Mensch nur
mit einem Götterbusen geschaffen sei, in dem die Leidenschaften ihren Herd haben, dem Göttlichen ewig lebendige
Glut zu opfern. – Wenn Du nicht dazu ja sagst, wie kann ichs
Dir abdringen. – Drum komm und lasse uns Weisheit sammlen, um unserer Leidenschaften Glut damit zu schüren. –

Daß Gott die Weisheit sei, das haben wir protestiert, aber
daß Weisheit und Tapferkeit in einander verliebt seien, – aber
nicht die der Kirchenväter, – das ist *unsere* Lehre; sie sind der

Herd auf dem die Leidenschaften flammen, ohne sie kann
Leidenschaft nicht atmen. – Und wenn es keine brennenden
Leidenschaften zwischen der Kraft und dem Geist gäbe wo
sollt ihr Feuer herkommen? denn um nichts ist wieder nichts,
5 – sie würden sich schlafen legen und absterben, die Kräfte
und der Geist – aber der heiße Trieb in einander zu schwelgen, einander zu besitzen, die schüren das Lebensfeuer in ihnen, da ist fortwährend innerlich Bewegen zu einander. Gefühl in jeder Regung sie sei empfunden von der andern, – das
10 ist das innere lebendige Leben und alles andre ist nicht lebendig in uns. Für was würde man sich vor sich selber schämen,
wär nicht diese innerliche Liebesdespotin die das Gefühl zur
Rechenschaft forderte daß man einem inneren Mächtigen die
Treue gebrochen, oder einer Schwäche sich hingegeben vor
15 dem Geliebten. Was ist das Gewissen anders als der Minne-
hof des Geistes mit den Sinnen – wo sie sich einander hingeben, und Opfer, Heldentaten für einander tun; und innerlichen Minnesold empfangen. Und dann jene Stimme, die
jegliche Stimmung prüft; je tiefer und weiter sich dies Leben
20 ausbildet, je fester gründet sie die Ansprüche und Berechti-
gungen, je leichter verletzbar. Ach ich sag Dir, es liegt ein
Adel, ein steigernder Trieb in der Seele der auf die Au-
ßenseite des Lebens zurückstrahlt, alles aus leidenschaftlicher Berührung der Sinne mit dem Geist; wenn Du schrei-
25 test, wenn Du Dich wendest, wenn Du die Stimme erhebst –
was auch des geringsten nur, Dich einen Augenblick aus der
Gegenwart (Einwirkung) jener Lebensregungen entfernt,
fühlst Du nicht Vorwürfe? – ein Stocken, eine Ohnmacht in
Dir? – schlägt nicht Dein Herz in Pein als müsse es rückkeh-
30 ren? – dahin wo die Sinne sich geliebt wähnen vom Geist,
sich zärtlich umarmen mit ihm. – Ach ich muß solchen Unsinn reden – mit Tränen, denn ich bin so tief bewegt von etwas, wie soll ich Dir das sagen? – Der edle Mensch ein Tummelplatz von Leidenschaften, lauter Kräfte die aufstreben ins
35 Leben durch die Liebe unter einander! – Die regt jene auf,
zärtlich oder feurig alle mitsamt glühen für einander durch
den Geist, und da glühts und da sprühts, und da scheint end-

lich der Alletagstag so nüchtern hinein, und reißt die Feuer
auseinander, und löscht die Brände und macht den Alltags-
menschen aus einem; das ist eure Not um mich, und diese
Schicksale schweben mir in der Brust indessen, und fordern
Antwort jeden Augenblick. Ach da gibts Streit, Versöh- 5
nung, heimlich Glückspenden, und dies alles ist wie der laue
Abendwind der von selbst herübergeklettert kommt, ich hör
ihn schleichen, sacht an mich heran, und mir am Herzen flattern, und dann bin ich schmerzzerrissen; von was? – ich
kanns nicht sagen; – mein Herz – zu schwach ists. – Daß es 10
geliebt wär von einer höhern Macht, süß begehrend! es
kanns nicht tragen. – Den Geist außer mir, in der Luftwelle
oder im Mondglanz, oder sonst – spricht der mit mir, das
ertrag ich nicht – dann bitt ich laß mich schlafen – Dir im
Schoß. Denn ich kann ihm nicht ins Antlitz schauen, und sag 15
ihm ich wolle sterben, er soll mich zudecken – mit grünen
Zweigen, Er der neben mir steht, oder über mir, und mich
ansieht so still. Was ist vernichtendes in der Liebe? – daß ich
sag ich wolle sterben? – denn ich hab nichts anders in der Seel
als diese Sprache; denn meine Hände können nicht hinlan- 20
gen. Wollt ich in die Luft reichen? – nein ich darf nicht er
verschwindet, und mein Blick, der sieht nur auf wenns Nacht
ist, nicht bei hellem Tag. – Aber in der Nacht im Finstern, da
geh ich ihm entgegen da treibt michs oft eilig in die dunklen
Laubgänge, und ganz am End da seh ich wie wenn ich über- 25
zeugt sein dürfte Er sei es. – Nicht freudig, nicht traurig –
tiefe Stille in mir, manchmal schlägts Herz bang, dann seh ich
den Schatten vor ihm herstreifen über den Rasen. Dann ruf
ich mich auf: laß mich doch denken können! – und sammle
meine Sinne, und immer so vorwärts schreit ich, eilig, und 30
immer näher, dann am Baum leg ich mich nieder auf die
Wurzeln, die küss ich diese Wurzeln – es sind die Füße des
Dichtergeistes über mir. – Aber ich muß schlafen gehen, zu
müde bin ich, – schon zweimal eingeschlafen während dem
Schreiben. 35
     Heut seh ich daß ich Dir von nichts geschrieben hab was
Du mich frägst und bin aus Mangel an Logik ins Geschwärm

geraten. Und doch wollt ich Dir nur sagen, ich studier noch
Geschichte fort, nur wollt ich Dir keine trocknen Auszüge
mehr davon in meinen Briefen machen, dafür zeichne ich
Landkarten und hab andre Spekulationen, so studier ich die
5 Woche zweimal mit Hofmann Musik, nicht mehr Generalbaß, er meint ich werd den von selbst in mich kriegen, ich soll
lieber meine Melodieen aufschreiben, auf die er einen Wert
legt, und mir gern zuhört wenn ich Abends sing, auch hat er
mehrere Gänge mir abgehört und sie aufgeschrieben, und
10 letzt hat er im Konzert phantasiert bloß auf Thema die er
von mir erlauschte, drum, es war mir auch so wunderlich, es
stand mir die ganze Musik so spöttisch gegenüber, ich wußt
gar nicht was ich dazu sagen sollt, ich hatte es nicht erraten,
am Morgen frug er wie mirs gefallen hätt, ich sagt es sei mir
15 gewesen als müsse ich ihm immer voranlaufen, und wisse
schon alles wies kommen werde; es sei gewesen als haben
seine Phantasieen einen Verstand den ich begreife. – »Ja das
war weil es Ihre eignen Wege waren, die Sie gegangen sind;«
und seitdem will er daß ich aufschreiben lerne, das ist mir viel
20 schwerer als alles andre, kein Gedanke hält eine Minute fest,
und gelingt mirs an einem Ende ihn zu fassen, dann reißt er
mitten entzwei und ich kann das andre nicht dazu finden so
wie es anfänglich aus meinem Geist hervorgegangen war,
dann find ich wohl ein ander End, aber weil es nicht das erste
25 war was von selbst aus meinen Sinnen hervorgegangen,
dann bin ich unruhig als sei es falsch, und den Takt zu finden
das ist mir ganz unmöglich – der Hofmann will mir oft Takt-
teile zusammenrücken, das kann ich nicht wollen, oft geb
ichs zu, dann wills mein Gefühl wieder anders, der Hofmann
30 hat eine unsägliche Geduld mit mir, und meint dies alles
werd sich finden, so wie ich erst gewohnt sei aufzuschreiben
da werde ich der Sache schon Meister werden; wenn er mir
das sagt das macht mich ganz traurig – ich mag nicht Meister
werden ich will mich bemeistern lassen von diesen Musik-
35 fluten von denen ich nicht weiß ob sie Wert haben können für
ein ander Ohr, das schadet nicht, sie reden mit mir, und sagen
mir volle Lebensakkorde die ich erkenne als Eins mich ma-

chend mit der Natur, das ists was mich hindert. Es ist mir als
wolle ich in Weissagungen pfuschen. – – Ja es wird schwer
gehen mit dem Lernen. Und doch! – ich hab den Willen und
tue das mögliche in dieser Einöde von Talentlosigkeit; – und
von dem Geist der Leben in mir ist da muß ich Abschied neh-   5
men wenn ich lernen will, da sag ich mir es sei nur auf Zeiten,
er werde wiederkehren der Geist, und dann fühl ich mich reif
zum Abschied und sterb wenn ich lernen will.

Jetzt will ich Dir auch noch auf Deine letzte Frage antworten von der gemeinen Frau, das war kurz ehe ich von   10
Frankfurt hier herauskam, da war ich allein von dem Bockenheimer Tor aus dem Garten wo die Tonie wohnt hereinge-
gangen in die Stadt. Da begegnete mir eine Frau der war das
Band aufgegangen am Schuh, und sie konnte sich nicht
bücken denn sie ging mit einem Kinde und seufzte sehr unter   15
ihrer Last, ich ließ sie ihren Fuß auf mein Knie stellen um das
Schuhband ihr zuzubinden, dann aber führte ich sie nach ihrer Wohnung weil sie so sehr jammerte über Schmerzen, es
war schon dämmerig, als wir in die Stadt kamen da begegnete mir eben auch die Frau Euler welche unser beider böser   20
Dämon zu sein scheint, ich machte ihr eine tiefe Verbeugung
zu meinem Plaisir, und schleppte die Frau weiter, die fing
aber an mir bang zu machen denn sie seufzte so schwer und
ward so blaß und der Schweiß trat ihr auf die Stirn, da kam
der gute Doktor Neville, dem übergab ich die Frau, und als   25
ich auf den Roßmarkt kam da begegnete mir der Moritz der
sagte: ach wie blaß sehen Sie aus, es fehlt Ihnen was, ich habe
so großen Hunger, sagte ich – und es war auch wahr, die
Angst mit der Frau hatte mir Hunger gemacht, der Moritz
griff in die Tasche die hatte er voll getrockneter Oliven, die   30
esse ich gern, er leerte seine Tasche in meinen Handschuh
aus, den ich ausgezogen hatte um sie hineinzufüllen, da führt
der Gukuk die Lotte vorbei; der Moritz ging, die Lotte kam
an mich heran und fragte wie kannst du nur auf offner Straße
mit dem Moritz Hand in Hand stehen, das ärgerte mich, ich   35
ging ins Stift zu Dir herein wo ich meine Oliven speiste und
die Kerne alle in eine Reihe legte aufs Fensterbrett, Du

standst neben mir und warst ganz still versunken in die Dämmerung und endlich sagtest Du, »warum bist du heute so
schweigsam?« ich sagte: ich esse meine Oliven das beschäftigt mich, aber Du bist doch auch stille, warûm bist Du still?
5 – »Es gibt ein Verstummen der Seele« sagtest Du »wo alles
tot ist in der Brust.« – Ist es so in Dir, fragte ich – Du
schwiegst eine Weile, dann sagtest Du: »es ist grade so in mir
wie da draußen im Garten, die Dämmerung liegt auf meiner
Seele wie auf jenen Büschen, sie ist farblos aber sie erkennt
10 sich, – aber sie ist farblos,« sagtest Du noch einmal, und dies
letztemal so klanglos auch, daß ich Dich im Nachtschimmer
ansah verwundert und verschüchtert, denn ich traute mich
nicht mehr zu reden, ich sann auf Worte wie ich mit Dir an-
heben sollt; – ich suchte in weiten Kreisen umher, nichts
15 schien mir geeignet diese Stille zu unterbrechen, die immer
tiefer und tiefer sich wurzelte und mir wie einen Schlummer
durch den Kopf strömte, dem ich nicht mehr widerstand –
ich legte mich träumend auf die Fensterbank mit dem Kopf,
und so wer weiß wie viel Zeit verging, da kam Licht ins Zim-
20 mer, und als ich aufsah da standst Du über mir gebeugt und
sahst auf mich, und als ich Dich fragend ansah, da gabst Du
zur Antwort: – »Ja ich fühle oft wie eine Lücke hier in der
Brust, die kann ich nicht berühren, sie schmerzt;« ich sagte
kann ich sie nicht ausfüllen diese Lücke? – »Auch das würde
25 schmerzen« sagtest Du; da reicht ich Dir die Hand und ging,
und lang verfolgte mich Dein Blick der so still war und so
innerlich und doch nur wie über mir hinstreifte. Oh ich hatte
Dich im Heimgehen so lieb, ich schlang meine Arme um
Dich so fest in Gedanken, ich dacht ich wollte Dich tragen
30 auf meinen Armen ans End der Welt, und dort Dich an einen
schönen moosreichen Platz niedersetzen, da wollt ich Dir
dienen und nichts Dich berühren lassen was Dir weh tun könne; ja so wars in meinem kindischen Herzen, mit Gewalt
wollt ich Dich fröhlich machen und dachte einen Augenblick
35 es solle mir gelingen, aber ich weiß wohl daß mir so was
nicht gelingen kann und daß es nur Verwechslen ist von meinen Sinnen, die wie Kinder Fernes und Nahes nicht unter-

scheiden können, die auch meinen sie können den Mond her-
ablangen mit der Hand und können den Spielkamerad damit
trösten wenn er stumm und traurig ist. – Als ich nach Hause
kam, da waren alle beim Tee versammelt und ich war stumm
weil ich an Dich dachte, und setzte mich auf einen Schemel
am Ofen, und da ging ich tief in mein Herz hinein wie ich
doch ein inneres Leben aus meinem Geist wecken wolle, das
Dich ein bißchen berühre, da Du mir bisher alles allein gegeben hast und ich hab nie die Stimme in meiner Brust können vor Dir laut werden lassen; da dacht ich wenn ich fern
von Dir wär da würd ich in Briefen wohl eher zu mir selber
kommen, weil das vielfältige ja das tausendfältige Getümmel
in mir mich verstummen macht daß ich nicht zu Wort komme
vor mir selber. – Und ich erinnerte mich daß wie wir einmal
von den Monologen des Schleiermacher sprachen, die mir
nicht gefielen, so warst Du andrer Meinung und sagtest zu
mir: »und wenn er auch nur das einzige Wort gesagt hätte:
der Mensch solle alles Innerliche ans Taglicht fördern was
ihm im Geist innewohne, damit er sich selber kennen lerne,
so wär Schleiermacher ewig göttlich und der erste größte
Geist.« – da dacht ich wenn ich von Dir fern wär da würd ich
in Briefen wohl Dir die ganze Tiefe meiner Natur offenbaren
können – Dir und mir; und ganz in ihrer ungestörten Wahrheit wie ich sie vielleicht noch nicht kenne, und wenn ich will
daß Du mich liebst, wie soll ich das anders anfangen als mit
meinem innersten Selbst, – sonst hab ich gar nichts anders, –
und von Stund an ging ich mir nach wie einem Geist, den ich
Dir ins Netz locken wollt. Am Abend hatte mir der Franz
noch ein paar freundliche aber doch mahnende Worte darüber gesagt daß ich mit dem Moritz auf der Straß gestanden
hatte und geplaudert; – die Lotte hatte es der Schwägerin
gesagt; – ich antwortete ihm nicht darauf, denn verteidigen
schien mir nicht passend, wie denn das meiner Seele ohne-
dem nicht einverleibt ist daß ich solche Irrtümer aufklären
möchte und am Ende schien mir der Moritz doch wert daß
man freundlich mit ihm Hand in Hand stehe, obschon er mir
bei jener Vermahnung sehr schwarz gemacht wurde, er be-

gegnete mir am andern Morgen auf dem Vorplatz und ich
sah mich um ob niemand mich erspähen könne und zog ihn
in die Ecke wo die Wendeltreppe hinaufführt zu meinem
Zimmer, da küßte ich ihn auf seinen Mund zwei dreimal, und
5 daß er meine Tränen auf seinem Gesicht fühlte, denn er
wischte sie mit der Hand ab, und sagte was ist das? – »was
fehlt Dir Kind, was ist Dir?« ich riß mich los und sprang hinauf auf die Altan hinter die Bohnen – und war sehr schnell
oben daß ers nicht sah, er glaubte mich in meinem Zimmer
10 und kam herauf und klopfte an, und weil er keine Antwort
bekam, so machte er leise auf und weilte einen Augenblick
im Zimmer, als er herauskam sah er nach der Altan, mir war
recht bang er würde mein weiß Kleid erblicken denn das
schimmerte durch das dünne Bohnenlaub. Ich weiß nicht ob
15 er mich sah und mein Verbergen achtete, aber ich glaubs, und
das gefiel mir so wohl von ihm; als ich ins Zimmer kam fand
ich auf meinem Tisch im Kabinett am Bett ein Fläschchen in
zierlichem Brasilienholz mit Rosenöl; – am Abend auf dem
Ball bei seiner Mutter sprach er nichts zu mir – wie sonst –
20 aber er kam in meine Nähe und weil das Fläschchen so süß
duftete hinter dem Strauß von Aschenkraut und Rosen, da
lächelte er mich an und ich lächelte mit, aber ich fühlte daß
gleich mir die Tränen kommen wollten, ich mußte mich abwenden, er merkte es und ging zurück und stellte sich unter
25 die andern, er mußte auch tanzen mit den Prinzessinnen und
hatte viel Geschäfte und mußte eine Weile mit dem König
von Preußen sprechen, aber ich sah doch daß er mich im Aug
behielt den ganzen Abend, und selbst während er mit dem
König sprach sah er herüber, sehr ernsthaft immer, ich war
30 heimlich vergnügt aber doch hätt ich jeden Augenblick weinen mögen, als wir weggingen flüsterte er mir ins Ohr, Du
gleichst der Sophie. Was war das alles was mir durch die Seele
ging? – ich weiß es nicht. Am andern Tag wo ich nicht wie
gewöhnlich zu Dir kam, da hatte Moritz am Morgen seinen
35 Gärtner geschickt mit einem Wagen voll schöner seltner Blumen die stellte er ohne mein Wissen hinter der Bohnenwand
auf – und als ich sie sah, war ich erst gar erschrocken, und

verstand nicht wie die Blumen daher gekommen waren, aber
bald verstand ich, er müßte mich doch wohl gesehen haben
hinter der Bohnenwand am vorigen Tag. – – Ach ich war
während diesen Stunden so wunderlich bewegt gewesen:
von Dir, von Kränkungen, von Mitleid daß er verleumdet
war; von seinem feinen Wesen zu mir, und dann daß er mir
gesagt hatte so leise, Du gleichst der Sophie, die ihm doch
gestorben war, – daß ich nicht mehr wußte was ich wollte.
Am Nachmittag kam Christian Schlosser, vom Neville geschickt der der Frau beigestanden hatte bei der Geburt von
einem kleinen Mädchen, denn das war gleich in der Stunde
auf die Welt gekommen, der ließ mich fragen ob ich nicht
wolle zur armen Frau kommen, die sei sehr krank und auch
das Kindchen, und ich solle es aus der Tauf heben, der Christian Schlosser wolle mit Taufzeuge sein, ich ging mit, da war
der Pfarrer, der taufte das Kind, und die Frau war sehr
krank, wie der Pfarrer weg war, so nahm die Wartfrau das
Kindchen auf den Arm und sagte »es wird gleich sterben,« da
war mir so bang, ich hatte niemals jemand sterben sehen, und
die kranke Frau im Bett weinte so sehr ums Kind, die Heb-
amme sagte, eben stirbts; und schüttelte es, da wars plötzlich
tot. – Ach wie ich nach Hause kam war ich so traurig – der
Franz sagte: Du siehst seit einiger Zeit so blaß aus, Deine
Gesundheit scheint mir gar nicht fest, und als am Abend
wieder das Gespräch auf den Moritz kam wobei er gar nicht
geschont wurde, da schrieb ich an die Großmama sie solle
mich vom Franz zu sich begehren nach Offenbach. Das war
Allen recht und mir auch, so war ich ihrer Meinung nach dem
Moritz aus dem Weg geschafft, und ich meiner Meinung
nach, brauchte doch nichts Böses von ihm zu hören, denn ich
will nichts Böses von ihm hören, nein nimmermehr will ich
was Böses von ihm hören. Aber hier in Offenbach war ich
gleich wieder ruhig, und da ward mir mein Gelübde gleich
wieder klar das ich an jenem Abend vor Deiner Tür noch
aussprach als Du so kalt warst und so traurig, – daß ich eine
Gabe Dir wollt geben von meiner Seele, daß ich mein Innerstes wollt Dir zu Lieb zu Tage fördern, weil Du das so

hochschätzest wie jener Schleiermacher. Und da hab ich in
meinem Innersten Wege geschritten, und bin dahin geraten
wo Du jetzt stockst, und willst nicht weiter und fürchtest
Dich mich anzuhören; denn ich habs wohl gemerkt an Deinem Brief, Du fürchtest Dich vor meinen Abwegen. O
fürcht Dich nicht, ich gab Dir treulich wies Echo, was wie-
derhallte aus mir. Ach! –

Ich bin jetzt glücklich, sei Dus auch! – schöne Träume hab
ich und das ist ein Zeichen daß die Götter mit mir zufrieden
sind. – Im Herzen ist mirs wenn ich erwache am Morgen als
ob ich von Dichterlippen geküßt sei, ja merk Dirs von Dichterlippen. Nein ich fürchte mich nicht mehr vor der Zukunft!
– ich weiß durch was ich sie mir zum Freund mache, ja ich
weiß es. Ich will auch wie die Großmama einen Ewigkeits-
kreis mit meinem Leben schließen, nicht wie Du gesagt hast,
jung sterben. Viel wissen, viel lernen, sagtest Du, und dann
jung sterben, warum sagst Du das? – mit jedem Schritt im
Leben begegnet Dir einer der was zu fordern hat an Dich,
wie willst Du sie alle befriedigen? – Ja sage, willst Du einen
ungespeist von Dir lassen der von Deinen Brosamen fordert? – nein das willst Du nicht! – Drum lebe mit mir, ich hab
jeden Tag an Dich zu fordern. Ach! – wo sollt ich hin wenn
Du nicht mehr wärst? – Ja dann, gewiß vom Glück wollt ich
die Spur nimmer suchen. Hingehen wollt ich mich lassen
ohne zu fragen nach mir, denn nur um Deinetwillen frag ich
nach mir, und ich will alles tun was Du willst. – Nur um
Deinetwillen leb ich – hörst Dus? – Mir ist so bang – Du bist
groß, ich weiß es – nicht Du bists – nein so laut will ich Dich
nicht anreden – nein Du bists nicht, Du bist ein sanftes Kind,
und weils den Schmerz nicht tragen kann so verleugnet es
ihn ganz und gar – das weiß ich, so hast Du Dir gar manchen
Verlust verschleiert. Aber in Deiner Nähe, in Deiner Gei-
stesatmosphäre deucht mir die Welt groß; Du nicht – fürchte
Dich nicht, – aber weil alles Leben so rein ist in Dir, jede
Spur so einfach von Dir aufgenommen, da muß der Geist
wohl Platz gewinnen sich auszudehnen und groß zu werden.
– Verzeih mirs heut, ein Spiegel ist vor meinen Augen, als

hätte einer den Schleier vor ihm weggezogen, und so traurig
ist mirs, lauter Gewölk seh ich im Spiegel, und klagende
Winde – als müßt ich ewig weinen weil ich an Dich denk – ich
war drauß heut Abend am Main, da rauschte das Schilf so
wunderlich – und weil ich in der Einsamkeit immer mit Dir
allein bin, da fragt ich Dich in meinem Geist, »was ist das?
redet das Schilf mit *Dir*«, hab ich gefragt. Denn ich will Dirs
gestehen, denn ich möchte nicht so angeredet sein, so klag-
voll, so jammervoll, ich wollts von mir wegschieben! – Ach
Günderode so traurig bin ich, war das nicht feige von mir
daß ich die Klagen der Natur abwenden wollt von mir, und
schobs auf Dich – als hätte sie mit Dir geredet wie sie so wehmutsvoll aufschrie im Schilf. – Ich will ja doch gern alles mit
Dir teilen, es ist mir Genuß, großer Genuß Deine Schmerzen
auf mich zu nehmen, ich bin stark, ich bin hart, ich spürs
nicht so leicht, mir sind Tränen zu ertragen, und dann sprießt
die Hoffnung so leicht in mir auf, als könnt wieder alles werden und besser noch als was die Seele verlangt. – Verlaß Dich
auf mich! – wenns Dich ergreift – als woll es Dich in den
Abgrund stoßen, ich werde Dich begleiten überall hin – kein
Weg ist mir zu düster – wenn Dein Aug das Licht scheut
wenn es so traurig ist. – Ich bin gern im Dunkel liebe Günderode – ich bin da nicht allein, ich bin voll von neuem was in
der Seele Tag schaffet – grade im Dunkel da steigt mir der
lichte hellglänzende Friede auf. – O verzweifle an mir nicht,
denn ich war in meinen Briefen auf einsamen Wegen gegangen, ja, zu sehr als such ich nur mich selbst, das wollt ich doch
nicht, ich wollte *Dich* suchen, ich wollt vertraut mit Dir werden, nur um mit Dir die Lebensquellen zu trinken, die da
rieseln in unserm Weg. – Ich fühls wohl an Deinem Brief Du
willst Dich mir entziehen – das kann ich nicht zugeben die
Feder kann ich nicht niederlegen – ich denk Du müssest aus
der Wand springen ganz geharnischt wie die Minerva und
müßtest mir schwören, meiner Freundschaft schwören, die
nichts ist als nur in Dir – Du wollest fortan im blauen Äther
schwimmen, große Schritte tun, wie sie, behelmt im Sonnenlicht wie sie, und nicht mehr im Schatten traurig weilen.

Adieu ich geh zu Bett ich geh von Dir, obschon ich könnt die
ganze Nacht warten auf Dich daß Du Dich mir zeigst, schön
wie Du bist und im Frieden, und Freiheit atmend wies Deinem Geist geziemt der das Beste Schönste vermag. Eine Ruhestätte Dir auf Erden das sei Dir meine Brust. – Gute
Nacht! – sei mir gut – ein weniges nur. –

Montag.

Jetzt hab ich schon drei Tage an diesem Brief geschrieben
und heute will ich ihn abschicken, ach ich mag ihn nicht
überlesen, geschrieben ist er, wahrheitsvoll ist er auch, wenn
Du die augenblickliche Stimmung der Wahrheit würdigest,
wie ich sie deren würdige und nur sie allein, obschon die Philister sagen sie sei die Wahrheit nicht, nur was nach reifli-
chem Überlegen und wohlgeprüft vom Menschengeist sie
angenommen, das sei Wahrheit. Ach diese Stimmungen, sie
bauen das Feld, und was uns zukommt als sei die Seele mit im
Abendrot zerschmolzen oder als löse sie sich frei vom Gewölk, und tue sich auf im weiten Äther – das bringt uns auch
wie das fruchtbare Wetter Gedeihen. Ist mirs doch, da ich
meinen Brief schließen will als ob das schönste Leben uns
bevorstehe wenn Du nur willst, und willst so viel mich würdigen daß Du ruhig Deine Hand in der meinen liegen lässest
wenn ich sie fasse. – Ich war heut Morgen drauß und hab mir
den Aschenkranz zum Ball bestellt – wie Dus gesagt hast –
aber gelt der Moritz hat Dirs gesagt ich soll den Kranz aufsetzen? – Ich kam hin zum Gärtner er stand zwischen der Tür
vom Bosket und dem Blumengarten gelehnt, gewiß er hat
auf mich gewartet denn ich war schon zwei Tage nicht da
gewesen. Aber gestern Abend wie ich schlafen ging da hat
ich mir fest vorgenommen ich wollt gewiß keinen Menschen
unglücklich machen, oder besser ich wollt gewiß jedem geben an Glück was ich kann. – Und mir solls nicht zu gering
sein und was ist ehrender als wenn Du mit einem Blick oder
Wort wohl tun kannst. – Nun hör nur mein lieb Gespräch
mit dem Gärtner an. – Weil ich kam so sagt ich: ich hätt wohl
eine Bitte an den Anton. (Denn ich rede ihn nicht anders an,

denn ich mag ihn nicht Er nennen.) Ich geh auf den Ball heut
und da möcht ich einen Kranz, und weil ich gar nicht vergnügt bin daß ich zum Tanz soll gehen, so wollt ich einen
traurigen Kranz gern haben von Aschenkraut, und keine
Blumen wollt ich gar nicht. Ist wohl so viel Aschenkraut da 5
daß wir einen Kranz können machen ohne die Büsche zu verderben? – da ging er voran und brach mir eins nach dem andern und ich bands am Draht fest. Er hatte mir doch noch
kein Wort gesagt und legte mir die Sprossen nach einander
auf den Schoß, ich saß auf der Blumenbank am Treibhaus, er 10
rückte die Blumen über mir und um mich her zusammen
während ich meinen Kranz flocht, und holte noch mehrere
aus dem Treibhaus, daß ich wohl merkt ich war ganz einge-
rahmt, und da war eine große purpurrote Passionsblume die
hing herab an meiner Seite, er schnitt sie ab und legte sie 15
schweigend an das Geflecht, ich band sie auch schweigend
mit ein, ich probierte ihn auf, er war weit genug, er nahm ihn
mir aus der Hand, streifte sich den Ärmel auf, maß am Arm
die Länge vom Kranz und band ihn selber fest, schnitt die
überflüssigen Stiele und Blätter ab, und gab ihn mir. Das al- 20
les war schweigend geschehen, es ist heut so schönes Wetter
sagte ich – find ich Euch Morgen im Garten – wenn ich früh
komme? – »O das werden Sie wohl verschlafen weil Sie die
Nacht durch tanzen.« O nein, um halber zwölf fahr ich schon
wieder zurück, und Ihr könnt mich heimfahren hören an 25
Eurer Wohnung vorbei – ich fahr im Cabriolet, nur mit einem Pferd hier vorbei, da könnt Ihr hören ob ich Euch nicht
Wort halt, da! ich geb Euch meine Hand drauf. – Er ward rot,
der Gärtner, als ich ihm die Hand reichte und's Schnupftuch
fallen ließ das er mit der andern Hand auffing und mir reich- 30
te, ich sah es an nahms ihm aber nicht ab. – Ich sagte der
Kranz ist unbezahlbar, Ihr habt ihn aus der Mitte von jedem
Busch geschnitten – wie werd ichs Euch lohnen, ich werd ihn
Euch wiedergeben müssen! – ja sagt er plötzlich, – der Kranz
gehört mein. Nun, sagt ich, verlaßt Euch drauf ich bring ihn 35
wieder.

Gestern um halb acht Uhr fuhr ich mit der Tonie auf den

Ball, auf dem Weg nach dem Forsthaus waren die Leute vom
Moritz mit Fackeln zu Pferd und begleiteten die Wagen, von
weitem wars ergötzlich all die Fackeln galoppierend durch
den hochstämmigen Weg im Wald. Das Wäldchen war mit
bunten Lampen erleuchtet. Ach wie schön wars! – und dazu
lächelten die unendlichen Sterne! – der Moritz empfing uns, –
ich sagte ach wie schön ists hier! – »ja? – gefällt Dirs? – Du
bist auch schön!« – und so ging er wieder. – Ach ich war so
vergnügt – ich mußte lächeln mit mir, – es weckte mich aus
dem Traum als ich tanzen mußte, und der Traum war so
schmeichelig selbstvergessen – mitten im Getümmel ein
Wonnegrab, da kamen die Grabesschauer mir nachgeflogen,
und weckten Gedankenseelen in der Brust begraben, die gau-
kelten über mir im Blauen, und der Tag heut, spiegelt die
Nacht, und die Nacht wieder den Tag die ist so helleglänzend
daß die Sterne erblassen und der Tag so schattig so kühl daß
die Sonne nichts vermag. –

Beim Nachtessen kam der Moritz, wir saßen an kleinen
Tischen, ich am allerletzten mit der Pauline Chameau und
Willig. Der Moritz setzte sich neben mich, er fragte: »Wer hat
heut Ihre Toilette besorgt, so einfach, so originell! – die blaue
Schärpe! – was bedeuten die blaue Bänder? – und der graue
Kranz! – wer hat den aschgrauen Kranz besorgt?« – ich sagte, der Widerhall. – »Gris de cendre, joyeux et tendre, so muß
denn der Widerhall freudiger Zärtlichkeit an Ihr Ohr geschlagen haben?« – er ging. – So ein Liebesgespräch, mitten
an offner Tafel, von keinem verstanden, nur von mir, so
leicht – so luftig – wie nimmst Dus? – ists nicht Blütenstaub
vom lauen Westwind Dir ins Gesicht geweht! – ja alles müssen wir der Natur vergleichen was voll heiteren Entzückens
uns durchdringt, nichts anders kanns aussprechen noch wiedergeben im Bild. Will ich mir von jenen Worten die Regung
im Herzen lebhaft wieder in die Sinne rufen so muß ich doch
an Blütenbäume denken die ihre Geschenke dem Morgenwind auf die Flügel laden für mich, und dann schauerts mich
so frühlingsmäßig wenn ich das denke. – Als wir alle weg-
fuhren, die Schwägerinnen im Stadtwagen zuerst, und ich ins

hohe luftige Gick vom George, da ließ der Moritz seinen
Mantel holen mir auf die Füße zu werfen weils kühl sei, er
fragte ob ich froh gewesen sei? – ja! sagte ich, alles war schön
und stimmte in einander, der Rasenteppich und die bunten
Lichter, und die Sterne am Himmel, rauschende Bäume und
die Musik der Geigen und Flöten, und auch *die* der süßen
Reden. – Er drückte mich an sich und sagte »Du warst die
Königin vom Fest, Dir hab ich die Lichter angezündet und
die Flöten rufen lassen, es schmeichelt mir unendlich daß Du
Gefallen hattest dran, und schenk mir was zum Lohn und zur
Erinnerung der schönen Nacht.« – Ich hab nichts, was soll
ich Ihnen geben? – »Der Kranz steht Dir zu gut den will ich
nicht, gib mir die blaue Schärpe ich will sie heut Nacht um
den Hals schlingen.« Ich gab sie ihm, – er hob mich ins Gick
warf mir seinen Mantel über, vier Reiter jagten mit Fackeln
voran durch den Wald. Wie war mirs doch? ein Zauber – so
schnell die Schatten der Bäume – im Flammenschein ver-
schwindend, – und wieder da gleich, im stillen Nachthimmel; ich freute mich – es dauerte so eine Weile daß die Sterne
mit den Fackeln um die Wette mich auffingen, und als wir
vor den Wald kamen da war der Mond aufgegangen, da waren die Reiter eben so schnell wieder in den Wald zurück und
jagten wie die Pfeile, ich sah ihnen nach, mein Blick war ganz
trunken vom Flammenwind der da durchbrauste. Schreib
dirs ins Herz sagt ich mir heimlich, das ist dein Leben, wie ein
fliegender Feuerdrache ist dein Geist, er leuchtet die heilige
Natur an, ihre dunklen Räume; mit heißer durstiger Zunge
leckt er an ihr hinauf, aber er versehrt sie nicht – der Drache
ist nicht wild und giftig, nein! zahm und sanft auch; er
schwingt sich in zärtlicher Unruh im Kreis und strömt seine
Feuer in sanften Laven in die Bäche am Weg und sein
glühender Atem erlischt in den Nachtnebeln. Ja der Drache
ist zärtlich und liebend auch, nicht giftig und tötend, nur will
ihn keiner verstehn, und alle fürchten sich vor ihm, aber
nicht Du meine Günderode, Du scheust den Drachen nicht,
Du kosest ihm und legst seinen Flammenrachen zärtlich in
Deinen Schoß. – Jetzt war ich aufgewacht aus meinen Träu-

men, ich nahm dem Reitknecht an meiner Seite, die Zügel
und jagte durch die breite Ebne ganz im Mondlicht schwimmend. – Ach wie lustig! – allerlei Glücksempfindung! – Mit
Dir hab ich den Pindar gelesen, Du hast auf Deinen Lippen
5 die Begeistrung aufgefangen und mir auf die Seele geträu-
felt. Wenn der Sänger mit sausenden Schwingen dahin flog,
an uns vorüber! – Weißt Du's noch? – »dahin raste der heiß-
brausende Hymnensturm Latonens Sohn zum Preis!« –
Weißt Du's Günderode noch? – das Licht war ausgebrannt,
10 Du lagst auf dem Bett, die Seele voll Klang, und wiederhol-
test die Verse in festerprägenden Rhythmen wo ich das Versmaß sinken ließ, und bei der Nachtlampe las ich weiter:
  Hört mich Ihr Söhne stolzer Helden und der Götter! –
  Denn ich verkünde diesem meergepeitschten Land,
15 Einst werde Epaphus Tochter eine Städtewurzel
                             pflanzen
  Auf des Hammoniers Boden, den Sterblichen zur
                             Wonne,
  Die kurzbefiederten Delphine vertauschen alsdann
20 Mit schnellen Rossen werden sie, die Ruder mit
                             Zügeln, –
  Und fahren auf sturmfüßigen Wagen dahin.
  Ich nahm diese letzten Zeilen zwischen die Lippen von
Zeit zu Zeit und stieß sie im Gesang hinausrufend in die weit
25 schlafende einsame Weite, und der Mond eilte mit hinter
leichtem Gewölk hervor. Hörst Du auch wieder die alten
Hymnen Latone, deinen Söhnen gesungen, rief ich, – und so
füllten sich allmählig meine Sinne und rauschten auf als seien
sie von einem Harfenrührer erschüttert mit goldnem
30 Plecktrum und jugendbrausendem Mut. – Glückliche Nacht
wo die Gedanken wie Blüten im Südwind sich auftun fröhlicher Hoffnung voll, – und ein Gefühl heitern Geschickes
wie glänzende Strahlen aus den feurigen Blitzen sich ergießt
die der Drache in die kühlen Mondlüfte spie!
35 So kamen wir nach Offenbach, ich wendete links ab statt in
die Domstraße zu fahren, der Reitknecht wollt mir in die
Zügel greifen weil ich den Weg verfehle, ich wehrte ihm und

so fuhr ich rasch am Bosket vorüber, wo die Pappeln so anmutig sich neigten so schüchtern rauschten als wollten sie mich grüßen. Ich lenkte in den engen Weg nach des Gärtners Haus, ich hatte gesagt um halb zwölf Uhr, es war drei Uhr in der Nacht der Tag war im Aufwachen, der Gärtner stand vor seiner Tür und nahm die Mütze ab als er mich kommen hörte. Guten Morgen sagte ich, heut werd ich nicht in den Garten kommen ich will ausschlafen, da ist Euer Kranz, und lenkte wieder um voll Vergnügen daß ichs durchgeführt hatt mit dem Kranz denn ich war unterwegs voll Zweifel ob ichs tun solle oder nicht. – Dem Moritz den Gürtel dem Gärtner den Kranz sagte ich mir immer; aber eine innere Stimme sagte mir, warum soll der Gärtner den Kranz entbehren er gehört doch sein, und er war ihm früher versprochen und dann fühlt ich wie weh es ihm tun werde wenn ich mein Versprechen nicht halten würde und wie das ohne Lüge nicht abgehen könne, ich müsse ihm sagen der Kranz sei verloren oder zerrissen und das wär eine doppelte Unachtsamkeit und müsse ihn doppelt verletzen, nein ich mußt ihn ihm geben. Meine Seele war ordentlich leicht als er hingeworfen war und er ihn mit der Hand auffing, er errötete so freundlich, grad mit der Morgenröte! – die aufstieg. – Dem Moritz den Gürtel, ihm den Kranz! ja beiden gehörts. – Denn beide sind freundlich gesandt vom Dichter-Genius, der in der lautlosen Stille, wenns von Menschen nicht gewußt oder nicht bedacht, mir durchs Labyrinth der Brust schweifet in der Nacht. –

Zu Haus im Bett wie war mirs da? – Letzt sah ich dem Franz sein Kindchen an der Amme trinken da mußte es so schnell schlucken, es konnt nicht eifrig genug trinken so strömte ihm die Milch zu. Grad so war mirs im Herzen, ich schluckte süße Milch, alle süße Erinnerung strömte, so wie meine Gedanken nur einen Augenblick wollten an ihr saugen, und wies Kindchen sich von einer Brust zur andern wendet weil sie zu voll strömen bis es vor Ermüdung des Saugens einschläft, so wendete ich mich von einer Seite zur andern, und schlief auch endlich vor Ermüdung des Genie-

ßens ein. – So hab ich geschlafen bis Mittag, da brachten sie
mir einen Strauß der war mir aus dem Bosket geschickt worden. – Hör nur was das für ein Strauß war, und wie witzig
der Gärtner ist; und wie gebunden, und was das bedeuten
5 mag, – in der Mitte eine Moosrosenknospe, da herum Vergißmeinnicht und Heidekraut die einen Kranz bilden, dann
rund herum höher herauf Wachholderzweige und Nesseln,
die schirmt wieder allerlei Dornwerk und Laub was höher
steigt, so zierlich gebunden wie ein Kelch in dessen tiefster
10 Mitte die Moosrose glüht. Das lese ich so: Die Moosrose ist
mein Geschenk, der Kranz; das Heidekraut was die Rose
schirmt das ist der bescheidne Gärtner, eine Blume wie sie
unzählig sich auf dem Feld ausbreitet, die Vergißmeinnicht,
das ist das ewige Andenken; er wirds nimmer vergessen daß
15 ich ihm den Kranz geschenkt hab, der Wachholder ist der
schlichte Weihrauch den er meiner Gabe als Opferrauch duftet, die Nesseln bedeuten daß es ihm im Herzen brennt und
schmerzt, das Dornwerk und das Laub was rundum in
Kelchform aufsteigt die Rose zu verbergen, die sagen daß es
20 in seinem Herzen soll geheim bleiben, und daß er es im Her-
zenskelch vor aller Augen still bewahren wolle. – Der St.
Clair ist wieder zurück hat mir die Tonie gesagt. War er bei
Dir? – Was hat er vom Hölderlin erzählt? –

An die Bettine.
25 Der St. Clair war bei mir, er kam von Mainz, heut erst geht er
nach Homburg, bleibt acht Tage oder länger dort, wenn er
zurückkommt das wird am Sonntag sein, will er nach Offenbach kommen, er glaubt Du werdest dann am Morgen wohl
ein paarmal mit ihm im Garten auf und abgehen da will er
30 Dir vom Hölderlin alles erzählen.
    Am Mittwoch reise ich auf drei Wochen zur Nees auf ihr
Gut bei Würzburg; von dort will ich Dir deutlicher schreiben, hier im Augenblick von kleinen Reiseangelegenheiten
gestört, kann ich nicht, wie ich wohl möchte, antworten auf
35 Deine Liebe, der ich eben auch vertrau wie dem untadelichen

Grund Deiner Seele. Schon fühl ich mich bewogen Deine
Empfindungen Dein Tun, ohne Einwurf gelten zu lassen,
tue wie Dirs der Geist eingibt, weil es das beste und einzige
ist wo keines Menschen Rat auslangt; und auch weil Du, so
nur den unberufnen Vorkehrungen und Ratgebern kannst
ausweichen; das ist was hier zu befahren ist; – nicht Dein kühner Sinn; Dein sicher abwägendes Gefühl haben wir nicht zu
befahren, aber das Messen mit dem Maßstab der nirgendwie
mit Dir zusammenstimmt. Ich selber weiß oft nicht mit welchem Winde ich steuern soll, und überlasse mich allen. Hab
Geduld mit mir da Du mich kennst, und denke daß es nicht
eine einzelne Stimme ist der ich zu widersprechen habe, aber
eine allgemeine die wie die lernaeische Schlange immer neue
Köpfe erzeugt. Was Du sagst und treibst und schreibst geht
mir aus der Seele oder in die Seele; ich fühle zu nichts Neigung was die Welt behauptet; und mustere ich gelassen ihre
Forderungen ihre Gesetze und Zwecke, so kommen sie allesamt mir so verkehrt vor wie Dir, – aber Deine absurdesten
Demonstrationen wie sie Deine Gegner nennen, habe ich
noch nie in Zweifel gezogen, ich hab Dich verstanden wie
meinen eignen Glauben, ich hab Dich geahnt und begriffen
zugleich, und doch muß ich in die Sünde verfallen Dich zu
verleugnen; es ist mir nicht gleichgültig daß ich diese Schwäche habe, kannst Du sie mir ausrotten helfen so bin ich willig
zur Buße. Das sei Dir genug zum Fühlen wie die Vorwürfe,
die Du Dir um mich machst mich nur drücken können. Das
Produkt jener Stunde, wo Deine Liebe dieser gewaltsamen
Stimmung in mir so streng entgegentrat leg ich Dir hier bei.
– Dichten in jedem Herzensdrang hat mich immer neu erfrischt, ich war nicht länger gedrückt wenn ich mein Verstummen konnt erklingen lassen.

Des Wandrers Niederfahrt.

Wandrer.

Dies ist, hat mich der Meister nicht betrogen
Des Westes Meer in dem der Nachtwind braust.
5   Dies ist der Untergang von Gold umzogen,
Und dies die Grotte, wo mein Führer haust. –

Bist du es nicht, den Tag und Nacht geboren
Des Scheitel freundlich Abendröte küßt!
In dem sein Leben Hälios verloren
10   Und dessen Gürtel schon die Nacht umfließt.

Herold der Nacht! bist du's der zu ihr führet
Der Sohn den sie dem Sonnengott gebieret?

Führer.

Ja, du bist an dessen Grotte,
15   Der dem starken Sonnengotte
In die Zügel fiel.
Der die Rosse westwärts lenket,
Daß sich hin der Wagen senket,
An des Tages Ziel.

20   Und es sendet mir noch Blicke,
Liebevoll der Gott zurücke
Scheidend küßt er mich;
Und ich seh es, weine Tränen
Und ein süßes stilles Sehnen
25   Färbet bleicher mich;

Bleicher, bis mich hat umschlungen,
Sie, aus der ich halb entsprungen,
Die verhüllte Nacht.
In ihre Tiefen führt mich ein Verlangen
30   Mein Auge schauet noch der Sonne Pracht,
Doch tief im Tale hat sie mich umpfangen
Den Dämmerschein verschlingt schon Mitternacht.

Wandrer.

O führe mich! du kennest wohl die Pfade
Ins alte Reich der dunklen Mitternacht;
Hinab will ich ans finstere Gestade
Wo nie der Morgen, nie der Mittag lacht. 5
Entsagen will ich jenem Tagesschimmer
Der ungern nur der Erde sich vermählt,
Geblendet hat mich trüg'risch, nur der Flimmer,
Der Ird'sches nie zur Heimat sich erwählt.
Vergebens wollt' den Flüchtigen ich fassen, 10
Er kann doch nie vom steten Wandel lassen,
Drum führe mich zum Kreis der stillen Mächte,
In deren tiefem Schoß das Chaos schlief,
Eh, aus dem Dunkel ew'ger Mitternächte,
Der Lichtgeist es herauf zum Leben rief. 15
Dort, wo der Erde Schoß noch unbezwungen
In dunkle Schleier züchtig sich verhüllt,
Wo er, vom frechen Lichte nicht durchdrungen,
Noch nicht erzeugt dies schwankende Gebild
Der Dinge Ordnung, dies Geschlecht der Erde! 20
Dem Schmerz und Irrsal ewig bleibt Gefährte.

Führer.

Willst du die Götter befragen,
Die des Erdballs Stützen tragen,
Lieben der Erde Geschlecht. 25
Die in seliger Eintracht wohnen,
Ungeblendet von irdischen Sonnen,
Ewig streng und gerecht;
So komm, eh ich mein Leben ganz verhauchet,
Eh mich die Nacht in ihre Schatten tauchet. 30

Horch! es heulen laut die Winde,
Und es engt sich das Gewinde
Meines Wegs durch Klüfte hin.
Die verschloß'nen Ströme brausen, 35

Und ich seh mit kaltem Grausen
Daß ich ohne Führer bin.
Ich sah ihn blässer, immer blässer werden,
Und es begrub die Nacht mir den Gefährten.

5 In Wasserfluten hör ich Feuer zischen
Seh wie sich brausend Elemente mischen,
Wie, was die Ordnung trennet, sich vereint.
Ich seh, wie Ost und West sich hier umpfangen,
Der laue Süd spielt um Boreas Wangen,
10 Das Feindliche umarmet seinen Feind
Und reißt ihn fort in seinen starken Armen:
Das Kalte muß in Feuersglut erwarmen.

Tiefer führen noch die Pfade
Mich hinab, zu dem Gestade
15 Wo die Ruhe wohnt,
Wo des Lebens Farben bleichen,
Wo die Elemente schweigen
Und der Friede thront.

Erdgeister.
20 Wer hieß herab dich in die Tiefe steigen
Und unterbrechen unser ewig Schwelgen?

Wandrer.
Der rege Trieb: die Wahrheit zu ergründen!

Erdgeister.
25 So wolltest in der Nacht das Licht du finden?

Wandrer.
Nicht jenes Licht das auf der Erde gastet
Und trügerisch dem Forscher nur entflieht,
Nein, jenes Ursein das hier unten rastet
30 Und rein nur in der Lebensquelle glüht.
Die unvermischten Schätze wollt' ich heben

Die nicht der Schein der Oberwelt berührt
Die Urkraft, die, der Perle gleich, vom Leben
Des Daseins Meer in seinen Tiefen führt.
Das Leben in dem Schoß des Lebens schauen,
Wie es sich kindlich an die Mutter schlingt 5
In ihrer Werkstatt die Natur erschauen,
Sehn, wie die Schöpfung ihr am Busen liegt.

Erdgeister.

So wiss'! es ruht die ew'ge Lebensfülle
Gebunden hier noch in des Schlafes Hülle 10
Und lebt und regt sich kaum,
Sie hat nicht Lippen um sich auszusprechen,
Noch kann sie nicht des Schweigens Siegel brechen,
Ihr Dasein ist noch Traum –
Und wir, wir sorgen daß noch Schlaf sie decke 15
Daß sie nicht wache, eh' die Zeit sie wecke.

Wandrer.

O ihr! die in der Erde waltet,
Der Dinge Tiefe habt gestaltet,
Enthüllt, enthüllt euch mir! 20

Erdgeister.

Opfer nicht und Zauberworte
Dringen durch der Erde Pforte,
Erhörung ist nicht hier.
Das Ungeborne ruhet hier verhüllet 25
Geheimnisvoll, bis seine Zeit erfüllet.

Wandrer.

So nehmt mich auf, geheimnisvolle Mächte,
O wieget mich in tiefem Schlummer ein.
Verhüllet mich in eure Mitternächte, 30
Ich trete freudig aus des Lebens Reihn.
Laßt wieder mich zum Mutterschoße sinken,
Vergessenheit und neues Dasein trinken.

Erdgeister.
Umsonst! an dir ist uns're Macht verloren,
Zu spät! du bist dem Tage schon geboren;
Geschieden aus dem Lebenselement.
5   Dem Werden können wir, und nicht dem Sein
                                    gebieten
Und du bist schon vom Mutterschoß geschieden
Durch dein Bewußtsein schon von Traum getrennt.
Doch schau hinab, in deiner Seele Gründen,
10   Was du hier suchest wirst du dorten finden,
Des Weltalls sehn'der Spiegel bist du nur.
Auch dort sind Mitternächte die einst tagen,
Auch dort sind Kräfte, die vom Schlaf erwachen
Auch dort ist eine Werkstatt der Natur.

15 Der Tonie hat Clemens geschrieben er komme in wenig Tagen – er hofft mich hier zu finden, ich kanns nicht ändern daß
ich fortgehe grade wie er kommt, es tut mir leid, wie gern ich
ihn gesprochen hätte, – Du sags ihm doch, in drei Wochen
bin ich zurück, bitte ihn daß er so lange bleibe ich werde ge-
20 wiß um keinen Tag zögern, es liegt mir daran ihn zu sehen,
das einliegende Blatt gib ihm er hats von mir verlangt, es ist
ein Gedicht was ich schon früher gemacht habe. Clemens
wird zu Dir hinauskommen, ich glaube Du tust wohl noch so
lang in Offenbach zu bleiben bis ich wieder zurück bin, Du
25 bist vergnügt dort und niemand legt Dir was in den Weg,
hier würden Sitten- und Splitterrichter Dich verdrießlich
machen, Clemens würde dabei manche Frage an Dich tun die
Dir unlieb sein dürfte, und mir ists unangenehm wenn er
Dich ins Gebet nimmt.

30   Du schreibst mir doch! – schicke Deine Briefe ins Stift,
dort ist am Samstag und den Donnerstag drauf Gelegenheit
etwas an mich zu schicken. – Ich wäre gern noch hinaus gekommen, glaubst Du daß George mich im Cabriolet hinausfahren ließe? – Wolltest Du wohl bei ihm drum fragen? –
35   Was Dir die Großmama aus ihrem Leben erzählt das merk
Dir doch alles wenns auch nur mit wenig Zeilen ist, später ist

es einem gar interessant. Adieu und bleib mir gut, ich will
Dirs abzuverdienen suchen.

Karoline.

Ist alles stumm und leer,
Nichts macht mir Freude mehr,   5
Düfte sie düften nicht,
Lüfte sie lüften nicht,
Mein Herz so schwer!

Ist alles öd und hin,
Bange mein Geist und Sinn,   10
Wollte, nicht weiß ich was
Jagt mich ohn Unterlaß
Wüßt ich wohin? –

Ein Bild von Meisterhand
Hat mir den Sinn gebannt   15
Seit ich das Holde sah
Ists fern und ewig nah
Mir anverwandt. –

Ein Klang im Herzen ruht,
Der noch erfüllt den Mut   20
Wie Flötenhauch ein Wort,
Tönet noch leise fort,
Stillet Tränenflut.

Frühlings Blumen treu,
Kommen zurück aufs Neu,   25
Nicht so der Liebe Glück
Ach es kommt nicht zurück
Schön doch nicht treu.

Kann Lieb so unlieb sein,
Von mir so fern was mein? –   30
Kann Lust so schmerzlich sein

Untreu so herzlich sein? –
O Wonn' o Pein.

Phönix der Lieblichkeit
Dich trägt dein Fittig weit
Hin zu der Sonne Strahl
Ach was ist dir zumal
Mein einsam Leid?

An die Günderode.

Warum Du aufs Landgut grade gehst wie wir im besten Verkehr sind, das begreif ich nicht, es war schon als hätt ich
Wurzel gefaßt in diesem schönen Briefleben, wie die Erdbeeren beim Erröten fühlt ich einen aromatischen Duft in
mir wenn ich mich heiß geschrieben hatte, Du bist immer
unterwegs, ich begreif nicht wo Du Zeit hernimmst zu Allem! – Dies schöne Gedicht! – Wann hast Dus geschrieben? –
Es dreht sich im Tanz und spielt sich selbst dazu auf – so
leicht, als ob sichs so nur aus Deiner Brust atme ohne Anstoß. – Dein Gedicht was Du in der klanglosen Stunde geschrieben ist doch klangreich, es schöpft die Töne aus der
Brust und stimmt sie zu Melodieen. – Doch weile ich lieber
bei dem ersteren, denn das hast Du doch später gemacht
nicht wahr? und fühlst auch wie ich daß die Schmerzen im
Geist immer mit auf die Pein der Langeweile gegründet sind.
– Denn nehms wie Du willst; bräche das Leben sich mit einmal eine neue Bahn und wär sie auch noch so uneben und
holperig, die Verzweiflung hätt ein Ende. Denn alles
Schmerzgefühl, alle Sehnsucht kommt doch nur daher weil
die grade Bahn des Lebens gehemmt ist. – Besinn Dich doch
auf unsere Reise-Abenteuer die wir den Winter mit einander
durchmachten, keiner von uns hatte eine trübe Minute den
ganzen Winter nicht, Deine Sehnsucht ins Innere von Asien
hinein brachte uns immer unter die wilden Tiere. Tiger und
Löwen und Elephanten haben uns Schabernack gespielt.
Was haben wir für Sonnenhitz ausgestanden mitten im Eis;

erst später merkte ich wie sehr wir uns in dies Leben vertieft
hatten, da alle Leute diesen Winter als einen der kältesten
durchgehustet haben. Weißt Du am Neujahrstag kam ich zu
Dir! alle Räder pfiffen an den vielen Staatswagen, die gepu-
derten Kutscher mit den rotgefrornen Gesichtern! – da kam 5
ich zu Dir in die Stube herein und sagte Gott es ist so heiß
hier in Asien daß wir nur so hinschmachten und drauß vor
der Tür in Frankfurt da hängen dem Kutscher die Eiszapfen
am Knebelbart. – Was haben wir gelacht Günderode; – und
haben unter Zimmetbäumen eine Tasse Chokolade getrun- 10
ken die wir in Deinem Öfchen kochten mit wohlriechendem
Sandelholz; und da kam ein Salamander ins Feuer und färbte
sich da in allerlei Farben und warf die Chokoladenkanne um,
und wir melkten die weiße Elephantin die ihr junges in unserer Nähe säugte und machten Elephantenbutter, ich wollt 15
als immer Löwenbutter machen das littest Du nicht denn Du
warst sehr vorsichtig, Du meintest es sei zu viel Gefahr dabei, die Löwin könne mit einmal wild werden über dem
Melken – Und die Erlebnisse am Ganges und Indus, die schönen Knaben die uns da begegneten wo wir uns versteckten 20
und sahen sie vorübergehen und sich waschen in den heiligen
Fluten und Gebete tun, da sagtest Du es müssen wohl Tem-
pelknaben sein, wir müssen nach dem Tempel hier in der Gegend suchen. Da führte eine Allee von großen Tulipanen
hin, die hab *ich* entdeckt, wir brachten Stundenlang hin mit 25
der Bewunderung der Blumen, und da waren Gold-
fruchtbäume und Trauben und Melonen, alles das wuchs in
schönster Fülle rund um die Säulen der Tempel zu denen wir
fremde Völkerstämme hinwallen sahen, da sagtest Du einen
Hymnus her den hätten sie gesungen beim Sonnenaufgang: 30
Ätherwüste! – so fing Dein Hymnus an, und ich machte eine
Melodie drauf, die ließest Du Dir vorsingen zur Zitter von
mir, – und Du hörtest zu, so still als wär es indischer Tem-
pelgesang; Abends im Mondschein das war unsre beste Zeit
wo wir phantasierten, und hielten uns einander bei den Hän- 35
den wenn wir die Berge hinanstiegen und ruhten unter Dat-
telbäumen aus, Du machtest immer die Reiseroute weil Du

die Kenntnisse des Landes hattest, und da stiegen wir auf
einen Berg der hieß Bogdo, von da aus, sagtest Du, könne
man alle Gebirgsketten übersehen, da eilte ich mich voran zu
kommen um zuerst oben zu sein, und da schrie ich Dir ent-
5   gegen ich sähe das rote Korallenmeer mit der Todespforte.
Da hatte ich mich aber geirrt, denn Du bewiesest mir daß
man es von da aus nicht sehen könne da es an der Grenze von
Afrika liege, und der Bogdo liege in der Mitte von Hoch-
asien. – Wir waren doch so glücklich, wie schwärmte mein
10 Kopf von brennenden Farben der Blütenwelt, wie waren wir
entzückt vom Duft, der uns umwallte! – das dauerte den ganzen Winter, und kein Mensch wußte daß wir in einer südlichen Welt lebten, wir gingen grade in den Gärten von Damaskus spazieren ganz entzückt von dem Blumenparadies
15 und trunken von ihrem Duft, da kam der alte Herr von Hohenfeld und brachte Dir das erste Veilchen was er auf seinem
Spaziergang im Stadtgraben gefunden hatte. Ach da verlie-
ßen wir Damaskus und ließen uns von Hohenfeld hinaus-
führen wo er das Veilchen gefunden hatte und suchten noch
20 mehrere; und von da an war der Zauber aufgehoben, und
wir lachten recht daß uns das Veilchen so schnell aus Asien
herüber gezaubert hatte nach Frankfurt auf die alten Fe-
stungswälle, denn wir gingen von nun an in den schönen
Frühlingstagen jeden Mittag hinaus, – und machten uns
25 Kränze die standen Dir so schön, so war die geringste Wirklichkeit schon wieder ein Paradies für uns. Sieben Spaziergänge haben wir so gemacht, Günderode, ich hab mir sie
gezählt, sie kamen mir wie das köstlichste im Leben vor. Du
saßest immer unter der großen Eiche und bedauertest Dei-
30 nen arabischen Renner, daß Du den nicht mit aus Asien herüber gebracht hattest; während ich am Abhang nieder kletterte wo Du immer Furcht hattest daß ich hinunter falle; am
Neujahrstag war ich wirklich da hinunter gekollert, ich war
mit George da spazieren gegangen es war Glatteis, ich glitt
35 aus und Er den Augenblick ohne sich zu besinnen mir nach,
da faßte er mich und hielt sich mit der andern Hand an einer
Wurzel fest. Er war ganz blaß und wankte denn er konnte

schwer das Gleichgewicht halten. Oben sagte er: jetzt wären
wir Beide zerschmettert hätte Gott mir nicht beigestanden
denn ich hätte mich Dir nachgestürzt. – Ich war bis dahin gar
nicht erschrocken gewesen, denn ich bin so faselig und merk
nie Gefahr. – Aber das erschütterte mich daß des Bruders Leben an dem meinen hing wie an einem Haar, und daß es Gott
nicht reißen ließ. – Wie Geschwister doch aneinander hängen, wie Glieder eines Leibes, eins stürzt dem andern nach in
den Abgrund; eins rettet das andere. Möge ichs doch nie vergessen daß Vater und Mutter mir den Bruder geschenkt haben. –

Was wollt ich Dir noch sagen! – ja, daß damals mir zuerst
der Gedanke kam wie das Leben nur als Notbehelf vernutzt
werde. Ich dachte daß wir Gedanken haben so rasch, und daß
die Zeit hinten nachkommt und mag nichts erfüllen, und daß
die Melancholie allein aus dieser Quelle des Lebensdrangs
fließt, der sich nirgend ergießen kann. – Die Welt muß voll
dessen sein was unser Leben entwickelt, kämen die Taten
und überflügelten unsere Sehnsucht daß wir nicht immer ans
Herz schlagen müßten über den trägen Lebensgang – Nicht
wahr Du fühlst es auch – das wär die wahre Gesundheit, und
wir würden dann scheiden lernen von dem was wir lieben
und würden lernen die Welt bauen, und das würde die Tiefen
der Seele beglücken. So müßte es sein, denn es ist viel Arbeit
in der Welt, mir zum wenigsten deucht nichts am rechten
Platz. – Und was ich niemand sage wie nur Dir, ich mein immer ich müsse die ganze Welt umwenden, ja ich sage Dir, es
liegt mir so nah daß ich oft in Träumen mich nach dem Szepter umsehe, wo Gott den für mich hingelegt hat, und würde
gewiß die Verwirrung lichten. Nur ein einzig Ding am rechten Ende angefaßt zieht eine Menge andere nach sich die von
selbst dann ins rechte Geschick kommen würden. Die Menschen lernen dann allmählig auch das Rechte denken, wenn
sie erst eine Weile das Rechte haben tun müssen. Denn ich
sage nur immer so: konnten sie so fest in der Unnatur sich
einwurzeln, wie viel fester und kräftiger dann im Boden der
ihre höhere Natur erzieht. Sollt ich irren? – Menschengeist

horcht auf Göttergebot in der eignen Stimme; *horcht auf jene heilige Urphilosophie die ohne Lehre als Offenbarung jedem sich gibt der mit reinem Willen zur Wahrheit betet.* – Das hast Du selber gesagt, es sind Deine eignen Worte. Wie oft hab ich doch ein-
5 sam um Wahrheit gefleht! – und wie unermeßlich ist doch Vollendung über die Sterne hinauf, – Und die Zeit darf nicht mehr sein da wo wir sie gegenwärtig fühlen. – O bessere Tage wo seid ihr? O kommt uns entgegen, laßt nicht immer nur harren auf euch daß nicht auch wir nur wie Schattenbil-
10 der an euch vorübergehen. Lasset euch dienen ihr Tage die ihr den Geist der Liebe sollt hinüberschiffen; still und heim-lich euch landen helfen, und den Genius aufnehmen, lehren die Menschen, daß sie ihn nimmer verschmähen der in allem allein nur darf gelten! – so red ich das Morgenlicht an das
15 mich weckt, und denke dabei Deiner und meiner. – Was sind Freundschaftsbande? – Was ist Zusammenleben, und Aus-tausch der Gedanken wenn der Dritte nicht niedersteigt, der Göttliche – der herab sich läßt um das Leben genesen zu machen? – Ach – so deutlich steht es geschrieben in meiner
20 Brust! – gefaßt und besonnen muß der Geist sein, – das weiß ich – und das Herz ist oft ein ungeduldiger Kranker, aber der Geist wird auch alles für es aufbieten, und eine Höhe muß es geben wo grade durch den Geist es mit allem Leiden ver-söhnt werde. – Das denke, wenn es zu hart Dich bedroht,
25 lasse Dir nicht schwindeln und denk daß Begeistrung immer das höchste Erdenschicksal ist, und daß die aus dem Schmerz sich erzeuge wie aus der Freude. – Und mags kommen wies will so sollen zu Helden wir uns bilden, mit der Freude wie mit dem Schmerz unsre Freiheit erkaufen. – O kommt mir
30 das Feld der Schicksale doch vor wie der Blumengarten Got-tes, wo jede Knospe in ihren eigentümlichen Farben sich er-schließt, der weise Gärtner gibt Schatten den einen und Kühle und harten Boden, den andern Sonne und fruchtbare Erde, so wie jedes bedarf zum Blühen. – Und das Blühen ist
35 ja die Erfüllung aller Sehnsucht. Drum lasse uns das Leben lieben, weil es uns, zu dieser Blüte bringt, und denken, die Wolke über uns, schütte sich aus den Staub von uns abzu-waschen und daß dann die Sonne aufs neue uns anglänzt.

Ich bin traurig, – ich kann nicht von Dir los – Dein Lied
schmerzt mich – ja es weckt Melodien – aber so schmerzliche
– daß ich in ihrem Gesang den Widerhall Deines Weh's empfinde, und mich schäme daß ich so heiter war diese Zeit über,
an jedem Weg mir Blumen sammelte und Dir zuwarf in
Scherz und Übermut, und das war schlecht lieben gelernt
von mir; wo ich doch herausgezogen war um dieser Schule
mich ganz zu widmen.

Was werd ich dem Clemens sagen wenn er auf meine Bildung zu sprechen kommt? – Ich freu mich sehr auf den Clemens das wird mich für Dein Fortlaufen trösten, ich mag gar
nicht dran denken daß Du mit so viel Menschen umgehen
kannst mit denen ich kein ungescheut Wort zu sprechen vermag. – Wie ist mir doch Hören und Sehen verkürzt durch
Dein Weggehen! – Gestern Abend noch blies mir die
hundertjährige Cousine das Licht aus, ich solle nicht die
ganze Nacht durch schreiben meinte sie, oder sie wolle es der
Großmama sagen daß ich meine Gesundheit verderbe, ich
hatte einen Schachteldeckel vors Licht gestellt daß sies nicht
sehen sollt durchs Schlüsselloch, aber sie bemerkte den Wi-
derschein; – ich sagte Sie alte Hundertjährige was will Sie mit
mir auf der Welt, Sie kann doch unmöglich noch einmal hundert Jahr leben, dann gehen wir zusammen, – »nein wenn
Dus so machst dann kannst Du mir nit einmal Quartier bestellen ich überleb Dich hundertmal.« Ich mußt mirs gefallen
lassen, das Licht war aus, ich nahm sie aber dafür auf den
Arm und trug sie mit samt ihrem Laternchen hinunter auf
ihren Ledersessel. Sie schrie erst, ich werde sie der Treppe
herunterwerfen, aber mitten in der Todesgefahr war sie vor
Angst ganz still, unten auf dem Sessel wollte sie anfangen zu
zanken, ich nahm aber ihr Federbett und warfs ihr auf den
Kopf und lief fort. – Jetzt kommt sie gewiß nicht wieder. –
Obschon ich müde war hätt gern noch geschrieben was ich
jetzt nicht mehr weiß, heut schwärmt mirs nur vor Augen
und Ohren daß Du nicht mehr auf Deinem alten Plätzchen
meine Briefe bekommen sollst. Die Großmama hatte gestern
einen Anfall von Schwindel, ich mag nicht nach Frankfurt

verlangen, und auch mag ich nicht hin, was soll ich dort
wenn Deine Haiden Deine Holzhausen Deine Nees Dich in
Beschlag nehmen! – Ich glaubte, ja wahrhaftig ich glaubte ich
wär Dir lieber wie die andern und es wär Dir Ernst mit
5 unsrer religiösen Weltumwälzung wies auch mir ist, und so
wars auch recht von Gott angeordnet daß wir beide nicht
beisammen und doch so nah waren daß jeden Tag unsere
Briefe sich erreichten so kam es doch zu Papier, sonst hätten
wirs verschwätzt. Was hilfts! – übermorgen gehst Du bis
10 Würzburg, das liegt außer der Welt, und läßt mich hier auf
dem Dach vom Taubenschlag schmachten. – Wenn Du gut
sein willst so komm morgen früh um sieben Uhr auf die Gerbermühl; hierher komme nicht, weil die Großmama unwohl
ist, da ich jetzt immer in ihrem Vorzimmer bin, aber bis mor-
15 gen um zehn Uhr wo ich erst zu ihr gehe, kann ich mit Dir
sein, um sechs Uhr geh ich auf die Gerbermühl, der George
läßt Dich hinfahren ich habs ihm geschrieben. Hinter der
Mühl in dem langen Heckengang auf dem Stein am Kreuz
wollen wir uns ein bißchen hinsetzen zusammen, Du kannst
20 nach der Stadt zurückfahren, Du kannst auch das Cabriolet
zurückschicken und zu Wasser heimfahren, das wär mir lieber damit Du nicht ängstlich sein sollst ums Cabriolet halten
zu lassen so lang mir beliebt. Ach am Sonntag hab ich auch
eine Wasserfahrt gemacht mit Jeannot und Dorwille auf
25 Bernhards Nachen hinter dem Schiff mit der Harmonie, alles
war in Scherz und Liebesreden begriffen wenn die Musik
pausierte, ich aber hatte keinen Anteil dran, der Gärtner saß
am Steuer dem wollt ich nicht leid tun, er hatte schöne feine
Hemdärmel und mein Schnupftuch um den Hals geknüpft. –

30 An die Günderode nach Würzburg.
Weil ich jetzt weiß, daß Du außer der Welt bist so hab ich ein
ganz ander Leben angefangen und mein Sinn hat sich ganz
geändert. – Ich möcht auch fort in die Welt, ja ich möcht fort!
– Ich bin doch in meinem Leben noch auf keinen Berg ge-
35 stiegen, von wo aus man die ganze Welt übersieht, und in

meiner Seel überseh ich doch die Welt. – Du zankst daß ich
alles besser wissen will, und ich weiß doch alles besser, und
ich kann doch nichts davor daß mirs anders und besser einfällt. – Ja mir kömmt vor als sei mein Bewußtsein ein Gesang
meiner Seele dem ich mit Vergnügen zuhör, denn wenn ich 5
einmal etwas nicht weiß, so ist es nur als hätt ichs vergessen
gehabt, aber ich hatte es doch schon einmal gewußt. – Nur
bei kleinen Dingen steht mir manchmal der Verstand still,
zum Beispiel gestern bei einer wilden Kastanie die ich aus
ihrer grünen Hülse losmachte, da lagen drei Kastanien in ein- 10
ander gefügt, noch unreif, blendend weiß, da mein ich immer, ich müßt mit Gewalt wissen lernen was alle diese Formen sprechen, denn gewiß ists, alles geschaffene ist durch
den heiligen Geist erzeugt. Es ist unmöglich daß eine Form
sei, sie ist denn durch Gottes Wort, Es Werde, hervorgegan- 15
gen. Nun, was durch den ewigen Erzeugungswillen hervorgeht das muß doch eine Selbstsprache haben, das muß sich
nämlich aussprechen und sich auch beantworten. Dein Leben
muß doch eine Sprache führen, denn sonst ist es ja nichts.
Also wen Gott liebt mit dem führt er Gespräche, also bloß 20
Liebesgespräche, – ja was ist auch Gespräch als bloß die Liebe, – so ist denn alle Form in der Natur ein Ausdruck der
Liebe. Die Sprach der Lieb ist also Sprach Gottes. Gott ist
der Liebende – ist denn Gott persönlich? – hat er ein Antlitz?
– kann ich ihm die Hand reichen? – wo find ich ihn, daß ich 25
Liebesgespräch mit ihm führ. – Meine Lieb zu Menschen ist
Mitleid, ich muß um sie trauren daß es so und nicht anders
ist. – Liebe ist glaub ich nur Göttergespräch. – Weil ich weiß
daß ich alles weiß, nur kann ichs nicht finden, so such ich alles
in mir, das ist ein Gespräch mit Gott. Das ist also Liebes- 30
gespräch, wenn ich mich aufs Gesicht leg im Schatten und
hör den Bach rauschen neben mir, was der redet alles, und
Antwort drauf geben muß! und streck die Arm aus im kühlen Gras überm Kopf, und frag in meine Seel hinein alles was
ich wissen will. Da wird mir Antwort, ich kann sie aber nicht 35
gleich in Worte übertragen. Aber es gibt auch ein Gespräch
ohne Worte. Aber Liebe ist doch wohl bloß Gottheitsge-

spräch? – Ja was soll sie anders sein? – Frage und süße Antwort; könnt ich aufhören danach mich ewig zu sehnen? – ich
wär mir selber gestorben. Und die Seele die mich am tiefsten
versteht – mir am sehnsüchtigsten Antwort gibt, mich wieder frägt um Antwort, die muß ich lieben. – Wissen wollen,
ist ja schon Wissen, es ist Anschauen; und wenn ich anschaue
so nehm ich ein Bild in mich auf, und das ist Wissen. Wie
kann sich doch der Mensch nicht enthalten irgend was anders
sein zu wollen als ein Liebender? – Wie komm ich doch darauf? – das ist von heut früh auf der Gerbermühl unser Gespräch; – ich sag Dir wenn ich geschwiegen hab so ist das
weil mir die Worte nicht wohltönend genug vorkamen, ich
seh mich im Geist um nach Klang, wenn ich etwas sagen will
da find ich keinen Ton der stimmt, und Du kannst mirs glauben manches laß ich ungesagt, weil ichs nicht edel genug auszusprechen vermag, durch Musik hab ichs herausgefühlt daß
aller Geist im Menschen liegt, daß er aber nicht die Melodie
dazu findet ihn auszusprechen. Denn jeder Gedanke hat eine
Verklärung, das ist Musik, die muß Sprache sein, alle Sprache muß Musik sein, die erst ist der Geist, nicht der Inhalt,
der wird nur Liebesgespräch durch die Musik der Sprache. –
Geist ist größer wie der Mensch, immer will der an ihm hin-
aufragen, spricht er ihn aus, so hat er selber sich in den Geist
übersetzt, Geist ist Musik, so muß auch die Sprache durch
die er uns in sich aufnimmt Musik sein. Wie könnten wir ihn
begreifen mit den Sinnen zugleich, in unwürdiger Gestalt! –
Nein! – Geist ist verinnigt mit Schönheit, er ist nur dann
Geist wenn er Schönheit ist. – Durch den Dichter spricht er
sich aus, denn der hats Gefühl daß Geist nur Schönheit ist.
Alle schöne Handlung, alles Große ist ein Gedicht des Geistes. – Ach ich streck die Händ zum Himmel und möcht was
anders als was die Menschen tun. Denn ich fühl wohl mein
Nichtstun ist Sünde. – Aber was soll ich tun was mich weckt.
– Die Kunst meint der Clemens! – so ists bloß weil er mich
innerlich nicht kennt, mit was ich alles zu tun hab. – Denn
das muß wohl meine größte Anlage sein was mich am
schnellsten aufregt und mich ganz mit sich fortnimmt. –

Nun, obschon ich keine Weltgeschicht studieren mag, und
bei dem Zeitunglesen vor Ungeduld mich kaum zusammennehmen kann, so ists doch die Welt die ich regieren möcht
und mich reißts hin darüber nachzudenken. Wenn Du an den
Clemens schreibst so sag ihms, das scheine mir mein ent-
schiedenstes Talent, die Welt regieren; weiß er Gelegenheit
mich darin zu üben so will ich fleißig sein Tag und Nacht.
Schon jetzt nehmen mir die Regierungsgedanken den Schlaf,
von allen Seiten wo ich die Welt anseh möcht ich sie um-
drehen. Eine Zeitlang hat alles was ich im Leben erfahren
hab wie eine hölzerne Maschine auf mich gewirkt. So der
ganze Religionsunterricht, der machte mich völlig dumm. –
Z. B. die Lehre, mit welchen Waffen die Ketzer zu bekämpfen, mit welchen Grundsätzen sie bekämpfen? – da kam mir
Ketzer und Waffe und Glaube alles wie ein Unsinn vor, und
hätt ich nicht meine Zuflucht dazu genommen gar nicht zu
denken so wär ich ein Narr geworden. – Wie denn wirklich
alle Menschen Narren sind, mein großer Courage dies zu
glauben und ohne viel Speranzien sie auch danach zu respektieren das hat mich frei gemacht von der Narrheit. – Und
wie sollt doch einer aus dem Schlamm des Philistertums herauskommen als von frischem sich in die Hände Gottes geben, der hat nicht umsonst den Menschen aus Lehm gemacht, da er ihn nur anzuspeien braucht daß er wieder feucht
wird um ihn von Grund auf neu durchzukneten und seine
erste reine Gestalt wiederzugeben. – Woran erkennt man einen katholischen Christen? – am Zeichen des heiligen Kreu-
zes! – dies schlug mir den ersten widerspenstigen Funken aus
dem Geist. Denn was braucht doch der natürliche Mensch
ein katholischer Christ zu sein und sich bekreuzigen? – ist das
der nächste Weg Gott ähnlich zu werden? – ist Gott ein katholischer Christ? – oder ist er wie Du ein Ketzer? – und
warum machen wir doch das Kreuz, als bloß um wie die
Hunde dem Ketzer die Zähne zu fletschen. – Als wir aus dem
Kloster zurückgeholt wurden ins väterliche Haus, da ließ
uns die Frau Priorin vor sich kommen und schärfte uns ein,
ja nicht den katholischen Glauben zu verlassen; wenn wir zu

unsrer Großmutter kommen, die eine lutherische Dame sei,
sondern wir sollten alles dran wenden sie zu bekehren. Sie
sagte das mit so viel Herzenswärme, ich hätte ihr die Hand
drauf geben wollen, aber ich wußte nicht was katholisch sei –
5 ich half mir; alles was nicht lutherisch ist, das sei katholisch.
Alles was man lernen muß hüllt den Verstand in eine Nebelkappe daß die Wahrheit uns nicht einleuchte. Alles was
wir zu tun bewogen sind ist Eselei. – Meinungen von geistreichen Männern zu hören was der Großmama ihre Passion
10 ist, das scheint mir leeres Stroh, liebe Großmama – Du
kannst doch nicht leugnen liebes Kind daß sie die Welt verstehen und dazu berufen sind sie zu leiten? sagte sie gestern.
– Nein liebe Großmama mir scheint vielmehr daß ich dazu
berufen bin. »Geh schlaf aus Du bist e närrisch's Dingle.«
15 Bei der Großmama wird jetzt Abends allerlei Politisches
unter den Emigranten verhandelt da wird die Umwälzung
des großen Weltkürbis von allen Seiten versucht, er deucht
ihnen angefault. Außer Choiseil, Ducailas, D'Allaris die immer das Wort führen, kamen gestern noch ein Herr von Mar-
20 celange und Varicourt, dieser letztere besonders schön von
edler Haltung, ritterlich, ich könnt keinen Augenblick glauben daß ihm je etwas Unebenes in den Sinn komme; er
wendete sich immer zu mir als ob er um meinen Beifall werbe
– ai-je raison? seine Reden machten mir Eindruck, er war in
25 Begleitung einer Herzogin von Bouillon (Hessen-Rothen-
burg) und einer Prinzeß Biron die Mittags auch die Großmama besucht hatten, durch Frankfurt gekommen, ein Graf
Catälan hat ihn zur Großmama geführt, die litt nicht, daß die
Emigranten wie gewöhnlich Politik sprachen weil sie mei-
30 stens geteilter Gesinnung sind, später erzählte sie daß sein
Bruder jener Varicourt sei der als *garde du roi* am 6. October
1790 in Versailles an der Tür der Königin ermordet wurde
als er ihr zurief: Königin! retten Sie sich, es ist der letzte
Dienst den ich Ihnen leiste, die Großmama erzählte mir von
35 seiner Mutter die sie kurz nachher in der Schweiz auf einem
verfallenen Landsitz bei Nyon getroffen hatte in einer düstern großen Vorhalle die zugleich Küche war mit alten woll-

nen Tapeten so faltig behangen, ein altes Ruhebett auf dem
der Hut ihres Sohns mit weißer Cocarde lag, ein paar Stroh-
stühlchen ein ungeheuer großer Kamin mit einem kleinen
Feuer von einigen Rebenreiser wo ein Kesselchen mit Tee-
wasser für die kranke alte Frau kochte, eine schlafende Katze
zu ihren Füßen, ein einziges schmales hohes Fenster in diesem zerfallenen Wohnsitz einer ausgestorbenen Familie, da
habe die Frau den Hut ihr gezeigt und gesagt es war eine Zeit
wo das weiße Band ganz Frankreich zum Gehorsam für seinen König aufrief etc. – Ich hörte der Großmutter gern zu so
lang sie dies erzählte, dabei brachte sie aber noch so manches
andre vor was keinen Zusammenhang damit hatte, so sprach
sie von einer Herde mehrerer hundert Kühe die man damals
an einem Ort zusammengetrieben, wo sie wegen einer Seu-
che alle totgeschossen wurden; – sie jammerten und tobten
bei den ersten Schüssen, als aber der Bulle niedergeschossen
war, hat keine Kuh sich mehr gewehrt, alle haben ruhig den
Tod erwartet, vergleiche: Emigranten und ihren König –
dann hat die Großmama noch Unendliches von *unschätzbaren*
Leuten erzählt; von Seidespinnerei, von 360 Coccons eine
Unze Seide, von 2893 ein Pfund, so viel Simmer Seiden-
würmer spinnen an 5 Pfund Seide – fraßen zu viel Maul-
beerblätter, man gab ihnen Latuk, Spinat, und Blätter von
Johannistrauben welches sie mit Vergnügen fraßen recht gut
Seide spannen nur daß sie etwas grüngelb wurde, zuletzt er-
zählte sie mir noch aus dem Leben der heil. Jutta welche
Naturgeschichte und Seelenlehre studiert hatte und dies
führte sie auf den Mirabeau, als ich zu Bett ging war ich ganz
verwirrt und konnt an nichts Liebes mehr denken, ich mußt
gleich einschlafen. – Wies doch in der Großmama ihrem
Kopf aussehen mag? – so viel an einander gehängt wozu kein
Mensch die Lösung fände, ob ich wohl auch so bin! – Das
Haus wird jetzt nicht leer an merkwürdigen Leuten, alle französische Journale werden gelesen und besprochen, ich muß
wider Willen Anteil nehmen an ihren Witzen über Hof und
Hofstaat, Kostüm, Livreen, Uniformen, Schmuck und Spit-
zenbehänge des weiblichen Personals, alles wird durchge-

mustert, dann die allgemeine große Ablaßannonce von dreißig Tagen um die Franzosen aus des Teufels Sklaverei zu
befreien. Ich stehe unter den Disputierenden wie unter einer
Traufe; Protestant, Philosoph, Enciclopedist, Illuminat, De-
mokrat, Jacobiner, Terrorist, homme de sang, alles regnet
auf mich herab, worunter man immer dasselbe versteht.
»Von oben herab verkennen sie alles« sagte der Varicourt,
»von unten ist alles Bosheit und Lüge der hinanklimmen-
den«, und sprach noch über die ungeheuren Schmeicheleien
die Bonaparte einschlucke: »ce n'est pas du bon style que
d'avaler de si gros mensonges, la véracité est le seul moyen
de cultiver la nature humaine: pour la grandeur il y fait faute,
il n'a point le sens céleste pour l'avenir pour lequel seul s'im-
molera un grand coeur; il est le grand monstre de la médiocri-
té encombrant un monde qui s'ignore soi même.« Die
Emigranten hörten ihm feierlich zu, als spreche er von der
Kanzel herab. »Nous n'avons que trop bien pu comprendre
ce que c'est que l'esprit régénérateur, ce n'est que lâcheté que
de nous soumettre à une tyranie, qui a recours aux moyens
puérils dont se sert Buonaparte pour captiver une nation qui
a sacrifié son meilleur sang pour la liberté. C'est une juste
punition pour avoir attenté au sang inviolablement sacré des
rois, que de n'avoir pas reconnu ce que le grand génie de
Mirabeau nous avait prophétisé. La revolution faite, la première des lois était d'honorer la loi, mais point cet expédient
des têtes bornées, qui pour maintenir leur pouvoir, ne font
que faire trembler; il faut gagner les coeurs, et puis c'est si
facile! – Le peuple est déja reconnaissant si ses supérieurs ne
lui font pas tout le mal qui est en leur pouvoir; ce n'est que la
bêtise qui punit, la véritable grandeur prévient les fautes:
c'est abuser du pouvoir que d'agir autrement, il est maladroit
de ne point se servir des hommes tels qu'ils sont, c'est la sa-
gesse qui est souveraine, elle exploite le bien du mal, mais
non pas en tranchant les têtes!! – Les lois doivent être tracées
par le génie de l'humanité, ce que Buonaparte ne sera jamais.
– Und ich möchte auch über allen Plunder von menschlichen
Zurüstungen hinausstieflen können, ihre Zankäpfel ihnen

aus den Händen winden, und ihnen dafür Selbstbeschauung,
Selbsterzeugung empfehlen. Ja! ists nicht der einzige Zweck
der menschlichen Natur daß sie lerne sich selbst erzeugen? –
Und ist die Wahrheit nicht das Geheimnis aus der die Selbsterzeugung hervorgeht? – Und wenn ein Herrscher aus sich
hervorgehen könnte ins reine Licht der Wahrheit, würde er
nicht die ganze Menschheit regenerieren? – Ich frag Dich! –
Besinn Dich – hab ich nicht recht, es schwebt mir so dunkel
vor als ob aus dem Geist des Einen die Wiedergeburt Aller
hervorgehen müsse. – Ach ich würde gar nicht drum verlegen sein dies keck anzugreifen denn verderben kann man
nichts, alles was noch grünt und zu blühen scheint steckt
doch im Sumpf der Dummheit und ist es eine so große Sache
klüger zu sein. – Wie soll einem da nicht der Verstand aufgehen, wenn man rund um sich her sieht wie alles Narrheit ist.
– Und liegt es nicht in der gesunden Menschennatur die Idee
einer göttlichen Menschheit in sich zu entwicklen? – Und was
ist doch alles Denken als bloß diese ideale Richtung? – Und
ist doch ein Mensch geboren, dessen Aufgabe es nicht wär
sein eignes Ideal zu erzeugen? – Und wenn das ist, wie soll
mir da nicht jeder unschuldige Mensch wichtig sein, ihm
meine Gedanken mitzuteilen? – Man braucht mich auch
nicht zu beschuldigen daß ich alles durch einander werfe, und
von einem zum andern spring, es gibt etwas was andre gar
nicht fassen von dem spring ich eben nicht ab, mein Geist
bildet sich selbst seine Übergänge. – Sobald der reine Wille in
uns liegt das Göttliche zu suchen, so ist die Religion da von
der ich meine daß sie den Menschen allein entwicklen könne,
denn ohne sein Zutun ist es der ihn erfüllende Gott der aus
ihm redet, und dies eine ist es allein was mir Religion deucht;
und wie aus einem edlen Samen alles sich bildet, wie es organisch muß, so bin ich gewiß daß aus einem Geist, der bloß
das göttliche denkt um sein selbstwillen, auch alles folge-
recht sich entwickelt, und in der menschlichen Handlung
nichts mir ein Anstoß sein würde. Denn gegen Denken ist
das Handlen nichts, denn der Gedanke selbst ist Gott, hingegen Handlen ist nur sich nach Gott richten, wenn ich also

Gott durch mein Denken suche, empfinde erlebe, wie sollt
ich da verlegen sein ums Handlen, ums Regieren? – Ei nein!
das ging ganz von selbst, ich würd mich auch keinen Augenblick besinnen, denn wer den Geist der Wahrheit einatmet wie sollte der ihn nicht auch aushauchen? – Neben-
absichten muß der Menschengeist gar nicht haben, er muß
eine heilige Richtung haben. – Der Mensch ist sich immer
eine Hauptnebenabsicht, drum muß er sich ganz verleugnen
sonst erreicht er sich selber nicht, das lautet zwar ganz verkehrt und ist doch wahr. Das wahrhafte Ideal des Menschen
ist die lautere Selbstverleugnung, aus ihr auch allein kann
alle Weisheit hervorgehen in allen Handlungen die das
Schicksal erheischt; zu derselben Selbstverleugnung sind wir
berechtigt alle Menschen aufzufordern, denn sei das Resultat
eines solchen Tun was es wolle – sie handlen in Gott und das
ist Religion, und da machs Kreuz, oder sei Ketzer oder Heid
oder Jud. – – – Himmlischer Sinn fürs Unsichtbare Unendliche aus dem allein die wahre Religion hervorgeht weil dies
allein zur Gottheit führt. – Das alles fällt mir so ein wenn ich
meine Gespräche mit dem Franzosen in Gedanken weiter
führe. – Ich brauch nur auf eine Natur zu treffen die mir
liebreizend scheint so bin ich gleich voller Gedanken die
mich belehren, als seien sie geweckt von jenem: so jagt der
Franzose in seinem adeligen Wesen jetzt eine Begeistrung
nach der andern in mir auf, und ich glaub: keine Frage die ich
nicht beantworten könnte sobald ich mir innerlich denke er
höre mir zu, keine Handlung die ich nicht kühn genug wäre
zu vollbringen wenn er mir zusähe, und was das auch sein
möge was mich so anreizt – gewiß ist es was großes was ganz
göttliches daß der Mensch wo er das göttliche ahnt, das
Schöne und Große gewahr wird, gleich harmonisch mit ein-
stimmt und alle Feuer in ihm aufflammen. Ach ich denk mich
schon in eine Schlacht auf einem Schimmel neben ihm her-
reitend zwischen allem Donner der Geschütze, Rauch und
Pulverdampf, in der Verwirrung großer entscheidender Momente, wie seinem sicheren Blick vertrauend ich alles glücklich vollende, ich denk noch mehr, alles was glühender Ehr-

geiz nur zu unternehmen wagt das fährt durch meine Seele,
ich erleb's – ich bin glücklich, freudig, jauchze im Gelingen,
und alles Volk umringt mich mitjauchzend und harrt meiner
daß ich ihm Labung zutröpfle heiliger Freiheit. All dies erleb
ich mit dem Franzosen der sich vor meinen Augen zum 5
Heros entwickelt. – Ich möchte doch wissen wenn man alle
Erlebnisse sich zusammen rechnet ob da nicht diese eingebildeten auch gelten, sie glühen und damaszieren doch die
Seele durch diesen feinen Stahl der Begeistrung der mit ihr
zusammen geschweißt, gebeizt und geätzt wird, und mir ed- 10
ler deucht wie jede andre Politur, und besser zu benützen,
zäher fester, der Kraft des Willens nachgebend und ihr folgend. Kühne feste Handlung, Tatkraft muß doch auch einen
Samen haben in die Seele geborgen, ist dies nicht Same? mich
deucht etwas gedacht zu haben ist Samen im Boden der Seele 15
der ans Licht dringt und sich erschließt, heute oder morgen.

Da ging die Tür auf, Clemens kam herein, große Freud! –
sie stärkt – es blitzt innerlich. – Ist mein Verstand mir verloren und such ihn an der leeren weißen Wand und find ihn
nicht, aber in dem schönen großen Aug vom Clemens find 20
ich ihn. Du sagst Du kannst ihm nicht in die Augen sehen
weil er einen verzehrenden Blick habe, ich nicht, ich schöpf
Freud drin und ich weiß nicht was, von lebendiger Nahrung
unübersetzbares. – Vor allem möcht ich Herr werden über
mein Denken; daß ich nämlich die Zeit ausfülle mit le- 25
bendigem (lebengebendem) Denken. Es gibt ein Denken
was verlebt und eins was erlebt. – Wie mich sammlen daß ich
meinen Geist immer auf das Erleben richte? – Dies Eine nur!
und das Auffahren gen Himmel ist mir gewiß.

Das Schlafen kann mit dem Denken im Rapport gesetzt 30
werden, das Schlafen was aus dem Denken entspringt, erzeugt wieder Denkkraft, – so kann sich der denkbeflißne
Geist erschaffen. – Überall mit Geist durchdringen so ist das
Schlechte gesprengt, denn es hat keinen Platz mehr, denn es
ist zu schwach und zu eng um Geist zu fassen. 35

Ich wundre mich über meine Gedanken! – Dinge über die
ich nie etwas erfahren, die ich nie gelernt, oder vielleicht

grade das Gegenteil davon, stehen hell und deutlich in meinem Geist. – Kann ich denn wissen ob ich nicht vielleicht von
einem Geist besessen bin? – und ist Besessensein nicht vielleicht ein Aufgeben der Individualität, und sind die Widerspenstigen die sich dem Geist widersetzen nicht vielleicht individuell stärker, als die vom Geist durchdrungnen? – Ach
liegt wohl die Stärke im Hingeben? – Ist nicht manches im
Geist und in der Seele Wirkung anderer Welten? – Die Liebe,
die Leidenschaft, ist die nicht Anziehungskraft von der Sonne? –

Wir saßen auf der Hoftreppe ich und der Clemens in der
Dämmerung, und schwätzten allerlei. – »Es ist alles recht
lieblich was Du da vorbringst«, sagte er – »aber werd nur
nicht faselig, manchmal ängstigt michs was aus Dir werden
soll, Du zersplitterst Deinen Geist, mit dem Du dir eine so
herrliche Freiheit erringen könntest. – Ach kannst Du Dich
denn nicht auf Eins hinwenden mit Deinen fünf Sinnen, und
das *ganz* auffassen? – Wenn Du sprichst bist Du gescheut,
und gibst manchen Aufschluß von dem die Philosophen
noch nichts wissen. – Schreib doch was! – hast Du mir nicht
Kindermärchen versprochen? – schreib doch alles auf was
Du im Kloster erlebt hast, Du kannst so schön davon erzählen. – Was treibst Du denn mit der Günderode? – Lernst Du
mit ihr? – Ich hab so große Sorge um Dich ich muß manchmal die Hände ringen, daß alle Anmut Deines Geistes den
vier Winden preisgegeben ist.« – Der liebste Clemens! – ich
mußte ihn küssen in der stillen Nachtdämmerung auf seine
leuchtende Stirn unter den schwarzen Locken für seine Liebe. Es ward windig da saßen wir beide in seinen Mantel gewickelt, und sahen den Wolken zu wie sie sich eilten, da sagte
der Clemens so viel von Dir was Dich gewiß freut, Du seist
so hell wie der Mond. – Das flüchtige unstete Wesen was
Dich oft befalle sei nur wie Wolken die über den Mond hinziehen und verdunklen – aber Du selber seist reines poetisches Licht und Du drängest tief ins Gehör, der Klang Deiner Gedichte sei Geistesmusik, – und dies sei jetzt nur der
Eingang zum Geisteskonzert indem sich immer und nach

allen Seiten Melodieen entfalten; und es sei so edel sich innerlich einem solchen Leben hingeben, und so könnte und
sollte ich auch mich sammeln, daß ich meinen Geist nicht
wegwerfe und ein Leben führe das würdig sei. – Was meinst
Du daß ich zu all diesem gesagt hab? – Nichts! – mir wird 5
bang einen Augenblick, daß ich so selbstverlassen bin, und
daß sich mein Geist nichts um mich bekümmern will, in die
Weite hinausschweift, wo eine Biene sich unscheinbare Blüten sucht, von denen nippt – aber Honig will er nicht machen, er verzehrt alles selber. – Da nun die Biene aus Instinkt 10
Honig macht, mein Geist aber nicht, so wird der wohl nicht
überwintern wo er dann einen Vorrat braucht, – er gehört,
wohl ins Land wo ewiger Frühling ist. Der Clemens ist eben
wieder in die Stadt, der ganze Himmel ist überzogen – da
regnets schon so gewaltig – ob er wohl schon in der Stadt ist? 15
– er geht in ein paar Tagen zu Schiff nach Mainz und Coblenz
und bleibt drei Wochen am Rhein, also wirst Du ihn sehen.
                                                    Bettine.

Ich hab ihm versprechen müssen, daß ich bei seiner Rückkehr
was wollt geschrieben haben, ich werde nie besser verstehen 20
lernen wie die Welt mit Brettern zugenagelt ist, als wenn ich
versuche ein Buch zu schreiben, und wenn nun gar der Clemens von einer freien Zukunft spricht und daß ich ohne ein
Buch zu schreiben nie meine Zukunft werde genießen! – Ein
Buch ist dick und hat viel leere Seiten, die alle voll zu schrei- 25
ben kann ich doch nicht aus der Luft greifen, mir deucht dies
erst recht eine Fessel meiner Freiheit. – Wenn ich mich an den
kienernen Schreibtisch setze und es fällt mir gar nichts Ex-
traes ein, und ich schneide mit dem Federmesser eine dumme
Fratze nach der andern in den Tisch, die mich alle auslachen 30
daß mir nichts einfällt, da werf ich mein Buch weg wo lauter
Versanfänge drin stehen und kein Reim drauf. – Es ist wirklich eine Unmöglichkeit. Ich möcht dem Clemens alles zu
Lieb tun was er will, aber ich hab einmal keine Gedanken;
andre Leute waren schon vor mir da, ich bin zuletzt gekom- 35
men, also was ich auch vorbringen könnt, so habens andre

schon früher erlebt; ich ging einmal mit dem Clemens dies
Frühjahr spazieren, da waren allerlei neu aufgeblühte Kräuter, die ich nicht kannte, die wollt ich brechen; er sagte: wenn
Du bei jedem Mauseöhrchen oder Vergißmeinnicht hocken
bleibst, so werden wir nicht weit kommen, daran denke ich
jetzt immer wenn ich was neues in mir selber erfahr, daß
andre dies alles wohl schon wissen und nichts Neues mehr
für sie mehr sein mag, wie jene Violen und Gänseblümchen
am Weg die ich mir sammlen wollte. So schreib ichs denn
nicht auf, und auch weil die Gedanken sich an mich hängen
wie Schmetterlinge an die Blumen, wer soll sie haschen? – sie
merkens gleich und fliegen davon, und fasse ich einen so hab
ich bald seine schöne Farbe abgewischt mit dem Schreibefinger, oder seine Flügel erlahmen. Und so ein Gedanke in der
Luft flattert so lustig, aber auf dem Papier kann er sich nicht
wiegen wie auf der Blume; und kann sich nicht auf die Rosen
setzen von einer zur andern, er sitzt da wie angespießt. Ich
sehs ja an denen paar die ich so erwischt und aufgeschrieben
hab. – Da war ich grad am End vom Garten, ich lief eilig
hinein weil ich ihn geschwind ins Buch schreiben wollt eh ich
ihn vergesse, und jetzt, so oft ich das Buch aufmache lacht
mich der Gedanke aus und sagt: Du bist recht dumm. Jetzt
will ich Dir nur gleich das Blatt herausreißen, und da les die
Gedanken die ich wie Hasen auf einer dürftigen Jagd hab zu-
sammenschießen müssen, und bin mit jedem einzelnen aus
meinem Gedankenwäldchen nach Haus gelaufen um ihn aufzuschreiben, und immer die drei Treppen hinauf. – Weißt Du
was? – die drei Treppen waren mir nicht zu hoch, aber ich hab
mich geschämt vor den drei Treppen, wahrhaftig ich hab die
Augen zugedrückt, weil ich dacht sie merkens daß ich so eine
kümmerliche Natur hab, und bring da die armen nackten
Gedanken-Pfeilmuter an; so heißen im Tyrol die Schmetterlinge, ich habs vorm Jahr auf der Messe gelernt bei dem Tyroler, der im Braunfels Handschuh verkauft, der mit dem
schönen schwarzen Bart, Du weißt, Du sagtest der habe ein
Antlitz und kein Gesicht, ich fragte: was ist das ein Antlitz? –
Du belehrtest mich, das sei noch aus der Form Gottes, nach

seinem Ebenbild geschaffen, aber Gesichter, die seien nur so
nachgepetert, wo die Natur nicht hat wollen mit dabei sein,
und die Philister allein sich erzeugen lassen; und da hab ich
Dich gefragt: hab ich ein Antlitz? – da hast Du gelacht und
gesagt: »es stickt noch zu tief in der Knospe ich kanns nicht 5
erkennen.« Noch an jenem Abend hab ich mich vor den Spiegel gestellt und gebetet Gott soll mich doch aus der Knospe
herauslassen mit einem Antlitz, und nicht mit einem Gesicht;
denn wenn ich kein Antlitz hab wie kann ich da einem Antlitz gefallen. Noch an jenem Abend fragte ich die Frau Hoch, 10
weil Wartfrauen von Schönheitsmitteln manches wissen, sie
meinte wenn man keine Sünde tue, so könne man nicht un-
schön werden und wenn es darauf ankomme so werde ich
gewiß mich vor allen Sünden hüten; wie aber die Frau Hoch
drauß war um den Kindchen die Suppe zu kochen, da klet- 15
terte ich vors Fenster auf das Blumenbrett und hockte mich
ganz klein zusammen, wie sie wieder hereinkam wars ganz
still, es war dunkel und noch kein Licht angezündet, da
meinte die Hoch sie wär allein und wollte ihr Abendgebet
hersagen weil das Kindchen noch schlief. – »Jetzt geh ich ins 20
ewige Leben, sprach er mit freudiger Seele neigte das Haupt
und erbleichte.« Das hörte ich auf dem Blumenbrett vom
Gebet der Frau Hoch. Ich dachte, ob es wohl unrecht sein
möge sie zu belauschen und da fiel mir meine Antlitzknospe
ein, ob die vom Mehltau der Sünde hierdurch könne ange- 25
griffen werden, denn so gescheut war ich wohl daß dies keine
Kapitalsünde sei, aber weil ich absolut wollt wunderschön
sein, und ohne den geringsten Tadel, so hielt ich mir die Ohren mit beiden Händen zu um nichts zu hören, da ließ ich die
Stange los vom Brett und wär schier in den Hof gefallen. Ich 30
konnt mir die Ohren nicht versperren wenn ich nicht fallen
wollt, und da hört ich sie noch singen:

> Wenn der güldne Morgen blinkt;
> Der zu dieser Hochzeit winkt,
> Wo die reinen Seraphinen 35
> Bei der hohen Tafel dienen. –

Da sang ich die zweite Stimme, die Hoch sieht sich in allen

Ecken um, holt Licht, sucht oben auf dem Ofen, auf dem
Vorhanggestell, und überall und kann mich nicht finden. Ich
pflückte eine Nelke vom Stock und stellte mich in den Fen-
sterrahm, den stieß ich auf und reicht ihr die Nelke. Da stand
5 sie mit ihrem kleinen Wachsstock und beleuchtet mich und
meint ich wär eine Erscheinung. Ich bin ihr aber um den Hals
gefallen, denn ich hab die Frau sehr lieb. Ich fragte obs eine
Sünde sei daß ich ihr zugehört hab, sie sagte: das ist grad
keine Sünde, aber Sie hätten können in den Hof fallen, und
10 da wollen wir lieber ein Danklied singen daß Sie nicht gefallen sind. – Hier hast Du das Lied, zu dem ich eine Melodie
gemacht hab.

Der du das Land mit Dunkel pflegst zu decken,
Ach reine mich von jedem leisen Flecken.
15 Reich mir der Schönheit Kleid
Daß ich an jedem Morgen meiner Blüte
Erkennen mag wie Deine Gnad sie hüte. –

Obschon die Sonne entzogen ihre Wangen,
Obschon ihr Gold der Erde ist entgangen
20 Das kränket mich nicht sehr,
Erleucht' in mir nur deines Geistes Licht,
Dadurch der Schönheit Geist wird aufgericht.

Kann ich des Nachts gleich nicht zum Schlafen
                                        kommen,
25 So mag dies meiner Schönheit dennoch frommen,
Das endet wenn man stirbt.
Gieb nur o Gott daß ich so Nacht wie Tag
Der Schönheit Ruhe mir erhalten mag.

Wenn du mich willst, o Schöpfer, einst genießen,
30 Muß über mich der Born der Schönheit fließen,
Wie wollt ich fröhlich sein! –
Sonst acht ich nichts was Mut und Blut beliebt,
Noch was die Welt, noch was der Himmel giebt.

Die Hoch sagte: Sie haben das Lied schön verketzert, kein Mensch wirds für ein Andachtslied erkennen – Ich hab es doch mit wahrer Andacht gesungen, ist es eine Sünde, so wollen wir lieber ein Bußlied singen damit mir nicht gar noch ein Bart davon wächst. Die Hoch sagte: Ach gehn Sie 5 doch, das wär Ihnen grad recht wenn Ihnen ein Bart wüchse.

Am andern Morgen ging die Tonie zum Tyroler und ich ging mit um mir sein *Antlitz* einzuprägen, ich dachte wenn man sich so was tief in die Seel schreibt, so blühts am End mit einem auf, und weil die Tonie Handschuh aussuchte setzte 10 sich ein Schmetterling der vom Main herübergeflogen kam auf den Strauß an seinem Hut. Ach guck den Schmetterling, den haben die Blumen an Deinem Hut herbeigelockt! – Der Tyroler fragte: »Was ist das für ein Ding ein Schmetterling?« und sieht ihn fliegen und ruft: »Ei was, das ist ja ein Pfeil- 15 muter und kein Schmetterling. Du bist ein Schmetterling,« und kriegt mich um den Hals und küßt mich auf den Mund. Die Tonie macht ein bös Gesicht und kauft gleich keine Handschuh mehr bei ihm und geht fort, »na« ruft er ihr nach, »nem Sies nit übel das Madel nimts ja auch nit übel auf,« und 20 die Tonie mußt lachen und die Handschuh kaufen. Die Ge- schicht wollt ich als immer aufschreiben weil sie mir gefällt, aber zu einem Buch paßt sie nicht, denn sie ist ja gleich aus, und was soll dann weiter passieren? – Der Clemens meint ich soll alles schreiben was mir durch den Kopf geht, er denkt es 25 wär Markt da; er schreibt ich soll aus dem Kloster alles auf- schreiben, aber nun les nur erst die dummen Gedanken die in meinem Buch stehen ob man da was vernünftiges dran schreiben kann, und habs noch dazu auf den Deckel in- wendig geschrieben weil ich meint, ich wollts recht voll 30 schreiben, ja hat sich was, ich bin schon über vier Wochen noch immer am Deckel. Da steht erstens oben an:

Ob Tugend nicht auch Genialität sein möchte,
Und ob wir vielleicht nur deswegen so mühselig hinan-
klettern zum Erhabenen, weil wir kein Genie haben. 35
Das war auf der Pappel an der ich so bequem hinaufklet-
tern kann, ich sah die Vögel geflogen kommen und dacht in

mir du hast kein Genie du mußt mühselig zu allem hin-
anklettern und dann kannst du dich nicht oben erhalten mußt
immer wieder hinunter. – Und da fühlt ich recht in mir wie
alles in mir schwankt nichts erreichen kann, wie ein Feuer in
5 mir braust, jede Kunst liegt in mir so nah ich mein ich hätte
sie schon in mir, die Wangen glühn mir gleich so hoch, sie
brennen mir wenn ich nur in die Ferne denk, da liegen mir
goldne Berge. Ich steh da als hätt ich nur den Zauberstab in
der Hand, alles inwendig im Geist, aber wenns heraus soll,
10 da bleib ich beim Buchdeckel und muß mühselig Sandkörnchen für Sandkörnchen zusammentragen. Wie ich von der
Pappel herunter der Trepp herauf war und hatt meinen ersten papiernen Gedanken aufgeschrieben, der mich noch immer anlachte – so wollt ich doch noch ein bißchen im Abend-
15 schein mich wiegen, denn beim Wiegen kommen mir Gedanken. Kaum war ich der halben Pappel hinaufgeklettert so
fiel mir schon wieder was ein, ich klettert also gleich wieder
herunter und wieder die Trepp hinauf und schrieb auf:
        Der ganze Mensch muß in sich einverstanden sein
20   nämlich Herz und Kopf und Hand und Mund.
        Da stand ich noch so eine Weile vor dem Gedanken still
und dacht vor dem hätt ich immer auf der Pappel können
sitzen bleiben und es tat mir schon leid daß ich das Buch mit
bekleckst hatte, aber weil der Clemens gesagt hatte ich soll
25 alles schreiben was mir durch den Kopf geht, so wollt ichs
durchsetzen. Jetzt gefällt mir aber doch etwas in dem Gedanken, ich kann ihn ja zu was Großem machen wenn ich
einen großen Sinn hineinlege, und wenn ich alles was ich so
schreib ohne zu wissen warum mit Gewalt wahr mache. – Ja
30 ich fühl es hängt mit dem ersten Gedanken zusammen, es ist
die Genialität der Tugend wenn der ganze Mensch in sich
einverstanden ist, und es ist gewiß was die meisten nicht tun.
Ach nun kommt mir gar die Moral in Weg, laß mich nur lieber die Gedanken weiter abschreiben, dann kleb ich den
35 Deckel zu vom Buch daß ich sie nicht mehr seh. – Dann fallen
mir vielleicht bessere Sachen ein die nicht so steifstellig sind.
Ich bin also wieder auf meine Pappel geklettert, denn es ist

mir grad als kämen mir nur da oben Gedanken, aber kaum
war ich droben so mußt ich auch schon wieder herunter, und
der kam mir ganz begeisternd vor so daß ich mit großen
Freuden meine drei Treppen heraufgesprungen kam.

Den Geist nähren, das ist Religion.   5

Ja wenn ich das könnt, dacht ich wie ich wieder auf meiner
Pappel saß und jetzt nicht mehr herunter wollt, denn es war
so schon schön geworden der ganze Himmel, Abendrot, und
der Luftkrystalle unendlich viele die schnell im Purpur an-
schossen, was hab ich alles gesehn von Farben und von wo-   10
genden Wipfeln, die sich einschmelzenden Farben und Licht-
glanz in der Ferne und wie war die Natur so gütig gegen
mich grad als ob ich sie nicht verleugnet hätt gehabt mit meinem Aberwitz auf dem Papier. Alles Selbstdenken kommt
mir wie Sünde vor wenn ich in der Natur bin; könnt man ihr   15
nicht lieber zuhören? – ja Du meinst, davon denkt man ja daß
man ihr zuhört, nein das ist doch noch ein Unterschied.
Wenn ich der Natur lausche, Zuhören will ichs nicht nennen,
denn es ist mehr als man mit dem Ohr fassen kann, aber lauschen das tut die Seele. – Siehst Du da fühl ich alles was in ihr   20
vorgeht, ich fühl den Saft der in die Bäume hinaufsteigt bis
zum Wipfel in meinem Blut aufsteigen, ich steh so da und
lausch – und dann – da empfind ich – ich denk aber nicht
grad, oder doch nicht daß ichs wüßt, aber wart nur einmal
wies weiter geht. – Alles was ich anseh – ja das empfind ich   25
plötzlich ganz – grad als wär ich die Natur selber, oder vielmehr alles was sie erzeugt, Grashalme wie sie jung aus der
Erd heraustreiben, dies fühl ich bis zur Wurzel und alle Blumen und alle Knospen alles fühl ich verschieden. – Seh ich
den großen Rosenstrauch an da auf dem Inselberg, er hatte   30
beinah schon abgeblüht, jetzt ist ein Nachschuß da, das betracht ich alles, das dringt mir alles mit etwas ins Herz, soll
ichs Sprach nennen? – mit was berührt man denn die Seel, ist
die Sprach nicht die Lieb die die Seel berührt, wie der Kuß
den Menschen berührt? – Vielleicht doch, nun so ist das was   35
ich in der Natur erfahr gewiß Sprache denn sie küßt meinen
Geist, – jetzt weiß ich auch was küssen ist, denn sonst wärs

nichts wenns das nicht wär, jetzt geb acht:

Küssen ist die Form und den Geist der Form in uns aufnehmen die wir berühren, das ist der Kuß, ja die Form
wird in uns geboren.

5   und darum ist die Sprache auch küssen, es küßt uns jedes
Wort im Gedicht, alles aber was nicht gedichtet ist das ist
nicht gesprochen das ist nur gegautzt wie die Hunde. Ja was
willst Du denn anders mit der Sprache als die Seele berühren,
und was will der Kuß anders, er will die Form in sich saugen
10   und die Seele berühren, alles das ist eins, ich habs von der
Natur gelernt, sie küßt mich beständig ich mag gehn und
stehn wo ich will, sie küßt mich und ich bin auch schon so
ganz dran gewöhnt daß ich ihr gleich mit den Augen entgegen komme denn die Augen sind der Mund den die Natur
15   küßt, siehst Du, so fühl ich auch daß mich eine Knospe anders küßt als eine Blume, denn warum: sie sind verschieden
in der Form, dies Küssen ist aber sprechen, ich könnt sagen:
Natur dein Kuß spricht in meine Seele hinein, – ja das ist
auch ein Gedanke den ich ins Buch geschrieben hab, aber den
20   wollt ich stehen lassen, an ihn kann ich noch weiteres anknüpfen. Ach wenn ich mich so umseh, wie sich alle Zweige
gegen mich strecken und reden mit mir das heißt küssen
meine Seele, und alles spricht, alles was ich anseh hängt sich
mit seinen Lippen an meine Seelenlippen, und dann die Far-
25   be, die Gestalt, der Duft alles will sich geltend machen in der
Sprache, nun ja die Farbe ist der Ton die Gestalt ist das Wort
und der Duft ist der Geist, so kann ich wohl sagen die ganze
Natur spricht in mich hinein das heißt sie küßt meine Seele,
davon muß die Seele wachsen, es ist ihr Element, denn alles
30   hat sein Element in der Natur was Leben hat. Der Seele ihr
Element ist also das Schauen, das ist das Lauschen, sie saugt
alle Form das ist Sprache der Natur. Aber die Natur hat nun
auch selbst eine Seele, und diese Seele will auch geküßt sein
und genährt, grad wie meine Seele von ihrer Sprache genährt
35   wird, wenn ich so durchdrungen war von ihr, (denn es gibt
Augenblicke wo die Seele wie ein Feuer ist von Leben, wo
sie ganz und gar nur das ist was sie in sich aufgenommen,

nämlich Selbstsprache der Natur, da erkennt sie die Natur
wieder als nahrungbedürftig,) so hab ich vor ihr gestanden
und hab mich wieder in sie hineingesprochen, ich hab sie geküßt mit meinen Seelenlippen. Sieh das war Geist, der war
nicht gedacht der war ursprünglicher Lebensgeist ohne Erd- 5
form, Gedanken ist die Erdform des Geistes – aber mein
Geist hat diese Form nicht angenommen als er mit ihr
sprach, es war nicht Gedanke, es war nicht Gefühl oder Empfindung, denn das deucht mir auch noch verschieden, es war
Wille – ja Wille wars, der sah so rasch und fest die Natur an als 10
wolle er ihr nun wieder schenken alles was sie ihm gab, nämlich Leben. – Das ists, alles ist ein Wechselwirken, alles was
lebt, gibt Leben und muß Leben empfangen. – Und glaub
nur nicht daß alle Menschen leben, die sind zwar lebendig
aber sie leben nicht, das fühl ich an mir, ich leb nur wenn 15
mein Geist mit der Natur in dieser Wechselwirkung steht. –
Da weiß ich auch daß Tränen noch gar keine Folgen von
Schmerz zu sein brauchen oder von Lust – sie können auch
eine natürliche Folge sein, wie auch Schlaf die Folge ist vom
aufgeregten Geist. – Denn ich muß oft plötzlich weinen ohne 20
vorher gerührt zu sein, das ist also gewiß wenn die Natur
mich so erfaßt heimlich meine Seele erschüttert daß sie weinen muß. Und oft leg ich mich auch am Boden auf die sam-
metschwarze aufgepflügte Erde die so warm von untenauf
dampft, und das wärmt mich weil ich dann frier – ja der Geist 25
friert in mir, da leg ich mich am Boden hin, da wird gleich der
ganze Geist wieder warm, da fühl ichs wies durch den Kopf
zieht und durch die Brust und da muß ich gleich die Hände
betend zusammenhalten. Siehst Du, das ist alles nicht gedacht und ist doch Geist. – Geist der mit der Natur in Wech- 30
selwirkung ist – ich bin ordentlich froh daß ich heut das Wort
gefunden hab, ich hätt schon früher mit Dir davon gesprochen aber ich fand die Worte nicht – aber ich könnt Dir noch
ganz andere Sachen sagen – ach nein ich fürcht mich gar nicht
vor Dir daß Du mich schelten solltest, Du wirst wohl auch 35
mit mir einverstanden sein daß so weit der Geist seinen Flug
erheben mag so weit darf er auch, warum hat ihm Gott Flü-

gel gegeben, Geist ist ja eigentlich Fliegen. – So muß ich lachen über die Lotte wenn die von Konsequenz spricht, das
ist kein Geist – Inkonsequenz ist Geist – im Flug hin und her
schweben, alles was er berührt gleich mit ihm zusammenflie-
ßen, das ist Geist daß er gleich sich verwandle in das was er
berührt, so verwandelt der wahre Geist sich in die Natur,
weil die ihm begegnet all überall, weil ihr Berühren mit ihm
allein Geist ist, er wär nicht, wär die Natur nicht leidenschaftlich seiner bedürftig, das eben ruft ihn jeden Augenblick ins Leben, Geist ist fortwährendes Lebendigwerden
um die Natur zu küssen, seine Formen in sie prägen; die
Natur saugt die Geistesformen in sich, davon lebt sie, und
Geist fließt durch alle Gestalten mit ihr zusammen, so faßt
die Natur sich selber in ihren Formen, das ist eben der ganz
göttliche Reiz in ihr, Reiz ist Zauber, wo kann Zauber her
entstehen als durch das Sichselbsterfassen? – ja das ist schon
wieder was neues das wollen wir morgen besprechen. Heute
Abend tut mir der Nacken weh vom schreiben, – das wollt
ich nur noch sagen: mein Geist, oder durch mich spricht der
Geist mit ihr, und dabei bin ich ganz unregsam, ich besinn
mich nicht, ich denk nichts, ich hab keine Betrachtung, aber
nachher kann ich davon erzählen wie Du siehst, heut zum
erstenmal, also erzeugt das Ineinanderfließen des Geistes mit
der Natur doch Gedanken, die man nachher hat. – Was sind
das aber vor Gedanken, einer könnt sagen es sind Lügen,
oder Dummheiten Fabeleien und also keine Gedanken, denn
was kann ichs beweisen oder zu was frommen und führen
diese Gedanken. Ja das ist es eben, Geistesgedanken berühren nichts was schon da ist, sie erzeugen neu, da siehst Du
wieder daß ich recht hab; weil der Geist und die Natur sich
einander berühren so sind sie fortwährend lebendig und erzeugen fortwährend neu, denn wir sollen übergehen in ein
neu Leben nach diesem Leben, wie sollen wirs aber anfangen
wenn der Geist sich nicht selber hinüber erzeugt in die andre
Welt? – er muß sich also selbst wie ein klein Kind im Mut-
terleib tragen, er muß mit sich gesegnet (guter Hoffnung)
sein und muß sich nähren bis er selbst als Frucht in sich reif

wird, dann bringt er sich zur Welt, wo wie und wann, – das
ist alles einerlei; eine reife Frucht kommt allemal zur Welt,
die Welt ist da vor der Frucht, sie kann nicht aus jener Welt in
die ihr Leben überstrebt, herausfallen, sie kann nur in sie
geboren werden. Der Geist also der fortwährend mit der
Natur sich küßt, das heißt der ihre Sprache trinkt der nährt
sich selbst in ihr um sich zu gebären, die Natur tut das auch,
sie reift sich für die künftige Frucht des Geistes, in ihrem Berühren mit ihm, und so wird die neugeborne Frucht des Geistes in die Welt einer höher gereiften Natur übergehen, denn
Gott läßt nie von der Natur, überall ist sie es die der neu-
gebornen Seele wieder begegnet, wieder ihre Formen ihr zu
küssen gibt, das heißt ihre Sprache die ihr in die Seele
spricht, wovon die Seele sich nährt, so ist es gewiß mit allen
lebenden Kreaturen die so weit sind daß der Geist schon gelöst ist und selbst denken kann. – Alle Menschen erleiden
dieselbe Berührung von der Natur, sie wissens nur nicht, ich
bin grade wie sie, nur der Unterschied ist, daß ich bewußt
bin, denn ich hab das Herz gehabt dringend, und mit leidenschaftlicher Liebe zu fragen, andre Menschen lesens wohl als
poetische Fabel daß die Natur um Erlösung bitte, andre Menschen empfinden wohl eine Unheimlichkeit wenn sie so in
der lautlosen stillen Natur dastehen, es bedrängt ihr Herz, sie
wissen weder den Geist zu wecken in sich, noch zu bezwingen, da gehen sie ihr fühllos aus dem Weg, ihr Inneres sagt
ihnen wohl, hier geht was vor, du solltest dich dem hingeben, dann überkommt sie eine Angst, und sie ziehen sich
wieder ins Gewohnheitsleben, wo eine Mahlzeit die andere
verabschiedet, bis der Schlaf oben drauf sich einstellt und
dann ist der Tag und die Nacht herum; und dafür hätte man
gelebt? – Nein das ist nimmermehr wahr! – der Gedanke hat
mich schon lang verfolgt »warum lebst du doch« – besonders
eben wenn ich so manchmal bei Sonnenuntergang spazieren
ging – im Wald auf der Homburger Chaussee, da stand ich als
still und fragte mich das, da hörte ich diese traurige Stille der
Natur, da lag eine Scheidewand zwischen mir und ihr, das
fühlt ich deutlich daß ich nicht bis zu ihr drang; da dacht ich

wenns nicht eine lebendige nähere Beziehung gäb zu ihr so
würdest du das nicht so deutlich empfinden, du fühlst ja
ordentlich in deiner Seele wie sie traurig ist, also geht sie
doch lebendig an dich heran und du fühlst daß sie einen Geist
hat der ihr allein angehört, und der sich mitteilen will, da faßt
ich mir einmal ein Herz und wollte sprechen, da wußt ich
nicht sollt ich laut mit ihr sprechen wie mit den Menschen,
denn ans Küssen ihrer Form und *so* mit ihr sprechen das war
mir nicht deutlich, obschon gewiß ich es unbewußt im Kloster getan, denn vom Kloster da kann ich Dir gar wunderliche Dinge sagen. – Ich dachte an einem Sonntag Morgen als
wir den Weg von Bürgel aus der Kirche zurückkamen, heut
wollt ich am Nachmittag mir einen recht einsamen Platz suchen, und wollt da mit ihr sprechen ganz laut wie man mit
den Menschen spricht, und es war mir ganz schauerlich als
ich aus einem großen Garten, wo wir zusammen mit andern
waren, heraus schlich und längs der Chaussee am Wald ging,
dann den Bach verfolgte der mir entgegen gerauscht kam
und so kam ich an eine Stelle wo Felssteine liegen, und der
Bach teilt sich und muß Umwege machen und schäumt und
braust, da blieb ich eine Weil stehen, das Brausen war mir
grad so ein Seufzen, das lautete mir als wärs von einem Kind,
da redete ich auch zu ihr wie zu einem Kind. »Du! – Liebchen
– was fehlt Dir?« – und als ichs ausgesagt hatte da befiel mich
ein Schauer, und ich war beschämt wie wenn ich einen angeredet hätte der weit über mir stehe, und da legt ich mich plötzlich nieder und versteckte mein Gesicht ins Gras, und im
Anfang war ich ganz betäubt, daß ich gar nicht wußte warum
ich daher gekommen war, aber nach und nach besann ich
mich, und nun wo ich an der Erde lag mit verborgnem Gesicht, da war ich einmal zärtlich, ach! ich sag Dir – tausend
süße Dinge drängten sich aus meinem Seelenmund, ein Begehren sie zu lieben ich weiß nicht wies nachher gewesen ist,
ich konnt ungern vom Platz aufstehen, aber da ward mir so
heiß auf dem Kopf, und wie ich ihn aufhob schien die Sonne
so kräftig, und nichts war mehr düster und traurig, alles lebendig, ich war in der Seele als hab ich ein neu Leben emp-

fangen, und die Wellen im Bach die über die Steine sich teilten schienen mir voller zu rieseln und lauter und ich mußte
alles so tief ansehen, und da lernt ich gleich ihre Formen fassen ich sah sie viel kräftiger an, und ich hatte unter zwei Tannen gelegen, die ihre Äste noch bis am Erdboden hängen 5
hatten, und guckte die feinen Nadeln an wie sie so gleichmäßig gereiht waren, und wie sie die klebrigen Knospen so
schützend in ihrer Mitte tragen. Da dacht ich, ist doch kein
Gedanke so kräftig und so wahr wie dieser Baum und ich hab
noch nichts gehört von Menschen sagen, wo der Gedanke 10
gleich schon seine Knospe der Zukunft in sich bewahrte; und
drum ist auch alles platt und kein Leben drin, denn alles was
lebendig ist das muß die ganze Zukunft in sich tragen sonst
ist es nichts, und alles Tun der Menschen muß so sein sonst
ists Sünde, und da dacht ich, wie ist es möglich daß jede 15
Handlung gleich den Keim der Zukunft in sich fasse? aber da
wußt ichs gleich, nämlich jede Handlung muß den höchsten
Zweck haben, und ein hoher Zweck ist ja doch die Knospe
der Zukunft. O ich wollt gleich die Welt regieren, und die
Leute sollten sich verwundern, das hab ich in jenem ersten 20
Moment gelernt von der Natur, wie ich das machen soll, und
glaub nur, ich würde nie fehl gehen, im Anfang würde es viel
Staub setzen, wenn ich gegen das alte Gemäuer anrennen
ließ, wenn aber erst die Staubwolken sich gelegt hätten dann
um so schönerer hellerer Himmel. – Aber als ich am Boden 25
lag, da mischten sich auch meine Tränen mit dem Erdreich,
aber der Nacken tut mir so weh, ich kann nicht mehr schreiben und ich wollt Dir doch noch so viel sagen! – Es ist schon
Morgen die Sonn kommt schon, gute Nacht.

Montag. 30

Ich hab heut im Schlaf gedacht ich bin doch recht glücklich,
alles was ich Dir gestern aufgeschrieben hab das war in meinem Buch mit folgendem ledernen Gedanken bezeichnet:
Alle Form ist Buchstabe wisse die Formen zusammen zu
setzen so hast Du das Wort (Kuß), und durch dieses den 35
Sinn (Gedanken) Liebesnahrung des Geistes. –

Nein daraus würde wohl keiner klug werden! – und auch
keiner sich drum kümmern, so ein Gedanke den man aufbewahrt, ist wie eine gedürrte Pflaume ganz verhutzelt und
verkohlt. Nein es ist eine Unmöglichkeit ein Buch zu machen
aus dem was mir durch den Kopf geht es ist ungehobeltes
Zeug was sich sperrt wenns in Gedanken soll gefaßt werden.
– Und kein Mensch kanns brauchen, selbst der Clemens
würde fürchten daß ich übergeschnappt sei, von Dir erwart
ich daß Du mich ungestört anhörst, es ist doch einmal nicht
zu ändern, Ihr gebt Euch Mühe meine Gedanken zu *konzentrieren* (auf etwas fest richten soll das glaub ich heißen) das ist
aber grad was nie geschehen wird, denn ich selbst kanns
nicht erzwingen von mir, ich sag mir oft, nur jeden Tag eine
halbe Stunde Geduld, so wirst du gewiß Herr über Alles was
du lernen magst. – Aber wenn ich das denk so schauderts
mich, als ob ich gesündigt hätt mit dem Gedanken. Gestern
nahm mich die Großmama ins Gebet über meine vermögli-
chen Fähigkeiten, sie sagt wer den Most nicht fassen kann in
Gefäße der kann ihn nicht bewahren, da hielt sie mich mit
beiden Händen und sah mich so groß an, da versprach ich ihr
alles, da sagte sie: lern doch Latein, und ich versprachs ihr
aber gleich befiel mich eine freveliche Angst, und mir klopfte
das Herz vor Ungeduld daß sie mich loslassen solle, aber aus
Ehrfurcht bleib ich vor ihr stehen, und wie sie sah daß meine
Wangen so brennten, da sagt sie geh hinaus liebs Mädele in
die Luft und morgen wollen wir weiter sprechen. – Gleich
klettert ich aufs Dach von der Waschküch und erwischte so
einen Akazienzweig und kletterte hinüber auf den Aka-
zienbaum und hab ihn umhalst und wieder abgebeten daß
ich gesagt hab ich wollt Latein lernen.

Bettine.

An die Bettine.

Ich habe Deine Briefe erhalten die Du seit meiner Abreise
mir schreibst. Ich muß mich kalt machen daß Deine Flammen
mich nicht angreifen, doch such ich Dir nachzuempfinden
und meine Mühe ist nicht ganz umsonst – doch staun ich wie
gewaltig Dich alles ergreift und daß dies alles nicht Deine
Gesundheit aufreibt, denn wie mir einleuchtet so kannst Du
unmöglich viel schlafen? – und dabei dies unruhige Leben
wo jeder Augenblick Dich aufs neue reizt – ich glaub selber
daß Du einen Dämon hast der Dich wieder stärkt, wie könntest Du sonst alles fassen? – und Dein Herz, ist es nicht voll
zum Überlaufen, der Gärtner, der Moritz, der Franzose, der
Clemens und ich doch auch, – und Deine frühen Wanderun-
gen im Bosket, Du schläfst nicht aus, es wird nicht lange so
fortdauern können, – ich selbst fühl mich hier anders, wie
sonst. – Die Zukunft leuchtet mir nicht helle, und ich hab so
große Lust nicht mehr am Lebendigen, an der Mährchenwelt
die unsre Einbildung uns damals so üppig aufgehen ließ daß
sie die Wirklichkeit verschlang, doch wird sichs ändern, gewiß, wenn wir wieder zusammen sind, diesen Winter denk
ich ernstlich mich zu überwinden, ich hab mir einen Plan gemacht zu einer Tragödie, die hohen spartanischen Frauen studiere ich jetzt. Wenn ich nicht heldenmütig sein kann, und
immer krank bin an Zagen und Zaudern, so will ich zum
wenigsten meine Seele ganz mit jenem Heroismus erfüllen
und meinen Geist mit jener Lebenskraft nähren die jetzt mir
so schmerzhaft oft mangelt, und wo her sich alles melancholische doch wohl in mir erzeugt. – Doch fürchte nichts für
mich, es sind nur Minuten wo michs überfällt wie starker
Frost, doch Deinen frühlingsheißen Briefen widersteht er
nicht. – Heut und gestern war ein Grünen und Blühen in mir,
– und ich lese sie gern wieder, dann bin ich immer wieder
glücklicher gestimmt, ich danke Dir dafür. – Auch von Clemens sagst Du mir was mich freute. – Lebe wohl. – Dein
Naturbrief, besonders hat mir Freude gemacht, er ist wie das
Zwitschern junger Vögel die sich noch im Nest der Ätzung
freuen, – die die Mutter in Fülle ihnen gibt, sind sie erst

flücke, dann werden vielleicht auch da Geistesgesetze herausfliegen von der Natur gegründet für den Geist der sie als göttlich zu fassen vermag, aber sie werden wohl nimmer im
Buchstaben können gefaßt werden zum wenigsten nicht in
unserm Jahrhundert. –

Ist denn das alles von Gedanken was Du in Dein Buch
aufgeschrieben, o verliere nichts. Hier sende ich Dir ein paar
Lieder, lese sie wie man Gedichte liest ohne zu großen
Affekt. Denk daß der Reim auch die Stimmung leitet und
glaub nicht gleich ich sei zu traurig. – Gedichte sind Balsam
auf unerfüllbares im Leben; nach und nach verharscht es, und
aus der Wunde deren Blut den Seelenboden tränkte hat der
Geist schöne rote Blumen gezogen die wieder einen Tag blühen, an dem es süß ist der Erinnerung Duft aus ihnen zu saugen.

Die Pilger hab ich vor acht Tagen geschrieben, auf das letzte: Der Lethe Fluß, hatte Dein Emigrantenverkehr Einfluß,
ich weiß nicht wie.

Ist St. Clair noch nicht zurückgekehrt? war er bei Dir? –

Beilage

Die Pilger.

Der eine Pilger.

Ich bin erkranket
An Liebespein,
Möcht nur genesen
Wolltst mein Du sein.

Dein liebreich Wesen
Dein Lippenrot,
Hält mich gefangen
Bis an den Tod.

Mein Aug ist trübe
Meine Jugend verdorrt,
Muß Heilung suchen
An heil'gem Ort.

Ich greif zum Stabe 5
Ich walle zum Meer,
Es brausen die Winde
Es tobet das Meer.

Die Vöglein fliegen
So lustig voran, 10
Sie suchen den Frühling
Und treffen ihn an.

Es hält mich die Liebe
Ich bliebe so gern,
Doch ziehet mich Wehmut 15
Zum Grabe des Herrn.

Mich sehnet o süße
Geliebte nach Dir.
Doch wähl ich das Grab mir
Des Heilands dafür. 20

Da knie ich nieder
Voll bitterem Schmerz,
Da kann ich Dich lassen
Da bricht mirs Herz.

Lebt wohl denn ihr Augen 25
Voll freundlichem Schein,
Mein Blick soll zum Himmel
Gerichtet nur sein.

Die Heilung ist bitter
Der Weg ist wohl weit
Doch greif ich zum Stabe
Und ende mein Leid.

5   Der andre Pilger.

Ich scheide froh vom Vaterland,
Und suche den geliebten Strand
Wo Jesus Christus wallte.
Wo er in Demut angetan
10   Des Erdenlebens schwere Bahn
Mit stillem Sinne wallte.

Was ist die Herrlichkeit der Welt
Und alles was dem Sinn gefällt? –
Ich will ihm froh entsagen.
15   Die ird'sche Kette fällt von mir
Und Jesu! – nur zu Dir! zu Dir! –
Will ich mein Sehnen tragen.

Die Märterkrone windet mir
Und Seligkeit wohl für und für
20   Wenn ich vollendet habe.
O süße Buße! himmlisch Leid!
In frommer Einfalt, Seligkeit
Ihr wohnt am heiligen Grabe.

Lethe.

25   Du rollst o Bach mit stillem Stolz die Flut
Und düstergrün umhüllen dich Gesträuche,
In deiner Well erstirbt die Rosenglut
Die lieblich glänzt vom fernen Geisterreiche.

Dir schmeichelt nicht die Gunst der Gegenwart
Mit Blütenduft, mit Zephyrs kühlem Säuseln,
Kein Glück das in der Zukunft Schleier harrt
Wird deine Wog in holden Spielen kräuseln.

Erbebend schaut es die Vergangenheit   5
Wann deine Flut der Schatten Heer umweben,
Wie die Gebilde der entflohnen Zeit
Zum öden Nichts auf deiner Well entschweben.

Du wallest stolz! – des Helden Lorbeerkranz,
Die Myrte durch Cytherens Hauch erzogen,   10
Der Tugend Palm' in des Olympos Glanz
Verlieren sich in deinen düstern Wogen.

Entführt durch sie, dahin wo Zeit und Raum
Verschwinden, wo in trüber Nebelferne
Dein dumpfer Fall ertönt, dein weißer Schaum   15
Im Chaos strahlt, statt lichtbegabter Sterne.

Hinweg von dir! – die blütenreiche Luft,
Der Zauber in Elysiums Gefilden
Verführ mich nicht, der rosenfarbne Duft
Mag sich umsonst an deinem Ufer bilden.   20

Vergebens weht hier magisch süß ein Ton
Zu mir herab aus seliger Geister-Chören,
Erschiene selbst Latones großer Sohn,
Sein Phöbusauge wird mich nicht betören.

Für Seligkeit die ich noch nie genoß   25
Sollt ich in Lethe meine Lust versenken?
Und Schmerzen die ich lang in mir verschloß
Für unbekannte Freuden hinzuschenken.

Nein! jed Gefühl, zur Qual und auch zur Lust,
Vom Hauch der Erdenluft in mich geboren,
Die Leidenschaft bekämpft in meiner Brust –
Den Siegerstolz! – ich geb ihn nie verloren.

5   Es drückt das Herz wenn eine fremde Macht
Ihm Gottheit gibt, es sträubt sich dieser Würde,
Mit höherem Stolz entsagt es dieser Pracht
Und schmiegt sich liebend seiner Erdenbürde.

Kann ich die Seligkeit auf jener Flur
10   Nur durch den Tod von diesem Ich erringen,
So leite fern von ihrer Zauberspur
Mich die Erinnerung auf ihren zarten Schwingen.

Ich trag im Busen mein Elysium
Und dieses blühe mir auf Blumenmatten
15   Elysischer Gefild' ich bringe stumm
Es sonst zum Styx, zu ungeweihten Schatten.

Dich aber fleh' ich an, Erinnerung!
O Göttin! die den Gram um Freuden tauschet,
Und wie ein Lilienduft mit leisem Schwung
20   Durch die Verzweiflungsnacht zum Troste rauschet.

Nimm deinen Wanderstab und schlage kühn
Der stolzen Lethe Flut, daß ihre Wellen
In Nichts verdürstend, ewig schüchtern fliehn,
Elysiums Strand nicht spottend mehr umschwellen.

25   Die Schatten jauchzen dann, im Götterglanz
Der Tugend Traum entfaltend, wie der Fehler Bürde,
Wo Lethe floß; umschwebt vom ewigen Tanz
Der Anmutschwestern, in ihrer Selbstheit Würde.

Der Kuß im Traum.

Es hat ein Kuß mir Leben eingehaucht,
Gestillet meines Busens tiefes Schmachten,
Komm Dunkelheit mich traulich zu umnachten
Daß neue Wonne meine Lippe saugt.   5

In Träume war solch Leben eingetaucht,
Drum leb ich ewig Träume zu betrachten,
Kann aller andern Freuden Glanz verachten
Weil mir die Nacht so süßen Balsam haucht.

Der Tag ist karg an liebesüßen Wonnen,   10
Es schmerzt mich seines Lichtes eitles Prangen
Und mich verzehren diese heißen Gluten.

Drum birg dich Tag, dem Leuchten ird'scher Sonnen,
Hüll dich in Nacht, sie stillet dein Verlangen
Und heilt den Schmerz, wie Lethes kühle Fluten.   15

An die Günderode.
Schon zehn Tage bist Du fort alle Tag kommt der Jud mit
dem leeren Sack, ich ließ ihn heut den Sack um und um kehren weil ich dacht es müsse sich Dein Brief drin finden den ich
so sicher erwartete, aber es war nichts herausgefallen als Brot-   20
krümel, und kein Krümelchen Deiner Feder für mich, – wonach ich gar nicht so hungrig bin wenn ich nur weiß daß alles
noch beim Alten ist und daß Du gesund bist. – Weißt Du mir
nichts zu schreiben, so such mir aus meinen Briefen meine
Religionsprinzipien zusammen, ich hab noch allerlei Nachge-   25
danken berauschender Quellen der Natur hervorströmen
und mir deucht ich sollte sie auch noch zu schöpfen versuchen. –

Bei der Großmama ist ewiger Besuch, heute spazierte man
zu siebzehen Fürstlichkeiten im Garten auf und ab, die Groß-   30
mama zum Bewundern in Anmut und Würde alle überstrah-

lend, Isenburg, Reus Erbach, und etliche Hessische Durch-
lauchten, und nebenbei noch der Herzog von Gotha, der
schon längere Zeit täglich Brot ist, im Haus, nämlich alle
Mittag um drei Uhr kommt er herausgefahren und läßt sich
von mir die Depeschen vorlesen und Journale, dann geht er
in den Garten wo er Bohnen gepflanzt hat, die muß ich ihm
begießen helfen. Die Großmama spricht von seinem Genie,
mir gefällt daß er mit mir umgeht wie mit einem Kind, er
nennt mich *Du!* frägt mich nie nach was anderm als was ich
mit Ja oder Nein beantworten kann, weiter hab ich ihm
nichts gesagt bis jetzt, – im Garten läßt er mich in der Sonnenhitze den Regenschirm tragen und er trägt die Gießkanne, letzt war er so matt daß er sie hinstellen mußte, ich sagte
er solle den Paraplui tragen ich wolle die Gießkanne nehmen,
er meinte die sei wohl zu schwer für mich, als er aber sah daß
ich sie mit ausgestrecktem Arm weit ab durch die Luft trug
um mein Kleid nicht naß zu machen so nennt er mich seitdem
die starke Magd. – Seine roten Haare die einen ver-
zweiflungsvollen Schwung haben, wie ein schweres Äh-
renfeld das der Hagel verwüstet hat und sein blasses Angesicht, geben ihm in der Abenddämmerung das Ansehen von
einem Geist; ich hab mich vor ihm gefürchtet wie er mich
Abends durchs Bosket begleitete. Die Großmama hatte alle
Fürstlichkeiten an der Wagentüre begrüßt und dagegen protestiert daß sie unter das Dach ihrer Grillenhütte kommen,
sie wollten aber absolut in die Grillenhütte herein und so
ward diese bald zu eng. – Im Garten machte der Herzog
selbst eine Weinkaltschale mit Pfirsich, denn er panscht gern,
ich mußte dazu alles herbei holen in die Geisblattlaube, da er
mich nun immer starke Magd nannte, so passierte ich bei der
hohen Gesellschaft für ein so seltnes Monstrum; zuletzt sagte
er noch: geh an unsern Bohnenstangen und sorge daß die
breitfüßigen und krummbeinigen Spaziergänger sie nicht
umtreten, ich holte mir die Schawell und setzte mich mitten
ins Bohnenfeld wo ich nicht mehr bemerkt wurde, es war mir
eine Labung denn ich war betäubt und müde, alles kann ich
ertragen nur nicht das Brausen der Menschenreden, die kein

Feuer keinen Zweck haben und immer in der Luft herum-
greifen und nichts fragen und nichts anregen; besser wärs,
Schweigen. Bis das Ton wird, was unendlichen Vorteil bringen mag, da kann noch viel Wasser dem Main hinunterflie-
ßen, am Abend ging alles ins Bosket die Musik zu hören, es
war mit bunten Lampen erleuchtet, die Orangerie auf der
Terrasse am Main jetzt in ihrem schönsten Flor, ach ich war
so müde und betäubt – was ich geträumt habe weiß ich nicht
mehr, es war schön, denn ich wachte auf, wie trunken von
Behagen, aber doch so schwindlich daß sich die starke Magd
an der Hand vom Herzog nach Haus führen ließ, er fuhr in
die Stadt, er rief mir noch aus dem Wagen zu: leg Dich zu
Bett starke Magd Du siehst ganz blaß aus. –

17ten

St. Clair war heute hier, zwischen zehn und ein Uhr, ich lag
noch zu Bett, ich hatte die Großmama um Erlaubnis fragen
lassen auszuschlafen, weil mich am Abend der Duft der Orangerie ganz betäubt hatte, er wartete auf mich hinter der Pappelwand. – Es gibt Weh darüber muß man verstummen; die
Seele möchte sich mit begraben um es nicht mehr empfinden
zu müssen daß solcher Jammer sich über einem Haupte sammeln könne, und wie konnte es auch? – O ich frage! und da
ist die Antwort: weil keine heilende Liebe mehr da ist, die
Erlösung könnte gewähren. O werden wirs endlich inne
werden daß alle Jammergeschicke unser eignes Geschick
sind? – daß alle von der Liebe geheilt müssen werden um uns
selber zu heilen. Aber wir sind uns der eignen Krankheit
nicht mehr bewußt, nicht der erstarrten Sinne; daß das
Krankheit ist, das fühlen wir nicht, – und daß wir so wahnsinnig sind und mehr noch als jener, dessen Geistesflamme seinem Vaterland aufleuchten sollte – daß die erlöschen muß im
trüben Regenbach zusammengelaufner Alltäglichkeit, der
langweilig dahinsickert. – Hat doch die Natur Allem den
Geist der Heilung eingeboren, aber wir sind so verstandlos
daß selbst der harte Stein für uns ihn in sich entbinden lässet,
aber wir nicht, – nein wir können nicht heilen, wir lassen den

Geist der Heilung nicht in uns entbinden, und das ist unser
Wahnsinn. Gewiß ist mir doch bei diesem Hölderlin als
müsse eine göttliche Gewalt wie mit Fluten ihn überströmt
haben, und zwar die Sprache, in übergewaltigem raschen
5 Sturz seine Sinne überflutend, und diese darin ertränkend;
und als die Strömungen verlaufen sich hatten, da waren die
Sinne geschwächt und die Gewalt des Geistes überwältigt
und ertötet. – Und St. Clair sagt: ja so ists, – und er sagt
noch: aber ihm zuhören, sei grade als wenn man es dem To-
10 sen des Windes vergleiche, denn er brause immer in Hymnen
dahin die abbrechen wie wenn der Wind sich dreht, – und
dann ergreife ihn wie ein tieferes Wissen, wobei einem die
Idee daß er wahnsinnig sei ganz verschwinde, und daß sich
anhöre was er über die Verse und über die Sprache sage, wie
15 wenn er nah dran sei das göttliche Geheimnis der Sprache zu
erleuchten, und dann verschwinde ihm wieder alles im Dunkel, und dann ermatte er in der Verwirrung, und meine es
werde ihm nicht gelingen begreiflich sich zu machen; und die
Sprache bilde alles Denken, denn sie sei größer wie der Men-
20 schengeist, der sei ein Sklave nur der Sprache, und so lange
sei der Geist im Menschen noch nicht der vollkommne, als
die Sprache ihn nicht alleinig hervorrufe. Die Gesetze des
Geistes aber seien metrisch, das fühle sich in der Sprache, sie
werfe das Netz über den Geist, in dem gefangen, er das Gött-
25 liche aussprechen müsse, und so lange der Dichter noch den
Versakzent suche und nicht vom Rhythmus fortgerissen werde, so lange habe seine Poesie noch keine Wahrheit, denn
Poesie sei nicht das alberne sinnlose Reimen, an dem kein
tieferer Geist Gefallen haben könne, sondern *das* sei Poesie:
30 daß eben der Geist nur sich rhythmisch ausdrücken könne,
daß nur im Rhythmus seine Sprache liege, während das poe-
sielose auch geistlos, mithin unrhythmisch sei – und ob es
denn der Mühe lohne mit so sprachgeistarmen Worten Gefühle in Reime zwingen zu wollen, wo nichts mehr übrig
35 bleibe, als das mühselig gesuchte Kunststück zu reimen, das
dem Geist die Kehle zuschnüre. Nur *der* Geist sei Poesie der
das Geheimnis eines ihm eingebornen Rhythmus in sich tra-

ge, und nur mit diesem Rhythmus könne er lebendig und sichtbar werden, denn dieser sei seine Seele, aber die Gedichte seien lauter Schemen, keine Geister mit Seelen. –

Es gebe höhere Gesetze für die Poesie, jede Gefühlsregung entwickle sich nach neuen Gesetzen die sich nicht anwenden lassen auf andre, denn alles Wahre sei prophetisch und überströme seine Zeit mit Licht, und der Poesie allein sei anheimgegeben dies Licht zu verbreiten, drum müsse der Geist, und könne nur, durch sie hervorgehen. Geist gehe nur durch Begeistrung hervor. – Nur allein *Dem* füge sich der Rhythmus, in dem der Geist lebendig werde! – wieder: –

»Wer erzogen werde zur Poesie in göttlichem Sinn, der müsse den Geist des Höchsten für gesetzlos anerkennen über sich, und müsse das Gesetz ihm preisgeben; *Nicht wie ich will, sondern wie du willt!* – und so müsse er sich kein Gesetz bauen, denn die Poesie werde sich nimmer einzwängen lassen, sondern der Versbau werde ewig ein leeres Haus bleiben, in dem nur Poltergeister sich aufhalten. Weil aber der Mensch der Begeisterung nie vertraue, könne er die Poesie als Gott nicht fassen. – Gesetz sei in der Poesie Ideengestalt, der Geist müsse sich in dieser bewegen, und nicht ihr in den Weg treten, Gesetz was der Mensch dem Göttlichen anbilden wolle, ertöte die Ideengestalt, und so könne das Göttliche sich nicht durch den Menschengeist in seinen Leib bilden. Der Leib sei die Poesie, die Ideengestalt, und dieser, sei er ergriffen vom Tragischen, werde tödlich faktisch, denn das Göttliche ströme den Mord aus Worten, die Ideengestalt, die der Leib sei der Poesie, die morde, – so sei aber ein Tragisches was Leben ausströme in der Ideengestalt, – (Poesie) denn alles sei Tragisch. – Denn das Leben im Wort (im Leib) sei Auferstehung, (lebendig faktisch) die bloß aus dem Gemordeten hervorgehe. – Der Tod sei der Ursprung des Lebendigen. –

Die Poesie gefangen nehmen wollen im Gesetz, das sei nur damit der Geist sich schaukle an zwei Seilen sich haltend, und gebe die Anschauung als ob er fliege. Aber ein Adler der seinen Flug nicht abmesse – obschon die eifersüchtige Sonne ihn niederdrücke – mit geheim arbeitender Seele im

höchsten Bewußtsein dem Bewußtsein ausweiche, und so die
heilige lebende Möglichkeit des Geistes erhalte, in dem brüte
der Geist sich selber aus, und fliege – vom heiligen Rhythmus hingerissen oft, dann getragen dann geschwungen sich
auf und ab in heiligem Wahnsinn, dem Göttlichen hingegeben, denn innerlich sei dies Eine nur: die Bewegung zur Sonne, die halte am Rhythmus sich fest. –

Denn sagte er am andern Tag wieder: Es seien zwei Kunst-
gestalten oder zu berechnende Gesetze, die eine zeige sich auf
der gottgleichen Höhe im Anfang eines Kunstwerks, und
neige sich gegen das Ende; die andre, wie ein freier Sonnenstrahl, der vom göttlichen Licht ab, sich einen Ruhe-
punkt auf dem menschlichen Geist gewähre, neige ihr
Gleichgewicht vom Ende zum Anfang. Da steige der Geist
hinauf aus der Verzweiflung in den heiligen Wahnsinn, insofern *Der* höchste menschliche Erscheinung sei, wo die
Seele alle Sprachäußerung übertreffe, und führe der dichtende Gott sie ins Licht; die sei geblendet dann, und ganz
getränkt vom Licht, und es erdürre ihre ursprüngliche üppige Fruchtbarkeit vom starken Sonnenlicht; aber ein so
durchgebrannter Boden sei im Auferstehen begriffen, er sei
eine Vorbereitung zum Übermenschlichen. Und nur die Poesie verwandle aus einem Leben ins andre, die freie nämlich. –
Und es sei Schicksal der schuldlosen Geistesnatur, sich ins
Organische zu bilden, im regsam Heroischen, wie im leiden-
den Verhalten. – Und jedes Kunstwerk sei *Ein* Rhythmus
nur, wo die Zäsur einen Moment des Besinnens gebe, des
Widerstemmens im Geist, und dann schnell vom Göttlichen
dahingerissen, sich zum End schwinge. So offenbare sich der
dichtende Gott. Die Zäsur sei eben jener lebendige Schwe-
bepunkt des Menschengeistes, auf dem der göttliche Strahl
ruhe. – Die Begeistrung welche durch Berührung mit dem
Strahl entstehe, bewege ihn, bringe ihn ins Schwanken; und
das sei die Poesie die aus dem Urlicht schöpfe und hinabströme den ganzen Rhythmus in Übermacht über den
Geist der Zeit und Natur, der ihm das Sinnliche – den Gegenstand – entgegentrage, wo dann die Begeistrung bei der

Berührung des Himmlischen mächtig erwache im Schwebe-
punkt, (Menschengeist), und diesen Augenblick müsse der
Dichtergeist festhalten und müsse ganz offen, ohne Hin-
terhalt seines Charakters sich ihm hingeben, – und so be-
gleite diesen Hauptstrahl des göttlichen Dichtens immer 5
noch die eigentümliche Menschennatur des Dichters, bald
das tragisch Ermattende, bald das von göttlichem Heroismus angeregte Feuer schonungslos durchzugreifen, wie die
ewig noch ungeschriebene Totenwelt, die durch das innere
Gesetz des Geistes ihren Umschwung erhalte, bald auch eine 10
träumerisch naive Hingebung an den göttlichen Dichtergeist, oder die liebenswürdige Gefaßtheit im Unglück; – und
dies objektiviere die Originalnatur des Dichters mit in das
Superlative der heroischen Virtuosität des Göttlichen hinein. – 15
  So könnt ich Dir noch Bogen voll schreiben aus dem was
sich St. Clair in den acht Tagen aus den Reden des Hölderlin
aufgeschrieben hat in abgebrochnen Sätzen, denn ich lese
dies alles darin, mit dem zusammen was St. Clair noch mündlich hinzufügte. Einmal sagte Hölderlin, Alles sei Rhythmus, 20
das ganze Schicksal des Menschen sei Ein himmlischer
Rhythmus, wie auch jedes Kunstwerk ein einziger Rhythmus sei, und alles schwinge sich von den Dichterlippen des
Gottes, und wo der Menschengeist dem sich füge, das seien
die verklärten Schicksale, in denen der Genius sich zeige, und 25
das Dichten sei ein Streiten um die Wahrheit, und bald sei es
in plastischem Geist, bald in athletischem, wo das Wort den
Körper (Dichtungsform) ergreife, bald auch im hesperi-
schen, das sei der Geist der Beobachtungen und erzeuge die
Dichterwonnen, wo unter freudiger Sohle der Dichterklang 30
erschalle, während die Sinne versunken seien in die notwendigen Ideengestaltungen der Geistesgewalt die in der
Zeit sei. – Diese letzte Dichtungsform sei eine hochzeitliche
feierliche Vermählungsbegeistrung, und bald tauche sie sich
in die Nacht und werde im Dunkel hellsehend, bald auch 35
ströme sie im Tageslicht über alles was dieses beleuchte. –
Der gegenüber, als der humanen Zeit, stehe die furchtbare

Muse der tragischen Zeit; – und wer dies nicht verstehe meinte er, der könne nimmer zum Verständnis der hohen griechischen Kunstwerke kommen, deren Bau ein göttlich organischer sei, der nicht könne aus des Menschen Verstand
5 hervorgehen, sondern der habe sich *Undenkbarem* geweiht. – Und so habe den Dichter der Gott gebraucht als Pfeil seinen Rhythmus vom Bogen zu schnellen, und wer dies nicht empfinde und sich dem schmiege, der werde nie, weder Geschick noch Athletentugend haben zum Dichter, und zu schwach sei
10 ein solcher, als daß er sich fassen könne, weder im Stoff, noch in der Weltansicht der früheren, noch in der späteren Vorstellungsart unsrer Tendenzen, und keine poetischen Formen werden sich ihm offenbaren. Dichter die sich in gegebene Formen einstudieren, die können auch nur den einmal
15 gegebenen Geist wiederholen, sie setzen sich wie Vögel auf einen Ast des Sprachbaumes und wiegen sich auf dem, nach dem Urrhythmus der in seiner Wurzel liege, nicht aber fliege ein solcher auf als der Geistesadler von dem lebendigen Geist der Sprache ausgebrütet.
20 Ich verstehe alles, obschon mir vieles fremd drin ist was die Dichtkunst belangt, wovon ich keine klare oder auch gar keine Vorstellung habe, aber ich hab besser durch diese Anschauungen des Hölderlin den Geist gefaßt, als durch das wie mich St. Clair darüber belehrte. – Dir muß dies alles heilig
25 und wichtig sein. – Ach einem solchen wie Hölderlin, der im labyrinthischen Suchen leidenschaftlich hingerissen ist, dem müssen wir irgendwie begegnen, wenn auch wir das Göttliche verfolgen mit so reinem Heroismus wie er. – Mir sind seine Sprüche wie Orakelsprüche, die er als der Priester des
30 Gottes im Wahnsinn ausruft, und gewiß ist alles Weltleben ihm gegenüber wahnsinnig, denn es begreift ihn nicht. Und wie ist doch das Geisteswesen jener beschaffen die nicht wahnsinnig sich deuchten? – ist es nicht Wahnsinn auch, aber an dem kein Gott Anteil hat? – Wahnsinn, merk ich, nennt
35 man das was keinen Widerhall hat im Geist der andern, aber in mir hat dies alles Widerhall, und ich fühle in noch tieferen Tiefen des Geistes, Antwort darauf hallen, als bloß im Be-

griff. Ists doch in meiner Seele wie im Donnergebirg, ein Widerhall weckt den andern, und so wird dies Gesagte vom Wahnsinnigen, ewig mir in der Seele widerhallen.

Günderode weil Du schreibst daß Dir mein Denken und Schreiben und Treiben die Seele ausfülle, so will ich nicht aufhören, wie es auch kommen mag, und einst wird sich Dir alles offenbaren, und ich selber werde dann, wie Hölderlin sagt, mich in den Leib des Dichtergottes verwandlen, denn wenn ich nur Fassungskraft habe! – denn gewiß, Feuer hab ich, – aber in meiner Seele ist es so, daß ich ein Schicksal in mir fühle das ganz nur Rhythmus des Gottes ist was er vom Bogen schnellt, und ich auch will mich bei der Cäsur wo er mir ins eigne widerstrebende Urteil mein göttlich Werden gibt, schnell losreißen und in seinem Rhythmus in die Himmel mich schwingen. Denn wie vermöcht ich sonst es? – nimmer! ich fiel zur Erde, wie alles Schicksallose. –

Und Du Günderode so adelig wie Du bist in Deinen poetischen Schwingungen! Klirrt da nicht die Sehne des Bogens des Dichtergottes? und lässet die Schauer uns fühlen auch in diesen leisen träumentappenden Liedern: –

Drum laß mich wie mich der Moment geboren
In ewgen Kreisen drehen sich die Horen,
Die Sterne wandlen ohne festen Stand.

sagst Du nicht dasselbe hier? – klingt nicht so der Widerhall aus der Öde in Hölderlins Seele. –

Ach ich weiß nicht zu fassen, wie man dies Höchste nicht heilig scheuen sollte, dies Gewaltige, und wenn auch kein Echo in unseren Begriff es übertrage, doch wissen wir daß der entfesselte Geist über Leiden die so mit Götterhand ihm auferlegt waren, im Triumph in die Hallen des Lichts sich schwinge, aber wir! – Wissen wir Ungeprüften, ob je uns Hellung werde? – jetzt weiß ichs, ich werd ihm noch viel müssen nachgehen, doch genug zwischen uns davon; eine Erscheinung ist er in meinen Sinnen, und in mein Denken strömt es Licht. –

ANHANG.

GEDICHTE DER GÜNDERODE.

I.
Darthula nach Ossian.

5   Nathos schiffet durch den Sturm der Wogen,
Ardan, Althos, seine Brüder mit,
Caibars, Erins König, Zorn zu meiden,
In geheimnisvolle Schatten kleiden
Dunkle Wolken ihren fliehnden Schritt.

10   Wer? o Nathos! ist an deiner Seite!
Traurig seufzt im Wind ihr braunes Haar,
Lieblich ist sie, wie der Geist der Lüfte,
Eingehüllt in leichte Nebeldüfte;
Schön vor allen Collas Tochter war.

15   Ach Darthula! deine irren Segel
Eilen nicht dem wald'gen Etha zu
Seine Berge heben nicht die Rücken
Und die Seeumwogten Küsten bücken
Turas Felsen schon dem Meere zu.

20   Wo verweiltet ihr des Südes Winde?
Schwelltet Nathos weiße Segel nicht?
Trugt ihn nicht zum heimatlichen Strande?
Lange blieb er in dem fremden Lande
Und der Tag der Rückkehr glänzt ihm nicht.

25   Schön, o König Ethas! warst du in der Fremde;
Wie des Morgens Strahl dem Angesicht.
Deine Locken, gleich dem Raben, düster
Deine Stimme, wie des Schilfs Geflüster
Wenn der Mittagswind sich leise wiegt.

Deine Seele glich der Sonne Scheiden,
Doch im Kampfe warst du fürchterlich.
Brausend wie die ungestümen Wogen
Wenn vom Nord die stürm'schen Winde zogen,
Stürztest du auf Caibars Krieger dich.   5

Auf Selamas grau bemoosten Mauern
Sah dich Collas Tochter, und sie sprach:
Warum eilst du so zum Kampf der Speere!
Zahlreich sind des düstern Caibars Heere.
Ach! und meiner Liebe Furcht ist wach.   10

Freuen wollt ich dein mich, deiner Siege
Aber Caibars Liebe läßt mich nicht.
So sprachst du. Jetzt haben dich die Wogen
Mädchen! und die Stürme dich betrogen,
Nacht umringt dein schönes Angesicht.   15

Aber schweiget noch ein wenig Winde!
Überbraust Darthulas Stimme nicht!
Fürst von Etha! sind dies Usnoths Hallen?
Jene Ströme die von Felsen fallen
Sind es Ethas blaue Ströme nicht?   20

Hier empöret Erin seine Berge,
Ethas Felsenströme brüllen nicht.
Dennoch ruh hier an des Ufers Hügel
Denn mein Schwert umgibt wie Blitzes Flügel
Dich du Liebliche, du schönes Licht.   25

Nathos: sagt das braun gelockte Mädchen,
Niemand hat Darthula außer dich,
Denn die Freunde sind mir früh gefallen,
Laß um sie noch meine Klage schallen
Hör der Trauer Stimme, höre mich   30

Abend ward einst, in der Wehmut Schatten
Bargen meines Landes Eb'nen sich,
Über hoher Wälder Wipfel schritten
Einzle Lüfte, die aus Wolken glitten,
Da umgaben Trauerschatten mich.

Die Gestalten meiner Freunde gingen
Traurig, Geistern gleich, an mir dahin.
Da kam Colla mit gesenktem Schwerte,
Seinen Blick geheftet an die Erde,
Brennend glühte noch die Schlacht darin.

»Collas letzte einz'ge Hoffnung sprach er;
Braungelocktes Mädchen! Truthil fiel.
Siegreich kehrt dir nicht der Bruder wieder,
Zu Selama naht Erins Gebieter,
Mit ihm Tausende im Schlachtgewühl.«

Ist des Kampfes Sohn gefallen? seufzt' ich!
Hat der lange Schlaf sein Aug' verhüllt?
O! so schütze mich der Jagden Bogen,
Glücklich oftmals meine Pfeile flogen,
Tödlich für das dunkelbraune Wild.

Freud umstrahlt den Greisen. Ja Darthula!
Deine Seele brennt in Truthils Glut,
Geh', ergreif das Schwert vergangner Schlachten!
Also Colla: seine Worte fachten,
Höher noch in mir des Kampfes Mut.

Wehmutsvoll verging die Nacht, am Morgen
Schimmerte im Stahl der Schlachten ich. –
Caibar saß zum Mahl in Lonas Wüste,
Als Selamas Waffenklang ihn grüßte;
Seine Führer rief er da zum Krieg.

Warum soll ich, Nathos! dir erzählen
Von des Kampfes schwankendem Geschick?
Ach! umsonst bedeckt von meinem Schilde,
Sank der Vater mir im Schlachtgefilde,
Und in heißen Tränen schwamm mein Blick.   5

Treulos zeigte da des Mädchens Busen,
Caibar mein zerrissenes Gewand;
Freundlich naht er, sprach der Liebe Worte,
Führte mich zu meiner Väter Pforte,
Aber Trauer meine Stirn umwand.   10

Da erschienst du Nathos! meinen Augen,
Freundlich wie ein abendlich Gestirn.
Caibar schwand vor deines Stahles Sprühen
Wie der Nachtgeist vor des Morgens Glühen,
Doch es wölbte Trauer deine Stirn?   15

Meine Seele glänzte in Gefahren
Eh' ich dich, du schönes Licht! gesehn,
Aber unsre Segel sind betrogen,
Wolken kommen gegen dich gezogen.
Und du wirst in ihrer Nacht vergehn.   20

Oscar weilet noch an Selmas Küste!
Oscar schiffe durch das dunkle Meer!
O daß Winde deine Segel schwellten!
Zittern würden dann Temoras Helden.
Friede wäre um Darthula her.   25

Wo wird Nathos deinen Frieden finden?
Wo Darthula! wo ist für dich Ruh?
Geister der Gefallnen! sprach Darthula:
Truthil! Colla! Führer von Selama!
Winkt ihr mir aus euren Wolken zu!   30

Nathos! reiche mir das Schwert der Tapfern,
Vater! ich will deiner würdig sein,
In des Stahles Treffen werd' ich gehen,
Nimmer Caibars düstre Hallen sehen,
Nein! ihr Geister meiner Liebe! nein!

Freude glänzt in Nathos bei den Worten,
Die das schöngelockte Mädchen sprach:
Caibar, meine Stärke kehret wieder!
Komm mit Tausenden Erins Gebieter!
Komm zum Kampfe! meine Kraft ist wach!

Ja er kömmt mit Tausenden! rief Ardan;
Schreckbar tönet ihrer Schwerter Schall. –
»Laß zehntausend Schwerter sich empören:
Usnoth soll von Nathos Flucht nicht hören,
Ardan! sag ihm; rühmlich war mein Fall.

Winde! warum brausen eure Flügel?
Wogen! warum rauscht ihr so dahin?
Wellen! Stürme! denkt ihr mich zu halten?
Nein, ihr könnts nicht, stürmische Gewalten,
Meine Seele läßt mich nicht entfliehn.

Wenn des Herbstes Schatten wieder kehren,
Mädchen! und du bist in Sicherheit,
Dann versammle um dich Ethas Schönen,
Laß für Nathos deine Harfe tönen,
Meinem Ruhme sei dein Lied geweiht. –

Nathos blieb gestützt auf seinem Speere;
Schaurig pfiff der Nachtwind um ihn her
Aber bei des Morgens erstem Strahle,
Drang er vorwärts mit gezücktem Stahle,
Mit dem Führer eilt Darthula her.

Komm zum Zweikampf! ruft er, Fürst Temoras!
Für Selamas Mädchen! – Caibar spricht:
Stolzer, du entflohst mir mit der Schönen,
Wähnst du, Caibar kämpf mit Usnoths Söhnen?
Nein, er kämpft mit Unberühmten nicht.   5

In des königlichen Nathos Augen
Glänzen Tränen; und er wendet sich
Zu den Brüdern, ihre Speere fliegen
Rache dürstend und gewiß zu siegen,
Erins Reihn verwirren schwankend sich.   10

Da ergrimmet Caibars finstre Seele,
Und er winket, tausend Speere fliehn,
Usnoths Söhne sinken wie drei Eichen,
Die zur Erde ihre Wipfel neigen,
Wenn des Nordens Stürme sie umziehn.   15

Gestern sah sie noch der Wandrer blühen
Ihre stolze Schönheit freute ihn,
Heute beugte sie der Sturm der Wüste,
Sie, die gestern noch die Sonne grüßte.
Sprachlos starret Collas Tochter hin.   20

Höhnend naht ihr Caibar: »Mädchen sahst du
Nathos Land, in fernes Blau gehüllt?
Oder Fingals dunkelbraune Hügel?
Ha! entrannst du auch des Sturmes Flügel,
Über Selma hätte meine Schlacht gebrüllt.«   25

Caibar sprachs. Da rauscht ein Pfeil, getroffen
Sinkt sie, und ihr Schild stürzt vor sie hin.
Wie des Schnees Säule sank sie nieder,
Über Ethas schlummernden Gebieter
Spreiten sich die dunklen Locken hin.   30

Da versammelten die hundert Barden
Caibars, um Darthulas Grabmal sich,
Ihre Harfen rauschten um den Hügel,
Und es schwang sich des Gesanges Flügel,
Für der Mädchen Erins Schönste! dich!

Trauer schreitet an Selamas Strömen,
Schweigen wohnet in den Hallen nun.
Collas Tochter sank zum Schlafe nieder,
O wann grüßest du den Morgen wieder?
Schöngelockte! wirst du lange ruhn?

Weit entfernet ist dein Morgen, nimmer
Stehst du mehr in deiner Schönheit auf;
Ach die Sonne tritt nicht an dein Bette,
Spricht: »erwach aus deiner Ruhestätte!
Collas schöne Tochter! steig herauf!«

Junges Grün entkeimet schon dem Hügel,
Frühlingslüfte fliegen drüber her
Sonne birg in Wolken deinen Schimmer!
Denn sie schläft, der Frauen Erste! nimmer
Kehret sie in ihrer Schönheit mehr.

II.
Don Juan.

Es ist der Festtag nun erschienen
Geschmücket ist die ganze Stadt.
Und die Balkone alle grünen,
In Blumen blüht der Fürstin Pfad.
Da kommt sie, schön in Gold und Seide
Im königlichen Prunkgeschmeide
An ihres neu Vermählten Seite.

Erstaunet siehet sie die Menge
Und preiset ihre Schönheit hoch!
Doch Einer, Einer im Gedränge
Fühlt tiefer ihre Schönheit noch.
Er mögt in ihrem Blick vergehen   5
Da er sie einmal erst gesehen,
Und fühlt im Herzen tiefe Wehen.

Sein Blick folgt ihr zum Hochzeitstanze
Durch all der Tänzer bunte Reihn,
Erstirbet bald in ihrem Glanze   10
Lebt auf im milden Augenschein.
So wird er seines Schauens Beute,
Und seiner Augen süße Weide
Bringt bald dem Herzen bittres Leiden.

So hat er Monde sich verzehret,   15
In seines eignen Herzens Glut;
Hat Töne seinem Schmerz verwehret,
Gestählt in der Entsagung Mut;
Dann könnt er vor'gen Mut verachten
Und leben nur im tiefen Schmachten,   20
Die Anmutsvolle zu betrachten.

Mit Philipp war, an heil'ger Stätte,
Am Tag den Seelen fromm geweiht,
Sein Hof versammelt zum Gebete
Das Seelen aus der Qual befreit;   25
Da flehen Juans heiße Blicke:
Daß sie ihn *einmal* nur beglücke!
Erzwingen will ers vom Geschicke.

Sie senkt das Haupt mit stillen Sinnen
Und hebt es dann zum Himmel auf;   30
Da flammt in ihm ein kühn Beginnen,
Er steigt voll Mut zum Altar auf.
Laut will er seinen Schmerz ihr nennen,

Und seines Herzens heißes Brennen,
In heil'ger Gegenwart bekennen.

Laut spricht er: Priester! lasset schweigen
Für Tote die Gebete all.
Für mich laßt heiße Bitten steigen;
Denn größer ist der Liebe Qual,
Von der ich wen'ger kann genesen,
Als jene unglücksel'gen Wesen
Zur Qual des Feuers auserlesen.

Und staunend siehet ihn die Menge
So schön verklärt in Liebesmut.
»Wo ist, im festlichen Gepränge?«
Denkt Manche still, »die solche Glut
Und solches Wort jetzt hat gemeinet?«
Sie ist's, die heimlich Tränen weinet,
Die Juans heiße Liebe meinet.

War's Mitleid, ist es Lieb' gewesen,
Was diese Tränen ihr erpreßt?
Vom Gram kann Liebe nicht genesen,
Wenn Zweifelmut sie nicht verläßt.
Er kann sich Friede nicht erjagen;
Denn nimmer darf's die Lippe wagen,
Der Liebe Schmerz ihr mehr zu klagen.

Nur einen Tag will er erblicken
Der trüb ihm nicht vorüber flieht,
Nur eine Stunde voll Entzücken
Wo süße Liebe ihm erblüht,
Nur einen Tag der Nacht erwecken,
Es mag ihn dann, mit ihren Schrecken
Auf ewig, Todesnacht bedecken.

Es liebt die Königin die Bühne,
Erschien oft selbst im bunten Spiel.
Daß er dem kleinsten Wunsche diene
Ist jetzt nur seines Lebens Ziel.
Er läßt ihr ein Theater bauen,   5
Dort will, die reizendste der Frauen,
Er noch in neuer Anmut schauen.

Der Hof sich einst zum Spiel vereinet,
Die Königin in Schäfertracht,
Mit holder Anmut nur erscheinet   10
Den Blumenkranz in Lockennacht.
Und Juans Seele sieht verwegen
Mit ungestümen wildem Regen,
Dem kommenden Moment entgegen.

Er winkt, und Flamm und Dampf erfüllen   15
Entsetzlich jetzt das Schauspielhaus;
Der Liebe Glück will er verhüllen
In Dampf, und Nacht und Schreck und Graus;
Er jauchzet daß es ihm gelungen,
Des Schicksals Macht hat er bezwungen   20
Der Liebe süßen Lohn errungen.

Gekommen ist die schöne Stunde;
Er trägt sie durch des Feuers Wut,
Raubt manchen Kuß dem schönen Munde,
Weckt ihres Busens tiefste Glut.   25
Möcht sterben jetzt in ihren Armen,
Möcht alles geben ihr! – verarmen
Zu anderm Leben nie erwarmen.

Die eilenden Minuten fliehen,
Er merket die Gefahren nicht   30
Und fühlt nur ihre Wange glühen;
Doch sie, sie träumet länger nicht,
Sie reißt sich von ihm los mit Beben,

Er sieht sie durch die Hallen schweben –
Verhaucht ist der Minute Leben.

Mit sehnsuchtsvollem, krankem Herzen
5 Eilt *Juan* durch die Hallen hin.
In Wonne Gram und süße Schmerzen
Versinket ganz sein irrer Sinn,
Er wirft sich auf sein Lager nieder,
Und holde Träume zeigen wieder
10 Ihm, ihr geliebtes, holdes Bild.

Die Sonne steiget auf und nieder;
Doch Abend bleibt's in seiner Brust.
Es sank der Tag ihm, kehrt nicht wieder,
Und sie, nur sie ist ihm bewußt,
15 Und ewig, ewig ist gefangen
Sein Geist im quälenden Verlangen
Sie, wachend träumend, anzuschaun.

Und da, erwacht aus seinem Schlummer
Ists ihm, als stieg' er aus der Gruft,
20 So fremd und tot; und aller Kummer
Der mit ihm schlief erwacht und ruft:
O weine! sie ist dir verloren
Die deine Liebe hat erkoren,
Ein Abgrund trennet sie und dich!

25 Er rafft sich auf mit trüber Seele
Und eilt des Schlosses Gärten zu;
Da sieht er, bei des Mondeshelle,
Ein Mädchen auf ihn eilen zu.
Sie reicht ein Blatt ihm und verschwindet
30 Eh er zu fragen Worte findet,
Er bricht die Siegel auf und liest.

»Entfliehe! wenn dies Blatt gelesen
Du hast, und rette so dich mir.
Mir ist als sei ich einst gewesen,
Die Gegenwart erstirbt in mir,
Und lebend ist nur jene Stunde,   5
Sie spricht mir mit so süßem Munde,
Von dir, von dir, und stets von dir.«

Er liest das Blatt mit leisem Beben
Und liebt's und drückt es an sein Herz.
Gewaltsam teilet sich sein Leben   10
In große Wonne – tiefen Schmerz.
Sollt er die Teuerste nun meiden?
Kann sie dies Trauern ihm bereiten!
Soll er sie nimmer wieder sehn?

Er geht nun, wie sie ihm geboten;   15
Da trifft ein Mörderdolch die Brust.
Doch steigt er freudig zu den Toten,
Denn der Erinn'rung süße Lust
Ruft ihm herauf die schönste Stunde,
Er hänget noch an ihrem Munde –   20
Entschlummert sanft in ihrem Arm.

DIE GÜNDERODE

ZWEITER TEIL

Wenn Dich eine höhere Vorstellung durchdringt von einer
Menschennatur, so zweifle
nicht daß dies die wahre sei,
denn alle sind geboren zum
Ideal, und wo Du es ahnst, da
kannst Du es auch in ihm zur
Erscheinung bringen, denn er
hat gewiß die Anlage dazu.

Wer das Ideal leugnet in sich,
der könnte es auch nicht verstehen in Andern, selbst wenn
es vollkommen ausgesprochen
wär. – Wer das Ideal erkannte
in Andern, dem blüht es auf,
selbst wenn jener es nicht in
sich ahnt.

DIE GÜNDERODE IM JAHR 4.

Mahomets Traum in der Wüste.

Bei des Mittags Brand
Wo der Wüste Sand
Kein kühlend Lüftchen erlabet,   5
Wo heiß, vom Samum nur geküsset,
Ein grauer Fels die Wolken grüßet
Da sinket müd der Seher hin.

Vom trügenden Schein
Will der Dinge Sein   10
Sein Geist, betrachtend hier, trennen.
Der Zukunft Geist will er beschwören,
Des eignen Herzens Stimme hören,
Und folgen seiner Eingebung.

Hier flieht die Gottheit,   15
Die der Wahn ihm leiht,
Der eitle Schimmer zerstiebet.
Und ihn, auf den die Völker sehen,
Den Siegespalmen nur umwehen,
Umkreist der Sorgen dunkle Nacht.   20

Des Sehers Traum
Durchflieget den Raum
Und all' die künftigen Zeiten,
Bald kostet er, in trunknem Wahne,
Die Seligkeit gelung'ner Plane,   25
Dann sieht er seinen Untergang.

Entsetzen und Wut,
Mit wechselnder Flut,
Kämpfen im innersten Leben,
Von Zweifeln, ruft er, nur umgeben!
Verhauchet der Entschluß sein Leben!
Eh' Reu ihn und Mißlingen straft.

Der Gottheit Macht,
Zerreiße die Nacht
Des Schicksals, vor meinen Blicken!
Sie lasse mich die Zukunft sehen,
Ob meine Fahnen siegreich wehen?
Ob mein Gesetz die Welt regiert?

Er sprichts; da bebt
Die Erde, es hebt
Die See sich auf zu den Wolken,
Flammen entlodern den Felsenklüften,
Die Luft, erfüllt von Schwefeldüften,
Läßt träg die müden Schwingen ruhn.

Im wilden Tanz,
Umschlinget der Kranz
Der irren Sterne, die Himmel;
Das Meer erbraust in seinen Gründen
Und in der Erde tiefsten Schlünden,
Streiten die Elemente sich.

Und der Eintracht Band,
Das mächtig umwand
Die Kräfte, es schien gelöset.
Der Luft entsinkt der Wolken Schleier
Und aus dem Abgrund steigt das Feuer,
Und zehret alles Ird'sche auf.

Mit trüberer Flut
Steigt erst die Glut,
Doch brennt sie stets sich reiner,
Bis hell ein Lichtmeer ihr entsteiget
Das lodernd zu den Sternen reichet 5
Und rein, und hell, und strahlend wallt.

Der Seher erwacht
Wie aus Grabesnacht
Und staunend fühlt er sich leben,
Erwachet aus dem Tod der Schrecken, 10
Harrt zagend er, ob nun erwecken
Ein Gott der Wesen Kette wird.

Von Sternen herab
Zum Seher hinab
Ertönt nun eine Stimme: 15
»Verkörpert hast du hier gesehen
Was allen Dingen wird geschehen
Die Weltgeschichte sahst du hier.

Es treibet die Kraft
Sie wirket und schafft, 20
In unaufhaltsamem Regen;
Was unrein ist das wird verzehret,
Das Reine nur, der Lichtstoff, währet
Und fließt dem ew'gen Urlicht zu.«

Jetzt sinket die Nacht 25
Und glänzend ertagt
Der Morgen in seiner Seele.
Nichts! ruft er, soll mich mehr bezwingen:
Das Licht nur werde! sei mein Ringen,
Dann wird mein Tun unsterblich sein. 30

An die Günderode.

Günderödchen, der Clemens läßt Dich tausendmal grüßen.
Ich muß es zuerst schreiben, denn er steht hinter mir und
5 zwingt mich dazu, er spricht von einem Dompfaffen oder
Blutfinken der in Dich verliebt sei, und er sei so anmutig
dumm, daß er Dir prophezeiht Du werdest ihm nicht widerstehen, denn die Dummheit sei Deine Schwäche, Du fal-
lest drüber her wie ein Raubvogel über ein neugeboren
10 Gänschen und er hab Dich mehrmals sehen lauern und
schweben mit gierigem Blick über Dummheitsphänomenen,
und die würdest Du Dir auch nie haben abjagen lassen, und
Du seist gewiß im Rheingau auf der Jagd danach, während
hier die merkwürdigsten Exemplare Dir in die Hände laufen
15 würden, und auch mehrere für ein Geringes an Geld zu sehen sind.

Alleweil hat er den Hut genommen um zu dem Puppenspiel Plätze zu bestellen, er will die Pauline hineinführen
um ihr augenscheinlich zu machen wie es in ihrem Magen
20 aussieht. Denn sie habe ein Puppenspiel im Leib und wenn
sie mit ihm spricht so antwortet er dem Pantalon, dem Sca-
ramutsch, dem Hanswurst, der Colombine etc. – und so oft
sie was sagt so oft antwortet er einer andern Person vom
Puppenspiel und so passend, daß das Puppentheater, näm-
25 lich der Pauline Magen am meisten vom Lachen erschüttert
wird. Er ist unerschöpflich an Witz und alles läuft ihm nach.
Daß Du nicht hier bist hat ihn merklich betroffen, er wollt
ich könnt Dich bewegen zu kommen, aber Du wirst die Gärten des Dyonisos nicht verlassen wo Du jeden Morgen reife
30 Beeren kostest die der Gott Dir zum Fenster hinan reicht,
um hier auf der schmutzigen Mess die Bären tanzen zu sehen.
Hätt der Clemens nicht hier auf mich gewartet so hätt ich
mögen mit Dir im Rheingau bleiben, der Franz hätts wohl
erlaubt, ich hab mehrmals dran gedacht; wie schön wärs ge-

wesen, da wären wir herumgeschweift – überall – wo andre
Menschen nicht hinkommen; – oft ist ein klein verborgen
Plätzchen das Niemand kennt das Schönste von der Welt. –
Ich sag Dir, wir hätten Quellchen entdeckt tief im Gras und
Gestein, und einsame Hüttchen im Wald, und vielleicht auch
Höhlen – ich durchforschel gar zu gern die Natur Schritt vor
Schritt. Ich dächt wir sähen uns auch einstweilen um, nach
einem Ort wo wir unsre Hütten bauen wollen – Du auf dem
Berg weit ins Freie hinaus, und ich im Tal wo die Kräuter
hoch wachsen und alles versteckt ist, oder im Wald, aber nah
beisammen daß wir uns zurufen können. Du rufst durchs
Sprachrohr: »Bettine komm herauf!« und da komm ich, und
der Kanarienvogel fliegt voran, der weiß schon wos hingeht
und der Spitz kommt nachgebellt, denn im Tal muß man einen Hund haben. Hör! – und im Frühjahr nähmen wir unsre
Stecken und wanderten, denn wir wären als Einsiedler, und
sagten nicht daß wir Mädchen wären. Du mußt Dir einen falschen Bart machen, weil Du groß bist, denn sonst glaubts
niemand, aber nur einen kleinen, der Dir gut steht, und weil
ich klein bin, so bin ich als Dein kleiner Bruder, da muß ich
mir aber meine Haare abschneiden. – So eine Reise machen
wir im Frühjahr in der Maiblumenzeit, aber da versäumen
wir die Erdbeeren! Denn im Tal wär als alles übersäet, erst
mit Veilchen und dann mit Erdbeeren, davon leben wir sechs
Wochen; Kohl pflanzen wir nicht. – Im Herbst sind wir wieder da und essen die Trauben, ach könnts nur einen Sommer
wahr werden! – mir kömmts vor als könnt man so immer
und immer sein wollen. Denn wahrhaftig mir strömt alle
Weisheit aus Deinem Angesicht, ich hab mehr als zu viel was
in mich hineinspricht wenn ich Dich seh, und wenn Du auch
nur stillschweigst so redst Du doch, Du bist ein groß Geheimnis aber ein offenbares, aber ich schlafe in Deiner Gegenwart, Dein Geist schläfert mich ein, so träum ich daß ich
wache, und empfinde nur alles im Traum und das ist gut,
denn sonst würd ich verwirrt sein.

Wie der Clemens nach Haus gekommen war, hat er gleich
nach meinem Brief gefragt, er wollt auch dran schreiben, ich

hab ihn aber zerstreut durch allerlei was ich von Dir erzählte,
denn ich wollt ihn nicht gern lesen lassen daß ich als Einsiedler mit Dir leben wollt, denn er hätts gewiß im Puppenspiel
angebracht, so erzählt ich ihm von unsrer Rheinfahrt in der
5 Mondnacht mit der Orangerie auf dem Verdeck, das machte
ihm so viel Freude, er frug nach allem was noch vorgefallen,
nach jedem Wort, nach den Ufern, nach dem Mond; und ich
erzählte ihm alles, denn ich wußte alles, jed Lüftchen was
sich erhoben hatte und wie der Mond durch die Luken und
10 Bogen hinter den Bergfesten geschimmert hat und alles, und
er frug auch was wir gesprochen, ich sagte: nichts, oder nur
wenig Worte, denn es sei die ganze Natur so schweigend gewesen. – Und wie er alles ausgeforscht hatte da ging er fort
und sperrte mich ein und sagte ich sollt ein Gedicht davon
15 machen grad so wie ichs erzählt habe, und sollt es nur aufschreiben immer in kurzen Sätzen, wenn es sich auch nicht
reime, er wolle mich schon reimen lehren, und so ging er
hinaus und schloß die Tür ab, und vor der Tür rief er, nicht
eher kommst Du heraus bis Du ein Gedicht fertig hast. – Da
20 stand ich – ganz widersinnig im Kopf. – Ans Aufschreiben
dacht ich nicht. – Aber ich dacht an das Versmachen, wie
seltsam das ist. – Wie in dem Gefühl selbst, ein Schwung ist
der durch den Vers gebrochen wird. – Ja wie der Reim oft
gleich einer beschimpfenden Fessel ist für das leise Wehen im
25 Geist. Belehr mich eines Besseren wenn ich irre, aber ist es
nicht wahrscheinlich, daß Reim und Versmaß auf den ursprünglichen Gedanken so einwirke daß er ihn verfälscht? –
Überhaupt was seelenberührend ist, das ist Musik, das hab
ich schon lang in mir erfahren, denn es kann nichts die Sinne
30 rühren und durch diese die Seele, als nur Musik; was Dich
bewegt gibt Klang, der weckt seine Mittöne, die rühren das
Echo doppelt und allseitig, und die ganze Harmonie erwacht, – und zwischen dieser durch, wandelt der Gedanke
und wählt sich seine Melodie, und offenbart sich durch die
35 dem Geist. – Das deucht mich die Art wie der Gedanke sich
dem Geist vermählt. Nun kann ich mir wohl denken daß der
Rhythmus eine organische Verbindung hat mit dem Ge-

danken, und daß der kurze Begriff des Menschengeistes
durch den Rhythmus geleitet, den Gedanken in seiner verklärten Gestalt fassen lernt, und daß der den tieferen Sinn
darin beleuchtet, und daß wie die Begeistigung dem Rhythmus sich füge, sie allmählig sich reiner fasse, und daß so die 5
Philosophie als höchste geistige Poesie erscheine, als Offenbarung, als fortwährende Entwicklung des Geistes, und somit als Religion. Denn was soll mir Religion wenn sie
stocken bleibt? – aber nicht wie Du sagst, daß Philosophie
endlich Poesie werden soll, nein mir scheint sie soll sein, oder 10
ist, die Blüte, die reinste die ungezwungenste in jedem Gedanken überraschendste Poesie, die ewig neu Gottessprache
ist in der Seele. –

Gott ist Poesie, gar nichts anders, und die Menschen tragen es über in eine tote Sprache die kein Ungelehrter ver- 15
steht, und von der der Gelehrte nichts hat als seinen Ei-
gendünkel. – So wie denn das Machwerk der Menschen überall den Lebensgeist behindert, in allem, in jeder Kunst, daß
die Begeistrung durch die sie das göttliche wahrnehmen von
ihnen geschieden ist, – und ich muß mich kurz fassen, sonst 20
wollt ich mich noch besser besinnen.

Die Berührung zwischen Gott und der Seele ist Musik,
Gedanke ist Blüte der Geistesallheit wie Melodie Blüte ist
der Harmonie.

Alles was sich dem Menschengeist offenbart ist Melodie in 25
der Geistesallheit getragen, das ist Gottpoesie. Es enthüllt
sich das Gefühl in ihr, sie genießend, empfindend, keimt auf
in der Geistessonne, ich nenn es Liebe. Es gestaltet sich der
Geist in ihr, wird Blüte der Poesie Gottes, ich nenn es Philosophie. Ich mein wir können die Philosophie nicht fassen, 30
erst die Blüte wird in uns. Und Gott allein ist die Geistesallheit, die Harmonie der Weisheit. – Ach ich hab das alles nicht
sagen wollen, der Kopf brennt mir und das Herz klopft mir
zu stark wenn ich will denken, als daß ich deutlich sein
könnt. Ich wollt vom Reimen sprechen. 35

Mir kommen Reime kleinlich vor so wie ich sie bilden soll,
ich denke immer: ach der Gedanke will wohl gar nicht ge-

reimt sein, oder er will wo anders hinaus und ich stör ihn nur,
– was soll ich seine Äste verbiegen die frei in die Luft hinaus-
schwanken und allerlei feinfühlig Leben einsaugen, was liegt
mir doch daran, daß es symmetrisch verputzt sei. Ich
5 schweife gern zwischen wildem Gerank wo hie und da ein
Vogel herausflattert und mich anmutig erschreckt, oder ein
Zweig mir an die Stirne schnellt, und mich gedankenwach
macht, wo mich die alte Leier eingeschläfert hätt. – Und ist
nicht vielleicht die Gedankenseele selbst, Rhythmus der die
10 Sinne lenkt; und sollen wir dem nicht nachstreben? Nun kurz
aus meinem Gedicht ist nichts geworden, wie hätt ich unsre
orangenblühende Nacht, unsre selige Alleinigkeit verpfu-
schen sollen, sie, die in jeder verlebten Minute jenes Gefühl
aussprach was ich da oben Gottpoesie, Weisheitsgefühl nen-
15 ne. – Nein ich wollt nicht ein so süß Dämmern zu einzelnen
Gedankenschatten zusammenballen. Laß es fortdämmern
oder sich verflüchtigen; aber nicht in engherzige Verse ein-
klammern was so weiche Zweige in die Luft ausstreckt, laß
es fortblühen bis es welkt; Du siehst ich mache mir diese poe-
20 tischen Unbemerkungen (Ungeheuer) bloß in Beziehung auf
mich, ich lieb die Poesie sie erfüllt mich in Dir und in andern
mit Begeistrung, aber nicht in mir.

Als der Clemens mich aus der Prison entließ hatt ich das
Märchen gereimt von der alten Frau Hoch, vom Hofnarren
25 der seinem König lehrt Fische fangen, und ihn selber im
Hamen fängt und ins Wasser taucht und sagt so fangen die
Narren Fische, aber der König im Hamen wird keinen fangen. Im Puppenspiel war Clemens von beseligtem Humor,
die Witze echapierten ihm, wie wenn ein Feuerwerk ihm in
30 der Tasche sich entzündet hätt, jeden Augenblick flog eine
Rakete auf, bis endlich das Puppenspiel ihn übermannte wo
er vor Lachen nicht mehr witzig sein konnt.

Gestern wanderten wir durch die Judengasse, es liefen so
viel sonderbare Gestalten herum und verschwanden wieder
35 daß man an Geister glauben muß, es ward schon dämmerig,
und ich bat daß wir nach Haus gehen wollten, der Clemens
rief immer seh den, seh da, seh dort wie der aussieht, und es

war als liefen sie mir alle nach, ich war sehr froh als wir zu
Haus waren.

Leb wohl, es ist mir nicht geheuer hier daß Du nicht da
bist wo ich mich erholen kann, wo ich zu mir selbst komme;
es ist mir so fremd. –

Bettine.

An die Bettine.

Liebe Bettine, so wie Dein Brief anfängt mit den tausend
Grüßen von Clemens so beantworte sie ihm doch auch in
meinem Namen, es tut mir auch recht leid daß ich nicht mit
Euch bin, allein die Luft und die Trauben tun meinen Augen
so gut, und ist mir wohltätig im Ganzen. – Obschon mich
Euer Treiben höchlich ergötzen würde und namentlich das
Puppenspiel; – ich übergehe alles, – was Du vom Rhythmus
sagst leg ich Dir so aus: Du ahnest ein höheres rhythmisches
Gesetz, einen Rhythmus der Geist ist im Geist, der den Geist
aufregt und zu neuen Offenbarungen leitet, du glaubst daß
der Reim die geringste ja oft erniedrigende Stufe dieses
metrischen Sprachgeistes ist, und oft die Ahnung oder die
Gewalt des Gedankens brechen könnte, daß der sich nicht zu
jener Höhe entwickelt zu der er ursprünglich berufen war, –
das will ich nicht widersprechen, denn Du kannst recht haben; nämlich, Du kannst recht haben daß es ein höheres mu-
sikalisches Gesetz gebe, daß die Anlage zu diesem in jedem
freien Gedanken liege und durch den Versbau mehr oder
weniger unterdrückt werde.

Du wirst aber auch zugeben daß im Dichter auch eine Begeistrung waltet die von höherer Macht zeugt, da diese kindlichen Gesetze zu denen er sich bequemt, ihn grade zur
Kunst anleiten, die an sich schon ein höherer Instinkt ist. Du
sagst zwar in Bezug auf Kunst, das Machwerk der Menschen
behindre überall den Lebensgeist, das glaube doch ja nicht
daß jene die vielleicht kein hohes Genie im Gedicht entwicklen, nicht hierdurch zu höherem gebracht würden, denn erst
werden sie doch auf eine Kunst vorbereitet, sie haben eine

Anschauung von Gedanken oder Gefühlen die durch Kunstform eine höhere sittliche Würde erlangen, oder behaupten,
und dies ist der Beginn daß der ganze Mensch sich da hin-
übertrage; es ist nicht zu verachten daß im unmündigen sich
der Trieb zum Licht regt. – Und darum mein ich daß kein
Gedicht ohne einen Wert sei.

Gewiß jedes Gefühl, so einfach oder auch einfältig es
geachtet werden könnte, so ist der Trieb es sittlich zu verklären nicht zu verwerfen, und manchen Gedichten die keinen Ruf haben, habe ich doch zuweilen die Empfindung einer unzweifelhaften höheren Wahrheit oder Streben dahin
angemerkt, – und es ist auch gewiß so. Die Künstler oder
Dichter lernen und suchen wohl mühsam ihren Weg, aber
wie man sie begreifen und nachempfinden soll, das lernt keiner, – nehme es doch nur so, daß alles Streben ob es stocke ob
es fließe, den Vorrang habe vor dem Nichtstreben. – Gute
Nacht für heut kann ich nicht mehr sagen; nicht alles ist mir
gleich deutlich in Deinem Brief, Du sagst mir wohl über
manches noch mehr, oder dasselbe noch einmal. – Der Ton in
der Sprache tut auch viel zum Verstehen, wären wir beisammen, würde sich leichter und vielseitiger ergeben was wir
wollen und meinen, und auf den Sprachgeist vertraue ich
auch schon daß der uns nicht verlassen würde. – Himmlische
Nächte sind hier – winddurchbrauste, und Gewitter die Sommer und Herbst auseinander donnern. –

An die Günderode.
Du führst eine heilige Sprache, Du bist heilig wenn Du
sprichst; in Dir fühl ich den Rhythmus der Deinen Geist
trägt zu höherer Erkenntnis; – und ich fühl daß die Güte die
Milde die Erzeugerin ist, all der reinen Wahrheit in Dir, wie
Du ihr Abdruck bist; wollt ich doch nicht alles auf einmal
sagen so wär ich deutlicher, Du bist mäßig drum ist alles so
überzeugend was Du sagst; wüßt ich doch noch was ich Dir
geschrieben hab, nur um Dich wieder zu hören mag ich denken, nur daß Du aus dem Anklang meines Geistes Melodien

bildest. Jeder Ton besteht für sich, aber er bildet durch den Anklang mit andern Tönen Melodieen, Gedanken. Aus allen Melodieen aus allen Gedanken besteht die Geistesallheit die Gottespoesie, die Philosophie. – Es ist Gottespoesie, Harmonie die den Gedanken die Melodie erzeugt, sie hebt sich aus dieser, wie aus den Frühlingselementen die Blüte ersteigt, der blühende Geist steht mitten im Frühlingsgarten der Poesie. –

Musik ist sinnliche Natur der Geistesallheit. Wir möchten wissen was Musik ist, die so fühlbar ist und doch so unbegreiflich – das Ohr rührt, und dann das Herz und dann den Geist weckt, daß der tiefer denke. Sie ist die sinnliche Geistesnatur; aller Geist ist sinnenbewegter Leib des Geistigen ist also auch Musik, drum sind Gedanken in der Musik unwillkürliche, sie erzeugen sich in dieser Sinnenregung der Seele. – Ach Worte fehlen – und zu allseitig dringt es auf mich ein – und es bangt mir um den Ausdruck von dem was mir in der Seele blitzt, – und hab Angst der könne meinen Begriff umtauschen, – und – *»o gieb vom weichen Pfühle träumend ein halb Gehör!«* so leierts im langweiligen Hintergrund meiner schlummernden Denkkraft, und dann wühle ich mich ein bißchen aus meiner Faulheit heraus und lausch träumend dem Traum, und dann singts wieder *bei der Gedanken Spiele,* – *ach schlaf, was willst du mehr.* Wenn eine schlummernde Ahnung wach wird in der Musik, da breiten sich alle Gefühle mächtig aus, und jeder Ton spricht verstärkte Empfindung aus und ein inneres Streben zum Höheren, zum bemächtigen gewaltigerer Fähigkeiten begleitet den rhythmischen Gang, ja wird von ihm geleitet ich habs erfahren: *Bei meinem Saitenspiele segnet der Sterne Heer, die ewigen Gefühle.* –

Und so wahr ists daß aller Geist sinnliche Musik ist, daß wie in der Harmonie jedes Bewegen eines Tons neue Wege öffnet, oder wenn ich in andern Beziehungen nur augenblicklich vorempfinde, so dringt die Harmonie wie durch neu geöffnete Bahn mächtig ein, so ist im Geist, jedes Vorempfinden eines inneren Zusammenhangs mit ferner liegendem, ein ewiger Harmonieenwechsel, und die Melodie

der Gedanken weicht aus den engeren Schranken zu höherer
Anschauung. *Die ewigen Gefühle heben mich hoch und hehr aus irdi-
schem Gewühle. –*

Und so ist alles was unabweisbare Wahrheit ist, in ewig
5 wechselnder Lebensbewegung, – und ich fürcht mich vor
dem Denken so allein. – Wenn wir beisammen wären! da teilen wir uns, und durch Dein Begreifen gibst Du meinem
Geist die Fassung, der muß nach dem sich richten, und dann
hab ich auch Ruhe und Versichrung im Geist daß ich mich
10 ausdrücken lerne: *Vom irdischen Gewühle trennst du mich nur zu
sehr bannst mich in diese Kühle.*

Und könnten wir doch immer zusammen sprechen, der
lieblichen Unordnung entsteigt Alles. – Ja da fühl ich wie das
ist daß der Geist aus dem Chaos aufstieg, nehms nicht zu ge-
15 nau, *Gib nur im Traum Gehör ach auf dem weichen Pfühle schlafe!
was willst du mehr.*

An die Bettine.
Denn; wie auch das Allebendige sich berühre, es entsteigt
Wahrheit aus ihm, aus dem chaotischen Wogen und Schwan-
20 ken entstieg die Welt als Melodie? –
                                        Caroline.

An die Günderode.
Ja! und alle Sterne sind Melodien die im Strom der Harmonie schwimmen, Weltseelen die den Geist Gottes her-
25 vorblühen, Töne die mit verwandten Tönen anklingen, und
wenn wir zu den Sternen aufsehen, so klingen unsre Gedanken an mit ihnen, denn wir gehören in die Sippschaft, ihnen
verwandter Akkorde; – und wie jeder Gedanke, jede Seele
Melodie ist, so soll der Menschengeist durch sein Allumfas-
30 sen, Harmonie werden – Poesie Gottes, – nehms nicht zu
genau, und gib es deutlicher wieder als ichs sagen kann.

An die Bettine.
So wär der Menschengeist durch sein Fassen, Begreifen, befähigt Geistesallheit, Philosophie zu werden; also die Gottheit selbst? – denn, wär Gott unendlich, wenn er nicht in jeder Lebensknospe ganz und die Allheit wär? – so wär jeder
Geistesmoment die Allheit Gottes in sich tragend, ausspre-
chend? –

Caroline.

An die Günderode.
Ja! das beweist die Musik, jeder Ton spricht seinen Akkord
aus, jeder Akkord spricht seine Verwandtschaften aus, und
durch alle Verwandtschaft strömt der ewig wechselnde Gang
der Harmonien zu, der ewig erzeugende Geist Gottes. Denken ist Gott-aussprechen, ist sich gestalten in der Harmonie,
– ich wage nicht einen Seitenblick zu tun, aber ich fühls daß
im Begreifen der Geist Gottes sich erzeugt im Menschengeist, und zu was wär dieser Keim der Gotterscheinung im
Menschengeist, wenn er nicht durch ewiges Streben ihn ganz
entwicklen sollte? – der einzige Zweck alles Lebens, Gott fassen lernen! und das ist auch unser innerer Richter. Was Gott
nicht entwickelt das bliebe lieber ungeschehen, denn es ist
nicht Melodie, – was aber unmelodisch ist, das ist Sünde
denn es stört die Harmonie Gottes in uns, es klingt falsch an
aber alle große Handlung weckt die Harmonie, alle Sterne
klingen mit ein, drum ist groß Denken groß Handlen auch
so selbst befriedigend, es löst die gebundnen Akkorde in uns
auf in höhere Harmonieen und steigern sich die musikalischen Tendenzen durch allseitiges Erklingen aller mittö-
nenden Akkorde. – Aber ich kann nicht mehr weiter drüber
denken, ich träume nur, und schlafe tiefer über dem Saitenspiel meiner Gedanken ein und mir entschlüpft alles ungesagt. –
Du lebst und schwebst in freier Luft, und die ganze Natur
trägt Deinen Geist auf Händen; ich dräng mich durch zwischen Witz und Aberwitz, und hier und dort nimmt mich die

Albernheit in Beschlag; und wenn ich Abends zum schreiben komm, und muß das Unmögliche denken, was unmöglich ist auszusprechen, dann bin ich gleich traumtrunken, und dann schwindelt mir wenn ich die Augen öffne; die Wände drehen sich und der Menschen Treiben dreht sich mit. – Und obs doch nicht noch in der Sprache verborgne Gewalten gibt, die wir noch nicht haben? – noch nicht zu regieren verstehen; – das schreib mir, ob Du es auch glaubst, und ob wir da hindringen könnten das Ungesagte auszusprechen, denn gewiß so wie die Sprache sich ergibt so muß der Geist hereinströmen, denn der ganze Geist ist wohl nur ein Übersetzen des Geist Gottes in uns. Gute Nacht.

Bettine.

An die Bettine.

Du meinst wenn Du taumelst und ein bißchen trunken bist das wär unaussprechlicher Geist? – und Du besäufst Dich aber auch gar zu leicht, – weil Du den Wein nicht verträgst, Du meinst es müßten neue Sprachquellen sich öffnen um Deine Begriffe zu erhellen. Werd ein bißchen stärker, oder trinke nicht so viel auf einmal, wolltest Du Dich fester ins Auge fassen, die Sprache würde Dich nicht stecken lassen.

Von der Sprache glaub ich daß wohl ein Menschenleben dazu gehört, um sie ganz fassen zu lernen, und daß ihre noch unentdeckten Quellen, nach denen Du forschest wohl nur aus ihrer Vereinfachung entspringen. *Den* Rat möchte ich Dir geben, daß Du bei Deinem Aussprechen von Gedanken das Beweisen aufgibst, dies wird Dirs sehr erleichtern. Der einfache Gedankengang ergießt sich wohl von selbst in den Beweis, oder was das nämliche ist: die Wahrheit selbst ist Beweis. Beweislos denken ist, Freidenken; Du führst die Beweise zu Deiner eignen Aushülfe. Ein solches freies Denken vereinfacht die Sprache, wodurch ihr Geist mächtiger wird. Man muß sich nicht scheuen das was sich aussprechen will, auch in der unscheinbarsten Form zu geben, um so tiefer und unwidersprechlicher ists. Man muß nicht beteuern weil das

Mißtrauen gegen die eigne Eingebung wär. – Nicht Begründen: weil es eingreift in die freie Geisteswendung, die nach
Socrates, vielleicht Gegenwendung wird, und nicht Bezeugen oder Beweisen wollen in der Sprache weil der Beweis so
lang hinderlich ist, dem Geist im Wege ist, bis wir über ihn 5
hinaus sind; und weil diese drei Dinge unedel sind, sowohl
im Leben wie im Handeln, wie im Geist. Es sind die Spuren
des Philistertums im Geist.

Freier Geist verhält sich leidend zur Sprache und so verhält sich auch die Sprache leidend zu dem Geist, beide sind 10
einander hingegeben ohne Rückhalt, so wird auch keins das
andre aufheben, sondern sie werden sich einander aussprechen ganz und tief. – Je vertrauungsvoller, um so inniger. – Wie es in der Liebe auch ist. – Was sollte also die
Sprache am Geist zu kurz kommen? – Liebe gleicht alles aus. 15
– Trete nicht zwischen ihre Liebkosungen sie werden einander so beseligen daß nur ewige Begeistrung aus beiden
strömt. – Und hiermit wär Deine Ahnung von der Gewalt
des Rhythmus wohl auch berührt, beweisen wollen wir ja
nicht. – 20

Alles was wir aussprechen, muß wahr sein weil wir es empfinden. Mehr müssen wir für andre auch nicht tun, denn das
sondert jene nur von dem kindlichen ursprünglichen Begriff.
– Wir müssen des andern Geist nicht als Gast in unsre Begriffe einführen, so wie ein Gast auch weniger das Heimat- 25
liche begreift, er muß selbst durch das Manglende im Ausdruck auf die Spur des Begriffs geleitet werden, da nur im
unverfälschten Vertrauen, oder im vollkommnen Hingehen-
lassen, selbst in scheinbar Nachlässigem (was doch nur ver-
trauungsvolle heilige Scheu der Liebe ist) sich der Geist oft 30
erst orientiert; zum wenigsten wirds ihm viel leichter. –

Mag nicht oft tiefere Wahrheitsspur verschwunden sein,
wo nach ihrer Bekräftigung suchend, ihr ursprünglicher
Keim verletzt wurde.

Haben nicht die geistschmiedenden Cyclopen mit dem ei- 35
nen erhabenen Aug auf der Stirne die Welt angeschielt, statt
daß sie mit beiden Augen sie gesund würden angeschaut ha-

ben? – Das frag ich in Deinem Sinne die Philosophen, um somit hier alle weitere Untersuchung aufzuheben, und erinnere mich zu rechter Zeit an Deine leichte Reizbarkeit.

Leb wohl! an meinem Fenster gibts heute zu viel Ein-
5　ladendes als daß ich widerstehen könnt der Muse die mich dahin ruft. – Leb wohl! ich habe Dich recht lieb.

　　　　　　　　　　　　　　　　　　　　　　　　Caroline.

Mit Dir kann ich so sprechen Du verstehst es, kein andrer wahrscheinlich. – Oder wer müßte das sein? –

10　An die Günderode.

Ich war heut drauß bei der Großmama, sie war allein, den ganzen Nachmittag, und wir sprachen erst von Dir, die Großmama war einen Augenblick beschäftigt, so lief ich in den Garten um ihn nach langer Zeit wieder zu sehen, aber
15　wie war ich da erschrocken wie ich auf die Hoftreppe kam, ich erkannte den Garten nicht wieder; denke! – die hohe schwankende Pappelwand, die himmelansteigenden Treppen die ich alle wie oft hinangestiegen bin um der Sonne nachzusehen, um die Gewitter zu begrüßen; durchge-
20　schnitten! – zwei Drittel davon in grader Linie abgesägt! – ich wußte nicht wie mir geschah und alles will ich gern begreifen und lernen, was soll mir das schaden, aber diese Pappeln, diese Zeugen meiner frühsten Spielstunden die mich als Kind von drei Jahren mit ihren Blüten beregneten, in die ich
25　hinaufstaunte als ob ihre Höhe in den Himmel reiche. Ach was soll ich da dazu sagen daß die als Stumpfe mit wenig Ästen noch versehen neben einander stehen gemeinsamen Schimpf und Leid tragend. – Ach Ihr Baumseelen wer konnte Euch das tun? – nun ziehen alle frühen Kindheits-
30　morgen an mir vorüber wo ich ihre Wipfel von weitem im Gold glänzen sah, und daß sie mir winkten ich soll mich eilen und kommen und wie hab ich oft ihre jungen Blättchen betrachtet und keins abgebrochen je! – ach es schneidet mir ins Herz – es war als könnten sie nicht mehr sprechen als sei ih-

nen die Zunge genommen denn sie können ja nicht mehr rauschen. So war ihr Stummsein eine bittere bittere Klage zu
mir die ich ewig mit mir herumtragen werde, und keinem
sagen als nur Dir. Du weißt wie Du oft sagtest wenn wir da
gingen daß ihr Rauschen mitspreche und wie sie uns ab- 5
sonderten von der ganzen Welt, und wie sie einen Dom über
uns bauten, und gegenüber die hohe Rosenhecke die über die
Wand vom Bosket hereinschwankte die steht jetzt auch ohne
Schutz, und die Nachtigallen die das heilige Dunkel gewohnt
waren, wie wirds da sein wenn die im Frühjahr wiederkom- 10
men. – Ach ich bin betrübt darüber. – Die Kindertage wo ich
dort mit dem reinlichen Kies spielte, und mit rosenfarbnen
Steinchen und schwarzen und gelben, bunte Reihen um ihre
Stämme legte. – Und konnte so versteckt hinüberklettern ins
Bosket, wie kann einem doch das Paradies wo die Seele all 15
ihren Zauber einpflanzt so jämmerlich zerstört werden? –
aber bedaure Du mich nur nicht, denn hör nur; – als ich zurückkam zur Großmutter – sah ich blaß und zerstört aus und
sie sah wohl die Spuren von meinen Tränen. – Sie sah mich
an ein Weilchen – und sagte: »Du warst im Garten?« – da 20
reichte sie mir die Hand. – Was sollt ich sagen? – ich schwieg,
und sie auch. – Sie sagte: »Ich werd wohl nicht mehr lang
leben!« – ich wagte nichts zu sagen – aber bald darauf machte
sie das Nebenzimmer auf, von wo man nach dem Garten
sieht, und sagte: »das Rauschen im Abendwind war meine 25
Freude, ich werds nicht mehr wieder hören, ich hätt mirs lassen gefallen wenn ich unter ihrem Rauschen am letzten
Abend wär eingeschlafen! sie hätten mir diesen feierlichen
Dienst geleistet die lieben Freunde die ich jeden Tag besuchte, die ich mit großer Freude hoch über mir sah; – Du hast sie 30
auch geliebt, es war Dein liebster Aufenthalt – ich hab Dich
oft vom Fenster sehen in ihrem Wipfel Abends steigen und
glaubtest es säh es niemand – nimm meinen Segen liebes
Kind, ich hab an Dich gedacht wie man sie trotz der schmerzlichen Verletzung meiner Gefühle verstümmelte.« – Ich 35
wagte nicht zu fragen wer die Schuld trüge, denn das wär zu
kränkend für die Großmama gewesen und ich wußte auch

gleich daß nur aus grausenhaftem Philistersinn solche Untat geschehen konnt, denn der ahnt nicht die tiefsten Wunden, der hält alles für Empfindelei was mit den geheimsten geistigen Bedürfnissen zusammenhängt; – wie könnte der eine wahrhafte Liebe denken zu einem leblosen Ding, denn so nennt der Philister die Pflanzen die Bäume die ganze Natur, – wie könnte *der* ahnen daß ein höchst geistiger Umgang mit ihren schönen untadeligen Erzeugnissen stattfinden könne? – Ein Wechseltausch von Empfindungen der eine reine Leidenschaft zu ihr nährt und beglückt, – wie könnte dem je begreiflich werden daß ein innerliches Dasein sich in sie überträgt, und daß während die ganze Welt vergeblich unter Mitgeschöpfen herumschwärmt, von Liebe von Freundschaft faselt, der beglückte Besitzer eines Baumes der vor seiner Tür steht, in ihm den Freund gefunden hat. –

Die alte hundertjährige Bas kam mir vor der Tür auch damit entgegen »ists nicht barbarisch? – und daß die Großmama stillschweigt dazu, – wärst Du nur hier gewesen es wär nicht geschehen.« –

Ich bin noch einmal in den Garten gegangen wie es dunkel war, denn am Tag hingehen schien mir beleidigend für die edlen Bäume; – ich hab Abschied genommen vom Garten, ich mag nicht wieder hineingehen. – Ich hab auch den Gärtner besucht im Bosket, der sagte mir, es habe ihn sehr betrübt daß diese Bäume abgehauen wären er habe so manches sich immer gedacht dabei, jetzt könne er nichts mehr von ihnen sehen und hätt auch die Lust verloren die Rosenhecke zu pflegen. – Nun! – sagte ich, aber in Gedanken können wir immer alles sehen was wir lieb haben? – das gab er zu – so gebt doch auch die Rosenhecke nicht auf, je höher sie wächst, je mehr könnt Ihr Euch dabei denken daß im Gedächtnis alles Schöne fortblüht. – Das bewilligte er mir, und er meinte ich solle gewiß nicht klagen daß er sie versäumt hätte wenn ich wieder käm. – Im Gärtner liegt wahres Genie zu einem solchen Umgang mit seiner Umgebung in der Natur. –

Noch kurz eh ich mit Dir bekannt war hab ich manchmal oben in den Baumwipfeln meine Stimmungen über die Na-

turerscheinungen aufgezeichnet; so kindisch und unvermö-
gend mich auszusprechen, ich hab sie in einer Mappe aufgehoben, da schreib ich Dir eines auf, zur Gedächtnisfeier.

Vor zwei Jahren geschrieben am Ostermontag.
O himmlisch Grün das unter Eis und Schnee in brauner 5
Hülle sich barg, und jetzt dein glühend Haupt im Antlitz der
Sonne krönt.
Geliebter Baum! könnt ich umwandlen doch, in dein sanft
rauschend Laub, jene flüsternde Sprossen, die mit glänzen-
dem Finger die Muse bricht himmlischer Glorie voll, die 10
Stirn zu umflechten dem Liebling, der mit Helm und Speer,
oder Bogen-gerüstet wo viel goldne Pfeile dahin fliegen,
oder Rosse jagend oder mit leichtem Fuß zwölfmal umren-
nend das Ziel, oder aufleuchtend mit der Flamme des Lieds,
um sie wirbt. 15
O Baum dich umdrängt heut der Bienen Schar, sie ziehen
dem Duft nach, der honigregnenden Blüte, sie sammeln ihren befruchtenden Staub, und versummen die Tagesglut in
deiner Krone kühlem Rauschen. Aber dann würd in deinem
Schatten ruhn, der König ist am Mahle des Geists, und näh- 20
ren würde deine Wurzel die Flut, die den eignen Gott im
Busen ihm begeistert, zu alleroberndem Triumph.
Begegne dir nichts was dich beleidigt o Baum! den keiner
der Unsterblichen umwandelt. Ich zwar träume den Frühling
in deinem Schatten, und mir deucht von Unnennbarem wi- 25
derhallen zu hören, rings, die Wälder und die Hügel.

An die Günderode.
Ich lese Deinen Brief und schäme mich vor Dir wie Du so
edel und einfach mein verwirrtes Denken zurecht richtest,
und ich kann nicht ans Antworten denken weil ich so voll 30
Unruh bin. Die Bäume kränken mich; ich kanns nicht begreifen wie die Großmama sich nicht besser gewehrt hat, das
ist ihre zu tiefe Empfindlichkeit, unterdessen hat man ihren
Lieblingen den Hals abgeschnitten, man muß sich wehren

für die Seinigen und dem Schlechten in den Arm greifen der
es antastet. Alles Erhabne und Schöne ist Eigentum der Seele
die es erkennt, und durch die Erkenntnis ist sie schutzver-
pflichtet. Alles ist der Teufel, es sei denn reine freie Gewis-
5 senswahrheit, und ich weiß keine höhere Anweisung an den
Geist als: *frag Dich selber!* und wenn da einer nicht das Rechte
findet so ist er ein Esel, und alles was sich schreckendes dem
inneren Willen entgegen wirft das muß bekämpft und verachtet werden, er ist der Ritter der das Wasser des Lebens
10 zwischen feuerspeienden Drachen und eisernen Riesen
schöpft, vor seiner Verachtung und seinem Mut werden sie
ohnmächtig. In Feenmärchen ist die heiligste Politik, und
auch die mächtigste; ich wollt der größte Staatsmann werden
und die ganz Welt unter meinen Fuß bringen, bloß daß die
15 blaue Bibliothek mein geheimer Kabinetsrat wär; und die
Leut würden sich erstaunen was ich als für Weisheit besäß. –
Der Großmama möcht ichs sagen, sie wird es ganz gut aufnehmen; und ich brauch sie auch nicht zu schonen. – Was ist?
– die Großmama hat eine tiefe Seele, – andre nennens Emp-
20 findsamkeit, Tiefe ist allemal Gewalt, aber sie ist gebunden
und die Gewalt weiß nicht wie leicht sie die Fessel abwerfen
kann, hab ich mir doch manchmal den Atem fast ausgeblasen
wenn wir Morgens im Wald uns ein Feuerchen wollten machen zu unserm Plaisir, und es ist immer wieder ausgegangen
25 und ich habs immer am kleinsten Köhlchen wieder ange-
zündt, ich will auch blasen in der Großmutter ihr Iudicium,
warum ist sie betrübt wenn es nicht ist daß sie dadurch begreifen lernt was sie den Bäumen schuldig war, alle Kraft ist
man der Welt schuldig, und dem der uns am nächsten steht
30 am ersten. Alle Anregung ist ein Aufwühlen des inneren
Herzgrund und das Unkraut muß untergepflügt werden daß
es die Wahrheit muß düngen, ich weiß nicht was ich sagen
wollt; ich bin unruhig, verzeih mirs ich kann Dir nicht auf
Deinen Brief antworten, ich wär so gern heut wieder nach
35 Offenbach, aber Alles fuhr nach Rödelheim, und wir haben
im großen Himmelspurpurmantel mit eingehüllt, auf der
Wiese uns amüsiert bis es Nacht war, ich ging mit dem Franz

zu Fuß nach Haus, die andern fuhren, der Franz hat mir allerlei Schönes und Gutes gesagt unterwegs, ich hing mich
mit beiden Händen an seinen Arm und verhopste alles, wie
wir an die Bockenheimer Wart kamen sagte er, häng Dich
doch jetzt an den linken Arm denn der andre ist mir schon
eine Viertel Elle länger gereckt, damit der doch auch so lang
wird.

Am Montag.
Die Meline geht mit Savigny nach Marburg und sagt ich soll
auch mit, ich sag nicht ja, aber die Meline sagt: »wer soll für
Dich sorgen wenn ichs nicht tu, Du wirst hier alles
verschlampen alles vergessen alles verreißen alles verschenken alles verderben, Du mußt mit.« – Kommst Du früher als die gehen so bleib ich hier, denn da hab ich einen Altar
an den ich mich festhalte, kommst Du aber nicht so weiß ich
daß ich auf dem Glatteis wie mirs unter den Fuß kommt dahin fliege ohne Widerstand, es führt mich ja auch eben so
schnell zurück zu Dir, aber der Savigny schreibt, ich soll Dir
sagen daß er in den Sternen gelesen habe Du werdest nach
Marburg kommen. – Da leg ich Dir noch ein Blatt aus meiner
Pappelbaum-Korrespondenz bei, ich hab doch alle Pfingsten
der ich mich erinnere unter diesen Pappeln zugebracht, – dies
schrieb ich ihnen am letzten Pfingstfest, die schönsten Tage
im Jahr ist Pfingsten, der Frühling feiert gekrönt seinen
Sieg. Wie war ich so seelenzufrieden an jenen Tagen, alles
ging aus ins weite Feld spazieren, alles fuhr über Land in
schönen Kleidern, ich war auch weiß geputzt, und die Haare
schön gelockt und mit flatterndem Band und gelben Schuhen
besucht ich schon früh den Baum; heut konnt ich nicht hin-
aufklettern, ich hätte Schuhe und Kleid verdorben, darum
dauerte mich der Baum, so fuhr ich lieber nicht mit spazieren,
und hielt ihm Gesellschaft, und weißt Du was mich der Natur so anhängig macht? – daß sie manchmal so traurig ist, –
andre nennen das Langeweile was einem zuweilen so mitten
im Sonnenschein wie ein Stein aufs Herz fällt, ich aber leg es
so aus: plötzlich steht man ohne es zu wollen, ihr, der All-

göttin gegenüber, ein geheim Gefühl der unendlich zärteren
Sorge die sie auf uns verwendet, als auf alle anderen Geschöpfe, macht uns schüchtern; alles umher gedeiht, jed
Stäudchen jed klein Käferchen zeugt von so tiefer feinge-
gliederter Bildung, aber wo ist auch nur ein Knöspchen in
unserm Geist was nicht vom Wurm angenagt wär, sind wir
nicht vom Staub befleckt, und zeigt sich ein Blättchen unserer Seele in seinem glänzenden Grün? – Wenn ich einen
Baum begegne der vom Mehltau oder vom Raupenfraß erkrankt ist, oder eine Staude die verkeimt, dann mein ich das
ist Sprache der Natur, die uns das Bild einer ungroßmütigen
Seele zeigt. – und wären alle Fehler des Geistes überwunden,
wären seine Kräfte in voller Blüte, wer weiß ob dann in der
Natur noch solcher Mißwachs oder schädlich Unkraut wär,
ob der Brand noch ins Kornfeld käm, ob noch giftige Dol-
den wüchsen, wer weiß ob noch solche traurige Augenblicke
in ihr wären die einem das Herz spalten; und man wendet
sich ab weil man nicht ahnen will, was tief im Herzen,
schmerzlich mit wehklagt. Nein sie findet kein Gehör die
Mutter, obschon ihre Vorwürfe so zärtlich sind, daß sie einem gleich in ihren Schleier hüllen möcht, und das Gift der
Krankheit möcht sie mit ihren Lippen aussaugen, und aus
ihrem Blut Balsam mischen uns zu heilen.

»Beweislos denken ist frei denken!« dies eine nur laß mich Dir
mit einem Beweis noch bekräftigen zum Beweis daß ich Dich
versteh! – Denken selbst, ist ja von der Wahrheit sich nähren,
sonst wärs Faseln und nicht Denken, Denken ist, jenen
Balsam trinken den die Mutter aus ihrem Blute mischt, der
uns von Schwächen heilt, ist ja Gehör geben ihren zärtlichen
Vorwürfen; und durch Beweis dem eignen Herzen die Liebe
darlegen wollen die so ohne Rückhalt sich uns ergibt, ist Beweis genug daß sie das Herz nicht rührte. – Die Wahrheit
rührt das Herz, ist Geist, der augenblicklich höher steigt im
Empfangen der Wahrheit selbst, und sich nach höherem um-
sieht. Du bist höher gestiegen in dieser Erkenntnis der reineren Geistesform, Du hast seine Krücken weggeworfen. – Sie
sagen: wie will der Geist fortkommen ohne Krücken? – er

hat ja keine Füße! – er wirft des Anstands enges Wams auch
noch ab. – »Seht ich habe Flügel!« und Deine Verteidigung
wie willst Du die führen wenn Du keine Waffen hast, fragen
die Philister. – »Ich bin Gott-athlete, wer mit mir ringen
wird der mag meinen Triumph ohne Waffen um so tiefer füh-   5
len, Ich bin dann, und *sie* sind nicht mehr, die mit mir ringen;
und wen ich nicht überwinde der reicht auch nicht an mich
heran mich zu bekämpfen.« – Ja ich fühls deutlich wie tief
Recht Du hast, es ist einzig reine und heilige Sprachquelle,
die Wahrheit ohne Beweis führen. Sprach und Geist müssen   10
sich lieben und da brauchts keiner Beweise für einander, ihr
gegenseitiges Erfassen ist Liebe die sich in ewigen Gefühlen
zu den Sternen hebt, – Du bist überwunden Du bist ein Ge-
fangner des Geistes – er besitzt Dich und tritt vor, und
spricht Dich aus. – Gute Nacht! schon sehr spät. –   15

Vor zwei Jahren geschrieben am Pfingstmontag.
Bäume die ihr mich bergt, mir spiegelt in der Seele sich, euer
dämmernd Grün, und von euern Wipfeln seh ich sehnend in
die Weite.

Dorthin fließt der Strom und hebt nicht zum Ufer die   20
Wellen, und es jagt nicht mit den Wolken, seine fröhlichen
Schiffe, der Wind.

Der hellere Tag flieht, und mein Gedanke lauscht ob Antwort vielleicht, ein sausender Bote von dir ihm bringe, Natur!   25

O du! – du der ich rufe, warum antwortest du nicht? – Immer gleich Herrliche! Allebendige!

Schauder über Schauder flößt mir, Herr! Herr! deine Natur ein.

Da senkt sich der Wagen des Donnerers, die Berge hallen,   30
es braust und duftet, und weht! – Wohin Ihr Nebel? – Ihr
Rauchsäulen? – Wohin wandelt Ihr alle? – Warum bin ich! –
Warum mich an deinen Busen Natur, wenn nicht erquickend
mirs quillt aus deinen Tiefen, wie aus den Bergen quellen die
rauschenden Wasser.   35

Ich hör dich Donnerer langsam ziehn am windstillen Tag

übers Gebirg, in meiner Seele Saiten tönts nach, sie bebt die
Seele, und kann nicht seufzen.

Lust und Hoffnung, Ihr habt oft mich gewiegt wie die rauschenden Wipfel, Ihr schienet endlos mir einst, wie jetzt mein
5 düsterer Tag.

Da brechen die Wolken, und strömen unter dir, Befreier! –
und rings trinkt die Erde – und deine Donner – wohin? –
Und Ihr atmet wieder, Wiegengesang flüstert wogt in eurem
Laub das mich umfängt.

10 Und ich will gern wieder leben mit euch allen Ihr Bäume,
die Ihr trinkt, segnende Ströme vom Himmel, und fröhlich
wieder, säuselt im Wind.

An die Günderode.

Heut Morgen wach ich auf vom Rufen der Italiener die Para-
15 pluies feil tragen, die wahre Lockstimme für mich, – unwiderstehlich, ich denk gleich der Italiener mag Regen wittern, denn sonst gehn sie nicht so früh herum, ich laß die
Liesbeth den Mann heraufholen und lauf zur Meline – die
liegt noch im Bett, – ob wir nicht einen Parapluie wollen kau-
20 fen mitzunehmen nach Marburg? die Meline kriegt einen
Schrecken – sie glaubt ich habs Fieber daß ich nach einem
Parapluie frag, unterdessen war il signor Pagliaruggi vor der
Tür, und ein grünseidner Regenschirm gekauft den ich auch
gleich probieren wollt, so ging ich vors Tor in die Mess am
25 Main, und so blieb ich bei den Klikerfässern stehen und
kauft an dreißig Kliker, einer schöner wie der andre, von
Achat und Marmor und Krystall, damit ging ich hinunter am
Main wo die Steinergeschirrleut halten, und besuchte die in
ihren strohernen Hütten, und die Esel die mit herzlichem
30 Geschrei mich begrüßten, und die kleinen Hemdlosen die da
herumlaufen und klettern, – und teilt ihnen meine Kliker
aus, sie hatten keine Taschen weil sie nackend laufen, so
mußt ich ihnen meine Handschuh geben daß sie die Kliker
konnten aufheben, die banden sie sich mit Bindfaden um den
35 Leib fest, das war kaum geschehen so rief mich ein Schiffer an

ob ich nicht wollt überfahren, – ich frag: es wird wohl regnen? – »nun was schads Sie haben ja ein Wetterdach bei sich.«
Wie ich drüben war so denk ich, ich will nach Oberrat gehn,
zur Großmama ihrer Milchfrau und da Milch trinken, wie ich
an der Milchfrau ihr Haus komm, so sagen die Leut, alleweil
ist die Anemarie fort mit der Milch nach der Gerbermühl,
wie ich auf die Gerbermühl komm so läuft mir die Annemarie schon fort nach Offenbach mit der Milch, ich sag ich
will mit ihr gehen, sie hat ihre zwanzig Gemüskörb auf dem
Kopf und ihre Milchkann am Arm und so schlendert der
groß Gemüsturm und ich als hintereinander durch die
Hecken, sagt die Annemarie »es fängt schon an zu trepele es
werd gleich e dichtiger Schitel komme, warte Se ich will Ihne
ans von dene klene Körbercher gebe des könne Se uf den
Kop setze do kommt Ihne ken Rege an.« – Nun fällt mir ein
daß ich doch das Wetterdach den Parapluie mitgenommen
hab, wo ist der geblieben? entweder ich muß ihn haben bei
den nackigen Büberchen lassen stehn, oder ich hab ihn im
Schiff liegen lassen, beides ist gleich möglich, ich konnt ihn
also die Wasserprob nicht halten lassen; so setzt ich der Milchfrau ihr rundes flaches Gemüskörbchen mit Blumenkohl auf
den Kopf, sie sagt, Sie sehn so schön drunter aus wie die
schönst pariser Madam. – Es war recht lustig, es begegneten
mir allerlei Leut die dachten ich wollt balancieren lernen, der
Regen hatte bald wieder aufgehört, so war ich ohne dran zu
denken bis Offenbach gelaufen, an der Kastanienallee nahm
ich den Korb ab. In der Stadt war recht Sonntagswetter, alles
voll Sonnenschein und in der Domstraß lag auf jeder Haus-
trepp vor der Tür ein Jolie mit dem blauseidnen Halsband,
alle Jolies kennen mich, sie kamen an mich herangebellt, und
da kamen die Spitze auch, und Bommer, und endlich auch
dem Anton Andree seine englische Docke mit siebzehn Jungen die schon ziemlich herzhaft bellen. Die Milchfrau blieb
ein paarmal stehen um das Springen und Toben der Hunde
zu sehen, und auch aus Furcht sie möchten ihr den Gemüsturm aus der Balance bringen. »Ei, sagte sie, der türkisch
Kaiser kann nicht schöner begrüßt werden, die bleiben ja in

einem Vivatrufen.« – So klingelten wir an der Haustür, die
Cousine meldete daß die Großmama noch schlief, in den
Garten wollt ich nicht gehen, ich blieb vor der Tür stehen bei
den Hunden, da kam mein guter Herr Arenswald vorbei, er
nahm den Hut ab, ich sagte ihm nicht daß er ihn wieder aufsetzen solle denn ich hatte gesehn, daß ein Loch drin war,
und wollte diese Wissenschaft gern vor ihm verbergen. Er
erzählte mir, er habe diesen Sommer eine Reise nach der
Schweiz gemacht, weil er seinem Drang die Natur dort zu
betrachten, nicht habe widerstehen können, er bereue es
auch gar nicht, obschon es ihm viel gekostet, ja er *glaube* es sei
sein letzter Heller drauf gegangen, ich war etwas beschämt
und wollte ihm bei dieser vertrauten Mitteilung nicht grad
ins Gesicht sehen, meine Augen fielen auf seine Stiefel, da
präsentierte sich ganz ungerufen, der kleine Schelm sein großer Zehe, welchen Arenswald durchaus nicht bei der Audienz dulden wollte, denn er drückte ihn unter den Absatz
vom andern Stiefel, der leider wie ein schlechtgeschloßner
Laden vom Wind auffuhr, wo sollt ich meine Augen hinrich-
ten? – ich sah auf seinen Bauch da fehlten alle Knöpfe und die
Weste war mit Haarnadeln zugeklemmt, wo er die mag her
erwischt haben, denn er trägt einen Caligula, welches bekanntlich die höchste geniale Verwirrung im Haarsystem ist,
wozu man weder Pomade, noch Kamm, noch Haarnadel
braucht, sondern nur Staub und Stroh, damit die Schwalben
und Sperlinge immer Material für ihre Bauten da finden.
Unterdes erzählte er mir, es sei ihm in der Schweiz was
Sonderbares geschehen, man habe ihm nämlich erzählt, daß
es in waldigen Berggegenden eine Art Schnecken gäb die
sehr schmecken, und daß auf dem Weg von Luzern irgend-
wohin auf einem Berg es sehr viel solcher schmeckender
Schnecken gibt, er habe solche auch in Masse im Wald angetroffen, und einen so starken Appetit danach bekommen daß
er ihrer mehrere gegessen und ganz satt davon geworden sei,
als er ins Wirtshaus zurückkam verbat er sich sein Mittages-
sen weil er zu viel von den so gut schmeckenden Schnecken
gefunden, und habe sie mit so großem Appetit verzehrt daß

er unmöglich noch was genießen könne. Wie? – sagte der Wirt Sie haben die schmeckenden Schnecken gegessen? – nun ja warum nicht, sagten Sie nicht selbst daß die Schnecken sehr wohlschmecken und daß die Leute gewaltig danach her sind sie zu sammlen? – Ja! *»sehr schmecken«* hab ich gesagt aber nicht: *wohl!* – *schmecken* heißt bei uns *stinken* und die Leute sammlen sie für die Gerber um das Leder einzuschmieren.« – So hab ich also dieses Gerbermittel gespeist und mich sehr wohl dabei befunden, erzählte Herr Arenswald, während ich sehr errötet in die Luft guckte, denn es war kein andrer Platz da, ohne auf eine grobe Sünde des gänzlichen Mangels zu stoßen. – Die Schneckenmahlzeit mag nun wahr sein oder auch erfunden, um mir auf eine feine Art verstehen zu geben daß ihn der Hunger dazu gezwungen. Die Cousine rief mich herein, und Arenswald nahm, wie bei hohen Potentaten, rückwärtsgehend Abschied von mir, woraus ich schloß daß es von hinten auch nicht besser mit ihm bestellt sein möge. Also erst die Begrüßung bei meinem Einzug, der Jubel war türkisch-kaiserlich nach der Milchfrau, der Gemüskorb mit Blumenkohl war meine Kron, den Baldachin, den Parapluie, hatt ich im Schiff gelassen, die erst Audienz war auch mit allen kaiserlichen Ehrenbezeugungen vor sich gegangen, unterwegs hatt ich großmütige Geschenke gemacht an die nackigen Büberchen, Arenswalds Audienz war auch eine untertänigste Ansherzlegung des menschlichen Elends. Was will ich mehr? – immer hats mir im Sinn gelegen ich werde noch zu hohen Würden steigen. –

Ich werd auch geruhen, des schmeckenden Schneckenfressers außerordentliche Verdienste um die Selbsterhaltung zu belohnen, durch den Jud Hirsch der morgen nach Offenbach geht; wenn mirs nur nicht bis morgen aus den Gedanken kommt wie der Parapluie, ein Fehler den ich mit allen hohen Häuptern gemein hab. – Die Großmama war mir sehr freundlich, wir sprachen von Dir, sie will daß Du sie besuchst wenn Du zurückkehrst. Ich sagte ihr daß ich, wenn sie es erlaube, nach Marburg gehen werde mit der Meline, diese kleine Ehrfurchtsbezeugung um ihre Einwilligung zu bitten

schmeichelte ihr sehr, sie gab mir ihren besten Segen dazu,
nannte mich »Tochter ihrer Max, Kindele, Mädele,« ringelte
mein Haar während sie sprach, erzählte im schwäbischen
Dialekt, was sie nur in heiterer Weichherzigkeit tut, und einem Ehrfurcht mit ihrer Liebenswürdigkeit einflößt, ihr Bezeigen war mir auffallend, da ich vor vier Tagen sie so tief
verletzt, beinah erbittert fand, über die Schmach die ihrem
gütigen Herzen wiederfahren war. – Sie zeigte mir ein Wappen in Glas gemalt in einem prächtigen silbernen Rahmen
mit goldnem Eichelkranz, worum in griechischer Sprache
geschrieben steht: *Alles aus Liebe, sonst geht die Welt unter,* es
ist dem Großpapa von der Stadt Trier geschenkt worden
weil er als Kanzler in trierischen Diensten, sich gegen den
Kurfürsten weigerte eine Abgabe die er zu drückend fand,
dem Bauerstand aufzulegen; als er kein Gehör fand, nahm er
lieber seinen Abschied als seinen Namen unter eine unbillige
Forderung zu schreiben; so kamen ihm die Bauern mit Bür-
gerkronen entgegen in allen Orten wo er durchkam, und in
Speier hatten sie sein Haus von innen und außen geschmückt
und illuminiert zu seinem Empfang. Die Großmama erzählte noch so viel vom Stadionischen Haus, worin sie so
lang mit dem Großpapa lebte, wenn ichs nur alles behalten
hätt, doch vergeß ich die Beschreibung ihrer Wasserfahrten
nicht auf dem See von Lilien, wo immer ein Nachen voraus
fuhr um in dem Wald von Wasserpflanzen eine Wasserstraß
mit der Sense zu mähen, wie da von beiden Seiten die Schilfe
und Blumen über den Kahn herfielen und die Schmetterlinge
– und alles weiß sie noch, als wenn es heut geschehen wär. –
Der Pappeln wollt ich nicht gedenken, die jammervolle
Person des Arenswald der so munter und grün über sein
Elend hinaussteigt ins Freie, hatte mich aus den Angeln der
Empfindsamkeit gehoben, ich will wetten jetzt wo er Wald-
schnecken fressen kann, daß er noch viel mehr wagt, und
wenn er nur so viel hat daß er seine Beine reisefertig kriegt,
so muß das andre mit und muß allerlei andre Dinge noch
dazu fressen lernen. Die Großmama fing aber von selbst von
den Bäumen an, bei Gelegenheit des Wappens, sie erzählte,

der Spruch sei wirklich Ersatz dem Großvater geworden,
und er habe oft bei der Einschränkung in der er später leben
mußte gesagt: »Besser konnt ich mirs nicht wünschen.« –
Das Wappen hing über seinem Schreibtisch, und da er bei
Bauer und Bürger in großem Ansehen stand, so kamen sie
oft zu ihm in schwierigen Angelegenheiten, da hat er denn
durch den Spruch vom Wappen, manchen zur Gerechtigkeit
oder zur Nachsicht bewogen, er sei dadurch so im Ansehn
gestiegen daß sein Urteil mehr wirkte wie alles Rechtsver-
fahren, und mancher der dem Buchstaben des Gesetzes nach,
sich durchfechten konnte, hat um nicht das Urteil des Großvaters gegen sich zu haben, sich verglichen, und der Kurfürst
hat sich auch wieder mit ihm versöhnt und ihm vollkommen
Recht gegeben, aber der Großvater schlug seine Anstellung
aus, die der Kurfürst ihm wieder anbot; er sagte: »hat mir
Gott das Hemd ausgezogen und gefällts ihm, mich schon auf
Erden nackt und bloß herumlaufen zu sehen, so will ich mir
keine Staatslivree als Feigenblatt für den menschlichen Ehrgeiz vorhalten, dem Herrn Kurfürst steh ich zu Diensten in
allen gerechten Dingen, so wie mich Gott geschaffen hat, und
der sich nicht vor ihm zu schämen braucht; ich mag nicht aus
meinem Paradies heraus, denn ich mag mich mit keinem Feigenblatt inkommodieren, ich bin der unverschämteste Kerl
von der Welt und der Kurfürst ist die sittsamste Jungfer die
unter den geistlichen Würden zu treffen ist, er will keinen
seiner Freunde nackt und bloß herumlaufen oder vor sein
Angesicht kommen lassen; aber mir gefällt es besser, ganz
nackend mit seinen Mumenschanzern herumzuspringen,
denn da hab ich den Vorteil daß sie sich selbst nicht mehr
kennen, denn sie wissen so wenig was das ist, ein Mensch
sein, daß einer der ohne Bemäntlung ihnen die Natur eines
Menschen, wie sie vor Gott bestehen kann, darstellt, ihnen
natürlich zeigen muß daß sie selber Mißgeburten sind.« – In
dieser Art hat der Großpapa auf des Kurfürsten Anträge geantwortet. – Die Großmama besitzt noch eine Korrespondenz wo mehrere Briefe von des Kurfürsten eigner Hand
dabei sind, mit den Abschriften vom Großvater; – der Groß-

vater hatte ein Buch gegen das Mönchswesen geschrieben
was gar viel Aufsehen in damaliger Zeit machte, ins Französische übersetzt wurde, das hat mir die Großmama geschenkt; es war die erste Veranlassung zur Unzufriedenheit
5 zwischen dem Kurfürsten und ihm, weil darin so viel Skandal der Mönche aufgedeckt ist, und war auch die erste Veranlassung zur Versöhnung, denn der Kurfürst gibt ihm in
einem Brief sehr recht, und sagt: »Wir werden diesem Un-
geziefer das mich mehr plagt als den armen Lazarus, dem ich
10 mich gar sehr vergleiche, seine Schwären, noch eine Umwälzung in unserer Religion zu verdanken haben, es verge-
het keine Woch daß nicht verdrießliche Berichte dieser un-
flätigen Mönche einlaufen, der Mantel der christlichen Kirche, unter dem sie alle eingekeilt stehn wie ein Ballen Stock-
15 fische, reicht nicht mehr zu, ihren Unflat zu bedecken.« –
Schreibt der Großvater hierauf einen wunderschönen Brief
über Religion und Politik, den ich nicht behalten hab worin
mir aber jedes Wort wie Gold klang, – er sagt: in einem großen Herzen müsse die Politik bloß aus der Religion hervor-
20 gehen, oder sie müßten vielmehr ganz dasselbe sein, ein tä-
tiger Mensch der seine Zeit anwende zu was sie ihm verliehen sei, habe sie nicht übrig sie in verschiednes zu teilen, so
müsse denn seine Religion als vollkommner Weltbürger in
ihm ans Licht treten, – u. s. w. – Dieser Brief ist so herrlich
25 so seelenrein so über alles erhaben wonach kleinliche Menschen zielen, aber auch so lebendig daß ich glauben muß, aus
einem lebendigen Herzen entspringt alle Philosophie, aber
mit Fleisch und Bein und klopfendem Herzen fürs Gute, die
sich ewig regt und das irdische Weltleben reinigt, gesund
30 macht wie ein Strom frischer gewürzreicher Luft; – das tut
doch die Philosophie nicht die aufs Dreieck sich stützt, zwischen Attraktion und Repulsion und höchster Potenz einen
gefährlichen Tanz hält, die dem gesunden Menschenverstand die Rippen einstoßen, und er als Invaliden-Krüppel
35 sich endlich zurückziehen muß. Und einmal ist doch die natürliche Geschichte unseres Lebens auch unsere Aufgabe,
und ich denke daß wenn der Scharfsinn sich vom Hoffart

unbeleibter Spekulation losmachte, und sich ganz auf den
Zustand der sinnlichen Tagsgeschichte wendete: dann müßte
kein Gedanke so tief oder so erhaben sein, der nicht im irdischen Treiben sich Platz verschaffte und in sittlichem Sinn
sich bekräftigt und aufwächst. – So wie der Großvater möcht 5
ich sein, dem alle Menschen gleich waren, Fürsten und
Bauern gleichmäßig auf den Verstand anredete, und nur allein durch diesen mit ihnen zurecht kam, dem nie eine Sache
gleichgültig war als läge sie außer seinem Kreis; er sagte:
»was ich mit meinem Verstand beurteilen kann, das gehört 10
unter meine Gewalt, unter mein Richteramt, und ich muß
laut und öffentlich entscheiden, wenn ich mich vor Gott verantworten will daß er mir den Verstand dazu gegeben, wer
seine Pfund benützt dem wird noch mehr dazu, und er wird
Herr über alles gesetzt.« – Ja das bin ich überzeugt, aber ich 15
glaub nicht daß die Philosophen dies Ziel erreichen werden,
ich glaub eher daß man auf dem Großvater seine Weise, die
tiefste Philosophie erwerbe, nämlich den Frieden, die Vereinigung der tiefsten geistigen Erkenntnis mit dem tätigen
Leben. – 20

Der Großvater schrieb noch in einem andern Brief an den
Kurfürst über den Mißbrauch der vielen Feiertage und Verehrung der Heiligen, er wollte daß eine reinere Grundlage
eine verbesserte Religion sei. – Statt so viel Heiligenge-
schichten und Wundertaten und Reliquien, alle Großtaten 25
der Menschen zu verehren, ihre edlen Zwecke ihre Opfer
ihre Irrungen auf der Kanzel begreiflich zu machen, sie nicht
in falschem sondern im wahren Sinn auszulegen, kurz die
Geschichte und die Bedürfnisse der Menschheit als einen
Gegenstand notwendiger Betrachtung dem Volk deutlich zu 30
machen, sei besser als sie alle Sonntag-nachmittag mit
Brüderschaften verbringen, wo sie sinnlose Gebetverslein
und sonst Unsinn ableierten; – und schlägt dem Kurfürst
vor, statt all dieses mattherzige zeitversündigende Wesen
unter seinen Schutz zu nehmen, so soll er doch lieber eine 35
Brüderschaft stiften wo den Menschen der Verstand geweckt
werde, statt sie zu Idioten zu bilden durch sinnlose Übungen;

da könne er ihnen mit besserem Gewissen Ablaß der Sünden
versprechen, denn die Dummheit könne Gott weder in dieser noch in der andern Welt brauchen; aber Gott sei ein besserer Haushalter wie der Kurfürst, der lasse den gesunden
5 Geist in keinem zu Grunde gehen, aber in jener Welt könne
nichts leben als der Geist, das übrige bleibe und gehöre zur
Petrefaktion der Erde. – –
     Es ist eine einfache edle Korrespondenz, wo der Groß-
papa seinen Charakter nicht *einmal* verleugnet, der Kurfürst
10 schreibt schön und edel, und schon das ist ein Verdienst daß
er ein Wohlgefallen an so tüchtigen Wahrheiten findet; – man
hielt ihn wegen seinem dicken Leib für gar nicht besonders
geistbeweglich. – Ich frug die Großmama ob der Großvater
denn Einfluß gehabt habe auf ihn. – Sie sagte: »Mein Kind
15 die geringste Luft hat ja Einfluß auf die menschliche Seele!
warum sollte der reine uneigennützige Geist Deines Großvaters keinen Einfluß auf den Kurfürst gehabt haben, der
eben noch durch die Anerkenntnis des ganzen Landes auf
einer so hohen Stufe stand, so daß der Kurfürst gegen sein
20 eignes ungerechtes Verfahren es zugestehen mußte.« –
Schon dies beweist doch daß im Kurfürsten eine edle Grundlage war, es war auch gar nichts Geringes was der Großvater
aufopferte. – Er hatte in hohem Ansehen und Würden gestanden, hatte fünf Kinder die noch so jung waren, und er
25 vertauschte alles mit einer kleinen Hütte in Speier wo er am
Wasser ein kleines Gärtchen pflegte, und in der Beschäftigung mit diesem sich gar glücklich fühlte, der Großvater war
auch ein besonderer Liebhaber von dunkelroten Nelken, ich
habe mich sehr gefreut, weil ich eine Ähnlichkeit mit ihm
30 hab. Ich war zwei Jahr, als er starb. Er hatte einen Stock mit
goldnem Knopf und ließ mich mit dem Stockband spielen,
ich erinnere mich noch deutlich wie er mich anlächelte, und
seine großen schwarzen Augen mich verwunderten daß ich
darüber den Stock fallen ließ und ihn anstarrte, das war das
35 erste und letztemal wo ich ihn sah, – denn noch an demselben
Abend ward er vom Schlag gerührt. Von diesen Erzählungen der Großmama ward mein Gedächtnis so lebhaft ge-

weckt daß ich glaubte mich aller seiner Gesichtszüge deutlich
zu erinnern, er trug einen zimmetfarbigen Samtrock und sogar auf einen kleinen dreieckigen Hut mit goldnen Borden
besinn ich mich den er vom Kopf nahm und mir aufsetzte
und mich damit vor den Spiegel trug, daran hatte ich niemals 5
gedacht und jetzt weiß ich diesen Umstand ganz genau. – Ist
das nicht wie eine Geistererscheinung? – und mag die Liebe
nicht Geister beschwören können? – denn in jenem Augenblick war ich so begeistert und voll Liebe für ihn, daß ich
meinte ich müsse einen Geisterumgang durch die Kraft mei- 10
ner Einbildung möglich machen können, worin mir der
Großpapa alles Gute was mir wach würde im Kopf einflü-
stern werde, und ich glaub es auch; sollte denn das Wirken so
wahrhafter Gesinnung mit dem Tode für uns aufhören müssen? ich sagte dies der Großmama, die antwortete: »der Geist 15
Deines Großvaters regiert mich ja jetzt noch, wie hätte ich
den Schmerz meiner lieben Bäume so bald verwinden können wenn ich mich nicht seiner Lehren erinnert hätte; darum
hab ich ja das Wappen der Stadt Trier hervorgesucht und
diese Briefe des Kurfürsten. Und besonders diesen wo der 20
Kurfürst ihn wegen seinem Unrecht um Verzeihung bittet
und Dein Großvater so wahrhaft großmütig und doch heiter
antwortet. Denn er schrieb dem Kurfürsten er werde nie vergessen daß er der Gründer seines Glückes sei, er habe ihm
hierdurch Gelegenheit gegeben sich selber in seiner Gesin- 25
nung zu erproben, und da er sich glücklich durchgekämpft
habe, so fühle er sich jetzt wohl, und in besonderer Glücks-
stimmung.« Sie sagte: dies bewege sie zur Nachsicht gegen
die welche sie beleidigt haben; – es komme drauf an, wie
hoch eine Beleidigung aufgenommen werde; man solle keine 30
stärkere Schuld dadurch auf andre wälzen, Verzeihung sei
Aufheben der Schuld, und Gott sei versöhnlich durch
menschliche Großmut. – Der Großvater habe gesagt: was
dir geschieht das rechne für gar nichts! keine Rüge gilt etwas
sie sei denn zum Besten dessen den man straft, sonst ist jede 35
Strafe unnütze Rache, nur um den elenden Sünder noch elender zu machen, und nutzlose Rache sei eine viel ärgere Sünde

am Verbrecher, der dem Menschen heiliger sein müsse insofern er so gut seiner Gnade anheim gegeben sei wie der
Gnade Gottes, und Gott sei versöhnlich aus menschlicher
Großmut, so müsse man aus Liebe die Welt nicht untergehen
5 lassen und allen verzeihen, wozu der Spruch auf dem Wappen auffordere. – Und sie tue es ihrem Larosche zu Lieb daß
sie ohne Bitterkeit es ertrage. Die Bäume seien dies Jahr
abgehauen, sie selber werde gewiß, sie nur kurze Zeit noch
vermissen, und wolle durch den Verdruß den sie dabei be-
10 weise, keine spätere Reue veranlassen, denn sie wolle daß alle
Menschen glücklich seien und am meisten die Ihrigen, für die
sie so viele Opfer schon gebracht. – Vom Großvater erzählte
sie mir noch, das ganze Land habe ihm Unterstützung angeboten, und er habe auf einem großen Fuß leben können
15 wenn er gewollt hätte, doch all diese Bezeichungen die mit so
viel Adel der Seele verbunden waren, und von so reiner Gesinnung ausgingen habe er ausgeschlagen von den Reichen,
aber von seinen Bauern, denen er noch vieles geholfen, habe
er angenommen was ihm nötig war, denn, sagte er: das
20 Scherflein der Witwe muß man nicht verschmähen. – Sie hat
mir noch manches zu erzählen versprochen von ihm, als ich
so feurig danach war, so werd ich nächstens wieder zu ihr
kommen. – Das Wappen wollt sie mir aufheben und mir vor
ihrem Tod noch schenken, ich hätte lieber den Briefwechsel
25 gehabt. – Ich glaub zu so etwas hätt ich Verstand, es einzuleiten und zu bereichern für den Druck, da wollt ich wohl
noch viel hinzufügen, mir kommt immer nur der Verstand
wenn ich von andern angeregt werd, von selbst fällt mir
nichts ein, aber wenn ich von andern großes Lebendiges
30 wahrnehme, so fällt mir gleich alles dazu ein als sei ich aus
dem Traum geweckt, vielleicht könnt ich hierdurch dem Clemens ein Genüge leisten der mich zu so manchem aufgefordert hat was mich ganz tot läßt. Erfinden kann ich gar nichts.
Aber ich weiß gewiß wenn ich diese Briefe des Großpapa
35 durchläse, es würde mir alles einleuchten was dazu gehört,
ich weiß noch so viel von ihm und die Großmama würde mir
noch manches erzählen, ich hab sie noch nie ordentlich ausge-

fragt, und besonders hab ich mich immer gescheut sie über
ihre religiösen Ansichten zu fragen weil ich fürchtete sie zu
beleidigen, aber bei diesem Gespräch sagte sie von selbst,
»siehst Du mein Kind, so trägt die goldne Au der Vergangenheit die Ähren, ohne welche so mancher an Geistesnah- 5
rung Hunger sterben müßte, und rund um uns, wo die
Sonne ihren Lauf öffnet und wo sie ihn schließt, wo sie mit
sengendem Strahl die Fluren brennt, und wo sie lange ihr
freundlich Antlitz verbirgt, allenthalben keimen Blumen,
deren vereinter Strauß uns ein Andenken ist an die Kindheit 10
unseres Geschlechts. So gehört die Vergangenheit zum Tag
des Lebens. Sie ist die Wurzel des meinen. Dein Großvater
war guter Mensch und guter Staatsbürger, er hat als solcher
auf Fürsten und Untertanen gewirkt, und auch bis heute
noch auf seine Frau. Eine Vergangenheit ist also nicht für das 15
wahre Gute, es wirkt ohne Ende, es kommt aus dem Geist
wie Dein Großvater sagte, und alles andre was vergänglich
ist das ist auch geistlos.« –

Es war Mittag, ich wär gern den ganzen Tag bei der Großmama geblieben, wenn man in Frankfurt gewußt hätte wo 20
ich war. – An der Gerbermühl begegnete mir Clemente mit
meinem verlornen Parapluie, er war gleich hinter mir über-
gefahren, und hatte ihn vom Schiffmann mitgenommen war
aber bei Willmers geblieben, jetzt fuhren wir zusammen im
Sonnenschein unter aufgespanntem Baldachin auf dem Main 25
zurück. Der Clemens geht morgen nach Mainz, er besucht
Euch am End. – Beim Primas gestern große Parade, alle alt-
adeligen Flaggen wehten. – Über die fünf Ellen lange Schleppen mußten die Herren mit hocherhabnen Beinen hinaussteigen, der Primas führte mich ins Kabinet wo die Blumen 30
stehen und ließ zwei Sträuße binden für mich und die Meline, dies war als eine hohe Auszeichnung bemerkt worden
man hatte großen Respekt, der sich noch sehr steigerte, als
mir der Primas beim Abschied ein Paquet gab sehr sauber
in Papier eingesiegelt. Alle glaubten es sei ein fürstlich Prä- 35
sent, vielleicht ein Schnupftabaksdosen-Kabinetstück. Kein
Mensch bedachte daß der Primas zu witzig ist, um mir eine

solche Albernheit anzutun. Nur wunderte man sich daß ich
mein Geschenk, so ohne Umstände, ohne mich zu bedanken
unter den Arm geklemmt habe; ich hatte tausend Spaß die
vielen Glossen zu hören, und konnte am End vor Ver-
5 gnügen über die Neugierde nicht umhin im Vorzimmer zu
tanzen, während mich alles umringte mit Bitten es zu öffnen,
wozu ich mich nicht bewegen ließ, sonst wär der Spaß aus
gewesen. Besonders quälte die Neugierde den Moritz, im
grünen Samtrock, der den ganzen Abend alle Spiegel mit der
10 eignen Bewunderung seiner Person besetzt hielt. So wie er
die Überreichung dieses mystischen Packets gewahr ward lief
er mir nach, dem hätt ichs aber grad nicht gesagt, im Packet
war nichts als was Du wohl schon denken kannst, ein paar
alte Judenjournale und die Drusenfamilie für die Großma-
15 ma; ich solls lesen, was mir eine harte Nuß ist. – Sagt ichs, so
würde man den Primas wohl eher für einen Narren halten
daß er auf mein Urteil einen Wert legt, als mich für gescheut
genug dieser Auszeichnung Ehre zu machen, so mags denn
die Leut mir im Respekt halten; wüßten sie es sei nur Papier
20 und keine Dose, hielten sie mich zum Narren gehalten vom
Primas.

Heut Nacht fiel mir ein daß ich meinen Kanarienvogel
dem Bernhards Gärtner geben will, der hebt ihn gewiß gut
auf, und macht ihm Freud, dann weiß er doch daß er wieder
25 was von mir erfährt, es waren doch liebe Tage wo er mich
propfen lehrte, Du weißt noch gar nicht alles was ich da lernte, vom Fortpflanzen der Orangenbäume mit einem Blatt,
von Nelken, – und dann will ich ihm auch meine Granat-
bäume schicken, und den Orangenbaum und den großen
30 Mirthenbaum, er gibt sich gewiß Müh daß er den zum Blühen bringt, ich hab so immer fürchten müssen daß sie verdarben im Winter. – Das eine tut mir auch leid daß ich von
der Großmama weg muß, weil sie sichs in den Kopf gesetzt
hat sie werde nicht mehr lang leben wegen den Bäumen, sie
35 sagt sie wolle nicht erleben, diese Bäume die sie so lange
Jahre gepflegt habe, im nächsten Jahr im Ofen knattern zu
hören. – Jetzt möcht ich gern noch so viel von ihr wissen, ich

schäm mich daß ich die ganze Zeit so leichtsinnig war, was
hätte sie mir alles von der Mama erzählen können, von der
ich so wenig weiß, als bloß daß sie angebetet war. – Die
Großmama sagte: »Sei versichert hätte die Venus-Urania
noch ein Kind gehabt außer dem Amor, so mußte es das ⁵
Ebenbild Deiner Mutter sein.« – Manchmal zweifle ich ob
ich noch nach Marburg mitgehen soll, meinst Du nicht auch
es wär besser ich blieb hier, – es ist doch auch schön wenn ich
noch das letzte Lebensjahr der Großmama recht freundlich
mit ihr zubrächt, mich durstet nach dem Segen alter Leute, ¹⁰
seitdem ich vom Tod weiß, so deucht mir die letzte Lebenszeit eines Menschen etwas heiliges, und wie ich als Kind so
gern Spielsachen, Dinge die ich liebte, in die Erde vergraben
hab, so möcht ich auch meine Geheimnisse mein Sehnen
meine Gedanken und Ahnungen gern in die Brust legen von ¹⁵
Menschen die keine Forderungen mehr ans Irdische haben,
und bald unter der Erde sein werden, schreib mir doch darüber! auf der andern Seite reizen mich die Briefe vom Christian auch sehr, er freut sich drauf daß ich ein halb Jahr mit
ihm zusammen sein werd, wir sind zusammen in unserer ²⁰
Kindheit gewesen und seitdem nicht wieder, er verspricht
mir so viel von meinem Dortsein, und was und wie er mir
alles lehren will, les die beiden Briefe von ihm an mich, und
schreib mir was Du willst das will ich tun. – Adieu und
schreib recht bald. ²⁵

Es ist hier alles beschäftigt mit dem Empfang von Bonaparte, es wird ein großer Triumphbogen erbaut auf dem Ra-
benstein wo der Galgen gestanden hat. –

An die Bettine.
Was Du von Arenswalds außerordentlichem Heißhunger ³⁰
nach der Natur schreibst, so daß er darüber sich selbst zu speisen vergißt, dauert mich sehr, versäums nicht ihm zu helfen
und schreib mirs ob Dus auch nicht vergessen hast. Die Geschichte von den Bäumen ist höchst betrübt; wars Deine
Schilderung, oder sind auch mir diese Stimmen die so fried- ³⁵

lich mitrauschten wenn wir dort wandelten, so zu Herzen
gegangen, ich kann mich auch nicht darüber trösten. Wir
waren gestern auf dem Ostein, da rauschten die Eichen königlich. – Die Großmama und die Geschichten vom Groß-
5 vater haben mich gefreut und gerührt, wenn ich auch nicht so
viel Interesse an solchen erlebten Dingen hätte als ich wirklich habe, so würde mir eine solche Beschäftigung als diese
Erzählungen aus der Großmutter Mund zu sammlen, für
Dich sehr schön erscheinen und lieblich. – Alles was das Ge-
10 müt anregt, erfrischt und erfüllt ist mir heilig, sollte auch im
Gedächtnis kein Monument davon zurückbleiben, hier aber
wo Du zugleich Dich üben würdest etwas in konsequenter
Ordnung zu behandlen, Deinen eignen Geist in seiner Anschauung zu entwicklen, würde es noch mehr Wert haben.
15 Ich hab immer Biographien mit eigner Freude gelesen, es ist
mir dabei stets vorgekommen als könne man keinen voll-
ständigen Menschen erdichten, man erfindet immer nur eine
Seite, die Kompliziertheit des menschlichen Daseins bleibt
unerreicht und also unwahr, denn alle Momente müssen im-
20 mer den Einen bestimmen oder begreiflich machen. – Dein
Verhältnis zur Großmama würde auch schön sein, Dein
Sammlen von Deiner Mutter Kinderzügen, ein Werk der
Pietät was Dir jetzt, und vielleicht später noch ein großes Interesse gewährt, besonders wenn es Dir gelänge es mit dem
25 Dir so eigentümlichen Geist des unmittelbaren Mitfühlens
nieder zu schreiben, das alles sehe ich recht gut ein, – aber ich
bin dennoch nicht entschieden ob ich Dir dazu raten soll;
wenn ich überleg welcher ungeheuren Zerstreutheit Du in
eurem Haus ausgesetzt bist, der Du unmöglich entgehen
30 kannst; alles Durchreisende was zu Euch kommt, der Primas
der Dich vorzieht, und wo Du gar nicht ausweichen kannst
hinzugehen , – – was das alles die Zeit zersplittert, und wenn
Du auch selbst nicht viel Umstände mit Deiner Toilette
machst so wirst Du in dem Nest voll schöner Frauen doch
35 alle Augenblick, Dich der gemeinsamen Beratung hingeben
und bei Deiner Lebhaftigkeit und Deinem Talent zum Ma-
lerischen seh ich schon den Winter vergehen, bloß mit Putz

wählen und dergleichen, und die Großmama wird wenig
von ihren Schätzen Dir mitteilen können. – Marburg ist im
Gegenteil ein Nest wo Du ganz als Einsiedler wirst leben
können, zum wenigsten kannst Du keiner Zerstreuung dort
ausgesetzt sein, die Briefe vom Christian versprechen so viel   5
Gutes für Dich, Du hast lange nicht mit ihm gelebt; es ist
doch auch schön mit ihm, der so viel großes Genie hat, so
reine Begriffe von der Wissenschaft, und so tief und so wür-
digend mit Dir spricht, wieder eine Weile zusammen zu sein;
ein Bruder wird oft auch von der Schwester weggerissen   10
durch allerlei Schicksale, sie begegnen sich vielleicht nicht
zum zweitenmal, so muß man denn einen so glücklichen Zufall nicht leichtsinnig verscherzen, und im ganzen genommen welche Lage deucht Dir edler; jene in der winterlichen
Einsamkeit in Marburg in dem engen beschränkten Kreis,   15
aber mit dem lieben Savigny der so viel höher steht wie
andre, der Dir dann so nah ist und Deine Gegenwart auch zu
seinen freundlichen erquickenden Momenten rechnet, und
Dich gegen Deine eignen Launen verteidigen wird, die so oft
ins Träge und Melancholische spielen.   20

Und ich denke mir darin einen großen Genuß für Dich
daß Du die große weite Natur im Winterkleid vor Dir hast,
denn die Gegend von Marburg ist sehr schön und lacht einem zum Fenster herein, – oder ist es Dir lieber in jener Zerstreuung bald dies bald jenes beginnend und endlich mit   25
Verdruß an Dir selber verzweifelnd, daß Du zu nichts gekommen bist? – Ich glaub daß Du alle Deine guten Vorsätze
sehr erleichtern könntest und Deine Zwecke erreichen, wenn
Du von Marburg aus, einen korrekten Briefwechsel mit der
Großmama führtest, Deine Briefe würden ihr gewiß Freude   30
machen, sie würde nicht versäumen Deine Fragen nach der
Jugend und dem Geist Deiner Mutter zu beantworten, so
wie nach Deinem Großvater, Du könntest Deine eignen Bemerkungen hinzufügen, und brauchtest nur die Vorsicht zu
haben Deine Briefe von irgend einem unschuldigen Kopist   35
abschreiben zu lassen, so hättest Du als Nebenarbeit, und
wahrscheinlich viel vollständiger und gelungner, wozu Du

vielleicht vergebliche Anstalten in Frankfurt machen würdest, – das ist meine Meinung jedoch will ich nicht damit einen Machtspruch getan haben. Leb wohl.

Caroline.

5 An die Günderode.
Buonaparte ist durch und hat seinen Tempel nicht gesehen,
der Galgen ist abgeschlagen worden und auf das alte Postament ein Tempel gebaut, ich glaube gar mit seiner Bildsäu-
le, und das ganze ist illuminiert worden zum Volksfest, wo-
10 bei noch allerlei Belustigungen vorfielen; daß das Galgenfeld
zu diesem Platz ausersehen war, machte besonders den Sach-
senhäusern Spaß. –
   Clödchen ist krank und liegt auf dem Kanapee, ich bin
meistens den ganzen Tag bei ihr, und wache auch Nachts
15 wenn sie sich unwohler fühlt. Es geht hier wieder alles nach
der alten Leier, Dein Brief kam zu rechter Zeit, um mit allen
Umständen zusammen mich zu überzeugen daß Du recht
hast, die Engländer sind Hauptpersonen hier; Abends wird
im Teezimmer vom Moritz die Delphine von der Stael vorge-
20 lesen, für mich das Absurdeste was ich hören kann, ich mach
einen Plumsack von meinem Schnupftuch und amüsiere die
Kinder derweil, das hat den Lecteur nicht wenig verdrossen,
ja ich muß fort. – Am Montag war Ball bei Leonhardi um
seine neue Einrichtung zu zeigen, lauter ägyptische Unge-
25 heuer hat er an die Wand malen lassen. – Gestern war schon
wieder Cour beim Primas, ich wars so satt daß ich mich versteckte beim Wegfahren, sie suchten mich überall; ich war in
meinem Bett versteckt und der Franz war bös, aber um ihn
wieder gut zu machen hab ich mir eine besondre List erson-
30 nen, ich fand in der Tonie ihrem Küchenrevier, einen großen
Korb mit weißen Rüben, den hab ich vorgenommen mit den
Leuten, sie ganz dünn abgeschält und ausgeholt inwendig, in
jede ein Wachslicht gesteckt und so die ganze Treppe illuminiert und den Vorplatz, – ich hab bis nach Mitternacht mit
35 zu tun gehabt, es war recht dumm, es wär besser gewesen ich

wär mitgegangen, denn der Primas ließ mir sagen weil ich
nicht mitgekommen wär, so soll ich am Freitag mit ihm und
dem Weihbischof zu Mittag speisen und Fasttag halten. Ja
ich geh fort, ich bin in Gedanken schon unterwegs, die Meline hat auch schon alle Vorkehrung getroffen, ja ich geh! – es
tut mir nichts leid als daß ich geh eh Du wieder kommst; daß
ich geh und daß Du hier bleibst, aber ich tu es weil Du es
sagst, weil ich Dich als meinen Genius anerkenne, – nein
nicht Du – aber er nimmt Deine Stimme an, ich freu mich
wenn meine Empfindungen diesen Winter ein Bißchen hart
frieren, – ich freu mich auf alles. –

Dem Arenswald hab ich ohne mich im geringsten arm zu
machen Geld geschickt, ich hab beim Durchsuchen meiner
Papiere, allerlei verloren Geld zusammengefunden, von dem
ich gar nicht wußt daß es da war, ich hab alles in einem kleinen Beutel ihm geschickt, und dem Gärtner den Kanarienvogel. Eh wir abreisen geh ich noch mit der Meline hinaus
zur Großmama, dann will ich sie bitten daß ich, wie Du
meinst, Briefe mit ihr wechsle. Adieu vielleicht schreib ich
Dir nicht mehr von hier. – Ich bin so lustig daß ich fortgeh
ich freu mich so drauf, auf die schöne Winterlandschaft die
Du mir beschrieben hast, die mir ins Fenster hereinsehen
wird, – ich weiß es schon ich werd selig sein. – Ich hab keine
Ruh zum schreiben das Reisen steckt mir in den Gliedern, ich
spring Trepp auf Trepp ab, die arme Claudine wer wird sie
pflegen? sie hat mir aber versprochen sie wollt so lang ich
fort bin nicht krank werden, denn ich bin eifersüchtig drauf,
wie manche Nacht hab ich da gewacht und simuliert und hübsche Bücher gelesen, aber wenn sie krank wird so gehst Du
wohl als zu ihr. – Drauß auf dem Wall war ich auch um noch
von unserm Lieblingsspaziergang Abschied zu nehmen, die
meisten Blätter sind schon gefallen ich ging in *einem* Rauschen durch, alle Bäum regneten noch Blätter auf mich. – Der
Moritz bleibt also mit seiner Delphine hier sitzen, das macht
mich auch ganz vergnügt daß ich das auch nicht mehr anzuhören brauch.

Bettine.

Marburg.
Weißt Du denn wer meine erste Bekanntschaft ist die ich hier
gemacht hab? – Ein Jud! – aber was für einer? – der schönste
Mann! – ein weißer Bart von einer halben Elle, große braune
Augen so schöne einfache Gestalt, die ruhigste Stirn prächtige majestätische Nase, Rednerlippen, aber von denen die
Weisheit süß hervortönen muß. Unser Hauswirt der Professor Weiß rief mich und sagte, »wollen Sie einen schönen Juden sehen so kommen sie in meiner Frau ihr Zimmer, sie
verhandelt ihm eben ihr Hochzeitkleid.« Die Meline wollte
nicht mitgehen und war verwundert daß Weiß uns einlud
einem Handelsjud die Aufwartung zu machen, ich habs aber
nicht bereut, es war ein Bild zum malen, er saß in einem sehr
reinen Rabbiner- oder Gelehrten-Gewand am Tisch, seine
Hand guckte aus dem schwarzen weiten Ärmel, und das
Abendrot leuchtete durch die Scheiben; die Frau Professorin
stand vor ihm und hielt ihren Hochzeitcontusch oder wars
der von ihrer Mutter, denn es schien sehr altertümlicher
Stoff, an beiden Ärmeln ausgebreitet, ihre Kinder standen zu
beiden Seiten und hielten die Schleppe auseinander, es war
ein orangenfarbner Stoff mit silbernen Sträußen und granat-
farbnen Blumen durchwirkt, was sehr schön mit dem starken
Abendrot kontrastierte, es war das schönste Bild und gern
hätt ich die Meline gerufen es mit anzusehen, wenn nicht eine
Scheu, um nicht zu sagen Ehrfurcht, mich auf dem Platz gehalten hätt, ich hätte diesen Mann nicht mögen als Gegenstand der Neugierde behandeln. – Es hatte mir auch was
ganz rätselhaftes die Leute mit so großer Ehrfurcht vor ihm
stehen zu sehen, und ruhig seinen Ausspruch bei einem Handel abzuwarten. – Sie sprachen über eine Summe wozu noch
mehrere andre altertümliche Stoffe gehörten die auf dem
Tisch lagen. – Ich tat als sei ich begierig sie zu sehen, bloß um
mit Anstand noch bleiben zu können, denn je länger ich ihn
ansah je mehr fühlte ich mich angezogen und doch schüchtern, und der Weiß hätt mich gewiß nicht der Tür hinaus gebracht so lang er da war, der Jude ließ mir von seinem En-
kelsohn der hinter ihm stand die Stoffe ausbreiten, ich tat als

wär ich höchlich erfreut über das *Vert de pomme* Kleid mit
Apfelblüte, und mein Alter sah mich unterdes von der Seite
an, das merkt ich, das machte mir heimlich Freud. – Der Professor Weiß sagte, »nun Ephraim müssen wir erst ein Glas
Wein zusammen trinken, und Sie trinken auch mit,« sagte er 5
zu mir, er schenkte dem Juden zuerst ein der aber reichte mir
sein Glas ich sagte daß ich keinen Wein trinke. Aber nippen
können Sie doch wohl sagte er, – ich nahms ihm ab und
schluckte ein wenig davon, er dankte mir und trank es auf
der Stelle aus, dann sah er mich lächelnd an, als wollt er sa- 10
gen: freuts Dich daß ich Dir so viel Achtung bezeige? – ich
lächelte mit ihm und ich war ganz rot geworden vor Vergnügen. Weiß sprach noch allerlei mit ihm was bewies daß er
ihn sehr in Achtung hält. – Weiß sagte von mir, »was meint
Ihr Ephraim daß wir jetzt so allerliebste Studenten haben, 15
hier wird das erste Semester gehalten und ich werd Euch bei
so feinen Studenten empfehlen, das wär Euch wohl ein groß
Vergnügen diesem kleinen Studenten Unterricht zu geben?«
– es war ein so liebenswürdiger Adel in allem was er sagte,
und wie er den gutherzigen Scherzen des Weiß eine feine 20
Wendung gab daß sie mich nicht verletzen sollten daß ich
ganz eingenommen von ihm war, und mich wirklich sehr in
Acht nahm ihm solche Antworten zu geben, die ihm Interesse sollten für mich geben; zwei Stund hab ich so mit ihm
geplaudert und ich dacht schon drauf wie ichs machen wollt 25
daß ich ihn öfter sehen könnt, so sagt ich wie er wegging, an
unserer Tür vorbei, daß ich da eine Schwester noch habe,
und ich wünschte gar sehr daß sie auch seine Bekanntschaft
machen möchte, er versprach mir daß wenn er wieder käme,
so wolle er bei mir anklopfen. Ich freu mich recht drauf. 30
  Von Frankfurt hab ich Abschied genommen wie ein Has
übers beschneite Feld jagt, man sieht kaum seine Pfötchen im
Schnee, und es war auch kein Jäger da der mich gern geschossen hätt. Beim Primas war ich sehr lustig auf der Fa-
stenmahlzeit, wie ich Abschied nahm sagte er: ich freu mich 35
auf Ihre Wiederkunft, und nahm mich bei der Hand und begleitete mich durchs Vorzimmer. In Offenbach hab ich alles

mit der Großmutter besprochen aber in den Garten der nicht
mehr rauscht konnt ich nicht gehen um Abschied zu nehmen
so gern ich gewollt hätt, und lieber als von allen andern,
denn ich war vertrauter mit ihm; dann war ich auch beim
Gärtner und fragte ob er meine Bäume ins Winterquartier
wollt nehmen und wenn Du aus dem Rheingau kämst, so
würdest Du den Kanarienvogel abholen, er fragte, ob ich
den nicht bei ihm wollt lassen, ich versprach ihm daß wenn
Du einwilligst so darf er ihn behalten, und einer kleinen Koketterie machte ich mich aufs plaisirlichste schuldig, ich nahm
den Vogel aus dem Käfig küßt ihn auf sein klein Schnäbelchen und sagt, Adieu lieber Gärtner. Als ich zur Großmutter
zurückkam wars schon bald Nacht, die Meline und Tonie
wollten zurückfahren, ich bat sie noch eine Viertelstund zu
bleiben und wie es schon ganz Nacht war, da hab ich mich
doch in den Garten geschlichen und hab die Augen zugemacht bis ich an den Pappeln war, und hab sie alle getröst mit
Worten, denn ich dacht wer weiß wie mirs geht, ob ich nicht
auch einmal so trostlos dasteh, sollt sich da mein Freund vor
mir scheuen weils ihm zu traurig ist? – und das Herz war mir
viel leichter, ich würde auch jetzt wieder hingehen wenn ich
noch da blieb, denn wie könnt ich ihnen alles vergelten wenn
ich jetzt nicht wollt mit ihnen sein wie früher, und was wär
doch das schönste Geheimnis dieses Umgangs mit ihnen
wenn ich sie jetzt verleugnen wollt, es wär grad wie eine
ewige Liebe zum Helden, die wie Spreu auseinander fliegt
weil der zum Krüppel geschossen worden. – Es ist mir da im
Garten recht deutlich geworden und viel empfundner in der
Seele daß das Beleben Genie ist: – eine Seele, die aus meiner
Seele aufsteigt und das was mich erregt, bewohnt so zärtlich,
so edel ich empfinden kann. Die rauschenden Bäume haben
mich bewegt davon ist meine Seele wach geworden und ist
aufgestiegen und hat jene Bäume belebt, und sollte diese
Seele ihnen jetzt absterben weil sie irdisch elend sind? – Da
würd ich mich ja selbst töten in ihnen. Nein in jedem Unglücklichen soll man doppelt lebendig werden. –
　　　Eh wir abreisten hatte ich noch manchen Kampf mit den

andern, man war nicht einig ob ich dem Savigny nicht lästig
sein würde, weil man glaubt und gewiß weiß daß er nichts
auf mich hält. Ich halte nun auch eben nichts besondres von
mir; ich hab ihn immer noch wie sonst lieb, und so scheu ich
mich gar nicht mit ihm zu leben, obschon er einen Widerwillen gegen meine Natur zu haben scheint, um so glanz-
voller erscheint mir Deine Nachsicht mit mir; und er behauptet ich sei hochmütig, – manchmal glaub ichs gar, weil er
doch gescheuter ist als wir alle, – und kann also einen Charakter besser beurteilen. – Und dann kann ich Dir sagen freu
ich mich ordentlichermaßen über diesen Hochmut und
denke es muß doch wohl auch was hinter mir sein, denn ohne
Ursache dazu würd er nicht drauf kommen; was glaubt er
wohl daß mich so hochmütig macht? – Ha ha ha! – das heißt:
ich lach! – über was? – daß der Savigny nichts weiß von meiner zärtlichen Neigung für den Jud, – und wie ich alle vornehme Leut nicht leiden kann weil sie mir zu gemein sind,
und weil kein Mensch im Haus weiß warum ich als übermütig bin und das ist heut einmal wieder weil ich ein besonders angenehm Abenteuer hatte; ich war im Garten der am
Berg liegt, und guckte über die Mauer und sah den Ephraim
den Weg heraufkommen. Ich lehnt mich über die Mauer und
ließ mein Sacktuch im Wind fliegen daß er mich sehn sollt;
und wie er herankam sprach ich mit ihm ein ganz Weilchen, –
aber nicht wie gewöhnlich die Menschen sprechen. Ich sagte
ihm daß es mir Freude mache ihn wieder zu sehen, und auch
darum weil mir sein Wesen einen Naturmoment vergegen-
wärtige mit dem sich mein Gesicht und mein Gemüt näher
verwandt fühle als mit jedem andern, ich sagt ihm das sei die
Dämmerung am Abend; so komme mir sein Blick und sein
ganz Wesen vor – wie Dämmerung die über einer erhabnen
Natur ausgebreitet sei; in solcher Stunde ist mein Gesicht
schärfer und mein Gefühl sehr zum Vertrauen geneigt. – Du
kannst wohl denken, daß es der Mühe wert ist mit ihm zu
reden, denn sonst wär ich darauf nicht gekommen ihm so
was zu sagen. Er sagte »die sichtbare Welt ist trüb aber mit
hellem Blick braucht einer nicht lang zu forschen in wenig

Zügen erkennt er was ihm verwandt ist.« Ich sagte: aber wie
erlangt man einen so hellen Blick? – »Man muß allein die
Natur anschauen und kein Vorurteil zulassen, das gibt einen
hellen Blick.« – Ich frag: traut Ihr mir das zu, daß ich die
Natur mit hellem Blick anschau und ohne Vorurteil? »Ja!«
sagt er, »und ich weiß daß ich nicht irre – und daß Sie
scharfsichtig sind.« – So hab ich also recht wenn ich in Euch
einen begeisterten Mann erkenne? – »Zum wenigsten sind
Sie dem Wahren näher, als andre die den Juden für einen
gedrückten Mann halten, innerlich quillt die Freiheit, und
ein Tropfen ist genug über alle Verachtung uns zu heben.« –
Ich hörte Leute den einsamen Weg heraufkommen und
brach ab weil mir das Geheimnis schon zu lieb war mit ihm.
Ich sagte, leb wohl Jude, denk an unser Gespräch und wenn
Du von Deiner Reise heimkehrst komm zu mir.

Wer mag nun schärfer sehen der Savigny meinen Hochmut oder der Jud meinen vorurteilsfreien zutraulichen
Blick? – Ich geb aber dem Savigny nicht unrecht, denn was ist
doch die überglückliche übermütige Lust daß ich ihn mit
dem Jud anführ als nur Hochmut? – es haben mirs auch
schon mehr Leut gesagt, noch wie ich Abschied nahm sagte
der Moritz ich sei hochmütig, weil ich behauptete ich gehe
von Frankfurt daß er seine fünf Bändelange Delphine
Abends vorlesen könne, wenn er damit fertig sei wolle ich
wiederkommen. Da schrie das ganze Teegewimmel auf mich
ein, ich sei das hoffärtigste Ding von der Welt, für alles
scheine ich mir zu gut, von Nichts meint ich noch was lernen
zu können, die Delphine von der ersten Schriftstellerin Europas geschrieben die ennuyiere mich; wenn irgend jemand
was Gescheutes vorbrächt so lege ich mich an den Boden und
strample eine Weile mit den Füßen oder schlafe ein, aber jeder dummer Spaß mache mir Vergnügen. – Ich sag, ist das
Hoffart? das scheint mir eher Unverstand zu sein daß ich
Euch in Eurem Genuß nicht nach kann. – »Ja Hoffart ist eben
Unverstand.« – Siehst Du! – es ist die allgemeine Ansicht. –
Sie haben am End den Savigny mit angesteckt. –
Nächstens schreib ich Dir von Allem genauer, von der

ganzen Gegend, von den Leuten, von unserer Wohnung.
Meline wohnt mit mir ganz hoch oben am Berg, Savignys
unten, alles ist hier terrassenförmig. – Adieu, ich muß der
Meline helfen einen Divan für uns zurecht polstern.

Bettine. 5

An die Günderode.
Schon die dritte Woch ists und ich hab noch nicht geschrieben, und Du auch nicht, was ist schuld dran? – Ich hab in der
Zeit die neugierig Gegend rund um mich durchspäht, auf
dem Boden nach allen Seiten durch die Gaublöcher mich 10
orientiert, im dichtesten Laubregen den Wald durch-
wallfahrtet von einem hohen Stamm zum andern. Bäume
sind Bäume, aber sie sehen doch verächtlich auf die Menschen herab, die um der Gesundheit willen so hastig unter
ihnen herlaufen und nicht einmal den Blick zu ihnen hin- 15
aufrichten; ich hab dort mit dem Savigny die ganze mo-
tionmachende Fakultät begegnet; im mottenfräßigen Pelz,
Nebelkappe, großen Filzschuhen und antiken Stiefelman-
schetten durchkreuzen sie die Wege. Hügeligter Boden, dichtes Moos überglast vom Reif, reine kalte Luft die herzhaft 20
macht, alles neu, überraschend, die Muse führte mich über
Stock und Stein und schenkte mir den ganzen Wald für Dich,
ich hab auch bei jeder vornehmen Waldkrone still gestanden
und bis zum Wipfel betrachtet, und zum Zeichen der Besitz-
nahme mit dem Stock dran geschlagen, jetzt laß den alten 25
Kurfürst von Hessen-Kassel meinen was er Lust hat, der
Wald gehört Dein und wenn ich drin herumlauf, so hab ich
meine Freud daß ich auf Deinem Grund und Boden bin. Im
Frühjahr muß es hier sein wie inwendig in der Seel; Frühling
drauß, Frühling drin, *ein* Wille und ein Tun, – blüht der Ap- 30
felbaum, so hab ich rote Backen, stürzt sich der eigensinnige
Bach die Klippentrepp hinab, so setz ich ihm nach und spring
kreuz und quer über ihn weg, ruft die Nachtigall so komm
ich gerennt, und tanzen die Mühlräder mit der Lahn einen
Walzer ins Tal hinab, so pfeif ich auf dem Berg ein Stückchen 35

dazu und guck über die rauchenden Hütten und über die
schirmenden Bäume hinaus wie sie ihren Mutwill verjuch-
zen, und der Müller und sein Schätzchen auch, die denken
kein Mensch sähs. – Morgenrührung, Abendwehmut wird
5 nicht statuiert, in den Hecken blüht Frühlingsfeier genug,
Schnurren und Summen und Windgeflüster. Aber weils Winter ist und kein Frühling, so wollt ich nur sagen wie alles so
herzhaft und sorgenfrei ist in der Natur hier, so unverhehlte
Lebenslust, man müßte sich schämen, der Ahnungswehen
10 und Sehnsuchtträume, statt lustig mit zu grünen und zu sausen und zu plätschern; ich mein nur, es ist nicht möglich hier
mitten im drallen Hessenland, anders zu sein als das heimatlich Fleckchen Welt selbst, was so kugelig unter Deinen Füßen, dich kollernd, stolpernd hinab und hinan verlockt und
15 doch überall so herzlich Dich einladend zum Sitzen, zum
Ruhen am Rasen am Berg und in Dir selber. – Es haben sich
frühe Wintertage eingestellt, Meline leidet am Halsfieber,
woran hier alles krank liegt, Gunda auch geht wegen Un-
wohlsein alle Tage vor Sonnenuntergang zu Bett. Savigny
20 wohnt mit ihr in einem andern Teil des Hauses der unter unserer Wohnung liegt, durch Terrassen und Hof geschieden;
so bin ich ganz allein mit der Meline die hübsch ruhig im
Schlafzimmer nebenan liegt. Diese Einsamkeit erquickt und
ergötzt mich. Der schwärmerische Hausarzt ist Poet, er
25 bringt Gedichte die er in der Dämmerungsstunde vorliest, –
Träume Schäume, Liebe Triebe gleiten sanft am Gestade
meines Ohrs dahin; man reicht dem Doktor die Hand, er
drückt sie mit stillem Ernst, mit seelenvoller Miene; weiter
wird nichts gereicht von Lob. – So schwillt die Knospe des
30 Leichtsinns leise leise in der Brust, bald wird sie bersten und
in einen fröhlichen *Blust* ausbrechen, so nennen die hessischen Bauern die Blüte. – Nichts von Rührung, Erhabnem,
Verinnigung, Wonnegefühl, Begeistrung und aller gebildeten Geisteswirtschaft. – Was ich an mir selber bin das teil ich
35 Dir mit, und strenge mich nicht mit Verschönerungsprinzi-
pien der Sittlichkeit an, ich muß einmal erproben was meine
Seele für einen Ton angibt, ob sie vielleicht von Natur so

derb ist wies liebe Hessenland. – Ich fang an zu glauben daß
ich gar nicht fürs Gesellschaftliche geboren bin, konnt ich je
meiner Phantasie nachgeben ohne mich zu erhitzen über den
sinnlosen Widerspruch der Andern? – und bin ich nicht
eingeschlafen beim Primas über dem Gesumse von geputzten 5
Leuten, und hab ich mir nicht eingebildet, meine liebsten Leut
wären verrückt geworden mit dem Jabot von Point d'alencon der eine halbe Elle vorstand und mit brillantnen Knöpfen und mit – und mit – einem Haarbeutel hinten ange-
klemmt, hab ich mich da nicht zu tot geschämt daß einer mit 10
einem Haarbeutel so vergnügt herumlaufen konnt als wärs
ein Verdienst, und ists nicht auch beschämend für die freie
Seele sich äußerliche Zeichen des Wahnsinns anzuhängen auf
Befehl daß Buonaparte damit geehrt soll werden? – der
George hat seinen Haarbeutel aber abgerissen und ihn mit- 15
ten in den Salon unter die Leut geworfen, die Königin von
Holland schlurte ihn mit der Schleppe durch alle Zimmer, ich
habs gesehen und mich drüber heimlich erlustigt. Aber bloß
um nicht zu sehen was all für dummer Wahnsinn dort an der
Tagsordnung ist mag ich den Winter nicht hin, man kann 20
sich nicht lang amüsieren mit den Albernheiten die der Kreis
von Menschen ausgehen läßt der sich die gebildete Welt
nennt und sonst keine Grundlage. Eine hat der Andern dicht
neben mir in ihr Halsband gebissen um zu sehen ob es wahr
sei daß ihre Perlen echt wären, und hat sich sehr geärgert, 25
daß sie nicht entzwei gingen, und so ärgert sich alles über
alles was echt ist, und so konnt ich doch nichts besseres und
christlicheres tun als lieber einschlafen, ich habs auch dem
Primas gesagt wie er mich geneckt hat; es sei um Ärgernis zu
vermeiden denn ich sei *echt,* und es kommt mir ordentlich 30
herabwürdigend vor mich unter ihnen herum zu treiben. –
Hier bin ich glücklich durch die Freiheit in der freien Natur
herum zu schwärmen in deren Mitte ich wohne. Des Einsied-
lers Klause in tiefer Wildnis, kann nicht mehr mitten ihr im
Schoß liegen als ich, ja ich darf mich selbst als einen Teil von 35
ihr empfinden, was mich nicht beschämt wie die Gesellschaft,
daß ich ihres Gleichen bin, aber mich freudig und selbstfüh-

lend macht daß sie so gut gegen mich ist vor andern. Wenn
ich aus dem Fenster im Schlafzimmer so grad auf den winterlich grünen Berg steigen kann, und dann hinunter und hinauf, auf alten gefährlichen Mauern die bald einbrechen bald
5 Himmelan steigen, bis zum Wall vom alten zerfallnen Fe-
stungsschloß oben auf dem Berg – über Löcher und Hecken
wo nur Kühnheit und Leichtsinn sich hin wagen, und nicht
eine menschliche Erscheinung in der Weite umher; – so recht
allein und laut hallend kann ich mit ihr sprechen, es hörts
10 keiner, und jetzt wo ich bekannt schon bin, nickt jeder
Strauch mich freundlich an mit den paar braunen Blättern,
die ihm der Winterwind noch nicht genommen hat, wenn ich
wieder komm und setz mich neben ihn auf die Mauer und
schwindelt mir nicht; ach welch Vergnügen zu klettern, wie
15 entzückend die kecke Jugend! – wenn ich auch manchmal mit
geschundnem Knie, wie heut, oder aufgerißnem Arm heim-
komm, das fühl ich gar nicht, ja wenn mir recht ist, freuts
mich gar! – Werd hart, sagte der Schmidt im Wald, und
schlug das glühende Eisen auf dem Amboß, das hörte der
20 Thüringer Landgraf und ward hart wie Eisen. – Werd hart
rief ich heut auf der gefährlichen Mauer von der ich hinab-
glitt, weil ich nicht anders hinunter kommen konnte, und da
hat mirs auch gar nicht weh getan. Werd hart, sagt ich wie ich
zur Meline ins Zimmer eintrat, die gar erschrecken wollt als
25 sie die Blutspuren an meinen Kleidern sah, ich mußte leiden
daß sie mich ein bißchen heilte mit beaume de chiron; Du
wirst noch Hals und Bein brechen, prophezeihte sie, wo jetzt
so viel glatte Stellen am Berg sind vom schmelzenden
Schnee. Ich schriebs hierher, wenns geschieht so hat sie rich-
30 tig prophezeiht. Aber gewiß, solche Übungen die einem die
Natur lehrt sind Vorbereitungen für die Seele, alles wird Instinkt auch im Geist, er besinnt sich nicht, ob er soll oder
nicht, es lehrt ihn das Gleichgewicht halten wie im Klettern
und Springen, es entwickelt eine Kraft die degagiert und de-
35 tachiert; das heißt: das Sehnen nach einem Pfeiler sich in der
Welt anzulehnen, oder nach einem *Stock* um weiter zu kommen, wird einem lächerlich; bald merkt man daß man auf

ziemlichen Wegen recht gut allein gehen kann, und auf steilem Pfad läßt sich durch Übung große Freiheit erwerben.
Ängstlichkeit und Unerfahrenheit verleiten doch nicht nach
dem ersten Strauch am Weg zu greifen, der durch Biegen und
Brechen zum Verräter wird und dem Vertrauen den Hals
bricht; und ich möcht wissen ob der ganze innere Mensch,
nicht deutlich und kräftig hervorgehen könnt aus dem äußern, und ob »auf dem Seiltanzen« nicht eine höhere diplo-
matische Kunstanlage entwicklen könnt wie all der Wust von
Intrigengeist, und Korrespondenz voll Leerheit, und Obser-
vanzen voll Kleinlichkeit – oder »mit Anmut auf dem Eis
Schlittschuh laufen«, ob das nicht lehren könnt, ohne Selbst-
verletzung eigner Würde, zwischen allen Verkehrtheiten mit
leichter Grazie sich durchwinden; und ob ein wildes Roß bändigen, mit Kälte und Ruhe, nicht auch die Kraft in der Seele
weckt den eignen Zorn zu bändigen, und mit Gelassenheit
das Gute aus dem Bösen entwicklen in Andern, und zur
Selbstbeherrschung in der Gefahr; oder auch eine rasche
Flamme der Selbstbesonnenheit, mit der wir einen Entschluß fassen und freudig begrüßen das Höhere, seis auch
aus unmündigem Geist ersproßt; und nicht fort und fort die
alte Schlangenhaut anbeten, die der Götterjüngling, der Genius der über den Zeiten schwebt, längst von sich schleu-
derte. Ja – ob überhaupt dies freie Bewegen in der Natur,
dies Üben aller Kräfte in ihren Reizungen, so wie es die Glieder ausbildet und stärkt, nicht auch die inneren Seelenkräfte
stärkt daß sie zu hoch zu edel für diese erbärmliche Welt-
schule, der Schere entwachsen die nicht mehr hinanreicht um
sie zurecht zu stutzen; daß sie das kleinliche nicht mehr ertragen sondern übern Haufen stürzen. Eben so wie ich in der
einsamen Natur keinen frage, soll oder soll ich nicht da hinüber springen, sondern mich auf den eignen Trieb verlasse;
sollte eine innere Kraft nicht auch für den Geist gut sagen? –
Und bedürfen oder suchen wir vielleicht nur deswegen Rat
weil wir furchtsam sind? – Kommts uns zu fabelhaft vor daß
der Geist, *inmitten Unserer,* aufsteigen könnte der uns die
Weisheit des Himmels kund tue? – nun was vermag uns

denn, lieber der unserem Instinkt fremden Macht des alten
Vorurteils uns zu unterwerfen, als jenes Instinktes jungem
Keim nur so viel Luft und Licht zu lassen daß er aufblühen
könne? – Der höhere Geist kann nur aus sich selbst sich erzeugen, denn der mächtige Trieb der Entwicklung in uns, ist
grade nur was uns der Entwicklung bedürftig macht, und
also ist jedes freie Geistesregen schon ein Vorrücken des
Keims, also: *den innern Geist walten lassen, und keinen fremden,* ist
was ihn erzeugt. – Und wärs nicht tausendmal besser wir fehlen aus eignem Irren als auf fremden Rat? – wenn einer in die
Heimat will und lauft über die Grenze um nach dem Eingang
zum eignen Haus zu fragen? – Wie ist das? – werden da nicht
die heiligen Kräfte, deren Gesamtmacht wir Gewissen nennen, im Keim erstickt; wird da nicht aller Ahnungstrieb
stocken, des Geistes Spürkraft absterben? – Und wenn ich
die eigne Stimme schweigen heiß und einer fremden folge,
dann bin ich nicht mehr in eigner Macht und muß mirs aufbürden lassen daß ich aus Rücksichten mein besseres Selbst
verwerfe. Hör! *wenn ich eine schwierige Aufgabe im Leben hätte*
ich würde nicht zu erfahrnen Weltleuten gehen, die zu fragen, nicht zu solchen die es verstehen mit dem irdischen Leben einen Handel abzuschließen, nicht zu denen die das
Recht der Welt handhaben, ich würde die Unmündigen fragen; ich würde denken, die Kinder haben die himmlische
Weisheit, zu der wir müssen zurückkommen wenn wir das
Rechte tun wollen, was eigentlich unser Teil am Himmelreich ist, denn wir bauen selbst den Himmel durch unser edles freies Tun, sonst kommt er nicht zur Welt; aber es ist Verwirrung in aller Sprache, jeder will das andre und keiner versteht den andern, und drum kann die innere Stimme allein
die Sprache des Rechts wieder lehren; o wer sie sprechen läßt
der tut Großes und bleibt dennoch einfache Natur, denn
Natur ist groß, und der Mensch soll *groß werden;* wächst er am
Leib und breitet seinen Stamm aus, so soll er auch am Geist
wachsen und seinen Stamm ausbreiten. Und wie in der sinnlichen Natur, Nahrung, Pflege, Wachstum, Sicherung aus
dem eignen Organismus sich hervor bildet, warum nicht im

Geist? Was ist Geistesleben als sein Entstehen durch sein
Erzeugen? – und was lassen wir weniger zu als daß er sich
frei bewege, und das geht schon so von Ewigkeit zu Ewigkeit daß er uns mit den unwürdigen Ketten in den Ohren
klirrt, und wir fürchten uns vor diesem Klirren und halten
die Ohren zu, und ein reines Hervortreten des Geistes würde
die Welt umstürzen, ja! aber wie himmlisch würde sie aus ihren eignen Trümmern aufblühen! – Ist Furcht nicht ein böser
Dämon? – Furcht vor dem Irren ist Menschenfurcht; horch-
ten wir auf die Kinderstimme in der Brust dann würde die
Furcht vergehen, – ist Irren Irrtum? – kanns nicht bloß freies
Wandlen sein? – Versuch in einer urteilüberschwingenden
Sphäre sich zu bewegen? – ist Urteil nicht ein Schlachtmesser
mit dem wir die neugeborne Geistesfrucht im Leib des Irr-
tums töten? – hats einer so weit gebracht im Geist, daß er wie
der kühne Gemsjäger ohne Schwindel über die Spalten und
Schluchten setze, mit treffendem Sprung mit Leidenschaft
das Wild ereilend? – Was ist doch Leidenschaft? – ist es nicht
jene ungeübte Kraft die sinnlich ausbricht und sich üben will!
– seis die Spur der Gemse die der Jäger verfolgt wenn nicht
jener weißen Hindin mit goldnem Geweih, die lockend tausend Umwege macht ihn ins Dickicht zu leiten, wo im Eingang von Labyrinthen, rätselhafte Mächte ihn ergreifen, die
sein Aug berühren und sein Ohr daß er begreife was nur un-
schuldvoller, kühner, sich selbst regender Geist ahnen und
fassen kann. Ach könnt ich nur ins Tyrol reisen um meinen
Geist frei zu machen auf der Gemsjagd, – dann würd ich gewiß mir selbst genug sein und das Große zu dem mein Geist
Anlag haben könnt, sollte nicht zu Grund gehen, es sollte
recht nach allen Seiten hin, mächtig sich zeigen. –

Der Molitor hat mir einen Erziehungsplan geschickt von
Herrn Engelmann, weil ich so gern mit ihm in die Musterschule ging muß er glauben, Erziehung interessiere mich
überhaupt; das war aber nur wegen der armen Judenkinder
die dort mit den Christen zusammen ihr kleines Fleckchen
Anteil an menschlicher Behandlung hatten, und wenn ich sagen soll, so schien mir dies eine allein Erziehung; nämlich:

Kinder gleichen Alters gleicher Fähigkeiten früh dran zu gewöhnen daß sie auch gleiche menschliche Rechte haben, sie
mögen Juden oder Christen sein; sei also so gut und mache
den Molitor mit dem bekannt was ich hier über meine eigne
Erziehung sage, daß ichs mit Klettern zu zwingen suche
mich vor bösen Fallstricken zu bewahren die meinen Geist
darnieder werfen um ihn nachher zu knebeln; daß aber die
»Gedanken über Erziehung und Unterricht besonders der
Töchter« von Engelmann mir nicht einleuchten, da die beste
Erziehung die ist wenn er sie Gott anheimstellt, so sind 90
Karolin zu viel. – Hier lege ich Dir ein Blatt ein, das gib dem
Molitor, und sag ihm beiläufig ich zähle es zu den Phili-
stertorturen einem mit so was zu behelligen, Leute die solche
Erziehungspläne aushecken mögen ihre eigne Verkehrtheit
dran setzen sie zu beurteilen, sie würden sich von mir nicht
bedeuten lassen, sie würden schreien ich schütte das Kind mit
samt dem Bade aus, und das tu ich auch, denn das Kind ist ein
garstiger Moppel und soll nicht im Bad sitzen wie ein Men-
schenkind. – Es tut mir ordentlich leid daß ich hierüber hab
an ihn schreiben müssen, ich mag nicht meine Feder mit phi-
listerhaftem Zeug besudeln, es ist mir Sünde, ich habs diesmal nur aus Gutmütigkeit getan, aber ich schreib nichts wieder, tu mir den Gefallen und sags ihm, er soll mich unge-
schoren lassen mit allem was schon da ist und was noch kommen wird, aber die Sulamith soll er schicken so oft sie herauskommt, wenns auch ungefüges Zeug ist; ich muß alles wissen über die Juden wenn ich nach Frankfurt zurückkomm,
der Primas liests auch. Für den Primas will ich Dir einen Auftrag geben, richt ihn ja pünktlich aus, ich hab an die Großmama geschrieben, daß sie an Dich die *Drusen-Weihe* zurück-
schicke, packe beiliegenden Brief an den Primas dazu und
schicke es an den Weihbischof ins Taxische Haus, mache eine
doppelte Adresse, die oberste an den Weihbischof, der wirds
ihm zurückgeben oder nachschicken wenn er in Aschaffen-
burg ist, verschiebs nicht.

Bettine.

Ich hab unwillkürlich meinem Brief da mit Aufträgen ein
End gemacht und wollte Dir noch so viel anders sagen über
Moose und über Pflanzen die ich im Wald gefunden hab,
reine architektonische Figuren. Sind Worte nicht einzelne
architektonische Teile? sind sie nicht symmetrisch zu ordnen
im Gedanken? – Ein Wort ist immer schön an sich, aber Gedanken sind nicht schön wenn die schönen Worte nicht in
einer heiligen Ordnung ihn aussprechen; es gibt aber eine
gewisse romantische Unordnung, oder vielmehr Zufallsord-
nung, die so was lockendes, ja ganz hinreißendes hat in der
Natur; die einem so mit Lust und Lieb durchdringt, daß sie
allen Luxus und alle Erhabenheit weit überwiegt in ihrer
Verwandtschaft mit der Seele; so hab ich mir immer gedacht,
wenn in Feenmärchen über Nacht ein prächtiger goldner Palast entstand gegenüber der Hütte von zwei Bettelkindern,
wie traurig es sei daß die nun die Mooshütte verlassen müßten um in den stolzen Palast zu ziehen, und dann war mir
bang er könne die Gegend verstecken, und nichts deucht mir
schöner als wenn die Natur ihre Launen zärtlich durchflech-
ten kann wo der Mensch etwas einrichtet; sollte das nicht im
Gefühl, im Gedanken auch sein? – sollte Poesie nicht so vertraut mit der Natur sein wie mit der Schwester, und ihr auch
einen Teil der Sorge überlassen dürfen? – so daß sie manchmal ihre geheiligten Gesetze ganz aufgäb aus Liebe zur Natur, und alle sittlichen Fesseln sprengt und ihr sich in die
Arme stürzt voll heißem Drang ungehindert nur an ihrer
Brust zu atmen. Ich weiß wohl daß die Form der schöne un-
tadelhafte Leib ist der Poesie, in welchen der Menschengeist
sie erzeugt; aber sollte es denn nicht auch eine unmittelbare
Offenbarung der Poesie geben die vielleicht tiefer schauer-
licher ins Mark eindringt ohne feste Grenzen der Form? – die
da schneller und natürlicher in den Geist eingreift, vielleicht
auch bewußtloser, aber schaffend, erzeugend, wieder eine
Geistesnatur? – Gibts nicht einen Moment in der Poesie wo
der Geist sich vergißt und dahin wallt wie der Quell dem der
Fels sich auftut? daß der nun hinströmt im Bett der Empfindung voll Jugendbrausen, voll Lichtdurchdrungenheit, voll

Lustatmen und heißer Lieb und beglückter Lieb; alles aus innerer Lebendigkeit, womit die Natur ihn durchdringt? –

In *deinen* Gedichten weht mich die stille Säulenordnung an, mir deucht eine weite Ebne; an dem fernen Horizont rund-
5 um heben sich leise wie Wellen auf beruhigtem Meer die Berglinien; senken und heben sich wie der Atem durch die Brust fliegt eines Beschauenden; alles ist stille Feier dieses heiligen Ebenmaßes, die Leidenschaften, wie Libationen von der reinen Priesterin den Göttern in die Flammen des Herdes ge-
10 gossen, und leise lodern sie auf – wie stilles Gebet in Deiner Poesie, so ist Hingebung und Liebesglück ein sanfter Wiesenschmelz tauigter Knospen, die auf weitem Plan sich auftuen dem Sternenlicht und den glänzenden Lüften, und kaum daß sie sich erheben an des Sprachbaus schlanker Säu-
15 le, kaum daß die Rose ihren Purpur spiegelt im Marmorglanz heiliger Form der sie sich anschmiegt; so – verschleiernd der Welt, Bedeutung und geheime Gewalt die in der Tiefe dir quellen, – durchwandelt ein leiser schleierwehender Geist jene Gefilde, die im Bereich der Poesie Du
20 Dir abgrenzest. – So ist mir immer wenn ich mich erkühne aus meinem kindischen Treiben hinauf zu schauen nach dem Deinen, als säh ich eine geschmückte Braut deren priesterliche Gewande nicht verraten, daß sie Braut ist und deren Antlitz nicht entscheidet ob ihr wohl ist, oder weh vor Seligkeit.
25 – Mir aber liegt ein Schmerz in der Seele den ich oft unterdrückte in Deiner Gegenwart, und was mir schwer war; aber eine geheime Sehnsucht Dich Dir selber zu entführen, Dich Dir selber vergessen zu machen, nur einmal jene Säulengänge vor denen die Mirthe schüchtern erblüht zu verlassen,
30 und in meiner Waldhütte einzukehren, auf ihrer Schwelle am Boden sitzend mit mir, von tausend Bienchen umsurrt die sich satt trinken in meines Gartens blühenden Kelchen, von den Tauben zärtlich umflattert die unter mein Dach heimkehren am Abend, und da mehr zu Haus sind, mehr Wirt-
35 schaft machen als Freundschaft und Liebe der Menschen, denn sie behaupten ihr Vorrecht alle Gedanken zu übertönen mit ihrem Gegurre. Ja, so erschein ich mir im Geist gegen

Dir über, Du mein liebstes Gut! – so seh ich Dich dahin wandeln, am Hain vorüber wo ich heimatlich bin; nicht anders als
ein Sperling, vom dichten Laub versteckt den Schwan einsam rudern sieht auf ruhigen Wassern, und sieht heimlich
wie er den Hals beugt mit reiner Flut sich überspülend, und 5
wie er Kreise zieht, heilige Zeichen seiner Absonderung von
dem Unreinen, Ungemeßnen, Ungeistigen! – und diese stille
Hieroglyphen sind Deine Gedichte, die bald in den Wellen
der Zeiten einschmelzen, aber es ist segenwallender Geist der
sie durchgeistigt, und es wird einst Tau niederregnen der auf- 10
stieg von Deinem Geist. Ja ich seh Dich Schwan, ruhig Zwie-
sprache haltend mit den flüsternden Schilfen am Gestade,
und dem lauen Wind Deine ahnungsvolle Seufzer hingebend, und ihnen nachsehend wie er hinzieht weit, weit
über den Wassern – und kein Bote kommt zurück ob er je 15
landete. – Aber keinen Geist tragen die Schwingen so hoch
daß er die Weite erfasse mit einem Feuerblick, es sei denn, er
fache das heilige Schöpfungsfeuer mit seinem Atem an; und
so werden Flammen aufsteigen, bewegt vom Gesetz Deines
Hauchs aus Deiner Seele, und zünden im Herzen jugendli- 20
cher Geschlechter, die knabenhaft männlich sich deuchtend,
nimmer es ahnen daß der Jünglingshauch der ihre Brust er-
glüht niemals erstieg aus Männergeist. – Was denk ich doch?
– Der Geist atmet, denk ich? – ihn nähren die Elemente, er
trinkt die Luft, dies feine Beben und Treiben in ihr. Auch in 25
und unter der Erde zeugen Gesetze, sittliche und bürgerliche, der Natur. – Die Luft vermählt sich mit der Erde als
Geist mit dem Wort; und daß des Windes Brausen der Fluten
Stürzen, Lebensmelodieen aussprechen; und daß jedes Wesen in sich, auch jede Liebe jede Sehnsucht und jede Befrie- 30
digung in sich trage, und die Flamme die Pforte sprenge zu
ewiger Verjüngung, das denk ich. – Dir mehr wie jedem gehört der goldne Friede, daß Du geschieden seist von aller
Störung jener Mächte die Dich bilden; und drum mein ich
als, ich müsse Dich einschließen und Wächter vor Dir sein, 35
und daß ich nächtlich möcht an Dein Lager treten und gesammelten Tau auf Deine Stirne tröpfeln, – ich weiß nicht

was Du bist, es schwankt in mir, aber wo ich einsam gehe in
der Natur, da ist es immer als suche ich Dich, und wo ich aus-
ruhe, da gedenk ich Deiner. – Es ist eine alte Warte hier am
Ende des Berggartens, eine zerbrochne Leiter inwendig die
5 keiner zu ersteigen wagt führt da hinauf, ich kann mich aber
hinauf schwingen mit einigen Kunstsprüngen, da bin ich
also ganz allein, und sehe wie weit? – aber ich sehe nicht, ich
trage mich hin, wos in der Ferne nur nebelt und schwimmt,
und fordere nicht Rechenschaft vom Auge, froh daß ich al-
10 lein bin, und daß mein gehört so weit ich mich fühle, da oben
bin ich mit Dir, da segne ich die Erde in Deinem Namen.
Und leb wohl bald schreib ich mehr und deutlicher, ich fühl
in diesem Brief ein elektrisch Beben wie wenn ein Gewitter
sich unter den Wogen hebt, und doch weiß Jupiter Tonans
15 noch nicht, ob er seinen Konsens dazu geben soll.

                                                    Bettine.

An die Bettine.
Meine Abwesenheit von Frankfurt hat gedauert bis im Anfang dieser Woche, ich dachte sicher Briefe von Dir zu finden
20 und bin etwas besorgt, doch sagt mir ein geheimer Geist Du
wirst nächstens in Fluten angeströmt kommen, und mich
wegschwemmen, mein Aufenthalt in Heidelberg war angenehm und lehrreich, welches letztere Du nicht wirst gelten
lassen, wenn ich Dir aber sag es waren die alten Mauern und
25 nicht die Menschen die ihren Geist über mich ergehen ließen,
da wirst Du gleich gläubig sein. Du hast bei Deiner Abreise,
Ostertags schlechte Übersetzung des Suetonius in meine Be-
hausung geschickt, vermutlich soll sie auf die Bibliothek zurück, noch in keinem Buch fand ich so Viel Spuren Deines
30 fleißigen Studiums als in diesem; vier bis fünf Blätter mit
Auszügen, wo Du alle Missetaten der zwölf Kaiser auf eine
Rechnung gebracht hast. Was bewegt Dich zu solchen Dir
sonst ganz fremden Forschungen? ich such mirs zu erläutern,
denkst Du in Ansehung jener, die als große Männer nicht
35 frei ausgingen von der Tyrannei Sünde, Deinen großen

Mann zu absolvieren? – Ich scherze, aber ich möchte doch
dabei in Dein Gesicht sehen ob Du ganz frei von jener Begeistrung bist die aus aufgeregtem Gefühl entsteht bei dem
ewigen Gelingen aller Schicksalslösungen, und die ich lieber
Schwindel nennen möchte, und den andre, Weltpatriotismus
nennen und sich leicht verführen lassen eine Rolle zu spielen
wenn sie ihnen geboten würde, weil es heißt Er hat einen
Glücksstern, und da fühlt man sich gedrungen dem zu frö-
nen, aus astralischem Emanationsgefühl, und da tritt man
bald von der reinen Einfalt zum Götzendienst über. – Aber
ich will Deinen Zorn nicht auf mich laden, sondern Dir offenherzig sagen woher mir die bösen Gedanken kommen. Sie
kommen nicht aus mir, die Leute sagen nämlich Dich habe
alles so aufgeregt als der Kaiser durchkam und Du habest
geweint und seist ganz außer Dir gewesen als Du ihn gesehen hattest, das hat die Claudine mir gesagt, ists wahr, so
braucht doch das nicht wahr zu sein daß Du von ihm hingerissen bist, denn man kann erschüttert werden ohne Begeistrung für das was uns erschüttert, mehr will ich Dich
nicht mit diesen mißlichen Worten peinigen, die nur Scherz
sein sollen und auch Dich ein wenig strafen daß Deine Briefe
sich verspäten.

Von Offenbach ist mir ein Pack Schriften zugekommen für
Dich, die Novelle wahrscheinlich – soll ich sie Dir aufbewahren oder zurückschicken? – Von Clemens hab ich Dir
auch noch viel zu sagen, Gutes und Vergnügliches heiße Anhänglichkeit an Dein Wohl;– es ist sein tiefer Ernst wenn er
sagt Du gehest durch Deinen Leichtsinn der Zukunft verloren, und dieser Ernst gehet so weit, daß er im Eifer meint
ich sei mit dran schuld. Einen Brief hast Du ihm geschrieben
wo Du meine Ansicht über Dich als Zeugnis zitierst daß es
nicht in Deinem Charakter liege zu dichten oder vielmehr
etwas hervorzubringen. Dies hab ich büßen müssen, denn er
zeigte mir Deinen Brief und meinte wer so schreibe der
dichte auch, ich hab schweigsam und bejahend alles über
mich ergehn lassen; tue wie Du kannst. Dort in Marburg
hast Du wahrscheinlich wenig Zerstreuung, wer weiß was

Dir gelingt oder vielmehr einfällt, denn fiel es Dir ein, so fiel
es Dir auch vom Himmel, aber dies schon so lang erharrte
Phänomen will immer nicht sich ereignen. – Ich bitte Dich
schreibe bald, daß ich wieder ins Geleis Deiner Ereignisse
und Erfahrungen komme; es ist mir ganz tot hier, meine
Augen hindern mich sehr am Schreiben.

Caroline.

An die Günderode.

Lieber Widerhall, ich hab Dir was zu sagen von meiner
schmerzlichen Langenweil, die ich bei allem empfinde, weil
ich immer noch nichts von Dir weiß, ich mein wann ich nicht
rufe so mußt Du rufen, aber Nein, Du bist der Widerhall und
ich darf nun nicht eher hoffen als bis mein Rufen bei Dir ange-
schlagen hat. Gestern hab ich meinen Brief zugemacht dem
Bedienten mit auf die Post gegeben und siehe er brachte ihn
mit einem großen Paket angekommner Briefe wieder zurück, in der Meinung ihn dort für mich empfangen zu haben,
jetzt ging er erst heute um vier Uhr ab, dies Verzögern, dies
Vor-mir-liegen meines Briefes, dem ich Flügel angewünscht
hätte und den ich gewohnt bin nie eher zuzumachen als bis er
die Reise antritt, war mir sehr unheimlich, ich bin so gedächtnislos, daß wenn ich den Brief schließe, ich schon nicht mehr
weiß was er enthält; und nur ein Nachgefühl läßt mir die Ahnung zurück wie er Dich berühren werde; aber bald fang ich
an zu zweifeln obs nicht lauter Einbildung sei, daß ich mir
denke Dir tiefe innere Anschauungen mitgeteilt zu haben,
und so fühl ich ermattende Zweifel und ich denk was soll
doch das dicke Briefpaket, da kann doch unmöglich lauter
Klugheit drin stehen, wo soll ichs her haben, ists doch so leer
mir im Kopf! – und dann tut mirs so leid daß ich Dir nicht
meine Seele konnt hingeben, nackt und bloß wie sie Gott zu
sich aufnimmt, daß ich statt ihrer Dir einen Schwall von
Worten schickte, die suchen und suchen, Dir eine Flamme
aus den Wassern dieses bodenlosen Ozeans in dem wir alle
schwimmen entgegen zu hauchen; da möcht ich den Brief

aufbrechen, und nur einen Augenblick wahrnehmen daß ichs
Herz auf der Zunge hatte, und doch kommt er mir so versiegelt vor als sei er Dein Eigentum schon, was mich nichts
mehr angeht, weils immer Gott gleich von mir nimmt, sobald ichs in der Glut meines Angesichts hingeschrieben hab. 5
Ja es ist mir ein paar Mal geschehen daß ich einen Brief von
mir bei Dir gefunden hab, so war er mir ganz fremd, und die
Worte und Gedanken wunderten mich recht. Heute hab ich
also Deinen Brief unverletzt entlassen aus wahrer Pietät weil
er Dein gehört, und weil ich mich nicht in die Geheimnisse 10
eindringen will die Gott Dir durch meine Hand vertraut,
denn sonst würde er nicht so schnell das Gedächtnis von mir
nehmen, um so mehr kannst Du an das drin glauben was
vielleicht Dich berührt.

Christian der mir nach Frankfurt so ernste und liebende 15
Briefe geschrieben hatte, vor denen ich mich oft schämte,
weil sie viel höhere Kräfte mir zutrauten und wecken sollten
als je erwachen werden, der geht hier um mich herum und
betastet mein Ingenium, und entdeckt daß die Fundgruben
des Genies zum Teil leer sind, und die Felder des Wissens 20
steinigter Acker, und das Licht der Begeistrung lauter Nebel,
doch verläßt er mich nicht und sorgt für Lehrer. Der Schäfer
sollte Geschichte mit mir treiben, da er aber sehr ernst und
gründlich ist und durchaus will daß der freie aufgeweckte
Mensch mit vollem Interesse dabei sei, so konnte ers nicht 25
mit mir aushalten, es ging gegen sein Gewissen, er hat dem
Christian bedeutet es sei besser mich auf andre Weise zu beschäftigen; da ich eine Nervenangreifende Empfindung habe
wenn ich Zahlen wahrnehmen soll, wenn ich das Frühere
vom Späteren unterscheiden soll, wenn ich Namen behalten 30
soll, so sei es nicht möglich bei gutem Gewissen mir Zeit und
Geld zu rauben. Es tut mir leid daß auch *der* mit Blindheit
geschlagen ist über mich und von der närrischen Idee besessen, ich lerne um was zu wissen, um Kenntnis zu sammeln;
Gott bewahr, da könnte ich nur innerlichen Raum mit Din- 35
gen ausfüllen die mir im Weg sind, wenn sich ein Reisender
viel Besitztum anschafft so hat er erst die Not alles unter-

zubringen, und hat er sich an Überflüssiges gewöhnt, so muß
er einen Bagagewagen hinter sich drein fahren haben. Den
Mantel umgeschwungen und damit zum Fenster hinaus und
alles Gerümpel dahinten gelassen, das ist *meine* Sinnesart, lernen will ich wie Luft trinken. – Geist einatmen wodurch ich
lebe, den ich aber auch wieder ausatme, und nicht einen
Geistballast in mich schlucken an dem ich ersticken müßt.
Das will mir aber keiner zugeben, daß solche Unvernunft
naturgemäß sei. Ich würde am End freilich nichts wissen was
ich ihnen gern zugebe, aber ich würde Wissend sein, was die
mir nicht zugestehen, – aber durchgeistigt sein von des Wissens flüchtigem Salz, einen Hauch der Belebung durch es
empfinden, einen Kuß wenn Du's erlaubst, einen flüchtigen –
dem ich eine Weile noch nachfühle, der in mir sich verwirklicht, verewigt.

Wissen und Wissendsein ist zweierlei, erstes ist eine Selbst-
ständigkeit gewinnen in der Kenntnis, eine Persönlichkeit
werden durch sie. Ein Mathematiker, ein Geschichtsfor-
scher, ein Gesetzlehrer, – gehört alles in die versteinerte Welt
ist Philistertum in einem gewissen tieferen Sinn. Wissendsein ist Gedeihendsein im gesunden Boden des Geistes,
wo der Geist zum Blühen kommt. Da brauchts kein Behalten, da brauchts keine Absonderung der Phantasie von der
Wirklichkeit, die Begierde des Wissens selbst scheint mir da
nur wie der Kuß der Seele mit dem Geist; zärtliches Berühren mit der Wahrheit, energisch belebt werden davon, wie
Liebende von der Geliebten, von der Natur. – Die Natur ist
die Geliebte der Sinne, die Geistesnatur muß die Geliebte
des Geistes sein; durch fortwährendes Leben mit ihr, durch
ihr Genießen geht der Geist in sie über, oder sie in ihn, aber
er führt kein Register über alles, er buchstabiert sichs nicht
und rechnets nicht zusammen. Nun was liegt mir dran? – so
lang mirs so geht wie hier, kann ich nicht klagen, ich schwindel wie ein Bienchen herum, und wo ich ein offnes Kelchel-
chen find da schwipp ich hinein, und versuch und trink mich
satt wenn mirs schmeckt. Der alt Professor Weiß, bei dem
wir im Haus wohnen ist so ein kleiner Hausgarten an dem

mir allerlei Blüten noch offen stehen. Der gute Alte klopft an
die Tür, da steht er mit der Zipfelmütze im Schlafrock und
will gern seine Pfeife anzünden weil bei ihm noch kein Licht
brennt, ich spazier noch ein Bißchen mit in den Garten wo er
die Pfeife raucht, er zeigt mir die Sternbilder am Himmel, der 5
Orion, der groß Bär und der klein Bär, und paßt mir den
Rauch ins Gesicht, so hat er mich die drei Wochen unterhalten so oft gut Wetter war von aller Planeten Tanz, und das
hat grade mein Begehren zu wissen mäßig genährt; aber
wissenschaftlicher Ansatz ists nicht geworden, vielmehr 10
Schleierlüften von geheimen Reizen des Geistigen. Und ich
hab dann am Abend und in der Nacht noch Gedanken gehabt, Nachzügler – worüber ich beseligt einschlief. Weißt Du
was das ist beseligt einschlafen? – das ist grad mit der Natur
im süßesten Alleinsein sich befinden, wo sie allein den Blick 15
auf Dich richtet, und in Dich hineinschaut, und Du in sie,
und *eine* Decke Euch umhüllt, wie zwei Kinder die einer des
andern Atem trinken. So ists mit mir wenn ich zufällig etwas
von ihr gewahr werd; aber wenns mir abgemessen wird,
wenn ich Rechenschaft geben soll, dann fühl ich mich in der 20
Seele beleidigt, denn ich mag nichts wissen, ich schäme mich,
und kränke mich daß auf dem Spielplatz meiner Seele all das
lustige übermütige Springen und Schwingen nicht mehr sein
soll, wo ohne Umsehens alles verfliegt wie es gewonnen worden und von keiner Aufspeicherung die Rede ist. 25
 Da hab ich noch eine Lust, – der alt Herr hat ein klein
Treibhaus, eine Kammer mit zwei Fenstern nach der Sonne
hin, wo er selbsterzogne und Jahre lang gepflegte Gewächse
bewahrt. Ich bin mit ihm gewesen und hab ihm helfen die
Gewächse vom Staub reinigen, viele hab ich nicht gekannt, 30
er sagte mir ihren Namen, ihr Vaterland ihre Geschichte, wie
er dazu gekommen, was er für Glück und Unglück mit ihrer
Pflege gehabt, das alles ist lebendig und interessant, denn er
ist alt und hat viel Kinder und also viel Sorgen, und ist kränk-
lich; und nun ist seine Freude aus der sogenannten Fülle die- 35
ses großen weiten wissenschaftlichen Lebens, die paar süd-
liche Pflanzen die hier unter seiner Liebe Schutz, ihr Leben

im fremden Klima fristen, mit einer dürftigen Blüte ihn erfreuen; im Keim schon unterscheidet er ob der Knospen bringen wird oder bloß Blätter, zählt alle, betrachtet alle Tage
wie sie vorrücken, da regt sich kein Blättchen er siehts und
5 verstehts, Du solltest zuhören, wie er ihre Färbung ihr Er-
schließen bemerkt, wie er ihnen das bißchen Licht ökono-
misch austeilt daß keins zu kurz kommt, und dabei geht als
sein altes ledernes Kolleg, was er nun schon im einundzwan-
zigsten Jahr jährlich zweimal den Studenten vorträgt, mit
10 herabhängenden Ohren den gewohnten Weg zur Mühle, ob
ein gesunder Menschenverstand es aushält dies immer und
immer das Erlernte Erstudierte durchzukauen? – Nein einmal muß es aufhören und einer möcht wohl lieber aufs ewige
Leben verzichten als ewig das Erlernte wieder den Nach-
15 kommen mitteilen; so muß man es denn einmal abdanken
nicht wahr! – sollte man den alten Satz mit in die Ewigkeit zu
nehmen gedenken? mit Nichten so wenig wie den Tres-
senrock die Staatsperück die Ordensbänder die Titel die Eh-
renämter, man fühlt recht gut daß sich solches Zeug vor Gott
20 nicht schickt, aber wie der Geist übereinstimme mit der Natur, die seine Freundin seine Geliebte ist, wie er in ihr und
durch sie sich entwickelt hat, das ist vor Gott alles. Wenn
denn alles Wissen, Haben, übergehen muß in Nichtwissen,
Nichthaben, was hats denn auf sich daß ich gleich alles ver-
25 dampfen lasse.

Wissen ist Handwerker sein, aber Wissend sein, ist
Wachstum der Seele Leben des Geistes mit ihr in der Natur;
Leben ist aber Liebe. – Sei nachsichtig gegen mich, ich muß
Dir alles zurufen lieber Widerhall keine Sorge um mich wenn
30 Dirs nicht wie gesunder Menschenverstand vorkommt, man
ahmt ja wohl den Vogel im Busch nach oder den Wind zum
Vergnügen, oder das Wild im Wald. – Der Weiß hat mir ein
botanisch Buch gegeben wie er sah daß ich so viel Freud hab
an Pflanzen, ich hab mir die Moose heraus gesucht, weil man
35 die unterm Schnee noch finden kann, ich hab eine Loupe, ich
betrachte sie, ich entdeck eine Welt, alles läuft und stürmt
durch wie durch einen Forst, es fehlt nur der Jagdhörner-

schall, das Hundgebell, und der Schuß; so könnt man denken
man wär auf einer königlichen Jagd; ich hab noch das Plaisir
von oben herab, wie Gott vom Himmel da hinein zu sehen;
wenn ichs dem Weiß vorerzähl wie mir alles vorkommt, das
hört er an wies Evangelium, es erquickt ihn die Lügen und
Fabeln meiner Einbildung zu hören, er sagt: wenn ich nicht
im Pflug gehen müßt so schwätzt ich den ganzen Tag mit Ihnen. – Das ist gut für mich sonst wär mirs zu viel.

Samstag.
Der gestrige Abend war ein Gedulderprobender, es war wieder Dämmerungsstunde erfüllt mit allerlei Gaben der Muse.
Schäfer der ein feiner und geistreicher Mann ist, hörte mit
zu; Savigny ist gar liebenswürdig mit seinen Freunden und
Bekannten, die höchste Güte leuchtet aus ihm, so befindet
sich alles kindlich wohl und heiter um ihn her. Es wurden
Gedichte vorgelesen vom Autor; das ist schwierig für den
Leser und für den Hörer, da sind zwei Fragen: wo kommen
die Gedichte her und wo wollen sie hin, die meisten behaupten ihre Abkunft aus dem Feuergeist der Liebe und behaupten ihr Recht ins Herz einzukehren. – Ich saß in der Ecke und
hörte ein lang Gedicht mit den Ohren, die Seele sehnte sich
hinaus in den Schnee, in die sternenhallende Luft; die Sterne
haben einen Ton, einen sprechenden Laut der viel vernehm-
licher ist in klarer Winternacht wie im Sommer; – vernehmlich, nicht hörbar, wie denn alles in der Natur vernehmlich
ist, wenns auch die äußeren Sinne nicht gewahr werden. Ich
dachte mich hinaus in alle Welt während dem Rollen auf der
Versechaussee; meinem Nachbar mochte es wohl auch
schwer auf dem Herzen liegen, denn er seufzte mehrmals und
holte endlich sein Taschenbuch worin er mit dem Bleistift
was einkritzelte, – ich nahms ihm aus der Hand und probierte Verse zu machen im Takt des Lesenden, das Gelesene
schoß Worte zu, wie eine Fabrik wo einer dem andern in die
Hand arbeitet, und so setz ich Dirs der Kuriosität halber hin.
Der Dichter las nämlich klagende Gespräche im Minnelie-
derstyl zwischen zwei Liebenden, die nicht zu Rande kom-

men können mit ihrer Sehnsucht, in Frühlings und Som-
merzeiten.

> Es waren nicht des Maien wilde Blüten
> Violen süß und Rosen überall
> 5 In grüner Lind die freie Nachtigall
> Die mich vor Sehnsuchtschmerzen sollten hüten.

> Ich klage nicht die lichte Sommerzeiten
> Den kühlen Abend nach dem heißen Tag; –
> Der meiner Träume Sinn verstehen mag
> 10 Der wolle ihnen Störung nicht bereiten.

> Nicht daß sich bald das grüne Laub will neigen
> In dem der Vöglein muntre Schar sich wiegt,
> Daß Sonnenschein und Blumenglanz verfliegt
> Macht daß mein Herz sich sehnt und meine Freuden
> 15 schweigen.

> Der rauhe Winter nicht der alle Luft bezwinget
> Die lustgen Gauen überdeckt mit Schnee,
> Mir seufzt die Langeweil im Herzen Ach und Weh
> Die mit dem Dichter stöhnt und in den Versen
> 20 klinget.

Montag.
Nun kam gestern ein Brief von Clemente an mich mit feierlichen Mahnungen, doch mein Leben, nicht zu verscherzen,
so innig so herzlich, als wär ich eine Blumenknospe die auf
25 seinem Stamm wüchse und der Stamm treibt sorglich alle
Kräfte dahin daß sie sich auftue, aber die Knospe ist so fest
daß nicht Regen und nicht Sonnenschein sie weckt – was
kann ich da? – der Christian straft mich mit Worten es sei kein
Ernst in mir, und wenn ich wollte nach Italien reisen, so sollt
30 ich Winkelmanns Kunstgeschichte studieren; und Italienisch
lernen das hab ich probiert, aber die Kunstgeschicht wie sollt
ich mit der mich abgeben wenn ich dran denk daß ich nach

Italien reisen sollt. Ei laß doch alles mit Augen sehen, und wenn ich trunken bin vor Seligkeit daß dort andre Bäume andre Blumen und Früchte sind, wenn ein schönerer Himmel über mir wogt, wenn Menschen, Knaben, Jünglinge die mir verwandter sind im Blut in der Faulheit, als die kalten deut- schen fleißigen Brotstudenten, mir begegnen auf der Straß mich sanft grüßen, umkehren, mich noch einmal grüßen, feu- riger, – ei werd ich da noch das geringste vom Winkelmann, von der alten Geschichte wissen? wenn rings die Schönheit der Erde aufwallt, da wär ich wohl der närrische Pedant da- zu? – Mit Dir Günderode möcht ich Arm in Arm dahin schlendern, kommst Du heut nicht so kommst Du morgen, alle Zeit füllt sich ja so himmlisch, was sollen wir sorgen wo wir hinkommen? – Sturm und Gewitter schreibt in die Brust Unvergängliches wie der heitre Tag; jeder Weg führt zu ge- heimen Reizen der Natur, warum sollen wir nicht, wenns uns lockt, folgen dem strebenden Herzen, den Gestalten, dem Glanz der Fluren – irren hier und dort herum, wie die Läm- mer weiden. – Warum nach einem Plan das Schöne aufsu- chen? – am End ist doch der Zufall, der Reichen großmütig- ster; warum nicht ihm anhängen? – läßt sich Gott nicht in ihm am innigsten mit der Seele ein? befriedigt am liebend- sten ihre geheimen Wünsche?

Ich denk mich so oft mit Dir wandlend, zum nächsten Tor hinaus dem reizendsten Pfad entlang, der Clemens aber drängt mich an des Parnassus Stufen und will ich soll hinauf, und so hab ich ihm geschrieben: »Am Dichten hindert mich mein Gewissen, wenn ich denk wie viel reiner tiefer Sinn dazu gehört, um so weniger kann ich mirs zutrauen; manch- mal wandelt es mich freilich an, ich sehne mich danach, wie ein eingesperrtes Kind nach dem Spiel in freier Luft, auf grü- ner Wiese im Sonnenschein; ja es schmerzt mich tief, daß ich nicht kann wie ich will und daß alle Sprache mit der ich mein Sinnen festzuhalten versuche nur wie dürres Holz in der Glut meines Herzens zusammenbrennt; wie oft hatte ich Momente deren feierliche Mahnung mich auf etwas Ernstes Tiefes vorbereiteten, die Poesie schien mir dann ein reifer

Schmetterling der mit dem leisesten Regen die leichte Hülle
sprengte und auf in die Lüfte steigend in den mannigfaltig-
sten Blüten meiner Seele schwelgend. Dann fühlt ich wie ein
göttlich Unsichtbares dem ich geboren, ich war stolz und
wenn die Natur rings mich mit feurigem Blick anglühte,
dann war ich spröde und verschlossen gegen die Feuerkraft,
und doch hätt ich mein Herz dargereicht dem ersten kühnen
Augenblick der mir die Sprache gelöst hätt, in der meine
Lieder geflossen wären. Doch all dies Leben, dies innere Beben und Aufrauschen ging vorüber ohne etwas festzuhalten
oder zu erzeugen, und wird vielleicht noch tausendfach in
mir erscheinen – und keine Spuren zurücklassen.«
    Das hab ich Dir abgeschrieben aus meinem Brief an ihn,
weils etwas Erlebtes ist, was sich mit unendlichen Modulationen mir im Geist wiederholt, ich hab Visionen wenn ich
die Augen zumache, ich seh nicht allein, ich hör auch ent-
zückende Töne, wie wenn himmlische Empfindung zu Ton
könnt werden; nun fehlt ja nur die eine Stufe, daß der Ton
sich in Geist der Sprache übersetzte; aber in dies Inselland
wills keine Brücke schlagen, im Gegenteil alle Erscheinung
zerfließt vor der Sprache. – Ich hab wohl einen dunklen Begriff warum ich nicht dichte, weil eben das Tiefe was mich
gewaltig ergreift, so daß es elektrische Kraft auf die Sprache
hätte, etwas ist was sich in der Empfindungswelt nicht legitimiert, oder um schneller und ohne Umweg mich auszudrücken, weils *Unsinn* ist was mir in der Seele wogt, weils
Unsinn ist was meine Gedanken mir vorbeten, weils Unsinn
ist der mich ahnend als höchstes Gesetz der Weisheit ergreift.
– Wo ich hinsehe, wo ich hinspüre darf ich nicht ankommen
mit meinen Wahrnehmungen, ich weiß daß wenn der Dich-
terschwung mich ergriff, sich das Unendliche, das Ungeborne vor mir auftun würde mich durchzulassen. – Ich
seh! – und wenn ich was Wahres schaue sei der Keim so klein
noch, so in sich gedrängt, mich begeistert der ihm selbst bewußtlose Lichtweg den er wandelt. – Du begeisterst mich,
weil Dein einfaches Streben mir so deutliche Lehre gibt Du
seist der eignen Seele ewiger Wohllaut, der sie wiegt und

schlummernd ihr die Gesetze der Harmonie einflößt. Ahnungen sollen dem Geistesblick Wahrheiten werden, soll
eine Ahnung wirklich Dasein werden, so muß sich der Geist
erst vermählen mit einem andern Geist – mit dem Genius –
die Ahnung verwirklicht den Genius in uns. – Alles ist wirk-   5
liches Leben durch die Feier der Liebe mit dem Genius. –
Alles verwirklicht sich durch Vermählung des höheren
Lichts mit dem Geist – es strömt dem Geist herab, er darfs
nur liebend wollen, es erfüllt ihn in tiefer Nacht gestaltlos, es
strömt ihn an, es umschweift ihn ganz, o es ist kein zahmer   10
Liebhaber das Licht. – Und ist es ein Wunder daß wer ohne
Grenze sich ihm ergibt, daß der dann sehe wo andre nicht
sehen? und sollt ich mich schämen vor Dir, die in manchen
heiligen Augenblicken mir erschien wie das Licht zärtlich mit
Strahlenkränzen sie umflocht, und krönte Dein Haupt mit   15
doppelter Krone! – daß ich Dir sage, nicht die Sprache ist
zwischen mir und dem Licht, nein es ist das Licht unmittelbar, es nimmt meine Sinne auf – nicht durch die Sprache
meinen Geist! – drum kann ich nicht dichten. Dichten ist
nicht nah genug, es besinnt sich zu sehr auf sich selber. – Ach   20
da red ich so wo wir ausgemacht haben daß Du niemals drauf
eingehest damit ich nicht vor der Zeit unsinnig werde –
schweig, und ich will auch schweigen, der Dämon möcht
mich sonst durch die Lüfte davontragen. –

Dem Clemente hab ich geschrieben daß ich hier sehr ver-   25
gnügt bin nicht sowohl um Savignys willen, dessen Gegenwart freilich einem Aufenthalt alle Reize verleiht, sondern
um der reinen Einsamkeit halben, in der ich von aller Klein-
heit entfernt lebe, die mich in Frankfurt immer bedrängte,
und meine Freiheit schmälerte wenn ich so sagen darf. Hier   30
kann ich doch leichtsinnig sein, ohne daß die Inkonsequen-
zen davon mich gleich erschrecken, und ruhig und ernsthaft
ohne daß man glaubt ich sei verliebt oder krank, und verliebt
in Himmel und Erd die einzig und allein schön hier sind,
ohne daß man mich der Koketterie beschuldigt.   35

Da kommt Dein Brief, Du gibst ihn der Claudine daß die
ihn beischließe und die hat ihn grad noch zwei Tage liegen

lassen, denn so lang hat sie an ihrem Brief geschrieben, – und nun schließ ich diesen in dem keine Antwort steht, aber gleich würde ich antworten wenn nicht es so in mir rumorte was Du schreibst, ich mein dieser Brief von Dir ist nicht an Deinem Schreibtisch, der ist an fremdem Tisch geschrieben, gewiß bei der Claudine. – Ich muß die Sonn untergehen lassen und mich besinnen auf morgen früh.

Bettine.

Marburg. December.

Heut Morgen bin ich aus dem Bett gesprungen um das Eis mit meinem Hauch zu schmelzen. Um halb acht kamen die Studenten dem Berg herauf gejubelt, es war noch dämmerig und der Nebel so dicht daß sie wie Schatten bloß durchschimmerten. Die Meline und ich sehen jeden Morgen mit großem Gaudium wie sie zu unserm Professor Weiß ins Kolleg marschieren, – sie können uns nicht sehen, denn unsre Fenster sind hart gefroren, wir steigen auf den Tisch und hauchen an der obersten Scheibe ein Löchelchen ins Eis wo grad ein Aug durchsehen kann; ein jeder hat ein verschiednes Abzeichen, treiben sich immer eine Viertelstunde herum bis sie im Gang nach dem Kolleg verschwinden, den der Professor Weiß präzis acht Uhr aufschließt, indessen treiben sie lauter Übermut, wir dachten schon daß sie vielleicht uns zu Ehren die großen Sätze machen von einer Trepp zur andern, einer über des andern Kopf weg, sie können uns zwar nicht sehen weil die Fenster verhängt sind und jetzt auch gefroren, so leuchten ihnen doch unsre grünen Vorhänge ganz mystisch in die Augen, uns machts tausend Spaß, die Liebschaft mit dem ganzen Kolleg ist im besten Gang, wir haben sie geteilt, die Meline sagt der ist mein, und ich, der ist mein, so haben wir zwei Regimenter, und ihre Balgereien werden mit großer Freude und Triumph belacht, jede Partei hat einen Hauptmann, der eine mit der roten Mütze die er nie auf dem Kopf hat sondern immer auf einen dicken Stock (der Student nennt ihn Ziegenhainer) herumschwenkt ist meiner, er ist immer der erste auf dem Platz, die andern versammeln sich

um ihn und hören zu was er sagt, er mag wohl das Haupt
einer Burschenschaft sein; er ist so jung und schön, er ist der
größte von allen, wenn er den Mund auftut kommt eine
große Duftwolke heraus, die setzt sich gleich als Reif an seinen kleinen Bart mit dem er sehr groß tut, denn er zieht ihn 5
alle Augenblick durch die Finger. Wir nennen ihn den Blonden, er hat braunes Haar, er hat aber ein so blond-sonnig
Gesicht, das mit seinen roten Backen so freundlich durch den
Morgennebel lacht, und dann hat er auch einen hellen Rock,
der Meline ihrer heißt der Braune, der ist ganz blond aber er 10
hat einen braunen Rock, dieser trägt eine blaue Mütze mit
einer Quaste die ihm auf der Nase herumspielt, er sitzt gelassen auf der Mauer und sieht zu wenn die andern sich mit
Schneeballen werfen, ringen, über einander wegspringen,
dazu ringelt er sich seine blonde strahlende Phöbuslocken 15
über die Finger; ich beneid ihn oft der Meline und wollt ihn
mit einem Ansehnlichen aus meinem Regiment umtauschen,
aber sie will ihn nur gegen meinen General, den Blonden,
herausgeben, das will ich nicht. Früh ists im Hof wie im Elysium der dichte Nebel von der Morgensonne angestrahlt in 20
dem die Gestalten sich bewegen, die allerlei mit einander
handtieren. Wenns Kolleg aus ist sehen wir sie wieder abzie-
hen, da ist ihr Übermut noch größer. Ach hätt ich doch so ein
Regiment, da wollt ich Dir schon antworten auf Deinen Brief
mit Deinen unsinnigen Anklagen über den Napoleon. – Be- 25
tet und ihr werdet erhört werden. Ich bete ohne Unterlaß
daß mir doch Flügel wachsen, ich wollt über die Scharen
wegfliegen und ihm in die Zügel fallen. Ach Günderode,
Deine fatale Idee als habe ich eine närrische Ehrfurcht vor
dem Napoleon peinigt mich, das Roß des Übermuts tobt un- 30
ter ihm, es setzt in wildem Feuer über Abgründe und durch-
fliegt in stolzem Selbstgefühl die Ebne um über neue zu setzen, dahin eilt er, an den Zeiten vorüber die ungewandelt
sich nicht mehr erkennen. Die Menschen schlafen ohne Ahnung vom Erwachen, aber unter seinem brausenden Huf rei- 35
ßen sie plötzlich die Augen auf und seine Glorie blendet sie,
daß sie sich selber nicht begreifen, ihr dumpfer Schlaf geht in

Taumel über, sie umjauchzen ihn im Gefühl ihrer Trunken-
heit.

 In mir ists wunderlich. Vor Menschen versink ich in mir
selbst, vor denen fühl ich mich nicht, nur wenn ich durch den
ersten Schlaf in der Nacht abgetrennt von allem wieder erwache, dann stellen sich große ungeheure Fragen vor meine
Gedanken, es sind Fragen in mein Gewissen vor dem ich
verstummen muß. – Tugenden! – Was sind die? – Denk ich
doch an die letzte Zeit mit den Emigranten bei der Großmama, es ging alles durch einander, es war als ob das Unglück vor der Tür geschehen sei mit dem Tod des Enghiens,
was für bittere Tränen vergoß der alte Choiseul mit dem
Ducailas und dem Maupertius, wie rangen sie die Hände und
riefen zu Gott um diesen jammervollen Tod, meinst Du das
habe mir nicht einen tieferen Eindruck gemacht als alles glorreiche Durchbrausen der Welt? – meinst Du ich könne je dem
Unrecht-erliegenden mich lossagen und auch nur in Gedanken übergehen zu dem Unrecht das vor der Welt Recht be-
hält, ich fühle es liegt größere Freiheit darin mit dem Unter-
drückten die Ketten tragen und schmählig vergehen als mit
dem Unterdrücker sein Los teilen. Was ist mir Talent das
seine Bahn bezeichnet mit Friedensbruch mit Meuchelmord?
– ich würde selbst solche Bahn durchfliegen wollen? ja gewiß! – ich möchte hoch bauen, daß keiner mir nahen könnt,
er müßte denn fliegen, aber nicht wie ein Raubvogel der die
Göttin Fortuna zerfleischt um sich satt an ihr zu fressen und
sie dann als Aas liegen läßt; – aber durch heiligen Friedens-
schluß, nicht durch Verrat an ihm; durch Schutz der Kindlichen, nicht durch ihren Mord; durch freie heilige unantast-
bare Posaunenstimme der Wahrheit, nicht daß ich ihr die
Kehle zudrücke! – Dein Scherz erzürnt mich, ich wollte mir
Gelassenheit erschreiben, aber ich muß durchglühen. – Der
da! – eine schwindelnde Eingebildheit, ohne Scham ohne
Gefühl? – Den Gekrönte und Ungekrönte wie Frösche um-
hüpfen, der von allen Schwächen hin und her gezerrt, seine
Abkunft verleugnet, sich um ein paar silberne Sterne im
Wappen streitet, alle Franzosen wahnsinnig macht, der ver-

giftet, erdrosselt, erschießt, seiner Brüder Familienbande zerreißt, für den der Taumel des Volks sich erhält weil ihm alle
Frechheiten glücklich ablaufen, und dann meinst Du »ich
fühle eine Neigung zu diesem Treiben!« – »mein aufgeregt
Gefühl gehe mit mir durch,« – Du sagst alles im Scherz es 5
kränkt mich doch – aber der Scherz kommt nicht aus Dir. –
Du scherzest wie ein tauigter Zweig der mich ansprützt, wie
das Morgenlüftchen das mich neckt, aber nicht mit brandi-
gen Hadern mich andampft. – So viel prophetische Gabe
kannst Du mir zutrauen daß es mir ahnend im Geist liegt, 10
diese Strohflamme so gewaltig sie um sich griff, so schneller
wird sie verflackern; bald wird alles in Asche versunken sein,
– und Du machst mirs zum Vorwurf daß ich mit des Ostertag
schlechter Übersetzung mich so lang geplackt hab, – weil ich
wolle die großen Kaiserrollen studieren? freilich hab ich 15
diese zwölf Kaiser mit Interesse studiert, und hab gefunden
was ich vorher hätte sagen können, daß alle Tyrannen arg-
listige kleinliche Naturen waren, sie gaben Befehle wo ihre
Bitten genügt hätten, der Fortgang ihrer Macht entwickelt
sich aus des Pöbels Eitelkeit, überall war so viel Knechtsinn 20
für Hofpracht so viel Wahnsinn die Seele diesem Götzen zu
verschreiben, und wie denn alles Narrheit wird so ergoß sich
alles in die Quelle der Hoffart, – Das ists was ich in diesen
zwölf Kaisern studierte, aber ich suchte nicht nach Ähnlichkeiten seiner Größe, sondern danach ob nicht alle Tyrannen 25
niederträchtig sind wie er? – ob nicht alle einen Toussaint
Louverture vergiftet einen Pichegrü erdrosselt und Enghiens erschossen haben, ob nicht alle durch Hofetikette das
Halfter der Sklaverei auch ihren nächsten Freunden umwar-
fen? – ob irgend einer einen freien Atemzug um sich dulden 30
konnte? und ob diese Sklaven nicht bloß ihr Joch duldeten,
um wieder die geringeren unterdrücken zu können; und siehe, bis auf den kleinsten Zug ist es immer wieder derselbe
ungerechte eigennützige Heuchler, immer dasselbe Ungeheuer der Mittelmäßigkeit, kein Trieb zum wahren Geist, 35
keine Sehnsucht die Weisheit als Ägide seiner Handlungen
aufzustellen, keinen Verstand von dem Pflanzenboden der

Künste und Wissenschaft, noch wie der Mensch sich erzieht;
sogar gegen alles Selbstgefühl ohne innere Zucht fährt er mit
ungesitteten Spottreden heraus, und da schreit Alles *Er hat
einen Stern!* – Ach er kann nicht ewig leuchten, und da wird
5 alles mit erlöschen.

Schreib nicht mehr so ungefüg, sonst kriegst Du ungefüge
Briefe; ich ärgere mich über alles was ich so schreib weils ist,
als ob ich einen Prozeß mit Deiner gesunden Vernunft führe,
und allen Zeitungswitz und Emigrantenpolitik zusammen-
10 hielt, um Recht gegen Dich zu behalten.

Jetzt muß ich auf die alte Wart, es ist Neumond, ich muß
sehen wie er seine stumme verzauberte Silberwelt anstrahlt.
Die Meline schläft schon, ich steig zum Schlafzimmer-Fen-
ster hinaus auf dem Berg. – Heut war Speisemahl bei Savi-
15 gny da erzählten die Professoren von der Spitzbubenbande
die schon mehrmals eingebrochen hat in unserer Nachbarschaft, die Spitzbuben könnten sich da oben auf der Wart
verstecken, – ich fürcht mich, aber grad weil ich mich fürcht
so muß ich hinauf. – Die Menschen fürchten sich auch vor
20 der Unsterblichkeit.

Am Sonntag.
Ich bin gestern noch droben gewesen; beim Aufsteigen
große Angst vor Nichts, oben himmlische große Be-
freiungsluft, – Stille – allumfassende, – tief schlummernd al-
25 les umher. – Ruhe und Freiheit winkten alle Sterne! – so einsam so sicher! – so muß Einem sein der das Leben abge-
schüttelt hat, – unterwegs schreckten mich ein Kohlstrunk
und ein krummer Ast, ich wußt daß es nichts war und fürchtete mich doch. So weiß der innerliche Mensch daß alle
30 Furcht nichtig ist, er muß das Reich der Einbildung durchkämpfen zur Wahrheit, die kann nicht fürchterlich sein weil
sie lebendig ist und frei, und auch nur das Lebendige und
Freie berührt, nicht den gebundnen Geist der alles fürchtet
weil er es nicht faßt. Erkenntnis hebt jede Gegenmacht auf.
35 Ich will Dir sagen wie es ist beim Sterben, ich habs auf der
alten Warte gelernt. – Unten mit schwebender Angst hinauf

geklettert, – die innerliche Wahrheitsstimme half mir die Einbildung die so frech selbst mit Erscheinungen mich bedrängte, bezwingen, ein paarmal zagte ich zwischen Erd und Himmel auf der morschen Leiter, aber die Luft hauchte schon
herab, so erhob ich mich plötzlich und von allen Seiten atmete mich Freiheit an, so grad ists beim Sterben; je weniger
das Leben Licht erstritten hat, Geist geworden ist, je mehr
scheut es den Geist, je mehr drängt sich am Lebensende die
Einbildung ihm auf, und beschränkt den Lichtkreis des Lebendigen, der Wahrheit. Der Mensch ist Sklave der Einbildung die ihm sein Inneres leugnet, aber die göttliche
Wahrheit haucht schon in den dunklen baufälligen Turm zu
ihm nieder daß er die morschgewordne Leiter die zur Freiheit führt mit doppelter Kühnheit erschwingt, und unmöglich kann diese im finstern Turm mit dem Aufschwung
ins Freie fortdauern, denn sie war Einbildung. – Man könnt
vielleicht das was ich vom Sterben sag gering achten, weils so
einfältig ist und so fabelmäßig und vielleicht schon oft gesagt, ja es war mir selbst nichts Neues, aber doch ists was anders weil ichs erlebt hab, und nicht bloß mit den äußeren Sinnen erfaßt, der freie Sternenhimmel hat michs gelehrt, und
ich war so vergnügt da bei der Sterbelektion, und ich werd
noch mehr lernen da oben.

Am Dienstag.

Heut hab ich Dir was lustiges zu erzählen, es war Stu-
dentenkomödie, und wir waren drin, unter dem Schutz von
einer großen Begleitung; das Stück war eine Selbsterfindung
der Studenten, worin drei Duelle vorkamen von Schuß,
Stich und Hieb; wie der Schuß vorkam war der Meline schon
nicht wohl zu Mut, wie der Stich vorkam ward uns grün und
blau vor den Augen, wie aber der Hieb kam gabs ein Lärm
und Gepolter und man sprang übers Orchester hinüber, über
die Öllampen weg hinauf aufs Theater, die Öllampen gingen
zum Teil aus, und aus der bisherigen Dämmerung entwickelte sich Finsternis, unsre Begleitung umstellte uns auf
den Bänken und hielt uns in ihrer Mitte, um uns vor jedem

Unfall zu schützen bis wir wagen konnten aus dieser Kon-
fusion und dem Ölqualm herauszukommen und auf freier
Straße wieder Luft schöpften, die Verwirrung war daher entstanden daß der Pedell dem Rektor, der inmitten des Saals
5 auf einem Ehrensessel zusah, steckte, das Duell mit dem Hieber sei ein wirkliches, er wollte es erlauscht haben, auch sah
es sehr gefährlich aus in ihrer Studentenarmatur; der Rektor
hielt für seine Pflicht in grader Linie auf dies Wagnis los-
zuschreiten, er bahnte sich einen Weg durch die Mitte des
10 Orchesters wo die Baßgeige angelehnt war, vor dem Rektor
umfiel, und einen schauerlichen Ton von sich gab, die Gesellschaft schreckte auf der Dekan und wie die hohen Uni-
versitätschargen alle heißen, drängten sich über alle Hindernisse weg ihrem Rektor nach, wo denn den Pauken und Baß
15 noch mancher unwillkürliche Ton entlockt wurde. – Viel lau-
tes Hin- und Herreden unter den Damen die bald das Unglück verhüten bald es nicht mit ansehen wollten, viel Gelächter unter den Studenten die ihre Freude an der Verwirrung hatten, am interessantesten war die Szene auf dem
20 Theater; der Rektor mit Beistand uns en face ganz feierlich;
ein Student der eine Dame vorgestellt mit langer Schleppe,
und schon früher beim Stichduell die Hälfte davon verloren
hatte, wendete jetzt, wahrscheinlich aus Mutwill, dem Publikum den Rücken, man sah große Kanonenstiefel einen
25 Hieber an der Seite, der die halbe Schleppe trug und einen
großen Florschleier der dem Rücken hinabwallte und mit jeder Bewegung bald die paar Lampen zu erlöschen bald sich
zu entzünden drohte, so daß mehrere Stimmen riefen der
Schleier brennt. – Es war bald ausgemacht alles sei nur blin-
30 der Lärm gewesen, indessen konnte das Stück nicht weiter
spielen, die Lampen waren aus und die Honoratioren fort,
eine Masse Straßengesindel hatte sich der Bänke bemächtigt
um zu sehen was es gab. Am andern Tag hörten wir von unserm Professor Weiß den Ausgang der Tragikomödie; es sei
35 in Dubio geblieben ob wirklich ein ernstlich Duell habe sein
sollen, die Studenten haben es geleugnet, der Pedell aber be-
schworen daß er ihre Unterredung auf dem Gang mit ange-

hört habe, und daß der eine der die Dame vorstellte der eine
Sekundant, und mein getreuer Hauptmann der andre sein
sollen, und daß sie vor der Tür ihre Klingen gemessen, und
daß er gehört habe auf wie viel Gänge, und wie sie ihre Hals-
binden, ihre Stürmer und ihre Faustbinden besichtigt hätten.
Die Studenten blieben dabei sie hätten nur ihre Rollen re-
petiert und das habe alles sollen auf dem Theater vorgestellt
werden; es war nichts zu machen man mußte sie laufen lassen, sie gaben dem Rektor ihr Ehrenwort keine Händel anzufangen, hielten noch einen Kommers und jubelten bis spät
in die Nacht. – Der Gang des Stücks hatte noch kein Licht
auf seinen Inhalt geworfen, die eigentliche Pointe des Ereig-
nisses war daß sie die manglende Katastrophe desselben ersetzen wollten, und daher in Gegenwart des Pedells den sie
nicht zu bemerken schienen und der sich hinter einen
Schrank versteckt hatte, die ganze Geschichte ihm weis
machten; sie hatten ihm schon früher Argwohn beigebracht
und ließen so die ganze Versammlung mitspielen, die sich
dabei auch höchlich amüsiert hatte, und gewiß hat sich Jung
und Alt noch eine Weile von allem Komischen zu erzählen
was dabei vorfiel. Der Professor Weiß war entzückt über
seine lieben Studenten, er sagte man muß selbst Student gewesen sein um ihnen nachzufühlen welch Gaudium es ist
wenn so was gelingt, er blieb bei uns sitzen, wir erlaubten
ihm sein Pfeifchen zu rauchen, und er erzählte uns aus seinen
Studentenjahren nichts wie dummes Zeug was uns die Zeit
sehr anmutig vertrieb. – Heut Morgen als die Studenten ins
Kolleg kamen konnten wir deutlich bemerken daß sie noch
ganz entzückt davon waren, das Lachen war heut ihr einzig
Exerzitium, und wir beiden wie zwei unsichtbare Schutz-
göttinnen hinter den gefrornen Fenstern freuten uns der heiteren Laune unserer Lieblinge.

Bettine.

An die Bettine.

Wenn Du Recht behalten willst so hast Du gewiß Recht, ich
will auch nicht noch einmal wiederholen daß ich scherzte,
denn dies ist ja grade doppelte Sünde, weil der ganze Scherz
5 sich nicht zwischen uns beiden eignet, Du kannst es von mir
am wenigsten ertragen, daß ich falsch in die Saiten greife, – es
war ein Erdenscherz und kein luftiger leichter, und es war
noch dazu ein Notanker, ich war verwirrt geworden durch
das Reisen hin und her vom Rhein zum Neckar und dann
10 zum alten Haushalt; da ist mir so manches verronnen was
mir lieb und leid ist, der Winter hat mich auch doppelt hier
betroffen.

Clemens hat mir geschrieben. Wie ein böser Traum sind
mir manche bittere und trübe Erinnerungen von ihm vor-
15 übergegangen, sein Brief hat mich betrübt weil er mir die
verworrnen Schmerzen seines Gemüts deutlich und doch
wieder dunkel darstellt, auch wenn ich ihn nie gesehen hätte,
würde mich dieser kalte Lebensüberdruß tief und schmerzlich bewegen. – Er stellt sich so an den Rand der Jugend als
20 habe sie ihn ausgestoßen, wie mich das schmerzt, wollt er es
doch anders sein lassen, lieber die vergangne Zeit zurück-
rufen und fortleben ewig frisch, jung und träumerisch, wie er
es gewiß könnte; es wird und muß wieder so mit ihm werden, und Du mußt ihm jetzt recht anhänglich schreiben, Dein
25 freieres Bewegen, wo Du sonst so von ihm abzuhängen
schienst, wird ihm wohl auch ungewohnt und empfindlich
sein; Du kannst es nicht ändern, aber ersetze es ihm, Du
schriebst ja immer nur kurze Briefe an ihn, aber schreib doch
öfter. – Sein Beifall an meinen Gedichten erfreut mich, und
30 mehr wird es keiner. Er schreibt Savigny habe die Nachricht
aus Paris, daß eine Übersetzung dort vom Tian gemacht sei,
ihm mitgeteilt, frag ihn doch und schreib mir etwas Näheres
darüber.

Dem Molitor hab ich Deine Ansichten über die Erzie-
35 hungen lesen lassen, es freute ihn und verspricht Dich nicht
mehr zu stören, das ist mir lieb, denn wenn auch Deine Argumente, womit Du das Philistertum bestürmst, keinen Bo-

densatz haben und unleugbar aus der Luft gegriffen sind, so
ist mir doch lieber zu lesen wie Du unmittelbar mit den Elementen verkehrst, als wenn Du Deinen Sinn im Widerspruch auf irgend ein gegebenes Bestehendes anwendest.
Deine Wahrheiten streifen wohl den inneren Sinn der Menschen; sie möchten Dir Recht geben, aber was ists damit? –
bis einmal das Morgenlicht der Poesie in jeder Brust den
Geist weckt, da wird wohl manches verstanden und doch
muß es wieder versinken; drum ist es mir lieber Du selbst
erschaffst Dich, bist Dir Lehrer und Schüler zugleich, weil es
da was fruchtet und Deine Lehren einen so gründlichen tiefen Eingang in Dich haben. – Hast Du Dich doch gegen die
Philosophie gesperrt, und Deine Natur spricht sie doch so
ganz persönlich aus, als Geist und Seele und Leib. Ich will
damit Dich nicht auf Dich selbst zurückführen, es ist eine
Bemerkung die ich im Spiegel mache, und Du kannst ja
gleich davon fliegen und den Spiegel leer lassen, auch gibt
meine Bemerkung Dir Recht; denn wenn Deine organische
Natur ganz Philosophie ist, so wird sie sich nicht in der Anschauung erst erwerben sollen. – Sie wird einen Jugendleib
haben der mit einem anderen Frühling zusammentrifft, und
ein anderes Verständnis haben mit dem Geistigen der Welt. –
Um so mehr deucht es mir Mißgriff, wenn Du mit dem Wirklichen Dich begegnest und ihm Deinen Geist anmessen
magst. Ich suche in der Poesie wie in einem Spiegel mich zu
sammeln, mich selber zu schauen, und durch mich durchzu-
gehen in eine höhere Welt, und dazu sind meine Poesieen die
Versuche. Mir scheinen die großen Erscheinungen der
Menschheit alle denselben Zweck zu haben, mit diesen
möcht ich mich berühren, in Gemeinschaft mit ihnen treten
und in ihrer Mitte unter ihrem Einfluß dieselbe Bahn wandeln, stets vorwärts schreiten mit dem Gefühl der Selbster-
hebung, mit dem Zweck der Vereinfachung, und des tieferen
Erkennens und Eingehens auf die Übung dieser Kunst, so
daß wie äußerlich vielleicht die hohen Kunstwerke der Griechen, als vollkomme göttliche Eingebung galten und auf
die Menge als solche zurückstrahlten, und von den Meistern

auch in diesem Sinn mit dieser Konzentration aller geistigen
Kräfte gebildet wurden, so sammelt sich meine Tätigkeit in
meiner Seele; sie fühlt ihren Ursprung, ihr Ideal, sie will sich
selbst nicht verlassen, sie will sich da hinüber bilden. Du aber
5 bist das Kind, geboren im Land wo Milch und Honig fleußt,
die Sorge ist da überflüssig, die Trauben hängen Dir in den
Mund, alles ist Gedeihen und Klima Deiner Wiege, alles
trägt Dich und nährt und schützt Dich so lang Du das Klima
nicht wechselst, und ob das was Du dadurch erbeutest der
10 Welt genießbar sei, darauf kömmt es hier fürs erste gar nicht
an, wenn Du nur durch eigne Sünde nicht im Werden gestört
wirst, denn das ist die einzige Sünde. – Schweig über Dich
und gelte ihnen für was sie wollen, versprich mir das heilig,
denn sonst würden sie Dich aus Deinem ursprünglichen
15 Land verpflanzen, sie würden Dich aus Deiner Kindheit her-
ausheben und etwas aus Dir machen wollen. – Und wie kla-
gevoll wärs, wenn Du selbst Deinem inneren Leben, Deiner
eignen Religion die so sanft, so glücklich Dir dient, Dich aus
eigner Schuld entfremdetest, o nein ich wills nicht hoffen,
20 bleib immerdar mit Deinen Geistern im Bund die Dir Speise
bringen, und verwerfe sie nicht um fremde Kost. Ich hab mir
schon oft Vorwürfe machen lassen um Dich, wie hätte ich
mich wehren können? es wär Verrat an Dir gewesen, nein ich
ließ Dich unberührt von ihren Augen. Was bist Du auch? –
25 Nichts als nur wie die Natur sich tausendfältig ausspricht –
wie jene Schmetterlingshülle die Du diesen Sommer aus dem
Schlangenbad mitbrachtest die äußerlich so fest war, daß
nichts Fremdes sie verletzen konnte, und beim geringsten
Berühren des Schmetterlings sich auftat ihn zu entlassen, und
30 dann sich wieder schloß. Wenn die Natur sich so eigen dazu
verwendet jede Störung ihrer Bildungen zu verhüten, sogar
die leere Kammer, woraus sie ihr geflügeltes Geschöpf entläßt, sorgsam wieder schließt, wie sehr muß da der Instinkt
in dies lebende Wesen eingeprägt sein daß es sich keiner frem-
35 den Gewalt hingebe. – Du verstehst die Natur ja mannigfach, so wirst Du mich auch hier begreifen, nicht *besser,* nicht
mehr kommst Du mir vor als alles was in der Natur lebt, denn

alles Leben hat gleiche Ansprüche ans Göttliche; aber sorge nur daß Du Dein eignes Naturleben nicht verletzest, und daß es sich ohne Störung entwickle.

Dein klein Gedicht was Du bei Gelegenheit der Langenweile gemacht, beweist mir daß wir beide Recht haben, für jeden Andern wollt ich es als Gedicht rechnen, aber für Dich nicht, denn Du sprichst darin eine äußere Situation aus, nicht die innere, und ein Gedicht ist doch wohl nur dann lebendig wirkend wenn es das Innerste in lebendiger Gestalt hervortreten macht, je reiner je entschiedner dies innere Leben sich ausspricht je tiefer ist der Eindruck, die Gewalt des Gedichts. Auf die Gewalt kommt alles an, sie wirft alle Kritik zu Boden und tut das ihre. Was liegt *dann* dran ob es so gebaut sei wie es die angenommne Kunstverfassung nicht verletze? – Gewalt schafft höhere Gesetze die keiner vielleicht früher ahnte oder auszusprechen vermochte; höhere Gesetze stoßen allemal die alten um, und – wir sind doch noch nicht am End! – Wenn doch der Spielplatz wo sich die Kräfte jetzt nach hergebrachten Grundsätzen üben, freigegeben wäre um der Natur leichter zu machen ihre Gesetze zu wandlen. Ich will nicht daß Du auf meine Produkte in der Poesie anwendest was ich hier sage; ich habe mich auch zusammengenommen und gehorchen lernen; und es war gut, denn es sammelte meinen Stoff in meinem Geist, der mir vielleicht als Inhalt nicht genügt haben würde, wenn mir die Form die ich der Anmut zu verweben strebte, nicht den Wert dazu geliehen hätte; ich glaube daß nichts wesentlicher in der Poesie sei, als daß ihr Keim aus dem Inneren entspringe; ein Funke aus der Natur des Geistes sich erzeugend ist Begeistrung, sei es aus welchem tiefen Grund der Gefühle es wolle, sei er auch noch so gering scheinend. Das Wichtige an der Poesie ist, was an der Rede es auch ist, nämlich die wahrhaftige unmittelbare Empfindung die wirklich in der Seele vorgeht; sollte die Seele einfach klar empfinden, und man wollte ihre Empfindung steigern, so würde dadurch ihre geistige Wirkung verloren gehen. –

Der größte Meister in der Poesie ist gewiß der, der die

einfachsten äußeren Formen bedarf um das innerlich Emp-
fangne zu gebären, ja dem die Formen sich zugleich mit erzeugen im Gefühl innerer Übereinstimmung.

Wie gesagt wende nichts auf mich an von dem was ich hier
5 sage, Du könntest sonst in einen Irrtum verfallen. Ob zwar
ich grad durch mein Inneres dies so habe verstehen lernen.
Ich mußte selbst oft die Kargheit der Bilder, in die ich meine
poetischen Stimmungen auffaßte, anerkennen, ich dachte
mir manchmal daß ja dicht nebenan, üppigere Formen, schö-
10 nere Gewande bereit liegen, auch daß ich leicht einen be-
deutenderen Stoff zur Hand habe, nur war er nicht als erste
Stimmung in der Seele entstanden, und so hab ich es immer
zurückgewiesen, und hab mich an das gehalten was am wenigsten abschweift von dem was in mir wirklich Regung
15 war; daher kam es auch daß ich wagte sie drucken zu lassen,
sie hatten jenen Wert für mich, jenen heiligen der geprägten
Wahrheit, alle kleine Fragmente sind mir in diesem Sinn Gedicht. Du wirst wohl auch dies einfache Phänomen in Dir
erfahren haben, daß tragische Momente Dir durch die Seele
20 gehen die sich ein Bild in der Geschichte auffangen, und daß
sich in diesem Bild die Umstände so ketten daß Du ein tief
Schmerzendes oder hoch Erhebendes mit erlebst; Du
kämpfst gegen das Unrecht an, Du siegst, Du wirst glücklich, es neigt sich Dir Alles, Du wirst mächtig große Kräfte
25 zu entwicklen, es gelingt Dir Deinen Geist über alles auszudehnen; oder auch: ein hartes Geschick steht Dir gegenüber, Du duldest, es wird bitterer, es greift in die geweihte
Stätte Deines Busens ein, in die Treue, in die Liebe; da führt
Dich der Genius bei der Hand hinaus aus dem Land wo
30 Deine höhere sittliche Würde gefährdet war, und Du
schwingst Dich auf seinen Ruf, unter seinem Schutz wohin
Du dem Leid zu entrinnen hoffst, wohin ein innerer Geist
des Opfers Dich fordert. – Solche Erscheinung erlebt der
Geist durch die Phantasie als Schicksal, er erprobt sich in ih-
35 nen und gewiß ist es daß er dadurch oft Erfahrungen eines
Helden innerlich macht, er fühlt sich von dem Erhabenen
durchdrungen, daß er sinnlich vielleicht zu schwach sein

würde zu bestehen, aber die Phantasie ist doch die Stätte in
der der Keim dazu gelegt und Wurzel faßt, und wer weiß wie
oder wann als mächtige und reine Kraft in ihm aufblüht. –
Wie sollte sonst der Held in uns zu Stande kommen? – Umsonst ist keine solche Werkstätte im Geist und wie auch eine
Kraft sich nach außen betätigt, gewiß nach innen ist ihr Beruf
der wesentlichste. – So fühl ich denn eine Art Beruhigung bei
dem Unscheinbaren und Geringfügigen meiner Gedichte,
weil es die Fußtapfen sind meines Geistes, die ich nicht verleugne, und wenn man mir auch einwerfen könnte, ich hätte
warten dürfen bis reifere und schmackhaftere Früchte gesammelt waren, so ist es doch mein Gewissen was mich hierzu
bewog, nämlich nichts zu leugnen, denn wenn je eine reine
selbstgefühlige Gestalt hieraus sich entwickelt, so gehört
auch dies hinzu und was ich bis jetzt auf diese Weise in mir
erlebte ist ja was mich bis hier her führte, zu diesem Standpunkt meines festen Willens. –

   Ich habe Dir jetzt genug gesagt, ich hab es aus Liebe zu
Dir getan so wie Du so manches aus Liebe zu mir gesagt und
getan hast, und Du hast außerdem noch einen nahen Anteil
an allem, wie denn dies nicht anders möglich ist. – Ich bitte
Dich aber dringend, lasse es in Deine Stimmung nicht einwirken, sondern sorg daß Du mir hübsch ganz Du selbst
bleibst, Dein Manuskript ist an den Primas besorgt worden.

                                      Caroline.

Was hast Du denn für einen Brief an Voigt geschrieben von
einem polnischen Juden.

An die Günderode.
Das Wetter hat sich geändert, der grüne Bergrasen lacht das
bißchen Schnee aus, was Winter sein will, ich bin den ganzen
Tag nicht zu Haus. Die Sonn und der Mond gehn Abends
zusammen am Himmel spazieren ich war gestern früher oben
um zu sehen wo sie bleiben, ich guckte in die Luft die so
weich weht und in die veränderte Landschaft, weil über

Nacht der Schnee weggeschmolzen war, und konnt mich auf
nichts mehr besinnen in der schmeicheligen Natur, so gehts
gewiß den schnee-entlasteten Tannen auch, und den Wiesen;
und die gelben Weiden und die Birken taumeln in dem lauen
Wehen wähnend und schwankend, als könnt der Frühling
wohl einmal den Winter überhüpfen; sie sind im
Winterschlaf vom Frühlingstraum geneckt, ich auch, – ob
nicht alle Seligkeit hier Traum von Später ist? sie ist so kurz
so zufällig. – Frühling ist Seligkeit, weils Begeistrung ist von
der Zukunft, Seligkeit ist Begeistrung zum Leben, das ist
Frühling. Wer ewig zum Leben begeistert ist, der ist immerdar Lebensfrühling, das Leben ist aber bloß Begeistrung,
denn sonst ists Tod; und so ist das Leben heut und immer
knospenschwankend im Wind, der die Zeit ist, knos-
penschwellend in den Sinnen was die Natur ist, und knos-
penduftend im Geist, der die Sonne ist. Das ganze Leben ist
bloß Zukunftsbegeistrung, nicht ein Moment kann aus dem
andern hervorgehn, wärs nicht Begeistrung der Natur fürs
Leben. Die Zeit würde aufhören wär die Natur nicht mehr
frühlingbegeistert, denn bloß daß sie ewig nach der Zukunft
strebt macht daß sie lebt; und daß sie ewig den Frühling erneuert das ist ihre Seele, ihr Wort das Fleisch geworden ist.
Sie öffnet die Lippen und schöpft Atem der Zukunft, das ist
der Frühling der blüht schnell alles heraus, das ist Ausatmen
der Begeistrung, Frucht der Blüte, Bestätigung des begeisterten Lebensatem, Sommer, wo der Busen der Natur
Atemerfüllt die Lebenskraft in der Frucht, im Apfel, in der
Traube wieder aushaucht in den Herbst hinüber, in dem er
reift, absetzt; das ist im Busen der Natur Winterpause, da
regt sie sich einen Moment nicht, wie die Brust sich auch
nicht regt zwischen Sinken und Steigen vom Atem; – und
dann hebt sich der Busen ihr allmählig wieder, mächtig und
mächtiger – trinkt Lebensbegeistrung heiligen Atems voll.
So ist das Leben frühlingbegeistert Atemschöpfen, und Sommer und Herbst sind der Begeistrung Aushauch, und der
Winter ist nur Frühlingspause; in ihr sind alle Sinne schon
wieder auf das Atemschöpfen hingewendet.

Alt ist keiner, als nur wer die Zeit achtet als bestehend. –
Die Zeit ist nicht bestehend – Schwinden ist Zeit. An
Schwindendes kann sich Begeisterung nicht hängen, an
nichts kann sie hängen, sie muß frei sein, bloß in sich; denn
sonst wär sie kein Leben. Also die Natur atmet Begeistrung,
das ist Frühling; Sommer und Herbst entströmen dem Atem
der Natur, das ist wo sie alles hingibt, um aufs neue den Frühling einzuatmen. – Da ists deutlich daß der Geist auch nur
Frühlingsatem schöpft, und daß Jugend nicht in Zeit sich
einschränkt, die vergeht, da Lebenslust nicht vergehn kann,
weil, wie Natur Frühling aufatmet, wir Lebensbegeistrung
aufatmen. –
Es ist dumm was ich hier sag, ist nicht uneingehüllter
Geist der den Wahn vernichtet, aber unter der armseligen
Hülle des zwanzigmal wiederholten Vergleichs liegt einer
zerschmetternden Antwort Keim auf das was Du mir schon
mehr als einmal gesagt hast: »Recht viel wissen, recht viel
lernen, und nur die Jugend nicht überleben. – *Recht früh sterben!*« Ach Günderode! atme aus um wieder aufzuatmen, Begeistrung zu trinken – denn: Ist Natur nicht bloß dieser Begeistrung Leben? – Und wär Jugend etwas, wenns nicht
ewig wär? – Wie ich auf der Warte saß gestern, und sah wie
die Natur den Frühling schon vorausträumte – da fiel mirs
ein, daß Jugend ja ein ewiger Lebensanspruch ist, wer den
aufgibt allein, atmet nicht mehr auf, er läßt den Atem sinken.
– Ich weiß nicht was Du Jugend nennst? – ists nicht jugendlich den Leib dem Geist aufopfern? – strebt *sie* nicht mit allen
Kräften Geist zu werden? – Was ist denn also die Zeit? –
nichts als Jungwerden. – Leben muß man immer wollen,
denn wenn der *Tod* kommt das ist grade wo die Jugend sich
mündig fühlt zur Unsterblichkeit; wessen Jugend aber früher abstirbt wie kann der unsterblich werden. – Wer dächte:
Ich will nicht über die Jahre hinaus wo ich mit zwanzig zähle,
denn mit dreißig ist der Jugend der Stab gebrochen, der
müßte einer sein der Zeit hätt so was zu denken, und stünd
eben so gut müßig am Ufer als Ladung für den Charonsna-
chen, mir deucht aber Dein Geist der wie die Natur blüten-

aufatmend ist, kann nicht vor späterer Zeit zurückweichen
wollen. Nein! – Geistessehnsucht bildet Frühlingskeime,
und Lebenwollen ist Liebe zu diesen Keimen, des Geistes
Lebensbegierde ist dasselbe Treiben was in der Natur ist, wo
5 Keim auf Keim aufsprießt; und eine Lebensmelancholie
kann nur sein wo der Geist stockt, wo er den Trieb verliert,
der Natur gleich, mit heißem Blut seine Triebe zu nähren; das
wär die Jugend aufgeben; – das ganze Leben ist nur Einmal
Frühlingsaufatmen, und ob wir zwanzig oder dreißig oder
10 hundert Jahr zählen, so lang muß der Atemzug aushalten,
aufstrebend ins Leben, mit allen Kräften, in vollster reichster
Blüte den Duft ausbreitend in die Weite auf schwingen-
beladenen Winden. – Wie kannst Du da nur um Jugend Dich
grämen? – und wer anders lebt der ist kein Lebender im
15 Geist. – Und an was denkst Du in Dir selber? – zu was empfindest Du Dich hin, als bloß zum Ziel! – zur Umarmung mit
einem Ideal was innerlich Dir vorschwebt, – Du sehnst Dich
ihm entgegen innerlich, alles was Du tust ist Aufstreben;
Kindschaft, Jünglingschaft das ganze Leben; wie kann da
20 von der Jugend Ende auf Erden die Rede sein. – Jugend
bricht in voller Blüte hervor erst wenns Leben am Ende ist.
Hast Du nicht gesehen an manchen Pflanzen, daß die erste
Hülle die ihre Blüte verschließt, welken muß eh jene aufbrechen kann? – und sollte man um der jungen Kraft der
25 Hülle wegen, die nur Schutzmantel ist der verschlossenen
Blüte, den innern Keim ausbrechen wollen, damit die Narren
nicht sagen die Jugend sei verwelkt? – das ganze irdische
Leben ist nur einhüllende Mutterwärme, Hülle der Geistesblüte, wir wollen sie ihr nicht rauben, wir wollen sie ver-
30 borgen in dieser Hülle lassen bis die zu Staub auf ihr verfällt,
– und die geheimen Lebenstriebe mit denen Du mich durch-
dringst, von denen ich ohne Dich nichts empfunden haben
würde, die laß sich verdoppeln tausendfaltig, – Du liebst! –
anders kann ich Dich nicht ausdrücken, – das ist ja nur Ju-
35 gendblüte! – da der Charakter Deines Geistes also Jugend
ist, was hast Du für Not ums Altwerden? – und was tu ich
denn? – ich leb mit von der Wärme die Deines Geistes Le-

benskeim schützt und nährt, und alles was in mir treibt,
würde vielleicht ohne Regung geblieben sein, wär es nicht in
Dir vom Lebensfeuer ergriffen, ja ich bin ein Zweig der am
vollblühenden Stamm Deiner unsterblichen Jugend, durch
dies Erdenleben mitgenährt ist. –

Erdenleben ist Mutterhülle der geistigen Jugend, mag sie
uns schützen wie die Zwiebel den Keim des Narzissus
schützt, bis sie im Spiegel ihr eignes Ideal erkennt.

Am Mittwoch! –

Ich war gestern lustig, aber ein Brief der Claudine über Dich,
den ich fand als ich vom Turm kam hat mich bewegt Dir so
ernst zu schreiben: wenns dunkel ist kann man sich allerlei
weismachen, eben weil Gelegenheit ist, so mannigfaltig mit
Schatten zu spielen; glaubt man auch nicht an den verzognen
Schatten, so duldet man doch nicht gern das groteske und
doch so ähnliche Bild, und man kann am wenigsten leiden
was man doch nicht glaubt; so nimm meinen Brief; ich hab
nie Deine Reden über Leben und Sterben leiden mögen, obschon ich weiß daß es nur Schatten waren die an der Wand
Deines Geistes spielten, gleichsam als wär das Licht Deines
Geistes schief gerückt, und sei mir gut und laß michs nicht
entgelten, wenn ich nicht damit in Deine Träume eingreife
die vielleicht golden sind im verjüngten Morgenglanz, während ich trübe Regenwolken wollte verscheuchen, mit denen
weit in den Abend hinein mir Dein Himmel überzogen
schien, als mir die Claudine von Deinem Trübsinn schrieb.
Es ist ja natürlich daß wer Dich von Außen nur sieht, über
Dein Inneres keinen treffenden Bericht kann erstatten, von
dem ich jetzt ahne daß es heiter thront über Wolken, die ihren Schatten zwar nach der Erde werfen, auf denen Du aber,
himmlisch getragen im Licht schwelgst. –

Hier leg ich Dir das Blatt bei das ich eh der Claudine Brief
kam geschrieben hatte, am Montag wos auf dem Turm so
frühlingsmäßig war daß ich an keinen Winter mehr glaubte.

Erstes Blatt vom Montag.

Der poetische Vortrag vom Sonnabend hat mir seinen wechselnden Rhythmus wie in eine Orgelwalze eingehämmert,
der sogar meine Reden einschnürt; so leicht kann eine fremde
5 Kraft meinen Geist überwältigen. Dem Weiß hab ich gestern
meinen Gutenachtgruß wie er behauptet in Hexametern
vorgestammelt, wundre Dich nicht daß ich diesem Plaggeist,
weil ich so abendmüde bin die Zügel schießen lasse und
Dir die Naturseltenheit eines frühlingsträumenden Winter-
10 abends in aufdringlichen Rhythmen vortanze.

Eilt die Sonne nieder zu dem Abend
Löscht das kühle Blau in Purpurgluten
Dämmrungsruhe trinken alle Gipfel.

Jauchzt die Flut hernieder silberschäumend
15 Wallt gelassen nach verbrauster Jugend,
Wiegt der Sterne Bild im Wogenspiegel.

Hängt der Adler, ruhend hoch in Lüften
Unbeweglich wie in tiefem Schlummer;
Regt kein Zweig sich, schweigen alle Winde.

20 Lächelnd mühelos in Götterrhythmen,
Wie den Nebel Himmelsglanz durchschreitet,
Schreitet Helios schwebend über Fluren.

Feucht vom Zaubertau der heilgen Lippen,
Strömt sein Lied den Geist von allen Geistern,
25 Strömt die Kraft von allen Kräften nieder.

In der Zeiten Schicksalsmelodien,
Die harmonisch in einander spielen
Wie in Blumen hell und dunkle Farben.

Und verjüngter Weisheit frische Gipfel,
30 Hebt er aus dem Chaos alter Lügen
Aufwärts zu dem Geist der Ideale.

Wiegt dann sanft die Blumen an dem Ufer,
Die sein Lied von süßem Schlummer weckte,
Wieder durch ein süßes Lied in Schlummer.

Hätt ich nicht gesehen und gestaunet,
Hätt ich nicht dem Göttlichen gelauschet
Und ich säh den heilgen Glanz der Blumen.

Säh des frühen Morgens Lebensfülle
Die Natur wie neugeboren atmet,
Wüßt ich doch es ist kein Traum gewesen.

Weißt Du noch jenen Abend, im Frühjahrsanfang wo der
Arnim auf dem Trages seine Gedichte uns vorlas? – da hab
ich mich auf dem Turm in dem laulichen keimetreibenden
Wetter wieder dran erinnert, und der Rhythmus der wie gesagt noch aus jener Vorlesung mich verfolgt, schien mir dies
alles was hier auf dem Papier so ganz dürr aussieht, in großer
Fülle auszusprechen; ich wollt es Dir auch nicht schreiben,
aber wo soll ich hin mit? – Meine Briefe an Dich sind wie das
Bett der Quelle, alles muß durchströmen was in mir ist.

Meine Bemühungen Lieder fürs Wunderhorn aufzufinden
haben mich mit wunderlichen Leuten zusammen geführt, die
wie angenehme Schäferspiele mich ergötzen. – Ich brauch
Überredungskünste, um ein Bauermädchen dahin zu bringen, ihre Lieder herzusingen. Da kommen sie meistens
zuerst mit verkruzten Opernarien, ich hab noch wenig Körn-
lein aus dieser Spreu gesammelt, die sie aus Mangel an Unschuld, im Überfluß an Unwissenheit ersticken und vermo-
dern lassen, und die man endlich doch nur Stückweise ans
Tagslicht bringen kann; – ich tus dem Clemens und Arnim zu
Gefallen.

Letzt war mir ein allerliebst Mädchen vom Pfarrer Bang
geschickt worden, weil es sehr viel schöne Lieder kann; die
ganze Familie gehört zu dem Singgeschlecht die sich ernährt
mit Kräutersuchen für die Apotheken in der Umgegend, und
im Frühjahr mit Erdbeeren- und Heidelbeerensuchen. Das

Kind war zwei Tage bei mir, es schlief im Vorzimmer; so ein
allerliebst Kind kannst Du Dir gar nicht denken, auch von
Schönheit; ich nahms mit hinaus, da hats mich neue Wege
geführt, wo ich noch gar nicht gewesen war, ich sagte, wir
5 wollen einmal gradaus gehen es mag in Weg kommen was
will, so gings Berg auf Berg ab bis wir hinter die Brunnen-
leitung in den Wald am See kamen, und ich war mutwillig
übermäßig, bis ich mich endlich, überrascht weil ich rückwärts ging, in einem Sumpf befand. –
10 Was mich am meisten ergötzt ist die Kenntnis aller Kräuter und Wurzeln die das Kind hat, ohne doch je gelernt zu
haben, es ist eine traditionelle Botanik die aber so vollständig
ist und mit so viel historischen Belegen versehen, und zu so
manchen Vergleichen führt daß wohl auf diese Weise ein
15 groß Teil Gottesphilosophie auch in den unstudierten
Bauern übergeht. Ich grub viel Wurzeln aus, die wußte das
Kind all zu nennen, und jedes verdorrte Hülschen das noch
einen Samen bewahrte kannte es, das gute Kind. – Da war
ein kleiner Storchschnabel im Winter ausgefroren, es holte
20 ihn aus einer Felsritze hervor, wo die Pflanze ganz unverletzt
geblüht hatte, und so verdorrt war: dies Blumengerippe war
so schön wie die Blume gar nicht ist. In ihrer Einfachheit
kann die Pflanze nicht größeren Anspruch machen als andre
Feld- und Waldblumen, aber ihr feines Gerippe ist wie ein
25 gotisch Kunstwerk. Der kleine Spieß der aus der Blumen-
krone hervorwächst, teilt sich von unten in fünf Fingerchen
die sich aufwärts schwingen und mit jedem, in einem kleinen
verschloßnen Becher ein Samenkörnchen der Sonne entgegen halten, das so fein und wunderschön geformt und ge-
30 schliffen ist wie ein Edelstein, wenn nun die Sonne drauf
scheint so tun diese Samenkörnchen nach allen Seiten einen
mutigen Sprung, so sind sie alle fünf um die Mutterstaude
versetzt, ein bißchen Erde, ein bißchen vermodert Moos gibt
ihnen Nahrung daß sie im nächsten Jahr im Familienkreis
35 aufblühen. – Nein! ich hab die Natur lieb, mag ich auch nur
wie ein trockner Storchschnabel, das geringste aller Pflänzchen – später unter den Füßen des Wanderers zertreten wer-

den, so will ich ihr doch mich hinhalten so lang sie ihren
kunstfühligen Geist über mich strömen läßt; wollte sie doch
meiner einfachen unscheinbaren Blüte nach einen schönen
Szepter aus mir bilden der seine Kleinodien um sich streut,
neues Leben zu verbreiten und dann in die leeren Schalen 5
Himmelstau sammelt; so denk ich mir, wird des Großmüti-
gen Zepter die Welt berühren.

In allen Wandlungen der Natur deucht mich Salomonis
Weisheit mit Geistesbuchstaben eingezeichnet, die klein oder
groß – die Seele mit Schauer erfüllen weil sie alle rufen: 10
»Hebe wie der Vogel die Schwingen über den Erdenstaub
hinaus, und fliege aufwärts so hoch du vermagst. Der Vogel
fliegt mit seinem Leib, Du aber kannst mit dem Geist fliegen,
Dein Leib hat keine Flügel, weil Du lernen sollst mit dem
Geist Dich aufschwingen.« – Du weißt wie oft wir uns be- 15
sannen warum die Sehnsucht zu fliegen durch jeden Vogel
rege werde. Hätten wir Flügel wie die Vögel, so würde diese
Sehnsucht nicht wach sein die jetzt uns bewegt immer dran
zu denken, und so unsern Geist befiedert mit dem wir einst
fliegen werden; denn alles Denken ist doch das im Geist, was 20
das Wachsen und Treiben in der Natur ist. – Nun weißt Du
auch warum in meiner botanischen Taufe der Storchschnabel
die Szepterblume heißt. – Mein botanisch Heft hat sich schon
vergrößert bis zur siebzehnten Pflanze, die ich genau beobachtet und so bezeichnet hab wie mein Beschauen es mir lehr- 25
te, bald ists das Blatt bald die Krone oder Wurzel, bald die
Form der Staude die mir irgend ein Rätsel löst oder eine Zau-
berformel aufgibt; dem alten Weiß bring ich meine Exemplare, er muß sie mir einlegen und sauber ordnen; im Anfang
meinte er ich spaße als ich ihm meine neue Botanik vortrug, 30
als ich aber ganz ernsthaft dabei blieb daß wie andre eine
Botanik geschrieben so könne ich auch eine schreiben, so sah
ich ihm heimlich an daß er mir meine Kinderunschuld nicht
verderben wollt und sich hinein fügte, ich las ihm meine Entdeckungen vor, besonders erfreute ihn die Geschichte der 35
Kuhblume, die ihren Samen wie eine Sternenkugel ausdehnt
und von der ich ihm zu verstehen gab, daß die Sterne wohl

auch mit einer so feinen Röhre auf dem Samenschaft der
Gottheit haften, wenn die ausgeblüht hat und einer zuweilen
dahin fliegt um in einem neuen Boden zu blühen, und daß
alle Himmelskörper reifende Samen sein könnten. – Der
5 Weiß sagt: tolle Vergleiche, aber sie machen mir Freude und
rücken mir die alte Pelzmütze vom Ohr und wehen mir frische Luft zu; so bring ich denn manches zum Vorschein
woran ich nicht gedacht hätt, bloß um den alten Nachbar in
Verwundrung zu setzen; es ist doch schön von ihm daß er
10 sich zu solchen Dingen die er Narrenspossen nennt so gerne
hergibt. – Manchmal ruft er aus: das geht über alle Unmöglichkeit hinaus. –

Mit dem Erdbeermädchen bin ich noch einen Nachmittag
im Freien am Waldrand gewesen wo wir Feuer machten, und
15 wo die Sonne glühendrot unterging, und wir durch die einsamen Felder auf dem Heimweg sangen, da hab ich ein paar
schöne Lieder entdeckt, es hatt ihrer gewiß noch manche im
Kopf stecken, Melodieen die wie durch einen Magnet mit
dem Inhalt zusammenhängen, die tragen eines durchs andre
20 die Stimmung auf einem über. –

Heute erhalte ich einen Brief von Dir, die Claudine schrieb
mir daß sie Dich schreibend getroffen schon am zweiten
Blatt, ich weiß daß wenn ich meinen Brief jetzt fortschicke
daß mir der Bote einen zurückbringt, ich freu mich, unter-
25 dessen will ich auf den Turm laufen und meine freudige Ungeduld mit den Geistern verjackern. –

Bettine.

An die Günderode.
Ich habe große Liebe zu den Gestirnen, ich glaub daß alle
30 Gedanken die meine Seel belehren mir von ihnen kommen.
Auf die Warte zu gehen möchte ich keine Nacht versäumen,
ich dächte ich hätt ein Gelübde gebrochen was sie mir aufer-
legten, und sie hätten dann umsonst auf mich gewartet. Was
mir Menschen je lehren wollten das glaubte ich nicht, was
35 mir aber dort oben in nächtlicher Einsamkeit in die Gedan-

ken kommt das muß ich wohl glauben. Denn: der Stimme
vom Himmel herab mit mir zu reden – soll ich der nicht glauben? – fühl ich denn nicht ihren Atem von allen Seiten der
mich anströmt? – das ist weil ich hier einsam in der Nacht
ihnen so ganz vertraue. Ich gehe den Weg, der mich ängstigt,
um zu ihnen zu gelangen, ich komme zum dunklen Turm, da
zittert mir das Herz, ich steig hinauf mit solcher Beklem-
mung – und auf der obersten Sprosse, wo ich mit der Hand
mich aufstützen muß um mich hinaufzuschwingen, da ist mir
schon so leicht, – da leuchten mir alle Sterne entgegen, – und
wen ich liebe befehle ich ihrem Schutz, und Dich zuerst. –
Wenn ich um Dich betrogen würde dann wärs aus mit ihnen.
– In den Schnee der oben auf der Warte liegt, schreib ich
Deinen Namen daß sie Dich schützen sollen, das tun sie auch
gewiß. – Dann setz ich mich auf die Brustwehr und verkehr
mit ihnen lustig nicht traurig. Du denkst wohl ich wär da
feierlich gestimmt? Nein sie necken mich. »Hast Du das
Herz, da auf der schmalen Mauer im Kreis herum zu laufen,
vertraust uns daß wir Dich nicht herunterfallen lassen?« – so
fragen sie; und denn ists als könnt ich sie mit der Hand greifen, so nah sind sie mir. Denn wenn ich auf ihren Wink das
Leben in ihre Hut geb, das muß mich mit ihnen vertraut
machen. Ich weiß wohl was Menschen denken würden von
mir, wenn die so was wüßten, ich sag Dir aber es ist eine Saat,
die sie mir ins Herz säen, das hält so still und ist so hingebend
wie das Erdreich, und es sammelt seine Kräfte diese Saat zu
nähren. Meinst Du ich würde je zagen vor dem Geschick,
wenn ein guter Geist mich heißt vorwärts gehen? – gewiß
nicht! die Sterne habens in mich gesäet, dies Vertrauen in das
Rechte, ins Große was so oft unterbleibt aus Mangel an küh-
nem Mut. Das ist die Blume dieser Saat die blüht hervor: und
meiner Brust prägt sich ein daß ich nicht mehr nach der Menschen Rat frag, oder auf ihre Meinung, ihren Willen mich
berufe, und mich so meiner inneren Stimme entziehe, die mir
vielleicht befiehlt was mich gefährdet, aber mir das Reine,
Echte, Große was auf kein Gerüste der Falschheit sich stützt,
sondern rein aus der Brust mit Gottes Stimme einklingt, als

heiligen Gegensatz aller menschlichen Vorsicht darstellt. Ein
Inneres sagt mir: »wie Du den Sternen zusagst, – so sage der
innern Stimme auch zu, der nicht umsonst ein so dringender
Laut eingeboren die fühlbar macht das Unversöhnliche einer
fremden Handlung mit diesem heiteren Umgang der Natur.
Nie könnt ich etwas tun, wo nicht mein eigner Geist Ja dazu
sagte, und nie sollten mich Folgen kränken schienen sie auch
noch so herbe, wären sie diesem Vertrauen in die innere
Stimme entsprungen. – Denn Erdenschicksal! – Was ist Erdenschicksal? – Erhaben kann der Menschengeist nie genug
handlen! – Alles kleinliche Denken und Treiben ist weit größeres Elend, vergeudet viel edleres Gut als mir je könnt aus
Schicksalstücke geraubt werden. Aber groß Handlen heißt
nichts als die reine Gewissensstimme mit der Harmonie der
Geister, der Sterne, der Natur einklingen lassen; klingt sie
nicht ein mit ihr, so kann ich nimmermehr mich zu ihr wenden, nicht den Mond mehr zur Rede stellen, nicht die Sterne,
nicht die Nebel, nicht die Finsternisse mehr durchwandlen
und mit Geistern flüchtig durch Wies und Fluren schweifen
wie mit bekannten und vertrauten Mächten; ich hab kein lebendig Gefühl mehr zu ihr, zur Natur. Bescheint mich die
Sonne, so ists nicht, weil sie ihren Geist auf mich richtet, und
meinem Durst, den Kelch der Wahrheit von ihren Strahlen
erfüllt darbietet, und überschau ich wie heute die frisch ge-
fallne Schneedecke über die Weite hingebreitet, so kann sie
mich nur traurig anglänzen, die das Licht der Sterne so rein
in ihren diamantnen Flächen spiegelt; und in meinen Geist,
der von Gott gebildet ist, sein Bild aufzunehmen, ist dann
dies Licht erblindet.

Was solls, ob Jugend oder Alter mein Leben genannt werde. Wenn die Natur ihre Sprache mir lehrt, die Geduld nicht
mit ihrem Jünger verliert, wenn alles von Tag zu Tag feuriger mich begeistert bis zum letzten Tag. Welcher von denen
die mir Jugend absprechen, wird so elektrisch aufblühen, auf
welchem Herd werden so hohe Flammen lodern und wo
wird des Lebens Fülle in hohen Wellen dahin sich ergießen
als in meinem Lebensstrom? – lasse sie doch, die was wissen

von Jugend! – lasse die kalte Welt die Dich berechnet, kleinlich nach Jahren, sagen Du seist alt oder jung, wer der Natur
vertraut der läßt von ihr sich umschmelzen so oft und wie sie
will. –

»Willst Du was«, sagen die Sterne: »Komm zu uns.« – Das
gelobe ich ihnen. – Wo sollt ich mich auch sonst noch hinwenden? – wo sollt ich suchen? – keines Menschen Arm ist so
zärtlich umfassend als der Sterne Geist, er umfaßt mich und
Dich, denn wenn ich mich sammle innerlich, so hab ich Dich
im Sinn. Was ich mit ihnen spreche das hör ich nicht, ich les es
auch nicht, es ist ihr Geflimmer, das wirkt mirs ein, und mit
meinem Zutrauen versteh ichs; – und wer könnt mir meinen
Glauben nehmen? – Und wenn einer balsamtrunken ist und
fühlts in den Adern wie könnt der zweiflen? – Es ist auch
nicht daß sie mir treffende Wahrheiten mitteilen, oder daß ich
was vernehm im Geist was mir wie Weisheit dünkt. – Sie
nicken nur meinen geheimen Wünschen Gewährung, – Du
weißt wohl was das ist. – Innerlich siegend wegfliegen über
Alles; äußerlich nicht erkannt, nicht verstanden; ja lieber verachtet als nur ahnen lassen wie es ist. Diese göttliche Dreieinigkeit zwischen mir und Dir und den Sternen. – Wenn ich
für Dich mit ihnen was vorhab – ich streck die Hände aus zu
ihnen, sie wissens. –

Dein Brief hat heute einen Geisterring um mich gezogen,
Du hast mich in einen tieferen Kreis eingelassen, das macht
mich wehmütig und doch macht es mich eifersüchtig auch,
ich empfind daß Du mich hinter Dir läßt, wenn Du mit Deinen großen weiten Flügeln Dich aufschwingen wolltest? –

Du hast Recht in allem was Du sagst. Das heißt ich versteh
Dich, – aber es drängt sich mir ein Gefühl auf, ein schmerzliches, das überwiegt alles Große was Du mir über Dich
sagst, allen heiligen Rat den Du mir über mich gibst. – Der
Freund, der weit über Land reisen wollt würde so sprechen
zum Abschied! es ist nicht wie Deine früheren Briefe, die
mitten drin sind im Spiel meiner Gedanken, Du stehst auf
der Höhe, übersiehst alles, befiehlst mir alles an als wolltest
Du von mir scheiden. Du sagst zwar was ich von Dir

schreibe habe Dich gerührt, darum seist Du mir näher gerückt, und es ist auch eine tiefe Harmonie in dem was Du von
Dir sagst, mit meinem Gefühl von Dir, aber mich machts
traurig daß Du willst ich soll dem Clemens mehr schreiben,
ich soll Dir heilige Versprechungen geben meiner Natur treu
zu bleiben, und am meisten tut mirs weh daß Du so deutlich
die Verschiedenheit unserer Geisteswege bezeichnest, und
Dir den angestrengten dornenvollen aneignest, von mir aber
sagst, ich dürfe mich nicht bemühen, ich sei in dem Land von
Milch und Honig. Soll ich nicht mit Dir sein, soll meine
Milch und Honig, meine Früchte nicht Dir darbringen, für
wen fließt dann diese Milch und Honig? – Ach wenn nur
diese Dreieinigkeit fortbesteht zwischen Dir und mir und
dem Geist der dem einen und dem andern mitteilt für beide,
so bin ich befriedigt für immer, und mag mir geschehen was
da will, nur das Schicksal soll sich mir nicht aufdrängen was
diese Dreiheit scheidet. – Mit Deinem Brief ging ich auf die
Warte. – Zu wem soll ich gehen, mit wem soll ich sprechen
von Dir? – Mit welcher Sehnsucht ging ich hinauf, und die
Sterne! – wie verwirrte mich da oben ihr Drängen um mich
her, immer höher und höher hinauf unzählige, und alle winkten so weit mein Auge reicht, und so ists mit jedem Tag mehr
daß ich mich an sie wenden muß, und was Traum war muß
mit der Wirklichkeit vermählt werden, wenn ich mir durch-
helfen soll. So ists wenn der Keim durchbricht, da genügt
nicht mehr Wasser und Luft und Erde, da ist kein Wahr-
scheinliches mehr, kein Unwahrscheinliches, da ist kein Rat,
kein Beweistum mehr gültig. –

Glaube ist Aberglaube, – aber Geist ist Glaube. – Da
könnte einer fragen, was mein Vertrauen in die Sterne ist,
wenn nicht Glaube, und also Aberglaube? zwischen den Sternen und mir ist nur der Geist, ich fühls, alle sind Spiegel des
Geistes der aus meiner Brust steigt, sie fangen ihn auf und
strahlen ihn zurück; was Du denkst das einzig ist die Wahrheit, sagen sie, klemme nicht Deine Flügel ein, fliege so hoch
und so weit Dich Deine Flügel tragen, ihre Kraft zu proben
ist nicht Sünde; wie der Kolumbus dahinfuhr auf uferlosem

Meer, so fürchte Du nicht die Ufer aus dem Aug zu verlieren
an denen Menschenwitz gelandet und furchtsam sich dran
festklammert; nicht umsonst ist Gott überall, so darf der
Menschengeist auch überall sein; denn er trifft mit Gott zusammen in der ungangbaren Wüste; das Umherschweifen
nach einer neuen Welt, die Deine Ahnung Dir weissagt, ist
nicht Sünde, denn der Geist ist geschaffen, der Welten unzählige zu entdecken, und diese Welten sind, und sind das
Leben des Geistes, ohne diese würde er nicht leben, denn des
Geistes Leben ist Welten zu entdecken, und der Welten Leben ist im Geist aufzusteigen. Denn alle sind im Geist geboren die wollen zu Schiff und fort, um neue Welten zu entdecken. Aber die Menschenfurcht ist so groß vor dem Geist
daß sie den Hafen sperrt und duldet nicht, daß er die Segel
ausspanne, sondern alle rufen: Steiniget ihn, steiniget ihn,
denn seht er will den Hafen verlassen, in dem *wir* gelandet
sind, und so steinigen sie ihn und töten ihn eh sie zugeben
daß er den Hafen verlasse, damit nie Gottes Weisheit den
Menschenwitz auf freiem Meer geleite; denn sie wollen der
neuen Welten keine zugeben, aber gewiß: so unendlich der
Sterne Zahl, so unendlich auch die Welten, die der Geist
noch zu entdecken hat; und wie aller Sterne Licht zu uns aus
weiter Ferne niederstrahlt, so strahlt aller Welten Geist herab
in den Menschengeist, und dies Licht ist der Keim der
aufgeht im Geist daß er die Welten des Geistes entdecke. –
Und wie alle Wahrheit *Fabel* ist, das heißt Gottes-Verhei-
ßung in der körperlosen Geistigkeit der Idee, und wie alle
Geschichte Symbolik ist, das heißt Gottessprache mit dem
Menschen Geist, um ihn auf die Wahrheit steuern zu lehren,
so ist denn auch die Geschichte des Kolumbus ein göttlich
Bereden und Berufen des Menschengeistes seine Segel auf-
zuspannen und kühn auf jene Welt loszusteuern die er sich
selber weissagend, sehnsüchtig erreichen möchte; – und die
Fabel dieser wahrgewordnen Ahnung ist die Verheißung
daß auch der Menschengeist glücklich landen werde, wenn er
seinem Mut vertraut, denn wie wollten wir den Mut wecken
und erziehen in uns, vertrauten wir nicht der eingebornen

Kraft – dem Genius. Was Tugend ist hat keine Grenze, es umspannt die Himmel, wir können ihm kein Ziel setzen: so können wir dem Geist kein Ziel setzen, er ist göttliche Kraft, und dieser vertrauen, das ist der Geisteskeim der ins Leben
5 tritt. Was aber der Mut erwirbt, das ist immer Wahrheit, was den Geist verzagen macht das ist Lüge. – Verzagtheit im Geist ist gespensterhaft und macht Furcht. – *Selbstdenken* ist der höchste Mut. – Die meisten Menschen denken nicht selbst; das heißt sie lassen sich nicht von der Fabel des gött-
10 lichen Geistes belehren die alle Wirklichkeit durchleuchtet und zur Hieroglyphik sie bildet, durch deren Weisheit-bewahrende Rätsel der Mensch hinauftreibt zur Blüte und sich zeitigt in ihr, daß er vermöge, neue Welten organisch zu durchdringen und so sich selber ewig und ewig bis zur Gott-
15 heit zu erziehen. – Aber im engen Hafen eingeklemmt aus Furcht vor dem Scheitern, da wird er die Gottheit auf hohem Meer nicht erkennen. Und ist doch alle Geschichte Symbolik, das heißt Lehre Gottes und wenn das nicht wär so würde den Menschen nichts widerfahren. Wer wagt selbst zu denken,
20 der wird auch selbst handlen, und wer nicht selbst denkt, nicht aufs freie uferlose Meer steuert mit seinem Geist, der wird die Gottheit nicht selbst erreichen, nicht selbst handlen, denn sich nach andern richten das ist nicht handlen, handlen ist *Selbstsein,* und das ist: *in Gott leben.* –
25   So hab ich heute gedacht auf der Warte, weil mich Dein Brief ergriffen hat; ein Zorn ist in mir aufgelodert der mir diese Gedanken zurief, es ist ein Fordern an Dich, Du sollst Dir und mir treu sein, da ein Geist sich mit uns beiden ein-geschifft hat so verlaß seine Flagge nicht, der Eid, den Du
30 geschworen, heißt: *freudiger Mut,* da Geist *in ihm* nimmer verloren gehen kann, und außer ihm aber erstirbt. – Nun versteh mich da heraus. – Der Traum leuchtet zu stark in mich herein als daß ich nicht etwas verwirrt sollte reden müs-sen. – Ich kehre zurück in tieferen Schlaf; – wo ichs nicht mehr
35 fasse, wie eben, was in mir webt und will. – Wie wär das Wunderbare möglich? – ja wohl! wie wär der Geist möglich in der Menschenbrust, ohne alle Sterne? – sie alle leiten ihr

Licht in ihn, sie alle sind seine Erzeuger, sie alle richten sich
nach ihm der in der Brust wie in der Wiege liegt, und sind
Hüter seines Schlafs; so er erwacht so nährt er sich von ihrem
Geist, schlafend, saugt er ihr Licht. Und siehst Du, ich
spanne die Segel auf und fahr vorwärts und sprenge die Ket- 5
ten die den Hafen sperren, denn mein Wille ist, dem Gott auf
offnem Meere zu begegnen, und dieser Wille ist rein und frei
von Sünde, so ist er die Wahrheit und kann nicht trügen und
wird Gott finden. – Mein Geist wacht noch nicht, er schläft
aber doch unter ganz leiser Schlummerdecke, wie ein Kind 10
mit süßem Bewußtsein schläft in der Sonne und fühlt ihren
Schein.

                                        Donnerstag.
Ich muß Dir alles sagen, alles was mit luftiger Eile sich mir
durch den Kopf schwingt. – Ist mirs doch als fahren wir auf 15
Wolken dahin, und meine Worte verhallen in der Weite, aber
ich muß Dir rufen – wie ich Dich dahinschwimmen seh am
Himmelsozean als hätten Dich die Winde aufgerafft – und
mich auch, und als flög Dein Wolkenpferd weit vor mir; –
meine Stimme flattert an Dich heran: Du hörst doch? – so 20
hell der Mond auch scheint im unendlichen Blau der Nacht
das Dich dahinnimmt? – Es gibt nichts wie die Liebe! – doch
weißt Du wohl! – Menschen unterscheiden zwischen Lieb
und Freundschaft und zwischen besonderer Treue für diesen
oder jenen, aber nicht ich und Du? – Was spricht mich an? – 25
das sag mir doch? – vielleicht der Dämon – der findet mich
hier auf der einsamen Warte und spricht mit mir von Dir? –
und lehrt mich beten für Dich. Dich denken wie Dein Geist
sich höher und höher entfaltet, das ist beten. – Und warum
wüßt ich von Dir wie Du bist, nach was Du dürstest, warum 30
vernähm ich Dich so tief und fühlte Dein Sein? – Lieb, will
ich das nicht nennen – wenns nicht ist daß ich vor Gott Dich
aussprechen lerne? – denn alles Sein ist Geist Gottes, und
Geist will sich aussprechen, sich in den Geist übertragen, und
die Sprache ist der Widerhall, das Gedächtnis des Seins. Ich 35

spreche Dich aus vor Gott, so ist mein Gebet rein vor Gott
so hat es mich Dein Genius heute gelehrt oben auf der Warte,
– und hab ruhig wie Du bist, mit den Sternen überlegt; und
dann hab ich Deinen Namen eingezeichnet in den Schnee;
5 und dann den Namen des Königs der Juden, der kindlich zu
Gott ruft: *Vater*! hab ich Dir als Wächter hinzugeschrieben
und dies Zeichen von Dir im kalten Schnee; da ist Dein Geist
frei von bösem Wahn, da oben in reiner kalter Luft die Dich
anweht. Und der Geist Gottes über Dir, und der menschge-
10 wordene Geist der Liebe Dich umschwebend – daß Du sein
mußt – und nicht Dich aufgeben wollend auf dieser leuchtenden Bahn. – Ja so muß es sein, denn Du bist ein Schoß-
kind Gottes, denn wenn ich in der kalten Nacht hinaufseh
dann seh ich Dich sanft hinaufschreiten als sei es Dein ge-
15 wohnter Weg, und gehest ein und vorwärts, aber Dein Geist
verzweifelt nicht. – Leb doch wohl, jetzt bin ich wieder still –
und fürchte nichts für Dich – eins will ich Dir sagen von
meinen Briefen, ich lese sie nicht wieder – ich muß sie dahin-
flattern lassen wie Töne die der Wind mitnimmt, ich schreib
20 sie hin, verstehs wie Du willst, sie sind ein tiefes Zeichen wie
mein Geist durch den Deinen schreitet und von ihm wieder
durchdrungen wird, und sonst ists nichts. – Und wenn es
kein Geist ist was ich damit mein, so ists Ton – Geschrei
meines Herzens nach Dir hin, es verhallt oder es dringt bis zu
25 Dir, – da denkst Du, das ist der Bettine ihre Stimme, das ruft
Dich auf daß Du im Geist meiner wahrnehmest, wie kann ich
anders mit Dir reden, was kann ich Dir zurufen? – Was versteht sich zwischen uns als nur allein die Modulation des
Gefühls, das andre wissen wir ja alle schon. –
30 Bettine.

An die Bettine.
Du wirst mir doch nicht übel deuten daß ich mich ein wenig
vor Dir fürchte? – und machst mir auch Furcht vor mir selber! – und dann fürchte ich auch für Dich, nimm Dich um
35 Gotteswillen in acht daß Du nicht fällst. Deine Turm-

begeistrungen erfreuen mich aber ich will gewiß sein daß Du
keiner Gefahr ausgesetzt bist, sonst machst Du mich krank,
schreib mir gleich daß Du nicht mehr auf der Mauer herumlaufen willst, sonst kann und will ich nichts mehr von da
oben hören, mir wars wohltätig Deine Stimme von da oben
herab, so frei und leicht wie Wolken jagen, zu vernehmen,
aber wollt ich doch der Turm fiel eines Morgens ein, lieber als
daß Du am End in der Nacht selbst herunter fällst. – Ich weiß
nicht bist Du das Spiel böser Dämonen? – oder sichern Dich
die Guten, so gib ihnen wenigstens nicht so viel zu tun, die
bis zu mir dringen ich soll Dich mahnen nicht zu freveln.
Liegt darin nicht schon der Beweis daß sie Dich nicht schützen können? – Nehme ich Deine Weissagungen in mich auf,
und ergrüble das Tonspiel Deines Geistes in das der Zufall so
oft eingreift wie der Wind der alle Töne auseinandersprengt,
und sammle gern was Du zerstreuest in die Lüfte: so folg mir
doch auch – und ich bitte Dich darum sonst kann ich nicht
ruhig denken an Dich; – aber wenn Du es nicht lassen willst,
oder wie Du meinst daß Du es nicht lassen *kannst,* dann
schweig lieber ganz, oder wie soll ichs machen daß ich die
Furcht überwinde Du möchtest elend und unwillkürlich da
hinab ins Grab stürzen.

Du hast eine Bangigkeit um mich als läge mir was trauriges im Sinn; das solltest Du ja nicht, – es war im Gegenteil
ein ganz freier Augenblick wo alle störende oder zer-
streuende Bilder erblaßt waren, wo ich mit hellen Sinnen
mein Inneres vor Dir aufschloß. –

Warum ich Dich mahnte an den Clemens zu schreiben das
will ich Dir hier offenbaren. Du sagst Du liebst den Clemens,
der Idee nach kann ich ihm auch herzlich gut sein, allein sein
wirkliches Leben scheint mir so entfernt von demjenigen das
ich ihm dieser Idee nach zumute, daß es mir immer ein wahres Ärgernis ist, deswegen kann ich auch nie eine feste Ansicht über ihn haben, – aber in Deiner Liebe zu ihm, fasse ich
auch wieder Glauben zu ihm und habe eine Art Zutrauen zu
einem inneren Kern in ihm der nur durch allerlei Unarten
verborgen und zurückgehalten ist, wie wenn ein gesunder

und reiner Born sich teilweise im Schlamm und Sand ver-
sickert; nun mein ich, Dein Schreiben an ihn, räumt diese
trübenden und schmälernden Hindernisse wohl hinweg, da
Du so grade an sein Herz gehest, wo ich vielleicht zu ungeschickt bin durchzufinden. Es ist nur der Wille mich selbst
besser zu ihm zu stellen, und alles was sich immer durch seine
Briefe aufs neue zwischen uns drängte, zu überwinden,
warum ich wünsche daß Du ihn nicht versäumst; dann ist es
auch mein Gewissen was mich auffordert, daß Dich ihm
nichts entfremde, denn wenn ich ihn je als treu und aufrichtig
fassen kann so ist's Dir gegenüber; um so mehr muß ihm dies
erhalten bleiben, es ist die Quelle aus der er verklärt aus dem
Bad steigt. Hier hast Du seinen Brief an mich, was er von Dir
sagt ist so aufrichtig natürlich innig; aber das andre ist um so
wunderlicher, daß es mir ganz seltsam vorkam. Ich bestrebe
mich immer wenn ich an ihn schreibe, sehr faßlich zu sein,
und ganz wahr, allein es ist als müsse grade dies dazu dienen die verkehrtesten Ansichten bei ihm über mich
hervorzubringen, es war mir als ich den Brief gelesen hatte
und ist mir noch so, als ob er gar nicht für mich geschrieben
sei. – Aber wenn ich ihm das schreibe, so muß ich schon ge-
wärtigen daß er es für eine künstliche Anstalt halte, obschon
ich ihm versichere daß es ganz von selbst so gekommen,
denn er kann sich wohl unmöglich denken daß sein tieferes
Eingehen auf meine Natur wo er mich lobt und wo er mich
tadelt mir ganz fremd erscheine. – Ich verstehe nur den Augenblick in dem er mir geschrieben hat; – ich bin überhaupt
nie weiter gekommen als seine Augenblicke ein wenig zu
verstehen, von dieser Augenblicke Zusammenhang und
Grundton weiß ich gar nichts. Es kömmt mir oft vor als
hätte er viele Seelen, wenn ich nun anfange einer dieser Seelen gut zu sein, so geht sie fort, und eine andre tritt an ihre
Stelle, die ich nicht kenne und die ich überrascht anstarre,
und die statt jener befreundeten, mich nicht zum besten behandelt, ich möchte wohl diese Seelen zu zergliedern und zu
ordnen suchen. Aber ich mag nicht einmal an alle seine Seelen denken, denn eine davon hat mein Zutrauen das nur ein

furchtsames Kind ist auf die Straße gestoßen; das Kind ist
nun noch viel blöder geworden und wird nicht wieder umkehren, darum kann ich ihm auch nicht eigentlich von mir
schreiben; sein Brief an Dich, über Wahrheit, hat mir viel
Freude gemacht, und zugleich seh ich hell was mir vorher 5
nur dunkel und schwankend war, ich kann ihn viel besser
durch Dich verstehen und ihm gerecht sein, und auch liebend, wie er es zu bedürfen scheint. Das alles macht mich
wünschen daß was ich ihm liebend antun kann, durch Dich
befördert werde, sprich ihm von mir wie ich ihm recht na- 10
türlich vorkommen muß, daß es sich gut zwischen uns ge-
stalte denn durch unmittelbare Berührung kann nichts werden.

Savigny hat mir selbst geschrieben, tue mir doch den Gefallen und schicke mir gelegentlich die Übersetzungen ins 15
Französische von denen er mir gesagt, und sie mir auch versprochen hat. –

Und nun möcht ich wohl diesen Raum an Papier hier mit
etwas ausfüllen was Du nicht erwartest weil es etwas altes
und oft wiederholtes ist; aber doch liegt es mir auf der Zunge 20
und auch immer im Geist wenn ich *Deine* Briefe lese mit denen mirs freilich ganz anders geht wie mit denen von Clemens wo ich nur nachsinne, und überlege, während ich bei
den Deinen nur empfinde und zwar so wohltätig als käme
mir ein Luftstrom aus dem gelobten Land. Um so mehr wird 25
Dich befremden wenn ich frage, aber was wird bei Deinem
Zwischen Himmel und Erde schweben, aus der Musik, aus dem
Generalbaß, aus der Komposition? – ist es nicht dumm daß
ich so frage? – aber bedenk, wie viel Genuß es Dir schon in
Offenbach gewährte, was Du Dir selber und dem was Dir 30
lieb war schon zu Gefallen tun konntest, wie wohltätig
wirkte es auf Dein Aufbrausen, wie oft beschwichtigtest Du
es damit, wie schön versöhntest Du oft Deine Stimmungen
in dem Unerreichbaren, durch Dein Singen, – und was hast
Du mir alles selbst beglaubigt, wie tief Musik in Dich ein- 35
greife; sollte nun auf einmal dies alles verschwunden sein?
oder hast Du nur versäumt mir drüber zu schreiben. – Lebe

wohl Liebe und ermüde doch nicht mir zu schreiben.

Caroline.

Deine Kolumbus-Ansicht erfreut mich ungemein und macht
mich ganz scharfsinnig, – schicke dem Clemens Deine rhyth-
5 mische Vision es macht ihm vielleicht Freude, ich empfinde
darin mehr lebendige als gemalte Flamme, schon fließt die
Abendschilderung und das ganze aus lebendiger Erinnerung, die prophetischer Sang dem Untergang der Welt ist,
und dem neu erblühenden tausendjährigen Reich erwartet.
10 Prophezeiht doch Apoll auch aus der Vermählung der Poesie
und Philosophie. Ich erinnere mich noch des seligen Übermuts in dem Liede von Arnim: *Wie der trunkne Pag' in warmen
Nächten in geheimnisvoller Liebe Mantel wohl verkappt der Herrin
Lager suchend, taumelnd in die Höhle war geraten wo die Löwin ihre
15 Jungen säugte.*

An die Günderode.

Hab ich Dir denn nicht vom Koch erzählt der mich wö-
chentlich zweimal kreuzigt mit dem Generalbaß-unterricht?
– und daß er mir alles korrigiert was ich komponiere? – er
20 schneidet mir alles zurecht bis nicht ein Ton mehr, nicht ein
Taktteil am alten Fleck sitzt und wenn ers so weit verputzt
hat daß es sich ausnimmt wie ein geschorner Blumenstrauß,
so hängt er ihm noch Manschetten an aus seiner eignen
Garderobe. Arnims irdische Lieder werden da heilige Mär-
25 tyrer unter meinem Musikstudium, und ihre Seligkeit kann
ich weder durch Vor- noch Nachspiel ausdrücken, und tröste
mich damit daß Seligkeit etwas ist was nie eines Menschen
Ohr gehört hat. – Aber mit meiner Musik geht es im Ganzen
schlecht das leugne ich Dir nicht, das ist aber nicht far niente,
30 es ist unüberwindliche Schweigsamkeit in meiner Kehle, ich
muß vermuten daß es für die Menschenarten wie die Vö-
gelarten gewisse Zeiten gibt im Jahr wo sie den Drang zum
Singen haben. In Offenbach, das war im Juni und Juli, da
wacht ich gleich mit Singen auf, und Abends stieg ich immer

hoch wie die Vögel in den besonnten Gipfel fliegen, um der
scheidenden Sonne nachzusingen, da war der Taubenschlag
meine Tempelzinne, da kamen mir Melodieen, sie entsproß-
ten aus leiser Berührung zwischen Ton und Gefühl, sie lö-
sten die Fesseln dem was in meiner Brust wie im Kerker
schmachtete, dem gaben sie Flügel auf einmal, daß es sich
heben konnt, und ganz frei ausdehnen. – Ich hab oft darüber
gedacht daß Musik, so leicht und gleichsam von selbst sich
melodisch ins Metrum füge, die doch vom Verstand weit
weniger erfaßt und regiert wird wie die Sprache die nie ohne
Anstrengung das Metrum des Gedankens ergründet und entwickelt. Die Melodie, die so in der Singezeit auffliegt, in sich
fertig gebildet, der Kehle entsteigt ohne von dem Geist gebildet zu sein, ist so überraschend daß sie mir immer als Wunder erscheint. – Ist die Sprache eine geistige Musik und noch
nicht vollkommen organisch gebildet? – und Dichter-drang,
ist der, Trieb des Sprachgeistes sich zu reifen? – sollen vielleicht Gefühl, *Em-pfindung,* Geist in einander durch die
Sprache der Poesie organisch verbunden werden als selbst-
ständige wirkende Erscheinungen? – haben Gedichte nicht
geistige Verwandtschaften? nicht Leidenschaften? reißt ein
Gedicht nicht das andre mit Flammenglut an sich, sind Dichtungen nicht bloße Begeistrung, heiße Leidenschaft für einander? – Spricht ein Gedicht Liebe aus, dann muß es ja in sich
liebend sein, – es entzündet ja! – – Ich muß ja jeden Gefühls-
schritt, jeden Atemzug mitleben, ich lieb ja so heiß wie die
Gedichterzeugende Begeistrung der Liebe.

Es wär Frevel wollt ich dichten weil ich den Wein trinke
und im Rausch den Gott empfinde. Weil der Vergötte-
rungstrieb des Geistes mich durchschauert. Ich kanns nicht
erzeugen, das Göttliche, so sag ich Dir, und doch – es ist mir
gewiß daß ich es inbrünstig liebe und es auch im einfachsten
Keim erkenne, aber ich selbst werd nicht Lieb erzeugen so
wenig als ein Gedicht, ich fühls, und es liegt auch ein geheimer Widerspruch in mir daß ich nicht gestört sein will in der
inneren Werkstätte meines Geistes, durch Gegenliebe.

Es begegnet mir aber nichts oder wenig in der Men-

schenwelt was einfach genug ist, was ganz reiner Lebenstrieb
ist, – was mich rührt, wie der Grashalm, – die frischen Spitzen der Saat, ein Vogelnest mit Treue gebaut, das Blau des
Himmels! – das alles ergreift mich als obs menschlich wär;
und inniger wie das Menschliche, und die Entzückungen die
es mir erregt von der Natur berührt zu sein, sind als ob es
eine mich mitfühlende Gewalt berühre, und das wird wohl
der liebende Inhalt meiner Seele sein und nichts andres.

Es wird Dichtung meiner Natur sein daß ich so liebe; –
aufnehmend, hingebend, aber nicht aufgenommen werdend.
– Drum! es ist die Liebe die dichtet den Menschengeist und
des Gedichtes Inhalt, ist Liebe ohne Gegenliebe – die
höchste elektrische Kraft! – Geistestrieb! – – der meinige! – –
Vielleicht sind Naturen Gedichtkeime, sie sollen ohne
Fehl sich entwicklen und ist das ihr einziger Beruf. Ich wollt
ich sproßt aus einem großen Dichtergeist, der allerhaben
fühlt, und menschlich doch auch; – keine üppige schwär-
mende Aufregung, nein süße Naturkraft, selbst bewußte –
gefühlige, – die aus Innigkeit mich erzeugte, – aus be-
glückendem Reiz des Frühlingslichts! Ja ich wollt ich wär
kein schlecht Gedicht. *Gedrängter quellet Zwillingsbeeren, und
reifet schneller und glänzendvoller! Euch brütet der Mutter Sonne
Scheideblick, euch umsäuselt des holden Himmels fruchtende Fülle;
euch kühlet des Mondes freundlicher Zauberhauch, und euch betauen –
ach! – aus diesen Augen, – der ewig belebenden Liebe vollschwellende
Tränen.* – Dies Gedicht, ist mirs doch als sei ich es! so reifend
unter den Berührungen der Natur, und unter den Tränen des
Dichters. Und wie oft hab ich in der Singezeit dies Lied gesungen und mich ganz drin gefühlt, die wachsende Beere die
der Tau der Liebesträne nährt, der nicht *ihr* geflossen ist.

Montag.
Gestern waren wir in der Elisabetherkirch, der Reif um den
Turmknopf war von der Sonn zum Diamant umge-
schmolzen, in allen kleinen Rosetten hingen Diamanttrop-
fen; und der Kreis von Rosen, der um die Pforten in Stein
sehr fein gemeiselt ist, war ein Diamantkranz! Die Kirch sah

aus wie im Brautschmuck. Auf dem Kirchhof spielten die
Wipfel im spiegelnden Geschmeide. Die Kirch, von der
Wintersonne außen so herrlich geschmückt, war so still in-
nen, so einsam helldunkel, und der Teppig von den heiligen
Händen der Elisabeth gewebt lag vor dem Altar, erblaßt von 5
Farben ohne Prunk, nicht dem Aug erfreulich, nur der Seele
rührend; und da sah ich mich um daß nur ein blinder Mann
an der Tür saß, sonst war die Kirch leer. Da fühlt ich mich
elektrisch berührt, wie's der Geist der Poesie mir tut.
»Herbstgefühl?« ja – sollt ich meinen Erzeuger nicht lieben? 10
– Die ich im Tau seiner heißen Tränen mich wachsend fühl! –
es beredet mich in der Einsamkeit der Geist der Poesie, wenn
der Mond mich anhaucht da oben in den Nächten, und die
Luft spielt um mich, dann fühl ich den Dichter über mir, der
um Gedeihen für mich fleht zu ihnen, und gibt die 15
vollschwellende Träne hinzu. Nur den Zwillingsbeeren die
frisch und kindlich zu ihm aufstreben, keinem andern
schenkt er der ewig belebenden Liebe Tau, so kann ich ja
nichts anders sein wollen als die herbe Traube, die milde reift
von seinen Feuertränen; ich hab mirs einmal so gesagt und 20
sage mich nicht davon los, wie es auch mein inneres Sein ausspricht und mein Schicksal unter den Menschen.
   Es ist ein großer Unterschied zwischen den Geistern der
Poesie. Manches ist die Natur selbst, die mit deutlichen sinnlichen Worten mich anredet, manches ist vom Genius nach 25
allen Richtungen geprüfter Geist, der in der Unsterblichkeit
einfachem Styl, die Seele beruft daß sie den Göttern den
Herd weihe und nur immer des Göttlichen gedenke – der
Genius bleibend werd in ihr – in großen Gestalten heilig kühner Gedanken. Und so sind viele Bewegungen im Geist gar 30
verschieden, als könne die Poesie die Seelen rühren wie Saiten die erbrausen im Feuer, – und wieder still und schüchtern
aufblühen, wie Keime die sich umsehen im Lebenslicht, neu
geboren, nicht begreifend dies Leben aber zum Leben vereint. Wenn ich Dir dies sagen könnt was mich ohnmächtig 35
macht, daß ich schüchtern werd und mich wehre gegen den
Eindruck, als müsse ich ihm mein Ohr versagen, und ihm

doch heimlich lausche weils mich hinreißt, und weiß nicht
obs der Klang ist, oder der Inhalt, und wie beide wechselnd
mich bewältigen und wie ich – ja ich will dirs sagen: – Ein
göttlich persönlicher Geist dringt auf mich ein den ich lieben
will, lieben muß im Gedicht daß ich herzzerrissen bin von
großer Wehmut. – Nein mehr! – Tiefer gehts: – daß ich ausbrechen muß in ein schmerzlich Ach. – Und wenn ichs nicht
fühlte, dies Geistige, Persönliche in der Dichtung – über mir
schwebend, wie beglückt über seinen Triumph, ich glaub ich
müßte wie wahnsinnig ihm nachirren – aufsuchen und nicht
finden – und wiederkommen und mich besinnen und vergehen dran; und das ist der Goethe, der so wie Blitze in mich
schleudert und wieder heilend mich anblickt als tuen ihm
meine Schmerzen leid, und hüllt meine Seele in weiche Windlen wieder, aus denen sie sich losgerissen, daß sie sich Ruhe
erschlummere, und wachse, schlummernd – im Nachtglanz,
in der Sonne; und die Luft die mich wiegt, denen vertraut er
mich, und ich mag mich nicht anders mehr empfinden zu
ihm, als in diesem Gedicht, das ist meine Wiege, wo ich mich
seiner Teilnahme, seiner Sorge nah fühle und seine Tränen
der Liebe auffang und mich wachsend fühle. – Du hast gesagt, wir wollen ihn sehen den Großen, Wolkenteilenden,
Ätherdurchglänzenden, und ich hab gesagt, ja wir wollen ihn
sehen! – aber wie ichs gesagt hatte, aus Liebe und Mitfühlen
mit Dir, da wurd ich eifersüchtig, und weinte zu Haus in der
Einsamkeit bittere Tränen weil ichs gesagt hatte: wir wollen
ihn sehen! – und das kommt daher, weil er so lange schon,
mächtig mir die Seele besaitet hat, und dann hineingreift
sturmaufregend, und mich sanft wieder einlullt wie ein
Kind, – und ich bin gern das Kind, auf dem sein Blick befriedigt weilt. Und wär ich nicht genährt von der Natur und
wie es aus tiefster Brust *ihm* hervorquillt! – wie könnt ich sein
wie ich bin? – und weiter will ich doch nichts sein. Und ich
weiß gewiß, und nicht alle sind geeignet wie ich daß der
Geist persönlich aus der Dichtung hervor über mir walte,
und mich reife, in seiner geheimsten Seelentiefe vollschwel-
lendem Übermaß. Aber sag Du! wie könnt ich atmen, und

ruhen und keimen, wärs nicht in jener Wiege seines Gefühls,
im Gedicht? Und nicht wahr, ich lieg wohl gebettet, und
kannst mirs nicht süßer wünschen? ja Du verstehst es wie
ichs meine; in den *Manen* hab ich mich zurecht gefunden in
Dir, daß Du alles Leben verstehst, und viel tiefer! – denn ich
empfinde nur was Deines Geistes Spur Dir lehrt, Du aber
weißt alles.

Du sagst selbst, wo kein Wunsch uns hinzieht das ist für
uns verloren, und man hält wohl für unmöglich was nur des
Begehrens bedürfte um wirklich zu sein, und seit Du es mir
gesagt hast – und Du sagst, Harmonie der Kräfte ist Verbindung – so hab ich mirs denn getraut, weil ich ihn liebe, so
nehm ich alles willig hin, Schmerz und Entzücken; – denn es
ist immerdar Entzücken, ihn empfinden! – denn er schenkt
mirs ihn zu fühlen wie er aus seiner Dichtung Blüte mich anhaucht, das will er, das beglückt ihn, – daß ich erschüttert
bin, das begeistert den Dichtergeist, und andre kennen nur
die verschloßne Knospe, mir aber öffnet sich die Blüte und
das nimmt mich weg! – drum bin ich ihm allein und er mir
allein! – und die ganze Welt mag sich seiner teilhaftig meinen,
ich weiß daß es anders ist und muß drauf beharren, denn
sonst verzehrt mich die Eifersucht. – Und Du hast gesagt,
»das Aufheben dessen, was eigentlich diese Harmonie aus-
machte, müsse auch notwendig diese Verbindung aufheben.«
Das wird mir nicht geschehen. Du sagst, »das Geräusch der
Welt, das Getreib der Geschäfte, die Gewohnheit, nur die
Oberfläche zu berühren, die lassen dieses tiefste und feinste
Seelenorgan nicht zur Ausbildung kommen.« – Was spricht
mich denn an in dem Geliebten? – fühl ich denn nicht das
Große und Gewaltige was viel höher ist als ich selber? – ja
was mir höher oft vorkommt als der Geliebte selbst; und ist
es nicht dies, dem ich nachgeh? – und erscheint dieses Gewaltige mir nicht auch ganz allein außer ihm? – und ist das
nicht die Erinnerung an ihn und zugleich auch noch jene höhere Erscheinung von der Du sagst daß sie sich durch die
Harmonie mit ihr offenbare? – und kann ich ihm untreu sein
in dieser, wenn ich mich der hingebe? – und ist es nicht im-

mer *dasselbe* was Begeistrung zu erregen vermag? – Ach nein!
man kann in der Liebe nicht untreu sein, nur außer ihr. – Ich
fühls an der Heiterkeit die mich beflügelt daß in der Begeistrung keine Untreue ist. – Ich weiß von keiner Untreue, und
5 glaube oft, ich versündige mich an was ich liebe, wenn ich
nicht alles liebe. Es sind Dinge, (Naturen, Geister), die muß
ich lieben weil sie mich nähren, wie die Pflanze vom Licht,
vom Wasser, von Erde und Luft sich nährt. Alles was mich
begeistert ist mir der Sonne Strahl.
10   Wenn die Sonne eine Blume durchglüht da fühlt man wohl
daß sie die herablassende ist und daß die Blume von ihr mit
heißer Leidenschaft zehrt. Wer wollte das nicht Liebe nennen, und ob die Sonne Gegenliebe genießt wer weiß das? – ja
wer weiß ob die Blume ihr wieder gibt? – Du weißt wohl,
15 wenn die Sonne recht heiß brennt dann duftet keine Blume,
aber Abends wenn sie scheidet, dann duften ihr alle Blumen
nach, und Morgens wenn sie kommt dann duften ihr alle entgegen. – Ob das bis zu ihr hinaufsteige? – das frag ich mich,
danach sehn ich mich. Und Du sagst wonach der Wunsch uns
20 hinziehe das wird möglich und das glaub ich Dir; gewiß
steigt der Blume Duft zur Sonne, sind ihre Strahlen nicht
Gefühlfäden? – kann mich was Lebendes berühren ohne daß
ichs wieder berühre? – sind ihre Strahlen nicht Saugrüssel,
mit denen sie aus den Blütenkelchen den Duft saugt? – Und
25 der Dichter, der sich durch seiner Begeistrung Strahlen die
Blumen erschließt, saugt der nicht ihren Duft? – ists Begeistrung nicht, wenn vor der Geistessonne die Wolken sich teilen und sie strahlt die Knospe der Seele an? – Ei darum duften eben die Blumen nicht, grade wenn die Sonne auf ihnen
30 liegt, weil sie dann mit ihren Strahlenlippen alles selbst
trinkt. Nach einem Gewitter da duftet alles. – Dann kommt
sie eilig und wirft sich über sie her, und bald trinkt sie alle
Kelche aus, wo denn der Duft nur in ihren Strahl übergeht; –
und wenn sie scheidet, dann duftet ihr alles noch nach, und
35 der Duft zieht nach über die Berge; denn wenn man bei Sonnenuntergang auf einem Berg steht, da fühlt man den Balsam
aus den Tälern heraufsteigen, der Sonne nach; – das ist am

Mittag in der heißen Zeit nicht, weil da die Sonne bis hin-
untersteigt, und alles allein trinkt; so ist es zwischen beiden
wie zwischen Liebenden, – so können wir auch nicht an ihrer
Seligkeit zweifeln. – Nun ist noch die Erde und das Wasser,
die nähren noch die Pflanze, diese hält sie in ihrem Schoß,
und jenes kommt zu den Wurzeln gedrungen, und fällt vom
Himmel herab auf sie; sie verwandlen ihre feinsten Nah-
rungskräfte, das Heilige ihrer Natur in eine sprechende Erscheinung. – Sind vielleicht Blüten und Kräuter Worte? –
Sprache, in der die Gefühle, der Geist der Erde, des Wassers
sich deutlich machen? – Ist der Duft der Blumen, ihr
Schmelz, wohl das Sehnen der Erde – die Begeistrung des
Wassers die in den offnen Kelchen, Freiheit hat aufzusteigen
zur Sonne, zu dem was sie lieben? – Die dunkle Erde stößt
aus dem Innersten ihre duftenden Seufzer auf aus den Kelchen ihrer Pflanzen, die aus ihrem Busen aufblühen, hinauf in
die fessellose Freiheit? – Das Wasser das von seinen kräuseln-
den Wellen sich immer weiter treiben läßt, hier in der Blume
Stengel, im Saft des Baumes gemischt mit allen Kräften der
Natur, steigt, nimmt Gestalt an, wird zum Geist, zum Wort,
das die Andacht seiner Triebe aushaucht. – Was ist denn aber
die Luft? – ist die nicht Vermittler zwischen Allen? der Genius der Welt, der leitet, Leben gibt, ewig den Geist durchatmet? – Was ist aber Geistesatem? – ist der nicht Erkenntnis,
Streben emporzusteigen, sich abzulösen vom Mutterschoß
und aufzusteigen zum Geist? ist Atmen im sinnlichen Leben
nicht dasselbe? – drängen sich die Gefühle nicht in Seufzern
auf? – Ohne dies ewige Einsaugen des himmlischen Ele-
ments kann der Leib nicht leben, und der Geist stirbt jeden
Augenblick ohne jenen leitenden Genius, der sein eigentli-
cher Lebensatem ist. Die Luft ist der Genius des Lebens, sein
höheres Ich, so wie Wasser und Erde seine Erzeuger sind. –
Die Luft ist Vermittlerin zwischen dem göttlichen Liebesfeuer und dem jungen kindlichen Streben danach, küssen die
Strahlen zu heiß dann kühlt *sie* mit sanftem Wehen und erleichtert den verhaltnen Lebensatem; wie doppelt schlägt das
Herz wenn ihr Strom rascher eindringt! – – wie ganz gibt

sich ihr das Leben hin, wenn es von mächtigeren Regungen
bewältigt wird. Ja ihr allein vertraut es sich wenn es von sich
selber nicht mehr weiß, sie umlebt das erstorbene, bis Leben
eindringt wieder, mächtiger und gewaltiger wie früher. So
fühl ich deutlich, wenn mein Geist erstarrt war, es ist Genuß
zwischen mir und der Gottheit der mich weckt, die Luft, die
mich nährt und erhält, ohne welche Geist erstorben wär, nie
der Seele könnt Nahrung bringen, von oben. – Ja alle Offenbarung ist die Geistesluft die ihn durchatmet, ohne welche er
nicht leben kann einen Augenblick, sondern müßt ersticken,
und ob er schläft oder wacht, so atmet er doch immer den
Genius, die Luft. – Ich bin so glücklich Günderode wenn ich
hier auf den Bergen stehe und der Wind braust daß er mich
davon tragen will, – dann muß ich lachen vor Mutwillen und
denk ob mich der Geist doch auch versucht zu heben und *mit*
mir aufzufliegen. –

Die Sonne hat einen heißen Schein mit dem sie brennt, so
hat der Geist auch ein heißes Licht das brennt wohin es leuchtet.

So kam heut einer nach dem andern zum Beichtstuhl geschlichen in der Kirche, und der Pater der Beicht saß, guckte
mich an, ob ich nicht auch kommen wollt? – und aus Blödig-
keit geh ich in den Beichtstuhl und beicht daß ich mich immer
verwundern müsse warum die heiligen drei Könige das göttliche Kind nicht in ihren Schutz genommen haben, sondern
haben es im Stall liegen lassen und wären doch überzeugt
gewesen, es sei Gottes Sohn, da noch obendrein ein Stern
sich am Firmament aufgemacht um sie hin zu geleiten, sie
hätten das Kind sollen mitnehmen in ihr Land. Und doch
wären sie weiter gezogen, das käme mir nicht vor als wenn
sie heilig wären, sondern zerstreute Weltleute; der Beichtvater sagte: »so ist der Weltlauf, sie haben ihre Geschäfte gehabt wie heut zu Tag auch. – Aber, sagte er, das braucht man
nicht zu beichten das sind Sünden, wie für die Katz vom Tel-
lerchen zusammengekratzt, da gibt Gott keinen roten Heller
davor. – Da bet sie ein halb Vaterunser zur Buß, oder meint-
wegen ein Viertel.« – Und wie ich aus der Kirche kam, in die

frische Luft, da wars schon drei Uhr vorbei, die Sonne wollt
schon bald untergehen. Da kam ich auf den Turm und besann mich daß ich Dir wollt alles beichten wie ich Eifersucht
gegen Dich gehabt, und hatte Dir nicht wollen gönnen daß
Du mit mir zugleich bei Ihm wärst, ich wollt ganz allein mit   5
ihm sein. Aber jetzt bin ich dieser Sünde los und im Denken
teilt sich alles Böse wie Nebel vor den Augen daß man sieht
es war nur Wahn; alles was nicht Großmut ist das ist nur
Wahn. Denn ich mein, der Dichter ist meine Sonne, so bist
Du die Luft die das Böse um mich her verweht, und meinen   10
Geist aufsteigen lehrt. Wie kann ich ohne Dich bestehen vor
ihm. – So mag wohl jeder Menschengeist von Elementen
genährt werden, die Einer dem Andern sein muß, und merk
Dirs daß du meine Luft bist, ohne die ich nicht aufatmen
kann auch nur einmal.   15

Bettine.

An die Günderode.
Dem Clemens hab ich geschrieben, einen langen Brief, und
ihm auch von Dir gesagt, daß Du ihm gut bist, und daß ich
Dir lange Briefe schreibe auf die Du nur kurz oder auch wohl   20
gar nicht antwortest. Ich hab ihm erzählt, ich spreche zu Dir
wie zum Widerhall um mich zu fühlen, zu hören, und lege
meinen Gedanken und Einbildungen keinen Zaum an; und
daß es sei als ob ein guter Genius diese Briefe hervorbringe;
– so antwortet er: »um Deine Briefe ist die Günderode zu   25
beneiden, wenn sie das sind, was Dein Genius hervorbringt,
wenn sie aber so wenig antwortet, so ist das gar wunderlich,
entweder ist nichts zu antworten, oder alles schon abgetan.« –

Heute schreibt er mir den langen Brief über Dich, ich hab   30
doch recht, er hat Dich lieb, und hat Dich nicht wollen beleidigen, und seine Seelen alle, sind doch nur eine *gute,* denn
bist Du ein Kind, so ist er es auch zu Dir; aber Kinder lassen
sich nicht drauf ein empfindlich zu sein, sie sind gleich wieder
gut und lassen den Strom vom Ufer wegspülen die Spiel-   35

zeuge die sie einander zerbrochen haben, und erfinden sich
neue, ergötzlichere. Lese den Brief nicht mit Vorurteilen und
denk daß es neckende Stimmen sind in ihm von Kobolden,
die ihm oft selber einen Streich spielen, aber die Seele – die
Eine Gütige, die sie umschwärmen, die ist doch nur ein Kind
wie Du, und was ein freier himmelanstrebender Geist nicht
in noch höherem Sinn nimmt als er selber ist, das ist für ihn
kleinlich, und was kleinlich ist das muß man gar nicht annehmen, sonst lernt man die Wahrheit nicht begreifen. – Und
ich denk: von allen Geschichten des Herzens und der Seele
Berührungen, geben wir den Leitfaden der Gottheit in die
Hand, die leitet immer zum richtigen unmittelbaren Verstehen. – Und wenn Du mißverstanden wirst, so sieh doch
nur den Gott selber an in der Liebe, gegen den kannst Du
alles wagen, denn der muß Dich verstehen. –

Ich geb Dir Lehren Günderode, die Dir nicht fremd sind,
besinn Dich, auf dem Rhein wie wir unsren Briefwechsel besprachen, da sagtest Du es sei eine Seele die uns mit Liebe an
sich ziehe, in jedem Verhältnis, es müsse eine Zeitigung erlangen in uns sonst sei es Untreue, Mord, Ersticken eines
göttlichen Keims. – Und wo eine Anziehungskraft sei, da sei
auch eine Strebekraft und wir sollten ihre Empfindung festhalten, dadurch allein könne die Seele wachsen, jede Berührung mit des andern Geist sei bloß Seelenwachstum, so wie
alles Reizerweckende bloß sei wie das Erwecken und Entfalten des Pflanzenlebens. – Der Menschengeist bereite sich
auf die jüngste Stufe der Natur, auf die der Pflanze, während
der Leib auf der letzten stehe, auf der des Tieres, der Leib
ersterbe, aber im Geisterreich sei des Geistes erste Metamorphose die Pflanzenwelt. – Du meintest da, ich sei zerstreut und höre auf die Waldhörner am Ufer, nun hörst Du
daß ich doppelte Ohren hab, und daß ich alles nicht allein für
mich gehört hab, sondern auch für Dich, denn Du hast es
vielleicht schon vergessen. – Du sagtest Du liebst Dich selbst
in mir; so lieb Dich doch auch selbst im Clemens; – ich weiß
nicht was ich Dir all sagen möcht. – Erzieh Dir ihn doch wie
Du ihn haben willst, wie Du fühlst daß er sein müßte um

Dich *nicht* zu kränken, zu eben dem Leben das Du ihm der
Idee nach zumutest, es ist gewiß das wahre, was ihm zukommt, und Du selbst sagst ja damit, daß Du ihn der Idee
nach höher stellst wie die andern, diese Idee ist ja doch der
eigentliche Wirkliche, und denk doch an die andern die Du
der Idee nach gar nicht wohin stellen kannst, sondern mußt
sie lassen was sie sind. Und wenn Du einen Spielkameraden
fändest mit so herrlichen großen Augen, mit so elfenbeiner-
ner Stirn, und er hätte solche Momente wo die Götter aus
ihm prophezeihten, aber er wär unartig und tückisch im
Spiel, er biß Dir in die Hand und kratzte Dich wenn Du ihn
streichelst, oder er schlüg Dich mit der Peitsche, wolltest Du
bloß ihn als einen tückischen Knaben achten und wolltest die
frühere Idee von ihm aufgeben? – so ließest Du ihn also laufen wegen einem Rippenstoß den er Dir gab und wolltest
von der höheren Idee nicht mehr Notiz nehmen? – ach laß
Deine Rippen nicht so empfindlich sein! Tuts doch Gott
nicht! – Er hält sich an das Hohe im Menschen und alles
andre ist nicht für Gott da. – So soll auch alles nicht für Dich
da sein, wie bloß das Gute, und wenn es Dir auch gar nicht
mehr aufleuchtet, so sollst Du dennoch von ihm wissen und
dran glauben. –

Entlasse ihn nicht liebe Günderode, kämpf Dich mit ihm
durch, der die Idee in sich trägt die Du ihm zumutest, und die
so hoch ist daß er hinter ihr zurückbleibt; denn die andern
tragen gar keine Idee in sich, und bleiben nicht zurück, und
kommen nicht vorwärts. –

Da hab ich mich so vertieft in Gedanken, daß ich einschlief, es geschieht mir so oft daß ich einschlafen muß im
besten Denken, wenn ich eben empfind, als wolle ein tieferer
Geist in mir wach werden, wo ich höchlich gespannt bin zu
erfahren was sich in mir erdichten will, und statt daß es in mir
erwacht so muß ich drüber einschlafen, als ob eine idealische
Natur mir nicht wolle wissen lassen wie sie in mir denkt und
empfindet. –

Es ist ein Zauberer in uns, der sieht uns streben nach seinem Wissen, der macht all mein Streben zunichte, wenn ich

nah bin und die Offenbarung schon durchschimmern seh, so
schläfert er mich ein. –

Ich lese jetzt zum zweitenmal den Wilhelm Meister, als ich
ihn zum erstenmal las, hatte mein Leben Mignon's Tod noch
nicht erreicht, ich liebte mit ihr, wie ihr, waren die andern in
der Geschichte des Buchs mir gleichgültig, mich ergriff alles
was die Treue ihrer Liebe anging, nur in den Tod konnt ich
ihr nicht folgen. – Jetzt fühl ich daß ich weit über diesen Tod
hinaus ins Leben gerückt bin, aber auch um vieles unbestimmter bin ich, schon so früh drückt mich mein Alter,
wenn ich hier dran denke. – Ich hab mit ihr empfunden, ich
bin mit ihr gestorben damals, und jetzt hab ichs überlebt,
und sehe auf meinen Tod herab. – Gewiß stirbt der Mensch
mehr wie einmal, mit dem Freund der ihn verläßt muß er
sterben, und wenn ich mit jenem Kind leiden und sterben
mußte, weil ich sein Geschick als das meine in ihm empfand
und weil ich es zu sehr liebte und konnte es nicht allein in den
Tod gehen lassen. – Wenn Du das alles überlegst, so wirst Du
nachsichtig sein daß ich so furchtsam bin um Dich.

Ich hab auch jetzt schon lange wieder nichts von Dir gehört, auf den Clausner kann ich mich nicht verlassen, von Dir
will ich keine Briefe fordern, Du hast viel zu denken und
vielleicht Deine Augen sind leidend, aber doch bin ich immer
voll Sorgen wenn ich an dem Tag keine Briefe von Dir hab,
wo ich mirs in Kopf gesetzt hab; dann steigert sichs bis zur
Angst wenn noch ein Posttag vergeht, und dann hilft mirs
nur, wenn ich in der Sternennacht auf der Warte an Dich denke, da trau ichs meinem Geist seinem mächtigen Willen zu
daß er Dich schütze. Die Nächte war so tiefer Schnee gefallen
daß ich mir erst am Tag einen kleinen Pfad zum Turm schau-
feln mußte, denn so lang ich vermag wird mich nichts abhalten daß ich da hinauf geh und in Gedanken zu Dir dringe
und für Dich bet, bis ich wieder bei Dir bin. – Im Rheingau
hast Du mir auch geschrieben, nur kurz weil Du Augenweh
hattest, aber ich las doch in den zwei Zeilen wie Du gestimmt
warst, zutunlich. – –

An die Bettine.

Deine Briefe haben mir viele Freude gemacht, zweifle nicht
daran liebe Bettine weil ich Dir selbst so sparsam geschrieben
habe, aber Du weißt viel Denken und oft schreiben ist bei
mir gar sehr zweierlei; auch hab ich die Zeit schrecklich viel 5
Kopfweh gehabt.

Du schreibst mir gar nichts von Gundel und Savigny, tue
es doch.

Ich stelle mir Eure Lebensart recht still, vertraulich und
heimlich vor. – Aber ich fürchte nur Du kommst wieder zu 10
gar nichts. – Dem Clausner hast Du geschrieben Du treibst
Mathematik mit einem alten Juden, und vielleicht werdest
Du auch Hebräisch lernen, Du habest schon einen Teil vom
ABC inne – mit der Geschichte treibst Du Dich herum wie
ein Kätzchen mit einem Spielball der am Faden hängt; Du 15
wirfst ihn hin und her so lang es Dich ergötzt und dann läßt
Du ihn müßig liegen, was Du über Musik vorbringst ist lauter Larifari, meinst Du wenn etwas schlecht gelingt und sich
gegen den Geist sträubt, das sei ein Zeichen daß man es
aufgeben solle? – da bin ich grade der entgegengesetzten 20
Meinung, und wenn auch etwas Dir trivial erscheint, so ist
deswegen die Sache es gar nicht, sondern Dein Begriff ist
nicht gelichtet, an was willst Du Deine Kräfte üben wenn
nicht an dem was Dir noch schwer dünkt? – ich glaube so
manches was Du Dir jetzt fremd glaubst würde seine innere 25
Verwandtschaft zu Dir geltend machen. – – Du hast Wis-
senstrieb ohne Beständigkeit, Du willst aber alles zu gleicher
Zeit wissen und so weißt Du Keinem Dich ganz hinzugeben
und setzest nichts recht durch, das hat mir immer leid an Dir
getan. Dein Eifer und Deine Lust sind keine perennierenden 30
Pflanzen, sondern leicht verwelkliche Blüten. Ist es nicht so?
– sieh, darum ist es mir gleich fatal gewesen daß Dein Lehrmeister in der Geschichte Dich verlassen hat, die Begebenheiten unterstützen ordentlich Deinen natürlichen
Hang, noch dazu da er so geistreich und so faßlich und – so 35
liebenswürdig sein soll, – so nehm ich es ihm übel daß er
nicht mehr Interesse an Dir nahm. Übrigens muß ich Deine

Ausschweifungen im Lernen wieder tragen; es wurde mir im
vorwerfenden Ton mitgeteilt, und ich merkte daß meiner
Verwundrung hierüber, und daß ich nichts davon gewußt
habe, nicht Glauben beigemessen wurde.

5   Vom Clemens weiß ich nicht, ob ich wohltun würde ihm
so nachzugehen wie Du es meinst, es läßt sich da nicht ein-
biegen und ihm in den Weg treten um ihm zu begegnen, wo
ich ihn aber begegnen werde, da sei überzeugt daß es nur
friedliche und herzliche Gesinnung sein wird, ich bin weit
10   entfernt ihn aufzugeben, er steht mir vielmehr zu hoch für
meine Kräfte, die nicht an ihn reichen. Mein Tadel ist, daß er
diese hohen Anlagen alle vergeude, aber ich glaube Dir daß
dies kleinlich von mir ist, und hab mich auch schon gebes-
sert.

15   Ich weiß nicht ob ich so reden würde, wie er meinen Brief
in dem seinigen reden läßt; aber es kommt mir sonderbar vor
daß ich zuhöre wie ich spreche, und meine eignen Worte
kommen mir fast fremder vor als fremde. – Auch die wahrsten Briefe sind meiner Ansicht nach nur Leichen, sie bezeich-
20   nen ein ihnen einwohnend gewesenes Leben, und ob sie
gleich dem Lebendigen ähnlich sehen, so ist doch der Moment ihres Lebens schon dahin; deswegen kommt es mir vor
wenn ich lese was ich vor einiger Zeit geschrieben habe, als
sähe ich mich im Sarg liegen, und meine beiden Ichs starren
25   sich ganz verwundert an.

Mein Zutrauen war freilich kein liebenswürdiges Kind, es
wußte sich nicht beliebt zu machen, nichts Schönes zu erzählen, dabei flüsterten ihm die Umstehenden immer zu: Kind
sei klug! gehe nicht weiter vorwärts, der Clemens wird Dir
30   plötzlich einen Streich spielen und Dir die Schuld geben daß
er Dich nicht mehr ausstehen könne. Da wurde das Kind
verwirrt und ungeschickt, es wußte nicht recht wie man klug
sei, und schwankte hin und her, darf man ihm das so übel
nehmen? – Aber eigensinnig ist das Kind nicht. Wenn es im
35   Hause freundlich und gut aufgenommen wird, kehrt es sicher lieber um, als daß es länger auf der Straße verweile.

So kannst Du dem Clemens über mich berichten, auch daß

seine Scherze über meine Art zu schreiben und die ungefü-
gen Worte die ich gebrauche, mich nicht verdrießen, ich muß
mich bei dieser Stelle seines Briefs immer auslachen und
werde das Wort Ratschläge gar nicht mehr gebrauchen können, überdem erinnert es mich auch noch an Burzelbäume. – 5
 Ich kenne wenig Menschen und vielleicht niemand ganz
genau, denn ich bin sehr ungeschickt andre zu beobachten. –
Wenn ich daher einen Moment verstehe in ihm, so kann ich
von diesem nicht auf alle übrigen schließen. Es mag wohl
sehr wenige Menschen geben die dies können, und ich wohl 10
mit am wenigsten. Jetzt denke ich es sei gut den Clemens zu
betrachten, und erfreulich; und er will man solle ihn nur betrachten wollen. Ist diese Ansicht wahr oder falsch?
                                        Caroline.

Ich lese Deinen Brief und den meinen und erkenne wie ver- 15
schieden unsre Stimmungen sind, aber ich fürchte nicht daß
Du an mir zweifelst, oder mein Übergehen unrichtig ausle-
gest; was soll man dazusetzen oder einfallen wollen, wo sich
etwas frei und wahr ergibt wie Deine Mitteilungen, aber das
was *Du* übergehest das muß ich berühren. Du kommst mir 20
vor wie ein Eroberer der alle Waffen verschmäht aus Heldenmut, der alles verachtet was ihn schützen, verteidigen könnte
und jede Waffe die er zum Erobern bedarf; ja ich glaub das
Hemd möchtest Du abwerfen. Doch sind Wissen, Begreifen,
Lernen nicht allein die Armaturen des Geistes, sie sind viel- 25
mehr seine Glieder mit denen er sich wehrt, und sich aneig-
net was seinem Genie zukommt. Bedenks alles und neige
meinen Lehren ein herablassend Gehör. –
 Deine Beichte hab ich mit Sanktion angehört und erteile
Dir Absolution; und verspreche Dir auch Dich zu begleiten 30
wenn Du Deinen Erzeuger aufsuchst. Ich werde wohl nicht
die erste Rolle übernehmen müssen bei dieser Überraschung
langgehegten Begehrens. –
 Schreibe mir ein bißchen ordentlich über das Chaos Deiner Verwirrungen.   35

An die Günderode.

Die Frankfurter haben mir geschrieben und haben mich
schon ausgepelzt mit allerlei verwunderlichen Prophezei-
hungen. – Erstens: ich soll mir häusliche Tugenden ange-
wöhnen. Zweitens: wo ich einen Mann hernehmen will
wenn ich hebräisch lern? – So was ekelt einem Mann,
schreibt der lieb gut Engels-Franz, als wie die spartanische
Suppe; an einen solchen Herd wird sich keiner niederlassen
wollen und eine Schüssel Mathematik von einem alten
schwarzen Juden assaisoniert sei auch nicht appetitlich, darauf soll ich mir keine Gäste einladen, und der Generalbaß als
Dessert, das sei so gut wie eingemachter Teufels-Dr. – Das
wär eine schöne häusliche Tafel etc. und man spotte meiner
allgemein daß die Lullu eher geheiratet habe, und dann
meint er ganz gutherzig, daß wenn ich eben so viel häusliche
Tugenden geäußert hätte, ich gewiß auch einen Mann bekommen haben würde. – Ich schrieb ihm, er soll nur immer
mitspotten denn es sei jetzt nicht mehr Zeit mich zu ändern;
und der ganz Jud sei nur in meine Tagsordnung einrangiert
um mich vor dem Mottenfraß der Häuslichkeit zu bewahren,
und ich hätt gemerkt daß man in einer glücklichen Häuslichkeit Sonntags immer die Dachziegel gegenüber vom Nachbar zähle; was mir so fürchterliche Langeweile mache daß ich
lieber nicht heiraten will. – Ich hab aber auch dem Doktor
einen ironischen Lügenbrief wieder mit Lügen beantwortet
und dem Clausner auch einen. Und es sind auch allerlei Anspielungen, recht liebliche auf Dich, die ich mit charmantem
Humor beantwortet hab. So kommst Du zuletzt an die Reih.
Dem Clemens hab ich alles übermacht. – Deine eigne
Sorge um meine Ausschweifungen im Lernen die lasse sich
legen. Der Wind zaust mich und schüttelt mir alles aus dem
Kopf. – Wenn Du meinst ich könnt was dafür daß ich nichts
kann, da tust Du mir unrecht. Es ist nicht möglich meine
Lerngedanken zusammen zu bringen, sie hüpfen wie die Frö-
sche auf einem grünen Anger herum. Meinst Du ich mach
mir keine Vorwürfe? – meinst Du ich raffel mich nicht alle
Tage zusammen? – mit dem festen Vorsatz es durchzuneh-

men bis es mir ganz geläufig ist? – aber weißt Du was mich
zerstreut? – daß ichs allemal schon weiß noch eh es der Lehrer mir ganz auseinander gesetzt hat, nun muß ich warten bis
er fertig gekaut hat, da nehmen unterdes meine Gedanken
Reißaus, und dann ist es nachher nicht daß ich es nicht gelernt hab, sondern ich habs nur gar nicht gehört was er gesagt hat; mit dem Hofmann in Offenbach wars eine andre
Sach, er lehrte so problematisch, er ließ mir hundert interessante Fragen die er freilich oft unbeantwortet ließ, die oft zu
ganz fremden Dingen führten, aber dies regte mich an, immer darauf zurückzukehren. Ich will mich damit nicht entschuldigen, ich weiß daß es ein Fehler, eine Schwäche, eine
Krankheit ist; ich gebs auch nicht auf sie zu bekämpfen, und
sollt ich bis an meines Lebens End damit zu tun haben, ich
gebs nicht auf, das fort zu lernen was mir einmal Begierde ja
ich kann wohl sagen Leidenschaft erregt hat. – Generalbaß! –
Wenn Du ahnen könntest welches Ideal mir in diesem Wort
vor den Sinnen schwebt, und welchen alten Manschettenkerl
mir die Lehrer vorführen und behaupten das sei er, Du würdest mich bedauern daß ich den Genius unter dieser Gestalt
sollte wieder erkennen müssen. Nein er ist es nicht. Die
ganze Welt ist eben Philistertum, so haben sie nicht eher geruht bis sie auch das Wissen dahin gezerrt haben. Wär es frei
behandelt mit Genie, dann wär sein Beginnen kindlich, nicht
aberwitzig mit lauter Gebot und Verbot die sich nicht legi-
timieren: das darfst Du nicht, das mußt Du – warum? – weils
die Regel ist. – Nun aber! – ich fühls das soll mich nicht abhalten, und ich werde tun nach Kräften, und das andre wird
der Gott meinen mangelnden Kräften zu gut halten, und
auch mußt Du etwas auf einen bestimmten Naturtrieb rechnen, der mich mit Gewalt zu andern Gedanken reizt, einen
Vorteil hab ich davon, meine großen Anlagen werden jetzt
sehr in Zweifel gezogen oder vielmehr mir gänzlich abge-
leugnet, und meine Genialität gilt für Hoffart, und mein Charakter für einen Schußbartel, dem man alle Dummheiten zutrauen kann ohne ihm eine zum Vorwurf machen zu können.
Da fühl ich mich sehr bequem in meiner Haut und es ist mir

noch einmal so behaglich unter den Menschen; – niemand
denkt zwar dran daß ich nie Prätension an jene hohe Eigenschaften machte, von denen man erwartete daß sie aus dem
Ei kriechen würden, und daß es nur unser lieber Posau-
5 nenengel war der all diese Dinge über mich hinter meinem
Rücken in die Welt hinein trompetete, und man gibt mir die
Schuld daß ich ein eingebildeter aufgeblasner Kerl wär, der
meine seine Phantasie regne Gold; aber das kränkt mich gar
nicht und beschämt mich auch nicht und es steckt mich viel-
10 mehr an daß ich allerliebst dumm sein kann, und mich mit-
freue wenn sie mich auslachen und da lacht man als weiter. –
Du fragst nach Savigny. Der ist eben wie immer. Die
höchste Güte leuchtet aus ihm, die höchste Großmut, die
größte Nachsicht, die reinste Absicht in allem, das edelste
15 Vertrauen zu dem Willen und Respekt vor der individuellen
Natur. Nein ich glaub nicht daß es ein edleres Verhältnismaß
gibt. Das stört mich also gar nicht daß er mich hundertmal
hoffärtig nennt, und daß er über meine Albernheiten lacht
und daß er mir noch größere zutraut, und daß er keinen Glau-
20 ben an meinen gesunden Menschenverstand hat, er tut das
alles mit so liebenswürdiger Ironie, er ist so gutmütig dabei,
so willenlos einem zu stören, so verzeihend; ei ich wüßt nicht
wie ich mirs besser wünschen könnte, als so angenehm verbannt zu sein, und ich komme mir vor wie ein Schauspieler
25 der sich unter einem Charakter beliebt gemacht hat, und der
diesen nun immer beibehält, weil er sich selbst drin gefällt.
Der Clemens klagt zwar und meint er habe immer keine Antwort von ihm erhalten auf all sein Vertrauen, und habe sich
immer zurückgestoßen gefühlt – und der Savigny ließe
30 gleichsam das Tret-rad der Studiermaschine so lang aus
Höflichkeit stehen bis einer ausgeredet habe, er habe sich oft
geärgert daß wenn er zu ihm ins Zimmer kam um ihm was
warm mitzuteilen, so habe er keine Antwort, nur Gehör erlangt, und kaum sei er drauß gewesen, so rumpelte die Stu-
35 diermaschine wieder im alten Gleis. – Da hat aber der Clemens unrecht. Erstens ist Savignys Anteil am Leben außer
seiner wissenschaftlichen Sphäre nur ein geliehener; und viel-

leicht bloß gutmütig, und dann ist es ein Irrtum vom Clemens, der meint er müsse ihm Mitteilungen machen, da er sie
ihm nicht honoriert, oder sich ihm mitteilen will wo Savigny
einer anderen Ansicht über ihn zugetan ist. – Mir fällts gar
nicht ein, ihm etwas der Art sagen zu wollen, mir ists ganz 5
recht, daß er mir die Fehler und Albernheiten die in mir nun
einmal vorausgesetzt werden noch als erträglich anrechnet. –
»Was willst Du wieder für eine Dummheit vorbringen sagen
sie oft, oder ich bitt Dich schwätz nicht so extravagant, oder:
wie kannst Du denn so was sagen, die Leute verstehn Dich 10
nicht.« – Und es fallen mir dann auch immer die Extrava-
ganzen ein und ich sag sie immer nur, ums zu hören wie ich
ausgezankt werd. – Da siehst Du also, es geht mir plaisirlich;
und eifersüchtig darfst Du nicht sein, kein Mensch teilt dies
Vertrauen dies tiefere zu Dir, – drum aber, bin ich auch ei- 15
fersüchtig auf Dich, und oft auch bang, denn nicht allein die
Menschen sind mir im Weg, ich fürchte auch jeden Zufall,
jede Laune von Dir, jede Zerstreuung, ich möchte Dich immer heiter wissen. Wenn Du Kopfschmerzen hattest, so seh
ich mich noch nach ihnen um, wie nach frechen Gewalten die 20
ich noch auf dem Rückzug verfolgen möcht. – Wenn einer
mir schreibt Du seist still oder man habe Dich nicht gesehen,
oder man glaube Du seist nicht in der Stadt, das alles kümmert mich, so leichtsinnig ich bin, und so bald ich drauf vergesse so kommt mir die Idee leicht wieder, und steigert 25
meine traurige Gedanken über Dich, denn die hab ich als oft,
das ist wahr.

Mein Lehrer in der Mathematik ist mein alter Herbst-Jud.
Morgens an meiner Tür in einem schwarzen Kleid, weißem
Kragen und der Bart spiegelglatt, stand er an meiner Tür 30
und fragte um Erlaubnis mich zu besuchen, ich freute mich
über ihn, er sieht so viel edler aus als die andern Menschen
mit denen man täglich verkehrt, die man in großen Ver-
sammlungen sieht; ich hab im Schauspielhaus mich oft vergeblich nach einem erhabnen Gesicht umgesehen. Er setzte 35
sich auch gleich in anständiger Bequemlichkeit an den Tisch
den Arm drauf legend, merkte meine Verwundrung über

seine Angenehmheit, lächelte mich an und sah aus wie ein
Fürst, – ich fragte: wo sind Sie denn so lang gewesen? – Nun!
sagte er, was reden Sie doch so fremd, bin ich nicht noch der
Alte? – heiß ich nicht mehr: Lieber Jud? – ich mußt ihm die
5 Hand reichen, ich sagte, Ja! – hättest Du nur die ironische
Miene gesehen in dem erhabnen Gesicht und das milde herablassende Lächeln zu mir; – er sagte: nicht aus jedem Mund
gefällt einem das *Ihr* oder *Du* mit dem der Jude sich muß
anreden lassen, aber Ihrem lasse ichs nicht gern abgewöhnen.
10 – Dir hätte der Mann so viel Freud gemacht Günderod, er
erzählte nur Gewöhnliches aus seinem Leben, von seinen
siebzehn Enkeln wie die sich gefreut haben ihn wieder zu
sehen; ich frug nach allen, wie alt sie sind, wie sie aussehen;
da sind ihm doch die Fünf die Vater und Mutter verloren
15 haben die liebsten, von denen sagte er, »der älteste der
gleicht mir, man erkennt ihn schon von weitem für meinen
Enkel,« – und der Zweite? – »der schlägt ganz nach mir der
hat für nichts Sinn wie für die Mathematik und hält sich so
apart.« – Wie ist denn der Dritte gleicht der Euch auch? –
20 »Der ist noch ein klein Jüngelchen aber er verleugnet den
Großvater nicht, und die Töchter sind schon so hülfreich die
eine ist dreizehn und die andre elf Jahr, aber sie sorgen fürs
Haus und für die Kleidung.« – Das waren alles gewöhnliche
Reden, aber wie erfüllt von Herzlichkeit – ganz wie die Na-
25 tur mit Enthusiasmus Sorg und Plage tragend. – Er war früher bloß Lehrer der Mathematik, und lehrte in Gießen, in
Marburg die Studenten, und in der Ferienzeit ging er nach
Haus zu den Seinen. – Zwei Söhne, und eine Tochter verheiratet; seine Tochter starb nachdem sie ihren Mann be-
30 graben hatte den sie sehr liebte, und ließ die fünf Kinder zurück. – Der alte Ephraim konnt keinen andern Erwerbs-
zweig ergreifen sie zu ernähren, als an den er von Jugend
gewohnt war, der seine Leidenschaft ist – worüber er so manches Schmerzliche hat vergessen, sagte er, – so ist er denn auf
35 dem Heimweg in den Ferien, in den nächsten Orten herum-
geschlendert und hat alte Kleider eingehandelt um die seinen
Enkeln mitzubringen, denn sie neu zu kleiden dazu wollte

sein Erwerb nicht hinreichen. Nach und nach hat sich der
Handel erweitert, alte Hochzeitkleider aus dem vorigen Jahrhundert, verlegne altmodische Spitzen die die Kaufleute
nicht mehr absetzen verhandelt er jetzt nach Polen, so war er
diesmal in Leipzig – und hat ein sehr gut Geschäft gemacht, –   5
Du hörst, ich hab einen ganz kaufmännischen Styl – Ich
möcht mit dem Alten Compagnie machen und die Enkel ernähren helfen, weil aber das doch Schwierigkeit hat, so hab
ich einstweilen mathematische Stunde bei ihm, das macht ich
ganz kurz, ich sagt ihm: da komm nur die Woch auch zwei-   10
mal zu mir, denn ich muß Mathematik lernen, er lachte und
wollts nicht glauben, ich holte ihm aber meine mathema-
tischen Bücher hervor, die Christian mir hier gelassen, und
mein Heft was ich bei dem Christian geschrieben, das gefiel
ihm sehr, denn es war meist alles vom Christian diktiert, der   15
wohl der scharfsinnigste Mensch von der Welt ist. – Jetzt hab
ich schon drei Stunden ausgehalten, und auch allemal seine
Aufgaben richtig gemacht, denn ich hab Respekt vor dem
Alten, ich möcht um alles nicht ihm die Idee geben als sei ich
ein flatterhafter Schußbartel, wie mich die andern nennen,   20
woran mir gar nichts liegt, aber an Ihm liegt mir, weil er so
ganz ohne Überspannung doch nicht an meinem Ernst zweifelt, weil er eine so schöne Liebe zu seiner Wissenschaft hat,
daß er die für gering achten muß die das nicht mitfühlen.
Und meine Du was Du willst; aber Du wirst mir recht geben,   25
daß unter solchem Druck unter so erniedrigenden Bedingungen der Adel des Lebens so frei und untadelhaft bewahrt,
daß sie nicht einmal durch das niedrigste Geschäft sich gebeugt fühlt für eine hohe Seele spricht; daß sie um so mehr
Recht hat auf unsere feierliche Achtung als sie vielleicht dem   30
Äußeren nach, der Mißdeutung der Verachtung ausgesetzt
ist; er nannte mich gestern sein liebes Töchterchen, und legte
mir die Hand auf den Kopf wie er wegging; ich hielt so still,
er strich mir über die Wangen und sagte: Ja so! – das hieß so
viel: nun in dir ruht der Menschenkeim. – Er kommt zwi-   35
schen drei und fünf, da wirds schon dämmerig wenn er geht,
ich führte ihn durch den Garten und zeigte ihm den Turm,

von wo ich die Lande überseh. – Da kann kein Mensch hinauf wie ich, denn seht die Leiter ist zerbrochen, sagt ich, –
und ich hab ihm vorgetragen wie mirs geht mit dem Generalbaß, er sagt das wär weil ich nicht alles zu gleicher Zeit
überschaue, warum meine Begriffe stockten; und manches
woran Menschen ihr Lebenlang kauten, das müsse von andern in einem Blick erfaßt werden, sonst ging Zeit und Müh
verloren; ich sagte, mir sei bang so werde es mir auch ergehen. »Ich hab doch in meinem Leben noch keine kleine Eichel gesehen der bang war es werde kein Baum aus ihr wachsen,« gab er zur Antwort; und dabei legte er mir wieder die
Hand auf den Kopf und sagte so freundlich: »jetzt haben wir
die Eichel in die Erde gelegt und gedeckt und jetzt wollen
wir sie ruhig liegen lassen und sehen was Sonne und Regen
tut.« – Du glaubst gar nicht wie fabelig mich der Mann
macht, zu den andern darf ich nicht von ihm sprechen, das
kannst Du wohl denken, denn sonst würde meine Andacht
mir für Verrücktheit ausgelegt werden; aber die Patriarchen-
würde strahlt mich an aus ihm, und ich spreche der ganzen
Welt Hohn, daß solche einfache große und heilige Charaktere nicht Platz finden unter ihren Lapalien, und überhaupt
geh ich nach Vornehmheit, und diese hat der Mann; und seh
doch nur einen auftreten in der menschlichen Gesellschaft,
ob nicht aller mühselig erzwickter Rang ihn so des gesunden
Verstandes beraubt, daß er nur als Narr sich selbst genug zu
tun glaubt. – Weise sein kann keiner der der Narrheit eine
höhere Überzeugung opfert, denn aller Verstand deucht mir
ein Spiel von Aberwitz, wenn der heiligen Weisheit nicht alle
Opfer gebracht sind. Das meine ich so: wenn nicht alle äußeren Vorteile, Würden und Ruhm, nichts gelten vor dem
inneren Ruf zum Göttlichen. Ich bin noch jung, mir kommt
es wohl noch einmal daß mich das Schicksal frägt, – und da
werde ich des alten Handelsjuden Ephraim gedenken. – O
pfui, wer seinen Umgang wollte richten nach dem äußeren
Rang, von Vorurteilen sich wollte Fesseln lassen anlegen;
und mit denen prangen! – der einzige Stolz den ich habe, der
ist frei sein von ihnen, – und der schon auf andern Wegen

seinen Vorteil sucht als in der heiligen Überzeugung seines
Gewissens, der ist nicht mein Geselle. – Aber der Jude der
gibt mir keinen Anstoß der ist frei von allem. –

Adieu. Bettine.

Noch eins setz ich hier hin: Alles was Dir geschieht soll Dein
Geistesleben befördern, – so, auf die Weise begreif meinen
Umgang mit dem Juden.

An die Günderode.
Ein mathematischer Vergleich vom Jud: Begeisterung ist ein
Reich des Seins das wir zwar aus der Wirklichkeit verbannt
haben, aber in dem wir seine Gewißheit fühlen. – Wie könnte
dies Reich nicht wahrhaft sein da der Geist die Wirklichkeit
verläßt, denn wo soll der Geist leben als in der Begeisterung,
da er immer nur lebt wenn er begeistert ist. – Aus dieser
Schlußfolge legte er mir nun aus was er von mir gefaßt
wollte wissen, – und ich ergriff seine Hand und sagte: ach
Ephraim jetzt weiß ich wer Ihr seid, Ihr seid der Socrates. –
»Ich bin der Socrates nicht, aber er ist ein Stück von meiner
Religion.« – So? – sagt ich, habt Ihr ihn studiert; wie seid Ihr
denn dazu gekommen? – »da könnt ich ja wohl fragen, wie ist
ein so junges Töchterchen dazu gekommen von ihm zu wissen,« – ich hab ihn der Günderode stückweis vorgelesen,
aber ich war zerstreut, und weiß nichts von ihm als nur daß er
solche Schlußfolgen macht wie Ihr. – »Wer ist die Günderode? « – Meine Freundin der ich alles von Euch erzähl
und auch daß Ihr mich gefangen habt, wie in einem Hamen,
daß ich lernen muß, und daß Ihr der einzige Mensch seid vor
dem ich Furcht hab. – »Wenn das nur wahr wär, sagte er, so
wollt ich noch strenger sein.« – Ach nein! zerreißt den Hamen nicht, er ist gar fein gewebt laßt dem Fisch Platz daß er
ein Bißchen schnalzen kann. – Das macht ihm nun so viel
Vergnügen so ein Weilchen mit mir zu sprechen, – er sagte:
»das ist alles gut, aber wir wollen einander nicht umsonst
kennen gelernt haben, und Sie sollen manchmal noch des al-

ten Ephraim Spuren in Ihrem Geist verfolgen wenn er schon
lange nicht mehr lebt,« – wahrlich ich hatte auf der Zunge
ihm zu sagen, daß ich ihn unaussprechlich liebe und daß mir
an seinem Segen mehr gelegen sei als an der ganzen Welt;
aber ich schwieg still, was soll man so was sagen, er siehts ja,
und fühlts auch gewiß innerlich als Wahrheit. Ich frag ihn
alles, was mir in den Kopf kommt mir deucht gar nicht daß es
möglich sei daß ihm sein Geist nicht alles klar und deutlich
mache, – nur scheu ich mich ihm zu sagen wie sehr ich ihm
vertrau, gestern sprachen wir vom Napoleon, ich sagte mit
Euch wollt ich Schlachten gewinnen! – ich hab mir oft gedacht wenn ich Feldherr wär und von meiner Gegenwart des
Geistes alles abhing, daß ich alles verantworten müßt, ob ich
da nicht zwischen Begeistrung und Furcht schwanken würde; aber wenn ich Euch an der Seite hätt dann wollt ich meiner Entschlossenheit gewiß sein. – »Warum? – trauen Sie mir
so viel Mut zu? – hab ich ihn doch noch nie bewiesen, und
vielleicht noch nicht Gelegenheit gehabt ihn zu proben, denn
des Juden Weg ist, sich zwischen Dorn und Disteln durch-
zuschleichen, mit denen der Christ ihm die Straßen verhackt
und er muß sich scheuen daß die Hunde wach werden die in
die Dornen hinein ihn verfolgen daß er nicht mehr vor- noch
rückwärts weiß, und oft im Schweiß seiner Mühen zu
Grunde geht, und was noch trauriger ist, – seinen Gott nicht
mehr im eignen Herzen findet,« – und er faltete seine Hände
und verfärbte sich, – er ist eine fein organisierte Seele, – es
bewegte mich, ich sagte: Ich hab nicht an Euren Mut dabei
gedacht, aber mir deucht in Euer Antlitz zu sehen das würde
meine zerstreuten Gedanken sammeln, und meine Entschlossenheit festmachen wie einen Pfeiler, denn ich würde
nie vor Euch beschämt stehen wollen; und dann fühl ich daß
Ihr in der Gefahr wachsen würdet, denn Ihr würdet gewaltig
sein wo es des Geistes bedürfte, weil böse Leidenschaften in
Euch abwesend sind und Euren Geist nicht hindern gegenwärtig zu sein, denn ich glaub Gegenwart des Geistes hat
man nur der Abwesenheit der Leidenschaften zu danken die
einem ins Handwerk pfuschen. Aber Ihr seid vollkommen

ruhig und habt doch Euren Zweck im Auge, und steht über
den Vorteilen des Lebens, und habt Jahre und seid so fest so
ernst so gar nicht ermüdet von den strengen Prüfungen, Ihr
klagt nicht, Euch ist das Leben gerecht wie es Gott Euch gab;
das ist Weisheit, mein ich. – Und doch ist der Ephraim nur 5
ein Handelsjude, sagte er, – ja, aber ihr habt euer Leben zum
Tempel gemacht und seid hoher Priester darin. – Das Gespräch führte noch weiter, und endlich dahin – was ich mir
für Dich aufschrieb: –

»Daß der Leib in sich begeistigt ist – einen Geist in sich 10
habe, erkennen wir darin, daß er sich geheiligt empfindet im
Denken. – Ein Denkender, ein geistig Erregter hat einen
geheiligten Leib.«

Dies war das letzte von unserem Gespräch, was dazwischen lag, weiß ich nicht mehr; – aber auf dem Turm, in der 15
kalten Winternacht plauderten die Sterne weiter mit mir:

»In der Liebe ist das erste was wir weihen der Leib, – und
dies ist die Wurzel und der Keim der Liebe – und ohne diese
Weihe wird keine Liebe bestehen, sie welkt wie eine Blume
die man bricht, aber *durch* diese Weihe, *mit* Ihr, muß die Liebe 20
bestehen, jede Erkenntnis des Höheren fängt mit dieser
Weihe an; wenn der Geist göttlich empfindet, das heiligt den
Leib.«

»Jedes Annähern im Geist sucht den Sitz des Geistes im
Innersten und das empfindest Du umgeben vom Leib, – wie 25
Du die Tempelhalle geweiht achtest, von der Du weißt daß
inner ihren Mauern die Opferflamme lodert.«

»Der Tempel stellt den eignen Leib dar, und des Gottes
Lehre den eignen Geist.«

»Den Geist des andern empfinden, so wie *der* sich selber 30
empfand als er dachte, das befruchtet den Geist.« –

»Verstehen ist unmittelbares Berühren der Geister, und
dies ist *Lebendigsein,* erzeugt selbstständig Leben, und alles
andre ist nicht Verstehen, – und der geringste Keim selbstständig in der Brust, ist Offenbarung.« 35

»Drum befruchtet das wahre Verstehen den Geist.«

»Fürchte nicht daß Deine Liebe verloren sei, die Geister

tragen sie hin wo sie wirkt, wo sie erzeugt, wo sie ins Leben
eindringt des Geistes. – Und das ist ja der Liebe einziger Bedarf, aufgenommen zu sein; und was nicht ihrer Empfängnis
fähig ist, das ist auch nicht der Liebe Gegenstand, drum
fürchte nicht daß die Liebe ihr Ziel nicht fände, alles wahrhafte Leben hat ein Ziel.«

»Also hast Du eine lebendige, aus der Großmut ent-
sprungne Liebe, so verfehlt sie nicht ihr Ziel, denn es liegt in
ihr selber, wie der Atem in der Brust liegt.«

»Alle Handlung die nicht Großmut ist, ist Lüge, ist
Scheinleben; alles was nicht Geist ist, ist Lüge – Großmut
muß Scheinleben in wahres Leben verwandeln.«

»Was ist Großmut? – Geist! – Denken Handeln und Fühlen zugleich. – Großmut muß aus dem tiefsten Geist sich entwickeln, – Geist umfaßt alles, jede Regung fließt aus ihm. Je
mehr Du Geist ausströmst, je mehr strömt er Dir zu.«

»Großmut ist recht eigentlich sinnlicher Geistesstrom, alles was die Großmut hemmt ist geistlos.«

Das waren so die Nachzügler von meinem Gespräch mit
dem Juden. Bin ich nicht glücklich, Günderode, daß mir
Gott einen solchen an die Tür geschickt hat in so verachteter
Gestalt, und daß seine Hoheit um so mehr drunter hervorleuchtet? – und der mir zu trinken gibt wo mein Herz lechzt
und nicht die Quelle finden konnt, denn gewiß dieser Mann
beschenkt mich fürstlich und ich kann ihm nicht vergelten,
und er hat mich gewiß auch so lieb wie seine Enkel, für die er
mit Herz und Seele sorgt. Er gefiel mir gleich so wohl wie ich
ihn zum erstenmal sah, er zog mich an und ich scherzte
freundlich mit ihm weil ich ihm wohl tun wollte, da ich weiß
daß niemand freundlich mit solchen Leuten ist, und nur ihrer
spottet, – jetzt aber denk ich jedesmal wenn ich ihn seh, wie
hoch er über mir steht und wie gütevoll und herablassend er
gegen mich ist, er auch behandelt mich wie der Meister seinen Zögling, ich fühl jeden Augenblick seine Übermacht. –
Während ich mit ihm rede, schreibt er immer kleine Sätze ins
mathematische Heft, die er mir noch zuletzt anweist wie ich
sie herausfinden soll, das macht daß unser Gespräch sich in

Pausen einteilt, und feierlich und langsam ist, das macht mir
auch so viel Freud. –

Wenn ich zu Savigny hinunter komm, da bin ich immer
ganz ausgelassen lustig vor heimlicher Freud daß ich einen so
liebenswürdigen Meister hab dem ich so von Herzen zugetan
bin, ich würde für ihn durchs Feuer laufen, – für Dich auch –
ich hab immer die Studenten drum beneidet wenn ich mir
dacht daß sie so ein Verhältnis zu ihrem Professor haben, daß
sie so stolz drauf sind seine Schüler zu sein, und ihm die
Stange zu halten; damit mein ich daß sie sich ihm widmen mit
ihrem ganzen jugendlichen Enthusiasmus. – Es ist nichts
schöneres in der ganzen Welt als dies. Wär ich ein weiser
Meister; wenn mir die Studenten aus vollem Herzen ein freudig Lebehoch brächten, wenn sie im Fackelzug anmarschiert
kämen, ja das wär mir am liebsten von allen Ehrenkränzen. –
Der Ephraim hat so einen Charakter der imponieren und die
Schüler anziehen muß, wenn *der* Philosoph wär, was er doch
eigentlich ist, so müßten die Schüler mit Leidenschaft an ihm
hängen, – er sagt, meine Schüler lieben mich auch, aber die
Vorurteile liegen wie unersteigliche Berge zwischen uns. –
Savignys fragen als: nun war Dein alter Mathematicus bei
Dir, hast Du wieder Judenweisheit studiert? – bist Du heut
wieder klüger wie die andre Menschheit, hat Dich Dein Jud
eingeweiht? – ich sag ja und lach mit, und freu mich daß ich
allein alles weiß von ihm, – ich will Dir was sagen, ich hab
ihm die Manen vorgelesen und ihn gefragt darüber manches,
er hat mit Bleistift drunter geschrieben: »Du solltest Geister
rufen und sie sollten Deinem Ruf nicht folgen? – das glaub
nimmer.«

Wenn ich Abends auf den Turm geh, an Tagen wo er da
war, sind die Gedanken die mir da oben von den Sternen
kommen, immer so übereinstimmend mit seinen Reden daß
ich manchmal meinen muß sie hättens ihm eingegeben für
mich. – Solche Gedanken die mir lieb sind schreib ich in ein
Buch, um die schönsten draus zu wählen und Dir zu schreiben; am Tag vorher als ich vom Turm kam – es war spät ich
war müde, und schrieb eilig ohne mich zu besinnen was mir
noch im Kopf schwärmte von da oben:

»Darum ists auch oft, warum das Göttliche nicht in uns haftet, weil wir selbst schlecht werden, indem wir mit dem Bösen streiten; wir wurden boshaft indem wir das Böse verfolgten.« –

»Gott hat den Adam nicht aus dem Paradies verjagt, der Adam ist ihm von selbst entlaufen. Wo könnt ein Engel eine gottgeschaffne Kreatur aus dem Paradies jagen wollen? – Alles Göttliche ist Steigen, was nicht mitsteigen kann das sinkt.«

»Wo könnte aber das Göttliche aufsteigen, wenn nicht aus dem Ungöttlichen? – Wie könnte das Göttliche vom Ungöttlichen sich sondern wollen? – nein, es ist recht seine göttliche Natur, sich nicht von ihm zu sondern; es mischt sich mit ihm, und reizt es, des Göttlichen inne zu werden, nur Verachtung löst sich ab vom Göttlichen, nur der Tod löst sich ab, und vieles ist der Tod selbst, wodurch die Menschen sich vom Ungöttlichen absondern wollen, – sich des ewigen Lebens teilhaftig machen wollen.« –

»Die Freiheit muß zur Sklavin werden des Sklaven, sie muß *sich* dem Sklavensinn erobern, wie könnt sie sonst Freiheit sein? – in was kann Freiheit sich aussprechen, als im Gebundensein, und unterworfen dem göttlichen Trieb, das Ungöttliche Göttlich zu machen! – Wer ist mächtig die Ketten zu tragen, wenn nicht die Freiheit? – und wer kann die ohnmächtigen Sinne beleben als nur das Leben selbst?« –

»Man sagt zwar, das Göttliche vertrage nicht das Ungöttliche, aber es muß alles vertragen können, nur in ewigem Verwandeln in sich, besteht das Göttlichsein.«

Das hab ich heut auf dem Turm gelernt und dann hab ich noch gedacht:

»Wenn Du Dich im Geist begegnest mit dem, was Du liebst, so trete auf im Schmuck Deiner Begeistrung, sonst würde es Dich nicht erkennen.«

»Daß Dich der Geliebte berühre im Geist, kann nur aus Begeistrung geschehen, so kann auch nur Begeisterung zu ihm reden.« –

Als ich den Ephraim begleitet hatte, ging ich gleich auf

den Turm, obschon das nicht gilt wenn die Sterne noch nicht
am Himmel stehen; aber ich mochte nicht wieder ins Haus, es
war mir zu behaglich in freier Luft. Fühlst Du das auch, das
Glücklichsein, bloß weil Du atmest, – wenn Du im Freien
gehst und siehst den unermeßlichen Äther über Dir – daß Du
den trinkst, daß Du mit ihm verwandt bist, so nah daß alles
Leben in Dich strömt von ihm? – Ach was suchen wir doch
noch nach einem Gegenstand den wir lieben wollen? – gewiegt, gereizt, genährt, begeistigt vom Leben – in seinem
Schoß bald, bald auf seinen Flügeln; ist das nicht Liebe? ist
das ganze Leben nicht Lieben? – und Du suchst was Du lieben kannst? – so lieb doch das Leben wieder, was Dich durchdringt, was ewig mächtig Dich an sich zieht, aus dem allein
alle Seligkeit Dir zuströmt; warum muß es doch grade dies
oder jenes sein, an das Du dich hingibst? – nimm doch alles
Geliebte hin als eine Zärtlichkeit, eine Schmeichelei vom Leben selbst, häng mit Begeistrung am Leben selbst, dessen
Liebe Dich geistig macht; – denn daß Du lebst das ist die
heiße Liebe des Lebens zu Dir; Es allein hegt in sich den
Zweck der Liebe, es vergeistigt das Lebende, das Geliebte. –
Und alle Kreatur lebt von der Liebe, vom Leben selbst. –

Ja, so ein Gedanke, Günderode! einer könnt fragen ob er
nicht Einbildung sei? – aber mich kümmerts nicht ob alle es
nicht glauben, ich bin mir genug und brauch keine Beglau-
bigung dazu. Tiefere Wahrheit erkennen ist ja das Leben verstehen, – so empfindet man ja daß große Taten die schönsten
Momente des Lebens sind; also ein wirkliches heißes Umarmen mit dem Leben selbst. Solche himmlische Momente aus
denen sich nachher die Gewißheit der Liebe ergibt. – Ja eine
große Tat allein ist Feier der Liebe mit dem Leben, und sind
die Menschen nicht lebentrunken wenn sie groß gehandelt
haben, wie der Liebende trunken ist vom Genuß, von der
Gewißheit geliebt zu sein? – ist das nicht jene Seligkeit, deren
jeder andere bar ist der nicht den Mut hat der heiligen Inbrunst des Lebens sich liebend hinzugeben, und an der großen Tat vorbeischleicht? – ja was ist der innere Genuß solcher Beglückter, als trunken sein von Begeistrung die zu ih-

nen strömt als Gegenliebe; denn rein und groß sein im innersten Gewissen, das ist von dem Leben durchdrungen
sein. –

Man sagt die große Tat belohnt sich selbst, oder, er hat den
Lohn in der eignen Brust, – und so ist keiner zu ermessen in
dessen Brust dies Verheißen ewiger Inbrunst zwischen Leben und Lebendem diesen Lohn erzeugt. Es ist der einsame
tiefverborgne Glücksmoment der keinen Zeugen hat, der
nie sich nachfühlen läßt, den jeder wahrhaft Liebende ver-
schweigt, der ihn über alles Erdenschicksal hebt, und der
auch, über alles was in der Welt anerkannt wird, ihn stellt,
was ihm das Gepräg des Erhabnen gibt.

Ja die Großtaten, die leidenschaftlichen Küsse des Lebens
lassen einen sichtlichen Eindruck zurück der sich selbst, ich
will's glauben, auf Kinder und Kindskinder vererbt, denn
wo käme der Adel her? – ist der nicht aus der heiligen Kraft
entsprossen wo das Leben mit seiner Liebe den Geliebten
errungen hat? – dies heimliche innerliche Genießen einer den
andern ungekannten Seligkeit? wo man alles aufgibt bloß
um dem Liebenden – dem Leben zu genügen? – ja das muß
wohl auch in der Erscheinung – im Leib sich abdrücken; und
man könnte darauf kommen in den Gesichtern alter Geschlechter nachzuspüren, was wohl für eine Art von Begeistrung den Keim zu diesen veredelnden Zügen zu dieser erhabnen Vornehmheit legte, ob es kühnes Tun, mutiges oder
selbst verleugnendes war, was diese Liebesopfer einst vom
Ahnen heischten, – das ist mir schon bei Arnims Zügen
eingefallen, – und ein Mann göttlicher Leidenschaft fürs Leben der ist ein Gründer des erhabensten Geschlechts, der ist
ein Fürst unter den Menschen und sollte er selbst in Lumpen
unter den Menschen wandeln, und wer vor diesem Adel
nicht Ehrfurcht hat, das ist *der Pöbel* der nimmer zum Adel
taugt, weil er das verkennt was sein Ursprung ist, ihn also
nicht in sich erzeugen kann, er nenne sich Fürst oder Knecht.
– Das war mein Gespräch heut mit den Sternen.

Dienstag.

Heute ist der siebente Tag daß ich meinen ersten Brief ab-
schickte, am Samstag der zweite und heut? – soll ich diesen
schließen und Dir schicken? – ich mein als, es sei Dir zu viel
vielleicht, – das wird aber nicht, ich hab Dirs versprochen 5
Dir alles von da oben zu schreiben, Du hast mich mehrmals
dazu aufgefordert, was kann ich davor daß mir so viel in den
Kopf kommt, oder vielmehr in die Feder, denn wenn ich
glaub mit einer Zeil fertig zu sein, so bring ich die selbst
nicht aufs Papier vor so viel hundert andern die sich dazwi- 10
schen drängen. So hatt ich gestern im Sinn, wie es doch so
dumm ist wenn man sich über sein eigen Leben wollt besinnen und glauben, es läg schon hinter einem was doch noch
nicht der Anfang ist vom Leben sondern nur der Grund, die
Veranlassung dazu. – 15

Wenn der deutsche Kaiser gekrönt ist, vom Dom bis zum
Römer über eine Bahn von Scharlachtuch geht, so fällt das
Volk dicht hinter ihm über das Tuch her und schneidet es
unter seinen Tritten ab, zerreißts in Fetzen und teilt es unter
sich, so daß wenn er auf dem Römer ankommt so ist nichts 20
mehr von der Scharlachbahn zu sehen. So scheint mir auch
aller Lebenseingang, wie die rote Kaiserbahn, gleich nach
jedem Schritt aufgehoben und *Nichts* sein, bis das Leben
Dich wie den Kaiser, in so große Verpflichtung nimmt daß
kein Augenblick mehr Dein gehöre, sondern Du ganz im 25
Leben aufgehest, da kannst Du erst Deines Lebens Anfang
rechnen, dann aber hebt sich das Sterbenwollen von selbst
auf. Alles Leben was sich mit Dir berührt hängt von Dir ab,
aber Du bist kein abgesondertes Leben mehr, – und wirkliches Leben ist ein Ausströmen in alles, das läßt sich nicht auf- 30
heben, – wies mich verwundert hat, wie Du sagtest, viel lernen und dann sterben, jung sterben! – es kam mir in den
Sinn; als hätt ich wohl meine Zeit sehr vernachlässigt, daß
ich nun schon so alt sei und noch gar nichts gelernt, so würd
ich wohl das Jungsterben bleiben lassen müssen, oder lieber 35
gar nichts lernen. – Aber die kaiserliche Scharlachbahn! – ich
sag Dir, alles was Du Dir vom Leben abschneiden kannst ist

bloß das Präludium dazu, und das hebt sich von selbst auf, es
ist vielleicht ein idealischer Voranfang; – willst Du mit diesem das Leben aufheben? – das heißt den Kaiser mit samt
dem Tuch zerrissen. – Und doch ist das ganze Leben nur, daß
Du eine Ehrenbahn durchwandelst die Dich wieder ins Ideal
ausströmt. Ich fühls, wie kann man zu was Höherem gelangen, als daß man sich allen Opfern, die das Leben auferlegt,
willig hingebe, damit der Wille zum Ideal sich in das Leben
selbst verwandle, – wie kann man *Selbst* werden als durch
Leben? – und so muß man auch willig das Alter ertragen
wollen, und die ganze Lebensaufgabe muß aufgenommen
sein, und kein Teil derselben verworfen. – Wenn Du früh
sterben willst, wenn Du es unwürdig achtest weiter zu gehen, wirst Du damit nicht jeden schmähen der seine Lebensbahn nicht aufhob? – Die da mühselig ihre Last tragen, sind
die zu schmähen? – Heldentum ist höher als Schmach! – Vor
der Philisterwelt die meinen Geist doch nicht begreift, schäm
ich mich nicht für sie nicht Jugend zu sein, die von den heiteren Frühlingstagen nichts weiß welche der Geist durchlebt. – Weißt Du was schlecht ist im Alter? – wenn es ein
Aufbau ein Übereinandertürmen rumpliger Vorurteile geworden, durch das die heilige Anlage der Jugend nicht mehr
durchdringt, aber wo der Geist durch alles gehäufte Elend
des Philistertums, dieser ganz unwahren aber wirklichen
Wahnwelt, durchdringt zur Himmelsfreiheit zum Äther und
dort aufblüht, da ist Alter nur das kräftigste Lebenszeichen
der Ewigkeit. – Mir scheinen alle Menschen um mich wie
Nichts, oder doch eine geringe und unzuverlässige Gattung
von Naturen, eben weil der Geist nicht in ihnen liegt die
höchste Blüte im Alter zu erreichen, – eine zernagte Blüte. – –
Aber der Ephraim deucht mir eine vollkommne Geistesblüte
die jetzt im Frühlingsregen steht; die Tage sind lau, aber
trüb, – aber die Ahnung ist voll himmlischem Jugendreiz,
die andern fühlen und sehen ihn nicht, wo steht aber auch je
ein Philister bei der knospenden Zeit still, voll Schauer, voll
Gebet zur erwachenden Blüte? –

Was wars also mit Deinem früh sterben wollen? – wem zu

gefallen willst Du das? – Dir selbst zu Lieb? – also rechnest
Du die scharlachne Kaiserbahn für Deine Jugendblüte, bloß
weil sie so glanzvoll schimmert, aber sieh doch, die Welt achtet sie ja nicht, sie zerreißt sie in Fetzen, und Du stehst an
ihrem End, und ist nicht mehr eine Spur davon, und da willst   5
Du Dich mit zerreißen? aber der Trieb zu blühen ist erst dann
wahre Geisteseingebung, wenn jene Scheinblüte Dich nicht
mehr täuscht, wenn Du die Blüte ganz aus Dir selbst er-
zeugst, dann will ich sagen: ja, Du bist der Geist des Frühlings, – aber mutlos das Leben verwerfen ist nicht Jugend-   10
geist, – ach ich fühle wohl daß ich hier weit mehr Recht hab
wie Du und daß ich Dir Trotz bieten kann; aber ich weiß
auch daß Du die tiefere Geisteswahrheit die in meinem Vergleich liegt, deutlicher wahrnimmst als ich, und daß Du gewiß Gewaltigeres ahnest als ich begreife. Es geht immer so   15
zwischen unseren vertrauungsvollen Reden daß ich stottere
und daß Du mir dann reiner begreiflich machst was ich wollte. – Mir steht hier nur der Jude vor Augen, der über die
sinkende Blüte der Eltern hinaus, die schweren Lebensbe-
dingungen erfüllt, jeden mühevollen Weg zur Erhaltung der   20
Enkel macht, keinen Tag mehr als den seinen verlebt, nicht
um sich selber sich kümmert, in der Tagshitze zu den Seinen
hinwandernd, sich mühsam beugt, um die Brosamen zu sammeln auf dem Weg und sie den verwaisten Kindern zu bringen. – Sein Weg war sonst Wissenschaft, Studium der alten   25
Sprache, Philosophie; und nun! – wirft ihn das Geschick hinaus aus der Bahn, durch seine Aufgaben die mehr mit dem
wirklichen Leben zusammenhängen? – mir deucht nicht, –
mir deucht es sei die erste heilige Blütezeit seines jugend-
sprossenden Geistes, – so ist er auch friedevoll und ruhig im   30
jungen Sonnenlicht keimend und treibend, lebenswarm ist
der Boden, die Luft und sein Wille und sein Denken, – und
was er sagt ist wie die Rebe in die der Saft steigt einstiger
Begeisterung, – und ich weiß nichts mehr von Veralten, Verwelken, seit ich diesen Mann angeschaut hab; jeder Tag auf   35
Erden ist ein Steigern der Blütebegeistigung, so nenn ichs, in
der Eil weiß ichs nicht anders auszudrücken – und der letzte

Tag ist immer noch lebentriebvoller wie der vorletzte. Wie es
auch sei, es ist ein ewig Vorrücken in den Frühling; – und
unser ganz Leben glaub ich, hat keinen andern Zweck. –
Die Sterne haben mirs gesagt für Dich. –

5   An die Günderode.
    Es ist ja noch gar nicht so lang daß Du mir geschrieben hast,
    es sind jetzt vierzehn Tage, und wenn ich Deinen Schreibe-
    tag hinzurechne und die Reise und das Abgeben des Briefs,
    so sind es sechzehn oder siebzehn Tage; – Du bist nicht Herr
10 Deiner Zeit wie ich, – denn ich hab gar nichts anders zu tun
    als alles Leben zu Dir hinzuschicken, ich wollt auch lieber gar
    nicht denken wenn ich Dirs nicht wiedergeben könnt, mir
    kommt expreß alles in den Sinn wegen Dir. Aber ich weiß
    daß es Dummheit ist sich immer ängstigen zu wollen. Nur
15 das Eine kann ich nicht ausstehen, wenn sie mir schreiben die
    Günderod läßt Dich grüßen. – Ich kann noch eher leiden
    wenn sie sagen man sieht die Günderod nicht. – Aber das
    Eine nur, es ist mir wie ein Nebel zwischen mir und Dir, ich
    glaub Dich an meiner Seite und sprech mit Dir immerfort
20 und der Nebel ist so dicht daß ich Dich nicht seh, und auf
    einmal ruf ich: bist Du noch da? – Du gibst keine Antwort. –
    Da ängstige ich mich und weiß nicht wo mich hinwenden.
    Da mein ich als, alles was ich Dir gesagt hab sei nur ein Ab-
    irren von Dir, statt daß es mich hätt an Dich ziehen sollen;
25 und da denk ich, deswegen hättst Du Dich von mir entfernt
    weil ich Dir so manches sag was Deine Seele nicht hören will,
    was sie stört. – Ach Deine Seele, ich bin einmal geboren dazu
    daß ich sie umflattere. Es ist mir zwar jetzt nicht mehr so
    heimlich auf dem Turm, weil mir immer zuerst einfällt, ob
30 das was mir da oben in den Sinn kommt Dir auch recht sein
    mag, aber ich geh doch hinauf – nein es treibt mich hinauf, –
    wie der Wind da oben als geht, das glaubst Du nicht, er könnt
    einen gleich fort tragen das jagt alles, – Wolken und Mond an
    einander vorbei – jedes seinen Weg, – recht zwieträchtig, ich
35 weiß nicht was ich dazu sagen soll. – Der Weg hinauf wird

mir täglich ängstlicher. Ich war schon beinah dran gewöhnt
und freut mich auf den Weg und jetzt ists wieder wie ein
Stein der auf mir liegt, manchmal bin ich so zerstreut daß ichs
gar vergeß und erst dran denk, ganz spät und jeder Schatten
macht mir bang. Aber wo soll ich hin, ich muß doch hinauf, 5
ich mein ich muß da oben die Welt helfen festhalten. – Was
das heut für ein Gestürm war! – es wächst da oben auf der
Mauer ein Vogelkirschbaum der hatte bis jetzt noch seine
rote Beeren an sich hängen, ich hatte recht meine Freud dran,
und ich dacht, das soll mir ein Zeichen sein daß es zwischen 10
uns beiden heiter ist und fröhlich. – Und die Beeren sollen
hängen bleiben den ganzen Winter, ich hab sie auch zusam-
mengebunden daß sie der Wind nicht so leicht forttragen
konnt; aber da war kein Halten, er drehte sich wie eine
Kriegsfahne im Sturm, ich sprang auf die Mauer und wollte 15
ihn schützen und nahm ihn in Arm und hab das Äußerste
gewagt ihn festzuhalten, bis der Wind sich legen wollt, und
hätt ihn gehalten wenns bis zum Morgen gedauert hätt, aber
da flogen mir die Beeren über den Kopf weg, einzeln – und
ganze Trauben, bis die letzte fort war, da hab ich ihn los- 20
gelassen. Da legte sich der Wind, und wars ganz hell und ruhig am Himmel – daß ich noch eine Weile so da saß wieder –
ganz ruhig, und mich verwunderte wie ich eben noch so mit
stürmen konnt, und warum mir doch das Herz so geklopft
hatte, da grade sonst ich und Du immer so heimlich und so 25
lustig waren, wenn wir manchmal auf freiem Feld einen
Sturm mit machten. – Aber ich mag Dirs gar nicht sagen was
mir alles vorkommt und sich mir weiß machen will, und an
was für Dingen es hängt daß meine Fröhlichkeit sich in
Trübsinn verwandelt oder daß der sich wieder zerstreut. – 30
Oft im Sommer, wenn ich einen Vogel singen hörte, war ich
wie von einer freudigen Botschaft belebt. – Und oft wenn ich
die reifen Kornähren so vom Wind durchstürmt und ge-
knickt sah, mußt ich in tiefen Gedanken stehen, mich besinnen, wie ich soll einen Boten schicken der sich den Winden 35
ins Mittel lege. So wollen wir auch meinen jetzigen Aberglauben auf diese Rechnung schreiben. – Es wird vergehen
und wird wieder ruhig werden.

Am Sonntag hat der Bang hier gepredigt, ich versprach ihm zuzuhören wenn er wollt von den Juden predigen, wie die Christen ihr *unchristlich* Herz gegen die verschließen, daß die Juden gar nicht das Christentum empfinden können. Der
5 Bang predigte, wie Christus seine Jünger aufforderte dem Volk das wenige was sie an Nahrungsmitteln bei sich hatten hinzugeben, ohne sich selbst zu bedenken. »Siehe! da war plötzlich Überfluß für Alle! Und wenn es ein Wunder ist, daß der Überfluß in den Körben gesammelt ward, über das Ihr
10 staunt und Gott anbetet, so wollet doch auch als göttliches Wunder achten, daß die Liebe aus dem Herzen aller strömte, wie durch elektrische Berührung der Liebe des Sohns Gottes zu Allen, so daß von Nachbar zu Nachbar sie einander mitteilten, und wollten lieber darben als darben lassen. Und so
15 waltete der Segen in den wenigen Broten, als jeder das seine mit dem Andern theilte, und kam daher der große Überfluß. – Wenn Ihr das nicht als Wunder bekennt, sondern es als ein natürliches Ereignis nicht würdig achtet zu den göttlichen Wundern gezählt zu werden, ist es dann nicht um so mehr
20 von denen zu erwarten die sich seine Jünger nennen daß dieses natürliche Wunder in Folge des Göttlichen ersprieße? – und da es doch zwischen Euch die Ihr Jünger Christi seid, nicht auf die göttliche Weisheit ankommt, sondern bloß ums tägliche Brot euch streitet, so mag nun die göttliche Kraft des
25 Wunders in den Broten gewirkt haben daß sie sich mehrten oder in den Herzen der Juden daß sie aus Hunger nach dem göttlichen Wort der leiblichen Sorge nicht achteten, und sich einander im christlichen Sinn der schon in ihnen zu keimen begann: *»Liebet Euch unter einander,«* die leibliche Speise mit-
30 teilten und gönnten, so liegen denn immer diese Lehren darin: Richtet die Seele auf göttliche Weisheit, so wird die Sorge um das Irdische von Euch gehoben durch göttliche Kraft. Oder auch: die Sorge um Irdisches ist allein in die Welt geboren, damit Ihr sie überwinden lernt um Eurer Brüder wil-
35 len, und gemeinsam nach dem Göttlichen trachtet was jedem zuströmt so viel er zu fassen vermag. Der göttliche Segen aber regnet über alle Lande, und Euch brüderlich in den irdi-

schen zu teilen, achtet Ihr das nicht als göttliches Wunder in
Euren Herzen? –

Mögen doch Eure Herzen geschickt sein, Bruderliebe zu
üben, so ist Euch gewiß daß das Wunder göttlicher Weisheit
in Euch erblühen werde, was von Innen als Fülle des Segens
über Alle gleich sich ergießt, und *nicht* über diesen allein, weil
er Christ ist, und über jenen nicht, weil er Jude ist. – Denn so
oft wir den Segen, sei er irdisch oder himmlisch, abteilen
wollen, so erstirbt er in uns, denn sein Leben ist: *Gemeinschaft
des Heiligen.* Mit dem *inneren* Sinn sollen wir die Welt regieren, das äußere Regiment greift in ihre Gestaltung nur vorübergehend oder gar nicht ein, und kann nur das Geistige,
die wirkliche Entwicklung hindern, aber der innere Sinn,
durchdrungen von dem höheren Regiment der Welt, breitet
sich aus und greift um sich, ihm ist nicht Einhalt zu tun, erzeugt sich in allen Herzen, jeder pflanze den Kern dieser süßen Frucht ins eigne Herz, er ist der Frühling des Lebens,
ohne den werden wir nicht ernten und keine Gewalt haben.« –

Bang sagte mir nach der Kirche, er habe wohl gemerkt daß
ihm niemand zugehört habe als nur ich allein, die ganze
Kirch hab geschlafen. –

Ich hab von dieser Predigt in einem Brief an den Voigt
geschrieben, weil ich ihm nichts besseres zu erzählen wußte,
so hat er mir geantwortet: »der innere Sinn greift mehr um
sich wie alles Regiment der Welt, der Flügelsame des Geistes
kann nicht abgesperrt werden, der treibt umher, und der
Wind der geistigen Natur überwältigt alle Vorkehrungen,
drum ists lächerlich was die Menschen sich für Mühe geben
alles in der Zucht halten zu wollen, oder durch etwas anders
die Freiheit zu erkaufen als durch den Geist. Freiheit ist die
strengste Zucht, denn sie greift da ein wo kein Gebot noch
Verbot was wirkt, sie zermalmt das Schlechte in der Wurzel;
denn Freiheit ist eine göttliche Kraft die nur Gutes wirken
kann, aber die Menschen verstehen nicht was Freiheit ist, sie
wollen sich ihrer bemächtigen, das ist schon sie ertöten. Der
Freiheit kann man sich nicht bemächtigen, sie muß als gött-

liche Kraft in uns erscheinen, sie ist das Gesetz aus dem sich
der Geist von selbst aufbaut. Innere Gebundenheit und äußere Freiheit sind doppelt schwere Ketten, weil die Trun-
kenheit noch dazukommt die die Sinne bindet und verwirrt.«

5 – Das ist ungefähr das Bedeutendste was ein zehn Seiten langer, sehr kritzlich geschriebner Brief enthält, ich wollt Dir
ihn nicht schicken, ich fürcht es möcht Deine Augen angreifen ihn zu lesen. Er hat noch viel Hübsches und Freundliches geschrieben über Deinen, *Franken in Egypten**. – Er sei
10 der Franke, aber das Mädchen werde er nimmer finden das
ihn in des Vaters Hütte führt, denn was ihm in der Seele
woge das sei nicht mit Schönheitslettern ihm ins Antlitz geprägt, seine fränkische Nase umschreibe kein schönes Profil.
Den Brief kann ich Dir einmal vorlesen wenn das Füllhorn
15 eigner Mitteilungen ausgeleert ist, – aber wann wird das je
sein? – Ach ich hab das Herz so voll zu Dir, nur heut hab ich
von fremden Menschen geredet statt von meiner Seele weil
ich Dich nicht betrüben will mit meinen Klagen. Aber gewiß
ist es wahr, auf dem Turm kann ich nur Seufzer ausstoßen
20 und meine Gedanken sind wie abgerißne Zweige und zerstreute Blätter – Laub das im Winterwind herumwirbelt! –
ich kann keins haschen, und was mir zufliegt das zerfällt und
hat keine sybillinische Zeichen; aber ich will nicht klagen,
denn es ist ja doch nur Einbildung von mir, Du bist nur so
25 schweigsam weil Du so in Gedanken versunken bist, wie Du
schon als diesen Herbst warst. Wolltest Du nicht manchmal
den Voigt sehen? – er ist doch gut, der könnt mir als von Dir
schreiben. Er ist heiter und bescheiden und erzählt so viel
Schönes aus seiner frühen Jugend, sein Leben ist Musik und
30 Malerei, seine Bekanntschaft ist, wie wenn einer mit fröhlichem Gemüt umherschaut und einem unbefangnen Blick begegnet dem er alles erzählt was in seinem Innern vorgeht.
Daß er schlecht geschrieben hat will ich wohl glauben, aber
es verdirbt mir ihn nicht, denn das war vermutlich die be-
35 sessene Herd Schweine die in die hohe Meeresflut gestürzt

* Siehe Anhang.

sind; wie es denn gewöhnlich bei guten Menschen geht die
was Schlechtes hervorbringen; es muß ihnen ganz leicht sein
wenn sie es los sind, – so ist er auch ausnehmend vergnügt.
Ich hab ihn kennen lernen wie er als Schulrat in Frankfurt
vorgestellt war da hat er mich mit seinem witzigen Humor 5
ergötzt, und es lag so viel Wahres und Richtiges, zum wenigsten mir Zusagendes in seinen Bemerkungen daß ich immer meine er würde das Beste gewirkt und geraten haben, er
sagte aber damals zu mir: »ach ich bin ein Wickelkind, mir
sind die Hände mit dem Wickelband festgebunden, ich kann 10
nur Gesichter schneiden und da meinen die Leute ich lach
und weine im Traum, sie meinen gar nicht daß ich mit meinen fünf Sinnen dabei bin wenn ich was sag.« – Wenn es Dir
nicht störend ist daß er Dich einmal besucht so schicke ich
ihm einen Brief an Dich. – 15
   Vom Hölderlin hab ich auch erzählen hören, aber lauter
Trauriges was ich Dir jetzt nicht erzählen mag, denn wir
beide würden nichts darüber erdenken können; und in meinem Herzen steht geschrieben: Streue die Saat der Tränen
auf sein Andenken, vielleicht daß aus diesen die Un- 20
sterblichkeit einst ihm aufs Neue erblüht! – ach, auch er hat
gesagt: *Wer mit ganzer Seele wirkt irrt nie!* ja wer unzerstreut
und mit ganzer Seele dabei wär der könnte wohl Tote erwecken, drum will ich mich sammlen und an Dich denken
daß ich Dich mir wach erhalte daß Du mir nicht stirbst. – 25
Aber ich will meinen Brief nicht so traurig schließen. – Ein
Brief den ich kürzlich von Goethe gelesen habe, den er Anno
1800 an Jacobi schrieb, wird Dich auch freuen: »Seit wir uns
nicht unmittelbar berührt haben« sagt er ihm »habe ich manche Vorteile geistiger Bildung genossen, sonst machte mich 30
mein entschiedner Haß gegen Schwärmerei, Heuchelei und
Anmaßung, oft auch gegen das wahre ideale Gute im Menschen das sich in der Erfahrung nicht wohl zeigen kann, oft
ungerecht. Auch hierüber, wie über manches andere belehrt
uns die Zeit, und man lernt daß wahre Schätzung nicht ohne 35
Schonung sein kann; seit der Zeit ist mir jedes ideale Streben
wo ich es antreffe wert und lieb.« – So sehr ich sonst eine

Sehnsucht hatte allein und heimlich ihn aufzusuchen, jetzt ists nicht mehr so; – ich möchte gar nicht zu ihm wenn ich nicht Dich an der Hand führte – nur als zeigte ich Dir den Weg, – und nur daß ich mir den Dank von ihm und Dir ver-
5 dienen will, denn was er im Brief sagt berechtigt Euch gegenseitig auf einander Anspruch zu machen, denn wie freudig würd er erstaunen über das Ideal in Deiner Brust, so wie Du Dich aussprichst in jenem Brief, wo Dir auf einmal so hell dies Ideal erschien, als sähest Du voraus in Deine Unsterb-
10 lichkeit. – Und mit was könnt *ich* ihm entgegenkommen? – ich hab keine Vorrechte, ich hab nichts, als den geheimen Wert von Dir nicht verlassen zu sein, sondern angesehen mit Deinen Geistesaugen die Gedanken in mich hineinzuzaubern, welche ich nie geahnt haben würde, läse ich sie nicht in Dei-
15 nem Geist.

Gestern Abend haben sich Jung und Alt beschert, mir sind die leeren Weihnachtsbäume zu Teil geworden, ich hab mir sie ausgebeten, ich hab sie vor die Tür gepflanzt, man geht durch eine Allee von der Treppe über den breiten Vor-
20 platz bis zu meiner Tür, diese grünen Tannen so dicht an meiner Tür, beglücken mich – und die Welt ist noch so groß! ach es steigt mir die Lust im Herzen auf daß ich reisen möcht – mit Dir – wär das denn nicht möglich? – bin ich denn so ganz gefangen, kann ich mir hierin nicht willfahren? – Und
25 willst Du auch nicht das Unglück meiden, jener die sterben ohne den Jupiter Olymp gesehen zu haben? – ich fühl daß mir alle Sehnsucht gestillt könnte werden, hoch auf dem höchsten Berg die Lande, die Weite zu überschauen, ich würde mich wahrlich erhaben und mächtig fühlen, denn wes-
30 sen das Aug sich bemeistert, dessen fühlt der Großherzige sich Herr. Ach Günderode, ich weiß nicht ob Du's auch schon gefühlt hast, aber mir ist jetzt vor allem der Sinn des Augs gereizt, sehen möcht ich, nur sehen. – Wie groß und herrlich die Kraft mit dem Aug alles zu beherrschen, alles in
35 sich zu haben, zu erzeugen was herrlich ist, – wie würden da die Geister uns umflügeln auf einsamer Stelle? – und dann kennen wir uns, wir würden in einander so einheimisch sein,

es bedürfte keiner Mitteilung, die Gedanken flögen aus und
ein, in' einen wie in' andern, was Du siehst das ist in Dir,
denn ich auch, ich hab mich nicht vor Dir verschlossen; – ja
Du bist tiefer in meiner Brust und weißt mehr von meinem
Seelenschicksal als ich selber, denn ich brauch nur in Deinem
Geist zu lesen so find ich mich selbst. Und wie glücklich hab
ich mich doch hingehen lassen in Deinem Kreis? – als schütze
Dein Geist mich, so hab ich alles Unmögliche gewagt zu denken und zu behaupten und nichts war mir zu tollkühn, überall fühlt ich den Faden in Deinem klugen Verstehen, der
mich durchs Labyrinth führte. Ach ich möchte alles haben,
Macht und Reichtum an herrlichen Ideen, und Wissenschaft
und Kunst, um alles Dir wiederzugeben; und meinem Stolz
von Dir geliebt zu sein, meiner Liebe zu Dir genug zu tun.
Denn diese Freundschaft, dies Sein mit Dir, konnte nur einmal gedeihen. Ich zum wenigsten fühle daß keiner mit mir
wetteifern könnte in der Liebe, und darum siegt auch meine
Großmut, – ich mag niemand eine Schuld aufbürden um die
er ewig büßen müßte.

Mein Brief ist zerstreut geschrieben, das ist, weil ich Dich
suche, – sonst stehst Du vor mir wenn ich Dir schreibe, da
spreche ich mit Dir, die Hälft sind da meine Gedanken, und
die Hälft Deine Antwort, denn ich weiß allemal was Du antwortest wenn ich Dir was sage; so lerne ich immer das Tiefere, das Weise, das Bestätigende aus Dir. – Die Post geht ab
– ich lasse den Brief noch liegen, vielleicht kommt ein Brief,
dann bitte ich Dir gleich noch in diesem meine Beschwerde
ab. – Ach käm doch ein Brief. –

Nein es ist kein Brief gekommen.

Ich bin böse – aber nicht auf Dich – auf mich bin ich böse,
woher kommt mir die Krankheit? – ja es ist Krankheit, und
schon lange lag es in mir; – es ist ja als ob ich nichts von Dir
wisse, so verzage ich ganz, war ich denn im vorigen Jahr so
bang? – da sind doch auch Zeiten vergangen wo Du nicht
schriebst. Du hast mich verwöhnt mit Deinen kleinen Briefen aus dem Rheingau, ich kenne ja doch Deine große Ruhe
in die Du manchmal so schweigsam versunken warst daß ich

oft stundenlang mit Dir war und Du sprachst nicht, so wirds
jetzt auch sein – der Nachhall Deiner stillen Begeistrung ists,
oder es wiederholen sich tiefe Melodieen Deiner Seele in Dir,
denen horchst Du zu. Ja! wie's in jener himmlischen zauber-
5 haften Nacht war, auf dem Rhein, wo wir zusammen unter
der blühenden Orangerie auf dem Verdeck saßen. – Wie
schön wars doch, daß die grade von Kölln nach Mainz fuhr,
und daß wir beide auf dem Schiff die einzigen waren die in
der Nacht da oben blieben, die andern fürchteten die kalte
10 Nachtluft, das war ein rechtes Glück. Wir freuten uns als der
letzte hinabgeflüchtet war und wir waren ganz allein und
bloß der Steuermann, und die Ruder und die große Stille, –
und meinen Pelz warf ich um Dich und saß zu Deinen Füßen
und der deckte mich auch noch, und wie schön war die Mond-
15 nacht, es sollte nicht ein Wölkchen am Himmel sein, der unermeßliche Luftozean, in dem allein der Mond schwamm. –
Da warst Du auch so stille und wenn ich ein Wort sagte so
verlor sichs gleich im tiefen Schweigen – daß ich auch nicht
mehr reden mochte aus Ehrfurcht vor der stillen Versunken-
20 heit der ganzen Natur! – und wer kanns je vergessen der in so
heller Nacht auf dem Rhein schifft, wenn beide Ufer sich im
Mondglanz baden; – und dann kam der Wind und rauschte
erst leise in den Kronen, und dann stärker, und es fielen Blüten auf Dich und mich, und da sah ich mich um nach Dir,
25 hinauf zu Dir, da lächeltest Du weil es zu schön war was uns
da widerfuhr, aber wir beide schwiegen still um nicht zu stören alles was sich an Schönheit rund um uns ausbreitete, und
wir fuhren um die stillen Inseln und kamen näher ans Ufer,
daß die Weiden herüberhingen und verwickelten ihre
30 Zweige in unsre Bäume, und schüttelte über Dir die Krone
daß sie all ihre Blüten Dir in den Schoß warf, da warst Du
erschrocken aufgewacht, denn Du warst eingeschlafen grade
– einen Augenblick. – Ja ich auch schlaf gern wo es grad mir
am seligsten ist, da ist immer die Ruhe über mir, als wäre
35 Seligkeit nur eine Wiege und schaukelte die Seele und wiegte
sie aus einem Traum in den andern hin und her, wo es schön
und schöner wär. – Ich dachte da, es war ein köstlich Wohl-

gefühl in mir und betete es vor Gott, ich wollte nicht glücklicher sein in der ganzen Fülle der Welt als so wie es uns beiden da beschert war, und ich fühlte mich so gestärkt und
knüpfte mich getreuer an Dich. – Und gelobte mir meinen
Geist waffenfähig zu machen, und da gingen in Eile viele 5
große kühne Taten vor mir vorüber, die ich all im Geist entschieden hatte, und da war ich so heiß einen Augenblick vor
raschem Lebensentschluß und reiner Begeistrung. Und daher hab ich verstanden was Du in Deinem Brief sagst von
dem einfachen Phänomen, wo tragische Momente uns durch 10
die Seele gehen die sich ein Bild unsrer Lebensgeschichte auffangen, und wo die Umstände sich so ketten daß man ein
Tiefschmerzendes, oder Hocherhebendes, im Geist mit erlebt. – Mein Gefühl aber war nicht tragisch, es war glorreich,
es war jublend, überall war ich Sieger; – ja recht wie ein Ad- 15
ler der sich aufschwingt über den Erdenballast von allen
Geschicken und der nur fliegen will, und so bin ich da auch
ein paar Minuten über jenen Gelübden eingeschlafen, als
wenn der Schlaf die Bestätigung aller Geisteserhebung wär! –
oder ist es vielleicht im Schlummer daß der Geist in seinen 20
Gelübden aufsteigt? – So wars mir nach jenem kurzen Schlaf,
als sei ich im Port meines Lebens angelangt und als brauche
ich keine fremde Wege mehr zu suchen. – Es war daß ich immer Dir verbleiben wollt, daß alles Glück was uns entgegen
komme, nur Dein sein solle, und daß ichs nur durch Dich 25
genießen wolle. Drum schieden wir auch am Morgen so
leicht und heiter, ich stieg in den Wagen der mich am Ufer
erwartete um nach Frankfurt zu fahren und Du bliebst auf
dem Schiff, und ich hatte Dir nicht einmal die Hand gereicht
und rief nur hinüber, Adieu Günderode, und Du riefst mei- 30
nen Namen. Und es war als ob die Welt uns nicht trennen
könne. – Aber wie ich eine Weile vorwärts gefahren war und
sah Dein Schiff mit seinem südlichen Garten noch von weitem, da fiel mirs auf einmal ein daß ich Dir nicht die Hand
gereicht hatte, und Dich nicht geküßt hatte, und Du mich 35
auch nicht auf meine Stirn, was Du doch sonst immer tatst,
und jeden Abend wenn ich von Dir ging. – Und es war mir

so angst drum daß ich gern umgekehrt wär, wenn ich gedurft
hätte. – Und jetzt wenn ich an Dich denk und Du schreibst
nicht, so fällt mirs ein und ängstigt mich. Aber doch ist es ja
ein gutes Zeichen, ein so sicheres Gefühl daß wir nicht ge-
5 trennt seien, und wenn doch diese schönste idealische Nacht
unseres Lebens die letzte war die wir mit einander zubrach-
ten, so wird uns auch der Genius wieder so zusammenfüh-
ren, – und hin durch heiße Länder wo kein Sehnen ist und
wo wir am Morgen nicht um den Abschied sorgen weil wir
10 uns nicht trennen werden. – Nur daß ich jetzt in die beschneiten Felder sehe und daß mir der Winter so tot jetzt erscheint wo mir eine italienische Sommerglut im Herzen
wogt! –

Ja wir wollen fort Günderode, wir zusammen; – es war ein
15 Schicksalsruf, jene himmlische Nacht unter südlichen Blüten,
– sie rief uns zu dem Land dort wohin mein Sehnen geht, um
das ich schon mit der Mignon meine Nächte verweint habe. –
Das erste wenn wir uns wiedersehen soll es sein daß wir
einen festen und reifen Plan machen. – Es ist am End ganz
20 lächerlich wenn wir alles Schöne und Herrliche von dem
gesprochen wird im Geist berühren und genießen, und wir
sitzen in der Wirklichkeit wie eingefroren. Ich bin begierig
ob wirs nicht dazu bringen in der pappendeckelnen Welt; das
ists eben daß sie von Pappendeckel ist. – Da fällt mir wieder
25 mein Kindertraum ein, wo ich auf einem backsteinernen
Fluß auf der Reise war, und die Ruderer vergeblich Wellen
schlagen wollten, und nur mit den Stechstangen gings
langsam vorwärts, – und das krachte so unangenehm, es pfiff
daß es mir zwischen den Zähnchen weh tat. Ach und die Rei-
30 segefährten schnitten so fürchterliche Gesichter, – da hab ich
recht in Natura gesehen, und ohne Schleier, was ein Philister
für eine fürchterliche Lebenslarve hat. – Der Trieb zur
Schönheit ist doch wohl noch das einzige was von einer höheren Natur übrig ist. –

35 Am Feiertag wollt ich der Ephraim sollt mich besuchen, es
war mein Lerntag, aber weils Feiertag war, so konnt ich einmal die Stund verplaudern mit ihm, wozu ich so große Lust

hatte, und mit meinen Tannenbäumen eine Laube um seinen
Sitz gebaut das hat mir groß Vergnügen gemacht, ich
schenkte ihm auch Wein ein, da kam der Professor Weiß dazu, der hatte mit ihm zu reden wegen zwei Schüler, der
sprach auch mit großer Achtung mit ihm, daß er so große 5
Kenntnisse habe. Sein Enkel holte ihn ab, und blieb noch
eine Weile da, aber er setzte sich nicht vor seinem Großvater
und blieb stehen, und von dem Wein nippte er nur – und ich
will Dir gestehen daß ich die ganze Zeit von Dir gesprochen
hab, denn ich kann auch nicht gut von anderem sprechen, 10
weil ich doch immer dran denk ob ich bald einen Brief von
Dir krieg. – Was soll ich noch von ihm erzählen, er hat eine
eigne Art, es scheint nur Bescheidenheit, aber man fühlt daß
es Herablassung ist und Güte; ich möcht Dir auch gern noch
manches von ihm sagen, aber weil ich gar nichts weiß von 15
Dir, das bricht mir den Mut, ich weiß ja nicht einmal ob Du
es mit Anteil liest. – Er sagte mir daß er bis nach den Feierta-
gen bis nach Neujahr eine kleine Reise zu den Seinigen machen wolle, weil seine Schüler alle fort sind. Es ist eine Reise
von acht Meilen – bei Butzbach, – den Weg macht er zu Fuß 20
in dem Wetter, – es ist hier ein Sausen davon hat man in der
Stadt keinen Begriff; auf dem Turm kommt allerlei Gezweig
vom Wald oder von unten aus der Allee angeflogen. Gestern
setzte ich mich gleich an den Boden nieder um nicht davon
getragen zu werden. – 25
    Ich fürchte mich für den Ephraim, oder ich wollt ich könnt
mit ihm gehen, – so ein Stock in der Hand, und immer vorwärts geschritten, in neue Lande wo andre Luft weht, andre
Bäume blühen, – jetzt hats aber noch eine Weile Zeit damit; –
so – ruhig sprechend – mit einem Weisen aus Morgenland. – 30
Ich bin von Natur so neugierig, wenn ich nur in ein unbekannt Dorf komm, da kommt mir alles so sonderbar vor,
und die kleinen Reisen die ich bis jetzt gemacht hab, – wie
war mir alles so auffallend – wenn wir im Dunkel vor einem
Posthaus hielten, wie sah mich da der halb erleuchtete Gang 35
so seltsam an, als könnt er sprechen und erzählte mir: ja hier
gehen allerlei Geschichten vor! – und so eine Nacht in un-

bekannter Gegend gefahren, oder im fremden Nachtquar-
tier, wenn man da aus dem Traum aufwacht und hört die
Glock schlagen, und noch eine, und dann wieder eine. Da
dacht ich als: da sind also viel Kirchen, wie mögen die aus-
5 sehen? und dann der Nachtwächter der ein ganz fremd Lied
singt mit heiserer Stimme, und die Schellen an den Häusern
die man noch läuten hört, und dann am Morgen sieht alles
wieder anders aus, und ist wieder so neu und überraschend
als wär die ganze Welt wie ein Spielsachenladen, und Häuser,
10 und der Markt vor der Tür, und die Leute die da wohnen
und laufen, das sei lauter Spielzeug, und die Hunde die her-
umspringen, die Brunnen wo die Leut Wasser holen, das
kommt einem alles vor bloß wie zum Vergnügen, lauter Bilder, man freut sich daß alles so niedlich eingerichtet ist und
15 gar nichts vergessen. So fremde Orte, sie sind wie Feenmärchen. – Das alles möcht ich mit Dir genießen! es ist ja nur der
Eingang, aber Himmel und Erde, im Freien – in die Weite
hinaus – wo man stumm steht und sieht die Berge sich aufrichten und mit dem Morgenlicht sich küssen, und alles Un-
20 endliche was da vorgeht, was stumm macht und alle Weisheit
überflüssig, denn wie's Kindchen, wenn ihm die Milch zuströmt aus der Mutter Brust, genug damit zu tun hat sie zu
schlucken, mit der Fülle fertig zu werden, so ists auch mit der
Natur, sie gibt so vollauf dem Blick, dem Herzen daß es nicht
25 zu Atem kommen kann. – Aber der Ephraim liegt mir am
Herzen daß der jetzt wo die Natur schläft und nur aufrüh-
rische Träume hat, die eisige bergige Straße wandert, wo es
so früh Nacht ist und wo er in schlechte Herbergen kommt;
aber er sagt er habe einen Tag schon versäumt wegen dem
30 Wetter, und seine Enkel warten alle auf ihn, die würden so
schon in großen Sorgen um ihn sein, und das Sturmwetter
werde er schon ertragen, er habe es schon mehr mitgemacht,
und sein Enkel trägt den Bündel. – Er muß die Kinder sehen;
da muß man ihn nicht abwendig machen, er sah auch gar
35 nicht sorglich aus. – Dürft ich nur wie ich wollt, so hätt ich
einen bequemen Wagen ihm vor die Tür fahren lassen; und
ich hatte Lust dazu, hätt ichs nur heimlich tun können, aber

ich fürcht man hätt geschrieen ich wär extravagant, ich wollt die Sonderbare spielen, und gelitten wärs doch nicht worden, denn von Verkehrtheiten, muß ich abgehalten werden. – Außer dem Clemens der hätt das gewiß recht gern gewollt. – Nun hab ich doch diese acht Tage Sorge um Dich und um den alten Mann. – Ich fürcht mich vor dem Turm. Ich will aber, oder ich muß hinauf. – Das ist zum dritten Mal daß mir so was begegnet; daß mich so was fesselt nächtlich und geheim an einen Ort zu gehen wo mich die Geister hin bestellen.

Wie ich ganz klein war; der Vater hatte mich am liebsten von allen Kindern, ich kann kaum zwei Jahr alt gewesen sein, wenn die Mutter was von ihm zu bitten hatte, da schickte sie mich mit einem Billet zu ihm, denn sie schrieben sich immer, sie sagte wenn der Papa das Billet liest, so bitte daß er Ja schreibt, und er richtete oft nach meinen Bitten seinen Beschluß. Er sagte mein liebes Kind weil Du bittest, so sag ich Ja, ja. – Alle Kinder fürchteten sich vor dem Vater, denn so freundlich er war so hatten alle eine Ehrfurcht die sie hinderte ihrer Lustigkeit nachzugeben, und ein ernstes Gesicht vom Vater machte daß sie alle vor ihm wichen; ich hatte viel mehr Lust mit ihm zu spielen, und wenn ich wußt daß er Nachmittags allein auf dem Sofa schlief wo niemand sich ins Zimmer getraute, da schlich ich auf den Zehen herbei und kroch in den Schlafrock auf der einen Seite herein und konnt mich so geschickt um seinen Leib schmiegen und auf der andern Seite wieder heraus, das konnt ich so geschickt, da gab er mir allerlei italienische Schmeichelnamen im Schlaf und schlief dann weiter fort. – Er war niemals verdrießlich. – Wie die Mutter starb, da fürchteten sich alle Kinder vor seinem Schmerz, keiner wagte sich in seine Nähe. Abends war er allein im Saal wo ihr Bild hing, da lief ich hinein und hielt ihm den Mund zu wenn er so sehr schmerzvoll seufzte. – Ich besinn mich daß ich als gern in der Karmeliter-Kirch war wo niemand mehr hineinging, sie war immer leer, weil sie so düster ist und weil so viel Tote da begraben liegen; Vater und Mutter liegen auch da, und viele Geschwister. Ich hab mich niemals gefürchtet vor traurigen Orten. – Wie manchmal,

wenn die Sonn drauß schien da ging ich da hinein, da wars so
feucht und so trüb daß man glaubte, es sei der traurigste
Herbsttag. – Ich erzähl Dirs – ich wollt Dir nur sagen, ich
scheu mich nicht vor traurigen Orten und auch nicht vor trau-
5 rigen Menschen, und wenn Du was hast was Dich trübsinnig
macht, so brauchst Du mirs nicht zu sagen, aber scheu Dich
doch nicht vor mir ich weiß so still zu halten.

Gestern hatt ich mich den ganzen Tag gesehnt nach dem
Abend weil ich auch am Tag keine Ruh hab. Wenn ich doch
10 ein einzig Wort von Dir hätt nur, über Dich! – Ich hab nur
lauter Halbgedanken, sie kommen tief aus der Brust, aber ich
mag sie nicht prüfen. – Wenn Du mir das einzige schreibst:
»Bettine ich bin Dir gut« das wär genug! wär ich doch wie die
Uferfelsen die den stürzenden verspritzten Lebensstrom wie-
15 der im ruhigen Lauf sammeln, und jede Welle jeder Gedanke
in Dir würde freundlich an mir vorüber brausen, ich wollt sie
nicht fesseln. – Ach ich sag nicht, daß ich Dich liebe, aber
doch mein ich, ich wollt gern Dir mein ganz Leben aufopfern
und ich kenn niemand dem ich das wollt, aber Dir wollt ichs.
20 Aber wenn Du mir auch nicht vertrauen kannst, darum will
ich nicht bitten. Es ist mir alles eine große Schrift in Dir, es ist
mir alles Geist! – Mein Gott! was hast Du getan, gedacht,
was ich nicht mit vollen Sinnen genossen hätt. – Und so oft
hab ich in Dir erkannt was ich in mir selber nicht zur Ge-
25 wißheit bringen konnt! – wenn mir ahnte. Die ersten kühnen
Gedanken die zum erstenmal die engen Lebensgrenzen
überbrausten daß ich verwundert war, über Geist, und
überrascht, wo hab ich sie doch gelesen? – sie standen auf
Deiner Stirne geschrieben, – wie viel sich kreuzende Stim-
30 men hast Du doch entwirrt in meiner Brust, und meine wilde
Gedankenlosigkeit – Du hast sie so sanft eingelenkt, und mir
gelehrt, freudig mit spielen. – Der Sinn der Welt ist mir ein-
leuchtend geworden durch Dich, ich hätt ihn nimmer geheiligt, ich hätt ihn immer verachtet. Denn früher dacht ich oft,
35 zu was ich doch geboren sei? aber nachher wie Du mit mir
warst, da hab ich nicht mehr so gefragt, – da wußt ich daß
alles Leben ein Werden ist, und nur eine freudige Ungeduld

hat mich zuweilen noch übermannt, ein übereilend Erharren
der Zukunft, keine Trauer mehr, nein ich weiß nichts mehr
was mich geschmerzt hätt seit dem Augenblick wo ich Dich
kenne. – Dort in Offenbach, der Tage erinnere ich mich;
kanns dem Busen der Erde so üppig entkeimen als mir die 5
Lebensfülle unter Deinem warmen belebenden Hauch? – O
glaub mirs, ich taumelte oft im Geist, weil die Gedanken so
weich sich mir unter das strömende Gefühl betteten, oft
wenn ich am Abend in die weite Purpur-Landschaft sah,
dort, wo ich aufs Dach stieg bloß um zu fühlen wies Leben 10
doch tut in der Brust, es war mir ja noch so neu, da mußt ich
denken daß ich ganz alles mit sei was ich sah, – solche Purpur-
wogen durchwallten mich, – und es war ein Reichtum den
ich in mir ahnte, und es war mir alles durch Dich geschenkt! –
ja ich zweifle nicht, es ist ein Kern, ein edler in mir, der wur- 15
zelt, und der mich mir selber wiedergibt. Du hast diesen
Kern in mich gebildet, Mut! umsichtige Heiterkeit sind seine
ersten Blüten gewesen, und jeden Tag will er mehr Blüten
treiben, wie der Baum inmitten wohltätiger Natur! – alles
Schicksal nehm ich hin wie Wind und Wetter, und kanns tra- 20
gen, denn Du hast mich gesund gemacht, – aber wenn ich
nun ausgerissen wär aus dem Boden, das wird doch nicht
sein? – nein das kann niemals wahr werden. O kein Erdbeben! das den Berg verschlinge dessen Gipfel den schwachen
Stamm trägt – blühend weit hinaus in die Ferne! – und so 25
wohl sich fühlt, weil er alle Güte der Sonne empfindet, weil
ihm alle Echo erklingen von den weiten Bergen, und weil er
so weit umher die lachende Natur beherrscht, weil er so hoch
steht so einsam, so glücklich, und alles allein weil er in Deinen Busen gepflanzt ist. – 30
     Dann bin ich schlafen gegangen wie ich so weit ge-
schrieben hatte, und hab vergessen auf den Turm zu gehen,
wo ich doch den ganzen Tag unruhig danach war, und schlief
so fest ein. Ach war ich denn krank gewesen daß ich wieder
so ganz gegen meinen eigentümlichen Willen nicht traurig zu 35
sein, so an Dich schrieb? – aber wie ich aufwachte da besann
ich mich daß es zum ersten Mal war wo ich den Turm ver-

säumte, sprang auf und warf einen Mantel um, so war ich
oben angelangt noch eh ich mich besann obs nicht die Gei-
sterstund sein könne, meine Hast war zu groß als daß ich
mich hätt fürchten können, – denn ich dacht, wenn nun
5 schon Mitternacht vorbei wär, so hätt ich einen Tag versäumt. Nein das will ich nicht, ich hab Dich da oben in der
freien Natur allen guten Mächten hingegeben, die Sterne
wissen von Dir, und mags gehen wie es will, ich will nichts
versehen bei meinen Gelübden. Ich hab zu ihnen gesagt von
10 Dir, und sie in Pflicht genommen über Dich, ich bleib ihnen
zugetan, und mein Gefühl ihrer Erhörung, ihres Bewußtseins meiner heißen Lebensbedürfnisse, das will ich nicht
schwächen indem ich nicht feierlich mein Versprechen achten
sollt. – Es war auch schön dort oben, der reinliche Schnee
15 bewahrte noch Deinen Namen unverletzt vom vorigen Tag,
und ich setzt mich auf die Mauer, und lauschte in die Stille,
und da schreib ich Dir hin was mir so im Geist ist aufgegangen; so wie ein Sternbild nach dem andern ist hell geworden.
»Ich trinke die Liebe um stark zu werden, wenn ich denke
20 so bewegt mich heimliche Begeistrung für meine eigne Er-
höhung; – wenn ich liebe auch. – Nur: In der Liebe fühl ich
mich flehend wie im Tempel; wenn ich denke, kühn wie ein
Feldherr.«
»Alles von sich selber verlangen, ist der nächste und un-
25 mittelbarste Umgang mit Gott; dem Göttlichen geben die
Sterne die sicherste Gewährleistung für die Erfüllung eines
höheren Willens. – Die dreiste Überzeugung daß wir unserer
Forderung genug tun sollen.« – So raten uns die Sterne. –
Günderode, drum sei ja mutig zu allem, und endlich kann
30 auch kein falscher Trieb sich dazwischen durchwuchern,
denn die Seele ist ganz erfüllt von eigenem Geist und allein
für ihn tätig.
Das haben mir die Sterne für Dich gesagt als ich sie fragte
um die tiefen Lebensgeheimnisse in Deiner Brust, sie wollen
35 Du sollst Deinen Schild tragen – kühn und frei über die Le-
bensgipfel weg. Alles ist Höhe nichts ist Tiefe. Du sollst sie
schauen die so hoch sind, vor denen nichts Abgrund ist, was
ihr Licht nicht entbehrt.

»Es gibt eine Zauberkunst, ihre Hauptgrundlage ist des Geistes fester Wille zum Mächtigen, der sich auflöst in die Übermacht dessen was er im Geist erkennt.«

So hast Du mir einmal gesagt und die Sterne haben mich gemahnt, ich soll Dich dran erinnern.

»Nie muß man dem Höheren gegenüber selbst etwas wollen, sonst wehrt man sich gegen den eignen Willen.«

Das haben die Sterne noch hinzugefügt und mich gemahnt ich soll Dir das scharf und eindringlich wieder sagen. –

Ich leg mir das so aus, der Mensch soll nicht dem eignen Schicksal nachgehen, denn es gibt kein Schicksal für den Geist als das Göttliche, – diesem gegenüber sollen wir alles als klein verachten. –

Noch sagen die Sterne: »Ohne Zauber kann sich der innere Mensch nicht erscheinen,« – o die Sterne sind gütig sie sagen viel und Großes, und bedeuten uns daß wir selber groß sind.

»Ach das Endziel aller Wahrheit ist, sie hinzugeben an höhere Wahrheit, sie ist Zauber durch den der innere Mensch sich erscheint, sie ist Entwickeln der göttlichen Natur; der Himmel entwickelt sich aus der Sehnsucht, und aus des Himmels unendlichem Frieden wird höhere Sehnsucht sich entwickeln; – die Wahrheit geht hervor aus der Wahrheit, und geht über in Wahrheit.

Das höchste was die Wahrheit vermag, ist sich auflösen in höhere Wahrheit; – ja, sie sagt *Nein!* – verneint sich. –

Nie darf der Geist sich am höchsten halten, sondern jene muß er höher halten auf die er wirkt, denn die befördern ihn – entwicklen ihn.

Die Wahrheit, die Lieb ist Sklave, *der* ist Herr, den sie nährt.«

So reden die Sterne wenn ich mit ihnen von Dir spreche – sie lieben Dich, sie sind Deine Sklaven, die höhere Erkenntnis die sie auf Dich herabblitzen, die entwickelt ihr Vermögen auf den Menschengeist zu wirken, das Hohe auszusprechen, und sie werden mehr noch sagen wenns Dein Ohr trifft. – O sie sagten es mir für Dich in der Neu-

jahrsnacht – – und viel reicher war die Saat liebender Mahnungen, aber ich konnts nicht alles tragen in meinem Geist
was sie sagen; – vertrau ihnen und Du wirst erleben –
schwere Garben bring ich Dir heimgeschleppt; – da siehst
Du was Leben ist, Keime der Erkenntnis säen die Sterne Dir
in' Geist, und Du wolltest verzweifeln weil Deine Füße am
Boden wurzeln. – Ja das ists, Deine Seele hat Licht getrunken und will nun schlafen, so leg Dich doch und ruhe, ich will
sorgen daß Du schlafen kannst und wachen zugleich, – und
wart doch was die Sterne endlich mit uns anfangen, bist Du
nicht neugierig? – was gottgesandte Boten Dir zuflüstern,
magst Du das nicht erlauschen, und kannst nicht alles andre
darüber vergessen? –
  O hör, denn als sie so gesprochen hatten da bekräftigte der
Schlag von Mitternacht in die tiefe Einsamkeit hinein-
schallend, daß, so die Jahre hinabrollen, der Geist doch ewig
blühend am Himmel steht; und daß unsere Begeistrung dieser Jugend zuströme das stürmte mir herauf aus der tiefen
Stadt wo alles lebend, jubelnd die verjüngte Zeit begrüßte.
Warum rührten sie die Trommeln, und schmetterten von den
Kirchtürmen – die Trompeten! – und warum erfüllte das
Jauchzen die Luft? als weil die ewig sich verjüngende Zeit
alle kindliche Freudenstimmen weckt über die unsterbliche
Jugend. – Mir war so selig dort auf der schwindelnden Höh,
wo die Studentenlieder wie ein Meer um mich himmelan
brausten und mich einhüllten in ihren Jubellärm wie in eine
Wolke und aufwärts trugen. O wie schön ists in der Welt,
denk doch, so viel junge Stimmen hier im kleinen Städtchen,
alle freudebrausend! – wer wollte im Leben wohl etwas beginnen was dieses heitere Jugendleben zu schwerem innerem
Verantworten niederbeugte! – O nein, schon wegen der Jugend heiligem Recht in Fülle den Strom auszubrausen,
möcht ich im eignen Busen die ewige heitere Lebenskraft
nicht ablenken. – Sieh, junge Günderode, Deine Jugend ist
die des heutigen Tages, Mitternacht hats bekräftigt, die
Sterne mahnen Dich und verheißen Dir daß Du ihnen Deinen Geist sollst zuströmen, die auffahren voll jubelndem

Feuer in Chören ihre Begeistrungslieder herüberjauchzen ins
neue Jahr! – sie begrüßen Deine Zeit! – daß sie *Deiner* Begeistrung geboren sind, das macht die jungen Herzen jauchzen, o verlasse die Deinen nicht und mich nicht mit ihnen;
verlasse Dich auf den Genius daß er aufrecht stehe in Dir und
groß walte zwischen Geist und Seele.

Was könnte Dich doch verzagen machen? – sieh doch wie
viel Leben verdirbt, aber doch ists nur scheinbar, es steht mit
verschwisterten Gewalten wieder auf und versuchts von
neuem. Aber das muß nicht sein daß Du Dich aus ihren Reihen loskettest, denn alle gehören einander, und das muß
Dich nicht traurig machen daß manches was sie als Tugend
preisen nur glänzende Fehler sind. Ist doch oft auch Tugend
was Fehler ist.

Ich mag diesen Brief nicht schicken; ich bin nicht zu entschuldigen, schiebs aufs Wetter in meiner Brust. Es ist Ge-
witterzeit in mir, wie konnt es so angstvoll in mir aufsteigen
sonst? – Gewitter sinds die über mich hinstürzen und alle
blühende Kraft niederdrücken, und das Gewölk hängt
schwer über mir, und das Herz arbeitet und glüht und möcht
sich Luft machen und zückt; denn sonst könnt ich nicht so
schmerzvolle Augenblicke haben und immer so schwere Gedanken über Dich. Aber es ist auch traurig, heut erhalt ich
erst Nachricht von der Claudine daß Du sie beauftragt hattest mir Deine Abwesenheit von Frankfurt zu schreiben, und
daß Du bei der kranken Schwester bist. Mein Herz ist der
brausende Brunnen, ein paar Tropfen Öl besänftigen ihn ja,
ich war ganz verkehrt, ich erwache vom bösen Traum. Ach
Gott sei Dank daß es anders ist. – Ich bin noch niederge-
schlagen und seh die Träume unwillig dahin ziehen am düstern Tag, sie hätten mich wohl länger noch gepeinigt. – Wie
Du auch meine Briefe aufnehmen magst, ich will Dich der
Mühe überheben mich darüber zurecht zu weisen, und wills
alles vor Dir aussprechen was ich von mir denk. Ich hab Dir
eine Reihe von Briefen geschrieben ich weiß nicht mehr was;
– sollt ich mir Rechenschaft geben was ich damit wollte, ent-
hielten sie selber eine Rechenschaft meines Seelenlebens? –

ist ein einziger früherer Vorsatz drin nur berührt? – ist mir
nicht alles fern abgeschwunden was ich mir als heilig Gelübde auferlegte? hab ich nicht mir und Dir zugesagt, ich
wolle mich streng den Bedingungen einer Kunst unterwerfen? hab ich nicht immer und immer aufs Neue wieder alles
Begonnene verfaselt? – und was konntest Du mit mir endlich
anfangen? ich gestand Dir immer alles zu, ja ich sagte mir täglich Deine wahren, Deine tiefen Begriffe vor, über die Anstrengung des Geistes in sich zu erzeugen was noch ungeboren ist in ihm. Einmal sagtest Du: »Ich begreife aus dem
Sehnen des Geistes sich der Künste und Wissenschaften zu
bemächtigen, daß die fruchtbare Erde nach dem Samen sich
sehnt den sie zu nähren vermag.« Und Du sagtest zu mir:
»Deine ewige Unruh, Dein Schweifen und Jagen nach allem
was im Geist erwachsen könnt, selbst Dein Widerspruch dagegen beweist daß Dein Geist fruchtbar ist für Alles.« Und
wolltest ich sollte nur das eine Opfer bringen und eine Zeit
mich Einem ganz unterwerfen, dann werde sich zu Allem
Platz und Reife bilden. Und sagtest: »was ist denn Zeit wenn
sie nicht ewiges Bilden der Kräfte ist? – Und ist eben die
Mühe des Erwerbens nicht auch sein höchster Ertrag? – und
keine Anstrengung ist umsonst, denn am End ist jede Anstrengung die höchste Übung des Erzeugens, und wer seinen
Geist mit Anstrengungen nährt, der muß zum Erschaffen,
zum Wiedererzeugen verlorner Geistesanlagen, nicht allein
in sich, sondern in Allen seiner Zeit geschickt werden.« Und
Du sagtest noch viel, wo ich voll Feuer war Dir allein zu folgen und alles mir zuzumuten, ich mußte mir sagen daß ich
allein in Dir Licht fand über das Leben, und daß Dein Geist
heilige Religion sei, und daß ich eine Ahnung faßte zu was
der Mensch geboren sei; ja, und daß er immerdar vereinigt
sein soll mit Gott, das heißt immer in heiliger Anstrengung
begriffen, ihn zu fassen. Ja was ist denn Kunst und Wissenschaft? wenn es nicht die tiefen Anlagen sind eines geistigen
Weltgebäudes. Was ist denn irdisch Leben wenn nicht, der
sinnliche Boden aus dem eine geistige Welt sich erzeugt –
und Du sagtest: »wär man nicht zornig, wie könnt einer

sanftmütig werden, und wär die Lüge nicht, wie könnten wir
zu Helden der Wahrheit werden?« Und weil ich Dich nicht
verstand so sagtest Du: »Hätte die Welt nicht widerstanden,
wie konnte Cäsar ein Eroberer werden?« – Da war mir plötzlich alles deutlich, und ich war so glücklich mein eignes
Selbst meiner Anstrengung zu danken zu haben, daß ich
wohl begriff: *dies* sei die einzige göttliche Gewalt in uns, uns
zu freien Naturen zu bilden, nämlich, alles aus eigner freier
Anstrengung zu erwerben, und was ist Freiheit, wenn nicht:
Gott sein? Alles aus freier Anstrengung erwerben ist die erste Bedingung einer göttlichen Natur.

Und diesen Forderungen von Dir habe ich geschworen
wie einer auf die Fahne schwört und war meiner eignen Begeistrung so gewiß und hätte mirs zugetraut, Alles mit Ernst
und Treue zu verwalten was die innere Stimme mir auferlegte, und dieser geheime Trieb göttlich zu werden durchdringt
mich noch. Und wenn ich hundertmal eins ums andre verlassen hab, so verzag ich nicht, wieder zu beginnen. Ich will
zu Dir, in Deinem Schoß will ich lernen; ich weiß daß es so
sein muß daß wir bei einander sind. Wenn ich Dir nicht jeden
Tag enthüllen kann was für Gedanken in mir aufsteigen
dann bin ich gleich weggerissen. Ja das muß ich Dir auch
noch von mir sagen daß ichs oft nicht weiß wie es kommt daß
ich oft plötzlich weit von dem wozu ich mich ganz hingewendet hab hinweg gerissen bin; – nicht mit meinem Willen,
aber ich bin dann erfüllt und bestürmt vom Denken, dem
muß ich folgen; und ermüdet bin ich dann – aber so ermüdet,
wenn ich mich wieder zu dem finde was ich erlernen oder mir
aneignen will. Und das ist meine Sünde. Ich sollte diese
Schwäche abweisen. Der Geist soll nicht ermüdet sein, er soll
die Müdigkeit abweisen. – Weiß ich doch daß ich im Rheingau bei langen Wegen die oft vier bis fünf Stunden weit waren, mir sagte ich will nicht müde sein, und dann, als sei ich
neu geboren den Weg wieder zurücklegte. Das vermag der
Geist über den Leib, aber über den Geist selbst, da ist der
innerliche Geist der ihn zähmt oder weckt noch nicht stark. –
Ja vielleicht bin ichs selbst der ihn verleugnet; aber Dich

nicht. In Dir konnt er mit mir sprechen. Und es ist nicht aller Tage Abend, betrachte Alles als ein Vorspiel, als ein Strömen noch verwirrter und verirrter Gefühle und Kräfte. Ach verzweifelst Du daß je das Gewölk in meinem Geist sich teile?
5 und das Licht Ordnung herabstrahle? – Ich hab Zuversicht, ich verzweifle nicht, ein ewiger Trieb zu empfangen, ein rasches Bewegen in meiner Seele die sagen mir gut. – Und Du wirst mich nicht verwerfen. – Es wird ja schon wieder Tag! die Eos tritt aus der Dunstluft hervor und mir ist wohl ge-
10 worden über dem Schreiben; ich träume nicht mehr daß der Donnerer mein Schiff zerschmettre und in die Wellen versenke, – weil es gefrevelt ist, an *Ihm* der auf hephästischen Rädern die Rosse zum Sonnenmeer treibt sie da zu baden. Nein! ich führ neben Dir her am Strand die reinen Lämmer Ihm
15 entgegen; und ich gehöre zu Dir, wenn Du sein gehörst. –
Bettine.

An die Bettine.
Ich mußte abreisen und konnte Dir nicht einmal ausführlich schreiben. Eine Schwester die schon länger unwohl ist und
20 jetzt nach mir verlangte. Das wird mich auch wohl so bald nicht dazu kommen lassen. Denke nicht ich vernachlässige Dich liebe Bettine, aber die Unmöglichkeiten dem nachzukommen was ich in Gedanken möchte, häufen sich, ich weiß sie nicht zu überwinden und muß mich dahin treiben lassen
25 wie der Zufall es will, Widerstand wär nur Zeitaufwand und kein Resultat, Du hast eine viel energischere Natur wie ich, ja wie fast alle Menschen die ich zu beurteilen fähig bin, mir sind nicht allein durch meine Verhältnisse, sondern auch durch meine Natur engere Grenzen in meiner Handlungs-
30 weise gezogen, es könnte also leicht kommen daß Dir etwas möglich wäre, was es darum mir noch nicht sein könnte, Du mußt dies bei Deinen Blicken in die Zukunft auch bedenken. Willst Du eine Lebensbahn mit mir wandlen, so wärst Du vielleicht veranlaßt alles Bedürfnis Deiner Seele und Deines
35 Geistes, meiner Zaghaftigkeit oder vielmehr meinem Un-

vermögen aufzuopfern, denn ich wüßte nicht wie ichs anstellen sollte Dir nachzukommen, die Flügel sind mir nicht
dazu gewachsen. Ich bitte Dich fasse es bei Zeiten ins Aug,
und denke meiner als eines Wesens was manches unversucht
muß lassen, zu was Du Dich getrieben fühlst. Wenn Du auch 5
wolltest manches Recht was Du ans Leben hast aufgeben um
mit mir zusammen zu halten, oder besser gesagt, Du wolltest
von dem Element das in Dir sich regt, nicht Dich durchgären
lassen, bloß um Dich meiner nicht zu entwöhnen; das wär ja
doch vergeblich. Es gibt Gesetze in der Seele, sie machen 10
sich geltend oder der ganze Mensch verdirbt, das kann in Dir
nicht so kommen, es wird immer wieder in Dir aufsteigen,
denn in Dir wohnt das Recht der Eroberung, und Dich
weckt zum raschen selbstwilligen Leben was mich vielleicht
in den Schlaf singen würde, denn wenn Du mit des Himmels 15
Sternen Dich beredest und sie kühn zur Antwort zwingest,
so würde ich eher ihrem leisen Schein nachgeben müssen,
wie das Kind der schlummerbewegenden Wiege nachgeben
muß. – Alle Menschen sind Dir entgegen, die ganze Welt
wirst Du nur durch den Widerspruch in Deiner Seele emp- 20
finden und erfahren, keine andere Möglichkeit für Dich sie
zu fassen. Wo wirst Du je eine Handlung, weniger noch eine
Natur treffen die mit Dir einklänge? – es ist noch nicht gewesen und wird auch nie sein, (von mir will ich Dir nachher
reden). Was andern Menschen die Erfahrung lehrte, wozu sie 25
sich bequemen, das ist Dir der Unsinn der Lüge. Die Wirklichkeit hat als verzerrtes Ungeheuer sich Dir gezeigt, aber
sie hat Dich nicht gescheucht, Du hast gleich den Fuß drauf
gesetzt, – und obschon sie unter Dir wühlt und ewig sich
bewegt, Du läßt Dich von ihr tragen, ohne nur der Mög- 30
lichkeit in Gedanken nachzugehen daß Du einen Augenblick
mit ihr eins sein könnest. Ich spreche von heute und mehr
noch von der Zukunft; ich wollte Dir wünschen es kämen
Augenblicke in Deinem Leben wo Dir dieses Zusammenströmen mit andern Kräften gewährt wär. Erinnerst Du 35
Dich Deines Traums auf der grünen Burg, den Du mir in der
Nacht erzähltest wo ich Dich weckte, weil Du sehr im Schlaf

geweint hattest. Ein Mann der zum Wohl der Menschheit –
ich weiß nicht mehr welche Heldentat – getan hatte, sei zum
Richtplatz um dieser großen Tat willen geführt worden. Das
Volk habe in seiner Unwissenheit darüber gejubelt, und in
Dir sei große Begierde gewesen zu ihm aufs Schaffot zu gelangen, aber der Streich sei gefallen noch kurz vorher, wie
Du eben glaubtest oben zu sein. Du kannst den Traum nicht
vergessen haben, Dein schmerzlich Weinen bewegte mich
mit, so daß ich kaum wagte Dich zu erinnern daß es nur ein
Traum sei, aber dies war eben worüber Du untröstlich warst.
Du meintest, nicht im Traum sei Dirs gegönnt das auszufüh-
ren was in Deiner Seele spreche, vielmehr noch verzweifel-
test Du an der Wirklichkeit. Damals in der Nacht habe ich
gescherzt um Dich ein wenig zu trösten, aber heute fühl ich
mich bewogen jene Frage, ob es nicht ein Verlust sei, nicht
zusammen mit jenem Helden im Traum gestorben zu sein,
wieder aufzunehmen; ja es war ein Verlust, denn das Erwachen, das Fortleben nach so bestandner Prüfung Deiner tiefen inneren Anlagen die ja doch so selten in der Wirklichkeit
sich bewähren und bestätigen, mußte Dir ein Triumph sein,
einen Genuß gewähren, wenn es auch nur im Traum war;
denn im Traum scheitert die edelste Überzeugung wie oft. –
Und ich stimme mit Dir ein, daß es ein Streich war den Dir
Dein Dämon spielte, aber ein Weisheitsstreich; – wärst Du
befriedigt worden im Traum, so wär Deine Sehnsucht das
Große getan zu haben vielleicht auch befriedigt. Und was
konnte daraus hervorgehen für Dich? – vielleicht jene nachlässige Zuversicht in Dich selber, was Savigny allenfalls
Hochmut nennen würde? – nein das wohl nicht, aber doch
würde die Spannung wahrscheinlich nicht geblieben sein, die
jetzt, ich wollt es wetten, bei der leisesten Anregung jener
unerfüllten Sehnsucht sich wieder erneuen wird.

Ich wollte Dir wünschen Bettine (unter uns gesagt, denn
dies darf niemand hören) daß jede tiefe Anlage in Dir vom
Schicksal aufgerufen würde, und keine Prüfung Dir erlassen,
daß nicht im Traum aber in der Wirklichkeit Dir das Rätsel
auf eine glorreiche Art sich löse, warum es der Mühe lohnt

gelebt zu haben. – Pläne werden leicht vereitelt, drum muß
man keine machen. Das Beste ist sich zu Allem bereit finden
was sich einem als das Würdigste zu tun darbietet, und das
Einzige was uns zu tun obliegt ist, die heiligen Grundsätze
die ganz von selbst im Boden unserer Überzeugung empor- 5
keimen, nie zu verletzen, sie immer durch unsre Handlungen
und den Glauben an sie mehr zu entwicklen, so daß wir am
End gar nicht mehr anders können als das ursprünglich Göttliche in uns bekennen. Es gibt gar viele Menschen, die große
Weihgeschenke der Götter mitbekommen haben, und keines 10
derselben anzuwenden vermögen, denen es genügt über
dem Boden der Gemeinheit sich erhaben zu glauben, bloß
weil der Buchstabe eines höheren Gesetzes in sie geprägt ist,
aber der Geist ist nicht in ihnen aufgegangen und sie wissen
nicht wie weit sie entfernt sind jenen Seelenadel in sich ver- 15
wirklicht zu haben auf den sie sich so mächtig zu gut tun. –
Dieses scheint mir also die vornehmste Schule des Lebens,
darauf zu achten daß nichts in uns jene Grundsätze durch die
unser Inneres geweiht ist, verleugne; weder im Geist noch
im Wesen. Jene Schule entläßt den edlen Menschen nicht, bis 20
zum letzten Hauch seines Lebens. Dein Ephraim wird mir
recht geben und ist ein Beweis dafür. Ich glaub auch, daß es
die höchste Schicksalsauszeichnung ist zu immer höheren
Prüfungen angeregt zu sein. – Und man müßte wohl das
Schicksal eines edlen Menschen aus seinen Anlagen weissa- 25
gen können. – Du hast Energie und Mut zur Wahrhaftigkeit,
und zugleich bist Du die heiterste Natur die kaum das Unrecht spürt was an ihr verübt wird. Dir ists ein Leichtes zu
dulden was andre nicht ertragen können, und doch bist Du
nicht mitleidsvoll, es ist Energie was Dich bewegt andern zu 30
helfen. – Sollt ich Deinen Charakter zusammenfassen so
würd ich Dir prophezeihen wenn Du ein Knabe wärst Du
werdest ein Held werden; da Du aber ein Mädchen bist so
lege ich Dir alle diese Anlagen für eine künftige Lebensstufe
aus, ich nehme es als Vorbereitung zu einem künftigen ener- 35
gischen Charakter an, der vielleicht in eine lebendige
regsame Zeit geboren wird. – Auch wie das Meer Ebbe und

Flut hat, so scheinen mir die Zeiten zu haben. Wir sind in der
Zeit der Ebbe jetzt, wo es gleichgültig ist wer sich geltend
mache, weil es ja doch nicht an der Zeit ist daß das Meer des
Geistes aufwalle, das Menschengeschlecht senkt den Atem
und was auch Bedeutendes in der Geschichte vorfalle, es ist
nur Vorbereiten, Gefühl wecken, Kräfte üben und sammeln,
eine höhere Potenz des Geistes zu erfassen. Geist steigert die
Welt, durch ihn allein lebt das wirkliche Leben, und durch
ihn allein reiht sich Moment an Moment, alles andre ist ver-
flüchtigender Schatten, jeder Mensch der einen Moment in
der Zeit wahr macht ist ein großer Mensch, und so gewaltig
auch manche Erscheinungen in der Zeit sind, so kann ich sie
nicht zu den Wirklichkeiten rechnen, weil keine tiefere Erkenntnis, kein reiner Wille den eignen Geist zu steigern sie
treibt, sondern der Leidenschaft ganz gemeine Motive. Napoleon zum Beispiel. – Doch sind solche nicht ohne Nutzen
fürs menschliche Vermögen des Geistes. Vorurteile müssen
ganz gesättigt, ja gleichsam übersättigt werden eh sie vom
Geist der Zeit ablassen. Nun! welche Vorurteile mag wohl
dieser Aller Held, schon erschüttert haben? – und welche
wird er nicht noch bis zum Ekel sättigen? wie manches werden die zukünftigen Zeiten nicht mit Abscheu ausreuten,
dem sie jetzt mit leidenschaftlicher Blindheit anhängen. Oder
sollte es möglich sein daß nach so schauderhaften Gespen-
sterschicksalen, der Zeit nicht gegönnt sei sich zu besinnen? –
Ich zweifle nicht dran, alles nimmt ein End und nur was le-
benweckend ist, das lebt. – Ich habe Dir genug gesagt hierüber, Du wirst mich verstehen. Und warum sollte nicht ein
jeder seine eigne Laufbahn feierlich mit Heiligung beginnen,
sich selbst als Entwicklung betrachtend, da unser aller Ziel
das Göttliche ist, wie und wodurch es auch gefördert werde?
– Ja ich habe Dir genug gesagt um Dir nah zu legen daß jene
Anlagen des höheren Menschengeistes das einzige wirkliche
Ziel Deiner inneren Anschauung sein müsse, daß es Dir ganz
einerlei sein müsse ob, und wie fern Dein Vermögen zur Tätigkeit komme. Innerlich bleibt nichts ungeprüft im Menschen was seine höhere ideale Natur hervorbringen soll. –

Denn unser Schicksal ist die Mutter, die diese Frucht des
Ideals unterm Herzen trägt. – Nehme Dir aus diesen Zeilen
alles was Deine angehäuften Blätter berührt, beschwichtige
Deine Ängstlichkeit um mich damit. Lebe wohl und habe
Dank für alle Liebe und auch den guten Ephraim grüße in 5
meinem Namen, und schreib mir von ihm, und sprich auch
mit ihm von mir.

Deine Schwester Lullu fragte mich, ob Du wohl mit ihnen
auf ein paar Monat nach Cassel gehen werdest. Tu es doch,
mir ists als würde eine Unterbrechung Deines Lebens Dir 10
jetzt recht gesund sein, obschon ich sonst nicht dafür sein
würde.

                                                    Caroline.

An die Günderode.

Ich hab einmal tief aufgeatmet. Dein Brief ist da! Weißt Du 15
was ich getan hab? Drei Tag hab ich mich hingelegt und mich
gestreckt und geruht; als wär ich einer schweren Arbeit los. –
Ich will gewiß nie wieder so sein. Doch wer kann für solche
Gewitterluft. Über Deinen Brief will ich gar nicht mit Dir
sprechen, als bloß daß ich Dich mit heimlichen Schauern ge- 20
lesen hab. – Es ist vielleicht noch nachziehende Schwermut,
ich weiß nicht was es ist; ich will Dein Herz nicht anrühren,
mir ist als wollt es ausruhen in sich, mir ist der ganze Brief
wie ein Abschluß, – ach nein das nicht, – wie ein Ordnen vor
dem Abschied, wo Du mich ins Leben schickst wie ein älterer 25
Bruder den jüngeren, nicht wahr? – aber nicht auf lang? – Du
willst nur ich soll mich mit mir allein besinnen damit ich auch
lerne mir selbst raten. Drum vom Brief wollen wir nichts reden. Ich verstehe Alles. Und entweder empfind ich manches
noch mit Weh, weil ich noch verwundet mich fühl oder weil 30
ich nicht stark bin eine göttliche Stimme aus Dir zu vernehmen; mit Weinen horch ich auf Dich. Ich lese aus Deinem
Brief Deiner Stimme Laut, dieser rührt mir die Sinne, sonst
nichts. Ich bin ein krankes Kind von müd gewordner Lie-
besanstrengung, und so muß ich jetzt weinen daß die Sorge, 35

ach ja! die Verzweiflung mir genommen ist! – Dumm bin ich
und launig! – So heftig klopfte mir das Herz als Dein Brief da
war, es war schon Nacht, – ich nahm ihn aber mit auf den
Turm und bat die Sterne daß Alles sehr gut sein möge was
5 drin steht, und hab gefragt ob es mir wohl Ruh geben werde
was drin steht? Was mir die Sterne geantwortet haben? – ach
ich weiß es gar nicht! Aber ich wollt die Unruh einmal nicht
wieder auf mich nehmen. – Günderode! wenn ich auch je verdiente an Dir daß Du Dich von mir wendest, ich habs im
10 Voraus abgebüßt. – Dein Brief kam mir wie Nebel vor – ja
wie Nebel – und dann wars als wenn dadurch ein Altar schimmert mit Lichtern, dann ist es wie ein Flüstern, wie Gebet in
diesem Brief. – Ein Zusammenfassen all Deiner Geistes-
kräfte als wolltest Du den Geist der Trauer in mir be-
15 schwören. – – Als der Ephraim heut kam, ich war gar nicht
geneigt zum Lernen; – ich vergaß ihn zu grüßen, da er doch
eben von der Reise gekommen war, er sprach aber von selbst
von seinen Enkeln allen, er saß und ich stand am Tisch; aber
weil er so freundlich immer meine Stille durch sanfte melo-
20 dische Mitteilungen anglänzte wie sanfter Abendschein eine
Wolke anleuchtet! – die Wolke war so weich geworden von
dem Leuchten der scheidenden Sonne daß sie weinen mußte;
ich traute nicht den Mann anzuschauen den alles Schicksal
zur Schönheit reifte; – und sein Leben eine lautere Sprache
25 mit dem Göttlichen. – Denn was konnt ich vorbringen
warum ich so war? – Ich sagte, bleibt noch, als er glaubte ich
wollt gern allein sein; – denn, sagt ich: die Wände da sagen
Du bist für nichts auf Erden, wenn ich allein bin. – Aber
wenn Ihr da seid, so tun sich die Wände auf und ich seh hin-
30 aus in den unendlichen Osten. Ich nahm seine Hand in die
meine die er festhielt, und nun sprachen wir von seinen Kindern, denn ich wollt mich nicht so hingehn lassen, es ist auch
einerlei von was man mit ihm spricht, denn sein Wesen und
sein Sprechen ist geistige Menschheit und so heilströmend ist
35 diese ideale Gesundheit in ihm daß man immer mehr von
seinen reinen Worten trinken möcht. Ach Du schreibst ich
soll Dir recht viel von ihm erzählen. Wärst Du doch selbst

hier! – Vorgestern fiel mirs ein wie die Abendröte schon dem
Dunkel wich und das reine kalte Blau durch die Fenster herein leuchtete daß es unendlich schön sein müßte wenn wir
Drei zusammensäßen und sprächen so in die Nacht hinein.
Alles Große spricht er so heiter aus, alles ist so einfach, so 5
notwendig, als sei das Leben reiner geistig durchgebildet in
ihm. Und das ist es auch. – Ich gab ihm Deinen Brief und
sagte ihm er solle es mir auslegen warum ich mich nicht besinnen kann; und was es ist daß ich mich nicht in die gewohnte Stätte sichern Vertrauens hineinfinde in diesem 10
Brief, als sei die Pforte zu Deinem Herzen nebelverhüllt.
Aber wie er wegging war ich schon viel heiterer geworden,
und am Tag vorher war ich auf dem Turm gewesen, aber die
Sterne sagten mir nichts, ich besann mich nur da oben auf
meine frühere Kindheit, auf meinen Vater, wie ich dem so 15
schmerzstillend war. Wie die Mutter gestorben war und keiner sich zu ihm wagte, Abends in den langen Saal wo er im
Dunkel allein saß vor dem Bild der Mutter, und die Laternen
von der Straße warfen zerstreute Lichter hinein. Da kam ich
zu ihm – nicht aus Mitleid, denn ich weinte nicht mit ihm, 20
grad wie Du in Deinem Brief sagst es sei kein Mitleid, sondern Energie, – oft hab ich mich selbst gewundert daß ich
immer kalt bin beim sogenannten Unglück, andere denen es
schwer auf der Seele liegt die können oft nicht helfen, aber
Teil nehmen. Ich kann nicht Teil nehmen, mich treibts die 25
Dornen aus dem Pfad zu reißen. – Aber mit dem Vater war es
anders. Ich glaub es gibt vielleicht Augenblicke im Leben wo
ein rein Verhältnis zwischen Gottheit und Menschheit ist, so
daß die Menschennatur sich dazu eignet das zu übernehmen
was die Menschen Botschaft Gottes nennen, also das Amt 30
der Engel verrichten. Denn ich lief unwillkürlich zum Vater
hinein und umhalste ihn und blieb still auf seinen Knieen
sitzen und so lang es schon her ist und damals auch meine
Gedanken nicht drauf gerichtet waren, so besinne ich mich
doch der ruhigen Kälte in mir und wie dem einsamen Vater 35
die Schwere vom Herzen fiel, und er ließ sich von mir aus
dem Zimmer führen. – Später im Kloster, in *Fritzlar,* als

man uns seinen Tod mitteilte, da frug uns die Oberin, ob wir keine Anzeige von seinem Tode gehabt hätten? ich sagte: ja ich habe im Springbrunnen es gelesen. Da weckte mich Nachts der Mondschein und ich ging einen sehr ängstlichen
5 Weg durch viele dunkle Gänge bis ich zum Garten kam an den Springbrunnen, weil ich mit der Seele meines Vaters im Wasser reden wollte. Und ich ging alle Nacht hinunter, da redeten die Wellen mit mir wie jetzt die Sterne; es waren aber Geister damals, denn ich sah sie herumgauklen in der Luft
10 quer durch den Mondschimmer und bald hier im Gras oder in den hohen Taxusbäumen. Wenn Du aber fragst wie es aussah was ich zu sehen meinte, so muß ich Dir sagen es war mehr ein Gefühl von etwas Höherem als ich, von dem ich durch meine Augen gewahr ward daß es sei, und wo mirs im
15 Gefühl war daß es mit meinen Lebensgeistern sich zu schaffen mache, und was mir diese Erscheinungen oder Nichterscheinungen mitteilten, Das war so daß ich ganz willenlos war, wie der Erdboden auch willenlos ist in den man Samen streut. – Ich sah nur zu daß diese Geister mein
20 Schauen durchkreuzten, und ein reines Bejahen ihres Willens war in mir, ohne daß ich mir diesen Willen in Gedanken hätt übersetzen können. O ich glaub gewiß die Geister müssen den Geist in die Menschenseele legen. Denn alles Wahrhaftige was man denkt ist Geschenktes, es überrascht später als
25 Gedanke den Begriff, wie die Erscheinung der Blüte aus der Erde hervor uns auch überraschen müßte. – Und dann ist es so seltsam daß diese Geistesbezauberung einem gleichsam betäubt daß man Alles vergessen muß, daß es wie tiefer Schlaf ist eine Weile in der Seele, und daß dann gar nichts
30 erinnerlich ist. – Phantasie? – Was ist Phantasie? – ist das nicht der Geister bunter Spielplatz auf den sie Dich als freundliches Kind mitnehmen, und so sehr auch Alles Spiel ist, so hat es doch Beziehung auf die Geheimnisse in der Menschenbrust. – Und die Menschen wissens nicht wie sie
35 zum Licht des Geistes kommen, denn dies ist eins von den Lebensgeheimnissen. Aber wie weiß ichs doch? – vielleicht weil ich gleich so festen Glauben in sie hatte, vielleicht ists

der Glaube der die Geister fesselt daß sie einem näher rücken
müssen. Denn der Glaube bannt Alles in einem hinein und
der Unglaube verjagt Alles. – Aber – in Offenbach bei der
Großmama, da wars wohl schon zwei Jahr her daß ich aus
dem Kloster war, ich war schon zwölf oder dreizehn Jahr alt, 5
– und guckt so um mich und hatte so ein dumpf Gefühl als
wenn alles närrisch wär rund um mich, alles Erziehungswe-
sen, aller Unterricht, alle Sittenpredigt und Religionslehre,
Alles warf ich über einen Haufen, ich konnts nicht begreifen
als lebendig und konnts nicht verwerfen, denn ich wußt 10
nichts vom Leben. – Da wars auch so daß ich in der Nacht
fortgezogen wurde an eine ferne öde Stätte und da wars mir
schon viel deutlicher was ich erfuhr, es war mir viel gewisser,
keinen Augenblick hatte ich mehr einen Zweifel daß nicht
Alles nur beengende Narrheit sei was um mich vorging; und 15
was ich vom Leben und wie mans nahm, gewahr ward, – und
niemals hätte mir irgend wer imponieren können, aber wie
ich Dich sah da war mirs klar in Dir, ich hätt nie an einem
Wort können zweiflen, im Gegenteil war so manches was wie
Rätsel klang als wenn jene Geister von Deiner Zunge mich 20
anlispelten; und es dauerte auch gar nicht lang so öffneten
sich mir tiefe Lichtwege, und so wie ich meinte eben daß
wohl die unmündigen aber dem Göttlichen noch ganz vertrauten Sinne der Kinder zu Botschaftern göttlichen Ein-
flusses auf die kranke Menschennatur sich eignen, so mögen 25
wohl hochstrebende Naturen, deren Bahn sich nicht trennt
vom Geist, wohl auch dazu taugen daß die Geister sich mit
Wort und elektrischer Wirkung durch sie mitteilen. So sind
jene Geister meiner Kinderjahre durch Deinen Geist sprach-
selig zu mir geworden. – Ja was wollt ich doch mit Dir re- 30
den? – das war daß ich den ersten Tag nachdem ich Deinen
Brief empfing nichts wie derlei Erinnerungen hatte und kein
Reden mit den Sternen war; und gestern aber war ich so heiter geworden, und hier will ich Dir herschreiben was ich da
oben von den Sternen erfahren hab. 35

Der wahre Geist ist nicht allein, er ist mit den Geistern, –
so wie er ausstrahlt so strahlt es ihn wieder, seine Er-
zeugnisse sind Geister die ihn wieder erzeugen.

Geist sind Sonnen die einander strahlen, – Licht nimmt Licht auf, – Licht sehnt sich nach Licht, – Licht geht über ins Licht, – Licht vergeht im Licht. – Vielleicht ist das die Liebe. –

5 Was sich nach Licht sehnt ist nicht lichtlos, denn die Sehnsucht ist schon Licht, die Rose trägt das Licht in der Knospe verschlossen. –

Die Schönheit die sinnlich vergeht, die hat einen Geist der sich weiter entwickeln will, der Rose Geist steigt höher wenn 10 ihre Schönheit verblühte. – Im Geist blühen tausend Rosen, die Sinne sind der Boden aus dem das Schöne in den Geist aufblüht, die Sinne tragen die Rosen sie blühen in dem Geist auf. – Der Geist ist der Äther der Sinne, – die Rose berührt den Atem, das Gesicht und das Gefühl! – Warum bewegt die 15 Rose das Gefühl? – atme ihren Duft und Du wirst bewegt; – gewiß liegt in ihrem Dasein Seligkeit die nur ihr eigen ist, – gewiß war diese Seligkeit einmal die Deine, – und jetzt wo Du ihren Duft einatmest fühlst Du den Geist der Rose die längst verblühte in Dir fortblühen.

20 Was ist Erinnerung? – Erinnerung ist viel tiefer als sich auf das besinnen was wir erlebten. Auch in ihren Verwandlungen berührt sie ewig den Geist – sie ist unendlich – sie wird Gefühl – dann wird sie Gedanke, der reizt den Geist zur Leidenschaft; als Leidenschaft erzeugt sie den Geist aufs 25 Neue.

Aus jedem Lebenskeim entsteht Leben, Leben erzeugt fortwährend Lebenskeime die alle blühen müssen. Alles Erlebte ist Lebenskeim, die Erinnerung trägt sie im Schoß.

Ich weiß wohl warum von Rosen die Rede war mit den 30 Sternen. – Einmal war ich heiter geworden wie der Ephraim fort war, – und dann schwamm noch rötlich Gewölk am Himmel als ich oben auf der freien Warte ankam, und dann will ich nie wieder unfrei atmen! das ist nicht meine Sach, unter der Last keuchen! – setzest Du mir nicht einmal ums 35 andre immer wieder neue Flügelpaare an, und die Sterne wie lehren die mich doch die Flügel schwingen! und trag ich nicht Dein Leben in meiner Brust und meines auch? – und

wenn ich so viel Flügel hab was soll mir eine Last sein? – alles
schwing ich auf gen Himmel, Schweiß wird mirs kosten,
warum nicht Lasten tragen wenn ich sie aufschwingen kann
in die Himmel. – Was ist das, ein Athlete sein und nicht den
Erdball auf den Fingern tanzen lassen? –   5

Haben wirs nicht ausgemacht wir wollen das gemeine Leben, unter uns sinken lassen, haben wir nicht zu einander
gesagt laß uns schweben und nicht an diesem oder jenem festhalten? – und war's nicht das erste worauf wir unser Sein
begründeten daß wir alles wollten wagen zu denken? – und   10
ist der nicht unsinnig der das Denken wollt vor die Türe stoßen, weist der nicht göttliche Botschaft ab, – und warum ist
denn nur Geist was frei schwebt und was sich anlehnt ist
nicht Geist. – O ja! das begeistert mich, so zu denken und der
Nebel umflort Dich nicht mehr, und es ist hell wie ich Dich   15
denk, – und wenn auch. – Wir können wohl über die Nebel
hinaussteigen, – Deine Fittige wolle Dir nicht brechen lassen, ich sag Dir gut daß ich die Erde und ihren Frevel am
Geist, in Banden halten werd. – Was ist? – was kannst Du
gewinnen was Du nicht wagst? – und was Du verlieren   20
kannst lohnt es der Mühe es zu bewahren, Du verlierst nur
was Du nicht wagst. –

Ein Held sein und sich vor nichts fürchten, da kommt der
Geist geströmt und macht Dich zum Weltmeer. – Die Wahrheit erfüllt Dich, der Mut umarmt die allumarmende Weis-   25
heit. – Die Wahrheit sagt zum Mut, brich deine Fesseln, –
und dann fallen sie ab von ihm. – Der Schein ist Furcht, die
Wahrheit fürchtet nicht, wer sich fürchtet der ist nicht wirklich der scheint nur. – Furcht ist Vergehen, Erlöschen des
wahrhaften Seins. – *Sein* ist der kühnste Mut zu denken. Den-   30
ken ist gottbewegende Schwinge. – Wie sollte das göttliche
Denken sich an die Sklavenfessel legen? – Ist das was Ihr für
wahr ausgebt Wahrheit, so schwing ich mich im Denken zu
ihr auf. –

Wenn ich mich aufschwinge so ists in die Wahrheit, lieg ich   35
an der Fessel so bin ich nicht an die Wahrheit gekettet. Frei-
sein macht allein daß alles Wahrheit sei, von was ich mich fes-

seln lasse das wird zum Aberglauben, Nur was geistent-
sprungen mir einleuchtet das ist Wahrheit, – was aber den
Geist fesselt das wird Aberglaube. Geist und Wahrheit leben
in einander und erzeugen ewig neu. –

5   So hab ich mich frei gemacht von meiner Furcht, weil
Furcht Lüge ist. – Und Mut muß die Lüge überwinden. Und
ich bin wieder Eins mit Dir.

Ach wie viel Strahlen brechen sich doch heut in meiner
Seele!

10   Adieu und der Lullu hab ich versprochen daß ich mit nach
Cassel geh, sie schreibt: *nur auf drei Wochen.* –

An die Günderode.
Ich bin heut auf mancherlei Weise beglückt, erstlich hab ich
heut wirklich einen Rosenstock in meinem Zimmer stehen
15 den mir einer heimlich hereingestellt hat, mit sieben-
undzwanzig Knospen, das sind Deine Jahre, ich hab sie freudig gezählt und daß es grad Deine Jahre trifft das freut mich
so; ich seh sie alle an, das kleinste Knöspchen noch in den
grünen Windeln das ist wo Du eben geboren bist. Dann
20 kommt das zweite da lernst Du schon lächeln und dahlen mit
dem kleinen grünen verschlossenen Visier Deines Geistes,
und dann das dritte da bist Du nicht mehr festgehalten, be-
wegst Dich schon allein, – und dann winkst Du schon mit
den Rosenlippen und dann sprechen die Knospen und dann
25 bieten sie sich dem Sonnenlicht, und dann sind fünf bis sechs
Rosen die duften und strömen ihre Geheimnisse in die Luft,
und dieser Duft umwallt mich und ich bin glücklich. – Wer
hat sie mir wohl ins Zimmer gestellt? – Heut morgen kamen
die Studenten herauf und gleich war Aller Blick auf den Ro-
30 senstock am Fenster gerichtet, – denn es ist was seltnes um
diese harte Winterzeit hier in Marburg, denn ich glaube wohl
nicht daß Treibhäuser hier sind.

Der Ephraim war nicht da heute wo sein Tag ist – den er
sonst nicht versäumt, und als ich Abends auf den Turm wollt
35 da kam sein Enkel mir zu sagen daß er unwohl ist, – ich sag

was fehlt ihm? – nur matt ist er, sagte der Enkel, sonst ist er
ganz wohl, ich sag sieh den schönen Rosenstock, er sagt ich
kenne ihn wohl, der Großvater hat ihn heute Morgen durch
mich geschickt, und weil es noch früh war so hab ich ihn vor
die Tür gesetzt, – ich frag habt Ihr ihn denn selbst gepflegt, – 5
ja der Großvater hat ihn schon zum zweitenmal zur Blüte
gebracht. –

Es ist schön daß der Rosenstock mein ist, wär doch der
Ephraim wieder gesund, denn Du hast mir ja geschrieben ich
soll mit ihm von Dir sprechen, das letztemal konnt ich nicht 10
weil ich zu bang war; – vielleicht aber ists daß er meint ich
wär zum lernen nicht aufgelegt, warum er sichs verbietet zu
kommen, ich hab ihn aber bitten lassen zu kommen wenn er
besser ist, ich hab ihm auch alten Madera geschickt, er wird
schon besser werden; es war sehr schön heut auf dem Turm, 15
es ist Frühlingsluft und die Abende sind heiter und rein, ich
geh früher jetzt, schon immer wenn die Sonne untergegangen ist, eh ich nach Haus geh ist doch schon sternige Nacht,
nun werd ich den Turm bald verlassen, die Lullu schreibt am
siebzehnten wird sie kommen, Du hasts gesagt ich soll mit 20
ihr gehen und ich wollt ihrs auch nicht abschlagen, – es war
schön hier und vielbedeutend, und was soll ich mich fragen
was in mir geworden ist. Mein Geist ist voll geheimer Anregung das ist genug, die Natur hab ich nicht beleidigt und
meine innere Stimme auch nicht verleugnet. 25

Was den Geist verleugnet das versiegt eine Geistesquelle,
– Buße ist ein Wiedersuchen, Wiederfinden dieser Quelle,
denn echter Geist strömt Geist, – Großmut verzeiht alles
aber duldet nicht was gegen den Geist ist.

Großmut ist Stammwurzel des Geistes, durch die der 30
Geist einen Leib annimmt, Handlung wird. Was nicht aus ihr
hervorgeht ist nicht Tugend.

Großmut dehnt sich willenlos aus über alles, wo sie sich
konzentriert da ist sie Liebe.

In der Liebe brennt Deine Seele in der Flamme der Groß- 35
mut, sonst ists keine Liebe. – Nur in der Großmut hat alles
Wirklichkeit weil in ihr allein der Geist lebt, – so also nur,
kann die Liebe selig machen. –

Jede Liebe ist Trieb sich selbst zu verklären. Wenn nicht
dem Liebenden die Gottheit, die Weisheit das Haupt salbet,
und die königliche Binde umlegt, da ists nicht die wahre Liebe.

Ein Liebender ist Fürst, die Geister sind ihm untertan, wo
er geht und steht begleiten sie ihn, sie sind seine Boten und
tragen seinen Geist auf den Geliebten über. –

Das war meine gestrige Sternenlektion seit die Rosen in
meinem Zimmer blühen sprechen sie als mit mir von Liebe.

Heut Morgen hab ich den Rosenstock wieder ans Fenster
gestellt eh die Studenten kamen und hab hinter dem Vorhang gelauscht ob sie wieder heraufgucken, sie haben sich
bemüht die Rosen zu zählen einer zählte siebzehn der andere
funfzehn, so viel sind grade zu sehen, die andern sind noch
zu klein, – könnt ich jedem eine hinunterwerfen sie an seine
Mütze zu stecken.

Heut war der Ephraim bei mir er wußte daß ich die andre
Woche geh, wir sprachen von meinem Wiederkommen denn
ich bleib nur drei Wochen mit der Lullu aus. – Wir sprachen
von Dir, er sagte so viel Gutes von Dir, er las auch meine
letzten Blätter an Dich, er sagte, man müsse nicht fürchten
daß was man liebe, einem verloren gehn könne, weil er wohl
erkannte etwas in Deinem Brief mache mir bang um Dich; er
sagte Du seist einzig in Deiner Art, Du habest eine große
Bahn, und wer nicht andre Wege gehe als die schon gebahnten und angewiesnen der sei nicht Dichter. Es sind nicht tausend Dichter, es ist nur Einer, die andern klingen ihm nur
nach; – klingen mit. – Wenn eine Stimme erschallt, so weckt
sie Stimmen. Dichter ist nur, der über allen steht. Der Dichtergeist geht durch viele und dann konzentriert er sich in
Einem. – Oft wird er nicht erkannt und doch steht er höher
als alle. – –

Wer nicht andre Wege geht, als die schon gebahnten und
angewiesenen der ist nicht Dichter. Und wenn nicht auf eignem Herd das Feuer brennt, das ihn erleuchte und wärme,
der wird kein anderes dazu beraten finden. Lodert aber auf
Deinem Herd die Flamme, dann wird jede Dir leuchten und

alle Dich wärmen. – Man kann ruhen im Geist, man kann
tätig sein im Geist; aber alles was nicht im Geist geschieht ist
verlorne Zeit. – Es wird wohl selten dem Dichtergeist sein
Recht getan, der kühne Adel jener Gedanken, die wir als
Dichtung erfahren, sollte wie Helden uns ewig imponie- 5
ren. – – – Und so schwätzten wir noch ein Weilchen, und
nicht alles hab ich behalten was sich da ergab, – aber der
Ephraim war blaß und sein Enkel brachte ihm noch einen
Mantel; einmal will ich ihn noch sehen. –

   Auf dem Turm gewesen aber nichts aufgeschrieben, es tut 10
mir leid daß ich mich vom Turm trenne; wo wirds wieder so
schön sein und was hab ich den Sternen nicht alles zu verdanken. Sie haben mir Wort gehalten. Nicht wahr sie haben
uns beide zusammen gepflegt und was sie mir sagten das haben sie auch Dir gesagt, – und wir waren beide recht ver- 15
schwistert in ihrer Hut. – Wie wirds sein wenn ich wieder-
kehre? – diese vier Monate meines Lebens, ich konnte sie
nicht schöner zubringen. – Nicht wahr, Natur und tiefer
Geist die haben mich hier freundlich empfangen, die zwei
Genien meines Lebens. Der Ephraim. – In was für einer 20
Welt leb ich denn? – ich träume, ja wohl ich schlafe und die
großen Geister haben mich in den Traum begleitet und haben zwischen die irdische Welt sich gestellt und mich, und so
hab ich ein himmlisch Leben geführt. Wenn ich in diese Zeit
schau so ist sie wie ein Diamant der mir vielmal die Sonne 25
spiegelt. – Du hast mir gleich gesagt geh mit, und Du hast
recht gehabt, – so hast Du auch gewiß recht daß ich mit nach
Cassel geh, ich geh auch mit großem Zutrauen, nichts darf
länger währen als nur die leiseste Anregung es mochte gestatten. 30

   Ihr guten Studenten! heut haben sie wieder nach den Rosen gesehen, – ich möcht sie Euch alle abbrechen eh ich weg-
geh und sie Euch auf den Kopf werfen. –

   Der Ephraim darf nicht mehr den Berg herauf kommen es
ermüdet ihn zu sehr, auf seiner Reise zu den Enkeln da wars 35
so kalt, da hat er sich zu sehr angestrengt, er darf nicht mehr
herauf, vielleicht wenn ich wiederkehr ist er wieder gesund,

einundsiebzig Jahr ist er alt, aber mir wird er gesund bleiben;
– wenn wir dies Frühjahr zusammen auf dem Trages sind,
Savigny meint Du werdest hinkommen, dann wollen wir
ihm zusammen Briefe schreiben, nicht wahr? – und recht heitere, – dies wird der letzte lange Brief sein den ich Dir von
hier schreib.

Die Lullu hat mir viel Grüße von Dir gebracht und sagt
Du freust Dich aufs Trages zu kommen und Dein kleiner
Brief bestätigt es auch, sie sagt Du bist recht heiter, so bin ich
auch ganz glücklich, ach was hab ich Dich doch gepeinigt mit
meiner Ängstlichkeit die mir sonst nicht eigen ist, Gott weiß
wo's herkam, ich bin ganz lustig, ich begreifs nicht daß ich so
dumm war. Ich glaub der Winterwind und die Sterne haben
mich im Kopf und Herzen verwirrt gemacht, übermorgen
reisen wir ab. –

Weißt Du was ich getan hab? – ich ließ dem Ephraim sagen
ich werde zu ihm kommen gestern und ich hab mich zu ihm
führen lassen um dieselbe Stund wo er gewöhnlich kommt,
aber es war gestern Freitag, und wie ich kam saß er fein gekleidet auf seinem Sessel und eine Lampe mit vier Lichtern
war angezündet auf dem Tisch. Er wollte aufstehen, aber er
ist müde. Und wie ist es doch? – ob er wohl heimgeht zu seinen Vätern? – ich brachte ihm zwei Goldstücke für meinen
Unterricht, er machte ein kleines Kästchen auf wo ein Paar
Trauringe drin liegen und allerlei Schmuck, er sagt es sei von
seiner verstorbenen Frau und von seinen Kindern. Er legte
die Goldstücke dazu, das Alles ist so fein, so edel. Welch ein
geistig Gemüt. O Ephraim Du gefällst mir unendlich wohl.
Ich hatte ihm seinen Rosenstock zurückgebracht, er sollt ihn
aufbewahren, die Rosen sind viel mehr aufgeblüht, wie
schön standen sie bei der hellen Lampe zu seinem schnee-
weißen Bart. Ich sagte die Rosen und Euer Bart gehören zusammen und es ist mir lieb daß ich keine abgebrochen habe,
denn Ihr seid vermählt zusammen mit den Rosen, sie sind
Eure Braut. Ich war ein paar Mal versucht sie abzubrechen
und sie den Studenten hinunter zu werfen, weil sie so lüstern
danach hinaufsahen. Er sagte, »O wenn Sie es erlauben, so

will ich sie schon unter den Studenten austeilen, es besuchen mich alle Tage welche und dann werden schon mehrere kommen, wenn sie wissen daß es Rosen bei mir gibt.« Das war ich zufrieden und ich freu mich recht drüber daß meine Studenten noch meine Rosen kriegen. 5

Er hat mich aber gesegnet wie ich von ihm ging und ich hab ihm die Hand geküßt; und wie ist doch der Geist so schön wenn er ohne Tadel reift. Sein Enkel mußte mich nach Haus begleiten auf seinen Befehl weil ich nur eine Magd bei mir hatte. Ich schickte ihn aber bald wieder zurück und hab 10 dem Enkel gesagt, er soll dem Großvater sagen daß er alle Tage meiner gedenke bis ich wiederkomm. – Als ich wegging vom Ephraim legte er mir die Hand auf den Kopf und sagte: »alles Werden ist für die Zukunft.«

Ich ging zu Hause gleich nach dem Turm weil ich mich 15 noch einmal recht deutlich besinnen wollt auf dieses mächtige und doch so einfache friedenhauchende Geistesgesicht, so wie ich ihn eben verlassen hatte im Schimmer der hellen polierten vierfachen Lampe, die Rosen bis zu seinem weißen Bart sich neigend, so hab ich ihn zum letzten Mal gesehen. 20 Deutet dies nicht auf seinen Abschied vom Erdenleben das er so mühevoll, so friedlich, so freudevoll durchführte, denn auch mir hat er beim Abschied gesagt: »Sie haben mir viel Freude gegeben.« – Und wie ich eine ganze Weile an ihn gedacht hatte, so besann ich mich auf seine Worte: »Alles Wer- 25 den ist für die Zukunft.« – Ja wir nähren uns von der Zukunft, sie begeistert uns. – Die Zukunft entspringt dem Geist wie der Keim der nährenden Erde. – Dann steigt er himmelauf und blüht und trägt Erleuchtung. – Der Baum, die Pflanze ist der Geist der Erde der aufsteigt zum Licht zur 30 Luft. Der Geist der Erde will sich dem Licht vermählen, das Licht entwickelt die Zukunft.

Alles echte Erzeugnis ist Auffahren zum Himmel, ist Unsterblichwerden.

Und die Schönheit dieses Mannes leuchtete mir da in der 35 letzten Stunde auf dem Turm so recht hell auf, denn das Bild mit den Rosen, es war als hätt es mein Genius bestellt daß

ichs recht fassen solle, wie Du die Tempelhalle geweiht achtest von der Du weißt daß inner ihren Mauern die Opferflamme lodert, der Tempel ist nur dann heilig wenn er den
Menschen, den eignen Leib darstellt, – und des Gottes Lehre
den eignen Geist. – Das hat er einmal gesagt zu mir.

Und eben sah ich noch die Studenten ins Kolleg gehen
und sie waren recht verwundert daß der Rosenstock nicht
mehr da war. Ich sahs ihnen an, es war ihnen Leid, sie hatten
nun schon acht Tage hinter einander die Rosen gezählt. –
Wartet nur Ihr werdet ihn bald ausfündig machen und dann
werden die Artigsten unter Euch meine Rosen in der Weste
tragen dürfen.

Bettine.

ANHANG.

Der Franke in Egypten.

Wie der Unmut mir den Busen drücket,
Wie das Glück mich hämisch lächelnd flieht.
Ist denn Nichts was meine Seele stillet? 5
Nichts, was dieses Lebens bange Leere füllet? –
Dieses Sehnen, wähnt' ich, sucht die Vorwelt,
Die Heroenzeit ersehnt mein kranker Geist.
An vergang'ner Größe will dies Herz sich heben,
Und so eilt' ich deinem Strande zu, 10
Du der Vorwelt heiligste Ruine,
Fabelhaftes Land, Egypten du!
Ha! da wähnt' ich aller Lasten mich entladen
Als der Heimat Grenze ich enteilet war.
Träumend wallt' ich mit der Vorzeit Schatten, 15
Doch bald fühlt' ich, daß ich unter Toten sei,
Neu bewegte sich in mir das Leben,
Antwort konnte mir das Grab nicht geben. –
Ins Gewühl der Schlachten,
Warf ich durstig mich, 20
Aber Ruhm und Schlachten
Ließen traurig mich:
Der Lorbeer der die Stirne schmückt,
Er ists nicht immer der beglückt.
Da reichte mir die Wissenschaft die Hand, 25
Und folgsam ging ich nun an ihrer Seite,
Ich stieg hinab in Pyramidennacht,
Ich maß des Möris See, des alten Memphis Größe;
Und all' die Herrlichkeit die sonst mein Herz
geschwellt, 30
Sie reicht dem Durstigen nur der Erkenntnis Becher.
Ich dachte, forschte nur, vergaß daß ich empfand. –
Doch ach! die alte Sehnsucht ist erwacht,
Aufs neue fühl ich suchend ihre Macht,

Was geb ich ihr? Wohin soll ich mich stürzen?
Was wird des Lebens lange Öde würzen?
Ha! Sieh, ein Mädchen! wie voll Anmut,
Wie lieblich, gut erscheint sie mir!
5 Soll ich dem Zuge widerstehen?
Doch nein! ich rede kühn zu ihr.
Ist dies der Weg der Pyramiden?
O, schönes Mädchen! sag es mir!

Mädchen.
10 Du bist nicht auf dem Weg der Pyramiden.
O Fremdling! doch ich zeig ihn dir.

Franke.
Brennend sengt die heiße Mittagssonne,
Jede Blume neigt das schöne Haupt,
15 Aber du der Blumen Schönste hebest,
Jung, und frisch, das braungelockte Haupt.

Mädchen.
Willst du in des Vaters Hütte dich erkühlen
Komm, es nimmt der Greis dich gerne auf.

20 *Franke.*
Welchen Namen trägst du schönes Mädchen?
Und dein Vater; sprich, wo wohnet der?

Mädchen.
Lastrata heiß ich; und mein guter Vater
25 Er wohnt mit mir im kleinen Palmental,
Doch nicht des Tales angenehme Kühle,
Nicht Bäche Murmeln, nicht der Sonne Kreisen
Erfreuet meinen guten Vater mehr.

Franke.
30 Wie! freut den Vater nicht des Stromes Quellen,
Der Palmen lindes Frühlingssäuseln nicht?

Ich faß es; doch, wie es ein Gram mag geben
Der deiner Tröstung möchte widerstreben,
Das nur, Lastrata, faß ich nicht.

Mädchen.

Italien ist das Vaterland des Greisen,   5
Und vieles Unglück bracht ihn nur hierher.
Mit sehnsuchtsvollem Blick schaut er am Mittelmeere
Hinüber in das vielgeliebte Land.
Und seufzend sehn' auch ich hinüber
Nach jenen blütenreichen Küsten mich.   10
Erkranket ruht mein Geist auf jener blauen Ferne,
Und schöne Träume tragen mich dahin.
Sag', wogt nicht schöner dort der Strom des Lebens?
Sehnt dort die kranke Brust *auch* sich vergebens?

Franke.   15

Mädchen! ach! von gleichem Wunsch betrogen,
Wähnt' ich: Schönes berg' die Ferne nur,
Doch umsonst durchsegelt' ich die Wogen,
Hat auch diese Ahnung mir gelogen
Die du, Mädchen, jetzt in mir erweckt. –   20

Mädchen.

Fremdling! kannst du diese Sehnsucht deuten?
Fühlst du dieses unbestimmte Leiden?
Dieses Wünschen ohne Wunsch?

Franke.   25

Ja ich fühl ein Sehnen, fühl ein Leiden.
Doch jetzt kann ich diese Wünsche deuten,
Und ich weiß, was dieses Streben will.
Nicht an fernen Ufern, nicht in Schlachten!
Wissenschaften! nicht an eurer Hand,   30
Nicht im bunten Land der Phantasien!
Wohnt des durst'gen Herzens Sättigung.

Liebe muß dem müden Pilger winken,
Myrthen keimen in dem Lorbeerkranz,
Liebe muß zu Heldenschatten führen,
Muß uns reden aus der Geisterwelt. –
Mächt'ger Strom! ich fühlte deine Wogen,
Unbewußt fühlt' ich mich hingezogen,
Nur wohin! wohin! – das wußt' ich nicht,
Wohl mir! dich und mich hab' ich gefunden.
Liebe hat dem Chaos sich entwunden.

KOMMENTAR

»CLEMENS BRENTANO'S FRÜHLINGSKRANZ« UND »DIE GÜNDERODE«

DER LEBENSGESCHICHTLICHE KONTEXT

Die junge Bettine und ihre Herkunft

B. wurde am 4. 4. 1785 als Tochter des Peter Anton Brentano und seiner zweiten Frau Maximiliane, geb. La Roche, im Haus zum ›Goldenen Kopf‹ in der Großen Sandgasse in Frankfurt am Main geboren. »Ich heiße Catarina Elisabetha Ludovica Magdalena und werde vulgairement genannt Bettina.« (An Savigny, nach dem 15. 4. 1805, AM, S. 33; Taufeintrag v. 5. 4. 1785, Kat., S. 19.) Der Name Elisabeth war ihr nach ihrer Taufpatin, Catharina Elisabeth Bethmann-Metzler, der Freundin der Sophie von La Roche, gegeben worden.

Peter Anton Brentano war am 19. 9. 1735 als zweitjüngstes Kind des Domenico Martino Brentano di Tremezzo und der Maria Elisabetta, geb. Brentano aus dem Hause Riati, wie alle seine zehn Geschwister in Tremezzo geboren worden. Das Geschlecht ist seit der Mitte des 13. Jahrhunderts in dem Mailänder Gebiet der Tremezzina, zwischen Comer See und Lago Maggiore, nachweisbar. Die auch von B. behauptete Familientradition führt es auf »tief gewurzelten (piemonteser) Adelsstamm der echten Rasse« zurück (Briefentwurf B.s, 2. 4. 1839; zit. nach: Spree-Athen, S. 105; vgl. ihren Brief an Clemens, März/April 1839; Corona, S. 51); ein Ritter Johannes de Brenta soll der erste nachweisbare Vorfahre sein. Peter Anton Brentano hat den Adelstitel allerdings nie geführt. In der Wirtschaftsgeschichte Frankfurts spielten vier Zweige des alten Geschlechtes in der seit dem 17. Jahrhundert stetig wachsen-

den italienischen Kolonie eine Rolle. Das deutsche Han-
delshaus der Tremezziner Brentanos bestand dort schon seit
1698; seit dem Tod des Vaters 1755 führte Peter Anton
gemeinsam mit zwei älteren Brüdern die Geschäfte. 1771
gründete er seine eigene Firma, die seit 1778 im ›Goldenen
Kopf‹ ansässig war. »Er war einer der hervorragendsten
Handelsherren der Reichsstadt Frankfurt am Main und
konnte als Ergebnis seines Wirkens seinen Kindern ein
Vermögen von über einer Million Gulden hinterlassen.«
(Brentano, Schattenzug, S. 85; vgl. Hartwig Schultz, *Zum
Kaufmann taugst du nichts . . . Die Frankfurter Brentano-
Familie und ihre Auseinandersetzungen mit Clemens*, in: Frankfurt, S. 243-246.) Die Firma führte der älteste Sohn Franz
weiter; gemeinsam mit seinem jüngeren Stiefbruder Georg
erweiterte er die Handlung zu einem Bankgeschäft, das bis
in die Mitte des 19. Jahrhunderts bestand.

In erster Ehe war Peter Anton mit einer Cousine, Walpurga
aus dem Hause Brentano-Gnosso, verheiratet. Einige Jahre
nach deren Tod am 4. 9. 1770 heiratete er Maximiliane, die älteste Tochter von Georg Michael und Sophie von La Roche.

Maximilianens Mutter entstammte dem alten Augsburger
Geschlecht der Gutermann, das 1701 von Kaiser Leopold
unter dem Namen »Gutermann von Bibern« geadelt wurde.
In dem Verleihungsdiplom ist ausgeführt, daß 1664 der
Fähnrich Johann Jakob Gutermann in der Schlacht bei St.
Gotthard gefallen war, um die Fahne zu retten. Sophie von
La Roche hat in einem Brief diesen Heldentod geschildert:

> So komme ich und erzähle, wie mein Ur-urahnherr in
> einer Schlacht gegen die Türken dem getöteten Cornet
> die Standarte, welche man ihm nehmen wollte, entriß,
> die Stange brach und das Panier um den Leib knüpfte,
> und die Türken ihn mit dem Panier in Stücke hauten und
> deswegen der Offizier Gutermann nach seinem Tod in
> Adel erhoben und seine Familie eine kaiserliche Stan-
> darte in das Wappen bekam.

(An Georg Wilhelm Petersen, 30. 5. 1790; Hs. FDH;
ähnlich in den *Briefen an Lina*, Bd. 3, S. 187.)

Sophie Gutermann hatte eine, nach den damaligen Maßstä-
ben der Mädchenerziehung, außergewöhnlich sorgfältige
Ausbildung erhalten. Besonders stand naturwissenschaftliche Belehrung neben den praktischen Kenntnissen und
der selbstverständlichen religiösen Führung; allerdings
neigte die Mutter bereits zu einem Gefühlschristentum, das
pietistische Erbauung mit der Lektüre des frühaufkläreri-
schen *Irdischen Vergnügens in Gott* von Brockes verband,
während der Vater auf seinem altgläubigen Protestantismus
beharrte. Als eine, vom Vater zunächst geförderte, Verlobung an der katholischen Konfession des Bräutigams
gescheitert war, zog sich die neunzehnjährige Sophie 1750
zunächst nach Biberach, zu der verwandten Pfarrersfamilie
Wieland, zurück. Dort lernte sie nun, nachdem sie bereits
Briefe mit ihm gewechselt hatte, den Sohn des Hauses,
Christoph Martin Wieland, kennen, der bald ihre Zuneigung gewann. »Tugend und Seelengröße« (Milch, La Roche, S. 27) waren die Voraussetzungen einer Liebe, in der
Herz und Verstand vereint wirkten; im enthusiastisch-
reflektierten Gespräch über die Empfindung vollzog und
steigerte sich diese, und so wurde diese empfindsame Liebe
durch Wielands Gedichte »an Doris« folgerichtig in den
Gesprächsraum der literarischen Öffentlichkeit getragen;
auch Sophiens ausgedehnte Beziehungen zu dem regen
Schweizer Literaturleben gingen zunächst auf Wielands
Vermittlung zurück.

Gelöst wurde die Verlobung im Dezember 1753 von
Sophie, da Wielands Entfremdung von ihr inzwischen un-
leugbar und der Widerstand beider Elternhäuser gegen eine
Verbindung noch gewachsen war; am 27. 12. 1753 ver-
mählte sie sich mit Georg Michael Frank, genannt La
Roche.

Dieser trug zwar den Namen des kurmainzischen Rent-
meisters in Tauberbischofsheim, Johann Adam Franck,
galt aber schon den Zeitgenossen zu Recht als der natürliche Sohn des Grafen Stadion; so war denn auch für den
Physiognomen Lavater seinem Gesicht »der Minister Sta-

dion transparent« (Loeper, S. XXI). Andeutungen in La
Roches *Briefen über das Mönchswesen* lassen vermuten, daß die
Mutter aus dem adeligen französischen Offiziersgeschlecht
La Roche stammte (vgl. Milch, La Roche, S. 38 f.).

Die Verbindung mit Sophie war eine Vernunftehe.
»Mein Vertrauen in ihren Charakter«, so schrieb sie an ihren
Bräutigam, »ruht nicht auf den schönen geistvollen Sachen,
die Sie mir erzählen und schreiben, sondern auf der Liebe
und dem Segen, welche die Stadionischen Unterthanen
Ihnen weihten.« (Asmus, S. 25 f.)

Friedrich Graf von Stadion war Großhofmeister des
Erzbischofs von Mainz, des höchsten geistlichen Fürsten
im Reich. Als Bekannter und Anhänger Voltaires ein Expo-
nent reformerischer Aufklärung, bediente er sich La Roches, dem Rang nach kurmainzischer Rat, tatsächlich aber
mit den Aufgaben eines Privatsekretärs betraut, als eines
ergebenen Helfers seiner Politik. Nach acht Jahren am
Mainzer Hof folgte das Ehepaar La Roche dem Grafen
Stadion Ende 1761 auf seinen Ruhesitz, das Schloß Warthausen bei Biberach; Wieland, der inzwischen in seiner
Vaterstadt als Kanzleiverwalter angestellt war, fand durch
seine Jugendgeliebte Zugang zu den vornehmen Hofkrei-
sen.

Vollends konnte sich Sophie kultivierter höfischer Muße
freilich erst widmen, als Georg Michael von La Roche nach
dem Tod des Grafen Stadion 1771 dem Ruf des Kurfürsten
Clemens Wenzeslaus von Trier folgte und als Conferenzrat
in dessen Dienst trat. Nach zwei Jahren rückte er bereits
zum Geheimen Staatsrat auf, und sein Aufstieg setzte sich
in den folgenden Jahren, dank dem Einfluß seines Gön-
ners, des Freiherrn Christoph von Hohenfeld, noch fort;
auch sein bisher geführter Adelstitel wurde 1776 bestätigt.
»Da die Initiative des Kurfürsten nicht sehr stark war,
regierte in Kurtrier schließlich ein Dreimännerkollegium,
Hornstein – Hohenfeld – La Roche, das gegen die Opposition des Grafen Metternich und des niederen Klerus eine
aufgeklärte Kulturpolitik im Geiste Stadions betrieb.«

(Milch, La Roche, S. 95; über La Roches Gönner Christoph von Hohenfeld vgl. Bach, La Roche, S. 57-104.)

Die ersten drei Jahre nach Stadions Tod hatte das Ehepaar freilich eingeschränkt in dem kleinen Amtssitz Bönnigheim auf eine neue Versorgung warten müssen. In dieser Zeit, als sie sich auch von ihren Töchtern hatte trennen müssen, entstand Sophiens Roman *Geschichte des Fräuleins von Sternheim*; im literarischen Modell wird die Antwort auf die neuen Lebensumstände der Autorin entwickelt, und zwar in der Form einer Erziehungslehre für »ein papiern Mädchen, weil ich meine eigene nicht mehr hatte«; die Maxime lautet: »Daß, wenn das Schicksal uns alles nimmt, was mit dem Gepräge des Glücks – der Vorzüge und des Vergnügens bezeichnet ist: – So würden wir in einem mit nützlicher Kenntniß angebauten Geist – in den tugendhaften Grundsätzen des Herzens, und in der wohlwollenden Nächstenliebe – die größte Hülfsquellen finden.« (Briefe, S. 203.)

Als der Roman 1771 anonym erschien, wurde Sophie von La Roche, deren Autorschaft schon deshalb nicht lange ein Geheimnis blieb, weil Wieland als Herausgeber aufgetreten war, zur gefeierten ersten Schriftstellerin Deutschlands. Vor allem die junge Generation begeisterte sich für diesen Briefroman im Gefolge Richardsons; Goethe hielt in einer ausführlichen Besprechung in den ›Frankfurter Gelehrten Anzeigen‹ von 1772 jedem Einwand entgegen: »alle die Herren irren sich, wenn sie glauben, sie beurtheilen ein Buch – es ist eine Menschenseele«. (Milch, La Roche, S. 111.)

Goethe, Lavater, Georg und Friedrich Heinrich Jacobi, wiederum Wieland und sein Schüler Heinse verkehrten im Haus der La Roches in Koblenz-Ehrenbreitstein; zu ihren vielen Briefpartnern zählte der holländische Philosoph Frans Hemsterhuis (vgl. Heinz Jansen, *Sophie von La Roche im Verkehr mit dem geistigen Münsterland*, Münster 1930, S. 31). Die Schilderung aus dem Rückblick von Goethes *Dichtung und Wahrheit* (3. Teil, 1814) verrät kaum noch etwas

von der Begeisterung jener frühen Briefe an die »chère
maman« Sophie, die B. im Juni 1806 im Haus ihrer Großmutter entdecken sollte (vgl. Steig 2, S. 31):

> Sie war die wunderbarste Frau, und ich wüßte ihr keine
> andre zu vergleichen. Schlank und zart gebaut, eher
> groß als klein, hatte sie bis in ihre höheren Jahre eine
> gewisse Eleganz der Gestalt sowohl als des Betragens
> zu erhalten gewußt, die zwischen dem Benehmen einer
> Edeldame und einer würdigen bürgerlichen Frau gar
> anmutig schwebte. Im Anzuge war sie sich mehrere
> Jahre gleich geblieben. Ein nettes Flügelhäubchen
> stand dem kleinen Kopfe und dem feinen Gesichte gar
> wohl, und die braune oder graue Kleidung gab ihrer
> Gegenwart Ruhe und Würde. Sie sprach gut und wußte
> dem, was sie sagte, durch Empfindung immer Bedeu-
> tung zu geben. Ihr Betragen war gegen jedermann voll-
> kommen gleich. Allein durch dieses alles ist noch nicht
> das Eigenste ihres Wesens ausgesprochen; es zu be-
> zeichnen ist schwer. Sie schien an allem teilzunehmen,
> aber im Grunde wirkte nichts auf sie. Sie war mild ge-
> gen alles und konnte alles dulden, ohne zu leiden; den
> Scherz ihres Mannes, die Zärtlichkeit ihrer Freunde, die
> Anmut ihrer Kinder, alles erwiderte sie auf gleiche
> Weise, und so blieb sie immer sie selbst, ohne daß ihr in
> der Welt durch Gutes und Böses, oder in der Literatur
> durch Vortreffliches und Schwaches wäre beizukommen
> gewesen. Dieser Sinnesart verdankt sie ihre Selbständig-
> keit bis in ein hohes Alter, bei manchen traurigen, ja
> kümmerlichen Schicksalen.
> (Goethe, Bd. 9, S. 561.)

Maximiliane, die älteste Tochter, »Maxe« genannt, war die
Ursache für Goethes frühere Begeisterung gewesen (vgl.
Bach, La Roche, S. 107-159). Schon als Kind von acht Jahren hatte das »schwarzäugige Elfchen« Wieland so entzückt,
daß er die Mutter – seine frühere Braut – bat, es als seine Gattin zu erziehen; »wenn sie fünfzehn Jahre alt geworden,
wolle er sie heiraten« (Brentano, Schattenzug, S. 86.).

Durch die Vermittlung des Dechants Dumeiz wurde Maximiliane nach einer skandalös gescheiterten Verlobung die Frau des Peter Anton Brentano (vgl. Bach, S. 266-281; Hermann Bräuning, *Über die Heirat der Maximiliane von La Roche*, in: Archiv für das Studium der neueren Sprachen und Literatur 124 [1910], S. 125-128). Im Februar 1774, bald nach der Hochzeit, berichtete Goethe an Betty Jacobi:

> Die Max ist noch immer der Engel der mit den simpelsten und werthesten Eigenschaften alle Herzen an sich zieht, und das Gefühl das ich für sie habe worinn ihr Mann ⟨nie⟩ Ursache zur Eifersucht finden wird, macht nun das Glück meines Lebens. Brentano ist ein würdiger Mann, eines offnen starken Charakters, viel Schärfe des Verstands und der tüchtigste zu seinem Geschäft.
>
> (*Briefwechsel zwischen Goethe und F. H. Jacobi*, hg. v. Max Jacobi, Leipzig 1846, S. 18.)

Ende August freilich bekennt er Sophie La Roche: »von ihrer Max kann ich nicht lassen so lange ich lebe, und ich werde sie immer lieben dürfen« (Loeper, S. 18). Erst im Januar 1774 heißt es dann im Rückblick auf eine Auseinandersetzung mit Peter Anton Brentano, deren genauer Verlauf nicht überliefert ist: »Wenn Sie wüssten was in mir vorgegangen ist eh ich das Haus mied, Sie würden mich nicht rückzulocken dencken liebe Mama, ich habe in denen schröcklichsten Augenblicken für alle Zukunft gelitten, ich bin ruhig und die Ruhe lasst mir.« (Loeper, S. 28.) Daß auch ihre Mutter Maximiliane ein Vorbild für die Figur der Lotte in Goethes *Werther* gewesen war, blieb B. wie ihrem Bruder Clemens stets bewußt und begründete den Versuch, durch Zitate, Anspielungen und – in Clemens' *Godwi* – durch die Übernahme von Baumustern jenes Romans eine literarische Genealogie gleichsam als Ersatz der verhinderten natürlichen zu stiften.

Maximiliane verkehrte zeitlebens freundschaftlich mit Goethes Mutter, zu deren Samstagsgesellschaft sie gehörte; in den Briefen der Frau Rat finden sich häufig Klagen über die Brentanosche Ehe, doch auch Sophie La Roche schreibt

an Bernhard Crespel, der als Katholik eher Einfluß in dem
streng religiösen Haus Brentano hatte:

⟨. . .⟩ wollte Gott, es könte jemand den Ton finden, wie
ehmahls David ihn fand den bößen Geist aus dem Menschen zu treiben – der nach den traurigen Gesetzen Ihrer
Heiligen Kirche unauflößlichen gewalt über meine gute
Max erhielt – der Mann hat verstand – Er hat oft recht
gute sachen – ist es denn nicht außfündig zu machen, was
Er will – daß er und andere unglüklich werden – während Er mit allen glüklich seyn könte – Er daurt mich bei
dieser unmöglichkeit – u daß andenken meiner Max – ach
das zerreißt mir die Seele ⟨. . .⟩
Sagen Sie ihr, daß ich sie mehr als meine 4 andre Kinder
liebe, daß ich nicht aufwache, nicht schlafen gehe, ihr
Bild nicht sehe, ohne um sie zu weinen ⟨. . .⟩
(Wilhelm Hertz, *Bernhard Crespel*, München 1914, S. 141,
144; vgl. Sophiens Brief an Caroline von Keller, wohl aus
dem Jahr 1792; Maurer, S. 336-339.)

Lujo Brentano, der Enkel, betont freilich aus seiner Kenntnis von Familienbriefen, daß das Bild seines Großvaters
»doch etwas anders als das auf Grund nicht ganz einwand-
freier Zeugen üblich gewordene« sei:

Er war der Wohltäter der Familie La Roche, nachdem
mein Urgroßvater La Roche seine Stelle ⟨in Kurtrier⟩
verloren hatte, hat ihm das Haus in Offenbach gebaut
und geschenkt, und wenn auch nicht bestritten werden
soll, daß sein italienisches Temperament und sein strenger Ordnungssinn eines Kaufmanns mit dem ruhigeren
Wesen meiner Großmutter öfters Zusammenstöße gehabt haben mag, so ist nicht zu leugnen, daß die Haupt-
aussage⟨n⟩ gegen ihn von eifersüchtigen Liebhabern
meiner Großmutter und deren Freunden, vor allem aber
von seinem Sohne Clemens stammen, der ein ausgelasse-
ner Bube war; die Aussagen meines Onkels Franz lauten
anders, und ich besitze einen Brief des Clemens an diesen,
worin er sein Verhalten gegen seinen Vater sehr bereut.
Als Hauptursache desselben geht daraus die Verhetzung

seines Stiefbruders Dominicus hervor, der ein wunderlicher Herr gewesen zu sein scheint. Auch sonstige Zeugnisse deuten darauf hin, daß Peter Anton Brentano . . .
ein feiner, kunstsinniger Mann gewesen ist, der insbesondere auch für Notleidende stets eine offene Hand hatte.
(An Adolf Bach, 1. 2. 1929; Bach, S. 277 f.)
1777 war Peter Anton durch die Beziehungen seines
Schwiegervaters kurtrierischer Rat und Resident in Frankfurt geworden; Ende September 1780 aber entließ der Kurfürst den Kanzler; die Bevölkerung Kurtriers ließ ihm zum
Abschied einen goldenen Kranz mit der Inschrift: »Alles
aus Liebe, sonst geht die Welt unter« überreichen (Asmus,
S. 131; vgl. S. 96-98 über La Roches Amtsführung, die
nicht nur das späte Lob B.s, sondern auch scharfen Tadel
erfahren hat).

Die kirchlich-orthodoxe Opposition hatte den Sturz des
»Auch-Katholiken von der laxesten Observanz« (Pirazzi,
S. 258) durchgesetzt. Seine *Briefe über das Mönchswesen*
(1771), die ihn bei den Gebildeten als aufgeklärten Kopf
empfohlen hatten, lieferten der Opposition nun einen Vorwand zu seinem Sturz, nachdem ihm die ebenfalls anonym
1780/81 erschienenen drei Fortsetzungsbände angelastet
werden konnten, die freilich von Kaspar Riesbeck stamm-
ten, jedoch gewiß nicht völlig ohne Wissen La Roches
geplant wurden; auch erklärt der neue Autor in der »Vorrede« (zu Bd. 2) mit Recht, er habe die ursprüngliche
Richtung der Kritik zwar forciert, aber nicht verändert.

Die *Briefe über das Mönchswesen* waren ursprünglich, gewiß unter Mitwirkung Wielands, während der Streitigkeiten um die Reform der Universität Erfurt entstanden (vgl.
W. Stieda, *Erfurter Universitätsreformpläne im 18. Jahrhundert*,
Erfurt 1934) und wußten sich mit ihrer gallikanisch-jose-
phinischen Tendenz der ›Febronius‹-Denkschrift (1763) des
Trierer Weihbischofs Nikolaus von Hontheim verpflichtet.
Unter anderem attackierten sie auch die Primitivität der
volkstümlichen Religionslehre; so hatte La Roche gegen
die Legenden des Pater Martin von Cochem polemisiert, in

denen »mit lauter sinnlichen Bildern himmlische Häuser,
Gärten, Spaziergänge, Gastereyen und Gesellschaften« beschrieben seien, in denen sich kein Wirt finde, »der die
Zeche macht, sondern es alles frei und umsonst« gebe; es sei
»in der That ärgerlich, daß die tröstlichsten Wahrheiten
unserer H. Religion unter so unwürdigen Bildern vorgestellt und lächerlich gemacht werden« (Bd. 1, S. 117). Größeren Wert auf Tugend und Gefühlskultur als auf religiöse
oder gar christliche Lebensführung legte auch Sophie; 1799
bezeichnete sie sich der Herzogin Anna Amalie von Weimar gegenüber, scherzhaft übertreibend, als die »profanste
Frau« (Bach, S. 149), und auf die Frage nach ihrer Religion
pflegte sie zu antworten: »Ich bin meines Mannes Frau, ein
anderes Religionsbekenntnis brauche ich nicht zu geben.«
(Asmus, S. 26.)

La Roches Sturz löste weithin Empörung aus; »es
scheint«, schrieb Fritz Jacobi, »die Dummheit wacht auf
und will zeigen, daß sie den Kopf nicht verloren hat. – Es
ist das Spiel der Pfaffen, welche die *Mönchsbriefe* ihrem
Verfasser nie vergeben hatten« (Asmus, S. 127). Und Wieland meinte in einem Brief vom 6. 10. 1780 an Sophie:

> Ein Mann wie La Roche ist nie größer als wenn er bloß
> in seinem eigentümlichen Wert dasteht; und sein Ver-
> dienst glänzt aus dem Dunkel, das ein solcher Glücks-
> wechsel auf einen Augenblick um ihn her macht, um
> desto heller hervor. Ich bedaure den Kurfürsten, dem
> sein Gewissen nicht zuläßt, einen Mann wie La Roche
> um sich zu behalten. Aber gesegnet sei der Edle, der für
> Rechtschaffenheit und Freundschaft zu tun fähig ist, was
> von Hohenfeld tut.
> (Assing, S. 199.)

Hohenfeld hatte mit La Roche gemeinsam den Dienst quit-
tiert, auf seine Pension unter der Bedingung verzichtet, daß
sie dem vermögenslosen La Roche ausgezahlt werde, und
der Familie sein Haus in Speyer als Wohnung angeboten.

Das Leben dort hat Sophie La Roche in ihrer ›moralischen Erzählung‹ *Welldone* (1785) in der Resignation und

stillen Bescheidung, die auf dem Gut des Herrn »Felsen«
herrscht, dargestellt; sie hat diesen Stoff später in *Liebe*
Hütten fortgeführt. Nun wurde, trotz der immer noch
beachtlichen Jahreseinkünfte von 2400 Gulden, für Sophie,
die sich zum gelegentlichen Spott ihres Mannes nicht einzuschränken vermochte, ihre Schriftstellerei zur Einnah-
mequelle; vor allem ihre Zeitschrift ›Pomona‹ hatte Erfolg
bei einer breiten Leserschaft, trug ihr jedoch Angriffe der
literarischen Elite ein:

> Der etwas großtuende Zusatz ⟨im Untertitel⟩ »für
> Teutschlands Töchter« war unbedachtsames Nachahmen
> des Titels einer periodischen Schrift: Für Hessens Töch-
> ter. Leider fühlte ich die Unbesonnenheit erst, da mir
> gezeigt wurde, daß man es übel genommen und als stolze
> Anmaßung ausgelegt habe. Gewiß bildete ich mir nicht
> ein, daß ich Teutschland belehren könnte: aber der Titel
> brauste in der Tat hoch daher, und hatte ein Ansehen von
> beleidigenden Ansprüchen; es war also ganz recht, daß
> ich durch Tadel gestraft wurde.
> (La Roche, Sommerabende, S. XXXVII.)

Mit der Vielzahl ihrer noch folgenden Werke griff sie in die
Auseinandersetzung um eine neue Erziehung, vor allem
der Mädchen, ein und eroberte sich eine breite Schicht
weniger literarisch, als lebenspraktisch interessierter Lese-
rinnen.

So erschien Sophie La Roche, die anerkannte Vorkämp-
ferin einer revolutionären dichterischen Bewegung,
zwölf Jahre nach der »Sternheim« bereits als Hüterin
überkommener Güter, die die junge Generation nicht
mehr wahr haben wollte. ⟨. . .⟩ Das Wort »Natur« klang
Sophie in Rousseaus Schriften zwar verlockend, daß die
»Rückkehr zur Natur« aber die Aufgabe überlieferter
Bildungswerte bedeuten sollte, konnte sie nicht gut heißen. Die Wissenschaften blieben ihr das Höchste, doch
durfte eine Frau sie immer nur oberflächlich traktieren
⟨. . .⟩. So konnte Bernhardin de Saint Pierre, Rousseaus
unbedeutender Nachfolger, der die unbedingten Forde-

rungen seines Meisters verflachte und verniedlichte, der Mentor ihres Alterswerkes werden.

(Milch, La Roche, S. 185 f.)

Als Sophie von La Roche 1799 Weimar besuchte, erreichte der Spott über die »berühmte Frau« (Schiller) unter ihren früheren Freunden dort einen Höhepunkt; Goethe erklärte in seinem Brief an Schiller vom 24. 7. 1799:

Sie gehört zu den nivellirenden Naturen, sie hebt das Gemeine herauf und zieht das Vorzügliche herunter, und richtet das Ganze alsdann mit ihrer Sauce zu beliebigem Genuß an 〈. . .〉.

(Assing, S. 331; vgl. S. 330-334.)

Nur Wieland erinnerte sie nach dem ersten Aufenthalt auf seinem Landgut Osmannstedt, »mit welchem Verlangen wir dem schönen Tag, welcher Sie und ihre liebenswürdige Enkelin Sophie in unsere Arme zurückbringen wird, entgegensehen«. (Milch, La Roche. S. 220.)

Die Familie La Roche hatte sich 1786 in Offenbach niedergelassen, und Sophie hatte sich nach dem Tod ihres lange schwerkranken Mannes (21. 11. 1788) enger an die Familie Brentano angeschlossen. »Seltsam«, bemerkt Eichendorff in seiner Geschichte des deutschen Romans des 18. Jahrhunderts, »während die La Roche die geistige Ahnfrau jener süßlichen Frauengeschichten geworden, ist sie, wie zur Buße, zugleich die leibliche Großmutter eines völlig anderen genialen Geschlechts.« (S. 247.)

In der ältesten Enkelin, Sophie, erkannte Wieland bei dem Besuch auf Osmannstedt das Bild der Jugendgeliebten wieder. In dem Manuskript des *Aristipp*, das er ihr nach ihrem ersten Besuch in Osmannstedt nach Frankfurt schickte, »sah sie in der Beziehung des Sokrates zur Lais ihr Verhältnis zum Dichter dargestellt« (Brentano, Schattenzug, S. 101). Während eines zweiten Besuchs starb sie, nachdem verwirrende Liebesverhältnisse (vgl. Anm. 486,32) ihre Gesundheit zerrüttet hatten, in geistiger Umnachtung am 19. 9. 1800. Als B. ihn am 23. 4. 1807 vor

ihrem ersten Besuch bei Goethe um ein einführendes Billett
bat, schrieb Wieland:

> Bettina Brentano, Sophiens Schwester, Maximilianens
> Tochter, Sophien La Roches Enkelin, wünscht dich zu
> sehen ⟨. . .⟩
> (Bergemann, S. 26.)

Am 21. 11. 1793 meldete Sophie von La Roche an Elise zu
Solms-Laubach:

> Meine Tochter Brentano ist den 19. gestorben, und sie-
> ben ihrer Kinder sind trostlos um mich. Die liebenswerte
> Märtyrerin ist glücklich bei Gott, leidet nicht mehr,
> weder an Leib noch Seele, kann nicht geplagt werden.
> Segen auf ihren Staub und Tugend ihren Kindern.
> (Maurer, S. 354.)

B. zeichnete freilich, im Gespräch mit Malla Montgomery-
Silfverstolpe (S. 245), ergänzend auch ein Bild vom
Schmerz des Ehemannes Peter Anton Brentano:

> Auch erzählte sie von ihrer Kindheit. Im Alter von sechs
> Jahren verlor sie ihre Mutter Maximiliane Laroche,
> Tochter der Schriftstellerin Sophie Laroche. Der Vater
> war trostlos und zog sich fast von allem Verkehr zurück.
> Sie betrauerte den Hingang der Mutter nicht, aber saß
> stundenlang auf den Knien ihres Vaters, ohne ein Wort
> zu sagen und ohne zu verstehen, was er sagte. Er weinte,
> und das schien ihn zu beruhigen. Manchmal, wenn sie
> nachts erwachte, lief sie zum Vater hinein und setzte sich
> stumm auf sein Bett, wo er sich schlaflos und verzweifelt
> herumwälzte. Keines ihrer Geschwister hate so recht den
> Mut, sich ihm in seinem tiefen Schmerz zu nähern.

Solange die Mutter lebte, wurden die Kinder im Hause
erzogen; von Maximiliane ist noch ein Ausgabenbuch erhalten, in dem auch drei Gedichtentwürfe B.s eingetragen
sind (FDH).

Kurz vor seiner neuen Ehe mit Friederike von Rottenhof
schrieb der Vater an seine älteste Tochter: »La Condula e le
due piccole anderanno presto in convento« (17. 5. 1794;

AM, S. 9). Kunigunde, B. und Lulu wurden, trotz des
Einspruchs der Großmutter, die den katholischen Geist im
Hause Brentanos ja wenig schätzte, dem Pensionat der
Ursulinen in dem kurmainzischen Fritzlar unweit Kassel
übergeben; die jüngste der Schwestern, Meline, folgte
nach. Das Pensionat, 1713 gegründet, nahm etwa 24 Töch-
ter aus guten Familien auf. B. erzählt nicht selten »kuriose
Anekdoten über dieses Klosterleben« (Silfverstolpe,
S. 249):

> Als sie acht oder neun Jahre alt war, wurde sie mit zwei
> Schwestern in ein Kloster in Hessen geschickt, um dort
> erzogen zu werden. Die beiden jüngeren Schwestern
> weinten und klagten, aber sie nahm fröhlich Abschied
> von ihrem Vater, der sagte: »Seht, dies ist das Kind, das
> gerne seines Vaters Willen tut!« und er legte ihr die Hand
> segnend aufs Haupt. Nie mehr sah sie ihn wieder, dies
> war ihre letzte Erinnerung. Er starb in ihrem elften
> Jahr.
> Im Kloster wurde sie ganz absonderlich, sie führte ihre
> eigene Lebensweise und wurde beinahe für wahnsinnig
> angesehen. Nach dem Tode des Vaters erwachte sie eines
> Nachts und trat ans Fenster. Da sah sie den Mond die
> Kanäle und das Wasserbassin im Garten erhellen, und ihr
> kam der Gedanke, daß sie in diesem klaren Wasser ihres
> Vaters Antlitz sehen würde. Unbekleidet lief sie hinaus,
> durch die langen Gänge zum Wasser hinunter, da stand
> sie lange und war glücklich. Fortab ging sie allnächtlich
> hinunter und blieb stundenlang da. Man merkte es nicht
> oder tat, als ob man es nicht merkte.
> (Silfverstolpe, S. 245 f.; vgl. SW 7, S. 512.)

Noch in dem späten, gemeinsam mit ihrer Tochter Gisela
verfaßten Märchen *Leben der Hochgräfin Gritta von Ratten-
zuhausbeiuns* tauchen B.s Klostererinnerungen »in verzerrter
Gestalt« auf (AM, S. 9).

Der Tod des Vaters am 9. 3. 1797 schuf eine neue Lage;
Anfang Juni teilt Kunigunde Brentano ihrem Bruder Clemens in Halle mit:

Die drei kleinen Schwestern, die in Fritzlar sind, werden bald zurückkommen, um in Offenbach ihre Education zu vollenden, welches Geschäft denn die Großmama über sich nehmen wird.

(AM, S. 11.)

In gelegentlichen Erinnerungen der Zeitgenossen erscheint das Leben der Geschwister bei ihrer Großmutter zum Genrebild verklärt:

⟨. . .⟩ Lullu war ein geistreiches, gescheites und sehr liebenswürdiges Mädchen, das sich indessen mehr in das barocke, gesellschaftliche Weltleben zu schicken wußte. Meline, die jüngste dieser drei Schwestern, war auch die schönste, und zwar sehr schön, ihr war aber der geringste Anteil an Verstand zugekommen. Wenn diese drei Mädchen Sonntags unter dem Schutz einer Tante in die katholische Schloßkapelle zu Offenbach gingen, sah ihnen alles nach, ihre Anmut und Grazie bewundernd.

(Friederich, Bd. 4, S. 48.)

In einem Brief an Elsy von La Roche erklärte Sophie am 17. 10. 1797 die Voraussetzungen des Idylls:

Die drei jüngeren Töchter meiner Max sind hier ⟨seit Juli, vgl. AM, S. 11⟩ und zahlen Pension wie Fremde; das ist anständig gehandelt von Herrn Franz Brentano ⟨dem Vormund der jüngeren Geschwister⟩, der dadurch nach dem Tod des Vaters meine Lage erleichtern wollte. Großer, großer Gott! Ich versinke in Verzweiflung.

(Maurer, S. 364 f.)

Sophie von La Roche hatte schon vorher, aus Geldnot, den Sohn ihrer Freundin Elise von Bethmann-Hollweg zur Erziehung in ihr Haus aufgenommen. Ihre neue Aufgabe wurde – gemäß den erhaltenen Quittungen – mit 250, von 1801 bis zum Ende von B.'s ständigem Offenbacher Aufenthalt im Dezember 1802 mit 270 Gulden pro Vierteljahr entlohnt; allerdings blieben auch Auseinandersetzungen mit der Familie Brentano wegen der Schuldentilgung aus dem Hauskauf dabei nicht aus (vgl. Maurer, S. 366). In diesen letzten Jahren lebte der Haushalt, zu dem auch Luise

von Möhn, die in Scheidung lebende zweite Tochter Sophiens, und »Georg Michael La Roches uralte Base Cor-
dula« zählten (Kampf, S. 11), von solchen Einkünften und
von Zuwendungen wohlhabender Freunde. Durch die Sä-
kularisation der geistlichen Fürstentümer im Gefolge der
Revolutionskriege hatte Sophie ihre letzten Ansprüche verloren; voller Empörung hatte schon Peter Anton Brentano
die Schrecknisse der Französischen Revolution gegeißelt:
»Ich wollte, wir hätten nie die Franzosen gekannt, sie sind
zu nichts nutz, und es ärgert mich, daß nicht ganz Teutsch-
land zu den wafen greifet, um die ganze race zu vertilgen
und den Tod der Königin zu rächen« (an seine Schwägerin,
Luise von Möhn, 24. 10. 1793; Brentano, Schattenzug,
S. 89). In Offenbach stand Sophie La Roches Haus den
französischen Emigranten, die sich wegen der dortigen
alten französischen Kolonie gern dorthin wandten, offen;
Varnhagens Nichte, Ludmilla Assing, die zur ersten Bio-
graphin der Sophie von La Roche wurde, beschreibt deren
Einstellung zur französischen Staatsumwälzung:

> Die französische Revolution erschreckte *Sophien*; sie, die
> lebenslang für Freiheit und Menschenrechte gewesen
> war, die Bewundrerin Marc Aurel's, Friedrichs des Gro-
> ßen und Josephs des Zweiten, die bisher immer auf der
> Höhe ihrer Zeit gestanden, konnte doch bei dem großen
> und kühnen Heldendrama, welches Frankreich vor den
> erstaunten Augen der Welt aufführte, nicht mehr den
> klaren Ueberblick behalten. Für Mirabeau konnte sie sich
> noch begeistern; als aber die Wogen der Revolution
> höher gingen, und andre Gestalten den Schauplatz be-
> herrschten, da konnte sie sich nicht mehr zurechtfinden,
> und obgleich sie selbst vor einigen Jahren in Paris mit
> richtigem Urtheil die Mißbräuche und Bedrückungen
> erkannt hatte, die das Volk zu gerechter Erbitterung
> entflammen mußten, so vergaß sie dies alles vor Entset-
> zen über die schrecklichen Blutscenen, und wandte Lud-
> wig dem Sechzehnten und der ganzen königlichen Par-
> thei ein gefühlvolles Mitleid zu, wie sich dies in ihren:

»Erscheinungen am See Oneida,« ⟨1798⟩ und dem *»schönen Bild der Resignation,«* ⟨1795/96; Neuaufl. 1801⟩, übrigens zwei sehr schwachen Romanen, lebhaft zu erkennen giebt.
(S. 299 f.)

Auch im Alter verlor Sophie somit nicht den Kontakt zu der nicht streng »höfisch«, sondern »empfindsam« geprägten Kultur des Adels in den kleinen deutschen Fürstentümern und galt zwar wenig bei den Vorkämpfern einer Autonomieästhetik (vgl. S. 759 f.), um so mehr jedoch beim breiten Publikum, das die Mischung aus Belehrung, Gefühlsreligion und Handlungsschilderung weiterhin schätzte. Am Hof des regierenden Hauses Isenburg war die bekannte Schriftstellerin denn auch willkommen, und ihren ausgedehnten Briefwechsel, nicht allein mit ihrer Gönnerin, der aus dem Isenburgischen Haus stammenden Fürstin Elise zu Solms-Laubach, führte sie fort; zwischen der Geselligkeitskultur der Empfindsamkeit und der Erweckungsbewegung mit ihren Kreisen um Lavater in Zürich, um Jung-Stilling in Heidelberg und um die Fürstin Gallitzin in Münster vermochte sie zu vermitteln; Sophie La Roche ist bis zu ihrem Tod eine Schlüsselfigur – zwar nicht der Literatur, wohl aber des literarischen Lebens. Da sie ihre Kunst und ihr Leben keineswegs streng trennte, pflegte sie weiterhin jene »Eigentümlichkeit ⟨. . .⟩, daß sie in allen ihren Werken, sogar in ihren Romanen, einen Anlaß nimmt, ihre liebsten Freunde, Wieland, ihren ⟨früh verstorbenen⟩ Sohn Franz, Julie Bondeli, Stadion, Groschlag, Friedrich Jacobi, Lavater und noch viele andere immer wieder und wieder liebevoll und rühmend zu erwähnen« (Assing, S. 360); so wird auch ihr Enkel Clemens einen Herrn »von Felsen« (vgl. S. 759) in seinen Roman *Godwi* einführen – freilich mit ungleich größerer artistischer Raffinesse. Im Hause ihrer Großmutter lernte B. die Literatur- und Kulturgeschichte als die Biographie eines Freundeskreises kennen, und die Literarisierung ihres Lebenskreises wurde ihr selbstverständlich.

Ihre Ausbildung allerdings wurde nicht gerade systematisch gefördert. Sophiens Erziehungsgrundsätze sind in den, in Offenbach entstandenen, *Liebe-Hütten* festgehalten und, nach dem Zeugnis von *Mein Schreibtisch* (Bd. 2, S. 431 f.), auch praktiziert worden:

Die *Erziehung* soll das wahre Glück der Kinder zur Absicht haben, und sie also dasjenige lehren, was sie jetzt und in Zukunft glücklich machen kann. Da wir in unserm Erdeleben von zwey immer auf uns wirkende Kräften abhangen, so ist es nöthig; daß die jungen Leute diese kennen, und daß man sie bey der Bildung ihres Geistes und ihrer Empfindungen gebrauche.« Die *Erste* dieser so sehr wichtigen Kräfte, liegt in der physischen Welt, welche die Bedürfnisse für unsern Körper schafft, und uns auf allen Seiten immer in *Luft* und *Wasser*, im *Licht*, in dem wärmenden *Feuer* und in der uns tragenden *Erde* umgiebt, und auf uns wirkt. Die *Zweyte* dieser Kräfte ist physisch und moralisch zugleich, denn sie liegt in unsern Nebenmenschen und ihrer Verbindung mit uns. Die *Geschichte der Menschheit* lehrt diese, und die *Geschichte der Natur* die erste kennen. Der Aufenthalt auf dem Lande führt am glücklichsten zu dem, was den Kindern am leichtesten und angemessensten ist ⟨. . .⟩.
(S. 34 f.)

Naturerleben, die Schulung in der Gesellschaftskunst Musik sowie Geschichtsstudien bestimmen denn auch B.s Tagesablauf in Offenbach; selbst eine wohlwollende Beobachterin wie Charlotte von Kalb schätzte die Erziehungsresultate gering ein:

In Offenbach besuchte ich die alte Mutter La Roche. Sie ist gekleidet in den Nachtnebel des achtzehnten Jahrhunderts und Bettina Brentano, die Erstgeburt des neunzehnten, stand und lag neben ihr in der größen Naivität des neunzehnten.
(An Charlotte von Schiller, 28. 9. 1802; *Charlotte von Schiller und ihre Freunde*, hg. v. Ludwig Urlichs, Bd. 2, Stuttgart 1860, S. 229.)

B.s »Naivität« vermochten der Unterricht bei wechselnden Privatlehrern und die Anregungen aus dem Verkehr mit der Günderrode (vgl. S. 777-782) und mit dem Bruder Clemens ebensowenig abzuhelfen wie der Einfluß Karl Friedrich von Savignys, des Studienfreundes von Clemens.

Sophie von La Roche hatte im Sommer 1799 das Treffen zwischen ihrem Enkel Clemens und Savigny in Jena vermittelt (vgl. Steig 1, S. 17 f.). Der Sohn aus altadliger Familie war längst zu der nicht ganz standesgemäßen wissenschaftlichen Laufbahn entschlossen und hatte 1799 sein Jurastudium in Marburg beendet; 1803 wurde ihm aufgrund seiner Schrift *Das Recht des Besitzes* der Professorentitel verliehen. Eine weitere Studienreise führte ihn 1804/05 nach Paris.

Die Brüder Grimm zählten zu seinen Schülern, die Vettern Leonhard und Friedrich Creutzer ebenso wie Friedrich von Leonhardi zu seinem Freundeskreis. Das Hofgut Trages bei Gelnhausen, das er mit zwei Nebengütern als Alleinerbe besaß, war für sie alle ein beliebter Treffpunkt, und weitere Gäste, wie etwa Winkelmann oder die Günderrode, waren stets willkommen. Der gelegentlich heftigen Kritik vor allem von Clemens (vgl. Anm. 45,34), aber auch von seiten der Günderrode (vgl. Preitz 2, S. 213), hielt die große Bewunderung seiner Freunde für Savignys Talent und Charakter die Waage; erst im Alter, seit der Affäre um eine Berliner Berufung der Brüder Grimm nach ihrer widerrechtlichen Entlassung in Göttingen, entfremdete sich B. von Savigny, der inzwischen ihr Schwager und der Vormund ihrer Söhne geworden war.

Ursprünglich hatte Clemens ihm seine Lieblingsschwester zuführen wollen (vgl. AM, S. 11-13). Der Verzicht auf die einzig Geliebte zugunsten des würdigeren Freundes variiert im Rahmen seiner »poetischen Existenz« ein Lebensmuster, das die tugendhafte Empfindsamkeit etwa seit der Mitte des 18. Jahrhunderts formuliert hatte; noch in Goethes *Werther* hatte seine Widerlegung die gesamte Komposition bestimmt. Anfang Oktober 1800 schrieb Cle-

mens dem Freund nach Marburg: »Sie werden sie ⟨B.⟩
lieben, Sie sind ihrer allein wert und sie Ihrer« (UL, S. 153),
und gegen Ende Oktober, das Muster weiter ausbauend:

Savigny, ich komme auf jemanden zurück, der mir lieber
als Alles ist, in dessen Freiheit und Glück meine Freiheit
einen Ast hoch gen Himmel heben wird. In der Sie eine
Welt der Schönheit, Freude und Andacht entwicklen
könnten und der Liebe. O ich bin nicht uninteressiert in
Ihrem Glück und dem meiner Schwester Bettine. Ich
würde aufleben und glücklich sein, wenn ich ein Band
geknüpft hätte, das ich mit mir knüpfen möchte, um die
Ewigkeit und die Liebe zu fangen.
Schreiben Sie mir, kommen Sie, und wenn Sie das Mädchen nicht lieben können, adieu, Savigny, so sind Sie ein
gar armer Schelm und recht gemacht, ein[e] ganze Auk-
tion mit Ihrem Leben zu halten. Ich biete nicht mit.
Ob das Mädchen Sie will? sie will nichts, drum ist sie die
Herrin von allem, drum kann sie lieben und Sie sind
liebenswürdig. Ich kenne alles, man wird sie Ihnen mit
Freuden geben, weil man sie gerne jedem Edlen gibt, der
sie ernähren kann.
Und wahrlich keiner ist sie wert als Sie mit Ihrem stillen
Gottesdienst im Herzen, – dazu wird sie nun helles Leben, Witz und Hoheit und Freud und Reinheit bringen
und ein herrlicher prächtiger Gottesdienst wird in meinem Leben sein und ich werde beten um Liebe, die mich
verflucht hat.
(UL, S. 158.)

Ein späterer Brief und dessen Beilage dokumentieren, daß
B. inzwischen an der Literarisierung des Lebens nach Mu-
stern, die vor allem Goethes Werke vorgaben, teilnahm;
ihre späteren »Briefromane« können sich als Kunstwerke
auf diese Stilisierung der Lebensdaten stützen (vgl. S. 883).
Savigny indessen hielt in diesem Fall (vgl. aber S. 827) auf
säuberliche Trennung der Sphären.

Clemens Brentano an Savigny, 8. 9. 1801:
Vorgestern war ein sehr trüber Tag in meinem Leben, so
unmutig war ich lange nicht, ich schrieb einen Brief an
Sie, aber ich verschonte Sie mit dem Brief. Nachher raffte
ich mich auf und schlich nach Offenbach. Ich fand die
16jährige Bettine, die 15jährige Louise auf einem Stroh-
sacke sitzen und die 14jährige Meline spielte unter mancherlei Verkleidungen Comoedie, als [alles?] in großer
Verborgenheit vor den Erzieherinnen. Das Parter[re]
äußerte sehr demokratische Gesinnungen und auch das
Schauspiel atmete Freiheit. Die muntern herrlichen Mädchen versetzten mich in stille Rührung, aber ihr Schauspiel hörte bald auf; denn Bettine versicherte, bei meiner
Ankunft im Staat höre alle Langeweile und daher alle
Bildungs- und Besserungsanstalt auf / ein großes Wort /.
Lieber Savigny, an diesem Abend habe ich etwas errungen, einen Schatz erhoben, den Sie Geizhals vergraben
haben, aber ich schwieg wie der Schatzgräber dabei. Sie
sollen ihn wieder haben, aber diesen ganzen Brief durch
muß ich erst von andern Dingen sprechen.
Bettine war mit den beiden andern einige Tage hier und
ich habe dies *Mädchen, wie es sein soll* [»Elisa oder das Weib,
wie es sein soll«, 1795 anonym erschienen, 6. Aufl. 1800;
oft nachgeahmt. Der Titel immer neu abgewandelt] recht
begriffen und bin dabei auch in mir aufs Reine gekommen, nämlich, daß ich dies Mädchen, *wie es sein soll,* nicht
mehr so heftig liebe wie vorher, daß ich sie recht brüderlich liebe. ⟨. . .⟩ Ich habe bisher die Bettine für eine
Mignon gehalten, welcher der kalte Weltkrampf die Lippen nicht verschloß und die ausspricht, woran Mignon
stirbt. Aber ich halte sie nun nicht mehr für einseitige
überfließende Individualität, für zu viel von Einem, sondern sie ist wie der volle runde gesunde Gottesmensch
vor mich getreten, sie ist mir ein gewöhnliches Mädchen
geworden, das einzige, das ich kenne; denn Sie werden
wohl wissen, daß alle unsre Frauenzimmer außerordentlich sind, außer der Ordnung, extra ordinaire; es ist eine

Krankheit, ein[e] Kultur, eine Zartheit, eine Ueberspan-
nung, eine Vortrefflichkeit des Weibes oder eine Schlech-
tigkeit des männlichen Geschlechts, denn es kommt nur
drauf an, ob das Mädchen dem Arzt sagt, daß ihre Regeln
nicht regelmäßig sind, oder ob sie in der Gesellschaft
eines Geschäftsmannes oder Reinholdianers oder gebildeten Kandidaten oder Poeten etc. blaß, sehnsüchtig,
unglücklich, geistreich ect. ist – o Lingam, o Lingam!
Gott führe praktische Schlegelianer herbei, da die Schlegel leider sich aus der Praxis in die Theorie retirieren
mußten. Ich habe einen historischen Blick getan. Die
Sittenverderbnis ist mir preiswürdig, sie ist nichts als ein
großes Arzneimeer, welches der jetzigen hysterischen
Tugend entgegenzieht, und die Moral zählt die Tropfen,
aber sie wird immer zitternder und hoffentlich wird sie
bald so zittern, daß sie rechte Quantität herüberströmt.
Die Sündflut ist eine Allegorie hiervon, die Sünde ist die
ästhetische Krankheit und die sogenannte Sittenverderbnis ist die Sündflut.
Bettine ist also das einzige gewöhnliche Geschöpf, das
ich kenne, so wie Sie der einzige gewöhnliche Mann sind,
den ich kenne, und ich ringe nach Euch. Gott! ich bin
Prometheus bei Bettinen geworden ohne es zu wissen.
Die gestohlne Flamme, der bloße Mignon, hat Urteil,
kaltes ruhiges Urteil bekommen – Erde. Wahrlich, sie ist
ein liebes stilles freundliches geistreiches ruhiges Weib
geworden, voll Sinn für Häuslichkeit und das Einfach-
schöne und Gute. Die wilde Flamme ist zur göttlichen
Wärme des Lebens geworden. Savigny, wo ist Deukalion
zu dieser Pyrrha, o werfet Steine hinter Euch! Sie hat
neben mir sitzend den Wilhelm Meister mit Ruhe und
inniger Freude gelesen. Wie sie leben wird, wenn ein
guter Mensch an ihre Seite tritt! Ich kenne nur einen
gewöhnlichen, ut supra – Sie sagte sehr oft während
dieser Lektüre: Der gute Wilhelm, wie er so bescheiden
herumgeht, sich an allem freut, dann stehen bleibt und
herrliche Sachen sagt, ach welchen schönen Reichtum
trägt der Mensch mit sich herum!

Einmal legte sie das Buch nieder und sagte: Du hast mir vor dem Jahre gesagt, Savigny habe solche Freude an dem Buche, es ist wunderlich, es ist mir als wäre er drin und ich sehe ihn doch nirgends. – Dann besann sie sich und sagte: Da habe ich ihn und auch den Schwarz und auch Dich, Ihr seid alle Drei drin. – Ich wollte es nicht glauben: den Schwarz hat sie nie gesehen. Hören Sie, [sie] hat doch recht! Sie sagte:

Im Wilhelm Meister ist der Savigny wie überhaupt das Unwandelbare, Berg und Tal und Fluß, Meer, blauer Himmel.

Der Schwarz: Grüner Wald, auch guter freundlicher Leute Garten, ja sogar schöner Kopfsalat und das Butterbrot, das Felix ißt.

Und Du oder Clemens ist
das Wetter, von dem man nicht sprechen soll, um nicht läppisch über eine Sache von Wichtigkeit zu reden.

(Ich setze hinzu: Bang ist das Ganze, ehe der Mensch geboren ward.)

Wie gefällt Ihnen das, Savigny? Das ohne alle Pretention von einem sechzehnjährigen Mädchen, die mit einem durch die Welt zu Fuß laufen würde, die bis jetzt nur noch die sogenannten gemeinen Leute liebte, die gern arbeitet und kindisch ist und reinlich und geschmackvoll, ohne den stinkenden haut gout, die keine Parfümerie leiden kann und sicher all ihren Freunden, sogar dem Wilden Bang einen Kuß gäbe, wenn es das Herz und der Ort forderte, ohne sich zu verwundern und entsetzen.

Ich schreibe so ungern Briefe, weil man nichts aussprechen kann, weil kein Mensch allein etwas lebendig machen kann. Das Drama und der Roman sind daher das Höchste der belebenden Poesie. Nur im Gespräch durch Mißverstand, Widerrede, Unmut, Vereinigung, durch Empfangen und Zeugen, durch den beweglichen Schmerz, der sich über die Brücke der doppelt ergossenen Lust zur Ruhe retiriert, wird etwas Gesagtes gesagt, zwei sind nötig zu aller Wahrheit, nur durch zwei wird das Wort zu Fleisch.

Einige Tage, eher Bettine den Meister las, war sie hier im Getümmel der Welt herumgejagt worden, hatte sich und mich mit meiner erbärmlichen Familie, mit diesen außerordentlichen Menschen gesehen. Sie kam Abends aus der Komoedie zu mir, wo ich allein saß, sie ward so froh, so gerührt, fiel mir um den Hals und weinte herzlich. Bald drauf lachte sie und war wieder recht kindisch munter, sie lachte über ihre Tränen, sie sagte, das Weinen ⟨. . .⟩ sei so zweideutig, aber es wäre doch nichts als ein zarteres Lachen oder ein kränkliches Lachen, auch versicherte sie mich, daß es bei ihr immer das erste sein solle. Da sie hierauf mit der Mignon bekannt wurde, sagte sie: Es ist mir lieb, daß ich letzthin das noch nicht wußte, ich hätte sonst selbst gefürchtet Mignon nachgemacht zu haben, als ich weinte. Mignons Weinen kommt ihr vor wie eine Stimme ohne Lunge, das heißt, ihre Tränen sind die Freude über die Dinge, die nicht da sind für sie, sie ist ins Kraut geschossen. – Meister überhaupt ist ihr weder intressant noch das Gegenteil; sie meinte, es sei hier alles so wie es wäre und sein müßte, und sie befinde sich mitten drin, was der gesunde Mensch in der Welt müsse und wobei es ihr sehr wohl sein würde. Sie denkt im Meister wenig Einzelnes, sie findet sich nur lebendig und haust und wohnt in dieser Welt. – Ich habe ⟨. . .⟩ Bettinen von jeher wenig oder gar nichts von mir und meinen Freunden noch meinem Leben gesagt, ich habe sie nur in sich selbst durch meine Liebe erhalten. So ist sie dann in die Höhe gekommen, zur Selbständigkeit ohne Charakter, das heißt Gesundheit. Sie können nicht glauben, wie wohl mir es tut, Lieber, daß dieses romantische Geschöpf zum guten brauchbaren Mädchen ward. Vielleicht werde ich auch bald ganz gesund, obschon meine eigne Krankheit ärger ist als je. Ich glaube, daß es eine Krise ist, so viel habe ich gesiecht, ich beobachte meine Krankheit und schlage meinem Mißmut aufs Maul, wenn er sprechen will.

Als ich also letzthin in Offenbach war, war Bettine so

froh über mich, daß sie mir etwas schenken mußte, was
sie schon lange geschrieben hatte. Sie schämte sich dabei
und küßte mich. Ich wußte nicht, was es war, aber lieber
Savigny – es ist eine Charakteristik von Ihnen, mit einem
rührenden weissagenden Feuer geschrieben und mit einer unendlichen Wahrheit und Tiefe und Liebe. Ich habe
Sie aus dieser Charakteristik erst kennen gelernt, Bettine
kennt Sie besser als ich. Wollen Sie es haben? oder fürchten Sie sich? Folgende Worte sind drinne enthalten: *Ich
sehe immer tiefer in Dich hinein, immer tiefer und ernster schaue ich Dir in die Seele* [durchstrichen]. Doch
ich will sie Ihnen nicht sagen, Sie sollen mich drum
bitten. Bettine kennt Sie besonders durch Ihren ersten
Brief an Kundel, von mir weiß sie nichts.
(UL, S. 226-230.)

*Von B. verfaßte Beilage (nur in einer Abschrift Bangs im
GSA erhalten):*
(Charakteristick ⟨?⟩ oder)
Du fühlst still und rein; dich drängt nicht die volle Seele,
dich auszusprechen; Du fühlst tiefer – schweigst. Das
Große und schöne i⟨st⟩ Dir im innigsten Gemüth ver-
schloßen; Du erkennst Dich selbst darin. – Frey unter
Gottes Himmel stehst du als ein Musterbild frommer
und großer Seelen vor unsern Augen. Du bist ein schö-
ner Zusammenhang v⟨on⟩ dem kühn hinanstrebenden
Geist, von ruhig schwebender ewig herab sehender
Kraft. Das Leben, das dich hervorgebracht hat, ist in
Dich zurückgegangen. Du bewahrst es das Größte, das
Streben der Menschen nach der Gottheit. Unschuldig
stehst Du in Deiner Herrlichkeit. Dein Gefühl bewegt
eine ewige Welt. Du veredelst, was uns gemein erschien.
Wer Dich fein und zart berührt, de⟨n⟩ umfäng⟨s⟩t Du
⟨mi⟩t Deinem ganzen Leben, daß er n⟨icht⟩ mehr
v⟨on⟩ Dir loslaßen kann und doch so unbefangen, als ob
an Dir die Reihe waere zu danken. Du nimmst alle Sorge
mit Dir, alle trübe Vergangenheit, und wir schauen dann

in Dich herein und sehen den blauen Himmel mit tausend
und tausend Strahlen, die uns alle Ruhe und Heiterkeit
zuwinken. Holde u Wunder Sonne ⟨lies: same⟩ stimmen
tönen Dir in der Seele und ziehen den Freund dicht an
Dich; ewig auf sich selber ruhend bewegt sich das An-
muthige und Große in eignem Kreise um Dich her. Dein
schönes Gemüth verleiht dem Menschen auf seine Weise
das Glorreichste und Herrlichste. Du wunderst Dich
über das Goettliche in Deinem Sinn; ohne es zu wissen
strebst Du stolz nach dem Schoenen und Großen.
Immer tiefer und ernster schaue ich Dir in die Seele; ich
sehe ein Engelsleben; wunderbar hast Du mich hinein-
verwebt. Du stehest fest und einzig in Deinem schönen
Glanz; Geister entstehen, die mit Lebensdrang sich an
ihrer eignen Göttlichkeit hinanwinden bis zum Unendlichen. Alles klingt und lächelt. Eine unerklärbare Ruhe
durchdringt Dir den innersten Sinn. Die dunkelsten Tiefen meiner Seele sind erhellt und aufgelößt; heilig ziehet
sie daher und spiegelt sich in dem himmlischen Schein
Deiner Größe. Wie das Auge, wenn es n⟨icht⟩ mehr von
Tageslicht geblendet, sich erhebet an das umgebende
Firmament, wenn auch nur sparsam beleuchtet und geschmückt sind die dunkeln Wolken (so wie der hohe
geheimnissvolle Ernst, der Dich umgiebt, auch nur selten das freundliche Heil verkündende Licht durchdringen lässt) so fesselt es doch mit unendlicher Liebe sich
daran. Mein Leben wird z⟨u⟩r Welle, in der sich die
Sonne spiegelt. Die Strahlen in diesem Gemüth, die Dir
Ernst und Stille einflößen, ruhen an meiner Brust und
bewegen mir die Seele Feyerlich ist die Stimme der Wehmuth in ihr; sie i⟨st⟩ mit allem einverstanden, in gleicher
Melodie drehen sich alle Geister um sie her und schwanken und schwellen und beugen ⟨mi⟩t der beweglichen
Welle sich zärtlich um Dein Wunderbares Wesen

Savigny an Bang, September 1801:
Ich nehme Bettinas Schrift so: Clemens hat keinen unmittelbaren Anteil daran, aber der Stoff ist ganz aus
seinem Gespräch. Die Form allein gehört dann ihr, aber
diese ist ganz und diese ist herrlich. Das ist die einzige
Art, wie ich es nehmen kann – als rein poetisches Werk
ohne alle individuelle Beziehung. Auf diese Art hat es
mich gerührt, eine andere Ansicht gibt es dafür nicht.
Übrigens kann manches herrlich sein, auch nicht zu vortrefflich für uns, und *doch* nicht vortrefflich für uns: dafür
hat Brentano keinen Begriff.
(Stoll 1, S. 202.)

B.s gelegentliche Briefe an Savigny zeugen davon, daß
Clemens in seiner Rolle als Mittler sich wie anderen wech-
selseitige Zuneigung und Vertrauen bloß suggeriert hatte;
sie hatte zu Savigny immer ein »freischwebendes Verhältnis« (AM, S. 13) bewahrt.

B. an Savigny, März/April 1801:
Ich will wetten, Sie wissen nicht mehr, wie ich aussehe,
ob ich braune oder blaue Augen habe. Ich will es Ihnen
sagen, meine Augen sind groß und braun, etwas heller
als des Clemenz seine, und ich habe einen kleinen hüb-
schen roten Mund, sonst hatte ich rote Farbe, aber jetzt
bin ich sehr braun geworden, überhaupt bin ich sehr
garstig.
(AM, S. 13.)

B. an Savigny, Juli 1802:
Liebe Bettine!
Der Frühling war so schön, der Rhein trug mich so
gastfrei, Arnim hat mich so lieb, da trat ich hierher in
meine Jugend, die mich rings umfing; ach und ich bin so
unglücklich geworden, ich liebe so heftig, so heftig die
Geliebte meines einzigen Freundes [Franz de Lassaulx]
hier. Gott gebe mir Kraft, daß ich entsagen kann. Das

Mädchen ist Benedictchen Korbach. Schreibe mir gleich, schreibe auch an sie ein paar Zeilen dazu; wenn sie Dich kennte, sie liebte mich vielleicht.

Clemens

Die Adresse bei Bürger Scheidel, Firmungsstraße. Schreibe dem Savigny; was ich Dir schrieb, ich kann nicht mehr.

Savigny, weine ich oder lache ich, ei Du heilige Dreifaltigkeit (nein, nicht Dreifaltigkeit, Dreieinigkeit, nein, nicht Dreieinigkeit, Treueinigkeit, nein, nicht Treueinigkeit, Untreueinigkeit), was soll das werden? Bin ich eifersüchtig, bin ich froh? es kühlt das Leben, es brennt im Herzen, so wird alles zum einfachen Gebrauch im Leben und muß mir immer zur Erleichterung dienen. Ist denn das Leben ein schwerer Sack? nein, es ist ein großer Gewichtstein, der so leicht zu tragen ist, wenn Ihr ihn mit dem kleinen Finger hebt. Wenn Ihr ihn aber mit beiden Armen umfassen wolltet, da werdet Ihr freilich nicht weit kommen – kommen, wer spricht denn von kommen? kommen werdet Ihr gar nicht, Ihr habt Eure Liebe zum Fußschemel gemacht und sitzt ganz träg und faul im Lehnsessel, den Ihr Euch von übrig gebliebenen Resten von Kuchen gebaut habt, der bei feierlichen Scenen aus Eurem Leben gebacken ward. Wer wird sich auf Kuchen setzen, der zerbricht? nein, er ist so hart wie Stein und so zähe wie Leder. Clemens schreibt von Entsagen. Was soll das bedeuten, muß man denn entsagen, wenn man liebt? Das begreife ich nicht. Muß ich auch entsagen, wenn ich liebe? Ich habe keineswegs Lust dazu. Savigny, Savigny, rührt Euch, denkt an mich, Ihr habt mich so lieb und seid so still, Ihr könntet das Posthorn von meinem Reiswagen hören und wüßtet nicht, daß ich es bin, die mit eilender Weile in ihr altes Vaterland zieht, mit Triumph und türkischer Musik will ich hinziehen. Ich habe mir alle den Singsang schon bestellt.

Bettine

Schreibt dem Clemens nicht nach Coblenz; er wird morgen oder heute noch wieder hier sein.
(AM, S. 13 f.)

Savigny beantwortete diesen Brief nicht (vgl. UL, S. 267).
Nach seiner Heirat mit B.s Schwester Gunda am 17. 4. 1804
nahm er jedoch ebenso wie B.s Bruder Christian intensiv an
dem Bildungsprogramm Anteil, das Clemens für seine
Schwester durchführen wollte:

Savigny an B., September 1804:
Deine Bücher vergesse ich ganz und gar nicht: ich will
Dir nicht nur Bücher vorschlagen, sondern selbst dafür
sorgen. Vor der Hand erkundige Dich einmal, ob Dir
nicht ein guter Freund Winkelmanns Geschichte der
Kunst verschaffen kann, und schreibe mir das: lesen
sollst Du sie noch nicht, bis ich Dir wieder schreibe.
(Härtl, S. 110.)

Savigny an B., 17. 9. 1804:
Den Herodot und Thucydides sollst Du mit Ernst und
Fleiß lesen, und daraus lernen, und darüber denken, und
mir darüber schreiben. Bemühe Dich, in Frankfurt aus
der Stadtbibliothek oder sonst die deutsche Übersetzung
des *Plutarch* von *Xylander* aus dem 16. Jahrhundert zu
bekommen und dabey zu lesen.
Winkelmanns Briefe sollst Du vor seiner Kunstgeschichte lesen, um das *Gemüth* kennen zu lernen, aus
welchem sie hervorgegangen ist. Nur wenig Schriftsteller sind dieses werth, und ich will mich freuen, wenn er
Dich so ergözt, wie er mich ergözt hat.
Die Lulu sollst Du grüssen und an Deiner Lectüre theil
nehmen lassen.
Die Bücher verwahre wohl: den Thucydides schicke,
wenn Du fertig bist mit der Post an Prof. Creuzer zu
Heidelberg, dem er gehört: die übrigen hebe mir auf.
(Härtl, S. 110.)

B. an Savigny, Ende Oktober 1804:
Die Zeit 〈. . .〉 brachte ich damit zu, Deinen Befehlen auf
das Eifrigste nachzukommen, sodaß ich über Deinem
Befehl Dich selbst vergessen hatte. Da ich Winck[el-
manns] Ges[chichte der Kunst des Altertums] nicht bekommen konnte, habe ich sie mir selbst gekauft und in
Blaupapier einbinden lassen, allein ich habe sie noch
nicht in meinem Studium gebraucht, weil ich die Geschichte jetzt mit großem Eifer lerne, morgens für mich
und nachmittags mit Günderödchen. Ich habe dem Christian darüber geschrieben; wenn ich eine genaue Übersicht der Geschichte habe, so werde ich mit doppeltem
Eifer an W[inckelmann] studieren, wenn Du es anders
recht und Deinem Plan gemäß findest.
(AM, S. 25.)

B. an Savigny, Ende Oktober 1804 (nach dem vorigen Brief):
Ich schreibe Dir, um Dir einen treuen Bericht von meinem Lernen abzustatten, welches ich denn um so lieber
tue, da ich gewiß weiß, daß mein Fleiß und Eifer viel
Freude machen wird. Die Geschichte studiere ich auf
folgende Weise. Ich lese sie im allgemeinen des Morgens
bei dem Günderödchen, des Nachmittags mache ich mir
einen Auszug von dem, was ich gelesen habe; nachher
lese ich im Plutarch die ausführliche Lebensbeschreibung
der Männer, die in meinem Auszug vorkommen, welches
mir unendlich viel Freude macht. Ich werde in kurzem
eine genaue Übersicht von dem Teil der Geschichte haben, die mir zu Winckelm[anns] Gesch[ichte] nötig ist
und werde sie denn mit allem Eifer studieren.
Sonderbar ist es, daß es mich sehr viele Mühe kostet, die
einzelnen Teile der Geschichte wieder mit dem Ganzen
zu vereinen und darauf anwendbar zu machen; diese
verlieren sich vielmehr bei mir in eine Art poetischer
Darstellung, aus der ich sie nachher nicht mehr heraus-
zubringen vermag. Zum Beispiel Hannibal, er hat mich
nämlich entzückt und sein Zug durch Italien ergreift

mich einzig. Er ist so nervicht, so einfach, es war mir, da
ich ihn las, als säße ich auf einem Berg und sähe seinen
Zug unten im Tal durchwandlen mit aller Kraft, mit
allem Geist und rauher herrlicher Natur. Es entzückt
mich, wie die zwei mutigen Völker mit unerhörter Kraft
einander verderben. Und dann sein kühner Marsch durch
die hohen Alpen, wie er so geschickt, so schnell seine
starken Feinde anpackt und überwindet, mit den einfachsten Grundsätzen. Es ist wohl nichts schwerer, lieber
Habihnnie, als bei Übersehung solcher einzelner herrlicher Teile der Weltgeschichte den Verstand und Begriff
in fester Verbindung mit dem Sinn zu halten, durch
welche Verbindung doch einzig etwas erlernt werden
kann. Ich lasse meistenteils meinen Verstand dahin ziehen, wohin er will, und taumle nachher ganz allein in der
sinnlichen Vorstellung der Geschichte herum. Ich weiß
nicht, wie das zugeht, mir klopft das Herz oft vor Angst,
wenn ich denke, wo doch endlich dieser Verstand Ruhe
finden soll, um sich zu entfalten und mit seiner Kraft in
mein Wesen hinein zu wirken; ich glaube, ich bin zu
zwergleidenschaftlich und *dummkindisch* und habe noch
nicht gelernt, Dinge ordentlich zu betrachten, ohne sie
sogleich an den Mund zu führen. Dies mein Naturell tut
mir gewaltig leid. Denn was hilft es mich, wenn ich den
reizbarsten Sinn für alle[s] Schöne habe, wenn ich die
Mängel nicht mit Gelassenheit ertragen und die Vortreff-
lichkeiten nicht mit Ruhe betrachten kann?
(AM, S. 26 f.)

Christian Brentano an B., Herbst 1804:
Besonders darüber wünschte ich von Dir etwas Aufrich-
tiges und Bestimmtes zu hören: wie verhältst Du Dich zu
der Theilnahme welche Dir Savigny verspricht? Bist Du
entschlossen ernstlich entschlossen ihm zu folgen? und
auf den Wegen die er Dir vorschlägt emsig u herzhaft fort-
zugehn? Hast Du Hoffnung u Muth etwas darauf zu gewinnen? u Kraft genug Dich von allen übrigen sowohl ab-

neigenden ableitenden als entgegengesetzten Neigungen entfernt zu halten? – Dann sollst u must Du mir schreiben – denn ich bin von Savignys Plan unterrichtet – stehe fast in gleichem Verhältniß zu ihm wie Du u es ist mir von ihm selbst befohlen Dir von Zeit zu Zeit zu schreiben.
(Härtl, S. 124.)

Christian Brentano an B., 4. 11. (wahrscheinlich) 1804:
Aber sag einmal wie geht es Dir denn in Deinen neuen Vorsätzen und Plänen? Du bist doch noch fest u ernstlich gesinnt? laß nur den Muth nicht sinken! Kommen Dir Schwürigkeiten vor so schreibe dem S. oder mir darüber. Hast Du einen neuen Brief von Savigny? Du must ihm alle Woche wenigstens einmal schreiben; so daß Antworten und Briefe sich kreuzen. Laß Dich nur nicht zuviel durch den Umgang der übrigen Haußschlampampen ab-ziehen, und gewohne Dich zur Einsamkeit auf Deiner Stube in die Gesellschaft Deiner Bücher und Betrachtun-gen. Diese lezte aber sollen mehr verständig als empfind-sam seyn, u mehr darauf gehen, was das Gefällige an einem Dinge ist aufzusuchen als den Gefallen selbst in seinen Manieren und curieusen nuancen darzustellen.
(Härtl, S. 124.)

Christian Brentano an Savigny, 22. 11. 1804:
Sie schrieb mir in ihren ersten Briefen, sie lernte fleißig, läse alle Tag 2 Stund morgens, 2 nachmittags die alten Geschichtsschreiber; des Winckelmanns Geschichte würde sie erst nach mehreren Wochen anfangen können ⟨. . .⟩
(AM, S. 25).

Danach freilich kamen die Bemühungen wegen Savignys Pariser Studienreise ins Stocken (vgl. seinen Brief an B., Mitte Januar 1805; Härtl, S. 111). Auf die Bemühungen von Clemens und seinen Helfern kommt Arnim 1811 noch-mals zurück:

Durch Deine Briefe an Bettine, die ich durchlaufen und geordnet habe, bin ich in frühere Zeit sehr angenehm zurück versetzt worden. Du glaubst nicht, wieviel consequenter, ja wie tief vernünftig diese oft sind gegen die Uebereilungen in Deinem Umgange mit ihr, ja wie sie jede Abirrung, zu der Du sie besonders im Verhältniß zu andern Leuten hineingerissen, auszugleichen und zu verbessern suchen. Wo Du zuweilen in Christians Art verfällst, ihr etwas mitzutheilen, wozu ihr eigentlich die Prämissen fehlen, da bist Du hingerissen, jener aber ganz hochtrabend kalt. Dein Rath im Lesen und Arbeiten ist meist gut, während jener fast nichts Taugliches ihr anzurathen weiß. Wenn man Dir in den Briefen etwas vorwerfen kann, so ists, daß Du ihr nicht öfter Bücher anrühmst, die ihr förderlich gewesen wären, und endlich, daß Du sowie Christian zuletzt den Savigny fast gewaltsam in ihre Bildung hineinreißet, der sich in seiner Unbekanntschaft mit Mädchen erst gewaltig dagegen sträubt, dann aber in der Angst, was ihm zuerst in die Hände fällt, ihr zum Unterricht empfiehlt, unter andern Vossens mythologische Briefe, an denen wahrhaftig ein Philologe von Profession zu knaupeln hat. Für Deine Briefe an Bettine bis zu Deiner ersten Verheirathung habe ich Dich oft in Gedanken geküßt. Deine Liebe zu ihr hat ihre Liebe erzogen, und so genieße auch ich von Deiner Saat. Nachher wird der Briefwechsel ängstlich. Mißverständnisse von beiden Seiten. Man fühlt, daß Sophie, die mit ihrer Sanftheit alles hätte vermitteln können, von Deiner Familie nicht recht aufgenommen und verstanden worden. Du trittst mit ihr aus dem näheren Verkehr mit den Deinen heraus und greifst dann doch wieder aus Gewohnheit zum alten Verkehr. Da findest Du manches verändert, Du meinst Bettinen weniger zärtlich, sie aber ist nur unabhängiger in ihrem Kreise geworden und mag ihrerseits wohl zuweilen in einen ungeziemenden Lehrton gefallen sein. Da verehrst Du sie bald abentheuerlich, bald schiltst Du sie unverdient aus. Der Tod Deiner Frau

scheint den engeren Verkehr, die Vertraulichkeit mit
Bettinen wieder herzustellen. Da tritt Frankfurt und die
Eitelkeit der Welt und die Lüge der Kunst unter dem
Namen Auguste ⟨Bußmann⟩ zwischen Euch, und es
hört aller Verkehr zwischen Euch auf.
(26. 10.; Steig 1, S. 291.)

Das unbefangenere Verhältnis B.s zu ihrem Schwager, den
sie nun in »Habihnnie«, auf frankfurterisch »Hawihnnie«
umtaufte, löste allmählich die Bindung an den Bruder Clemens ab: »Ich interessiere sie gar nicht mehr«, schrieb dieser
am 23. 5. 1805 an Arnim, »und mein Anblick macht sie
selbst nicht verlegen. Savigny hat nebst Gundel ans ganze
Haus geschrieben, sie sind ganz ersoffen in Glück.« (AM,
S. 28.)

Dem »Herzbruder« Achim von Arnim hatte Clemens, seit
er ihn im Frühjahr 1801 in Göttingen kennengelernt hatte,
sogleich seine liebste Schwester zugedacht:

Etwas was Dir nicht entgehen soll, weil es mein theuer-
stes ist und das einzige, wo ich alles tauge, und wo mich
alle Kritik vortrefflich und schätzbar finden soll – ist
meine Schwester Bettine, du ⟨korrigiert nach Hs.;
FDH⟩ kennst sie, wird täglich lieber, mich liebender,
tiefer, freudiger und himmlischer –

Es fiel ein Himmelsthaue
Auf eine Jungfrau fein,
Als Kind in dieser Fraue
Trat in die Welt Gott ein –
O Gott mein Lieb! o Gott mein Lieb!
Wie kömmst du so freundlich, o Gott mein Lieb!
Adieu, Du Lieber, Dein Clemens.

(Februar 1802; Steig 1, S. 30 f.)

Arnim, aus altem brandenburgischem Adel, hatte nach der
Gymnasialzeit in Berlin an der preußischen Landesuniver-
sität Halle und in Göttingen von 1798 bis 1801 Jura sowie
Naturwissenschaften studiert und schon 1799 als selbständige naturwissenschaftliche Arbeit den *Versuch einer Theorie*

der elektrischen Erscheinungen veröffentlicht. Auch unter dem
Einfluß seines neuen Freundes Clemens, der in Göttingen
damals gerade unter regem Anteil des Freundeskreises, vor
allem des vielseitig begabten August Stephan Winkelmann,
seinen Roman *Godwi* abschloß, wandte sich Arnim der
Poesie zu:

> Ich konnte fast nichts denken in der Physik, was nicht zu
> gleicher Zeit Ritter, Schelling oder andre bekannt mach-
> ten ⟨. . .⟩. Ich dachte damals, daß mein Wirken für die
> Physik unnütz wäre, für Büchermotten wollte ich nicht
> schreiben: mein Sinn wandte sich mit erschlossenem
> Kelche zum Lichte der Dichtung.
>
> (An Clemens, Weihnachten 1803; Steig 1, S. 104.)

Als »Übergangsversuch« (an Graf Schlitz, 21. 2. 1803; Steig
1, S. 64) wurde der Roman *Hollin's Liebeleben* geschrieben.
Von Ende 1801 bis Mitte 1804 führte ihn eine Bildungsreise durch Süddeutschland, nach Wien, in die Schweiz,
schließlich nach Frankreich, England und Schottland. Das
entscheidende Erlebnis freilich war im Juni 1802 die Rheinreise mit Brentano; zuvor hatte Clemens die erste Bekanntschaft mit B. gestiftet. Schon in der Antwort auf Arnims
Ankündigung vom 4. 5. 1802, er werde am 1. 6. in Frankfurt sein, heißt es:

> Heute habe ich Deinen Maivollen Brief vom 4ten seiner
> selbst aus München bekommen. Gestern sehnte ich mich
> unendlich nach Dir und Bettinen, ich habe außer Euch
> keine Sehnsucht mehr, Ihr seid die Dualität, die mich
> construirt, und kennt Euch nicht. Wie ich mit poetischer
> Gewaltthätigkeit meine Sehnsucht nach Euch in den
> jubelnden Mai übersetzte, wie ich Euch so in meine Nähe
> dichten wollte und dem Bilde meiner lieben göttlichen
> Bettine, das mich nicht verläßt, bittend in die Augen sah,
> die mir nichts versagen, erhielt ich einen Brief von ihr.
> Des Menschen Geist kann so nicht schreiben, das ist
> Gott, der so spricht – Alles das sollst Du wissen, und das
> Mädchen soll Dich küssen, wenn Du nach Frankfurt
> kömmst. In Bettinens Brief steht unter andern folgendes:

»Clemens, weißt Du, wer der Mond ist? er ist der Wiederschein unsrer Lieb, und die Sterne sind Wiederschein der
übrigen Lieb auf Erden. Aber die Sterne so nah dem
Mond – Lieber, was ist diese Liebe, die mir so nahe geht?
Unsre Lieb aber ist auserkoren und groß und herrlich vor
allen andern; die Erde aber ist ein großes Bett, und der
Himmel eine große, freudenreiche Decke aller Seligkeit.
Clemens, was sehnst Du Dich nach mir! wir schlafen in
einem Bette.« Ach Arnim, Arnim, wie gütig ist Gott, der
Dir meinen Reichthum, seinen Reichthum, dieses Ebenbild seiner selbst zeigen will; wie gütig ist Gott, daß ich
Dir mit der Anschauung und Freundschaft dieses Engels
danken und lohnen können werde. Ich habe ohne Wasser
und Thränen und ohne Geselle, dürstend, traurend und
einsam an Felsen, in heißen Steppen gestanden, und hatte
mich ergeben und reichte die welke Hand nach einem
Tannenzweig, mir selbst eine immergrüne, schattenlose,
stechende Krone aufzudrücken, und konnte ihn nicht
erringen. Wie ich so stritt nach dem Dornenlorbeer,
thaute der Abend nieder, und Purpur schlug sein Bett auf
und buhlte mit der Sonnengluth, bis sie sich kühlender
Lust löste. In diesem Abendrothe ist mir Bettine geworden!
⟨...⟩
Ach ach im Mai und im Achim, und in Bettinen, und in
mir wollen wir uns wiedersehen. Ich laufe nach Frankfurt; wenn Du aber den 1. Juni nicht da bist, so sterbe ich
und Bettine vor Begierde, und da geh hübsch mit zur
Leiche und weine um Deine Seligkeit, denn die fressen
wir Dir im Himmel zur Strafe zum Voraus weg. Dein
Clemens.
(Steig 1, S. 33 f.)
Arnim blieb mehrere Tage in Frankfurt und Offenbach und
kehrte nach der Rheinreise nochmals zu einem kurzen Besuch zurück. Wiederum übernahm Clemens die Mittler-
rolle; doch wird in dem anschließenden brieflichen Gespräch über B., zu dem diesmal ihre eigenen Äußerungen

Anlaß gaben, die Problematik der vor allem von Clemens betriebenen Literarisierung des Lebens offengelegt und zuletzt in der geschwisterlichen Geselligkeit im Frankfurter Heim B.s scherzend gebannt:

Arnim an Clemens Brentano, 9. 7. 1802:
Grüß Deine Schwestern herzlich von mir. Deine Bettine habe ich (beim zweiten Besuche Frankfurts) nur dreimal sehen können, und daran war Deine Abwesenheit schuld, aber einen frohen Abend habe ich in ihrem Garten gelebt. Ich habe einmal in einer traurigen Stunde Dein ganzes Haus aus der Verbindung von Feuer und Magnetismus construirt und Dich auch; Bettine ist die höhere Vereinigung von beiden.
(Steig 2, S. 2 f.)

Arnim an Clemens Brentano, Juli / August 1802:
Ich lese Bettinens Brief ⟨mitgeteilt von Clemens, vgl. S. 814 f.⟩ und lese ihn wieder, und zum erstenmal weiß ich nicht, was ich Dir schreiben soll, da mir sonst gewöhnlich die Feder mit dem Kopfe davonlief. Ich habe oft so recht fest und tief in einen Wassersturz geblickt, und ich glaubte mich zu begreifen; ich weiß wahrlich nichts von mir, ob ich Wasser oder Dunst oder Eis oder ein Stück des glühenden Regenbogens bin, aber ich glaube, daß ich wechselnd eins nach dem andern werde. Wenn ich ein Buch lese, so stehen die handelnden Wesen ganz klar vor mir, ich wollte in jedem Augenblicke dem Verfasser sagen: dies oder jenes hast du falsch gehört, das kann der nicht gesagt haben. Will ich nun einmal in pragmatischer Hinsicht mich selbst fragen: ist keiner da wie ich? so drängen und stoßen sich die Bösewichter mit den edlen Seelen, in jedem erkenne ich mich, ich muß endlich verzweiflungsvoll daran zweifeln, mich selbst zu finden; ich muß mich darin ergeben, daß ich nicht mehr lebe, daß ich wie im Traum über die Menschen hinlaufe, worin die Gegenwart mit ihrer zweiten Natur erscheint. ⟨. . .⟩

Und nun siehe Bettinen dagegen mit ihrer Klarheit durch sich selbst, sie kennt jede wechselnde Empfindung in sich, und ihr Nachdenken ist ein Sinnen über sich, sie kann ewig nur durch *sich* froh werden und traurig, die ganze Richtung unsrer Kräfte treibt entgegengesetzt, ihre Nähe ergreift mit einer Trauer darüber, daß jeder Augenblick uns weiter entfernt, und daß ich nicht um- kehren kann zu ihrer Ruhe. ⟨. . .⟩ Bettinen muß dabei die Zeit nicht vergehen, dafür müssen wir beide sorgen, die wir ihr gut sind, darum müssen wir froh sein, daß Bettine mich nicht liebt, aber ich muß jubeln, daß sie mir gut ist, denn siehe, ich bin die Zeit, die wenigen recht ist, wenn sie ist, und von manchen zurückgewünscht wird, wenn sie vergangen. Das höhere Gemüth unterscheidet sich vom niedern, daß eben das Höchste von diesem ihm das Niederste wird, es hat jenes in sich aber noch mehr. Was andern Mädchen schon hohe Liebe wäre, ist für Bettinen Freundschaft, ihre Liebe aber muß etwas wer- den, wovon kein andres Mädchen etwas ahndet. Ich war ein freundlicher Ruf in ihre Einsamkeit, in eine Einsam- keit, wo Du sie leider alle verachten gelehrt hast, und ich kam an Deiner Hand. Der Frühling ist ein Unding, und doch lieben wir ihn wie einen Freund, weil ihn die klei- nen Veilchen und hohen Rosen herbeiführen; es ist das einzige Gute an mir, wie am Frühling, daß wir keinen mit unsrer Kälte oder Hitze belästigen, der Wesen Mannig- falt kann sich frei entfalten. Das nannte Bettine meine Höflichkeit, sie glaubte nie einen höflicheren Menschen gesehen zu haben. Du wirst Dich erinnern, das machte sie wohl, sie wurde freier, aber lieber; jede Pflanze braucht einen festen Boden, und den giebt ihr der Früh- ling nicht. Sie hat das einen Augenblick gefühlt, es war der einzige, wo wir uns gekannt haben. Sie begleitete mich auf den Fußweg nach Frankfurt, die gebognen Apfelbäume beschatteten uns, und die untersinkende Sonne blickte neben den Baumstämmen zu uns hin. Wir liefen zwischen den Kornfeldern um die Wette, die schwankend mit uns zogen, sie verwickelte sich in ihrem Kleide und fiel, ich war zu sehr im Laufe, um ihren Fall au⟨f⟩zuhalten, das schmerzte mich; ich war im letzten Augenblicke dadurch weniger zurückhaltend als sonst, ich küßte sie zum Abschiede, sie aber schien kalt, und sie sagt es in ihrem Briefe. Lieber, Du müßtest Bettinen nicht kennen, wenn sie liebte, wäre sie hier nicht kalt geblieben; und Du mußt mich nicht kennen, daß alle Elemente mich von Frankfurt nicht hätten wegbringen können, wenn ich nach meiner ganzen Wesenheit liebte. (Steig 2, S. 3 f.)

Clemens Brentano an Arnim, 8. 9. 1802:
Was Du von Bettinens Liebe sagst, begreife ich auch wohl besser als Du. Bettine liebt Dich auch wie ich, sie könnte auch alles das, aber sie ist eine Jungfrau, und die Natur stellt sie in ein doppeltes Verhältniß mit Dir, Du hast sie nicht verstanden, oder magst sie nicht verstehen, und dann ist die Art, wie Du von Dir und ihr sprichst, freilich sehr zart. Wenn ich Deinen Brief über Bettina nun zum drittenmal gelesen habe, so fällt mir doch ein Fähnd-rich ein, dem Du mit Hauptmannscharakter den Ab-schied giebst, einen selig sprechen, der dazu sterben muß. Ich bin in den letzten Tagen sehr erschrocken; da ich von Koblenz kam und sie sah, war sie sehr geschämig gegen mich wegen der Liebe zu Dir; Du kannst wohl begreifen, daß ich sie von dieser Liebe zu heilen suchte, und dazu giebt es kein Mittel als Neckerei. Sie weinte im Anfang, dann aber hörte sie ruhig zu und gestand mir endlich, wenn sie alle die andern erzählen höre, was Du alles mit ihnen gesprochen habest, und daß sie von Dir so vieles erzählen könnten, so mache sie das traurig und sie liebe Dich dann nicht mehr so. Lieber Arnim, dieses Mädchen ist sehr unglücklich, sie ist sehr geistreich und weiß es nicht, sie ist durch und durch mißhandelt von ihrer Familie und erträgt es mit stiller Verzehrung ihrer selbst, mich liebt sie, weil ich ihr alles bin, da ich ihr allein

nahe bin. Von der Zerrüttung in mir weiß sie nichts, und schrecklich zernichtend ist es mir, wenn ich neben ihr stehe und sehe, wie sie auf mich selbst hinbaut, und ich fühle, daß sie auf keinen Felsen ihre Kirche baut; wunderst Du Dich noch, daß ich mit ängstlicher Mühe alle ihre Zweige in ihr eignes Herz zurückbiege? Meine Liebe zu ihr ist selbst nicht ächt, ich stehe mit Scheu neben ihr, weil sie mir nichts zeigt als ein schöneres Bild meiner selbst; ich kann sie nicht mehr begreifen, da ich ihr nicht aus ihrer Gefangenschaft helfen darf. Wenn ich bei ihr bin, weiß ich ihr nichts zu sagen, und unsre gegenseitige Stummheit ängstigt uns; ich fürchte, sie wird nicht lange leben, so ohne Liebe und ohne Freude, ich bitte darum, Deine Hochachtung für sie zurückzuziehen, man kann an Surrogaten sterben.
(Steig 2, S. 5.)

Arnim an Clemens Brentano, 22. 9. 1802 (vor Erhalt des vorigen Briefes):
Nur ein Schatten zieht darüber hin, es ist Bettine, von der Du so rührend sprichst. Und doch glaube ich, Du irrst Dich, wie das allen Dichtern ihres Lebens geht, die sich ebenso darüber als Künstler hinstellen wollen, wie über ihr inneres Leben voll Dichtungen; das Schicksal herrscht aber in jener Welt ebenso, wie in dieser das Genie, darum täuschen sie sich alle Augenblicke. So habe ich Savigny erst kennen und ehren lernen aus einigen seiner Briefe an Deine Schwester Gundel, die sie mir zeigte, oder die ich ihr vielmehr wegnahm; Du erzähltest mir oft von ihm, und ich sagte Dir, daß ich ihn mir gar nicht denken könnte. Dein Godwi, Annonciata, Maria, Violetta stehen wie lebend vor mir; siehe, so glaube ich auch, daß Du das Sehnen Deiner Schwester verkennst, es steigt zur Kunst, und nur in dieser Thätigkeit wird sie Ruhe finden. Aber welche Art der Darstellung und des Schaffens? Das wirst Du besser wissen, ich glaube aber in Worten als Gesang, Musik, Zeichnen. Richte die unru-

hige Ruhe ihrer Kräfte zu einer bestimmten Thätigkeit, setze ihr kein andres Ziel als Dir Vergnügen zu machen, die eigenthümliche Richtung ihrer Kräfte wird sich dadurch bald zeigen, wie man die Abweichung der Magnetnadel an der Entfernung von der Mittagslinie sieht, die man ihr gezogen. Kritisire ihre Arbeiten nicht, wenn Du auch Fehler bemerkest, es sei denn in dem, was blos mechanisch ist. Die Sprache wie jedes andre Werkzeug der Kunst wird zu viel gemißbraucht im Leben, als daß man gleich den Gebrauch rein auffassen könnte; um Kritik benutzen zu können, wird sie bald reif werden, und dann wende den Tadel mehr gegen das Einzelne als gegen das Allgemeine, denn dieses ist immer nur Produkt von jenem.
(Steig 2, S. 5 f.)

Clemens Brentano an Arnim, Oktober 1802:
Bettine fällt mir um den Hals, ich lese ihr Deinen Brief vor, sie ist sehr lustig, will die letzte Seite, die Kunstlehre Deines Briefs, abschreiben, nur immer statt Bettine Arnim setzen und Dir sagen, sie habe große Hochachtung vor Dir, sie kommt gleich wieder herein und schreibt Dir. ⟨. . .⟩ Auf dem Zettelchen Bettinens ⟨s. u.⟩ ist eine kleine Jungfernhetze zu sehen, doch hat Gundel angefangen, die Bettinens Worte nicht verstand. Du hattest in Deinem Briefe gesagt: ich sitze an einem grünen Hoffnungstisch, Bettinens Schatten schwebt drüber hin; darauf spielen Bettinens Worte wohl an.
⟨Auf dem beigefügten Zettel:⟩
Ach im Himmel, denn die Erde kann es nicht sein, denn man ist ja nicht in der Erde. Ach im Himmel hoch hochachtet er die Liebe, damit die Liebe den Himmel erreicht, und das ist gut und herrlich und himmlisch, denn so hoch war die Liebe noch nicht, denn das ist das höchste Gut und die schönste Gegend und der herrlichste Anblick, darum will ich auch meiner Liebe nicht abschwören und sagen, sie sei nicht so groß, als sie

wirklich ist, damit meine Liebe keinen Schatten an das
hohe Himmelsgewölbe wirft, sondern immer hell und
klar brennt gleichwie die Sonne – so hat Arnim zwei
Sonnen am Himmel. *Bettine.* – Ich kann das alles nicht so
ganz deutlich verstehen, mir scheint aber, es solle bedeuten, sie sei Ihnen gut, und das bin ich Ihnen auch, und
sende Ihnen einen freundlichen Gruß. *Gunda.* – Herrje,
da hat die Gunda das ganze Gebäude zusammengewor-
fen, man kann es ihr nicht verdenken, sie liebt das dunkle
Leben und kann die Sonne nicht vertragen. Arnim muß
herab und alles herab. *Bettine.* – Wenn ich wirklich das
Gebäude umgeworfen habe, so ist es aus der ganz entgegengesetzten Ursach, als die Bettine angiebt, mir war das
ganze Gebäude im Licht, und als ich nach der Sonne
mich sehnte, da muß ich es von ungefähr umgestoßen
haben, und als ich mich umschaute, da war nichts mehr
da von der gemachten Sonne als ein milder Strahl von
Wohlwollen. Adieu. *Gunda.* – »Da war nichts mehr da«,
das hat ihr das schwarze, dunkle Leben eingegeben, ich
muß das letzte Wort haben, sie ist von jeher blödsichtig
gewesen. Adieu, Arnim. *Bettine.* – Ich will die Schwere-
noth kriegen, wenn sie alle beide wissen, was das alles
anders ist als die Bestätigung, daß keine Wahrheit in dem
dunkeln Leben ist und die Liebe nur im Tode gesund
wird. Alle dieser Unsinn muß wohl am Ende Sehnsucht
nach der Kunst sein, wenn es nicht Sehnsucht nach einem
Mann ist. *Clemens.* – Lügen habe ich von Winkelmann
gelernt. *Gunda.*
(Steig 2, S. 6 f.)

Arnim an Clemens Brentano, 18. 11. 1802:
Du hättest meinen Brief nicht Deinen Schwestern zeigen
sollen; weißt Du, daß Du mich höllisch lächerlich gemacht hast mit meinem Kunstplan auf Deine Schwester,
bei Deiner Schwester? Ich bin so schamroth geworden,
daß ich ihnen nichts wieder schreiben kann, als ein Liedchen, lies es erst, Du kannst es als Antwort auf Dein
wunderschönes Herbstlied

Die grünen Blätter sind gefallen,
Die Schwalben fortgezogen sind usw.

nehmen, schicke es dann Deinen Schwestern, es kommt
im Trauerspiele vor ⟨. . .⟩.

(Steig 2, S. 7; das beigefügte Lied stammt, leicht variiert,
aus *Ariels Offenbarungen*. Zum Abschluß dieses Briefwechsels über B. vgl. S. 808.)

Erst nach Arnims Bildungsreise rückte B. allmählich wieder in sein Blickfeld. Am 15. 2. 1805 meldete ihm der
inzwischen mit Sophie Mereau verheiratete und in Heidelberg ansässige Clemens: »In Bettinen gehen, wie mir ein
Brief von ihr zeigt, wunderbare Dinge vor. Ich glaube, sie
studiert Philosophie, ich schreibe ihr nicht mehr, ich begreife sie nicht, den Brief lege ich Dir bei.« (Steig 1, S. 132.)
Arnim antwortete am 27. 2.:

Deine Schwester scheint viel eigenen Sinn und Festigkeit
gewonnen zu haben. Es freut mich, Du hättest sie sonst
einmal ein paar Monat aus den Augen verloren und ihr
nachher vorgeworfen, daß sie Dich nicht mehr ansehe.
Daß sie sich so fremder philosophischer Worte bedient,
das möchte mich fast glauben machen, sie meinte es nur
gerade so weit, als sie es geschrieben. Sie will an mich
nicht schreiben, weil sie nicht weiß, was daraus werden
könnte: das mag sehr vorsichtig sein, in Frankreich ist es
sogar Gesetz der Schicklichkeit. O ihr armen Jungfern
der Erde, so seht ihr den Strom der Welt fest und unbeweglich durch euch hinziehen, bis er euch so mit klarem
Winter inkrustirt, daß ihr nicht aus den Augen sehen
könnt. Und doch fühle ich, sie thut so am besten, wie sie
thun will. Auch ist die Philosophie gar sehr natürlich,
wenn man krank ist oder genesen. Aber bin ich nur
einmal wieder in Frankfurt, so will ich sie damit auslachen, daß sie an Tod und Leben ohne Lachen nicht mehr
denken soll; denn genauer genommen, sterben und leben
wir zehntausendmal in einem Leben auf.

(Steig 2, S. 10 f.)

Von nun an kam es nicht nur gelegentlich zu persönlichen
Begegnungen, sondern B. nahm auch Anteil an den Arbeiten der Freunde, sammelte Lieder für *Des Knaben Wunderhorn*, später auch Märchen für die ›Einsiedlerzeitung‹ Arnims (vgl. Anm. 653,19; Kat. S. 225-230), und vertonte
Lieder aus Arnims Werken: »Noch ein Geschenk habe ich
bekommen«, schrieb er im Herbst 1805 an Clemens,

> was mir recht lieb: Bettine hat ein Lied aus dem Ariel
> recht schön musicirt. Es hat Hoffmann ⟨ihren Musikleh-
> rer⟩ sehr erfreut, er hatte ein paar Zeichen und Beglei-
> tung etwas geändert, und als Bettine ihr gewöhnliches
> Fechterstück begangen, sie wolle es zerreißen und weg-
> werfen, ist er ganz wüthend aufgesprungen, hat mit den
> Füßen gestampft und den Kamm geschüttelt und die
> Federn gesträubt. Ich habe sie gebeten, die Melodien zu
> Deinen Liedern auch aufzuschreiben.
> (Steig 2, S. 11 f.)

Clemens »hörte nicht auf, die Rolle des freiwilligen Ver-
mittlers zu spielen« (Steig 2, S. 12 f.); in seinem Brief vom
1. 1. 1806 an Arnim bemerkte er:

> Ich habe heute zum erstenmale Nachricht von Marburg
> erhalten und zwar einen Brief von Bettinen. Er ist klarer
> und ruhiger, als irgend einer ihrer vorhergehenden, aber
> er hat in sich etwas Trauriges, das durch seine Leiden-
> schaftlosigkeit noch trauriger ist. Es ist so was über-
> reifes. Mit den geistvollsten, schönsten, blühendsten
> Reden, mit voller Phantasie, Erfindung, Ordnung und
> Darstellung sagt sie, daß sie zu dichten keinen Muth
> habe, daß sie ruhig sei, aber nicht glücklich, daß sie
> einsam sei, aber nicht gesammelt. Sie hat den Wilhelm
> Meister wieder gelesen, und sagt folgendes: »Als ich ihn
> zum erstenmale las, hatte mein Leben Mignons Tod noch
> nicht erreicht, ich liebte mit ihr, ich nahm mit ihr keinen
> Antheil an dem übrigen Leben des Buchs, sah nur ruhig
> zu, ergriff alles, was die Treue ihrer Liebe anging, nur in
> den Tod konnte ich ihr nicht folgen. Jetzt fühle ich, daß
> ich weit über diesen Tod ins Leben hineingerückt, aber

auch um Vieles unbestimmter bin, schon so früh drückt
mich mein Alter, wenn ich daran gedenke. Das schöne
Erdbeermädchen ist jetzt bei uns, es hat gestern zum
erstenmal in meiner Stube geschlafen und grüßt Dich.
Ich habe angefangen, eine Decke über Arnims Taufge-
dicht zu sticken, mit zwei schönen Kränzen von allerlei
bedeutungsvollem Laub. Seine irdischen Lieder werden
heilige Märtyrer unter meinem Musikstudium; wäre ich
denn nur auch so glücklich, ihre Seligkeit durch das
Nachspiel auszudrücken, allein Seligkeit hat nie eines
Menschen Ohr gehört. Wir leben auf unserm Berg sehr
einsam, selbst Christian, der Tag und Nacht studirt, sehen
wir selten.
(Steig 2, S. 13.)

Mit dem 26. 1. 1806, als Arnim nach Berlin zurückgekehrt
war, setzte der regelmäßige Briefwechsel zwischen ihm und
B. ein; der erste Brief an Clemens vom 26. 1. kommentiert:
Bettinens Worte thun mir weh, es ist ein schmerzliches
Beziehen aller Welt auf sich, wodurch alles gesunde Weltleben zerrissen wird, wenigstens die schöne Decke verliert, worin es nackt und warm schlummert. Es liegt eine
Ergebung in dieser Gewalt, Du würdest es vielleicht
Frömmigkeit nennen, doch ist es die nicht, es ist auch
kein Übel, nur ein Unglück. Wie ist es Euch allen ergangen? Ihr habt das meiste einer durch den andern früher
verachten als kennen gelernt, bis Euch in dem meisten
nur noch das lieb war, was Ihr darüber gedacht, was
Euch davon absonderte und losriß, das Sonderbare, was
auch in Eurem Hause genial und fantastisch genannt
wird. Keine Deiner lieben Leute ist noch so fähig, sich
von dem sonderbaren Grübeln loszureißen, als Bettine.
Schreibe ihr, und weil Du den Umgang vieler scheust
und sie ihn entbehrt, schreib ihr von Deinen Büchern, die
Dir lieb, daß sie nur einen sieht und kennt, der mit
Herzlichkeit etwas ergreift, ohne daraus die Welt wissenschaftlich zu construiren. Zeige ihr die menschlichen
Dinge recht nahe und treu; zeig ihr, wie viel herrlicher es

ist, ein Lied aus c-Dur ganz und vollendet spielen zu
können, als systematisch alle Lieder auf c-Dur zu bestimmen; ein Lied rein und klar aufzuschreiben, als zehne in
den Wind zu componiren; daß es gar nicht darauf an-
kömmt, Homers ganze Weltgeographie zu übersehen,
wenn uns das Bild des alten Iliums, das Lager, die Flüsse
rings nicht gegenwärtig – Du wirst sie leicht von dem
großen Scheine des Talents zu dem in ihr liegenden
genügsamen und feurigen Brennpunkte zurückbringen.
Nur weil ihr die Dinge so fern stehen, wird sie von allen
in ihren Beschäftigungen gestört, hält weibliche Arbeiten gewöhnlicher Art für sich zu gering und traut sich
keine Kraft zu in ernsteren Bemühungen. Nur diese
Ferne raubt ihr die Anhänglichkeit an andre und jene
Zutraulichkeit, worauf die Künste und die Menschen
ihre Häuser bauen. Es ist eine Leidenschaft im Menschen, ich weiß nicht wie sie heißen mag, aber es ist eine
Art stiller Erhebung, die nur lauert, wo etwas zu ergreifen und auszubeuten ist; ohne diese verliert sich auch die
schönste Leidenschaftlichkeit in Mißton und Ueberdruß,
und der vergnügteste Augenblick macht sich in doppelter Langeweile doppelt bezahlt. So weiß ich, Bettine ist
mir freundlich gesinnt, sie hält etwas auf mich, und doch
wäre es ganz zweifelhaft, wenn ich ihr dies oder Aehnli-
ches schriebe, wie sie es aufnähme. Wäre Christian dabei,
sie fände es lächerlich, sentimental; wenn sie allein, vielleicht zu hart. In jedem Fall würde sie, statt den Eindruck
zu empfangen, ihn messen; sie würde sagen, was sie dabei
gedacht und wie ich darauf gekommen.
(Steig 2, S. 13 f.)

Die weitere Geschichte ihres Verhältnisses bis zur Eheschließung 1811 erzählt Reinhold Steig in seiner Briefpublikation; den Ehebriefwechsel hat Werner Vordtriede veröffentlicht (A/B).

Abgesehen von Clemens, Arnim und der Günderrode fand
B. wenig Verständnis im Kreis der Familie; selbst bei die-

sen, wie auch bei Savigny, überwog gelegentlich die kritische Reserve gegen ihr Wesen das Wohlwollen und die
Zustimmung. So schreibt Savigny am 31. 1. 1807:

> ⟨Mancher⟩ könnte glauben, Du hättest ehemals bewegt,
> gehoben, interessirt geschrieben, jezt gleichgültiger und
> unbedeutender: ich denke anders. Wie nicht alles Gold
> ist was glänzt, so ist nicht alles wahrhaft lebendig was
> sich bewegt. In einem verwirrten Gemüth kann nur
> krankes Leben seyn und hier ist der S⟨i⟩tz der Lüge in
> tausend Gestalten, auch bey großer Güte und starkem
> Gefühl: nur in klarer Einfalt und Ruhe kann die Empfin-
> dung tief und treu und wahr seyn, und da allein ist das
> wahre Leben. Was immer lieb und herrlich an Dir war, ist
> Dein liebes treues Herz mit dem schönen Ernst der
> Empfindung: das kann sich nicht ändern bey aller Ände-
> rung Deines Wesens, es kann nur einfacher und deut-
> licher werden sich selbst und Anderen.
> (Härtl, S. 110.)

Und noch am 31. 1. 1807 mahnt er:

> Deine Melancholie über Frankfurt kann ich begreifen
> und muß ich beklagen. Dein Blick ist wie billig nach
> dem Himmel gerichtet, aber Dir fehlt das Talent, Dir
> kleine Stuben- und Taschenhimmel zu erbauen. Das
> größere, allgemeinere Talent, das jenem zum Grunde
> liegt, ist die stille, ruhige, innig zufriedene Selbstbe-
> schränkung, für deren Urbild das Mädchen in Göthes
> Hans Sachs gelten mag. Du würdest freylich eine närri-
> sche Figur unter dem Apfelbaum machen, aber Du sez-
> test Dich doch darunter, wenn gewisse Leute den Sachs
> spielen wollten. Was mir am deutlichsten ist, ist daß es
> Dir viel wohler seyn würde, wenn Du nur auf dem
> Lande lebtest.
> (Härtl, S. 117.)

In seinen Lebenserinnerungen berichtet der Frankfurter
Johann Konrad Friederich:

> Sie ⟨B.⟩ besuchte uns öfter, und meine Mutter sagte
> endlich doch: »Ich weiß nicht, was die Leute wollen, das

Mädchen ist so übel nicht.« »Was nicht so übel?«, fiel ihr mein Vater ins Wort, »das Mädchen ist ein Engel, wenn auch etwas dämonisch.«

(Friederich, Bd. 4, S. 47; vgl. Bd. 1, S. 162.)

Wie sie indessen manchen Außenstehenden erscheinen mochte, geht aus dem Zeugnis der Charlotte von Kalb hervor:

Sie könnte ebenso anmuthig mit ihrem schönen Kopfe sein, als sie meist unerträglich ist ⟨...⟩.

(28. 9. 1802; *Charlotte von Schiller und ihre Freunde*, hg. v. Ludwig Urlichs, Bd. 2, Stuttgart 1860, S. 229.)

Abschätziger noch urteilte der reisende Engländer Henry Crabb Robinson:

Als ich das erste Mal nach Frankfurt kam, war sie ein kurzes, untersetztes, wildes Mädchen, die jüngste und am wenigsten angenehme Enkelin der Frau v. Laroche. Sie wurde stets als ein grillenhaftes, unbehandelbares Geschöpf angesehen. Ich erinnere mich, daß sie auf Aepfelbäumen herumkletterte und eine gewaltige Schwätzerin war; desgleichen auch, daß sie in überschwänglichen Ausdrücken ihre Bewunderung der Mignon in »Wilhelm Meister« aussprach. Indem sie ihre Hände gegen ihre Brust drückte, sagte sie: »So liege ich immer zu Bett, um Mignon nachzuahmen.«

(Robinson, S. 287 f.)

Doch auch die Schwägerin Antonia klagt über B., »die sich wohl der strengen Zucht ihres älteren Stiefbruders Franz nicht beugen will«; von Clemens fordert sie:

Sorge auch das sie mit Fleiss und Ernst ihre englischen, Zeichen, und Singstunden nimmt, sie treibt oft so närrische Streiche während der Stunde das die Meister *die meistens gemeine Menschen sind*, es wieder weiter erzählen und sie lächerlich machen.

(Um 1803/04; Henrici 148, Nr. 146.)

Franz hatte schon am 10. 2. 1802, ebenfalls an Clemens, geschrieben:

Bettine kann gut werden, wenn sie einfach und natürlich

bleibt und nicht eigene Länder entdecken will, wo keine
weibliche Glückseligkeit zu entdecken ist . . . sobald's
sein kann, nimmt sie Toni zu sich und teilt ihre Zeit in
Besorgung des Hauswesens und weibliche Arbeit, dieses
ist einziger Balsam für Bettine.
(AM, S. 17.)
Und am 4. 6. 1803:
Bettine ist ein herzensgutes Mädchen, aber étourdi und
leichtfertig bis ins Unbegreifliche, sie hasset so ganz alles,
was nur eine entfernte Ähnlichkeit mit sittlichem Zwang
hat.
(Ebd.)
Franz, der zweitälteste Sohn Peter Anton Brentanos, hatte
1785 die Leitung der Firma übernommen; nach des Vaters
Tod führte er sie gemeinsam mit Georg, dem ältesten Bruder B.s, fort. Ebenso folgte er dem Vater im Amt als
trierischer Geheimer Rat und Resident; »im öffentlichen
Leben seiner Vaterstadt hat Franz eine bedeutende Stellung
eingenommen« (Brentano, Schattenzug, S. 95). Die Geschwister erkannten seine Autorität an; doch trotz mancher
ehrfürchtigen Zeugnisse, gerade auch von Clemens und B.,
schmerzte es Clemens, die Schwester im Frankfurter Familienkreis geradezu »gefangen und nach und nach zerdrückt
zu sehen« (an Sophie Mereau, 4. 9. 1803; Amelung, S. 158),
und er warf den beiden lebenstüchtigen Brüdern gelegentlich gerne vor, sie seien »miserable Menschen« (an Savigny,
7. 8. 1811; UL, S. 449), während Christian sie sogar »Un-
menschen« mit »geldklangtauben Ohren« schalt (an Savigny, 11. 8. 1811; Härtl, S. 108; vgl. Robert Minder, *Geist
und Macht oder Einiges über die Familie Brentano*, Mainz 1972,
sowie – zuverlässiger – Hartwig Schultz, in: Frankfurt,
S. 243-257). Die »Liebhaberei« Franz Brentanos »war die
Kunst« (Werner, Maxe, S. 26), und seine Kennerschaft war
anerkannt; zum Freundeskreis seiner Gattin Antonia, der
Tochter des österreichischen Staatsmannes und passionier-
ten Kunstsammlers Johann Melchior von Birkenstock,
zählten Beethoven und Goethe.

Die weiteren Söhne aus Peter Anton Brentanos erster
Ehe, Anton, der älteste, der »geistig auf der Stufe eines
Kindes stehengeblieben« war (Brentano, Schattenzug,
S. 113), der jung verstorbene Peter und Dominicus, wegen
seines juristischen Studienabschlusses »der Doktor« genannt, teilten das Leben im ›Goldenen Kopf‹; vorzüglich
die ersten beiden standen B. nahe. »Georg war unter allen
Geschwistern, rein äußerlich betrachtet, der größte Le-
benskünstler; ⟨. . .⟩ seine hohen Einkünfte als Mitinhaber
der Handelsgesellschaft gestatteten ihm eine Lebensführung, die selbst in seiner reichen Vaterstadt nur wenigen
möglich war.« (Ebd., S. 111.) Sein Wesen hat Herman
Grimm, B.s Schwiegersohn, einmal geschildert als »liebenswürdig, der Geselligkeit bedürftig, gastfrei, freundlich
und von unerschöpflicher Frische, unstet aber in seinen
Gedanken, da er als reicher Mann sich alles gewähren
durfte.« (*Bettina's letzter Besuch bei Goethe*, in: H. G., *Beiträge
zur deutschen Culturgeschichte*, Berlin 1897, S. 146.)

Die jüngere Schwester Meline und die ältere Ludovica
(Lulu) teilten mit B. für einige Jahre den Aufenthalt bei der
Großmutter. Als Lulus Hochzeit mit Karl Jordis, der bald
als Hofbankier König Jérômes nach Kassel berufen wurde,
angekündigt war, schrieb B. an Savigny:

Der Lulster [Lulu] heuratet in 8 Tagen [22. 7. 05], und der
Budin ⟨Spitzname B.s⟩, wird in der ganzen Stadt ausgelacht, weil er sitzen zu bleiben scheint. Dem Lulster sein
Bräutigam ⟨. . .⟩ ist gut, aber dumm, das heißt gemein.
Der Lulster merkt es aber nicht, er ist vor lauter Liebelei
krank, liegt im Bette und hat Nervenzucken. Der Bräutigam sitzt bei ihr und wird manchmal über ihre zwar unbedeutende Krämpfe blaß und rot. Der Lulster läßt die
Gundel grüßen, er hat schon einen Brief an Dich angefangen, liebe Gundel, kann ihn aber wegen bevorstehender
Mariage nicht zu Ende bringen. Er hat sich ganz prächtig
ausstaffiert. Der Budin verharrt aber immer noch treu in
seinen treuen Lumpen, Euer Freund und Gönner

Budin

Ich glaube, der Franz läßt sich nie bewegen, wenn ich nicht heirate, mir meine Hemden zu renovieren; dies nur nebenbei bemerkt.

(AM, S. 37.)

Auch fehlte es nicht an offenen Klagen über das Unverständnis und die Enge ihrer Umgebung:

Daß ich traurig bin, kannst Du Dir wohl leicht erklären. So viel Lebenskraft und Mut zu haben und keine Mittel, ihn anzuwenden! Wie mag es einem großen Krieger zu Mut sein, dem das Herz glühet zu großen Unternehmungen und Taten, und der in der Gefangenschaft ist, mit Ketten beladen, an keine Rettung denken darf. Mir überwältigt diese immerwährende rastlose Begier nach Wirken oft die Seele und bin doch nur ein einfältig Mädchen, deren Bestimmung ganz anders ist. Wenn ich so denke, daß gestern ein Tag war, wie heute einer ist und morgen einer sein wird und wie schon viele waren und noch viele sein werden, so wird es mir oft ganz dunkel vor den Sinnen und ich kann mir selbst kaum denken, wie unglücklich mich das machen wird, nie in ein Verhältnis zu kommen, worinnen ich meiner Kraft gemäß wirken kann. Wenn die gute Gundel als traurig über mich ward, ohne sagen zu können, warum, so dachte ich wohl, ach, das ist ein Gefühl von deiner Nichtigkeit im Leben; wer dich kennt und dich lieb hat, dem muß es auf das Herz fallen, wie du nur als Erscheinung im Leben stehest und auch so endigen wirst. ⟨. . .⟩ Wenn mich andere Menschen lieb hatten, so war es Bedürfnis oder Eigennutz und einer solchen Liebe kann keine Ewigkeit zu Teil werden, meine Liebe war nie so, darum dauert sie auch, an sie allein werde ich mich halten können und an sie allein weise ich alles, was Ansprüche im Leben an mich macht.

Ich habe Dir hier deutlich geschrieben, warum ich traurig bin, ganz ohne Überspannung und ohne Verwirrtheit, ich glaube und will nicht, daß Du besonders darauf achten sollst; es mag andern wohl vielleicht auf eine

andere Art so gehen, ich schrieb es Dir auch nur, weil
Deiner Freundschaft und Liebe ein ernstes und treues
Vertrauen entgegengesetzt muß werden, um ihrer wert
zu bleiben.

(An Savigny, Oktober 1804; AM, S. 23 f.)

1806, »bald einundzwanzig, ⟨. . .⟩ gehörte sie noch immer
nirgendwohin, galt nichts, hatte nichts zu bestellen, litt
unter ihren reichen Fähigkeiten und verkrampfte sich, gab
sich kindischer als sie war« (Drewitz, S. 37). Als Halt
empfand B. lediglich die Freundschaft mit der Günderrode,
die ihr sei, »was die Krücke einem Lahmen ist ⟨. . .⟩«. »Ich
habe sie engagiert«, so teilt sie Savigny Anfang April 1805
mit, »diesen Sommer mit mir eine kleine Fußreise nach
Persien zu machen; wir haben schon einen ganz ausführlichen Plan und sehr bequeme Reisekleider dazu ersonnen,
bei welchen Anstalten es denn auch wohl bleiben wird. Was
sagst Du dazu?« (AM, S. 31 f.).

Um so härter traf B. der Bruch mit der Freundin; sie
suchte daraufhin, wie sie Savigny bald nach dem 8. 7. 1806
schreibt, den Umgang mit der Rätin Goethe (vgl. S. 867 f.).
Ähnlich berichtet auch Meline am 10. 7. 1806 an Savigny
von dem ersten Besuch bei der Frau Rat zwei Tage zuvor:
»Ich habe vergessen, Dir zu schreiben, daß ich am Dienstag
mit der Bettine bei Frau Rat Goethe war. Wir sind auf
unsere Faust hingegangen und werden, da sie uns gut
aufnahm, die Besuche erneuern.« (AM, S. 44.)

Clemens Brentano

Clemens Maria Wenzeslaus Brentano wurde als drittes Kind
des Peter Anton Brentano und dessen zweiter Frau Maximiliane Euphrosine von La Roche am 9. 9. 1778 in Ehren-
breitstein, dem Wohnsitz der Großeltern, geboren und am
selben Tag unter der Patenschaft des Kurfürsten von Trier,
nach dem er seine Namen erhielt, getauft. Seit dem September 1784 wuchs er gemeinsam mit seiner älteren Schwester

Sophie in Koblenz bei seiner Tante mütterlicherseits, Luise von Möhn, auf. Über die Hochzeit dieser jüngeren Tochter Sophie von La Roches mit Joseph Christian von Möhn berichtete Frau Rat Goethe am 30. 4. 1779 an die Herzogin Anna Amalia von Weimar: »Heut ist die La Roche mit der armen Braut und dem Noblen Herrn Hochzeiter wieder nach Coblentz, das Unthier heißt Möhn und ist würcklicher Hofrat vom Curfürsten von Trier. ⟨. . .⟩ Ich habe närische Heuraten genung erlebt, aber warlich was zu viel ist, ist zu viel.« (*Die Briefe der Frau Rath Goethe,* hg. v. Albert Köster, Bd. 1, Leipzig 1923, S. 55 f.) Wegen seiner Trunk- und Verschwendungssucht mußte Möhn 1789 aus seiner Stellung am Revisionsgericht entlassen werden und stand seither unter Vormundschaft (vgl. E. Caspary, *Christian Joseph Möhn und seine Ehe mit Luise von La Roche,* in: Genealogisches Jahrbuch 19 [1979], S. 527-590).

Die Jugend im Hause Möhn, mit einem knappen Jahr Unterbrechung bis 1790, brachte Clemens »Jahre kindlichen Leids, welche die zwei Geschwister eng miteinander verbanden« (UL, S. 21). Das enge Verhältnis zu Sophie währte bis zu deren Tod im September 1800; geschwisterlicher Spott und »Neckerei« nimmt in den Briefen einen großen Raum ein, während Sophies sonstige Lebenszeugnisse zeigen, wie sehr sie in der geistigen Welt der Empfindsamkeit beheimatet war. »Der brüderliche Liebesbund des Clemens mit Sophie ist das Urbild, das nach Sophies Verlust in der Geschwisterfreundschaft mit Bettinen sein Abbild fand« (UL, S. 13; vgl. Amelung, S. 103); die »Empfindsamkeit« und ihre Überwindung stehen, wie auch sein Briefwechsel mit dem Freund Remigius Sauerländer belegt, im Zentrum der »poesiegeleiteten Existenz« Clemens Brentanos (Wolfgang Frühwald, in: Brentano, Bd. 1, S. 792) in diesen Jahren.

Nach gescheiterten Versuchen, sich in den Geschäftsgang eines Handlungshauses zu finden, und mannigfachen Konflikten mit dem Vater deswegen, immatrikulierte sich Clemens im Mai 1797 als Student der Kameralwissenschaf-

ten in Halle, ließ sich jedoch schon im Sommer 1798 in Jena
nieder, um sein Studium – nun im Fache Medizin – fortzusetzen. Zu seinem engeren Freundeskreis in der geselligen
Verbindung ›Die Rose‹ gehörten dort Ludwig von Wrangel, Johann Wilhelm Ritter, Friedrich Majer, Heinrich Steffens und August Klingemann, seit dem Mai 1799 auch
August Stephan Winkelmann, der unter den Freunden als
vielversprechendes Universalgenie galt; vor allem aber
lernte er schon in diesem Sommer die »vortreffliche Dichterin Professor Mereau« (UL, S. 103), Sophie, die Gattin
des Universitätsbibliothekars und Professors der Rechte
Friedrich Ernst Karl Mereau, vermutlich im Salon der
Caroline Schlegel kennen. Brentano machte der umschwärmten jungen Frau, die ihre unglückliche Ehe über
anderen Liebesverhältnissen zu vergessen suchte (vgl.
Hang), den Hof, besuchte sie häufig, nahm an ihren dichterischen Bestrebungen teil und las ihr aus seinem eben ent-
stehenden Roman *Godwi* vor. In dem spannungsreichen
Verhältnis kam es im August 1800 nach einer leidenschaftlichen Affäre mit Minna Reichenbach, einer jungen Verwandten der Mereau in Altenburg, zum völligen Bruch,
den Brentano wohl mit Recht auch Intrigen Friedrich
Schlegels anlastete. Obgleich er zu den regelmäßigen Gästen im »Romantiker-Haus« am Löbder-Graben 10 zählte,
wo die Brüder Schlegel mit August Wilhelms Gattin Caroline und der Gefährtin Friedrichs, Dorothea Veit, gemeinsam residierten und wo Ludwig Tieck, Novalis, Fichte und
Schelling häufig an dieser Lebensgemeinschaft teilnahmen,
war er nicht in die eigentliche »Kirche« aufgenommen.
Seine ersten dichterischen Werke wurden vielmehr in den
Zeitschriften und Almanachen Klingemanns oder Sophie
Mereaus veröffentlicht, nicht in den programmatischen
Organen der »romantischen Schule«; er galt dort als über-
spannter Nachahmer, und sein Roman *Godwi* forderte jenes
beleidigende Distichon heraus, das Friedrich Schlegel im
Freundeskreis zur Unterschrift kursieren ließ; auch Ritter
soll unterschrieben haben:

Hundert Prügel vorn A – die wären Dir redlich zu gönnen, Fr. Schl. bezeugts, andre Vortrefliche auch.
(FBA 16, S. 606.)

In seinem dichterischen Wollen gekränkt und in seinen Lebensplänen empfindlich gestört, verließ Clemens Jena im August 1800 und kehrte nach einem kurzen Aufenthalt bei Savigny auf Trages nach Frankfurt zurück. »Ich habe in die Fremde gehen sollen,« schrieb er am 18. 8. an Sophie in Osmannstedt, »wo bin ich fremder als hier?« (UL, S. 150.)

Als Clemens im Oktober 1797 von Halle in die Semesterferien nach Frankfurt heimgekehrt war, hatte er B. nach langer Trennung wiedergesehen. Nun, nach der endgültigen Rückkehr von Jena, berichtet Sophie von La Roche am 25. 8. 1800 an ihre Enkelin Sophie in Osmannstedt:

Je suis charmée de savoir Clément à Francfort tandis que vous êtes à Osmannstaedt. Son ouvrage ⟨ *Gustav Wasa*, im Juli 1800 erschienen⟩ roule la ville . . . ce premier pas publique d'un jeune homme m'a donné un frisson, mais – – Clemens doit toujours bénir aux genoux la mémoire de son père qui soignait si fidèlement la fortune, car il m'est sensible qu'il ne prend pas le bon chemin pour en acquérir. Je ne l'ai vu qu'un instant avant-hier ⟨. . .⟩ Il s'est enfermé avec Bettine qu'il imbibe de ses principes, je l'avoue, à mon grand chacrin.
(UL, S. 150 f.)

Ihre Skepsis, die der Haltung der Familie insgesamt gegen Clemens und sein Bündnis mit B. entsprach, gab die Großmutter nicht auf; am 19. 6. 1801 befragte sie Clemens selbst:

Nun komme ich aber mit einer Bitte – deiner Großmutter zu sagen – ob Du wirklich deinen Schwestern Bettina und Luise ⟨Lulu⟩ – aus Philosophischen gründen die Gleichgültigkeit gegen Ordnung, Fleiss u. Anständiges Betragen gegeben hast – hältst Du wirklich dafür, dass Sanftmut, gute und feine Sitten bey einer aufblühenden Person – einen Mangel des Verstandes zeigt und dass die Bande der Verwandschaft nichts sind – wenn wirklich alle Bücher, welche ich mit deinen Schwestern laas – und

die Vorstellung, dass kleine Frauentzimmer sich in ihrem
gang u. Betzeugungen den Gratzien nähern sollen – weil
diese auch klein waren, war dieses verwerflich? Hinderte
es den Gang des Genies. Madame Mereau wurde durch
ihren liebenswürdigen Anstand nicht gehindert, schöne
Gedichte zu machen und Kenntnisse zu sammeln – hinderte es deine liebenswürdige Mutter? – Im Gegentheil es
zog ihr bey dem ersten Blick Achtung und Aufmerksamkeit zu . . . Verzeih meinem Alter – diese Ideen – und
nimm die Versicherung an, dass ich Dich mit keinen
Wünschen mehr plagen u. nur noch bitte Deinen Einfluss auf den Geist Deiner Schwestern zu ihrem besten zu
gebrauchen . . .
(Henrici 149, S. 142.)

Schon bald nach jenem Besuch in Offenbach wurde Clemens der Schwierigkeiten, die sich seiner neuen Suche nach
einem »Mittler zwischen ihm und der Welt« entgegenstell-
ten, gewahr: »Jenen Brief an meine Bettine hat man mit den
Worten unterschlagen, ich hätte vermutlich dummes Zeug
geschrieben: das Mädchen war hier und hat mit mir drum
geweint.« (An Savigny, Wende September/Oktober 1800;
UL, S. 153; einer jener frühen Briefe, vielleicht der erwähnte, wird in den Briefbänden der FBA mitgeteilt.)

Clemens scheint diese Schwester »von Anfang an als
Ur- und Vorbild kindlichen Dichter- und Schöpfertums
überhaupt« betrachtet zu haben (Schaub, S. 46). So trug
er sie, in dem bereits zitierten Brief an Savigny, als kost-
bares Geschenk dem Freunde an: »Lernen Sie sie kennen,
Sie werden sie lieben. ⟨. . .⟩ Savigny, schlagen Sie ihr
Glück nicht aus den Augen, ich bitte Sie. Es ist ein Mädchen von Gott gesandt, schützen Sie die heilige Pflanze.«
(UL, S. 153; vgl. S. 768.) Die Schwester Gunda, der Clemens bis zu ihrer Heirat mit Savigny ebenfalls nahestehen
wollte, erhielt im Januar 1801 den Auftrag, künftige Briefe
zu besorgen:

Ich habe eine ernste Bitte an Dich und frage hierin um
Wahrheit Deine Seele. Willst Du meine Briefe an Betti-

nen treu und redlich besorgen, und die ihrigen an mich? – Du hast einen unheiligen Begriff von mir, Du kennst mich nur in der Erregung, entweder durch die Gemeinheit meiner Brüder herabgerissen, gemein und boshaft durch den Druck und bisarr aus beschränkter Gewalt, oder Du kennst mich gespannt und gereizt durch Dich und Dein unglückliches Schwanken. Dies könnte Dir Veranlassung zu einer mißverstandenen Furcht geben, als wäre mein Umgang mit Bettinen dieser schädlich, und Du könntest durch eine mißverstandene Güte meine Briefe unterschlagen; dies wäre für mich fürchterlich niederdrückend und jetzt das Traurigste, was mir ein Mensch tun könnte, da meine einzige Freude jetzt in solchen zarten, leicht zu störenden Verhältnissen der Liebe besteht. Sei versichert, daß ich der Bettine so einfach, so ohne Schwärmerei schreibe als irgend jeman-den, daß ich in dem Briefwechsel nichts genieße als das Vergnügen, meine Umgebung ganz zart auszusprechen, und ihr das Glück zu verschaffen, ihre reine, mir vom Himmel so glücklich zum Trost verliehene Anhänglich-keit aus der Ferne gegeben und empfangen zu erhalten und zu sehen, wie sie sich ausdrücken lernte; denn auf ihrer fortdauernden Liebe beruht mir eine sehr schöne, ja fast die einzige äußerlich freudige Aussicht meiner einfa-chen Zukunft. Sei versichert, daß ich fest durchdrungen bin von der Wahrheit, daß der Mensch nur sich selbst bilden kann, daß ich es an mir zu schmerzlich erfahre, wie das Wirken fremdartiger Wesen auf zarte und fähige Seelen ihrem innern schönern Fortschreiten schadet, als daß ich sie in ihrer ruhigen Entwicklung, die durch äußern Druck leider schon zu schnell geht, reizen wollte. Ich will nichts als durch ihre Briefe ihr ein Mittel ver-schaffen, ihre Freuden und kleinen Leiden vor jemand, den sie liebt, zu ergießen und sie dadurch vor dem gro-ßen Uebel bewahren, alles in sich zu verschließen, daß es immer zur Bitterkeit wird, wozu sie schon Anlage hat. Du wirst selbst empfinden, wie unedel die Zerstörung

einer solchen Freundschaft wäre. Und doch könntest Du nicht wollen, Du könntest begehren, daß ich Dir die Briefe offen schickte; welche Demütigung für sie, wenn sie es erführe! Wolltest Du es nicht als unter der Bedingung, daß meine Briefe offen seien, so willige ich ein, doch wäre Dein Mißtrauen mir schmerzlich. Ihre Briefe würdest Du doch nicht offen erhalten. Ich bitte Dich herzlich, mir gleich zu schreiben, aber wahr, ob und wie Du willst. Die Hauptsache bleibt immer, daß weder die Brüder noch Offenbach es weiß. Wenn Du begreifen kannst, wie viel mir an solcher Liebe einer unschuldigen hoffnungsvollen Schwester liegt, die ich nie, leider nie genossen habe, was mir manche Waisenträne gekostet hat, so würdest Du wahr schreiben, ob Du willst oder nicht; nur das Mittel von beiden, die Untreue, wäre mir so traurig, daß ich es Dir nie verzeihen könnte. Wenn Du nicht willst, so tut das nichts, ich habe schon einen andern Weg, aber der offenste ist mir in so reinen Dingen stets der liebste. Antworte mir gleich, ich verspreche Dir immer auch zu schreiben und dann schreibe ich Dir gewiß freundlich.
(UL, S. 170 f.)

Zwar erklärte sich Gunda zu dieser Vermittlerrolle bereit, wollte aber B. bitten, von sich aus dem Familienoberhaupt Franz die künftigen Briefe zu zeigen. Die Beziehung verlief ohnedies nicht stetig; schon Anfang März drängte Clemens in einem Billett an Gunda aus Marburg:

Du schreibst nicht und Bettine nicht? Was ist das, hast Du meinen Brief an sie verloren?
Ich bitte Dich, sage ihr, sie soll mir aufrichtig schreiben, was in der letzten Zeit mit ihr und Frau von Kalb vorgegangen? Denn die Großmutter klagt mir, diese habe ihr Bettinens Herz entzogen. Alles das will ich wissen. Bettine soll mir ausführlich schreiben.
(UL, S. 174.)

Charlotte von Kalb, Schillers ehemalige Freundin und Hölderlins Gönnerin, hatte sich eine Zeit lang in Offenbach aufgehalten (vgl. S. 766); noch 1840 gehörte sie, laut dem Zeugnis ihres Tagebuches, zu B.s Freundeskreis (vgl. Robinson, S. 434).

Trotz gelegentlicher Verstimmungen schloß sich Clemens während des Jahres 1801 eng an die ältere der Schwestern, Gunda, an, während B. ihm weniger als Vertraute, denn als Ideal diente; dies bezeugt auch seine Widmung des zweiten Teils von *Godwi* an sie:

> Du sollst dies Buch nicht lesen, denn ich liebe dich, und was ich in dir liebe, ist dieses Buch *Unwerth*, und der Werth des Lebens, die Poesie – daß ich hier zu dir spreche, ist meines Herzens innrer Drang, du hast mich gefangen, und bist mir die höchste Lehre. O ich möchte dichten, wie du da stehst, wie du wandelst und blickst, ich möchte denken, wie du gedacht bist, und bilden, wie du geschaffen bist.
> (FBA 16, S. 264.)

Der Pfarrer Schwarz, der zu den engeren Freunden von Savigny und auch von Clemens zählte, »wünschte« freilich, daß diese »geistvolle, genialische Zueignung ⟨. . .⟩ so wie sie da ist, nicht *da* stünde, wo sie steht«.

> Das Herrliche darin wird da am wenigsten verstanden. Und warum sagen Sie diese Gedanken gerade einem Mädchen, dessen Zartheit und Tiefe durch so was gar nicht berührt werden darf, was manchen Philosophen erschüttern soll u. muß u. wird. Überhaupt habe ich vor diesem zarten Wesen, ihrer Schwester Bettina, viel Respect; ich meyne immer das Philosophiren u. gerade *dieses* Reflectiren verletzte eine solche weibliche Blume.
> (An Clemens, 25. 4. 1801; FBA 16, S. 706.)

B. selbst tritt, in ihrem Weihnachtsbrief von 1802, hinter die Clemens näher angehenden Verhältnisse willentlich zurück:

> Lieber Clemenz!
> Du wirst wohl mein Paketchen ⟨. . .⟩ erhalten haben; ich schreibe jetzt einen großen Brief an Dich. Wie steht es mit dem Porträt? Ich freue mich darauf. Savigny hat mir

geschrieben, aber nur ein klein Briefchen in einem großen an Gunda eingeschlossen. Savignys und Gundas
Briefe jagen sich, so eifrig treiben sie ihre Correspon-
dance. Ich schicke mehrenteils nur einen Gruß; denn da
ich so wenig an Dich schreibe, mag ich noch viel weniger
an andere schreiben. Die Wahrheit zu gestehen, so war
ich bisher ein wenig mißmutig über meinen Aufenthalt
in Frankfurt, und wenn ich an den Sommer denke, so tut
es mir noch leid. Adieu, lieber Clemenz, Du hast mich
doch noch lieb? Ich bin recht eifrig im Singen, um Dir
Freude damit zu machen. Du wirst wohl ein Briefchen
hierher bekommen, das Dir lieber ist als das meinige.
Meinen großen Brief könnte ich wohl auch mitschicken,
aber ich fürchte, er würde heute zurückgesetzt werden,
oder Du würdest ihn zum wenigsten nicht so recht begreifen wollen. Daher verspare ich ihn bis auf eine Zeit,
wo [Du] gelassener bist. Arnims Brief [Liedbeilage 18. 11.:
»Meinen verehrungswürdigen Freundinnen Gunda und
Bettine«] hat mir wohlgefallen und auch nicht; ich
wollte, er schrieb *mir* nichts oder auch gar nicht.

Bettine

(AM, S. 17 f.; vgl. oben S. 791.)

Über den Fortgang seines Schaffens, die Entstehung des
Ponce de Leon (bis September 1801) und auch der »kleine⟨n⟩
Oper« (Steig 1, S. 59) *Die lustigen Musikanten* während des
Winters 1802 in Düsseldorf, waren beide Schwestern den-
noch stets wohl unterrichtet (vgl. die bei Henrici 149, S. 53,
mitgeteilten Briefauszüge Gundas).

Clemens' Versuche, seine Bewunderung für B. mit deren
Belehrung und Bildung zu vereinigen, spiegeln sich in
einem Brief aus Frankfurt an Savigny vom 8. 9. 1801 (vgl.
S. 769-773) und einem im Herbst oder Winter darauf – vielleicht wieder aus Jena – geschriebenen Brief an B.:

Meine liebe Bettine!
Sieh, ich habe Dich so lieb wie mein eigen Leben, ja wohl
noch lieber, denn ich könnte mein Leben um Dich lassen,
doch warum dies so ist, das weiß *ich*, aber Du wohl nicht

und ich will Dir es erklären, denn ich fühle, daß aus unsrer innigen Verbindung, aus unsrer wahren Freundschaft und gegenseitigen Hochschätzung und Anbetung des Ewigen, Wahren und Göttlichen in uns mancher Verdruß, mancher Vorwurf der äußren Welt und besonders unsrer nächsten Umgebung, unsrer Familie entstehen könnte, und ich will Dir also meine und Deine Liebe, die wir so auffallend für einander tragen, erklären, damit Du ihre Würde, ihre Wahrheit durch die Würde und Wahrheit ihrer Begründung erkennen und ehren mögest, damit Du nicht allein mich lieben mögest, sondern auch eben diese Liebe als ewig, schön und in unsrem Besten begründet liebest.

Du wirst wohl empfinden, liebe Schwester, daß itzt durch die ganze Welt von was ganz anderem die Rede ist als vor dreißig Jahren, denn die meisten Leute, die vor dreißig Jahren mitsprachen, können nun nicht mehr recht antworten und kommen uns mit allem ihrem Wesen kleinlich, langweilig, unnütz gutherzig, ja verderblich gütig und überhaupt etwas abgeschmackt vor; daß dies so ist, ist nicht als sei die heutige Welt töricht, überspannt ect. Denn Du fühlst es ja auch und ich weiß niemand, der Dich töricht, überspannt ect gemacht hätte. Denkst Du nicht mit Deinen eignen Gedanken, fühlst Du nicht mit Deinem Gefühle, kannst Du Dich nicht mehr begreifen, bist Du nicht mächtiger als jeder Gedanke von Dir, da Du ihn bildest und mit ihm machst, was Du willst? also bist Du nicht überspannt, überspannt sein heißt mehr sein als man ist, und das geht nicht gut, denn es ist ein bißchen unmöglich. Man hat Dich nichts gelehrt, alles ist rein in Deinem Herzen durch das heilige Leben erstanden, und was Du deutlich fühlst und begreifst, ist wahr, für Dich wahr.

Die Menschen um uns her sind auf dem höchsten Punkte ihres Lebens stehen geblieben und haben irgend etwas Nützliches und Gutes drauf angefangen, aber dieser Punkt ist nun der höchste nicht mehr, denn das Leben

810   DER LEBENSGESCHICHTLICHE KONTEXT

konnte doch nicht etwa aus Höflichkeit bei ihnen stehen bleiben, sondern ist weitergegangen. Sie sind, insofern sie das Ihrige getan haben und noch tun, achtungswert, und sofern sie das Ewige, die Liebe und die Anbetung alles Schönen in sich erhalten haben, für uns liebenswürdig. Sobald sie aber ihre äußerliche Macht, die sie durch ihr längeres geübteres Dasein errungen haben, benutzen wollen, sei es aus mißverstandener Liebe, aus *Rettenwollen* oder aus Beschränktheit und einem erbärmlichen Glauben der Wahrheit und des Alleinwertes ihrer Begriffe, sobald, sage ich, liebe Bettine, als diese Menschen ihre Macht ausüben, unser Besserwerden oder -sein zernichten wollen, müssen wir alle Macht, allen Glauben an das Unsrige anwenden, um uns zu begründen und fest zu erhalten.

Diese Verteidigung unsers Innern, unsers Heiligsten, aus dem unser ganzes Leben hervorgeht mit allen seinen Freuden, mit allen seinen Fähigkeiten, diese hohe Verteidigung, die allein zum edlen Menschen, zur Ruhe und zum Würken erheben kann, ist umso reiner und heiliger, als sie, wenn wir sie wohl verstehen, unwiderstehlich und sicher siegreich ist. Du hast sie in Dir, jeder Mensch hat sie in sich, aber wenige kennen sie und erliegen in dem Mißbrauch dieser heiligen Waffen. Ich liebe Dich so innig, Du bist mir so ähnlich, ich habe so vieles schmerzhaft erfahren, was auch über Dich kommen würde; laß mich diese Schmerzen nicht umsonst erlitten haben, laß mich sie erlitten haben, um sie Dir zu ersparen.

Wir leiden nie, wir sind ewig glücklich und zufrieden, wir sind allmächtig, groß und unendlich, wir sind über unser Schicksal erhaben, ja wir sind gottähnlich, wenn wir uns nur mit dem Höchsten, Ewigen, Wahren und Schönen verbinden, wenn wir nur lieben, nur uns dem ganz ergeben, was dieses ist; ja der Tod selbst kann uns dann nichts nehmen, denn durch was wir leben, ist größer als der Tod, ist ewig, und so sind wir ewig.

Hier, liebe Bettine, mußt Du nicht irre werden, Du mußt

diese Erhebung unsers Gemüts zum Höchsten wohl auf
die Herabwürdigung, aber nie auf die Verachtung des
Geringern setzen, denn auch das Allergeringste ist irgend einem Menschen das Höchste nach seinen Kräften,
und wir dürfen keinem Menschen das nehmen, wornach
zu streben sein einzig mögliches Vervollkomm[n]en ist,
und zwar dürfen wir ein solches uns Geringeres, ihm
aber Höchstes nicht verachten, weil gerade dieses allgemeine Fortstreben zur Vollkommenheit unser Höchstes
ist, und wir müssen unser Höchstes überall, in allem, was
lebt, wiederfinden und ehren. – Drum muß unser Herz in
stiller Andacht im Leben verweilen, wir müssen uns
jeder reinen Freude im andern ruhig mitfreuen, nicht als
freue uns der Gegenstand seiner Freude, sondern wir
müssen uns seines Frohseins erfreuen. Wenn ein Kind
sich über einen roten Apfel freut, so wirst Du mit froh
werden, nicht über den Apfel, nein über des Kindes
Freude, und jeder Dir untergeordnete Mensch muß Dich
in seinem Bessern, in seinem Unschuldigen rühren, wie
ein Kind dich rührt. Sieh, ich kann mit den Puppen der
Meline froh werden, ich kann mich innig über eure
Komoedien ergötzen, und meine Freude an Deiner Liebe
zu mir und Deiner Neigung zum Schönen, Unschuldigen
und Wahren, ist sie mir gleich das Höchste und auch Dir,
so stehen doch alle unergründete Geheimnisse des Daseins über uns und lächeln vielleicht ebenso gerührt mit
uns beiden und freuen sich still unsrer Freude, wie wir
uns des Kindes und seines Apfels freuen.
Aber du fragst nun wohl: *was ist dies alles*, was ist dies
Höchste, dies Ewige, Wahre? Was ist Schön? Meine
Liebe, es ist überall gleich groß, in gleicher Menge und
Stärke, nur nicht für jeden gleich offenbar, nicht in jedem
gleich deutlich. Eigentlich ist es das ganze Leben, das
ganze Dasein, sowohl die Materie, als der Geist, denn
eines ist ohne das andre für uns ohnmöglich. – Ich will
Dir die Frage, *was das alles sei*, mit einer andern beantwor-
teten Frage beantworten, und dies ist eine Frage, die

wohl oft in Dir, ja sogar noch in mir und in jedem lebhaften lebendigen Menschen vorkömmt, sie heißt: ei warum soll ich das lernen? ohne dies wird mir es auch wohl werden, das langweilt mich ect. und die Frage will ich auf die allgemeine zurückführen: warum lernen wir irgend etwas, *warum bilden wir uns?*

Das was wir Leben, unser Leben nennen, ist nichts anderes als das Gefühl unsrer selbst, die Empfindung, daß wir da sind, daß wir einzeln sind, daß wir eine Person sind, das Gefühl unsrer Personalität, unser *Selbstbewußtsein* – diese Empfindung aber haben wir nur, indem wir auf andere Dinge sehen, die nicht wir selbst sind, die außer uns sind, denn wären wir nicht von andern Dingen getrennt, so wären wir für uns nicht begreiflich, so könntest Du nicht sagen: *Ich bin Ich und alles andre ist nicht Ich.* Dieses Gefühl seiner selbst hat der Mensch allein und hierdurch wird er nicht nur von den Tieren und allen andern Geschöpfen getrennt, sondern über sie erhoben, hierdurch allein hat er Macht über sie, kann sie mit seinem Verstand untersuchen, in ihren geheimsten Gesetzen belauschen, sie innehalten, wo er will, und sie gebrauchen, denn er ist ihnen hierdurch allein überlegen. Die Menschheit ist also überhaupt allein verstehend, sie ist, zusammengefaßt in ein Wort, das Verstehende, die *Intelligenz**. So ist alles, was ihm entgegengesetzt ist, was nicht verstehend ist, sein Werk, denn in ihm liegt allein der Geist, allein die Möglichkeit verstanden zu werden, gewußt zu werden, dazusein, zu erscheinen. Betrachte die ganze Welt als etwas, was vorhanden ist, so ist es doch allein vorhanden, weil ein Geist in ihr wohnt, der mehr tut als da sein, der das Dasein in sich selbst bricht, reflektiert, der das Dasein weiß, denn wäre nichts im ganzen Dasein, was das Dasein wüßte, so wäre nichts da, denn nur das ist da, was sich meldet, was sein Dasein anzeigt, was gewußt wird. Auf diese Weise ist der

---

* dies Wort kömmt von dem Lateinischen, intelligere verstehen.

Mensch der Schöpfer der Welt, das heißt nicht, der Mensch, insofern er einen Leib hat, mit allen seinen Mängeln und Instinkten, sondern insofern der Geist, das Leben in ihm gefangen ist, insofern das, was wir Gott, was wir das Höhere nennen, in ihm allein für ihn erkenntlich ist, weil er der Punkt ist, wo die Welt allein entzündet ist, wo die Welt allein gewußt, allein da ist.

Das ganze Dasein zerfällt also in ein Subject und ein Object. Jenes ist der Teil, welcher versteht, welcher weiß, welcher tut, der Mensch oder vielmehr der Teil der Schöpfung, der durch den Geist entzündet ist, der lebend ist, der Schöpfer ist, dem das Höchste, die Gottheit, innewohnt. Das Object ist alles, was ihm entgegengesetzt ist, sogar sein eigner Körper. Indem nun dies Subject mit irgend einem Object zusammenkömmt, indem ein Verstehendes und ein Unverstandenes zusammentrifft, wird ein Verstandenes daraus, und dieses ist ein Begriff, eine Idee, so ist auch das Selbstbewußtsein ein Zusammentreffen des Geistes und seiner Begrenzung und der höchste Begriff, weil er alles andere erschafft, denn vor ihm ist uns nicht[s] begreiflich, durch ihn en[t]steht uns alles.

Nun wollen wir uns wieder an die Frage erinnern: *Warum bilden wir uns?*

Du fühlst wohl, daß der Mensch nur unglücklich ist, insofern er beschränkt ist, denn jeder Mensch, der leidet, wünschet sich Freiheit vom Leiden, indem ein Leiden nur Beschränkung irgend einer Ausübung unsrer selbst ist. Du findest also, daß Beschränkung unsrer Bestimmung entgegengesetzt ist, daß sie unnatürlich ist, Krankheit ist, denn wir leiden durch sie.

Du fühlest, daß wir uns nur erweitern können, indem wir mehr besitzen und daß wir nur mehr besitzen, indem wir mehr verstehen, und daß wir nur mehr verstehen, indem wir mehr durchdringen, was außer uns ist, indem wir mehr lernen. Außer uns ist sogar unser physisches Dasein, unsre Organisation, unsre Rührungen, wir selbst sind außer uns, insofern wir uns nicht kennen. Also sind

wir uns das erste Objekt, das wir verstehen müssen, um uns über das andere zu unterrichten, um die Beschränkung aufzuheben. – Aber uns selbst kennen lernen, ist sehr schwer ohne die äußere Welt zu verstehen, wir selbst sind unser Werkzeug, und ein Werkzeug können wir nur verstehen, indem wir seinen Stoff ergründen, das ist der einfachste reinste Weg, und der meinige. Der Weg des gemeinen Lebens ist Erfahrung, die Menschen ergründen sich durch ihr Unglück oder ihr Glück, sie kommen am Ende zum Tode und klagen über die Verflossenheit der Jugend, weil sie damals sich nicht selbst aufgerieben hatten, noch gesund waren und kräftig waren, und wissen nun, daß sie nichts mehr taugen, aber haben nie etwas getan.
(UL, S. 243-247.)

Wie Clemens schon zuvor seine Schwester B. am Leben mit ausgezeichneten Freunden, wie Savigny oder Ritter (vgl. Rehm), teilnehmen ließ, so auch an der neuen, engen Freundschaft mit Achim von Arnim (vgl. S. 782). Er führte den Freund im Frankfurter Familienkreis ein; in seinen »Liebeshändeln« (UL, S. 264) mit Benediktchen Korbach, Gritha Hundhausen und Hannchen Kraus während der Wochen nach dem Abschied von Arnim in Koblenz tröstete ihn die Parallelität im Schicksal B.s:

Von Bettine habe ich einen Brief, der mir viel Schmerz verursacht. Es ist nicht gut, daß Sie nicht einmal des Mädchens Freund recht geworden sind, Sie hätten ihr ein Vertrauter werden können, wo es mir das Herz zerreißt; Bettinens Brief enthält ein Gedicht, ein wunderbares ⟨Variante in UL: »tiefes«⟩ schreckliches. Die letzten Zeilen heißen:

O ewiger Frühling, willst du dann entfliehen?
O Hoffnung, schmerzlich Zutraun, eitler Wahnsinn!
Du willst empor zu ewger Sterne Klarheit,
Du willst empor zur Liebe, höchstem Frieden,
Dich reißts empor zum milden Flammensegen,
Bald wirst du ganz in Liebesfeuer brennen.

O könnt ich mich mit aller Macht ergeben,
O könnt ich dich in deinem Flug umfangen
Und so mit dir den Himmel mir erstreben.
Hier knie ich nun in ewigem Verlangen,
Und schau mit starrem unverwandten Auge
Nach meines Herzens lieberrungnen Wunde.
Es quillt das Blut nun ewig aus der Wunde.

Auch sie hat gefunden, was ich in der Mereau fand, in
einem Manne, den ich unendlich liebe, ich harre, daß es
ihr gehe wie mir, und dann sind wir eins. Der gute Arnim
weiß noch nichts davon.
(An Savigny, wohl 1. 7. 1802; UL, S. 266.)

Auch an Arnim berichtete Clemens über dieses Gedicht B.s
und legte dem Freund genauer die Gefühlswirren dieses
Koblenzer Sommers dar:

Erstens: Ariel habe ich gleich Benedictchen Korbach
genannt, sie ist die Geliebte meines herzlichen Freundes
Lassaulx und meine Herzensfreundin. Zweitens: Acht
Tage nach Deiner Abreise bekam ich morgens Bettinens
Brief, daß sie Dich liebe ⟨. . .⟩, im Augenblick als ich auf
einer einsamen Insel der Lahn zwischen hohen Bergen im
dichten Gebüsch einem Mädchen, das Dir durch und
durch im Wesen und Gesicht gleicht, den Namen Arnim
gab, die auch ihre Briefe so an mich unterschreibt. So
liebt Bettine und ich den Arnim! Bettine aber sagt, sie
liebe Dich nicht mehr, weil Gundel so breit und eitel von
Dir zu erzählen weiß; sie habe sich sogar gerühmt, Du
habest sehr raisonnable mit ihr über mich gesprochen.
Ich bin fünf baare Wochen in Koblenz gewesen und habe
unter andern viele seltene alte Bücher und einige Manu-
scripte spottwohlfeil gekauft. ⟨. . .⟩ Ich bitte Dich herzlich, schreibe mir über Bettinen. Wunderbar, ihr poetisches Stammlen an Dich in dem Briefe ist das erste
rhythmische Product von ihr. Selbst das Uebel erblüht in
dem Garten der Bildung zu wunderschönen Blumen.
(Steig 1, S. 40.)

Allerdings endete die Liebe zu Hannchen Kraus noch im gleichen Jahr; bereits von Düsseldorf aus, im Winter 1802/03, bemühte sich Clemens, das Verhältnis zu Sophie Mereau, die inzwischen geschieden worden war, wieder anzuknüpfen, und ließ durch einen Brief seines Bruders Christian die Erlaubnis für einen Neubeginn des Briefwechsels einholen. In der ersten Aprilhälfte 1803 meldete er, noch von Frankfurt aus, an Savigny seine Deutung von Sophiens Brief vom Monatsanfang (Amelung, S. 104 f.):

> Gestern erhielt ich einen Brief von der M[ereau], in dem sie völlig die Segel streicht, sie will nicht mehr »den trugvollen Buchstaben« (o weh!), sie will und muß mich sehn und im nächsten Brief bestimmt sie Ort und Zeit. ich bin NB wie ein Stück Holz so kalt und freue mich sehr auf das Ordinaire der Sache. In mein Unglück renne ich keineswegs, sondern will, was mir taugt, pianissimo. Bettine haßt die Dichterin, ich glaube, ich werde sie nicht wieder lieben können, aber ich will wetten, die Dichterin wird mich lieben. ⟨. . .⟩
>
> Das Schattenspiel hat man mich gezwungen ferner zuzubereiten und mich jetzt ausgelacht und gebeten es zu unterlassen, das ist grob. – Zwischen Bettinen und mir ist eine Vereinigung, eine ruhige, brennende Liebe, deren Wohltätigkeit und Unschuld mir ein glückliches Leben verspricht. Alle Schwärmerei nach außen ist uns wechselsweise untersagt, aber wir arbeiten an einem festen Bunde, uns einander nicht zu überleben; so möge denn Gott den am längsten leben lassen, den er am meisten liebt, damit es ihm leichter werde ihm den Selbstmord zu verzeihen. Mein tägliches Zusammensein mit diesem Engel hat etwas des Meinigen vor meine Augen gebracht, das mir unbekant war, ich habe mich lieber und bin für vieles gut genug. – Ich sehe mit Schmerzen, wie die Gundel schlecht ist, das heißt, durchaus unwahr, schlaff und o weh! unjungfräulich, lassen Sie mich es so nennen, was ich nicht aussprechen will. Ich sage das ohne Zorn, ungereizt, ich täusche mich nicht mehr. –
>
> (UL, S. 299.)

Am 12. 5. reiste Clemens eilends nach Jena ab; schon am
3. 6. meldete er Savigny die endgültige Versöhnung und
wandte sich bereits am 7. 6. erneut mit einer Bitte an den
Freund:

> Teurer lieber Savigny! es gibt etwas Größeres als die
> Liebe, ich fühle es deutlich, es ist der Verein vortreffli-
> cher Menschen in Freiheit, die bewußtlos zum Kunst-
> werke der Geselligkeit werden, ich habe es gefühlt bei
> Bettinens Brief, an den sich Ihre Zeilen schlossen. ⟨Vgl.
> Anm. 247-252⟩ O die Allmacht, die Schönheit, die An-
> mut, die Würde, die Unschuld, der göttliche Ingrimm und
> der possierliche Unwill dieses Brief[es] ach das Kind ist
> ein Engel. Ich habe keine Zeit Ihnen viel zu schreiben,
> weil die Post gleich geht, also bloß einen Auszug jenes
> Briefs. Die Mereau wünscht innig den Sommer auf dem
> Lande zu leben und bat mich, es so einzuleiten bei Ihnen,
> daß es nicht undelikat scheine, wenn sie Sie um die Er-
> laubnis bitte in Trages zu sein; die Nähe von Frankfurt, die
> Möglichkeit Bettinen oft zu sehen, alles das wäre ihr so
> reizend und für mich entscheidend, denn ich will sie nur
> aus Bettinens Händen empfangen. Wenn es dann mög-
> lich ist, lieber Savigny, so laden Sie sie selbst sogleich
> dazu ein und bringen Sie mich meiner Ruhe näher.
> (UL, S. 306.)

Schon in jenem ersten Brief an Savigny vom April hatte
Clemens erklärt: »Bettine wird die Sache entscheiden, ich
fühle deutlich, es kann mir neben ihr kein Weib mehr als
Beischläferin und Haushälterin werden.« (UL, S. 299, vgl.
S. 306.) Im Juni stellte er Sophie Mereau die Bedingung:
»Betinens Herz mußt du gewinnen, sie muß Dich mir
geben« (Amelung, S. 132; Datierung: UL, S. 307). Sophie
Mereau verbat sich schließlich Clemens' stete Rücksicht auf
B., die selbst eine Heirat der »gerechten, billigen Liebe zur
Schwester« (7. 10. 1803; Amelung, S. 241) unterordnen
wollte: »⟨. . .⟩ erst erfodert ihre *Ruhe*, daß ich Dich *nicht*
heurate – jetzt will ihr *Ruf* das Gegenteil!« (13. 9. 1803;
Amelung, S. 194.) Indessen hatten die neuen Lebensziele,

die zwischen ehelicher Bindung und poetisch-freiem Zusammenleben schwankten, bei der gesamten Familie Bestürzung ausgelöst; die ersten Bedenken machte Gunda in
einem Brief vom 5. 7. geltend:

> Überlege ob das Mißbilligen dieses Verhältnißes, von all
> deinen Geschwistern, nie einen Augenblick deine Ruhe
> noch deine Zufriedenheit stören wird. Ob das Vorurtheil,
> das gegen sie spricht, dir nie in einem so engen Verhältniß
> weh tun wird? Ob die wenig gute Aufnahme die sie sich
> von deiner Familie versprechen kann, ihr selbst nicht weh
> thun wird. Ob die Ungleichheit in Eurem Alter dir nie un-
> angenehm sein wird. Ob du selbst jetzt schon ruhig genug
> bist um entscheiden zu können, waß das Glück von dei-
> nem ganzen Leben ausmachen soll und kann. Ich kenne
> die Mereau nicht, und sehe ungern dein Glück in ihren
> Händen. Ehe sie dein Weib wird, mache dass ich sie liebe,
> dass ich ihr traue, dass ich fühle wie sie zu deinem Glück
> nötig ist . . . und wenn M. deine Frau wird, so mache dass
> auch sie mir gut wird und sei versichert dass dein Weib mir
> theuer sein soll, und dass sie alle Rechte einer Schwester
> haben soll, wenn sie dich glücklich macht; ich will gerne
> thun und alles was ich kann, es ihr zu erleichtern.
> (Hang, S. 41.)

Etwa zur gleichen Zeit schrieb Christian:

> Willst Du eine neue Perle an die Schnur reihen, so unter-
> suche sie wohl und verlängere mit Bedacht den Faden,
> sonst fallen die anderen aus, – darunter doch auch Klein-
> ode die Dir lieb und der Liebe wert sind; ich will nur die
> Bettine nennen, die uns unauslöslich verbunden ist: und
> Du wirst doch nicht alles zerreissen wollen? Es ist eine
> meiner liebsten Hoffnungen in unserem Hause einst wie-
> der eine fröhliche und einige Geselligkeit zu sehen; denn
> alle fanden wir uns noch nie beisammen, Concordia und
> Constancia, dass diese unsere Mutter nicht geboren,
> daran erkenne ich, dass sie zu früh gestorben – höre mich
> Clemens!
> (Hang, S. 43.)

Von B. gestand Clemens selbst dem Freunde Arnim: »Bettine, welcher sie ⟨die Mereau – wie auch für Gunda, vgl.
Henrici 149, S. 53, sowie den Brief an Clemens, 23. 6. 1801;
Hs. FDH 7639⟩ von jeher ein schrecklicher Gedanke war,
ist sehr krank geworden, da ich ihr die Nachricht von
unserer Aussöhnung gab.« (Hang, S. 40; vgl. Amelung,
S. 106.) Am 24. 6. schließt ein Brief an Gunda: »Bitte doch
die Bettine um alles in der Welt willen mir zu schreiben.«
(UL, S. 316.) Der entsprechende Brief B.s ist nicht erhalten;
doch berichtete sie Gunda um die Wende Juni/Juli 1803:

> An Clemenz habe ich heute geschrieben, wie ich glaube,
> einen ganz ordentlichen Brief. Übrigens überlasse ich es
> dem Schicksal, wenn Clemenz nicht glücklich durch ein
> Weib werden kann, so hat er die gerechtesten Ansprüche
> auf mich zu machen und ich werde ihm alles zu versüßen
> suchen, weil ich überzeugt bin, er würde das Nämliche
> tun. Wird er aber glücklich, so hat er nichts mehr an mich
> zu begehren und ich sehe dann mit Ruhe seinem Lebens-
> lauf zu und freue mich des Anteils, den ich daran habe.
> Ob ich vergnügt bin, soll ich Dir sagen? Darüber kann
> ich mich nicht deutlich machen, ich bin heute traurig und
> morgen froh und übermorgen ausgelassen und dann
> fängt die Reihe wieder von vorne an; in meinen Verhält-
> nissen kann ich mich gar nicht fragen, ob ich zufrieden
> bin, denn es sind gar keine da.
> (AM, S. 19.)

In einem Brief an Sophie Mereau aus diesen Wochen erklärt
B., dieser erst Vertrauen schenken zu können, wenn sie sie
gesehen habe; zu einem unfangreichen Briefwechsel sei sie
nicht imstande (Hs. FDH; vgl. Amelung, S. 112 f.).

Die Großmutter, die seit jeher der »schönen und edel-
denkenden« Sophie Mereau geneigt war (an dies., 2. 4.
1799; Hang, S. 46), berichtete am 14. 7. 1803 an Clemens:

> Lieber wunderbarer Sohn! meiner vortreflichen Maxi-
> miliane,
> gestern waren Herr und Frau Brentano – Betina, Loulou
> und Melina, um mich und hörten mich sagen – das

»Madame Sophie Mereau, eine sehr liebenswürdige –
interessante Frau sey – welche den Mann, der sie ganz
kenne glücklich machen würde« – Du kanst Dir die
aufmerksamkeit denken. – So wie Du Dir die Wirkung
Deiner Briefe über Deine Verbindung vorstellen kontest
– warum dann in dießem Ton schreiben? Herr Frantz
Brentano verdient keinen Kummer ich bin Deines innern
Denken für ihn gewiß – warum dann? – aber zu was
meine Fragen?

Dein lezter Brief gab mir eine wehmütige Freude – – sage
mir ich bitte Dich die wahrheit Deiner Verbindung –
welche ich gut finde – und mit Wünschen für Dein, und
Sophiens glük – aber auch mit bitte – Betina zu beruhigen – ende ich dieße Zeilen – weil ich Deine stimmung
nicht kenne – Doch so viel binn ich sicher wenn Clemens
Brentano und Sophie Mereau – ihre Kenntnisse und
Geist – vereint zum besten verwenden, beyde so glüklich
seyn werden als es wünscht – Großmutter

Sophie v la Roche.
(Fk/A, S. 411; vgl. Amelung, S. 122.)
All diesen Mahnungen und Warnungen stellte sich Clemens
(an Gunda, 2. 9. 1803) entgegen, indem er auf Savignys
Rolle bei einer Familienversammlung auf Trages (vgl. Stoll,
S. 220) anspielt:

Ich habe bis jetzt alles, was ich auf Erden hatte, mitgeteilt, alle, die ich liebte, mußten Verkehr untereinander
haben, so entstand mir eine Ansicht meiner Freunde, so
war Handel und Verkehr und ich träumte mich im Stillen
einen Gott meines Staates. Aber die Bürger trennten
sich, jeder suchte sein eignes Intresse; da die Sünde sehr
unter meinen Bürgern herrschte und die Schwachheit, so
hat der Pfaffe, den ich unter ihnen hatte [Savigny], einen
Beichtstuhl errichtet, und alle meine Bürger beichten ihm
durch das Gitter, ich selbst bin nicht mehr geliebt. Lebe
wohl, Freiheit, lebe wohl, Einheit und Liebe, ich bin zu
meiner Heimat zurückgekehrt. Arnim, die Jugend, Bettine, die Andacht und Poesie, Sophie, meine geliebte,

mühsam errungene Sophie, die Lebenslust, Unschuld
und Freude des Lebens, sie sind mir treu, ewig treu, und
ich bin durch sie ein junger frommer fröhlicher Dichter,
der Dich grüßt und Dich bittet, alles was er Dir jemals
gesagt oder einstens sagen wird, für Dich zu behalten
und nie in dem Beichtstuhl auszuschwätzen, denn der
Haushalt seines Herzens ist in Ordnung und er hat keine
Freunde mehr als die, von denen er soeben gesprochen.
(UL, S. 319.)

Obschon Clemens beim Wiedersehen mit B. erleichtert
glaubte, der »tiefere, uns selbst oft undeutliche, drückende
Bund zwischen ihr und mir ⟨habe⟩ sich gelöst in reine
Freude an unserm Leben« (an Sophie Mereau, Ende September 1803; Amelung, S. 221), lockerte sich die Beziehung
bald über den erwünschten Grad hinaus; am 17. 1. 1804
schreibt Clemens seiner Frau:

⟨...⟩ ich habe nichts mehr auf Erden als Dich, meine
vielen Tränen um Betinen, mit dem hohen Ernst unsers
Umgangs vereint, sind gerechtfertigt, sie waren die Tränen eines Engels, der an der Wiege eines Kindes weint,
das er liebt und dessen Todesengel er werden muß, und
ich weine immer noch, Betine ist unendlich vergnügt,
ohne alle Schwärmerei, genialisch, wie vielleicht kein
Weib auf Erden war, aber ich fühle es, sie ist mir verloren,
nicht als wäre sie einem andern Menschen gewonnen,
aber sie hängt nicht mehr an mir, sie ist jung fröhlich,
doch mit einer tiefen Ansicht, sie versteht, wie es scheint,
die Freude, die in dem größten Verluste liegen kann, ich
verstehe diese Freude nicht ⟨...⟩
(Amelung, S. 315 f.)

Der enttäuschten Einsicht, daß »von der Gesinnung Bettinens zu mir ⟨...⟩ auch kein Fünkchen mehr übrig« sei (an
Sophie Brentano-Mereau, 19. 4. 1805; Amelung, S. 376;
vgl. S. 782), hatte B. freilich zielstrebig vorgearbeitet:

Clemens, der von seiner Berliner Reise ⟨zu Neujahr 1805⟩
zurückgekommen ist, will mich mit Gewalt wieder an sich
ziehen, allein ich fühle, daß mein Herz nicht ihm, sondern

dem Himmel gehört, und habe daher das Verhältnis zwischen uns beiden so leicht und zart als möglich zu lösem gesucht und es wird mir auch wohl noch gelingen.

(An Savigny, 31. 1. 1805; AM, S. 28 f.)

Zu einer tieferen Entfremdung mit der inzwischen verheirateten B. kam es erst, als Clemens sich seit Ende 1816 in dem neupietistisch geprägten Berliner Zirkel der Brüder Gerlach an Luise Hensel anschloß: »Was meine Schwester an Genialität hat, hat diese sechzigmal so dick« (*Aus den Jahren preußischer Not und Erneuerung* ⟨...⟩, hg. v. Hans Joachim Schoeps, Berlin 1963, S. 290); vollends fand er nach seiner Generalbeichte und der Wendung zum strengen Katholizismus während der zwanziger Jahre bei seinem Dülmener Aufenthalt in den Visionen der stigmatisierten Nonne Anna Katharina Emmerick, so wie er sie aufzeichnete, das in Wahrheit, was er bei B. gesucht hatte: »Die Emmerich ist g'rad so poetisch und mehr, als die Arnim, und bedeutend besser.« (Niendorf, S. 49.) Von einem Wiedersehen berichtet er an Görres am 22. 6. 1825:

Bettina habe ich voriges Jahr im Schlangenbad und Frankfurt gesehen. Ich verstand aus ihrer Richtung gar wohl leise, sehr delikate Andeutungen in Arnims Brief, daß ihr heftiges Kunsttreiben ihm manchen stillen Lebensgenuß durch die stete Berührung mit allerlei hoffärtigem verwirrten Kunstgesindel entbehren mache. Ich war sehr traurig in der Nähe dieses großartigsten, reichstbegabten, einfachsten, krausesten Geschöpfes. In stetem Reden, Singen, Urteilen, Scherzen, Fühlen, Helfen, Bilden, Zeichnen, Modellieren, Alles in Beschlag nehmen und mit Taschenspielerfertigkeit sich alle und jede platte Umgebung zurecht gewalttätigen, um das Gemeine als Modell zum Höheren in irgend einen Akt zu stellen und das Ungemeine sich gesellig bequem zu setzen, in diesem ohne Ruhe und doch mit geheimen, nur befreundetem Aug zu entdeckenden Hintergrund des Nichtgenügenden in Allem, aber zu hoch gestellt und zu allgegenwärtig im menschlichen Kreis, um diese eingemauerte bessere

Sehnsucht (das arme Kindchen im Augapfel) zu befreien und vor Gott unter Tränen darzustellen, auf daß es eine gerettete Seele werde: ach es ist dieses ein ganz vernichtendes Gefühl. Sie tut mir unaussprechlich leid. Sie hat den Traum aus dem Faust mit merkwürdiger Kunst und einer zerstörenden Anstrengung gezeichnet; Göthens Monument, höchst ausgezeichnet, steht im Modell von ihr im Städelschen Institut.

(AM, S. 236.)

Im März 1829 aber sprach er, wie Varnhagens Brief an Rahel bezeugt (R. Varnhagen, *Gesammelte Werke*, hg. v. Konrad Feilchenfeldt u. a., Bd. 6, München 1983, S. 374), »mit hoher Anerkennung und doch fast ungerecht von Arnim, verehrend von Bettinen«. B. hingegen blieb, obschon sie die Bindung an ihre Familie nie aufgab, streng bei ihrer Ablehnung konfessionell gebundener Religiosität; an Philip Nathusius schrieb sie gerade im Herbst 1839:

Über ihn ⟨Clemens⟩ braucht Dir nicht bange zu sein, daß ich ihm was verargen könnte, Du wirst das einstens einmal aus dem Briefwechsel mit der *Günderode* deutlich sehen können, daß ich ihm nur immer verzeihen konnte. Er ist ein mit Unkraut überwuchertes Feld, seine Religion ist Aberglaube, der aus der Quelle der Furcht entspringt. Furcht ist gottesleugnerisch, – wer Gott aus Furcht bekennt, der hat sich selber in Bann getan.

(IP, S. 367.)

Freilich hatte Arnim schon in seinem Brief an B. vom 19. 10. 1828 vermutet, die eifernd orthodoxe Strenge könnte doch eine Episode im Leben von Clemens bleiben:

⟨. . .⟩ ganz der Alte, nur daß er etwas dicker geworden, und daß sich sein Haar anfängt zu entfärben. Er war bei Sailer ⟨vgl. Kat. Nr. 42⟩ in Regensburg gewesen, der sehr lustig und scherzend ihm jetzt zum Vorteile diente, statt der altchristlichen Märtyrer, denen er früher nachstrebte. Neben seiner angenehmen Erzählerlaune entwickelte sich bei den Gesellschaften ⟨. . .⟩ dieselbe unbequeme Scherzhaftigkeit, welche keine Grenze kennt,

kein Vertrauen achtet, sondern alles Dasein zur Füllung
der Unterhaltung zusammenhackt und dabei meint, daß
dieses Bloßstellen der einzelnen den glücklichsten Eindruck auf alle mache. So kommts, daß er bei allem Talent
für die Geselligkeit doch eigentlich mit keinem in einem
richtigen Verhältnisse steht, daß sich die meisten, wenn
sie vertraulich werden, beklagen, wie er ihnen da und
dort weh und unrecht getan ⟨. . .⟩. In dem Alter, wo er
nun ist, läßt sich so etwas nicht mehr bessern, der gesellschaftliche Effekt wird ihn immer hinreißen, und der
Mangel eines gewissen teilnehmenden Gefühls wird ihn
immerdar behindern, zu entscheiden, ob er ein junges
Mädchen oder des Teufels Großmutter mit der Mistforke
kitzelt. Wenn das für sein Alter besorgt macht, daß er
verlassen sein könnte, so muß man doch wieder denken,
daß er sehr wohl die Menschen würdigen kann, wenn er
mit ihnen allein ist und von dem Streben nach außeror-
dentlicher Konversation nicht geplagt wird, daß manche
auch ⟨. . .⟩ dies sehr wohl unterscheiden und das Unbequeme zu überhören wissen; kurz es ist mir für ihn nicht
bange, seit er das viele Kreuzschlagen abgelegt hat und
wieder in die alte bunte Jacke zurückgekrochen ist. Die
Manuskripte von der Nonne beschäftigen ihn noch, aber
er denkt doch auch an andre Dinge, und wenn ich nicht
sehr irre, kehrt er zur weltlichen Muse zurück.
(A/B, S. 773 f.; vgl. B.s Beschreibungen ebd., S. 436-478,
893 f. u. ö., sowie IP, S. 367.)
Obschon Clemens B.s schriftstellerisches Hervortreten mit
ihrem Goethe-Buch mißbilligte und die Schwester auch
später »mit berüchtigten Personnagen aus der Heidenwelt«
zu vergleichen liebte (B. an dens., 26. 5. 1837; Pfülf 3,
S. 74), entspann sich aus seiner Kritik doch ein Briefwechsel (vgl. Komm. zu Bd. II), der locker, aber doch »im Sinn
unserer jugendlichen Geschwisterliebe« (an Clemens, 2. 4.
1839; Corona, S. 56) bis zu Clemens' Tod 1842 fortgeführt
wurde (veröffentlicht: Lujo Brentano, *Der jugendliche und der
gealterte Clemens Brentano über Bettine und Goethe*, in JbFDH

1929, S. 325-352; Pfülf und Corona). Im April 1838 korrespondierte B. mit dem Bruder über die von ihr geplante,
von Wilhelm Grimm seit 1839 betreute Ausgabe von Arnims *Sämtlichen Werken*. Ihre jungen Anhänger empfahl sie
bei Reisen an den Bruder nach München, wo etwa Moriz
Carriere (vgl. Carriere, Erinnerungen, S. 199-203), Markus
Niebuhr (vgl. Pfülf 3, S. 81) und Philip Nathusius (vgl. IP,
S. 206, 212 f., 304, dann S. 191 f.) gut aufgenommen wurden. Diesem hatte sie vergebens die Förderung jener Ar-
nim-Edition unter Grimms Leitung zugedacht, während
sie den anderen Briefpartner jener Jahre, Julius Döring,
Clemens im April 1839 als Gehilfen bei der Bearbeitung
eines geplanten vierten Wunderhornbandes vorschlug (vgl.
Vordtriede, S. 382-384). Wenn sich dieser Plan auch zer-
schlug, so fühlte sich B. doch durch die späte Wiederan-
näherung an den Bruder berechtigt und verpflichtet, nach
seinem Tod ihr Bild seiner Jugendzeit gegenüber der vorgeblichen strengen Kirchlichkeit seines Alters durch ihre
Edition in der Öffentlichkeit bekannt zu machen.

Karoline von Günderrode

Karoline von Günderrode (wie die urkundliche Schreibweise des Namens lautet) stammte aus einem alten hessischen Adelsgeschlecht. Sie wuchs in Hanau auf, wohin die
gebildete und literarisch dilettierende Mutter nach dem
frühen Tod des Vaters gezogen war; obschon verarmt,
verkehrte die Familie nicht nur in der Oberschicht Hanaus
wie Frankfurts, sondern auch am Hof der Kurprinzessin
Auguste von Hessen-Cassel.

Mit 17 Jahren, lange vor dem satzungsgemäßen Ein-
trittsalter, wurde Karoline in das v. Cronstett- und v. Hyns-
pergische adelige evangelische Damenstift in Frankfurt
aufgenommen; vor allem die Geldnot der Familie, daneben
auch Auseinandersetzungen mit der Mutter über das väterliche Erbe, die bis zu Karolines Tod währten, gaben den

Anstoß zu ihrem Entschluß. Obschon die ursprünglich
strenge Lebensordnung für die Stiftsdamen – das Verbot,
Besuche zu empfangen und Reisen zu unternehmen, wie
auch der Kleiderzwang – für sie gemildert wurde, litt sie
unter dem Stiftsleben; überdies mußte sie ständig heftige
Kopfschmerzen und Sehschwierigkeiten erdulden, da ihr
eine Erkrankung am ›schwarzen Star‹ drohte.

Zu ihrem Freundeskreis noch im Hanauer Elternhaus
zählte der junge Arzt Wolfart (vgl. den Brief an Karoline
von Barkhaus, 18. 4. 1800; Karl Schwartz, in: Ersch-
Grubers Enzyklopädie, Bd. I, 97, S. 167-231, hier S. 179);
vertraut war sie mit den Schwestern Pauline und Charlotte
Servière, mit Karoline von Barkhaus, geb. v. Leonhardi,
und deren Schwester Sophie, außerdem mit den verehelich-
ten Töchtern aus dem Hause Mettingh, der Susanne Maria
von Heyden und der Lisette Nees von Esenbeck, die seit
dem 5. 3. 1804 mit dem Naturforscher und Arzt Christian
Gottfried Daniel Nees von Esenbeck verheiratet war und
auf Gut Sickershausen bei Würzburg lebte. In dem »witzig-
sten und geistreichsten Haus der Welt« – wie Clemens
Brentano nach Creuzers Meinung sein Vaterhaus ein-
schätzte (Preisendanz, S. 102) – war sie ein gern gesehener
Gast, nachdem die Bekanntschaft wohl durch die Familie
Mettingh vermittelt worden war; unter den Schwestern
Brentano war vor allem Gunda ihre Freundin. Seit deren
Hochzeit mit Savigny stand sie auch diesem wieder nahe.

Freilich hatte Savigny schon bei einer ersten, flüchtigen
Begegnung auf dem Gut der Leonhardis in Lengfeld »einen
tiefen Eindruck« auf sie gemacht: »ich suchte es mir zu
verbergen und überredete mich es sei blos Theilnahme an
dem sanften Schmerz den sein ganzes Wesen ausdrükt, aber
bald, sehr bald belehrte mich die zunehmende Stärke meines Gefühls daß es Leidenschaft sei, was ich fühlte« (an
Karoline von Barkhaus, 4. 7. 1799; Preitz 2, S. 163). Auch
Savigny wünschte über die »häuslichen Verhältnisse, Kin-
dererziehung pp.« bei der Witwe Günderrode unterrichtet
zu werden (an die Vettern Creuzer, 1. 7. 1799; Stoll, S. 97),

doch kam es, obschon eine Familienüberlieferung behauptet, daß zwischen ihm und Karoline »eine Annäherung
stattfand, die eine eheliche Verbindung erwarten ließ« (so
ihre Nichte, Maria von Günderrode; Preitz 2, S. 217), zu
keiner bindenden Erklärung. In dem späteren Briefwechsel
täuscht ein scherzender Ton, wie ihn vor allem Savigny
anschlug, nicht immer über die Erinnerung an die frühere
Liebe hinweg; so schreibt er am 14. 12. 1803 an sie:

> Ich wollte Ihnen sagen, daß es entsetzlich unnatürlich
> zugehen müste, wenn wir beide nicht sehr genaue
> Freunde werden sollten. Sie glauben nicht, mit welcher
> Klarheit und Gewißheit ich einsehe, daß die Natur diesen
> Plan mit uns hat, ja sie interessirt sich so sehr dafür, daß
> sie selbst das Schicksal gebeten hat, alles so recht wun-
> derlich und vortrefflich dazu einzurichten: ich wollte
> darüber eine Abhandlung schreiben, die gewiß recht
> närrisch zu lesen seyn sollte. Nur etwas ist schlimm: ich
> stehe Ihnen gar nicht dafür, daß ich mich nicht zu Zeiten
> etwas in Sie verliebe, und das soll der Freundschaft
> Abbruch thun. Zum Beyspiel es wäre nicht ohne Gefahr,
> wenn Sie eine kleine goldne Uhr an einer goldnen Kette
> um den Hals trügen: vor einem weißen Schürzchen, das
> Sie ehemals gehabt haben, fürchte ich mich gar nicht,
> denn das ist wohl schon längst zerrissen; aber ich werde
> mich wohl hüthen, Ihnen den Clavigo oder Hermann
> und Dorothea vorzulesen. Durch Schaden wird man
> klug, Erfahrung ist die beste Lehrmeisterin, und ein
> gebrenntes Kind scheut das Feuer: man spricht viel von
> den Leiden des jungen Werther, aber andere Leute haben
> auch ihre Leiden gehabt sie sind nur nicht gedruckt
> worden.
>
> (Preitz 2, S. 190.)

Inzwischen hatte sich Karoline in »den Irrgarten des lie-
beähnlichen Verhältnisses zu Clemens Brentano« (Preitz 2,
S. 220) verstrickt, das mit dem Schluß von Gundas Brief an
Clemens Anfang Juli 1801 begann: »Fräulein von Günte-
roth empfiehlt sich Dir, ich habe sie recht lieb.« (Ebd.) Ka-

roline bewunderte Clemens' Dichtungen; in ihrem Studien-
buch notierte sie sich Aussprüche von ihm (vgl. Preitz 3,
S. 283). Aus dem Jahr 1802 hat sich ein Briefwechsel mit
Clemens erhalten:

An Clemens Brentano, 19. 5. 1802:
Es war mir ganz wunderlich zu Muth als ich Ihren Brief
gelesen hatte; doch war ich mehr denkend als empfindend dabei: denn es war mir und ist mir noch so, als ob
dieser Brief gar nicht für mich geschrieben sei. So be-
stehle ich mich selbst. Aber es ist keine künstliche Anstalt, daß ich so denke; es ist ganz von selbst so gekommen.
Ja ich verstehe den Augenblick, in dem Sie mir geschrieben haben; ich bin überhaupt nie weiter gekommen als
Ihre Augenblicke ein wenig zu verstehen. Von ihrem
Zusammenhang und Grundton weis ich gar nichts. Es
kömt mir oft vor als hätten Sie viele Seelen, wenn ich nun
anfange, einer dieser Seelen gut zu sein, so geht sie fort
und eine andere tritt an ihre Stelle, die ich nicht kenne,
und die ich nur überrascht anstarre. Aber ich mag nicht
einmal an alle Ihre Seelen denken, denn eine davon hat
mein Zutrauen, das nur ein furchtsames Kind ist, auf die
Straße gestoßen: das Kind ist nun noch viel blöder geworden und wird nicht wieder umkehren. Darum kann
ich Ihnen auch nicht eigentlich von mir schreiben.
Ihren Brief an Bettine über Wahrheit habe ich gelesen
und er hat mir viel Freude gemacht und zugleich um
einige Ansichten reicher, die mir vorher nur dunkel und
schwankend waren.
Bettine wird diesen Brief einschließen. Ich habe sie sehr
lange nicht gesehen, sie hat mir auch nicht geschrieben
wie sie mir versprochen hatte.
Ich bin fleißiger und zeichne auch wieder, kurz, ich folge
allen Ihren vernünftigen Rathschlägen.
(Gd/A, S. 612 f.)

Clemens Brentano an Karoline, Ende Mai 1802:
Ich habe eigentlich immer so viel zu sagen, daß es kaum
der Mühe lohnt, zu schreiben, es wird so doch nichts
gefördert, und überhaupt ist es die Frage, ob der, welcher
wirken will, nicht gerade derjenige ist, dem es am nötig-
sten thut. Aufrichtig, liebes Kind, Du hast bis jetzt nichts
und alles von mir verstanden, alles, wenn Du mir vertraust, nichts, wenn Du etwas von mir erwartest. Das
will ich Dir noch auseinandersetzen in späteren Zeilen
dieses Briefs, wenn er mehr Erfahrung und ein ernsteres
Ansehen erhalten hat, es sei dann, daß Gott ihm das Ziel
seines Lebens in früheren Zeilen stecke. Vor wenigen
Minuten war es vier Uhr des Morgens und die Sonne ist
soeben aufgegangen, und ich bin aus wunderlichen Träumen von Vorzeit oder Zukunft seit vier Uhr erwacht. Es
ist schönes Wetter, der Himmel ist rein, es ist kühl, doch
so frisch nicht, daß es mir auch nur eine Thräne aus-
presse. Ich bin gestern früh zu Bett gegangen, habe
sieben Stunden geschlafen, ich bin ein gesundes Kind
und das Leben scheint mich begünstigen zu wollen;
sieben Stunden ist hinlängliche Zeit, unter dem Mutter-
herzen der Natur zu reifen. Ach, wie erfreut mich die
Sonne, sie dringt so freundlich über den grünen Bergen
hervor, und das Thal vor meinem Fenster erwacht in
bunten Beleuchtungen – was wird für ein lustiges Spiel
auf dieser freudigen Bühne gespielt werden! Unter meiner Aussicht blinken die Dachknöpfe im jungen Licht
wie Kinderrasseln, und über meinem Fenster sitzt ein
Vögelein und singt so kindliche Lieder; ich höre so gern
zu, wie es singt, und möchte auch so singen. Wenn ich
groß bin, will ich auch auf den Dachspitzen sitzen und
singen, und so im Sonnenschein blinken, und so zarte
Blätter haben und so schöne Gestalt, wie die Blumen an
meinem Fenster. Ach, wie duften diese Rosen so süß,
aber das Vögelein singt doch süßer, ich höre auch keinen
Laut von den Blumen, ich rieche das Vögelein gar nicht.
Was werde ich sein, so ein Vögelein oder so eine Blume?

ach, was werde ich sein?! O falsches Vögelein, da fliegst
du fort, in die Höhe steigt dein Lied mit dir, du liebst
mich nicht, verstehst mich nicht, du fliegst hin zu der
Sonne, die werd' ich besser verstehen, die wird mich
auch besser verstehen; ich fliege dir nach, aber dann
werden die Blumen nicht mitkönnen, und die Dachknöpfe auch nicht. Wer weiß, ich will es probiren;
kommt Blumen, kommt mit in die Höhe! Ach, ihr gebt
mir keine Antwort, ihr könnt wohl nicht, oder ihr wollt
nicht; ja, ihr bewegt aber auch die grünen Flügel nicht
geschwind genug, da weht ein kühler Luftstrom herüber,
ihr bewegt die Blätter schneller, ich will euch losmachen,
ihr seid angewachsen; da breche ich die Blumen, und sie
bewegen sich gar nicht mehr, ihr seid noch zu schwer, ich
rupfe die Blätter aus, die nimmt der Wind mit, aber zur
Erde. Ach, wie heiß ist die Sonne, wie hat sie ihre Stelle
verändert; mein Vögelein fliegt weit hinaus, über den
grünen Berg, wer mag dort sein? Dort können die Blumen vielleicht fliegen. Alles, alles ist anders um mich, um
mich bekümmert sich nichts. Wie viel vergebens habe ich
nun schon gewollt, es geht alles seinen Gang, und hängt
doch zusammen und thut mir doch weh, und liegt so nah
und fern um mich und thut mir doch wohl, und die
Sonne oben drüber wie herrlich, wie himmlisch, wie
einzig! Ach, wie ist es so schön, wie ist es so ewig
gegenwärtig, aber mein Vögelein ist verschwunden,
meine Blumen sind gerupft; es ist närrisch, ich habe,
glaub' ich, nur von ihnen geträumt, denn ich sehe sie ja
nicht. O, wehe mir, wie ist das? Da fliegen andere Vögel
vorüber, viele, viele, da fliegen Wolken am Himmel hin,
und all der Glanz verschwindet, da ist wieder alles vorbei. Vorbei? was ist das, vorbei? Es kann nichts vorbei
sein, ich war nie vorbei, o wunderliches, banges Wort
Vorbei, dich kann ich nicht begreifen; ach, die Sonne,
wird sie wieder kommen, wird es wieder hell werden,
wird? *Was* wird? nichts wird, vorbei, und werden, o ihr
wunderbaren, seltsamen Gedanken, ich denke nur an das

Vögelein, das nicht da ist, und, o Himmel, da kommt die Sonne wieder, ach, da ist sie wieder! Was ist das, nun ist sie da, nun frage ich nicht mehr: wird sie wieder kommen? O, alle ihr Dinge, die ich sehe, sagt mir, was ich soll, o du mein Vorbei, sage mir, was ich werden soll; da sinne ich und weiß nicht mehr, ob ich auch ein Vorbei habe, und ein Werden; o große Herzensangst, ich will mich dir zu eigen geben, herrliche göttliche Gegenwart, alles will ich thun, was ich thue, alles lassen, was ich lasse, o du hast mich gefangen genommen, unendliches Leben, und allem gebe ich mein Leben mit, und mein Lieben, was mich anblickt, was mit mir ist, alles bin ich, was ist. Da kömmt Mutter und Vater herein, und sprechen mit einander, und sagen wunderliche, ängstliche Sachen. Die Mutter ist Dein Brief, Günderödchen, und der Vater ist der meinige, den ich vorher schrieb, ich lasse meine Spielsachen liegen und höre ihnen aufmerksam zu. Hast Du gehört, spricht *die Mutter*, was das Kind für fliegende wechselnde Gespräche führt; es ist Zeit, daß wir es zur Schule anhalten, daß es diese Phantasien um nützlichere Dinge vertausche, ich habe erfahren, wohin solche sorglose Nachlässigkeiten des Denkens führen. *Der Vater:* Gut, recht gut, ach Du liebes Weib, Du bist zu ängstlich, wo soll alles das endlich hinaus, fragst Du immer, wo kommt alles das her? – aber da ist es, da – ich habe Dich herzlich lieb, recht lieb und frage nicht woher, wohin, wir sind noch nicht verhungert, ich war viel ärger als dies Kind, viel lebendiger und bin doch Vater geworden; laß das Kind leben, und quäle es nicht mit Pflichten, die es nicht versteh⟨t⟩, die nicht da sind. Sieh, wie ihm der Frühling das Herz anhaucht, wie es lebt, faßt, trennt und verbindet, laß es leben und wolle es nicht brauchen. Wir sind alle von heut, wenn wir leben, morgen sind wir nicht mehr und gestern waren wir nicht. *Mutter:* Ich fühle nichts bei Deinen Worten, ich denke, du ängstigst mich, ich begreife nur einzelne Momente Deiner Rede, Deines Wesens. *Vater: Einzelne Momente?* Gibt es mehr als ein-

zelne Momente, verstehst Du einen Moment, so verstehst Du alles, denn alle Momente gehen nach denselben
Gesetzen vor. Ich will Dir sagen, liebes Weib, Du hast
etwas einen Narren an der Erbsünde gefressen. *Mutter:*
Das verstehe ich nicht, Du wirst bitter, soeben hatte ich
Dir vertraulich zugehört, und wollte Dich liebhaben, da
entwich eine von den vielen Seelen, die Du hast und mein
Vertrauen kehrt nicht wieder zurück, Du hast das Kind
vor die Thüre gestoßen. *Mann:* Kinder sind artig und
lieb, ihre Sünden sind Kindereien und ihre Tugenden
ebenso, aber Du liebst die Kinder nicht, das hast Du
soeben gezeigt, wo ich des Kindes Partei nehmen mußte,
Du liebst mich auch nicht und hast mich nie geliebt, denn
Du verstehst die unendliche Kinderei nicht, Dein Vertrauen ist kein Kind gewesen, wenigstens kein artiges
Kind, es wollte immer etwas werden und sprach oft so
altklug, und konnte nicht spielen, und wollte vertrauen
und auch nicht vertrauen, und fing dann an sehr zu
schreien, und manches zu begehren, was es nicht wollte
und es stellte sich an, als wollte es nicht, wozu es doch
Lust hatte, solche Kinder gehören vor die Thüre, aber
man läßt sie nicht draußen stehen, sondern wenn sie artig
sind, kommen sie wieder herein, und sind neu geboren,
denn nur der Moment lebt, wenn sie aber brotzen und
stehen bleiben wollen, so kann man sie ohne Ekel nicht
zwingen, so sind sie gestorben und man ist traurig um
sie, bis sie anderwärts wieder aufblühen in anderer Gestalt und das thun sie schon im nächsten Momente.
Mutter: Ich werde alle Deine vernünftigen Ratschläge
befolgen. *Vater:* Ich, o du Gott, ich und Ratschläge,
wahrlich der Frühling ist ein göttlicher Ratschlag, ob er
vernünftig ist, weiß ich nicht, aber er paßt sehr gut in
seine Jahreszeit, der Frühling. *Mutter:* Du gibst dem
Kinde ein böses Beispiel, Du wirst selbst ganz kindisch.
Vater: Ich werde, werde in meinem Leben nichts, ich bin
des Kindes Vater, und Du Mutter, komm in den Frühling, komm zu unseres gleichen – Hier nahm mich der

Vater und spielte Ball mit mir zwischen Himmel und
Erde, daß ich wechselnd in schnellen Flügen und Fällen
in allen Punkten des Frühlings gegenwärtig war und
dazu sang er, wie ich ihm alles wieder erzählen sollte,
meine Mutter war dabei immer um das Leben ihres
Kindes besorgt. Freilich, sagte er, hast Du Ursache, denn
wenn Dein Kind Zutrauen so eigensinniger Natur ist,
sich vor der Thür wohl zu befinden und nicht wieder
herein zu wollen, so wäre es möglich, daß dieses den Hals
breche und auch vor die Thür müßte, aber sorge nicht, es
ist meiner Art und wird es vertragen lernen, ihr Weiber
seid nie recht gegenwärtig, ihr habt nie etwas Gutes, so
lang ihr immer guter Hoffnung zu bleiben Lusten habt.
– Ich war sehr begierig, was meine Mutter antworten
würde, sie stand still und rührte sich nicht, und liebte
mich nicht, und sich nicht, und den Vater nicht und den
Frühling nicht, sie konnte alles immer so schlecht machen, als sie gerade Lust hatte, um es zweckmäßig zu
machen. Da sprach der Vater zu ihr, indem er mich in
Frühling trunken und klug in Freuden zu ihren Füßen
zwischen die Blumen hinlegte, willst Du dies Kind, oder
willst Du das andere vor der Thüre hereinrufen. O Weib,
sieh! nicht wie die Städte hinter Dir brennen, werde nicht
zur Salzsäule. Sprich, Mütterchen, sagte ich, damit wir
nicht scheiden, denn ich laufe dem Vater nach.
(Geiger, Günderode, S. 100-108.)

An Clemens Brentano, Ende Mai / Anfang Juni 1802:
Ich weiß nicht, ob ich so reden würde, wie Sie meinen
Brief in dem Ihrigen reden lassen: aber es kommt mir
sonderbar vor daß ich zuhöre wie ich spreche und meine
eignen Worte kommen mir fast fremder vor als fremde.
Auch die wahrsten Briefe sind meiner Ansicht nach nur
Leichen, sie bezeichnen ein ihnen einwohnend gewesenes Leben und ob sie gleich dem Lebendigen ähnlich
sehen, so ist doch der Moment ihres Lebens schon dahin:
deswegen kömt es mir aber vor (wenn ich lese, was ich

vor einiger Zeit geschrieben habe) als sähe ich mich im
Sarg liegen und meine beiden Ichs starren sich ganz
verwundert an.

Mein Vertrauen war freilich kein liebenswürdiges Kind
es wußte nichts schönes zu erzählen, dabei flüsterten ihm
die Umstehenden immer zu: Kind, sei klug! gehe nicht
weiter vorwärts. Da wurde das Kind verwirrt und ungeschickt, es wußte nicht recht, wie man klug sei und
schwankte hin und her. Darf man ihm das übel nehmen?
Aber eigensinnig ist das Kind nicht, wenn es im Hause
freundlich und gut aufgenommen wird, kehrt es sicher
lieber um, als daß es länger auf der Straße verweile.

Sagen Sie mir nichts mehr von Rathschlägen, ich muß
mich bei dieser Stelle Ihres Briefes immer auslachen, ich
werde das Wort gar nicht mehr gebrauchen können;
überdem erinnert es mich auch noch an Burzelbäume; ich
habe niemals recht verstanden, was Sie damit sagen wollen, es war mir nur lächerlich, ohne daß ich wußte
warum.

Ich kenne wenig Menschen und vielleicht niemand ganz
genau, denn ich bin sehr ungeschickt, andere zu beobachten: wenn ich Sie daher in einem Moment verstehe, so
kann ich von diesem nicht auf alle übrige schließen. Es
mag wohl sehr wenige Menschen geben die dies können
und ich wohl mit am wenigsten. Jetzt denke ich von
Ihnen, es sei gut Sie zu betrachten und erfreulich; aber
man solle Sie nur betrachten wollen. Ist diese Ansicht
wahr oder falsch?

(Gd/A, S. 614 f.)

Clemens Brentano an Karoline, Sommer 1802:
Gute Nacht! Du lieber Engel! Ach, bist Du es, bist Du es
nicht, so öffne alle Adern Deines weißen Leibes, daß das
heiße, schäumende Blut aus tausend wonnigen Springbrunnen spritze, *so* will ich Dich sehen und trinken aus
den tausend Quellen, trinken, bis ich berauscht bin, und
Deinen Tod mit jauchzender Raserei beweinen kann,

weinen wieder in Dich all Dein Blut und das meine in
Thränen, bis sich Dein Herz wieder hebt und Du mir
vertraust, weil das meinige in Deinem Puls lebt. – O,
wenn Du mich kenntest, Du würdest den Mut verlieren,
mich zu lieben, den Du nicht fassen kannst, da Du mich
nicht kennst. – Ich weiß so unendlich viel, daß es mir das
Herz zersprengt, es zu sagen, aber sprechen ist ein lang-
sames Totmartern und lägst Du nur eine Nacht in meinen
Armen, so solltest Du Dir meine Liebe an Deinen warmen Brüsten ausbrühen, und Du wüßtest alles, was ich
weiß, und brauchtest nicht mehr zu erschrecken, über
alles, was ich sagen darf, weil ich will. Wahrhaftig liebes
Kind, die Tugend ist zart und man kann nicht mit ihr
sprechen, die Jugend soll vom Leben lernen, o Du liebe
Jugend, warum darf ich Dich nicht lehren, nicht wahr,
Du liebst mich nicht? Ja, das thun die Leute, thue Du es
auch, denn Du glaubst wohl auch, was die Leute wissen
ist bös und das Geheime gut. Es mag Dir wohl wunderlich werden bei diesen Worten, denn Du magst allerhand,
was man nicht soll, o ihr armen lieben zweibeinigen
Engel in der Hölle und Du, Günderödchen, im Fräulein-
stift, was habe ich euch so lieb, ihr Teufel und ihr Engel,
mein Herz ist keine arme Seele. Alles das schreibe ich in
einem süßen, drehenden Rausch, die Mondnacht und der
Frühling haben sich nicht gescheut, vor meinen Augen
das süße heilige Liebeswerk zu vollbringen und damit
das Bewußtsein solcher Wollust nicht verloren gehe,
haben sie das Seufzen ihrer Liebe an dem Echo meines
Busens gebrochen, und wie sie sich umarmten, verwandelten sie sich in eine goldene, süße, bittere, wollüstige
Schlange, die mich mit den lebendigen, drückenden,
zuckenden Fesseln ihres Leibes umwand. So saß ich am
Berge und sah ins weite Thal, das sich wie ein leichter
Berg auf mein Herz warf und da riß ich die Kleider von
mir, daß die Umarmung keuscher sei, wie der Blitz
schnell und elektrisch, biß mir die goldene Schlange ins
Herz, und ringelte wie in gewundener Lust an mir her-

auf, sie vergiftete mich mit göttlichem Leben und in mir
war ein anderes Leben, es zieht mir mit ergebendem
Widerstand durch Adern und Mark, und die Schlange
zog durch die Wunde nach, und ringelt sich jetzt freudig
und liebend um mein Herz, es ist zu viel, was ich habe.
Drum beiße ich mir die Adern auf und will Dir es geben,
aber Du hättest es thun sollen und saugen müssen.
Oeffne Deine Adern nicht, Günderödchen, ich will Dir
sie aufbeißen. O ich bin ein arabisches Roß, warum nicht,
wenn ich Dich hier hätte und Du solche Hochzeiten
feiern sähest neben mir, so sollte Mondnacht und Frühling uns das Echo sein, das ich ihnen war. (Wenn Du
mich nicht verstehst, so schreibe mir es, damit ich nicht
mehr schreibe.)
Schreibe mir recht vernünftige Briefe, lieber Engel, und
wenn Du mich lieben kannst, so thue es, kein Tropfen
solchen süßen Weins soll verloren gehen. Ich trinke
Deine Gesundheit mit jedem Blick, den ich in den Frühling thue und jeder meiner Gedanken an Dich ist eine
Gesundheit, die ich dem Frühling zutrinke. Wenn Du
lieb bist, muß ich Dich ja lieben, das ist der Liebe Wesen,
mein Wesen und Dein Wesen. Lebe wohl, und habe den
Mut, nur darum zu weinen, daß Du nicht bei mir bist im
Fleische, sondern nur in Gedanken, denn beide sind eins
und nur im Abendmahl genießen wir den Gott, denn
alles Wort muß Fleisch werden, auch dies Wort der Liebe.

> Clemens Brentano.

Was macht der Brief für eine Wirkung auf Dich, liebes
Günderödchen, ich fürchte immer, Du stellst Dich klüger oder dümmer an, als Du bist, sei doch kein Kind,
mein Kind, und verstehe zu leben, das heißt, bekümmere
Dich nur um Gott.

(Geiger, Günderode, S. 108-111.)

Auf diesen Brief von Clemens hin brach Karoline die Beziehung ab. Clemens vermutete freilich auch weiterhin bei ihr
eine starke Sinnlichkeit; in einem Entwurf zu seinen *Romanzen vom Rosenkranz* notierte er: »Zug in den Venusberg –

Eckardt-Savigny warnt mich. – Ich sitze vor dem Venusberg und sehe die Bruderliebende (Bettina) und die Günderode eingehen.« (Nach J. B. Diel/W. Kreiten, *Clemens Brentano*, Bd. 1, Freiburg 1877, S. 327.) Nach seiner ersten
Bekanntschaft mit Karoline währte die »tote Epoche« (S. 848)
bis 1804.

Erst im Mai 1804 übermittelte B. der Freundin, die sich
bis zum Monatsende bei dem jung verheirateten Ehepaar
Savigny auf Trages aufhielt, einen Brief von Clemens, der
vorgab, ihr sein Lob über ihren gerade erschienenen Band
Gedichte und Phantasien von Tian aussprechen zu wollen.

Lieber Günther!

Hier habe ich einen Brief an Dich von der Hessenpost
bekommen, es ist schon zu lange, daß wir uns einander
nicht genähert haben, auch weiß ich nicht, was in diesem
Brief stehet, um daß ich mir denken könnte, ob er einen
freundlichen Eindruck oder einen schlechten oder gar
keinen machen wird. Nach dem meinigen zu schließen,
in welchen dieser eingeschlossen war, muß er wohl voll
gerechter und billiger Lobeserhebungen sein, unter anderem schreibt mir *Clemens*: »Ich habe die Gedichte,
welche Du von der *Günderode* glaubst, gelesen, mit Entzücken gelesen, eine Menge Züge darin machen mir es
glaublich, daß sie von ihr sind, aber der hohe Ernst, der
Tiefsinn, die wunderschöne Sprache, die Gehaltenheit
und vor allem die oft ganz klassische Kunstvollendung
haben mich oft zweifeln lassen. Wenn du gewiß weißt,
daß der ›Franke in Ägypten‹ von ihr ist, so kann alles von
ihr sein, denn dieser ist ein ganz vortreffliches Gedicht,
kein Weib hat noch so geschrieben, noch so empfunden.«
Hast Du mit dieser Stelle genug, oder soll ich Dir noch
andere herausschreiben? Doch was frage ich, solche hellglänzende Tautropfen können einer so glühend blühenden Blume nicht anders als wohltuend sein, öffne nur
recht Deinen Kelch, Du holdes Gewächs, und lasse Dir
diese Perlen bis in das Innere des Busens rollen. Wieder
sagt *Clemens*: »Ich habe durch diese Lieder eine wunder-

bare Hochachtung vor dieser wahrhaft begeisterten Sängerin erhalten.« Wieder sagt er an einem andern Ort, »daß es in seiner Art vortrefflich und als weibliches Produkt einzige Erscheinung sei.« Hier spricht er, mich aufmunternd: »Wenn du wüßtest, wieviel Gutes, Veredelndes mir die Lieder von *Günderödchen* gewährt haben, du eiltest, auch deine Jugend und ihre Träume zu befestigen.« Am Ende schreibt er: »Meine Briefe teile mit keinem Menschen.« Also wisse, daß ich Dir diese wenigen Zeilen nicht als einem Menschen mitgeteilt habe, und daß Du mir also nicht verargen sollst, wenn ich sie mit zu viel Wichtigkeit und schwesterlicher Liebe verbrämt habe.

Eines dieser Deiner Lieder hat mir einen großen Trost gewährt, *»Wandel und Treue«*, es hat einen herrlichen Himmel mit leicht gefärbten, leicht hinziehenden Wolken, es ist so hingeflogen, es ist eine Poesie der Poesie darin, oder vielmehr die Poesie hat sich hier vermählt und abermals vermählt; nehme nicht übel, wenn ich mich undeutlich ausdrücke.

Wie ist es auf dem Trages, das Herz muß einem recht grünen in diesen grünen Wäldern und Wiesen, es muß so heiß glühen in diesem heißen Sonnenschein, es muß so frisch werden, es muß sich so herrlich abkühlen in den kühlen Bächlein und den Teichen, wo die Fischlein ihr junges nasses Leben verplätschern; ach, ich möchte auch mein junges Leben verplätschern, aber wenn auch der leichte Sinn gern so hin und her schwimmen möchte und so rechts und links herum schießen und sich dann wieder eine Weile mit dem Strom fortreißen lassen und mutwillig ihm dann die Bahn durchschneiden, so will das schwere Herz sich gern tief unter Gras und Kräuter, Wurzeln und Erde verbergen wie ein Maulwurf, um sich da abzukühlen und die dunkel blitzenden Augen hier aufzutun. Und da nun ein Maulwurf und ein Fisch ganz verschiedene Naturen haben, die sich nie mit einander vereinigen können, so kann die arme *Bettine* weder zu Wasser noch zu Land Ruhe und Zufriedenheit finden.

Was machen denn die Seligen, das heißt die zwei Paradiesvögel, das heißt Adam und Eva, oder vielmehr *Savigny* und *Gunda*? Sind sie wirklich selig in ihrer Seligkeit? Es ist wenigen beschieden, selig zu sein in ihrer Seligkeit, aber *Savigny* kann nicht anders als nur durch die Seligkeit anderer seine eigene hervorbringen. »Darum, wenn ihr selig sein wollt, so legt euer Begehren in den Schoß des Herrn, darnach ist das andere all nichts und eitel Begehren« und so weiter. *Gunda* hat mir einen freundlichen Brief geschrieben vor ungefähr vier Wochen. Daß ich ihr nicht geantwortet habe, kömmt erstens von meiner Faulheit her, und denn leb' ich auch zu viel in den Tag hinein und kann nicht viel über mich selbst nachdenken, und da alles, was dieser Brief enthielt, Fragen und Sorgen um mich waren, so ward es mir immer etwas grau vor den Augen, wenn ich an das Antworten dachte. Sage ihr dies, daß sie nicht meine, ich habe ihre Liebe und Sorge für mich nicht geachtet. *George, Marie, Lulu* und ich werden allem Vermuten nach bis Sonntag bei euch anlangen und die *Meline* wieder mitnehmen; wenn ihr sie aber nicht hergeben wollt, so werden wir sie wohl bei euch lassen müssen. Die Großmutter jammert eben gar sehr, aber es ist dumm, sie sollte froh sein, wenn *Meline* ein bißchen Frühling einatmet; er läßt einem immer Kräfte zurück, die durch das Leben dauern.

Clemens schreibt mir immer, ich soll dichten, aber ich glaube, ich werde nie etwas Festes, Gesetztes hervorbringen können. Oft liege ich abends oder vielmehr nachts im Fenster und habe ganz herrliche Gedanken, wie es mir scheint; ich freue mich dann über mich selbst, meine Begeisterung begeistert mich sozusagen, aber da sind zwei einfältige Nachtigallen in unserer Straße, ich weiß nicht, ob sie eingesperrt sind oder irgendwo ihr Nestchen haben, die fangen gewöhnlich an, ihre liebenden, verliebten Lieder so leicht, so herrlich und ergötzlich

herzusingen, wenn ich so mitten in meinem Dichten und
Trachten bin, daß ich ganz alles vergesse und denke, du
willst die Nachtigallen dichten lassen, du wirst doch des
Menschen Ohr und Sinn nie so schön und herrlich erquicken können wie diese (denn etwas weniger Gutes als
das Schönste und Beste hervorzubringen ist doch auch
schlecht), und schlecht mag ich nicht schreiben.

Adieu, ich habe Dir da eine Menge vorgeschwätzt und
bin sozusagen ganz in einen vertraulichen Ton gekommen, von dem ich doch nicht weiß, ob er gut aufgenommen wird. Grüße den *Savigny* und die *Gunda*. Ich war der
letztern ein wenig böse, habe ich doch ein ganzes Jahr
lang mit ihr in einem Zimmer gewohnt, habe ich doch die
Tränen nie zurückhalten können, wenn sie weinte. Und
doch hatte sie kein Verlangen nach mir; aber der Mensch
vergißt und vergibt alles in den letzten Stunden seines
Lebens, und da es mir hier in dieser dumpfigen Stadt nun
alle Augenblicke ist, als müßte ich aufschnappen, da der
Geist mit Macht und Gewalt über alle alte Mauern hinüber durch Blüten und Lüfte und Wolken gezogen wird
und der Körper, der nicht nachkann, ihn wieder mit
Macht und Gewalt zurückhält, so bin ich denn in einer
Art von Kampf zwischen Leben und Tod, weil die Seele
sich von dem Leibe trennt und der Leib die Seele nicht
losläßt, und deswegen vergebe und vergesse ich es auch,
wobei ich jedoch kein Verdienst habe, da, wie Du siehst,
die Not mich drängt. Apropos, sage doch der *Gunda*, sie
solle doch den Herrn *Schwaab* auch einmal einladen, es tut
ihm leid, daß sie nicht an ihn zu denken scheint.

Bettine.

Soeben lese ich einen lamentosen Brief von der Großmutter an *Franz* und *Toni*, die *Meline* wird wohl mal gré
bon gré wieder nach Offenbach. Daß einen die Geplag-
ten doch nicht ungeplagt können lassen; ich denke hier
an ein Lied von *Novalis*:

Ach, wann wird das Blatt sich wenden
Und das Reich der Alten enden.

Adieu, *Günderödchen*, adieu, *Savigny*, adieu, *Gundelchen*, adieu, ihr Maiblümchen, ihr Schneeglöckchen, ihr Thymianchen und allerlei Blümchen, die ihr in Trages auf den Wiesen wachst, auf denen ich mich herumwälzen möchte. Adieu, ihr guten Kinder.

(SW 7, S. 330-335; vgl. Kat., Nr. 21 – das Zitat stammt aus dem *Heinrich von Ofterdingen*; Novalis, Bd. 1, S. 274.)

Clemens Brentano an Karoline (Beilage zum vorigen Brief):
Liebe Caroline!
Ich habe gehört die Lieder und Erzählungen, welche unter dem Namen Tian erschienen sind, seyen von Ihnen, Betine wollte es als gewiß wissen, und zwar durch das Gedicht »Der Franke in Egypten«, das Sie ihr schon einmal als Kind Ihrer ersten kindischen Seele eingestanden hätten, und durch die vortreffliche Romanze »Don Juan«, die Sie ihr auch eingestanden, ich habe in dieser Idee mir diese Lieder verschrieben, ich habe sie mit Entzücken gelesen, es scheint mir möglich, daß sie von Ihnen seyen, aber ich kann es dann wieder nicht begreifen, daß ich eine solche Vollendung in Ihrem Gemüth nicht sollte verstanden haben, liebe Karoline, zwei Stunden sind es kaum daß ich Ihre Lieder gelesen, die Idee, daß sie von Ihnen seyn könnten, hat mich durch Berg und Thal gejagt, ich habe weinen müssen über das wunderbare Geschick meiner Empfindungen, und nun weiß ich doch nicht mehr, als vorher, ob die Lieder von Ihnen sind, weiß ich nicht, aber daß das, was ich in diesem Augenblick fühle, Ihnen gehört, das weiß ich. Wie Sie über mich denken, ist mir nicht mehr bekannt geworden, seit Sie meine Nähe vermieden, seit Sie jenseits des bösen Dämons getreten sind, der zwischen mir und meiner Schwester steht, aber daß Sie einstens für mich etwas empfanden, das weiß ich, liebe Caroline, Sie haben ein vortreffliches Herz, Sie können verzeihen, und mir ist es, als sey Ihre Verzeihung mir zu einer Ruhe nöthig, die ich bedarf, die ich vielleicht nie mehr erlange, und zu der ich

doch vor jeder Thüre ein Allmosen betteln möchte, als
ich Sie wenige Minuten in Frankfurth wieder sah, schienen Sie mir ernsthaft und gütig, aber die drückende Nähe
anderer, lähmte meine Zunge, ich hatte Ihnen vieles zu
sagen, Sie selbst schienen kein Bedürfniß zu haben, mich
zu hören, das betrübte mich; denn meine Empfindung,
mein Betragen zu Ihnen hat mich nie gereut, mein Leben,
mein unglückliches zerrissenes Herz, und sein trauriges
Verhältniß zum Leben hat mich gereut, wenn Sie mich
hassen, so thuen Sie mir unrecht, Ihren Haß verdiene ich
nicht, Ihre Liebe verdiente ich, aber ich verstand Sie
nicht, mit Fantasie berauscht hatt ich ein schuldloses
ernstes süßes Herz gefaßt, wie einen Pokal, und dies Herz
war Ihres, liebe Caroline. Wenn diese Lieder und prosaischen Aufsätze von Ihnen sind, wie mich ihr Inhalt und
manche Anklänge aus meiner Empfindung, die ich in
denselben befestigt in schöner Gestalt finde, und so erst
gebohren lieben kann, mich beynahe überzeugen, so
haben Sie mir Unrecht getan, mich so ganz unwissend zu
lassen, ich konnte damals Ihr Herz nicht errathen, Ihr
großes schönes Herz, ich erkannte es nur als krank, die
Qual des unausgesprochnen Gedichts empfand ich selbst
zu oft in mir blos als Krankheit, als daß ich in Ihnen
verstehen sollte, was in mir selbst ein unauflößlicher
Schmerz ist, weit tiefer, fester, ernster, reiner, frommer,
begeisterter als ich, hätten Sie nicht die bloße Gewandt-
heit in mir als Etwas höheres anerkennen sollen, mir
hätten Sie entgegenkommen sollen, wo Sie sich durch
mich kränken ließen. Ueber jene Kränkung kann keine
Schrift mich entschuldigen, ach vielleicht selbst keine
Rede, die die Sache unmittelbar berührt, aber die Geschichte meines Gemüthes, wenn Sie mir einstens erlauben, sie Ihnen vorzulegen, wird Sie gewiß wieder mit mir
versöhnen. Es hat vielleicht kein Herz die Stürme erlitten, die das meinige erlitt, laut und stum, es wird sich
zum Felsen weinen. Ich bitte Sie um Gerechtigkeit, um
Ruhe, und Freundschaft für mich, ich bitte Sie um Ver-

schwiegenheit gegen Savigny und sein Weib über diesen Brief. Ich stehe auf einem ruhigen denkenden Punkt ohne Freund, ohne Glück, meine größten Hoffnungen sind so in ihrer Möglichkeit getödet, daß selbst die Begeisterung, der Reiz des Sehnens vorüber ist, die Welt steht kalt, klar und lieblos vor mir, ich wache ewig, kein Traum mehr, keine Fremde, keine Heimath, ich glaubte Wein zu trinken, und trank mein Blut. Liebe Caroline sehen Sie mich als ein Wesen an, das Sie versteht, das Ihnen vertraut, das Sie ehrt, dem Sie wohlthun können, sein Sie ein Weib, sein Sie weich, verzeihen Sie mir, sein sie meine Freundin. Jezt meine Freundin zu sein, da Sie neben Menschen stehen, die mich nicht lieben, ist groß, ist ihrer würdig. Das Herz des Menschen ist ja so arm, nehmen Sie dem Ihrigen die Wollust nicht, das Meinige zu erheben, das ärmer ist, als arm, denn selbst nach Armuth fühlt es ein Bedürfniß. Werden Sie mir auf diesen Brief nicht antworten, ruhig und freundlich, so sei er im Frühling gestorben, so sei mir der Frühling in diesen Worten gestorben, o schauen Sie die Blumen an, und lassen Sie diese Kinder für mich bitten, und die Nachtigall rühre ihr Herz, und spreche von Versöhnung. Wenige Worte nur sagen Sie mir wieder, lassen Sie den Staab wieder grünen und blühen, den Sie über mich vielleicht gebrochen haben, dann will ich Ihnen mein Herz vertrauen, will auf Sie bauen, will mich an Ihrer Freundschaft erhalten, und vielleicht, ach vielleicht emporarbeiten, ist mein Herz nicht auch eines Himmels werth? Soll ich keine Aussicht ersteigen können? Gesunken bin ich nicht, liebe Freundin, aber Berge sind rings um mich gewachsen. Ich bitte Sie nochmals um eine Antwort, zugleich um die Erklärung, ob Sie mit S⟨a-vigny⟩ reissen, um diese Erklärung bitte ich Sie blos deswegen, damit ich alsdann die Verfügung treffe, Sie vor dieser Reise noch einmahl zu sprechen. Sie in der Ferne zu wissen, ohne vor Ihnen gerechtfertiget zu sein, würde meine Ruhe ganz zerstören, ich will, ich muß mich

allen Menschen nähern, an denen mein Leben Etwas
verschuldet hat, sonst kann ich mein Leben nicht zur
Rechenschaft ziehen. Wenn Sie die Reiss mit thun sollten,
und ich habe Sie vorher gesehen, so kann ich Ihnen auch
sagen, wo Sie mich wiedersehen, und wie. Nochmals
bitte ich Sie um Verschwiegenheit, weil man Glücklichen
von mir nicht reden kann, ohne daß sie ungerecht gegen
mich seien, um Antwort, weil man Büßenden nicht hart
sein soll. Wenn Sie mir vertrauen wollen, daß Sie Tian
sind, will ich Ihnen vertrauen, wer ich bin, und wer ich
durch Tian, und für Tian sein will. Dann will ich auch
wagen meine Achtung, meine gränzenlose Achtung
– Liebe darf ich Ihnen nicht mehr sagen – gegen Tian
und mein Urtheil über seine Lieder aussprechen, ja ich
will dann wieder singen, was ich lange nicht gekonnt, für
Tian, von Tian will ich singen. Sind Sie nicht die begeisterte Sängerin jener Lieder, wollen Sie sie nicht sein, so
danke ich es meinem Irrthum, daß ich mich hier deutlich
zu Ihnen wende, wornach ich mich schon lange gesehnt,
und wovon mich die *Intrigue* gewaltsam und schmerzlich
zurückhielt, antworte mir bald, du liebe Seele, antworte
dem wunderlichen, fantastischen, furchtbaren Menschen, der sich vor sich selbsten fürchtete, den du zu
einem Kinde machen kannst, daß in den Spiegel schaut
und sich selbsten küßte, der blind war, als er dich küßte.

Clemens.

den 1. Mai

Süßer Maie Blüthenjunge
bring ihr blühnde Friedenszweige,
Bitte sie mit süßer Zunge,
daß sie dir die Blume zeige
der sie gerne mag vertrauen
In den Busen ihr zu blicken.
Und dann will ich auf den Auen
Einen lieben Kranz ihr pflücken,
will die Blumen sprechen lehren

»Wolle Huld der Schuld gewähren,
»die schon harte Straf erlitte.
(Preitz 1, S. 227-230.)

Karoline an Clemens Brentano, Mai 1804:
Wie ein böser Traum sind mir manche bittere und trübe
Erinnerungen von Ihnen vorübergegangen, aber von
dieser ganzen Vergangenheit ist mir nur ein lebhafter
Antheil an Ihnen geblieben, und in diesem Sinne hat
mich Ihr Brief betrübt, weil er mir die verworrnen
Schmerzen Ihres Gemüthes deutlich und doch wieder
dunkel darstellt; auch wenn ich Sie nie gesehen hätte,
würde mich dieser kalte Lebensüberdruß tief und
schmerzlich bewegen. Lassen Sie es anders sein, stehen
Sie nicht so am Rande der Jugend, rufen Sie der vergangenen Zeit, und leben Sie, wie Sie könnten, ewig frisch,
jung und träumerisch; es wird und muß wieder so mit
Ihnen werden, ich kann und mag Sie mir nicht anders
denken.
Die Gedichte von Tian sind von mir, ich wollte es allen
Menschen verbergen, ein Zufall hat es vereitelt, aber
noch hat mich kein Beifall so erfreut wie der Ihrige, und
mehr wird es keiner. Ich werde nicht mit Savigny reißen,
wenigstens war noch nicht die Rede davon, aber was
auch geschehen könnte, so bitte ich Sie, kommen Sie
nicht hierher ⟨nach Trages⟩, ich habe viele Gründe,
warum ich Ihnen dies sage.
Leben Sie *recht* wohl, ich schreibe dies heute wahrlich
nicht der Form wegen.

Caroline
Savigny und Gunda sollen nichts von Ihrem Brief erfah-
ren.
(Preitz 1, S. 230 f.)

*Clemens Brentano an Karoline (vor Empfang des vorigen Brie-
fes):*
Gestern, liebe Freundin, habe ich Ihnen einen kleinen

Brief nach Trages gesendet, ich wußte nicht, daß Sie schon nach Frankfurt zurück seien. Gleich darauf erhielt ich einen Brief von Bettinen, aus dem ich Ihre Rückreise erfahre, und es thut mir leid, daß Sie jenen Brief nun vielleicht später erhalten; ich sende Ihnen daher hier einige Worte, die Sie für die Versäumnis entschädigen mögen, wenn ich wirklich so glücklich bin, daß Ihnen meine Worte Freude machen. Bettine versichert mich das letzte, und ich will ihr gern so lange glauben, als Sie selbst gütig genug sind, ihr nicht zu widersprechen. Ich bin gestern Ihretwegen etwas erschrocken, da mir in der Buchhandlung Kotzebues »Freimütiger« in die Hand fiel, und ich im zehnten Maistück in einem Aufsatz aus Ffrt. ⟨Frankfurt⟩ Ihren Namen als Verfasserin des Tians mit breitem läppischem Lobe und eben so gemeiner, sanfter Rüge ausgeplaudert sehe. Ich kenne Sie zu gut, als daß diese Anzeige etwas anderes als Ekel in Ihnen hervorbringen könnte, denn der Schreiber des Aufsatzes muß ein undelikater Mensch sein, daß er Ihre Namensverschweigung ohne Erlaubnis entweihte, und zwar in einem Blatte, welches jeder Ladenbursche liest, besonders, da er ein Mensch ohne Autorität ist, welches er sein muß, da er ein Schmierer ist, und Ihre Lieder lobt, welche eigentlich nur ein Mensch loben kann, der Sie selbst liebt und Ihre Geschichte kennt, aber er sagt, er kenne Sie nicht. Ueberhaupt bin ich sehr begierig, von Ihnen selbst zu hören, warum Sie sich entschlossen haben, Ihre Lieder drucken zu lassen, und wie Sie die Berührung mit dem Buchhändler vermittelt haben. Das ganze muß eine Epoche in Ihrem Leben sein, Sie können nicht gut zurücktreten. Sie haben die Welt zu Forderungen an Sie berechtigt, und Sie müssen verstummen oder beweisen, daß Sie selbst über der Welt stehen, weil Sie sich erkühnt haben, ihr das Ihrige anzuvertrauen. Traurig werde ich oft, wenn ich einen neuen Schriftsteller auftreten sehe, denn es ist ein Beweis, daß die Menschen keine Freunde mehr haben, und jeder sich an das Publikum wenden muß.

Liebe Karoline, wenn ich Ihnen wieder näher komme, sollen Sie mich um eines willen lieb gewinnen; ich werde Ihnen beweisen, daß ich weiß, wie man schreiben soll und muß, um es mit Ruhe zu können und sich selbst von dem Leser und dem Kritiker rein zu erhalten. Eben deshalb schreibe ich jetzt beinahe gar nicht, weil ich eingesehen habe, wie ich es muß, und noch nicht kann. Ich habe mein Gemüt und meine Seele dahin gebracht, daß ich mich würdig fühle, neben dem Schreibtische und in der Werkstätte jedes großen Künstlers als eine reine verstehende, lehrbegierige Natur zu stehen, und meine Werke sollen, so Gott will, auch auf dem Tische, in der Werkstätte solcher Menschen ruhen dürfen – so ist mein Wille. Sie sollen mir wieder vertrauen lernen, ich will Sie, wenn ich Sie wiedersehe, von der Milde, der Billigkeit, der Bescheidenheit und Würde meiner Gesinnungen überzeugen, das ist mir ein süßer Wunsch, und soll Ihnen ein Gewinn werden, wenn es Ihnen vielleicht gleich jetzt noch keine feste Hoffnung ist. Mit einer herzlichen Freude wollte ich es unternehmen, Ihrer Muße manche würdige Vorschläge zu thun, und Ihnen einen Teil des unendlichen Stoffes abzutreten, der mir täglich zuwächst, ohne daß ich es selbst wagen darf, ihn zu bearbeiten. Ich kann immer noch nicht verstehen, wie Sie Ihr ernsthaftes, poetisches Talent vor mir verbergen konnten; thaten Sie es aus Scheu oder aus geheimer Liebschaft zu diesem Talent? Doch glaube ich, Sie müssen einen eigentümlichen Weg einschlagen, um nicht auf dem Punkte stehen zu bleiben, Sie müssen sich bemühen, von der grauen Reflexion zur bunten, lebendigen Darstellung überzugehen, um sich Ihrer Anlage zu entreißen und zur eigentlichen Macht zu gelangen. Zu dieser Darstellung haben Sie sich am schönsten in Wandel und Treue gewendet, es ist dies Ihr edelstes, leichtestes, bestes Lied. Die Geschichte des Herzogs von Medina ist an vielen Orten sehr schön versifizirt, besonders verraten die Abteilungen und das Ende wirklichen Künstlersinn. Das einzige, was man der ganzen Sammlung Böses vorwerfen könnte, wäre, daß sie zwischen dem Männlichen und Weiblichen schwebt, und hier und da nicht genug Gedichten, sondern sehr gelungen aufgegebenen Exerzitien oder Ausarbeitungen gleicht; dieses erscheint besonders durch einen hie und da hervorblickenden kleinen gelehrten Anstrich, der oft nicht im Gleichgewicht mit dem Ganzen steht, zum Beispiel Worte wie Adept, Apokalyptisch und so weiter als Titel. Es ist nicht gerade, als hätte jemand eine Perrücke auf, der noch jung ist und eigenes schönes Haar hat, es ist auch nicht, als trage Amor als Perrückenmacherjunge eine solche in der Hand, denn Ihre Gedichte sind nicht jung mit langen Locken, und nicht Liebesgötter, aber es ist als hätte ein moderner Weiser ein paar antike weissagende Tauben gefunden, ihnen die Augen ausgestochen und sie in seine Perrücke gesetzt, denn Ihre Lieder sind lauter tiefsinnige, weissagende Turteltauben. Einige Lieder gleichen Uebersetzungen aus dem Französischen, zum Beispiel Ariadne auf Naxos. Doch Sie werden böse, aber ich weiß auch nichts Böses mehr; schön, vor allem schön leuchtet Ihr großes Talent zur Versifikation hervor, Sie haben einigemal die passendsten Silbenmaße getroffen, und ich wiederhole es Ihnen: vor allem leuchtet Wandel und Treue hervor, es ist ein Gedicht, das des größten Künstlers würdig ist. Ihre Prosa ist klar, gedrängt und bescheiden, und Sie werden in ihr dazu gelangen, daß man einstens fühlen wird, Sie hätten nur sich selbst, und nichts anderes gelesen. Timur ist unter diesen prosaischen Aufsätzen der schönste. – Nun wende ich mich von Ihren Kindern und rede die liebenswürdige Mutter selbst an. Liebe Karoline, hätten keine anderen Menschen zwischen uns gestanden, hätten Sie sich mir ganz erklärt, es würde nie eine tote Epoche in unserer Bekanntschaft gewesen sein! ich habe um unserhalben selbst die Gundel mir verhaßt werden sehen, denn ihre Kuppelei und Gelegenheitsmacherei hat für mich unsere erste damalige Berührung verunadelt, und

ihr Jesuitenwesen hat sie nachher erstickt. Aber das letztere danke ich ihr, sie hat etwas sehr Gutes gethan, ohne
es zu wollen, denn nun kann ich mich wieder neu und
schöner, würdiger mit Ihnen verbinden. Daß dieses mein
aufrichtiger, herzlicher Wunsch ist, sollen Sie sehen,
wenn wir wieder zusammen kommen; wir wollen dann
von der Kunst, unserem Mut und Bemühen zu ihr,
unseren Irrtümern und Fortschritten reden, wir wollen
uns jene höhere, eigene Welt, in welche wir getreten sind,
bevölkern und keiner soll dem andern ein vertrautes
Wort, einen ernsten oder scherzhaften Gedanken erlassen. Und können Sie wohl hiezu Mut haben, oder sich
gar darauf freuen, wenn ich Ihnen sage, daß ich mich
auch nicht um ein Haar verändert habe, daß ich mir alles
bewiesen sehe, was ich dunkel fürchtete, oder worauf ich
hoffte, und daß an die Stelle aller meiner Ahndungen,
Erfahrungen, und neben diesen wieder eine neue Summe
von Ahndungen getreten sind, die ich wieder erfahren
werde. Unter diesen Ahndungen nun, die mir oft als
heftige Wünsche erscheinen, ist auch die, Ihre Freundschaft und Mitteilung auf längere Zeit und in ungestör-
terer Weise als einst zu besitzen.

⟨. . .⟩ Vorzüglich freue ich mich darauf, mein Kind von
anderen Leuten herzlich geliebt zu sehen; wenn Sie, oder
Bettine, oder die Jung eine rechte Liebe zu ihm gewinnen
könnten, das könnte mich im Hintergrunde rühren und
entzücken. Ich bin nun so, unmittelbar kann ich mich
nicht erfreuen, nicht betrüben, ich muß mich gleich mitteilen, oder ich muß mich mitgeteilt sehen. – Dies wäre
ein Punkt, von dem sich ein Wörtchen sprechen ließe,
aber ich will mich kurz fassen, und nur sagen, daß ich
fühle, mit meinem Herzen, meiner Ansicht, und sogar
mit allen meinen Manieren zufrieden und glücklich sein,
ja alle meine Umgebung erfreuen zu können, wenn diese
Umgebung mich herzlich liebt und teilt, wenn sie absichtslos, unverschlossen, und nicht selbstisch ist. Jeden
Menschen, der sich durch Andere und Umstände von

mir gewendet, werde ich wiederfinden; ich werde Sie wiederfinden, liebe Freundin, meine Frau habe ich wiedergefunden, das sind mir teure und beruhigende Bürgen für die Wahrheit meiner Neigung; alle Menschen, die ich durch sich selbst und durch einander verloren habe, mögen mir verloren bleiben ⟨. . .⟩

(Geiger, Günderode, S. 92-100.)

Karoline an Clemens Brentano, 10. 6. 1804:
Ehe ich zur ernstlichen Beantwortung Ihrer ernstlichen Fragen komme, muß ich Sie recht dringend bitten, mir die fatale Perrücke abzunehmen, die Sie mir aufgezwängt haben, die ich eigentlich nicht trage, weil sie mich sehr beengen würde; also gleich am Eingang meines Briefs, hinweg mit ihr, daß ich mich frei bewegen kann.

Wie ich auf den Gedanken gekommen bin, meine Gedichte drucken zu lassen, wollen Sie wissen? Ich habe stets eine dunkle Neigung dazu gehabt, warum? und wozu? frage ich mich selten; ich freute mich sehr, als sich jemand fand, der es übernahm, mich bei dem Buchhändler zu vertreten; leicht und unwissend was ich that, habe ich so die Schranke zerbrochen, die mein innerstes Gemüt von der Welt schied; und noch hab' ich es nicht bereut, denn immer neu und lebendig ist die Sehnsucht in mir, mein Leben in einer bleibenden Form auszusprechen, in einer Gestalt, die würdig sei, zu den Vortrefflichsten hinzu zu treten, sie zu grüßen und Gemeinschaft mit ihnen zu haben. Ja, nach dieser Gemeinschaft hat mir stets gelüstet, dies ist die Kirche, nach der mein Geist stets wallfahrtet auf Erden.

Da ich heute sehr aufrichtig gegen Sie sein will, so muß ich Ihnen das noch sagen, daß in mir noch kein eigentliches Verhältnis zu Ihnen ist; wenn es werden kann, so soll mich's freuen, es wird von Ihnen ausgehen müssen; doch wenn es nicht sein könnte, so würde mich das kaum betrüben. Meine Beziehung zu Ihnen ist nicht Freundschaft, nicht Liebe, meine Empfindung bedarf daher keines Verhältnisses, sie gleicht vielmehr dem Interesse, das man an einem Kunstwerk haben kann, aber verworrene, mißverstandene Verhältnisse könnten mir dies Interesse trüben.

Sagen Sie nicht ferner, mein Wesen sei Reflexion, oder gar, ich sei mißtrauisch, das Mißtrauen ist eine Harpye, die sich gierig über das Göttermal der Begeisterung wirft und es besudelt mit unreiner Erfahrung und gemeiner Klugheit, die ich stets jedem Würdigen gegenüber verschmäht habe.

Grüßen Sie Ihre Frau freundlichst von mir; auch ich freue mich, sie zu sehen und Ihr Kind, das ich mir gar lieblich vorstelle.

Mit ›Ponce d⟨e⟩ Leon‹ haben Sie mir viel Freude gemacht.

(Geiger, Günderode, S. 115 f.)

Karolinens Reserve war berechtigt; zu anderen Freunden hatte sich Clemens scharf absprechend über ihre Poesien geäußert und allenfalls *Wandel und Treue* als »leidliches Lied« gelten lassen (an Bang; Geiger, Günderode, S. 95; dazu Rohde, S. 13; vgl. Preisendanz, S. 20 f.). Zu Recht warnte also ihre Freundin, Lisette Nees, Karoline vor »den süßen Tönen des Sirenenliedes« (Preitz 1, S. 233); ohnedies kam es, da Karoline inzwischen auch die Schaffensgemeinschaft mit ihrem Geliebten Creuzer suchte, mit Clemens zu keiner regelmäßigen Korrespondenz mehr.

Ihre Dichtung war, laut Auskunft ihres Studienbuches, zunächst von *Ossian*-Lektüre beeinflußt; auch Jacobis *Woldemar* und vor allem die Schriften Jean Pauls hatte sie früh gelesen; eine enthusiastische frühe Notiz B.s spiegelt die Begeisterung des Freundeskreises für diesen Autor:

O was hab ich Dir zu danken Jean Paul, wie hast Du die Kerkerwände des Lebens durch deinen Zauberspiegel mit Paradieses Perspektiefen erweitert, wie erregst und erweiterst Du die Brust durch Schmerzen, wie geheiligt, wie erneuert wird er durch deine Berührung; wie ziehst

Du ihm das alte Sündenkleid ab und leitest ihn wieder zum Strande, dass er die Wellen erprobe und sich kühner ihren Fluthen vertraue . . . lass deine Hände küssen und eine Weile den Sturm aller Sehnsucht an Deiner Brust beschwichtigen. So umfassen Dich meine Arme, so lege ich den Kopf an deine Brust und schliesse die Augen vor der ganzen Welt, und bin mit Dir, und bin in Dir.
(Henrici 148, Nr. 8.)

Hölderlins *Hyperion* lernte sie im April 1800, drei Jahre nach der Veröffentlichung des ersten Bandes, kennen; daneben standen seit 1799 intensive Herder-Studien (vgl. Preitz 3, S. 230 f. über die *Ideen zur Philosophie der Geschichte der Menschheit*) und eine Bewunderung für den Weimarischen Klassizismus, die nicht nur, wie bei den jungen Romantikern, Goethe, sondern stets auch Schiller mit einbezog (vgl. Savignys brieflichen Tadel deswegen, 29. 11. 1805; Geiger, Günderode, S. 38). Später wandte sie sich stärker der jungen »romantischen Schule« zu; ihr Werk zeigt, wie sich die neue Ästhetik, von einzelnen Begeisterten propagiert, allmählich auch fern der literarischen Zentren, in der Provinz, durchsetzte; so schrieb ihr Lisette Nees am 17. 4. 1805: »Von allen deutschen Dichtern dürftest Du ⟨. . .⟩ keinen lesen als Tiek, die beyden Schlegel, Goethe und Novalis.« (Preitz 1, S. 266 f.) Nicht allein ihr Gedicht *An Novalis* bezeugt, daß Mythologie für sie wie für ihr Vorbild eine »freye poetische Erfindung ⟨sei⟩, die die Wirklichkeit sehr mannigfach symbolisirt« (Novalis, Bd. 3, S. 352); daher machte sie sich nicht nur in der germanischen und antiken Überlieferung, sondern auch »im Morgenlande ⟨. . .⟩ einheimisch« (Brief von Creuzer, 20. 2. 1806; Preisendanz, S. 230) und pflegte einen Synkretismus der Mythen.

Nach frühen Exzerpten aus philosophischen Lehrbüchern zu Kant und Fichte – auch Abschriften aus Schleiermachers *Reden über die Religion* finden sich in ihrem Nachlaß – wandte sie sich seit dem Sommer 1804 intensiv dem Studium von Schellings Philosophie zu; ihre Erzählung

Geschichte eines Brahminen belegt dessen Einfluß. Sie war 1805 von Sophie von La Roche in ihre Sammlung *Herbst-tage* (vgl. ebd., S. 22-24) eingefügt und mit der *Sakontala* Georg Forsters verglichen worden. Diese empfahl ihr auch Friedrich Creuzer als Vorbild für künftige dramatische Werke (vgl. Preisendanz, S. 231; dazu Preitz 3, S. 322). Durch ihn wurde sie überdies mit der vorsokratischen Philosophie (Heraklit, Empedokles), mit Plotin sowie mit vorderasiatischer Mythologie vertraut gemacht; ihr letztes Werk, *Melete*, das unter dem Pseudonym Ion erscheinen sollte, spiegelt diese Einflüsse.

Creuzer, ein jüngerer Freund Savignys, dem er seine Beru-fung an die neugegründete Universität Heidelberg im Frühjahr 1804 verdankte, hatte Karoline im Sommer dort kennengelernt; am 17. 8. 1804 schreibt er seinem Vetter Leonhard: »Seit 8 Tagen liege ich hier (außer meiner Colle-gienthätigkeit) so ziemlich auf der faulen Haut. Erst kam Brentano allein, dann eine Fräulein von Günderode (eine Poetin Verfasserin des Tian ⟨. . .⟩). Sie ist mir aber lieb geworden ohne dies, denn ihre Gedichte las ich erst nach-her« (Preisendanz, S. 10); im Alter bekräftigt Clemens, er sei es gewesen, der »jenen Mann zu Karolinen führte, der ihr ein so verhängnisvoller Freund ward« (Niendorf, S. 21), maßte sich freilich auch auf den weiteren Ablauf größeren Einfluß an, als ihm tatsächlich zukam (ebd., auch S. 41); Creuzers Eifersucht seinetwegen durchzieht allerdings den gesamten Briefwechsel zwischen ihm und der Günderrode und steigert sich zur argwöhnischen Abneigung gegen die gesamte Familie und sogar gegen den verehrten Savigny.

Zum erstenmal erwähnt wird B. in einem Brief der Gün-derrode, den sie im Winter 1800/01 an Gunda richtete.

»Deine Schwester Bettina hat soviel ich weis die Geno-veva von Tieck. Ich bitte daß sie mir solche auf kurze Zeit giebt. Küsse Bettina von mir, ich wollte es lieber selbst thun, als Dir auftragen.« (Preitz 2, S. 167.) Vielleicht deu-tete sich in einer Bemerkung zu Gunda vom Juni 1802 das

inzwischen engere Verhältnis zu B. an: »⟨. . .⟩ es thut mir
imer leid wenn mir jemand meine Liebe raubt, wie Du mir
oft meine Empfindung für Dich raubst und meinen Glau-
ben an Deine Zukunft. Sieh so lange es so bleibt kann ich
Dich nicht allen Andern vorziehen, es ist unmöglich, ich
muß immer das Bessere mehr lieben als Dich.« (Preitz 2,
S. 176 u. die Deutung ebd., S. 220.) Eine wichtige, auch der
Familie genehme Grundlage des Verhältnisses nennt B.s
Brief an Savigny (nach dem 15. 4. 1805): »Mit dem Günde-
rodchen bin ich alle Tage, es treibt mich sehr an zum
Lernen.« (AM, S. 32.) Im Winter zuvor hatte sie mit der
Freundin Geschichte getrieben (vgl. Anm. 396,2); so
schrieb Gunda am 17. 2. 1805 der Günderrode: »Das zweite
warum ich Dich wieder so lieb habe, ist Deine Freundschaft
für Betina: Du lernst mit ihr, das hat sie uns geschrieben,
und auch daß Du sie gepflegt hast als sie krank war, das alles
lohne Dir Gott, und pflege sie immer denn sie ist wohl
immer krank.« (Preitz 2, S. 207.) Aber schon im Sommer
1804 waren B.s Studien der Anknüpfungspunkt ihres Briefes aus Offenbach an die Günderrode gewesen:

Ich möchte Dir zwar gerne eine Beschreibung unsers
Studiums in der Geschichte geben, wenn ich nur einmal
so weit wäre, einen festen Standpunkt in ihrer Ansicht zu
erlangen, mein Meister scheint nachgerade eine Klippe
zu sein, an welcher mein Studium wo nicht scheitern,
jedoch festsitzen wird und – es hat mir noch nie so sehr
an Mitteln gefehlt, es wieder flott zu machen. An die
spezielle Geschichte Griechenlands ist nun einmal gar
nicht zu denken, unser Lehrer ist von einem Religions-
geist besessen, der ihm keine andere gründliche Untersuchung und Auslegung erlaubt als die der heiligen
Schrift; ich werde daher höchstens in dem Judentum
einige Kenntnis erlangen, welches mir eigentlich lieb ist,
zudem ich für mich allein gewiß nichts darin würde
gelernt haben.
Musik lerne ich mit Gewalt, das heißt die Mechanik
derselben, mein Meister im Generalbaß ist wahrhaftig

wie ein Blinder, den der Lehrling jeden Augenblick in
Kot werfen kann. Zu zeichnen habe ich auch wieder
angefangen und wundere mich sehr, daß ich in der langen Zeit, wo ich nichts getan habe, nicht nur allein nichts
verlernt habe, sondern vielmehr profitiert zu haben
scheine. Dies alles mag wohl von der großen Ruhe und
Stille in mir und der Natur herrühren. Dichten kann und
mag ich jetzt nicht, ich habe mehrere Rezensionen von
Goethe über jetzige Dichter gelesen ⟨*Lyrische Gedichte von
Johann Heinrich Voß*, in: Jenaische Allgemeine Literatur-
zeitung, 16./17. 4. 1804⟩, und wenn er darin von festem
Gehalt, von reinem Ton, von ernster, tiefer Kenntnis
spricht, so empfind' ich ebenso wohl ernste, tiefe Ehrfurcht für den Dichter, aber wie sollt' ich mich wagen
ohne Vorbereitung? Ja, es kommt mir sonderbar kühn
vor, wie mancher nur seiner eigenen, durch tausend böse
Leidenschaften erhitzten Phantasie folgt, wie Eitelkeit
ihn treibt, nach falschem Ruhm zu haschen; muß da nicht
die heilige Natur (welche doch allein den wahren Weg
bezeichnet) ihn verlassen und ihn als einen verlornen
Sohn betrachten, wenn in jedem Augenblick, wo sie ihm
ihre Tiefen erschließt, die Weltlichkeit ihn unfähig
macht, sie zu erkennen? Ach, wahrlich! es ist keiner so
groß, sich von Verhältnissen nicht niederdrücken zu
lassen; glücklich der, dessen Fuß über Gebirge schreitet,
dem werden sie doch nicht über den Kopf zusammen-
wachsen. Du sprichst mir von Schwermut in Deinem
kleinen Brief, ich bitte Dich, prüfe Dich doch, ob es nicht
aus Mißmut über Deine Lage ist, ob es nicht Kleingläu-
bigkeit ist, ob es nicht Mangel an einer der drei göttlichen
Tugenden ist, das erste ist, den Glauben an Dein Schicksal nicht zu verlieren, Deine Lebensgeschichte nicht als
begrenzt zu denken, in dem letzten Augenblick, wo das
Licht zu verlöschen scheint, kann es ja noch herrlich und
groß entflammen und das Leben von allem Unrat und
Schwarz reinigen; hiermit ist die Hoffnung auf das engste verknüpft, wie Du wohl einsiehst und die Liebe – die

Liebe zu dieser Erschaffung, zu dieser Offenbarung der
Herrlichkeit und Weisheit Gottes ist jedem Bessern eingepflanzt, und Du wirst Dich wohl hüten, Dein Gewissen darin zu verletzen und Mißtrauen gegen Dich selbst
zu hegen. Ich weiß zwar nicht, ob Du genugsames Gewicht auf meine Freundschaft legst (das heißt so sehr, als
ich es verdiene), allein das macht mir um meinetwillen
wenig Sorgen; wenn Du mich nicht fest glaubst, so
werde ich Dich einstens mit der Wahrheit meines Daseins
überraschen, wir *müssen* noch miteinander eine große
Freiheit erringen, wir dürfen nicht als Vormünder unserer jugendlichen Natur sie um ihr Gut betrügen. Werden
wir denn die Scham ertragen, die uns vielleicht in einem
andern Leben befallen wird, wenn wir sehen, welche
Kleinlichkeiten uns Mutlosigkeit einflößten? Glaube nur
nicht, daß ich schwärme, ich bin ganz bei Sinnen, ich will
nicht alles durcheinander werfen, um mir einen Weg zu
bahnen, ich will bedächtig und mit Gewißheit gehen, ich
will den Respekt für Philister nicht verlieren, im Gegenteil, ich will die Zeit zu Rat ziehen, ich will warten, ich
will klug und listig sein. Gott, ich könnte weinen, wenn
ich dächte, daß Du bei Lesung dieses Briefes lachtest,
wenn Du mich für einen *Narren* hieltest, indessen
wünschte ich doch die Wahrheit Deiner Gesinnung über
mich zu erfahren, zu erfahren, ob Du es nicht nur allein
der Erfahrung, sondern auch der hellen, klaren Vernunft
gemäß erhältst, an alle dies nicht zu glauben, keinen
Enthusiasmus als Waffe gegen die Gemeinheit zu gebrauchen, sondern sich an den bisher statuierten Exem-
peln der verunglückten Waghälse zu begnügen und Frieden zu schließen mit den *gemachten* Menschen, indem wir
einen Damm vor den gewaltigen Strom (der Natur und
Freiheit in uns) bauen, welcher sie vor Überschwemmung ihres *gemachten* Eigentums schützet. ⟨Anspielung
auf die Philisterkritik im *Werther*; vgl. Goethe, Bd. 6,
S. 15 f.⟩
Adieu, ich bin Dir so gut, ich meine es so ernstlich, wenn

all dies nur Blindheit in mir wäre, wenn es nicht das Wahre wäre, dann wäre die Jugend auch Blindheit und die Freude und die Liebe und die Sehnsucht wäre lauter Lug und Trug.

Ich bin Dir zwar sehr Freund, glaube aber nicht, daß ich es aus Schwachheit bin, weil ich eine Stütze haben muß (obschon Du mir wirklich eine sein wirst, wenn Du Dich mir nicht entziehst), sondern weil ich es grö-ßer, besser finde, den Freund zu erhalten, weil in der Beharrlichkeit die Größe aller Werke und Geschöpfe enthalten ist; in dieser Rücksicht rechne ich auch auf Deine Freundschaft, denn wenn ich sie bloß durch mein Verdienst hätte erhalten wollen, so hätte ich schon lange daran verzweifelt.

Antworte mir bald, nicht ausführlich, nur will ich wis-sen, ob ich die Wahrheit spreche, je nachdem ich mich dann zurückziehen oder in Deinem Herzen verbleiben werde.

(SW 7, S. 335-339.)

Die wenigen erhaltenen, zum Großteil auch in B.s *Günde-rode*-Buch eingearbeiteten Originalbriefe bezeugen eine ge-legentlich herzliche, grundsätzlich jedoch belehrend-di-stanzierte Haltung Karolines zu ihrer jüngeren Freundin; so spielt Savignys Nachschrift zu B.s folgendem, im No-vember 1805 aus Marburg geschriebenem Brief auf Wirren der Liebe zu Creuzer an, wie sie B. eben nicht anvertraut wurden:

Wenn die Sonne die herrlichste Gegend erleuchtet, die ich hier von meinem Fenster aus übersehe, und allen Nebel wegnimmt, so daß ich alle die Pfade und Bächlein, die kleinen Stege, Brückelchen und sonstige Anstalten zum Fortkommen des Wanderers fest und klar und gang-bar vor mir sehe, wenn ich bedenke, wie ein jeder dieser kleinen Pfade in eine andere Gegend, in einen andern Ort und endlich in ein anderes Land führt, wie auf jedem dieser verschiedenen Wege eine verschiedene Begeben-heit unser Leben erwartet und mit sich fortzieht, wie da

schon vorher Ruhe oder Leidenschaft, Glück oder Unglück bereit ist, uns zu empfangen, je nachdem wir uns
wenden, und wenn ich zugleich bedenke, wie herrlich
der Leichtsinn ist, der den ersten dieser Wege lustig
antritt, dem keine Zweifel, keine Ahndungen Unruhe
machen, der mit Gott im Herzen sich freiwillig und mit
Kühnheit dem allgemeinen Gewebe preisgibt, der das
Leben aufsucht, wo es am schönsten blüht, und es genießt mit Kraft, so kann ich mir gar nicht denken, daß
alle diese Wahrheiten Dir nicht auch einstens Deine
Schüchternheit werden überwinden helfen, daß Du nicht
wirst Sehnsucht haben, Herz fassen zu lernen. Ach, *wenn
Du wüßtest, welche Seligkeit es ist, ein Herz zu fassen, besonders wenn man dies Herz liebt, – deswegen bin ich auch jetzt
etwas unselig, weil ich das geliebte Herz nicht gefaßt habe.*
Kannst Du Dir nicht vorstellen, wie schon darin große
Wollust liegt, wenn man mit jedem Schritt, den man ins
Leben tut, die Kraft, noch mehr zu tun, in sich vergrößert fühlt, wie man endlich Herr wird, wo man Sklave
war, wie alle romantischen, unmöglich scheinenden
Pläne nach und nach aus ihrem Dunkel hervorzuziehen,
sich an dem Licht der Kühnheit deutlich und klar ent-
spinnen und sich leicht und tunlich darstellen, ich sage
Dir, wenn Du hier von meinem alten Festungsturme
herabsehen könntest, dessen Ansicht vom Feldberg begrenzt ist, und den ich alle Abend nach Sonnenuntergang
ganz allein besteige, die Liebe Gottes, das feste Vertrauen
auf ihn und der Mut, das Leben, welches er Dir darbietet,
in seiner ganzen Fülle zu genießen, würden in stolzen
Wellen aufbrausen und an die Brandung Deines Herzens
schlagen mit Gewalt und es endlich mit sich reißen in die
hohe Flut.
Würdest Du dann Deinen Freund nicht freudig umarmen, der am Eingang Deines Kerkers Deiner wartete,
um mit Dir Hand in Hand zu gehen? ⟨Anspielung auf die
Kerkerszene, mit der der »Erste Teil« von Goethes *Faust*
schließt.⟩

Wann einmal wieder die Oper »Axur« gegeben wird, so gehe mir zulieb' hinein und merke auf die Arie, die so anfängt:
»Mich verlieren« bei den Worten,
    Bei drohenden Gefahren
    Will ich zum Trost dir eilen,
    Mit dir den Kummer teilen,
    Vertraue nur auf mich.
Mir hat diese Musik immer das Gelübde abgelockt, die Gefahr einstens aufzusuchen, um sie teilen zu können mit dem Freund und ihn zu trösten.
Mein Gott! ich habe niemand, mit dem ich ernstlich sprechen könnte, ohne daß er mir gerade ins Gesicht sagen würde: »Du sprichst Kinderei, Du lügst, Du bist gespannt, Du extravagierst,« und meistens in den Augenblicken, wo mir Gott mehr die Gnade verleiht, mich in der Sprache auszudrücken, welches nur selten geschieht; Du allein, wenn Du auch nicht zu meinen Ideen eingingst, hättest doch eine Art von Achtung vor denselben, wie vor aller Phantasie der Dichter hat.
Savignys Liebe zu mir scheint auch nichts Bedeutendes hervorzubringen; er sagte mir zwar anfangs, daß ihn mein Zutrauen freuen würde, ja, daß er nicht vergnügt sein könnte ohne meine Liebe (*ich glaube, die Bitte um das tägliche Brot macht den Wein vergessen*), indessen ist er doch immer der Beste unter den Menschenkindern, und man mag ihn mit Recht den Engel nennen, und wenn er mich auch nicht dazu auffordert, ihm meine Gedanken mitzuteilen, so fordert mich sein Anblick doch auf, gut zu sein und Gedanken zu haben, die seiner Teilnahme wert sind. Ich fühle eine gewisse Freude dabei, wenn ich so mitten unter den anderen in einer Art von Einsamkeit lebe, von der niemand weiß. Du warst mir in meiner Einsamkeit oft, was das Echo dem Dichter sein möchte, der sich seine eigene Poesie wieder darstellen will, das heißt, ich sprach bei Dir alles, als wenn ich allein wäre, sprach nicht um Deinetwillen, sondern um Gottes willen, und in

dieser Hinsicht ist mir auch das Echo ein großmütiger
Freund, ein lieber Freund, dem ich ewig Dank schuldig
bin und den ich zum Teil an Dir abverdienen will durch
Treue, Wahrheit und Teilnahme an Deinem Schicksal,
durch Ehrerbietung gegen Dein Gemüt, wenn Du Dich
mir nur nicht entziehen willst, wenn Du nur immer Dein
Vertrauen zu mir stärken und erhalten willst. Wir haben
ja doch nichts anderes auf der Welt als dies, aber dies eine
ist auch ein Stamm, der einstens einen *grünen Zweig* hervorbringen soll (*und lache nicht über das, was Ich hervorbringen will*).

Dem alten Klausner teile meine Briefe manchmal mit,
wenn du glaubst, daß sie bedeutend genug sind, um ihm
Freude zu machen, und lasse sein getreues Herz nicht
verschmachten, gib ihm etwas von unseren ehemaligen
Zusammenkünften preis und unterhalte und bilde seine
Liebe zu mir, er hat *Energie.*

Von unserer Wohnung will ich Dir auch etwas sagen,
Meline und ich haben ein sehr schönes Schlafzimmer,
welches gleicher Erde mit dem daranstoßenden Garten
ist, und in welchem gerade eine Hecke dicht vor den
Fenstern hergeht, aus dem Schlafzimmer geht man in
das, worin wir lernen, welches aber von einem hohen
Berge die Aussicht über die Stadt ins weite, weite Feld
hat, gelt Du, sehr schön! Ich bin meistens allein in diesem Zimmer, und wenn *Meline* da ist, so merke ich sie
nicht einmal, so lieb und gut und still ist sie, und ich
bin froh, mit ihr zu wohnen. *Savigny* und *Gunda* wohnen
in ihrem eigenen Häuschen, wo wir auch zu Mittag und
zu Nacht essen, und wenn *Savigny* lustig ist, so bin ich
immer sehr froh und glücklich; wenn er sein Kind betrachtet und Freude an ihm hat, so betrachte ich ihn
und habe auch Freude an ihm und wünsche dabei, ich
hätte auch einen Vater, der mich betrachtet und Freude
an mir hätte; wie wollte ich mich ihm zu Gefallen so
freundlich und artig gebärden. Adieu, Gott sei mit Dir,
wie habe ich mir zu Gefallen doch so viel mit Dir ge-

plaudert. Von meinem Lernen schreibe ich Dir nächstens.

Bettine.

Die *Bettine* will haben, ich soll Dir sagen, daß ich diesen
Brief gelesen habe. Ich sage noch mehr, nämlich, daß mir
alles, was ich seither von Dir höre, über Erwartung wohl
gefällt, und daß ich Dir in diesen Tagen ordentlich schreiben werde.

Savigny.

(SW 7, S. 339–343.)
Die Briefe belegen, mit ihren häufigen Anspielungen auf
Werke Goethes, jene gemeinsame Poesie-Begeisterung des
Brentano-Savignyschen Kreises. Überdies teilte B. damals
wahrscheinlich die »republikanische⟨n⟩ Gesinnungen«,
die Savigny scherzend der Günderrode unterstellt (Preitz 2,
S. 195; vgl. S. 769); aus den Notizen ihres Studienbuches
geht hervor, daß es ihr ernst war mit dem »kühn⟨en⟩ ⟨. . .⟩
Gedanke⟨n⟩, das Ideal der Menschheit in sich zu realisieren, hätten wir es erreicht, so wäre es nicht Ideal mehr, wir
müßten uns nach einem Höhern umsehn«: »Das gestörte
Gleichgewicht der eignen Kräfte«, so schilderte sie den
herrschenden Zustand der Bedürftigkeit, »macht den einzelnen Menschen elend. Die Ungleichheit der Bürger, und
die der Völker macht die Erde elend« (Preitz 3, S. 277 f.).
Nach einem Besuch in Hanau vertraute sie der Freundin
Karoline von Barkhaus Erfahrungen an, die ihr allgemeines
Urteil über die bürgerliche Welt veranlassen und rechtfertigen mochten:
Ich kann mir keine Liebe ohne Harmonie der Gesinnungen denken; diese ist hier unmöglich. Und oft, ich kann
es einer Freundin wie Sie nicht leugnen, oft fühle ich
Bitterkeit gegen diese Menschen, wenn ich sehe, daß sie
so gar kein Gefühl haben für das, was mich interessirt.
Wenn der erste Sturm der gereizten Empfindung vorüber ist, dann sehe ich wohl ein, wie unmöglich es der
ganzen Lage der Sache nach ist, daß diese Menschen so
denken und fühlen wie ich; es schmerzt mich tief, aber ich

begehe das Unrecht von neuem; denn der Empfindung kann ich nicht gebieten. Ich sage mir tausendmal: es ist egoistisch, nur Menschen von gleicher Empfindung zu lieben, und doch bleibt es wie vorher. Ich resignire auf Mitgefühl, nur lieben kann ich diese fremdartigen Geschöpfe nicht.

(Schwartz, S. 177.)

Ähnlich wie B. sucht sie in ihrem Dasein als Frau gelegentlich die Ursache für einen ihrer »Fehler«, einen leidigen »Zustand des Nichtempfindens«:

Es ist ein häßlicher Fehler von mir daß ich so leicht in einen Zustand des Nichtempfindens verfallen kann, und ich freue mich über jede Sache die mich aus demselben reist. Gestern las ich Ossians Darthula, und es wirkte so angenehm auf mich; der alte Wunsch einen Heldentod zu sterben ergrif mich mit groser Heftigkeit; unleidlich war es mir noch zu leben, unleidlicher ruhig und gemein zu sterben. Schon oft hatte ich den unweiblichen Wunsch mich in ein wildes Schlachtgetümmel zu werfen, zu sterben, Warum ward ich kein Mann! ich habe keinen Sinn für weibliche Tugenden, für Weiberglükseeligkeit. Nur das Wilde Grose, Glänzende gefällt mir. Es ist ein unseliges aber unverbesserliches Misverhältniß in meiner Seele; und es wird und muß so bleiben, denn ich bin ein Weib, und habe Begierden wie ein Mann, ohne Männerkraft. Darum bin ich so wechselnd, und so uneins mit mir.

(Preitz 2, S. 170 f.)

Schon früh stellte sie in ihren Studienbüchern die Frage nach dem Wesen des Todes (vgl. Preitz 3, S. 267), das sich ihr in der Reizlosigkeit ihres Lebens anzudeuten schien; glücklich pries sie daher diejenigen, »denen vergönnt ist zu sterben in der Blüte der Freude, die aufstehen dürfen vom Mahle des Lebens, ehe die Kerzen bleich werden und der Wein sparsamer perlt« (Hirschberg, Bd. 2, S. 44). Creuzer vermittelte ihr – aus seinen Studien über Dionysos (Bacchus) – die »Bakchische Lehre, daß der Tod seeliger sey als

das Leben« (23. 1. 1806; Preisendanz, S. 218). In den, aus
dem originalen Briefwechsel mit Creuzer hervorgegange-
nen, »Briefen zweier Freunde« in *Melete* faßte Karoline ihre
Auffassung vom Tode zusammen; Schellings Lehre über-
formt dabei frühere Einflüsse, wie sie etwa die Abschrift von
Stolbergs *Hymne an die Erde* in ihrem Nachlaß dokumentiert:

Lange wust' ich diesen Fragen nicht Antwort, und sie
verwirrten mich; da war mir plötzlich in einer Offenbarung Alles deutlich, und wird es mir ewig bleiben. Zwar
weiß ich, das Leben ist nur das Produkt der innigsten
Berührung und Anziehung der Elemente; weiß, daß alle
seine Blüthen und Blätter, die wir Gedanken und Empfindungen nennen, verwelken müssen, wenn jene Berührung aufgelößt wird; und daß das einzelne Leben dem
Gesetz der Sterblichkeit dahin gegeben ist; aber so gewiß
mir Dieses ist, eben so über allem Zweifel ist mir auch das
Andre, die Unsterblichkeit des Lebens im Ganzen; denn
dieses Ganze ist eben das Leben, und es wogt auf und
nieder in seinen Gliedern den Elementen, und was es
auch sey, das durch Auflösung (die wir zuweilen Tod
nennen) zu denselben zurück gegangen ist, das vermischt
sich mit ihnen nach Gesetzen der Verwandschaft, d.h. das
Ähnliche zu dem Ähnlichen. Aber anders sind diese
Elemente geworden, nachdem sie einmal im Organismus
zum Leben hinauf getrieben gewesen, sie sind lebendiger
geworden, wie Zwei, die sich in langem Kampf übten,
stärker sind wenn er geendet hat als ehe sie kämpften; so
die Elemente, denn sie sind lebendig, und jede lebendige
Kraft stärkt sich durch Übung. Wenn sie also zurükkeh-
ren zur Erde, vermehren sie das Erdleben. Die Erde aber
gebiert den ihr zurückgegebenen Lebensstoff in andern
Erscheinungen wieder, bis durch immer neue Verwandlungen, alles Lebensfähige in ihr ist lebendig geworden.
Dies wäre, wenn alle Massen organisch würden. –
So gibt jeder Sterbende der Erde ein erhöhteres, ent-
wickelteres Elementarleben zurück, welches sie in auf-
steigenden Formen fortbildet; und der Organismus, in-

dem er immer entwikkeltere Elemente in sich aufnimmt, muß dadurch immer vollkommener und allgemeiner werden. Sie wird die Allheit lebendig durch den Untergang der Einzelheit, und die Einzelheit lebt unsterblich fort in der Allheit, deren Leben sie lebend entwickelte, und nach dem Tode selbst erhöht und mehrt, und so durch Leben und Sterben die Idee der Erde realisiren hilft. Wie also auch meine Elemente zerstreut werden mögen, wenn sie sich zu schon Lebendem gesellen, werden sie es erhöhen, wenn zu dem, dessen Leben noch dem Tode gleicht, so werden sie es beseelen.

(Hirschberg, Bd. 2, S. 51-53.)

»Frei und poetisch sollte *Ihr* Leben seyn«, wünschte ihr Creuzer in den Wirren und Hemmungen ihrer Liebe (19. 10. 1804; Preisendanz, S. 22); indessen identifizierte sie selbst sich mit dem mythologischen Lebensmuster des Narziß (vgl. Anm. 323,34), und in ihrer rückblickenden Stilisierung war B. die Gefährdung ihrer Freundschaft durch diesen Wesenszug Karolines stets bewußt (vgl. z. B. S. 484 f.).

Den endgültigen Bruch führte Creuzer herbei. Das Verhältnis Karolines zu dem mit einer bedeutend älteren Frau verheirateten Geliebten war, nachdem Scheidungspläne sich ebenso zerschlagen hatten wie sich die Entsagung in Freundschaft als unmöglich erwies, ohnedies gereizt und störbar geworden. Die Ratschläge der Freunde, darunter auch Savignys, hatten bei Creuzer mehr noch als bei Karoline zu Unsicherheit und zum Argwohn gegen andere geführt. Am 11. 5. 1806 forderte er von der Geliebten, seinen früheren Förderer und Freund Savigny, den er während B.s Marburger Aufenthalt im Winter 1805/06 besucht hatte, nicht weiter ins Vertrauen zu ziehen:

Muß *er* Dir sagen, was an mir ist? Das wollte Gott nicht – *das kann ich nicht glauben* – Also warum denn? Ach darum, – weil *auch Du keinen rechten Muth hast*, keinen Muth hast, der die Welt überwindet.
Hättest Du den, so hättest Du Dich schon längst gegen

jedes Eingreifen der Br⟨enta⟩nischen und S⟨avign⟩y-
schen Familie in Dein *eigenstes* (verstehe mich recht), in
Dein *inneres* Leben (und folglich in dieses Verhältniß)
verschlossen.

So aber hörst *Du* noch immer die B⟨ettine⟩ an, die Du
doch selbst schwazhaft nennst und die *ich* eine Kokette
nenne ⟨. . .⟩ – und dieses ganze Haus, herrschsüchtig
und eitel wie es ist, was hat es von jeher anders gewollt,
als Dich *beherrschen* und *verrathen*! (Laß mich das *letztere*
nicht auseinandersetzen – ich fühle, es wäre nicht recht,
wenn ich es *jetzt* thäte, – aber wahr ist's. Du weißt's auch
selbst.)

Mich freuet es, daß ich bereits vor 8 Tagen, da ich
literarischer Commissionen wegen an S⟨avign⟩y zu
schreiben hatte, es ihm mit dürren Worten gesagt: es sey
in Marburg nur in den wenigen Augenblicken hübsch
bei ihm gewesen, in welchen die vorlaute B⟨ettina⟩
abwesend war.

(Preisendanz, S. 266 f.)

Schon am 13. 5. kommt er, der seine Eifersucht auf Clemens
nur schwer überwunden hatte (vgl. S. 827 f., 853), neuerlich auf den »Verdruß darüber« zu sprechen, »daß das
Kommen oder Gehen, das Nahe oder Ferneseyn, Reden
oder Schweigen der Familie (die nun leider Savigny den
ihrigen nennt) Dir noch nicht eine ganz gleichgültige Be-
gebenheit geworden« (Preisendanz, S. 271); wohl im Juni
verlangte er den Bruch:

– – Aber das betrübt mich tief wenn ich denke daß Du
um *Bettinens* willen ein abgemessenes Betragen annäh-
mest. – Reiß Dich doch los von diesem Urteil mache
Dich frei von dieser Gesellschaft.

(Preisendanz, S. 275, dort auf Mai 1806 datiert; spätere
Datierung laut Rohde, S. 107.)

Offensichtlich folgte Karoline der Aufforderung sogleich;
am 23. 6. stellte Creuzer fest:

Daß das Weinen der Bettine Dir schmerzlich war, begreife ich und ich fühle, wie ich Veranlassung bin. –

Aber *in sich* verstehe ich dies Weinen nicht. Zum Weinen hätte sie freilich Ursache genug. Sie könnte darüber weinen, *sollte* es sogar, daß sie eine Brentano geboren ist, ferner daß Clemens ihren ersten Informator gemacht, ingleichem und folglich, daß sie egoistisch ist, und kokett und faul, und entfremdet von allem, was liebenswürdig heist.

Seit ich sie einmal in Marburg in Savignys Stube heintreten sah – seitdem ists aus mit mir. Schenkst Du ihr in diesem Sinne Thränen, so tadle ichs nicht; in jedem andern ists nicht der Mühe werth.

(Preisendanz, S. 300 f.; vgl. SW 3, S. 109.)

Am 2. 7. 1806 meldete Meline aus Frankfurt »als große Neuigkeit« an Savigny, »daß der Creuzer von Heidelberg hier sein soll. Die Günderode hat mit der Bettine gebrochen, und ich vermute fast, sie tat es, weil sie befürchtete, von ihr in dem schönen tête à tête gestört zu werden. Der Fummler ⟨B., »fummeln« – etwas flüchtig tun, unordentlich sein⟩ wird Euch ausführlich darüber schreiben, ich darf ihm nicht ins Handwerk pfuschen« (AM, S. 41 f.). B. war sich über die in ihren späteren Veröffentlichungen verwischte Rolle Creuzers (vgl. S. 1117) durchaus im klaren; zugleich fand sie durch die Trennung von der Günderrode endgültig in der poetisch beglaubigten und zugleich gelebten Ideal-Existenz Goethes den Rahmen ihres Daseins.

B. an Karoline, Juni 1806:
Ich hätte gern, daß Du der Gerechtigkeit und unserer alten Anhänglichkeit zulieb' mir noch eine Viertelstunde gönntest, heut' oder morgen; es ist nicht, um zu klagen, noch um wieder einzulenken. Beides würde Dir gewiß zuwider sein, und von mir ist es auch weit entfernt. Denn ich fühle deutlich, daß nach diesem verletzten Vertrauen bei mir die Freude, die Berechnung meines Lebens nicht mehr auf Dich ankommen wird wie ehemals, und was nicht aus Herzensgrund, was nicht ganz werden kann, soll gar nicht sein. Indessen fühle ich immer noch, daß Du Ansprüche auf

meine Dankbarkeit machen kannst, obschon sie Dir wenig nützen kann. Ich habe manches, was ich nicht für Dich verloren möchte gehen lassen, dies alles hat ja auch nichts mit unserem zerrütteten Verhältnis gemein, ich will auch dadurch nicht wieder anknüpfen, wahrhaftig nicht! im Gegenteil, diese Ruinen (*größer und herrlicher als Du vielleicht denkst*) in meinem Leben sind mir ungemein lieb, und wenn ich an *Goethes* Wandrer dabei denke, so wird mir ganz wohl und leicht dabei, ich versteh' ihn dann dreifach.

Ich habe mir statt Deiner die Rätin *Goethe* zur Freundin gewählt, es ist freilich was ganz anders, aber es liegt was im Hintergrunde dabei, was mich selig macht, die Jugendgeschichte ihres Sohnes fließt wie kühlender Tau von ihren mütterlichen Lippen in mein brennend Herz, und hierdurch lern' ich die Jugend anschauen, und hierdurch lern' ich, daß seine Jugend allein mich erfüllen sollte, eben deswegen auch mache ich keine Ansprüche mehr auf Dich.

Du hast zur *Clodin* gesagt, ich wüßte, warum Du Dich mit mir entzweit hättest. Ich weiß es aber nicht, und ich denke, Du wirst es billig finden, meine Fragen darüber zu beantworten, nicht um Dich, sondern um mich zu berichtigen. Ich habe bis jetzt geglaubt, der *Creuzer* hab' etwas gegen mich, oder die *Servieres* hätten mir die Suppe versalzen; es sei dem allen nun, wie ihm wolle, ich verspreche Dir, mich nicht weißbrennen zu wollen, wie Du vielleicht denkst, oder Dir Vorwürfe zu machen, erlaub' also, was ich fordern kann.

Wenn mir mein Freund das Messer an die Kehle gesetzt hätte und ich hätte so viele Beweise seiner Liebe, so freundliche, so aufrichtige Briefe von ihm in Händen gehabt, ich würde ihm dennoch getraut haben. Die Briefe mußt Du mir wieder geben, denn Du kömmst mir falsch vor, solang Du sie besitzest, auch leg' ich einen Wert darauf, ich habe mein Herz hinein geschrieben.

Bettine Brentano

(SW 7, S. 343-345.)

B. an Savigny, nach dem 8. 7. 1806:
Mit der Günderode ist es ganz aus, ich hab noch einmal
bei ihr angepocht und hab ihr einen Brief geschrieben
voll Einfalt und Gutmütigkeit, ich hab ihr gesagt, wie
daß es mich gar nicht traurig mache, daß sie keine Freude
mehr an meinem Umgang habe, aber sie solle doch nicht
so wütig verzweiflend alles Verhältnis, das zwei honette
Menschen haben können, in die Luft sprengen, ich sei ihr
immer noch dankbar für vieles. Sie will nichts von mir
wissen, auch nicht eine kleine 4tel Stunde, die ich von
ihr begehrte, um das Ganze auseinanderzusetzen, hat sie
mir erlaubt. Sie will mich *nicht* mehr sehen, und niemand
hat Anteil an diesem Entschluß, er ist aus tiefem Gefühl geflossen, daß ich ihr nichts bin, daß sie mir nichts
sein kann. Sie hoffte zwar ehmals sich einiges Verdienst
um mich zu erwerben, es war aber grundfalsch und beruhte auf einer unrichtigen Ansicht ihres und meines
Gemütes.
Bedenk, bedenk, was das für Sachen sind, und frag einmal, was es für einen Eindruck auf mich gemacht hat! Es
hat aber ohne Spaß eine Epoche in meinem Leben verursacht. Ich schrieb ihr in leichtfertigem Sinn, ich habe
mir die R. Göthe statt ihrer zur Freundin gewählt. Und
so lief ich auch zu dieser in peinlichem Mutwillen und bin
nun bei ihr wie ihr Kind und laß mir wohl sein bei ihr wie
Göthe, und von ihren mütterlichen Lippen fließt die
Geschichte von Göthes Mai in herrlichen Worten mit
jedem kleinen Umstand, Anekdoten tausendfältig; sie
hat noch viele Briefe von ihm, obschon sie manchen
zerrissen hat, vielleicht gibt sie mir diese zu lesen, und
dann beweise ich Dir sicher, daß ich gern *Genuß* mit Dir
teile.
(AM, S. 44 f.; vgl. ebd., S. 45.)

Savigny an B., 14. 7. 1806:
Die Geschichte mit dem Günderrödchen ist allerdings
sehr sonderbar, und Du darfst nicht versäumen, mir den

weitern Verfolg zu berichten. Du hast Dir in Creuzers Gegenwart manche kleine Frivolitäten (Dir selbst halb unbemerkt) über ihr Verhältniß erlaubt, die vielleicht die Ursache sind.
(Härtl, S. 116.)

Unmittelbar nach dem Selbstmord der Günderrode am 27. 7. gelangte die Nachricht in den Brentano-Kreis, und wiederum bewährte sich Sophie von La Roche als Vermittlerin von Neuigkeiten; aus einem Schreiben Wielands an sie geht hervor, wie sie ihn unterrichtet hatte (vgl. *C. M. Wieland's Briefe an Sophie von La Roche* ⟨...⟩, hg. v. Franz Horn, Berlin 1820, S. 345 f.); die ersten Gerüchte gab sie sogleich weiter.

Sophie von La Roche an Elise von Laubach Solms:
31. Juli 1806

Was Neues aus hiesiger Gegend vorkommt, empört, schmerzt und setzt in Staunen, wie die unselige Entschließung des 24 Jahre alten Stiftsfräulein von Günderrode, welche sich auf einem Spaziergang im Mondschein mit Dolchstichen das Leben nahm, nachdem sie einige Wochen in einer der schönsten Gegenden des Rheingaus mit zwei Freundinnen gelebt, munter mit ihnen zu Nacht aß und ohne anders allein ausgehen wollte, natürlich nicht wiederkam und den andern Tag gefunden wurde. Es war die Nämliche, welche den »Bramen« schrieb und meine zu große Gefälligkeit in meinen »Herbsttagen« aufnahm. Ich achte es glücklich, daß ich meine armen Schriften nicht wiederlese, denn diese Erinnerung würde mir immer Schauer geben. Ein den Tag erhaltener Brief veranlaßte die Tat. Mir war traurig, daß dieser Brief durch die nämliche Freundin kam, welche auch Vertraute meiner Enkelin ⟨Sophies⟩ war, die nach dem Lesen [ihres(?)] Briefs Mut und Verstand verlor und in *Wielands* Haus 1800 wahnsinnig starb. Auch sagt man, diese philosophische Freundin sei mit einer tiefen Melancholie zurückgekommen und starre stets vor sich hin. O edle,

weise Fürstin Elise! Was [für] moralische Verkehrtheit,
was für Jammer auf dieser Erde! . . .

6. August 1806

Der elende Zerstörer von armer Günderroder Grundsätze ist, wie gesagt, Professor Creuzer in Heidelberg,
welchem sie schrieb: »Den Tag, wo Sie sich von Ihrer
Frau scheiden lassen, schreiben Sie mein Todesurteil,
denn ich will dieses nicht überleben.« Und sie hielt unse-
ligerweise Wort, denn [am] Nachmittag bekam sie die
Nachricht, daß seine Frau in Scheidung willige und als
Haushälterin bei ihnen bleiben wolle. [Es] tötete die
Arme sich abends halb zehn Uhr, als sie noch einen
einsamen Spaziergang zu machen vorgab. Alles ist begierig, was der unselige Mensch tun und sagen mag. Aber
die neuen HE Philosophen sind bald über so etwas hinaus . . .
(Kampf, S. 103.)

Am 1. 8. sandte Meline einen knappen Bericht an Savigny,
ohne sich schon über die Ursachen der Tat im klaren zu
sein; am 23. 10. faßte ein ausführlicher Brief Melines an
Savigny den tatsächlichen Hergang zusammen:

An Savigny, ihm allein zu übergeben
[Frankfurt] d. 1ten August [1806]
Die Günderod ist tot, sie hat sich am Samstag ⟨26. 7.⟩
Abend um halb 8 Uhr im Winkel bei den Servières mit
ihrem Dolch erstochen. Sie war während 8 Tagen etwas
melancholisch, weil sie keine Briefe von Creuzer bekam.
Den Samstag ging sie dem Boten entgegen, nahm die
Briefe und eilte damit auf ihr Zimmer, kam nach einer
Stunde ganz ungemein fröhlich zum Nachtessen und
sagte der Lotte [Servière], sie habe sehr gute Nachrichten
erhalten. Creuzer sei zwar krank gewesen, sei aber wieder
besser. Sie aß mit vielem Appetit, lachte und scherzte,
und dann wünschte sie im Mondschein spazieren zu

gehen, lehnte aber alle Begleitung ab und ging ganz
fröhlich davon; nach wenigen Minuten kam sie zurück,
holte ihren Schal und rufte der Lotte noch mehrmals
Adieu zu. Es wurde 10 – 11 – 12 und sie kam immer
nicht; da wurde es den Servières bang, sie schickten
Boten nach allen Seiten, und als man sie nirgends fand,
vermuteten sie, Creuzer habe ihr ein Rendezvous gegeben und sie entführt. Man suchte sie in allen Orten die
ganze Nacht und fand sie endlich um 4 Uhr den Morgen
am Rhein in einem Weidenbusch, mit einem Dolchstich
das Herz durchbohrt, den Dolch neben ihr und in dem
Schal einige Steine gebunden, wahrscheinlich um sich,
wenn der Stich fehlte, in den Rhein zu stürzen. Man sagt,
Creuzer habe plötzlich mit ihr gebrochen, doch wer
weiß, was wahr ist? Du wirst am sichersten von Heidelberg aus hören, was wahr ist.
Die Bettine ist ganz gefaßt und vernünftig. Präpariere die
Gunda und tröste Dich. Sie ist bei Gott und ist glücklicher als sie auf Erden sein kann.

Meline

Den unglücklichen Brief (der von Daub war) hat man
nicht gefunden, aber das Couvert der Heyden, worin sie
der Lotte schreibt: »Hüte die Günderod vor dem Rhein
und dem Dolch.«
Von Heidelberg hörte ich: Creuzer war krank, auf einmal
erwacht er, läßt seine Freunde zu sich rufen und erzählt
ihnen, es sei ihm ein Engel erschienen, der ihm gezeigt
habe, wie sträflich sein Verhältnis mit der Günderod sei
und wie unrecht er seiner Frau tue. Er wolle nun mit G.
brechen, möge es kosten, was es wolle. Wahrscheinlich
hat Daub der Günderod davon geschrieben und dadurch
diesen Entschluß in ihr erweckt. Ob Creuzer um ihren
Tod weiß, ist mir unbekannt. Ihre Sachen und Papiere
sind noch alle versiegelt, sie sind in einer Art von Prozeß
mit der Mutter [Louise v. G.].
(AM, S. 46 f.)

Allerdings erzählte B. im Alter Varnhagen (vgl. dessen Notiz, 21. 9. 1854; Bd. 14, S. 241), auch die anstößige Liebschaft ihrer Mutter mit dem Hofmeister der jüngeren Geschwister habe die Günderrode tief verletzt.

Karolines Tat löste Bestürzung und Irritation über ihren engeren Bekanntenkreis hinaus aus. Zwar hatte sie schon früher mit Selbstmordgedanken gespielt, und der Briefwechsel mit Creuzer enthüllt, wie gerade Schellings Naturphilosophie ihren Todeswünschen entgegenkommen mußte (vgl. Preisendanz, S. 100-104 u. ö.). Um so strenger urteilte Lisette Nees gegenüber Susanne von Heyden:

> Die früheren Briefe Linens die Du mir zugeschikt sind
> ganz in dem Geist geschrieben wie ich mir ihr Verhältniss
> dachte, ein scheinbar freyes heitres Spiel, hinter dem ein
> grinsender Dämon lauert; so dünkt mich stelle man sich
> die Verführung des Teufels vor. – Jeder Abfall von der
> Natur ist eben so gut Sünde als der Abfall von der Sitte
> denn die Sittlichkeit ist ja nur eine höhere Natur. Gegen
> beyden sündigte Lina; darum sind ihre früheren Briefe
> kalt herzlos bey aller geistreichen Anmuth, und die spä
> teren rächen sich an den früheren durch gewaltsam her
> vorgetretene Empfindung. In diesem Spiel, daß Lina oft
> sich und ihre Zustände als die eines dritten schildert, liegt
> mir ein tiefer Sinn: es giebt uns die Spaltung in ihrer
> Seele, das immer thätige Vermögen der Reflexion, sich
> von sich selbst zu trennen im Bilde wieder. Ihre Darstel
> lung ihrer drey Seelen ist sehr wahr. Die Einheit dieser
> drey Gewalten wäre die Liebe gewesen. – In der Herr
> schaft der ersten Seele war sie Weib, und in so fern
> modernes Wesen, in der zweiten Mann und lebte im
> Antiken. In der dritten lag die Tendenz zur Ausglei
> chung beyder in das rein Menschliche. Ihre Coquetterie
> war eine schnöde Misgeburt jener ersten Beyden, die
> aber mehr dem Vater ähnlich sah als der Mutter. In einer
> glücklichen Liebe hätte die 2te Seele als herrschend müs
> sen vom Schauplatz abtreten weil das Gemüth aufgehört
> sich selbst Objekt zu seyn, um aber uns in der Freund-

schaft zu dem erst geliebten Gegenstand verherrlicht
wieder zu kehren. – In einer unglücklichen Liebe (und
unglücklich nenne ich nicht blos die unerwiederte sondern jede wo die Liebe mit dem Gemüthe selbst in
Widerstreit geräth wie das immer der Fall seyn muss, wo
die Liebe mit der Sittlichkeit nicht übereinstimmt.) hätte
die zweyte erst recht ihre Stelle gefunden, und indem sie
die erste mit jugendlicher Energie zu sich hinein gezogen
wären die beyden aufgenommen worden in der Verklärung der dritten. Warum aber alles so ganz anders erfolgte? Weil die intensive Kraft der zweyten geschwächt
und zerstreut war durch jene Misgeburt, weil Karoline
empfänglicher, reizbarer wie so manche andre, deren
festere gediegnere, wenn Du willst schwerfälligere geistige und körperliche Organisation sie vor der gefährlichen Höhe bewahrt auf der Karoline lächelnd und wie
zum Scherz zu wandlen schien, von den Einflüssen unserer, kaum erst vergangnen Zeit mächtiger ergriffen
wurde wie viele. Ein fester, gediegner Sinn, ein lebendiges Gefühl für sittliche Schönheit, ein klares unbestoche-
nes Kunsturtheil, konnte wohl, lebhaft angeregt von
jedem Schönen eine Zeitlang eingeschlossen zu seyn
scheinen in jener daher brausenden Fluth, bald aber wird
es sich selbst und seine Welt aus sich wieder gestaltet, und
mit Klarheit und Freyheit dem Leben und der Poesie,
jedem seine Sphäre angewiesen haben. Caroline vermochte dies nicht. Sie fiel, ein Opfer der Zeit, mächtiger
in ihr würkender Ideen, frühzeitig schlaff gewordener
sittlicher Grundsäze: eine unglückliche Liebe war nur die
Form unter der dies alles zur Erscheinung kam, die
Feuerprobe die sie verherrlichen und verzehren musste.
Friede mit ihrer Asche!
(Preitz 1, S. 281 f.)

Die Herzogin Amalie von Sachsen-Weimar, ebenfalls durch
Sophie von La Roche informiert, urteilte ähnlich: »Der
Idealismus hat schon manche Opfer dem Charon zuge-
bracht.« (*K. L. von Knebel's literarischer Nachlaß und Brief-*

wechsel, hg. v. K. A. Varnhagen von Ense und Th. Mundt, Bd. 1, Leipzig 1835, S. 215.) Goethe erfuhr zunächst wenig Genaues; »seine Mutter könne er über Fräulein von Günderode nicht fragen, denn da kriegte er gleich die Antwort, sie müsse toll geworden sein« (Friedrich Johann Frommann, *Das Frommannsche Haus und seine Freunde 1792-1837*, Jena 1870, S. 75); am 11. 8. 1810 notiert er dann im Tagebuch: »Mit Bettina im Park spazieren. Umständliche Erzählung von ihrem Verhältnis zu Fräulein Günderode. Charakter dieses merkwürdigen Mädchens und Tod.« (*Tagebücher*, hg. v. Peter Boerner, Zürich 1964, S. 306.)

B. bekannte Savigny etwa Mitte August 1806: »Du weißt vielleicht wohl jetzt schon, was mich bisher so ganz eingenommen hat, der Tod, der fürchterliche Tod von der Günderode.« (AM, S. 48.) In den Briefen der nächsten Zeit an Savigny kam sie stets darauf zurück (vgl. AM, S. 51, 55), an Arnim, der durch Clemens fast gleichzeitig einen Brief B.s über das Geschehen erhalten hatte (vgl. Steig 1, S. 190 f.), schrieb sie Ende August:

> So steht auch die unglückliche Günderode in ihrem schrecklichen Schicksal da, sie wollte den Feind vernichten, der ihre Freiheit einengte, und mit dem einzigen Versuch, mit dem einzigen Dolchzucken traf sie ihr eigen Herz und warf das, was ihr werth sein sollte, weit von sich und traf mich auch mit dieser Unthat, ich werde den Schmerz in meinem Leben mit mir führen, und er wird in viele Dinge mit einwirken, es weiß keiner, wie nah es mich angeht, wieviel ich dabei gewonnen und wieviel verloren habe. Ich habe Muth dabei gewonnen und Wahrheit, vieles zu tragen und vieles zu erkennen; es ist mir auch vieles dabei zu Grund gegangen, ich werd mich nicht so leicht mehr an den einzelnen fesseln, ich werd mich wohl an nichts mehr fesseln, und um dieses werd ich oft mit Schmerz und Trauer zu ringen haben. – Sie wissen wohl gar nichts von allem, wie sie sich am Rhein auf einer grünen Wiese unter Weidenbüschen Abends

um zehn Uhr mit lustiger Miene das starke Messer durch
die Brust gestoßen, so nah am Rhein, daß ihre aufge-
flochtne Haare in das Wasser hingen; die ganze Nacht
blieb sie da liegen, bis Morgens der kühle Thau ihr auf
die Brust fiel in die tiefe, tiefe Wunde hinein, die gleich im
ersten Moment dem Leben so großen Raum gab, schnell
zu entfliehen. Ich war grade auf einer Rheinreise begriffen, den Tag, nach dem es geschehen war, warf man mir
die schreckliche Nachricht ins Herz, ich fuhr in dem
kleinen Nachen an der Stelle dicht vorbei, wo es geschehen war. Wie mir es da ergangen, wie ich gegen alles ein
ganz ander Gefühl gehabt, und wie ich die Natur mit
einem eignen Blick betrachtet habe – davon sprechen
wir, wenn wir uns sehen; es waren Gewitter am Himmel,
dunkle, schwere Wolken, Sonnenblicke, und doch war
alles so herrlich, ich hab einzig gefühlt, und ich bin froh,
daß ichs durchlebt habe. Ein augenblicklich Verlangen
hatt ich damals, eine Sehnsucht nach einem Hafen, einem
Herzen, worin ich mit Sicherheit all meine Gedanken
möchte landen lassen, ein jeder fände Platz, keiner dürfte
den andern verdrängen, die leichte Barke mit witziger,
bunter Wimpel fährt schnell dahin und ankert, wo auch
das ernste Kriegsschiff, mit Muth und Stärke beladen *und
mit Schicksal*, ich würde alles dort hinsenden und verwahren den jungen Keim der Weisheit, den der lebhafte Sinn
nicht aufkommen läßt.
(Steig 2, S. 38 f.)

Arnim an B., 27. 8. 1806:
Der sanfte, blaue Blick der armen Günderode begegnet
mir sicherer, nun sie nicht mehr sprechen kann, sie sieht
freier und ohne Zurückhaltung in die Welt, wir fühlen
uns enger befangen, schlagen die Augen nieder und an
unsre Brust, wir konnten ihr nicht genug geben, um sie
hier zu fesseln, nicht hell genug singen, um die Furien-
fackel unseliger, ihr fremder Leidenschaft auszublasen.
Ich sage: wir – und doch war ich ihr gar zu nichts, aber

ihr doch recht gut, und von dem Morgen, wo ich ihr das Wasser in die Augen spritzte, von dem Nachmittage, wo sie so lachend kämpfte den Dolch zu verbergen, den sie aus dem Schranke hervorsuchte, womit wir spielten recht wie Kinder mit dem Feuer, das ihr Bette ergriffen, bis zu unserm Umsturze, wo ich sie in meinen Armen gen Himmel hielt, und bis zu dem Abschiedsabende in Ihrem Hause, wo sie so hübsch aussah, daß wir uns alle verwunderten, in all der lieben, fröhlichen Zeit war sie so mitwirkend zu allem Spiel, so sanft vertheidigend gegen die kritische Pflichtbosheit der censirenden Pädagogik von Clemens, daß ich immer bei ihr auf das Lamm komme, das nichts mehr zu opfern hatte und sich nun selbst opferte. Schauderhaft ist mir die Section des Arztes gewesen, der ihren Tod aus dem Rückenmarke gelesen; so etwas ist doch nur zu sagen möglich bei dem versunkenen Zustande dieser Wissenschaft, zu der kein Arzt und kein Kranker zum Arzt mehr Zutrauen hat. Mit der weichen, schwachen Hand solche Gewalt, um einem drückenden Lebensverhältnisse zu entgehen, das wohl so einem vereinsamten, gereizten Gemüthe im Augenblicke unendlich hoffnungslos scheinen mochte, das ist mehr Lebenskraft, als der vortreffliche Arzt verstehen wird, wenn er auch hundert Jahr darüber alt würde. Wer so etwas mit fremden Augen ansieht, der muß sich auch einen fremden Grund denken, er denkt, die Krankheit hat einen Arm vorgestreckt, um zu vernichten, was sie nicht entstellen mochte, die gemeinste Bemerkung spricht dagegen, daß kein Gesunder so an jeden verlängerten Augenblick des Lebens hängt als alle abzehrenden Kranken. Fort also mit dieser entsetzlichen Erklärungswuth, was in sich so klar ist, ohne Anspruch zu machen, gut oder böse sein zu wollen, sondern lieber wie ein Bergschatten in die Tiefe des Rheins zu verlöschen. Ich weiß nicht, wie nahe Sie Sich ihr verbunden fühlen, die Aeußerung im vorigen Brief ist so beschränkt durch zufällige Veranlassung, daß darüber kein andrer meinen

sollte; wahrlich gehöre ich auch nicht zu denen, die
andrer Menschen Zuneigungen herabsetzen mögen, es
ist ja endlich unser einziger Trost, wo uns Menschen
verschwinden, sie recht geliebt zu haben, solange sie
unter uns. Doch, meine ich, Sie äußerten damals ⟨1805⟩,
ihr näher in Beschäftigung, Richtung, Ansicht und Aus-
tausch von Kenntnissen, als durch eigentliches Anschließen an ihr einzelnes, eigenthümliches Wesen verbunden
zu sein; denn das ist doch wohl das eigentliche Wesen der
Freundschaft, nicht zu lieben den einzelnen Moment, der
bezwingt, sondern die göttliche Kraft in allem zu erkennen, die den Gleichgültigen nur im einzelnen Momente
überrascht. Ja, ich möchte Sie durch Sich selbst trösten
und erfrischen, ich möchte sagen, wie der Christ die
Wahrheit seines Glaubens an einen Kampf auf Leben und
Tod setzt, der Physiker sein mühsames Lebenswerk an
ein Experiment, so scheint Ihnen nur die Ansicht der
Natur durch den Tod der Freundin, mit der Sie so wahr
und so launig wie mit der Natur spielten, verändert,
zerrissen; Sie glauben dadurch manches gelernt zu haben,
es trennt sich von uns nur, was uns fremd war. Es ist
hierin kein Vorwurf, Sie hatten diese schöne Aufrichtigkeit, es ihr zu sagen, vielleicht daher dieses Zurückstoßen
in der letzten Zeit, wo sie mit sich ganz einig sein wollte
und jene himmlische Freundschaft finden, die auf Erden
einzelne Glückliche zusammen belebt und mit ihren Sinnen und mit ihren sterbenden Wurzeln den Boden nicht
verschließt, sondern auflockert. Auch der Dolch wird in
diesem himmlischen Elemente zur Pflugschaar, die Un-
that zum bösen Traume, über den wir uns die thränenden
Augen auswischen und die That darin erkennen, sie
weder vernichten noch darüber richten − dazu ist keiner
bestellt.
(Steig 2, S. 40 f.)

In der Rahmenerzählung seiner Novelle *Maria Melück
Blainville*, die 1839 im ersten Band der von B. initiierten

Arnim-Ausgabe neu vorgelegt wurde, setzte Arnim der
Günderrode 1812 ein poetisches Denkmal; die Deutung
ihres Schicksals als eines Irrwegs der »Romantik« blieb
noch für B.s *Günderode*-Briefroman verbindlich (vgl. S. 889).
Das wirkliche Erlebnis war zum Anlaß gelegentlichen Andenkens geworden.

B. an Goethe, 7. 5. 1808:
in 4 bis 5 Tagen fahr ich auf einem Schifflein den Rhein
hinunter und wohne etliche Wochen dort, grade an dem
Ort, wo meine Günderode ihr Leben geendet hat; vor
einigen Wochen kam mir der Gedanke an sie zu schreiben, als wenn sie noch lebte, und siest Du, es überfiel
mich dabey eine Wehmuth, als wenn dieses Unglück
noch ganz frisch und neu wäre; man glaubte damals, ich
sey etwas hartherzig, denn es war mir selber, als könnte
ich keinen großen Antheil daran nehmen, aber wahrlich
des Menschen Herz ist ein Abgrund, dessen Tiefe nur die
Almacht ergründet; denn ist es mir manch mal noch, als
lebte sie wieder, und steht das ehmalige Verhältniß wieder ganz in dem Augenblick, den ich durchlebe – es soll
mich doch nicht hindern, recht fröhlich am Rhein zu
seyn, und auch fröhlich von dort aus an Dich zu schreiben, wenn Du es erlaubst.
(Bergemann, S. 217.)

B. an Max Prokop von Freyberg, 11. 7. 1810:
Ich erinnere mich bei Dir, oft an meine Freundin von der
ich dir auf dem Spaziergang über den Hofberg sprach, es
war das erstemal, wo ich etwas vertraulicher mit Dir
sprach. wenn ich nicht irre so sagte ich dir Damals, daß
ich immer eine Ahndung gehabt habe, 3 Jahre nach
ihrem Tod, würde die Wunde vernarbt seyn, jezt sind es
3 Jahre, und die Ahndung hat sich mir gelöst, – O daß ihr
Andenken mir ein bleicher Schatten geworden ist, das
kränckt mich, diese Liebe konnte ich auch nicht festhalten! – ich bin nicht gut ich bin nicht starck, ihr, die nur

lauter gutes an mir geübt hatte kann ich nicht einmal ein
festes Andenken in mir weihen mich reist das Neue fort,
und hier verspreche ich so viel? ich bin schwach weit
besser wärs wenn ich mit Ernst und nicht so rasch wär –
(Steinsdorff, S. 109.)

Völlig vergessen war Karoline von Günderrode bis zum
Erscheinen von B.s Buch keineswegs. In dem von Friedrich
Kind herausgegebenen Almanach »Die Harfe« (Bd. 3, 1816,
S. 337 f.) ließ der Offenbacher Dichter Buri seine Verse
Nach Lesung der Gedichte und Phantasien von Tian erscheinen
und erläuterte in einer Anmerkung: »Unter diesem ange-
nommenen Namen dichtete Fräulein von Günderrode, genialisch und unglücklich wie Sappho.« 1823 heißt es dann
in dem lexikalischen Werk von Carl Wilhelm Schindel *Die
deutschen Schriftstellerinnen des 19. Jahrhunderts* (Leipzig): »Mit
einem Sinn für Edles und Großes verband sie seltne
Talente, die, wenn sie das Feuer ihrer schwärmerischen
Gefühle mehr gekühlt haben würde, zu großen Erwartungen berechtigten. Ihre Genialität, Tiefe der Empfindung
und Gluth der Phantasie geben ihr den Namen der deutschen *Sappho*« (Bd. 1, S. 176 f.).

BETTINES DICHTUNGSLEHRE UND ARBEITSWEISE

Am 18. 6. 1840, nach einer Lesung B.s aus ihrem *Günderode*-Buch, hielt die Malerin Wilhelmine Bardua, die zum
Arnimschen Freundeskreis gehörte, in ihrem Tagebuch
fest: »Es ist Bettinen lieblich, sich Dinge vorzumalen, von
denen sie möchte, sie wären so *wirklich* wie sie dieselben
sich denkt und wünscht. Ich habe in meinem ganzen Leben
noch niemand so herzensruhig Dinge, die nicht wirklich
sind, behaupten hören wie Bettinen. Und doch muß man sie
liebhaben.« (Werner, Bardua, S. 169.) Dem Buchhändler
Moritz Veit, der sie 1839 kennengelernt hatte, gab B. gelegentlich den ironischen Ratschlag: »Sie müsse mir nicht

Alles glaube, ich bin so verloge« (Geiger, Bd. 2, S. 230),
und spielte damit auf die Zweifel an der Wahrheit ihrer
Briefveröffentlichungen an, die freilich erst in der zweiten
Hälfte des 19. Jahrhunderts, seit der positivistischen Ausrichtung auch der Literaturwissenschaft, allein herrschend
wurden und das Urteil über ihr Werk fast ausschließlich
bestimmten. Schon B.s »romantisches Buch«, *Goethes Briefwechsel mit einem Kinde*, war in den dreißiger Jahren »auf ein
gewandeltes Literaturverständnis und eine veränderte Lite-
ratursprache« gestoßen; »das Interesse der Zeitgenossen für
Daten und Fakten aus dem Leben berühmter Personen
nahm den Inhalt des Buches zunächst durchwegs für bare
Münze und man reagierte empört, als ⟨besonders seit der
Veröffentlichung von Riemers *Mitteilungen über Goethe*
(1841)⟩ Zweifel an Bettinens ›Wahrheitsliebe‹ aufkamen«
(Steinsdorff, in: Kat., S. 251; vgl. Komm. zu Bd. II). »Wenn
die scharfe Nachrede auch tausendfach auf mich einschmet-
tert«, erklärte dazu B., »was kann es mir schaden.« (Liebmann, S. 5.) Dementsprechend betont Rudolf Baier, der ihr
1844/45 bei der Vorbereitung zur Neuedition von Arnim/
Brentanos *Des Knaben Wunderhorn* zur Hand ging, sie habe
sich stets »wenig um philologische Kritik bekümmert, vielmehr den poetischen Gesichtspunkt auch jetzt noch den
alleinig maßgebenden sein lassen« wollen (Gassen, S. 7).
Und so begann sie, als sie in ihrem Briefwechsel mit Philipp
Nathusius ›Wahrheit‹ und ›Lüge‹ neu und überzeugend zu
bestimmen hatte, mit der Frage: »Was ist wahrhaftiger als
Phantasie?«

    – sie duldet nicht einmal, daß sich ihre Spur verwische,
nein, gründet sie für ewige Zeiten, und jeder, der ein
Herz hat, fühlt es tief erschüttert, wenn diese Spur der
Phantasie sich ihm berührbar macht, und dann ist unter
allen, die von dieser Spur gereizt sind, wieder mancher
oder einer, dem reißt der Vorhang, er sieht in goldne
Himmelslüfte, wo früher Nebel dicht gelagert waren,
vom Berg herab steigt ihm der junge Tag entgegen und
ladet ihn hinauf auf sonnige Höhen, dort, selber sich

entzündend, der Phantasie den Raum zu gönnen im eig-
nen Busen, denn Phantasie ist Entzündung am reinsten
Licht. – Sage! – ist sie Dir noch Lüge? – bloß weil Du
gestern was aussprachst, was Dir heut' nicht mehr im
Busen anschlägt? – Nein! alle Wolkenzüge schreiben
Gottes Weisheit in den Äther, kommt der Wind, zer-
streut sie wieder, sind sie dennoch dagewesen, und das
Auge, das sie gesehen, gibt von jenen Wolkenbildern
Zeugnis, daß sie ewig seien.
(IP, S. 399.)
Deshalb durfte und wollte B. also stets »einem gewissen
Kunstplan« – »den ich nicht suchte, dem ich aber unwill-
kürlich nachging« (an ihren Sohn Friedmund, 5. 9. 1852;
Hahn, S. 42) – folgen:
Ich muß mich ganz hingeben, ich sichte nicht, ich lege
keine Hand an! Ruder, rasche fliegt der Kahn mit dem
reißenden Strom. – Der Drang der Gedanken macht
mich verzagen, ich wehr mich, bis ich alles vergessen
habe, bis allmählig das Getümmel von Geist und Empfindung wie Wolken ineinanderschmelzend sich verliert.
– Wenn ich das Allzumächtige erst los bin, wende ich
mich an die Kinder-Einfalt des Erlebten, und dies ist
meinen Kräften angemessen und wie sichs gibt, so muß
ichs nehmen.
(An Herman Grimm, ohne Datum; Liebmann, S. 5.)
Um ihr Verfahren angesichts jener ersten Zweifel nach der
Publikation ihres Goethe-Buches zu erläutern und zu rechtfertigen, formulierte B. jedoch in der folgenden Veröffentlichung, eben der *Günderode*, ihr editorisches Ideal; sie wünsche sich den »Briefwechsel« ihres Großvaters: »Ich glaub
zu so etwas hätt ich Verstand, es einzuleiten und zu bereichern für den Druck, da wollt ich noch viel hinzufügen, mir
kommt immer nur der Verstand wenn ich von andern
angeregt werd.« (S. 621 f.) Ähnlich trägt sie in *Ilius Pamphilius*, der auf dem während der Entstehung des *Günderode*-
Buches mit Philipp Nathusius geführten Briefwechsel beruht, ihrem Briefpartner einen Editionsplan vor:

Ich dachte einmal, unsere Briefe ineinander zu ordnen,
das, was zu warm sei, zu üppig in den meinen ins Kraut
geschossen, herauszubrechen, das, was ich von tieferen
Anschauungen bewahrt hatte, hineinzufügen und so leise
die Quelle Deines Dichterlebens an den Tag zu leiten, –
und da sollten diese Knospen des Musenfrühlings, in
ihrem Bettchen so recht behaglich bewahrt, einen reinen
Eindruck auf die Jünglingsleser machen.
(IP, S. 248 f.)

In seiner Untersuchung über B.s »Briefromane« hat dann
Waldemar Oehlke, der freilich zunächst auf eine Kritik
ihrer Echtheit abzielt, doch auch B.s Arbeitsweise treffend
charakterisiert:

Sie zerpflückt die Vorlagen und verstreut die Teile an
geeignete Stellen; aber sie zieht auch verschieden Datier-
tes unter ein Datum zusammen. Selten lässt sie etwas
unverändert, wenn sie auch bemüht ist, den einheitlichen
Charakter zu wahren. Sie ergänzt nicht nur, was Komposition und Zusammenhänge fordern, sondern sie erfindet
Motive und gestaltet sie aus. Jahreszeiten sind ihr kein
Hindernis für Concentrierung unter ein Datum. Sie sorgt
für ein Colorit und bevorzugt, wenn sie es neu schafft,
den Frühling. Je ostentativer ein Datum von ihr genannt
wird, um so weniger ist ihm zu trauen. Sie drängt zeitlich zusammen und vermeidet grössere, unmotivierte
Lücken in der Correspondenz. Sie nutzt Erlebtes und
seine Stimmungen für anders dargestellte Situationen aus
und zieht Vorlagen ihrer sonstigen Correspondenz zur
Aushülfe heran. Aus einem Briefganzen versteht sie ohne
Veränderung des Wortlauts durch Einfügung neuer Par-
tieen, Übergänge und Milieuzeichnung ein neues Brief-
ganzes zu schaffen. Sie verwertet gedruckte Werke als
Quellen mit der Vorspiegelung, das aus ihnen Ge-
schöpfte sei so, wie sie es darstelle, von ihr erlebt oder
mündlich, persönlich ihr indiciert worden. Sie imitiert
fremden Stil und schaltet mit dem ihr Überlieferten souverän. Ihre auf die künstlerische Einheit des Ganzen

gewendete Sorgfalt bringt es zum Teil mit sich, daß sie sich selbst widerspricht, Irrtümer stehen lässt, chronologische oder gar anachronistische Verstöße begeht. Sie vervollständigt die Bilder von Personen, Charakteren, Begebnissen 〈. . .〉.
(S. 6 f.)

Neben die Stilnachahmung in später hinzugeschriebenen, aber vorgeblich historisch verbürgten Passagen treten vor allem die Ergänzungen des Gehaltes in einer »gehobenen, an Bildern reicheren Sprache« (S. 302); Oehlke bietet (S. 285-293) eine Zusammenstellung ihrer Schlüsselbegriffe.

Daß »nicht Briefe, auch nicht Briefteile«, sondern »Briefgedanken« die Komponenten von B.s Büchern sind, ist Oehlkes Schlußfolgerung (S. 246), die ihn die Gattungsbezeichnung »Briefroman« vorschlagen läßt.

B.s Werke rücken damit in die Tradition der Briefromane, die B.s Großmutter, Sophie von La Roche, mit ihrer *Geschichte des Fräuleins von Sternheim* (1771) nach dem Vorbild Richardsons in der deutschen Literatur heimisch gemacht hatte und die mit den *Leiden des jungen Werthers* (1774) nochmals zur europäischen Mode wurden. Freilich hatte Goethe schon mit der zweiten Fassung (1787) den autonomen Kunstcharakter seines halb autobiographischen Briefromans entschieden herausgearbeitet, wenngleich für die junge Bettine eine Lektüre als Schlüsselroman natürlich weiterhin nahelag (vgl. S. 755). Überdies hatte wiederum Sophie von La Roche in ihren späteren Werken – etwa in dem in Offenbach entstandenen *Liebe-Hütten* (1803) – die Autonomie der Fiktion weiter verwischt und die Nähe zu den stilisierten privaten Briefwechseln im Zeitalter der Empfindsamkeit gesucht und betont: »Ich liebe alles, was aus der Feder einer Person meines Geschlechts abstammt, und liebte immer vorzüglich die Briefe der Madame de Sevigné, als Modell *erzählender gefühl- und anmuthsvoller Briefe.«* (*Mein Schreibetisch*, Bd. 1, S. 103.)

Gelegentlich nennt Bettine solche Vorbilder, um sich

von ihnen zu distanzieren, so etwa jene »lettres de Madame de Sevigné«, die in aristokratischer Lebenssphäre schon die allgemeine, auch bürgerliche »Seelenbildung« vorwegnahmen: »Diese an eine Tochter geschriebne Briefe sind ein eleganter Tanz der Seele auf dem Tanzplatz der höheren Welt wo alles ihrer Grazie bei jeder Wendung Beifall klatscht. – Ich werde nie in die Verlegenheit kommen solche Briefe schreiben zu müssen.« (S. 202, 15-19.)

Nach dem programmatischen Traditionsbruch um 1848 mochte es den Beurteilern im Rückblick auf die »vorrealistische« Epoche so erscheinen, als habe B. »die als literarische Kunstform fast schon veraltete Form des Briefwechsels zu neuem Leben erweckt« (Alberti, S. 76). Tatsächlich aber sind B.s Briefwerke »weder als Gattung noch in der Entstehung originell« (B. Gajek, in: Frankfurt, S. 222). Sie ordnen sich einer Gattung ein, die in der Biedermeierzeit stets an Beliebtheit gewann; sie wird von Friedrich Sengle als »Briefkunst« bezeichnet (Sengle, Bd. 2, S. 211 f.). Wahrscheinlich hatte »Pücklers Erfolg, wirkliche Briefe herauszugeben und ein Buch daraus zu machen (*Briefe eines Verstorbenen*, 1834) ⟨B.⟩ auf den Gedanken ⟨gebracht⟩, er könne ihren Briefwechsel mit Goethe ebenfalls edieren« (E. Gajek, in: Kat., S. 255). Zugleich hatten sich überdies die philologisch-historisch angelegten Brief-Editionen entwickelt; vor allem Goethes von ihm selbst 1828/29 vorgelegter Briefwechsel mit Schiller mußte B. in ihrem ersten Publikationsplan bestärken (vgl. auch Sengle, Bd. 2, S. 205).

Zu einem Leitbild ihrer eigenen Edition wurde jedenfalls das 1834 erschienene Buch *Rahel. Ein Buch des Andenkens für ihre Freunde*, und mit dem Witwer der Rahel, Karl August Varnhagen von Ense, teilte B. seither ein »editorisches Interesse, auf dessen Grundlage sie ⟨einander⟩ zunächst als Herausgeber und Herausgeberin kennen und respektieren lernten und schließlich sogar eine bis ins Politische hineinreichende freundschaftliche Beziehung aufbauten« (K. Feilchenfeldt, in: Kat., S. 237). Jedoch verzichtete B. auf eine

Abgrenzung auch hier nicht: »Varnhagen hat das große
Buch Rahel herausgegeben ⟨. . .⟩ es macht Epoche besonders da es den Leuten wie eine gebratene Ganz ins Maul
fliegt.« (Henrici 148, S. 27.)

Letztlich zielte B. mit ihren Editionen auf die Darstellung und Verwirklichung ihrer selbst; ihre Briefpartner
dienten ihr schon in den Originalbriefwechseln gewöhnlich
als ein Mittel zu diesem Zweck (vgl. B. Gajek, in: Frankfurt, S. 221-224; Ricklefs [Rez. v. Steinsdorff], in: Aurora
35 (1975) S. 127-135); so benötigte sie Karoline als »Echo«
und »Widerhall« (vgl. Anm. 410,1); im Briefwechsel mit
Philipp Nathusius heißt es: »Ich liebe den eignen Geist. Du
bist die Pforte, durch die ich zu ihm eintrete.« (IP, S. 167.)
Originalität ist für B. eine existentielle wie eine ästhetische
Notwendigkeit, deshalb will sie sich keinem Vorbild unterwerfen und keinen Erwartungen fügen.

Im Jahr 1838 hat B. die Gleichwertigkeit von Existenz
und Existenzausdruck einmal erläutert:

⟨. . .⟩ in meinen jungen Jahren, da hab ich das alles so
gelebt. Dann hab ich geheiratet, da kamen meine Kinder,
da dacht ich an weiter gar nichts und war wie die Katz mit
ihren Jungen. Nun sind die Kinder groß, und ich habe
Ruhe, da hab ich die alten Briefe wiedergelesen, da ist mir
das alles wieder aufgewacht, und ich habe zum zweiten
Mal gelebt ⟨. . .⟩.

(Zu Otto Mejer; Hahn, S. 52 f.)

In *Ilius Pamphilius* beruft sie sich auf einen »magnetischen
Schlummer« (S. 21; vgl. S. 711), der die Identität des Selbst
in einer zeitfreien Innerlichkeit verbürge (vgl. S. 1096 f. zur
Vergegenwärtigung der Günderrode). Solche Wiedergeburt durch die Poesie erlaubte ihr, sich die oft bespöttelte
Rolle des Kindes bis ins hohe Alter hinein zu eigen zu
machen; wie einst für ihren Bruder Clemens (vgl. S. 807), so
war sie jetzt in ihrem Selbstverständnis »die Verkörperung
kindlicher Poesie und kindlichen Künstlertums« (vgl.
Schaub, S. 46 ff.). Sie beruft sich auf »die Kinder-Einfalt
des Erlebten« (an Herman Grimm; vgl. S. 881); nichts

könne deshalb »wahrhafter« sein als ihre »Phantasie« (IP, S. 164). Deshalb stellte sie auch in ihrer Auseinandersetzung mit dem Berliner Magistrat über verlags- und urheberrechtliche Fragen (vgl. Kommentar zu Bd. III) fest, daß »die Grenze zwischen Eignem und Angeeignetem, zwischen Untergeschobnem und Selbsterzeugtem geistig nicht existiert«; »durch Zusammenstellung des Materials, durch Ergänzung der Bruchstücke, durch Aussonderung und notwendige Überarbeitung desselben« würden auch die Nachlässe derer, die ihr einst nahestanden, »zum eignen schriftstellerischen Produkt der Frau von Arnim« (B.s Entwurf für ihre Verteidigungsrede, August 1847, Meyer-Hepner, S. 74, 79, vgl. S. 64).

Dabei durfte sie sich auf das nachschöpferische Verfahren berufen, das Clemens Brentano und Achim von Arnim vor allem bei der Edition von *Des Knaben Wunderhorn* angewandt und gegen die Brüder Grimm verteidigt hatten (vgl. zu B.s entsprechendem Vorgehen Frühwald, bes. S. 20); B. hatte ja an dem Editionsprojekt der beiden Freunde einigen Anteil und plante um 1840 auch die Neuausgabe des *Wunderhorns* (vgl. S. 825, 989).

Und schließlich ist sich B. ihrer Goethe-Nachfolge bewußt. Während der Entstehung des »Königsbuches« notierte Varnhagen in seinem Tagebuch:

Abends Bettina von Arnim bei mir, liest mir einen großen Abschnitt aus ihrem Königsbuche vor, eine herrliche Komposition, worin sie die Mutter Goethe's die tiefsinnigsten, kühnsten, schlagendsten Sachen über Hof und Fürsten, Kirche und Glauben, Regieren und Volkswesen, aussprechen läßt, in glücklichstem Humor vorgetragen. Zum erstenmale gestand sie mir völlig ein, daß hier mit der Wahrheit auch Dichtung ⟨!⟩ sei, und daß sie den Anspruch auf buchstäbliche Wirklichkeit nicht mehr machen wolle. Hätte sie dies bei ihrem ersten Buche aufgegeben, wie viel Widerspruch und Verdruß hätte sie sich erspart! (19. 2. 1842; Bd. 2, S. 23.)

Daß eben auch Goethe selbst »das Nothwendige und Natürliche« (S. 6) einer schöpferischen Erinnerung in *Dichtung und Wahrheit* anerkannt habe, führt Herman Grimm, B.s Schwiegersohn, nachdrücklich zu ihrer Rechtfertigung an. Schon Wilhelm Grimm (an B., 8. 9. 1840; Schultz, S. 172) hatte B. mit diesem Vergleich geschmeichelt; schließlich war sie an der Entstehung von Goethes Autobiographie beteiligt (vgl. Kommentar zu Bd. II) und hat sie wiederum als Quelle benutzt (vgl. z. B. Anm. 459, 13 f.).

Weil B.s Existenz repräsentativ ist, ist schon der bloße Ausdruck ihrer personalen Wahrheit zugleich ein Appell, dieser Wahrheit Glauben zu schenken. Damit wird ihre Form der »Geschichtsschreibung« zur Herausforderung für das Objektivitätsideal der Historischen Schule (vgl. S. 778, 939); B., »die mit den Exponenten dieser Schule, dem Juristen Friedrich Carl von Savigny und dem Histori-ker Leopold von Ranke vertraut war, bezog mit ihrer Art, Geschichte zu schreiben, die entschiedenste Gegenposi-tion« (Heinz Härtl, in: Fk/H, S. 322). In ihrem Brief an Ranke vom 2. 4. 1828 spielt sie »die geheime Geschichte meines Herzens« gegen dessen archivalische Studien aus: »⟨. . .⟩ und nur die geheimen Geschichten sind Wahrheit und die öffentlichen Schein.« (Wiedemann, S. 66.) Dabei »waren die Auseinandersetzungen um die Einstellung der Brüder Grimm« in den preußischen Staatsdienst seit Ende 1837 »eine wichtige Lehrzeit auf dem Weg zu einer politi-schen Schriftstellerin«; sie hatte gelernt, wie durch scheinbar private Dokumente, wenn sie geschickt lanciert werden, die öffentliche Meinung und damit die Politik zu beeinflussen ist (H. Schultz, in: Kat., S. 267 f.; vgl. die Polemik gegen den »ehrlichen Geschichtsschreiber« Ranke in B.s Brief an Wil-helm Grimm, 12. 4. 1840; Schultz, S. 148.)

Ihre Arbeitsweise folgte aus ihrem Selbstverständnis und ihren Absichten:

- Sie integriert die Werke ihrer Briefpartner in die Brief-wechsel (vgl. S. 323, 369); so wirkt die Einheit von Poesie und Leben vollends natürlich; B., als die Verkör-perung der Poesie, spielt die Rolle der Muse.

– Sie personalisiert Konzepte; deshalb tauchen Menschen
jeweils dort auf, wo ihre Lehre und Lebenshaltung in den
gedanklichen Zusammenhang passen, auch wenn B. ihnen tatsächlich erst später oder sogar niemals begegnete.

– Sie entfaltet unaufdringlich, aber konsequent Leitmeta-
phern der Selbstwerdung. So wird im *Frühlingskranz* die
platonisierende Schlußszene (vgl. Anm. 290,4) mit den
beiden Seelen-Pferden sorgfältig vorbereitet; das »Pferd«
erscheint als Inkarnation der Poesie (vgl. Anm. 51,15)
und des Heldentums (vgl. S. 69); ebenso wird in der
Günderode das alte Bild des »Schmetterlings« für die Menschenseele (vgl. Anm. 89,14) variiert. So schafft B. im
Wechsel des Mannigfaltigen doch eine Werkeinheit als
Ausdruck ihres einzigartigen Selbstseins.

– Durch ihre Technik der Wiederaufnahme konzipiert B.
über die jeweiligen Buchgrenzen hinaus die Wahrheit
eines Gesamtwerkes als Ausdruck ihrer Persönlichkeit
(vgl. Oehlke, S. 212, 251, 255 f., 263 u. ö.). Das jeweils
frühere wird so zur Quelle ihrer späteren Werke (vgl.
S. 1095 f.).

– Durch ihre Technik der assoziativen Ergänzung vorlie-
gender Originale verwandelt B. die früheren Ansichten
und Feststellungen in Prophezeiungen: Die (scheinbare)
Erinnerung wird im neuen Kontext aktuell. Ihre Publi-
kationen pflegte sie vorzubereiten, indem sie ihre alten
Papiere vorlas und in neue Gesprächskontexte einfügte
(vgl. S. 1094 f. u. 1113). Dabei schätzte sie einer »philiströsen« Tatsachengläubigkeit ihrer Leser/Gesprächs-
partner gegenüber die verblüffende Mystifikation (vgl.
S. 1096 u. Anm. 76,12 f.), wie sie auch versuchte, durch
Extravaganz Reaktionen zu provozieren, die sich ihrer
Wirkungsstrategie einordnen ließen (vgl. Schultz,
S. 175). Daß die Spontaneität zumindest ihrer schriftlichen Äußerungen trügt, bezeugt Herman Grimm: »Sie
schrieb unaufhörlich wieder ab was ihr nicht gefiel, bis es
die Leichtigkeit des Styles empfing, als sei es flüchtig nur
so hingeschrieben worden.« (S. 11.)

So antworteten ihre Veröffentlichungen von Briefwechseln mit zwei Leitfiguren des »Romantischen« wie selbstverständlich auf eine aktuelle zeitgenössische Debatte und
nahmen deren Stichworte auf; was um 1840 diskutiert
wurde, sollte wie die Erfüllung von genuin »romantischen
Positionen« erscheinen; schon bei seiner Anzeige der Ar-
nim-Gesamtausgabe hatte Moriz Carriere »die positiven
Elemente« hervorgehoben, »die in der Romantik liegen
und aus ihr zu gewinnen sind« (Augsburger Allgemeine
Zeitung, Nr. 100, 10. 4. 1841).

B. wie ihren Anhängern ging es um die Revision einer
Kritik, wie sie Hermann Marggraff 1839 in seinem Buch
Deutschlands jüngste Litteratur- und Culturepoche vorgetragen
hatte:

> Es ist uns als Rückstand jener romantischen Richtung,
> als ihr Aeußerstes ein eben so sonderbares als poetisches,
> eben so närrisches als tiefsinniges Buch überkommen, ich
> meine den Briefwechsel eines Kindes mit Göthe ⟨. . .⟩.
> Ich liebe in Bettinen das Kind, das naive, unbefangene,
> keck anschauende, das im muthigen Sprunge der Emp-
> findung nicht darauf Acht hat, ob es zu Falle kommt, ich
> liebe im Kinde die Jungfrau Bettina, die glühende, über-
> müthig sprudelnde, trotzköpfige, die ursprüngliche und
> neckische süddeutsche Natur. Aber ich hasse ihre fast
> frevelhaft weibliche und wieder bacchantisch trunkene
> verliebte Raserei ⟨. . .⟩. Die Zeit ist krank, wo *Bettina* so
> empfinden und ihre Empfindungen so aussprechen
> konnte.
>
> (S. 165 f., 168-170.)

Die Anspielung auf Goethes berühmtes Verdikt über die
»kranke« Romantik wird durch die Publikation des *Günderode*-Briefwechsels aufgenommen und korrigiert. Das
Schicksal von B.s Frankfurter Jugendfreundin wird als
Parallele zum Martyrium des Dichters Hölderlin in der
»Philisterwelt« verständlich, und mit den Stichworten
»neue Religion« und »Volkskönigtum« wird die romantische Erbschaft eingefordert, die jene Generation gerade im

Selbstopfer beglaubigt hatte. Denn erst in den Freiheits-
kriegen hatte sie, nach B.s Auffassung, ihre Anlagen entfalten und »heroisch« verwirklichen können. Der Rückgriff
auf die Epoche der nationalen Erhebung und der preußischen Reformen war aber in diesen Jahren vor und nach der
Thronbesteigung Friedrich Wilhelms IV. eine Chiffre der
Hoffnung auf künftige Nationaleinheit und Staatsreform
(vgl. Komm. zu Bd. III). In einem Brief an ihren Sohn
Friedmund artikulierte B. diese Hoffnungen ihrer Zeitgenossen noch im Ton der »ekstatischen Naherwartung«
frühromantischer Utopie:

> Der Weltumwälzer in Person wird plötzlich auftreten,
> wird seine Macht entfalten, und dadurch eine so große
> Erschütterung veranlassen, daß er vielleicht selber unter
> den Trümmern zu Grunde geht, er weiß diese seine
> Gefahr, allein er wird nicht von ihr eingeschüchtert! – er
> steht fest auf seinem Willen das ganze bisherige Regi-
> ment umzuwandlen, und sollte sich die ganze Regierung
> gegen ihn verschwören! – Die Regierung scheint mir sich
> unter den Fuß dieses Heldenmäßig auftretenden
> Menschheitsgenius zu beugen mit stummen Verwun-
> dern, mit geheimer Intrigue, Schlingen zu legen und
> durch die Neuen Motionen die Sache doch auf dem alten
> Fleck festzuhalten Hoffnung habend.

(Karl-Heinz Hahn, ». . . *denn Du bist mir Vater und Bruder
Sohn«. Bettina von Arnim im Briefwechsel mit ihren Söhnen*,
in: Wissenschaftliche Zeitschrift der Friedrich-Schiller-
Universität Jena, Ges. u. Sprachwiss. Reihe 20 [1971],
S. 487.)

Nun wird die Einlösung der Prophezeiung, die Erfüllung
der Romantik, eben jenem »Romantiker auf dem Königs-
thron« (David Friedrich Strauß, 1847; vgl. S. 1119 f.) zuge-
mutet, dem B. ihr zentrales Werk in der ersten Hälfte der
vierziger Jahre widmete, dem preußischen Herrscher
Friedrich Wilhelm IV. Am 22. 9. 1840 schrieb sie an Wilhelm Grimm: »Gott weiß, ich glaub manchmal das größte
Wunder könne hier im Werk sein, daß der wahre Menschen-

geist der König zu sein berufen ist, aus diesem Mann der
König heißt, könne ans Licht geboren werden, daß allem
Wahnsinn zum Trotz die Kräfte seines Wesens sich hinnei-
gen zu allinnigster Übereinstimmung und makellosem
Schönheitsgefühl.« (Schultz, S. 176.) Und bereits am 13. 7.
1840 mit der Kennmetapher des neuen Aufbruchs: »Die
lang zurückgehaltne Frühlingskraft bricht plötzlich mit
Macht hervor.« (An Jacob Grimm u. Friedrich Christoph
Dahlmann; ebd. S. 167.) Selbst die radikalen Intellektuellen
der Berliner Hegelschule, mit denen B. verkehrte, setzten
ähnliche Erwartungen in das neue Regiment; so bemerkte
Bruno Bauer im Rückblick auf das Jahr 1840: »Frühling in
jeder Brust, längst zu Grabe getragene Wünsche erwachen
wieder, erstarrte Hoffnungen brechen wieder hervor.
⟨. . .⟩ der Morgenschein der Hoffnung liegt auf allen Ant-
litzen, strahlt auf ⟨!⟩ allen Blicken; es ist, als wenn jeden
Augenblick unendlicher Jubel aus allgemeiner Brust her-
vorbrechen wollte.« (Bauer, Bd. 1, S. 5.) Die Debatten um
den »christlichen Staat« (vgl. etwa: Arnold Ruge, *Der
christliche Staat. Gegen den Wirtemberger über das Preußenthum*,
in: Deutsche Jahrbücher für Wissenschaft und Kunst, Nr.
167-168, 1842) erinnerten B. an das romantische Versprechen einer »neuen Religion« (vgl. S. 937); in *Clemens Brentano's Frühlingskranz* hob sie deshalb gegen den Vorwurf
des engen Konfessionalismus, den Theodor Echtermeyer
und Arnold Ruge schon 1839 in ihrem Manifest *Der Protestantismus und die Romantik* geäußert hatten (vgl. die Edition
durch Norbert Oellers, Hildesheim 1972) und den der
Lebensgang Clemens Brentanos auch nach der Meinung
B.s (vgl. S. 823 f.) zu rechtfertigen schien, doch die Jugendepoche des Romantikers hervor: Statt des »Totenkranzes«,
den der Bruder laut dem Motto des Buches von ihr verlangt
hatte, bot sie einen »Frühlingskranz«, wie er dem anbre-
chenden »Völkerfrühling« (vgl. Frühwald, S. 346) allein
gemäß war. Diese Absicht, in der wachsenden Enttäuschung nach den Versäumnissen der ersten Regierungs-
jahre Friedrich Wilhelms IV. die Regenerationshoffnungen

um 1800 mit denen von 1840 parallel zu setzen und an die
Erfüllung zu mahnen, bestimmte die Konzeption des *Frühlingskranzes* und diente als Richtlinie für B.s Bearbeitung. So
bemühte sie sich, auch das bekannte Gedicht *Es steht im
Abendglanze* jenem Volkston anzunähern, den Clemens
Brentano und Achim von Arnim in *Des Knaben Wunderhorn*
geschaffen hatten und den Echtermeyer und Ruge ihnen
absprechen wollten. Das »Volk« aber setzte die Verfasserin
des *Königsbuches* inzwischen mit dem verarmten »Proleta-
riat« Preußens gleich (vgl. Komm. zu Bd. III); sie sah sich
als dessen Anwalt in der Öffentlichkeit.

Inzwischen hatte sich ihre Einschätzung dieser Öffentlichkeit weiter entwickelt, und die gezielte Beeinflussung
der Presse durch Anhänger wie Stahr und Oppenheim (vgl.
S. 1007-1010) verdrängte allmählich den ›romantisch‹ inspi-
rierten Glauben, mit einem eingeweihten Leser- und Ver-
ehrerkreis gleichsam die Keimzelle für eine Umwandlung
von Volk und Staat schaffen zu können. Die breite und
scharf polarisierte Resonanz auf das Königsbuch (vgl.
Komm. zu Bd. III) hatte wohl B.s Empfinden für die
anonymen Instanzen der öffentlichen Meinung und deren
kompliziertes Wechselspiel mit den staatlichen Institutio-
nen so geschärft, wie es sich in dem Zensurkampf um den
Frühlingskranz dann präsentiert. Der aktuelle Akzent des
Buches liegt denn auch auf dem Bekenntnis zur ›Revolution‹ und nicht mehr – wie in der *Günderode* – auf dem
Appell zum Gesinnungswandel, der auf eine ›neue Religion‹ abzielt.

In zeitkritischer und reformerischer Absicht versuchte
B. 1840 mit ihrer zweiten Buchveröffentlichung nach dem
sensationellen Erfolg von *Goethes Briefwechsel mit einem
Kinde*, ihren jugendlichen Anhängern ein Vorbild wahren
poetischen Daseins zu vermitteln; die Dichtungsmythen
der Frühromantik sind das unauffällige, aber sorgfältig
verwobene Kompositionsmuster in dem »Briefroman« von
der *Günderode*. Der Platonismus der Frühromantik, wie er
der Günderrode selbst vertraut war (vgl. S. 853), ruhte für

B. überdies auf der Autorität Schleiermachers; so hatte sie ihm geschrieben:

> Du bist so lange dem Plato nachgegangen und wolltest ihn fassen am Gürtel oder am Gewand ⟨...⟩, aber wenn er hinter Dir stand und seine Hand auf Dein Haupt legte, da wähntest Du träumend, Du seiest es selbst ... ⟨...⟩ Siehe wie Geist an Geist greift, über alle Zeiten hinweg ⟨...⟩. Haben wir nicht die Ahndung der Unendlichkeit in der Liebe? Liegt diese Ahndung nicht im Begriff der Ewigkeit? Auch im Geist ist ein irdisches Sein, von diesem zu befreien ist die Aufgabe der Liebe.
>
> Gebet ist Liebe, die das Licht umfasst und ihm Gestalt gibt ... ⟨...⟩ Wie das Licht aus der Ferne der Himmel niederströmt ans lichtsaugende Auge, so das Licht des göttlichen Geistes der Barmherzigkeit nieder in den seligkeitssaugenden Geist ...

(Wyss, S. 97.)

Die Welt und Gott sind in dieser Tradition neuplatonischen Denkens in einem Strom des Lichtes verbunden, die göttliche Liebe ist das wirkende Prinzip der Schöpfung (vgl. Anm. 342,6 f.). Diese Auffassung gehört zum Allgemeingut der ›klassischen‹ wie der ›romantischen‹ Literatur in Deutschland. Schon Wilhelm Heinse hatte – in seinem Musikroman *Hildegard von Hohenthal* (vgl. S. 904 ff.) – auch den »Rhythmus« in dieses platonische Modell vom Aufstieg, dem ›Flug‹ der Seele zum göttlichen Zentrum des Lichtes einbezogen (Bd. 5, S. 351); die Günderrode, die ja »die großen Ideen ⟨ihrer⟩ Zeit ⟨...⟩ gebildet auszusprechen« wußte (Preisendanz, S. 21), setzte ein Toten- und Schattenreich der ›Schönheit‹ und der geschichtlichen Größe voraus und verkündigte die Hoffnung auf eine Wiedergeburt dieser ›Ideale‹ zu neuem Leben im Licht. In den Werken und vielleicht auch in den Briefen der Freundin fand B. also schon eine Skizze ihres eigenen dichterischen Weltbildes vor. Wie genau bedacht ihre eigene Motivsprache aber ist, erweist sich am Beispiel von ›Sonnenlicht‹ und ›Rose‹ aus einem Brief, den sie am 19. 7. 1839 an Clemens schrieb:

Dies Jahr war's schlecht mit der Rosenzeit bestellt, die
meisten Knospen gingen nicht auf, eine Weile blieben sie
noch im Ansehen vor dem Aufblühen, dann fielen sie in
sich selbst verwelkt ab wie spitze Fingerhüte, ohne sich
entfaltet zu haben. Der Same war ganz schwarz geworden. So ist die eigensinnige Natur des Menschen, die dem
Licht der Weisheit Widerstand hält mit Verschlossenheit.
Sie wollen ihren Busen nicht öffnen dem schönen Licht.
Warum nicht? – Was hab' ich zu befürchten, daß ich
aufnehme, was der Tag beschert, wenn ich nur nicht das
Aufblühen versäume. Aber der widerstrebt, wird nicht
blühen. Denn dieses ist Vertrauen, Hingeben; und da
mögen die Winde der Streitsucht daher wehen, wenn die
Rose einmal geöffnet ist; ob auch der Sturm sie zerzause,
entblättere, sie hat doch gewonnen Spiel. Geist kommt
aus der innersten Tiefe. Die Rose erschließt sich, ihn
auszuhauchen, aber Geist ist kein Zerren und Streiten.
Geist allein dringt zu Gott, und wessen Gebet nicht Geist
ist, des Stimme wird nicht zu ihm dringen, und darum
glaub' ich auch, daß er nichts von der ganzen Ehestreite-
rei vernehmen wird, und dies ist sehr lächerlich, weil die
Menschen doch alles Gezänke um ihrer Seligkeit willen
machen, während der Himmel keine Notiz davon nimmt.
(Pfülf 3, S. 82.)

Das Aufstreben zum Licht ist das Wesen allen Lebens, das
sich von der Sinnlichkeit zum Geist erheben will, besonders
aber ist es die Aufgabe der höheren Existenz des dichterischen Menschen. Die Anspielungen auf den Apollo-My-
thos, die ein mythisches Muster aus Hölderlins *Hyperion*-
Roman aufnehmen und fortführen, bestehen auf dieser
Lebensaufgabe des Dichters und gestehen die erhöhte Gefahr des Scheiterns ein; wer hoch steigt, kann tief fallen –
wie Ikarus (vgl. Anm. 343,10). Ist den Opfern des Gottes
(Hölderlin, der Günderrode) das Mitleid sicher, so bleibt
die Verpflichtung der Berufenen: B. setzt ihren Genius
nicht nur mit dem Lichtgott der Dichtung, Apollo, gleich,
sondern sieht ihn in den jungen Studenten, den »Streben-

den«, verkörpert (vgl. S. 900 u. Anm. 297,1); in den Marburger Szenen, als sich der Weg der Freundin ins Schattenreich wendet, unterwirft sie ihren künftigen Lebensweg
dem Gesetz des Universums und läßt ihr Buch mit jenem
»Gefühl für das Unendliche« schließen, das für den Platoniker Schleiermacher »Religion« war.

THEMENGESCHICHTE UND QUELLENKONTEXT

Das Philistertum

Als Philister galt ursprünglich jemand, der nicht oder nicht
mehr Student ist; im 17. Jahrhundert soll »beim begräbnisse eines in einem blutigen raufhandel zwischen studenten und bewohnern der Johannisvorstadt ⟨in Jena⟩ erschlagenen studenten« der Generalsuperintendent Georg
Götze die Leichenpredigt über den Bibeltext Richter 16,9:
»Philister über dir Simson« gehalten haben (DWb, s. v.);
die Redensart wurde sprichwörtlich (vgl. S. 423,33 u. Brentano, Bd. 2, S. 1003).

Eine erweiterte Erklärung dessen, »was wir unter dem
Wort Philisterei zu begreifen gewohnt sind«, gab Goethe
1813: »stockende Pedanterie, kleinstädtisches Wesen, kümmerliche äußere Sitte, beschränkte Kritik, falsche Sprödigkeit, platte Behaglichkeit, anmaßliche Würde, und wie
diese Ungeister, deren Name Legion ist, nur alle zu bezeichnen sein mögen« (*Zu brüderlichem Andenken Wielands*, in:
Goethes Werke, Bd. 36, Weimar 1893, S. 321 f.).

Diese Form der Philisterkritik bestimmte die von B.
zitierte Konfrontation der nützlichen und der poetisch begeisterten Menschen in den *Leiden des jungen Werthers* (vgl.
S. 856) und markierte den Traditionsbruch der »Sturm und
Drang«-Generation mit den Werten der Aufklärung. Wie
sich die romantische Literaturrevolte neuerlich in der Abgrenzung gegen ein Zerrbild der Aufklärung formierte,
wurde auch diese Philisterkritik ausgebaut (vgl. Brentano,

Bd. 2, S. 988 f.); die »Kultur des Enthusiasmus‹ ⟨...⟩
schafft den sozial-ethischen Unterschied zwischen dem
›Studenten‹, dem erkenntnisgierigen ›Anbeter der Idee‹
und dem ›Philister‹ mit seiner bürgerlichen Moral« (Heinrich Hermelink, *Das Christentum in der Menschheitsgeschichte*
⟨...⟩, Bd. 1: *Revolution und Restauration 1789-1835*, Stutt-
gart/Tübingen 1951, S. 205 f.).

»Krieg den Philistern« blieb ein Schlagwort noch in der
bei Eichendorff bewußt gepflegten romantischen Tradition
in der Biedermeierzeit (vgl. Lothar Pikulik, *Romantik als
Ungenügen an der Normalität*, Frankfurt 1979). Novalis etwa
hatte erklärt:

> Philister leben nur ein Alltagsleben. Das Hauptmittel
> scheint ihr einziger Zweck zu seyn. Sie thun das alles, um
> des irdischen Lebens willen; wie es scheint und nach ihren
> eignen Äußerungen scheinen muß. Poesie mischen sie nur
> zur Nothdurft unter, weil sie nun einmal an eine gewisse
> Unterbrechung ihres täglichen Laufs gewöhnt sind. In der
> Regel erfolgt diese Unterbrechung alle sieben Tage, und
> könnte ein poetisches Septanfieber heißen. Sonntags ruht
> die Arbeit, sie leben ein bißchen besser als gewöhnlich und
> dieser Sonntagsrausch endigt sich mit einem etwas tiefern
> Schlafe als sonst; daher auch Montags alles noch einen ra-
> schern Gang hat. Ihre parties de plaisir müssen konvenzio-
> nell, gewöhnlich, modisch seyn, aber auch ihr Vergnügen
> verarbeiten sie, wie alles, mühsam und förmlich.
> ⟨...⟩ Ihre sogenannte Religion wirkt blos, wie ein Opiat:
> reizend, betäubend, Schmerzen aus Schwäche stillend.
> Ihre Früh- und Abendgebete sind ihnen, wie Frühstück
> und Abendbrot, nothwendig. Sie können's nicht mehr
> lassen. Der derbe Philister stellt sich die Freuden des Him-
> mels unter dem Bilde einer Kirmeß, einer Hochzeit, einer
> Reise oder eines Balls vor: der sublimirte macht aus dem
> Himmel eine prächtige Kirche mit schöner Musik, vielem
> Gepränge, mit Stühlen für das gemeine Volk parterre, und
> Kapellen und Emporkirchen für die Vornehmern.
> (Bd. 2, S. 447 u. 449.)

Über die Verbindung von Philisterkritik und Religions-
enthusiasmus hinaus erkennt Novalis die Korrumpierung
von Werten, je nachdem, wer sie sich zu eigen macht: »Die
schlechtesten unter ihnen sind die revolutionären Philister.« (Ebd., S. 449) Mit demselben Denkmodell hatte
Jacobi den »gemeinen Haufen«, der die Tugend preise,
ohne sie je erleben oder üben zu können, abgewertet (Bd. 1,
S. 146).

Aus der ›Christlich-Deutschen Tischgesellschaft‹, die
Arnim und Brentano Anfang 1811 in Berlin mit patrioti-
scher Zielsetzung ins Leben riefen, sollte jeder »lederne
Philister« ausgeschlossen sein. Im März 1811 trug Brentano
dort seine »scherzhafte Abhandlung« *Der Philister vor, in
und nach der Geschichte* vor; schon während seiner Jenaer
Studienzeit hatte er im Schlegel-Tieckschen Kreise eine
(nicht erhaltene) satirische Abhandlung über die »Naturgeschichte des Philisters« vorgelesen und einige Passagen
daraus wohl in den Roman *Godwi* (vgl. FBA 16, S. 584) und
später für die *BOGS*-Karikatur übernommen:

> Die *Philister* sage ich, der Schlendrian, die Möglichkeit,
> daß ein Mensch glaube, was ihm gerade genüge, das sei
> ihm genug, und das sei alles, und damit holla, das übrige
> sei Tollheit.
> (*Werke*, Bd. 2, S. 993.)

B.s Bestimmung des Philiströsen, die sie im Briefwechsel
mit dem poetisch ambitionierten Philipp Nathusius gibt,
schließt hier an; da die richtige und ausgesprochene Einsicht nicht genügen könne (vgl. S. 885 ff.), wird eine existentielle Leistung gefordert:

> Eine edle Organisation unterwirft sich, um über sich
> selbst zu steigen, und alles andere bildet zum Philister
> um, die greulichste Schwäche in der Welt, der gegenüber
> nichts steht als nur Energie ⟨. . .⟩.
> (IP, S. 208 f.)

⟨. . .⟩ und wenn der Menschengeist fliegen kann, so

überfliegt er die Vorurteile und mit diesen schwinden die Bedürfnisse und legen ihm keine Schlingen mehr ihn zu fangen im Netz der Philister.
(An Jacob Grimm, 23. 4. 1838; Schultz, S. 38.)

Das Philiströse wird zum Prinzip der Hemmung und Stagnation im Menschen und, wie bei Clemens Brentano (Bd. 2, S. 970), der »Welt« – »wenn man den Inbegriff dessen, was der schöpferischen Kraft gegenüber bloßer Stoff ist, so nennen will« (IP, S. 45).

Dies negative Prinzip bringt sich in Religion, Kunst und Staatsleben zur Geltung.

In Gott glauben, was wissen die gläubigen Philister was das ist? Ein feurig Einströmen in die Göttlichkeit, über den tausend Gipfeln der Hoffnung hinaussteigen ins weiße Licht das den Aether anglänzt und aus und einleuchten zwischen dem was wir ahnen und dem was wir wissen. Frei und franck, geharnischt gegen Vernichtung des Geistes.
(Briefentwurf, vermutlich 1841; MH 1, S. 45.)

Philisterkritik und Pietismuskritik decken sich (vgl. S. 941). An Julius Döring schrieb B. am 2. 8. 1839:

Das Einzige, wenn Du gefragt wirst um den Zweck Deines Beginnens ist Dir bewußt zu sein erlaubt, nehmlich: *Weil es schön ist.* alle andre Zwecke sind Lüge gegen Dich selbst und entspringen aus Eigensucht, Philisterei. –
(Vordtriede, S. 413.)

Die »Poesie sei *dazu,* um das Edle, Einfache, Große aus den Krallen des Philistertums zu retten« (SW 3, S. 472 f.).

Blind für die natürliche Schönheit macht die »Bildungsphilisterei« (IP, S. 207). Daher »kann das Genie nicht offenbar werden, weil die Philister nichts anerkennen, als was sie verstehen«; B. bezieht sich auf das Schicksal Beethovens (SW 3, S. 526), den die Philister »für ganz verrückt« halten (Brentano, Bd. 2, S. 998).

Die Philisterkritik wurde von der Generation des »Jun-

gen Deutschland«, die sich als Erbe der »wahren« Romantik mit ihren frühen revolutionären Tendenzen verstand
und deshalb auch B. hoch verehrte, weitergeführt. »⟨...⟩
aber die philisterei ist es, diese widerliche abgeschmackte
mischung von engherzigkeit und geistesflachheit, der nicht
beizukommen ist als mit ihren eigenen waffen«, schrieb
Börne (DWb, s. v.); Heine, den B. freilich wenig schätzte,
hatte die ›Romantisierung‹ als philiströs erklärt (vgl. *Sämtliche Schriften*, hg. v. Klaus Briegleb, München 1968, Bd. 1,
S. 89), und Karl Marx forcierte in einem Brief an Arnold
Ruge vom Mai 1843, also aus der Zeit seiner Bekanntschaft
mit B. (vgl. Kat., S. 151), die revolutionäre Stoßrichtung
der Philisterkritik noch:

Es ist wahr, die alte Welt gehört dem Philister. ⟨...⟩
Es lohnt sich, diesen Herrn der Welt zu studiren. ⟨...⟩
Was sie wollen, leben und sich fortpflanzen ⟨...⟩, das
will auch das Tier ⟨...⟩. Die Philisterwelt ist *die politische
Tierwelt* ⟨...⟩ der Philister ist das Material der Monar-
chie und der Monarch immer nur der König der Philister
⟨...⟩. Der König von Preussen hat es versucht, mit
einer Theorie, die wirklich sein Vater so nicht hatte, das
System zu ändern. ⟨...⟩ Er ist vollkommen gescheitert.
⟨...⟩ Der alte König wollte nichts Extravagantes, er
war ein Philister und machte keinen Anspruch auf Geist.
⟨...⟩ Der junge König war munterer und aufgeweckter
⟨...⟩. Daher seine liberalen Reden und Herzensergie-
ßungen. Nicht das tote Gesetz, das volle lebendige Herz
des Königs sollte alle seine Unterthanen regieren.
(Deutsch-Französische Jahrbücher 1844; zit. nach: Marx/
Engels, *Werke*, Bd. 1, Berlin [Ost] 1961, S. 338-341.)

Für das Scheitern dieser, auch ihrer Vorstellung machte B.
im gleichzeitig erschienenen Königsbuch eben die »heral-
dischen Tiere« (SW 6, S. 46) am Hof und in der Regierung
verantwortlich; dem »Staatsphilister« galt ihr Kampf schon
in der Entstehungszeit des *Günderode*-Buches (an Wilhelm
Grimm, 22. 9. 1840; Schultz, S. 175). In einem Brief an Carl
Alexander von Sachsen-Weimar vom 5. 4. 1844, nachdem

ihre auf das Königsbuch gesetzten Hoffnungen enttäuscht waren, identifizierte B. dann den Staat als den »kleinlichsten Philister«: »Dichter, Künstler, Philosoph und Staatsmann und der Kriegsheld, alles ist geläuterte Volkskraft, warum nicht auch der König?« (Wyss, S. 91.) Sich dem Geist und damit der Poesie, der Natur, dem Prinzip der Bewegung zu verschließen, führe in philiströse Erstarrung.

Damit wird die alte Entgegensetzung zum Studenten wieder sinnvoll. Schon Clemens Brentanos Philisterabhandlung hatte klargestellt:

> Philister also wurden alle genannt, die keine Studenten waren, und nehmen wir das Wort Student im weitern Sinne eines Studierenden, eines Erkenntnisbegierigen, eines Menschen, der das Haus seines Lebens noch nicht wie eine Schnecke, welche die wahren Hausphilister sind, zugeklebt, eines Menschen, der in der Erforschung des Ewigen, der Wissenschaft oder Gottes, begriffen, der alle Strahlen des Lichtes in seiner Seele freudig spiegeln läßt, eines Anbetenden der Idee, so stehen die Philister ihm gegenüber, und alle sind Philister, welche keine Studenten in diesem weitern Sinne des Wortes sind.
> (Bd. 2, S. 983 f.)

Ihren Briefpartner Nathusius bezichtigte B., in eitler Selbstbespiegelung wie Narziß das höhere Streben (lat. studere), das sie von ihm verlangte, zu versäumen und kein echter »Student« zu sein (IP, S. 261); ein »Künstler« konnte ihrer Meinung nach »immer nur Student sein« (an Clemens Brentano, 26. 5. 1837; Pfülf 3, S. 78). Um so schärfer kritisierte sie die Universitäts-Studenten ihrer Zeit und warf ihnen vor, »daß dieselben schon beim Beginn des Studiums festsetzten, an welchem ›Hobelbanke‹ sie nicht arbeiten wollen« (Heinrich Grunholzer, *Tagebuch*, zit. nach Kat., S. 129):

> ⟨. . .⟩ und kurz wenn Studenten sich so ohne Glaube zu allem bereit finden so sind sie nicht einmal mehr im Stande der Gährung, sondern sie haben schon ausgemodert. faule Bäume die keine Früchte reifen werden.
> (Meyer-Hepner 2.1, S. 42; vgl. Anm. 297,1.)

Die Musik

Im Jahr 1841 setzte sich B. für den italienischen Opernkom-
ponisten Gaspare Spontini ein, der damals noch sein Amt
als Kapellmeister und Generalmusikdirektor in Berlin inne-
hatte. (Vgl. Norbert Miller, *Der musikalische Freiheitskrieg
gegen Gaspare Spontini. Berliner Opernstreit zur Zeit Friedrich
Wilhelms III.*, in: Spree-Athen, S. 200-227.) Spontini hatte
sich nach anfänglichen Erfolgen in Streitigkeiten verwickelt und war schließlich, aufgrund eines ungehörigen
Briefes an den König, wegen Majestätsbeleidigung verurteilt worden. Noch vor diesem Eklat hatte B. in den ›Jahr-
buechern des deutschen National-Vereins für Musik und
ihre Wissenschaft‹ vom 3. 6. 1841 die Anklage als »absurd
⟨. . .⟩ kleinlich ⟨und⟩ unchristlich« bezeichnet; Ende 1842
widmete sie Spontini, der nach seiner Begnadigung Berlin
verlassen hatte, die Sammlung ihrer Vertonungen. Ursprünglich hatte diese ihrem Bruder zugeeignet werden
sollen, dem sie am 26. 5. 1841 schrieb:

> Seit ein paar Monaten beschäftige ich mich mit den
> Ruderas meiner Melodien aus meinen Kinderjahren, aus
> meinen geschwisterlichen Zeiten mit Dir, wo Du, und
> zwar Du allein, mir gerne zuhörtest und oft andere ge-
> zwungen hast, es auch schön zu finden, die aber gar
> keinen Sinn dafür hatten. Ich weiß recht wohl, was in
> jenen Klängen und Melodien lag, und weiß auch jetzt,
> warum Du allein sie schön finden konntest.

(Pfülf 3, S. 86.)

B.s Kompositionen hatte Clemens stets hoch geschätzt; so
schrieb er am 9. 1. 1824 an Arnim: »Mit einer wunderbaren
aber schauerlichen Rührung denke ich noch oft an die
wunderbaren Gesänge deiner Frau, welche vielleicht nie
jemand so gerührt haben, als mich« (Kat., S. 191; vgl.
Amelung, S. 414, u. Niendorf, S. 89 f.). Mit Vorliebe vertonte B. Texte ihres Bruders, von Arnim, Goethe und
Hölderlin. Wie sie Beethoven verehrte (vgl. Komm. zu

Bd. II), so hatte Clemens versucht, *Nachklänge Beethoven-scher Musik* (Bd. 1, S. 308-311) in Worte zu setzen.

Am 20. 6. 1842 bereitete B. Franz Liszt mit einem auto-biographischen Rückblick auf die Übersendung ihrer ge-rade abgeschlossenen Veröffentlichung *Dédié a Spontini* vor:

> Was nun die, musikalischer Wendungen, Klippen vollen
> Fehltrittswege dieses Produktes betrifft, so konnte ich
> mich nicht entschließen, auch nur, um der närrischen
> Perücken willen, die Gesetze machen über eine Kunst,
> welche viel zu gewaltig ist für pedantische Ohren, eine
> einzige falsche Quinte aufzuheben. Wie hab ich als Kind
> mit klopfendem Herzen auf dem Instrument herumge-sucht, um dem tief in mich geprägten Rhythmus zu
> genügen. Wie viel tausendmal wiederholte ich mit Ent-zücken diese mir allein wohlgefälligen Töne, an deren
> Stelle ich nie andere gerecht fand, als nur diese allein,
> wenn man mir auch noch so schöne Harmoniengänge
> vorspielte! Drum musste alles so bleiben, wie die wirk-lich originalen, erste Liebe stotternden Unterhaltungen
> meiner Seele mit der Musik gewesen sind; und ich hab
> nicht gelitten, dass man meinen Bass, der wie ein Reh oft
> die Melodie mit raschen Sätzen und Sprüngen umtanzt,
> oft hineinklingt und deutlicher in seiner Empfindung
> widerhallt, was die Melodie nicht vermag: dass man sein
> eigensinniges Wenden und Drehen meistere.
> (La Mara, S. 47 f.)

Ihr wichtigster Lehrer während der Offenbacher und Frankfurter Jahre war der Bratschist und Musikdilettant Philipp Carl Hoffmann; doch scheint sie von seinem Unter-richt nur wenig profitiert zu haben. So schreibt sie am 21. 2. 1808 an Arnim: »Bei Hoffmann spiel ich jetzt beziffer-ten Baß, welches ich schon lange wissen sollte.« (Steig 2, S. 91.) Und am 3. 3.: »⟨. . .⟩ bei all dem Lernen fühl ich doch keineswegs, daß ichs besser mache, das ärgert mich zuweilen ⟨. . .⟩« (ebd., S. 103). Um den 20. 2. hatte sie ihre Schwäche einmal deutlich formuliert: »Ich habe wohl den

Sinn, aber nicht die Ausübung ⟨. . .⟩.« (Ebd., S. 91.) Entscheidend freilich ist die »göttliche Eingebung« (ebd.,
S. 85). Später stilisierte B. ihr Unvermögen, den Tonsatz zu
erlernen, vollends »zu einer bewußten künstlerischen Freiheit – an die sie vermutlich auch glaubte –; auch derartige
Äußerungen in den 1844 edierten Jugendbriefen im Frühlingskranz dürften erst bei der Überarbeitung eingefügt
sein, weil es in den echten Jugendbriefen keine Parallele
dazu gibt« (R. Moering, in: Kat., S. 179).

Daß »die Basis meiner Natur Musick sei« (an Friedrich
Christoph Förster, 15. 1. 1836; MH 1, S. 40), wurde im-
mer fester die Überzeugung B.s, als sich ihr während der
zwanziger Jahre allmählich jene Wesensbestimmung der
Musik klärte, die sie in ihrem Goethe-Buch vertreten
wird: »Musik ist Geist, kein Mensch kann sie deuten« (an
Leopold von Ranke, 30. 9./24. 10. 1827; Wiedemann,
S. 64) – »das Unbegreifliche ⟨aber⟩ ist immer Gott«
(SW 3, S. 260); Musik sei, wie sie Goethe auch im Sinne
Beethovens erklärt haben will (ebd., S. 458), die »Verklärung der sinnlichen Natur« (ebd., S. 261). Nur in empha-
tischer Rhetorik lasse sich das Musikerlebnis sprachlich
nachgestalten:

Die Pause in der Musik, wer kann sie fassen? Heimlicher
Kräfte voll harrt sie der Begeisterung, daß sie Othem aus
ihr schöpfe! Sie quillt empor wie aus tiefem Thal ein
Brunnen. Die Geister der Musik von ihren Höhen
schweben herab aus ihr zu trinken und erquickt schwingen sich auf schallend oder brausend, seufzend oder
quellend, durchschwingen die Lüfte, einer um den andern in den kühlen Aether hinauf, von wo ihr Durst sie
immer hinab wieder leitet ins Thal zu der Pause erfri-
schendem Quell . . .
(Henrici 148, Nr. 9.)

B.s Musikauffassung ordnet sich, aller individuellen Ausgestaltung unbeschadet, einer musiktheoretischen Richtung zu, die mit Rousseaus *Abhandlung über den Ursprung der
Sprache* (1753) anhebt und auch weiterhin auf den Vergleich

von Ton und Wort abzielt. Rousseau erklärte die Musik als Nachahmung von Empfindungen und räumte der Melodie, als unmittelbarem Ausdruck der Seele, den Vorrang vor der Harmonie ein. Herders sensualistische Musiktheorie, wie sie in *Kalligone* (1800) formuliert ist, bindet die musikalische Kunst an die Natur zurück; gehorsam dem »allgewaltigen Gesetz des Naturschönen« modulieren sich die Empfindungen des »leidenschaftlichen Gemüths« (Bd. 22, S. 69, 72). In Jacobis *Allwill* richtet sich das Musikhören des Menschen bereits auf »die Empfindungen in seiner eigenen Brust« (S. 128); solcher »allbewegende süße Klang«, der von außen anklingen läßt, was bereits im Menschen ruht, wird zum »Führer des Tanzes, eines Tanzes jeder Seelenbewegung« (vgl. S. 61,20 ff.; 884); in der »Anmut der Stimmen«, im menschlichen Gesang, vereinen sich die vielfältigen Klänge.

Der Roman *Hildegard von Hohenthal*, den Wilhelm Heinse 1795/96 erscheinen ließ, markiert den Übergang von der gelehrten zur literarisch-enthusiastischen Beschäftigung mit Musik. Heinse war den Geschwistern Brentano aus dem Freundeskreis ihrer Großmutter gewiß bekannt (vgl. UL, S. 176 u. 178, 301); sein allegorischer Kunstroman, der die Musik nicht nur als »Sprache der Leidenschaften« (Bd. 5, S. 238) definiert, sondern die Taten des Herzens in Musikbeschreibungen verschlüsselt, formuliert die sensualistische Auffassung, der B. stets verpflichtet blieb: »Unser Gefühl selbst ist nichts anders, als eine innre Musik, immerwährende Schwingung der Lebensnerven.« (Ebd., S. 24.) In den Tönen vereinigen sich »Herz« und »Geist« (S. 60); vor allem der außergewöhnlichen Frau, der Titelheldin des Romans, ist die Leidenschaft eigen, die sich zum Männlichen steigert (vgl. Anm. 217,10 f.); Hildegard vollzieht jenen Geschlechtertausch, der ein biographisches wie literarisches Thema bei B. und in ihrem Freundeskreis ist, unter dem Namen »Passionei«:

Es ist eben ein genialisches Wesen, bey welchem von einem einzigen Gefühl, einem Gedanken alles andre,

Tage lang, verschlungen wird, und zuweilen Blut und
Lebensgeister in die heftigste Wallung geraten.
(S. 142.)

Die Ausübung der Musik führe zu jener »Freyheit«, die
dem Menschen »natürlich« sei und befriedige die »Liebe zu
eigner That« (S. 204); stets wurden für B. die Elemente aus
der späteren idealistischen ›Tatphilosophie‹ Fichtes, die ihr
Clemens zu vermitteln suchte (vgl. S. 812), durch die Gewißheit einer heroisch angespannten, ›sinnlichen‹ Selbst-
erfahrung überlagert, wie sie hier in Heinses Roman auch
die Musikübung durchdringt:

That allein macht wirklich glücklich; das geschäftige
Leben allein ist das wahre.
(S. 194.)

Das größte Vergnügen, die größte Freude, Glückseligkeit, und wie die Worte alle lauten, bleibt immer, seine
Fähigkeiten im höchsten Grad anzuwenden; so wie hingegen der größte Schmerz, das größte Leiden, wenn
eines Menschen oder Geschöpfes Kräfte im höchsten
Grad unterdrückt, oder gar vernichtet werden.
(S. 127.)

Heinse favorisiert, noch in der Nachfolge Rousseaus, den
Gesang, wertet ihn jedoch darüber hinaus nicht mehr als
»eine Art Verschönerung der Sprache« (vgl. Otto Keller,
Wilhelm Heinses Entwicklung zur Humanität, Bern 1972,
S. 219 u. ö.), sondern umgekehrt als die ursprüngliche
Naturform:

Wenn ein Mensch singt; so ist es, als ob er auf einmal
seine Kleider abwürfe, und sich im Stande der Natur
zeigte ⟨. . .⟩. Vortreffliche Musik ist vollkommen reine
Natur; die gewöhnliche Aussprache Convenienz. Vortreffliche Melodien sind wiederhergestellte Töne der Natur ⟨. . .⟩.
(Heinse, Bd. 5, S. 237 f.)

Der Kontrast der Erziehungsmodelle in B.s Werk ist in
Heinses Musiktheorie angelegt. Wahre Erziehung richtet
sich nach der Natur; ihr Ziel ist die Herrschaft der Seele

über den Körper, wie sie sich in der Motivik des körperlichen Wagemuts (vgl. Anm. 365,26) und der seelischen
Selbstverwirklichung (vgl. S. 888) bei B. ausdrückt (dazu
Heinse, Bd. 5, S. 154). Eine falsche Erziehungsmethode
wird hingegen an den Tönen und Harmonien, die gleichfalls »Kinder der Natur« sind, vorgeführt:

> Um ⟨diese⟩ nach dem schlechterdings nothwendigen
> bürgerlichen Gesetz unsrer Kirchen, Theater und Kon-
> zertsäle zu modeln und zu erziehen: haben Philosophen
> und Meister der Kunst verschiedne Methoden angege-
> ben ⟨. . .⟩. Man hat in der Verzweiflung den Knoten
> aufgehauen, nicht gelöst, und alles muß in das Bett des
> *Prokrustes* passen.
> (Ebd., S. 53 f.)

Die Musik, als »das reine, von allem abgesonderte Leben in
der Natur und im Menschen« (S. 112), fügt sich also in den le-
bens- und werktypischen Gegensatz von ländlicher Einsamkeit (Offenbach, Schlangenbad, Marburg) und städtischer
Zerstreuung und Selbstentfremdung (Frankfurt) bei B. ein.

Alles, was bei Heinse jedoch an gelehrtem Wissen ausgebreitet wird, um den musikalischen Naturzustand zu resti-
tuieren, hinterläßt in B.s Musikpraxis kaum (s. o.), in ihrem
Werk überhaupt keine Spuren (vgl. zu dieser epochalen
Differenz Rita Terras, *Wilhelm Heinses Ästhetik*, München
1972, bes. S. 117).

So hatten schon Wackenroder und Tieck jenes »elende
Gewebe von Zahlenproportionen« geschmäht, das in der
Kompositionsschulung anstelle von wahrer Musik angeboten werde. Wackenroders, von Tieck edierte, *Phantasien über
die Kunst von einem kunstliebenden Klosterbruder* (1799) belegen
die fortgeschrittene »Entgrenzung des Musikhörens«, die
im – von B. so hoch geschätzten – »freien Phantasieren« der
»Musik als einer Erscheinungsweise des Göttlichen« begegnet (K. Weimar, *Versuch über Voraussetzung und Entstehung der Romantik*, Tübingen 1968, S. 34-37). Die »kindliche
Freude« »an reinen Tönen« erlebe dann vollends in der
Musik die »wunderbarste« der »schönen Künste«,

weil sie menschliche Gefühle auf eine übermenschliche
Art schildert, weil sie uns alle Bewegungen unsers Gemüts unkörperlich, in goldne Wolken luftiger Harmonien eingekleidet, über unserm Haupte zeigt, – weil sie
eine Sprache redet, die wir im ordentlichen Leben nicht
kennen, die wir gelernt haben, wir wissen nicht wo? und
wie? und die man allein für die Sprache der Engel halten
möchte.
(Wilhelm Heinrich Wackenroder, *Werke und Briefe*, hg. v.
Gerda Heinrich, München 1984, S. 312.)
Im *Godwi*-Roman ihres Bruders Clemens begegnete B.
gleichsam die Summe dieser ›modernen Auffassungen‹
(vgl. Anm. 115,1); die Günderrode wird ihr die platonisierende Lehre, daß Musik das Weltprinzip sei, nahegebracht
haben (vgl. das späte Gedicht *Die Töne* sowie *Das Reich der
Töne* [Nachlaß]). Vollends war in Ritters *Fragmenten aus dem
Nachlasse eines jungen Physikers*, die B. während ihrer intensiven Musikstudien in München bekannt wurden, die uni-
verselle Tendenz romantischer Musikdeutung dann soweit
entfaltet, daß auch E. T. A. Hoffmanns musikkritische
Schriften aus seiner Berliner Zeit für B. keine neue Orientierung mehr bedeuten konnten. Der Kontrast zwischen
musikalischer und Fakten-Bildung, wie ihn vor allem die
Günderode betont, gehört zu den jedem »Philister« verborgenen Einsichten B.s wie Ritters:
Nur einzeln, und wie im Geheim, ist in neuerer Zeit das
Wesen des Tons und der Musik aufgefaßt und angewandt
worden. Aber sie müßte zum *absoluten* Complement des
Menschengeschlechts erhoben werden können, und Jedem wäre ihr Verständniß leicht zu öffnen. Alles, was in
eines Menschen Gedanken kommen kann, vermag er
auch auszusprechen, und was der Mensch aussprechen
kann, spricht auch der *Ton* aus. So bleibt das Höchste,
Heiligste, selbst Gott und das Gebet nicht, hinter seiner
Mächtigkeit zurück. Ein Mensch, der sich ganz aussprä-
che, würde auch den *Schöpfer* ausgesprochen haben; eine
Musik, die den *Ton* ganz ausspricht, hat das *nemliche*

gethan. Mensch und Ton sind durchaus gleich uner-
schöpfbar, und gleich unendlich in ihrem Werk und
ihrem Wesen.
(Ritter, T. 2, S. 235 f.)
– Wie das Licht, so ist auch der *Ton Bewußtseyn*. Jeder Ton
ist ein *Leben* des tönenden Körpers und in ihm, was so
lange anhält, als der Ton, mit ihm aber erlischt. Ein
ganzer Organismus von Oscillation und Figur, Gestalt,
ist jeder Ton, wie jedes Organisch-Lebendige auch. Er
spricht sein Daseyn aus. ⟨. . .⟩
Töne sind Wesen, die einander verstehen, so wie wir den
Ton. Jeder Accord schon mag ein Tonverständniß unter
einander seyn, und als bereits gebildete Einheit zu uns
kommen. Accord wird Bild von Geistergemeinschaft,
Liebe, Freundschaft, u.s.w. Harmonie Bild und Ideal der
Gesellschaft. Es muß schlechterdings kein menschliches
Verhältniß, keine menschliche Geschichte geben, die sich
nicht durch Musik ausdrücken ließe. Ganze Völkerge-
schichten, ja die gesammte Menschengeschichte, muß
sich musikalisch aufführen lassen; und vollkommen
identisch. Denn der hier sprechende Geist ist derselbe,
wie der unsere, und seine Verhältnisse zu seinen Geschwistern sind dieselben, wie die unsrigen zu unsern
Geschwistern. Außerdem aber, daß wir am Tone und an
der Musik unser Bild und Ebenbild haben, haben wir
auch noch unsere Gesellschaft, eine Begleitung, an ihnen,
denn im Tone gehen wir mit unsers Gleichen um. *Dieser*
Umgang kann zum *höchsten* für uns werden, da hier dar-
stellbar ist, was im Leben so schwer: ein *idealisirter* Umgang mit unserer Umgebung. Er kann uns für alles
entschädigen, was wir im Leben vermissen, und so ist die
Musik auch längst schon überall unsere *Trösterin* und
Erheitererin gewesen, wie unsere *Erheberin*. – ⟨. . .⟩ Alles
Leben ist Musik, und alle Musik als Leben selbst – zum
wenigsten sein *Bild*.
(Ebd., S. 232-235.)
Die weitere Entwicklung der Musikphilosophie bei Schel-

ling und bei Hegel scheint B. ihrer frühen Orientierung
gemäß nicht zur Kenntnis genommen zu haben.

Vor allem ihre Musikausübung entsprach durchaus
»einem Ideal der Zeit, das durch die Zweite Berliner Lieder-
schule ausgebildet worden war und das in der Reduktion
auf eine einfache Melodie größtmögliche Natürlichkeit an-
strebte« (R. Moering, in: Kat., S. 179; vgl. Spree-Athen,
S. 146-161); in ihrem Briefwechsel mit Arnim begegnet
etwa die Gleichsetzung von »Lied« und »Melodie«, die
Arnim durch den Berliner Kapellmeister Johann Friedrich
Reichardt, der später wie B.s Schwager Jordis an den Kas-
seler Hof berufen wurde, vertraut war. Obgleich sich B.,
nachdem sie in München bei Peter von Winter ihre Ausbildung vervollkommnet hatte (vgl. Komm. zu Bd. II), auch
um eine Ausgestaltung der Begleitung bemühte, betonen
ihre Briefbücher mit der Motivik des Dionysischen und
dem Stichwort »Dithyrambus« um so mehr die Praxis ge-
nialischen Gesangs.

Damit gewinnt B. den Anschluß an die Tradition des
»Sturm und Drang«, die jede gattungsästhetische Trennung
von Dichtung und Musik aufheben und allein die natürliche Genialität des schöpferischen Künstlers gelten lassen
wollte: »⟨. . .⟩ lächerlich ist es, dem ungestümen Leben
und Weben des Genies Schranken zu setzen« (Christian
Friedrich Daniel Schubart, *Ideen zu einer Ästhetik der Tonkunst*, in: ders., *Gesammelte Schriften und Schicksale*, Stuttgart
1839, Bd. 5, S. 70; weitere Belege – u. a. von Reichardt – bei
Weimar, S. 26-28).

Der Dithyrambus und die Rhapsodie wurden als die
Ausdrucksform des Originalgenies in die Musik eingeführt
– die Rhapsodie durch Schubart und durch Reichardts
Goethe-Vertonungen, seit der Jahrhundertwende auch, unter ausdrücklichem Rückgriff auf die antike Poetik mit
ihren »Eklogen, Dithyramben und ⟨. . .⟩ Rhapsodien«, in
die Instrumentalmusik; seit 1839 erschienen Liszts *Ungari-
sche Rhapsodien* (vgl. zu dessen Freundschaft mit B.: Werner,
Maxe, S. 95, 123 f. u. ö.). In der Rechtfertigung der Rhap-

sodie beruft man sich unter den modernen Autoren auf
Goethes Jugendwerk (vgl. *Die Musik in Geschichte und Gegenwart*, Bd. 11, s. v.), vor allem jedoch auf die antiken
Rhapsoden, die Homers Epen vortrugen, aber auch bei den
Festen des Dionysos auftraten (vgl. Schilling, Bd. 5, s. v.).
Die Vortragsweise in den programmatisch ›unverständlichen‹ Texten der Romantiker erinnerte »*honnete* Menschen« an eine »Rhapsodie«: »ein großes Gemenge von
allerlei« (B. an Arnim, 21. 2. 1808; Steig 2, S. 92).

Die eigentliche Form dionysisch-entfesselten Gesangs
aber ist der Dithyrambus (vgl. S. 412):

> Ihre Bilder und Wortverbindungen und daher auch ihre
> Melodien und ganze Gesangsweisen waren kühn; je
> mehr scheinbare Unordnung darin herrschte, und je nä-
> her jene Kühnheit dem wahrhaft Trunkenen kam, desto
> dithyrambisch wahrer erschienen die Gesänge. ⟨. . .⟩
> Hiernach bezeichnet denn auch noch jetzt ein dithyram-
> bisches Gedicht oder ein dithyrambischer Gesang ein
> lyrisches Gedicht oder einen lyrischen Gesang von wil-
> der, stürmischer Begeisterung.
> (Schilling, Bd. 2, s. v.)

Der Dithyrambus ist vorzüglich in der Vokalmusik beheimatet und betont – wie B.s Gesang – den Rhythmus als das
Prinzip der Bewegung »überall in der Natur« wie »in dem
Reiche der Geister« (Schilling, Bd. 5, s. v.); er gilt auch B.
ausschließlich als »eine weithin verbreitete, allmächtig be-
redte Sprache ⟨. . .⟩ des Affekts und der Leidenschaften«,
ja sogar als »Ausdruck des Muthwillens« (ebd.).

Diese Umwertung der platonischen Tradition der Af-
fektbändigung durch Musik wurde in der »Sturm und
Drang«-Generation im Zeichen Pindars vorbereitet (vgl.
Anm. 494,4; Arthur Henkel, *Goethe-Erfahrungen*, Stuttgart
1982, S. 43-60). Das Pindar-Bild ist dabei von der zweiten
Ode des Horaz geprägt; kennzeichnend erschien dem jungen Goethe wie seinen Zeitgenossen die Freiheit von allem
Gesetz (»seu per audaces nova dithyrambos | verba devolvit
numerisque fertur | lege solutis«), der erhabene Ton und die

strömende Fülle dichterischer Bilder (»fervet immensusque
ruit profundo | Pindarus ore«); jene Strommetapher, aus
der sich etwa *Mahomets Gesang* entwickelt (vgl. S. 1111 f.),
durchzieht die Lyrik des jungen Goethe, wird in seinen
beiden Sonetten an B. auf die Adressatin bezogen und in
B.s Werken in ihr Selbstbild eines »Naturkindes« eingefügt
(S. 62 f.). Daß Goethe im Rückblick von *Dichtung und
Wahrheit* frühe Gedichte wie *Wandrers Sturmlied* als »Halb-
unsinn« bezeichnete (Bd. 9, S. 521), mußte B. nur in ihrem
Willen bestärken, den gealterten Goethe auf die ideale
Genialität seiner Jugend neuerlich zu verpflichten (vgl.
Konrad, Bd. 5, S. 467, sowie Komm. zu Bd. II); noch in
ihren letzten Lebensjahren plante sie, an ihrem Monument
den jungen Goethe zu verewigen und auf dem Sockel die
Rettung der »Psyche« – Figuration ihrer selbst – durch
Dionysos darzustellen (vgl. Kat., S. 216).

Bei ihrer Berufung auf die dithyrambische Tradition in
Musik und Dichtung war B. sicher die Kritik, die Herder in
der 2. Auflage der »Zweiten Sammlung« seiner Fragmente
Ueber die neuere deutsche Litteratur am Dithyrambus in der
Moderne geübt hatte, bekannt, kaum aber dessen spätes
Pindar-Porträt, das den Dichter als ›Exeget der Geschichte‹
zeichnet; er »der rückwärts und vor sich hinausblickt, der
die Vergangenheit und Zukunft in seinem Herzen träget;
gesandt vom Himmel, erhebt er das menschliche Gemüth
und wird ein Ausleger, ja ein Schöpfer der Zeiten« (Bd. 24,
S. 338). Doch hatten sich bereits Hölderlins späte Hymnen
mit dem priesterlich-sakralen Selbstverständnis des Dichters in jener Tradition der Pindar-Nachfolge eingereiht,
die vor allem durch Hölderlins eigene Pindar-Übersetzun-
gen (vgl. Anm. 494,4) auch an manche Autoren seines
Umkreises, wie etwa an Isaac von Sinclair, vermittelt
wurde.

Der geschichtsprophetische und geschichtsstiftende Anspruch von B.s Werken (vgl. S. 890 f.) legitimiert sich im
Rückgriff auf die kunstrevolutionäre Konzeption einer
»heiligen« Naturpoesie und -musik in der jungen Genera-

tion des »Sturm und Drang« und der Romantik, vor allem aber im Werk des jungen Goethe.

›Romantische‹ Naturwissenschaft und Naturphilosophie

Ende 1840/Anfang 1841 entwarf der damals in Berlin studierende Iwan Turgenjew einen Brief an B., die er im Salon der Familie Frolov kennengelernt hatte (vgl. Dehn, S. 337); Turgenjew faßte darin nach einem Gespräch mit B. über Goethe ihre Auffassungen zum Thema »Geist« und »Natur« zusammen:

Gnädige Frau,

Als Sie mir gestern von jener wunderbaren Gedankenverbindung erzählten, die in Ihnen beim Anblick eines glimmenden Feuers entstand, ferner als Sie von der Natur als von einem Geistigen, Lebendigen sprachen und mich am Ende frugen – ob ich Sie verstanden hätte – so bejahte Ich es: es liegt mir aber viel zu sehr am Herzen zu wissen – ob Ich es auch wirklich verstehe – Jene innige Verbindung des menschlichen Geistes mit der Natur ist nicht umsonst das Liebevollste, das Schönste, Tiefste unseres Lebens: nur mit Geistigen, mit Gedanken kann sich unser Geist, unser Denken so innig vermählen. Man muß aber ebenso wahr sein, wie die Natur es selbst ist – um in diesen Bund treten zu können – damit jeder Gedanke der Natur, jede Regung in ihr sich unmittelbar in der Menschenseele in bewusste Gedanken, in geistige Gestalten verwandle. – Aber auch der Mensch, der noch der Wahrheit fremd ist – fühlt es: die Sehnsucht des Abends, das stille zu sich Gekehrtsein der Nacht, die Gedanken voller Heiterkeit des Morgens wechseln ab in seiner Brust: er ist aus Fleisch und Blut, er athmet, er sieht: er kann sich nicht dem Einfluss der Natur entziehn: er kann nicht ganz in der Lüge leben. – Je mehr der Mensch zur Einfachheit der Wahrheit strebt, desto reicher und inhaltsvoller wird ihm der Umgang mit der

Natur – und wie sollt es auch anderes sein – da die
Wahrheit nichts anderes ist als des Menschen Natur? Ist
man auf *dem* Standpuncte (und auf diesem Standpunct
stehen viele Menschen) – wie unendlich süss – und bitter
– und freudig und schwer zugleich ist das Leben! Man ist
in einem steten Kampfe – und nie wird man sich retten
durch einen Rückschritt: man muss den ganzen Kampf
durchkämpfen. Der tiefe, schöne Sinn der Natur leuchtet
einem auf – und verschwindet: es sind Ahnungen, die wie
sie aus der Seele hervorzittern, gleich wieder verschwinden: bald scheint es: – die Natur (und unter Natur verstehe Ich den ganzen lebendigen, fleischgewordenen
Geist) wolle reden – und plötzlich verstummt sie und
liegt todt und schweigend: es lagert sich die tiefste Nacht
um das Auge. Das man nicht in der Wahrheit wahrhaft
lebt – erkennt sich so leicht! Gehe man nur in das freie
Feld, in den Wald hinaus – und wenn man auch bei aller
Freudigkeit immer noch in der geheimsten Seele einen
Druck, ein inneres Gebundensein fühlt, das gerade dann
hervortritt, wenn die Natur den Menschen ergreift – so
erkenne man noch seine Grenze, jenes Dunkel das nicht
im Lichte des Sich Hingebens verschwinden will, so sage
man sich: »Du bist doch noch ein Egoist«! Das man aber
dazu gelangen kann, wie Sie gestern sagten, keine Persönlichkeit zu haben, und grade in dem Geist, dem man
sich ergeben hat, erst persönlich sein (»je allseitiger,
desto individueller« sagen Sie in der Günderode) – dieses
haben Sie uns bewiesen – oder nein – Sie haben es gelebt – und wir schauen. – Dass Sie, indem Sie sahen, wie
der Wind vom Feuer weg die Asche wehte, an Göthe
dachten und *wie* Sie es dachten – war, Ich bin fest davon überzeugt, – kein *Vergleich*: es verging keine Zeit
zwischen Ihrem Sehen und Ihrem Denken: unmittelbar
verwandelte sich jene Regung in der Natur in diesen
Gedanken: denn wie die Natur bis in ihre geheimsten
Schwingungen, vor Ihnen offen liegt – so liegt Ihr Geist
ganz der Natur offen: wie die Pflanzen aus dem Boden

der Erde, wachsen Ihnen die Gedanken hervor – und es ist dieselbe Entfaltung des Geistes – welcher dort als organisches Gebild, hier als der Gedanke dieses Gebildes, als Seelenpflanze in das Licht heraus sich offenbart. – So sollte jeder Mensch sein: anstatt wie viele es thun, z. B. beim Liede der Nachtigall, in ein – höchstens sehnsüchtiges Brüten zu verfallen, sollte den Leuten ein unendlicher Quell von Gedanken, von liebevollen Gefühlen in der Brust schlagen – und eben so mannigfaltig und unendlich wie die Gestalten der Natur, sollten die Gestalten des Gedankens sein, in dem kleinsten wie in dem größten göttlich, einfach wie das Wort der Natur – welches ›Gott‹ ist – bald in sich ruhig gesammelt wie ein tiefes Thal beim Sonnenaufgang, bald ausgelassen und wild wie der Sturm – so reich und so mannigfaltig wie der Ton. Eins sein und unendlich in sich verschieden – ist das nicht ein Wunder? *Ein* Wunder und eine Welt von Wundern ist die Natur: so soll auch jeder Mensch sein – so ist er auch: und dass er es ist, haben uns die Herrlichen aller Zeiten offenbart. Sind wir denn umsonst – Menschen? Hat sich denn umsonst alles Geistige der Natur in den einen lichten Punct zusammen[ge]drängt – welches Ich heisst? Was wäre Natur ohne uns, – was wären wir ohne Natur? Beides ist nicht zu denken! – Das Sie selig sind und es sein werden, das Sie wahr sind und frei – die Bürgschaft davon ist uns in Ihrer Liebe, ja – in Ihrem Mitleid zur Natur, die ja, von den Menschen verlassen, trauert: darum hat sie es mit Ihnen redlich gemeint, mit Ihnen geredet, Ihnen all' Ihr Leben offenbart – auch ihre Trauer, – wie jener Bach, dem sie einst zuriefen: »Kind! Was weinst du? Was fehlt dir?« – Da er so ängstlich in dem Schilf murmelte. Darum haben Sie nie die Natur *beschrieben*: Ich möchte sagen – die Natur hat sich unter Ihrer Feder in Worte verwandelt: was das Wort bedeutet, was es Göttliches in sich hat – was Kunst was Form heisst – haben Sie uns erst gelernt. – Glauben Sie nicht – Ich wollte mir Rechenschaft geben über jenes Glück, das Ich fühle wenn Ich Sie lese: so viel Hingebungsfähigkeit ist mir vom Himmel gegeben worden – dass Ich mich ganz vergessen kann: Ich weiss selbst nicht ob das was Ich eben geschrieben habe, auch Recht sei: Ich will es auch nicht wissen; das Glück redet aus mir – und ich lasse es reden. Wenn mir das Wort fehlt, wenn es mir versagt ist – so fehlt mir die Natur – denn das Wort ist die Natur des Geistes, des Gedankens. Aber innerlich fühl' Ich mich ganz: Ich habe eine Ahnung der Seeligkeit, die berechtigt ist – die Seeligkeit der Wahrheit. – Ich habe das Wort gefunden: zwischen Ihnen und der Natur ist keine Grenze: in beiden lebt der eine Gott, der in Ihnen sich als Gedanken, als Offenbarung erfasst: ist es gross? Wie können Sie es wissen, es sagen? Dünkt Gott sich selber gross? Wie Sie es gestern sagten: Ist der Gedanke Besitz, Eigenthum? Ist nicht jeder ein Werkzeug – ist nicht das Wort, das Ausgesprochene, – Gottes Rede, deren Sinn Ihnen durch ein freudiges Wunder offenbar wird? Glauben Sie nur – Sie haben immer Recht, was auch die Leute sagen mögen: durch die einfache Berührung mit dem Wahren offenbart sich in jedem Verhältniss, in jeder That – das Wahre, der Begriff. Was man nicht zugeben will, was die Engherzigen schreckt – muss doch zugegeben werden: »Wer wahr ist – der ist gut, und frei, und selig – und weise« – und das alles ist kein Verdienst: es ist das Einfachste – ja, es sollte das Gewöhnlichste sein, das Alltäglichste.

(Dehn, S. 344-347.)

Wie B.s Naturauffassung selbst, so weist auch dieser Brief mannigfache Ähnlichkeiten zu Gedanken und Formulierungen Goethes auf; die hymnische Preisung einer vergöttlichten Natur, Vertrauen und Hingabe in ihr »ewiges Leben, Werden und Bewegen« (Goethe, Bd. 13, S. 46), die Einheit von Mensch und Natur im Gefühl prägen etwa den frühen Aufsatz *Die Natur* (ebd., S. 45-47), der repräsentativ ist für Goethes »Art von Pantheismus« (ebd., S. 448) um 1780. Doch auch Goethes Erläuterungen von 1828 zu diesem frühen Text weisen mit ihrer Vorstellung einer »Steigerung« von »Materie« zu »Geist« (vgl. ebd., S. 549 f.) auf B.s Glauben an die stete Vergeistigung in einer allumfassenden Natur (vgl. Komm. zu Bd. II).

In einer Erinnerung an Schleiermacher, die von der Einigkeit im »Gefühl geistiger Steigerung« ausgeht, werden die Stichworte des philosophischen Pantheismus mit den naturwissenschaftlichen Begriffen verknüpft, die bei B.s Zeitgenossen als genuin ›romantisch‹ galten; hatten doch Schelling, Novalis und dessen Freund, der Naturforscher Ritter, schon in den Kreis von Jena die jüngsten, von der Fachforschung noch kaum anerkannten Theorien über Elektrizität und Magnetismus eingeführt. Im Gespräch mit Schleiermacher will B. die Einheit der Natur in diesem Rahmen erklärt haben:

Schleiermacher war mir zugetan, was in meiner Seele vorging, war ihm wichtig; ja, ich glaube, daß in ihm die Neigung war zu mir, als zu einem Wesen, was ihm i⟨m⟩ Gefühl geistiger Steigerung verwandt war. Er würdigte meine Gedanken, sie entsprachen meistens seinen spekulativen Forschungen und waren ihm in dieser Beziehung oft unvermutet und doch erwartet. Was ich Dir früher über Geist, Gebet, inneren idealen Menschen, der Gott ist, sagte, entsprach seiner Philosophie, und eins hat er mir gesagt, was gewaltig groß ist – übermenschlich für das menschliche Faseln der andern Theologen; ich sagte ihm, der Himmel ist Geist, Geist ist der Raum, den wir als Himmel bewohnen werden; und in was willst Du übergehen als nur in Geist, und Du hast keinen Raum, als den Du Dir im Geist erwirbst. – Er bejahte dies, sagte aber: die Sinnlichkeit ist ebenso ewig, ebenso unsterblich, ebensogut Himmelsraum als der Geist; ich fragte, in was soll aber Sinnlichkeit übergehen beim Übergang ins jenseitige Leben als nur in Geist? – Er antwortete: wenn Geist nicht aus der Sinnlichkeit hervorginge, wo wäre er dann her? Fühlst Du es nicht, daß alle elektrischen, magnetischen Regungen den Funken des Geistes entzün-

den und vegetabilisch ausstatten, daß er leben kann? –
Nein, ohne Sinnlichkeit keinen Geist. –
(IP, S. 430.)
Sie selbst sei, so heißt es im *Frühlingskranz*, ein »elektrischer
Funke« (S. 27,17), Gott gilt ihr als elektrisches Phänomen
(vgl. S. 98,9 f.), die Kunst sei nur »ungelebte Magnetkraft«
(138,11 f.), und durch die elektrische Wirkung großer Per-
sönlichkeiten werde der Strom der Geschichte gelenkt (vgl.
S. 65,12). B.s Glauben an die Einheit von »Materie« und
»Geist« in der sinnlichen Wahrnehmung wird durch solche
Identifizierungen den ganzheitlichen Entwürfen romanti-
scher Naturforschung zugeordnet; zugleich schließt er sich
der Magnetismus-Mode an, die in Berlin seit etwa 1810
herrschte, jedoch gegen Ende der dreißiger Jahre ihren
Höhepunkt längst überschritten hatte. Wie auch der Brief
Turgenjews belegt, war der zentrale Begriff »Geist« inzwi-
schen aus dem universalistisch-naturkundlichen in einen
philosophischen Kontext gerückt, den in B.s Umkreis die
Nachfolger Hegels bestimmten (vgl. S. 946, 956).

Im *Frühlingskranz* wie schon in der *Günderode* stellt sich
B. auch in dieser Hinsicht dar als die Wahrerin der Kontinuität zu den wegweisenden Ansätzen um 1800. Sie hatte
im Kreis ihrer Großmutter Sophie von La Roche noch die
Laienkultur nützlicher und unterhaltsamer Naturforschung kennengelernt; ihr Spott über den Gelehrten Ebel
wertet zwar die zukunftsweisenden Einsichten anderer auf,
wird aber dessen wahrer Leistung nicht gerecht (vgl. Anm.
184,26).

Gültig für die Zukunft sind vor allem die Lehren des
»Magnetiseurs«, den B. später gegenüber Varnhagen als
Friedrich Anton Mesmer identifizierte (vgl. Anm. 37,29).
Mesmers Lehre trachtet danach, klarzulegen, »durch welche Bande der Mensch mit der ganzen Natur, wovon er
einen integrierenden Theil ausmacht, verwebt ist, auf welche Weise ihren Gesetzen gemäß er da sei, er erhalten
werde, er seine Bahn durchlaufe und endige« (ders., *Mesmerismus. Oder System der Wechselwirkungen, Theorie und An-*

*wendungen des thierischen Magnetismus als die allgemeine Heil-
kunde zur Erhaltung des Menschen,* hg. v. Karl Christian
Wolfart, Berlin 1814, S. LXVIII); gemäß einem, auch sonst
im B.s Offenbacher Lebenskreis akzeptierten (vgl. S. 766),
Grundsatz der Naturwissenschaft des 18. Jahrhunderts
setzte Mesmer die Einheit von Ethik und Physik voraus
(S. LXXI). In seiner Lehre vom »All-Magnetismus« (ebd.,
S. 49) betonte er gegen die bloße Vernunftgläubigkeit, daß
»der Instinkt eine Wirkung der Ordnung und der Harmonie des Weltalls ist«: So »ist derselbe auch eine sichere Regel
für die Empfindung, so wie für die Handlungen« (ebd.,
S. 157). B.s Glauben an ihre divinatorischen Fähigkeiten
und die daraus resultierende Mißachtung gelehrter Ausbildung (vgl. S. 778 f., 887) fanden hier eine Stütze; darüber
hinaus war auch die politische Nutzanwendung, die Mesmer in seinem universalistischen Entwurf breit ausführte,
für sie akzeptabel.

Bezeichnend ist allerdings, daß in Wolfarts *Erläuterungen
zum Mesmerismus* diesem Teil des Systems nur wenige Seiten
gewidmet werden; Mesmers naturrechtlich geprägter Frei-
heitsbegriff (vgl. *Mesmerismus,* S. 231-235) wird von Wolfart zum Teil einer Gesundheitslehre (vgl. S. 292) umgedeutet: »Kann sich der menschliche Organismus frei seiner ihm
eingebornen Erfordernissen gemäß entwickeln, so wird
auch die Psyche herrlich die freien Flügel schwingen; sind
erst die Elemente des gesellschaftlichen Lebens zum Staats-
verein den menschlichen Erfordernissen entsprechend naturgemäß erkannt, so wird der Staat in wohlthätiger Würde
als ein organisch-lebendiges Verhältniß sich ewig verjün-
gend darstellen.« (S. 289.) Dies Ideal sei im »letzten teut-
schen Freiheitskrieg« (S. 293) verwirklicht worden und
dauere in einer patriarchalischen Monarchie fort (vgl.
S. 290). In Berlin hatte Wolfart den Mesmerismus zur Mode
gemacht; gegen den Widerstand der Fakultät wurde er 1817
zum ordentlichen Professor in der Berliner Medizinischen
Fakultät ernannt (vgl. Walter Artelt, *Der Mesmerismus in
Berlin,* Abh. der Akad. der Wissensch. u. der Lit. in Mainz,

Geistes- und sozialwissenschaftl. Klasse, 1965, Nr. 6).
Hatte er schon während seiner Hanauer Zeit zum Freundeskreis der Familie Günderrode gehört (vgl. Preitz 3, S. 269-
273), so oblag ihm nun die ärztliche Betreuung der Familien
Savigny und Arnim, sowie – in B.s weiteren Bekanntenkreis – Schleiermachers, der ihm die Grabrede hielt (vgl.
Sämtliche Werke, Abt. 2, Bd. 4, Berlin 1835, S. 833-836).

Zu B.s Opposition gegen die etablierte Wissenschaft
gehört auch der Kampf gegen die Schulmedizin: Sie hielt
sich an »Magnetismus« und »Homöopathie« (Kat., S. 68;
vgl. MH 1, S. 611, sowie A/B, Register s. v. Hanemann; zu
Hufelands, des Hauptvertreters der Homöopathie in Berlin, Verhältnis zum Mesmerismus vgl. Artelt, S. 410-414).
Schon am 24. 8. 1833 hieß es in einem Brief B.s an Ringseis:

⟨Die Homöopathie⟩ ist mir das heiligste Geschenk, was
der Gott der Christen und Heiden seinen Erdensöhnen
geben konnte. Geist ist göttlicher Ausfluß; wo er Platz
findet, da sickert er durch. So hat er sich durch die
Homöopathie einen Weg durch die Medizin gebahnt. Es
kommt darauf an, daß der felsige Widerspruch gesprengt
werde. So haben wir ein klares und stolzes Bett, in dem
das Heil der Menschheit dahinfließt.
(Pfülf 2, S. 572 f.)

Neben dem praktischen Erfolg bei der Bekämpfung der
Cholera-Epidemie von 1831 (vgl. Meyer-Hepner, S. 167)
war für B. bei ihrer Vorliebe auch ein weltanschaulicher
Zusammenhang maßgebend:

Ich habe die Empfindung als müsse die sinnliche Periode
einer geistigen Entwicklung immer ihr voranschreiten,
drum hab ich mich mit so großer Leidenschaft an die
Homoeopathie ergeben. Das schmerzliche Gefühl eines
geistigen Druckes fand zum wenigsten eine analoge Erleichterung und Erläuterung in ihr, denn sie schwört den
medizinischen Zwang ab, keine Fontanell, kein Fliegen-
pflaster, keine periodische Aderlaß, oder Purgierkur,
kein Wollenkamisol, frei muß der Mensch sein, sonst ist
er nicht gesund, und eine gesunde Constitution muß ein

Gesundheitsregiment zur Folge haben, sonst ist es selbst geistig krankhaft und der verwirrenden Übel unzählige bilden sich in ihm. Da nun jetzt die Homoeopathie uns die Wege bahnt, nicht mehr unter dem aussaugenden Kommando eines dummen oder eigennützigen Arztes zu schmachten, so hoffe ich mit Gott uns werde auch geistig ein homöopathisches Ingenium aufgehen und werden bloß durch Anregung natürlicher Disposition und durch Geltendmachen derselben eine wohlorganisierte Konstitution bilden, die das Vermögen der Seele frei gebe. Ja so hofft man, wenn man aber sieht welche seltsame Anfänge eine in der Zeitluft liegende Crisis hat ⟨. . .⟩ so kommt dem Ahnungsvermögen allerlei wunderlich Empfinden ⟨. . .⟩.

(An Adolf Stahr, 4. 4. 1841; Stahr, S. 21 f.)

Obschon B. ihre Vorliebe für die romantischen Ärzte stets bewahrte und etwa »des Ringeis Buch« (*System der Medizin*, Bd. 1, Regensburg 1841) »drei- und vierfach gebenedeit contra Schönlein«, den medizinischen Empiriker, pries (an Clemens, 26. 5. 1841; Pfülf 3, S. 87), blieb sie gegen eine Entwicklung der ganzheitlichen Naturspekulation, wie sie Carl Ignatius Lorinser aus dem Beginn der zwanziger Jahre schilderte, nicht blind:

Merkwürdig war der Einfluß, welchen zu jener Zeit die Sache des Magnetismus von Seiten des erwachenden religiösen Bewußtseins und der neuen Naturforschung erfuhr. Was später die ganze Medicin betraf und einen großen Kreis von Aerzten in verschiedene Richtungen theilte, das ereignete sich viel früher, gleichsam wie ein typisches Vorbild, mit dem Magnetismus in Berlin und unter uns, die ihn übten und seine Wirkungen beobachten konnten. Der *Mesmerische* Verein hatte schon bei meinem Eintritt eine bedeutende Spaltung erlitten. Mehrere Mitglieder, die einer pietistischen Ansicht huldigten, waren in Folge ihrer veränderten Ueberzeugung ganz davon ausgeschieden. Andere neigten sich mit Vorliebe zu der rationalistischen Anschauungsweise, als deren

Hauptrepresentant Kiefer in Jena erschien. Als eigentliche Mesmeristen, die fest an der empfangenen Lehre
und Ueberlieferung hielten, blieb nur Wolfart mit dem
kleinen Häuflein seiner Getreuen übrig. Die ersteren, zu
welchen eine Zeit lang auch Bock gehörte, fielen immer
mehr einem falschen Mysticismus anheim. Sie fragten
jeden Kranken zuvörderst nach seinem Glauben, wollten
hinführo nur durch Gebet und Segen heilen, verwarfen
alle magnetischen Mittel und hielten es fast für eine
Sünde, ein Recept zu schreiben. Einer von ihnen (Dr.
Breuer) ahmte sogar die Anachoreten nach und brachte
einige Zeit in der Hasenhaide zu, wo er sich in einem
tiefen Loche aufhielt, das er in die Erde hatte graben
lassen. Heilborn und Andere sahen im Magnetismus nur
eine Aufgabe für die Naturforschung und versprachen
sich von fortgesetzten Experimenten den größten Erfolg. Die übrigen hielten die Lehre Mesmers in ihren
Grundzügen für die vollendete und wahre und nur noch
einer weiteren Entwicklung und Anwendung fähig. Was
Wolfart sprach oder schrieb, war immer voll Wärme,
anregend und geistreich; allein es läßt sich nicht leugnen,
daß unter seinen treuesten Trabanten sich die schwäch-
sten Intelligenzen befanden.
(C. I. Lorinser, *Eine Selbstbiographie*, hg. v. Franz Lorinser, Bd. 1, Regensburg 1864, S. 129 f.)
Waren zunächst »die Elektrizität und der Magnetismus
⟨...⟩ ein neues Symbol Gottes geworden« (Ernst Benz,
*Franz Anton Mesmer und die philosophischen Grundlagen des
»animalischen Magnetismus«*, Abh. der Akad. der Wissensch.
u. der Lit. in Mainz, Geistes- u. sozialwissensch. Klasse,
1977, Nr. 4, S. 12), so wurde dieses Zeichen jetzt dogmati-
siert und in die konfessionelle Bewegung der ersten Jahr-
hunderthälfte eingebunden. B.s Angriffe auf den Natur-
philosophen Heinrich Steffens (vgl. SW 7, S. 437, sowie
Steffens – bei Gassen, S. 88) wurzeln in ihrer Aversion
gegen eine pietistische »Mystik«, deren verhängnisvolle
Auswirkungen sie auch im Haushalt Schleiermachers beob-

achten konnte; über die somnambule Karoline Fischer, die dort wohnte und das häusliche Leben beherrschte, berichtete sie am 13. 8. 1829 an Arnim:

Am Sonntag kam ich in Schleiermachers Garten, die Fischer war darin grade im hellsehenden Zustand, sie adressierte sich an mich, mit einer unglaublichen Frechheit behauptete sie, mich zu durchschauen, machte mir ein Bild von meinem Charakter; ich hatte mir gleich vorgenommen, zu allem ja zu sagen, dies begeisterte sie noch mehr, daß sie alles so gut traf, sie sah Geister und beschrieb sie genau, sie beschrieb mir die andere Welt und alles genau, wie es uns jenseits gehen werde, dies alles hätte ich passieren lassen, sie erzählte, wie sie von jeher einen großen Wissensdurst gehabt, ein Geist habe ihr gesagt, sie brauche sich keine Mühe geben zu studieren, es werde alles von selbst kommen; und nun sei diese Prophezeiung wahr geworden durch den Somnambulismus ⟨. . .⟩ ich würde mich wohl über all dies sehr verwundern, allein das seien Kleinigkeiten gegen ihre himmlischen Reisen und ihre unmittelbare Anschauung von den Verwandten Gottes, die sich häufig mit ihr ins genaueste einließen p. p.; sie hörte nicht auf mit dergleichen, ich tat, als ob mir dies alles ganz natürlich erschiene und erstaunte nicht ein einziges Mal, aber meine Verwunderung ist außerordentlich, wie es möglich ist, daß sie inmitten von Schleiermachers Familie sitzt wie ein Wesen, von dem alle Kraft ausgeht.
(A/B, S. 828 f.)

B.s Integration des Magnetismus in ihre Geistreligion (vgl. S. 962) muß, wenn sie sich auf Schleiermacher beruft, vor diesem Hintergrund verstanden werden. So erklärte sie etwa die Auferstehung Christi durch eine aufs höchste gesteigerte Konzentration des Lebens durch Leidenschaft (laut Rudolf Baiers Tagebuch, 22. 4. 1844; Gassen, S. 23).

Ein weiterer Kronzeuge ihres Naturverständnisses, das in der Aufbruchszeit um 1800 wurzelte, ist der »junge Physiker« Johann Wilhelm Ritter, den sie durch Clemens

und die »chemisirende Französin« Louise de Gachet (Ritter, T. 1, S. XXX) kennengelernt hatte (vgl. Anm. 54,14 f.).
Während B.s Münchener Aufenthalt 1808 kam es anscheinend zu keiner persönlichen Begegnung (vgl. Clemens'
Brief an Arnim, 10. 10. 1808; Steig 1, S. 259), jedoch las B.,
wie aus ihrem Brief an Arnim vom 30. 1. 1810 hervorgeht,
sein spätes Hauptwerk:

> Daß Ritter seit vierzehn Tagen ⟨richtig: 23. 1. 1810⟩ todt
> ist, werdet ihr schon wissen, er konnte seinem Buch:
> Nachlaß eines jungen Physikers, keinen bessern Abgang
> verschaffen als durch seinen Tod, jedermann wills lesen;
> seine Lebensbeschreibung ist sonderbar so eingerichtet,
> daß bei all dem herrlichen Mystischen keinem seiner
> unwirschen Fehler der Platz versperrt ist, und obschon
> auch mit keinem Gedanken auf seine irdischen Sünden
> und Verhältnisse hingedeutet ist, so glaubt man dennoch
> ahnden zu können, welche Gestalt diese Genialität unter
> den Menschen angenommen, und man würde sich nicht
> wundern, das härteste Urtheil in Bezug auf sittliches
> Verhältniß über ihn aussprechen zu hören. Mich hat das
> Ende, wo er zu seinen echten Freunden sich wendet ⟨S.
> CVII⟩, wahrhaft gerührt; so viel ich weiß, ist er an einem
> zehntägigen hitzigen Fieber gestorben, wahrscheinlich
> allein, verlassen von allen.
> (Steig 2, S. 373.)

B. erwähnt nicht die nationalpolitische Ausrichtung, die
Ritter seiner Publikation gab, obwohl gerade dies ihren
Auffassungen während ihres Münchener Aufenthaltes ent-
gegenkommen mußte.

In ihrem Menschenbild durfte sich B. freilich durch die
Fragmente aus dem Nachlasse eines jungen Physikers in jedem Fall
bestärkt finden, da sie die ›Lebenskraft‹-Lehren des 18. Jahrhunderts, die etwa bei Heinse manifest sind (vgl. S. 905),
fortsetzen:

> Das Individuum ist die Wiederholung des Ganzen.
> ⟨. . .⟩ Zu werden, wie der große Mensch, die Mensch-
> heit, ist seine Bestimmung. – Auf zwey Wegen gelangt es

dazu. Der erste: auf den Gebrauch seiner Willkühr zu resigniren, und sich in den Willen der Natur, des Herzens, Gottes, zu ergeben. Der zweyte: Es aus der Geschichte zu werden. Nationen finden sich wieder bey ihm als einzelne Anlagen, beyde werden sich auf gleiche Weise bilden. Der erste Weg wäre der natürliche, oder auch kindliche, der zweyte der künstliche, oder auch heroische.

Die physische Geschichte des Individuums wird die physische Geschichte des Ganzen. Das Studium des Individuums führt auf eine Prophetik des Ganzen.

(Ritter, T. 2, S. 36.)

Neben B.s prophetischen Ansprüchen resultierte auch ihr Glaube an die Einheit des Universums aus Ritters Voraussetzungen:

Auflösung = Vereinigung = Entformung. Auflösung = Tod im Organischen. Auflösung = chemischem Proceß. So steigt mit dem Uebergange der Einheit in die Mehrheit das Lebendige aus dem Grabe der Identität hervor, kommt zum Genusse seiner in der höchsten Differenzirung = Lebendigkeit, und kehrt mit sinkender Differenz in seinen Ursprung zurück. –

(Ritter, T. 1, S. 93.)

Überdies haben Ritters Lehre und B.s Darlegungen an einer Bildlichkeit teil, die beider Grundauffassung von der Einheit der Natur widerspiegelt; so ist für Ritter die scheinbar tote Materie von der lebenden nur dadurch unterschieden, daß »im anorganischen Anteil unserer Erde, als gleichsam dem Organismus im kryptogamen Zustand, – im Zustand ewiger Knospe zurückgehalten wird, was im organischen Reich sich auf den Lichtreiz einer höheren Sonne zur schöneren Blüte entfaltet« (*Beiträge zur näheren Kenntnis des Galvanismus*, 1800; zit. nach: E. Worbs, *Novalis und der schlesische Physiker Johann Wilhelm Ritter*, in: Aurora 23 [1963], S. 85); mit der auch B. naheliegenden Musik- und Poesiemetapher wird das Wesen des Universums beschrieben: »Wer in der unendlichen Harmonie nichts als ein Ganzes nur, ein voll-

endetes Gedicht findet, wo in jedem Wort, in jeder Silbe die
Harmonie des Ganzen wiedertönt und nichts sie stört, der
hat den Preis errungen, der unter allen der höchste und das
ausschließliche Geschenk der Liebe ist.« (Unveröffentl.
Diarium, zit. ebd., S. 85 f.) B.s Veröffentlichungen nennen
Gewährsleute, deren Lehren sie nicht zitieren will, weil sie
deren Gehalt erlebt hat; sie überhöht eine gemeinsame
Sprache zum Ausdruck persönlicher und spontaner Wahrnehmung.

In ihrer Rezeption der Lehre Franz von Baaders, ebenfalls während der entscheidenden Münchner Monate, läßt
sich dieser Prozeß dokumentieren; am 1. 9. 1809 schrieb sie
an Goethe:

> Und wenn Jacobi seine Psyches-Flügel schwingt, um
> sein Wesen dem All auf sonniger Bahn entgegen zu
> tragen, so bleib ich dabei, daß in warmen Schatten ein
> süßer Schlummer mir die wahre Seeligkeit ist, und wenn
> Schelling endlich das *positiv Böse* erkennt, schwehr ath-
> mend einen neuen Traum darüber beginnt, so bitt ich,
> reiche mir ein Freund den Becher voll duftendem Feuer,
> daß ich die Seeligkeit in mich trinke und nichts nach
> andrer Weisheit frage; Wenn aber Baader, siehst Du, mit
> ungeheurer Vielgesprächigkeit mir beweißt, doppelt und
> dreifach, alles was ich entbehren kann in dieser Welt –
> Diable, dann wird mir das Zuhören sauer, und mit zuge-
> drückten Augen frage ich mit heimlicher Stimme: Wo
> sind die Freunde? wo sind die Gefährten?
> (Bergemann, S. 263 f.)

Dem Brief legte sie Baaders im selben Jahr publizierte
Abhandlungen *Beiträge zur dynamischen Philosophie im Gegensatze der mechanischen* bei (vgl. Bergemann, S. 264 u. 441);
außerdem waren ihr Gedankengänge, wie sie Baader in
seinen Abhandlungen *Ueber die Analogie des Erkenntniss- und
Zeugungstriebes* (1808) und *Fragmente zu einer Theorie des Erkennens* (1809) niedergelegt hatte, keineswegs fremd; stets
zielte Baader ja darauf ab, die Einheit und das »ewige
Verhältnis einer ewigen Natur zu einem ewigen Geist« zu

bestimmen und damit, wie es der Titel der eben zitierten Studie versprach, die *Begründung der Ethik durch die Physik* zu leisten (Baader, Bd. 5, S. 1-34). In einem umfangreichen Brief B.s an Max Prokop von Freyberg vom 20. 7. 1810 findet sich eine Paraphrase solcher Gedanken, die zum größten Teil auch in die *Günderode* aufgenommen wurde; etwa »von der Mitte dieser Zeilen an macht sich jedoch eine allmähliche Befreiung von Baader bemerkbar; es folgen eigene ›bettinische‹ Paraphrasen zu dem angeschlagenen Thema, die von einer weitergehenden Beschäftigung mit der idealistischen Philosophie zeugen« (Steinsdorff, S. 291):

⟨. . .⟩ weil nun in diesen Blättern viel vom Glaube die Rede ist so will ich dir etwas darüber hinsezen, was ich einmal in München schrieb, da ich mit Franz Baader über Naturfilosophie gesprochen und er mir manches von absolut bösem vorbrachte, was ich nicht annahm, es war dieß auch mit eine Grundlage zu des Prinzen Wallerstein Gebethbuch, aber anwendbarer aufs Leben und auf ihn selber, hab ichs ihm geschrieben.

»Es sind aber 3 Dinge! aus diesen entspringt der Mensch; nicht nur ein Theil, oder eine Erscheinung von ihm; sondern er selber mit allen Erscheinungen in ihm, und sein Saame und Keim liegt in diesen 3 Dingen; diese aber sind die Elementhe aus welchen die ganze erschafne Natur sich in dem Menschen wieder bildet. – das erste ist der Glaube; aus diesem entspringt der gewiße Theil des Menschen; nehmlich: der Leib oder das Kleid des Geistes: der Gedancke! – dieses /:der Gedancke:/ ist die Geburth und sichtliche Erscheinung des Geistes, und eine Befestigung seines Daseyns. Der Glaube aber ist Befestigung, und ohne diesen schwebt und gewinnt keine Gestaldt, und verfliegt in tausend Auswegen, die die erschaffende Natur noch nicht unter sich gebracht hat. So wie der Natur Eigenschaft aber ist: den ewigen Stoff: (*die Zeit*) zu bearbeiten so ist dieser (der Zeit) ihre Eichenschaft die Gestaldt von sich abzustoßen und nicht anzunehmen, bis sie von der Natur in seeligem Kampf besiegt ist. – Der Glaube aber, ist die Erscheinung Gottes in Der Zeit; der Glaube ist Gewißheit und Ewigkeit; die Erscheinung Gottes ist immer ewig, in jedem Augenblick, und so ist der Mensch ewig, denn sein *Seyn* ist Gottes Erscheinung. Gott aber ist *alles* daß das Gute ist, im Gegensaz gegen *Nichts* daß das Böse ist.

Daher ist auch alles in dem Menschen, der Die Erscheinung Gottes ist; daher begreift er einzig in sich Gott und den Glauben an ihn; weil sein Seyn der Glaube ist, sein Wesen aber Gott.

Was der Mensch erblickt mit seinen Augen auser sich, das ist Gottes Blick in ihm; was er hört mit seinen Ohren auser sich, das ist Gottes Stimme in ihm; – was er fühlt mit seinem ganzen Leib und Geist auser sich, das ist Gottes Berührung, der Funke der Begeistrung in ihm; was aber in ihm ist, das erschaffet und bildet aus ihm heraus was aber erschaffen und ausser ihm ist, das spricht ihn an, und bildet sich wieder in ihn hinein. – in ihm aber liegt auch die Zeit, und es ist das Werck des Erschaffens nichts anders, als, die Zeit umwandlen in die Ewigkeit. wer aber die Zeit nicht umwandelt in die Ewigkeit; sondern die Ewigkeit herabzieht in die Zeit; der wirckt böses, *denn alles was ein Ende nimt das ist böse*. – die Ewigkeit in die Zeit herabziehen, heist: wenn die Zeit der Ewigkeit mächtig wird. – wenn die Nichtigkeit mächtiger wird als die Gewallt des Schaffens, wenn der Stoff des Meisters sich bemeistert der ihn behandelt. – böse ist also der *Selbstmord*; denn der Wille der Vernichtung ist zeitlich, und der Gedancke geht in sich selbst zu Grund, weil er ein Kleid der Zeitlichkeit ist; nicht aber eine sichtbare Erscheinung des ewigen Geistes und hier lehnt sich der Stoff /:Die Zeit:/ gegen seinen Meister /:das Schicksal, der Ewigkeit:/ auf. – Wenn man aber sagt: der Mensch ist im Guten gebohren; so ist dießes wahr, weil er im Glauben gebohren ist. wenn man aber sagt: er hat das Böse nicht, sondern er zieht es nur an, so ist dießes nicht wahr; denn er hat die Kraft das Böse von sich zu stoßen, nicht aber es an sich zu ziehen; denn das Böse, ist die Zeit, und sie dient zur Nahrung für das Göttliche und Ewige. – Die Zeit aber, frißt die Ewigkeit, und den Geist der ewig seyn soll, wenn er sich nicht ihrer bemächtigt und sich zur Nahrung nimt. – denn das ist das Böse daß das Zeitliche, irdische, das ewige himmlische verschlingt; das Gute aber ist; wenn das ewige, himmlische, das irdische in sich umwandelt, und alles zu Gott in ihm macht. – Gott aber, hat das Zeitliche nicht in sich, denn sein Seyn ist die Umwandlung des Zeitlichen ins himmlische, weil Er aber ist, so ist die Ewigkeit. pp – was aber der Mensch erblickt ausser sich, das ist Gott in ihm; wenn er also anschaut das Firmament mit den Gestirnen; so geht dieses in demselben Augenblick an dem Horizont seiner eignen Seele auf, und wenn er einen Berg oder Felsen anstaunt, so steht dieser unerschütterlich in seinem innern selbst. und was er erkennt auser sich, das ist in ihm; und so tief und innig, so wahr, groß, und edel, er es erkennt, so wahr, tief, und innig wird die Natur in ihm. denn ein Mensch, vermögte mit seiner Hand zu bedecken, die grösten und tiefsten Geheimniße wenn sie nicht in ihm entfaltet sind; wenn sie sich aber kund thun, und von den Banden der Zeit frei machen, so werden sie des Menschen mächtig und der Mensch ihrer, und beide sind eins.« –

Nun weiß ich freilich selbst nicht, wie ich das alles geschrieben, und was ich noch ferner damit bezwecken wollen, nur erinnere ich mich, daß es mir Schmerzen machte, bey dem Dencken, und daß ich gleichsam in Angst niederschrieb, und wenn ich eines Gedanckens erledigt war, so war mir ein Stein vom Herzen.

(Steinsdorff, S. 136-138.)

B. stellte diese Paraphrase Baaderschen Denkens an den Anfang der *Günderode* (vgl. Anm. 321,5); auch ihre Einsicht in Böhmes Lehre (vgl. Anm. 250,10) hatte Baader gewiß vertieft.

Wie sich im geistigen München um 1810 die persön-

lichen Sympathien und Antipathien mit gedanklichen Affi-
nitäten und Gegensätzen kreuzten und verwirrten, so werden auch in dem personalistisch bestimmten Denken B.s die
sachlichen Zusammenhänge oft genug verschleiert. Ihren
Widerwillen gegen Schelling hat sie nie verhehlt (vgl.
S. 940); doch wurden ihr, wie ihr bereits zitierter Brief an
Goethe (S. 925; vgl. Steinsdorff, S. 285) bezeugt, in München jedenfalls die Grundgedanken der vielbesprochenen
Abhandlung *Philosophische Untersuchungen über das Wesen der
menschlichen Freyheit* (1809), die sich unter Baaders Einfluß
an böhmistisches Denken annähert, vertraut. Eine Anwendung der Polaritätslehre, wie sie Schelling entwickelte,
bietet wiederum ein Brief an Max Prokop von Freyberg:

Alles hängt in der Natur aufs innigste zusammen, Du
magst kein Blatt vom Baum lösen, so gehört es in die
Stunde der Welt, daß es von Dir gebrochen werde, daß
deine Schlafstelle nach Norden oder nach Süden hin
stehe, hat Einwirkung auf Dich; der erste Augenblick
und der lezte des Lebens hängen wie Geschwister aneinander; und so, alle. Der Geist des Lebens erkennt alles,
Durchschaut im ersten Augenblick alle, bis auf den lez-
ten; *und das ist Ewigkeit, in jedem Augenblick die Ewigkeit zu
durchleben*; – wenn ein Mensch der Menschen Leben nicht
achtet, ihre Seeligkeit nicht berücksichtiget, wenn er Blut
fliesen macht in tausend Ströhmen, wenn er wühlt in Der
Schöpfung, und niederreist, zerstört, wenn er die Welt in
Rauch und Flammen aufgehen lässet, und nichts wieder
aufbaut; soll ich ihn darum strafen? – soll ich ihn als einen
Ungerechten, lasterhaften, Räuber, bekennen, und behandlen? – Nein! es steht mir nicht an zu richten – wäre
es doch als wollte ich den Orkus um des Olymps willen
verachten, weil oben die ewigen wohlwollenden Götter
Trohnen, wärend unten die verzehrenden Kräfte Hau-
ßen. aber wenn ich Kraft in meinem Busen fühle jenen zu
vertilgen wenn in mir die Macht des guten eben so gähret
wie in jenem, die des Bösen, dann soll ich sie brauchen
diese Macht, und das Böse verderben, nicht richten soll

ich, aber meine Natur soll nicht elend seyn, sie soll nicht vertragen *können*, und auch nicht *wollen* daß das was ihr zuwieder ist, überhand nehme, sie soll den Bösen nicht verderben weil ers verdient, sondern weil sie mit ihm nicht seyn kann; – wenn also das Unglück durch Diesen in die Welt eingegangen ist, so kann ich ihn nicht betrachten als den Urheber des Unglücks, sondern die Zeit trat heran und that das ihrige; und die Zeit wird nocheinmal das ihrige thun wenn sie dem sogenanten Unglück ein Ende macht. (es ist aber kein Unglück daß man unglücklich sey.) wenn ein Geist gegen den andern ist im Streit, (wie es jezt in der Welt ist und noch seyn wird) so ist die Zeit mit sich selber im Streit, und die Menschen nennen dieß Zwietracht, Unfriede, Krieg, ich nenne es aber mit tiefbedeutendem Sinn: Eintracht, und Friede, denn Kampf ist die höchste Einigung der sich spaltenden Mächte, im Kampf zehrt eins das andre auf, dringt in dessen innerste Seele, faßt seine ganze Natur, reist sie mit Gewallt an sich, wird ihrer Herr, und wird zugleich ihr Sclave. – Verstehst Du mich? – und dieß ist der Friede; daß die beiden Feinde nur immer im gleichen Willen sich einander bezwingen können.
(Steinsdorff, S. 115.)

Vielleicht schon durch Mitteilungen der Günderrode (vgl. Anm. 307,23 u. ö.) waren B. frühere Arbeiten Schellings bekannt geworden; Eintragungen im Studienheft der Freundin, nicht allein von ihr, sondern wahrscheinlich auch von ihrer Freundin Lisette Nees geschrieben (vgl. Preitz 3, S. 321), basieren vor allem auf der *Einleitung zu den Ideen zu einer Philosophie der Natur* (1797), den *Ideen zu einer Philosophie der Natur* (1797) und dem *Ersten Entwurf eines Systems der Naturphilosophie* (1799; vgl. ebd., S. 322). Bereits in jener ersten Schrift hieß es: »Die Natur soll der sichtbare Geist, der Geist die unsichtbare Natur seyn.« (Bd. 1, S. 294.) »Die Natur«, so faßte Karoline diesen Grundsatz Schellings, »ist die reale Seite des absoluten Erkennens, ihre Produkte sind zum Sein erstarrte Gedanken, dunkle Träume aus denen sie

Stufenweis zum Bewustsein erwacht, sie stellt die Gesetze
unsers Geistes in Wirklichkeiten, im Sein dar.« (Preitz 3,
S. 304.) Die Aufzeichnungen verfolgen die verschiedenen
»Potenzen des Absoluten«, wie sie in Schellings »Spinozis-
mus der Physik« (Bd. 1, S. 341) gefaßt werden, und verweilen gelegentlich beim Magnetismus, bei der Elektrizität
und beim chemischen Prozeß (vgl. Preitz 3, S. 293 u. 303;
dazu Schelling, Bd. 1, S. 389). Doch mochte sich Schelling
auch dem »freien Schwung« der »Einbildungskraft« (Bd. 1,
S. 257) anvertrauen wollen, mochte er die »Freiheit« und
das »Handeln« zum Wesen des Menschen erheben, so hielt
B. ihm doch stets die »unbegreifliche Unverschämtheit«
vor, »die Welt durch ⟨sein⟩ System treiben zu wollen« (an
Goethe, 6. 8. 1809; Bergemann, S. 262). Schelling selbst
hatte prinzipiell B.s Anspruch beschrieben: »Solange ich
selbst mit der Natur *identisch* bin ⟨vgl. S. 958, 1037⟩, verstehe ich was eine lebendige Natur ist so gut, als ich mein
eigenes Leben verstehe; begreife, wie dieses allgemeine
Leben der Natur in den mannichfaltigsten Formen, in stu-
fenmäßigen Entwicklungen, in allmählichen Annäherun-
gen zur Freiheit sich offenbaret; sobald ich aber mich und
mit mir alles Ideale von der Natur trenne, bleibt mir nichts
übrig als ein todtes Objekt und ich höre auf, zu begreifen,
wie ein *Leben außer* mir möglich sei.« (Bd. 1, S. 286.)

Religion und Revolution

B.s Vorbehalte gegen die offenbarte Religion wie ihr Projekt zur Gründung einer neuen resultierten aus der Entwicklung ihrer Weltanschauung seit dem Münchener Aufenthalt im Jahr 1808 (vgl. S. 1172 f.). Freilich bemerkte
Gunda nach einem Gespräch im August 1800, daß ihre
jüngere Schwester »schon ganz philosophische Begriffe
über die Religion« habe (Schenck zu Schweinsberg, S. 117);
doch ihren lästigen Verehrer Engelhard ließ sie Anfang
1808 wissen: »Ich wandre auf der großen Heerstraße der

christlichen Religion, auf welcher tausend mit mir wandern und *Trost und Freude* erlangen« (so zitiert ders. an B., 11. 2. 1808; Reinhold Steig, *Daniel Engelhard* ⟨...⟩, in: JbFDH 1912, S. 298); 1809 wollte Ringseis endgültig festgestellt haben: »Bettine Brentano hatte leider schon das positive Christenthum eingebüßt.« (*Erinnerungen*, Bd. 1, Regensburg 1886, S. 100.) Dabei berief sie sich freilich auf ihr Verständnis von Johann Michael Sailers (vgl. Kat., S. 42) irenischer Theologie; aus dessen Schrift *Aus Fenebergs Leben* (München 1814) zitierte sie in einem Brief an Ringseis vom Anfang Januar 1816, um sich von den Ansprüchen der *Nachfolge Christi* des Thomas a Kempis freizusprechen (vgl. an Ringseis, 20. 2. 1816; Pfülf 2, S. 566), die Worte Fenebergs: »Gott hat einem jeden eigene Augen zum Sehen und einen eigenen Sinn zum Erkennen der Wahrheit gegeben, und kein Mensch kann durch fremden Wahrheitssinn die Wahrheit erkennen.« (Ebd., S. 565; in Fenebergs *Ueber Privatgeist* [1797], bei Sailer, S. 144, heißt es: »⟨...⟩ durch fremden Wahrheitssinn und *ohne den heil. Geist*« [Hervorh. d. Hg.].)

Zum ersten Mal belegt ihr Briefwechsel mit Max Prokop von Freyberg, wie unwesentlich ihr der «Unterschied zwischen Apotheose und Menschwerdung« erschien (Rudolf Alexander Schröder, *Einleitung*, in: A/B, S. XIV; vgl. AM, S. 346 f.); vollends weiht sich ihr Goethe-Buch, noch über den originalen Briefwechsel hinausgehend, dem »Kultus des Genius« (David Friedrich Strauß; vgl. Komm. zu Bd. II; knappe Zusammenfassung: Walde, S. 28-32). B. überträgt die Sprache pietistisch getönter Liebesmystik auf die geniale Persönlichkeit; die erotische Annäherung an Gott, wie sie später vor allem der »Tagebuch«-Teil ihres Goethe-Buches und die Entwürfe dazu versuchten (vgl. Wyss, S. 94, u. Kat., S. 52 f.), formulierte B. in Briefen an Schleiermacher und trug ihm die Christus-Rolle des Mittlers an: »Da mir eine sinnliche Erscheinung nötig ist, so hat Gott Dich mir gegeben, damit ich in Dir mit ihm spreche, so gut ist Gott, und keiner soll sagen, daß Gott seine Boten dem nicht sendet, der ihrer bedarf, um mit ihm zu sprechen.« (Wyss, S. 96.)

Auch Schleiermachers Name (vgl. Kat., S. 102) stand den zeitgenössischen Lesern für eine Haltung, die über die spezielle Theologie weit hinausreichte. Seit den ersten Angriffen der Erweckungsbewegung (vgl. A/B, S. 99), seit der Demagogenverfolgung und dem Agendestreit Anfang der zwanziger Jahre galt Schleiermacher als politisch unzuverlässig; 1831 mußte er sich öffentlich gegen die Bezeichnung eines Führers der seit der Juli-Revolution in Berlin entstandenen demokratischen Partei verwahren. Wohl aus dieser Zeit stammt die »sorgfältige Reinschrift einer Abhandlung ⟨B.s⟩, und zwar des Vorworts zu einer Denkschrift für Schleiermacher«, die dem Kronprinzen Friedrich Wilhelm unterbreitet werden sollte (laut Auskunft des GSA, vgl. Moltmann-Wendel, S. 398; Abdruck: Konrad, S. 375-377). Die Bedeutung Schleiermachers schätzte B. für sich äußerst hoch ein; an Nathusius schrieb sie:

⟨. . .⟩ was ist es eigentlich, was wir am Menschen groß finden, was uns zur Bewunderung hinreißt? Wir bewundern erstens gewaltige Anlagen des Gemüts und des Gedankens, eine mächtige Naturursprünglichkeit, wie *Napoleon*. Die macht die Helden jeder Art. – Die zweite ist die ruhigere Größe des Selbstbewußtseins, die aus der harmonischen Entwickelung der Naturanlagen hervorgeht; das macht den Dichter – *Goethe!* – Der Held bedarf des Dichters, weil er nur in ihm seine Erfüllung findet, weil der Held sich im Dichter bewußt wird. – Noch eine höhere Größe ist's zuletzt, wo das Bewußtsein auf seinem Gipfel das Selbst aufgibt und, zum Weltbewußtsein werdend, von seiner eignen Höhe herab wieder in das Kleinste wohltätig hinabsteigt. Das sind die Gesetzgeber und Religionsstifter. Diesem Stadium gehört *Schleiermacher* an, wie Sie ihn mir beschrieben; und als leuchtendes Ideal dem Himmel am nächsten , steht – Christus. – – Die ersten sind die Beweger des Menschengeschlechts, die andern seine Verherrlicher, die letzten seine Erlöser. – (IP, S. 97 f.)

Schleiermacher hatte bereits in seinen *Reden über die Religion an die Gebildeten unter ihren Verächtern* (1799) gefordert, »daß die scharf abgeschnittenen Umrisse unserer Persönlichkeit sich erweitern und allmählich verlieren sollen ins Universum« (S. 73); doch setzt die Hingabe in der Liebe an die Welt eben eine ihrer selbst gewisse Persönlichkeit voraus (vgl. B. an Schleiermacher; Wyss, S. 95). In Schleiermacher begegnete B. »ein Christentum, in dem die Autonomie des Ich nicht nur angenommen, sondern bestätigt und gefördert wird« (Moltmann-Wendel, S. 404; weiter Anm. 449,9).

Eine erste Version ihrer Schleiermacher-Legende entwarf B. in Briefen an Hermann Fürst Pückler-Muskau (die wichtigsten Zeugnisse in: SW 7, 408-432; vgl. Pückler). Tatsächlich hatte ja auch Pückler eben in seiner Sammlung *Tutti Frutti. Aus den Papieren eines Verstorbenen* (5 Bde., 2. Aufl., Stuttgart 1934) erklärt, »daß wir ⟨. . .⟩ eines neuen Christus bedürfen« (Bd. 2, S. 12); so entwickelte B. die »mystische Philosophie« im »Tagebuch«-Teil des Goethe-Werkes aus diesem Versuch, Pücklers freigeistige Religionsphilosophie mit der Religiosität Schleiermachers zu versöhnen (Corona, S. 41).

In dem später fast unverändert veröffentlichten Briefwechsel mit Philipp Nathusius beruft sie sich auf Schleiermacher als Kronzeugen für überkonfessionelle Toleranz (vgl. bes. IP, S. 499 über Nathusius' falsches Verständnis der *Reden über die Religion,* dazu Vordtriede, S. 426; vgl. S. 942 f). In einer neuen fast gleichlautenden Fassung, die für Moriz Carriere geschrieben wurde, wirken sich doch in den Details der Varianten noch stärker die Einflüsse der junghegelianischen Kritik des Christentums aus (dazu der Vergleich bei Moltmann-Wendel, S. 409-411).

Entsprechend kommentierte Ehrenfried von Willich, der pietistisch-gläubige Stiefsohn Schleiermachers, rückblickend auf die frühen dreißiger Jahre: »Das Christentum verstand sie gar nicht. Sie war eigentlich wie die ganze Brentanosche Familie katholisch, war es aber im Grunde ebensowenig, wie protestantisch. Sie machte sich gelegentlich selbst eine Religion zurecht in phantatischer Weise.«

(*Aus Schleiermachers Hause*, Berlin 1909, S. 130; unglaubwürdig dagegen Clemens' Bericht an Edward von Steinle,
Frühjahr 1842; Steinle, Bd. 2, S. 63 f.) Gegenüber Clemens
selbst hatte sie am 20. 4. 1838 bekannt: »Kann nicht Rosenkranz beten Heiligen anrufen; Fasttag halten kann ich nicht;
die heiligen Mythen der Götterlehre greifen in mein Christenthum, wie frische unterirdische Quellen die den Boden
begrünen, aus dem der Begriff alles Himmlischen Nahrung
saugt.« (Corona, S. 45.) Noch in einem Brief an ihre »ge-
wissenhaft« katholische Schwester Lulu vom 4. 11. 1846 bekannte sich B. zu »gänzlicher Ignoranz und Nichtachtung
der Kirche bis auf den heutigen Tag« (MH 2, S. 58).

Weil B. die Annäherung an kirchliches Denken, die
Schleiermachers um 1800 entwickelte Lehre bis hin zu
seinem späten Hauptwerk durchmachte, gerade nicht nach-
vollzog, setzte sie ihre Absichten mit seinen Lehren gleich;
»als Repräsentant der alten Generation hat ⟨sie⟩ noch einmal eine Verbindung zu Schleiermacher herstellen, die
Kontinuität des politischen Reformwillens betonen wollen«, auch wenn ihre Verehrer unter den Jungdeutschen
den Theologen scharf kritisierten (Moltmann-Wendel,
S. 411; Wyss, S. 73 f.; Karl Gutzkow, *Ein Besuch bei Bettina*,
in: ders., *Mosaik*, Leipzig 1842, S. 131).

Die Strenggläubigen andererseits reagierten ebenso entschieden auf B.s vorgebliche Dokumentationen:
> Wir müssen aber, nicht etwa um das Sündliche zu be-
> schönigen, sondern um gegen die Billigkeit nicht zu
> sündigen, uns zuvörderst in der Zeit orientiren, worin
> der Briefwechsel entstand. Es war eine Zeit der Dissolu-
> tion der christlich positiven Ordnungen, namentlich in
> der Sphäre des genialen und freieren Geisteslebens.
> (J. P. Lange, *Recensionen* ⟨. . .⟩, Meurs 1841, S. 106, vgl.
> S. 941 ff.)

Aus ihren Erlebnissen mit Personen aus der Zeit, in der
auch Schleiermachers erste Schriften wurzelten, schien sich
die legitime Tradition für ihre Kritik des Christentums zu
ergeben:

- Die aufklärerische, deistisch getönte Konfessionskritik, die im Hause La Roche selbstverständlich war (vgl. S. 757 f.). Aktualisiert wurde sie durch B.s Lektüre der *Betrachtungen und Gedanken über verschiedene Gegenstände der Welt und der Literatur* (3 Tle., Leipzig 1803-1805) von Klinger (vgl. Grimm, S. 12; die Erstausgabe befand sich in der Arnimschen Bibliothek); Klinger hatte schon den »Beweis, daß der Mensch die Idee von Gott selbst erschaffen sollte« (Bd. 11, S. 267), geführt und damit die Absichten Feuerbachs vorweggenommen; er war überzeugt: »Jedes System zur Unterjochung der Menschen, von Machthabern gebildet, es sey politisch oder religiös, muß endlich den freyen, immer regen, nie ganz schlummernden Geisteskräften des Menschen weichen.« (Bd. 11, S. 55; vgl. Oehlke, S. 284 f., sowie die thematische Zusammenstellung bei Max Rieger, *Klinger in seiner Reife*, Darmstadt 1896, S. 455-461.)
- Die »Weimarer Theologie des organischen Lebens« (H. Timm, *Gott und die Freiheit. Studien zur Religionsphilosophie der Goethezeit,* Bd. 1, Frankfurt 1974, S. 275-339), die vor allem durch Goethes Schriften ihren Naturbegriff prägte (vgl. S. 915 f.). Gewiß beeindruckt hat sie Goethes Betonung seines ›Neuheidentums‹, die ihm seit etwa 1805 gegen die neue ›romantische‹ Religiosität und ›Schwärmerei‹ für das katholische Mittelalter notwendig schien; seine unverhohlene Geringschätzung der »Berliner Frommen« weicht von dieser Linie keineswegs ab (vgl. B. an Arnim, 3. 8. 1824; A/B, S. 463).
  Der Anteil Jacobis hingegen (vgl. Kat., S. 34) läßt sich kaum bestimmen (vgl. aber die sakrale Sprache in B.s Brief an Jacobi, 15. 10. 1808, in: *Aus F. H. Jacobi's Nachlaß*, hg. v. Rudolf Zoeppritz, Bd. 2, Leipzig 1863, S. 29 f.). Er zählte zum Freundeskreis der Sophie von La Roche; B. lernte ihn in München persönlich kennen und las damals neuerlich seine Werke, konnte jedoch auch durch Sailer und Schleiermacher mit den Grundlagen von Jacobis »Gefühlsphilosophie« bekannt werden.

Gängig schließlich waren die Gleichungen von ›Natur‹, ›Geist‹ und ›Religion‹ in Schellings Idealismus, der – je nach Standpunkt – als Überwindung oder als philosophische Erläuterung des Christentums begriffen werden konnte; strebte in diesem Umkreis Franz von Baader mit christlichem Selbstverständnis doch eine »Religion« an, »welche sich zur Naturwerdung (Leibwerdung) oder zur Naturoffenbarung des ethischen Lebens und Princips 〈des Geistes〉 bekennt« (Bd. 5, S. 20).

– Die nicht zuletzt durch Schleiermachers *Reden über die Religion* inspirierte »romantische Religiosität«, die mit Zusammenhängen zwischen Gott, Natur und Revolution experimentierte, die Idee eines poetisch-religiösen Mittlertums entwarf (vgl. Novalis, Bd. 2, S. 442 ff.) und auf die Gründung einer »neuen Kirche« ausging. »Die Welt ist noch nicht fertig – so wenig wie der Weltgeist«, hieß es bei Novalis: »Aus einem Gott soll ein Allgott werden. Aus einer Welt – ein Weltall 〈...〉. Bildung des Geistes ist Mitbildung des Weltgeistes – und also Religion« (Bd. 3, S. 316 f.). Was B.s Interesse bei dieser Weltschöpfung erregte, verrät vielleicht ein Satz Friedrich Schlegels »An Dorothea«, den sich die Günderrode – deren Drama *Mahomed* um Religionsstiftung kreist – exzerpierte: »u. zu dieser Religion können sie nicht ohne Filosofie gelangen. Philosophie und Poesie sind die einzigen Retter von der Gemeinheit u. Beschränktheit, darum sind sie den Frauen unentbehrlich« (Nachlaß). Den erotischen Sensualismus des *Godwi*-Romans, in dem Clemens verkündete, »wer nicht sinnlich sey, habe keine Religion« (FBA 16, S. 518), deutete B. freilich gemäß ihrer »Gehirnsinnlichkeit« (SW 7, S. 391) um.

Aus diesen Traditionen übernahm sie das Vokabular für die Kritik des Christentums und das Projekt der Stiftung einer »neuen Religion«.

Als »Religionsstifterin« reagierte B. auf die kirchengeschichtliche Entwicklung in Preußen:

Was [...] die auf die Freiheitskriege gefolgte religiöse

Erweckung anging, so hatte sie unter diesen Hemmungen und Vergiftungen des nationalen Lebens umso mehr verkümmern müssen, als ihr auch die verjüngten kirchlichen Lebensformen, durch die sie hätte geschützt werden sollen, versagt geblieben wären; nur in engen und auch innerlich sich immer mehr verengenden pietistischen Kreisen und andererseits in der theologischen Schule lebte sie fort [. . .] In dem orthodoxen Pietismus aber, dem religiös-kirchlichen Niederschlag jener Erweckung, verkrüppelte sich der Ansatz eines neuen und erneuernden Lebens zu einer engherzig-reactionären Richtung, welche den jungen Wein in alte Schläuche füllte, das religiöse Leben spröde gegen das allgemein-menschliche abkapselte, und dergestalt ganz unfähig wurde, auch nur den alten Rationalismus, der noch immer von früher die Massen beherrschte, geistig zu überwinden. Und nun gerieten in den 40er Jahren, nicht ohne große Mitschuld des Romantikers auf dem preußischen Throne, alle diese im deutschen Volke gährenden Gegensätze in leidenschaftliche Bewegung. Die breite Mitte der Nation war beherrscht vom politischen Liberalismus und religiösen Rationalismus, die sich einander wohl verstanden, aber ihre Gegner zur Rechten und zur Linken kaum zu verstehen vermochten. Ihnen trat herausfordernd, Geister rufend, die er nicht wieder bannen konnte, ein romantischer Absolutismus entgegen im Bunde mit einer jetzt eben verfolgungssüchtig werdenden protestantischen Neuorthodoxie.
(Willibald Beyschlag, *Aus meinem Leben*, Bd. 1, Halle 1896, S. 250 f.; vgl. den Brief Dahlmanns an B., 6.7.1840 [Springer, S. 102], über das »Berliner Christentum«.)
Wie stets werden die Namen derer, die zu B.s Lebenswelt gehören, in ihrem Werk als Signal von Programmen genannt. Ihre Polemik gegen Schelling gewinnt deshalb ihren Stellenwert erst in dem Parteienstreit zur Zeit ihrer Veröffentlichung, als sich jene neue Orientierung des religiösen Lebens in Preußen schon ankündigte. Im Sommer 1840

ließ Friedrich Wilhelm IV. Schelling nach Berlin berufen, um – wie Bunsen den König im Berufungsschreiben zitiert – »die Drachensaat des Hegelschen Pantheismus, der flachen Vielwisserei und der gesetzlichen Auflösung häuslicher Zucht« ausrotten zu helfen; denn erstmals seien »jetzt in Preußen die Elemente wieder vereinigt, um in vollem europäischem, weltgeschichtlichem Gefühle des deutschen Lebens die Grundsäulen unseres gemeinsamen Daseins in der Familie, im Staate, in der Kirche, in der Wissenschaft, in der Kunst, ergründend neuzugestalten und neugestaltend zu ergründen« (*Christian Carl Josias Freiherr von Bunsen*, aus seinen Briefen ⟨. . .⟩ geschildert von seiner Witwe, hg. v. Friedrich Nippold, Bd. 2, Leipzig 1868, S. 133; vgl. Hahn, S. 25-27, zu B.s Hochschätzung des »freien Denkens«). Die eine Partei in Berlin erwartete sich von Schellings angekündigter neuer Offenbarungsphilosophie »das notwendige Korrektiv für die neueren Entdeckungen der Kritik, vor der kein Buch des neuen Testaments mehr sicher ist, und für die Verwüstung der gesamten theologischen Wissenschaft« (G. Bacherer, zit. nach: Helmut Pölcher, *Schellings Auftreten in Berlin (1841) nach Hörerberichten*, in: Zeitschrift für Religionsgeschichte 6 [1954], S. 197); Varnhagen identifizierte diese Partei als diejenige der »Frömmler, der historischen Schule ⟨vgl. S. 887⟩, der Unfreien aller Art« (Tagebücher 1, S. 371); berufen habe ihn »doch eigentlich der Pietismus und Romantismus« heißt es am 9. 9. 1841 anläßlich eines Besuches von »Herrn Dr. Carriere: Nachrichten Ruge's von Schelling, es wird glaublich gemacht, dieser könne sich an die Spitze der jüngern Hegelianer stellen, er spreche gut von Strauß, Feuerbach, usw.« (ebd., S. 332). Als es freilich am 10. 10. 1841 eine »Anzahl Studenten betrieb ⟨. . .⟩, Herrn von Schelling ein Ständchen zu bringen«, riet »Bettina ⟨. . .⟩ davon ab; die Sache wäre aber doch geschehen, wenn nicht Schelling selber es verhindert hätte« (ebd., S. 346; vgl. MH 1, S. 41 f.; weiter Varnhagen, Tagebücher, Bd. 2, S. 73 u. 208); zuvor hatte B. Varnhagen »mit lebhafter Freude von Bruno

Bauer« erzählt (ebd.), dem wichtigsten, auch von Schelling zunächst geschätzten Exponenten der »radikalen, junghegelianischen Partei« (vgl. F. W. H. Schelling, *Philosophie der Offenbarung 1841/42,* hg. v. Manfred Frank, Frankfurt 1977, S. 21 [Einl.]; dort im Anhang ausführliche Dokumentation). Ihr Brief an den Bruder Christian vom 22. 1. 1843 spiegelt das endgültig gefestigte Urteil B.s, die sich darin mit dem Kreis der »Freien« um die Brüder Bauer einig wußte, über die »christliche Philosophie«:

Schellings Vorlesungen sollen dies Jahr sehr in Aufnahme stehen, er versinnlicht die Menschwerdung Christi und geht dabei so tief in den Text dieser wunderbaren Naturerscheinung ein ohne den geringsten Umweg zu machen oder irgend einen fabuleusen Grund abzuweisen. Den Studenten sagt dies zu, sie werden darum nicht heiliger. – Ich sage dies nur lieber Christian als Gegensatz unseres lieben Bruders der sorgsam einen Weg suchte für seine Mitteilungen um jeden Anstoß zu vermeiden, während Schelling sich als den Weg des Lebens und der Wahrheit vor der ganzen Generation aufstellt, und ganz vermaledeite Ansichten die einen eigenen tückischen Zauber über die Neugierde ergießen, ausspricht, ohne allen Hehl der ungebührlichsten Combinationen! (Hs. FDH.)

»Ich warne meine Kinder nur vor der Lüge der Pietisten«, soll B. denn auch laut einem Bericht von Clemens (an Edward von Steinle, Frühjahr 1842; Steinle, Bd. 2, S. 64) gesagt haben. Obschon nach der Verfügung des preußischen Kultus- und Unterrichtsministeriums vom 24. 10. 1825 über *Mystizismus, Pietismus und Separatismus* zunächst die Anhänger des theologischen Rationalismus triumphierten, hatte sich in den dreißiger Jahren endgültig das Bündnis zwischen »Thron und Altar« stabilisiert (vgl. Joh. Michael Schmidt, *Thron und Altar,* in: Kerygma und Dogma 19 [1973], S. 305-327) – nicht zuletzt durch das Wirken der ›Evangelischen Kirchen-Zeitung‹ unter ihrem Redakteur Ernst-Wilhelm Hengstenberg. So hieß es dort 1831: »Frü-

her wurde das Ansehn und die Unverletzlichkeit der Obrigkeit auf die Schrift und auf sie allein gegründet. Das ›ein
Jedermann sey unterthan der Obrigkeit, die Gewalt über
ihn hat‹ u.s.w., war die feste Stütze der Throne.« Die
Hoffnungen der Junghegelianer auf den »Umschwung der
Zeiten« (B. an den Kronprinzen Friedrich Wilhelm, 12. 4.
1840; Schultz, S. 152) erfüllten sich nicht (vgl. B. Bauer, *Die
evangelische Landeskirche Preußens und die Wissenschaft,* Leipzig
1840; dazu Bauer, Bd. 2, S. 26-65; vgl. Anm. 668,8 u.
S. 890 f.). Vielmehr griff nach der Thronbesteigung Friedrich Wilhelms IV. die »Pietistik« – wie B.s eigene Wortprä-
gung lautet (vgl. Hahn, S. 28) – um sich, obgleich die Altgläubigen Vorbehalte gegen das neue Regiment hegten (vgl.
A. Kriege, *Geschichte der Evangelischen Kirchen-Zeitung unter
der Redaktion Ernst-Wilhelm Hengstenbergs* ⟨. . .⟩, Diss. Bonn
1958, S. 317 ff.). B. freilich fand in ihren persönlichen Erfahrungen mit dem strenggläubigen Savigny, dem sie Heuchelei in der Angelegenheit der Brüder Grimm vorwarf (an Wilhelm Grimm, 11. 11. 1839; Schultz, S. 116), eine Bestätigung
ihres eigenen Argwohns: »Hier ist die Verkehrtheit am Tag,
aller Orten und Enden, und sie wollen immer eine Christliche
Kirche haben in der das Volk angepredigt wird aber einen
Christlichen Staat haben sie nicht, in dem Gerechtigkeit und
Großmuth gepflegt werde.« (An Clemens, 2. 4. 1839; Corona,
S. 53.) Ihren Sohn Friedmund warnte sie am 27. 10. 1841 vor
dieser Perversion des Christentums zu Machtzwecken: »Es
gibt keine Gefahr mehr für junge Leute außer dem Pietismus;
alles andre ist nichts dagegen; denn diese Schlinge zwingt sie
zu einer ewigen Lüge. ⟨. . .⟩ Die Kirchlichen Angelegenheiten sind jetzt die geheime Triebfeder des Staatsrades, nemlich
durch diese soll die große Staatsmaschine wieder in Gang gebracht werden.« (Hahn, S. 28.)

In jener ›Evangelischen Kirchen-Zeitung‹ hatte nun
1838 der Bremer Pfarrer J. P. Lange versucht, mit B.s
Goethe-Buch »kirchlich doktrinell ins Reine zu kommen«
(zit. nach: ders., *Recensionen, Werke und Gegenstände der schönen
Literatur betreffend,* Meurs 1841).

Im Vergleich mit Rahel habe B. sich nicht mit dem gesamten »modernen Weltleben« (ebd., S. 96) und dessen liberaler Tendenz eingelassen; sie »ließ mit einem Anstrich des schönsten Pietismus, der sich leider nur in seinem Gegenstande kläglich verirrte, ›alles Andere stehen‹, um sich an das glänzende Centrum des modernen Weltlebens, an *Göthe's* Gestalt und Wesen mit stolzer Liebe und schwärmerischer Andacht zu hangen« (S. 97). Doch sei damit die »traurige Verkehrtheit des edlen poesiereichen Lebens in das trostlose Wesen der Abgötterei« (S. 99) entschieden, »die Welt- und Menschenvergötterung, namentlich die Anbetung des Genies« (S. 126):

> Die Abgötterei geht hier wie überall aus von der Ahnung des Göttlichen, das durch die Creatur durchscheint, besonders aber in einer genialen Persönlichkeit seine schöpferische Fülle an den Tag legt; indem nämlich diese Ahnung, durch irdischen Sinn verunreinigt, und vor ihrem getrübten Blick dann das Göttliche und Creatürliche vermischt wird.
> (S. 114.)

In diesem Sinn sollte es, laut B.s Bericht über einen Brief Friedrich Wilhelms IV. an sie, »nach Meinung von Bunsen ⟨seit 1842 Gesandter in London⟩ nicht möglich ⟨sein⟩ dies Buch ⟨die englische Ausgabe von *Goethes Briefwechsel mit einem Kinde*⟩ zu protegieren weil es gegen die Religion gehe« (MH 2, S. 44).

»Die Anbetung des Heiligen«, so fährt Lange, der seine Besprechung mit einem Seitenblick auf des »herkulischen Görres'« »laute kriegerische Drohungen gegen die evangelische Kirche« (S. 91) eingeleitet hatte, nun fort, »ist freilich in der Katholischen Kirche nichts Neueṣ, und wir müssen uns daran erinnern, daß *Bettine* ein Kind dieser Kirche ist.« (S. 117.) Der strenggläubige Protestant sei gegen Idolatrie gefeit:

> Und das ist das ewige Uebergewicht der Evangelischen Kirche über die Römische, daß die erstere dem Geistesgrunde zugewendet bleibt, und sich stets erholt in dem

tiefen Quell des Lebens Christi; während die andere in
frühreifer, übereilter Erscheinungsfülle, die vielfach des
Geistes ermangelt, sich selbst bespiegelt, und darum
einem ernsten Gerichte entgegensieht.
(S. 123.)
Indessen habe Schleiermacher noch den »ächt poetischen
und dennoch wirklichen Grundtypus des Lebens Jesu entschieden verkannt; hohe durchgehende Geistesfeier seines
ganzen Wesens in der Schöpfung vor dem Angesichte seines Vaters« (S. 129).

In der Diktion der präzis erkannten Gegenpartei wird
deren Position entschieden bestritten; B.s neuerliche Verkündigung ihrer Geistreligion hat sich gegen solche Les-
arten zu behaupten. In ihrem Briefwechsel mit Philipp
Nathusius wird dabei vor allem das konstante Motiv über-
konfessioneller Toleranz herausgestellt (vgl. S. 934). Trotz
ihrer Vorbehalte gegen die streng katholische Richtung des
Münchener Kreises, zu dem sich auch ihr Bruder Clemens
zählen ließ, verwies sie Nathusius streng seine Gegenpole-
mik *Ulrich von Hutten* gegen den *Athanasius*, mit dem Görres den Kölner Kirchenstreit zur nationalen Bedeutsamkeit
erhoben hatte (vgl. IP, S. 314-338, 342 f., 351, 395-398 u. ö.,
dazu Vordtriede, S. 426; vgl. Pfülf 3, S. 83 f.).

B.s Forderungen hatten zunächst auch im Saint-Simonis-
mus als religiös-geistiger Weihe des Diesseits, dem überdies
die »Hinweisung auf die Proletarier« (Carriere, Religion,
S. 167) zu danken war, ihren Bezugspunkt (vgl. Dehn,
S. 340; Wyss, S. 26). Damit stand sie, obschon sie diese
Zusammenhänge verwischte, der jungdeutschen Reli-
gionskritik nahe, wie sie sich ja auch zur »unbedingte⟨n⟩
Jugendpartei« rechnete (Springer, S. 120), sich die »Jugend« als Leser vor allem der *Günderode* wünschte und es
andererseits »dulden konnte, vom Jungen Deutschland als
Gottheit verehrt« (Steinle, Bd. 2, S. 23) und überdies – etwa
durch die Schriften ihres begeisterten Anhängers Daumer
– zu einer Autorität der freigeistigen Lebensfrömmigkeit
zu werden (ebd., S. 63; vgl. Komm. zu Bd. II). Zwar

schätzte B. Heinrich Heine nur wenig; doch forderten Autoren wie Gutzkow (vgl. 935) und Laube ebenfalls die Abkehr vom christlichen Jenseits und eine Wendung hin zum »Leben« des »Geistes«: »Sei Denker und Du erfüllst alle Religionen, und Christus ist die heilige Organisation eines zukünftigen Instinkts in mir« (B. an Clemens, 2. 4. 1839; Corona, S. 51). Damit war zugleich der Rahmen der Fachphilosophie neuerlich – wie schon in der Zeit um 1800 – gesprengt: Es gebe »in der Tat keine schädlichere Erfindung ⟨als die Philosophie⟩. Da sitzt man nun und konstruiert und abstrahiert sich ein Leben und einen Begriff von dem und jenem, anstatt zu leben und den Sachen herzhaft, ohne Skrupel nahe zu treten« (Heinrich Laube, *Das junge Europa,* Bd. 1, Leipzig 1833, S. 79). Ähnlich variierte B. ihre Kritik der zünftigen Philosophie im Rahmen der Geistreligion im Brief an Adolf Stahr vom 17. 12. 1839:

Der Hauptumweg, den wir machen ist glaub ich, daß wir den Geist nicht mit den Sinnen fassen, daß die Sinne den Geist nicht nähren, daß dieser nicht in ihnen selber, wie der Phönix in seiner eignen Asche, sich aufs neue erzeugt. Alle Weisheit der Menschen kommt mir wie Hieroglyphik vor, nicht wie Leben, und was nützt mir alles Wissen, so lang es nicht lebt, ist's auch nicht wahr, und jeder wird am Ende satt seiner erkannten Wahrheit, der größte Philosoph schläft über seinem zweiten Ich ein, in dessen Gesellschaft ihm weiter nichts neues begegnet: wär's nicht besser er läg mit ihm wie Amor und Psyche in einem Bett und durchlebte selige Nächte als daß er mit seiner Weisheitsbrille auf der Nase den Genius mit der schmutzigen Alltagslampe beleuchtend, versengt und nur um ihn gesehen zu haben, jenen heißen Umgang aufgiebt, und jetzt als schlechten Götzen mit unfähiger Hand ihn an die Wand malt und will vor seinen Schülern prahlend, daß man ihn anbete während man vor Langeweile davon laufen möchte und wenn mans weit bringt in der Weisheit, am Ende sich sagen muß: Laß den Bernhäuter fahren, Du getröstest Dich seiner doch nimmer, und

Dein Verständniß war Hoffart, Deine Andacht aber
Lüge, die aus jener entsprang.
(Stahr, S. 11.)

Entsprechend grenzte sich B. von der religionskritischen
Methode eines David Friedrich Strauß ab (vgl. Vordtriede,
S. 393 f.) und polemisierte, einmal empört, dann wieder
spöttisch, gegen »die abstruseste Hegelsche Philosphie«
(Schoof, S. 127):

> Das Einzige, wenn Du gefragt wirst um den Zweck
> Deines Beginnens ist Dir bewußt zu sein erlaubt, nehm-
> lich: *Weil es schön ist.* alle andre Zwecke sind Lüge gegen
> Dich selbst und entspringen aus Eigensucht. Philisterei.
> – Wenn Hegel Dencker war so war das schön und was er
> dachte war Offenbarung, wenn er aber sich marterte um
> ein philosophisches Systhem zu bauen und damit die
> Menschheit erlösen wollte so war es Eigensucht (Phili-
> sterei) und konnte auch keinen andern Saamen streuen
> als nur Unkraut. Wie ist doch der Geist Mächtiger als der
> ihn Trinckt! –
> (An Julius Döring, 2. 8. 1839; Vordtriede, S. 413.)

> Denn meine Weisheit ist: Aufnehmen nicht Ausbrüthen.
> ich auch trincke Licht sonst thu ich nichts, das ist meine
> ganze Weisheit. grade wie man einen Champagnerprop-
> fen auffliegen läßt und dann bis zum lezten Tropfen
> austrinckt das ist meine Lust, und dann frag den *Hegelia-*
> *ner* wie weit er doch kam in seinen Studien während der
> Geist den der Gott in den Wein gebannt hat mir die
> Augen öffnete daß ich hellsehend werde. – Weißt Du
> woran alle Weisheit scheitert? – Daran daß die Philister
> ihr eine Grenze setzen, denn grade über der Grenze erst,
> fängt die Weisheit an.
> (An dens., Juni oder Juli 1838; ebd., S. 410.)

Zwar führte die »gemeinsame materielle Tendenz ⟨...⟩
dazu, daß Junges Deutschland und Hegelsche Linke als

eine in vieler Hinsicht identische Bewegung angesehen wurden, die nicht nur die gleichen liberalen Ansichten in der Politik vertrat, sondern die auch aus dem selben Ursprung der Hegelschen Philosophie zu einer Religion des Genusses im Diesseits kam« (Udo Köster, *Literarischer Radikalismus*, Frankfurt 1972, S. 87). Was bei den »kritischen Poeten« mehr als Dichtung erschien ⟨. . .⟩, ward in Deutschland durch die pantheistische Ausdeutung des Hegelianismus zur Philosophie gemacht«, stellte Karl Rosenkranz fest (*Studien*, Bd. 5, Königsberg 1846, S. 9). Wie jedoch in der philosophischen Objektivität nach ihrer eigenen Einschätzung der entscheidende Unterschied zwischen den Junghegelianern und den »romantisch-subjektiven« Jungdeutschen lag (etwa bei Echtermeyer und Ruge), so bestimmte dies Kriterium auch ihre Einschätzung B.s.

B.s junger Gefolgsmann, Moriz Carriere, hatte sich das Ziel gesteckt, die »speculative Methode« wieder für die »Intuition« zu öffnen (Carriere, Vom Geist, S. 31), und sich dabei auf eine Äußerung Clemens Brentanos ihm gegenüber berufen: »Der ist's, der den Hegel mit dem jungen Deutschland und der Bettina zusammenbringt.« (Ebd., S. 34.) Er hatte B., die in ihm den Antipoden Schellings schätzte (vgl. Konrad, Bd. 5, S. 473), im Sommer 1839 kennengelernt:

Es schien uns nötig, Hegels Ideen über die Religion und ihre Geschichte, wie er sie nicht nur in den »Vorlesungen über Religionsphilosophie«, sondern auch in der »Phänomenologie des Geistes« und sonst dargelegt, oft in schwerverständlicher Form, zusammenzufassen und klar vorzutragen, damit in weiteren Kreisen der Gebildeten ein klarer Einblick gewonnen und eine Verbreitung der Ideen erleichtert werde. Das »Leben Jesu« von Strauß hatte für mich der buchstabengläubigen Orthodoxie wie dem alten Rationalismus ein Ende gemacht; es galt, den Immanenzbegriff, die Einheit der göttlichen und menschlichen Natur von Christus aus nun als die allgemeine Wahrheit auszusprechen, die pantheistischen Ele-

mente des Christentums als das Wesentliche zu entwickeln, wie das schon von den deutschen Mystikern
geschehen war. *Varnhagen* hatte eine Sammlung von
Sprüchen des Angelus Silesius herausgegeben; in ihnen
waren die Hauptgedanken volksfaßlich und in epigram-
matischer Zuspitzung da. Es galt, sie wissenschaftlich
auszulegen; aber es galt auch, den Begriff der Entwicklung auf das Christentum selbst auszudehnen, seinen
Eintritt in die Welt und seine biblische Fassung, seine
Ausbildung bei Kirchenvätern und Scholastikern wie in
der neueren Zeit und endlich den Abschluß in unserer
Religionsphilosophie darzustellen. Das absolute Evangelium, wie es Schelling und Hegel in ihrer Jugend im
Anschluß an Lessing in Aussicht gestellt, sollte so als das
Christentum der Vernunft verkündigt werden. Schloß
sich die Einleitung, die Charakteristik der vorchristli-
chen Religionen, eng an Hegel an, und gab sie ihn kurz
in geschmeidiger Form wieder, so war diese spätere
Partie das Eigentümliche, das ich bieten konnte. Freilich
war die geschichtliche Forschung nicht gründlich genug,
und stand ich innerhalb jener Weltanschauung, welche
zwar die Einheit des Seins und Lebens festhielt, aber
Gott nur im endlichen Geist zum Bewußtsein kommen
ließ; indes die Bedeutung des Persönlichen und Individuellen ward stärker als bei Hegel betont. Ich arbeitete
die Schrift bis zum Sommer 1839 aus; dann wollt' ich
nach Italien reisen.

(Carriere, Erinnerungen, S. 176 f.)

Das Buch erschien erst 1841. Während seiner Italienreise
»verhandelte« Carriere brieflich weiter mit B. »über Reli-
gionswechsel, Stiftung und Änderung« (IP, S. 542); vermutlich sind die entsprechenden Passagen der *Günderode* aus
solchen Briefen und Gesprächen interpoliert (vgl. S. 1094).
Carriere jedenfalls plante, »seine ganze academische Laufbahn nur allein an ⟨B.s⟩ Buch an⟨zu⟩knüpfen« (B. an
Julius Döring, 9.-17. 5. 1839; Vordtriede, S. 380).

Carrieres kleine Schrift *Vom Geist. Schwert und Handschlag für Franz Baader* beendete 1841 eine öffentliche Diskussion, die mit seinem Aufsatz *Hegel und Leo* (in: Allgemeine Zeitung, 26. u. 27. 2. 1839) begonnen hatte und mit Baaders Erwiderung in der *Revision der Philosopheme der Hegelschen Schule* (1840) (vgl. Baader, Bd. 9, S. 330-343; Bd. 15, S. 124) fortgeführt worden war (vgl. Carriere, Erinnerungen, S. 180-183, 216 f.). In dem Motto-Sonett des jungen Friedrich Schlegel wird die Verheißung *»Es wird das neue Evangelium kommen«* hervorgehoben, und dies »absolute Evangelium« soll in Carrieres Schrift verkündet werden:

⟨. . .⟩ die absolute Religion ⟨. . .⟩ schlingt um Gott und Menschen das Band der Einheit also, daß die Gnade des Unendlichen in dem Endlichen mächtig ist und durch dieses das Unendliche als ein Diesseitiges wahrhaft wird; ⟨sie⟩ ist inhaltsvoll, sie ist das Wissen des Geistes von sich als Geist ⟨. . .⟩.
(Carriere, Religion, S. 134; vgl. ebd., S. 13):

In der Bibel selbst wird uns ein neues ewiges Evangelium verheißen. Kann es ein anderes sein als das alte, das seine segnende Kraft auch in der Art herrlich beweist, daß es um so klarer wird, je weiter es sein Licht ausbreitet? Aber das alte, aufgefaßt und erklärt durch den Geist, der in alle Weisheit leitet, der den Glauben zum Schauen erhebt, indem er aus seinem eignen Begriffe den Rhythmus seines Werdens und Seins entfaltet und das Reich der Freiheit und Liebe durch die sich selbst beweisende Wahrheit aufbaut. Können wir die Lehre der Religion als die nothwendige Begriffsentwicklung des Geistes selbst darstellen, so wird der Mensch zur Zustimmung berufen und gezwungen; es sei denn, daß er die Sünde beginge, von der die Schrift sagt, daß sie nicht vergeben werde. Freilich geht jene Lehre selbst in eine höhere Form über: was die Vorstellung schied, das verbindet sich in der erfüllten Einheit; was sie in Bildern dem Gemüth offenbart, das läutert sich zu Begriffen für's Erkennen; was sie

an den Anfang und das Ende der Zeit stellt, in Diesseits und Jenseits theilt, das faßt der Gedanke in der Unendlichkeit einer göttlichen Gegenwart zusammen.
(Carriere, Vom Geist, S. 2 f.)

Noch ausführlicher als in der gleichzeitigen Monographie über *Die Religion* bestimmt Carriere hier jene Tradition intuitiver Geistreligion, die für die Hegelsche Philosophie fruchtbar werden soll; sie entspricht der Traditionslinie, die sich aus B.s Werk und Lebenswelt ergab. Neben Lessing und dem »genialen Ardinghellodichter« Heinse (Carriere, Religion, S. 193; die von Heinrich Laube besorgte Werkausgabe begann 1838 zu erscheinen), neben Hegel, Schelling (ebd., S. 176), Achim von Arnim sowie Schleiermacher beruft sich Carriere immer wieder auf Goethe und weiterhin vor allem auf »drei schöne Prophetenstimmen«, deren Botschaft er in die aktuellen Hoffnungen auf den Neubeginn in Preußen einordnet:

Was *Novalis* zu singen begonnen hat in seinem unendlichen Gedichte, was all den Blüthenstaub, den er in Liedern und Gedanken so reichlich ausgestreut, als einigender Duft durchathmet, das ist der Gedanke einer Verschmelzung von Poesie und Philosophie zu einer kirchlichen Versöhnung und Auferstehung Europas, auf das die andern Welttheile warten, um sich anzuschließen und Mitbürger des Himmelreichs zu werden. Tagen sah er's im Osten und sehnend rief er nach einem langen tiefen Trunk aus der lichten Farbenquelle; angehaucht fühlte er sich von heiligem Lebenswinde, der in Gesang schaffend darniederbraust, verstiebte Funken zu unverlöschlicher Gluth zusammenzuwehn. Er wußte, daß der erstandene Christus immerdar in unserer Mitte ist, und lud um ihn die Menschheit zum Weltverjüngungsfest. Und *Hölderlin?* Wie in ein frohlockendes Gewitter die Riesenbilder, die Wolken des Himmels, sich vereinen, so wurden die Triumphe aller Olympiaden ein unendlicher Sieg in seinem Herzen und zerrissen sein Herz. Da ward

ihm offenbar das alte feste Schicksalswort: »daß eine neue Seligkeit dem Herzen aufgeht, und daß, wie Nachtigallgesang im Dunkeln, göttlich erst in tiefem Leid das Lebenslied der Welt uns tönt.« Er sah unverwandten Blicks auf die schönen Menschen von Athen in ihrer jugendfrischen Einheit gottbefreundeten Seins, und ihr Loos der Welt wiederzugewinnen war ihm allein ein lebenswürdiges Thatenziel. So stand er einsam auf Sunion's Höhen, und wie Moses vom Horeb sah er das Land der Verheißung und war eine Feuersäule seinen Brüdern dahinzuleuchten. Sein Antlitz glühte schon im Glanz der aufgehenden Sonne, als er sang: »O Regen vom Himmel! o Begeisterung! Du wirst den Frühling der Völker uns wiederbringen. Dich kann der Staat nicht hergebieten. Aber er störe dich nicht, so wirst du kommen, kommen wirst du mit deinen allmächtigen Wonnen, in goldne Wolken wirst du uns hüllen und empor uns tragen über die Sterblichkeit, und wir werden staunen und fragen, ob wir es noch seien, wir die Dürftigen, die wir die Sterne fragten, ob dort uns ein Frühling blühe – fragst du mich, wann dies sein wird? Dann, wann die Lieblinginn der Zeit, die jüngste schönste Tochter der Zeit, die neue Kirche, hervorgehn wird aus diesen befleckten veraltenden Formen, wann das erwachte Gefühl des Göttlichen dem Menschen seine Gottheit und seiner Brust die schöne Jugend wiederbringen wird, wann – ich kann sie nicht verkünden, denn ich ahne sie kaum, aber sie kommt gewiß, gewiß. – Der Tod ist ein Bote des Lebens, und daß wir jetzt schlafen in unsern Krankenhäusern, dies zeugt uns von nahem gesundem Erwachen. Dann, dann erst sind wir, dann ist das Element der Geister gefunden.«
In diesem Element der Geister ward ein gottbegnadetes Kind geboren. Im Glanz der Sterne, im Duft der Rose, im Saitenklange trugen sie ihm Seelennahrung zu, daß es unberührt von allem Niederen dem Tempeldienst des Höchsten ein reines Herz weihen konnte. Weil selbst lebendiggewordne Poesie, so konnte *Bettina* nicht dich-

ten; eine lichtestrunkne Seherin folgte sie luftbrausend, fackelschwingend dem gebietenden Gott, und wenn der Stral seiner Offenbarungen ihrem Mund entströmte, so spiegelten sich Sonn' und Mond in den schäumenden Perlen. Freien Muthes sich selber treu schwebt sie auf dem unendlichen Meere des vollen seligen Lebens, seine Priesterin; die Worte ihrer liebenden Begeisterung sind die Morgenhymne für den Cultus des Genius.

Die Einheit des bewußten und unbewußten Lebens, der Gott im Menschen, der Himmel auf Erden, dies Ganze, dem die Prophetenworte gelten wie das seelenverzehrende Sehnen jener beiden Männer, es war in Hellas das naturwüchsige einer noch ungetrübten Harmonie, und verwelkte, dem Loos des Natürlichen folgend, nach wenigen Maitagen; in der Glanzzeit des Mittelalters war es zwar vom Geist gesetzt, aber ein äußerliches, darum ungeistiges Ganzes, das sich in der Verweltlichung der Kirche als Verderbniß aufhob; daß es geistig, allgemein, innerlichäußerlich sei, die offenbare Seele und der verklärte Leib in Einem, das ist das Princip des Christenthums, welches in einer Zeit, wo der freie Gedanke sich verwirklicht, wo die Menschheit neu aus alter Schlangenhaut hervorgeht, wo ein junger König ⟨Friedrich Wilhelm IV.⟩ dem in Waffen, Freiheit und Gehorsam geborenen Volke schwört: »ein *christlicher* sein zu wollen,« – welches jetzt zur vollendeten Ausbreitung und Erfüllung als Grundstein und Domknauf alles Lebens sich ausbildet.
(S. 4 f.)

Carrieres Erläuterung der Genialität belegt weiterhin die Sprach- und Gedankeneinheit, die sowohl die Produktion wie auch die Traditionsaneignung in B.s Kreis bestimmte:

Der das gesungen hat, der hat im Licht gewandelt, Göthe, der voll war jenes Gottesmuths, den *Karl Grün* der Menschheit wünscht:

»Anbetung und Andacht sind noch Gefühle der Abhängigkeit; aber Gottesmuth ist höher, er steht in fröhlicher

Selbstbespiegelung auf der Zinne der Welt, das Jenseits und das Diesseits saußen unter seinen Füßen vorbei, die Zukunft und die Vergangenheit werden zu Wolkenschatten. Der Thautropfe zu sein, den die Sonne verzehrt, ist ein süßes Gefühl der Hingebung; aber die Sonne sein ist ungleich mehr.«

Nur solch gottvolles Leben ist wirkliches, freies Leben. Gott muß im Menschen geboren werden, wenn der Mensch einen lebendigen Gott, nicht blos einen Götzen haben soll, wiederholt *Jacobi*, und Meister *Eckart* hat auch Recht, daß Gott nur in ein vergottet Gefäß eingeht. Darum ist alles Große in jeder Form Genialität, und sie allein das Leben, alles Andre nur Vorstufe, Material, freilich oft derartig, daß man wohl mit Dschelaleddin Rumi fragen kann:

Wie darf Erdmoder speisend und trinkend
Wasserschlamm
Sich bilden die Verklärung des Rosenhaines nur?
(Carriere, Vom Geist, S. 15; vgl. oben S. 894.)

Weiter werden noch der »›Demagoge‹ Friedrich Weidig« (S. 20) und Georg Gottfried Gervinus (S. 26), beide ehemalige Lehrer Carrieres, als Beispielfiguren angeführt. B. gilt jedoch unbestritten als die vorzügliche Priesterin in dem von David Friedrich Strauß geforderten »Kultus des Genius« (S. 203; vgl. bes.: Freihafen, 1838, S. 31 ff.). Sie erkennt und verwirklicht das vergöttlichte Subjekt:

In der Genialität ist jene völlige Einbildung des unendlichen Ewigen in die sichtbare Zeitlichkeit; jede That des Genius trägt den Stempel der Nothwendigkeit, des reinen göttlichen Seins, und ist doch zugleich der entschiedne Ausdruck einer temporär und nationell bestimmten Individualität.

Der wahre Künstler folgt weder willen- und selbstlos dem in ihm mächtigen Gott, noch macht er einseitig subjective Manieren geltend; sein Werk ist die totale Durchdringung des Diesseits und Jenseits, des Begriffs und der Erscheinung, Natur und Uebernatur in Einem.

Jeder Mensch aber soll Künstler sein; auf den Stoff kommt es hier nicht an; ⟨. . .⟩.

⟨. . .⟩ als eine historisch dagewesene ist die Gottmenschheit eine nur vorgestellte und die Erlösung durch ein andres Wesen, als wir, ist undenkbar. Aber der Einzelne, in sich allgemein, hat in der wahrhaften Erfassung seiner selbst das Diesseits und Jenseits aufgehoben und das Endliche verunendlicht: das vollendete Selbstbewußtsein ist das Gottesbewußtsein. Gott ist Selbst und das Selbst Gott: dies ist der Begriff des Geistes. Der Mensch ist Geist an sich, aber er hat es für sich zu werden, er hat die Einheit seiner Natur mit Gott zu erkennen und zu setzen. So wird Christus in ihm geboren und lebendig, sein Thun ist Gottes Thun, Gott ist in ihm persönlich und wohnt in ihm mit seiner Fülle leibhaftig. Allerdings ist Gott der Gattungsbegriff der Menschheit, aber sein Begriff ist hiermit nicht erschöpft. Vielmehr ist die Gattung eine Allgemeinheit, welche ihr Bestehen nicht an sich selbst, sondern an verschiednen Exemplaren hat. Im Gattungsproceß werden diese zur Verwirklichung jener aufgehoben; die Idee befreit sich von ihrer Unmittelbarkeit; die abgesonderten Einzelnheiten des individuellen Lebens hören auf; aber ihr Tod ist das Hervorgehn des Geistes. Die Idee ist für sich, da sie eine angemessne, auch allgemeine Existenz gefunden hat, und ist als Denken sich selbst Gegenstand. Das selbstbewußte Individuum ist die Wahrheit der Gattung. Es ist in seiner Einzelnheit allgemein, Ich. So ist es Person und hat die Gattung nicht, wie das Thier, als seine Substanz, in der es nur aufginge und verschwände; sondern weiß seine Allgemeinheit in sich selbst, ohne ein Anderes zur Ergänzung zu bedürfen. Auf diese Weise ist eine Verdopplung der Substanz eingetreten, ihre Idealität hat eine entsprechende Realität, ihre Tiefe hat sich in die äußerste Oberfläche des Daseins ergossen, sie ist das unmittelbare Selbst der Wirklichkeit, das aber in seiner Allgemeinheit ruht und bei sich ist, sowie diese durch es sich zum

Subjecte macht. Das ist das wahre Leben der Idee, daß sie im Einzelnen ganz ist, daß Jeder von der Menschheit Alles empfängt und ihr gleich wird in Genuß und Wahrheit.

(Carriere, Religion, S. 182.)

Zur Kritik von Religion und Christentum bei Strauß und bei Feuerbach, die B. beide schätzte (vgl. Meyer-Hepner, S. 6; dazu S. 945), ist damit der Abstand markiert, denn B. faßt in ihren Schriften das »Subjekt« nicht als philosophische Position, sondern als sinnliche Realität, wie es Carriere konzipierte, auf.

Damit hatte sie im voraus eine Forderung Bruno Bauers erfüllt, der 1841 in einem anonym in Leipzig erschienenen Pamphlet *Posaune des jüngsten Gerichts über Hegel, den Atheisten und Antichristen* in ironisch-bewußtem Mißverständnis von Hegels Religionsphilosophie erklärt hatte, dieser sei »ein größerer Revolutionär als alle seine Schüler« (S. 82); gemessen an seiner Einsicht, daß »der Schluß der Bewegung ⟨des absoluten Geistes⟩ ⟨. . .⟩ nicht die Substanz, sondern das Selbstbewußtsein ⟨ist⟩, welches sich wirklich als unendlich gesetzt und die Allgemeinheit als sein Wesen in sich aufgenommen hat« (S. 64 f.), bleibe »die Anschauung, in der sich Feuerbach bewegt, ⟨. . .⟩ eine religiöse: der Mensch hat sich nach derselben sein Wesen als sein ›Allerhöchstes‹ gegenüber zu stellen, dasselbe als seine Substanz zu betrachten« (ders., *Beiträge zum Feldzuge der Kritik*, in: Norddeutsche Blätter, Berlin 1846, S. 5); nun indessen gehe es darum, jedem einzelnen Menschen »die göttlichen Attribute zurückzugeben, dem Selbstbewußtsein die Krone aufzusetzen« (ders., *Posaune des jüngsten Gerichts* ⟨. . .⟩, S. 70) und zu erklären: »Gott ist tot für die Philosophie und nur das Ich als Selbstbewußtsein ⟨. . .⟩ lebt, schafft, wirkt und ist alles« (ebd., S. 77). Analog dazu schrieb B. am 15. 4. 1843 an Friedrich Wilhelm IV.: »Da habt ihr die Dreifaltigkeit! Der Sohn ist das Gewissen, der Geist ist der Genius des Selbstbewußtseins, der Vater ist das beide erzeugende Gefühl der Unsterblichkeit ⟨. . .⟩. Innerlich kann das Geheim-

nis ⟨der Dreifaltigkeit⟩ nichts anderes sein als dies Selbstbewußtsein, das im Geist zur Unsterblichkeit sich entwickelt. *Selbst* Gott werden, das ist Religion, und sonst ist
nichts Religion.« (FW, S. 33.) Wann B. darüber hinaus
Kenntnis von Max Stirners scharfer Kritik an Bauers wie an
ihrer eigenen Position erlangte, läßt sich nicht genau fest-
legen; 1846 rezensierte Friedmund von Arnim Stirners im
Jahr zuvor erschienenes Buch *Der Einzige und sein Eigentum*
(vgl. Meyer-Hepner, S. 10).

Insgesamt scheinen die dogmatischen Unterschiede zwischen den rivalisierenden Positionen häufig durch ein ähnliches Vokabular und einen vergleichbaren Ton verdeckt
oder gar verwischt zu werden. Schon für die Zeitgenossen
ergaben sich daher wohl überraschende Konstellationen,
wenn nachgewiesen werden konnte, »wie Strauß nicht
mehr auf Hegel sondern auf Schleiermacher sich gründet,
Feuerbach aber auf Schelling sich beruft« (Varnhagen,
Tagebücher, Bd. 2, S. 73).

So unterzog Bruno Bauers Bruder Edgar auch Carrieres
»zusammendichtendes« (Carriere, Religion, S. 9) Verfahren
einer vernichtenden Kritik (in: Deutsche Jahrbücher für
Wissenschaft und Kunst 1842, Nr. 37 u. 38, 14. u. 15. 2.,
S. 147 f., u. 152 f.) und warf ihm eben die Unkenntnis der
sachlichen Unterschiede zwischen den Parteien vor; dabei
reduzierte er den eklektischen Versuch, die poetische Verkündigung einer Diesseitsreligion zu dokumentieren, auf
ein Symptom persönlicher Eitelkeit. In der Sache handele
es sich um »ein phantastisch-empfindsames Utopien«
(S. 151). Ein Aufsatz über *Die Bettine als Religionsstifterin*
(ebd., Nr. 121 u. 122, 23. u. 24. 5., S. 483 f. u. S. 486-488)
führte die Polemik gegen Carriere als »überlästigen Enthu-
siasten« fort und muß als erstes öffentliches Dokument der
Annäherung des Bauer-Kreises an B. gewertet werden; B.
wiederum hatte die Rivalität ihrer Bewunderer genau beobachtet und, wie ein Briefentwurf vom 28. 12. 1841 belegt
(Konrad, Bd. 5, S. 496-498), auch geschürt.

Am 1. 10. 1841 notierte Varnhagen: »An Bruno Bauer

einen Zettel nach Charlottenburg geschrieben wegen Bettina von Arnim, die ihn zu sprechen wünscht. ⟨...⟩ Er erinnert mich unwillkürlich an Lamennais ⟨den Verfasser der von Börne 1835 übersetzten *Worte eines Gläubigen*; vgl. Henrici 148, S. 5⟩. ⟨...⟩ Er wird zu Bettinen gehen, und ihr sehr gefallen.« (Bd. 1, S. 341.) Tatsächlich schätzte B. den damals unbestrittenen Führer der Berliner »Freien«:

> Bruno Bauer hat mich schon zweimal besucht, er hat einen prächtig schwarzen Bart, gleicht meinem Bruder Klemens als der in seiner schönsten Zeit war die Anschauung dieses Mannes ergözt mich, zwar nur in innerer Betrachtung, denn ich habe die Vision aus der Beschreibung, die zweimal als er mich besuchte war ich nicht zu Hause und muß mit der lebhaften Imagination vorliebnehmen. Der Kerl ist ein ungeheurer Kämpe, noch schwarz vom Kohlenbergwerk, in dem er abgräbt; kommt er ans Licht so wird er den Kohlenstaub abschütteln und wird die Schwärze an Jabot und Manschetten der sittlichreligiösen Kultur wischen. Mir fällt ein Chor aus der Schöpfung von Haiden ein: *Und eine neue Welt. bis bis* und der Genius baut uns noch ein Amphitheater von wo wir ruhig den Wälzungen des Chaos zuschauen in denen es seine Wehen verarbeitet. Möge es keine Mißgeburt sein.
> (Briefentwurf; MH 1, S. 44.)

> Ich habe auch in dieser Zeit einen jungen Mann kennengelernt, der mir seinem Wesen nach ungemein lieb geworden, ja, ich kann wohl sagen, daß sich selten, vielleicht nie eine so freie Sittlichkeit mit Bescheidenheit vermählte: es ist Bruno Bauer, der die Evangelienkritik geschrieben, ein Gräuel dem Eichhorn und den Pietisten. Ich fühl immer mehr, daß ich mich nur an die jüngere Welt anschließen kann, die alten Notabilitäten sind wie alte Schläuche, faßt man sie an oder wollte man sie gar mit Wein auffüllen, so würden sie wie Zunder reißen;

übrigens sind die meisten so heftig und werfen mit so derben Donnerkeilen um sich, daß von einer Vermittlung nicht die Rede sein kann; es ist also am besten, sich von ihnen entfernt zu halten.

(An ihren Sohn Friedmund, 27. 10. 1841; Hahn, S. 33.)

In dem erwähnten Aufsatz hatte Edgar Bauer der »Lehre« B.s ausdrücklich zugestimmt:

Da haben wir ja, was in der neuen Religion erlöst werden soll. Nicht der Mensch, denn er erlöst sich selbst. Die Natur ist es, denn sie kann sich nicht selbst erlösen.⟨. . .⟩ Und wie die christliche Religion einen Gottmenschen auf Erden sendet, die Menschheit zu erlösen, so fordert Bettine den reinen Naturmenschen oder die reine Menschennatur, um die Natur zum versöhnenden Bunde mit der Menschheit zurückzuführen.

Also keine neue Religion für Menschen, keine exclusive Prophetie. Jeder Mensch ist Erlöser, seiner selbst und der Natur. Nicht von Neuem soll das Ich seinen Gott ins Jenseits, in den Himmel versetzen, damit von dort erst das Wort herabsteige und Fleisch werde. Nein, aus der Natur heraus soll sich der Genius entwickeln, das Fleisch soll Geist werden. Wenn der Mensch, sich vor de⟨m⟩ Schmerze der Endlichkeit zu retten, diese ganz verwirft und sich in der Religion vor dem Absoluten demüthigt, so soll er hier im Gegentheil sich der Natur in die Arme werfen, um aus ihr das Absolute hervorgehen zu sehen. Steigt der Gott vom Himmel herab, um Fleisch zu werden und das Fleisch zu heiligen, so wird er gekreuzigt; das Fleisch erweist sich an ihm von Neuem als nichtig, und wiederum fährt er ins Jenseits, um dort seinen alten Sitz neben Gott dem Vater einzunehmen. Das ist die Lehre des Christenthums. Geht aber der Genius hervor aus dem Fleisch, so zeigt er dies als seine ihm eigne Wohnstätte, er weiht es und kann uns nicht entführt werden, so lange uns die Natur nicht geraubt ist. Das ist die Lehre Bettinens.

(S. 487.)

Grundsätzlich hieß es dann allerdings – mit einer verborgenen Spitze gegen Carriere:

Wenn man aber in unsrer Zeit aus einer einfachen Natur-
poesie ein Dogma, wenn man aus einer anspruchslos
kindlichen Dichtung eine Religion, aus einer Dichterin,
die als solche der Menschheit angehört, eine Religionsstifterin und einen willkommenen Erwerb der Theologen hat machen wollen, so ist das nicht bloß lächerlich –
es ist eine Gewalt, die man der Poesie angethan hat, und
welche ernstlich zurückzuweisen ist.
(S. 484.)

Was »die Bettine unmittelbar hat, das müssen wir uns durch
die Philosophie vermitteln« (ebd.). In ihren Schriften begegne man einer »von allen Schlacken reine⟨n⟩ Natur, es
ist die in sich selbst freie und schöne Menschlichkeit, wie sie
von Anfang an war. ⟨. . .⟩ Was wir an der Bettine am
höchsten schätzen müssen, ist eben dieses, daß sie nirgends
die Weiblichkeit verläugnet, nirgends anmaßend aus sich
heraustritt und etwas Andres geben will, als sich selber. Das
Weibliche aber paßt nicht in die Praxis des Lebens« (S. 488;
vgl. Anm. 217,10 f.). Wenn so die Grenzen ihres poetischen
Wirkens gegenüber philosophischer Praxis bestimmt werden (vgl. S. 1037, 1125), gewinnt Bauers Attacke gegen
Carrieres Enthusiasmus, der dann nur von den nötigen
Studien ablenkt, Konsequenz:

Es ist eine Feigheit der Philosophie, wenn sie die Religion aufhebt, und doch behauptet, dieselbe bestehe noch.
Dieser religiöse Constitutionalismus ist ein so zwitterhaf-
tes Ding wie der politische. Man will dem alten Gotte die
Macht nehmen, uns seine Religionsdecrete auf Treu und
Glauben zu überliefern, man will eine philosophische
Kammer bilden, welche erst über die Dogmen weitläu-
fige Discussionen anhebt, um ihnen zuletzt das Gewand
der Wahrheit umzuthun. Man will keine Souveränetät
mehr, keine Herrschaft »von Gottes Gnaden«: man will
wenigstens das Recht haben, zuzustimmen und gut zu
heißen. Das Princip ist das richtige. Der Mensch soll sich

selbst seine Dogmen und Gesetze geben. Aber man
täuscht und heuchelt mit dem Namen und mit der Aus-
führung. Kann der Gott ohne Offenbarungsmacht und
Offenbarungsglauben souveräner Gott sein? Und wenn
er aufgehört hat, es zu sein, an wen soll man sich halten?
An den Gott, da die unbedingte Gläubigkeit geschwunden? Oder an sich selbst, da man bei der Kritik noch
einen Schein der Unterwürfigkeit beibehalten möchte?
Also weg mit dieser constitutionellen Religiosität! Weg
mit dieser heuchlerisch schwankenden Halbheit! Man
will nicht bedenken, daß der Constitutionalismus überall
nichts Andres ist, als der Uebergang zum Republikanis-
mus. Hier wie überall gilt nur ein unbedingtes aut aut.
Entweder Religion oder Philosophie; entweder Monarchie oder Republik.
(S. 148.)

Bruno Bauer hatte in den Jahren seiner Bekanntschaft mit
B. »eine historische Entwicklung seines Systems begon-
nen« (Zensur-Gutachten, 9. 11. 1843; in: *Actenstücke zu den
Verhandlungen über die Beschlagnahme der »Geschichte der Poli-
tik, Cultur und Aufklärung des achtzehnten Jahrhunderts, von
Bruno Bauer. Th. I.«,* hg. v. Bruno Bauer, Christiania 1844,
S. 15). Seine spätere Distanzierung von B. wie von der
Religionsbewegung überhaupt war unbeschadet der per-
sönlichen Differenzen in dieser Richtung seiner Werkent-
wicklung angelegt (vgl. Bauer, Bd. 2, S. 24; Bd. 3, S. 6-12).

Doch Carriere hatte ebenfalls schon »Mirabeau und Napoleon« (Religion, S. 176) als Kronzeugen seiner Tat-Reli-
gion des Geistes angerufen und politische Konsequenzen
nicht ausgespart; »Reformation und Revolution« betrachtete er mit der Formel Echtermeyers und Ruges (vgl. S. 891)
als den *»Vollendungsgang der absoluten Religion«* (Carriere,
Religion, S. 158):

Die Freiheit, die als Empfindung Liebe, als Gedanke
Wahrheit heißt, ist das Leben des Geistes, und nur in ihm
zu begreifen, sowie er nur durch sie zu erkennen. Wie

darum mit Recht Schelling ⟨. . .⟩ sie zum Gegenstand
tiefsinniger Abhandlungen gemacht, um in ihrem Lichte
das Universum zu schauen, muß auch ihre Betrachtung
der Mittelpunct der Geisteslehre sein. Denn nur wenn
der Mensch in Gott ist und seine Thätigkeit zum göttlichen Leben gehört, und sein Wille die Allmacht in sich
aufgenommen hat, kann er frei sein; und nur wenn er als
Freier betrachtet wird, sind die Schranken aufgehoben,
die Verstand und Sinnlichkeit ihm ziehen, und ist er
durch den Widerspruch zu seiner Unendlichkeit hin-
durchgedrungen. Das ewige Wesen Gottes kann nur
offenbar werden in dem, was ihm gleich ist ⟨. . .⟩.
(Ebd., S. 183.)

Die Religion tritt so in Zusammenhang mit dem Staat.
Der Staat ist der Organismus der Freiheit und Sittlichkeit, der zu einer wirklichen Gestalt und lebendigen
Gliederung einer Welt entfaltete Geist; die Religion hat
die höchste Wahrheit zu ihrem Inhalte, und damit fällt
auch das Höchste der Gesinnung in ihren Kreis. Als
vorstellende Erkenntniß Gottes, des alleinigen Wesens,
an dem Alles hängt, der Alles mit seinem kräftigen Worte
trägt, verleiht sie der Welt diese Beziehung und dadurch
die bestätigende Weihe. In der Religion ist der Mensch
frei vor Gott, der Staat ist die Realisirung der Freiheit in
der Welt. So beruhen sie auf *einer* Grundlage der Wahrheit ⟨. . .⟩.
(Ebd., S. 51.)

Das Christentum habe »die Bürger zu Menschen gemacht;
⟨. . .⟩ die Revolution führte sie mit der Erklärung der
Menschenrechte zu einem neuen Bürgerthume hin. Sie war
eine alldurchschütternde Integration der Religion, aber das
vergoßne Blut war auch hier Mittel der Welterlösung«
(ebd.).

B. näherte sich seit Ende der dreißiger Jahre diesen
Positionen (vgl. S. 1093). In einem Brief an Savigny vom

4. 11. 1839 hieß es über das »junge Deutschland«: »Euch
soll das Christentum zu Staatsmännern bilden, die reinste
Politik Euch lehren ⟨. . .⟩; denn der Keim seiner Lebens-
lehre soll in Euch zur Blüte kommen, während die Philister
sich herumstreiten über die leeren Windlen, denen sein
Geist längst schon entflohen war, wie die anzubeten seien.
Ja, das ewige Leben besteht darin, daß alle Geistesgewalt
sich elektrisch fortbewege, auch meine soll sich fortbewe-
gen im jungen Deutschland, zu denen ⟨!⟩ ich mir zwei
liebenswürdige Stellvertreter ausersehen habe, ein Paar ple-
beische Herzen« (AM, S. 290) – nämlich Philipp Nathusius
und Julius Döring. Zu ihren Belehrungen für Döring gehört das – mystifizierende – Spiel mit längst bewährten
Einsichten: »Die bestrichelten Zeilen sind aus einem Brief
von mir an die Günderrod da ich 18 Jahr alt war, also magst
Du der Unschuld dieser Erkenntniß um so eher trauen«
(Vordtriede, S. 453); so zitierte B. in ihrem Brief vom 8. 12.
1839 einen Zentralgedanken ihres späten Religionsdenkens
aus dem vorgeblichen Jugendbrief:

⟨. . .⟩ »es muß aber ein *Urhandlen* geben und das ist
Religion, dieses Urhandlen ist die volle unberührte Religion des Menschen, sie ist eine Sprache, der Mensch muß
sie verstehen und dann ihren Willen thun, alles andre im
Leben ist Nebensache, nur Zufälligkeit. – Man hat oft
geredet von Gleichheit der Menschen und der Stände,
man hat Revolutionen gemacht um sie zu bewircken, es
ist nach allem Stürmen und Toben niemals was draus
geworden als nur elender Wrack, und Alles hat sich
wieder gesondert, gemessen, abgewogen, Verdienst und
Stände. Aber Gleichheit« ⟨und nun bricht das Zitat ab
und der Gedankengang vom Anfang des Jahrhunderts
geht bruchlos in die Lehren des Alters über⟩ ist doch,
aber Wo ist sie? in Was? – Im Geist; in ihm und durch ihn
allein kann sich der Keim der Gleichheit entwicklen, aus
ihm entspringt jenes Urhandlen, was Religion ist, und
dieses Urhandlen stellt alles Leben auf die gleiche Stuffe.
(Vordtriede, S. 450.)

Ein großer Brief vom Anfang April 1839 hatte Döring bereits auf die Verschmelzung der Apotheose des Ich mit der Verantwortung für die Mitmenschen hinführen sollen, wie sie in der *Günderode* stets betont wird; und dies sozial-ethische Natur-Modell war dem universalistischen eingefügt worden:

〈All unser Umgang zielt darauf〉 das geheime elecktrische Feuer 〈!〉 Deiner eignen höheren Natur Dich zu entzünden. und herr Docktor *Carierre* mag doch so unrecht nicht haben wenn er sagt, man liebe nur im Andern seinen eignen Genius. – Du sagst ja selbst in Deinem Brief ich solle Dich nicht verlassen, dann vertrauest Du daß Du nicht untergehest – und ich soll Dir helfen daß Du Dich durchringest – Was wär auch alle Liebe? – wann sie umsonst ist. – 〈. . .〉 Alle Menschheit ist ein Leib, und es wäre sinnlos nicht eingreifen zu wollen wo offne Sinne uns zu empfangen bereit sind, denn mit eignen Augen nicht sehen zu wollen, oder mit eignen Ohren nicht hören, oder mit den Sinnen nicht empfangen was sie berührt, wäre nicht sinnloser als den Augen die uns erkennen den Ohren die uns verstehen uns nicht hingeben. Wir sind ja Eins mit ihnen, denn Alles was uns zu fassen vermag ist ein Leib mit uns, und drum ist alles geistige Ergreifen eine sinnliche Bildung des Geistes, und dies ist Naturgemäß daß die Organe meines Geistes in den übergehen, der meiner bedarf, denn dies Bedürfniß ist Naturaffinität, daß ich ohne Sorge ohne Vorsatz mein Lebensgefühl, mein Geistvermögen, in Dir und durch Dich entwickle so gut wie durch mich selber, denn Du verstehst, und empfindest Dich in meine Geistnatur 〈. . .〉.

(Vordtriede, S. 362.)

Die Vorstufe zu den Forderungen des Königsbuches ist schließlich in einem Brief aus dem Jahr 1841 an den Kronprinzen Karl von Württemberg erreicht:

Wenn man nun einen so jungen Kronprinzen vor sich sieht, der gleichsam wie eine junge Saat grünt von liebli-

chen Regungen des Geistes wie des Herzens, wenn man
dann bedenkt, daß die allbereits zu Gespenstern geword-
nen Thronkarikaturen ihm und seiner menschlichen Bestimmung mit der kaltblüthigsten Unverschämtheit ein
X für ein U machen, wie soll man da nicht Zweifel hegen,
ob er in diesem falschen Netz der Staats- und Menschen-
vorurtheile nicht eingefangen werde, ob er am heiligen
Naturrecht, was die Weisheit ihm in den Busen geschrieben, festhaltend, werde den Vorurtheilen lächelnd und
singend auf den Kopf treten, ob er kühn genug sein
werde, für eine heilige Überzeugung durchs Feuer zu
gehen. Kurz: ob er diesen andern Weg der echten Unsterblichkeit einschlagen werde, der auf die Höhen führt
des freien Überblicks, wo keiner mehr braucht eine falsche Größe zu heucheln, sondern wo das reine Prinzip
die Überzeugung der Gesamtheit ist, wo der Fürst dem
Volk die seegensreichste Erscheinung und Macht ist,
dem Volk, weil er der Volksgeist selber ist. Volksgeist! –
Was ist das lieber Kronprinz? – Es ist das Reich – und
welcher Fürst in dem nicht waltet, der hat kein Recht,
keine Personalität, keine Selbstheit, sondern er ist Usur-
pator seiner Würde, seiner heiligen Verantwortungen
vor Gott und hat nicht Selbstheit, sondern Selbstisch-
keit. – Von wo aus entwickelt sich der Geist, und wo hat
er seine bleibende Stätte? im Busen des Volkes. Denn
wenn er sie da nicht hätte, wo sollte er wirklich sein? Wie
kann der Gest aber Lichtblüthe werden? – Wahrlich nur
in der Freiheit des Denkens. Wer will nun dem Geist eine
Satzung aufbürden, sei's der Gesetzesdespotie, sei's des
Aberglaubens, sei es auch der albernen höchst närrischen
Karikatur Bildung der äußern Menschheit oder auch
(und dies ist die verkehrteste Tirannei) der Religions-
übung oder auch ihrer Unbegreiflichkeit der Glaubensartikel. Wem bürde ich diese Glaubensartikel auf? – dem
Geist? – Das ist doch wohl unmöglich. Der Geist nimmt
nichts an, was er nicht begreift; denn er ist der Begriff
selber. Wie komme ich nun dann an, um meinen unver-

standnen, unverstehlichen Glaubensdespot als Regenten
der Menschheit einzusetzen, da es im gesunden Menschensinn unmöglich ist; es muß also nothwendig im
Reich der Gleisnerei sein. Unterdessen liegen die zarten
Geisteskeime wie unter Felsenlast gedrückt von diesem
falschen Despotismus, und der Reiz nach wahrem Got-
teslicht wird erstickt; dieses Licht ist Vernunft, ist Harmonie aller Menschenkräfte, ist mangellose Schönheit.
Es wird wer weiß wie lange noch entbehrt werden müssen! – so lange noch, bis das Ideal der Menschheit dem
kindlichen Herzen einleuchte, das sein Heldenthum
drein setzt, in diesem Ideal seine Kräfte zu entwicklen.
Ich muthe Ihnen, lieber Kronprinz, nichts geringers zu,
als dieser Held zu sein.
(Hahn, S. 62 f.)

Die wahre religiöse Färbung in ihrem Begriff von »Freiheit« hatte B. stets betont: »Alles, was meine Freiheit
hemmt, das ist Sünde, denn Freiheit ist ungehemmtes Walten des Göttlichen. Aber einer, der vom Eigennutz gefesselt ist, schiebt dies der Religion unter.« (An Clemens, 19. 7.
1839; Pfülf 3, S. 83.) Dank ihrer Bekanntschaft mit den
Brüdern Bauer wurde die Verbindung von »Religion« und
»Revolution« für B. und manchen ihrer Anhänger so selbstverständlich, daß etwa Julius Döring seine »Verkündigung
eines radikalen Sozialevangeliums« (W. Frühwald, in: Kat.,
S. 270) in einem Brief an B. vom 24. 1. 1844 als eine bloße
»Paraphrase ⟨ihrer⟩ Bergpredigt« ausgeben kann (Werner
Vordtriede, *Bettina von Arnims Armenbuch,* in: JbFDH 1962,
S. 419). Freilich vermochten ihrer manchmal bloß exzentri-
schen Radikalität selbst B.s Bewunderer nicht stets zu folgen: Rudolf Baier traf sie am 27. 2. 1845 beim Ordnen
»alte⟨r⟩ Papiere«:

vergilbte⟨n⟩, aus ihren jungen Jahren, und geschrieben,
wie sie wol nicht mehr schreiben kann. Eins las sie vor:
»Unter der Linde«. Geschrieben im Cometenjahr 1811.
Es war ihrem schönsten beizuzählen und in edelster
Sprache: »Nicht wahr«, sagte sie auch innehaltend, »ist

das nicht die edelste Sprache«? Es war ein Dithyrambus
auf das heilige Geistesleben der Natur; das sagte ich ihr,
aber sie wollte es nicht Wort haben und behauptete, es sei
an die Fürsten blos geschrieben.

(Gassen, S. 31 f.)

So wollte B. mit der Publikation des *Frühlingskranzes* ihre
Religionsstiftung aus der *Günderode* unter dem Einfluß der
revolutionsgeschichtlichen Werke der Brüder Bauer um die
Apotheose der Revolutionshelden ergänzen. Im Erschei-
nungsjahr des Buches hatte sie »scherzend« eine neue Rege-
lung der Kultusangelegenheiten entwickelt: »Die Kirchen
gehören in der Frühpredigt der Lehre der alten Religion;
am Nachmittage dem Vertreter einer neuen Religion und
Volksredner sollen da die Kanzeln besteigen.« (Rudolf
Baiers Tagebuch, 16. 11. 1844; Gassen, S. 27.)

ZEITTAFEL

1785   4. 4.: B. wird als siebtes Kind des Großkaufmanns Peter Anton Brentano und seiner zweiten Frau Maximiliane, geb. von La Roche, in Frankfurt am Main geboren.

1793   27. 10.: B.s Mutter stirbt. — Nach dem Tod von Maximiliane Brentano kommt Claudine Piautaz als Erzieherin der Kinder ins Haus.

1794   Seit dem Frühjahr wird B. im Ursulinenkloster zu Fritzlar erzogen.

1797   9. 3.: B.s Vater stirbt.
Ende Juli: B. wird mit den Schwestern Lulu und Meline der Großmutter Sophie von La Roche in Offenbach zur Erziehung anvertraut.
Oktober: Nach langer Trennung sieht B. den Bruder Clemens wieder, der von seinem Studienort Halle aus zu Besuch kommt.

1799   B. freundet sich mit Karoline von Günderrode an.

1800   Wohl im Sommer lernt B. den Freund des Clemens, Friedrich Carl von Savigny, kennen.

1801   B. widmet sich, unter Anleitung von Clemens, der Lektüre von Goethes Roman *Wilhelm Meisters Lehrjahre*.

1802   Anfang Juni: B. begegnet zum ersten Mal Achim von Arnim.
November: B. übersiedelt nach Frankfurt, um von Antonia, der Gattin von Franz Brentano, in den Pflichten einer Hausfrau unterwiesen zu werden.

1804   17. 4.: Savigny heiratet in Marburg B.s Schwester Gunda.
Während der Herbst und Wintermonate erhält B. Klavier-, Harmonielehre- sowie Gesangsunterricht bei Philip Carl Hoffmann.

1805 B. beteiligt sich mit Liedaufzeichnungen und Umfragen an der Sammlung *Des Knaben Wunderhorn*, die von Clemens und Arnim vorbereitet wird; im Sommer und Herbst sieht sie Arnim, der in Frankfurt den Druck des ersten Bandes überwacht, häufig.

13. 10.: Savignys nach B. benannte Tochter Bettina wird auf Trages getauft.

Im Spätherbst zieht B. mit ihrer Schwester Meline zu den Savignys nach Marburg.

1806 26. 1.: Die Korrespondenz mit Arnim, der inzwischen nach Berlin zurückgekehrt ist, setzt ein.

Im Februar hält B. sich mit ihrer Schwester Lulu und deren Ehemann Karl Jordis in Kassel auf.

Im Mai wohnt B. mit dem Ehepaar Savigny auf Trages; Anfang Juni kehrt sie nach Frankfurt zurück und hört dort die Vorträge des Arztes Franz Joseph Gall über seine Gehirn- und Schädellehre. Bei einem Besuch in Offenbach entdeckt sie die Briefe, die der junge Goethe 1772-75 an ihre Großmutter schrieb. Nach dem Bruch mit der Günderrode sucht B. die Freundschaft von Goethes Mutter und verkehrt regelmäßig bei ihr.

Im September lernt B., wiederum durch Vermittlung von Clemens, Ludwig Tieck und den Kunsthistoriker Karl Friedrich von Rumohr kennen, die sich auf der Rückkehr von einer Italienreise in Frankfurt aufhalten.

1807 24. 2.: B. zieht mit dem Ehepaar Jordis nach Kassel. Im April nimmt Jordis B. als Reisebegleiterin seiner Frau, beide in Knabenkleidern, auf eine Geschäftsreise nach Berlin mit; auf der Rückfahrt, am 23. 4., besucht B. in Weimar erstmals Goethe.

15. 4.: Mit einem Brief B.s aus Kassel beginnt die Korrespondenz mit Goethe.

14. 7.: B. kehrt von Kassel nach Frankfurt zurück.

22. 7.: B. sieht Napoleon, der im Frankfurter Palais Thurn und Taxis die Huldigung der Rheinbundfürsten entgegennimmt.

1.-10. 11.: Zum zweitenmal, nun von ihrer Schwester
Meline begleitet, besucht B. Goethe in Weimar. Von
dort kehrt sie, zusammen mit Clemens und Arnim,
nach Kassel zurück, wo die beiden, unterstützt von
den Brüdern Grimm, die Fortsetzung des *Wunderhorns* vorbereiten.

Um Weihnachten kehrt B. nach Frankfurt zurück.

1808 Im Februar beginnt B., Melodien zu Goethes *Faust I*
zu komponieren.

Anfang März lernt B. Franz Joseph Molitor, der sich
tatkräftig für die Judenemanzipation einsetzt, kennen.

23. 4.: In der ›Zeitung für Einsiedler‹, die Arnim in
Heidelberg herausgibt, erscheint in dessen Aufsatz
Scherzendes Gemisch von der Nachahmung des Heiligen ein
anonym eingefügter Beitrag B.s, ihre erste Veröffentlichung.

11. 5.: B.s *Seelied* erscheint in der ›Zeitung für Einsiedler‹.

Den größten Teil des Sommers verbringt B. auf dem
Landgut der Familie Brentano in Winkel am Rhein;
während eines kurzen Aufenthalts in Frankfurt (22.
6.-7. 7.) lernt sie Madame de Staël kennen.

12. 9.: B. reist mit der Familie Savigny, Clemens und
dessen zweiter Frau Auguste Bußmann nach München; abgesehen von kurzen Aufenthalten in Landshut, wo Savigny eine Professur übernommen hat,
bleibt B. für ein Jahr in München, wo sie mit Friedrich Heinrich Jacobi, Ludwig Tieck, gelegentlich
auch mit Schelling verkehrt; auch den Kronprinzen
Ludwig lernt sie kennen und schließt sich an ihren
Onkel, den Grafen Friedrich Lothar von Stadion, an,
der als österreichischer Gesandter versucht, ein
Bündnis mit Bayern gegen Napoleon zu stiften; B.
begeistert sich für den Tiroler Aufstand.

Vor dem 25. 11.: B. nimmt ihren Gesangsunterricht
bei dem Münchner Hofkapellmeister Peter von Winter auf.

1809 B. verkehrt mit Rumohr, mit Ludwig Emil Grimm, der sich in München bei dem Kupferstecher Karl Heß ausbilden läßt, und, seit Anfang August, mit Franz von Baader.

25. 9.: B. übersiedelt nach Landshut und gewinnt die Bewunderung und Freundschaft einer Gruppe junger Mediziner um Johann Nepomuk Ringseis sowie des Schülerkreises von Savigny, darunter Max Prokop von Freyberg, mit dem sie eine schwärmerische Zuneigung verbindet. Näher bekannt wird sie durch Savigny jetzt auch mit dem Theologieprofessor Johann Michael Sailer, dem späteren Bischof von Regensburg.

1810 4. 4.: B. wird großjährig.

2. 5.: B. begibt sich mit den Savignys auf die Reise über Wien durch Böhmen nach Berlin; Savigny hat einen Ruf an die dort neugegründete Universität angenommen.

Während ihres Wiener Aufenthaltes lernt B. Beethoven kennen.

9. 6.-6. 8.: B. hält sich in Bukowan, dem in Böhmen gelegenen Gut der Geschwister Brentano, auf; Arnim und Clemens treffen um den 10. 6. dort ein und bleiben bis zum 30. 6.

10. 7.: Arnim wirbt um B. und erhält, nach einigem Zögern, ihr Jawort.

9.-12. 8.: Dritte Begegnung B.s mit Goethe in dem Badeort Teplitz.

In der zweiten Augusthälfte trifft B. mit den Savignys in Berlin ein.

1811 11. 3.: Arnim und B. lassen sich heimlich trauen; am 18. 3. geben sie ihre Eheschließung den Freunden und Verwandten bekannt.

Herbst und Winter verbringt das Ehepaar in Frankfurt; während eines Aufenthalts in Weimar auf der Hinreise, am 13. 9., kommt es zu einem heftigen Streit zwischen B. und Goethes Frau Christiane;

Goethe bricht daraufhin die Beziehung zu den Arnims ab.

1812 5. 5.: Geburt des ersten Sohnes, Freimund; die Brüder Grimm widmen B. für ihn im Dezember den
ersten Band der *Kinder- und Hausmärchen*.

1813 Im Frühjahr, während des preußisch-französischen
Krieges, ist Arnim Hauptmann eines Landsturm-
bataillons; aus dem Familien- und Freundeskreis
bleibt als einzige Frau B. im bedrohten Berlin.
2. 10.: Geburt des zweiten Sohnes, Siegmund.

1814 Den größten Teil des Jahres verbringt die Familie
fern von dem kostspieligen Berlin auf Arnims Gut
Wiepersdorf; diese längeren Landaufenthalte kehren
regelmäßig wieder; seit 1817 zieht sich Arnim fast
völlig nach Wiepersdorf zurück, während B., auch
um der Erziehung der Kinder willen, auf ihrem Berliner Haushalt besteht. Zu ihrem Berliner Freundeskreis gehören August Graf Neidhardt von Gneisenau
und Karl Friedrich Schinkel, später auch Rahel Levin
und der, seit 1814 mit ihr verheiratete, Karl August
Varnhagen von Ense sowie Friedrich Schleiermacher.

1815 9. 2.: Geburt des dritten Sohnes, Friedmund.

1817 24. 3.: Geburt des vierten Sohnes, Kühnemund.
Im Juni erscheint der erste Band von Arnims *Kronen-
wächtern*; der zweite Band bleibt Fragment und wird
erst 1854 von B. aus dem Nachlaß herausgegeben.
Ihre Mahnungen, Arnim solle sich weniger als Guts-
herr und Versorger seiner Familie denn als Dichter
verstehen, durchziehen den gesamten Ehebriefwechsel.

1818 23. 10.: Geburt der ersten Tochter, Maximiliane.

1821 4. 3.: Geburt der zweiten Tochter, Armgart.
Den Herbst verbringt B. bei ihren Geschwistern in
Frankfurt; auf der Rückreise, am 8. 11., besucht sie
unangemeldet Goethe in Weimar; Goethe bleibt ab-
weisend.

1822 In der zweiten Jahreshälfte hält B. sich in Wiepersdorf
auf; zu ihren Gästen dort zählt der Schweizer Jurastu-
dent Philipp Hößli, mit dem sie bis 1824 eine enthusiastische Korrespondenz führt; auch mit dem Major im
preußischen Generalstab Carl von Wildermeth wech-
selt sie zur gleichen Zeit leidenschaftliche Briefe.

1824 Während der Monate Februar und März fertigt B. mit
Hilfe des Bildhauers Ludwig Wichmann nach zwei-
jähriger Vorbereitung das Modell eines Goethe-
Denkmals an, zu dem sie ein im März 1821 in Frankfurt erschienener Aufruf veranlaßt hatte; bei einem
Aufenthalt in Weimar überreicht sie, am 27. 7., Goethe einen Abguß des Modells und gewinnt seine
Zustimmung; der Frankfurter Denkmalausschuß
entscheidet sich jedoch für einen Entwurf von Christian Daniel Rauch; ihr Goethe-Denkmal wird das
Projekt, dem sich B. bis an ihr Lebensende widmet.

1826 B. nimmt an der Philhellenischen Bewegung, der
Unterstützung des griechischen Kampfes gegen die
türkische Herrschaft, regen Anteil; im Mai vertont
sie Amalie von Helvigs Griechenlandverse *Weihe an
Hellas*.
Seit dem Herbst zählt der Historiker Leopold von
Ranke, der seit 1825 Professor in Berlin ist, zu ihrem
Freundeskreis.

1827 30. 8.: Geburt der dritten Tochter, Gisela.

1828 B. beginnt eine Zeichnung, die sich das zum Hoch-
zeitstag des bayerischen Königs Ludwig I. gestiftete
Oktoberfest zum Thema nimmt; bei einer Begegnung in Brückenau, 1830, findet B.s Zeichnung den
Beifall des Königs.

1829 B. vertraut bis 1834 ihrem Bruder Georg in Frankfurt
die Erziehung ihrer beiden älteren Töchter an.

1830 Seit dem Herbst intensiviert sich die Freundschaft zu
Schleiermacher.

1831 21. 1.: Überraschend stirbt Arnim; Savigny wird zum
Vormund der sieben Kinder.

Während der Cholera-Epidemie im Sommer setzt sich B. tatkräftig für die Armen und Kranken Berlins ein.

1832 26. 3.: Die Nachricht von Goethes Tod (am 22. 3.) erreicht B.; ihr Sohn Siegmund war noch am 15. 3. von Goethe empfangen worden. Anfang April bittet B. Goethes Nachlaßverwalter, den weimarischen Kanzler Friedrich von Müller, um die Rückgabe ihrer Briefe.

1833 Im September besucht B. unangemeldet den Fürsten Pückler in Muskau, seinem Landsitz; es kommt zu einem vorübergehenden Zerwürfnis mit Pückler, der sich B.s leidenschaftliche Zudringlichkeit verbittet.

1834 12. 2.: Tod Schleiermachers in Berlin.
Trotz heftigen Widerstandes der Familie wird die Drucklegung von *Goethe's Briefwechsel mit einem Kinde* während des Sommers vorangetrieben.

1835 Im Februar werden die ersten beiden Bände des, dem Fürsten Pückler gewidmeten, Goethebuches ausgeliefert und lösen heftige Debatten in der Öffentlichkeit aus; im März folgt als dritter Band das *Tagebuch*. Im Bewußtsein der Zeitgenossen wird B. zu einer Mitkämpferin des ›Jungen Deutschlands‹.
23. 6.: B.s Sohn Kühnemund verunglückt tödlich.

1836 Mitte Juni besucht Emmanuel Geibel B.; er bleibt zeitlebens ihr Bewunderer. Die im Herbst geschlossene Freundschaft mit dem Studenten Philipp Nathusius scheitert nach vier Jahren an dessen zunehmendem Konservativismus. Im Dezember wird B. mit Johanna Mathieux, der späteren Frau Gottfried Kinkels, bekannt.

1837 Im Oktober erscheint in London eine von B. selbst ins Englische übersetzte Ausgabe des Goethebuches; der völlige Mißerfolg vernichtet B.s Hoffnung, mit dem Erlös ihres Werkes das Goethe-Denkmal zu finanzieren.
Nach der widerrechtlichen Entlassung der Brüder

Grimm aus dem Göttinger Universitätsdienst setzt sich B. für deren Berufung nach Berlin ein und interveniert beim Kronprinzen; nach seiner Thronbesteigung veranlaßt Friedrich Wilhelm IV. eine Anstellung der Brüder in Berlin. Mit Savigny, dem sie Mangel an Loyalität zu den Freunden vorwirft, überwirft sich B.

Von Wilhelm Grimm im Auftrag B.s herausgegeben, erscheinen die ersten Bände von Arnims *Sämmtlichen Werken.*

1838 B. bemüht sich um Unterstützung für den geisteskranken Maler Karl Blechen.

1839 Seit Jahresanfang erweitert sich der Kreis junger Verehrer B.s, zunächst um den Studenten Julius Döring, dann um Moriz Carriere und andere Mitglieder des ›Doktorenclubs‹, eines Sammelpunktes der Berlinger Junghegelianer. Im Januar erscheinen mit ihrer Einwilligung *Drei Briefe von Beethoven* an B.

1840 Im Mai beginnt *Die Günderode* zu erscheinen. Während des Winters verkehren Iwan Turgenjew und Michail Bakunin regelmäßig in B.s Salon.

1841 Der Kronprinz Karl von Württemberg sucht die Bekanntschaft und Leitung B.s.

3. 6.: In einem offenen Brief setzt sich B. für den Berliner Generalmusikdirektor Gasparo Spontini, der wegen Majestätsbeleidigung verurteilt war, ein; Friedrich Wilhelm IV. begnadigt ihn 1842.

Im Oktober zieht B. den Linkshegelianer und oppositionellen Theologen Bruno Bauer in ihren Kreis.

1842 Im Januar beginnt B.s Bekanntschaft mit dem Komponisten und Pianisten Franz Liszt.

Im Juni erscheint ein Spontini gewidmetes Heft mit den Liedervertonungen B.s aus ihrer Jugendzeit.

Während eines längeren Aufenthaltes bei ihren Frankfurter Geschwistern begegnet B., bei einer Reise nach Kreuznach, Karl Marx und seiner Braut Jenny von Westphalen.

1843 10. 1.: B. besucht in Sontheim den freigeistigen Theologen David Friedrich Strauß.

Im Juli erscheint in zwei Teilen *Dies Buch gehört dem König* mit einer aufsehenerregenden Dokumentation des Armenelendes in Berlin; Friedrich Wilhelm IV. hatte die Widmung gestattet, ohne jedoch B.s politisch-soziale Forderungen ernst zu nehmen. Endgültig macht B. sich jedoch die Ministerialbürokratie zum Feind, die der Schriftstellerin künftig mannigfache Schwierigkeiten bereitet. – In Paris erscheint die Übersetzung des Goethebuches durch Hortense Cornu. – B. beginnt einen Briefwechsel mit dem Erbprinzen Carl Alexander von Sachsen-Weimar.

1844 B. betraut den Studenten Rudolf Baier mit der Mitarbeit an einer Neufassung von *Des Knaben Wunderhorn* für Arnims *Sämmtliche Werke*.

24. 2.: Die Berliner Studenten veranstalten einen Fackelzug für die Brüder Grimm und Hoffmann von Fallersleben, der wegen seiner *Unpolitischen Lieder* seine Breslauer Professur verloren hat und aus Berlin ausgewiesen wird. Offenkundig wird bei dieser Affäre die allmähliche Entfremdung zwischen B. und den Brüdern Grimm. B. bemüht sich seither um Hilfe für ihren neuen Schützling, kann ihm jedoch erst 1853 eine Anstellung in Weimar vermitteln.

Im Mai erscheint *Clemens Brentano's Frühlingskranz* im Verlag von Egbert Bauer, wird jedoch erst im Juni nach einer Intervention beim König von der Zensur zur Auslieferung freigegeben.

B. bittet Alexander von Humboldt um Vermittlung bei Friedrich Wilhelm IV. zu Gunsten der schlesischen Weber, deren Aufstand durch preußisches Militär blutig unterdrückt wurde; den Plan, ein *Armenbuch* zu veröffentlichen, gibt sie auf Warnungen ihrer Freunde hin auf.

Erfolglos bleiben ihre Bemühungen um eine Begnadigung des Storkower Bürgermeisters Heinrich Lud-

wig Tschech, der am 26. 7. ein Attentat auf den
König verübt hatte.

Im Sommer schließt B. Bekanntschaft mit Hans Christian Andersen.

Gemeinsam mit ihrer Tochter Gisela schreibt B. das
Märchen *Das Leben der Hochgräfin Gritta von Ratten-
zuhausbeiuns*, das erst postum veröffentlicht wird.

1845 27. 4.: Wahrscheinlich zum ersten Mal trifft B., die
bisher jedes Erscheinen bei Hofe abgelehnt hat, mit
Friedrich Wilhelm IV. zusammen.

Im Juli setzt sich B. erfolglos beim König für den
schlesischen Fabrikanten Friedrich Wilhelm Schlöffel ein, der ihr bei der Materialsammlung zum *Armenbuch* behilflich war; Schlöffel wird vom Vorwurf, den
Weberaufstand geschürt zu haben, gegen Jahresende
mangels Beweisen freigesprochen.

1846 Im April bemüht sich B. auf die Bitte von Hortense
Cornu hin beim König darum, die Auslieferung eines
der verhafteten Führer des gescheiterten Aufstandes
für eine polnische Republik, Ludwig von Mieroslawski, zu verhindern; Mieroslawski wird zwar nicht den
russischen Behörden überstellt, jedoch in Preußen
am 2. 12. 1847, nachdem der König zum erstenmal
B.s Andringen schroff abgewehrt hat, zum Tode verurteilt und erst bei der Märzrevolution 1848 befreit.

Im August beginnt ein Prozeß des Berliner Magi-
strats wegen versäumter Steuerzahlungen gegen B.,
die inzwischen nach Streitigkeiten mit jedem ihrer
Verleger ihre und Arnims Schriften im Selbstverlag
vertreibt. Erst im Dezember 1847 wird in der zweiten
Instanz dank dem Eingreifen Savignys die Verurtei-
lung zu einer Gefängnisstrafe wieder aufgehoben.

1847 B.s Sohn Freimund heiratet Anna von Baumbach, die
Tochter eines württembergischen Generalleutnants;
sie stirbt 1848.

Im November wird der erste Band von *Ilius Pamphilius und die Ambrosia* vor dem Erscheinen konfisziert;

die Zensurbehörde gibt das Buch erst Anfang 1848
frei. In dem Werk, dessen Ertrag ursprünglich zu
Gunsten von Hoffmann von Fallersleben verwendet
werden sollte, legt B. ihren Briefwechsel mit Philipp
Nathusius fast unverändert vor. Der zweite Band
erscheint im Juni 1848.

1848 Im Gegensatz zu ihren beiden älteren Töchtern, die
bei Hof gut eingeführt sind, und einig nur mit ihrem
Sohn Friedmund, verfolgt B. mit begeisterter Zustimmung die Märzrevolution; im September unterbreitet sie dem König in zwei Briefen Reformvor-
schläge, die freilich erfolglos bleiben.

1849 B. veröffentlicht anonym ihre Polenbroschüre *An die
aufgelöste preussische Nationalversammlung. Stimmen aus
Paris.*

Im Sommer beginnt B.s Briefwechsel mit dem
deutschungarischen Schriftsteller Karl Maria Ben-
kert, der unter dem Namen Kertbeny veröffentlicht
und 1849 eine Übersetzung der Gedichte Sandor Petöfis vorlegt. B. begeistert sich für die Lyrik Petöfis,
der als Major der ungarischen Revolutionstruppen
gefallen ist.

In einer Reihe von Briefen setzt sich B. bei Friedrich
Wilhelm IV. vergebens für Gottfried Kinkel ein, der
als Mitglied der pfälzischen Revolutionsregierung
gefangengenommen worden ist; der König verschärft Kinkels lebenslängliche Festungs- zu Zucht-
haushaft.

1850 16. 1.: Das Gedicht *Petöfi dem Sonnengott* entsteht.

1852 Als *Des Königsbuches zweiter Band* erscheint im Mai B.s
letztes Buch *Gespräche mit Dämonen.*

19. 5.: B.s verwitweter ältester Sohn, Freimund, heiratet Claudine Firnhaber, geb. Brentano, eine Tochter von B.s Bruder Georg.

Von September bis November unternimmt B. eine
Werbereise für ihr Goethe-Denkmal, dessen Unterstützung ihr Friedrich Wilhelm IV. versagt hat; der

weimarische Erbgroßherzog bewilligt ein Zehntel
der auf 60 000 Taler veranschlagten Kosten, so daß
von B.s Konzeption nur die Statue Goethes mit der
Figur der Psyche ausgeführt werden kann. Das von
Karl Steinhäuser ausgeführte Denkmal wird im Dezember 1853 in Weimar aufgestellt.

Im Herbst lernt B. während ihres Aufenthalts in
Weimar den Geiger Josef Joachim sowie den Pianisten und Dirigenten Hans von Bülow kennen.

1853 28. 6.: B.s älteste Tochter, Maximiliane, heiratet in
Wiepersdorf den Grafen Eduard von Oriola.

Im Juni beginnen B.s *Sämmtliche Schriften* in der »Expedition des von Arnimschen Verlags« zu erscheinen.

1854 Bis zum Sommer setzt sich B. bei dem Prinzregenten
von Baden für Otto Julius Bernhard von Corvin-
Wiersbitzki ein, der 1849 als Chef des badischen
Generalstabs die Festung Rastatt übergeben hat, zunächst zum Tode verurteilt, dann zu Einzelhaft begnadigt und 1855 entlassen wird.

Vom Herbst bis zum Sommer 1855 hält B. sich in
Frankfurt und in Bonn bei der verheirateten Tochter
Maximiliane auf.

1855 Im Sommer erleidet B., noch in Bonn, einen Schlag-
anfall; sie kehrt erst am 6. 12. nach Berlin zurück.

1859 20. 1.: B. stirbt in Berlin.

ZU KOMMENTARANLAGE
UND TEXTGESTALTUNG

Die vorliegende Ausgabe bietet das Werk B.s in einer repräsentativen Auswahl und folgt dabei der Entstehungs- chronologie der zugrunde liegenden Originaldokumente, wie sie sich auch in den früheren Editionen von Waldemar Oehlke (SW) und Gustav Konrad als Ordnungsprinzip bewährt hat.

Daher wird der erste Band mit *Clemens Brentano's Früh- lingskranz* von 1844, der auf den Briefen der Geschwister bis zur neuen Verbindung des Clemens mit Sophie Mereau beruht, eröffnet, während B.s vier Jahre früher erschienene Bearbeitung ihres Originalbriefwechsels »aus den Jahren 1804-1806« (S. 295) mit der Günderrode hier an die zweite Stelle rückt.

Ausgehend von B.s Dichtungslehre und Arbeitsweise, stellt sich dem Kommentar eine dreifache Aufgabe:

- Die *Stilisierung der Vergangenheit* in B.s »Dichtung und Wahrheit« (vgl. S. 886 f.) mischenden Briefeditionen soll erkennbar werden.
- B.s *Aktualisierung der Vergangenheit* durch nachträgliche Einfügungen, die nun im Kontext als Vorausdeutungen erscheinen, soll in ihren Zielen verständlich werden.
- B.s *Konstruktion ihrer Originalität* soll durch den Nach- weis von Quellen, Vorlagen und Traditionen als Kunst- leistung begreiflich werden.

Während also die Gliederung der Ausgabe dem dokumen- tarischen Anspruch von B.s Werken Rechnung trägt, wer- den sie darüber hinaus durch die Kommentierung in ihrem Stellenwert zur Veröffentlichungszeit erschlossen; so wer- den die drei Elemente des »Mythos Bettine« (Schmitz/ Steinsdorff, in: Kat., S. 7; vgl. Wülfing):

- das »Kind«, in der zeitlosen Gegenwart des Vergangenen,
- die »Psyche«, also das autonome Ich,
- die »Sibylle«, mit dem prophetischen Blick in die Zeit,
als Resultate der erwähnten literarischen Mythisierungs-
strategien im Wechselspiel von Produktion und Rezeption
deutlich.

Wenn auch Quellennachweise zu den gewöhnlichen Aufgaben eines Kommentars gehören, so mag die Frage nach
der »Originalität« doch zunächst überraschen. Keineswegs
will sie die literarische Wertung wieder in die philologische
Arbeit einführen. Vielmehr sieht sich eine Edition der
Werke B.s in einer ungewöhnlichen Ausgangslage: Nicht
als Autorin ihrer Werke, sondern als bewunderte und um-
strittene Persönlichkeit ist B. im Bewußtsein der Nachwelt
geblieben, und was sie veröffentlichte, wurde stets als
Zeugnis ihrer Individualität gewürdigt. Schon von ihren
Zeitgenossen wurde der »Mythos Bettine« kultiviert, und
sie selbst ordnete sich diesem Idealbild ihres Lebens unter.
Ihre Biographie ist B.s Hauptwerk. Sie hat sich nicht zufällig auf die Herausgabe von Lebenszeugnissen konzentriert.
Für uns ergab sich daraus, gleichsam als Gegengewicht zu
B.s suggestiv »mythisierter« Wahrheit, eine *dokumentarische
Anlage des Kommentars*. Auch nach der Einsicht jüngst er-
schienener Auswahlausgaben und Anthologien (u. a. von
Christa Wolf und Gerhard Wolf) macht ja erst die Spannung
zwischen echten Briefen und künstlerischer Authentizität
der ›Briefromane‹ das Phänomen ›Bettine‹ aus.

Schon seit dem Kultus der Empfindsamkeit um die Mitte
des 18. Jahrhunderts dienten Briefe mehr und mehr, über
die Mitteilungsabsicht hinaus, der Selbstaussprache und
der Selbstdarstellung des Schreibers, und sie fixierten damit
zugleich ein Rollenbild des Empfängers. So wird sogar die
unverfälschte Ausgabe eines einzigen Briefwechsels per-
spektivisch das Bild der Lebenswelt verengen, aus der er
erwachsen ist. B. hat nun allerdings diese Tendenz entschieden verstärkt und sich geradezu ins Zentrum eines Kreises

gestellt, in dem sie letztlich immer nur eine Randfigur gewesen war. Allenfalls nahm man ihre Eigenart besorgt zur Kenntnis, und einzig ihr Bruder Clemens, der die Menschen seiner Umwelt zu Allegorien seiner Innenwelt umdeutete (vgl. S. 820 f.), wies ihr die bedeutende Rolle zu, »Unschuld« und »Natur« zu verkörpern. Zu seiner Wertschätzung B.s wußte er allerdings meist nur entfernte Freunde zu bekehren. Lediglich einmal, bei seiner Heirat mit Sophie Mereau, wurde B. auch für die Mitglieder der Familie, die nun das Verhältnis als Druckmittel entdeckten, zu einer wichtigen Instanz – obschon sie nie die entscheidende Initiative ergriff und sich vielmehr den älteren Geschwistern unterordnete (vgl. S. 819); auch Clemens' forcierter Appell an ihr Urteil hinderte ihn an sonstigen, mehr praktischen Rücksichten nicht. Hier mußte der Kommentar demnach ein Gesamtbild bieten, das sich von B.s Vorstellung absetzt, ohne sie deshalb zu entwerten. Vielmehr läßt die Information über diese Wirklichkeit nur schärfer die subjektive Wahrheit von B.s Erfahrung hervortreten; dazu dienen auch die Zeugnisse Dritter über B., die hier repräsentativ zusammengestellt wurden.

Freilich mußten neben den willkürlichen auch ihre ganz ungewollten Täuschungen des Lesers richtiggestellt werden. Beispielsweise hat sie anscheinend nie von dem bis zur erotischen Kraßheit gesteigerten Originalbriefwechsel ihres Bruders Clemens mit der Günderrode erfahren. So bemühte sie sich, die Entfremdung zwischen beiden zu übertünchen, und fingierte durch gelegentliche Winke in ihrer Buchbearbeitung einen Briefaustausch, nachdem er längst abgebrochen war. Freilich will der Kommentar mit dem Abdruck der Originalbriefe nicht nur die historische Richtigkeit reklamieren. Er versucht vielmehr, in diesem wie in anderen Fällen, gleichsam die Lebenswelt B.s für den heutigen Leser lebendig werden zu lassen.

Dazu gehören nicht allein die Tatsachen, sondern ebenso deren jeweilige Deutung durch die Beteiligten. Denn auch ihre Originalbriefe sind, wenngleich in verschiedenem Maße, als Kunstwerke entworfen. In der Unsicherheit, die alle überkommenen Lebensverhältnisse seit der Französischen Revolution erfaßt hatte, wuchs nicht nur das Bedürfnis des einzelnen, sich wenigstens in der engeren Gemeinschaft von Freunden neu zu orientieren; zugleich schien sich ein Freiraum für bislang undenkbare Sinnentwürfe zu öffnen. So wird gerade an den erwähnten Briefen von Clemens Brentano an die Günderrode und an ihrer praktischen Folge, dem pikierten Abbruch des Kontaktes, nun das sozialgeschichtlich einmalige Widerspiel von streng beschränkenden Konventionen im bürgerlichen Leben einerseits und fast ungebundenen Lizenzen des intellektuell-poetischen Experimentes andererseits anschaulich. Faszinierend wirkt der jugendliche Brentano-Kreis eben, weil seine Mitglieder zumindest für eine Weile bewußt um die Synthese eines freien Lebens in der Gesellschaft kämpften und die täglichen Niederlagen erlitten, die sie sich als Kinder ihrer Zeit auch selbst bereiten mußten. Die Günderrode zerbrach an der Realität des ›poetischen Lebens‹ in ihrer nur scheinbar ›freien‹ Liebe zu Creuzer; Clemens Brentano wie Marianne Willemer suchten die Zuflucht einer religiösen Bindung, die ihnen zugleich ein weites Feld praktischer Verantwortung erschloß, Savigny ging den weiteren Schritt ins politische Wirken; nur B. ertrug diese paradoxe Spannung ihr Leben lang. Da sie weder auf ihren gesellschaftlichen Rang noch auf ihre unkonventionellen Auffassungen verzichten mochte, wurde der Skandal zu ihrem Lebensprinzip. Mit ihren Veröffentlichungen machte sie jedoch geltend, daß eine freie Gemeinschaft einmal möglich gewesen sei und durch Reformen wieder möglich werden müßte. Der Kommentar unserer Ausgabe erlaubt es, im Zusammenspiel von Rekonstruktion vergangener Wirklichkeit und Dokumentation des Bewußtseins von ihr B.s Version nachzuvollziehen und nachzuprüfen. Sie wird als Resultat von B.s poetischem Verfahren, das wiederum nur ihre Grundsätze anwendet und legitimiert, verständlich.

Der vorliegende Band vermittelt im Rahmen der Gesamtplanung einen Eindruck ihrer frühen Lebensepoche und schlägt den Bogen bis in die vierziger Jahre; der folgende wird mit dem Goethe-Buch und den Dokumenten zu seiner Entstehung gleichsam das hier ausgesparte Kernstück ihrer Biographie nachtragen; der Schlußband soll sich mit dem Königsbuch und dem *Armenbuch*-Projekt ganz auf ihr spätes soziales Wirken konzentrieren und damit die Aktualität ihrer frühen Lebensepoche, wie sie in einigen Kommentarteilen des ersten Bandes schon belegt wurde, vollends verständlich machen. So wird diese Auswahl von Werken B.s insgesamt doch das Kunstwerk ihres Lebens und die Wirklichkeit ihrer Lebenswelt präsentieren können.

Einem seit Mitte der siebziger Jahre wieder äußerst regen Interesse an B. und ihrem Werk versucht sie gerecht zu werden. Als erste kommentierte Edition von Werken B.s will sie künftiger Beschäftigung mit ihnen eine zuverlässige Grundlage bieten und die Fülle der verstreut erschienenen Quellen und Forschungen, die bislang sogar bibliographisch unerschlossen blieb, nachweisen, sie so weit wie möglich auch sammeln und ordnen. Die Dokumente zum Zensurstreit um den *Frühlingskranz* werden hier beispielsweise zum ersten Mal vollständig zusammengestellt und abgedruckt. Was B.s eigene Briefe angeht, so wurden die – im skizzierten Sinn – werkbezogenen Briefe im entsprechenden Kommentar mit der Absicht mitgeteilt, die Briefauswahl im Schlußband zu entlasten; sie werden dort in Regesten erfaßt. Ebenfalls in den Kommentar aufgenommen wurden die oft nur fragmentarisch überlieferten kleineren Texte B.s, sofern eine thematische Zuordnung möglich war.

Im Stellenkommentar ist die Doppelperspektive von Entstehungs- und Veröffentlichungschronologie insofern berücksichtigt, als zunächst die in einem Brief erwähnten datierbaren Ereignisse erläutert werden; die fruchtlose Debatte über die Echtheit von Briefen bzw. Briefteilen wird dabei freilich nicht wieder aufgenommen. Der Schlußband der Ausgabe wird ein erläutertes Personenregister und außerdem ein Register von Themen und Motiven enthalten; die Stellen- wie die Überblickskommentare der Einzelbände sollen damit von Belegsammlungen und Querverweisen entlastet werden.

Der Text der Zitate und Dokumente wird gemäß den allgemeinen Richtlinien für die Ausgaben des Deutschen Klassiker Verlages getreu nach den jeweiligen Ausgaben gegeben. Nur einige offenkundige Versehen und mißverständliche editorische Signale wurden stillschweigend korrigiert; so wurden gelegentlich Erläuterungen des ursprünglichen Editors in *runden* Klammern jetzt in Winkelklammern gesetzt; zumeist erschienen solche Herausgeberzusätze in den zitierten Ausgaben bereits in eckiger Klammerung und durften so übernommen werden. Die Winkelklammern dienten in der vorliegenden Ausgabe ansonsten generell dazu, die Eingriffe ihres Herausgebers zu markieren.

Der edierte Text wurde, ebenfalls gemäß den allgemeinen Richtlinien für die Ausgaben des Deutschen Klassiker Verlags, behutsam modernisiert. Gelegentliche offenkundige Satzversehen der Originalausgabe (z. B. Wortdoppelungen, vergessene An- bzw. Ausführungszeichen) wurden stillschweigend berichtigt.

Stets beibehalten wurden alle Schreibeigenheiten, die zum Persönlichkeitsstil B.s gehören; doch blieb auch der historische Lautstand gewahrt. Geändert wurden nur diejenigen Schreibungen, die den orthographischen Normen zur Zeit B.s entsprachen, heute aber veraltet sind. Nicht immer konnten dabei Mischformen aus bewahrter und modernisierter Orthographie (z. B.: coquettieren *statt* coquettieren) vermieden werden. Über der Absicht, die demonstrative Eigenwilligkeit B.s auch gegenüber den Schreibkonventionen zu respektieren, durfte das Ziel, den heutigen Leser nicht unnötig zu irritieren, keinesfalls vernachlässigt werden; daher wurde bei manchen Zweifelsfällen, die im folgenden jeweils vermerkt sind, die moderne Schreibung gewählt. Generell richtete sich die Textgestaltung nach den folgenden Grundsätzen:

1. In einer Satzanweisung B.s, die sich im Krakauer Handschriftenbestand fand, heißt es:

Hier sende ich Manuskript . . . Sie tun mir einen besonderen Gefallen, wenn Sie vorläufig die Druckfehler korrigieren wollen und die notdürftigen Komma austeilen, aber nur so gering als möglich, wie z. B. vor dem Wörtlein *daß* setze ich gewöhnlich kein Komma, wenn nicht höchst nötig.
(Schultz, S. 380.)

Diese »Unorthographie«, zu der sich schon das Vorwort des Goethe-Buches bekannt hatte (SW 3, S. 19), dünkte dem Rezensenten Börne bei »einer gebildeten Frau ⟨. . .⟩ die Blüte weiblicher Liebenswürdigkeit« (S. 854). Die Zeichensetzung, auch die Apostrophierung, ebenso die eigenwillige Groß- und Kleinschreibung B.s und die Formen der Zusammenschreibung (Ausnahme: je mehr *statt* jemehr; je näher *statt* jenäher) wurden daher nicht angetastet. Mag auch nicht jeder einzelne Beleg auf einen gewollten Sinnakzent hinweisen, so bildet sich in der Fülle der Belege doch B.s Stilideal origineller Unbekümmertheit deutlich ab.

2. Angleichungen von B.s oft umgangssprachlich beeinflußter Sprache an die heutigen strengeren syntaktischen Regeln wurden vermieden (besonders in der Verwendung des Dativs); auch dialektale Eigenheiten (n-Elision am Wortende) wurden nicht ausgemerzt.

3. Nicht modernisiert wurden Wortformen, die auf die französisch-deutsche Sprachsymbiose in der gebildeten Konversation hinweisen; demnach heißt es: Ballet, Bouquett, Bosket, Cabinet (*neben:* Kabinet, Kabinett), Chokolade, Coulissen, coquettieren, Flageolet, Fontaine, Guitarre, Harlequin, Kaprise, Loupe, Plaisir, Portrait, Race, Rakette, Secretair. Wie umgangssprachliche Wortzusammenziehungen, so finden sich auch diese Formen häufiger

im Briefwechsel mit der Günderrode als in dem mit Clemens; so wird B.s eigene Bemerkung, daß sie je nach
Briefpartner das »Register« wechsle (S. 419 f.), auch durch
ihre Schreibweise erhärtet. Allerdings wurden die neueren
Fremdwortschreibungen, die sich an der lateinischen Tradition orientieren, in den folgenden Fällen vorgezogen:
Prätensionen *statt* Pretensionen; präokkupiert *statt* preocu-
pirt; ästimieren *statt* estimieren (vgl. Punkt 5).

4. Unverändert blieb die Schreibung von Eigen- und
Gattungsnamen, soweit sie auf eine zeittypische Bildungs-
tradition verweist, zumal dabei meist auch mit abweichenden Lautungen gerechnet werden muß. Es heißt also: Cyclopen, Dionisos, Hälios (eine Schreibung nur der Günderrode), Odisseus, Socrates; Levkoyen, Mirte, Narcissen,
Tulibanen; Apokalipse.

5. Auch sonst wurde die Orthographie B.s immer dann
bewahrt, wenn ihre abweichende Schreibung auf eine abweichende Lautung schließen läßt; demnach bleibt unverändert: einfacher und Doppelkonsonant nach Vokal (Kliker, Schlaphut, Sallat); -g und -d im Auslaut, sofern sie bei
flektierten Formen vor Vokal zu stehen kommen (»allmählich«/»allmähligen«; »launig« bleibt für »launisch« – S. 730,2;
generell nicht: »Brod«, wegen der flektierten Form: »Brod-
ten«); die Form »Mährchen« (*statt:* Märchen). Weiter blieben alle Schreibungen erhalten, die auf eine volksetymolo-
gische Ableitung oder besonderen Sinnakzent schließen
lassen (z. B.: »Wiederhall«).

Die Schreibung »giebt« wurde nur im Vers bewahrt; die
Schreibung von »y« statt »i« wird im Falle des Diphtongs
»ei« modernisiert (also: Sein *statt* Seyn; aber: Krystall). Von
möglichen Änderungen in der Vokaltönung wurde die
Differenz von »ü« und »i« berücksichtigt (also: Hülfe),
nicht aber diejenige von (geschlossenem) »e« und »ä« (also:
Gebärde *statt* Geberde; außer im Reim, vgl. S. 440,32).

Gemäß heutigem Gebrauch geregelt wurde die Vertei-
lung von »ß« und »s« (z. B.: »weismachen«/»weißmachen«);
gelegentlich wurden durch solche Eingriffe zugleich auch

semantische Entscheidungen gefällt (z. B.: »Muße«/»Muße« – S. 312,29; 323,22; 431,17).

6. Rückgängig gemacht wurde die typographische Hervorhebung von fremdsprachigen Textteilen; fremdsprachige Werktitel mußten deshalb eigens markiert werden. Namen werden – auch in der Typographie – genau nach der Vorlage wiedergegeben.

EMENDATIONENVERZEICHNIS

14,14   weil] denn weil
22,15   nähert] nährt
23,24   kann.] kann
41,16   ihren] ihrem
46,35   hast] tust
53,4   soll:] soll
54,10   Liedern] Lieder
55,32   etwas,] etwas.
60,25   Interesse.] Interesse,
65,5   die] das
67,8   einem] einen
78,5   Geistesadels] Geistesadel
78,18   ansteckenden] ansteckender
87,37   manchmal wenns] manchmal
88,18   den] der
97,21   einem] einen
107,22 f. Sphären, ihrer Bildung] Sphären ihre Bildung
110,19 Beute] Leute
121,25 Früchten] Früchte
121,26 müssen] muß
122,9   mir:] mir
123,10 aus der] aus
124,16 furchte,] furchte.
128,37 einem] einen
134,26 nichts] nicht
149,32 nichts] nicht

156,13 Hymnen] Hymen
157,8 einen] einem
157,22 Tagen] Tage
170,5 wie wenn] wenn
172,22 thront] Thront
184,2 vom] von
185,13 ausgebildetsten] ausgebildetste
200,30 hab ich] hab
213,27 mich nicht] mich
214,36 so] o
222,17 zu] aus
225,1 im] in
240,16 als daß] als das
242,21 in dem] in der
271,29 Welt willen] weltwillen
280,17 an der] an
291,16 entgelten.] entgelten,
325,35 manchen] manchem
352,26 scharfem] scharfen
376,13 Sattel.] Sattel
431,3 tönt.] tönt,
443,15 mir] mirs
445,3 warum] Warum
474,26 letzten] letzte
481,10 nicht] nichts
501,31 Lebens Reihn] Lebensreihn
521,12 einen] keinen
528,16 warum:] warum
531,4 die] das
535,2 Deine] Dein
545,5 sich nach] sich
586,4 zeugt] zeigt
590,31 Berg es] Berg
602,13 f. Anschauung] Anschauungen
609,17 leiden] den
661,35 der] des
661,36 seinem] seinen

668,31 daß es] daß
721,3 jungen] junge
727,9 uns] uns,
739,20 einer] eine

CLEMENS BRENTANO'S FRÜHLINGSKRANZ

ERSTDRUCK UND DRUCKVORLAGE

Als Druckvorlage diente der Erstdruck: *Clemens Brentano's Frühlingskranz aus Jugendbriefen ihm geflochten, wie er selbst schriftlich verlangte.* Erster Band, Charlottenburg: bei Egbert Bauer 1844. Von dieser Ausgabe erschien eine unveränderte Titelauflage als Erster Band von: *Bettina's sämmtliche Schriften,* Berlin: Expedition des v. Arnim'schen Verlages 1853 (wiederholt in der »Neuen Ausgabe« von 1857).

ENTSTEHUNG

Mit der Diskussion um B.s Goethe-Buch begann die neuerliche Annäherung zwischen ihr und ihrem Bruder Clemens; trotz seiner Kritik identifizierte sich Clemens mit dem Werk der Schwester; an die umworbene Freundin seiner Münchner Jahre, Emilie Linder, schreibt er 1834:

Ich mische Abschriften aus Betinens Buch über Göthe bei, weil ihr Wesen sehr verwandt mit dem Meinen in der Jugend war, nur trauernder. Die Geschichte von der Gründerode ⟨!⟩ in meinem 4ten Brief war auch von ihr, ich änderte aus Neckerei nur wenige Worte. Sie ist mir aus der Seele geschrieben, ich habe sie mit erlebt.

(Jb FDH 1976, S. 276; vgl. S. 303-305 sowie Frühwald, S. 317-323, und den Kommentar zu Bd. II.)

Schon im Jahr 1840 stand fest, daß die poetische Gemeinschaft der *Wunderhorn*-Zeit durch eine Neubearbeitung dieser Sammlung im Rahmen der von B. veranstalteten Ausgabe der *Sämmtlichen Werke* Arnims wiederbelebt werden sollte. Der von B. geplanten Veröffentlichung von Briefen widerriet Wilhelm Grimm jedoch in seinem Brief vom 15. 5. 1839: »⟨. . .⟩ es könnten allerlei Schwierigkeiten vorkommen, manches liegt noch zu nahe, und es fragt sich ob Görres und Clemens einwilligen und Arnims Briefe herzugeben geneigt sind.« (Schultz, S. 90 f.; vgl. B. an Clemens, 20. 4. 1838; Corona, S. 47.) Bei der Arbeit am *Günderode*-Briefwechsel wurde B. bereits die Parallele zum späteren *Frühlingskranz* bewußt (Corona, S. 49); das Buch fand immerhin Zustimmung bei Clemens (vgl. S. 1116). Die Veröffentlichungen B.s trugen nach dem unerbittlichen Selbstgericht im ersten Jahrzehnt seiner religiösen Wende nun zu einer Neubewertung seiner poetischen Jugendepoche und ihrer allmählichen Integration in das von ihm selbst stilisierte Kunstwerk seines Lebens, wie es in seinen Schriften verschlüsselt und vorangetrieben wurde, bei. Auch seine streng katholisch-konfessionell gesinnten Freunde erkannten, wie »das ganze Wesen der Bettina« auch in ihrem Bruder Clemens liege; nur ihre Lebenswege seien »verschieden, ja streng geschieden« (E. v. Steinle an Clemens, 7. 5. 1839; Steinle, Bd. 2, S. 23; vgl. dazu S. 1034).

In seinem Testament hatte Clemens zwar seinen Bruder Christian zum Universalerben des Vermögens eingesetzt, jedoch auch B. mit den Zinsen eines Drittels davon bedacht. Umstritten blieb jedoch, selbst nachdem der Nachlaß im Februar 1843, ein halbes Jahr nach dem Tod des Bruders, an Christian übergegangen war, bei wem die Rechte zur Wiederherausgabe der frühen Schriften von Clemens liegen sollten. In einem Brief an Christian vom 16. 12. 1843 berichtet B. von den Differenzen darüber mit Joseph Görres und seinem Sohn Guido:

> Erst nahm mich ⟨der alte⟩ Görres nochmals ins Gebet und stellte mir vor, daß Clemens keineswegs im Sinn gehabt habe, dich nur im geringsten auch nur einen Heller erben zu lassen, ja er habe sich dagegen gewehrt, er aber Görres habe gesagt das könne er nicht zugeben und so sei er schuld daß du und ich geerbt haben.
> (Hs. FDH.)

B. erstattete einen umständlichen Bericht aller Winkelzüge der Verhandlungen über die Herausgeberrechte und forderte Christian zu gemeinsamem Widerstand auf. In einem Brief vom 7. 2. teilte Christian indessen der Schwester den Vergleich der streitenden Parteien mit; er hatte sich durch Willfährigkeit »in Betreff von Geldintereße«

> die ausschließliche Ueberlaßung des gesamten uebrigen literärischen Nachlaßes von Clemens ⟨sowie⟩ die moralische und materielle Gerechtsame über *sämtliche bereits im Druck* erschienenen Schriften von Clemens ⟨gesichert⟩; denn auch kommen Fälle zu verhüten, wenn ich ein treuer Erbe sein will.
>
> (Hs. FDH.)

So verweist er B., die »die weltlichen Schriften von Clemens im Gefolge der Arnimschen neu herauskommen« lassen wollte, zunächst auf die dreißigjährige Schutzfrist, die einen unberechtigten Nachdruck hindere, und schlägt ihr eine gemeinsame Herausgabe »aller gedruckten Schriften des Clemens« vor, wobei unter seiner Oberleitung jede »Entweihung« verhindert werden solle; auch in dieser Verhandlung mit B. versuchte Christian, seinen moralischen Anspruch durch finanzielle Zugeständnisse zu kompensieren:

> Dagegen hoffe ich daß du mir deinerseits ein bißchen gefällig sein wirst – und aus Liebe zu mir nicht nur sondern unseres guten Bruder Franz, Bruder Georg, der edlen Sophie ⟨Schweitzer⟩, zu der ganzen Familie, die dich gemeinsam darum bittet, Bedacht nehmen ⟨. . .⟩ das Andenken von Clemens in dieser Welt so zu belassen wie er selbst es 20-30 Jahre hindurch durch das Bestreben aller seiner späten Werke und Arbeit zu begründen beflissen war.
>
> (Hs. FDH.)

Der Absicht Christians, »ein im katholischen Sinne gereinigtes Bild seines Bruders durch eine entsprechende ›Modernisierung‹ von dessen Werk zu schaffen« (Boetius, S. 411), konnte B. um so weniger zustimmen (vgl. Kat.,

Nr. 16), als sie schließlich sogar in letzter Konsequenz zur
Unterdrückung des »verwilderten Romans« *Godwi* aus der
›glaubenslosen‹ und ›unsittlichen‹ Lebenszeit des Dichters
in seinen *Gesammelten Schriften* führen sollte. Mit dem Titel
und den Motti von B.s Briefpublikation wurde die Autori-
sation ihres Gegenbildes behauptet, dessen Brisanz im
Kontext der politisch-religiösen Debatte B. bewußt war
(vgl. Kat., S. 111 mit der Überleitung zum *Armenbuch*-
Projekt). Ihre Brüder in Frankfurt hatten die Veröffentlichung verhindern wollen; Franz Brentano schrieb, wohl
gleichzeitig mit einem Brief Georgs vom »13. Hornung
1844«:

> Ich bitte Dich mit Tränen in den Augen, und im Namen
> sämtlicher Geschwister hier, verschone die Asche u. das
> Andenken Deines frommen Bruders ⟨. . .⟩
> (Henrici 149, Nr. 156.)

B. fixierte diese Bitte auf die Reizvokabel ihrer Religions-
kritik (vgl. S. 940 f.):

> ⟨. . .⟩ unter anderem hab ich ein Gesamtschreiben der
> Familie aus Frankfurt zu beantworten, die mich mit viel
> pietistischen Thränen ⟨!⟩ anfleht doch ja nicht meine
> Korrespondenz mit Clemens herauszugeben.
> (An Siegmund von Arnim, 25. 2. 1844; Hs. FDH.)

Während die von Christian initiierten *Gesammelten Schriften*
Clemens Brentanos, die erst seit 1852 erschienen, den *Frühlingskranz* als Quelle akzeptierten und ihm in der Textgestalt
der dort eingestreuten Gedichte stets und selbst dann folgten, wenn den Herausgebern andere Handschriften vorlagen (vgl. Widmann u. Frühwald), bestritt B. ihrer Schwägerin Emilie Brentano später das Recht, eine Biographie
von Clemens vorzulegen; sie behauptete,

> dass nach ⟨Emilies⟩ Betheuerung Du ⟨Savigny⟩ eben-
> falls genötigt sein wirst gegen den Gott zu apelliren denn
> sie legt ihre Rechte auf Dein Haupt als den alles gehört
> und gut befunden, ja noch betheuernde Zusagen ge-
> macht habe so zum Beispiel dass Clemens in den ersten
> Jahren nach der aufgelösten Heirath mit der *Bussmann* ein

lüderliches Leben geführt habe. ⟨. . .⟩ der Kern des
Klemens war einer der edelsten und daher unsterblich
⟨. . .⟩ dann wird sie ⟨Emilie⟩ wohl begreifen müssen
⟨. . .⟩ dass ihre Wahrheiten nur Unwahrheiten sind, welche durch die grossen Correspondenzen 4 bis 5 dicken
Bände einnehmen und den Verlauf der bedeutendsten
Jahre von Clemens, Arnim, Wrangel, Ritter, Mühlmann,
Winkelmann, und andern darlegen ⟨. . .⟩ Die wesent-
lichsten Fehlgriffe sind dass in dieser ⟨. . .⟩ Lebensbeschreibung Dinge zitiert sind welche der Frau des Christian den grössten Verdruss zuziehen müssen zuförderst
nenne ich *Marianne Wilmer* – die nie eine Liebschaft mit
Clemens gehabt ⟨. . .⟩ ich kann beweisen durch die
Briefe der damaligen Zeit wie unschuldig und gütevoll
Marianne immer war und bis heute noch ist.
(An Savigny, nach 1852; Henrici 149, Nr. 165. Entwurf
dieses Briefes in einem Quartheft B.s, FDH.)
Die Druckvorlage des *Frühlingskranzes* entstand wohl seit
dem Winter 1843 nach einer längeren Vorbereitungslektüre
der erhaltenen Papiere; dazu gehörte, außer ihrem Briefwechsel mit Clemens und dem Nachlaß Arnims, auch der
Briefwechsel von Clemens und Sophie Mereau. In einigen
(mindestens sieben) Fällen fügte B. den redigierten Originalbrief dem Druckmanuskript ein (vgl. Henrici 149,
Nr. 153); auf anderen Briefen finden sich ihre nachträglichen Notizen zur Manuskriptherstellung (vgl. Henrici 149,
Nr. 147 u. 159; dazu FBA 16, S. 766 den Hinweis auf die
wahrscheinlich von B. stammende Notiz auf der Handschrift eines Lustspielfragmentes *Vertumnus und Pomona*:
»Noch über Walpurgis bei seiner zweiten Rheinreise mit
Arnim«). Eine weitere Quelle, die »Reden Mirabeau's«,
hatte sie sich am 2. 4. 1842 von Varnhagen entliehen (vgl.
dessen Tagebücher, Bd. 2, S. 56).
Seit Januar 1844 war der Publikationsplan Clemens'
Münchner Freundeskreis bekannt; »was wird da alles in ihn
hineingedichtet werden?« fragte Emilie Linder am 19. 1. in
ihrem Brief an Edward von Steinle (Bd. 2, S. 167); kaum

später waren die Frankfurter Geschwister informiert (vgl.
S. 992). Am 2. 2. 1844 notierte Rudolf Baier in seinem
Tagebuch:

> Sie ist ein großes Weib; vergangenen Montag war ich bei
> ihr; anfangs Besuch: ⟨. . .⟩ und wir dann alleine: sie las
> mir Briefe von sich an Brentano und Antworten darauf
> vor, bis gegen Ein Uhr; mir ging das Herz auf; so Großes
> hatte ich nicht erwartet; welch eine klare Seele und dabei
> so voll süßer Träume und ein Mädchen 16 Jahr alt; der
> Brief, in dem sie ihre Lebensskizze giebt, ist wunder-
> schön; so dämmernd, so weich, so balsamisch duftend
> und so groß und fest dabei; die Briefe von Brentano sind
> bloße Antworten, vielmehr nicht; Antworten eines edlen
> Bruders, der seine Schwester zum Höchsten und Edel-
> sten leiten will, aber seine Schwester ist größer als er.
> (Gassen, S. 19.)

Am 28. 4. 1844 heißt es in Varnhagens Tagebuch:

> ⟨. . .⟩ in Bettinens »Briefwechsel mit Brentano« gelesen.
> Dieser Briefwechsel enthält Vortreffliches und Geringes
> durcheinander; im Ganzen reizt er mich ungemein durch
> die Eindrücke einer Jugendzeit, die auch die meinige
> war, und durch musikalische Sehnsucht, die sich in die
> Seele schleicht. Seltsam ist das Ganze in litterarischer
> Hinsicht. Bettine fand die Briefe ungeordnet, und ließ sie
> ungeordnet, bald ist der Leser im Jahre 1801, bald im
> Jahre 1804, ohne daß dies bestimmt angedeutet wäre; um
> die Verwirrung zu vollenden, schaltete Bettine beim Ab-
> schreiben mancherlei ein, wieder ohne Rücksicht auf die
> Zeitfolge, und so wird das Spätere in das Frühere gesetzt,
> das Frühere in das Spätere! Sie sagte mir selbst, daß sie
> jetzt beim Abschreiben manches hinzufüge, ausbilde,
> näher bestimme. Daß feste Zeitangaben in Friedrich
> Schlegel's Anwesenheit in Jena, in Savigny's Aufenthalt
> in Marburg, in dem Erscheinen von Brentano's »Maria«
> liegen, ahndet sie nicht.
> (Bd. 2, S. 291 f.)

Im Mai 1844 erschien das Buch mit der Bezeichnung »Erster Band« (vgl. S. 1013) im Verlag von Egbert Bauer in Charlottenburg.

Egbert Bauer hatte Verlag und Buchhandlung gegründet, um die Schriften des radikalen Flügels der Junghegelianer, zu denen seine Brüder Edgar und Bruno Bauer zählten, zu verlegen; so veröffentlichte jener dort die Streitschrift *Bruno Bauer und seine Gegner*:

> Ein jüngerer Bauer hatte eine Buchhandlung in Charlottenburg gegründet, und zuerst ein Buch seines Bruders Edgar in Verlag genommen. Der Minister Eichhorn machte dem Minister des Innern Vorwürfe, daß er einem solchen Menschen die Konzession gegeben; diese war aber schwer zu verweigern gewesen, und man tröstete sich mit dem Vorsatz, der neuen Verlagshandlung bald anderweitig beizukommen. Die Polizei brach nachts in den Buchladen ein, nahm alle Exemplare des fertigen Edgar Bauer'schen Buches weg, eben so das Manuskript, und in Berlin bei Bruno Bauer die hier vorfindlichen Exemplare. Nun muß die Sache vor Gericht kommen. (Varnhagen, Tagebücher, Bd. 2, S. 208 f.; vom 20. 8. 1843.)

B. entzog Anfang 1844 der E. H. Schröderschen Buchhandlung die Rechte an ihren Werken (vgl. Rudolf Baiers Tagebuch, 9. 2. 1844; Gassen, S. 21), um sie dem Verlag Egbert Bauers zu übergeben; vollends durchgeführt wurde die Verlagsübernahme, die auch Arnims Schriften umfaßte, erst im Oktober 1845 durch Vermittlung Rudolf Baiers, der seine Bekanntschaft mit B. seinem Schulfreund Ferdinand Schneider, damals Gehilfe bei Schröder, verdankte. Am 9. 10. 1845 schrieb B. an Baier:

> Wenn ich eine Bürde über einen Weg zu transportiren habe! – und derjenige der mir die notwendige Hülfe zustreckt, hat einen Fuß im seidnen Strumpf und Saffianpantoffel, mit welchem er di mal umore in den Koth tritt, den andern aber in einem eleganten Stiefel mit Absatz und Sporren mit welchem er dem lässigen Zaumthier eins dann und wann versezt; so versteht sich ganz von

selbst daß von der Profilseite gesehen dieser Geleitsmann
meiner Angelegenheiten mir ein vollkomnes Zutrauen
einflöße! – Aber welche Verlegenheit wenn der Gaul
stecken bleibt? – Kann er dann absteigen und gar nachhelfen? Kann er durch dick und dünn so chaußirt? – Oder
aber ist das ihm die Ehre abgeschnitten wenn ich mir
einen Conducteur suche der keinen Pantoffel zu schonen
hat! –

2tens: Sieht Herr Schröder nicht ein daß, um eine tüchtige und in den Gang der Literatur eingreifende Buchhandlung zu bilden oder vielmehr diese zu unterstützen
die Anstrengung aller Kräfte derer dazu gehören die sich
dafür interessiren? –

3tens endlich: Brennt denn nicht Ihr junger Freund
Schneider für Gleichheit, für Gemeinschaft der Güter
und Verhältniße? – und schadet es etwa der Schröderi-
schen Buchhandlung wenn ich meine Bücher seinem
noch nicht routinirten Collegen übertrage, aus keinem
andern Grund, als um den Communismus zu unterstützen da wo er nicht albern angebracht ist, sondern auf
sittliches Gefühl gegründet ist? –

Auch nicht die kleinste Probe bestehen diese Freunde des
Gemeinwesens! – sie schreien wie die Katzen vor Jammer über das Elend der Gemeinheit und wenn man ihnen
irgend wie zumuthet über die Gemeinheit sich zu erheben so bellen sie wie die Hunde gegen Mörder und
Räuber! –

Die Schröderische Buchhandlung hat nicht nur einen
SaffianPantoffel, und ein[en] Stiefel, sondern auch noch
einen Fuß im Schlittschuh und einen im Pelzstiefel! sie
kann also auf allen Vieren das unmögliche thun! – Der
Pelzstiefel, oder wollne Socke gleichviel, wandelt unter
christlicher Aufsicht und Vorsorge! Der Schlittschuh
transportirt den verbothnen Unrath! – Der Stiefel mit
dem Sporn war der eigentliche Vertreter und Vertreiber
meiner Geistigen Befähigungen und ist zugleich der Pa-
raderepresentant der Handlung. – Was soll ich von dem

Pantoffel sagen? – es ist *der Bein*! oder das Bein welches
mit Geschicklichkeit und unbemerkt oder auch bemerckt
hüpft und wandelt! Und immer wird diese Handlung sich
eine renomée der Gefälligkeit und Ehrfurcht vor den
Musen erhalten! –
Betrachten wir dagegen meinen Eckbert Bauer! – so
vergleichen wir ihn nicht unpassend mit einem Bauer aus
dem Pays des Limoussins, der auf zwei groben ungeschickten Stelzen durch sein Koth und Morastland sich
durcharbeitet, und jeden Augenblick stecken bleibt. –
Die andern Herrn Buchhändler sehen zu! und versichern
einander: *Er wird nicht durchkommen!* – und weil sie dies
sagen so wünschen sie es auch und glauben es auch
zugleich! – und keinem von diesen Herrn fällt es ein,
irgend etwas zu thun um es zu verhindern. Obschon sie
noch ausser für den irdischen Wohlstand noch Gefühl
für Ehre zu haben behaupten, und ich will ihnen diese
auch garnicht abschneiden. Aber hier wo sie ihr Ehrgefühl manifestiren könnten auf eine der allgemeinen Tendenz und Gesinnung so heilsamen Weise, sind sie wider-
willig! –
(Gassen, S. 61 f.; vgl. die »Buchhändlerepistel« S. 58-60 –
dazu: Otto Mallon, in: Zeitschrift für Bücherfreunde 38
[1934], S. 3 f.)
Am 24. 5. 1844 notierte Varnhagen in seinem Tagebuch:
Bei * fand ich Bettine von Arnim, die meiner wartete. Sie
hatte mir die überraschende Nachricht mitzutheilen, daß
ihr Buch »Clemens Brentano's Frühlingskranz« von der
Polizei mit Beschlag belegt worden! Unbegreiflich, denn
das Buch hat nichts Verfängliches! Aber gewiß dachte die
Polizei eine Fortsetzung des Königsbuches zu finden,
von der Egbert Bauer'schen Verlagshandlung versah sie
sich ohnehin alles Ueblen, und so übte sie denn ihre rohe
Gewalt! Bettina hat inzwischen ihr Buch an den König
gesandt, so wie auch an Humboldt, und diesem das
Polizeiverfahren mitgetheilt. – Sie wird alle Genugthu-
ung erhalten, ich zweifle nicht; der König wird dem

Herrn von Puttkammer den Kopf waschen, und die
Polizei dafür ein andermal, wo sie muthig sein müßte,
zaghaft sein; – aber wie ekelhaft, immer mit der Dummheit, welche Macht hat, den elenden Streit zu haben!
(Bd. 2, S. 301.)

In einem späteren Brief an Humboldt skizzierte B. den
gesamten Verlauf des Zensurverfahrens, das um so unge-
rechtfertigter erscheinen mußte, als Bücher über 20 Bogen
(320 Seiten) von jeder Vorzensur befreit waren:

Bericht über Zensurverfolgung,
Beschlagnahme und Polizeischikane des Buches
»Clemens Brentanos Frühlingskranz«

Bei meiner Absicht, das Buch dem Prinzen Waldemar
zuzueignen, war mir daran gelegen, es dem Prinzen rein
wie eine Lilie darzubringen. Damit es also von ungeeig-
neter Berührung der Polizei frei bleibe, hab ich es gleich
anfangs der Zensur unterworfen; ich glaubte, das dem
bescheidnen Charakter des Prinzen, dem jede spätere
polizeiliche Einwendung verletzend sein mußte, schuldig zu sein. Als der Druck schon über die Hälfte zensiert
war, erhielt Graf Flemming vom Zensor die Nachricht,
daß Graf Arnim seine Absetzung befohlen habe; er kam
ihr zuvor, indem er augenblicklich seinen Abschied begehrte, der ihm noch an demselben Tag zukam.

Da man um einen einstweiligen Zensor verlegen war,
weil der neuernannte erst in drei Tagen von einer Reise
zurückerwartet wurde, so erbat Graf Flemming sich, die
wenigen Tage die Zensur noch zu behalten. Präsident
Meding wies das Anerbieten ab, weil der Minister befohlen habe, ihn so schnell als möglich außer Funktion zu
setzen. Graf Flemming fragte verwundert nach dem
Grund dieses Mißtrauens; ihm wurde angegeben, er habe
im August vorigen Jahres ein Witzliedchen auf die Feier
des tausendjährigen Reichs passieren lassen, welches
konfisziert wurde – »aber am andern Tag wieder freigegeben«, berichtigte Graf Flemming.

Die Zensurbogen meines Buchs wurden nun auf ein par Tage interimistisch einem dritten übergeben und zugleich die schon zensierten Bogen von der Druckerei zurückgefordert, um sie noch einmal zu zensieren. Aus sittlichem Takt für den Prinzen, damit es nicht heiße, man habe es erst durch die Zensur so zurechtstutzen lassen, und um nicht in dem Kloak der Gemeinheit dies Buch auslauchen zu lassen, entzog ich es jetzt der Zensur! Aber wer kann der Inkonsequenz solcher Behörden entgehen, welche die aus dem Sumpf ihrer Trugschlüsse entflatternden Irrlichter für Fixsterne halten, die sie gerade in den Morast hineinstiefeln machen, aus dem sie nicht wieder heraus können stiefeln.

Nun geht es über von der Zensurbedrängnis zur Beschlagnahmsverkehrtheit: am dreiundzwanzigsten Mai ward es der Polizei zuerst vorgelegt, am vierundzwanzigsten mit Beschlag belegt *wegen respektwidrigem Inhalt* der *Zueignung*. Sollte man nicht glauben, der Samen zu so narrischen Staatsvorwänden sei aus China verschrieben? Und sollte man nicht ein preußisches Ministerium für einen Lohkasten halten, in welchem dergleichen lächerliches Zeug emporschießt, aber gar keine oder nur krüppelhafte Früchte trägt wegen dem fremden Klima, in das es versetzt ist? – Der Buchhändler bemerkte dem Assessor Ballhorn, der diese Polizeiangelegenheit besorgt, der Grund der Beschlagnahme sei um so auffallender, da der Prinz die Zueignung angenommen habe. – Wie? – schon angenommen? – Warum haben Sie mich nicht gleich davon instruiert? – Der Buchhändler entschuldigte, er habe nicht geglaubt, daß er ihn zu instruieren habe. – Am 25. erhielt er vom Polizeiamt die Nachricht, daß die Beschlagnahme im Sinne der Zueignung wieder aufgehoben sei, daß aber ein *trifftigerer* Grund ermittelt sei, auf welchen sie es zum zweitenmal in Beschlag genommen und nicht eher freigegeben werde, bis es die Zensur passiert habe, weil nämlich der Name auf dem Titel fehle. Der Buchhändler wendet das Blatt um und zeigt ihm den

Namen unter der Zueignung vollständig ausgesprochen; der Polizeiassesor nahm diese Gründe nicht an. –

Am 30. Mai erhielt der Buchhändler beiliegendes Schreiben des Polizeipräsidiums vom 28., datiert in Antwort auf sein Einkommen, in welchem er zugunsten des Buches das neuste Gesetz erwähnt, welches erst sechs Wochen alt ist und nach welchem Bücher über zwanzig Bogen durchaus nicht mehr zensiert werden *dürfen.*

Der Schikane solcher Zensurhanswursten sich preisgeben, das passiert die Geisteszensur nicht, gegen den Unsinn der Polizeihanswursten ankämpfen, das wäre albern; ich habe daher meinen Namen mit einem Stempel an die Exemplare drucken lassen.

Sonntag, am 2. Juni!

Soeben meldet der Buchhändler, man wolle das auf der Polizei liegende Exemplar, welches ich zurückfordern ließ, um es auch mit dem neuen Titel zu versehen, durchaus nicht hergeben und habe zum Vorwand genommen, es müsse mit dem neu einzureichenden Exemplar verglichen werden. –

Der Beweis dieser albernen Willkür ist durch die Nachgiebigkeit von mir, einen neuen Titel drucken zu lassen, nicht zu teuer erkauft, wenn es recht deutlich ins Licht stellt, wieviel verderblicher für den Staat es ist, das Zensurgesetz als Privatvorrecht der Tücke sich anzumaßen als je eine Zensurfreiheit sein könnte. – Auch hab ich die Schlangenhaut, an der die Zensurbehörde und Polizei jetzt zerren, schon abgeworfen, und bin in etwas anderm begriffen, was mir mehr am Herzen liegt. Es ist die Beantwortung der Preisfragen, die von der Potsdamer Regierung Anno 1842 gestellt über das Zunehmen der Armut, und wie ihr zu steuern sei. – Der Preis ist gewonnen, allein dem Übel ist nicht gesteuert. Ich habe mir die bescheidne Aufgabe gemacht, alles mir darüber Mitgeteilte zu ordnen und meine Ideen dem anzureihen. Eine so wichtige Zeitfrage kann nur durch allgemeine Ermitt-

lung ausgefördert werden. Der Schwanenorden hat mich
zu dieser Unternehmung angeregt, und manche Ideen,
die durch ihn ausführbar sein würden, haben mich an-
gefeuert. – Sollte es diesem Buche ebenso gehen wie
dem andern, so würde ich vorziehen, es an einem andern Orte drucken zu lassen; ich habe den Ertrag den
Armen bestimmt; ich muß dafür sorgen, daß es nicht
eine Beute des Unverstandes werde. Man hat dies Buch
schon verleumdet, obschon sein Inhalt nicht bekannt
ist. Sie kennen das Sprichwort: Auf viele kleine Streiche fällt auch die größte Eiche. – Der König war einmal sehr gnädig für mich gesinnt. Ich hab mich nie vor
ihm sehen lassen, um Kollisionen zu vermeiden, die
ihm nur Unmut erregen könnten, und mich der demü-
tigenden Lage aussetzen würde, mich rechtfertigen zu
müssen.
Was hat man zum Beispiel für Lügen in Zeitungen über
mich vorgebracht, in Hoffnung, mich dadurch bei dem
König zu verleumden. – Bei Gelegenheit der ganz unwürdigen Behandlung des Hoffmann von Fallersleben,
den ich nur durch *Grimms* kenne, die sich in früheren
Zeiten seiner tätigen Freundschaft rühmten, die werfen
ihn nun, in der Zeitung gedruckt, zur Tür hinaus. Als ich
ihre Erklärung erfuhr und ihren bösen, ganz ungegrün-
deten Argwohn, als habe er mit geheimen Machinationen
sich das Lebehoch der Studenten erobert, da beschwor
ich sie, sich nicht an ihrer höheren Pflicht gegen einen
alten Freund zu vergehen! – Sie meinten, ich solle ihn
nicht verteidigen, er habe auf der Polizei gegen mich
ausgesagt, als habe ich dies alles veranlaßt. – Er hat ja
nichts verbrochen, was eines Vorwandes bedürfte,
warum sollte er eine Verleumdung auf mich ausbringen,
die ihn selbst verdächtigte. Dem König wird man viel
weisgemacht haben über ihn! – Aber er liebt den König,
wahrlich, das hat er vor mir einfach und treuherzig
ausgesprochen. Der Artikel der Grimm hat die öffentliche Stimme gegen sich, und die Großmut des Königs,

der sie unter seinen Schutz nahm, kommt dadurch in
Verruf, als habe die Demonstration des Volkes, das der
sieben Göttinger sich angenommen, sollen dadurch unterdrückt werden. Hätten die Grimm sich vielmehr des
armen, bedrängten Hoffmann angenommen, so hätten
sie des Königs edle Denkweise dadurch ins Licht gestellt,
und der König, nach einem erhabneren Gewissen handelnd, würde vielleicht bewiesen haben, daß seine größte
Macht aus seiner Großmut entspringe. Und Hoffmann
würde dann vielleicht nicht wie ein gescheuchter Habicht
von einem Gastfreund zum andern flüchten müssen, und
ihm würde überall Willkomm zugerufen werden. Denn
der wird mit Freuden gesehen, an dem die Gerechtigkeit
und Gnade des Herrschers sich erweist. – Denn es gibt
kein beglückenderes Gefühl, als den Herrscher an sittlicher Größe weit erhaben über sich zu sehen.
O kurzsichtige Staatsklugheit, die solcher Männer Gesinnung untergräbt, welche vor der Menge als Wahrzeichen galten, des Adels und der Großmut ihres Fürsten:
diese Staatsklugheit kommt niemals ins Gleichgewicht
mit der gesunden Vernunft. –
Auch mich wollte man bewegen, gegen die falschen
Zeitungsnachrichten zu protestieren. Könnte ein boshaft
Geschwätz, das mit Absicht Umstände erfindet, den
blanken Stahl meiner Ehre vor dem König trüben, so
erheb ich lieber die Lüge ins Prophetentum als die Lügner einer Rechtfertigung zu würdigen – Sie sind des
Königs Freund, der ihm die Wahrheit aus der Lüge
schält. – Gegen den armen Hoffmann erschallte hundert-
fältige Verleumdung, sogar ein Loch in seinem Bein-
kleid, mit dem er in Gesellschaft erschien, ohne es zu
merken, wurde ihm zum Verbrechen gestempelt, eben so
unschuldig sind seine politischen Vergehen. – Aber der
Widerspruch gegen seine Verfolgung und Verfolger
erschallte tausendfach im Volk, das die moralische Ver-
derbtheit und politische Inkonsequenz darin wohl erkennt, aber nicht die Umwege, durch die man derglei-

chen Handlungsweisen vor dem König beschönigt. Wie
schön könnte der König nun das Volk belehren, durch
eine einfach menschliche Handlung, deren nur große
Seelen fähig sind, so einfach und naturgemäß auch eine
solche Handlung sein möchte, wie zum Beispiel, wenn
des verfolgten Hoffmann Geschick durch den König
selbst erleichtert würde. – Damit würde er auch der
Ministerhecke ihre tauben und faulen Eier zerschlagen,
und so ihr das Brüten ersparen.

Ich mißbrauche Ihre Geduld, ich komme vom Hundert-
sten ins Tausendste. Meinen konfiszierten Feldblumenkranz hab ich verschmerzt. Mag es dabei bleiben. Der
König muß keinen Anteil daran nehmen, man muß sich
scheuen, diesen Mann von so edler stolzer Denkart in
Berührung mit der Gemeinheit zu bringen. –

Wissen Sie, womit man den königlichen afrikanischen
Löwen in die Flucht schlägt? – Wissen Sie es nicht, so
fragen Sie Varnhagen; ihm soll es Frau von Helfer mitgeteilt haben, deren Mägde mußten sich einmal so vor
einem großen Löwen in Sicherheit setzen; nämlich indem
sie sich ihm von der schlechtesten Seite zeigten. – Und so
wär's kein Wunder, wenn der König vor der Polizei sich
zurückzöge, die diesmal ihre schlechte Seite nicht *bemän-
teln* kann, die sie ja von allen Seiten hat.

Am dritten Juni. –
Nachdem ich nun den Umdruck des Titels bestellt und
der Polizei davon durch den Buchhändler habe Anzeige
machen lassen, und somit versagt habe, das Buch zensieren zu lassen, wozu ich berechtigt bin, da es hierdurch
sogar gesetzmäßig nicht mehr zensurfähig ist – so wird
eben heute am 3. Juni dem Buchhändler insinuiert, es
werde auch gegen meinen Willen und trotz dem Umdruck des Titels zensiert werden. – Ich habe noch einmal,
und zwar schriftlich, dagegen protestiert. – Sollte die
Polizei diese Willkür gegen mich durchsetzen, nun so
gehe ich aus dem Land, in ein andres Land, wo die Polizei

sich nicht so unverschämt horribel zeigt, daß der königliche Löwe vor ihr ausreißt. –

Man sagt, ich wär ein Teufel; man wünscht Sie zum Teufel, es ist auf ein Rendez-vous angelegt. – Wo ich auch das Glück haben werde, Sie [lies: Ihnen] zu begegnen, es wird mich immer freudig begeistern, und ich bin Ihnen von Herzen ergeben, wie Sie es um mich tausendmal verdienen. Die Einlage der beiden Aktenstücke bitte ich zurück. –

Am 3. Juni 1844   Bettine.

Ich sitze hier wie in einer Festung; die Polizei wirft eine Kartusche nach der andern herein. Wenn der Gott nicht noch Großes mit mir vorhat, so weiß ich nicht, warum er so spät noch mich eine kriegerische Karriere durchlaufen läßt und eine politische Minierkunst mich ausüben läßt.

Sonderbares Welttheater. – Der Hintergrund Humboldt mit zeitweiliger Apparition des Königs, vor dem der Vordergrund die Polizei und dahintersteckenden Ministerien Savigny, Eichorn, Arnim sich eklipsiert, die Tatzen ausstreckt gegen den Mittelgrund, eine Tugend, welche ihm dafür die Zunge herausstreckt. –

(Schultz/FK, S. 321-327; Auszüge aus Humboldts Briefen in dieser Angelegenheit an B.: Henrici 148, Nr. 81,86; zu den angesprochenen Zusammenhängen, vgl. Komm. zu Bd. III.)

Nachdem sich B. am 25. 5. doch an den König gewandt hatte, schrieb am 30. 5. der Geheime Kabinettsrat Uhden an den Minister des Inneren, den Grafen von Arnim-Boitzenburg, einen weitläufigen Verwandten B.s:

Ew. Excellenz beehre ich mich im allerhöchsten Auftrage die eingeschlossene Immediateingabe ⟨nicht erhalten⟩ der Frau Bettina von Arnim unter dem gehorsamen Bemerken zu überreichen, daß Seine Majestät eine baldige Antwort von Hoch Demselben erhalten wolle,

warum das in Rede stehende Buch mit polizeilichem
Beschlag belegt worden ist.
(FW, S. 56 f.)

Darauf erschien eine öffentliche Rechtfertigung, über die
Varnhagen am 3. 6. berichtet:

> Besuch von Bettina von Arnim, die mir ihren neuen Brief
> an Humboldt über die Beschlagnahme ihres Buches vor-
> liest ⟨oben abgedruckt⟩; er hatte ihr schon Nachricht
> gegeben, daß der König noch vor seiner Abreise nach
> der Lausitz dem Kabinetsrath Uhden den bestimmten
> Befehl ertheilt, sogleich die Freilassung des Buches aus-
> zusprechen.
> Die »Staatszeitung« enthält einen Artikel zur Rechtferti-
> gung der Beschlagnahme von Bettina's Schrift, sie sei
> zensurpflichtig, weil der Name des Autors nicht auf dem
> Titel stehe, und gleichwohl der Zensur nicht vorgelegt
> worden. Dies aber ist eine falsche Angabe, sie wurde erst
> hervorgesucht, als die erste, die Zueignung sei anstößig,
> nicht mehr Stich halten wollte! Und auch jetzt heißt es
> klüglich: »Dem Vernehmen nach wird der nachträg-
> lichen Druckerlaubniß für die gedachte Schrift ein Hin-
> derniß nicht entgegenstehen, die Wiederfreigebung also,
> wenn die Beschlagnahme nicht schon aufgehoben sein
> sollte, binnen kurzem erfolgen.« Wie treulos, wie hä-
> misch und gleißnerisch, wie elend! Uebrigens stand auch
> auf der »Günderode« und dem Königsbuche kein Name
> des Autors auf dem Titel, und beide Bücher blieben
> gleichwohl, als über zwanzig Bogen, zensurfrei.
> (Tagebücher, Bd. 2, S. 304.)

Dem König sandte der Minister am 4. 6. eine entsprechende
Stellungnahme:

> Die Schrift . . . . ist ohne vorgängige Genehmigung der
> Censur gedruckt und von dem Verleger, dem Buchhänd-
> ler Egbert Bauer in Charlottenburg in einem Exemplar
> dem dortigen Polizei-Amt vorgelegt worden. Dies ver-
> anlaßte die Beschlagnahme, theils, weil es die Dedication
> für censurwidrig hielt, vorzüglich aber, weil, der Vor-

schrift der Ordre vom 4 October 1842 entgegen, der
Verfasser auf dem Titel nicht genannt war.
In dem hierüber dem hiesigen Polizei-Präsidium erstatte-
ten Bericht bekannte dasselbe zwar, daß die Schrift, weil
der Name des Verfassers auf dem Titel nicht genannt
war, censurpflichtig sei, sprach aber zugleich aus, daß die
Dedication, sowie die Schrift selbst keinen Grund zur
Beschlagnahme enthält. Nach § 5 der Verordnung vom
30. Juni v. J. ist eine, ohne Genehmigung der Censur
gedruckte censurpflichtige Schrift nach der Beschlagnahme zur Censur vorzulegen und für den Fall der
Druckerlaubniß wieder frei zu geben, sonst aber zu vernichten. Demgemäß ward von dem Polizei-Präsidium
dem Verleger der Debit der Schrift einstweilen untersagt
und die Censur der Schrift veranlaßt. Ich habe dem
Censor die beschleunigte Prüfung zur Pflicht gemacht
und glaube, daß die Druckerlaubniß keinen Anstand
finden wird.
Die Censurpflicht der Schrift unterliegt keinem Zweifel,
da das Gesetz ausdrücklich verlangt, daß der Name des
Verfassers auf dem Titel genannt sei. Die Beschlagnahme
ist daher mit Recht erfolgt und dies um so mehr, als, hätte
man in dem vorliegenden Falle eine Ausnahme vom
Gesetz sich erlaubt, dies nur Gelegenheit zu Exemplifi-
cationen gegeben haben würde.
(FW, S. 57.)
Neben diesem Dienstschreiben, »das seinen ressortmäßigen
Gang nahm« (ebd., S. 58), ist ein eigenhändiges Schreiben
des Ministers vom 6. 6. überliefert:
Euro Königlichen Majestät
verfehle ich nicht ehrerbietigst anzuzeigen, daß der
Kampf en question nicht zwischen der Censur und Bettina sondern zwischen der Polizey und dem berüchtigten
Buchhändler Edgar ⟨lies: Egbert⟩ Bauer stattfindet.
Kein Censor hätte an dem »Mein lieber König« Anstoß
genommen. E. B. ließ das Buch *ohne* Censur drucken weil
es über zwanzig Bogen stark war. Das Polizeyamt in

Charlottenburg nahm es in Beschlag, weil der Verfasser nicht genannt war und weil ihm die Dedikation unziemlich schien. Das Polizey-Präsidium fand die Dedikation unbedenklich, ließ aber, *weil das Gesetz die Nennung des Verfassers als solchen auf dem Titel fordert*, den Beschlag fortbestehn und legte das Buch vorschriftsmäßig der Censur vor, die es wahrscheinlich schon in diesem Augenblicke ohne den geringsten Anstoß hat passiren lassen.

Wenn also Bettina und diejenigen, welche Euro K. M. über diese Angelegenheit Bericht erstattet haben, der *Censur* das selbst verschuldete Hinderniß aufbürden mögten, so ist dies eine Verdrehung der Wahrheit. — Wenn Bettina aus besonderer Vorliebe für die habitués ihres Salons (Bruno Bauer, wohlbekannt, Egbert Bauer, der neulich aus einer Branntweinschenke betrunken in den vorüberfließenden Rinnstein fiel, von mildherzigen Vorübergehenden auf der Polizey abgeliefert und dort durch seinen schätzbaren Bruder abgeholt wurde) das dritte Blättlein dieser Kleepflanze, Edgar Bauer, zum Verleger ihrer Geisteswerke auswählt, so muß sie sich schon die Folgen gefallen lassen, da diese Herren bekanntlich eine besondere Abneigung gegen die Lektüre der Gesetze haben; — einem *honnetten* Buchhändler ist dergleichen noch nie begegnet. . . .

Berlin 6. Juni 1844.   v. Arnim.
(Ebd., S. 58 f.)

Am 8. 6. schien Varnhagen der Erfolg von B.s Eingabe gewiß:

Heute Nachmittags Bettine von Arnim, mit Briefen und Zeitungsblättern, und mündlichen Erzählungen, sehr lebhaft und launig, froh ihres Sieges über die Polizei, doch ist die Wirkung des Königlichen Befehls noch nicht erfolgt.
(Tagebücher, Bd. 2, S. 305.)

Die erwähnten Presseberichte hatte, wenigstens zum Teil, B. lanciert; so heißt es in einem Brief Heinrich Bernhard Oppenheims an sie:

Ihren Wunsch habe ich gleich heute durch eine Correspondenz an die Mannheimer Abendzeitung erfüllt, welcher von allen Rheinischen Blättern dergleichen Notizen
nachgedruckt zu werden pflegen. Ich will auch noch an
die Kölnische schreiben [. . .]. Auf das Buch selbst freue
ich mich ungemein, mehr, als noch bisher auf irgend eines. Es ist keine Frage, daß es sehr bald freigegeben wird,
u. die ganze Episode wird dem Buch nur nützen, [. . .]
Übrigens ist der Fall ganz köstlich: man macht sich lächerlich, man verstärkt die Waffen der Gegner, um – Sie die
Macht der Polizey fühlen zu lassen, und – etwa dem König
ein Relief zu geben, der das Buch freisprechen wird.
(Kat., Nr. 180; zu den erwähnten Artikeln vgl. Kölnische
Zeitung, Nr. 195, 245; v. 13. 7. u. 1. 9. 1844.)

Ende Mai schrieb sie an Adolf Stahr:

Lieber Professor Stahr in Oldenburg!

[erh. 31. Mai 1844]

Die Frau von Arnim in Berlin hat Ihnen etwas komisch
impertinentes mitzutheilen! – Denn sonst würde sie sich
die Zeit nicht abdringen. – Aber weil mich's selber
drückt, bis ich's erzählt habe, so muß ich mir Luft machen um meine Ruhe wieder zu gewinnen. Es ist nämlich
ein Raubvogel aus hohen Lüften herabgestoßen auf ein
unschuldig Lamm und hat es mit seinen Krallen in die
Weichen gepackt und zusammengedrückt, – und das ist
nichts anders als *Clemens Brentano's Frühlingskranz ihm
gewunden aus Jugendbriefen*! Unmöglich ist's daß es geschehen sein könnte ohne Befehl vom Ministerium wahrscheinlich Arnim's Eichhorn's und Mitveranlassung von
Savigny! – Der Gründe sind verschiedne die man dafür
angeben könnte.

1stens. Der polizeiliche *Rachegeist* weil man dem König
mein Königsbuch nachgeben mußte, so wollte man ihm
und mir zeigen daß keineswegs Rücksicht auf uns Beide
genommen werde. Die Inconsequenz liegt darin daß man
die chicane ganz unbemäntelt zeigt. Denn es war ja ein
ganz natürliches Gefühl der Ehrfurcht was diese Esel

hätte leiten müssen nicht Hand anzulegen, auch selbst wenn es vielleicht freier geschrieben war wie gewöhnlich; da der König ihnen bezeichnet hatte wie er meine Schrift verstand. – und nichts beweißt triftiger daß die Minister ihr Portrait in meinem Buche anerkennen als dies Verfahren. –

2tens kann es den Grund haben, daß das Buch in der Handlung von Egbert Bauer herauskommt, welche man auf die ungerechteste Weise zu unterdrücken sucht. – Aus Rachegeist daß man ihnen emporhelfe damit sie doch als honnete Bürger im Staate ihre Existenz begründen können. Die Inconsequenz hiervon ist, daß sie sich einbilden Menschen niederzudrücken denen sie auf keine Weise gewachsen sind. Daß sie sich gegenüber von solchen Leuten die ihre Mißgriffe und leidenschaftlichen Irrthümer aufzudecken vermögen und auch sie nicht dulden wollen noch können, solcher Ungerechtigkeiten schuldig machen, und sich gar nicht schämen alle Blösen ihrer Geistesschwäche, ihrer grundsatzlosen Lästerungen ihrer lügenhaften Bedenklichkeiten ihrer verfolgenden Tücke Preiß zu geben.

3tens. Kann es aus persönlicher oder auch politischer Unterdrückungswuth gegen mich sein. Die Furcht ich könne zu populair werden, die Menschheit werde mir Beifall geben, sie wollen mich Lehrgeld bezahlen lassen; sie haben aber da ihre superfeine Politik schon in ein gröberes Netz verstrickt aus dem sie sich schwerlich heraushelfen werden, mit Anstand zum wenigsten nicht. –

Was ich damit will daß ich Ihnen dies so auseinander setze, es liegt mir an nichts mehr als daß diese Sache so schnell als möglich bekannt werde durch die Zeitungen. Nehmen Sie aus obigen Gründen was Ihnen passend deucht und was in die Zeitung zu bringen ist. Aber versäumen Sie es nicht, es gehört mit zu den Acten Ihrer Zensurgeschichte.

Eben war Bauer bei mir, erzählte mir noch etwas von der Geschichte; gar zu komische Details ⟨.⟩ Wollen Sie noch

einen Brief von mir, so lassen Sie mich bald erfahren, daß
ein öffentliches Blatt über diese Sache spricht. Natürlich
darf ich keinen Antheil daran zu haben scheinen. So wie
es los kommt schicke ich Ihnen mein Buch.
(Stahr, S. 61-63; ein ähnlich resümierender Briefentwurf
bei Konrad, Bd. 5, S. 498 f.)
Die Freude über den Sieg war jedoch verfrüht; am 10. 6.
suchte B. erneut Varnhagen auf:

Bettine von Arnim war in größter Aufregung bei mir,
noch immer säumt die Wirkung des Königlichen Befehls
sich zu zeigen, die der Polizeimaßregeln tritt Schlag auf
Schlag ein. Gegen Bettinens ausdrückliches Verbot ist
nun ihr Buch zensirt worden, und der Zensor hat ihm das
Imprimatur erlaubt, mit Ausnahme der Widmung, wegen deren er erst die Bescheinigung des Prinzen verlangt,
daß er diese Zueignung annehme. Elende Quälereien!
Als ob die Versicherung der namhaften Verfasserin nicht
genug wäre! als ob es nur schicklich wäre, von dem
Prinzen dergleichen für den rohen Zensor oder die
plumpe Polizei zu fordern! Es ist mit dieser ganzen
Amtlichkeit des Verfahrens ein erbärmliches und unsin-
niges Wesen, nirgends wäre ein taktvolles, diskretionai-
res, den besondern Umständen angemessenes Behandeln
der Sachen mehr am Platze als bei diesen litterarischen
Verhältnissen, und nirgends herrscht mehr eine plumpe,
unverständige Förmlichkeit der Behörden, die sich in
demselben Maße wichtig und peinlich benehmen, als
sie dumm und gering sind. Ich gab mir doch alle Mühe
Bettinen zu beruhigen, sie von übereilten Schritten ab-
zuhalten. Da sie jedenfalls gleich an Humboldt schreiben wollte, rieth ich ihr wenigstens, den Brief mäßig
und klug abzufassen. Sie that mir außerordentlich leid
in ihrer Aufregung! Und doch vergaß sie selber bald
ihre eigene Sache, um die der Weber in Schlesien zu besprechen, und auch die des armen Schneidergesellen
Karl Otto, der an seinen Wunden gestorben ist, und
dessen Mutter sie gesprochen hat. Bettine weinte im

Erzählen dieses Leids, und es war herzzerschneidend, was sie erzählte.

(Tagebücher, Bd. 2, S. 308.)

Anscheinend erwog B. auch eine direkte Eingabe an das Justizministerium (Entwurf bei Konrad, Bd. 5, S. 499 f.). Am 12. 6. traf die Antwort Humboldts ein:

Sie las mir eine Antwort von Humboldt, die den größten Unwillen ausdrückt, aber zugleich den Sinn erkennen läßt, daß er wenig mehr hoffe; doch hat er auf's neue und sehr warm an den König geschrieben. Sie schreibt nun an Humboldt zurück, ihr Buch möge kein Gegenstand seiner Sorge mehr sein, aber die Geschichte des Schneidergesellen Otto und seiner Mutter möge er dem Könige vorbringen. Sie erzählt sie, daß es durch Mark und Bein geht! Ein meisterhafter Brief! Einige Donnerkeile sind darin! Die Sache sei »tragischer als – Sophokles«, und der König möchte »den hier beabsichtigten Dom in tausend Hütten in Schlesien bauen!« Vortrefflich!

(Bericht Varnhagens, ebd., S. 311.)

Am 19. 6. »ist ⟨Bettinens Buch⟩ endlich frei, die Zeitung kündigt an, daß es zu haben ist und versandt worden« (ebd., S. 314). Am 18. 6. hatte B. ihr Dankschreiben an den König gerichtet:

Allergnädigster König.

Von der Großmuth und Gnade Euerer Königlichen Majestät abzuhängen überwiegt mir jede Gunst des Geschickes. Euer Majestät haben mir Gelegenheit gewährt dies Glück zu genießen. Daß die Polizei durch ihre Spiegelfechtereien die Befreiung meines Buchs gebieterisch dem Unterschleif ihrer ganz ungesetzlichen Willkühr öffentlich zuspricht, das kann mich nicht kränken; denn weil eben dieser gnädige Wille von Euer Majestät das köstlichste ist, den ⟨!⟩ ihre Eifersucht mir nicht kann rauben.

So sei mir denn erlaubt, zu den Füßen Euer Majestät meinen Dank für diese Milde und Herablassung auszu-

sprechen. Gott vergelte Euer Majestät und womöglich
durch mich selber.

Euer Königlichen Majestät unterthänige
Berlin am 18. Juni 1844.   Bettine Arnim.
(FW, S. 65 f.)

Rückblickend faßte sie in einem Brief an Adolf Stahr vom
27. 6. 1844 die gesamte Affäre nochmals zusammen:

Warum sollte ich mir die Zeit nicht ermüßigen Ihnen für
alles Freundliche zu danken, was Ihre Theilnahme an
mir, hervorbringt, und doch hab' ich gezagt! – Denn
Ihnen die Intrigue mit den Localfarben . . . zu malen
dazu bin ich ja nicht mächtig! Auch ekelt es mich. – Hier
schreib ich Ihnen einen kurzen zweiten Bericht über
diese Angelegenheit ab, den ich durch Vermittlung dem
König übersendete nachdem mir schon zweimal war von
seiner Seite berichtet worden, er habe der Geschichte
durch seinen Befehl ein Ende gemacht.

Zu den Acten der Beschlagnahme von Clemens Brentano's Frühlingskranz! –

Die Beschlagnahme wegen Respectwidriger Dedication
eingetreten, in diesem Sinne wieder aufgehoben, wegen
Auslassung des Autornamens auf dem Titelblatt wieder
eingetreten, in sofern beseitigt, als um den Forderungen
der Polizei zu genügen der fehlende Name durch den
Druckstempel sollte eingetragen werden. Von der Polizei
zurückgewiesen, indem man es gegen das Gesetz und
den Willen des Autors es dennoch der Zensur werde
unterwerfen. – Dagegen protestirt der Autor, erstens
weil der Schimpf nicht auf dem Buch soll ruhen als sei es
erst durch die Censur lesbar gemacht worden. 2tens weil
die Polizei nicht den Autor zwingen kann, seinen Namen
nicht auf den Titel zu setzen damit es censirt werde. –
jedoch ist hier der Fall eingetreten, da gestern am 4ten
Juni das Werk von der Polizei versiegelt wurde damit der
Titel nicht nach Vorschrift umgeändert werde. –

Da ich nun gegen die Censur als gesetzwidrig protestirt
hatte, so hat die Polizei ohne mein und des Buchhändlers

Vorwissen ein Exemplar gestohlen, es zensiren lassen und noch allerlei Scandal gemacht endlich angezeigt daß es durch die Censur freigeworden.

Unterdessen aber hatte ich Briefe von Oben. Der König habe den unwürdigen Plakereien ein Ende gemacht durch einen Machtbefehl; dies alles hatte wie es schien nicht den geringsten Einfluß auf dies freche Verfahren denn man ersann immer neue Listen und kurz es schien als ob sich Alles um dies Buch drehe. Ich würde auch daran gezweifelt haben daß der König würklich sich darum bekümmert habe. Hätte er mir nicht eigenhändig geschrieben: »brama d'honor« sei sein Beweggrund daß er nicht leiden würde wenn man edlen Frauen zu nah komme und deswegen habe er der Sache ein Ende gemacht! – Ich glaube es würde nicht übel thun wenn man in der Zeitung anbrächte Nicht die Censur habe dies Werk befreit, das über die Bogenzahl hinaus nicht mehr censirt dürfte werden sondern lediglich die Gnade des Königs der keine übermüthige Chicanen dulde. Nun es ist Hot wie Haar! –

(Stahr, S. 66 f.; ähnlich im Brief Varnhagens an Stahr, 27. 6. 1844; ebd., S. 68 f.)

B. hatte sowohl eine Neuauflage (vgl. Henrici 149, Nr. 165) als auch eine Fortsetzung des *Frühlingskranzes* geplant, die vor allem den Briefwechsel mit Arnim einbezogen hätte; Spuren der Vorarbeiten dazu fanden sich auf den Original-briefen in ihrem Nachlaß (vgl. Henrici 149, Nr. 158; Kat., Nr. 15). Noch in ihren letzten Lebensjahren, nachdem sie einen Teil ihrer Papiere Varnhagen übergeben hatte, ver-folgte sie diesen Plan:

Sie sprach von ihren Anstalten zur Fortsetzung des Früh-lingskranzes, aber mitunter so vermessen, daß ich den Kopf dazu schütteln mußte! sie meint, sie habe soviel Vorrath, daß drei Bände gleich erscheinen können; wenn ein Bändchen zu Stande kommt, will ich froh sein.

(Varnhagen, Tagebücher, Bd. 13, S. 174; vgl. S. 177, 198, 315.)

QUELLEN

Verwendete Originalbriefe

Der Originalbriefwechsel B.s mit ihrem Bruder Clemens hatte sich in ihrem Nachlaß erhalten, ebenso ihr vollständiges eigenhändiges Manuskript, dem sieben Briefe von Clemens, die in den Text aufgenommen waren, beilagen. Von der ersten Niederschrift des *Frühlingskranzes* fand sich ein 49 Seiten umfassender Manuskriptteil. Seit der Versteigerung des Nachlasses im Jahr 1929 sind diese Dokumente verschollen.

Nur drei Briefe, die Rückschlüsse auf B.s Arbeitsweise erlauben, sind noch bekannt; die beiden wichtigeren (Nr. 2 u. 3) hat schon Reinhold Steig für seine Ausgabe von 1891 mit B.s Bearbeitung verglichen:

1. B.s Abschrift von einem Billett des Clemens in ihrem Brief an Savigny vom Juli 1802 (vgl. den Abdruck S. 775 f.). Das Original wurde geringfügig verändert in den *Frühlingskranz* (S. 162) aufgenommen.

2. Ein Brief von Clemens an Bettine vom Juli 1802, der fast unverändert in den *Frühlingskranz* aufgenommen wurde (S. 166-169; vgl. aber S. 1020 zur Bearbeitung des beiliegenden Gedichtes S. 168 f.). Allerdings hat B. das Lob des Clemens auf den Freund Arnim noch verstärkt, indem sie dort die Leitmetapher ihres Buches (»Frühlingshimmel« – S. 167,19) einfügte; ähnlich hat sie durch eine kleine Änderung (S. 166,21: Deinem *statt* diesem) die Verehrung des Clemens von seiner damaligen Geliebten auf sich selbst gelenkt.

3. Der folgende Brief des Clemens an Bettine von Anfang März 1803 (vgl. Anm. 148-152):
Meine liebe Bettine!
Da ich vermuthe, daß Dich ein kleiner Aerger weiter nicht ins Grab stürzen wird, so habe ich einigen Lusten mit Dir zu schmählen. Stelle Dir vor Einiges in Deinem

Brief hat mir einen unangenehmen Eindruck gemacht,
zum Beispiel das mit dem Rosenstöckelchen, es kam mir
immer vor, als sei es recht artig, eine gewiße Rührung bei
unschuldigen Dingen zu empfinden, ja zur Noth könne
man auch sagen, es war mir, als müste ich es umarmen,
aber es wircklich zu umarmen, und noch gar dabei zu
beten und zu weinen, das geht etwas in die Wildniß, und
ist stark Empfindsam, hält auch nicht Stich, stelle Dir vor
an welchem knappen Fädenchen die Geschichte hängt,
fällt sie, so fällt sie mit der schönsten Empfindung ins
Lächerliche, denn eine Gelbe Rübe eine Kartofel sind
doch eben so unschuldig als ein Rosenstöckelchen, und
dennoch wäre Dein[e] ganze Umarmung verunglückt,
wenn das Rosenstöckelchen sich in eine solche Rübe
verwandelt hätte, auch hast Du bei näherer Beleuchtung
wohl nur eine[n] Erdenen Topf umarmt, wenn ich der
Rosenstock gewesen wäre, so hätte ich gesagt, oho Mam-
sell, und dann hättest Du Wahrscheinlich gelacht. Ich
hoffe Du gewöhnst Dir täglich mehr solche *Explosionen*
ab, Du weist wie oft ich Dir über ähnliche Anfälle gepredigt habe. Auch das lange Herumtragen, und betrachten
der Träume ist kindisch, und während man auf eine
Menge schöne Empfindungen, die man bei Gelegenheit
solcher Träume hat, bei hellem Tag auf eine geträumte
Art Stolz wird, vergißt man eine Menge Dinge zu thun,
die wirklich, wahr und Pflichten sind. Wie vihl geschei-
der wäre es gewesen, wenn Du auf dem Ball recht vergnügt gewesen wärst, das hätte mir auch mehr Spaß, und
Dir und andern mehr Vergnügen gemacht. Sehr artig
wäre es, wenn Du doch einmahl Deine Träume gern
näher überlegst, die Nacht drauf in einem neuen Traum
den vorigen zu überlegen, bei Tag aber recht lustig und
vergnügt, und fleisig zu sein. Denn sonst läufst Du
Gefahr, einem gewißen Mann ähnlich zu werden, der
sehr bewandert in der Sternkunde war, und alle Augenblicke in einen Graben fiel, ja endlich elendiglich in
einem Brunnen ersoffen ist, weil er immer gegen Himmel

gukte, Du läufst Gefahr, daß die Leute sagen, sie ist sehr klug im Traum aber nicht recht gescheid im Wachen. Daß Dir der Rosenkranz gefällt ist mir lieb, aber daß ich mich etwas schenirt finden würde, Dich auf der Altan zwischen alten Dächern und Bedienten Stuben an einem Bohnenkasten mit ihm um den Hals zu finden, ist auch wahr. Ich bitte Dich um des Kaisers seinen Bart willen, werde nicht empfindsam und laße Dich nicht von dem Liede der Kazzen sogar rühren. Gehe spazieren, gebe Dich mit der Toni, mit der Lotte ab, und freue Dich ihrer vernünftigen Kälte, ich fürchte immer die klagende, kränkliche Gesellschaft der Gundel macht Dich täglich zimperlicher, ich bitte Dich um alles in der Welt, werde mir keine Serapfine Hohenacker die Geisterseherinn, wahrhaftig dann must Du am Ende verzweiflen, denn ich werde alle Tage gescheuder, und unempfindsamer, es ist ein miserables Leben um einen empfindsamen Menschen in der Welt, und zwar grade, weil die Welt nichts weniger als empfindsam ist, und einem kein Baum aus der Weg geht, oder beweint, wenn man sich ein Loch an ihm in den Kopf stößt. Wenn Du überdem wüßtest, wie man durch Verstopfungen im Unterleib zu all diesen wunderlich zärtlichen Empfindungen kommen kann, und daß die Beseßnen, und die Hexen in den vorigen Jahrhunderten nicht anders als solche verstopfte Personen waren, so würdest Du Dich noch mehr hüten, in eine solche Empfindsamkeit zu fallen, dagegen hilft oft, viel Körperliche Bewegung, Beschäftigung, Vermeidung aller Liebesgedanken und dergleichen. Der empfindsame bringt auch nie etwas hervor, weil er sich keines Dinges bemächtigen kann, sondern nur von allem überwältigt wird. Ich habe überhaupt einen entsezlichen Wiederwillen gegen die Empfindsamkeit, denn sie wird über nichts empfindsamer als wenn man sie für eine Kränklichkeit erklärt, da sie doch eine Feinheit der Seele sein will. Waß ich aber unter Empfindsamkeit verstehe, wirßt Du wohl wißen, und eben deswegen ist Dir es vielleicht recht nüzlich mit Toni oft zu sein.

Nichts vor ungut, Du weißt, das ich Dich vernünftig liebe, und es gut meine. Es würde mich freuen wenn Du etwas Geschichte läsest und außerdem meistens Göthe und immer Göthe, und vor allem den 7. Band der neuen Schriften, seine Gedichte sind ein recht *Antidotum* der Empfindsamkeit. Aber als Geschichte rathe ich Dir vor allem Müllers Schweizergeschichte, es ist etwas himmlisches, ich glaube *Leonardi* hat sie, es sind zwar einige dikke Bände, aber desto länger dauert die Freude, sezze Dir täglich ein paar bestimmte Stunden an, in denen Du drinnen ließt. Wenn Du Dich meines heftigen Unwills erinnerst, den ich in Offenbach hatte so oft ich schlechte Bücher bei Dir fand, so wirst Du mit Recht Dich verwundern, daß Du jezt vermutlich alles ließt was Dir vorkömmt, überhaubt ist es mir sehr verdrüßlich, daß Du mir nichts von Deiner innern Bildung schreibst, mich nicht fragst, waß Du lesen sollst u. d. g., waß will und soll Deine ängstliche Liebe mit mir, wenn sie nur ewig wiederholt, waß nun einmahl da ist, nehmlich daß wir uns gern haben, und dies ist recht wie es bei Geschwistern sein soll; aber beßer wäre es, wenn Du Dein Vertrauen zu mir, so benuzztest, daß Du mir Einfluß in Deine Bildung gönntest, daß Du mich über alle Lektüre um Rath fragtest und dergleichen. Um noch eins bitte ich Dich in Deinen Briefen, nehmlich gebe mir immer davon Nachricht, sobald irgend etwas bedeutendes im Hause vorfällt, von jeder Reiße, so bald Du etwas davon erfährst. Meine Briefe an Dich zeige Niemand, wenn die Gundel betrübt ist, wie immer ohne Ursache, so habe mitleid mit ihr, suche sie aber nicht etwa zu trösten, indem Du Dich zu ihr gesellst, und beim Lichte besehen endlich eben so erbärmlich betrübt wirst, der Umgang mit solchen Leute[n] ist *deprimirend* und zerstört alle Kraft in uns. Das Du übrigens dieses nicht so wörtlich nimmst wie Eulenspiegel, hoffe ich. *Auf den Ofenschirm freue ich mich sehr.* Du könntest mir einen großen Gefallen thun, wenn Du doch ohne Übereilung oder Faulheit, ein halb Duzzend leinene

Stiefelstrümpfe stricktest, aber nichts weniger, als fein, sondern nur stark und derb, die Toni wird so gütig sein, Dir das Garn zu besorgen. Auch höre ich gar nichts mehr vom Lulu oder Meline, es thut mir leid, daß Du diese Deine getreuen Gespielinnen beinahe ganz vergessen zu haben scheinst. Daß Sanna Hut nicht in Frankfurt bleibt ist sehr böß, aber schreiben mußt Du ihr. Schicke mir doch mit umgehender Post, einige Loth der besten Schwarzen kreide die zu haben ist auch etwas weiße, in Düßeldorff hatte man pariser schwarze, die war rund und glänzte von außen, auch englische ist mir lieb, wenn Du sie nicht bei Reinsheimer kriegst so ist sie vielleicht sonst zu haben, es ist für einen armen jungen hier, der ganz vortreflich zeichnet, schicke sie aber ja gleich. Du kannst sie mit dem Ofenschirm schicken, wenn er noch nicht abgegangen ist. Du fragst ob Dich *Savigny* vergessen habe, das ist auch so eine Frage, es wäre sehr gegen die Natur wenn er Dich vergessen hätte und eben so lächerlich, wenn er immer an Dich dächte, er hat seine Studien, und seine Freunde, und denkt an sie, wenn sie ihm ins Gedächtniß kommen. Daß er der Gundel viel schreibt, das muß Dich nicht wundern, die Gundel hat ihn sehr nöthig, und begehrt vermuthlich oft einen Trost, oder Rath von ihm, auch ist er ein genauer Freund Winkelmans, den sie wahrscheinlich noch sehr liebt, und *Savigny*, der immer wohltätig und helfend ist, nüzzt ihr unstreitig viel. Ich lese nie eine Zeile von ihm an sie, oder von ihr an ihn, wenn gleich Savigny alle meine Briefe ließt die ich bekomme und schreibe, doch nun das leztere nicht mehr, und das erstere seltner. Savigny kann sich nie entschließen die zweit[e] Person in einem Verhältniße zu sein, und deswegen schreibt er Dir vermuthlich weniger, ich finde das auch natürlich, da er in Sachen des Umgangs ganz anders denkt, als ich, so würden wir uns oft stören, und Du hast ja ohne dem genug an mir, sei kein Allmein. Schike mir die Kreide, stelle Dich nicht so entsezlich heilig, nehme das Leben leicht und Deine Pflicht ernst,

lerne mit vernünftigen Leuten, und der Toni lustig und
fröhlich umgehen und habe mich in vernünftigem Ange-
denken.

Dein ehrlicher Clemens.

Wenn Du viel darüber klagen solltest, daß Dir Savigny
selten schreibt, so ist dies eben so Verkehrt, als wenn die
Gundel mir klagt, ich schreibe ihr nicht genug, sind denn
die Leute nur auf der Welt, einige Frauenzimmer mit
häufigen Briefen zu unterhalten, so etwas ist unbeschei-
den zu begehren und der Beweiß von Faulheit und Langeweile. Sage der Toni, sie solle mir verzeihen, daß ich
ihr noch nicht geschrieben, ich würde ihr nächsten Posttag die Wahrheit sagen, wie ich über alles denke, worüber
ich ihr zu schreiben versprochen habe, über Sie, über
Dich, über die Gundel und über die Möglichkeit eures
Umgangs. –
(Schultz/Fk, S. 329-332).

Mitgeteilte Dichtungen von Clemens Brentano

48 *Die Wolken drängten]* Eine leicht abweichende Fassung der Verse *Die Wolken drängten* ⟨. . .⟩ *hernieder* ist im
Roman *Godwi* (FBA 16, S. 168 f.) veröffentlicht, eine erheb-
lich abweichende Version der Verse *Doch, teilst Du* ⟨. . .⟩
überschauen findet sich später in diesem *Godwi*-Gedicht.

53 *O kühler Wald]* In den Handschriften von Clemens
erscheint von Mitte 1802 an ausnahmslos das kleine »t« mit
einem Querstrich; die wechselnde »t«-Schreibung in der
Entwurfshandschrift läßt vermuten, daß es im Frühjahr
1802 entstand.

55 *Wenn ich ein Bettelmann]* Das Gedicht ist eine Kontra-
faktur zu dem *Wunderhorn*-Lied *Wenn ich ein Vöglein wär* (vgl.
FBA 9,1, S. 399). Da sich sein Entwurf auf demselben Blatt
wie der des vorigen findet, entstand es nicht auf der Rheinreise mit Savigny 1801, sondern wohl erst im Frühjahr 1802.

81 f. *Kehret Gedanken doch]* Vgl. Brentano, Bd. 1, S. 672, zur Datierung dieser »Zeilen aus einem größeren Gedicht« auf den Zeitraum vom Spätsommer 1800 bis zum Anfang 1801.

130 f. *Wie sich auch die Zeit]* Im Februar 1802 schreibt Brentano an Winkelmann, daß er sich mit altdeutscher Poesie beschäftige und Übersetzungen davon veröffentlichen wolle (Steig 1, S. 29). Zu den Vorlagen dieser geplanten Übersetzungen gehörte auch die bekannte *Sammlung von Minnesängern aus dem schwäbischen Zeitpunkte* von Johann Jakob Bodmer (2 Bde., Zürich 1758 f.). Ein Lied des Walter von Klingen aus dem ersten Bande Bodmers hat Brentano zu diesem, im Entwurf mit »Frühlingslied« überschriebenen Gedicht angeregt; es ist vermutlich im März 1802 entstanden.

131 f. *Am Berge hoch in Lüften]* Die erhaltenen Entwürfe zu diesem wie dem vorhergehenden Gedicht stehen auf einem Blatt, auf dem Brentano zu dem vorliegenden vermerkte: »Romanze als ich mich bei S⟨avign⟩y in Marburg gedrückt fühlte.« Demnach entstand das Gedicht in Marburg, Mitte März 1802.

166 f. *Lieb und Leid]* Die Fassung des *Frühlingskranzes* weicht nur leicht von derjenigen ab, die Brentano einem Brief an Savigny aus Koblenz vom 22. 6. 1802 einfügte und die sich auf B. bezieht; Brentano sandte diese Version auch an Arnim, denn in dessen Brief an Brentano vom August 1802 ist die erste Strophe wiederum mit den Worten eingefügt: »Ich möchte jetzt mit Deinem freundlichen Liede singen.« (Steig 1, S. 41.) Nicht mehr erkennbar ist, ob der Bezug auf Achim von Arnim erst im *Frühlingskranz* durch B. oder schon von Brentano selbst hergestellt wurde.

168 f. *Am Rheine schweb ich]* Da die Strophen 7-10 in der Handschrift dieses Gedichtes auf einem Theaterzettel vom 5. Prärial des 10. Jahres (25. 5. 1802) stehen, entstand es wohl zwischen Ende Mai und Ende Juni 1802. Diese Handschrift (vgl. Brentano, Bd. 1, S. 681) ist, wie im Text hier, unterschrieben »Adieu lieb Kind, auf Wiedersehn, Cle-

mens«; sie lag offenbar einem Brief an B. aus Koblenz vom
Juni 1802 bei und war die Vorlage für B.s Bearbeitung, die
durch Änderung von zwei Zeilen (S. 168,32 f.) vor allem
die religiösen Bilder der Erotik tilgte (im Original: »Ja all
zum Kripelein. / Geweihtes Kind erlöße mich, ⟨. . .⟩«). Die
erste Strophe des Gedichts fügte Brentano, leicht variiert,
einem Brief an Hannchen Kraus (vgl. Anm. 169,34) ein.

205-208 *Von Köllen war ein Edelknecht*] Als Quelle für
dieses Gedicht dienten die Berichte zu den Jahren 1260 und
1262 in Meister Gottfrid Hagens *Kölnischer Reimchronik*. Die
früheste Fassung findet sich in einem Brief an Arnim aus
Düsseldorf von Weihnachten 1802 (Steig 1, S. 60 f.); die
Abweichungen im *Frühlingskranz* gehen wohl nur zum
kleineren Teil auf Brentano selbst, zum größeren auf B.
zurück.

233-236 *Durch grüne Auen*] Ein handschriftlicher Entwurf des Gedichts ist erhalten (FDH), ebenso der private
Erstdruck; ein Exemplar in der Deutschen Staatsbibliothek
Berlin enthält den handschriftlichen Vermerk: »Donum
auctoris Marburg 1803«.

242 f. *Ich wohnte unter vielen*] Zur Datierung vgl. Anm.
241-247. Die Fassung in GS ist vermutlich von den Bear-
beitern aus dem *Frühlingskranz*-Druck und einem Entwurf
des Dichters hergestellt worden.

245-247 *Es stehet im Abendglanze*] Das Original dieses
Gedichts entstand nach einer Begegnung mit Marianne von
Willemer in der Nacht vom 10. auf den 11. 5.; Brentano
legte es einem Brief an Arnim vom 11. 5. 1803 bei (vgl.
Anm. 190,17 sowie Weitz, S. 750-752). B. stellte 1844 aus
dem in achtzeiligen Strophen entworfenen Gedicht die
Frühlingskranz-Fassung in vierzeiligen Strophen her (vgl.
Frühwald, S. 16-21, zu Art und Absicht ihrer Bearbeitung).

262 f. *Der Jäger an den Hirten*] B. sandte das Gedicht
zweimal an Arnim: einmal am 12. 10. 1803 aus Frankfurt,
zuerst aber im August 1803 aus Weimar: »Ich habe wieder
mehrere Lieder gedichtet, unter andern eins, worin ich an
Dich und mich gedacht habe, aber es paßt nicht ganz, denn

ich bin der Jäger und Du der Hirt, und doch sind wir beide eines.« (Steig 1, S. 98.) Am 21. 7. legte er es auch seinem Brief an B. bei. Der auf der Frankfurter Fassung beruhende Erstdruck erschien am 15. 4. 1808 in der ›Zeitung für Einsiedler‹.

272 *Von den Mauern Wiederklang]* Diese Fassung wurde erst von B. aus einem Entwurf des Dichters hergestellt (vgl. Frühwald, S. 14). Bei Brentano selbst gehört der Text der letzten Strophe des Gedichts, jedoch in jambischem, nicht trochäischem Metrum gefaßt, zu einem Lied, welches auf das aus den drei ersten Strophen bestehende Lied antwortet; diese Originalfassung ist in dem sog. *Italienischen Schauspiel* enthalten, das vermutlich vor dem *Godwi* entstand. Die *Gesammelten Schriften* bieten das Gedicht in der *Frühlingskranz*-Fassung unter der Überschrift *An Sophie Mereau.*

272 f. *Willst du mir Trost verleihen]* Die Handschrift des Gedichtes weist, gemäß dem »t-Kriterium« (vgl. zu S. 54 f.), in das Entstehungsjahr 1801.

273 f. *Sieh dort auf dem Wiesengrunde]* Das Gedicht entstand wohl im August 1803; in die achtzehnte *Romanze vom Rosenkranz* nahm Brentano eine abweichende Fassung auf.

275 *Laß Dich, mein Kind]* Außer der vorliegenden ist noch eine davon abweichende handschriftliche Fassung erhalten (vgl. Brentano, Bd. 1, S. 692).

REZEPTION UND WIRKUNG

Als der *Frühlingskranz* erschien, war B. als politische Schriftstellerin bekannt; die politischen Spannungen aber hatten sich, nach der ersten Enttäuschung der in Friedrich Wilhelm IV. gesetzten Hoffnungen, verschärft. Entsprechend zugespitzt sind die Positionen im Echo auf B.s neue Veröffentlichung. So rät ihr eine Notiz im ›Preußischen Volksfreund‹ (17. 4. 1844) etwa an, endlich einmal dafür zu sorgen, »daß der zweite Theil der *Kronenwächter* ⟨also des als romantisch-national zu lesenden Romans Arnims, dessen erster Band seit 1840 in der Werkausgabe vorlag⟩ erschiene. Den Briefwechsel mit ihrem Bruder wird man gern erlassen«.

Insgesamt freilich verfestigt sich eine Spaltung der Rezeption, wie sie eine spätere Bemerkung von B.s Tochter Maximiliane illustriert:

Es ist ein Jammer, daß Du glaubst, die Politik sei Dein Feld! Du machst all Deinen Kindern Kummer damit, und Dein Ruhm wird keineswegs vergrößert! Dein Ruhm sind Deine *ersten* Bücher; mit dem Königsbuch ist er nicht mehr gestiegen, sondern man sieht, wie viel höher die ersten Bücher stehen.

(An B., 7. 12. 1851; Werner, Maxe, S. 192 f.)

Ganz im Kontext der biedermeierlichen Lesekultur wurde das biographische »Denkmal« von der Unbekannten verstanden, die sich bald nach der Veröffentlichung an B. wandte:

An Frau von Arnim.

Die Schwester, der es gelungen ist, dem Andenken eines so teueren Bruders einen so herrlichen Blütenkranz zu flechten aus Jugendbriefen, wird gewiß den hier beifolgenden Papieren einen freundlichen Blick nicht versagen. Sie enthalten *Jugendbriefe* und Gedichte Ihres geliebten Bruders.

Diese Papiere kamen in die Hand der heutigen Besitzerin zum größten Teil mit nachgelassenen Briefen einer früh verstorbenen Freundin, desselben jungen Mädchens, dessen einzig vortreffliche Charakteristik sich in jenen von Frau von Arnim herausgegebenen Jugendbriefen befindet, in einem aus Koblenz an Bettine Brentano geschriebenen Brief.

Diese Briefe wurden bis jetzt als ein wertvolles Andenken aufbewahrt, und nur der Wunsch, sie der Vergessenheit oder gänzlichem Untergang zu entziehen, legt diese in Ihre Hände, sowie die feste Überzeugung, daß niemand diese Gedichte besser zu würdigen versteht als Sie und daß niemand ein passenderes Mittel finden wird, sie der Vergessenheit zu entreißen als Sie, verehrte Frau von Arnim.

(Nach Fk/A, S. 404 f.; vgl. Anm. 169,34.)

Die eingeweihten Zirkel (vgl. S. 1112), wiederum der Münchner um Clemens und der Berliner Kreis B.s, konzentrierten sich in ihren Stellungnahmen anscheinend gleichfalls auf das Biographische.

Obschon der Zensur-Skandal ihrem Buch vorweg Publizität gesichert hatte (vgl. S. 1007, 1013), wird die politische Absicht B.s erst aus der Konzeption des zweiten Heftes des ›Norddeutschen Blätter für Kritik, Literatur und Unterhaltung‹ deutlich. Bezeichnend für die nachlassende öffentliche Resonanz auf den aktuellen Anspruch ihrer Bücher war, daß dieser nur in dem kurzlebigen Organ des Kreises um die Brüder Bauer noch ernstgenommen wurde; doch zeigt die Art, wie dies geschieht, einige Merkmale esoterischer Verständigung: den zweiten Beitrag jenes Heftes legt der Autor Szeliga – wie das Mitarbeiter-Pseudonym von Franz Zychlin von Zychlinski lautete – nicht als Erörterung, sondern als dichterische Rekapitulation der Dichtung an; er wird hier deshalb vollständig abgedruckt:

Bettina.

. . . .

. . . Weg Schelling und Philosophie!
Hinaus, mein Clemens, in das Feld hinaus,
Wo wir die Schöpferkraft im eignen Innern
Verstehen und benutzen lernen. Führt
Ein heitrer Wiesenpfad in's Wäldchen. Und
Am Weg die Blumen, wie die Erdbeern dort
Im Walde, die wir pflücken wollen – s' ist
Natur in uns, die beide erst erzeugt.
Wer sich für Geld die Blüthen und die Früchte
In's Haus in bunte Schaalen bringen läßt,
Der schnüffelt dran herum, ißt sie in sich
Hinein. Wir ruhen auch, wir essen auch;

Doch geht der Saame in das Blut und keimt
Und wird ein Eigenstes von unsrem Sein.
Natur! Natur! So wiederhallt's; und soll
Uns Keiner sagen, ob in unsrem Busen,
Ob durch die Flur das vollre Echo schallt.
Sind gar nicht Echo mehr. Ursprünglich quillt's
Hervor und göttlich sprudelt's da wie dort.

Clemens.
Doch lassen wir die Großmama so einsam.
Bettina, sollten umsichtsvoller sein.

Bettina.
Du machst mich toll mit Deiner Rücksicht. Soll
Mich ketten an mir Unverständliches,
Das ich für Unsinn halte, wie ich bin;
Soll einmal über's andre, aber so,
Daß es die Großmama nicht sehen kann,
Die Achseln zucken, gähnen und die Augen
Verdrehn, mich endlich wieder auf das Buch
Durch den Gedanken zwingen lassen: Mußt
Der alten Frau aus Mitleid, daß sie nun
Schon kindisch wird, das Opfer bringen und
Das albern Zeug nur weiter lesen. – Nein
Lieb Großmama, so kann ich nicht, so willst
Du's nicht; Du forderst, was man Opfer nennt,
Und Rücksicht nennt von der Bettina nicht.
Wie oft – nicht wahr? – hock ich auf der Schawell
Zu Deinen Füßen, den Kopf in Deinem Schooß,
Und schau die Wunder eines neuen Krauts,
Das Dir ein Sammler über Meer gebracht,
Und jeder Nerv ist Auge dann. Und wieder
Wie trink ich nimmersatt, wenn Dir die Lippe
Vom schönen Borne überquillt, der sich
In Deinem reichen Leben angesammelt.
Ich sprech' nicht, vor der Menschheit leb' ich's kühn
Aus eigner Brust heraus, vom Mirabeau

Dir lesend. Wo der Andren Lippe scheu
Verstummt, Ophelia zu declamiren,
Da dicht ich sie und kenne keine Scham.
Nicht wahr? so Großmama, so magst Du's gern?
Ich bin dann Eins mit Dir, Du zwingst mich nicht,
Ich zwing mich nicht um Deinetwillen, nein
Gefesselt werden wir vom Gegenstand,
Weil wir ihn schauend, hörend, lesend in
Der Brust ein neues Werde! rufen, das
Ein ungeahntes Eigne in uns weckt
Und weiterschafft an unsrem Lebenslauf.

Großmama.
Geht nur hinaus; das liebe Kind hat Recht.

Clemens.
Bewundern muß ich Dich Bettina, wie
So welterschütternde Gedanken Dir
So spielend von der Lippe fließen. Doch
Erschrecken muß ich auch. Ich hätte nie
Gewagt auch nur zu denken, was du aussprichst.
Mit schnellem Blitz durchfährst Du und beleuchtest
Die dunkle Tiefe, die da Opfer heißt.
Es schmilzt sein Heiliges in einen Klump
Recht hohlen, irdnen Klangs zusammen, und
Mit ihm, ich schaudre, mir es zu gestehn . . .

Bettina.
So halte ein und schaudre nicht. Hör' auf
Dir's weiter auszumalen. Was Du siehst
Ist so erschrecklich nicht; nur was Du denkst,
Daß Alles im Gefolge kommen muß,
Wie's enden wird und was draus werden soll . . .
In Deinem Kopfe ras't der Sturm, nicht in
Der Zukunft selbst. Daß das phantast'sche Kind
Dich schelten muß, nicht Deinen Phantasie'n
Dich hinzugeben! – Clemens, was passirt

So Ungeheuerliches denn? S'ist, daß
Nichts Ungeheuerliches mehr passirt
Geht draußen in der Welt doch Alles ganz
Natürlich zu. So weiß ich nicht und kann
Ich nicht begreifen, wie im Innern noch
Was Andres Platz soll finden als Natur.

Clemens.

Natur im Innern! Daß ich sie doch nur
Zu finden wüßt! – Ist dieser Widerspruch
Der hier sich selbst Gesetze gebenden,
Vernunft, des freien Willens dort und dort
Der Liebe, die Gesetz nicht kennt und doch
Tyrannisch ist, ist dieser Widerspruch
Die menschliche Natur? O kann sie's sein?
Natur, die alle Wunden heilen soll?

Bettina.

Wer sagt die menschliche Natur? Natur
In Dir! – Du meinst sie seit Jahrtausenden
Zu kennen. – Hättst Du die Geschichte auch
Am Schnürchen, Namen, Jahreszahlen und
Begebenheiten hinters Ohr geschrieben,
Du hast doch keinem Menschen in das Herz
Geschaut. Und was Du auf den Tafeln der
Geschichte findst, das ist der schlechte Rest
Von dem nur, was die Zeiten aufgezehrt.

Clemens.

Was Du den Rest verächtlich nennst, begreift
Als Bleibendes und Ewiges der Denker.

Bettina.

Was schiert mit seinen Denkgesetzen mich
Der Denker. Meinetwegen construir'
Er sich das Weltprincip als Viereck, wenn
Er nur nicht auf die Tollheit kommt, mich da
In einen Winkel einzuklemmen gar.

Clemens.

Und dennoch stehst Du wo Du stehst und hast
So gut wie jeder Andre Deinen Platz.
Um Dich herum ist Deine Gegenwart,
Dir gegenüber steht sie, engt Dich ein.
Nicht ohne ungeheure Kraft darfst Du
Die Schranken durchzubrechen wagen, die
O Perle, die Du bist! Dich fest in Dein
Gehäuse bannen. Könntest Du, Bettina?

Bettina.

Ich kann, und ohne Kampf. Beweis' ich's Euch
Nicht alle Tage? Schüttelt Ihr den Kopf,
So lach' ich still in mich hinein und denk':
Ihr thut mir nichts mit Euren Laken, die
Ihr umgehängt, das Kind zu schrecken, daß
Es endlich sich zu Eurem Ernst gewöhne.
Ich aber kenne nicht Gespensterfurcht.

Clemens.

Hab' ich Dich recht verstanden, liebes Kind,
So ist's, daß Du die Menschen wie sie sind
Verachtest, sie des Lebens werth nicht hältst,
Weil sie das Leben nicht begreifen und
Durchaus Gespenster wollen sein. Um nun
Was weniger als Haut und Knochen ist,
Den Schatten, der sie sind, deß sie im Grund,
Obgleich zwar unbewußt, sich schämen, zu
Verbergen, haben sie ein Kleid aus Lumpen sich
Geflickt. Sie nennen's Bildung, tragen's stolz.
Die Sonne aber dringt hindurch bis auf
Die Blößen, widerlich dem Auge; denn
Nichts glänzend Nackt's wird da offenbar.
Die Bildung in dem Lumpenkleide hat
Die Keuschheit längst verloren. Du hast Recht
Bettina. Doch verachte, hasse nicht.
Ich möchte Dich zu ädler Weiblichkeit

Erblühen sehn, die duldet, liebevoll
Erträgt den braven Mann, der leider sich
Zu oft gezwungen sehen muß, sich zu
Ereifern, sänftigt, sanft und unbemerkt
Ihn leitet, daß gerechter Zorn sich nicht
Der Milde ganz entwöhne und im Sturm
Die Welt nicht fortgerissen werde, da
Die Menschheit ruhig segeln kann. Ich fühl',
Es packt mich oft wie Wuth, empört, daß nicht
Der Unsinn weichen will, möcht' ich hinein
Mich stürzen, zu zertrümmern. Doch ich fühl's
Zugleich, nicht meine Einzelkraft reicht aus.
Statt umzustürzen, stürz' ich nur hinein
Und suche dann an eines Mädchens Brust
Nur weich zu fallen. Bald erkenn' ich dann
Den Fall und raff' mich auf und stürm' von neuem.
Bettina liebe mich, vergess' mich nicht,
Verlaß' mich nicht; verlaß' Dich selber nicht,
Schweif' nimmer aus der Bahn der Weiblichkeit,
Daß ich Dich stets dort wiederfinden kann.

Bettina.
Wie Du mit Bomben und Granaten mich
Beschießest, Clemens, die zerplatzen, doch,
Das Beste ist, nicht weiter Schaden thun.
Sieh': Bildung, Weiblichkeit und braver Mann,
Und Einzelkraft. Wie das die Luft durchsaust!
Sag' mir zuerst, aus welchem Zeughaus Du
Die hohlen Stücke hergenommen hast?
Ich soll nicht Dich, nicht mich vergessen und
Verlassen? Ei, Du meinst, ich solle stets
Auf grader Linie gehen. S'ist aber nichts
Als Lüge so ein Gehn der Nase nach.
Unmöglich läßt sich doch das letzte Ziel
Des Lebens gleich in's Auge fassen. Wird
Ein nährer Punct, ein Zwischenpunct genommen.
Nun geht's drauf los und endlich steht man da.

Ein neuer Zwischenpunct wird ausgewählt,
Und wieder einer und noch zehnmal so.
Am Ende findet sich an jedem Punct
Ein mächtig Knie und statt recht grad' und glatt,
Gebrochen ist der Lebenslauf. Verlang'
Von mir nicht, was man consequent sein nennt
Nein ich gerath' Dir nimmer in die Brühe.

Clemens.
Du weichst mir aus, verwirrst mich nimmermehr.

Bettina.
Verzeih' dem Kinde, wenn es lustig springt.
Es klang doch wirklich gar zu komisch, Dein:
Bettina liebe mich! – Als könnt' ich anders.

Clemens.
Ja, theures Kind, Du kannst nicht anders. Doch
Bettina, nicht Du liebst mich, sondern bist
Die Liebe, bist mein Leben, meine Zukunft.
Bild' Deine Welt in mir, so leb' ich ein
Verklärtes Dasein. Freiheit, die im Schweiß
Des Angesichts ich zu erringen streb'
Und männlich zu erzwingen, – seh' ich Dich,
O Glückliche sie weilt vollkommenster Gestalt
Schon längst in Dir. Das schöne Ebenmaaß,
Mir sagt es eine tiefe Ahnung, nicht
Ich selber werd' es je verwirklichen;
So streng' ich alle meine Kräfte Dir
Zum Schutze an, daß Dich kein Sturm zerknickt,
Und ich in meinem Testamente stolz
Bettina Dich der Welt vermachen kann,
Der Welt ein neues Evangelium,
An dem sie sich zu einer heiligern,
Zu einer schönern Zukunft mag erbau'n.

Bettina.

Wie Du mich nur, so recht mit Absicht scheint's,
Zum Muthwill zwingst. *Die* Zukunft wär' mir klug,
Die sich auf meine Schulter setzen wollt'.
Ich brächt' sie alle Tage in Gefahr,
Sich Hals und Bein zu brechen. Muß mich auch
Bedanken für die hübsche Last. Ich lief'
Der Zukunft weg in alle Ewigkeit.
Und wenn sie dann recht unerwartet sich
Auf ihren Steiß gesetzet hätt' und schrie:
Au weh! wie's aller Zukunft noch bisher
Ergangen ist, sobald sie sich zu Tisch
Wollt' setzen, zu genießen, was sie sich
Bereitet meint von der Vergangenheit, –
Das wär' ein Hauptvergnügen für das Kind,
Das nun einmal zur Artigkeit sich nicht
Gewöhnen kann. Du weißt es. Zürnst Du mir?

Clemens.

Wie könnt' ich? Ach! Bist Du ein schelmisch Kind,
So bin ich kindisch. Kann ich heiter sein
Mit dem Bewußtsein? Nein mir ist recht traurig,
Daß mir ein Räthsel bleibt, wohin mich's treibt.

Bettina.

Natur küßt Dir die Falten von der Stirn.
Die Stadt liegt hinter uns, es raubt uns auch
Der hohe Wuchs des Korns, das rechts und links
Zur Seite unsres Weges lag, nicht mehr
Die freie Aussicht. Unser Wiesenpfad
Ist nun erreicht. Sieh' hier die sanfte Neigung
Des grünen Hügels, wie um auszuruh'n
Geschaffen. Leg' Dich nieder, schlumm're ein,
Ich flechte Dir indessen Blumen in das Haar.

Clemens.

O löst' ich mich in Deinen Zaubern auf.

Bettina.

Wie diese Kräuter, diese Blumen doch
Vielmehr zum Herzen sprechen als die stolz
Gereihten Stauden in den Gärten, die
Gewächse in, wenn's möglich wäre, in
Crystallnen Häusern. Dieses Blümchen zart
Doch unscheinbar und dennoch allgemein
Geliebt – man hat der Sagen mannichfach
Erfunden, seinem anspruchlosen und
So anmuthvollen liebedurstgen Sein,
Den angemessnen Ursprung auszudeuten. –
Sie treffen alle nicht den schönen Sinn,
Weil sie geheimnißvolle Tiefen suchen,
Wo doch ein offnes blaues Auge spricht:
Vergißmeinnicht! Vergiß der Wiese nicht,
O Mensch, auf der Du Dich als Kind getummelt,
Vergiß nicht der Natur, aus deren Schooß
Du einst hervorgegangen, die Dich heut,
Magst Dich erröthend sträuben wie Du willst,
Dich heut, wie einst das neugeborne Kind,
Noch stäts am warmen Mutterbusen säugt.
Vergißmeinnicht! nicht ich, ich flecht' Dir's
Nicht, einen Kranz von abgerissnen Blüthen,
In's dunkle, volle Haar; es möge die Natur
Ihr ewiges Vergißmeinnicht Dir selbst
Um Deine Schläfe winden. Rück' heran
Mein Clemens. So, nun lieg'st Du mitten drin,
Doch knicke mir kein zartes Stengelchen. –
Wie doch so ungezwungen gleich um's Haupt
Sich's schmiegt: Gedanke, der Du hier entspring'st,
Den kühnen Flug weit über's Weltgebäu
Hinaus gen Himmel nimmst, den Blitz herab
Und Muth und Kraft zur großen That zu holen:
Vergißmeinnicht! – Es wölbt sich über die
Gefurchte Stirn: Du Sorge, die Du schwer
Dich hier gelagert hast um Zukunft und
Um Ewigkeit, um dieses Daseins oft

Verirrtes Suchen, hart geprüftes Finden,
Du Sorgender vergiß mein nicht! – Es biegt
Sich freundlich nieder, wie als wollte es
Dem Schläfer in das Auge schaun: Wenn sich
Dein Blick vertieft in's wirre Treiben auf
Dem Erdenrund und nimmer findet, wo
Er ruhen könnt, wenn er entzückt sich auf
Ein plötzlich wahrgewordnes Ideal
Geblendet, wonnetrunken niederlässt:
Vergißmeinnicht! – – Du schläg'st das Auge auf,
So schläf'st Du nicht, mein Clemens? Sieh'st so mild.
O Du erwiederst jenen Blick, womit
Natur in diesem Blümchen Dich beschwichtigt,
Die Thräne glänzt: Natur vergißmeinnicht!

Die Polemik gegen Schelling und die Berufung auf eine
Norm der Natürlichkeit ist zwar dem Eingeweihten als
Anliegen des Bauerschen Kreises bekannt, der hier B. –
nicht ganz zu Unrecht (vgl. S. 956, 958) – als Verbündete
reklamiert. Doch den Schlüssel zum Verständnis und zugleich die politische Pointierung liefert der voranstehende
Beitrag Szeligas, eine Besprechung des Königsbuches. Hier
wird »die wilde, gesunde, natürliche Phantasie« (S. 2) nach
ihrer Bedeutung für die Zeit gefragt: Sie solle dieser zeigen,
»wie die Phantasie heutzutage mit sich selbst fertig wird«
(S. 2). B., das »phantastische Kind«, erscheint als Inkarnation »einer phantastischen Zeit« (S. 9); wie aber die »Phantasie ⟨. . .⟩ ja die Vernunft selbst in einer ihrer sinnlichen
Formen« ist, so dient auch ihr Werk nur als Anlaß seiner
Überwindung; sie ist von der zeitzugewandten Philosophie
und »Kritik« zu erwarten, wie sie sich die ›Norddeutschen
Blätter‹ vorgesetzt haben.

Komplementär zu Szeliga konzentrieren sich die Sach-
walter der Romantik und ihres religiösen Erbes auf die
Rolle Clemens Brentanos. Was jener als »Natur« preist,
»möchte« Eichendorff in seiner 1857 erschienenen *Geschichte der poetischen Literatur Deutschlands* »kurzweg das

Dämonische nennen, womit eine unerhört verschwenderi-
sche Fee beide Geschwister, Bettina wie Clemens, an der
Wiege fast völlig gleich bedacht hatte«:
> Bettina jubelt noch bis heute eigensinnig fort in ihrer
> Eigenmacht, während Clemens, jene Eigenmacht viel-
> mehr als eine falsche Fremdherrschaft erkennend, mit
> dem Phantom gerungen bis an sein Ende.
> (S. 835; ursprünglich in: *Brentano und seine Märchen*, in:
> Historisch-politische Blätter für das katholische Deutsch-
> land 19 [1847], S. 85-94.)

Hierin, wie in seiner anschließenden Charakteristik der
Briefpartner, konnte Eichendorff der Rezension des *Frühlingskranzes* folgen, die Guido Görres in der gleichen, konfessionell gebundenen Zeitschrift (15/1 [1845], S. 480-500,
732-746, 806-820) zwei Jahre vor Eichendorffs Aufsatz
hatte erscheinen lassen:

> Es wird sich nicht leicht in der Literaturgeschichte ein
> zweites Beispiel finden von einem Geschwisterpaar, das,
> gleich ausgezeichnet durch Geistesgaben, bei der größ-
> ten Aehnlichkeit, doch wieder eine so große Verschie-
> denheit in seiner Physiognomie gezeigt hätte, wie Bettina
> und ihr Bruder Clemens. Das Verhängniß, welches über
> ihnen waltete, ließ sie im Beginne, wie zwei verwandte
> Sterne, eng verbundene Bahnen in inniger Berührung
> durchlaufen; allein im Umschwunge der Zeit söhnte sich
> das nicht aus, was sie von einander schied, noch stärkte
> und vollendete sich das, was sie einte; umgekehrt, beide
> bildeten gerade die Verschiedenheit aus, ihre Bahnen
> liefen immer weiter auseinander, und so standen sie sich
> zuletzt, fast auf den entgegengesetzten Polen des geisti-
> gen Gebietes, entfremdet gegenüber.
> (S. 480.)

> In dieser Trunkenheit des vergötterten Ichs, in diesem
> hochfahrenden Stolze, der es verschmäht, in gläubiger,
> liebevoller und hoffnungsfroher Demuth höherer Lei-

tung sich anzuvertrauen, stürmt sie ⟨B.⟩ ruhelos ihre
pfadlose Bahn dahin; mit titanischer Kraft möchte sie
den Himmel erstürmen; denn ihr stolzes Ich verschmäht
es, als ein schwaches, sündiges Geschöpf, als ein verirrtes
Kind bei dem liebenden Vater um Einlaß zu bitten; ⟨. . .⟩
da prallt sie zurück; sie stürzt hinab aus dem Revier der
Wolken auf den harten Erdboden; sie erwacht aus ihren
hochfliegenden Träumen, und findet sich wieder zwischen Veilchen und Gänseblümchen an der Seite ihres
besorgten Bruders.
(S. 499.)

In der vergleichenden Charakteristik wird zwar »Schuld an
Beiden« festgestellt; doch eine geschickte Zitatmontage
steigert noch die Unruhe und Verwirrung bei B., um des
Bruders Mahnungen zum Guten dagegen zu halten. Dieser
habe zumindest später versucht, sich auf »festen religiösen
Grund« (S. 812) zu stellen. Das Bild Clemens Brentanos, als
einer Symbolfigur der katholischen Bewegung, ist hier –
gegensätzlich zu Szeliga bewertet – entscheidend.

Um seine Auffassung zu rechtfertigen, warf Görres besonders eindringlich die Frage nach der Echtheit der mitgeteilten Briefe auf, die sich in der späteren Forschung bis
hin zu Oehlke dann verselbständigte; es handle sich »um
Wahrheit und Dichtung«, »wirkliche Briefe mit Rückerinnerungen in Briefform untermischt« (S. 490); Zweifel, ob
sich auch aus solchen Dokumenten mit ihrer Nähe zur
Godwi-Zeit ein »Denkmal errichten ließe, was dem Dahin-
geschiedenen sicherlich zur Ehre, und den Lesern zum
Frommen gereichen würde« (S. 482), beziehen sich insgeheim auf die Auseinandersetzungen zwischen B. und den
Herausgebern der *Gesammelten Schriften* (vgl. S. 990).

Görres zeichnet B. mit ihren »Herrscher-Gedanken« und
»der Bewunderung der Revolutionshelden« als Allegorie
der Gegenwart:

Unruhe ist der Charakter unserer Zeit; dem ewigen Juden gleich jagt sie nach Ruhe, ohne sie zu finden, weil ihr

die Ruhe des Inneren, der Friede der Seele fehlt. Der Glaube hat seine Heiligkeit, das Recht seine Unantastbarkeit verloren; das Ewige, das Unveränderliche als Grundlage der gesellschaftlichen Bande ist in den Hintergrund getreten; da herrscht denn das Zeitliche mit seinem endlosen Wechsel, die Willkühr des Menschlichen führt den Scepter, und Revolutionen folgen auf Revolutionen. Die Gesellschaft, jener ewigen, den Angriffen entrückten Unterlage beraubt, wähnt, auf dem Wege äußerlicher Reformen und Umwälzungen das verlorne Gleichgewicht wieder zu gewinnen, und so müht sie sich in rastloser Thätigkeit ab.

(S. 732.)

Clemens ist die exemplarische, B. die Warnfigur in diesem Briefwechsel. In den Auseinandersetzungen Clemens' mit seiner Schwester sieht Görres die spätere Selbstüberwindung des Romantisch-Ästhetischen vorgezeichnet. In Clemens' Schwächen spiegeln sich die Stärke der falschen Tendenz der Zeit und die Notwendigkeit seiner Vorläuferschaft:

⟨. . .⟩ die reine Harmonie aber, die nur in einer mit Gott ausgesöhnten, mit ihm innig verbundenen und im Schatten seiner Gnade friedlich ruhenden Seele wohnt, fehlte Beiden. Umgeben jedoch von Trümmern der Revolution, und Zeuge der sittlichen Verwilderung, in welche sie das Geschlecht gerissen, empfand er in tiefster Seele ihr Bedürfnis ⟨. . .⟩.

(S. 819.)

Jene Frage nach der Echtheit der Dokumente benutzte der ehemalige ›Jungdeutsche‹ Gustav Kühne, um gerade umgekehrt die belanglose Rolle des Briefpartners Clemens zu erklären:

Sie gießt ihm die heiße Lava ihrer Gefühle in die Adern, und er muß jugendliche Beispiele zu ihrer somnambulen Gefühlsreligion liefern. ⟨. . .⟩ Wir wissen, daß der seltsame Kopf mit der afrikanischen Glut in der Seele von der Sucht nach allerlei romantischer Ungeheuerlichkeit erfüllt war; wir kennen ihn, nachdem seine Lebensgeister

müde geworden, als den Beichtvater jener wunderseligen
Nonne, als den Verf. des »bittern Leidens Jesu Christi«,
das seine Gottgeweihte an den Malen ihres Leibes auf-
wies. Das alles wissen wir von Brentano, aber wir kannten
ihn bisher nicht als Schwätzer, der je nach augenblick-
licher Lust und Laune viel Dampf in die Luft verpufft.
⟨. . .⟩ Das hat man von der leidigen Schubladenaus-
kramerei bei merkwürdigen deutschen Männern.
(Blätter für literarische Unterhaltung, Nr. 15, 15. 1. 1845,
S. 58.)

Allerdings zeichnet sich gerade in dieser Besprechung, deren
Verfasser seinerzeit zur Gruppe des ›Jungen Deutschland‹
gezählt wurde, auch der allmähliche Zerfall der jungdeutschen Ideale ab.

In seiner Rezension des *Günderode*-Buches hatte Kühne
den Wirkungsanspruch der Religionsstifterin B. noch gelten lassen:

⟨Ihre⟩ Wahrheit ⟨trage⟩ ein Flügelkleid, das tönt wie
eine Weisheit *vor* dem Sündenfall, ein Klang aus dem ersten Frieden *der* noch gottvollen Urnatur des Menschen.
(Blätter für literarische Unterhaltung, Nr. 314-318, 9.-13.
11. 1840; hier nach: ders., *Portraits und Silhouetten*, T. 1,
Hannover 1843, S. 117.)

Auch Theodor Mundt hatte in seinen »Vorlesungen« zur
Geschichte der Literatur der Gegenwart (Berlin 1842) B.s
»Naturevangelium« (S. 319) als »Religion der That« (S. 325)
begrüßt. In einem Bericht von einem Besuch bei B. hatte
Karl Gutzkow nochmals die Elemente des Mythos: Natür-
lichkeit, Poesie, Dämonie, hervorgehoben und die Über-
legenheit der »gaukelnden Sylphide« über den »bedächtigen
Ernst des Mannes« bestätigt (*Mosaik. Novellen und Skizzen*,
Leipzig 1842, S. 131).

Freilich hatten Mundt und Kühne bereits die Differenz
zwischen dem »Kind Bettine« und der »Frau von Arnim«
kritisch vermerkt und dieser Egozentrik und Selbstgefälligkeit vorgeworfen; sie sei gleichsam die Gefangene ihres
eigenen Mythos (vgl. Wülfing).

Kühnes *Frühlingskranz*-Kritik reduziert die emanzipatorische Programmatik nun auf die Psychologie weiblicher Autorschaft:

> Wir kennen schon zur Genüge diese wunderbare Bacchantin Bettina, wir kennen sie nach ihren früheren Mittheilungen und haben auch die Grenzen gefunden, wo sie aufhört geistig schön zu sein. ⟨...⟩ ⟨Das⟩ freudige Durchrauschen aller ihrer Lebensadern bezeichnet sie uns und macht ihre Erscheinung zum beispiellosen Phänomen in deutscher Literatur. Sie denkt sehr kühn und keck ⟨...⟩. Sie faßt scharf ⟨...⟩. Ihre Seele ist in immerwährend bangender Bewegung ⟨...⟩. Auf das Centrum der Dinge kommt sie nicht, sie schweift an den Peripherien umher; das Gesetz ihrer eigenen Bewegung findet sie nicht, sie gibt uns nur immer das allerdings staunenswerthe Schauspiel der centrifugalen Schwingungen der Phantasie. Darum aber ist jede stille, tiefe, klare, wenn auch simple Frauennatur, kommt sie zum Bewußtsein ihrer selbst, diesem schamanenhaft tobenden Kinde Bettina überlegen. ⟨...⟩ Die Amazone Bettina gehört Niemandem an, sie scheint das freie Weib zu sein, sie gibt Athletenkünste zum Besten und läßt uns doch wider ihren Willen den alten Glauben festhalten, daß das Weib nicht in der Entwicklung der Stärke ihre wahre Kraft offenbare.
>
> (Blätter für literarische Unterhaltung, Nr. 16, 16. 1. 1845, S. 61.)

Sie inszeniere »von neuem das alte Fastnachtsspiel mit dem Götzendienst des Genius im Menschen, hinter dem doch im Grunde eine Sentimentalität steckt, von der wir unser Zeitalter frei wünschen müssen« (ebd., S. 62).

Im Gegensatz zu den Rezensenten aus den offen weltanschaulich gebundenen Lagern gesteht Kühne der Existenz B.s keine zeichenhafte Bedeutung mehr zu und belegt so, daß die Einheit von ›politischem‹ und ›kulturellem‹ Vokabular, wie die literarische Revolte der Jungdeutschen sie einst forciert hatte, allmählich unverbindlich wird. In seiner

Sicht repräsentiert B. nicht eine Tendenz der Zeit, sondern bietet Ansichten zum Zeitgeschehen: »⟨. . .⟩ diese Ergüsse sollen der Welt ganz naiv, aber stürmisch genug zeigen, wie man für eine große Sache empfinden müsse.« Doch anders als ihrer »Hymne« auf die nationale Freiheit der Tiroler fehlt bei ihrer Begeisterung für die Französische Revolution »die intimere Sympathie« (S. 63; vgl. S. 959 zum Stellenwert in der zeitgenössischen Debatte). Abschließend erklärt Kühne – mit einer Wendung, die in der wissenschaftlichen Beschäftigung mit B.s Werk stilbildend wurde – B.s Dichtungslehre (vgl. S. 885) für unzureichend und macht sich dabei die inzwischen notorischen Zweifel an der dokumentarischen Treue (vgl. S. 880) zunutze:

> ⟨. . .⟩ hier schwärmt kein naives Mädchenherz, sondern die Matrone durchfühlt noch einmal die Jugendzeit und fügt den Briefen aus jener Zeit nachträglich bei, was sie jetzt erst bei der Fülle und der Tiefe eines altgewordenen, aber noch immer jung empfindenden Herzens in sich verspürt. Ein Mädchen, das im heißen Drang jener Tage so gefühlt wie Bettina gefühlt haben will, hätte der Welt nicht bloß Worte, auch Thaten einer modernen Jungfrau von Orleans gezeigt.
> (S. 64.)

Gerade diese Einheit von Kunst und Tat hatten die jungdeutschen Autoren ehemals mit dem »Mythos Bettine« beglaubigen und zum Vorbild erheben wollen (vgl. Wülfing).

Die originalen Briefe, aus denen die Motti stammen könnten, sind nicht bekannt. Die Datierung »Holland 1808« ist falsch; Clemens war nur im Frühjahr 1807 in Holland.

11,1 *Prinz Waldemar]* Waldemar, Prinz von Preußen, Sohn von Prinz Wilhelm, dem Bruder des Königs Friedrich Wilhelm III., verkehrte seit Anfang der vierziger Jahre im

Salon B.s und ihrer Töchter; er hatte zunächst »sein Interesse Armgart«, dann jedoch Maximiliane »zugewandt«
(Werner, Maxe, S. 84, 142). »Bald nach dem Tod ⟨von
Waldemars Mutter⟩ der Prinzeß Wilhelm ⟨am 16. 4. 1846⟩
hatte sich weit über die Hofkreise hinaus das Gerücht
verbreitet, die Prinzeß habe auf dem Totenbett noch die
Bitte ausgesprochen, man möge, wenn Waldemar dem
Zuge seines Herzens folgend sich verloben wolle, dem
nicht entgegen sein.« (Ebd., S. 150.) Noch bei ihrem Prozeß
gegen den Berliner Magistrat schadete B. nach der Meinung
ihres Sohnes Friedmund das Gerücht, »eine von den
Schwestern wär mit dem Prinzen Waldemar morganatisch
verheirathet« (Brief an B., August 1847; Meyer-Hepner,
S. 105). B. geht es bei ihren Belehrungen für den preußischen Prinzen, den sie etwa in einem undatierten Brief vor
den beschränkt Gebildeten mit ihrer falschen »Selbständigkeit« warnte (Hs. FDH), um Gestaltung der Zukunft durch
Erziehung der Herrscher. – Zum Spiel mit den Anreden
vgl. IP, S. 165.

13 *Noch einmal leb]* Den Beginn ihrer Arbeit an dem
Ofenschirm (vgl. S. 13,27) meldet B. Savigny in ihrem Brief
vom 31. 7. 1802 (AM, S. 16).

14-15 *Dein freundlich Abschiedsblättchen]* Der Brief
könnte sich auf den Besuch von Clemens bei B. im August
1800 beziehen (vgl. S. 803); Oehlke (S. 252) allerdings
datiert wesentliche Teile auf Ende April 1802.

15-16 *Daß die Großmutter ⟨...⟩]* Zur wahrscheinlichen
Datierung auf den August 1800 vgl. S. 804.

16,14 f. *Spiegel deiner Seele]* Vgl. zu dieser für das Werk
des Clemens zentralen Metapher: Hans Peter Neureuter,
Das Spiegelmotiv bei Clemens Brentano, Frankfurt 1972; so
schrieb er im Spätsommer/Herbst 1802 an Johanna Kraus
von seiner Sehnsucht »nach einem reinen und tiefen weiblichen Herzen, das bildsam, und bildend sei, in dem ich, wie
in einem reinen erfreulichen Spiegel alle meine Liebe und
ihre Werke würdig abspiegeln könnte, um mich des Lebens
und der Liebe erfreuen zu können« (FBA 16, S. 661 f.).

16-18 *Zu Ostern willst* ⟨...⟩] Ostern lag im Jahr 1802 vier Wochen nach dem »22. März« (S. 16,35), am 18. 4.; dazu stimmt nicht ganz die Angabe »in vier Wochen« (S. 17,6) sei Mai.

17,37 *Valetaille*] (Franz.) Bedientenvolk, -pack.

18,18 *Gedanken*] Unter den Papieren von Clemens fand sich ein Blatt, »das er der Schwester in ihrem 12. Jahre vom Schreibtisch nahm und das etwas umständlich sich in Metaphysik ergeht« (Oehlke, S. 250 f.).

19-22 *Du hast mich* ⟨...⟩] Die Datierung (S. 22,7) auf den 25. 3. scheint aus dem Original zu stammen; die Sonne geht jedoch nicht im März, sondern erst im Juni »früh um vier Uhr« (S. 21,23) auf.

20,13 *Eduard Bethmann*] Vgl. S. 763.

20,17 *Mercuriale*] (Franz.) Tadel, Verweis.

20,19-21 *Vous n'avez* ⟨...⟩ *une juive*] (Franz.) »Sie haben keinerlei Schamgefühl, gar keine menschliche Scheu, man trifft Sie Hand in Hand mit einer Jüdin die Straße fegen.«

20,23-25 *cachez vous* ⟨...⟩ *effronterie*] (Franz.) »Verbergen Sie sich vor der Welt, damit man nicht die entehrenden Zeichen Ihrer Frechheit an Ihrer Stirn sieht.«

21,7 *Louisd'or*] Die bis 1793 geprägte Hauptgoldmünze Frankreichs, die auch im Ausland häufig als Handelsmünze verwendet wurde.

21,18 *Goldbouillon*] Vergoldete Metallfäden, die zu einer für Tressen und Borten verwendeten Schnur gedreht werden.

22,8 *Herzog von Aremberg*] Engelbert Ludwig, der letzte Herzog von Arenberg. Die Arenbergs hatten große Besitzungen in den habsburgischen Niederlanden (im Hennegau und in Brabant), die durch den Frieden von Lunéville 1801 mediatisiert wurden. Engelbert Ludwig war mit fünfundzwanzig Jahren erblindet; die Zeitgenossen bewunderten in ihm den Liebhaber der Künste, doch nahm er auch am politischen Geschehen lebhaften Anteil. In seinen *Ansichten vom Niederrhein* (Kap. 19) rühmt Georg Forster die »innere Ruhe und eine Fähigkeit zum frohen Genusse

des Lebens« an dem »liebenswürdigen Mann«; der »glückliche Blinde sei immer von der heitersten Laune und hat
seine übrigen Sinne gewöhnt, ihm den Verlust des zartesten
und edelsten erträglich zu machen«. Seit den neunziger
Jahren gehörte er zum »glänzende⟨n⟩ Zirkel von Offenbach« (Kampf, S. 71) um Sophie von La Roche. Clemens
widmete ihm den *Ponce de Leon* (vgl. Heinrich Neu, *Eine
Begegnung zwischen romanischer und deutscher Kultur. Herzog
Ludwig Engelbert von Arenberg und Bettina und Clemens Brentano*, Beuel am Rhein 1960).

22,14 *Mirabeau]* Der skrupellos ehrgeizige Graf Mirabeau wußte als glänzender Redner während der ersten
Phase der französischen Revolution seinen Einfluß in der
Nationalversammlung stets zu mehren, stand jedoch
gleichzeitig in Geheimverhandlungen mit dem Hof. Er trat
zwar stets für den revolutionären Grundsatz der Volkssou-
veränität ein, strebte praktisch aber lediglich eine konstitu-
tionelle Reform an. Die Bewunderung für Mirabeau, dem
man die Bändigung der Revolution noch vor der blutigen
Schreckensherrschaft zugetraut hätte, ist gerade in
Deutschland weit verbreitet; Sophie von La Roche hatte
seine Schriften exzerpiert (vgl. *Mein Schreibtisch*, S. 146),
Henriette Herz und Rahel Varnhagen, Friedrich Schlegel
und selbst Goethe rühmten ihn (vgl. *Die französische Revolution. Berichte und Deutungen* ⟨. . .⟩, hg. v. Horst Günther,
Frankfurt 1985, S. 1348-1352).

22,16 *Briefen]* Die Quelle konnte nicht ermittelt werden; bekannt waren damals etwa die 1791 in Paris erschienene Buchfassung der *Lettres du Comte de Mirabeau à ses
commettans pendant la tenue de la première legislature*; vgl. Anm.
23,28.

22-25 *Ich kann für* ⟨. . .⟩*]* Der Originalbrief lag einem
»groben Billett« (UL, S. 178) bei, das Clemens um den 20. 3.
1801 an Gunda schickte (vgl. S. 806).

23,2 *Latein lernen]* Sophie von La Roche ging es offenbar darum, ihrer Enkelin den Zugang zur Gelehrtenkultur
zu öffnen, der ihr selbst stets verschlossen geblieben war;

aus ähnlichen Gründen bemühte sich die Günderrode um diese Sprache (vgl. Preisendanz, S. 227 u. 256).

23,10 f. *Derwisch-* ⟨. . .⟩ *Braminensprache]* Die Indien-Begeisterung der frühromantischen Generation wurde mit Friedrich Schlegels Schrift *Über Sprache und Weisheit der Indier* (1808) auch sprachphilosophisch fundiert; doch schon Herder hatte erklärt, die Reduktion der Sprache auf die »aristokratischen« Konsonanten, wie eben im geschriebenen Sanskrit, versetze sie in den Komplementärzustand zur reinen Musik, die – laut Heinse (Bd. 5, S. 239) – »eine Sprache in lauter Vokalen« ist.

23,26 *Grandison]* Titelheld des, von Sophie von La Roche häufig gelobten, englischen Romans *Die Geschichte des Herrn Carl Grandison* (1753) von Samuel Richardson.

23,28 *Abhandlung Mirabeaus]* Vielleicht sind die *Observations d'un voyageur anglais sur la maison de force, appelée Bicêtre* von 1788 oder auch die *Memoires d'un prisonnier d'état* von 1783 gemeint, wahrscheinlich aber das in Hamburg 1782 erschienene zweibändige Werk *Des Lettres de cachet et de prisons d'état, ouvrage posthume, composé en 1778,* dazu als Ergänzung *Lettres authentiques* ⟨. . .⟩ von 1789.

25,1 f. *vien qua Bettina bella]* (Ital.) »Komm her, schöne Bettina.«

25,10 *Anonciata]* Der Name wird im *Godwi* (FBA 16, S. 382) verwendet; dort wird auch ein Sonett *Annonciatens Bild* mitgeteilt (S. 407), in dem bereits die Zeitgenossen (G. Görres, *Erinnerungen an den Dichter Clemens Brentano,* in: Historisch-politische Blätter 15 [1845], S. 27) ein poetisches Porträt B.s erkannten; vgl. Anm. 82,36 f.

25,24 *Klostereier]* Vielleicht eine Anspielung auf Handarbeiten, die B. während ihrer Klosterjahre gelernt hatte.

26-31 *Wenn man aber* ⟨. . .⟩*]* Drei Jahre nach Lavaters Tod (2. 1. 1801) wurde sein letzter Brief hervorgeholt (28,23); der »Feiertag« (S. 26,22) im »März« (S. 26,12) ist Mariä Verkündigung (25. 3.).

26,10 *Barbara-Tag]* 4. 12.

28,22 f. *Brief* ⟨. . .⟩ *vom Lavater]* Ein solcher Brief La-

vaters ist nicht bekannt geworden. Allerdings hatte Mira-
beau schon während seines Berliner Aufenthaltes einen
Angriff in Briefform gegen Lavater veröffentlicht: *Lettre du
Comte de Mirabeau à M... sur M. M. Cagliostro et Lavater*,
Berlin 25. 3. 1786; diesem Brief trat, bevor Lavater selbst
dazu Stellung nahm, Landgraf Friedrich V. von Hessen-
Homburg Ende Juli/Anfang August mit einem »Antimira-
beau« entgegen (vgl. Alfred Stern, *Mirabeau und Lavater*, in:
Deutsche Rundschau 118 [1903/04], S. 419-442).

29,30 f. *schmerzvoller Tod]* Mirabeau starb, nachdem ex-
zessive Arbeiten und Vergnügungen seine Gesundheit zerrüttet hatten, an einer akuten Zwerchfellentzündung. Noch
sein Hinscheiden wurde, laut einer Bemerkung Talley-
rands, zum Schauspiel für die Öffentlichkeit.

33,34 *fakticen Verkehr]* Nachgeahmten, eingebildeten,
gekünstelten Verkehr.

35,13 *Moritzens Götterlehre]* Die vielgelesene *Götterlehre
oder Mythologische Dichtungen der Alten* von Karl Philipp
Moritz, der 1787/88 zu Goethes Freundeskreis in Rom
zählte und später in Berlin Ludwig Tiecks Lehrer wurde.

35,33 *Berg ⟨...⟩ gebärt]* Nach einer sprichwörtlichen
Stelle der *Ars poetica* (v. 139) des Horaz: »Gewaltig kreißen
die Berge, zur Welt kommt ein komisches Mäuschen.«

36,2 f. *Sur la Volonté de la france]* Ein solcher Aufsatz B.s
ist nicht erhalten.

36,22 f. *griechischen Götter ⟨...⟩ französische Helden]* In
Moritz' *Götterlehre* wird der »Begriff von Freiheit und
Gleichheit, der unter der Alleinherrschaft des einzigen
⟨...⟩ nicht mehr stattfinden konnte« (S. 622) häufig betont. Diese klassizistische Tradition wird im Vormärz etwa
in Georg Büchners Drama *Dantons Tod* weitergeführt.

37,3 *kabalistische Zeichen]* Geheimnisvolle Zeichen; ob
B. Kenntnis der jüdischen Kabbala hatte, ist nicht festzustellen; doch wird im Goethe-Buch die Sekte der Frankisten
erwähnt, deren Zentrum Offenbach war und die jüdisch-
hermetische Traditionen pflegte.

37,22 *Selene]* Die Mondgöttin im griechischen Mythos.

37,22 f. *Hesperus]* Der Abendstern, Venus.

37,28 *über die Gartenmauer]* Wie gewöhnlich stilisiert der gealterte Clemens Brentano diese Begebenheit im Sinn seiner christlichen Grundsätze: »Ihr Taschengeld hat sie zum Fenster hinausgeworfen für Kinder und Arme.« (Niendorf, S. 88.)

37,29 *Magnetiseur]* In seinem Handexemplar notierte Varnhagen an dieser Stelle: »Nach Bettinens späterer Angabe war es Mesmer.« (Kat., Nr. 181.) Mesmer lebte von 1794 bis 1798 im schweizerischen Thurgau (vgl. S. 424,8), von 1803 an in der Nähe von Meersburg und stand dort auch in freundschaftlichem Verkehr mit dem ehemaligen Fürstprimas von Dalberg; ein früherer Aufenthalt im Frankfurter Raum ist nicht ausgeschlossen, freilich auch nicht nachweisbar. Sophie von La Roche hatte ihn 1785, noch in Paris, aufgesucht.

38,19 *die grüne Burg]* Die nicht mehr erhaltene »Burg«, ein Sommerpalais, befand sich im Besitz der Familie Bethmann; sie war im Bereich des heutigen Frankfurter Grüneburgparks gelegen.

38,26 *Lied aus dem Sänger]* Eine solche Komposition B.s ist nicht überliefert; das Erzählfragment *Der Sänger* hatte Clemens im Sommer 1800 an Sophie Mereau geschickt, die es Anfang 1801 anonym im »Ersten Bändchen« ihrer Zeitschrift ›Kalathiskos‹ erscheinen ließ.

38 f. *Ich öffne wie* ⟨...⟩*]* Im Mai und Juni war Clemens in Göttingen (vgl. S. 782); dort wurde er am 21. 5. immatrikuliert. Im Juni besuchte ihn sein Bruder Christian zusammen mit dem englischen Reisenden Henry Crabb Robinson.

39-43 *Hättest Du das* ⟨...⟩*]* Der Aufenthalt auf der »Grünen Burg« (S. 40,35 f.) wurde im vorigen Brief B.s angekündigt (S. 38,19); doch herrscht inzwischen Hochsommer (vgl. S. 40,3 f.). Der Originalbrief lag wohl demjenigen Gundas vom 23. 6. 1801 bei (vgl. UL, S. 198).

40,11 *Harpegge]* Ital. Arpeggio »gebrochenes Akkordspiel«.

40,18 *alte Puppe]* In seiner Besprechung des Goethe-Buches, die an Goethe die Empfindungslosigkeit für B.s »schöne Begeisterung« tadelt, fragte Börne: »⟨...⟩ muß man da nicht laut auflachen über das närrische Kind, das seiner Puppe seine Leiden vorweint?« (S. 864) Im Werk von Clemens Brentano, vor allem in der Spätfassung des *Gockel*-Märchens, ist die ›Puppe‹ das Sinnbild für die verführerische und doch tote Kunst, die erst durch Liebe überwunden werden kann.

41,11 *sagen die Linden]* Das Motiv der Linde im Werk des Clemens und bei B. (vgl. Anm. 181,23 f.) steht in der Tradition des »Baumkultes«, der das frühe 19. mit der Empfindsamkeit des 18. Jahrhunderts (vgl. Anm. 182,30 f.) verbindet, vgl. Wolfgang Frühwald, *Mephisto in weiblicher Verkleidung. Das Werk Bettine von Arnims im Spannungsfeld von Romantik und sozialer Reform*, in: Jb FDH 1985, S. 216-219. Noch die Widmung der Grimmschen *Kinder- und Hausmärchen* an B. weiß sich diesem Zusammenhang verpflichtet.

43-48 *Dein Gespräch mit* ⟨...⟩*]* Die Hinweise auf Pfingsten (53,31) widersprechen der Datierung des Briefes aus Göttingen (38 f.); mit Savigny war Clemens im April am Rhein; die *Frühlingskranz*-Briefe gehen jedoch auf die zweite Rheinreise im Oktober 1801 zurück. Der Schluß des Briefes (ab S. 47,5) findet sich, fast wörtlich übereinstimmend, im zweiten Teil des *Godwi* (FBA 16, S. 177,27-179,20), »während die erste Hälfte Anklänge an den Ponce verrät« (Oehlke, S. 259).

43,18 *Walpurgis]* Auch Arnim lernte die »liebliche Wallpurgis« (Steig 1, S. 35) bei seiner Rheinreise mit Clemens (vgl. Anm. 161,34) kennen, und dieser selbst begegnete ihr, wie er in seinem Brief vom 7. 9. 1805 an den Freund berichtet (ebd., S. 145), bei einem späteren Ausflug wieder.

43,32 *Sprüchwort]* Auf diesen verbreiteten Volksglauben (vgl. *Handwörterbuch des deutschen Aberglaubens*, Bd. 7, Sp. 592 f., 1002) spielt Brentano häufig an, so im *Ponce de Leon* (Bd. 3, S. 203) und in der *Erklärung der Sinnbilder* (1812; Bd. 2, S. 1051).

44,1 *Schloß der Gisela Brömserin*] Die Brömserburg (Nie-
derburg) in Rüdesheim; August Klingemanns Reisetage-
buch *Kunst und Natur* (Neue Aufl., Braunschweig 1823,
Bd. 1, S. 230 f.) erzählt die »Sage von der alten den Rhein
finster anschauenden Brömserburg« nach; Gisela, aus dem
seit dem 17. Jahrhundert erloschenen Adelsgeschlecht der
Brömser, sollte nach dem Willen ihres Vaters Nonne werden, suchte jedoch den Tod im Rhein, um ihrem Geliebten
treu zu bleiben; nach ihrer wunderbaren Rettung wurde sie
mit ihm vereint.

45,34 *Studiermaschine*] In den Briefen, die Clemens
Brentano im Sommer 1803 aus Marburg an Sophie Mereau
schrieb, begegnen ähnliche Charakteristiken Savignys (vgl.
Amelung, S. 151), so Anfang September auch die Wendung
von der »Studiermaschine« (ebd., S. 172).

47,35 *Pas*] (Franz.) Tanzschritt.

48,15 *Armide*] Die verführerische Schöne aus Tor-
quato Tassos Epos *Das befreite Jerusalem* (1581; deutsche
Übersetzungen u. a. von Wilhelm Heinse [1781-83], Johann Diederich Gries [1800]).

48-52 *Ich hab was ⟨. . .⟩*] Die Jahreszahl »1804« (S. 50,28)
widerspricht dem Entstehungsjahr 1801 für den Originalbrief, auf den sich Clemens wohl in seinem Frankfurter Billett
vom Anfang November an Gunda bezieht: »Hier ist Bettinens Antwort auf meinen Brief vom Rhein.« (UL, S. 235.)

50,13 f. *wie im Homer*] Wohl eine ungenaue Reminiszenz an die Verwandlung des Odysseus in einen Bettler
(*Odyssee* XIII, 429-438) sowie die irdisch-niedrige Gestalt,
in der die Pallas Athene dem Odysseus entgegentritt, ehe sie
ihre Göttlichkeit zu erkennen gibt (ebd., 287 ff.).

50,32 *Melodrama*] Gesprochene Dichtung mit Begleit-
musik.

51,16 *Pegasus*] Laut der griechischen Mythologie entsprang aus dem Hufschlag des geflügelten Rosses Pegasus
die Quelle Hippokrene auf dem Gipfel des Musenbergs
Helikon; daraus wurde dann in der Neuzeit die Vorstellung
vom Pegasus als Dichterroß abgeleitet.

51,16 f. *caracolirt]* (Franz.) Das Tummeln des Pferdes auf Schlangenlinien, nach Carracoli, dem Begründer der Hohen Schule der Reitkunst in Italien.

52-55 *Ich sollte schon* ⟨. . .⟩*]* Madame de Gachet traf, nach ihrem Aufenthalt in Mecklenburg und Holstein 1800/01, im Lauf des Jahres 1801 in Mainz ein, um unter dem Konsulat Napoleons ihre Heimkehr zu erlangen. Vielleicht hielt sie sich schon im April, also während der ersten Rheinreise von Clemens und Savigny (vgl. Anm. 43-48), dort auf; jedenfalls weist »die Gräfin von G. im zweiten Teil ⟨des⟩ *Godwi,* der im August 1801 abgeschlossen wurde und Ende 1801 erschienen war, ⟨. . .⟩ schon durch den Anfangsbuchstaben auf das Urbild hin« (Rehm, S. 357).

54,14 f. *Französin aus der Vendée]* Im November 1801 kam Clemens in einem Brief an Savigny auf Louise de Gachet, eine französische Abenteurerin, die von den Zeitgenossen für die Prinzessin Louise Stephanie de Bourbon-Conti gehalten wurde (vgl. Anm. 255,31 f.), zu sprechen: »Gestern war ich in Offenbach, wo ich Mad⟨ame⟩ de Gachet fand, Ritters Geliebte, ein Weib so groß wie Ritter an unschuldigem Geist, so reizend wie Pompadour und so herrschend wie Catharina und begeistert wie Jeanne d'Arc ⟨. . .⟩. Heute sah ich sie in der Stadt, sie ist eine Französin und höher als die deutsche Bildung, die zurückgekehrte Philosophie. Bettine soll ihre Freundin werden.« (UL, S. 239.) Die Freundschaft mit Ritter scheint im Frühjahr 1802 geendet zu haben. Eine erste biographische Skizze zu Madame de Gachet legte Varnhagen vor (*Ausgewählte Schriften,* 3. Aufl., Bd. 18, Leipzig 1875, S. 312-319; weiteres bei Ludwig Gorm, *Madame de Gachet. Eine romantische Episode,* in: Die Frau 36 [1928], S. 86-92).

54,21 *Nibelungen]* August Wilhelm Schlegel hatte bereits im zweiten Band des ›Athenäum‹ (1800), wohl angeregt durch Johannes von Müller, auf das *Nibelungenlied* aufmerksam gemacht; die ›romantische‹ Generation entdeckte dann in dem mittelhochdeutschen Werk das deutsche Nationalepos.

54,35 *Hipocras]* Hippokras: ursprünglich ein mittelalterlicher Würzwein, der wahrscheinlich vor allem als Heilmittel benutzt und deshalb mit dem Namen des antiken Arztes Hippokrates verbunden worden war; Rezept aus dem Hausbuch von Goethes Großeltern bei Beutler, S. 7 f.

55-57 *Du wirst mirs ⟨. . .⟩]* Die Reiseadresse am Schluß dieses wie des folgenden Briefes findet sich auch in einem Brief von Clemens aus der ersten Dezemberhälfte 1801 an Savigny, wo es heißt: »Der de Gachet gab ich ein ungebundenes Vermögen über Bettinen, und Bettinen schrieb ich, sich von ihr nicht einnehmen zu lassen.« (UL, S. 241.) B.s Antwort legte er für den Freund ebenso bei wie einen Brief der de Gachet vom 28. 11. 1801, in dem sie von ihrer ersten Begegnung mit B. in Offenbach berichtet und den Plan einer gemeinsamen Reise über Hamburg nach Lissabon und Madrid entwickelt (vgl. Henrici 149, Nr. 193; Hs.: Universitätsbibliothek Mainz).

56,23 *Chouans]* Anhänger der gegenrevolutionären, royalistischen Bauernbewegung in der Vendée.

56,29 *Ritter]* Über den Physiker Johann Wilhelm Ritter, der vor allem mit seinen Untersuchungen zu Elektrizität und Magnetismus Aufsehen erregt hatte, schrieb Clemens am 11. 1. 1802 an Arnim: »Ritter ⟨. . .⟩ ist der größte Mensch unsrer Zeit, und Schelling steht lächerlich gefährlich, wie auch Goethe.« (Steig 1, S. 27.) Für Goethe war Ritter »eine Erscheinung zum Erstaunen, ein wahrer Wissenshimmel auf Erden« (an Schiller, 18. 9. 1800). Mit dem Urteil: »Ritter ist Ritter, und wir sind nur Knappen« (an Caroline Schlegel; Novalis, Bd. 4, S. 263) formulierte sein enger Freund Novalis nur die Bewunderung des gesamten Jenaer Romantiker-Kreises, von dem sich Ritter nach dem Tod des Freundes (1801) freilich immer mehr zurückzog. Sein Briefwechsel mit Clemens, der sich ihm während des Jenaer Winteraufenthaltes angeschlossen hatte, setzte im Januar 1802 ein; auch an B. muß Ritter geschrieben haben,

da sich ein Umschlag mit B.s Notiz erhalten hat: »Briefe
von Ritter/ über Bettine an Clemens/ und an Bettine.«
(Rehm, S. 360.) Das Verhältnis trübte sich bald wegen
Ritters ständiger Bitten um Gelddarlehen (vgl. UL,
S. 313 f.); am 8. 9. 1802 heißt es dann in einem Brief von
Clemens an Arnim: »Ritter hat mir keine Zeile mehr ge-
schrieben; er ist auch hoffärtig.« (Steig 1, S. 45.)

57,21 *Friedrich Schlegel]* Schon den Zeitgenossen galt
Friedrich Schlegel als der führende Theoretiker des Jenaer
Romantiker-Kreises (vgl. S. 802). Clemens' anfängliche Bewunderung wich seit dem Sommer des Jahres 1800 einem
wachsenden Argwohn, da er – wohl zu Recht (vgl. UL,
S. 307) – vor allem Schlegels Intrigen für die Belastungen
und den Bruch seines Verhältnisses zu Sophie Mereau verantwortlich machte; überdies schien Schlegel den jüngeren
Verehrer lediglich als Geldgeber zu schätzen.

60-64 *Was ist doch* ⟨. . .⟩*]* Vgl. Anm. 55-57.

60,21 f. *c'est un jeune* ⟨. . .⟩ *femme]* (Franz.) »Es ist ein
junger Reiter, gnädiger Herr, mit zwei adligen Herren. –
Im Gegenteil, es ist eine Frau.«

60,31 f. *die Krüdner]* Den Besuch vom 7. 2. 1802 hat
Sophie von La Roche begeistert geschildert (vgl. Maurer,
S. 385 f.); Frau von Krüdener galt als »eine Heilige im
protestantischen Sinne« (S. 386), spielte eine wichtige Rolle
in pietistischen Kreisen und war vor allem als Verfasserin
des Romans *Valerie* (1803) berühmt. Vgl. zu den weiteren
Besuchen Assing, S. 342, sowie den Brief Sophie von La
Roches an Friedrich von Sachsen-Gotha-Altenburg (22. 2.
1804; Ebart).

60,37-61,4 *Vous êtes* ⟨. . .⟩ *incertitudes ministerielles]*
(Franz.) »Sie sind die verehrungswürdigste unter den Geg-
nern Frankreichs ⟨. . .⟩ die Nationalversammlung den
Schutzort des Vertrauens eines ganzen Volkes ⟨. . .⟩ Das
Volk ist nicht mehr den Intrigen des Hofes und ebenso-
wenig den Ränken der Ministerien ausgesetzt.«

61,6 *Vaisseaux de guerre]* (Franz.) Kriegsschiffe.

61,17 *Gaubloch]* Eine ausgebaute Dachluke.

62,20 *Tod* ⟨. . .⟩ *wie der Dieb in der Nacht*] Anspielung auf
1. Thess. 5,2.

68-74 *Jetzt schreib ich* ⟨. . .⟩] Wie Clemens am 8. 9. 1802
an Arnim schrieb, befand sich Dalton (S. 71,30) »noch
immer in Frankfurt und zieht mit Buch an den Rhein«
(Steig 1, S. 45). Allerdings will B. über ihre Klosterzeit, die
1797 endete, erst »mehr als drei Jahre hinaus« sein (S. 71,
5 f.). Die »letzten Asternsträuße« (S. 74,35) deuten jedenfalls auf den Monat September.

68,9 *Whiski*] Whisky: leichter, zweirädriger einspänni-
ger Wagen nach englischem Vorbild.

70,14 f. *Hier* ⟨. . .⟩ *Zebaoth*] Vielleicht ein ungenaues
Zitat der Zeile »Ich liege hier vor dir gebückt im Staube«
aus dem *Passionslied* in Christian Fürchtegott Gellerts *Geistlichen Oden und Liedern* (Leipzig 1766, S. 124).

71,4 f. *Erinnerungen aufschreiben*] Diese Mahnungen von
Clemens kehren im *Frühlingskranz* wie in der *Günderode* stets
wieder (vgl. Anm. 570,14 f.). Ähnlich berichtete er Arnim
am 20. 4. 1803: »Ich gebe mir immer alle Mühe, sie dazu zu
bringen, ihre Gedanken aufzuschreiben; das nenne ich
dichten bei poetischen Menschen. Aber ihr Leben ist so
betrübt und so hart, daß sie sich nicht wagt, irgend etwas
ihrer eignen geheimen Welt auszusprechen.« (Steig 1,
S. 70.)

71,31 *Dux*] (Lat.) Herzog; gemeint ist der Herzog von
Arenberg.

72,14 f. *galvanische Batterie*] Alessandro Volta entwik-
kelte 1800 diese nach dem Entdecker der ›animalischen‹
Elektrizität, Galvani, benannte Vorform heutiger Batte-
rien. Sie umfaßt eine Reihe von hintereinandergeschalteten
Zellen; jede dieser Zellen besteht aus einem Glasgefäß mit
verdünnter Säure, in das je ein Stück Kupfer und Zink
hineingetaucht sind, so daß die Kupferplatte einer Zelle mit
der Zinkplatte der nächsten verbunden ist.

73,27 *Grand-Mama vient*] (Franz.) »Großmutter kommt.«
74,14 *innerlichen Sinn*] In seinen *Erläuterungen zum Mesmerismus* (Berlin 1815) handelt Wolfart ausführlich von »der

ganzen geheimnißvollen Traumwelt, worin der innere Sinn alle Wahrnehmungen und alle Gedanken in Bezug auf die äußeren Sinnesvorstellungen als Bilder wiedergiebt« (S. 221; vgl. Anm. 304,15).

75-76 *Es ist aus* ⟨. . .⟩*]* Den ersten Frost im Herbst 1801 (S. 75,7 f.) brachte die Nacht vom 2. zum 3. 10.; B. gibt als Datum den 4. 11. (S. 76,31), »14 Tage« vor ihrem Namenstag am 19. 11.

75,18 *Ronde]* (Franz.) Rondeau – »Reigentanzlied«.

75,21 *Hofdame]* Am 19. 11. 1802 berichtet Sophie von La Roche von einem Geburtstagsfest für den Fürsten von Isenburg und erwähnt weiter »eine Erscheinung von einer Hofdame der Königin Antoinette von Frankreich« (Kampf, S. 94).

75,28 *Madrigale]* Romanische Gedichtform, unstrophisch, mit verschieden langen Versen und freier Reimstellung.

75,28 f. *avec la pointe cachée]* (Franz.) »Mit verborgener Pointe«.

75,29 *Chateaubour]* Anfang der neunziger Jahre hatte ein Graf Chateaubourg, »Landsmann von der Sevigné«, der sich dem Vendée-Aufstand anschließen wollte, im Kreis Sophie von La Roches verkehrt (vgl. Kampf, S. 44).

76,1 *Pochette]* (Franz.) Stockgeige.

76,7 *Hambutten]* Hagebutten.

76,12 f. *von Drais]* Der badische Forstmeister Freiherr von Drais war nie verheiratet, seine Laufmaschine, die Draisine, erfand er erst 1817 (vgl. Liebmann); Härtl vermutet, B. habe dem Sonderling, dessen Verhalten der Mannheimer »guten Gesellschaft« anstößig war, ein Denkmal setzen wollen (Fk/H, S. 362 f.).

77-83 *Deine Briefe erquicken* ⟨. . .⟩*]* Seit dem 11. 1., nach der Rückkehr von seiner Reise nach Jena und Weimar (vgl. Anm. 55-57), hielt sich Clemens wieder in Marburg auf (vgl. UL, S. 253).

77,22 *Reise des jungen Anarcharsis]* Der französische Altertumsforscher Jean-Jacques Barthelemy versuchte, in diesem seinem Hauptwerk (7 Bde., Paris 1788, deutsch 1790-93) ein lebendiges Bild des Lebens im klassischen Griechenland zu zeichnen; das Werk brachte ihm europäischen Ruhm.

77,26 *ästhetischen Briefe von Schiller]* Friedrich Schiller veröffentlichte 1795 *Über die ästhetische Erziehung des Menschen, in einer Reihe von Briefen* und nahm dies Werk 1801 in den 3. Teil seiner *Kleinen prosaischen Schriften* auf.

79,11 *Nationalität]* Herders Konzept von der durch eine gemeinsame Sprache begründeten Nation wurde im Jenaer Frühromantiker-Kreis aufgenommen und pointiert; so heißt es in den 1798 im ›Athenäum‹ veröffentlichten *Blüthenstaub*-Fragmenten von Novalis:

> Fast immer hat man den Anführer, den ersten Beamten des Staats, mit dem Repräsentanten des Genius der Menschheit vermengt, der zur Einheit der Gesellschaft oder des Volkes gehört. ⟨. . .⟩ Es ist eine unwidersprechliche Thatsache, daß die meisten Fürsten nicht eigentlich Fürsten, sondern gewöhnlich mehr oder minder eine Art von Repräsentanten des Genius ihrer Zeit ⟨nur⟩ waren ⟨. . .⟩. Ein vollkommener Repräsentant des Genius der Menschheit dürfte vielleicht der ächte Priester oder der Dichter κατ' εξοχην seyn.
> (Bd. 2, S. 445 u. 447.)

79,15 *Vernunft]* Kants Unterscheidung zwischen ›Vernunft‹ und ›Verstand‹ gehört zum Gemeingut im geistigen Leben des späten 18. Jahrhunderts; sie wird bei Jacobi wie bei Novalis vorausgesetzt. Franz von Baader legte in seiner Abhandlung zur *Begründung der Ethik durch die Physik* bereits die kritischen Gesichtspunkte fest:

> Nachdem nämlich dieser scharfsinnige Denker ⟨Kant⟩ sich viele Mühe gab, den höheren Erkenntnistrieb im Menschen ⟨. . .⟩ im Dienste eines niedrigeren Erkenntnisvermögens ⟨. . .⟩ niederzuhalten, so sah er sich denn doch wieder genötigt, über jenes (als Verstand) ein dasselbe begeistendes und beherrschendes Höheres (als Vernunft) anzunehmen, ohne welches dieser Verstand selbst

im Felde gemeiner Erfahrung (der Naturbeobachtung) erblinden und stille stehen müsste.
(Bd. 5, S. 9.)

80,20 *Shakespeare englisch]* Solange die 1797 begonnene Shakespeare-Übersetzung von August Wilhelm Schlegel, die erst 1825 unter der Leitung von Ludwig Tieck fortgeführt wurde, nicht vollendet war, blieb das deutsche Lesepublikum auf die vielgeschmähten Prosaübertragungen Wielands (1762-1766) und Eschenburgs (1775-1777) verwiesen.

81,16 *Zwei dem Tode geweiht]* Angespielt wird wohl auf den Tod der Schwester Sophie und die »gestorbene« Liebe zu Sophie Mereau.

82,34 f. *Freiheitsmütze]* Die Mütze wie auch der Hut waren schon in früheren Volksaufständen (England, Schweiz) Freiheitssymbole, da nur »freie« Menschen berechtigt waren, den Kopf in der Öffentlichkeit bedeckt zu halten, während Sklaven sich nur barhaupt zeigen durften. Seit der Französischen Revolution wurde die Jakobinermütze, die rote Kappe der befreiten Galeerensklaven, zum Abzeichen revolutionärer Gesinnung.

82,36 f. *Spanien* ⟨...⟩ *Orangen]* Dies Bild verwendet Brentano ebenso in dem Sonett *Annonciatens Bild,* das er seinem Roman *Godwi* einfügte (FBA 16, S. 407; vgl. Anm. 25,10).

83,6 f. *dem Gott im Menschen]* Dieses Schlagwort goethezeitlicher Dichtung, das z. B. auch einer Gottesvorstellung in Hölderlins Werk entspricht, wird von B. in ihren Kult von ›Geist‹ und ›Persönlichkeit‹ eingepaßt: »Nur in der idealen Gewalt« ⟨d.i.: die ›Wahrheit‹⟩ erscheint der Gott im Menschen« (an Julius Döring, April 1839; Vordtriede, S. 356); es »ist ein Gott in uns der lenkt und unterwirft das Schicksal dem Beruf« (an Felix Prinz Lichnowsky, März 1842; Jürgen Behrens, *Bettine von Arnim und Felix Prinz Lichnowsky,* in: Archiv für Frankfurts Geschichte und Kunst 59 [1985], S. 333). Vgl. S. 928, 951 ff.

85,18-21 *Vous êtes* ⟨...⟩ *tout autrement]* (Franz.) »Sie

sind ein Kind ⟨vgl. S. 885⟩ ⟨. . .⟩ fühlen Sie, wie Ihre Seele und Ihre Phantasie sich während der Reise entwickeln werden, und außerdem werden Sie mit mir zusammen sein, ich werde Sie lieben, und Sie werden das Leben, die Welt, die Natur ganz anders begreifen.«

88,29 *schiebelten]* Iterativbildung zu »schieben«.

88,37 *Wunder vom Doktor Faust]* Dies schrieb schon die erste literarische Bearbeitung der Faustsage, die *Historia von D. Johann Fausten* von 1587, dem berühmten Magier zu (im 55. Kap.).

89,14 *Schmetterling]* Der Schmetterling gilt seit der Antike als Bild der unsterblichen Seele: »Unter der Psyche, mit Schmetterlingsflügeln abgebildet, dachte man sich gleichsam ein zartes geistiges Wesen, das, aus einer gröberen Hülle sich emporschwingend und verfeinert zu einem höhern Dasein, zu schön für diese Erde ⟨. . .⟩ an der Seligkeit der himmlischen Götter teilnahm.« (Moritz, S. 840; vgl. Anm. 462,4.) Im Werk Clemens Brentanos wird dieses Motiv häufig verwendet; vgl. seine *Erklärung der Sinnbilder* (Bd. 2, S. 1050).

89,32 f. *Gesegnetes Haupt ⟨. . .⟩ lag]* Anspielung auf die Szene des letzten Abendmahles, bei dem an Jesu Brust sein Lieblingsjünger Johannes lag, vgl. Joh 13, 23 u. 25.

90-92 *Ich habe Deinen ⟨. . .⟩]* Bis zum 4. 1. 1802 hielt sich Clemens in Jena auf; Ritter, der ihm wohl bereits im Dezember dorthin geschrieben hatte (vgl. Rehm, S. 362), begleitete ihn bei der Rückreise nach Marburg bis Gotha. Vielleicht hielt sich damals auch Mme. de Gachet in Jena auf (vgl. S. 83,32).

90,26 *Cirkassierinnen]* Tscherkessinnen; die türkischen Sultane schätzten die Schönheit der Frauen dieses nordkaukasischen Stammes; daher im zeitgenössischen Sinn auch: »Haremsdamen«.

91,1 *Briefe ⟨. . .⟩ über dich]* Vgl. Anm. 56,29.

91,5 *Moses]* Vgl. 2. Mose 17,1-7.

93,12 f. *Impromptu]* (Franz.) Witziger Einfall aus dem Stegreif.

93,25 *Haberrohr]* Seit etwa 1700 Bezeichnung für die antike Hirtenflöte, die Schalmei.

93,31 f. *quel effét que cela fera]* (Franz.) »Was das für eine Wirkung machen wird.«

94,7 *Charivari]* (Franz.) Buntes Durcheinander.

94,17 *Pansflöte]* Der Schutzgott der Hirten, Pan, erfand die Hirtenflöte.

94,17 *Satyrtanz]* Die Satyrn, halb göttliche, halb tierische Wesen, mit Hörnern und Ziegenfüßen, gehören zum Gefolge des Dionysos.

94,17 *Ingenium]* (Lat.) Verstand, Geist.

94,29 f. *die alte Prinzeß Rothenburg]* Wahrscheinlich eine Tochter des Landgrafen Constantin von Hessen-Roten-burg, einer zeitweiligen Nebenlinie von Hessen-Kassel ohne Landeshoheit; eine genaue Identifikation ist nicht möglich, da drei Töchter – Clementine Franciska Ernestina (1747-1813), Marie Antoinette (1753-1823), Wilhelmine (1755-1816) – unverheiratet blieben.

94,31 *Blondencoiffure]* Eine »Frisur« (franz. coiffure), unterlegt mit »Blonden« – aus roher, »blonder« Seide gefertigten Spitzen mit einem netzartigen, von Blumen oder sonstigen Figuren durchzogenen Grund.

95,11 *Fürstin von Ysenburg]* Wohl Charlotte Auguste Wilhelmine, geb. Gräfin zu Erbach-Erbach; Fürstin seit 1803 als Nachfolgerin von Ernestine Esperanze Viktoria, geb. von Reuß-Greiz.

97,20 f. *die himmlischen Freuden]* Vgl. S. 757 f., 896.

99-103 *Ich fühle mich ⟨. . .⟩]* Für ein Geschenk B.s bedankte sich Ritter um den 15. 4. 1802 (vgl. Rehm, S. 350).

103-113 *Du schreibst mir ⟨. . .⟩]* In einem undatierten Brief schrieb Clemens wohl im Frühjahr 1804 an seine Schwägerin Antonia in Frankfurt, bei der sich B. damals aufhielt: »Hier lege ich ihr ⟨B.⟩ einen Brief bei; es ist eine kleine Abhandlung über Lüge und Wahrheit im weitesten Sinne« (GS 8, S. 123; vgl. S. 667,4); auch die Nachschrift (S. 113,23 f.) entspricht jenem Brief (vgl. Fk/A, S. 398 f.).

105,17 *Sacontala]* Georg Forster übersetzte 1791 nach

einer englischen Vorlage die *Sakontala* des größten Sans-
krit-Kunstdichters Indiens, Kalidasa, ins Deutsche (vgl.
S. 853); nach der Lektüre dieser Übersetzung fügte Goethe
einem Brief an Friedrich Heinrich Jacobi (vom 1. 6. 1791)
Distichen bei, an die sich die vorangehende Passage vermutlich anschließt: »Will ich die Blumen des frühen, die
Früchte des späteren Jahres, | Will ich, was reizt und ent-
zückt, will ich, was sättigt und nährt, | Will ich den Himmel,
die Erde mit *einem* Namen begreifen, | nenn' ich, Sakontala,
dich, und so ist alles gesagt.« (Bd. 1, S. 206.) B. hatte diese
Ausgabe freilich schon 1801 auf Clemens' Empfehlung hin
von Savigny erhalten (vgl. UL, S. 200).

106,26 *Affektation]* (Lat.) Gezwungenes, geziertes Betragen.

107,34 *Kunstprodukt der dichtenden Natur]* Clemens lehnt
sich in seinen kunsttheoretischen Erörterungen eng an
Friedrich Schlegels *Gespräch über die Poesie* an, das 1800 im
3. Jahrgang des ›Athenäums‹ erschienen war; auch der
»Brief über Kunst« (an Savigny, Ende Oktober 1800; UL,
S. 159) in seinem Roman *Godwi* greift auf Schlegels Essay
zurück.

108,33 *Irokesen]* Sammelname mehrerer, untereinander
verbundener nordamerikanischer Indianerstämme.

109,8 *Lyra]* Saiteninstrument, das dem griechischen
Sonnengott, Apollo, heilig war.

110,9 *Kotzebue]* August von Kotzebue war seit dem
Ende der achtziger Jahre einer der erfolgreichsten deutschen Bühnenautoren; im russischen Staatsdienst beklei-
dete er hohe Ämter. 1799 hatte er sich mit dem *Hyperboräi-
schen Esel* öffentlich gegen die junge ›romantische Schule‹
gewandt; am Kampf gegen Kotzebue beteiligte sich auch
Clemens mit seiner ersten Veröffentlichung, der im Sommer 1800 erschienenen Satire *Gustav Wasa*.

111,1 *rappieren]* Mit dem Rapier, einem Übungsdegen
mit umflochtener Spitze, fechten. Schon während seiner
Studienzeit in Halle 1797 hatte Clemens einen Abscheu
gegen das studentische Raufwesen gefaßt.

111,2 f. *Kolophonium]* Ein Harzprodukt, das zum Be-
streichen des Geigenbogens verwendet wird.

113-118 *Der verminderte Septakkord* ⟨...⟩*]* Anschei-
nend hat Clemens den hier verwendeten Originalbrief an
Ritter gesandt und diesem damit eine »theure herrliche
Freude« bereitet (an Clemens, 9. 4. 1804; Rehm, S. 346).

114,9 *Freundschaft]* B.s hier entwickelte Auffassungen
berühren sich eng mit den Passagen über das »Wesen der
Freundschaft« in Clemens Brentanos *Godwi* (vgl. FBA 16,
S. 449 f.).

115,1 *Generalbaß]* Vgl. in Clemens Brentanos *Godwi* die
Wendung vom »Generalbaß des Zusammenlebens« (FBA
16, S. 292). Zu B.s Lehrstunden vgl. AM, S. 19.

115,23-30 *der ist* ⟨...⟩ *angemaßt]* Zu B.s Konzept des
Volkskönigtums, das in der Zeit der Befreiungskriege wurzelt, vgl. den Kommentar zu Bd. III.

115,37-116,1 *Geschichte des Kaiser Max]* Kaiser Maximilian I. soll sich 1493 auf der Gemsjagd in der Martinswand,
einer Felswand in den tirolischen Alpen oberhalb Inns-
brucks, verstiegen haben und auf wunderbare Weise gerettet worden sein.

117,36 *Sammetmütze]* Ritter spricht in seinem späteren
Dankbrief (vgl. Anm. 99-103) von einem Täschchen.

118 *Ich habe Deinen* ⟨...⟩*]* Wohl auf B.s Brief hin
schrieb Clemens im Februar 1802 an Arnim, sie werde
»täglich lieber« (vgl. S. 782). Am 2. 3. 1802 kündigte ihm
Ritter aus Gotha an: »Ich laße ⟨...⟩ bereits eines ⟨ein
Felleisen⟩ von weissem Tafft machen« (Rehm, S. 333), um
die Dankesbriefe an B. darin zu verwahren.

118-129 *Ich habe geglaubt* ⟨...⟩*]* Im Frühjahr 1802
kaufte sich Madame de Gachet ein kleines Gut in Laubenheim (S. 123,32), da ihrer Absicht, nach Paris zurückzukehren, allzu viele Hindernisse entgegenstanden. Auf B.s
Lektüre seines Buches bezieht sich eine Stelle im Kontext
eines Briefes des Clemens von Mitte Mai 1802 (vgl.
S. 161,17-21).

119,4 f. *ein Buch von Dir]* Satyren *und poetische Spiele von*

Maria ⟨Clemens Brentano⟩. Erstes Bändchen: *Gustav Wasa*, Leipzig 1800, bei Wilhelm Rein (vgl. Anm. 110,10).

123,34 f. *zweifle* ⟨...⟩ *heilig]* Vgl. Klingers 1803 erschienene »Betrachtung«: »Ich erröte jedesmal, wenn ich einen Menschen, indem er von seines Gleichen redet, ⟨...⟩ die Beiwörter: heilig und göttlich gebrauchen höre. ⟨...⟩ dieser Schnickschnack ist seit einigen Zeiten sehr gebräuchlich.« (Bd. 11, S. 27.)

123,37 *Oberath]* Oberrad bei Offenbach.

124,21 f. *Gerbermühle]* Vgl. Anm. 190,17.

125,31 f. *Cette pensee* ⟨...⟩ *Cieux]* (Franz.) »Dieser Gedanke ist mein Wegweiser ⟨...⟩ und er wird mich durch alle Welten und Himmel begleiten.«

126,12 *Klavierhofmann]* Philipp Carl Hoffman.

127,28 *Pfarrer Sch...z]* Friedrich Heinrich Schwarz; vgl. S. 807 zu den Ursachen von Clemens' Verärgerung.

128,35 *Schneller* ⟨...⟩ *Drucker]* Hier etwa: Einen kurzen Stoß und einen leichten Druck.

134,23 *persuadieren]* (Lat./franz.) Überreden.

134-138 *Der Savigny kann* ⟨...⟩*]* Im Mai 1802 (vgl. S. 136,5) hielt sich Clemens noch in Marburg auf; vielleicht bezieht sich B. (S. 136,19) auf den Brief Ritters an Clemens vom 9. 4. 1802 (vgl. Rehm, S. 367).

136,34 *Wie sie so sanft ruh'n]* Ein damals beliebtes Lied nach einem Text von August Cornelius Stockmann (1751 bis 1821), Professor der Rechte in Leipzig; bekannt wurde vor allem die Vertonung (1787) von Friedrich Burchard Beneken (1760-1818).

136,37 *Dionisos]* In Dionysos, bei den Römern Bacchus genannt, »verehrten die Sterblichen das Hohe, Freudenreiche des Genusses« (Moritz, S. 708); sein »hohes Urbild war die innre schwellende Lebensfülle der Natur, womit sie dem Geweihten begeisternden Genuß und süßen Taumel aus ihrem schäumenden Becher schenkt« (S. 706). Die Geburt dieses Halbgotts deuteten B.s Zeitgenossen als Bild des Sieges des Unsterblichen über das Sterbliche, wie ihn die Bacchantin nachvollziehe: »Von der Macht der Gottheit erfüllt, sind

die Grenzen der Menschheit ⟨!⟩ ihr zu enge«, wie Moritz
(S. 708) im Zitat des bekannten Gedichttitels von Goethe
erklärt. Vor allem die Jenaer Romantiker (Fr. Schlegel,
Schelling), aber ebenso auch Hölderlin priesen Dionysos als
den Gott ekstatischer – und dichterisch-schöpferischer –
Leidenschaft (vgl. Max L. Baeumer, *Das Dionysische in den
Werken Wilhelm Heinses*, Bonn 1964, S. 18-24).

137,6 f. *jeden Nachklang fühlt mein Herz*] Zitat aus der
zweiten Fassung von Goethes Gedicht *An den Mond* (v. 9).

137,9 f. *Es steht* ⟨...⟩ *voll*] Ungenaues Zitat aus *Schä-
fers Klagelied*, einem Anfang 1802 entstandenen Gedicht
Goethes (vgl. Rehm, S. 362-364).

138-143 *hier ohne Dich* ⟨...⟩] Der Brief an die Günderrode (S. 143,22; vgl. S. 828) stammt vom Mai 1802.

138,22 *hoch in den Lüften*] Vgl. S. 131,10.

141,12 f. *unglückliche frühere Neigung*] Anspielung auf die
vorerst gescheiterte Liebe zu Sophie Mereau, vgl. S. 802.

141,29 *Kaprise*] Franz. caprice »Eigensinn, Laune«.

142,4 *konstalisiert*] (Lat.) Befestigt.

142,33-36 *Leben* ⟨...⟩ *auffangen*] Zur Wirkungsgeschichte dieses Satzes bei Hofmannsthal, etwa in einem
Entwurf zum *Rosenkavalier*, vgl. Schultz/Fk, S. 355.

143,9 *Gott im Menschen*] Vgl. Anm. 83,6 f.

143-148 *Es geht schlecht* ⟨...⟩] Oehlke, S. 268, vergleicht B.s Datierungen (S. 136,5 – »7. Mai«; S. 157,23 –
»15. Mai«) mit den damaligen Postlaufzeiten und zeigt den
Widerspruch zur Angabe der Wochentage (Montag/Mitt-
woch – S. 143,33 u. 146,5) auf.

145,36 f. *Durch Feld* ⟨...⟩ *wegzupfeifen*] Zitat der An-
fangszeilen von Goethes Gedicht *Der Musensohn*, das vermutlich nicht sehr viel früher als 1799 entstand und 1800
erstmals gedruckt wurde.

146,1 *Damon*] Stehender Name für den verliebten
Schäfer in der an der antiken Idyllik geschulten Schäferpoe-
sie des Rokoko.

146,3 *was kann* ⟨...⟩ *dafür*] Das Zitat konnte nicht
nachgewiesen werden.

146,25 *Rosen]* Zum Folgenden vgl. S. 894.

147,19 *Liebe ⟨. . .⟩ besiegt]* Das Zitat konnte nicht nachgewiesen werden.

148,7 *deliziös]* (Franz.) Köstlich.

148-152 *Da ich vermute ⟨. . .⟩]* Der Originalbrief (vgl.
S. 1014-1019) gehört zu der »moralischen Korrespondenz«
mit seinen Schwestern B. und Gunda, von der Clemens am
18. 3. 1803 der Mereau berichtete (Amelung, S. 102); ausführlich wird deren Zweck und Nutzen in seinem Marburger Brief an Gunda (Februar/März 1803) untersucht; die
Nachschrift lautet:

> Etwas was ich Dir sehr anrate, ist die Lektüre von Gö-
> thens Schriften 7. Band. Die Epigramme und die Disti-
> chen, welche in vier Jahreszeiten geteilt sind, sind die
> gesündeste Ansicht, die ich kenne, und werden Dir,
> wenn Du sie verstehst, besonders wie er über die Emp-
> findsamen spricht ⟨. . .⟩, recht nützlich sein; jeder kann
> in seiner Art das Leben ebenso ansehen, und wer es nicht
> kann, der taugt überhaupt zu nichts.
> (Ul, S. 297.)

149,19 *empfindsam]* Vgl. S. 801.

149,23 *Seraphine Hohenacker, die Geisterseherin]* Wahrscheinlich ein erfundener, parodistischer Titel nach dem
Muster erfolgreicher zeitgenössischer Trivialromane. Clemens sah seit langem – schon 1797 in dem Briefwechsel mit
Remigius Sauerländer – in der übermäßigen Lektüre solcher Romane die Ursache für eine überspannte Empfindsamkeit, die junge Mädchen vom rechten Weg ablenken
konnte; er übernimmt damit ein geläufiges Schema der
Kritik an der ›Lesesucht‹ (vgl. UL, S. 94 f.).

149,37-150,1 *auswälchern]* (Einen Kuchenteig) ausrol-
len.

150,25 *den siebenten Band]* Als siebter und letzter Band
der *Neuen Schriften* Goethes waren 1800 bei Göschen seine
Lieder, Romanzen, Balladen und Elegien erschienen; vgl.
Anm. 148-152.

150,26 *Antitodum]* Statt lat. antidotum »Gegengift«.

150,27 *Müllers Schweizergeschichte]* Die fünf Bände der *Geschichte der Schweizer Eidgenossenschaft* erschienen, in verschiedenen Überarbeitungsstufen, von 1786 bis 1808. Ihr Autor, Johannes von Müller, genoß europäischen Ruhm, in der Wissenschaft wie bei den sich sonst heftig befehdenden Fraktionen des literarischen Lebens (vgl. Heinz Ryser, *Johannes von Müller im Urteil seiner schweizerischen und deutschen Zeitgenossen,* Basel 1964).

151,24 *Lot]* Altes Gewichtsmaß; etwa 16 g.

152,2 *Allmein]* Vielleicht eine Anspielung auf den Titelhelden von Friedrich Heinrich Jacobis *Eduard Allwills Briefsammlung,* ein Buch, das von Clemens geschätzt wurde (vgl. UL, S. 159).

152-158 *Liebe Günderode! Denn ⟨...⟩]* Über Clemens' Beurteilung des eben erschienenen *Franken in Ägypten* (S. 155,13) berichtete B. in ihrem Brief an die Günderrode vom Mai 1804 (vgl. S. 837).

152,28 *Gelerüb]* Gel, gehl: gelb.

153,8-15 *Wollt ich ⟨...⟩ Mäderchen]* Vgl. S. 491-495.

153,12 *Alba]* Lieblingswort B.s für Sonne (lat. lux alba »helles Licht«).

155,28 *Freia]* Germanische Göttin. Gemahlin des Göttervaters Odin.

156,7 *kabalistische Mysterien]* Vgl. Anm. 37,3.

156,13 *Hymnen der Diane ⟨...⟩ von Stollberg übersetzt]* Von Christian Graf zu Stolberg, einem Mitglied des ›Göttinger Hains‹, war 1782 in Hamburg eine Sammlung *Gedichte aus dem Griechischen übersetzt* erschienen. Sie enthält drei Hymnen an Artemis (lat. Diana), die jungfräuliche Göttin der Jagd; zwei stammen von Homer, eine von Kallimachos. Lobgesänge (Paiane) auf Dionysos sind zweimal, nach Homer, von Stolberg übersetzt worden; er wählte allerdings die Gattungsbezeichnung »Hymnen« (vgl. S. 987).

157,37 *Pulverturm]* Die zentrale Revolutionsmetapher in Jean Pauls Roman *Titan.*

158,10 *Darre]* Hürde zum Trocknen von Obst usw.

158,32 *Lied* ⟨...⟩ *von Sterkel]* *Der Garten des Lebens* (1784), ein häufig komponiertes Lied von Johann Ägidius Klöntrup (eigtl. Rosemann, 1755-1830); es erschien zuerst in der *Poetischen Blumenlese auf das Jahr 1794*, Göttingen: bey Johann Christian Dieterich (S. 189); B. zitiert den (Fk/A, S. 400-403 mitgeteilten) Text hier ungenau. Johann Franz Xaver Sterkel (1750-1817) war um 1800 ein bekannter Komponist, obgleich seine Vertonung des Liedes derjenigen Zelters an Popularität nachstand.

158-161 *Ich gebe Dir* ⟨...⟩*]* Arnim hatte in seinem Brief an Clemens vom 4. 5. 1802 (vgl. S. 783) seine Ankunft für den 1. 6. (S. 159,3 f.) angekündigt. Mit dem Brief Ritters (vgl. S. 161,22) ist wohl der um den 15. 4. geschriebene gemeint: Ritter bedankte sich allerdings für ein (vielleicht mit der Goldstickerin Veilchen gemeinsam angefertigtes) Täschchen (vgl. Anm. 117,36); seine Wortspiele mit »Veilchen« lassen vermuten, daß Clemens ihm von B.s Freundin erzählt hatte.

159,4 *Ritters großer Nebenmann]* Vgl. S. 783; dazu: Paul Hofmann, *Achim von Arnim über Johann Wilhelm Ritter*, in: Archiv für Geschichte der Mathematik, der Naturwissenschaften und der Technik, N. F. 1 (1927/28), S. 357-362.

159,14 *Lieder der Minnesänger]* Anfang 1802 beschäftigte sich Clemens mit ›altdeutscher‹ Dichtung und beabsichtigte, Übertragungen davon zu veröffentlichen, ein Plan, der dann durch die Volksliedsammlung *Des Knaben Wunderhorn* (1805-1808) aufgehoben wurde (vgl. zu seinen Quellen S. 1020).

161,17-21 *Was Du* ⟨...⟩ *können]* Vgl. die Zueignung des zweiten Bandes von *Godwi* an B. (vgl. S. 807).

161,34 *Rheinreise]* Von Anfang Juni bis Mitte Juni waren die beiden Freunde gemeinsam unterwegs, besuchten Bingen und Rüdesheim und trennten sich schließlich für kurze Zeit in Koblenz; während Arnim allein nach Düsseldorf weiterreiste, hielt Clemens sich dort bei seinen Freunden, u. a. bei Görres, auf. Nach einem neuerlichen kurzen Aufenthalt Arnims trennten sich die beiden kurz vor dem

22. 6. endgültig. »Die gemeinsame Rheinreise Arnims und Brentanos gilt als ein Ausgangs- und Höhepunkt der sogenannten Rheinromantik« (Heinz Härtl, in: Fk/H, S. 371); freilich wurden während der ›Rheinkrise‹ zu Anfang der vierziger Jahre auch Brentanos Gedichte chauvinistisch verfälschend umgedeutet. Für ihn »war der Rhein noch der Fluß eines imaginären, zugleich wunderbaren und einfachen, poesie- und liebevollen Lebens«, in dem seine poetische Existenz aufgehoben war (ebd.); er wie Arnim konnten damals »die Einheit und Ungebrochenheit ⟨. . .⟩ von Leben, Fröhlichkeit und Dichtung, die sie bei den Anwohnern des Rheins ⟨. . .⟩ enthusiastisch rühmten, noch gewahrt und schon bedroht finden« (ebd.). Ihre Vorstellung vom ›Volk‹, wie sie bei der Bearbeitung von *Des Knaben Wunderhorn* leitend wurde, hat sich damals geformt. So überlieferte Arnim ein Stimmungsbild dieser Reise:

Die Rheinländer sind ein so edles Volk wie ihr Wein; sie haben außer dem Sinn für Dichtung eine helle, klingende, hohe Stimme, besonders die Schiffer. In einen alten Mantel gehüllt, ohne Plan mit einem Freunde und einem Buche umherirrend, im Gesange der Schiffer von tausend neuen Anklängen der Poesie berauscht, ohne Tag und Nacht zu sondern, frei von Sturm und Ungewitter, denn unser Gesang führte sie uns wie Bilder unsres Gemüths – so möchte ich wohl noch einmal leben; das Leben war frisch angebrochen wie die echte Quelle des rheinischen Weines.

(Briefkonzept, an Gräfin Schlitz, Ende Juli 1802; Steig 1, S. 34 f.)

162 *Der Frühling war* ⟨ . . .⟩*]* Clemens' »Liebeshändel« begannen wohl erst nach der endgültigen Abreise Arnims (vor dem 22. 6.), der sich zuvor von ihm für einen Abstecher nach Düsseldorf (S. 163,8) getrennt hatte (vgl. Widmann, S. 3 f., sowie den Brief B.s an Savigny vom Juli 1802 [vgl. S. 775 ff.]). Im August 1802 schrieb Clemens an Arnim: »Ariel ⟨nach A.s Buch: *Ariels Offenbarungen*⟩ habe ich gleich Benediktchen Korbach genannt, sie ist die Geliebte

meines herzlichen Freundes Lasaulx und meine Herzensfreundin.« (Steig 1, S. 40.) Die Hochzeit des Paares fand am
1. 11. 1803 statt.

163,26 *Mienchen]* Vgl. Clemens' Brief an seine Schwester Gunda, Mitte Januar 1803: »Die Jungfrau, wie ich sie
liebe und die mir unendliche Ehrfurcht erregt, die ich
anbeten könnte und bei der ich unfähig bin, mir einen bloß
sinnlichen Gedanken zu denken, ist mir nie erschienen als
in Minchen Günderode. ⟨. . .⟩ Ich war noch nie ängstlich,
jemand zu schreiben als ihr, ich möchte sie lieber küssen.«
(UL, S. 287.)

164,11 *Ziegenhainer]* Ursprünglich ein Knüppel aus den
Zweigen des Herlitzenstrauchs (auch: Kornelkirsche), den
sich die Jenenser Studenten in dem Dorf Ziegenhain besorgten; seit etwa 1800 wurde so der gewöhnliche Studen-
tenstock, den man wie eine Keule mit dem dicken Ende
nach unten trug, benannt.

166-169 *Wer diesen Brief ⟨. . .⟩]* Vgl. S. 1020.

166,4 *französischen Republik]* Auf Grund des Vertrages
von Lunéville wurde am 18. 7. 1801 die formelle Einglie-
derung der linksrheinischen Gebiete des Heiligen Römischen Reiches deutscher Nation in die französische Republik verkündet; Koblenz war schon seit 1797 französisch
besetzt.

166,5 *Ruinen]* Vgl. Clemens' Brief an Savigny vom 22. 6.
1802; dieser, wie der folgende, wohl vom 1. 7. stammende,
berühren sich eng mit dem vorliegenden.

167,23 *Webstuhl der Zeit]* Zitat aus den Erdgeist-Versen
des 1790 gedruckten *Faust*-Fragments Goethes.

167,27 *Sandrat]* Gemeint ist von Joachim von Sandrart
*L'Academia Todesca della Architectura, Scultura & Pittura:
Teutsche Akademie der edlen Bau-, Bild- und Mahlerey-Künste*,
2 Bde., Nürnberg 1775/Leipzig 1779. Dort (Bd. 2, T. 2;
Nr. 30) findet sich ohne Unterschrift die hier beschriebene
Abbildung nach einer antiken Statue, die Sandrart später
(S. 12) als »Latona« (vgl. Anm. 539,23) erklärt, die aber
nach einer schwer lesbaren Bildinschrift »Venus« darstellt.

169-170 *Ich habe zu viel* ⟨. . .⟩*]* Vgl. den Brief des Clemens an Arnim vom August 1802 (zit. oben S. 815).

169,34 *Hanchen* ⟨. . .⟩ *Gretchen]* Lujo Brentano veröffentlichte 1921 die dreizehn Originalbriefe des Clemens an seine Geliebte, den »neuen Arnim« (vgl. S. 815), hielt aber irrtümlich nicht Johanna (»Hanchen«) Kraus, sondern deren Freundin Gritha (»Gretchen«) Hundhausen für die Empfängerin (vgl. UL, S. 270 f.).

169,35-170,1 *Seraph]* Feuer- oder Lichtengel.

170-176 *Dein fliegend Blatt* ⟨. . .⟩*]* In der letzten Juniwoche hielt sich Arnim in Frankfurt auf (vgl. S. 784); am 9. 7. 1802 berichtete er Clemens: »Deine Bettine habe ich ⟨. . .⟩ nur dreimal sehen können, und daran war Deine Abwesenheit schuld, aber einen frohen Abend habe ich in Ihrem Garten gelebt.« (Steig 2, S. 2.)

170,22 *Johann Andree]* Dem Haus Sophie von La Roches in der Domstraße war das Haus André benachbart, »mit welchem sich die glänzendsten Erinnerungen an Offenbachs musikalische Blütezeit verknüpfen, das lange ein Pantheon der Tonkunst gewesen, worin der von Johann André ⟨1774/1784⟩ begründete und bald so renommiert gewordene Musikverlag betrieben ⟨. . .⟩ wurde« (Pirazzi, S. 111). Bei den Verwandten seiner Verlobten Lili Schönemann war der junge Goethe im Frühjahr 1775 gern und oft verkehrt; das 17. Buch von *Dichtung und Wahrheit* schildert die Besuche bei den Familien Bernhard (vgl. Anm. 180,35) und André. Zu B.s Zeit wurde der Verlag von Johann Anton André, einem Sohn des Gründers, geführt.

170,23 *retiriert]* (Franz.) Flüchtet, zurückzieht.

174,21 f. *Das schmerzt* ⟨. . .⟩ *dich]* Das Zitat konnte nicht nachgewiesen werden.

174,31 f. *Wird nicht* ⟨. . .⟩ *weh]* Das Zitat konnte nicht nachgewiesen werden.

175,9 *Hahlgänse]* Dürre, noch nicht gemästete Gänse.

176,3 f. *mich fliehen alle Freuden]* Lied aus Giovanni Paisiellos (1740-1816) Singspiel *L'Amor contrastato* (Text: G. Palomba), dessen deutsche Bearbeitungen unter den Titeln

Die schöne Müllerin bzw. *Die schöne Müllerin oder Die streitig gemachte Liebe* 1793 aufgeführt wurden.

176-177 *Während ich Deinen* ⟨. . .⟩] Der Briefwechsel mit Arnim über B. begann noch während des ersten Koblenzer Aufenthaltes von Clemens, im Juli 1802 (vgl. S. 177,23-25; vgl. S. 785-791); damals hatte Clemens jedoch seine Gitarre bei sich (vgl. S. 177,8). Während seiner Reise nach Düsseldorf, im Oktober, hielt er sich neuerlich in Koblenz auf.

177-179 *Warum schreiben wir* ⟨. . .⟩] Schon in einem Brief an seine Schwägerin Antonia vom 15. 11. (GS 8, S. 116) hatte Clemens Grüße an B. bestellt; »auf Weihnachten« 1802 schrieb er an Arnim: »Eins, was mich auch betrübt, ist, daß Bettine, die jetzt von Offenbach weg in Frankfurt wohnt, mir seit zwei Monaten keine Zeile geschrieben hat; warum? das weiß ich nicht.« (Steig 1, S. 60; vgl. die Antwort B.s vom 24. 12. 1802 – vgl. S. 807 f.) Die Ursachen der Verstimmung werden erst in später eingeschalteten Briefen debattiert; vgl. Anm. 213-216.

178,2 f. *der geschickte Musikdirektor*] Den vorliegenden Briefzeugnissen gemäß (Amelung, S. 70; UL, S. 277) handelt es sich um Johann Franz August Burgmüller (1766 bis 1824). Er war 1786 Kapellmeister der Bellomoschen Theatergesellschaft in Weimar, später in süd- und westdeutschen Städten tätig; nach 1800 hielt er sich meist in Düsseldorf auf, wo er erst 1821 festangestellter städtischer Musikdirektor wurde.

178,4 f. *kleine Oper*] Die Handlung seines Singspiels *Die lustigen Musikanten* entwickelte Clemens aus dem gleichnamigen Gedicht, das er in seinen Roman *Godwi* (FBA 16, S. 496-499) eingefügt hatte. Das Singspiel entstand innerhalb von vier Tagen im November 1802 (UL, S. 277).

179-190 *Ich will gleich* ⟨. . .⟩] Fast alles, was in diesem Brief berichtet wird (»Kornfeld« – S. 187,13; die künftige Frankfurter »Messe«– S. 190,17), verweist auf den Spätsommer; zur Fahrt nach Trages vgl. Widmann, S. 12; Anm. 208 u. 299-300).

179,32 f. *Hör es klagt die Flöte wieder]* Das Gedicht stammt aus dem Singspiel *Die lustigen Musikanten* und ist dort ein Duett zwischen dem blinden Piast und seiner Tochter Fabiola.

180,11 *Invulnerable]* (Franz.) Unverwundbar.

180,35 *Bernards blasende Instrumentisten]* »Unter den Offenbacher Bürgern gab es einige außerordentlich reiche Häuser, unter denen die ⟨. . .⟩ Schnupftabakfabrikanten ›Gebrüder Bernard‹ durch den großen Aufwand, den sie machten, hervorragten. ⟨. . .⟩ Einer der Chefs dieses Etablissements, ein gewisser Peter Bernard, tat es aber allen zuvor, hatte einen fast fürstlichen Haushalt, und hielt sich sogar eine Kapelle, die fast aus lauter Virtuosen bestand ⟨. . .⟩. Es gab große Konzerte, zu denen alle angesehenen Einwohner Offenbachs gratis Zutritt hatten, und keine berühmten Tonkünstler, Sänger oder Sängerinnen kamen durch Frankfurt, die nicht bei Bernard gespielt oder gesungen hätten ⟨. . .⟩. Diese Musikwut hatte fast ganz Offenbach ergriffen, und es war beinahe kein einziges nur einigermaßen ansehnliches Haus, aus dem man im Vorübergehen nicht zu jeder Stunde des Tages irgend ein Instrument dudeln oder einen Gesang leiern hörte, wozu auch die berühmte musikalische Anstalt und Verlagshandlung des Herrn Hofrat André das ihrige beitrug.« (Friederich, Bd. 1, S. 146 f.; vgl. Anm. 170,22.)

181,7 *malade]* (Franz.) Krank.

181,23 f. *die alten Linden]* Das alte Offenbacher Magistratssiegel, das zumeist als Wappen gilt, zeigt keine Linden (vgl. Anm. 42,22), sondern einen bewurzelten silbernen Eichbaum mit fünf silbernen Eicheln (vgl. Pirazzi, S. 137-141).

181,29 f. *Hautboisten]* (Franz.) Oboenbläser.

182,30 f. *mitten im Garten]* In den *Herbsttagen* schildert Sophie La Roche dieses »Vergnügen an einem Garten« (S. 4) im Sinne aufklärerischer Empfindsamkeit (vgl. S. 7-9 u. bes. 22-24).

183,8 *Affektion]* (Franz.) Gewogenheit, Gunst, Zuneigung.

183,31 *Schawell]* Frankfurterisch für: Schemel.

184,9 *Menschen in Gefahr]* B. war bekannt für ihre Rettungsaktionen zugunsten so manches Unglücklichen und Verfolgten (vgl. die Angaben in der Zeittafel).

184,20 *die Helden der Gironde]* Girondisten, nach dem Departement Gironde, aus dem viele ihrer Mitglieder kamen. Vom Sturm auf die Tuilerien (15. 8. 1792) bis zum Machtantritt der Jakobiner (2. 6. 1793) bestimmte diese gemäßigt republikanische Partei die Richtung der revolutionären Politik; nach ihrem Sturz wurden neunundzwanzig Girondisten zum Tode verurteilt und guillotiniert; vgl. Anm. 725,36.

184,26 *Doktor Ebel]* Der Arzt und Reiseschriftsteller Johann Gottfried Ebel war nach einem längeren Aufenthalt in der Schweiz seit 1792 in Frankfurt ansässig; vor allem verkehrte er im Hause Gontard und konnte 1795 Hölderlin, der ihm durch Sinclair empfohlen war, die Anstellung als Hofmeister dort vermitteln. Als »attaché à la légation de Francfort« hielt sich der überzeugte Republikaner von 1796 bis 1802 in Paris auf. Seit der Rückkehr nach Frankfurt widmete er sich seinen naturwissenschaftlichen Studien. Er versuchte, die empirisch-aufklärerische Richtung mit den Anregungen Schellings zu verbinden; so heißt es in seinem Hauptwerk *Über den Bau der Erde in dem Alpengebirge* (1808): »Die bisher gezogenen Grenzen zwischen *lebendiger und todter Natur* müssen vernichtet werden, wenn der menschliche Geist sich auf einen der großen Natur würdigen Standpunkt erheben soll. *Nichts* ist todt in der Natur. Ein *unbegreifliches Urleben* wallet ewig belebend und strömend durch alle Theile 〈...〉.« (Zit. nach: Ludwig Strauß, *Aus dem Nachlaß Johann Gottfried Ebels* 〈...〉, in: Euphorion 32 [1931], S. 357.)

185,25 *Chemiset]* (Franz.) Vorhemdchen, Bluseneinsatz.

185,26 *Arachne]* Ariadne, die Tochter des kretischen Königs Minos; ein griechischer Mythos berichtet, wie sie Theseus mittels eines Fadens aus dem Labyrinth heraushalf.

186,23 *Herzog von Gotha]* August Emil Leopold, laut
Jean Paul »der witzigste Kopf, der je unter einer Krone
gesteckt«, war seit dem 20. 4. 1804 regierender Herzog von
Sachsen-Gotha und Altenburg. Er zählte zum Freundes-
kreis der Sophie von La Roche (vgl. bei Ebart ihr Urteil
über »seine staunenerregende Korrespondenz mit Jean
Paul«: *Jean Paul's Freiheits-Büchlein oder dessen verbotene Zueignung an den regierenden Herzog August von Sachsen-Gotha, dessen
Briefwechsel mit ihm: – und die Abhandlung über die Preßfreiheit*,
Tübingen 1805); die Dichterin Sophie Mereau verehrte er.
Sein einziges poetisches Werk *Kyllenicon oder Ein Jahr in
Arkadien*, ein Versuch, wahrhaft aus griechischem Geist
geschaffene Idyllen denjenigen Geßners entgegenzustellen,
erschien 1805. – Im Brief an Sophie Mereau vom 24. 10.
1803 lastet Clemens auch ihm Schuld an »dem Geschwätze
über Dich« an (Amelung, S. 287; vgl. Anm. 266,33 f.).

187,2 *Empusa]* Im griechischen Volksglauben der Antike ein vielgestaltiges, wandlungsfähiges Gespenst.

187,19 f. *persuadierte]* (Lat./franz.) Überredete.

187,35 *Kastorhut]* Filzhut aus Biberhaaren.

188,12 f. *nicé bella nicé amata]* (Ital.) »Schöne Nice, geliebte Nice«; »Nice« ist in der italienischen Schäferdichtung
des 18. Jahrhunderts ein häufiger Name für die sehnsüchtig
umworbene, freilich oft auch schon parodistisch verzeich-
nete Geliebte.

188,27 *Geilsheimer Wasser]* Wahrscheinlich ist nicht
Geilsheim, ein Ort bei Wassertrüdingen, sondern Geilnau
gemeint, ein Dorf an der Lahn, unweit Fachingen, das
durch seine Mineralquelle berühmt wurde.

189,36 *Hakennasen]* Gemeint sind die mit Savigny verwandten Vettern Kröber (vgl. Stoll, S. 179).

190,10 *Gyk]* Gig, ein leichter, zweirädriger Einspänner.

190,17 *Marianne]* Marianne Jung. Wohl am 11. 5. 1803
schrieb Clemens aus Frankfurt an Arnim: »Hier auf dem
Theater war vor ein paar Jahren Mariane Jung, ein unschuldig treu Kind, Tänzerin; ich liebte sie still weg, der
Bankier Willmer nahm sie von der Bühne und machte sie zu

seinem Pflegekind (Maitresse), ich ging zu Willmer, er
vertraute sich mir an, wollte mich zum Mittel gebrauchen,
die Jung fester zu binden, ich war ehrlich, die Jung liebte
mich, sie weinte oft in meiner Nähe, ich sprach davon mit
Willmer, seine Eifersucht vertrieb mich, wir haben uns
noch lieb so so.« (Weitz, S. 750 f.) Noch zwei Jahre nach
jener ersten Begegnung hielt die Brentanosche Familie eine
Verbindung von Clemens und Marianne Jung für wahrscheinlich; so schrieb ihm seine Schwägerin Antonia Anfang 1802:

> Ich wünsche Dir eine Frau, weil Du das Bedürfnis fühlst,
> eine zu haben, ich wünsche sie wie die kleine J. . . und
> kleine Jungen von ihr, sie besitzt alles, was W. . . nicht
> hat, darum ist sie vollkommen gut, einfach und treu,
> W . . . bewacht sie mit Argusaugen, so daß ich ihr Dei-
> nen Gruß nur unter einem Vorwand in das Ohr flüstern
> konnte. Gewiß, lieber Clemens, sie steht so hoch bei mir
> als tief in Deinem Herzen – Sie kömmt oft zu uns, und bei
> der ausgezeichneten Vertraulichkeit, womit ich ihr ent-
> gegenkomme, zeigt sie mir durch Worte und Blicke, daß
> sie es fühlt, aber es ist, als wollte sie sagen, daß sie noch
> mehr wolle, was sie nicht sagen darf.
> (Weitz, S. 747.)

So traf Marianne in den Monaten März bis Juli auch häufig
mit B. zusammen, in Frankfurt wie auf der Gerbermühle
bei Oberrad, die Willemer gehörte. Seit dem Herbst 1814
war sie mit Willemer verheiratet. Ihre und Goethes geheime Liebe während seiner Besuche in Frankfurt 1814 und
1815 ist in den Gedichten des *Westöstlichen Divan*, deren
einige von ihr stammen, gespiegelt; erst 1869 machte B.s
Schwiegersohn Herman Grimm diese Entstehungsge-
schichte von Goethes letzter Gedichtsammlung bekannt.
Ahnungslos (vgl. S. 993) hatte B. in ihrem Goethebuch von
1835 noch zu Mariannes Verdruß den Eindruck erwecken
wollen, einige der *Divan*-Gedichte habe sie selbst mit ihren
Briefen angeregt (vgl. Weitz, S. 809); auch die Erwähnungen im *Frühlingskranz* wurden ihr von Marianne, die sich

wie Clemens im Alter streng katholischen Kreisen anschloß, verübelt. Clemens hatte ihr noch 1837 die späte
Fassung seines *Gockel*-Märchens »herzlich« zugeeignet und
sie als Mitherausgeberin seiner Schriften vorgeschlagen.

190-196 *Dein letzter Brief* ⟨. . .⟩] Den (S. 196,1) erwähnten Brief von Arnim erhielt Clemens am 8. 9. in
Marburg; im Oktober, zur Messezeit, hielt er sich dann
tatsächlich in Frankfurt auf (S. 191,2).

196 *Du schreibst nicht* ⟨. . .⟩] Ein Brief seines Bruders
Georg hatte Clemens von B.s Aufenthalt in Frankfurt unterrichtet (vgl. die Anm. 177-179 zit. Briefe). Von einem
Aufenthalt in Jena (S. 196,25 f.) im Winter 1802 ist nichts
bekannt; vermutlich ist die zweite Briefhälfte einem früheren originalen Brief aus Marburg entnommen.

202,12 *lettres de Madame de Sevigné*] Vgl. S. 883 f.; Börne
hatte schon in seiner Besprechung des Goethe-Buches
(S. 856) dieses Vorbild angeführt.

202,31 *widerbellerisch*] Widerspenstig.

203-208 *Du wirst Arnims* ⟨. . .⟩] Am 15. 12. schickte
Clemens an seine Schwägerin Antonia Arnims Brief für
Gunda und B. (vgl. S. 791; vgl. UL, S. 270 u. 283, sowie die
Anm. 177-179).

204,32 *Hannchen oder Hänschen*] Vgl. Anm. 169,34; Johanna Kraus war Anfang Oktober in Frankfurt eingetroffen; damals hatte Clemens an Arnim geschrieben: »Gestern
ist mir ein Mädchen ungetreu geworden, sie ist hier von
Coblenz, ich habe den ganzen Sommer an ihr geliebt, es war
Frühlingsliebe, im Winter sollte es nicht sein, es hat mir
sehr weh gethan.« (Steig 1, S. 48.)

204,37 *Kapellmeister Ritter*] Durch die Unzuverlässig-
keit Burgmüllers war es nicht zu der für den Neujahrstag
1803 geplanten Düsseldorfer Aufführung der *Lustigen Musikanten* gekommen. Kurz darauf übernahm jedoch der
eben zum Kapellmeister ernannte Peter Ritter in Mannheim
die Vertonung und ließ das Singspiel zum 1. 1. 1804 unter
dem Titel *Das neue Jahr in Famagusta* aufführen (vgl. Lisa
Jessel, *Ein neuer Fund zur Vertonung von Brentanos »Lustigen
Musikanten«*, in: Jb FDH 1971, S 90-117).

Abb. 1: Frühe Zeichnung Bettines aus dem Nachlaß von
Herman Grimm

208 *Den Montag bin* ⟨. . .⟩*]* »Bei der Rückkunft aus
Düsseldorf kehrte Clemens zuerst bei Pfarrer Schwarz in
Münster ein, wo er Savigny antraf. Am 3. oder 4. Januar
war er wieder in Marburg und schrieb am 5.« an B. und an
Winkelmann (UL, S. 284).

209,4 *coulant]* (Franz.) Gefällig, fleißig.

209,26 *Granithäuser]* Gemeint können nur Häuser aus
rotem Sandstein sein (vgl. Pirazzi, S. 269).

210,3 *Vier Knaben in Rotstift]* Vgl. Abb. 1; dazu Kat.,
S. 203 f.

213,8 *präokkupiert]* (Franz.) Besorgt, befangen.

213,8 f. *von einer andern Liebe]* Gemeint ist hier die neu
angeknüpfte Beziehung zu Sophie Mereau.

213,23 *Bärenhäuter]* »Nichtsnutzige Menschen«; abgeleitet von der Redewendung: »auf der Bärenhaut liegen«,
die im 16. Jahrhundert für abgedankte Landsknechte gebraucht wurde. 1808 erneuerte Clemens in seiner scherzhaften Abhandlung *Geschichte vom Ursprung des ersten Bärnhäu-
ters* in Arnims Zeitschrift ›Tröst Einsamkeit‹ eine zuerst
von Grimmelshausen mitgeteilte Sage vom Bärenhäuter;
Arnim ließ die Hauptfigur 1812 in seiner Erzählung *Isabella
von Ägypten* auftreten.

213-216 *Ich habe einmal* ⟨. . .⟩*]* Clemens bezieht sich
(S. 215,37) auf den Brief seiner Schwägerin Antonia (in
GS 8, S. 123 f.; vgl. S. 215,37), den er auch Gunda gegenüber als »einen der schönsten ⟨. . .⟩, die ich in meinem
Leben erhielt«, preist (Mitte Januar 1803; UL, S. 288); die
Warnung vor männlichem Umgang war vor allem auf
Gunda gemünzt: »Zu einem fordere ich Dich dringend auf,
erwäge, inwiefern Deine Art mit Männern umzugehen Bettine geziemt, und ob ihr Männer wie Moritz ⟨Bethmann⟩,
die an Dir nichts mehr verderben können, auch dienlich
sein können. Schone sie.« (UL, S. 288; vgl. Gundas Antwort, Henrici 149, S. 53.)

217,10 f. *männliche Gesellschaft]* Seit den Reflexionen
über das Weibliche, wie sie in der Programmzeitschrift der
Jenaer Romantiker, dem ›Athenäum‹, erschienen waren und

wie sie in Clemens Brentanos *Godwi* bereits vorausgesetzt
wurden, waren die traditionellen Bestimmungen erschüttert. Die Günderrode etwa sperrte sich gegen die Erwartungen ihrer Umwelt (vgl. S. 862, 937) und hatte unter dem Vorwurf der ›Unweiblichkeit‹ zu leiden (vgl. S. 848, 872). Auch
an B. vermißten ihre Angehörigen die weiblichen Tugenden
(vgl. S. 770 u. 797). Ihre Heroenbegeisterung und ihre Sehnsucht nach ›hochfliegender‹ »Eigenmacht« (S. 1034; vgl.
AM, S. 23) verknüpft sie – gleich ihrer Freundin – mit diesem Wunsch, das Weibliche zu überwinden: »– ich liebe ihn
⟨Clemens⟩ auf eine männliche Weise«, heißt es in einem
Brief an Sophie Mereau, wohl Ende April 1805, zur Abreise
von Clemens aus Frankfurt, geschrieben, »denn im ganzen
habe ich mehr männliches als weibliches in meinem betragen
und wesen. ⟨. . .⟩ – ach ich habe eine Sehnsucht zu fliegen.
O Gott, wenn Du je meine eifrigen Gebete erhört hast, so
erhöre dieß einzige noch, welches ich mit aller Inbrunst begehre laß mich fliegen« (Hs. FDH). Nach Sophie Mereaus
Antwort erklärt B. dann, wohl im Mai/Juni 1805:
  Daß ich Dir auf die frage die Weibliche Natur belangend
  so barsch antwortete war Spielerey, es war mir nehmlich
  als würfest Du mit dieser Frage einen Stein vor mir ins
  Wasser und das Wasser sey mir davon in das Gesicht
  geprüzt, ich wollte mich rächen und warf wieder einen
  hinein. indessen kann ich Deine Frage auch *ernsthaft*
  nicht beantworten, ich habe zu wenig Erfahrung, und
  denn meine ich daß um sie zu beantworten müßte ich
  schon eine ganz reine Erscheinung der Weiblichkeit gesehen und gefühlt haben, ich glaube aber daß diese eben
  so wie die der Männlichkeit selten, ja nie zum Vorschein
  kommen, und daß beide von jeher so gemischt waren wie
  ihre Vorfahren ⟨die zweigeschlechtlichen Menschen,
  von denen die platonische Tradition weiß⟩ und auch daß
  keine vor der andern in sich selbst, mehr Vorzug hat. soll
  ich Dir aber sagen wo ich denke daß der Menschliche
  Geist am besten und kräftigsten wirken könne ⟨. . .⟩ da
  wo jugend sich zum ersten und letztenmal mit dem Alter

vereint bis sie nach und nach sich von dem Äuseren ablöst und nun eine innige Verbindung stifftet mit ihrem ineren Geist.

(Jb FDH 1983, S. 363 f.)

217,23 *Nicè]* Vgl. Anm. 188,12 f.

217,36 *Glacis]* (Franz.) Wehrabhang.

218,8 *St. Clair]* Isaac von Sinclair war schon in jungen Jahren zu einem der ersten Beamten des Landgrafen Friedrich V. von Hessen-Homburg aufgerückt; seine Ernennung zum Geheimrat erfolgte 1802. Wie sein Lehrer, der Homburger »Revolutionsschwärmer« Hofrat Jung, versuchte Sinclair, die Errungenschaften der Französischen Revolution in einem nach den Maximen der Aufklärung regierten Kleinstaat zu verwirklichen und unterhielt enge Kontakte zur benachbarten Republik Mainz (vgl. Anm. 336,11). Mit Hölderlin verband ihn eine frühe, während dessen Frankfurter Zeit vertiefte Freundschaft; nach seiner Entlassung aus dem Hause Gontard (vgl. Anm. 429,12) hielt sich dieser von 1798 bis 1800 bei Sinclair in Homburg auf, der dem inzwischen psychisch erkrankten Freund seit Juni 1804 erneut eine Bleibe bot. Freilich wurde Sinclair bereits im Februar 1805 aufgrund einer Denunziation wegen revolutionärer Pläne, die bis zum Mord an dem württembergischen Kurfürsten reichen sollten, verhaftet, ausgeliefert und in Stuttgart während der fünfmonatigen Untersuchung festgehalten. Nach einer Entlassung ohne förmliche Anerkennung seiner Unschuld sandte ihn Landgraf Friedrich schon im September 1805 nach Berlin zu Verhandlungen mit dem preußischen Hof; dort schloß sich Sinclair an die antifranzösische Patriotenpartei um den Prinzen Louis Ferdinand an und suchte deren Bestrebungen mit seiner unter dem Eindruck der ›Schweizergeschichte‹ Johannes von Müllers entstandenen Dramentrilogie über den *Cevennenkrieg* zu fördern; B. sah sich in der Figur der Marion porträtiert. Allerdings scheint sie Sinclair erst später begegnet zu sein. So bezeugt Fritz Schlosser: »Mit dem seligen v. Sinclair stand Bettine, solange Fräulein von Günderode lebte, nicht in der mindesten Berührung; auch die letztere hat diesen Mann nie gekannt, wohl nie gesehen.« (Oehlke, S. 206.) Schlosser war damals gerade im Haus Brentano als Sprachlehrer B.s eingeführt worden, doch hatte seine Schülerin schon bald einen »unüberwindlichen Ekel vor ⟨ihm⟩, weil er, wie es deutlich sichtbar ist, in sie verliebt ist.« (Meline Brentano an Savigny, 22. 9. 1806; AM, S. 50). Als unparteiischer Zeuge darf der Rat Schlosser nicht gelten. Sinclair soll jedenfalls bei Sophie von La Roche verkehrt haben (vgl. Assing, S. 311), wie ja auch deren Verehrer, der Dichter Buri, enge Kontakte zum Homburger Hof pflegte (vgl. Schwartz, Bd. 1, S. 116-120); er widmete der Günderrode ein nur handschriftlich überliefertes Gedicht *An Tian* (vgl. Jeep, S. 40-43). Nachdem Hessen-Homburg mediatisiert worden war und Friedrich V. das Land verlassen hatte, hielt sich Sinclair weiter in dessen Diensten in Frankfurt auf. Damals verkehrte er im Hause Brentano (vgl. AM, S. 53), stieß freilich auf wenig Sympathie: Clemens bezeichnete ihn als »einen durchaus ekelhaften Menschen, den ⟨er⟩ nicht wiedersehen« wolle (an Sophie Brentano-Mereau, 17. 9. 1806; AM, S. 53), und berichtete Anfang Oktober an Arnim: »Er ⟨. . .⟩ ist ein Fichtisches Produkt, sonst ein unangenehmer, ungeduldiger Mensch. Der närrische Patron sah mich zum erstenmal eine halbe Stunde und empfahl mir gleich den wahnsinnigen Hölderlin, der jetzt in Tübingen ⟨. . .⟩ in die Cur gegeben sein soll.« (Steig 1, S. 194.) Die *Cevennen*-Trilogie fand jedoch bei Arnim wie bei Clemens und sogar bei Goethe Beifall. Auf ein eher kühles Verhältnis zu B. läßt hingegen ein Brief Sinclairs an Clemens vom 20. 9. 1806 schließen: »Im Fall ich von Ihnen etwas darüber ⟨die Trilogie⟩ höre, wird mir gewiß auch etwas von Bettine darüber zukommen, und so ungalant mein Äußeres ist, so ehrerbietig will ich es aufnehmen, was ihre Schönen ergehen lassen.« (Ebd., S. 220.) Sinclair nahm an den Befreiungskriegen teil und vertrat beim Wiener Kongreß die Interessen seines Landgrafen; die Erhebung Hessen-Homburgs zum souveränen Staat, die nicht zuletzt

ihm zu danken war, erlebte der Frühverstorbene nicht mehr
(vgl. Käthe Hengsberger, *Isaac von Sinclair, der Freund Hölderlins*, Berlin 1920). In B.s Umkreis erlosch die Erinnerung
an Sinclair nicht; noch um die Jahrhundertmitte fahndete
Varnhagen nach den Handschriften Sinclairs und den Dokumenten seines Lebens (vgl. Tagebücher, Bd. 10, S. 217).

218,9 *Jeanne d'Arc]* Die Jungfrau von Orleans (1412-
1431), ein französisches Bauernmädchen, das sich im Hundertjährigen Krieg auf eine Vision hin an die Spitze des
französischen Kampfes gegen die Engländer stellte, nach
großen Erfolgen vom burgundischen Adel den Eng-
ländern übergeben und von einem kirchlichen Gericht zur
Ketzerin erklärt wurde; Jeanne d'Arc wurde als Hexe ver-
brannt, nach dem französischen Sieg jedoch 1456 rehabili-
tiert und 1920 heiliggesprochen. In ihrem Briefwechsel mit
Nathusius erinnerte sich B. an diese Passage des »Brief-
wechsel⟨s⟩« mit der Günderode«: Sie habe ihrem jungen
Verehrer von ihrem Vater erzählt, »bei Gelegenheit eines
Briefes, der sich vorfand, den ich in meinem siebenten Jahr
an meinen Vater aus dem Kloster geschrieben hatte ⟨vgl.
S. 423, 761 f.⟩, und den ein junger Mann, der in Deutschland eine Revolution stiften wollte, als Reliquie aufbe-
wahrte, weil er mir die Revolutionsfahne zudachte« (26. 10.
1839; IP, S. 408, vgl. S. 525). Den Vergleich mit Jeanne
d'Arc hatte Clemens früher für Madame de Gachet bereit
(vgl. Anm. 54,14 f.).

218,10 *Auriflamme]* Lat. auriflamma, franz. orifla: die
Kriegsfahne der französischen Könige im Mittelalter.

218,16 *Saat der Drachenzähne]* Als der sagenhafte griechische Held Kadmos auf den Rat der Athene die Zähne
eines Drachen, den er erlegt hatte, in die Erde säte, entsprossen daraus bewaffnete Männer, die sogleich einander
bekämpften und sich fast wieder ausrotteten; die wenigen
Überlebenden wurden die Urbevölkerung Thebens.

218-221 *Dein letzter Brief⟨. . .⟩]* Arnim hatte Clemens
zuletzt am 26. 1. aus Paris geschrieben (vgl. S. 221,14 f.);
über die Veröffentlichung des *Ponce de Leon* wurde erst im

Februar entschieden (vgl. UL, S. 292, dazu die Datumsan-
gabe S. 225,29). Zur Nachschrift vgl. S. 837.

221,16 *mit einem Buch von Arnim]* Im Herbst 1803, aber
mit der Jahreszahl 1804, erschien bei dem Göttinger Verleger Heinrich Dieterich das Lustspiel *Ponce de Leon*, das
schon im Sommer 1801 anläßlich einer dramatischen Preis-
aufgabe, die Goethe in seiner Zeitschrift ›Propyläen‹ gestellt hatte, entstanden war; Arnims zweite selbständige
dichterische Veröffentlichung, *Ariels Offenbarungen*, ein
Werk, das Lyrisches, Episches und Dramatisches umfaßte,
erschien dort im Frühjahr 1804.

221,26 *Achtes Kapitel, sechster Vers]* Diese Quellenangabe läßt sich, in Anbetracht der vorher erwähnten »Weck-
und Schreckposaune«, auf Offenb. Joh. 8,6 beziehen; sie
trifft jedoch auf die hier anschließende, auf 1. Mose 32,25-
27 zurückgehende Episode nicht zu.

223,30 f. *toute la masse ⟨. . .⟩ mouvement]* (Franz.) »Alle
Kiefer geraten in Bewegung.«

223,35 *mal au cœur]* (Franz.) Übelkeit.

226-227 *Ich kann Dir ⟨ . . .⟩]* Der (S. 226,9 erwähnte)
Brief von Antonia antwortete auf das Mitte Januar verspro-
chene Schreiben des Clemens (vgl. UL, S. 288); der Brief
von Sophie Mereau stammte vom 20. 1. 1803 (vgl. Amelung, S. 92-95; vgl. Anm. 213-216).

226,27 *Präliminair-Friedensartikel]* Vorläufig abgeschlos-
sener Frieden.

227-230 *Euer Fest auf ⟨. . .⟩]* Der »nächste Mittwoch«
(227,26) war der 9. 3.

228,21 *Tribun]* »Tribunen« hießen die mit weitreichen-
den Rechten ausgestatteten Vertreter der römischen Plebe-
jer gegenüber den vornehmen Familien der Patrizier, die
traditionell die Macht im Staat behaupteten.

228,29 *Vestalin]* Vestalinnen hießen die Priesterinnen
der römischen Göttin des Herdfeuers, Vesta; sie hüteten das
ewige Staatsfeuer im Vestatempel und genossen hohe Ehren und Vorrechte, wurden allerdings, wenn sie das Gelöbnis der Keuschheit übertraten, mit dem Tode bestraft.

229,4 *Zybele]* Die kleinasiatische Mutter- und Frucht-
barkeitsgöttin Kybele, die mit der römischen Rhea gleichgesetzt wurde; ihr Kult wurde auf »gar besondere Art« in
Rom eingeführt, da sie sich einzig von dem »redlichsten
Mann« geleiten lassen wollte (Benjamin Hederich, *Gründ-
liches Mythologisches Lexicon*, Leipzig 1770, s. v.).

229,25 *Schattenspiel]* Vgl. S. 816 sowie den Abdruck in
FBA 12, S. 879-905.

229,29 *Winkelmann]* August Stephan Winkelmann, ein
Neffe des »Sturm-und-Drang«-Dichters Leisewitz, gehörte zu den engsten Studienfreunden von Clemens; auch
Savigny und Achim von Arnim schätzten ihn (vgl. S. 802);
von 1799 an hatte er in Jena und Göttingen Physik und
Medizin studiert, 1803 promovierte er zum Dr. med. und
wurde im selben Jahr Professor am Braunschweiger
Theatrum anatomico chirurgum. Seine dichterischen Veröffentlichungen, ein Lehrgedicht *Paramythe* (1803) und
eine Gedichtsammlung *Vergißmeinnicht* (1806), sind verschollen, doch hatte er auch zum *Godwi* einiges beigesteuert. Clemens schätzte die uneigennützige Hilfsbereitschaft
Winkelmanns und dessen literarische Verbindungen; ihm
verdankte er, noch in Göttingen, den Hinweis auf die Bedeutung der Volkslieder, die Winkelmann neben den
Werken Goethes für den Gipfel der Poesie hielt. Indessen
warf Clemens dem Freund mangelnde Loyalität im Jenaer
Kreis, insbesondere im Verhältnis zu Sophie Mereau, vor,
betrachtete argwöhnisch die Neigung zwischen Winkelmann und Gunda und bespöttelte dessen universalen wissenschaftlichen Ehrgeiz. Schon vor Winkelmanns frühem
Tod (1806) hatten sich die ehemaligen Freunde entfremdet.

230,26 *Cochonerien]* (Franz.) Schweinereien.

230-231 *Du hast mir ⟨. . .⟩]* Der seit langem angekün-
digte »Ofenschirm« (vgl. Anm. 13) wurde jetzt, »im
März«, fertig (AM, S. 15); im Juni wird ihn Clemens seiner
künftigen Frau Sophie als Geschenk zudenken (vgl. UL,
S. 305).

231-232 *Unser Teetisch hat* ⟨...⟩*]* Am Festtag, »Samstag« (S. 232,16), dem 19. 3., will B. ihren Bericht schreiben,
der freilich erst mit der nächstmöglichen Postgelegenheit,
also am »Dienstag«, an Clemens abgehen wird.

231,7 *Phaeton]* Leichter vierrädriger Wagen.

231,25 *Palmira]* Antonio Salieris (1750-1825) Oper
Palmira regina di Persia (1795).

233-236 *So eben hab* ⟨...⟩*]* Vgl. den Brief an Savigny
vom Anfang April (vgl. S. 816).

235,24 *Rhea]* Schwester und Gemahlin des Kronos,
Mutter der olympischen Götter, vgl. Anm. 229,4.

236-237 *Diesem Brief tue* ⟨...⟩*]* In der ersten April-
woche 1803 (vgl. Steig 1, S. 70 – nach Erhalt eines Briefes
Arnims vom 4. 4.) reiste Clemens über Wetzlar, wo er acht
Tage bei Bostel verbrachte, nach Frankfurt; dieser Reise-
plan, der hier vorausgesetzt ist, wird erst im anschließenden
Brief mitgeteilt.

237-238 *Claudinens Brief war* ⟨...⟩*]* Der zweite Teil des
Briefes scheint aus einem früheren Original montiert zu
sein, da ein Zusammentreffen mit Henry Crabb Robinson
für das Jahr 1803 nicht bezeugt ist, wohl aber für den
Sommer 1802; mit Arnims Brief aus Bern muß der vom
8. 9. 1802 gemeint sein.

238,12 *Relation]* (Lat./franz.) Bericht, Erzählung.

238,22 *lamentable]* (Franz.) Kläglich, erbärmlich.

238-241 *Hier ein Brief* ⟨...⟩*]* Vgl. den Brief von Clemens an Sophie Mereau vom April 1803: »Wenn Sie mir
wiederschreiben, so adressieren Sie den Brief an Betine
Brentano, sie weiß immer allein, wo ich bin.« (Amelung,
S. 107.)

240,20 f. *Lektüre von Hamlet]* Angespielt wird wahrscheinlich auf die erotischen Wortspiele in Szene III 2 von
Shakespeares Tragödie.

241-247 *Ich ging so* ⟨...⟩*]* Am 14. 5. traf Clemens erneut
mit Sophie Mereau zusammen; schon nach der Versöhnung
erhielt er »die Briefe von Arnim« (S. 243,26) vom 6. 6. aus
Paris.

242,4 *tentamen und examen rigorosum]* (Lat.) Vorläufige und endgültige Prüfung (im akademischen Studiengang).

242,16 *perennierend]* (Lat.) Dauernd.

243,30-32 *Freundin Löwenstern ⟨. . .⟩ Freundin Fümelle]* Die Löwensterns waren eine wohlhabende livländische Familie, die um 1800 in Weimar wohnte und sich 1803 in Offenbach niederließ, wo sie wahrscheinlich schon zuvor bekannt war; die Fümelle hingegen ist in den originalen Briefen des Clemens nirgends erwähnt. Am 20. 9. 1803 erklärte Clemens die Auseinandersetzungen um ihre neue Verbindung in einem Brief an Sophie Mereau: »Auch ist der Lärm in Frankfurt bloß durch Briefe an Moriz Bethmann von Weimar durch die Löwenstern und Gundel entstanden, nachdem ich an Betinen geschrieben hatte, ward sie sehr bald wieder ganz zufrieden, und im Schlangenbad war sie äußerst froh und glücklich.« (Amelung, S. 208.)

244,28 *Salbadern mit Herders Tod]* Herder starb am 18. 12. 1803, vielleicht gab es jedoch Gerüchte über seinen Tod schon während des Aufenthaltes von Clemens in Weimar. Am 3. 1. 1804 ließ der mit Clemens bekannte Schriftsteller Johann Daniel Falk in der ersten Nummer der ›Zeitung für die elegante Welt‹ das »Volk« einem »Wanderer« antworten: »*Herder* ist davon gegangen; | *Goethe* blickt ihm traurig nach; | *Wieland* trocknet seine Wangen, | Und das Herz *Amaliens* brach.« (Fk/H, S. 382.) Die Zeichnung und den Spruch hat Clemens in einem Zimmer des Herrenhauses von Gut Trages wiederholt, vgl. B.s Bericht in ihrem Brief an die Günderrode vom Frühjahr 1804 (Anm. 320,25 f.); zum Bildprogramm insgesamt vgl. Brigitte Schad, *Bettine Brentanos Deutung einer Wandzeichnung ihres Bruders Christian im »Dichterzimmer« des Savignyschen Hofgutes Trages*, in: JbFDH 1984, S. 269-288.

245,7 *Chemisettchen]* Vgl. Anm. 185,25.

247-252 *Dein Brief hat ⟨. . .⟩]* Vor dem 7. 6. erhielt Clemens den hier verwerteten Originalbrief »mit einer Nachschrift Savignys« (UL, S. 306).

250,10 *Welterzeugung]* B. skizziert das Emanationssystem

der Schöpfung aus dem herabsteigenden göttlichen Licht, das sich schließlich bis zur dunklen Materie verdichtet. Die mystisch vertieften Begriffe von Licht und Wärme sind Allgemeingut in dem von der intensiven Lektüre Jakob Böhmes noch bestärkten Pantheismus der Jenaer Romantiker, wie ihn auch Clemens Brentanos Roman *Godwi* formuliert.

254,4 *der Mereau ihr Kind]* Hulda Mereau, die Tochter aus der ersten Ehe Sophie Mereaus; Brentano adoptierte sie. Zum Geschenk der Puppe vgl. seinen Brief an Sophie Mereau, Juli 1803 (Amelung, S. 117).

254-256 *Schon viele Tage ⟨. . .⟩]* Die Fahrt zu dem nahe Halle gelegenen Badeort Lauchstädt, wo die Weimarer Schauspieler ihr Sommertheater aufzuschlagen pflegten, wird auch in einem Brief an Sophie Mereau angekündigt (vgl. Amelung, S. 116); die *Eugenie* wurde dort am 4. 7., das einzige Mal in diesem Jahr, aufgeführt.

255,31 f. *von Göthe, die Eugenie]* Goethes Drama *Die natürliche Tochter*, ursprünglich auch nach der Titelheldin *Eugenie* genannt, wurde am 2. 4. 1803 in Weimar uraufgeführt. Noch aus Frankfurt, am 20. 4., hatte Clemens die *Eugenie* Arnim als »neustes Produkt in Weimar« vorgestellt, »von dem ich Dir eine ganze Skizze hierher schreibe, aus einem Briefe Wrangels an Savigny« (Steig 1, S. 70 f.); letztlich verwarf Clemens das Stück freilich als »zu groß für mich, groß genug für die Kunst« (an Sophie Mereau, 20. 10. 1803; Amelung, S. 276). Arnim hatte am 6. 6. 1803 Clemens die vorgeblichen biographischen Zusammenhänge enthüllt: »Die französischen Memoiren, woraus Göthe den ersten Theil seines Intriguenstücks genommen, heißen: *Memoires intrigues de Stephanie-Louise de Bourbon. Paris an 6. 2 Voll.* und ist nichts andres als die Geschichte der – Mad. Gâchèt in Laubenheim.« (Steig 1, S. 93.) Auch Friedrich Schlegel verbreitete, wie aus einem Brief Theodor Körners an seinen Vater vom 15. 1. 1812 hervorgeht, diese Entdeckung, und noch Varnhagen schloß die Gleichung, nachdem er sie in seiner biographischen Skizze (vgl. Anm. 54,14 f.) ausführlich erörtert hatte, nicht aus.

255,34 *Minna R-bach]* Während seines Aufenthaltes in Altenburg im Sommer 1800 hatte Clemens um Minna Reichenbach, eine Verwandte Sophie Mereaus, vergebens geworben; der erste Teil seines Romans *Godwi* ist der »lieblichen Minna« und ihren Schwestern gewidmet. 1802 hatte sie den Bankier Christian Wilhelm Reichenbach geheiratet.

256-258 *Eins hab ich ⟨...⟩]* Die Günderrode (vgl. S. 258) hielt sich im Juli 1803 in Frankfurt auf (vgl. den Brief Savignys an sie, 10. 7. 1803; Geiger, Günderode, S. 17).

258-263 *Du hast nun ⟨...⟩]* Der Brief Arnims stammte wohl vom 5. 7. 1803; die weiteren Erwähnungen (S. 260,19; S. 261,16) setzen den Briefwechsel mit der Familie voraus (vgl. S. 818 f.), vor allem B.s Brief von der Monatswende (S. 258,16). Clemens antwortete etwa am 21. 7., gleichzeitig mit einem Billett an Sophie Mereau (bei Amelung, S. 117).

259,29 *dans ces pays bas]* (Franz.) »In diesen flachen Ländern«.

263 f. *Gestern Abend war ⟨...⟩]* Sophies auf Clemens Bitte hin entstandenes Schreiben (vgl. Amelung, S. 129), das diesem Brief des Clemens vom 23. 7. beilag (UL, S. 316), ist erhalten geblieben (vgl. Gersdorff, S. 324 f.).

264,19 *Tieck meine Büste]* Vgl. die Abb. 2; zur Entstehung der Büste vgl. Gersdorff, S. 294 f., außerdem Fk/A, S. 409 f. zu den heute allein noch erhaltenen Gipsabgüssen. Abgeliefert wurde sie am 14. 9. bei Sophie Mereau. Ihr Sonett auf diese Büste (ebd.) ließ Sophie Mereau 1805 mit einer Widmung an Sophie von La Roche in ihrer *Bunten Reihe kleiner Schriften* erscheinen. Das Motiv des Strahlenkranzes verbindet es mit dem etwa gleichzeitigen Sonett der Günderrode *An Clemens* (vgl. S. 1109 f.) und den Zeichnungen Christians im »Dichterzimmer« auf Trages (vgl. Anm. 244,28). Als die Büste endlich in Frankfurt eingetroffen war, berichtete Clemens am 22. 10. an Sophie: »⟨...⟩ sie ist so schön, so wunderschön − − gearbeitet, daß sie ordentlich von Dir küssenswürdig − den Tieck macht ⟨...⟩. Betine hat sie so lange angesehen, bis sie weinte, sie nämlich und

Abb. 2: Clemens Brentano, Gipsbüste von Chr. Friedrich
Tieck (1776-1851), datiert 1803

nicht die Büste – und hat sich mit ihr in ihre Stube eingeschlossen, und da ich wieder hineinkam, hatte sie die Büste
mit allen ihren Blumenstöcken umgeben« (Amelung,
S. 283 f.).

264-267 *Was uns nah* ⟨. . .⟩] In Schlangenbad traf B. am
27. 7. 1803 ein; ihren »wunderschönen Brief« erhielt Clemens am 5. 8. (vgl. Amelung, S. 130).

265,37-266,1 *wie dem Fischer*] Reminiszenz an Goethes
Gedicht *Der Fischer* von 1778.

266,1 *Thulens Becher*] Reminiszenz an Goethes Gedicht
Der König von Thule (1774), das Brentano vielfach variiert
hat, vgl. Beutler, S. 309-359.

266,14 *Sophiens Brief*] Vgl. Anm. 263 f.

266,26 *Schlangenbad*] Badeort in einem Tal des westli-
chen Taunus.

266,33 f. *Handbrieflein von Weimar*] Vgl. Anm. 243,30-
32 u. 186,23.

267-268 *Deinen unendlich liebevollen* ⟨. . .⟩] Empfangen
hat Clemens den Brief B.s nicht am »4. August« (S. 268,8),
sondern erst am Freitag, dem 5., wie er Sophie Mereau
meldet (Amelung, S. 130). Die Absage der Heirat mit
Sophie hatte er zuerst Ende Juli Savigny zukommen lassen
(vgl. UL, S. 317); an Arnim sandte er Mitte August ein
Resümee der bisherigen Verwirrungen. Die Familie reagierte mit neuem Entsetzen auf diesen Plan (vgl. den Brief
Christians, Fk/A, S. 413-416). Am 20./21. September hatte
Sophie Mereau Kenntnis von Clemens' Brief an B. erhalten:
»Clemens! Gott verzeihe Dir die Stunden, die ich soeben
erlebt habe, die brennenden Tränen, die ich geweint, die
qualvollen Schmerzen, die mein Inneres zerrüttet haben!
⟨. . .⟩ ›Das ist nun auch vorbei, schriebst Du Deiner
Schwester, ich habe die M. geliebt, ich liebe sie nicht mehr;
an Heurat ist gar nicht zu denken, aber sie will meine
Freundin – dies Wort zweideutig unterstrichen – sein, und
sie wird mir durch die ganze Welt nachlaufen.‹ – Hättest Du
nur *wahr*, nicht schonend sein wollen, so mußtest Du
schreiben: Sophie *will* nicht, daß wir uns heuraten, sie

meint, es sei für mich besser, und ich gebe ihr recht.« (Amelung, S. 198 ff.) Am 7. 10. beteuerte daraufhin Clemens: »Ich habe alle meine Briefe an Betinen durchlesen, keiner enthält eine Silbe von dem, was Dir wiedergebracht ist« (ebd., S. 240).

267,19 *Tieck]* Nach der Veröffentlichung der Literatursatire *Gustav Wasa* galt Clemens im Jenaer Romantiker-Kreis als der »Tieck des Tieck's« (Dorothea Schlegel), und der Verehrte selbst verspottete ihn als den »Bewunderer« in seiner Farce *Herkules am Scheidewege* (1800). Ende 1801 betrieb Clemens vergebens die Anstellung Tiecks als Direktor des Frankfurter Stadttheaters. Ein »guter lieber Freund« ist ihm Tieck erst bei dem neuerlichen Zusammentreffen in Jena geworden (Brief an Arnim, August 1803; Steig 1, S. 96); B. lernte Tieck erst im Herbst 1807 kennen (vgl. Kat., S. 13).

267,22 f. *Hardenberg]* Friedrich von Hardenberg, der sich Novalis nannte, war seit 1797 eng mit Tieck befreundet. Brentano schätzte seine Schriften freilich wenig (vgl. UL, S. 266; Steig 1, S. 41, 51).

268,4 *pudle Dich]* Pudeln, puddeln: im Wasser planschen, baden.

269,11 f. *Rosenmutter mit drei Knöspchen]* Die drei Kinder Sophies in der Ehe mit Clemens starben kurz nach der Geburt; das letzte Kindbett kostete auch die Mutter das Leben.

270,1 *Gottphilosophie]* Bezieht sich auf die spätere religiöse Wendung von Schellings Philosophie, vgl. S. 939; ein ähnlicher Bericht ist in die *Günderode* eingearbeitet, vgl. Anm. 361-365.

270,9 *Gastmahl im Evangelium]* Anspielung auf das biblische Gleichnis von der königlichen Hochzeit, Matth. 22.

271 *Du bist ein* ⟨. . .⟩*]* Arnims erster Brief aus London (vgl. S. 271,25 f.) an Clemens stammte vom 5. 7. (vgl. Anm. 258-263).

275-279 *Endlich komme ich* ⟨. . .⟩*]* Zum Aufenthalt in Schlangenbad vgl. Anm. 323-326.

276,5 *Herzog von Gotha]* Vgl. Anm. 186,23.

276,7 *Erate]* Erato, die Muse der Lyrik und der erotischen Poesie.

276,7 *Streckvers]* Ein langer, silbenreicher Vers; der hier
gemeinte Text ist nicht bekannt.

276,10 *Prosa]* Dem angehenden Lyriker Nathusius gab
B. den Rat: »Stellen Sie ihre Gedichte auf die Probe, lösen
Sie sie in Prosa auf« (S. 41 f.), denn auch diese müsse »durch
den Ausdruck Gefühl und Anschauung vollkommen
decken, und zwar ohne Nachhilfe oder Beiwerk« (S. 41).
Dieser neuen Hochwertung der Prosa hatte vor allem
Theodor Mundt die Bahn geebnet; in seiner *Kunst der
deutschen Prosa* (Berlin 1837) betonte er, mit markanter musikalischer Bildlichkeit, auch die Wichtigkeit des Rhythmus
(vgl. Anm. 544,14): »Der Rhythmus der Prosa ist die feinste
Tonschöpfung für das Ohr, weil er so ideell ist und bestimmte Versgänge zu vermeiden hat, ohne doch unbedingt
und ungefärbt zu sein von Versmaß und Metrum, die über
die Fläche der Prosa wie unsichtbare Luftmusik hinfahren.«
(S. 123.)

276,24 *Ambrosiabrod]* Ambrosia: Die Speise der Götter
in der griechischen Mythologie; »Ambrosia« ist B.s Deck-
name in der Veröffentlichung ihres Briefwechsels mit Philipp Nathusius (IP).

277,29 f. *Jung Stilling]* Johann Heinrich Jung Stilling
gehörte zum Freundeskreis von Sophie von La Roche, die
ihm seine zweite Frau zugeführt hatte. Bekannt geworden
war er durch den ersten Band seiner Lebensbeschreibung
(1777), zu dem ihn Goethe, der den Sohn armer Leute
während der gemeinsamen Straßburger Studienzeit gefördert hatte, ermutigte; in fünf anschließenden Bänden schilderte er seinen weiteren Werdegang, zunächst als Augen-
arzt, dann als Staatswissenschaftler in Marburg (seit 1787),
Heidelberg (seit 1803), schließlich als freier Schriftsteller in
Karlsruhe (seit 1806); er betonte dabei die Folgerichtigkeit
der göttlichen Vorsehung. Auch durch seine späteren Ro-
manveröffentlichungen war er neben Lavater eine Schlüs-

selfigur der neupietistischen Frömmigkeitsbewegung. Das von B. zitierte Urteil über ihn stammt nicht von der Günderrode, sondern aus einem Brief von Sophie Brentano-Mereau (an Clemens, 2. 11. 1804; Amelung, S. 332).

279-284 *Ich bin seit* ⟨. . .⟩ *]* Sophie Mereau war am 22. 8. abends nach Dresden gereist; von Sonntag, dem 4. 9., an hielt sie sich wieder in Weimar auf. Am 24. 8. war Clemens in Marburg angekommen. Daß er in diesem Sommer Briefe mit der Günderrode wechselte (vgl. S. 284,18), ist sonst nicht bezeugt (vgl. S. 837).

280,17 *table d'hôte]* (Franz.) Die Wirtshaustafel, an der die Gäste gemeinsam speisten.

280,28 *Reichsanzeiger]* Der von Rudolf Zacharias Becker seit 1791 in Gotha herausgegebene ›Allgemeine Reichsanzeiger‹.

280,37 *Vetter von Lissabon]* Der *Vetter aus Lissabon* (1786), ein Schauspiel von Friedrich Ludwig Schröder, war eines der beliebtesten unter den, von den Romantikern als trivial gebrandmarkten, rührenden Familienstücken.

281,4 f. *das größte mimische Talent]* Vgl. Anm. 267,19 zu Clemens' Versuchen, für Tieck den Weg zur Bühne zu ebnen. Dessen außergewöhnliches Schauspielertalent wurde vom ganzen Jenaer Freundeskreis hoch geschätzt. Seit 1825 war Tieck Dramaturg in Dresden; damals genossen seine Leseabende europäischen Ruhm. Seit 1842 betraute ihn Friedrich Wilhelm IV. mit Musterinszenierungen in Berlin.

281,9 *Thalia und Melpomene]* Die Musen des Lustspiels und der Tragödie.

281,17-283,35 *ich glaube* ⟨. . .⟩ *als er kann]* Die Parallelen dieser Passage zu Brentanos *Philister*-Abhandlung (vgl. S. 897) stellt Widmann S. 56-64 zusammen; ob deren verschollene Vorstufe, die »Naturgeschichte des Philisters« von 1799, oder eine eigenständige Abhandlung zum Theater, dem sich Clemens seit dem Winter 1801/02 zunächst mit dem *Ponce de Leon* zugewandt hatte, B. noch vorlag, läßt sich nicht mehr feststellen.

281,35 f. *Nation* ⟨. . .⟩ *Theater]* Schillers Abhandlung *Die Schaubühne als eine moralische Anstalt betrachtet* (1784/überarbeitet 1804) markierte den Höhepunkt und vorläufigen Abschluß einer »Zeit, wo das deutsche Theater«, nach Goethes Bemerkung in seinem am 10. u. 11. 4. 1815 im ›Morgenblatt für gebildete Stände‹ erschienenen Aufsatz, »als eine der schönsten Nationaltätigkeiten« galt; Goethe berichtet, wie Schiller seine, zunächst am berühmten Mannheimer Nationaltheater erprobten Ansichten in Weimar weiter zu fördern suchte.

282,2 f. *menus plaisirs]* (Franz.) Kleine Vergnügungen.

282,6 *Savoir faire]* (Franz.) Geschicklichkeit, Anstelligkeit.

282,14 *Telegraphen]* Hier wohl noch in der Bedeutung »von fern vermittelte Zeichen«, wie sie der griechischen Herkunft des Wortes entspricht; doch wurde die Technik einer Nachrichtenübermittlung durch Telegraphie bereits seit etwa 1790 erfolgreich genutzt.

282,14 f. *Hieroglyphen]* Hier in dem allgemeineren Sinn von: Zeichen, Sinnbilder (vgl. Anm. 621,8).

282,17 f. *Memnonssäulen]* Im Jahr 27 v. Chr. wurde eine der beiden riesigen, nahe dem ägyptischen Theben aufgestellten Sitzfiguren des Königs Amenophis III. durch ein Erdbeben gespalten; seither geht von ihr bei dem raschen Temperaturanstieg kurz nach Sonnenaufgang wegen der bis zu Schwingungen gesteigerten Materialspannungen ein eigenartiger Ton aus. Im Altertum hielt man diese Statue für ein Bild des sagenhaften Äthioperkönigs Memnon, der einst vor Troja gefallen war, und glaubte, er begrüße so täglich seine untröstliche Mutter, Eos, die Göttin der Morgenröte; in den Schriften der »Romantiker« wurde dies rätselhafte Phänomen zum Sinnbild des geplanten neuen Zeitalters einer wunderbaren Natur-Poesie.

283,6 f. *Die Freiheit* ⟨. . .⟩ *Gesetzes]* Reminiszenz an den Schluß von Goethes Sonett *Natur und Kunst*, das dem Vorspiel zur Eröffnung des neuen Lauchstädter Theaters (am 26. 6. 1802) *Was wir bringen* eingefügt war: »In der

Beschränkung zeigt sich erst der Meister, | Und das Gesetz
nur kann uns Freiheit geben.«

283,21 f. *Kampeschen Robinson]* Johann Heinrich Campe,
Popularschriftsteller, Lexikograph und Satiriker, übersetzte
und bearbeitete Daniel Defoes berühmten Roman *Robinson
Crusoe* für die Jugend, um dem »leidigen Empfindsamkeits-
fieber« im Sinn aufklärerischer Pädagogik entgegenzuwir-
ken; sein *Robinson der Jüngere* (2 Bde., 1779/80) wurde eines
der erfolgreichsten Werke unter den sog. ›Robinsonaden‹.

284-288 *Gestern erhielt ich* ⟨. . .⟩*]* Vgl. Anm. 329-354;
»Maria Himmelfahrt« (S. 287,36) ist der 15. 8.

284,26-28 *Von der* ⟨. . .⟩ *Schönes]* Vgl. Anm. 186,23 sowie S. 352 ff.

285,2 *Kurprinzessin von Hessen]* Wahrscheinlich ist Karoline Amalie gemeint (vgl. Anm. 329-354), mit der sich
August Emil Leopold von Sachsen-Gotha in zweiter Ehe
am 24. 4. 1802 vermählt hatte. Sie war die Tochter von
Wilhelm I., der das seit 1803 zum Kurfürstentum erhobene
Hessen-Kassel beherrschte. Jakob Grimm hatte B.s Gönnerin allerdings nach dem Erscheinen der *Günderode* mit
Friederike Christiane Auguste, die seit 1797 mit dem späteren Kurfürsten Wilhelm II. verheiratet war und seit 1815
von ihm getrennt lebte, identifiziert (vgl. seinen Brief an B.,
12. 6. 1840; Schultz, S. 159); mit dieser Schwester des
preußischen Königs Friedrich Wilhelm III. verkehrte B.
noch während der vierziger Jahre.

285,4 *Affektion]* Vgl. Anm. 183,8.

285,35 f. *Gedankenfülle* ⟨. . .⟩ *Volksmenge]* Vgl. S. 881.

286,34 f. *Repulsion und Attraktion und Potenz]* Absto-
ßung und Anziehung und Kraft; naturwissenschaftlich-
philosophische Modeworte, die vor allem durch Schellings
Schriften populär geworden waren (vgl. Anm. 362,2 f.).

288,1 f. *Begierde* ⟨. . .⟩ *lernen]* B. lernte Tieck bei seinem
Besuch in Frankfurt im September 1807 kennen (vgl. Kat.,
S. 13); seit sie von den Autoren des ›Jungen Deutschlands‹
gefeiert wurde, äußerte sich der frühere Freund scharf
verächtlich über sie (vgl. AM, S. 78 f.; dazu unten S. 1122).

288-290 *In wenig Tagen* ⟨. . .⟩*]* Am 9. 9. schrieb Clemens aus Marburg an Sophie: »Betine hat mir nur einmal und wenig geschrieben, seit ich hier bin« (Amelung, S. 182; vgl. S. 193); am 14. 9. antwortete Sophie aus Weimar: »Ich habe unter meiner Adresse einen Brief von Betinen an Dich erhalten.« (Amelung, S. 197; vgl. S. 292,21.)

288,5 f. *Promenaden ins Wilde]* Vgl. S. 388-391.

289,11 *Douceur]* (Franz.) Kleines Geschenk.

290,4 *aus dem Plato]* Vgl. den platonischen Dialog *Phaidros,* 253d-254b.

290-294 *Deinen letzten Brief* ⟨. . .⟩*]* Vgl. Anm. 288-290.

290,5 *Phaeton]* Ein geräumiger vierrädriger Wagen, benannt nach dem Sohn des Sonnengottes Helios, Phaeton; sein Versuch, den Sonnenwagen zu lenken, endete freilich mit seinem Sturz vom Himmel.

290,15 *Heiraten der Geschwister]* Georg Brentano hatte sich am 26. 6. 1803 mit Marie Schröder verheiratet; Gunda begleitete das Paar auf der Hochzeitsreise in die Schweiz.

292,35 *prachert]* Prachern: knauserig sein, feilschen.

292,36 *Ambition]* (Lat./franz.) Ehrgeiz.

293,10 *Wilhelmshöhe]* Schloß Wilhelmshöhe, die von Wilhelm IX. zwischen 1786 und 1799 nach englischen Vorbildern erbaute und nach ihm benannte Sommerresidenz am Fuße des Habichtswaldes, deren Parkanlagen mit ihren Fontänen und Katarakten als eine Sehenswürdigkeit ersten Ranges galten; in Brentanos Roman *Godwi* wird dieser »Lustgarten« (FBA 16, S. 57) detailliert geschildert, und eine »gewisse *Fontaine*« wird zum spöttischen Bild des vielschreibenden Modeschriftstellers August Lafontaine.

DIE GÜNDERODE

Als Druckvorlage diente der Erstdruck: *Die Günderode.*
Erster Theil, Grünberg und Leipzig: bei W. Levysohn
1840; *Die Günderode.* Zweiter Theil, Grünberg und Leipzig:
bei W. Levysohn 1840. – Von dieser Ausgabe erschien eine
unveränderte Titelauflage als Zweiter und Dritter Band
von: *Bettina's sämmtliche Schriften*, Berlin, Expedition des
v. Arnim'schen Verlages 1853 (wiederholt in der »Neuen
Ausgabe« von 1857).

Seitdem ihr Goethe-Buch B. berühmt gemacht hatte, sammelte sich ein Kreis begeisterter junger Verehrer um sie, die
sie »ihre Demokraten« zu nennen »die Laune« hatte (E.
Wiß; AM, S. 336 [Nachw. im Reg., s.v.]). Julius Döring,
Emanuel Geibel, Karl Grün, Wilhelm Levysohn, die Brüder Wilhelm Engelhard und Philipp Engelhard Nathusius
– der Briefpartner in *Ilius Pamphilius* – sowie Max Ring
zählten dazu; zu Abraham Geiger, dem späteren Herausgeber der ›Wissenschaftlichen Zeitschrift für jüdische Theologie‹ (vgl. *Abraham Geigers Leben in Briefen*, hg. v. Ludwig
Geiger, Berlin 1878, S. 67 f.), bestand ein lockerer Kontakt
– vermittelt durch den rührigen Heinrich Bernhard Oppenheim, ohne den sie, laut dem Zeugnis Moriz Carrieres,
»wohl nie für die Judenemancipation geschrieben« hätte.
Carriere selbst, der sich besonders eifrig für B.s Werk bemüht zeigte (vgl. S. 946 f.), berichtet aus dieser Zeit:
　　Ich arbeitete an der »Religionsphilosophie«, an einer

kurzen »Darlegung des Christentums der Vernunft«, die
ich das absolute Evangelium nannte ⟨vgl. S. 948-954⟩.
»Wollen wir nicht zusammen eine Religion stiften?« frug
mich eines Tages die Freundin. Und wieder am folgenden Morgen hatte sie einen Brief gefunden, wie sie in der
Jugend die Schwebereligion mit der Günderode sich
ausgedacht, und einige Tage darauf las sie die andern
darauf bezüglichen Briefe. Auch über Hölderlin sprachen wir einmal, für den ich schwärmte ⟨vgl. Hölderlin,
Bd. 7,3, S. 269-275⟩ ⟨...⟩. Ich gab ihr die Übersetzung
aus Sophokles mit den wundersamen, halb wahnsinnig
träumerischen und doch so schmerzvoll tiefsinnigen Erläuterungen; daraus sind die herrlichen Stellen über den
Dichter und die Offenbarungen aus seinem verschleier-
ten Gemüt hervorgegangen, die ihm Bettina in den Briefen an die Günderode in den Mund legt.
(Carriere, Erinnerungen, S. 185, sowie: Vom Geist,
S. 19-22; vgl. dazu die Details bei Schulz, S. 76-80.)
Zunächst gehört das verwirrende Spiel mit vorgeblich alten
und gerade aktuellen Gedanken zu B.s Selbstdarstellung in
diesem Kreis jüngerer Verehrer (vgl. S. 892); was ihre
Jünger gerade bewegte, wollte die berühmte Dichterin
schon in ihrer Jugend prophetisch vorweggenommen haben; so berichtet Wolfgang Müller von Königswinter:
Ich traf sie oft bei der Arbeit und sie hatte dann wohl die
Güte, mir hin und wieder einen Brief mitzuteilen. Mei-
stens empfing sie mich in jenen Tagen mit dem Rufe: »O,
ich habe wieder wunderschöne Sachen gefunden.« . . .
Wenn sie aber ihre Mappen aufschlug, um mir die eine
oder andere Probe vorzulesen, so sah ich in derselben
lauter funkelnagelneues Papier mit frischglänzender
Tinte geschrieben. Dabei ging ihre Lektüre oft bis zur
Mitte eines Blattes, wo sie allem Anschein nach erst eben
abgebrochen hatte . . . von irgend einem vergilbten
Briefe aus verschollener Zeit ⟨war⟩ nicht die geringste
Spur zu erschauen, sodass es ganz den Anschein gewann,
als ob die kleine bewegliche Pythia erst eben nur auf

ihrem Dreifusse gesessen und alle jene reizenden Briefe
aus der Erinnerung gedichtet habe ⟨. . .⟩.
(Westermanns Jahrbuch der Illustrirten deutschen Monatshefte 6 [1859]; hier zit. nach Jäger, S. 28 f.)
Freilich benutzte B. dies Verfahren des erfundenen Belegs
auch in ihrem Verkehr mit den Brüdern Grimm (vgl.
Schultz, S. 76). Doch erst durch die Veröffentlichungen
Moritz Carrieres (vgl. S. 889) wurde dieses Gesprächsritual
gleichsam in einen literarhistorisch beglaubigten Aktuali-
tätsanspruch der »Romantik« verwandelt.

Schon in *Goethes Briefwechsel mit einem Kinde* hatte B. der
Jugendfreundin gedacht (vgl. Komm. zu Bd. II). An den
Fürsten Hermann Pückler-Muskau schrieb sie während
ihres krisenhaften Sommerbesuches auf dessen Schloß
Muskau:

⟨. . .⟩ es hat mir gestern unsägliche Schmerzen gemacht
Dich zu meiden, es brannte die Frühlingsgluth einer ver-
zweifachten Liebe auf meinen Wangen; und das war ein
Genuß ⟨. . .⟩ da war ich grade geeignet, die Geschichte
der Günderrode wieder aufzunehmen, die hab' ich heute
Nacht beendet, außer daß ich ihre Briefe noch nicht einge-
schaltet habe; das war meine gymnastische Übung an meinem leidenschaftlichen Herzen. Adieu, Tyrann.
(Pückler, S. 124.)

In seiner ausführlichen Rezension ging Karl Hartwig Gre-
gor von Meusebach auf den sog. »Günderode-Brief«
(Oehlke, S. 48) besonders ein:

Unsere Heldin hat nun einen Geliebten gefunden, dem
ihre Phantasie in ihrem Herzen Thron und Altar bauen
kann. Aber noch fehlt ihr, die sich nun einmal gewöhnt
hat, mitten unter den Ihrigen sich immer nur einsam und
fremd zu dünken, ein Liebendes, das auch ihr mit aufge-
schlossenem Herzen entgegen käme, das auch ihr darin
etwas Thron- und Altarähnliches aufrichtete. Da nahet
sich ihr am glücklichen Tage ein gar holdes weibliches
Wesen, ein zartes poetisches Gemüth, der Welt schon als
Dichterin unter dem Namen *Tian* bekannt, *Karoline von*

Günderode. Diese edle Stiftsdame, von hohem Wuchs aber von schwankender fliessender Gestalt, von braunem Haar aber blauen Augen mit langen Wimpern bedeckt, dieses Wesen sanft und weich in allen Zügen, das wie ein Geisterschein nicht geht sondern wandelt, wird in einem reizenden Contraste zu Bettinen von dieser selbst mit einer Uneigennützigkeit und Wahrheit geschildert, die nicht genug zu loben ist.

(Allgemeine Literatur-Zeitung [Halle], Nr. 117, Juli 1835, S. 307.)

Im Sommer 1835 war bereits im früheren Freundeskreis der Günderrode das Gerücht von einem »frevelhaften Beginnen« entstanden, das man freilich Clemens Brentano zutraute: Er wolle jene Briefschaften veröffentlichen, die er sich nach Karolines Selbstmord unbefugt angeeignet habe (vgl. den Brief der Lisette [Nees] von Mettingh an eine Unbekannte, 21. 6. 1835; Preitz 1, S. 305 f.).

Im Alter vertraute B. Varnhagen an,

was noch kein Mensch von ihr erfahren habe, die Günderrode sei ihr in Bärwalde im Rittersaal erschienen, und darauf erst sei die Herausgabe der Briefe erfolgt! sie habe Verkehr mit der Geisterwelt!

(Tagebücher, 8. 11. 1856; Bd. 13, S. 219.)

Varnhagens Empörung beweist, wie auch dieser Vertraute ihrer letzten Jahre B. mit seinen Zügen von Pedanterie zu Mystifikationen reizte; den Erlebniskern ihrer Behauptung hatte sie in ihrem Bärwalder Brief vom 20. 1. 1840 Julius Döring bekannt:

Die Günderode steht vor mir, und sie ruft mich oft wenn am Abend das Licht brennt von meinem Platz. Dort in die Ecke wo die grünen hohen Tannen stehen von Weihnachten her, die bis an die Decke reichen vor meinem Soffa, und da wickle ich mich in den Mantel weil ich nicht widerstehen kann ihr in Gedanken zu begegnen und da befällt mich der Schlaf; weißt Du wie er Dich als befiel wenn ich mit Dir sprach. – es ist gar seltsam daß dem Geist gleich der Schlaf begegnet so wie er zu einem

tieferen verborgnen sich neigt, gleich als ob die Günde-
rod schlief und ich müßt nun auch schlafen weil ich ihr
durch die geweckte Erinnerung wieder nah gekom-
men. – aber am Tag fühl ich mich so nah mit allem
Vergangnen, daß ich durch und durch von der steten
Gegenwart alles wirklich Erlebten überzeugt bin.
(Vordtriede, S. 462.)
Den Anlaß zur Ausarbeitung gab neben der neuerlichen
Lektüre von Arnims der Günderrode gewidmeten Novel-
len (vgl. S. 877 f.) ein, im Brief an den Berliner Buchhändler
Merz wohl im Herbst 1838 erwähnter, Fund eines »Schat-
z⟨es⟩ von schriftlichen Dokumenten«

> welche ich bisher verloren geglaubt, und die erst seit
> wenig Wochen wieder in meinen Händen sind, lange
> verschloßne Kisten Correspondenzen früherer Zeit ent-
> haltend, sind jetzt geöffnet drei noch ungedruckte Briefe
> der alten Mutter Goethe kurz vor ihrem Tode geschrie-
> ben, drei Briefe von Beethoven, deren Inhalt auf meine
> Correspondenz mit Goethe sich bezieht eine Correspon-
> denz mit der Stiftsdame Günterode 17 Briefchen von ihr,
> nebst mehreren Gedichten Aufsätzen philosophischen
> Inhalts pp – von mir an 30 Briefe, dabei kleine Gedichte
> ⟨. . .⟩

(Schoof, S. 128. Ähnlich an Clemens, 2. 4. 1839; Corona,
S. 49. Vgl. Brief an Gunda, Mitte Oktober 1838; AM,
S. 260, sowie IP, S. 220.)
Fraglich ist, ob sich tatsächlich Werkmanuskripte der Günderrode unter diesen Papieren befanden (vgl. S. 1108).
Meusebachs Einsicht jedenfalls, nach der in ihren Briefpartnern sich lediglich die Facetten ihres Selbst veräußerten,
wurde B. aus den Briefschaften bestätigt: »Die Günderode
war mein Spiegel« (Oktober 1839; IP, S. 358). So wird
auch, in der Umsetzung des Entstehungskontextes, der
Quellenwert von Hölderlins Werk und Leben festgestellt
und ihm »eine bedeutende Rolle in dem Briefwechsel« (IP,
S. 419) zugeteilt. Von Moritz Veit, den sie ursprünglich
zum Verleger des geplanten Buches ausersehen hatte (vgl.

Geiger, Bd. 2, S. 239), erbat sie um den 25. 11. 1839 »ein
Exemplar von Hölderlin's Gedichten« (ebd., S. 245), die
1826 veröffentlicht worden waren – vor allem dank des
Engagements seiner Bewunderer in Berlin (vgl. Anm.
428,23); diese Ausgabe verschenkte sie an Döring wie an
Nathusius, dem sie am Beispiel Freiligraths das wahre
Dichtertum erläuterte; Nathusius hatte diesen von Clemens
hochgeschätzten Autor auf eine erste Kritik B.s hin (vgl.
IP, S. 234) einen »Handlungsreisenden« gescholten:

> Heut' schrieb ich einen Brief der *Günderode* ab: »Was des
> Geistes unwürdig ist, dürfte gar nicht gedacht werden,
> oder vielmehr darf alles Ereignis den Geist nur praktisch
> berühren«, schrieb sie mir bei Gelegenheit einer veralte-
> ten Schuhmacherrechnung, die sie nicht bezahlen konn-
> te, und nun mit poetischer Trefflichkeit diese prosaische
> Bedrängnis überwand. Also wüßt' ich nicht, warum ein
> *Handlungsreisender* nicht den Himmel, der so oft seine
> frühsten Strahlen am schönen Tag ihm entgegensendet,
> auch voll Geigen hängen sehen kann. – Also ein Hand-
> lungsreisender kann ein Dichter sein, aber einer, der
> keinen edlen Rhythmus hat, kann auch keine gute Musik
> machen; und insofern mit einem Handlungsreisenden ein
> schlechter Klepper die Straße des Parnaß hinan reitet,
> wird er keine Luftreise mit ihm machen.
> Das Buch seiner Gedichte ist ein dicker Band, von mei-
> nem Bruder mit den Dichtungen des *Byron* verglichen,
> nicht mit Unrecht, *denn!* – da wird sich's am ersten
> ausweisen, daß die Menschen den Dichter immer miß-
> kennen – Wie ist mir's doch ergangen mit dem *Byron*? –
> Ich hab' ihn mit Begeistrung umfaßt, – nicht den Dich-
> ter; sondern den Mann der Schmerzen, dessen Adel mit
> gelähmten Schwingen nur den Geist der Sehnsucht zum
> Himmel aufhauchte, nicht aber sich selber nachschwang.
> (11. 2. 1839; IP, S. 241 – vgl. Anm. 394-395.)

In der Genealogie der »zerrissenen Dichter« steht Hölderlin
obenan – vor Byron, Pückler-Muskau, verschwistert der
leidenschaftlichen Günderrode.

Ihr Kampf für die Berufung der Brüder Grimm und die Hoffnung auf eine Neuordnung Preußens nach einer Thronbesteigung des Kronprinzen (S. 890 f., 937 ff.) bestärkten B. gewiß in ihrem Veröffentlichungsplan (vgl. Anm. 297,1).

Obschon sich B. nach der Wiederentdeckung der Manuskripte stetig mit ihnen beschäftigte – wie aus einem Zeugnis Adolf Stahrs (Brief an Carl Stahr, 24. 8. 1839; Geiger, Stahr, S. 7) hervorgeht –, schritt die Ausarbeitung des Buches erst seit dem Herbst 1839 zügig voran (vgl. Werner, Maxe, S. 72); am 18. 11. bat B. ihren Sohn Siegmund in Bärwalde um die Übersendung von »Gedichten und Aufsätzen von Tian« (Hs. FDH), im Dezember schrieb sie an Savigny, sie ordne eben den Briefwechsel mit der Günderode (AM, S. 298). Am 8. 12., mitten in ihren Auseinandersetzungen mit Savigny wegen einer Versorgung für die Brüder Grimm, schrieb sie aus Bärwalde an Julius Döring:

> Dann solche Geschichten wie die von Savigny aber doch hoffe ich soll zu Ostern alles erscheinen was ich zum Druck bestimmte, der erste Band vom Briefwechsel der Günderode ist abgeschlossen, der welcher noch zum Tagebuch an Goethe kommt ⟨zu diesem nicht ausgeführten Plan vgl. Komm. zu Bd. II⟩ ist größten Theils fertig. nun hab ich ungefehr noch die halbe Arbeit vor mir, und hoffe damit in 6 Wochen zu Rande zu kommen dann lasse ich sie drucken in Berlin, daß soll nicht länger wie zwei Tage und 4 Wochen dauern hat mir die Druckerei versprochen, zu dem Ende reise ich nach Berlin, besorge die Correcktur ⟨. . .⟩
> (Vordtriede, S. 456.)

Im Januar schien dieser Plan durch eine Vielzahl anderer Verpflichtungen gefährdet:

> Zuletzt endlich bin ich des Teufels vor Müdigkeit, muß mich zu allem anstrengen, wozu ich sonst Lust hatte, der Briefwechsel mit der *Günderode*, der zu Ostern erscheinen sollte, ist liegengeblieben, die Verwirrung in meinem Gedächtnis wird zur totalen Niedergeschlagen-

heit, wenn ich mich mit dem befassen will, was mir das
Liebste ist.
(An Nathusius; IP, S. 231.)
Am 20. 1. konnte B. an Julius Döring melden:

> Wer dies mein Buch liest und nicht mich liebt der hat nie
> Jugend im Herzen gehabt. und ich hab jeden Tag an Dich
> gedacht während ich es ordnete. schon bin ich über die
> zweite hälfte des zweiten Bandes und seh in 14 Tagen
> dem End entgegen. welche reine heilige Labyrinthe der
> Seele und des Geistes! – wie freu ich mich es der deut-
> schen Jugend zu schenken!
> (Vordtriede, S. 463.)

Die Übersendung der Veröffentlichung von Thomas
Wades *Prothanasia and other Poems*, London 1839 – »alle über
die Günderode, nach dem was im Briefwechsel steht« (ebd.)
– steigerte wohl ihre Arbeitsfreude. Jedenfalls meldete sie
an Nathusius (vgl. IP, S. 507) wie an Wilhelm und Jacob
Grimm (2. 2. 1840; Schultz, S. 144), daß sie am 1. 2. »mit
den Briefschaften der Günderode fertig geworden« sei
(ebd.); ob das 1836 veröffentlichte *Büchlein vom Leben nach
dem Tode*, das B. eben erhalten hatte (vgl. ebd., S. 143), noch
zur Präzisierung ihrer Geistreligion beitrug, ist ungewiß;
Fechner gibt nur eine eingängige und verflachte Version
der originären Ansätze, die B. längst bekannt waren. Gegen
Monatsende kehrte sie von Bärwalde nach Berlin zurück
und stellte dort den Freunden ihr neues Werk vor. Wilhelmine Barduas Tagebuch berichtet am 11. 3. 1840:

> Zu später Stunde holte sie ⟨B.⟩ noch ihr neues Manu-
> skript, das eben gedruckt werden soll, hervor. Sie sagt, es
> sei ihr Briefwechsel mit der Günderode. Nun, das darf man
> wohl nicht so wörtlich nehmen – ich bin überzeugt, daß die
> Briefe in der Einsamkeit von Bärwalde ⟨wo B. einen Groß-
> teil des Winters zugebracht hatte⟩ gedichtet sind. Tut aber
> nichts zur Sache – der Inhalt ist voll Geist, Witz, Phantasie
> und Anmut; nur die langen philosophischen Auseinander-
> setzungen erscheinen mir unersprießlich.
> (Werner, Bardua, S. 165.)

Im Mai erschien der erste Band; Varnhagen notierte am 25. in sein Tagebuch:

> Beim Nachhausegehen treff' ich Bettinen von Arnim, die mit mir geht, bei meinem Mittagessen bleibt, und mir gleich nachher ihr neues Buch »Die Günderode« zur Ansicht schickt. Zueignung: »Den Studenten«, brav und muthig, aber nicht gut im Ton. Sie hat nun auch schon wieder mit dem Buchhändler Doktor Veit Mißhelligkeiten, der noch vor kurzem ein herrlicher, so kluger als edler Geschäftsmann war! Höchstens verdient er den Vorwurf, als Litterator zu leicht zu vergessen, daß er als Buchhändler auch auf äußern Vortheil sehen muß.
> (Bd. 1, S. 178.)

Der literaturbegeisterte Wilhelm Levysohn, der während seiner Studienzeit Mitglied der Dichtergesellschaft ›Tunnel über der Spree‹ war, aber auch zu B.s jungen Freunden zählte, hatte Ende 1839 im schlesischen Grünberg einen Verlag gegründet; ihm überließ B. im Juli 1840 den bereits gedruckten ersten wie den seit Juli vorliegenden (vgl. Schulz, S. 86) Folgeband der *Günderode*, allerdings eher mit den Rechten eines Kommissionärs und nur den Pflichten eines Verlegers (vgl. ausführlich Schulz, S. 82-85). »Ich gebe Ihnen mein Buch aus drei Gründen«, erklärte sie dem jungen Verleger: »erstens weil sie Jude sind, zweitens weil sie eine Säbelschmarre tragen ⟨L. also Korpsstudent war⟩, und drittens, weil sie ihre Frau aus Liebe geheiratet haben.« (Monty Jacobs, *Dr. Wilhelm Levysohn, 1815-1871*, in: Grünberger Wochenblatt zum 100jährigen Bestehen 1825-1925, Jub.-Nr., 1. 7. 1925, 2. Beil.) Nach einigen Mißhelligkeiten wegen der, nach B.s Meinung, säumigen und unzuverlässigen Rechnungslegung Levysohns kam es seit 1843 auch mit diesem Verleger zu langwierigen gerichtlichen Auseinandersetzungen; sie wurden erst 1847 mit einem Vergleich abgeschlossen. Die Buchbestände hatte die E. M. Schrödersche Buchhandlung übernommen (vgl. S. 995 ff.).

QUELLEN

Verwendete Originalbriefe

In ihr Buch *Die Günderode* arbeitete B. zwar den Originalbriefwechsel zwischen ihr und Karoline von Günderrode
mit ein, doch weisen ihre wenigen uns überlieferten Originalbriefe nur gelegentliche Anklänge an den Text ihres
Buches auf; B. griff indessen – anscheinend weit mehr als
im *Frühlingskranz* – auch auf Briefe an andere Adressaten
zurück. Die Bearbeitungsvermerke B.s auf Briefen Karolines an Clemens Brentano (vgl. Nr. 4; am Briefkopf von
B.s Hand: »Zur Günderode benutzt«; Henrici 148, Nr. 76)
und auf eigenen (etwa dem, ebd. angezeigten, an Sophie
Mereau-Brentano mit dem irrigen Hinweis: »Kurz vor der
Rheinreise mit Franz als die Günderode sich umbrachte«;
vgl. Anm. 568-573) belegen die Breite ihres Materials. Die
meisten der noch erhaltenen, eingearbeiteten Briefe stammen aus der Zeit von B.s Aufenthalt in Marburg während
des Winters 1805/06; doch fand sich insgesamt von solchem Material in ihrem Nachlaß nur wenig vor (vgl.
S. 1108 zu den Gedichten):

1. Ein Brief von Karoline an Clemens Brentano vom 19. 5.
   1802 (vgl. den Abdruck S. 828; eingearbeitet S. 666 f.).
   Offenbar waren B. die Briefe des Clemens an ihre Freundin nicht zugänglich (vgl. S. 829-836), so daß sie einen
   neuen Zusammenhang herstellte (vgl. Nr. 10).
2. Ein Brief von Karoline an Clemens von Ende Mai/
   Anfang Juni 1802 (vgl. den Abdruck S. 833 f.; eingearbeitet S. 682 f., anschließend an Passagen aus Nr. 5).
3. Ein Brief von Karoline an B. in Offenbach, wohl aus
   dem Sommer 1804 (eingearbeitet S. 394 f.):
   Liebe Bettine!
   Dein Brief hatt mir Freude gemacht und ist ein gesundes, munteres Leben darin, das ich immer lieb in Dir
   gehabt habe.

Wenn Du einige Stunden in der Geschichte genommen hast, so schreibe mir doch darüber, besonders in
welcher Art Dein Lehrmeister unterrichtet, und ob
Du auch rechte Freude daran hast. An den Mährchen
habe ich die Zeit sehr fleißig geschrieben, aber etwas
so leichtes, buntes wie mein erster Plan war, kann ich
wohl jetzt nicht hervorbringen, es ist mir oft schwer
zu Muth, und ich habe nicht recht Gewalt über diese
Stimmung.

Grüße Gundelchen von mir und sage Savigni, ich
würde ihm bald antworten.

Mademoiselle Bettine Brentano   Karoline

(Gd/A, S. 611; vgl. B.s Antwort, oben S. 854-857.)

4. Ein Brief von Karoline an Clemens Brentano vom Mai
   1804 (vgl. den Abdruck S. 845; zit. S. 642,13-24).
5. Ein Brief von Karoline an Clemens Brentano vom 10. 6.
   1804 (vgl. den Abdruck S. 850 f.; zitiert S. 383,28-33 u.
   386,2-7).
6. Ein Brief von B. an Claudine Piautaz, wohl vom Oktober 1805 aus Marburg (kurze Passagen und einzelne
   Formulierungen eingearbeitet S. 612,16-23; 614,5-7;
   614,34-615,6; 619,3 f.; 621,25-31):

   Lieber Clausner. Du bist ein recht lahmer Correspon-
   dent wenn ich nicht dächte, Du begingst alle diese
   negativen Sünden aus Unschuld, so wüsste ich nicht
   wie ich Dir so leicht vergeben könnte ohne Ungerecht zu seyn.

   Meline ist schon seit 4 Tagen im Bett, sie hat ein
   starkes Halsfieber, woran hier fast alles Krank liegt.
   Gunda muss auch alle Tage vor Sonnenuntergang zu
   Bett, was es bedeutet kann ich nicht deutlich erklären.
   Savigny ist bei ihr, und da diese beide in einem andern
   Hauss wohnen, so bin ich jezt ganz allein mit Meline,
   die ganz still und ruhig in einem Nebenzimmergen
   liegt, diese Einsamkeit reizt mich sehr, und ich fange
   an zu glauben, dass ich gar nicht für das Gesellschaftliche gebohren bin, ich kann hier meiner Fantasie

nachgeben ohne mich zu erhizen, durch den Wieder-
spruch meiner Umgebung; ich fühle mich so glücklich durch die Freyheit, die mir doppelt durch die
herrliche Gegend wird, in deren Mitte ich wohne, ja
mich selbst als einen Theil derselben betrachten kann,
wenn ich aus dem Fenster meines Schlafzimmers so
grad auf den *grünen* (d. h. *winterlich*) Berg steigen kann
und denn immer herunter und herauf auf alten gefährlichen Mauern bis an den Wall eines alten befestigten
Schloss, über Löcher und Hecken, wo nur Kühnheit
und Leichtsinn sich hinwagen, so kann ich Dir nicht
sagen wie mich all dieser Beweiss meiner Jugend entzückt, wenn ich auch manchmal mit einem geschund-
nen Knie (wie z. B.: heute) oder aufgerissnem Arm
zurück komme, das fühle ich gar nicht, ja wenn mir
recht ist, so macht es mir noch Freude obendrein, und
wenn ich denn wieder in meinem Zimmer bin, kann
ich mit so ruhigem Gemüth recht aus Fassungskraft
alles begreifen, und brauche nicht mehr die Einbildungskraft zu Hülfe zu nehmen, die doch gewöhnlich
nur ein Aushelfer der Schwäche ist, man wird auch
dadurch nicht allein dega- als auch detachiert, das
heisst man verliert das Sehnen nach einem Pfeiler um
sich in der Welt anzulehnen, zu stüzen oder nach
einem *Stock* um weiter zu kommen, denn man sieht,
dass man auf zimlichen Wegen recht gut allein gehen
kann, auf steilem Pfad lässt sich durch Uebung auch
eine grosse Freyheit erringen die *Ängstlichkeit* und
Unerfahrenheit verleitet einem doch nicht, gleich den
ersten besten Strauch zu ergreifen, der nur ⟨. . .⟩ oft
sich durch bittere Dorne, durch biegen und Brechen
als ein Verräther an uns beweisst, und uns mit samt
dem festen Vertrauen auf Treu' und Liebe und Ehr-
lichkeit in den tiefsten Abgrund stürzt, wo das *Ver-*
trauen zum wenigsten immer den Hals bricht, die
Menschliche Architektur aber fällt (wie Du leicht
einsehen kanst) dabey ganz weg Pfeiler, Stock, Bal-

ken, Krücke, ja selbst der bequeme Stuhl fallen dabey
ganz weg, der erste Grundsatz der uns dabey begreiflich wird wie dem Kind die Nahrung, ist dass auch
herrlichen leichten Blumen und Planzen reine Archi-
tectonische Figuren sind dass auch das feine Leben
und Treiben in der Luft und in und unter der Erde uns
Sittliche und Bürgerliche Geseze vorschreiben, dass
auch das Brausen des Windes das Stürzen der Fluthen
herrliche Lebensmelodien aussprechen das jedes
Wesen in sich jede liebe jede Sehnsucht und jede
Befriedigung in sich tragen ich kann Dir sagen wenn
unsere Empfindung so hinter dem Ofen heis wird
und wir nun gewöhnlich unsere Prätension an die
Menschheit auf das höchste steigern, und wir kommen denn hinaus und fühlen wie eine leichtes Lüftgen
diese heisse gefühle auf einmal verschlingt wie allen-
fals ein Riese ein kleines Mädelgen welches er durch
den Athemzug einzieht, so lehrt uns diess die beste
Methode algemein zu werden und mithin an allem
Theil zu nehmen, also uns durch nichts einzelnes
fesseln zu lassen.
(Oehlke, S. 9 f.)

7. Ein Brief Karolines an B. in Marburg, wohl vom Novem-
ber/Dezember 1805, da B.s frühere Briefe vorausgesetzt
werden (vgl. S. 857; eingearbeitet S. 681; vgl. Nr. 2):
Deine Briefe haben mir viele Freude gemacht, zweifle
nicht daran, liebe Bettine weil ich Dir selbst so sparsam geschrieben habe, aber Du weist, viel denken und
oft schreiben ist bei mir gar sehr zweierlei; auch hab
ich die Zeit schrecklich viel Kopfweh gehabt.
Du schreibst mir gar nichts von Gundel und Savigni,
thue es doch.
Ich stelle mir Eure Lebensart recht still vertraulich
und heimlich vor, aber ich fürchte nur, Du kommst
wieder eigentlich zu nichts, mir ist als hättest Du zu
vielerlei angefangen und setztest nicht recht durch,
das hat mir immer leid an Dir gethan, Dein Eifer und

Deine Lust sind keine perenierenden Pflanzen, sondern leicht verwelkliche Blüthen, ist es nicht so? sieh
darum ist es mir wieder fatal, daß Dein Lehrmeister in
der Geschichte Dich wieder verlassen hat, die Begebenheiten unterstützen ordentlich Deinen natürlichen Hang. Sei mir nicht böse, liebe Bettine, und lebe
recht wohl.

A Mademoiselle Bettine Brentano   Karoline
à Marbourg
(Gd/A, S. 614.)

8. Ein Brief B.s an Clemens, den dieser in seinem Brief an
   Arnim vom 1. 1. 1806 zitiert (vgl. S. 792 f.; eingearbeitet
   S. 680,3-11).

9. Ein Brief Karolines an B. in Marburg, Winter 1805/06
   (eingearbeitet S. 724,27-32; 667,16-18):

   Dein Brief hat mich gefreut und gerührt, auch glaube
   ich an den Ernst deines Willens, und deine Beharlich-
   keit; nur eins noch macht mir bange, es ist dies das in
   allem, was du mir bis jetzt von deinem Plane gesagt
   hast, mir nichts ausführbar, wenigstens für mich ausführbar erschienen ist: ich weis nicht wie viel du thun
   kanst, aber so viel ist mir gewiß, daß mir, nicht allein
   durch meine Verhältniße, sondern auch durch meine
   Natur engere Gränzen in meiner Handlungsweise
   gezogen sind, es könte also leicht kommen, daß dir
   etwas möglich wäre, was es darum mir noch nicht sein
   könte. Du must dies bei deinen Blikken in die Zukunft auch bedenken.

   Thue mir doch den Gefallen und schikke mir gelegentlich die Übersetzungen ins Französische von denen Savigni mir gesagt, und sie mir auch versprochen
   hat.

   Leb wohl Liebe und ermüde nicht fleißig zu sein.

                                        Karoline
   Mademoiselle Bettine Brentano
   chèz Monsieur Le Professeur de Savigny
   maison de M. le Professeur Weis.   *Marbourg.*
   (Gd/A, S. 610.)

10. Ein Brief Karolines an B. in Marburg, nach B.s Reise
nach Kassel in der ersten Februarhälfte (eingearbeitet
S. 602,9-19; 665,29-34; vgl. Nr. 1):

> Ich habe Dir zuletzt geschrieben liebe Bettine! ich
> glaube aber Du warst schon in Cassel als mein Brief
> ankam; denke also nicht ich sei so bequem als Du
> mich beschuldigst; es scheint überhaupt als habest Du
> meine Art zu sein vergessen und ein fremdes Bild
> dafür untergeschoben, denn Du sagst, ich würde
> wohl Deine Beschäftigungen für ein Nichtsthun er-
> klären, und da irrst Du doch gewiß, alles was das
> Gemüth anregt, erfrischt und erfüllt ist mir achtungs-
> werth, sollte auch im Gedächtnis kein Monument
> davon zurückbleiben. So habe ich immer Biographien
> mit eigener Freude gelesen, und es ist mir dabei stets
> vorgekommen als könne man keinen vollständigen
> Menschen erdichten, man erfindet immer nur eine
> Seite und die Complicirtheit des menschlichen Da-
> seins bleibt stets unerreicht; und diese so recht wahr-
> zunehmen hat mir immer an der Geschichte ein gro-
> ßes Interesse gegeben.
> Ich werde sehr gerne mit Dir in Trages sein, denn ich
> sehne mich auch recht nach dem Frühling, und freue
> mich Dich zu sehen und um Savigni zu sein.
> Du sagst, Du liebtest Clemens, der Idee nach kann ich
> ihm auch herzlich gut sein, allein sein wirkliches Le-
> ben scheint mir so entfernt von demjenigen, das ich
> ihm dieser Idee nach zumuthe, daß es mir immer ein
> wahres Ärgernis ist, deswegen kann ich auch nie eine
> feste Ansicht über ihn haben.
> adieu Bettine.   Karoline
> A Mademoiselle Bettine Brentano
> à Marbourg

(Gd/A, S. 612.)

Weiter erhielt sich ein Blatt, »das mit seiner ungeschickten
Schrift spätestens den Offenbacher Jahren Bettinas zuzu-
weisen ist« (Oehlke, S. 12) und die ursprüngliche Fassung

eines teilweise in das *Günderode*-Buch (S. 533,34-36) einge-
fügten philosophischen Aphorismus' bietet:
Alle Form ist Buchstab, wisse die Formen zusammen zu
setzen, so hast Du das Wort und durch dieses den Sinn.
(Gedanken.)
Sollte nicht durch das eifrige zersegen und zerlegen der
Phisiker endlich die Welt wirklich auseinander gehn?
Wenn Metall in den Adern der Erde fliesst, warum zapft
man ihr das Blut ab? Hat sie ein hitziges Fieber? – und
wer ist ihr Arzt oder sind unsere Begierden Leidenschaften gleichsam Schröpfköpfe um die Erde in Gesundheit
zu erhalten?
(Ebd.)

Mitgeteilte Dichtungen
von Karoline von Günderrode

Einen Großteil ihrer Dichtungen hat die Günderrode selbst
zum Druck gegeben, in den beiden unter dem Namen Tian
veröffentlichten Bänden *Gedichte und Phantasien* (Hamburg
und Frankfurt, in Kommission in der C. Hermannschen
Buchhandlung 1804) und *Poetische Fragmente* (Frankfurt,
bei Friedrich Wilmans 1805); weiteres erschien in Taschen-
büchern, Almanachen und in der von Friedrich Creuzer
und Carl Daub herausgegebenen Zeitschrift ›Studien‹. Ein
schon gesetztes Buch, *Melete* von »Ion«, wurde, nach dem
Selbstmord der Günderrode, von Creuzer, der den Druck
überwacht hatte, nicht mehr veröffentlicht. B. beschränkte
sich bei ihrer Auswahl im wesentlichen auf die in den
beiden ersten Büchern vorliegenden Texte, bietet häufig
jedoch von diesen Erstdrucken abweichende Fassungen;
ob sie sich auch dabei auf Handschriften stützte oder eigen-
ständig an den Texten der Freundin weiterarbeitete, läßt
sich nicht endgültig klären; wahrscheinlich waren die Abschriften, die sich Wolfgang Müller in Frankfurt verschafft
und ihr zur Verfügung gestellt hatte, B.s wichtigste Quelle
neben den Buchveröffentlichungen (vgl. Jäger, S. 29 f.).

Die im folgenden gebotenen Datierungen folgen zumeist denjenigen von Ludwig Pigenot in seiner Ausgabe.

301-305 *Die Manen]* Die »Manen« sind im römischen Volksglauben die Seelen der Toten; sie wurden gelegentlich mit den »Genien« (vgl. Anm. 406,11) oder auch mit den griechischen »Dämonen« (vgl. Anm. 341,20) gleichgesetzt. Der Dialog entstand 1802 und wurde in den *Gedichten und Phantasien* gedruckt; das Druckmanuskript fand sich im Nachlaß. B.s deutlich kürzere Fassung weicht von beiden ab.

312-314 *Ein apokaliptisches Fragment]* Der Aufsatz entstand 1801; er wurde in die *Gedichte und Phantasien* aufgenommen, das Druckmanuskript fand sich im Nachlaß. B.s Fassung weicht von beiden ab.

326-329 *Wandel und Treue]* Der 1803 entstandene Text wurde in die *Gedichte und Phantasien* aufgenommen; im Nachlaß fand sich ein Manuskript mit kleineren Varianten. B. folgt der veröffentlichten Fassung. Das Spiel mit den verkörperten sinnbildlichen Blumen »Veilchen« und »Narzisse« hatte Novalis mit seinem Märchen von *Hyacinth und Rosenblütchen* bekannt gemacht. Die Günderrode hat das zentrale Narziß-Motiv (vgl. Anm. 323,34) nochmals in der 1806 im ›Journal des Luxus und der Moden‹ veröffentlichten »Vision« *Der Jüngling, der das Schönste sucht* abgewandelt.

354-360 *Immortalita]* Die Dichtung lehnt sich an das von der romantischen Generation (etwa Novalis) bewunderte *Märchen* an, das Goethes *Unterhaltungen deutscher Ausgewanderten* (1795) beschließt; sie entstand 1803 und wurde in die erste Sammlung aufgenommen; im Nachlaß fand sich das Druckmanuskript. B. bietet eine abweichende Fassung, beläßt jedoch den Sinn eines Druckfehlers der Erstausgabe (S. 355,16 niedrer *statt* niedriger; im Manuskript richtig: widriger).

411 *Liebst du das Dunkel]* Das 1804 entstandene Gedicht wurde von B. zum erstenmal gedruckt; die Handschrift fand sich in ihrem Nachlaß.

440-441 *An Clemens]* Das Gedicht entstand 1802 und

erschien zum erstenmal in B.s Buch; B. schenkte die Handschrift später Moriz Carriere. Eine weitere Handschrift mit
einem Begleittext von B. an Ringseis, 29. 3. 1839, befand
sich im Besitz Emilie Linders; sie war – laut einem Zusatz
von unbekannter Hand – »vermutlich durch einen Freund
Clemens Brentano's ihr gegeben« worden (Linder-Briefe II,
S. 310).

498-502 *Des Wandrers Niederfahrt]* Der 1802 entstandene Text wurde in den *Gedichten und Phantasien* zuerst
gedruckt. Die Erdgeister-Dialoge sind von Goethes
Faust-Fragment (1790) angeregt (vgl. Jakob Minor, in:
Goethe Jahrbuch 10 [1889], S. 224).

503-504 *Ist alles stumm und leer]* Das Gedicht wurde
zuerst von B. veröffentlicht. Seit Mitte der vierziger Jahre
reklamierte es Helmina von Chezy, die seit langem mit B.
bekannt war (vgl. S. 1116), zunächst in Privatbriefen als ihr
Werk und ließ es in der von Abraham Voß herausgegebenen Anthologie *Deutschlands Dichterinnen* (Düsseldorf 1847,
S. 350) in leicht veränderter Form unter ihrem Namen
erscheinen; in ihren Memoiren *Unvergessenes* (Leipzig 1858)
kam sie freilich auf ihre Ansprüche nicht mehr zurück (vgl.
Bd. 2, S. 104). Otto Friedrich Gruppe hatte inzwischen in
seinem ›Deutschen Musenalmanach‹ (Berlin 1851) das Lied
wieder der Günderrode zugesprochen, jedoch einen Misch-
text zwischen dem bei B. gebotenen und dem Helminas
hergestellt (vgl. die Abhandlung von Jeep, S. 5-29, dessen
Entscheidung für die Autorschaft der Günderrode allgemein akzeptiert wird). – Entstanden ist das Gedicht vielleicht im Jahr 1802.

536-538 *Die Pilger]* Das Gedicht erschien in den *Poetischen Fragmenten*; der erste Teil entstand jedoch schon 1799,
der zweite vielleicht im Jahr 1802. B. bietet wiederum einen
abweichenden Text; die Variante S. 539,1: windet *statt* winket scheint auf einen Lesefehler B.s oder des Setzers zurück-
zugehen.

538-540 *Lethe]* Das 1802 entstandene Gedicht wurde
zum erstenmal von B., vermutlich nach einer von Wilhelm

Müller zur Verfügung gestellten Abschrift (vgl. Jäger, S. 30), veröffentlicht.

541 *Der Kuß im Traum]* Veröffentlicht wurde das Gedicht in den *Poetischen Fragmenten*; Pigenot setzte die Entstehung in das Jahr 1802; erhalten hat sich eine Abschrift in einem Billett der Günderrode an Savigny vom April 1804, dem Monat von dessen Heirat mit Gunda Brentano. B.s Varianten finden sich weder in dieser Handschrift noch in der Druckfassung. Vgl. Preitz 1, S. 200, 228.

550-556 *Darthula nach Ossian]* Die Ossian-Mode, die der Schotte James Macpherson mit einer literarischen Fälschung, eben den vorgeblich von ihm entdeckten und seit 1760 bekannt gemachten Gesängen aus einem Epos des Barden Ossian, ausgelöst hatte, erreichte in Deutschland etwa um 1770 ihren Höhepunkt. Wahrscheinlich nach ihrer *Werther*-Lektüre notierte sich die Günderrode die dort übersetzten Partien »Aus den Liedern von Selma« in ihrem Studienbuch zum Vergleich aus der Übertragung von Edmund von Harold (*Die Gedichte Ossians eines alten keltischen Helden und Barden*, Düsseldorf 1775); das *Darthula*-Gedicht weist indessen deutliche Anklänge an die Formulierungen der metrischen Übersetzung von M. Denis (*Ossians und Sineds Lieder*, Wien 1784, Bd. 3, S. 49 f.) auf. Eine wohl 1801 entstandene (vgl. Preitz 2, S. 170 u. S. 173), im Nachlaß erhaltene Fassung wurde offenbar für den Druck in den *Gedichten und Phantasien* nochmals überarbeitet; B. folgt der Druckfassung und schließt sich nur in der ersten Strophe an die frühere an.

556-561 *Don Juan]* Vielleicht entstand diese Gestaltung des Schicksals von Don Juan d'Austria, der seine Stiefmutter, die spanische Königin, geliebt haben soll, schon 1801; gedruckt wurde sie 1804 in den *Gedichten und Phantasien*.

565-567 *Mahomets Traum in der Wüste]* Das in der Motivik wohl von Goethes *Mahomets-Gesang* (1772/73) angeregte Gedicht erschien zuerst 1804 in den *Gedichten und Phantasien* und ist wohl im selben Jahr entstanden. Dem Stoff wandte sich die Günderrode schon im folgenden Jahr

erneut zu; ihr an Hölderlins *Empedokles* angelehntes Drama
Mahomed, der Prophet von Mekka erschien 1805 in den *Poetischen Fragmenten.*

REZEPTION UND WIRKUNG

»Die vierziger Jahre waren die letzte Blüthe des persönlichen Verkehrs, auf dem das öffentliche Leben bis zur Umwälzung von 48, und auch dann immer noch eine Reihe von Jahren weiter, in Berlin beruhte. Die ängstlich herrschende Censur machte es unmöglich, in Zeitungen die Dinge ebenbürtig zu behandeln die alle Welt bewegten.« (Grimm, S. 9.) – B. hatte mit ihrem Goethe-Buch einen Erfolg erzielt, der sie zu einer festen Größe im literarischen Leben ihrer Zeit machte (vgl. Wülfing). »Wie von selbst verstand sich nun, dass diese Arbeit nur die erste sei, und erwartet wurde, was nachfolgen würde. Die *Günderode* fand schon eine feste Gemeinde« (Grimm, S. 8), in der sich freilich unterschiedlich interessierte Gruppen unterscheiden lassen.

Im Freundeskreis der Arnimschen Familie wurde das Buch als Zeugnis von B.s Persönlichkeit verstanden. Die Malerin Wilhelmine Bardua notierte in ihrem Tagebuch: 18. 6. 1840. Zu gestern abend hatte sich die Arnim mit Gisel angesagt. Nach 9 Uhr kam sie auch endlich, Gisel mit einem Kuchen auf dem Arm. Nach dem Tee las sie uns wieder aus der »Günderode« vor. Diesmal erschien es mir nicht so anziehend, wie bei der ersten Probe, die sie uns mitteilte. Auf jeden Fall ist in diesem Briefwechsel viel Gemachtes. Ein Brief der Günderode enthält eine hübsche Beschreibung von Bettinens Zimmer; man gewinnt daraus ein überaus anmutiges Bild von Bettinens Wesen, aber der Brief ist sicherlich erfunden. Ich prophezeie dem Buche kein gutes Geschick: es ist nicht anziehend genug, daß es vergessen lassen könnte, wie es entstanden ist. Zwar erzählt die Arnim, der Kronprinz,

dem sie es geschickt, habe ihr geschrieben: »er verschlinge das Buch«; wie sie denn überhaupt viel von ihrer
Korrespondenz mit dem Kronprinzen spricht, daß er ihr
versprochen habe, die Brüder Grimm hierher zu ziehen
usw. Aber wer weiß, ob das nicht nur Phantasien von ihr
sind! Gewiß – warum sollte der Kronprinz nicht an sie
geschrieben haben? Es ist möglich, mir aber nicht sicher.
(Werner, Bardua, S. 168 f.)

Die Authentizität des Mitgeteilten rückt damit in den Vordergrund:

Bettine hat uns nun die »Günderode« geschickt. Manche
Gedanken sind sehr gut, und zu Anfang gefiel mir auch das
Ganze, weil alles so frisch klingt. Aber weiterhin faselt sie
doch zuviel unklare Dinge, die »Geist« heißen sollen. Ihr
Bestreben, durch Absonderlichkeit bedeutend zu erscheinen, ist doch zu handgreiflich. Sie poltert alles so raus, wie
es ihr in den Sinn kommt, und verläßt sich darauf, daß ihr
Genie ihr nichts Dummes in die Feder diktieren wird. Dabei gebraucht sie den Pfiff, alle Briefe in ihrem heimischen
Frankfurtisch zu schreiben, scheinbar mit äußerster Nachlässigkeit; wenn nun etwas Dummes vorkommen sollte, so
kommt das auf die Kappe des 17jährigen Mädchens. Diese
Briefe sind alle in späterer Zeit gemacht – das unterliegt
für mich keinem Zweifel. Es verdrießt den Leser aber
doch manchmal, was ihm alles aufgebunden wird, das er
glauben soll, z. B. die Prophezeiung von Napoleons Untergang. Bei allem, was sie unserer Zeit unter die Nase rei-
ben will, tut sie so, als habe sie's in aller Unschuld in ihren
Jugendbriefen gesagt. Savigny bekommt dabei auch zu
hören, was er hören soll. Diese Form, ihre Meinung unge-
straft zu sagen, ist so übel nicht, zum mindesten ist sie neu.
Aber ich fürchte, man wird ihre diese Brief-Fabel nicht so
hingehen lassen.
(Ebd., S. 172.)

Noch in Varnhagens später Kritik vermischen sich seine
Bedenken gegen B.s Persönlichkeit (S. 1096) mit der Enttäuschung über den Inhalt ihrer Schriften:

Ich habe heute in Bettinens »Günderode« geblättert. Es sind einige schöne Bilder, frische Blicke, tiefe Wahrnehmungen darin, aber ich war verwundert und etwas erschrocken, wie geringen Gehaltes das Ganze ist, wie sehr ohne Gedanken und Stoff. Mich soll nicht wundern, wenn dieses Tändeln der Phantasie und des Gefühls mit der Zeit so schwach wird, daß niemand mehr begreift, wie man vor zehn und fünfzehn Jahren davon so entzückt, so berauscht sein konnte! –
(Tagebücher, Bd. 11, S. 127.)

Für die »freisinnige Jugend« (Carriere, S. 18), die im Salon der gefeierten Schriftstellerin verkehrte, wurde ihr Buch wie das vorhergehende zum ›Kultbuch‹ und die Lektüre zur Verkündigung. So stellt sich eines der vielen Gedichte, die von Unbekannten an B. gesandt wurden (Bestand im FDH), unter ein Motto aus dem ersten Teil der *Günderode*: »So gewiß alles harmonisch in Verbindung steht, so gewiß sind auch wir in Verbindung mit dem Teil der Geisterwelt, der mit uns harmoniert.«

Aus solch begeisterter Zuwendung zur Dichterin war der Briefwechsel des jungen Philipp Nathusius mit B. entstanden; bei der Lektüre des neuen Buches glaubte er sich im Gespräch mit der Verehrten, denn diese »Briefe ⟨. . .⟩ sind ganz wie Du sprichst« (IP, S. 307):

Laut muß man's lesen, die Melodien der Sprache tun da erst ihre Wirkung, und weil wir beide ⟨N. und sein Freund Elster⟩ von Dir draus hatten lesen hören, so glaubte jeder den andern unwillkürlich in den Ton Deiner Stimme hineinfallen zu hören.
(IP, S. 523.)

Die typische Inszenierung der Lektüre findet sich auch bei Carrieres Freund Emanuel Geibel, der vor seiner Griechenland-Reise 1839 bei B. verkehrt hatte; in B.s Goethe-Buch erkennt er den »Geist des ächten Griechenthums«, der die griechische Landschaft, die ihn umgab, beseelte: »Das ward mir freilich später zur deutlichsten Gewissheit, als ich in der *Günderode* las, was Sie bei Gelegenheit unseres deutschen

Griechen, des unglücklichen *Hölderlin*, über den Zauber und die Gewalt des Rhythmus schrieben.« (An B., 1840/41; Henrici 148, Nr. 35.) B.s Werk wird als Schule des Idealen empfunden: »Alle Poesie soll Lehre sein« (Geibel an B., 1839/40; FDH; vgl. Reinhold Steig, *Aus Emanuel Geibels Jugendzeit*, in: Euphorion 3 [1896], S. 19); sie regte zum eigenen Dichten an und wies die Vorbilder. So schloß sich auch Nathusius der damals noch kleinen Hölderlin-Gemeinde an (vgl. IP, S. 560, sowie Anm. 428,23). Diesen Lesern öffnete B.s Werk den Zugang zu einer Vergangenheit, die ihnen fremd war, aber Aufschlüsse über die Gegenwart versprach und einen Maßstab für künftige Ziele bot. B. hatte, wie noch ein später Brief an Theodor Goldstücker (um 1850; FDH) bezeugt, vor allem diese Lektüre als Voraussetzung weiterer Wirkungen gewünscht; ihrem jugendlichen Verehrer Döring verweist sie deshalb das Lauern auf biographische Einzelheiten als »philisterhaft« (Vordtriede, S. 473).

Im Lauf der vierziger Jahre verengte sich dieses aktuelle Interesse auf jene Anteilnahme, die auf Nachrichten aus dem Leben bewunderter Dichter aus ist. Die ausführliche Anzeige in der Londoner Literaturzeitschrift ›The Athenaeum‹ (Nr. 754, 9. 4. 1842; dazu B.s Notiz, Henrici 148, Nr. 79) belegt vor allem dieses aus der Zielsetzung der Zeitschrift verständliche Interesse; »but this expectation has not been gratified« – denn B. sei in dieser Epoche ihres Lebens eben in vergleichsweise unbedeutende »domestic circles« gebannt.

Ähnlich gering geschätzt wurde B.s Sachkunde von Hölderlins schwäbischen Freunden (vgl. Anm. 428,23); immerhin sei es ihr, wie Sophie Schwab zugesteht (Hölderlin, Bd. 7,3, S. 211), gelungen, Teilnahme zu erwecken. Die Günderrode aber war gleichsam erst durch B.s Buch wieder in die Literaturgeschichte eingeführt worden (vgl. aber S. 879), und die erste Werkausgabe, 1857 von Friedrich Goetz besorgt, wird sich darauf berufen. Ebenso verknüpfte die Wirkungsgeschichte die beiden Dichterinnen;

so plante Helmina von Chezy (vgl. S. 1110), angeregt von B.s Königsbuch, ein sozialpolitisches Werk mit dem Titel: *Dies Buch gehört Bettinen!*, zu dem sich Vorarbeiten aus dem Jahr 1844 erhalten haben: Die Günderrode unterhält sich darin von einem einsamen Stern aus mit B. über die Notlage des Volkes; B.s Verdienst wird gepriesen:

> Und die Günderode! Wie hast Du sie überschüttet mit Blumen und Juwelen aus Deinem unermeßlichen Hort! Dies Buch ist das wundersamste, das je ein Weib ge-schrieben, und doch konnte ein Weib nur es schreiben. Diese Musik der Sprache war bei den Engeln, bis Du sie ihnen abgelauscht. Novalis war Dein Vorbote, wie das Veilchen den Frühling verkündet und bringt!
>
> (Jeep, S. 28.)

In einem weiteren Ansatz zu weiblicher Traditionsbildung ließ Kathinka Zitz 1864 B. der Rahel von der Günderrode erzählen; noch die neu einsetzende Günderrode-Rezeption seit etwa 1970 (vor allem bei Christa Wolf) bleibt diesem Topos verpflichtet.

Zugleich als biographische wie als kulturgeschichtliche Quelle faßten hingegen die damals unmittelbar Beteiligten B.s Veröffentlichung auf. In einer Besprechung, die am 29. 10. 1840 in der Augsburger ›Allgemeinen Zeitung‹ an-onym erschien, aber wohl von Christian Schlosser stammt (vgl. Oehlke, S. 193), werden B.s Erfindungen streng ge-rügt und richtiggestellt (vgl. Anm. 218,8 u. 336,11). Ihr Bruder Clemens hingegen scheint in einem Brief an Emilie Linder vom 28. 12. 1840 bloß die Wahrheit der Darstellung bestätigen zu wollen – und damit ihren Wert für die um-worbene Freundin, die ihn ganz kennen müßte, um ihn zu lieben:

> Es ist ein wunderbares Bild eines Theiles unseres Ju-gendlebens, nur wußte ich nur wenig von dem inneren Treiben dieser Naturen; *es ist übrigens in allem diesem nichts Gemachtes*, es ist damals so geschrieben.
>
> (Linder-Briefe I, S. 141.)

Doch hatte er, gleichsam in einer typologischen Spiegelung

seiner Lebensepochen, wohl schon 1839 sein *Alhambra*-Gedicht aus einer früheren Fassung hergestellt, die an die Günderrode gerichtet gewesen war (vgl. Bd. 1, S. 769). »Mein Leben«, so hatte er schon Ende 1833 an Emilie Linder geschrieben, »ist das wundervollste Gedicht, das je gedichtet worden. Es hat weder meinen, noch der Menschen, noch Gottes Beifall! Ich möchte es gerne zurücknehmen und es umarbeiten und Seiner Allerhöchsten Majestät zu Füßen legen.« (Linder-Briefe I, S. 18.) Dieses Paraphrasieren und Neuschreiben seiner poetischen Biographie faszinierte und erschreckte ihn an den Schriften seiner Schwester (vgl. S. 989).

Doch selbst eine keineswegs ›dämonische‹ Persönlichkeit wie die Prinzessin Marianne von Preußen, eine Tochter des Homburger Landgrafen, fühlte sich bei der Lektüre mit »Gespenster⟨n⟩ aus der Vergangenheit« konfrontiert (Hölderlin, Bd. 7,3, S. 423).

Creutzer vollends, der jene verhängnisvolle Liebe zur Günderrode noch in seinen Memoiren (1848) verheimlichen wollte, war bereits über die erste Veröffentlichung B.s in ihrem Goethe-Buch erbittert; am 4. 7. 1835, nach der Lektüre einer Rezension von Görres (vgl. Komm. zu Bd. II), schrieb er diesem:

Mit großer Lust habe ich Ihren Bericht über *Göthes* Briefe an und von einem Kind gelesen und die Discretion dankbar empfunden, womit Sie über mich betreffende Stellen hinweggegangen sind. Es sollen ja sehr harte Sachen in Betreff eines unglücklichen Verhältnisses darin stehen, welches mir Leiden genug verursacht hat; und meine hiesigen Freunde verbieten mir deswegen, das geniale Buch selbst zu lesen. Ich habe die Verfasserin immer bewundert und hege auch jetzt keinen Groll gegen sie. Ich habe nach der unglücklichen Katastrophe *alle* Briefe der v. G. zurückgesendet. Ob die meinigen ebenfalls alle in die Hände des Cons. R. Cr. in Marburg zurückgekommen, weiß ich nicht. In jedem Falle wäre es unedel, wenn man eine oder andere drucken lassen wollte, wie ich höre, und wenigstens nicht warten, bis auch ich die Augen geschlossen, zumal ich 64 Jahre alt bin. Ich habe aber deswegen weiter keine Schritte gethan.

(Josef Görres, *Gesammelte Schriften*, Bd. 9, München 1874, S. 445 f.)

Obgleich B. nicht versucht hatte, in der Briefpublikation zur Günderrode »die Motive ihrer unglückseligen That zu ergründen« (Weiße ⟨s.u.⟩, Sp. 821), und jetzt alles, was Creuzer betraf, ausgespart hatte, mißbilligte er, wie Karolinens frühere Freunde (vgl. S. 1096), diese neuerliche Erinnerung an jene »Periode schwerer Seelen- und Körperleiden« (1848, S. 38).

Noch die Habilitation Moriz Carrieres in Heidelberg scheiterte am Widerstand Creuzers gegen einen Schützling B.s (vgl. Carriere, Erinnerungen, bes. S. 225-229). »Die Universität Heidelberg gedenket nicht des Welterlösungswerdens«, bemerkte B., die es bedauerte, »daß Carriere dem Unsinn eine« drohende Nähe scheint« (Brieffragment, wohl 1842; MH 1, S. 47). Allerdings war der genaue Ablauf der Ereignisse von 1806 niemals öffentlich bekannt gemacht worden, und die Kenntnisse der damaligen literarischen Öffentlichkeit waren mit ihr geschwunden. So blieben denn Fehlinformationen von Johann Heinrich Voß, die 1848/49 ins Lesepublikum gelangten, vorerst unwidersprochen (vgl. Ersch-Grubers Enzyklopädie I, 97, S. 209-212).

Fast völlig von Vossens Darstellung abhängig ist noch eine »Erinnerung« von Max Ring an seine Berliner Studentenzeit, als »die berühmte *Bettina von Arnim* der Mittelpunkt eines schwärmerischen Cultus« war (zuerst in: Die Gartenlaube 1868, Nr. 52; ähnlich auch in: Max Ring, *Erinnerungen*, Bd. 1, Berlin 1898, S. 117-123).

Ring berichtet u. a. von einer jener demonstrativen Gesten, wie sie damals das Zeitgespräch konstituierten: die private hin zu einer allgemeinen Öffentlichkeit zu erweitern:

Angeregt durch diese Widmung, welche ihre begeisterten Freunde und jugendlichen Verehrer wohl zunächst auf sich beziehen durften, beschlossen wir durch Ueberreichung eines prachtvollen Albums unsern Dank im Namen der studirenden Jugend auszusprechen. Ein talentvoller Maler zeichnete das Titelblatt, worauf Bettina selbst mit der Günderode dargestellt war, wie sie in romantischer Umgebung an den Ufern des Rheins Hand in Hand standen. Poetische Gaben, Lieder und Gesänge feierten die beiden Dichterinnen und beklagten den frühen Tod der schönen, geistvollen Freundin Bettina's. Eine Deputation aus unserer Mitte überreichte der Letzteren das sinnreiche Geschenk als Zeichen unserer schwärmerischen Verehrung, worüber sie offen ihre große Freude zu erkennen gab.

(Ring, S. 825; vgl. seine *Erinnerungen*, Bd. 1, S. 121 f.) Wie aus Varnhagens Bericht (Tagebücher, Bd. 11, S. 234 f.) erhellt, hatte B. die Widmung an die Studenten benutzen wollen, um ihren privaten Zirkel als Modell einer jungen Lesegruppe zu formen, die sie genau bestimmte (vgl. S. 1093 f.) und die sich diesem Modell gemäß entwickeln sollte. Da der Theologieprofessor an der Berliner Universität Karl Werder sie als »eine Auserwählte des Geistes« pries und in seinen Vorlesungen die *Günderode* einen »Schönheitspsalm« nannte (Dehn, S. 337), mochte sie sich in ihren Hoffnungen bestätigt fühlen. In der Debatte zwischen Moriz Carriere und dem Berliner Professor Christian Hermann Weiße, der ihr ebenfalls persönlich bekannt war, verfocht Carriere, damals sicher der einflußreichste und eifrigste ihrer jugendlichen Anhänger, als selbsternannter Sprecher der Studenten eben diese Wirkungsabsicht und ordnete ihr seine Besprechung der *Günderode* noch im Rückblick zu:

Im Sommer 1840 erschien »Die Günderode«, den Studenten im schwungvollen Pindarischen Ton gewidmet, als ein Buch der Jugend für die Jugend damit bezeichnet ⟨. . .⟩. ⟨Ich⟩ sandte an Ruge eine Besprechung der Günderode, die er zwar zu lyrisch-enthusiastisch fand, aber doch abdrucken ließ. Ich stellte da die Romantik Bettinas

als die der Zukunft der Romantik der Vergangenheit
gegenüber.
(Carriere, S. 25.)
In dieser Besprechung hieß es nach einem längeren Zitat
aus B.s Zueignung:

> Keiner ist aus dieser Schaar der Musensöhne ⟨wie die
> Studenten in der Widmung apostrophiert werden⟩ her-
> ausgetreten, der die rückhaltlose Begeistrung für die
> Idee, der den Muth der Wahrheit und die Freudenschauer
> bei der Berührung des Schönen in seiner Brust bewahrt:
> wir Alle, die wir dem Geiste schwören ewige Treue auch
> in der bösen Zeit, die wir der Vernunft die Schwinge der
> Leidenschaft verleihen und in freier That die Seligkeit
> genießen wollen, wir empfangen dankbar ein Geschenk,
> das uns das höchste Gut einer im Wechsel dauernden
> Jugend verbürgt, die über die Wahnwelt des Gemeinen
> hoch hinaus ihre Blüthen treibt und den Samen der
> Zukunft für reine Gemüther den Winden des Himmels
> vertraut.
> ⟨. . .⟩
> Rosenkranz und Gervinus haben den Briefwechsel Gö-
> the's mit einem Kinde der Romantik eingereiht ⟨vgl.
> Komm. zu Bd. II⟩; viel passende Merkmale sind aufge-
> funden, aber die Hauptsache ist übersehen: *Bettina's Ro-
> mantik ist die der Zukunft*, der alldurchathmende Hauch
> der Frühlingsbegeistrung. Sie lebt nicht in der *Vergangen-
> heit*: ihr gilt nur das Ewige, welches dort Wurzel gefaßt
> hat, daß es in der Gegenwart blühe ⟨. . .⟩
> Die Romantik der Vergangenheit sucht das Feste, um die
> eigenen fixen Ideen daran anzuknüpfen, sie wendet sich
> zum Katholicismus, in dessen Positivität ihre sinnliche
> Ruhelosigkeit zu einer endlichen äußerlichen Befriedi-
> gung kommt; die Romantik der Zukunft erbaut aus den
> Ahnungen des eigenen Herzens, aus den Erlebnissen und
> Gedanken der Gegenwart *eine schwebende Religion* als den
> heitern Tempeldienst des lebendigen Schönen. ⟨Vgl.
> Anm. 449,9.⟩

⟨. . .⟩

So finden wir das *geniale Subject* in Bettina, das von der Himmelsleiter des Uebermuths herab die Philister verhöhnt; ⟨. . .⟩

⟨. . .⟩

Das Gefühl für die Natur, das Sichversenken in ihr stilles Weben und freudiges Erblühen, das Ahnen des Geistes in ihr, das die Romantik in der Schelling'schen Naturphilosophie zum ersten Mal wissenschaftlich begründet fand, und poetisch auszusprechen, ja eine Doctrin daraus zu machen suchte, die nothwendig von dem Punkte an eine verfehlte werden mußte, wo man nicht das Geistige in der Natur erkennen, sondern es auch im Menschenleben zur bewußtlosen Form des Pflanzlichen zurückdrängen wollte, – dies sinnige und innige Naturleben finden wir nirgends schöner und reiner dargestellt, als in Bettina's Briefen, in denen an Göthe sowohl, als in den vorliegenden an die Günderode. *Sie scheint der Natur näher zu stehen, als wir Anderen*; es ist als ob sie durch ein magisch Band mit der Welt verschlungen den Dingen unmittelbar in's Herz sieht; ⟨. . .⟩

(Hallische Jahrbücher für deutsche Wissenschaft und Kunst, Nr. 71, 24. 3. 1841/Nr. 72, 25. 3. 1841. Zusammen mit der S. 889 erwähnten Besprechung von Arnims Werken als Broschüre Varnhagen gewidmet: *Studien für eine Geschichte des deutschen Geistes. Erstes Heft: Achim von Arnim und die Romantik. Die Günderode*, Grünberg 1841.) Zuvor hatte Johann Friedrich Weiße, der zur gemäßigten Hegelianischen Schule zählte, bei aller Bewunderung für B. als einen »Engel des Lichts«, dem Klischee von der weiblich-genialen Natürlichkeit jene Wendung gegeben, die sich vom Radikalismus abkehrt, ohne deshalb den Konservativismus zu begrüßen (vgl. S. 1037 ff. zu G. Kühne); wenn seine Rezension in den ›Jahrbüchern für wissenschaftliche Kritik‹ (Nr. 96-98; Nov. 1840) den jungdeutschen Mythos der Weiblichkeit variiert, will sie allerdings zunächst auch B.s »Realismus« (Sp. 819) von einer schlechten romanti-

schen Tradition abgrenzen und »mit allem Nachdruck das
Moment« hervorheben,

welches der Erscheinung von Bettinens Genius in unsern
Augen ihre eigentliche, noch lange nicht nach ihrem
wahren Gewicht gewürdigte Bedeutung giebt. Wir würden eine Scheu empfinden, solches zu thun im Angesicht
der Lebenden, uns Befreundeten, wenn nicht Missver-
ständnisse der unbegreiflichsten Art uns dazu berechtigten. Wenn Kritiker von dem Geist und der historischen
Einsicht eines Gervinus, auf die Anerkennung dieses
Genius den Trumph zu setzen für erlaubt halten: dass sel-
bige nur stattfinden könne, »wo sich ein ungesundes und
verdorbenes Geschlecht der Männer weder in seiner
Kraft, noch in seiner Würde mehr fühlt, wo es ihrem män-
nischem Erheben mit weibischem Versinken schmählich
entgegenkommt«: dann hört jede Zurückhaltung von
Seiten des Andersdenkenden auf, an ihrem Orte zu sein.
Möge man es uns deuten, wie man wolle: wir stehen nicht
an, zu bekennen, dass wir keinen schönern Commentar
als Bettinens Schriften zu den Worten unsers Heilandes
kennen: Selig sind, die reines Herzens sind. Denn für-
wahr, wenn irgendwo auf Erden ein »Schauen Gottes«
stattfindet, so ist es in einer Poesie, wie diese, dem reinsten Gegentheil jener gemüthlosen, phantastisch entarte-
ten, mit welcher man hin und wieder Bettinens Treiben
verwechseln zu wollen scheint. Bettinens »Günderode«
ist genau in denselben Tagen der Oeffentlichkeit übergeben worden mit der schon vielfach gepriesenen »Vittoria
Accorombona« eines unserer hochgefeierten Dichter
⟨Tieck⟩; möchte in diesem Zusammentreffen das vater-
ländische Publicum eine Aufforderung erblicken, sich
endlich einmal über den Unterschied des guten und des
bösen Genius in Poesie und Kunst, des Schönen und des
Hässlichen, des weissen und des schwarzen Magus,
gründlicher, als bisher, zu verständigen! Inmitten einer
Zeit, die mit Erscheinungen solcher Art erfüllt ist, dürfen wir es auszusprechen wagen, dass Bettina uns als ein

Engel des Lichts gesandt ist, an dessen Gestalt wir den
ächten, mit den Genien der Religion und der Sittlichkeit
innig verschwisterten Genius der Poesie von jenen un-
lauteren Geistern unterscheiden lernen mögen. Auch
von Bettinen zwar kann man behaupten, dass sie in ihrem
Thun und Lassen kein sittliches Gesetz, sondern nur ein
poetisches kennt; das Gesetz, wie sie es ausdrücken
würde, jenes musikalischen Rhythmus, jener geheimniss-
vollen Melodie, welches sich im Handeln nicht minder,
wie im Dichten, darstellen und bethätigen kann. Man
kann es, sagen wir, auch von ihr behaupten, aber wahrlich nur in ganz anderem Sinne, als von Jenen, welche
sich rühmen, durch Poesie und Genialität von dem Joche
des Gesetzes emancipirt zu sein. Auch bei Bettinen ist das
Bewusstsein des Gesetzes in den lebendigen Geist der
Poesie vollständig aufgegangen, aber nicht, weil das Gesetz durch diesen Geist vernichtet wäre, sondern, weil es
durch ihn erfüllt ist. Was dies sagen wolle, das wird hier
noch in viel ausgedehnterm Sinne offenbar, als bei irgend
einem männlichen Dichter, aus dem Grunde, weil der
Geist der Poesie, der Kunst als solcher, in der weiblichen
Dichterin noch auf ganz andere Weise persönlich zu
werden vermochte.
(Sp. 822.)

Sie wird als Phänomen gewürdigt, ohne daß ihre Forderungen deshalb ernst zu nehmen wären:

Sie kann ⟨. . .⟩ keine Poesie *machen*, weil sie durch und
durch Poesie *ist*; sie kann nur in persönlichen, durch
unmittelbare Lebensverhältnisse hervorgerufenen Er-
güssen die innere Poesie ausstrahlen ⟨. . .⟩.
(Sp. 822 f.)

So biete die Briefsammlung, obschon ihr ein »Grund-
thema« fehle (Sp. 805), »das Schauspiel der ersten Entfaltung von Bettinens Geist« (Sp. 807), der sich in »ächt
weiblicher Gemüthsinnigkeit« bezeuge, »welche wir gerade bei Bettinen in einer Reinheit und Fülle wie kaum je in
einem andern Weibe von ähnlich genialer Begabung antref-

fen« (Sp. 804). Weißes Auffassung belegt, wie die ursprünglich revolutionär gemeinten jungdeutschen Parolen der
Frauenemanzipation sich den allgemein akzeptierten Maß-
stäben allmählich anglichen. Gleichermaßen bildet sich im
Nebeneinander von Mythisierung und Enttäuschung in
den Beiträgen von Theodor Mundt und Gustav Kühne zur
Würdigung B.s (vgl. S. 1037) eine gespaltene Rezeption ab,
die zunehmend die Einschätzung B.s im Zeitgespräch bestimmen sollte (vgl. S. 1023). Weißes Rezension führt nur
besonders deutlich die Einschränkung eines, bei den Jungdeutschen noch allgemeinverbindlich gefaßten, Phäno-
mens aufs Persönliche, Aparte und Private vor:

Ist nun bei einem Weibe, welches in dieser Weise, statt des
Gesetzes, den Genius der Poesie in sich walten lässt, die
Gefahr die grössere, so ist nothwendig auch der Ruhm
der grössere, wenn sie bei diesem Walten ihre sittliche
Natur rein bewahrt. Wiewohl dann dieser Ruhm nicht
sowohl ihr, als vielmehr dem Genius, dem Begriffe der
Poesie als solchem gelten wird, der sich in ihrer Persönlichkeit verkörpert hat. Wir sprechen von ihr nicht, wie
man von einem Dichter, sondern wie man von einem
Gedichte spricht, nämlich von einem wahrhaften, gross-
artigen, einem Gedichte ächter Art, wenn man dasselbe
von dem sittlichen Standpuncte zu würdigen unternimmt. Wenn also wir, unserer innersten Ueberzeugung
gemäss, nicht umhin können, Bettinens Sein und Thun,
so wie es im gegenwärtigen Briefwechsel aufs neue, vollständiger und von andern Seiten, als ehemals, uns entgegentritt, das Zeugniss einer sittlichen Schönheit solcher
Art, wie sie dem poetischen Grundcharakter ihres Wesens entspricht, das heisst, wahrhafter Unschuld und
Herzensreinheit und der Fülle weiblicher Liebenswürdigkeit und Gemüthstugend zu geben: so wissen wir
wohl, dass wir ihr diese Eigenschaften nicht in dem Sinne
als Verdienst anzurechnen haben, wie solches nur bei
einem ausdrücklich auf das Sittliche als Sittliches gerich-
teten Streben geschehen kann. Es ist vielmehr der Ruhm

dieser Tugenden dem Genius vorzubehalten, dessen reine, von ihm selbst geweihte Priesterin Bettina ist, dem Genius der Poesie, der Schönheit als solcher. ⟨...⟩ Der Cultus dieses Genius ⟨vgl. S. 952⟩ ist die »schwebende Religion«, deren Satzungen wir die prophetisch Begeisterte in gaukelndem Uebermuth der Freundin verkündigen und auslegen hören. Wir glauben sicher zu sein vor der Gefahr, diesen Cultus mit dem Dienste des Einigen und höchsten Gottes zu verwechseln, der nicht im phantasiereichen Spiel, sondern im Geist und in der Wahrheit verehrt sein will; aber wir freuen uns des Einklangs, den die Erscheinung Bettinens aufs neue, und herrlicher, als fast irgend eine andere, die wir kennen, offenbart, zwischen diesem heitern Dienste der Schönheit und der Kunst, und dem ernsten, strengen, der von uns Anderen gefordert wird.
(Sp. 823 f.)

Die irritierend unverhohlene Wirkungsabsicht des Unwillkürlichen muß daher einen Mißklang hervorrufen:

Wie gern würden wir mit dem Ausdrucke des reinen, völlig ungetrübten Wohlgefallens von dem Buche scheiden, das uns eine Fülle des edelsten Genusses, wie seit langer Zeit kein anderes, gewährt hat! Leider hat uns die Verfasserin diese Freude nicht gönnen wollen. Sie hat, in einer Anwandlung, jenes zwar harmlosen, aber unbequemen Uebermuths, über den wir auch in früherer Zeit ihre Freunde Klage führen hören, gegen ihr eigenes Werk eine Tücke geübt, eine solche, von der wir befürchten müssen, dass sie in noch höherm Grade, bei manchen Wohlgesinnten dem Buche Schaden bringen wird, als sie allerdings auch in unsern Augen ihm zur Unzier gereicht. Die Verfasserin hat ehemals ein so klares Bewusstsein darüber an den Tag gelegt, dass ihr das Publicum als solches Nichts ist, dass sie zu dem Publicum ein für allemal in keinem Verhältnisse stehen kann: wie undenkbar, dass sie im Ernst den Beruf gefühlt haben sollte, »den Studenten« in begeisterndem Zurufe ihr Werk zu

widmen! – Oder liegt vielleicht in dem Acte dieser Zueignung eine »umgekehrte Heuchelei« (vergl. Goethe's
Werke, Bd. 30, S. 202), und hat es die Verfasserin, gleich
ihrem Lieblingsdichter, durch eine Art von »realisti-
schem Tik«, geflissentlich darauf abgesehen, in den Augen der Menge, besonders der »Philister«, als eine andere
und schlimmere zu erscheinen, als sie ist?
(Sp. 824.)

Noch ehe seine eigene Rezension erschien, erklärte Moriz
Carriere dazu in dem von Gutzkow herausgegebenen
›Telegraph für Deutschland‹, Weiße habe es »bei aller Mühe
und peinlichen Genauigkeit nicht vermocht, ein bezeich-
nendes, veranschaulichendes Wort über das vorliegende
Buch zu sagen« (Nr. 35, Februar 1840); er habe nämlich den
angebotenen »Schlüssel« verschmäht:

Die herrliche Widmung bietet uns den Schlüssel zum
Verständniß des Ganzen, das als ein Werk der Zukunfts-
begeisterung den Wein des Lebens den Jünglingen cre-
denzt, daß sie gestärkt und entflammt von ihm des Stau-
bes Weisheit verschmähen, vor den Träumen und Hoffnungen des Morgens auch am Mittag Achtung hegen
und der Verwirklichung der Ideale in Gedanken und
Thaten nachstreben. ⟨. . .⟩
Ich habe seither stets geglaubt, daß die aufstrebende
Jugend, die sich der Kunst und Wissenschaft für den
Dienst des Höchsten weiht, verdient und bedarf, daß das
Beste und Edelste ihr dargebracht werde, ich habe geglaubt und glaube noch, daß wer dies thut, in der Verbindung mit ihr sich selber jung und schöpferkräftig erhält,
– und hier hören wir einen Professor der Philosophie, in
dessen Augen ein Buch durch die Beziehung auf die
Studenten nicht geadelt, sondern herabgesetzt wird, hören ihn die theeherzigste Krämerlitanei anstimmen und
mit pedantischer Stubengelehrtheit die urspünglichste
Jugendlust bemäkeln! Auf den Studenten beruht die
Hoffnung des Vaterlandes, die Träger der Geistesent-
wickelung haben sich an die Studenten zu richten, die

noch nicht in alte Vorurtheile oder Doctrinen festgerannt
dem Neuen ein frisches vertrauensvolles Herz öffnen
und es meist in's mittelbare Leben bethätigend überführen; und was ist schöner, als auf diesen Boden die Gedan-
kensaat auszustreuen und sich selber zu verewigen, indem man sich liebend in den hingebenden Gemüthern
wiedererzeugt und fortwirkt!
(Ebd.; als Fußnote S. 40-42 in der S. 1121 erwähnten
Broschüre Carrieres.)

STELLENKOMMENTAR

297,1   *Den Studenten]* Im Februar/März 1839 schrieb B.
an Wilhelm Grimm: »⟨. . .⟩ ich geb ein klein Buch heraus
von den Briefen und Aufsätzen der Günderode und eigne
es dem Erbgroßherzog von Weimar zu, weil er mir damals
sagte, die Grimm haben recht gehandelt.« (Schultz, S. 70;
vgl. zu deren Entlassung Bauer, Bd. 3, S. 103-110.) Nachdem der erste Band den Freunden vorlag, bestätigte sie in
einem Brief an Jakob Grimm vom 30. 6. 1840: »⟨. . .⟩ ich
hab freilich bei der Zueignung an Euch gedacht. Da die
Studenten die einzigen waren die ihrem Gefühl für Euch
keine Gewalt antaten.« (S. 163.) Kurz zuvor, am 25. 5. 1840,
hatte sie Julius Döring, der in seinem ersten Brief an B.
schon dem Goethe-Buch eine Widmung an »das deutsche
Volk, die deutsche Jugend« gewünscht hatte (Vordtriede,
S. 488), versichert: »Du siehst ich hab Deiner Anforderung
⟨. . .⟩ gefolgt, und es den Studenten zugeeignet.« (Ebd., S.
468.) Die politische Rolle der Studenten, um 1840 manchem selbstverständlich (vgl. Bauer, S. 67-84), für Philipp
Nathusius aber auch schon fragwürdig (vgl. IP, S. 526),
war eine Generation später kaum noch vorstellbar; 1885
schreibt Conrad Alberti: »Um den dithyrambischen Ton
nicht mißzuverstehen, muß man sich freilich erinnern, daß
damals die Studenten eine Macht im Staate waren, ein
Faktor, mit dem gerechnet werden mußte, die geistige

Knospe der Nation, von der man späterhin alles Heil für den Staat erwartete, die eifrigsten Vorkämpfer für den Freiheitsgedanken. Heutzutage würde es niemandem mehr einfallen, so von ihnen und zu ihnen zu sprechen.« (S. 89.)

297,15 f. *Parnassos* ⟨. . .⟩ *Kastalias Quell]* Der Berg Parnaß galt als einer der Aufenthaltsorte der Musen; am Fuß des Parnaß entsprang der ihnen heilige Kastalische Quell.

297,20 *Hermanns Geschlecht]* Schon die »Germanenideologie« (Klaus von See) des 18. Jahrhunderts hatte den Cheruskerfürsten Arminius (Hermann), der im Jahre 9 n. Chr. ein römisches Heer im Teutoburger Wald vernichtend geschlagen hatte, verherrlicht. Im Zeitalter der Befreiungskriege wurde die »Hermannsschlacht« zum Modell der Vertreibung des Fremdherrschers Napoleon; der Wille, sich als Erbe von Hermanns Tat zu bewähren, war besonders in den Burschenschaften selbstverständlich. Noch 1839 berief sich der frühere Burschenschafter Hans Ferdinand Maßmann mit seinem Aufruf für ein Hermanns-Denkmal in seinen *Armins Liedern* auf dies Erbe, nun freilich, um die neuen revolutionären Strömungen daran zu messen und zu verwerfen.

297,23 *der Burschen Hochgesang]* Mit der vor 1770 gesetzten Weise »Landesvater, Schutz und Rater, es leb mein Pfalzgraf Philipp hoch!« ging das *Weihelied* (1781) von August Niemann bald ins burschenschaftliche Liedgut ein; Fassungen des sog. *Landesvaters* finden sich sowohl im *Neuen deutschen allgemeinen Commers- und Liederbuch* (Germania ⟨Tübingen⟩ 1815) als auch im *Neuen Commersbuch* (Germania ⟨Göttingen⟩ 1818). Als Wechselgesang zwischen Unteroffizier und Soldaten hatte Achim von Arnim 1806 eine preußische Fassung hergestellt (*Gedichte*, Weimar 1856, S. 20-23).

297,31 f. *des leuchtenden Pythiers]* Bei Delphi hatte Apollo, der griechische Gott der Dichtkunst und des Lichtes, den Drachen Python erschlagen und wurde »von dieser Tat der Pythische benannt« (Moritz, S. 672). Durch den Mund seiner Priesterin Pythia offenbarte der Gott seither dort die Zukunft.

299-300 *Der Plaudergeist in* ⟨...⟩*]* Der Originalbrief wurde auf Trages, dem Landgut Savignys, geschrieben; dorthin war auch die Antwort der Günderrode gerichtet. Die wesentlichen Teile beider Briefe stammen nicht aus dem Frühjahr 1804, da sich die Günderrode im Mai selbst bei den jungverheirateten Savignys aufhielt (vgl. S. 837). Die große Familienzusammenkunft fand dagegen im Herbst 1805 statt.

299,24 f. *Nun ruhen alle Wälder]* Zitat der Titelzeile eines der bekanntesten von Paul Gerhardts geistlichen Liedern, des *Abendlieds.*

301,9 *Er]* Moriz Bethmann, vgl. Anm. 486,33 sowie FBA 12, S. 905.

301,17 *Chignonkamm]* Kamm für den damals modischen Haaraufbau (»chignon«).

304,15 *innere Sinn]* Dieser Gegenbegriff zu den »äußeren Sinnen« kommt erst in der zweiten Hälfte des 18. Jahrhunderts auf und wird von Kant als das Vermögen des Gemütes, sich selbst oder seinen inneren Zustand anzuschauen, bestimmt. Die Günderrode befaßte sich in ihrem Studienbuch (Nachlaß) noch mit dieser kantischen Prägung, nachdem bereits Novalis den Begriff auf das innere poetische Vermögen des Menschen bezogen hatte. Vgl. Franz von Baaders Aufsatz von 1822 sowie Anm. 74,14.

305-309 *Du weißt, daß* ⟨...⟩*]* Um den 20. 10. 1805 meldete Clemens aus Trages seiner Frau in Heidelberg: »Hier ist Bostel, Arnim, Christian, Betine, Meline« (Amelung, S. 402); die Günderrode blieb der Gesellschaft fern (vgl. Preitz 2, S. 234).

306,4 *närrisch]* Vgl. den Schluß ihres Briefes an Wilhelm Grimm vom 25. 3. 1839: »Adieu! ich bin so dumm und bin so vergnügt.« (Schultz, S. 79.)

306,9 *Schelmufsky* ⟨...⟩ *Großmogul]* Vgl. den Brief des Clemens an Savigny, Anfang März 1805: »Schelmuffsky hat zuerst Arnim und dann Tieck ganz begeistert« (UL, S. 330); *Schelmuffskys warhafftige curiöse und sehr gefährliche*

Reisebeschreibung zu Wasser und zu Lande (1696/97) von Christian Reuter, die Clemens wohl 1804 für sich entdeckt hatte, war eines seiner Lieblingsbücher.

307,23 *Schelling* ⟨. . .⟩ *Fichte* ⟨. . .⟩ *Kant]* Vgl. S. 852 sowie Preitz 3, S. 229, Anm. 27a.

308,22 *Äther]* »Diejenige feine, flüssige und elastische Materie, mit welcher der ganze unermeßliche Raum des Himmels ⟨gemäß antiker Tradition⟩ angefüllet sein soll: die Himmelsluft.« (Adelung, s. v.)

308,32 f. *Wie ist Natur* ⟨. . .⟩ *hält]* Zitat aus der ersten Strophe von Goethes erstmals 1789 in den *Schriften* erschienenem Gedicht *Auf dem See.*

308,35-37 *Man kann Geister* ⟨. . .⟩ *erscheinen]* Vgl. S. 305,9-12.

310,4 f. *Gott* ⟨. . .⟩ *an Dir]* Im Brief an den Fürsten Pückler vom 3. 3. 1834 berichtete B. über ihr Verhältnis zu Schleiermacher: »Und dann, wenn ich recht übermütig war, sagte er: Gott hat dich in der besten Laune geschaffen.« (SW 7, S. 425.) Vgl. Jb FDH 1929, S. 333.

310,15-17 *Sorglos* ⟨. . .⟩ *siehst]* Zitat der ersten drei Verse von Goethes 1776 erstveröffentlichtem Gedicht *Eis-Lebens-Lied;* seit dem Abdruck in den *Schriften* von 1789 erschien es unter dem Titel *Mut.*

310,18 *in Deinem Zimmer]* Ähnlich beschreibt Eduard Heydens *Gallerie berühmter und merkwürdiger Frankfurter* (Frankfurt 1861) den Eindruck von B.s Berliner Zimmer: »Wie das alles hängt und liegt, Federn, Papiere, Tücher, Zeichnungen, Schriften im stürmischen Wirrwarr durcheinander.« (S. 207.) Den Zeichenwert dieses Genrebildes als Ausdruck natürlicher Genialität formuliert Jacobis »Anti-Werther«, Eduard Allwill, und ordnet sie der Kritik an der Schulphilosophie (S. 73) zu. – Vgl. S. 1112.

310,23 *Kanarienvogel]* Vgl. zu den widersprüchlichen Erwähnungen Oehlke, S. 187 f. u. 197.

310,24 *Reisekarte des Odisseus]* Seine in Homers *Odyssee* beschriebenen Irrfahrten führten den Fürsten von Ithaka, Odysseus, vom Schauplatz des Trojanischen Krieges an der kleinasiatischen Küste bis nach Sizilien (vgl. S. 794).

310,28 f. *Flageolet]* Flageolett, eine Form der Block-
flöte; sie wurde im 19. Jahrhundert durch die Piccoloflöte
verdrängt.

311,19 *Ossian]* Vgl. S. 1111.

311,19 *Sacontala]* Vgl. Anm. 115,18.

311,19 f. *Frankfurter Chronik]* Lersners *Chronica der
weitberühmten freyen Reichs-, Wahl- und Handels-Stadt Franck-
furt* (1706-1734).

311,20 *Hemsterhuis]* Vielleicht die zweibändige Ausgabe der *Œuvres philosophiques* von François Hemsterhuis,
Paris 1792, oder der zweite Band einer deutschen Übersetzung, die in drei Teilen in Leipzig 1782-97 erschienen
war. Allerdings bot auch der Verleger der *Günderode*, Levysohn, eine Ausgabe der *Orationes et epistolae* von Hemsterhuis an.

311,28 *Siegwart]* Wohl *Siegwart. Eine Klostergeschichte*
(1776) oder eine der Nachahmungen von Johann Millers
Erfolgsbuch, die diesen Namen im Titel führen.

312,1 *Karl den Zwölften]* Voltaires erstes historiographi-
sches Werk, die *Histoire de Charles XII roi de Suède* (1731), ist
noch dem heroischen Ideal und der Thematik des Glück-
wechsels verpflichtet; deutsche Übersetzungen erschienen
seit 1733, so etwa in Frankfurt 1760.

312,2 *Lederhandschuh]* Vgl. S. 174,22-36.

312,10 *Kranachs Lukretia]* Vgl. B.s Brief an Arnim,
18. 5. 1808: »Du fragst, ob ich nichts gekauft habe? Ja-
wohl ⟨...⟩ ein Bild! das Herz wird Dir klopfen, wenn
Du es siehst, es ist von Lucas Kranach, aber gewiß eines
der schönsten, entweder eine Lukretia oder eine Arria.«
(Steig 2, S. 153; vgl. ebd., S. 157, sowie Christian Brentano,
bei Henrici 149, Nr. 148.)

314-321 *Wie wir hier ⟨...⟩]* Vgl. Anm. 299-300. Die
Nachschrift stammt vielleicht aus einer Vorlage vom Mai
1806 (vgl. S. 317,25); B. war im April dieses Jahres in
Marburg, im Juni in Offenbach, ein Aufenthalt auf Trages
bei der Rückreise von Marburg ist allerdings nicht bezeugt.

315,12 *auf die Jagd]* Vgl. den Brief von Clemens an So-

phie Brentano-Mereau, etwa Mitte Oktober 1805 aus Trages: »Wir thun hier nichts als den ganzen Tag auf dem Felde
mit der Flinte hin und hergehn und gar nichts schießen.
⟨. . .⟩ Unter allen Jägern ist Arnim der unermüdlichste, er
läuft nach einem Vogel 6-7 Stunden.« (Amelung, S. 402.)

317,6 *keine Fragmente*] Das Fragment wurde, durch die
Beiträge der Gebrüder Schlegel, des Novalis und Schleiermachers zum ›Athenäum‹, eine Kennform romantischer
Literatur; auch Ritter legte die Resultate seiner Naturfor-
schungen in ›Fragmenten‹ vor. Dem Titel von Karolines
erster Veröffentlichung kam demnach programmatische
Bedeutung zu.

318,8 *Wiedertäufer*] Tatsächlich lebte im Pächterhaus
auf Trages Ende des 18. Jahrhunderts eine auch in Clemens
Brentanos *Godwi* erwähnte »Mennoniten Familie« (vgl.
FBA 16, S. 729).

320,25 f. *mit abenteuerlichen Figuren vollgemalt*] Vgl. Anm.
244,28.

320,36 *hyperboräisches Glück*] »Hyperboreer« wurden
von den Griechen die Bewohner der sagenhaften gesegne-
ten Lande jenseits der Heimat des Nordwindes, des Boreas,
genannt.

321,5 *Aufsatz* ⟨. . .⟩ *im Hemsterhuis*] Vgl. S. 928 und
Anm. 311,20.

323-326 *Melonen, Ananas, Feigen* ⟨. . .⟩*]* In Schlangenbad traf »Frau Residentin von Brentano aus Frankfurt«
nach Ausweis der Kurlisten am 27. 7. 1803 ein und blieb
dort bis zum 8. 9. Ein Briefwechsel zwischen Clemens und
der Günderrode (vgl. S. 326,7 f.) ist für das Jahr 1803
freilich nicht bezeugt (vgl. S. 837; vgl. die Anm. 323,16).

323,16 *Gontard*] Bald nach dem 15. 4. 1805 schrieb B.
an Savigny über Hölderlins früheren Zögling:
  Ich habe hier eine sehr interessante Bekanntschaft gemacht ⟨. . .⟩, ein Jüngling wie ein Kind, der unendliches
  Vertrauen in mich hat ⟨. . .⟩. Für mich ist er jetzt alles,
  ich freue mich so an seiner Unschuld und Liebe, jedoch
  weiß niemand, wie lieb ich ihn habe. Wenn Ihr her-

kommt, so sollt Ihr ihn auch sehen und lieb haben ⟨. . .⟩. Es ist Henry Gontard, dem Jacob Gontard sein Sohn. Sieh, Savigny, was mir vielleicht die größte Mühe gekostet hatte, mir mein wildes Wesen abzugewöhnen, hat dieser in wenig Minuten von mir hinweggenommen. Er ist nicht geistreich, nicht ausgezeichnet, nicht schön, aber seine Natur wendet sich so zu Edlen hin und zieht alles, was ihn erkennet, so mit, daß man werden muß wie er. Hier kennt ihn niemand wie ich, das heißt innerlich, und ich halte es ganz geheim, er wird für dumm und gut gehalten. Glaube aber nicht, daß ich in ihn verliebt bin, obschon ich jetzt andere (ich mag sie nicht nennen ⟨wohl Moriz Bethmann⟩) nicht mehr leiden mag.
(AM, S. 33 f.)

323,34 *Narciß*] Vgl. S. 326-329. Der Jüngling Narziß verliebte sich, als er sein Spiegelbild (vgl. Anm. 16,24) in einem Brunnen erblickte, derart in sich selbst, daß er völlig gebannt in dem Anblick verharrte, bis ihn die Götter in eine Blume verwandelten. Im Zeitalter der Romantik wurde dieser griechische Mythos als Sinnbild einer Kunst, die nur sich selbst bespiegelt, verwendet. Daß die Günderrode eine »Narcißnatur« sei, galt ihren Freunden als ausgemacht (vgl. Preisendanz, S. 22).

328,2 *Tella*] Lat. tellus »Erde«; hier wohl irrtümlich mit lat. terra »Erde, Land« verschmolzen.

328,31 *Horen*] »Unter dem Namen der Horen wurden in den Dichtungen der Alten ⟨. . .⟩ die Jahreszeiten begriffen, welche gleichsam mit gerechter Teilung ihrer Wohltaten durch ihren immerwährenden Wechsel das schöne Gleichgewicht in der Natur erhalten und mit abgemeßnen Schritten tanzend und einander folgend ihren bestimmten Lauf vollenden.« (Moritz, S. 789.)

329-354 *Den ersten Tag* ⟨. . .⟩] »Ihre Königl. Hoheit die Kurprinzessin von Hessen, Prinzessin Caroline ⟨vgl. Anm. 285,2⟩, Frau Oberhofmeisterin von Gundlach, Herr Kammerherr von Bardeleben und Suite« trafen am 30. 7. 1803 in Schlangenbad ein; am 13. 8. wird ihre Abreise in den

Kurlisten verzeichnet. Die übrigen Namen sind – außer »Leonhardy aus Frankfurt«, vom 6. 7. bis 22. 8. 1803 – nicht festzustellen; doch könnte sich der Herzog von Gotha, statt in einem hessischen, im nassauischen Kurhaus aufgehalten haben, dessen Kurlisten für das Jahr 1803 fehlen. Der 15. 8., das Fest »Maria Himmelfahrt« (S. 345,7) fiel 1803 auf einen Montag. Der Brief des Clemens wurde im August, nach dessen Versöhnung mit Sophie Mereau, geschrieben. Erst 1806, nach Karolines Tod, wurde Molitor am Philanthropin angestellt; zu Voigt (Vogt) vgl. Anm. 336,11.

329,11 *in den Unterkleidern]* Vielleicht eine Reaktion B.s auf die Klage einer Landshuter Professorin, »daß man mehrere Stellen ⟨des Goethe-Buches⟩ nicht gut laut vorlesen könne, als wo sie Goethen erzählten, wie Sie im Rheingau zu 8 Frauen allein im Hause waren, während der großen Hitze ein Hemde und ein anderes darüber griechisch drappiert ⟨SW 3, S. 277⟩, Ihr ganzes Costüm gewesen sei« (Oehlke, S. 4).

329,27 *Flotte vom Nelson]* Horatio, Viscount of Nelson (1758-1805), leitete die englische Mittelmeer-Flotte, die in der kriegsentscheidenden Schlacht von Trafalgar (21. 10. 1805) über die französische siegreich blieb.

330,24 *am Hof die meisten]* In der Tradition der literarischen Kritik am Hof und an den Höflingen – im Gegensatz zum guten, aber oft irregeleiteten Fürsten – steht noch B.s Kritik an den Ministern um den preußischen König Friedrich Wilhelm IV. (vgl. S. 899 u. Komm. zu Bd. III; dazu: H. Kiesel, *»Bei Hof, bei Höll«. Untersuchungen zur literarischen Hofkritik von Sebastian Brant bis Friedrich Schiller*, Tübingen 1979).

332,10-13 *Platon ⟨...⟩ Socrates ⟨...⟩ Dion]* Schleiermachers Übersetzung des Plato erschien seit 1804 (vgl. S. 893); im Februar 1805 empfahl Lisette Nees sie dringend der Günderrode, ihrer Freundin, zur Lektüre (vgl. Preitz 1, S. 260). B. hatte, wie Clemens Brentano seiner Frau Sophie am 15. 8. 1805 mitteilt, alsbald nach Philosophiestudien mit der Günderrode »ein paar schlechte platonische Gespräche geschrieben, über die sie jetzt lacht« (Amelung, S. 384). – Platon stellte seine Philosophie in Dialogen seines Lehrers Sokrates (vgl. Anm. 341,20) mit wechselnden Widersachern dar. Am 3. 3. 1834 berichtete B. dem Fürsten Pückler: »*Schleiermacher* hat mich oft seinen *Plato* genannt und mir gesagt: So wie *Sokrates* sich habe gefallen lassen, von jenem ausgelegt und gedeutet worden zu sein, so müsse er ⟨es⟩ sich auch von mir gefallen lassen, und Ihnen kann ich wohl sagen, daß er mich mit süßen Lobsprüchen überhäufte und mir sagte: Du hast *Platos* Geist, du bist aber viel gescheiter wie er und sagst größere Dinge und sprichst die Wahrheit tiefer und doch anmutiger aus.« (SW 7, S. 424 f.) – Dion gehörte zu den nächsten Angehörigen des Tyrannen Dionysios I. von Syrakus; er veranlaßte, daß unter der Regierung von dessen Sohn Dionysios II. Plato nach Syrakus gerufen wurde. Dions Absicht, so doch mildernd auf den Gewaltherrscher einzuwirken, scheiterte; er wurde verbannt und schloß sich in Athen eng an die Platonische Schule an. Zwei Briefe Platons, die bei den Freunden und Verwandten Dions für dessen politische Pläne warben, sind erhalten; auch suchte er ein weiteres Mal Syrakus auf, um für den Verbannten zu wirken. Tatsächlich glückte es Dion 357/56 v. Chr., die Tyrannis mit Waffengewalt zu stürzen, ohne sich freilich in den folgenden Machtkämpfen durchsetzen zu können.

332,26 *Pelikan*] Das Bild des Pelikans, der sich die Brust öffnet, um seine Jungen mit seinem eigenen Blut zu nähren, ist ein weitverbreitetes Sinnbild für den Opfertod Christi; es geht auf die antike Naturkunde zurück.

332,36 *Worte Jesu*] Vgl. Matth. 8,20.

334,17 *Ariadne und Bacchus*] Nachdem ihr Geliebter die schlafende Ariadne auf der Insel Naxos im Stich gelassen hatte, näherte sich ihr der Gott des Weines, Dionysos, und vereinigte sich mit ihr; die Günderrode hatte den Mythos 1804 in ihrem Gedicht *Ariadne auf Naxos* neu gefaßt (vgl. S. 848).

336,11 *der Voigt*] Niklas Vogt war seit 1784 Professor

für Geschichte in Mainz; Wilhelm Heinse und Johannes
von Müller gehörten zu seinem Freundeskreis, und er
pflegte stets enge Kontakte zum Homburger Landgrafenhof (vgl. Schwartz, Bd. 1, S. 124 ff.). Früh hatte er den Plan
einer »europäischen Republik« (1787) entworfen, die zunächst noch auf einem Fürstenbund begründet sein sollte,
später dann aber als Resultat der Politik Napoleons erschien
(*System des Gleichgewichts und der Gerechtigkeit*, 1802). Seit
1806 war Vogt, zu dessen Schülern auch der spätere öster-
reichische Kanzler Metternich zählte, der engste publizisti-
sche Mitarbeiter des Fürstprimas von Dalberg: »Der selige
Niklas Vogt kam erst durch den Fürsten Primas nach
Frankfurt und in ein amtliches Verhältnis zum dortigen
Schulwesen; nicht nur aber hat er das Frl. v. Günderode nie
gesehen, nie irgendwie mit ihr in Verbindung gestanden,
sondern, *wie seine Freunde aus seinen mündlichen Erzählungen
wissen*, auch der Anfang seiner Bekanntschaft mit Bettinas
Familie und mit Bettine selbst fällt erst in die Periode nach
dem Tode der Dichterin.« (Fritz Schlosser; Allgemeine
Zeitung, 29. 10. 1840; vgl. S. 1077.) Erst im Juli 1807 kommt
ein Brief B.s an Clemens auf Vogt zu sprechen:
⟨. . .⟩ er gefällt Dir also nicht, und warum Du verblen-
deter Bruder, ey freilich das weiß ich nur alzu gut daß es
ihm ging wie dem mit Fluch beladenen Kunstkenner er
tadelt den schlechten unnatürlichen Faltenwurf des Man-
tels und sieht nicht die warme lebendige Gestaldt die
dadurch hervorleuchtet, da ist nun er wieder nicht dran
Schuld indessen hat er doch nicht allein getadelt an mir,
wie andre thun und mich stehn gelassen, sondern es
gefiel ihm mir einen gewissen Eifer zu geben z: b: für
Mußik, er hörte doch nicht aus Eitelkeit und Windbeu-
telei meinen Gesang, sondern um zu helfen u.s.w. auch
ist ein Beweiß das er gut ist, dass er mit Vergnügen
meinen Kindereien die ernsthafte Tolle langweilige Gespräche und Gesellschaften aufopferte, er gefällt Dir
vielleicht nicht weil ihm so viel über Dich weiß gemacht
wurde von mancherlei dummen *miserabel singenden Men-*

schen und wieder von miserabel *athmenden*, dass er nicht recht weiß wie er dran ist mit Dir. wenn er durch meinen Enthusiasmus angeeifert sich hinsezt und ein ernsthaftes Gespräch mit der Lichtpuze oder dem Stuhlbein hält, so halt ich ihn für ganz würdig mein Spielcamerad zu sein. (Corona, S. 38.)

Außer Vogts politischer Einstellung mochte auch seine Stellung zum »Schlendrian des gewöhnlichen Geschäftslebens« (Friederich, Bd. 4, S. 107) B. bewogen haben, öffentlich an diesen Verbündeten, der es doch zum Frankfurter Senator gebracht hatte, zu erinnern: »Goethe, ⟨. . .⟩ Clemens Brentano, Bettina von Arnim usw. waren diesen Geldsäcken nur nichtsnützende Phantasten, und der wakkere Nikolaus Vogt, der ⟨. . .⟩ es nicht verstand, sich nebenher zu bereichern, war ihnen ein einfältiger Lump, ein Narr.« (Ebd., S. 105.)

338,3 *Kind]* Vgl. S. 885.

338,32 *mit Kindern umgeht]* »Bettina glaubte, daß für die Erziehung des Kindes nicht die Bildung von entscheidender Bedeutung sei, sondern die ungezwungene Entfaltung der natürlichen Veranlagungen und der Liebesfähigkeit des Kindes« (Dehn, S. 349 – nach dem Zeugnis N. A. Satins) – und praktizierte diese Überzeugung, oft zum Mißfallen ihrer Zeitgenossen, bei der Erziehung ihrer Kinder (vgl. Werner, Maxe, S. 14 ff.; dazu Anm. 617,31).

339,30 *Musterschule]* Anfang März 1808 schrieb B. an Arnim: »Ich hab jetzt Molitor, einen Freund von Clemens, der die Judenschule dirigiert, kennen lernen; ich glaube, es giebt wenige, die so naiv und absichtslos alles Gute thun, blos weil es ihm so in den Weg kömmt ⟨. . .⟩. Auch laß ich mich gern von der Judenschule unterrichten« (Steig 2, S. 108; vgl. Bergemann, S. 212 f.); auf Anregung Molitors, eines Schülers von Vogt und Freundes von Sinclair, wurden 1804 zum ersten Mal in die aus dem Geist der Aufklärung gegründete Frankfurter Musterschule auch Judenkinder aufgenommen (vgl. SW 3, S. 198); damit war der Anfang zur späteren Realschule der jüdischen Gemeinde, dem »Philanthropin«, gemacht (vgl. Komm. zu Bd. II u. III, sowie: Arthur Galliner, *The Philanthropin in Frankfurt*, in: Year Book ⟨of the Leo Baeck Institute⟩ 3 [1958], S. 170-173).

339,33 f. *»Zieh Schimmel zieh ⟨...⟩«]* Abwandlung des Refrains in dem Volkslied *Hab' mein Wage vollgelade* ...

340,1 *Chimära]* Die »feuerspeiende Chimäre, mit dem Antlitz des Löwen, dem Leib der Ziege und dem Schweif des Drachen« (Moritz, S. 650 f.) aus dem griechischen Mythos wurde zum Inbegriff des Fabelwesens.

341,20 *Dämon des Socrates]* Sokrates beruft sich in den platonischen Dialogen gelegentlich (z. B. *Phaidros*, 242c) auf sein »Daimonion«, die innere Stimme, die ihn vom Falschen abhalte. B.s Bild eines enthusiastischen Sokrates, »trunken von Licht« (IP, S. 338), entspricht freilich kaum der Tradition des 18. Jahrhunderts, die ihr aus den platonisierenden Dialogen von Hemsterhuis bekannt sein konnte. Näher steht ihr Goethes Vorstellung von einer unbegreiflichen Schicksalsmacht (*Dichtung und Wahrheit*, Bd. 10, S. 175 f.), die später als Gesetz der »geprägten Form« einer Persönlichkeit begriffen wird (*Urworte Orphisch. Dämon*, 1817; Bd. 1, S. 359). Wenn B. Sokrates zu den Dienern des sonnenhaften Genius rückt, nähert sie zugleich ihre Vorstellung vom »Dämon« diesem Prinzip der gesteigerten »genialen« Persönlichkeit an (vgl. Anm. 406,11); schon seit 1833 dachte sie anderen die Rolle des leitenden »Dämon« zu (vgl. den Brief an Pückler, 25. 9. 1833; SW 7, S. 395), die sie schließlich in dem späten zweiten Teil des Königsbuches für Friedrich Wilhelm IV. übernahm (vgl. Komm. zu Bd. III).

342,6 f. *Feuernatur ⟨...⟩ konzentrieren]* B. setzt hier die im 18. Jahrhundert weitverbreitete, der romantischen Generation vor allem durch ihre Lektüre Jakob Böhmes vertraute Emanationslehre voraus; das göttliche »Licht«, das die Welt durchfließt, zieht der Mensch an sich, so daß es sich zum »Feuer« des Eigenwillens verdunkelt.

343,10 *fliege ⟨...⟩ kriechen]* Wohl eine Reminiszenz an

den Schlußsatz von Tiecks Roman *William Lovell*, vgl. Anm. 436,11.

345,14 f. *Ich* ⟨. . .⟩ *weinen]* Reminiszenz an die refrainartig variierte Schlußzeile von Clemens Brentanos *Der Spinnerin Nachtlied*: »Ich sing und möchte weinen«; die erste genau datierbare Fassung ist in dessen Brief an Arnim vom 6. 9. 1802 enthalten (vgl. Steig 1, S. 43); eine spätere wurde 1818 gedruckt.

345,18 *L'ange]* Wahrscheinlich Odile Send (vgl. Schenck zu Schweinsberg, S. 153 f.).

346,3 f. *Clemens* ⟨. . .⟩ *geschrieben]* Vgl. S. 271,29 f.

346,8 f. *Jabot]* (Franz.) Halskrause.

349,14 *Farbe* ⟨. . .⟩ *Liebe]* Noch um 1835 gehört dieser neuplatonische Grundgedanke, den die Literatur der klassisch-romantischen Periode vielfach variiert hat, zum Gemeingut der Gebildeten. So heißt es gelegentlich, aphoristisch verkürzt, in Georg Büchners *Leonce und Lena*: »Warum ist der Dunst über unsrer Erde ein Prisma, das den weißen Glutstrahl der Liebe in einen Regenbogen bricht?« (I 3.)

351,21 *Cales]* Kalesios: der Stallmeister des trojanischen Helden Axylus, der in der Feldschlacht von Diomedes erschlagen wurde.

351,24 *Erodion]* Aus S. 352,36 geht hervor, daß sich diese Namensform von »Eros«, dem Liebesgott, ableitet.

352,18-353,7 *»Was hat* ⟨. . .⟩ *andern nicht]* Die gesamte Passage ist in vorwiegend trochäischem Versmaß gehalten. B. wurde, nachdem sie dies Kunstmittel im Goethe-Buch erprobt hatte, von Gustav Pfizer in seiner Besprechung der Gedichte von Philipp Nathusius darin bestärkt: »⟨. . .⟩ eine geweihte Priesterin der Natur, deren Sprüche so gereift und melodisch sind, daß leise Veränderungen genügen, um daraus metrische Poesie zu gestalten, ja, daß man versucht ist, zu glauben, sie seien aus der streng poetischen Form erst absichtlich in die, zwar immer noch von seligem Rhythmus bewegte Prosa übersetzt.« (Blätter für literarische Unterhaltung, Nr. 304, 31. 10. 1839; zit. nach Schultz, S. 119.)

354,11-15 *Personen* ⟨...⟩*]* Immortalita: die Personifi-
kation der Unsterblichkeit; Erodion: vgl. S. 357,21-35;
Charon: der Totenfährmann; Hekate: in der griechischen
Mythologie eine Göttin aus dem älteren Stamm der Titanen; »sie gehört zu den nächtlichen geheimnisvollen Wesen,
deren Macht sich weit erstreckt. Sie ist zugleich eine Art
Schicksalsgöttin, ⟨...⟩ und alle verborgenen Zauberkräfte
stehen ihr zu Gebote.« (Moritz, S. 643.)

354,24 *Schlange* ⟨...⟩ *Schwanz beißt]* Dieses antike Em-
blem für den Kreislauf der Natur war in der Goethezeit als
pantheistisches Symbol (vgl. Anm. 399,37-400,1) weit verbreitet; so findet es sich im *Heinrich von Ofterdingen* des
Novalis (Bd. 1, S. 295).

356,26 *Erebos]* In der griechischen Mythologie der son-
nenabgewandte Teil der Welt, häufig mit dem Strafort
»Tartarus« gleichgesetzt.

357,2 *Erodion]* Vgl. Anm. 351,24.

359,16 f. *elisäischen Gärten]* Die – wie der »Tartarus« –
im Inneren der Erde gelegenen Gefilde der Seligen.

360,8 *Vesta Feuer]* Vgl. Anm. 228,29.

361-365 *Dein Brief liebe* ⟨...⟩*]* Karolines Schwester
Charlotte starb am 6. 4. 1802 (vgl. S. 361,37). Auf B.s halb
erzwungenes Philosophiestudium bezieht sich ein Brief
von Clemens an Arnim, 15. 2. 1805 (S. 791), freilich auch
ein, in den *Frühlingskranz* eingearbeiteter, Brief (vgl. Anm.
270,1). Sömmering (S. 361,32) gab am 3. 4. 1805 seine
ärztliche Praxis in Frankfurt auf. Vgl. S. 854 u. AM, S. 29.

361,3 f. *Becher des Lyäus]* »Lyäus« von griech. lyein »lösen«, ist ein Beiname des Weingottes Dionysos (vgl. S. 862),
der den Zechern die Glieder löst.

361,26 *rate wer]* Wohl Moriz Bethmann.

361,27 *Elle ne* ⟨...⟩ *été]* (Franz.) »Sie wird nicht mehr
die sein, die sie war.«

362,2 f. *philosophischen Ausdrücke]* In Schellings Philosophie ist grundlegend die Vorstellung einer ›absoluten‹
Identität vor jeder Entzweiung. Die ›Potenzen‹ sind Seins-
stufen in der Entfaltung jenes Absoluten.

363,23 *Titanen]* »Die Titanen sind das Empörende, welches sich gegen jede Oberherrschaft auflehnt; es sind die unmittelbaren Kinder des Himmels und der Erde, deren weit um sich greifende Macht keine Grenzen kennet und keine Einschränkung duldet« (Moritz, S. 620); sie unterlagen bei ihrem Aufstand gegen die olympischen Götter.

364,19 *Jemand]* Moriz Bethmann.

365-391 *Mit der einen* ⟨...⟩*]* Die Angabe »Am Samstag-« (S. 373,16) widerspricht dem Abreisedatum der Kurprinzessin, Samstag, dem 13. 8. Der Brief der Günderrode, aus dem B. zitiert, stammt vom 10. 6. 1804 (vgl. S. 1103).

365,26 *an der Bergwand hin]* Vgl. den Brief Clemens Brentanos an Sophie Mereau, 20. 9. 1803: »Nichts ist mir wunderbarer als die große Begierde Betinens durch die unwegsamsten Pfade, über Klippen und Felsen, durch dick und dünn mit der größten Lust zu spazieren« (Amelung, S. 208).

366,21 f.-367,3 *O Du der Götter* ⟨...⟩ *jungfräulichen Hals]* B. und der Unbekannte verständigen sich hier mit – sehr frei übersetzten – Zitaten aus Pindars *Dreizehnter Olympischer Ode*; entscheidend ist das letzte, das den Rat zur Zähmung des Dichterrosses Pagasus (vgl. Anm. 51,16) enthält.

367,11 *Weinschröter]* Hirschkäfer.

367,23 *Unsterblichkeit]* Die Wiedergeburt des Schmetterlings aus der Puppe ist ein Kennmotiv der Palingenesie-Lehre, vgl. Anm. 89,14 u. 462,4.

369,5 f. *Ossians-Gesänge]* Vgl. S. 1111.

374,25 *Rauhenthal]* Vgl. Oehlke, S. 39.

376,21 *den Kosiusko]* Tadeusz Kościuszko genoß europäischen Ruhm als polnischer Nationalheld, Ehrenbürger Frankreichs und Kämpfer für die amerikanische Unabhängigkeit; 1794 hatte er in Polen die Allgemeine Volkserhebung verkündet, war als Führer des Aufstandes verhaftet, später jedoch begnadigt worden. Das sog. *Kościuszko-Lied* (»Fordre niemand, mein Schicksal zu hören«) stammt aus dem Singspiel *Der alte Feldherr* (1825) von Karl von Holtei und blieb unter den Polenliedern, die nach dem neuerlich gescheiterten Aufstand von 1830 zahlreich entstanden, besonders populär (vgl. Wolfgang Steinitz, *Deutsche Volkslieder demokratischen Charakters* ⟨...⟩, Bd. 2, Berlin [Ost] 1962, S. 51-60). Zu B.s Stellung zum polnischen Freiheitskampf vgl. den Kommentar zu Bd. III.

377,5 *ZDF]* Vielleicht die Abkürzung von: »Zu Deinen Füßen«.

377,7 *sein Buch]* Vgl. Anm. 186,23.

380,36 *Bremserin]* Vgl. Anm. 44,1.

381,26 *Der Mensch drückt* ⟨...⟩ *sein Sein aus]* Dieser Analogieschluß, auf dem Lavaters *Physiognomik* (1775-78) begründet war, schien zunächst durch Kritik wie in Schillers *Versuch über den Zusammenhang der tierischen Natur des Menschen mit seiner geistigen* (1780) widerlegt, gewann jedoch bei der jungen Generation von Romantikern (Novalis, A. W. Schlegel) neue Anhänger. Als Bestätigung galt auch die »Gehirn- und Schädellehre« des Arztes Franz Joseph Gall, die er im Juni 1806 dem Frankfurter Publikum in Privatvorlesungen vorstellte. B. nahm an diesen Vorlesungen begeistert teil (AM, S. 40 f.); auch die Günderrode ließ sich von ihr – laut Creuzers ärgerlichem Kommentar (vom 23. 6. 1806; Preisendanz, S. 300) – zu dieser »schlechten Sache verleiten«, ein weiterer Grund, auf den Bruch zu drängen. Doch hatte sich Karoline, wie ein Heft in ihrem Nachlaß beweist, schon früher physiognomischen Studien gewidmet.

382,20 *Röschen und Bienchen]* In den ersten *Wunderhorn*-Band (1805) wurde Christian Weises Lied *Die Rose blüht, ich bin die fromme Biene* aufgenommen; Clemens Brentano hat es mehrfach bearbeitet.

384,6 *ganz allein auf einer Insel]* Dieses häufig kulturkritisch gewendete, gattungskonstituierende Motiv der sog. »Robinsonaden«, die im Gefolge von Daniel Defoes *Robinson Crusoe* in der aufklärerischen Literatur weit verbreitet waren (vgl. Anm. 283,21 f.), zielt auf die Neueinrichtung aller menschlichen Ordnung im Zeichen von Vernunft und Natur.

384,23 *Maschine Superlativa]* (Lat.) Etwa: »Die Maschine aller Maschinen«.

384,23 *Dreieck]* In ihrem Studienbuch hatte die Günderrode versucht, sich Schellings philosophische Vorstellungen durch ein Dreiecksschema zu verdeutlichen (vgl. Preitz 3, S. 290).

386,3 f. *Harpye]* Die Harpyen waren in der griechischen Mythologie gefräßige Mischwesen aus Jungfrau und Vogel, die alles, was sie berührten, ungenießbar machten.

387,11 *Wundernacht]* Seit Tieck in seinem Schauspiel *Kaiser Octavianus* (1804) die Formel von der »mondbeglänzten Zaubernacht« geprägt hatte, wurde diese Szenerie zum beliebten Kennmotiv »romantischer« Landschaften.

392-394 *Sorg nicht um ⟨...⟩]* Während des Frühjahres 1805 hielt sich die Günderrode in Frankfurt auf; von einem längeren Aufenthalt B.s bei ihrer Großmutter damals ist sonst nichts bekannt. Allerdings fiel, gemäß ihrer Angabe (S. 393,24), im Jahr 1805 der 19. 5. auf einen Sonntag.

392,11 *Klavierhofmann]* Philipp Carl Hoffmann.

394-395 *Dein Brief macht ⟨...⟩]* Auf den zweiten Teil des Briefes antwortet B.s Originalbrief (vgl. S. 1103). An Philipp Nathusius meldete B. am 11. 2. 1839, daß sie diesen Brief der Günderrode abgeschrieben habe, ersetzte in ihrem Zitat jedoch »poetisch« (394,24 f.) durch »praktisch« (IP, S. 245; vgl. S. 1098).

394,30 *Türkheims Lorbeerkranz]* Vgl. B.s Erzählung im Goethe-Buch:

⟨...⟩ da sprachen wir von ihrem Testament; ⟨...⟩ mir vermachte sie einen kleinen Apoll unter einer Glasglocke, dem sie einen Lorbeerkranz umgehängt hatte ⟨...⟩. Am andern Tag führte ich ihr einen jungen französischen Husarenoffizier zu ⟨...⟩; es war der *Wilhelm von Türkheim*, der schönste aller Jünglinge ⟨...⟩; ich sagte: »Da hab ich Dir einen Liebhaber gebracht, der soll Dir das Leben wieder lieb machen.« Er vertrieb uns allen die Melancholie; wir scherzten und machten Verse, und da der schöne *Wilhelm* die schönsten gemacht zu haben

behauptete, so wollte die *Günderode*, ich sollte ihm den
Lorbeerkranz schenken; ich wollte mein Erbteil nicht
ungeschmälert wissen, doch mußt ich ihm endlich die
Hälfte des Kranzes lassen; so hab ich denn nur die eine
Hälfte.
(SW 3, S. 100 f.; vgl. Oehlke, S. 50 f.)

394,34-395,3 *An dem Mährchen* ⟨. . .⟩ *Stimmung]* Ähnlich im Goethe-Buch (vgl. SW 3, S. 103); auf den Märchen-
plan kommen die Briefe noch mehrmals zurück (vgl. 408,27
u. 423,6 sowie oben S. 1103).

396,2 *Geschichtslehrer]* Die Günderrode hatte an den
von Clemens initiierten Bemühungen um B.s Ausbildung
ebenfalls Anteil (vgl. S. 777); schon Ende Oktober 1804
versicherte B. Savigny, daß sie »die Geschichte jetzt mit
großem Eifer lerne, morgens für mich und nachmittags mit
Günderödchen« (AM, S. 25), und Clemens berichtete im
April 1805 seiner Frau: »Die Günterrode, die Vertraute
Betinens ⟨. . .⟩ hat dieser den Winter Geschichte gelehrt.«
(Amelung, S. 374; vgl. S. 854 u. Preitz 1, S. 260.) Sie hatte
sich aufgrund von Johann Matthias Schröckhs *Allgemeiner
Weltgeschichte für Kinder*, 6 Bde., Leipzig 1779 (oder 2. Aufl.,
Leipzig 1786) Tabellen angelegt, die sie nach »Reichen«
gliederte; dabei schenkte sie deren »Stiftung« stets beson-
dere Aufmerksamkeit (vgl. Preitz 3, S. 233); diese Aufzeich-
nungen im Studienbuch der Günderrode (ebd., S. 284-289)
waren die Grundlage für die hier von B. geschilderten
Geschichtsstunden.

399,37-400,1 *Ohne das* ⟨. . .⟩ *Eine]* Zuerst ist diese For-
mulierung bei Heraklit (Diels 12B, 10): »Aus Allem eins
und aus Einem alles«) belegt; seit dem sog. »Pantheismus-
streit«, den eine Schrift Jacobis 1785 ausgelöst hatte, wurde
dieses »Hen kai pan« als Formel einer Weltanschauung
gebräuchlich, die »Gott« mit der lebendigen, schöpferischen »Natur« gleichsetzt, wie sie im Menschen selbst ruht:
»Eine Welt, ein All, ein Gott, Ich!« (Herder, Bd. 29, S. 258);
bei Heinse wird dies Gefühl zur rauschhaften Apotheose
des Heldenlebens gesteigert (vgl. Max L. Baeumer, *»Eines*

zu seyn mit Allem« – Heinse und Hölderlin, in: ders., *Heinse Studien*, Stuttgart 1966, S. 75, 83). Die Formel wird beim späten Goethe in die musikalische Metaphorik der Natur->>Harmonie« eingefügt (vgl. ebd., S. 89); sie begegnet bei Hölderlin ebenso wie bei Clemens Brentano (etwa in der Hymne *O ihr Allmächtigen* [September 1803], Bd. 1, S. 17; vgl. S. 49-91).

401,14 f. *Physiognomien der Völkerschaften]* Vgl. Anm. 381,26.

404,5 *Fabel vom Storch und Fuchs]* Jean de la Fontaines Fabel erzählt, wie der Fuchs dem Storch ein Gastmahl in einer breiten Schüssel auftischt, so daß dieser nichts zu sich nehmen kann; der Storch rächt sich, indem er bei einer Gegeneinladung dem Fuchs in einer Vase servieren läßt.

404,24 *der in den Abgrund springt]* Anspielung auf die römische Sage von Marcus Curtius: Als sich auf dem Forum im Jahre 362 v. Chr. ein tiefer Spalt geöffnet hatte, der sich laut einem Orakel erst nach dem Opfer von Roms höchstem Gut schließen sollte, deutete er das auf den Heldenmut im Kriege und stürzte sich bewaffnet in den Spalt, der sich darauf wieder schloß.

404,27 f. *der die Hand ins Feuer legt]* Anspielung auf die römische Sage von C. Mucius Scaevola: Während der Belagerung Roms durch den Etruskerkönig Porsenna im Jahr 507 v. Chr. versuchte er diesen im feindlichen Lager zu ermorden, wurde entdeckt und mit dem Feuertod bedroht; um Porsenna seine Furchtlosigkeit zu beweisen, streckte er den rechten Arm in die Flammen des Opferaltars.

404,31 *Trauben der Offenbarung]* Diese in der biblischen Tradition verbreitete Vorstellung beruht u. a. auf Joh. 15,1, wo Christus sich mit einem Weinstock vergleicht.

405,20 f. *Schellingsphilosophie]* Vgl. Anm. 307,23 und 362,2 f.

406,11 *Genius]* Der »Genius« zählt zu den verbreitetsten Mythologemen der Goethezeit, pointiert schon in Goethes *Wandrers Sturmlied*: »Wen Du nicht verlässest Genius 〈. . .〉«. Hölderlin verwendet es häufig, vor allem, um die antike mit der christlichen Religion zu verknüpfen; dieser Synkretismus führt – etwa bei der Widmung an B. in Clemens Brentanos *Godwi* (FBA 16, S. 262) – bis zur »Entgrenzung ⟨des Mythologems⟩ und zum Verlust ⟨der⟩ spezifizierenden Momente« (W. Schmidt-Dengler, *Genius*, München 1978, S. 240).

406,34 *Sonnengott]* Der Sonnengott Helios lenkt in der griechischen Mythologie den Sonnenwagen über das Firmament.

406,36-407,16 *Der Abend ⟨...⟩ mit]* Einen ähnlichen Traum erzählt B. in einem Brief an Ringseis vom 12. 7. 1821, »als eine Hieroglyphe meines Lebens, in der versinnlicht ist, zu was ich fähig war und was mir nicht geworden« (Pfülf 2, S. 568).

407,3 *Banner ⟨...⟩ hertragen]* Vgl. Anm. 218,9.

408,16 *Tians Offenbarungen]* In den Werken »Tians«, wie das Pseudonym Carolines lautete, wird die alte persische Hauptstadt nicht erwähnt; vgl. aber S. 800.

408,34 *Abends auf dem Dach]* Gegenüber Emma von Niendorf bestätigte Clemens freilich: »Was sie schreibt vom Singen auf den Dächern, das ist wahr, das hab ich gehört.« (S. 90; vgl. oben, S. 156,16 f.)

408,36 f. *Mein arm jung ⟨...⟩ versagen]* Wohl eine Reminiszenz an Goethes *Die Leiden des jungen Werther*: »Auch halte ich mein Herzchen wie ein krankes Kind; jeder Wille wird ihm gestattet.« (Bd. 6, S. 10.)

409,4-6 *so gut ⟨...⟩ um sie]* In der spätantiken Dichtung von Amor und Psyche (vgl. Anm. 89,14) übertritt Psyche das Verbot, ihrem unsichtbaren Liebhaber nachzuforschen, und betrachtet ihn, sobald er eingeschlummert ist: »Zitternd hielt sie die Lampe in der Hand, aus der ein Tropfen heißes Öl auf Amors Schulter fiel, worüber er erwachte und ⟨...⟩ zürnend sie verließ.« (Moritz, S. 840.) Erst nach geduldig ertragenen Entbehrungen wird sie – in dieser neuplatonischen Allegorie – »wie der Götterfunken mit seinem Ursprunge« mit Amor wieder vereint (S. 842).

410,1 *Widerhall]* Zu dieser Rollenzuweisung vgl. B.s
Originalbrief (S. 859 f.) und ihr spätes Urteil (S. 1097). Die
Nymphe Echo verzehrte sich in unglücklicher Liebe zu
Narziß (vgl. Anm. 323,34), bis nur noch ihre Stimme blieb.
Auch dieser antike Mythos war in romantischer Literatur
zum kritischen Modell einer sterilen Poesie geworden (vgl.
Werner Bellmann, *Brentanos Lore Lay-Ballade und der antike
Echo-Mythos*, in: *Clemens Brentano. Beiträge des Kolloquiums
⟨. . .⟩ 1978*, Tübingen 1980, S. 1-9).

410,37-411,1 *innerlichen Wahrnehmung]* Vgl. Anm. 304,15.

412,35 *Dithyrambischen Ausschweifungen]* Vgl. S. 910 f.

413,31 f. *wie ein Kind]* Zu dieser Rolle B.s im Verhältnis
zu Clemens vgl. S. 885 u. Corona, S. 44 f.

415-420 *Drei Uhr morgens ⟨. . .⟩]* Im Mai 1804, vor
der langen Studienreise nach Paris, sah das Ehepaar Savigny noch die Günderrode bei sich auf Gut Trages (vgl.
S. 419,21 f.)

416,2 f. *Properz]* Angespielt wird auf die Elegie Pro-
perz I 16, die einem vorgegebenen Muster, dem ›Paraklau-
sityron‹ der Anrede des Liebhabers an die verschlossene
Tür zum Gemach der Geliebten, gehorcht.

416,34 *Knabe Ion]* »Ion« hatte sich die Günderrode als
Pseudonym für ihre geplante dritte Buchveröffentlichung
Melete gewählt (vgl. S. 1108). Dieser Sohn des Apollon und
der Kreusa, einer Tochter des Königs Erechtheus von
Athen, wuchs im Apollotempel zu Delphi auf; die attische
Sage macht ihn zum eigentlichen Gründer Athens und zum
Urahnen aller im ›ionischen Bund‹ vereinigten Stämme.
August Wilhelm Schlegel hatte den Stoff in seinem Schau-
spiel *Ion* (1803) neu bearbeitet. In seinem Briefwechsel mit
der Günderrode erörterte Creuzer diese Zusammenhänge
(vgl. Preisendanz, S, 216, 224).

418,23 f. *Morgenstund hat Gold im Mund]* Sprichwort;
vgl. S. 14,18.

420,1 *Hymnus an die Diana]* Vgl. Anm. 156,13.

420,10 *vox humana]* (Lat.) Orgel-Register der »menschlichen Stimme«.

421,17 *Arafat]* Dieser Legendentradition (vgl. *Enzy-klopädie des Islam*, s. v. »Adam«, »Arafa«) wird die Günder-rode bei den Vorstudien zu ihrem *Mahomed* (vgl. S. 1111 f.) begegnet sein.

422,30 *Frau Euler]* Um 1830 erregte in Frankfurt der Advokat Euler, der in Sinclairs Hochverratsprozeß gegen diesen intrigiert hatte, nochmals einen Skandal mit seiner Absicht, seine Stieftochter, die aus der ersten Ehe seiner verstorbenen Frau stammte, zu heiraten (vgl. Friederich, Bd. 4, S. 99).

423,11 *achten oder neunten Jahr]* Vgl. Anm. 218,9.

424,7 *Mann ⟨. . .⟩ aus der Fremde]* Vgl. Anm. 37,29.

426,6 *G. r. g.]* Am 12. 7. 1803 schrieb die Günderrode an Gunda Brentano über B.: »Diese wird mir immer unan-genehmer. Die Geschichte mit Gerning ist mir ganz unleid-lich denn so was Dummes ist mir noch gar nicht vorgekom-men.« (Preitz 2, S. 182.) Damals kursierte das Gerücht, Gerning habe sich mit B. verlobt (ebd., S. 223), während B. »bitterböse« auf diese Falschmeldung reagierte (vgl. Oehlke, S. 64). Besuche bei Sophie von La Roche erwähnt Gernings Tagebuch (FDH).

426,10 *Daphnis]* Auf ihr Flehen hin wurde Daphne, als der Gott der Dichtkunst, Apoll, sie mit seinem Liebeswer-ben bedrängte und kein Entkommen mehr war, in einen Lorbeerbaum verwandelt.

426,28 *Medusenhaupt]* Medusa war als einzige der drei ›Gorgonen‹-Schwestern sterblich, aber ursprünglich von so außergewöhnlicher Schönheit, daß sie bei Göttern Liebe erregte; weil sie mit ihrem Geliebten den Tempel der Göttin der Weisheit, Athene, entweihte, verwandelte diese die schönen Haare Medusas in Schlangen und bestimmte, künftig solle jeder, der sie erblicke, in Stein verwandelt werden. Nachdem der Held Perseus die Medusa getötet hatte, übergab er dies Haupt der Athene, die es an ihrem Schild anheftete.

426,36 *gefaukelt]* Faukeln: »betrügen«.

427,35 f. *Sternenhimmel über mir]* Reminiszenz an den

berühmten »Beschluß« von Kants *Kritik der praktischen Vernunft* (1788) (vgl. R. Unger, *Der bestirnte Himmel über mir . . . Zur geistesgeschichtlichen Deutung eines Kant-Wortes,* in: *Aufsätze zur Literatur- und Geistesgeschichte,* Berlin 1929, S. 40-66).

428,23 *kranken Hölderlin]* Vgl. Anm. 544,2. – Nachdem B. schon in ihrem Goethe-Buch mit einer, von den Zeitgenossen freilich unbemerkten Zitatmontage (vgl. SW 3, S. 383-390; vgl. Hölderlin, Bd. 7,4, S. 332 f.) Hölderlins gedacht hatte, setzte sie sich um 1840 nicht allein öffentlich mit der *Günderode,* sondern auch in ihrem Freundeskreis für den Kranken, der nun seit mehr als dreißig Jahren in seinem Tübinger Asyl lebte, ein; der später veröffentlichte Briefwechsel mit Nathusius (vgl. die Auszüge aus IP, in: Hölderlin, Bd. 7,4, S. 209-211) bezeugt B.s Erfolg ebenso wie die Beachtung, die ihren Bemühungen bei Hölderlins schwäbischen Freunden zuteil wurde (vgl. Adolf Beck, *Christoph Theodor Schwab über Bettina von Arnim,* in: JbFDH 1964, S. 366-378). Vergebens war allerdings Moriz Carrieres Anregung, Cotta möge sich die gewachsene Aufmerksamkeit für »*Hölderlin,* ⟨den⟩ Prophet⟨en⟩ einer schöneren Zukunft für Staat u. Kirche, ⟨den⟩ größte⟨n⟩ Elegiker, der je gelebt« (18. 1. 1842; ebd., S. 378; dazu S. 1094, weiter Anm. 429,6) zunutze machen und eine Neuausgabe seiner Werke veranstalten. – Freilich regten sich schon früh Zweifel an dem Sachgehalt von B.s Mitteilungen. Wahrscheinlich hatte sie Sinclair erst nach dem Tod der Günderrode kennengelernt (vgl. Anm. 218,8); außerdem setzte sie allzu deutlich jene Linie der Berliner Hölderlin-Rezeption fort, an der gerade ihre Familie entscheidend mitwirkte (vgl. Alfred Kelletat, *Hölderlin in Berlin,* in: *Berlin und die Antike. Aufsätze,* hg. v. Willmuth Arenhövel u. Christa Schreiber, Berlin 1979, S. 229-256). Clemens Brentano bekannte sich mit Zitaten in seinem Werk und mit ausdrücklichem Lob in seinen Briefen immer wieder zu Hölderlin (vgl. ebd., S. 234 f.); Achim von Arnim wies überdies in mehreren Rezensionen auf »die Werke Hölderlins, des größten deutschen Elegikers« hin (zit. ebd., S. 236; vgl. Steig 2, S. 99, u. insges.: Heinz Rölleke, *Achim von Arnim und Friedrich Hölderlin*, in: Hölderlin-Jahrbuch 18 [1973/74], S. 149-158); unter B.s Bekannten verehrten neben Amalie von Helvig (vgl. Hölderlin, Bd. 7,2, S. 437 f.) vor allem die Varnhagens die Dichtungen Hölderlins; das »Denkmal« seiner verstorbenen Frau, *Rahel. Ein Buch des Andenkens für ihre Freunde* (vgl. S. 844 f.), stellte Varnhagen 1833 unter ein Motto aus dem *Hyperion*. Doch auch Charlotte von Kalb kann B. über Hölderlins Homburger Zeit berichtet haben (vgl. Kelletat, S. 250, sowie UL, S. 174), die ihr aus eigener Anschauung und aus Gesprächen mit Sinclair, der während seines Berliner Aufenthaltes ihr Gast war, vertraut geworden war (weiteres noch bei Wyss, S. 70-73). – Freilich mochte gerade sie bereits 1804 während ihres Offenbacher Aufenthaltes von dem kranken Dichter erzählt haben. Auch »die Gestalten vom Rande des Frankfurt-Homburger Kreises um Sinclair, Hölderlin und Hegel erscheinen bei Bettine, und zwar durchweg in einer eigentümlichen Karikatur« (Homburg, S. 21); dazu zählen nicht nur Leonhardi und Ebel, sondern auch Gerning, der damals mit Hölderlin verkehrte (vgl. Hölderlin, Bd. 7,2, S. 286 f.) und zugleich ständiger Gast bei Sophie von La Roche war; zum Homburger Landgrafenhof pflegte natürlich auch B.s Großmutter Kontakte (vgl. Anm. 218,8). Auch mit der Familie Gontard waren die Brentanos gut bekannt (vgl. Anm. 323,16); B.s Schwester Gunda unternahm sogar gemeinsam mit Susette Gontard eine Reise nach Weimar (vgl. Adolf Beck, *Hölderlins Diotima Susette Gontard*, Frankfurt 1980, S. 66-69 u. ö.). Schließlich hatte die Günderrode zumindest den *Hyperion* gelesen (vgl. S. 852, sowie Hölderlin, Bd. 7,2, S. 161 f.). Jedenfalls war B. durch ihre vielfältigen Beziehungen zur Welt Hölderlins auch in den Besitz unveröffentlichter Dichtungen gelangt (vgl. Hölderlin, Bd. 7,3, S. 554 f.). – Vielleicht gaben Gerüchte über eine neue Hölderlin-Ausgabe, die 1839 in Berlin kursierten, B. die Anregung, ihre Erinnerungen mit neuen Erfahrungen zu verschmelzen. Moriz

Carriere berichtet, wie er im Frühjahr 1839 B. ein Exemplar von Hölderlins Sophokles-Übersetzung gebracht habe (vgl. S. 1094); der verblendete Ödipus (vgl. 430,29) war ja ebenso ein Opfer des Apoll geworden wie die Günderrode und Hölderlin selbst in B.s Mythenmontage. Oehlke (S. 226-229) gab eine erste Zusammenstellung der Parallelen, die im siebten Band der Stuttgarter Hölderlin-Ausgabe ergänzt und berichtigt wurde (T. 4, S. 200-209).

428-33 *Bauernhütte]* Gemeint ist die Proecken-Mühle bei Homburg, ein Besitz der Mutter Sinclairs; Hölderlin war allerdings in der Nähe von Sinclairs Stadthaus und dem ›Homburgianum‹ Gernings untergebracht.

428,35 f. *Prinzeß von Homburg* ⟨. . .⟩ *Flügel]* Erst späte Zeugen wollen von »Wuthanfällen« wissen, »während welcher er ⟨Hölderlin⟩ schrecklich auf sein Clavier, ein Geschenk der Prinzessin *Auguste* loshämmerte« (Hölderlin, Bd. 7,2, S. 295). Hölderlin hatte seine 1804 erschienene Übersetzung der *Trauerspiele des Sophokles* der jungen Prinzessin gewidmet; von ihrer tiefen Zuneigung zu Hölderlin ahnten freilich nur ihre Geschwister etwas (vgl. Werner Kirchner, *Hölderlin,* Göttingen 1967, S. 69-123).

429,6 *größte elegische Dichter]* Eine Bezeichnung, die in Arnims Rezension (Hölderlin, Bd. 7,4, S. 55) und dann bei Carriere belegt ist (vgl. Anm. 428,23).

429,12 *eine Frau geliebt]* Damals bereits kursierten in Frankfurt Gerüchte über die Liebe zwischen Hölderlin und der Bankiersgattin Susette Gontard, deren Sohn er als Hofmeister betreut hatte (vgl. Hölderlin, Bd. 7,2, S. 121).

429,25 *Arzt]* Wahrscheinlich Dr. Müller, der am 9. 4. 1805 sein Gutachten über Hölderlins Gesundheitszustand abgegeben hatte (vgl. Hölderlin, Bd. 7,2, S. 337 f.).

430,27 f. *wer* ⟨. . .⟩ *Elend]* Goethes Drama *Iphigenie auf Tauris* (1787) hatte das Schicksalsmodell des Tantalus, den die Götter vor allen ausgezeichnet hatten, neu gestaltet; B. spielt auf das berühmte *Parzenlied,* einen Monolog der Iphigenie, an: »Es fürchte die Götter | Das Menschengeschlecht! | ⟨. . .⟩ | Der fürchte sie doppelt | Den je sie erheben. ⟨. . .⟩ Erhebet ein Zwist sich: | So stürzen die Gäste | ⟨. . .⟩ In nächtliche Tiefen« (Bd. 5, S. 54). Goethes Drama rechtfertigt mit der Heilung von Orests Wahnsinn durch seine Schwester auch die in B. gesetzten Hoffnungen (vgl. S. 429,4 f.).

431,14 f. *dem Päan gesungen]* Wohl in Gedanken an den Anruf »Klagender delischer Päan« (v. 155 der *Ödipus*-Übersetzung); gemeint ist der auf Delos geborene und verehrte Apollo, der mit dem alten Heilgott Paian gleichgesetzt wurde.

431,15 *sing* ⟨. . .⟩ *Dach]* Vgl. Anm. 408,34.

431,29 *Klaggesang]* Die Klage des Ödipus (v. 1330 bis 1365).

432,20 f. *Wirf* ⟨. . .⟩ *komme]* Worte des Ödipus an seinen Nachfolger Kreon (v. 1455 f. von Hölderlins Übers.).

432,25 *Kithäron]* Das Grenzgebirge Attikas, wo Ödipus in seiner Jugend ausgesetzt wurde und später unwissend seinen Vater erschlug (vgl. v. 1470-1474 von Hölderlins Übers.).

433,21 f. *heilig Grabmahl]* Daß »unsterblich im Gesang« nur lebe, was im Leben untergehe, ist ein Gemeinplatz der klassisch-romantischen Zeit, den Schiller in der zweiten Fassung von *Die Götter Griechenlands* prägnant formuliert hat. Clemens Brentano hatte seit seinem Roman *Godwi* stets das poetische Denkmal als Grabmal dargestellt.

435-440 *Du drückst mir* ⟨. . .⟩*]* Das Projekt der Fahrt nach Homburg wäre nur in den Jahren 1804 bis 1806 sinnvoll gewesen (vgl. Anm. 428,23), während das Gedicht *An Clemens* auf das Jahr 1802 weist (vgl. S. 1109 f.).

435,33 *Lyaeus]* Vgl. Anm. 361,1 f.

436,8 *Icarus]* Weil er die Warnung seines Vaters Dädalus, nicht zu hoch zu fliegen, mißachtete, schmolzen die mit Wachs verfugten Flügel des Ikarus; er stürzte ins Meer. In seinem Roman *William Lovell* deutet Ludwig Tieck diesen antiken Mythos als Chiffre für das Schicksal seiner Generation, vgl. Anm. 343,10.

436,18 *Scorza nera]* Span. scorzonera »Schwarzwurzel«.

436,22 *das Farblose]* Vgl. den Brief von Philipp Nathusius an B., 18. 10. 1839: »Leider, – daß man an jedem großen
Manne, dessen Geist uns berührt – auch zugleich alles
empfinden muß, was einem innen und außen fehlt.« (IP,
S. 350.)

436,23 *kannst nicht dichten]* Vgl. S. 807.

438,29 *Röthen]* Die Röteln.

438,35 *wie zu Haus in jeder Krankenstube]* Vgl. Kat., S. 13
zu B.s oft erprobter Bereitschaft zur Krankenpflege.

441,16 *Moses]* Da sich auch Moses gegen den Herrn
vergangen hatte, durfte er sein Volk nicht bis ans Ziel des
Zuges durch die Wüste führen; doch war ihm vor seinem
Tode auf dem Berg Nebo noch die Aussicht ins gelobte
Land vergönnt (vgl. 4. Mose 20,12 u. 5. Mose 34).

444,26 *Kunst der Wollust]* Vgl. S. 905 zu Heinses Roman
Hildegard von Hohenthal.

445,5 *Ursprache]* Das Wort, eine Neubildung des 17.
Jahrhunderts, bezeichnete ursprünglich die Sprache der
Menschen im Paradies oder jedenfalls vor der babyloni-
schen Sprachverwirrung; für B. hat sich diese Bedeutung
bereits mit der Lehre von einer schöpferischen »Naturspra-
che« angereichert, die im »jugendlichen Sprachalter« der
Menschheitsgeschichte galt und zugleich Inbegriff des
»Poetischen« war (Herder, Bd. 1, S. 153).

445,25 *dein Mahomet]* Vgl. S. 1111 f.

445,35 *unwert ⟨. . .⟩ zu lösen]* Anspielung auf Johannes'
des Täufers Verkündigung Christi, vgl. Matth. 3,11.

446,12-20 *il faut ⟨. . .⟩ bon cœur]* (Franz.) »Gott müsse
die Gestalt des Menschen haben, wie er ihn nach seinem
Bilde erschaffen habe ⟨. . .⟩ Das ist ein recht eigenartiger
Herr, der sich die Gestalt Gottes mit einem menschlichen
Gesicht vorstellt, wie Gott es für irdische Bedürfnisse und
Aufgaben geschaffen hat, mit denen Gott aber in keinerlei
Beziehungen stehen sollte; bedenkt man seine Macht und
seine Wesensstärke, so müßte die ganze Welt zu Staub
vergehen, wenn er sich zum Beispiel das Vergnügen
machte, aus vollem Herzen zu niesen.«

Ähnlich Hemsterhuis im Dialog *Aristée* (1779) und in der *Lettre* ⟨. . .⟩ *sur l'athéisme* (1787).

448,6 f. *ein junger Königssohn*] Anspielung auf den preu-ßischen Kronprinzen, seit 1842 König Friedrich Wilhelm IV. (vgl. S. 890 f.).

449,9 *Schwebe-Religion*] In Schleiermachers *Reden über die Religion* wird diese bei den Romantikern beliebte Meta-pher (vgl. S. 98,7 u. 168,9; Anm. 436,8 – Ikarus) gedeutet: Drei verschiedene Richtungen des Sinnes kennt jeder aus seinem eignen Bewußtsein, die eine nach innen zu auf das Ich selbst, die andre nach außen auf das Unbestimmte der Weltanschauung, und eine dritte die beides verbindet, indem der Sinn in ein stetes hin und her Schweben zwischen beiden versetzt nur in der unbedingten An-nahme ihrer innigsten Vereinigung Ruhe findet; dies ist die Richtung auf das in sich Vollendete, auf die Kunst und ihre Werke. ⟨. . .⟩ Religion und Kunst stehen ne-beneinander wie zwei befreundete Seelen deren innere Verwandtschaft, ob sie sie gleich ahnden, ihnen doch noch unbekannt ist. ⟨. . .⟩ Sie ⟨. . .⟩ zu vereinigen, das ist das Einzige was die Religion, auf dem Wege den wir gehen, zur Vollendung bringen kann, das wäre eine Be-gebenheit aus deren Schoß sie bald in einer neuen und herrlichen bessern Gestalt Zeiten entgegen gehen würde. (S. 92-95; vgl. S. 56,62-68; weitere Hinweise bei Molt-mann-Wendel, S. 412.)
B. spricht in einem Brief an Pückler auch vom »*Schwebeln und mystische*⟨*n*⟩ *Nebeln*« mit Schleiermacher (3. 3. 1834; SW 7, S. 423).

450,4 f. *geschächtet*] Schächten – »schlachten nach jüdi-schem Ritus: das Schlachtvieh soll nicht durch einen zer-schmetternden Schlag auf den Schädel getötet werden, son-dern verbluten« (DWb, s. v.).

450,22 *blauäugige Minerva*] Die römische Minerva, von den Griechen Pallas Athene genannt, war auch die Göttin der Weisheit und damit auch der Kriegskunst; »blauäugig« ist ein stehendes Beiwort für sie.

450,22 f. *Areus der Streitbare]* Ares ist im griechischen Mythos der Gott der Schlachten und des Kampfes.

451,26 *beim Primas]* Vgl. SW 3, S. 89. – Carl Theodor von Dalberg war erst im Sommer 1806 nach dem Tod der Günderrode Fürstprimas des von Napoleon initiierten Rheinbundes und Landesherr der bis dahin freien Reichsstadt Frankfurt geworden.

451,35 *Die Geschwister]* Goethes kleines Drama *Die Geschwister* (1776 entstanden) wurde 1803 in Frankfurt dreimal aufgeführt: am 8. u. 26. 11. sowie am 10. 12.; 1802 fanden keine Aufführungen statt. Belli-Gontard (Bd. 3, S. 93) konstatiert die Unglaubwürdigkeit der hier mitgeteilten Geschichte; wahrscheinlich diente B. ein Brief Marie Brentanos an Clemens aus dem Jahr 1804, den sie mit Bemerkungen versah, als Quelle: »Gestern wurden die *Geschwister* von *Göthe*, hier, von Wenigen, aber von diesen mit desto höherem Vergnügen gesehen . . . Die kleine Grossmann war sehr naiv, und alle, *besonders aber Frau Rath Göthe*, war sehr mit ihr zufrieden: Charmant spielt doch das Mädchen, sagte sie immer.« (Henrici 149, Nr. 147, S. 52.)

453,5 *lasse ⟨. . .⟩ nicht zur Ader]* B. empfahl ihren Freunden der Berliner Zeit stets homöopathische Kuren (vgl. S. 919). – Ein Bericht Clemens Brentanos belegt, wie er der poetischen Wahrheit von B.s Büchern nachträglich die Wirklichkeit seiner Dichterexistenz anzupassen versuchte; er will das Gedicht *An das Blut am Abend vor dem Gericht* an die Günderrode gerichtet haben, als sich diese »vor der bevorstehenden Operation des Aderlasses« fürchtete und ihn »um ein Trostwort gebeten« hatte (Niendorf, S. 19); tatsächlich hatte er die Strophen um 1818 an Luise Hensel gerichtet.

456,35 f. *elektrische Kraft]* Vgl. S. 917.

457,33 *Unechtheit des Adels]* In ihrem Magistratsprozeß wird B. dem »Bürgerthum vor dem Adel den Vorzug« geben, »weil sein praktischer Charakter dem eingebildeten des Adels gegenübersteht« (an den Magistrat von Berlin, 19. 2. 1847; Meyer-Hepner, S. 38); sie pointiert damit die

Auffassung Goethes, »man müsse sich einen persönlichen Adel erwerben« (Bd. 10, S. 119). Ebenso hatte der junge Arnim die Erfüllung des Geburts- durch den Leistungsadel gefordert (vgl. Jürgen Knaack, *Achim von Arnim – Nicht nur Poet*, Darmstadt 1976, S. 12-15).

459,11 f. *Großpapa* ⟨. . .⟩ *beim alten Stadion]* Vgl. S. 752. Die Parallelen von B.s Bericht zu Goethes Darstellung in *Dichtung und Wahrheit* (Bd. 9, S. 558-560) stellt Oehlke S. 212-214 zusammen.

460,6 *Madrigalen]* Vgl. Anm. 75,26.

461,9 *Grosdetourkleid]* Kräftige seidene Gewebe tragen häufig einen Namen, der aus »Gros . . .« und einer Herkunftsbezeichnung zusammengesetzt ist, also z. B.: »Gros de Berlin«, »Gros de Tours«. Zu Sophie von La Roches Tracht vgl. ihr Porträt in Goethes *Dichtung und Wahrheit* (oben S. 754).

461,13 f. *empfindsam]* Zur Kritik an Sophie von La Roche vgl. S. 759 f., zum Folgenden Anm. 182,30 f.

461,26 *weiße Bohnenblüten und rote]* Vielleicht spielt B. auf Sophie von La Roches in Offenbach entstandenen Roman *Liebe-Hütten* an; dort lernt der Held seine künftige Gattin auf der Plattform eines Turmes kennen, während sie in einer »Laube von blühenden Bohnen« sitzt (Bd. 2, S. 89).

462,4 *im nächsten Lebenskreislauf]* Leibniz hatte die »Annahme« zugelassen, »daß der menschliche Geist nach jener Metamorphose, die wir Tod nennen, ein ⟨. . .⟩ Genius wird« (R. Unger, *Zur Geschichte des Palingenesiegedankens im 18. Jahrhundert*, in: *Aufsätze zur Literatur- und Geistesgeschichte*, Berlin 1929, S. 1-16); der Genius (vgl. Anm. 406,12) steht auf der Stufenleiter der Wesen (vgl. Anm. 567,12) zwischen Mensch und Gottheit. Leibnizens Auffassung prägte noch Moses Mendelssohns *Phädon* (1767), eine freie Bearbeitung nach Platon (vgl. Anm. 290,4). Der Widerspruch Herders, der erst die dauernde Verbindung von Geist und Körper, die »Palingenesie«, forderte, wurde durch Charles de Bonnets *Palingenesie philosophique ou Idées sur l'état passé et l'état future des êtres vivantes* (1769) gestützt.

Sophie von La Roche vermittelte ihrer Enkelin die, auch durch Lavaters Autorität gestützten, Lehren des späten 18. Jahrhunderts (vgl. Herbsttage, S. 16); den Vergleich mit Blumen spinnt Jean Paul 1797 im *Kampaner Tal* (503. Station) aus. Freilich erkennt Philipp Nathusius das maßgebliche Vorbild, wenn er den Wunsch, das »Leben« möge »nur der Übergangsprozeß aus einer Kindheit in die andere« sein, erörtert: »Und so fort wächst die Pflanze nach *Goethe* ⟨in den Studien über *Die Metamorphosen der Pflanzen*, seit 1790⟩; – nach Ihnen gilt vom Menschen, was von der Pflanze gilt.« (IP, S. 62.)

463,11 *Ahnherrn unseres Großvaters]* Vgl. zu B.s Änderungen S. 750.

467,14 *Weltseele]* Schelling hatte diesen Begriff mit seiner 1798 erschienenen Abhandlung *Von der Weltseele, eine Hypothese der höheren Physik* populär gemacht; Goethe hatte ihn zur Überschrift eines im Herbst 1803 veröffentlichten Gedichtes gewählt.

468,20 *Schillers Ästhetik]* Vgl. Anm. 77,26.

471-496 *Ich schreib nicht ⟨. . .⟩]* Insgesamt werden in *Frühlingskranz* und *Günderode* drei Frankfurter Bälle erwähnt (vgl. Oehlke, S. 216); überdies berichtet Gunda in ihrem Brief an Clemens vom 16. 3. 1801 (FDH) von einem Ballbesuch mit B. Historisch verbürgt ist nur das Fest, das von Moriz Bethmann am 18. 6. 1803 zu Ehren des preußischen Königspaares gegeben wurde (vgl. S. 486,26 f.; Pallmann, S. 236). Oehlke rechnet allerdings mit einem hier eingearbeiteten Originalbrief B.s an die Günderrode, der einen Ball vom Sommer 1802 schildert.

473,6 *Symphonie ⟨. . .⟩ von Friedrich dem Zweiten]* Gemeint ist offenbar die einzige sicher authentische Symphonie Friedrichs II., die 1747 aufgeführte und wohl 1743 entstandene in D-Dur. – Der Zusammenhang von B.s Charakteristik mit ihren staatspolitischen Absichten (vgl. S. 890 f.) war im Jahr 1840, das in Preußen ganz im Zeichen des hundertjährigen Jubiläums der Thronbesteigung Friedrichs des Großen stand, offenkundig: »Der Himmel ruht nicht sichrer auf den Schultern des Atlas, als Preußen auf der zeitgemäßen Fortentwicklung der Grundsätze Friedrichs des Großen. Es ist alter Volksglaube, daß nach hundert Jahren die Leute wiedergeboren werden. Die Zeit ist erfüllet.« (Friedrich Koeppen, *Friedrich der Große und seine Widersacher. Eine Jubelschrift.*, Leipzig 1840, S. 172.)

473,13 f. *sinkt er ⟨...⟩ nieder]* Anspielung auf das Bekehrungserlebnis von St. Hubertus, dem leidenschaftlichen Jäger, dem nach der Legende ein mächtiger Hirsch mit einem Kruzifix zwischen dem Geweih erschienen war.

473,30 *Symphonie von Beethoven]* Im Gegensatz zur vorigen B. scheint mit dieser Musikbeschreibung einen Idealtyp zu entwerfen, der vor allem Elemente der 1807 entstandenen Vierten und der Sechsten Sinfonie (»Pastorale«) von 1807/08 verschmilzt; aufgrund ihrer bekannten Freundschaft mit Beethoven (vgl. Komm. zu Bd. II) durfte sie sich dazu berechtigt fühlen.

476,34 f. *die Adler niederfahren]* »In der Gestalt des Adlers ⟨...⟩ entführte Jupiter seinen Liebling ⟨Ganymed⟩ ⟨...⟩ und trug ihn sanft ⟨...⟩ schwebend von der Erd empor« (Moritz, S. 800); Goethes wohl 1774 entstandene Hymne *Ganymed* hatte diesen griechischen Mythos neu belebt (ebd.).

476,37 *Bienenscharen]* Schon die antike Überlieferung setzte die Tätigkeit der Bienen mit menschlicher Kunstübung gleich; insbesondere wurde berichtet, wie Bienen auf den Lippen von Dichtern oder Philosophen, Platons etwa oder Pindars, ihren Honig gesammelt hätten.

477,31-479,34/481,12-33*]* Die gelegentlichen Anklänge an das unten (S. 498-502) mitgeteilte Gedicht der Günderode *Wanderers Niederfahrt* stellt Oehlke (S. 219 f.) zusammen.

482,9 *Gänge]* »Töne, die sich melodisch bewegen, machen Gänge.« (DWb, s. v.)

485,15 *Monologen des Schleiermacher]* Der unten (Z. 17-21) angeführte Satz findet sich in den *Monologen* nicht, faßt jedoch die grundlegende Rechtfertigung der Selbstbetrachtung, der Schleiermacher den ersten Abschnitt seines Werkes widmete (S. 9-24), treffend zusammen.

486,32 *Sophie]* Moriz Bethmann hatte lange um Sophie Brentano geworben, eine entscheidende Erklärung jedoch vermieden; die Familie Brentano war über dies Verhalten um so mehr empört, als seine plötzliche Kälte jene melancholische Gemütszerrüttung Sophies, die sie vor ihrem Tod befiel, mit verursacht hatte; vgl. Schenck zu Schweinsberg, S. 90-97 u. S. 17.

494,4 *den Pindar gelesen]* Karoline hat die Werke Pindars »fleißig gelesen« (Oehlke, S. 219). Zugleich ist damit eine Verbindung zu Hölderlin hergestellt, von dem Gerning am 11. 7. 1805 berichtete: »Hölderlin, der immer halb verrückt ist, zackert ⟨pflügt, arbeitet mühselig⟩ ⟨. . .⟩ am Pindar.« (Hölderlin, Bd. 7,2, S. 287.)

494,7-22 *dahin raste* ⟨. . .⟩ *Wagen dahin]* Die Zitate beruhen auf – sehr frei übersetzten – Versen eingangs der *Vierten pythischen Ode* Pindars; dort bezieht sich Pindar auf die Gründung der libyschen Stadt Tyrene: Des Zeussohnes Epaphos Tochter Lybia werde durch Bewohner ihrer Stadt Thera als Siedler Städte gründen in ihrem dem Zeus Ammon heiligen Gebiet.

494,30 *Plecktrum]* Plektron: Blättchen aus Horn, mit dem die Saiten von Zupfinstrumenten angerissen werden.

496-497 *Der St. Clair war* ⟨. . .⟩*]* Am 12. 8. 1805, einem Montag, nicht »Mittwoch« (S. 496,32), wollte die Günderrode in Sickershausen bei Würzburg ihre Freundin, Lisette Nees von Esenbeck, besuchen; am 14. 9. war sie wieder in Frankfurt. Clemens hielt sich im August 1805 dort auf (vgl. S. 502,28 f.).

497,13 *lernaeische Schlange]* Die vielköpfige Hydra hielt sich in dem Sumpfe von Lerna bei Argos auf; obschon dem Ungeheuer, sobald einer der Köpfe abgeschlagen wurde, sogleich ein neuer nachwuchs, gelang es Herkules, die Hydra zu besiegen und zu töten.

500,9 *Boreas]* Der Nordwind in der griechischen Mythologie.

504,29 *Reise-Abenteuer]* Ähnlich das »Reiseprojekt« im Goethe-Buch (vgl. SW 3, S. 90, sowie oben S. 800; weiter auch Oehlke, S. 88).

507,16 *Melancholie]* Daß Melancholie eine, vielleicht sogar durch gesunde Ernährung zu behebende, Eindämmung der Lebenskraft sei, ist medizinisches Allgemeinwissen der Zeit, etwa bei dem von B. geschätzten Homöopathen Hufeland (vgl. F. Loquai, *Künstler und Melancholie in der Romantik*, Bern 1984).

507,28 f. *nach dem Szepter umsehe]* »In mir«, so teilt B. im Februar/März 1839 Wilhelm Grimm mit, »hat Euer Tun Gedanken ausgebrütet, die scharfsinnig sind, und seitdem weiß ich wie ich einen Staat zu regieren habe; und wie ich alle Kraft aus den Herzen der Menschen als Fürst an mich ziehen kann; und wie ich mit dieser als einer höher organisierten Natur auf sie rückwirken kann; denn der Geist kann nur auf sich selber wirken, und so muß ich mit der Menschheit eins sein wenn ich auf sie wirke ⟨. . .⟩.« (Schultz, S. 68.) So erklärt sie Friedrich Wilhelm IV.:

Was von Menschen nicht gewußt oder nicht bedacht,
Durch das Labyrinth der Brust wandelt in der Nacht.
Allein weil ein so eigner Weg der nur von der ernsten Göttin Verschwiegenheit bewacht ist so fühle ich mich von ihr die mir winkt auch bewogen ihr mein Geheimniß zu vertrauen. *Die Welt umwälzen.* Denn darauf läufts hinaus, das macht mich gar nicht stutzig, die Typen meines idealen Willens ihr aufprägen, das kommt mir ganz anwendbar vor, und so werd ich davor nicht zagen, wenn aber Euer Majestät zagen, das werd ich dem Gott klagen, der jenen Mann berufen zum Vollführen höherer Dinge, daß Euer Majestät dem entgegen sind.
(FW, S. 31; vgl. bei Lilienfein die Kap. »Bettina will einen König regieren« u. »Bettina regiert die Welt«.)

511-534 *Weil ich jetzt ⟨. . .⟩]* Nicht nur Clemens, auch B. reiste im September 1805 an den Rhein (vgl. S. 521,16 f.); die Aufforderung, Latein zu lernen, setzt der *Frühlingskranz* (vgl. Anm. 23,2) in das Jahr 1801.

513,8 *Regierungsgedanken]* Vgl. Anm. 507,28.

514,35 *in der Schweiz]* Auf Bonstettens Schloß Nyon im Kanton Waadt war Sophie von La Roche auch mit der Mutter und den Geschwistern »des 1790 an dem unglücklichen 5. Oktober in Versailles vor der Thüre der Königin ermordeten Herrn von Varicourt« zusammengetroffen; sie berichtet davon in ihren *Erinnerungen aus meiner dritten Schweizerreise* (Offenbach 1793, S. 62 f.).

515,23 *Latuk]* Lattich.

516,5 *homme de sang]* (Franz.) »Mann von Geblüt, von Adel«.

516,10-35 *ce n'est pas ⟨. . .⟩ ne sera jamais]* (Franz.) »Es ist kein guter Stil, so dicke Lügen zu schlucken, die Wahrhaftigkeit ist das einzige Mittel, die menschliche Natur zu veredeln; bei aller Größe fehlt er darin; er hat nicht den himmlischen Sinn für die Zukunft, für die allein sich ein großes Herz opfert; er ist das große Monstrum der Mittelmäßigkeit, die eine Welt vereinnahmt, die sich selbst nicht kennt. ⟨. . .⟩ Wir konnten nur zu gut verstehen, was der Geist dieser Wiedergeburt ist; es ist nichts anderes als Feigheit, die uns einer Tyrannei unterwirft, die sich zu so kindischen Mitteln flüchtet, wie sie Buonaparte gebraucht, um eine Nation einzufangen, die ihr bestes Blut der Freiheit geweiht hat. Das ist eine gerechte Strafe für den Anschlag auf das unsterblich heilige Blut der Könige wie für die Mißachtung dessen, was uns der Genius Mirabeaus prophezeiht hat. Nach dem Sieg der Revolution war die Achtung vor dem Gesetz das erste Gesetz, nicht aber jene Schliche bornierter Köpfe, die, um ihre Macht zu erhalten, es nur verstanden, jedermann zittern zu machen; man muß die Herzen gewinnen, dann geht es leicht! – Das Volk erkennt es schon an, wenn seine Oberen ihm nicht alles Üble antun, was in ihrer Macht steht; es ist nur Dummheit, die straft, die wahre Größe kommt der Schuld zuvor: Es ist ein Mißbrauch der Freiheit der Mächtigen, und es ist ungeschickt, sich der Menschen nicht so, wie sie sind, zu bedienen; die Klugheit nur ist souverän, sie nutzt das Gute noch im

Üblen, ohne die Köpfe abzuschneiden!! – Gesetze sollten vom Genius der Menschlichkeit gezeichnet sein, und das wird Buonaparte nie sein.«

517,5 *Herrscher]* Vgl. Anm. 115,23-30 u. 507,28.

525,15 f. *Pfeilmuter]* Vgl. Jacob Grimms Brief an B. vom 12. 6. 1840: »Beim Tiroler Pfeilmuter fällt mir ein, daß der Schmetterling in Schwaben, der Schweiz usw. Pfeifolter, Pfeifalter, Fifalter heißt, was Sie vielleicht damals verhörten; doch ich will die schöne Geschichte nicht verderben.« (Schultz, S. 158.)

528,7 *gegauzt]* Gauzen: »bellen, kläffen«.

534,21 *Latein]* Vgl. Anm. 23,2.

535-536 *Ich habe Deine ⟨...⟩]* Der Besuch Sinclairs in Homburg kann nicht vor dem Sommer 1804 stattgefunden haben; die hier mitgeteilten Werke und Werkpläne der Günderrode zielen auf die Veröffentlichung ihrer *Poetischen Fragmente,* die im Mai 1805 vom ›Freymüthigen‹ angekündigt wurde.

535,21 f. *Plan ⟨...⟩ zu einer Tragödie]* Der hier skizzierte Werkplan wurde nicht ausgeführt; veröffentlicht wurde nach intensiven Vorstudien 1805 das Drama *Mahomed.*

538,24 *Lethe]* In der griechischen Mythologie der Unterweltsfluß, dessen Wasser den Seelen der Verstorbenen das völlige Vergessen ihrer Vergangenheit schenkt.

539,2 *Zephyrs Säuseln]* Zephyr: der Südwind in der griechischen Mythologie.

539,10 *Cytherens Hauch]* Auf dem »Eilande ⟨Cythere⟩ war der älteste Tempel der Venus in Griechenland. Der Begriff von der Göttin selber war mit ihrem Aufenthalte ⟨dort⟩ so oft zusammengedacht, daß beide Namen zu einem wurden und in der Dichtersprache die Göttin der Liebe Cythere heißt« (Moritz, S. 720).

539,18 *Elysiums Gefilden]* Vgl. Anm. 359,16 f.

539,23 *Latones ⟨...⟩ Sohn]* Phöbus Apollo, der Gott der Poesie und des Sonnenlichtes, war der Sohn des Zeus und der Leto (lat. Latona).

540,16 *Styx]* In der griechischen Mythologie der Fluß der Unterwelt, der sie vom Reich der Lebenden abtrennt; die Seelen der Verstorbenen wurden von dem Fährmann Charon übergesetzt.

542,25 *Grillenhütte]* So pflegte Sophie von La Roche ihren Alterssitz zu nennen; gemeint ist ein Ort, wo man auch den Marotten und seltsamen Launen, die »*gern* ⟨...⟩ *den frauen und dem alter nachgesagt*« werden (DWb, s. v.), Nachsicht gewährt.

544,2 *Wahnsinn]* In einem Aufsatz, auf den Philipp Nathusius B. bald nach dem Empfang des ersten Bandes der *Günderode* aufmerksam machte (8. 6. 1840; IP, S. 524), hatte Wilhelm Waiblinger erklärt: »⟨...⟩ die Keime, die ersten Gründe und Ursachen ⟨von Hölderlins Krankheit⟩ sind ⟨...⟩ einzig und allein in der unselig feinen geistigen Organisazion zu suchen« (Hölderlin, Bd. 7,3, S. 52). Hier anschließend geht B.s Deutung »an einem grundlegenden Zug der spätern Kunstauffassung Hölderlins vorbei: an seinem Eintreten für den ›gesetzlichen Kalkul‹, dessen Befolgung er doch gerade am Eingang der *Anmerkungen zum Oedipus* fordert« (Hölderlin, Bd. 7,4, S. 205); indessen konnte sie so die Verwandtschaft mit der Günderrode herausarbeiten (vgl. S. 889), und ebenso mit einem weiteren Fall, der sie noch während der Entstehung des Buches beschäftigt hatte. In einem Brief an Moritz August von Bethmann Hollweg, den sie um Hilfe für den kranken Maler Blechen angeht, präzisiert B. ihre Auffassung des Wahnsinns:

Allein, wie dem Fruchtbaum, je edler er ist, auch das Klima um so günstiger sein muß, um ihn vor Verderben zu schützen, so scheint es auch bei dem Menschen der Fall zu sein, dessen Intellektion so vom Genius aufgereizt ist, daß er mehr schafft, als er selber begreift. Ich irre nicht, wenn ich Blechens gestörte Organisation dem Mangel an Theilnahme und Begriff seiner Mitwelt zuschreibe. Noch erhitzt von den Steigerungen seines Inneren bei so kühnen Visionen prallte er von allen Seiten an das mauerfeste

Gefängnis der Philisterwelt, die ihn umgab; kaltes Miß-
verstehen, blödsinniges Urtheil, neidisches Verzerren seiner gigantischen Versuche machten ihn rasend, und kein
Tröpfchen Thau des Einverständnisses sollte ihn erquicken, – Entzweiung mit sich selber, Verwirrung seines
Instinktes war die Folge! 〈. . .〉 〈Der〉 Widerklang des
Göttlichen aus der Seele eines Menschen rührt uns 〈bei
der schöpferischen Kunst〉, und darum lieben wir die
Kunst und in der Kunst nur dies, und alles andre ist
Einbildung. – Der arme Maler! Der Spiegel seiner Seele
〈vgl. Anm. 16,24〉, der so hell auffaßte, ist ganz dunkel
geworden. So mancher andre, der nie durch diesen heiligen Vorzug, das Schöne in der Natur zu spiegeln, ausgezeichnet war, maßt sich das Recht an, solche Kunster-
scheinungen zu verstehen; so Mancher, der nicht vermag,
den Widerhall des Göttlichen weiterzutragen, ist auch
ohne diese Fähigkeit ein Kluger unter den Menschen,
aber dieser Arme, der seinen Geist nur dieser Auffassung
hingab und zu keiner gemeinen Sorte sich herabließ und
nichts bestellt hat im Leben als nur dieses Trinken der
Natur und Wiederaushauchen, – der ist, nachdem ihm
dieses heilige Geschenk ausgegangen, nun auch erlo-
schen. Ja gewiß, wenn den Sinnen einmal der Weg gebahnt ist, sich zu vergeistigen und die Flügel werden
gelähmt, dann ist der Sturz in den Abgrund gewiß 〈vgl.
Anm. 436,8〉. Wer aber nicht im Flug ist, der sieht zu,
unbewegt über diese Vernichtung. Mich aber hat dies
Schicksal gefesselt zu fortwährender Theilnahme.
(11. 7. 1838; G. J. Kern, *Karl Blechen. Sein Leben und seine
Werke*, Berlin 1911, S. 111, 117 f.)
Gerade die »abstracte Bedeutsamkeit«, die hier dem Wahnsinn zuerkannt wurde, störte Karoline von Woltmann als
anmaßender »Modetraum« B.s (Hölderlin, Bd. 7,3, S. 462).
544,14 *Verse* 〈. . .〉 *Sprache*] Vgl. die Quellenangabe
Anm. 428,23; daß »die Idee des Rhythmus 〈. . .〉 vielleicht
die erste von all unseren Ideen« sei, konnte B. freilich schon
bei Hemsterhuis lesen (ders., *Philosophische Schriften*, hg. v.

Julius Hilß, Bd. 1, Karlsruhe 1912, S. 194), und auch Heinse mag anregend gewirkt haben (vgl. S. 893).

545,14 f. *Nicht* ⟨. . .⟩ *willt]* Zitat der Worte Jesu am Ölberg vor der Passion (Matth. 26,39).

545,25 f. *Ideengestalt* ⟨. . .⟩ *tödlich faktisch]* Zwei zentrale Begriffe in der Dichtungslehre Hölderlins, die von B. freilich nicht in seinem Sinn kombiniert werden (vgl. Hölderlin, Bd. 7,4, S. 206).

545,36 *eifersüchtige Sonne]* Aus Hölderlins *Oedipus*-Übersetzung (v. 1107), hier in den Zusammenhang seines romantisch umgeschaffenen Apollon-Mythos gestellt (vgl. S. 894).

548,6 *gebraucht als Pfeil]* Der Bogen mit den »fernhintreffenden« tödlichen Pfeilen ist ein Attribut des Gottes der Dichtkunst, Apoll. Vgl. Anm. 525,15 f.

549,21-23 *Drum laß* ⟨. . .⟩ *Stand]* Zitat (S. 328,30-32) aus dem oben mitgeteilten Gedicht der Günderrode *Wandel und Treue.*

549,28-31 *daß* ⟨. . .⟩ *schwinge]* Variation eines Satzes aus Hölderlins *Hyperion* (Bd. 3, S. 520).

567,12 *der Wesen Kette]* Die zusammenhängende Kette oder Stufenleiter aller Wesen ist ein häufiges Motiv in der Naturwissenschaft wie in der Dichtung des 18. und noch des 19. Jahrhunderts (vgl. Arthur O. Lovejoy, *The Great Chain of Being,* Cambridge/Mass. 1936).

568-573 *Günderödchen, der Clemens* ⟨. . .⟩*]* Anfang September 1805 besuchten sein Bruder Franz, die Schwägerin Antonia und B. auf der Rückkehr von einer kurzen Rheinreise Clemens in Wiesbaden (vgl. Steig 1, S. 145).

568,21 f. *Pantalon* ⟨. . .⟩ *Colombine]* In der italienischen Commedia dell'arte, deren Typen auch im Puppenspiel fortlebten, ist Pantalon der gierig-lüsterne Alte, Scaramuccio ein großsprecherischer Diener, Harlekin, der deutsche »Hanswurst«, ist der lustige und schlaue Diener, Colombine die witzige, kluge Zofe.

569,25 *Kohl]* Vgl. S. 155,21 f.

570,14 f. *ein Gedicht* ⟨. . .⟩ *machen]* Nach Varnhagens Zeugnis (Assing, Varnhagen, S. 271) hatte B. damals das

Seelied, das am 12. 5. 1808 in der ›Zeitschrift für Einsiedler‹
veröffentlicht wurde, verfaßt:

Seelied

Es schien der Mond gar helle,
Die Sterne blinkten klar,
Es schliefen tief die Wellen,
Das Meer ganz stille war.

Ein Schifflein lag vor Anker,
Ein Schiffer trat herfür:
Ach wenn doch all mein Leiden
Hier tief versunken wär.

Mein Schifflein liegt vor Anker,
Hab keine Ladung drinn,
Ich lad ihm auf mein Leiden,
Und laß es fahren hin.

Und als er sich entrissen
Die Schmerzen mit Gewalt,
Da war sein Herz zerrissen,
Sein Leben war erkalt.

Die Leiden all schon schwimmen
Auf hohem Meere frey,
Da heben sie an zu singen
Eine finst're Melodey.

Wir haben fest gesessen
In eines Mannes Brust,
Wo tapfer wir gestritten
Mit seines Lebens Lust.

Nun müssen wir hier irren
Im Schifflein hin und her;

Ein Sturm wird uns verschlingen,
Ein Ungeheuer im Meer.

Da mußten die Wellen erwachen
Bey diesem trüben Sang;
Verschlangen still den Nachen
Mit allem Leiden bang.

(Nach der Buchfassung: *Tröst Einsamkeit, alte und neue Sagen und Wahrsagungen, Geschichten und Gedichte,* hg. v. Ludwig Achim von Arnim, Heidelberg 1808, Sp. 96.)

570,26 *Reim und Versmaß]* Vgl. Anm. 544,14 sowie B.s Referat von Hölderlins Dichtungslehre S. 430-434.

572,33 *Judengasse]* B.s Eintreten für die Judenschaft blieb von ihrer Frankfurter Zeit an (vgl. Anm. 600,14) trotz des christlichen Antisemitismus bei ihrem Bruder Clemens und Arnim unverändert; im Frühjahr 1842 berichtete Clemens Edward von Steinle von einem Gespräch B.s mit Hermann Josef Dietz, »eine⟨r⟩ theoretisch und praktisch katholische⟨n⟩ Autorität«: »Sie müssen sich nicht ärgern, wenn Sie mir vorwerfen hören, was auch wahr ist, daß ich vielen Umgang mit jungen Juden ⟨vgl. Schulz, S. 77⟩ habe und mich Ihrer nicht schäme. Soll ich mich denn der Wahrheit schämen? Sie aber allein sind wahr hier, sie sagen offen heraus, daß sie nichts von allem dem glauben, was die andern zu glauben lügen.« (Steinle, Bd. 2, S. 63.) So hatte sie ihnen, wie sie Savigny (4. 11. 1839) bekannte, »ein romantisches Heldenfeuer gewidmet« (AM, S. 289). Freilich traf auch dieses frühe Lebensmotiv wiederum auf aktuelle Debatten über die Judenfrage zu Anfang der vierziger Jahre in Preußen (vgl. Anm. 606,2 f. u. Komm. zu Bd. III).

575,19 *O gieb vom weichen Pfühle]* Im folgenden (23 f., 29 f.) fortgesetztes Zitat von Goethes Gedicht *Nachtgesang,* das vermutlich 1802 nach dem Vorbild eines von Reichardt vertonten italienischen Volksliedes mit dem Refrain »Dormi, che vuoi di pîu« (»Schlafe, was willst du mehr«)

entstanden war (vgl. Werner Vordtriede, *Vom weichen Pfühle. Metamorphosen eines Gedichts*, in: Monatshefte 47 [1955], S. 149-154).

576,24 *Weltseelen*] Vgl. Anm. 467,14.

578,1 *Albernheit*] Die Vorrede zu Ludwig Tiecks *Volksmährchen, herausgegeben von Peter Leberecht* (Berlin 1797) hatte den Lesern ein Land erschlossen, »wo Poesie und romantische liebenswürdige Albernheit zusammen wohnen«.

579,3 *Socrates* ⟨...⟩ *Gegenwendung*] Das Verfahren des Sokrates, durch Fragen und Zweifel seine Gesprächspartner bis zum wahren Gegenteil ihrer anfänglichen irrigen Meinung zu führen, war in der Aufklärungssokratik zu einer beliebten Lehrmethode geworden.

579,35 *Cyclopen*] Die riesenhaften Zyklopen, die nur ein Auge in der Mitte der Stirn trugen, dienten – nach der antiken Mythologie – dem Gott Hephaistos als Schmiedegesellen.

583-588 *Ich lese Deinen* ⟨...⟩] Noch vor der Rückkehr von der Pariser Studienreise wurde verabredet, daß die Schwestern B. und Meline den Winter bei dem Ehepaar Savigny in Marburg verbringen sollten.

584,12 *Feenmärchen*] Die phantastisch-wunderbaren »Contes des fées« waren seit etwa 1700 in Frankreich eine Modegattung; in den Heften der in den siebziger Jahren begonnenen »Bibliothèque bleue«, die etwa auch Clemens Brentano sammelte (vgl. UL, S. 340 f.), wurden sie popularisiert. Eine deutsche *Blaue Bibliothek aller Nationen* wurde 1790-1800 von Friedrich Justin Bertuch in Gotha herausgegeben.

584,26 *Iudicium*] (Lat.) »Urteil«.

584,35 *Rödelheim*] Im Jahr 1808 erwarb Georg Brentano einen Landsitz in dem »damals noch ganz stillen und ländlichen Rödelheim« an der Nidda (Werner, Maxe, S. 30).

586,8-23 *Wenn ich* ⟨...⟩ *heilen*] Ähnlich macht Franz von Baader, dem sich Naturforscher wie Steffens und Mediziner wie Ringseis anschließen, auf den »Umfang und die Tiefe der Corruption und der Leiden«, aufmerksam, »welche der ethisch böse wordene Mensch auch der Natur um sich mitteilt und verursacht« (Bd. 5, S. 32).

588-601 *Heut Morgen wach* ⟨...⟩*]* Der erste Besuch Buonapartes in Frankfurt (vgl. S. 601,26) fand erst Ende Juli 1807 statt; damals wurde an der Zeil ein Triumphbogen mit den vier Inschriften errichtet: »Tilsit – Immortalité, Austerlitz – Prudence, Friedland – Victoire, Presbourg – Piété« (vgl. Wilhelm Stricker, *Geschichte von Frankfurt unter Karl von Dalberg,* Frankfurt 1874, S. 11-13).

589,3 *Oberrat]* Vgl. Anm. 124,1.

592,10 *goldnem Eichelkranz]* Zu den biographischen Zusammenhängen vgl. S. 757 ff., zum Sachgehalt von B.s Bericht vgl. Asmus, bes. S. 135.

594,31 *aufs Dreieck]* Vgl. Anm. 384,23.

594,32 *Attraktion* ⟨...⟩ *Potenz]* Vgl. Anm. 362,2 f.

598,1 *Verbrecher]* Ausführlicher hatte B. diese Auffassungen im Königsbuch dargelegt (vgl. Komm. zu Bd. III).

599,27 *Beim Primas* ⟨...⟩ *große Parade]* Vgl. Anm. 451,26.

600,14 *Judenjournale]* Auch für Goethe machte B. die »Documente philanthropischer Christen- und Judenschaft« (Goethe an B., 3. 4. 1808; Bergemann, S. 208) zugänglich; dazu zählte ›Sulamith, eine Zeitschrift zur Beförderung der Kultur und Humanität unter den Israeliten‹ (Dessau, ab 1806) und vielleicht auch Molitors *Versuch, den Realismus mit dem Idealismus zu versöhnen* (1805). (Vgl. Ludwig Geiger, *Goethe, Bettine und die Frankfurter Juden,* in: Allgemeine Zeitung des Judentums, 2. 10. 1903; sowie Komm. zu Bd. II.)

601,4 *Venus-Urania]* In der »himmlischen Venus« bildet sich im Gegensatz zur Göttin der bloß sinnlichen Liebe »die himmlische Zeugungskraft zu dem vollkommenen Schönen, das alle Wesen beherrscht und welchem von Göttern und Menschen gehuldigt wird« (Moritz, S. 640).

601,18 f. *Briefe vom Christian]* Vgl. S. 779 ff. zum Briefwechsel zwischen B. und Christian, der seit Juni 1803 in Marburg studierte.

602,3 *Ostein]* Das 1764 von Graf Karl Maximilian von Ostein erbaute Jagdschloß auf dem Niederwald bei Rüdesheim.

604-611 *Buonaparte ist durch* ⟨...⟩*]* Am 31. 10. 1805 kehrte die Günderrode nach dem Aufenthalt auf Trages (vgl. Anm. 305-309) nach Frankfurt zurück; die Savignys siedelten mit Meline und B. im November nach Marburg um. Claudines Krankheit (vgl. S. 604,13) wird in einem Brieffragment von unbekannter Hand erwähnt (vgl. Geiger, Günderode, S. 163). Obschon die folgenden Briefe insgesamt auf den Marburger Aufenthalt verweisen, konnte Oehlke in den Zeitangaben im einzelnen manche Unstimmigkeit nachweisen (S. 244 u. ö.); die Erwähnung des »Kanarienvogels« (S. 608,7) etwa widerspricht den früheren Angaben (vgl. Anm. 310,23).

604,19 *die Delphine von der Staël]* Über das Verhältnis Bethmanns zu Madame de Staël vgl. Pallmann, S. 268-270, sowie SW 3, S.270-274.

606,2 f. *erste Bekanntschaft* ⟨...⟩ *ein Jud]* Am 20. 1. 1840 berichtete B. an Julius Döring:

Als heute Dein Brief ankam war ich eben beschäftigt einen Brief von mir einzufügen wo ich durch die Bekanntschaft eines alten Handels Juden, (von denen die auf der Straße rufen habt Ihr nichts zu Handlen?) – einen deutlichen Begriff von der Patriarchen Würde empfinde und wie der mich nun oft besucht und mich segnet und mir die Hand auf den Kopf legt und mich sein lieb Töchterchen nennt, und wie ich eine solche Ehrfurcht vor ihm habe daß ich mich allem füge was er mir sagt, und während mich Savigny, mit dem ich damals zusammen in Marburg wohnte, einen hoffärtigen Schußbartel nennt so bin ich dies sehr zufrieden und freu mich darüber, wenn mir der gut Handelsjud, seine freundliche Meinung nicht ändert, ja ich gestehe der Günderode daß mir nie an der Achtung eines Menschen etwas gelegen daß sie mich meinetwegen für verrückt halten sollen; aber dieser Mann soll nie an mir zweiflen.

(Vordtriede, S. 463.)

Moriz Carriere bestimmt in seiner Rezension (vgl. S. 1120 f.) den Stellenwert dieser Figur und macht auf ihre Aktualität aufmerksam (vgl. Anm. 572,33):

> Der Jude Ephrahim, der zuletzt auftritt, ist eine Gestalt, die an Nathan den Weisen erinnert, vielleicht in ähnlicher Absicht, wie von Lessing, so hoch gehalten; dieser Kampf mit dem Vorurtheil ist ja noch immer nicht erloschen!

607,1 *Vert de pomme]* (Franz.) Apfelgrün.

613,7 f. *Jabot von Point d'alencon]* Halskrause von Spitzen aus der Stadt Alencon im französischen Departement Orne.

613,16 f. *Königin von Holland]* Hortense Beauharnais, Napoleons Stieftochter, seit 1802 mit Napoleons Bruder Louis verheiratet, der von 1806 bis 1810 das neugeschaffene Königreich Holland regierte.

614,18-20 *Werd hart ⟨...⟩ wie Eisen]* Das geflügelte Wort »Landgraf, werde hart« geht auf eine Sage um Landgraf Ludwig den Eisernen von Thüringen zurück, die Wilhelm Gerhard 1817 und 1826 in populären Gedichten behandelte. – Vgl. SW 3, S. 97.

614,26 *beaume de chiron]* Eine, nach dem heilkundigen Chiron benannte, Essenz.

617,26 *ins Tyrol reisen]* Vgl. den Kommentar zu Bd. II über B.s Begeisterung für den Freiheitskampf der Tiroler, wie sie im Briefwechsel mit Nathusius neuerlich vergegenwärtigt wird (vgl. IP, S. 376).

617,31 *Erziehungsplan ⟨...⟩ von Herrn Engelmann]* Mit einer Werbeschrift kündigte im Mai 1808 der Lehrer am Frankfurter Mädcheninstitut der Frau Bunsen, Julius Bernhard Engelmann, die Eröffnung seiner »Erziehungs- und Unterrichtsanstalt für Töchter« an. Im Herbst zuvor hatte er sich einige Wochen bei Pestalozzi aufgehalten; gleichsam als »Referenzen« konnte er auch die Namen geachteter Frankfurter Mitbürger anführen, die – wie etwa Ebel und die Familie Bethmann – zum Bekanntenkreis der Brentanos zählen. Er hatte übrigens das Pseudonym der Günderrode gelüftet (vgl. Preitz 2, S. 200). – B.s Stellungnahme erhielt sich in Riemers Nachlaß mit dem Vermerk: »Hrn. Dockter Riemer unterthänigst zugeeichnet und zur Correktur der Geographie ⟨lies: Orthographie⟩ überschickt von Bettine Brentano«; aus ihrem Original übernimmt und erweitert sie hier einige Passagen. Der von Werner Milch mitgeteilte und kommentierte Text lautete:

Neunzig Carolin jährlich um die Erziehungsplane des Hrn. Engelmann an einem Kinde zu erproben, sind auf alle Fälle zu viel, er soll nur bedenken, daß die beste Erziehung die ist, wenn er sie Gott anheim stellt, und daß ein sündiger Mensch dem andern nicht viel Gutes beibringt, endlich ist doch immer nur das zu besorgen, was ein jeder mit mehr oder weniger Kosten bis jetzt gelernt hat. Es ist nicht bewiesen, daß grade die Menschen deren Erziehung mehr ins Geld lief, auch mehr Verstand, Wissenschaft oder Gefühl für das Schöne bekamen, im Gegentheil weiß man aus Erfahrung daß meistens Menschen von Verzug, unter einem Druck gelebt haben, der ihnen gewissermaaßen das Gleichgewicht mit dem des Studiums hielt. Was will er also mit dem Gelde anfangen, mehr als der Mensch auf einmal begreifen kann, kann er doch nicht lehren, und selbst manches würde er unterlaßen müßen, wenn er ein braver Erzieher ist der Respeckt vor der menschlichen Natur hat. Zum Beispiel Religion! Ich glaube nicht daß Hr. Engelmann noch sonst ein Erzieher fähig ist, dem Zögling einen Gott einzudemonstrieren wenn der selber nicht unmittelbar durch seinen eignen Werth ihn im Herzen hat. Ich zum wenigsten würde nie zugeben daß das was von Religion in meinem Kinde durch *Gottes Gnade* liegt, von einem Menschen, einem sogenannten Erzieher, nochmals pädagogisch bearbeitet, und herunter gebracht würde, man lehre dem Kinde den Glauben seiner Voreltern, als angebohrne Geschichte des Lebens, und wenn Religion, in irgendeinem Verhängniß es trösten oder erleichtern soll, so wird es nicht auf Anweisung seines Lehrers geschehn. Ein rechtlicher Schulmeister dem man Geld beßer gönnen kann, weil er nicht so viel, und nur für Brod will, unterrichtet hier inn beßer als eleganter Erzieher, indem er doch die Lehre die er den Kindern vorträgt auch unbezweifelt glaubt, und vielleicht schon manche tüchtige Wirkung seines Glaubens empfunden hat, da hingegen jener die Religion nur aus Speculation hat, um sie den Kindern auf eine neumodische Art beizubringen. Geschichte der Religion gehört nicht hier her, sondern zur Geschichte, also ist Religions Unterricht das einfachste müheloseste, zu dem durchaus kein Genie des Lehrers gehört, ein dummer Bauer, der sein Kind liebt wird sie demselben beßer und mit mehr Nachdruck einprägen in seiner Einfalt, als ein *seit zwölf Jahren theoretisch und pracktisch einstudierter Erzieher.* Die ersten Zeiten des Unterrichts bestehen übrigens in jenen mechanischen Übungen, die späterhin zur Erlangung größerer Zwecke, und für Geschäftsmenschen wie für Häußliche, für das ganze Leben hinlänglich sind als da ist: Schreiben Lesen Rechnen Geschichte Geographie pp: Dieß alles will nicht viel heißen, wenn das Kind, daher nur gehörige angehalten wird, so ist es gut. Nun hat der Erzieher noch die Sorge, daß die Kinder noch die sogenannten Unarten ablegen; obschon darinn sehr leicht zu viel gethan wird, indem man leicht das für Boßheit hält was nur ein feines noch ungeschwächtes Gefühl für Gerechtigkeit ist, daß für Eitelkeit was lauterer Reiz der Schönheit und des Kunstsinns ist, das für Hochmuth was Selbstwürdigung und edler Stolz ist, so kann man doch zugeben, daß keine ausgeübte Boßheit geduldet wird. Neigungen sollen auf keinen Fall bestritten werden in dem Kinde, diese gehören Gott an, der des Menschen Seele geschaffen hat, und der *diese heilige Pflanze der Menschheit,* die Herr Engelmann will pflegen helfen, schon allein pflegen wird – wir wollen ihm nicht ins Handwerk pfuschen, und wollen diese freie Pflanze nicht wie im Treibhauß, zu allerlei

Dingen bringen zu welchen sie keine Lust hat, und doch immer so weit wir Gewalt über sie haben, verdorren und verkeimen wird. Es wachsen Disteln und Rosen neben einander, aber du sollst keine Distel ausreißen denn es ist Gotteswerck wie die Rose, und keiner mag sagen mit Recht, daß sie weniger schön oder tauglich sey als die Rose, sondern er soll bedenken daß der Mensch kurzsichtig ist und Gott weise.

Herrn Engelmann fällt es schwer aufs Herz, daß *er in unsern zerrütteten zertretenen Zeiten, seine Zöglinge vor den Stürmen der Natur, vor dem giftigen Hauche des Zeitgeistes, vor dem Staube der auf der breiten Landstraße weht* zu hüten hat, was er unter zerrütteten Zeiten versteht, ist wahrscheinlich der Krieg, wie und warum er aber seine zehn Zöglinge davor hüten will kann ich nicht begreifen, ob der Zeitgeist giftig ist, wollen wir dahin gestellt seyn laßen, jedoch mag er es in Hinsicht der Erziehung seyn. Herr E. leidet zum Beispiel, seit dem er diesen Plan geschrieben hat, an der Gelbsucht, Lungenentzündung Leberverhärtung Stein und Griesschmerzen und Waßer im Herzbeutel. Welche Mittel wenn sie tüchtig wirken, mir am aller plausibelsten gegen die Plankrankheit zu arbeiten scheinen, wodurch denn unsere Stadt vielleicht derselben glücklich enthoben wird. – Wenn er die Kinder sogar, vor den Stürmen der Natur bewahren will, versteht er darunter Leidenschaft, oder schlechtes Wetter ist es das erste, so sage ich daß die Erziehung des Menschen, durchaus nichts als Durcharbeiten der Leidenschaften ist, sie sind ihm was die Jahreszeiten und Witterungen den Pflanzen sind. Durch sie erhält er Kräfte zuweilen das zu thun, warum es der Mühe werth was zu leben, seine Wurzel mit Macht durch den weiten Boden seiner Zeit zu dehnen, und diesen eine herrliche Nahrung für sich und sein Geschlecht abzugewinnen, durch sie wird er zu allem edlen fähig, zu Muth zu Überwindung des schlechten in ihm, und ohne sie, wird er das Leben gleichsam als ein Handwerk betreiben, zu welchem, er von früher Jugend an (in solchen Anstalten) ist angehalten worden, es ist gewiß daß nicht ein Erzieher sondern Zeit und Gelegenheit und Schicksal der Seele *ein würdiges Feld zur Übung ihrer Kräfte, und eine gedeihliche Nahrung* für Wachstum und Stärke giebt. Die Jugend wird zu ihrer Zeit *Blüthen tragen* und endlich *Früchte bringen*, aber nicht weil die Erziehung so stark im Gange ist. Ihr gebt Euch vergebliche Mühe Ihr Pädagogen, Paulus hat gesagt, *»habt Ehrfurcht vor der Jugend«* was wollte ihr denn die Ihr nicht mehr im Stand der Gnade seyd einsehen und verbeßern an dem Werk an dem Gott Wohlgefallen hat? Ihr könnt nichts als nur zu früh diese aus der Zeit ihrer Jugend und Kraft in ein ganz rasches Verhältniß bringen, wodurch soll denn etwas großes heraus kommen, wenn man den Kindern des festen Willen unter dem Namen Eigensinn, die Erhebung über Unglück und Verlust unter dem des Leichtsinns, die Verachtung des gemeinen Elends als Hochmuth, den kühnen freien Wandel durch gefahrvolle Wege als Frechheit, und endlich das allein echte Vertrauen auf Gottes Hülfe und Wille, als Dummheit, Aberglaube pp: ausrottet. Lehrt den Kindern was Ihr gelernt habt: haltet sie meinet wegen streng dazu an, denn dadurch spahrt ihr ihnen Zeit, um noch mehr zu lernen als Ihr gelernt habt, und also die Menschheit weiter zu bringen, aber habt Ehrfurcht vor ihrem Gemüth denn Christus hat nicht umsonst gesagt: Wenn Ihr nicht werdet wie *diese*, so werdet Ihr nicht das Himmelreich erlangen. Laßet sie sich an einander abreiben und bilden, so wie Ihr andern unter Euch: in Eurer Aufsicht laßet das sittliche Gesetz streng beobachten, laßet sie keinen Unfug treiben, aber in das Naturgesetz mischet Euch nicht, so wie sich die Polizey auch nicht hinein mischet. Hr. Engelmann sagt, der Mensch soll nicht zum Scheinen gebildet aber zum Seyn erzogen werden; eine jede Vernunft sagt der Mensch kann wohl zum Scheinen gebildet aber *nie* zum Seyn erzogen werden; denn *Seyn* ist grade das was keine Gewalt über sich erkennt, ist blos um des Seyns willen, was weder um der Zukunft noch um der Vergangenheit willen da ist, das, warum wir einen Gott glauben *müßen*, und mithin einer jeden Erziehung ausgenommen der Göttlichen, entzogen ist, so wie der Sternenhimmel der Berührung. Er sagt: er werde sich bemühen zur Religion zu erziehen, dieß Wort möhe ihn gereuen, es beweißt nur Bestialität. Er will sich bemühen im Geist Pestalozzis zu *erziehen*. Pestalozzi erzieht nicht er lehrt.

Rein soll die Jugend vor dem Druck fremder ihr nicht natürlicher Formen bewahrt werden? Was kann uns fremd und unnatürlich in unserer Welt seyn? Faulheit ist unnatürlich und muß einem jeden tüchtigen Menschen fremd seyn ein solcher wird sich aber nicht hüten laßen, vor dem was in seiner Welt vorgeht er wird Hand anlegen, mit dem Glauben, daß ein *Frommer* einer Stadt aufhelfen kann.

Hr. E. will den Menschen, besonders in Rücksicht der Religion architecktisch behandlen, im italienischen Geschmack das scheint mir freilich nicht unter die leichten Unternehmungen zu gehören. Und verdient allerdings eine ausgezeichnete Bezahlung, wenn er es zu Stande bringt.

(Neue Zürcher Zeitung, Nr. 183, 7. 2. 1940.)

618,25/30 *Sulamith* 〈...〉 *Drusen-Weihe]* Vgl. Anm. 600,14. Nicht nachweisbar war der Titel »Drusenweihe«.

621,8 *Hieroglyphen]* Der Begriff, der ursprünglich die rätselhaften ägyptischen Schriftzeichen benannte, wurde auch in die Natursprachenlehre Herders und seiner romantischen Nachfolger, vor allem des Novalis, übernommen (vgl. Anm. 44,5); in Herders *Aeltester Urkunde des Menschengeschlechts* (1774) ist der 6. Abschnitt »Hieroglyphe« überschrieben. Diese bezieht sich nun auf die »Symbolik Gottes« (Herder, Bd. 6, S. 275) in einer Natur, die ja nur das göttliche Schöpfungswort verwirklicht und sich deshalb auch dem schöpferischen Wort des Dichters erschließt (vgl. Bansa, S. 6); wie die Naturpoesie, so erschließt für B. auch der Traum die göttliche Natur des Menschen (vgl. Anm. 406,36-407,16).

622,14 *Jupiter Tonans]* (Lat.) Der donnernde Jupiter, der Topos vom obersten Gott, dem Herrn über Donner und Blitz, prägt seit der Antike auch einen Bildtypus, der zunächst die Jupiter-Genealogie der Herrscher betonen sollte, jedoch auch in der Gestaltung der Künstlerdenkmäler des 19. Jahrhunderts, etwa in B.s Goethe-Monument, nachwirkte (vgl. M. Beller, *Jupiter Tonans*, Heidelberg 1979).

622-624 *Meine Abwesenheit von* ⟨. . .⟩*]* In Heidelberg (vgl. S. 622,22) hielt sich die Günderrode bis Anfang Oktober auf (vgl. Anm. 305-309).

622,27 *Ostertags* ⟨. . .⟩ *Suetonius]* Es handelt sich um den achten Band der »Sammlung der neuesten deutschen Übersetzungen der römischen Prosaiker« (1788/89), der Suetons Lebensbeschreibungen der römischen Kaiser enthielt und von Ostertag, einem der Herausgeber der Reihe, selbst bearbeitet worden war.

624,9 *Widerhall]* Vgl. Anm. 410,1.

625,15 f. *Christian* ⟨. . .⟩ *Briefe]* Vgl. Anm. 601,18.

630,30 *Winkelmanns Kunstgeschichte]* Vgl. S. 777 f.

631,6 *Brotstudenten]* Vgl. S. 900.

631,26 *Parnassus Stufen]* Vgl. Anm. 297,15 f.

634,35 *Ziegenhainer]* Vgl. Anm. 164,11.

635,6 f. *den Blonden]* Ein Brief an B. aus ihrer Jugend bezeugt ihre Vorliebe für »blond« (laut Oehlke, S. 236), die noch in ihrem Briefwechsel mit Julius Döring andauert: »Blonder! mit ihren Silberschwingen haben sie die Nacht den Strahlenkreis mir angefacht, mit dem Du mich umzogen.« (Entwurf; Vordtriede, S. 345.) Entschlüsselt wird dies S. 406,13: »Mein Genius, der blonde«, der ein Abbild des Gottes der Sonne und der Dichtkunst (Apollo) ist (vgl. 635,34).

635,29 f. *Ehrfurcht vor dem Napoleon]* Der Führer des Aufstandes der farbigen Bevölkerung im französischen Haiti, Toussaint l'Ouverture, war am 27. 4. 1803 tot aufgefunden worden; der Herzog von Enghien wurde in einem eklatanten Verstoß gegen das Völkerrecht am 21. 3. 1804 auf Geheiß Napoleons erschossen; der französische General Pichegru beging am 6. 4. 1804 Selbstmord, nachdem seine Teilnahme an einer Verschwörung gegen Napoleon entdeckt worden war. – Wie ihr Freundeskreis insgesamt und auch die Günderrode (vgl. aber Pigenot, S. 277), schätzte B. Napoleon, solange seine Macht währte, wenig; nicht unglaubwürdig ist daher Clemens Erinnerung: »Als kleines Mädchen stand sie mit mir oben an der Treppe und sah hinunter wie Buonaparte mit einer Lederkappe herauf kam. Bettina rief: ›Guck nur! er ist auch unser einer.‹« (Niendorf, S. 25; vgl. Anm. 588-601 u. SW 6, S. 257 f.) Später galt ihr wie Arnim der Franzosenkaiser als »der Verwüster, der ganz Deutschland mit dem Band der Tücke zusammen schnürt« (Henrici 148, Nr. 45,1); diese wohl für ihr Goethe-Buch gedachte Notiz bestimmt dann ihren Versuch, sich mit dieser Veröffentlichung eine wichtige Rolle in den Münchner patriotischen Kreisen um den Kronprinzen Ludwig zuzuschreiben (vgl. Kat., S. 31 f., bes. den Mythos um das schließlich dem Bayerischen Nationalmuseum gestiftete »Pereat«-Glas Ludwigs und des Königs Richtigstellung in einer späten autobiographischen, heute im Wittelsbacher Hausarchiv/München verwahrten Notiz). Freilich deutet sich eine andere Bewertung, die dem Napoleon-Kult des ›Jungen Deutschland‹ etwas näherrückt (vgl. Wyss, S. 77-79), jedoch schon im Freyberg-Briefwechsel vorbereitet war (vgl. S. 930), in einem Brief an Pückler an; Napoleons »höheres Bewußtsein ⟨habe⟩ sich in den Ketten seiner bösen Leidenschaften wund geschlagen« –

und er, der der Herr der Welt war, hat nicht Herr werden können über sich, er hat nicht tun können, was sein liebendes Herz wollte, er mußte grausam sein, seine Gemeinnützigkeit verwandelte sich in Egoismus, die Bildung der Völker, die er aus Eitelkeit auf der Spitze seines Schwertes trug, zersplitterte an dieser; und doch war dem Schicksal kein Aufwand zu groß, um ihn zu erziehen und von seinen Schwächen gesunden zu machen; er war nicht da für das Volk, das Volk war da für

ihn; denn warum? In ihm waren alle Kräfte gesammelt, die in der Gesamtheit der anderen nicht wiederzufinden waren, denen solche Proben auferlegt werden dürften. Und Du siehst, sein Volk hat er in selbstverwirrender Aufregung zurückgelassen, und er selbst fühlte sich von seiner eigenen Handlung zerschmettert; aber das war seine Erziehung, und sein kühner Geist wurde hierdurch mit dem eigenen Genius vermählt.
(August 1833; SW 7, S. 385.)
Der Briefwechsel mit Nathusius würdigt vollends den »Helden« (IP, S. 98; vgl. S. 933) und trägt der »Schwärmerei« (vgl. S. 122) des Jüngeren für den Kaiser Rechnung:
Des *Napoleon* muß ich denken, mit welcher Fürsorge die Gottheit ihn zur Reife gebracht, welche Totenopfer hat sie an ihn verwendet, welche Reiche hat sie für ihn in Gärung gebracht, wie hat sie ihn endlich geradaus laufen lassen in den Hafen der Selbstbetrachtung, wie haben diese großen gewaltigen Organe in ihm, die die ganze Menschheit in Fesseln hielten, – so daß ein Blick seines Auges selbst mehr wirkte als alles, was dagegen wirkte – wie haben diese endlich sich selbst in Anspruch genommen und haben geschmiedet und haben gebändigt den Menschen, der immer herrschen wollte über den Genius, wie haben sie ihn gefesselt dem Genius unter die Füße gelegt in Schmerzen, in körperlichen und auch in allem, was der Seele wehtut, unter ihn, unter den Geist; – wie triumphierend steht der Genius dort auf der einsamen Insel über dem siechen Leib! – Wie erwachen da nach dem langen verwüstenden Herrschertaumel die früheren Blüten alle wieder, – wie wird es Frühling in ihm, da er sorgsam dem Gärtner sagt, er soll den Hut nicht abnehmen in der Sonne; und dann geht er hin zu den Fischen am Teich, da jammert's ihn, daß sie sterben mußten im trüben Wasser, aber der eignen Schmerzen gedenkt er nicht, er trägt sie, und sein Geist ist heldenmäßig wach über diesen gewaltigen Schmerz. – Und hier kann man wohl erkennen, für was die Krankheiten sind, um den

Geist an ihnen zu üben, und noch im letzten Scheiden,
wenn der Leib den Geist nicht mehr unterstützen kann,
da übt der Geist seine größte Heldentat, denn er duldet
die Schmerzen des Leibes, und endlich schwingt er sich
kühn über ihn hinweg. O wohl hat der das Recht ein
Freier zu sein. Alle Könige sind um der Knechte willen
da; diesmal aber waren alle Könige Knechte, um des
einen Königs willen, daß er gesund werde, geistig gesund, in dem so mächtig die Natur sich zeigt.
(IP, S. 105 f.)
Dieses Bild von Napoleons Läuterung gilt seit etwa 1840,
als sich für B. die Pervertierung der patriotischen Freiheits-
ideale und damit die Berechtigung von Napoleons Zwangs-
reformen abzeichnet, also im Königsbuch (vgl. SW 6,
S. 129 f., 266 f.) wie in B.s letzter Veröffentlichung, *Gespräche mit Dämonen* (S. 185-188; vgl. Komm. zu Bd. III).

643,25 *Spiegel]* Vgl. Anm. 323,34.

644,5 *das Kind]* Vgl. S. 885.

649,17-19 *Recht* ⟨...⟩ *sterben]* Ähnlich im Goethe-
Buch (vgl. SW 3, S. 89); in seinen *Monologen* widmet
Schleiermacher der Maxime: »kurz möchte ich leben um
jung zu sein und frisch so lange es währt!« (S. 85) eine
ausführliche Widerlegung. Vgl. aber das ›romantische‹
Todesbild (S. 862 ff., 924) u. B.s Kritik (S. 927).

649,28 *Geist zu werden]* In Goethe sah B., laut der
Motto-Inschrift ihres Denkmals, dies Ziel erreicht: »Dieses
Fleisch ist Geist geworden« (Kat., S. 215; vgl. Komm. zu
Bd. II).

652,22 *Helios]* Vgl. Anm. 406,34.

653,11 *Arnim auf dem Trages]* Vgl. Anm. 305-309.

653,19 *Lieder fürs Wunderhorn]* B. war »wohl seit den
ersten Plänen durch Brentano an der *Wunderhorn*-Arbeit
beteiligt ⟨worden⟩. Schon vor Juli 1805 hat sie zehn Liedaufzeichnungen beigesteuert und vor allem mit Umfragen
⟨...⟩ bei Pfarrern und Lehrern begonnen. ⟨...⟩ Im Sommer 1805 sandte sie ⟨ebenfalls⟩ Arnim Lieder nach Frankfurt« (FBA 9,3, S. 798).

653,30 *ein allerliebst Mädchen]* Vgl. Creuzers Brief an die
Günderrode, 5. 1. 1805: »In Marburg bewunderten wir
ehemals ein Bauernmädchen aus der Nachbarschaft wegen
seiner Schöne und sittsamen Klugheit. Diese nannten wir
das Erdbeermädchen, weil sie Erdbeeren zum Verkaufe
brachte. – Jezt schreibt man mir Christian B⟨rentano⟩ habe
es dem Bang zur Erziehung gegeben« (Preisendanz, S. 53)
– und zwar, wie Clemens um dieselbe Zeit an Arnim berichtete, »mit dem festen Entschluß, sie einstens zu seinem
Weibe zu machen. ⟨. . .⟩ ist das nicht ein rechter Brentano-
streich?« (Steig 1, S. 125.) Vgl. S. 793.

654,19 *Storchschnabel]* Volkstümlicher Name für die weit-
verzweigte Familie »geranium L.« wegen des schnabelför-
mig verlängerten Fruchtbodens der Samenkapseln.

655,8 f. *Salomonis Weisheit]* Salomo, der Sohn und
Nachfolger des jüdischen Königs David, war wegen seiner
Weisheit berühmt (vgl. 1. Kön. 5,9-14); so wurde ihm die
Autorschaft des biblischen Buches *Prediger* zugeschrieben.

655,36 *Kuhblume]* Volkstümlicher Name für den Lö-
wenzahn.

656,29 *Liebe zu den Gestirnen]* Vgl. den Brief Clemens
Brentanos an Sophie Mereau, Juli 1803: »⟨. . .⟩ die Sterne
haben mich getröstet, ⟨. . .⟩ die Sterne sind wie Betine so
bedeutungsvoll« (Amelung, S. 127). An Friedrich Wilhelm IV. sendet B. die Verse: »›seh ich in hoher Luft die
Sterne hangen, und weiß doch nicht, wer sie da droben
hält, so fühl nach ihnen ich ein zärtlich Bangen Doch
schwindelt nicht mein Geist, denn er umfaßt die Welt‹.«
(FW, S. 31.) – Das Motiv wurde bereits bedeutungsvoll
wiederholt (vgl. Anm. 427,35 f.); nun entwickelt B. ihr
Erlebnis, genauer als im Goethe-Buch (vgl. SW 3, S. 106-
108, S. 94; oben S. 64,7) im Kontrast zu Auffassungen der
Günderrode (Hirschberg, Bd. 2, S. 125-181; Bd. 3, S. 22)
und in der Nachfolge Schleiermachers (vgl. Religion, S. 34,
38, 46):

> Erinnert euch wie in ihr ⟨der Religion⟩ alles darauf
> hinstrebt, daß wir durch das Anschauen des Universums

so viel als möglich eins werden sollen mit ihm ⟨. . .⟩.
Erinnert Euch, wie es das höchste Ziel der Religion war,
ein Universum jenseits und über der Menschheit zu entdecken ⟨. . .⟩. Aber das Universum spricht zu ihnen wie
geschrieben steht: wer sein Leben verliert um meinetwillen, der wird es erhalten, und wer es erhalten will, der
wird es verlieren.
(Religion, S. 73; vgl. oben, S. 934, sowie Anm. 427,35 f.)

661,7 f. *der Welten unzählige]* Vor allem im 18. Jahrhundert hatte das Wissen um die kosmische Vielfalt dem Tole-
ranzgedanken und der Religionsdebatte wesentliche Im-
pulse gegeben (vgl. Karl S. Guthke, *Der Mythos der Neuzeit.*
Das Thema der Mehrheit der Welten in der Literatur- und
Geistesgeschichte ⟨. . .⟩, Bern 1983).

661,28 *Geschichte Symbolik]* Die Erforschung des »ungeheuer großen und vielartigen Feldes« der »menschlichen
Symbolik« hatte Herder wiederholt gefordert; das Verschwinden von Sinnbildlichkeit und »Symbolik« aus Natur
und Geschichte war ein kulturkritischer Topos in der Jenaer Romantik, etwa in der poetischen Geschichtsphiloso-
phie des Novalis; auch Schelling konzipierte die Geschichte
als Symbol des Geistes. Creutzer leitete mit seiner *Symbolik*
und Mythologie der alten Völker (1810), deren erste Entwürfe
in die Zeit seiner Liebe zur Günderrode zurückreichten,
eine Verengung des Begriffs auf die religiöse Symbolver-
wendung ein.

662,11 *Hieroglyphik]* Vgl. Anm. 621,8.

668,8 *Untergang der Welt]* Auf die »ekstatische Naherwartung« des Weltuntergangs und des Aufgangs einer
neuen, einer »goldenen Zeit« (vgl. H. J. Mähl, *Der poetische*
Staat, in: W. Voßkamp [Hg.], *Utopieforschung,* Stuttgart
1982, Bd. 3, S. 273-302) griff B. in der Zeit des preußischen
Thronwechsels gern zurück (vgl. S. 890).

668,12-15 *Wie der* ⟨. . .⟩ *säugte]* Die Vorlage zu dieser
Paraphrase ließ sich in Arnims Werken nicht ermitteln.

668,24 *Arnims* ⟨. . .⟩ *Lieder]* Vgl. S. 792.

670,21-26 *Gedrängter* ⟨. . .⟩ *Tränen]* Paraphrase des am

24. 9. 1815 entstandenen Gedichtes *Wiederfinden* aus Goethes *Westöstlichem Divan*.

670,32 *Elisabetherkirch]* Frühgotische Kirche, die vom
Deutschen Orden im 13. Jahrhundert über dem Grab der
hl. Elisabeth in Marburg errichtet wurde.

672,6 f. *daß ich ⟨. . .⟩ Ach]* Vgl. Anm. 670,21-26.

672,12 *Goethe]* Vgl. Anm. 662,14.

680,3 *Wilhelm Meister]* Vgl. S. 770 zu B.s erster *Wilhelm
Meister*-Lektüre, S. 792 f. zu dieser zweiten. Vielleicht entstanden in diesen Jahren die folgenden Variationen der
ersten vier Zeilen vom Lied des Harfenspielers in Goethes
Roman (Bd. 7, S. 136).

> Wer sich der Einsamkeit ergiebt
> Ach der ist bald allein;
> Ein jeder lebt ein jeder liebt
> Und läßt ihn seiner Pein.
>
> Wer sich dem Weltgewühl ergiebt
> Der ist zwar nie allein.
> Doch was er lebt und was er liebt
> Es wird wohl nimmer sein.
>
> Nur wer der Muse hin sich giebt
> Der weilet gern allein
> Er ahnt daß sie ihn wieder liebt
> Von ihm geliebt will sein.
>
> Sie kränzt ihm Becher und Altar
> Vergöttlicht Lust und Pein
> Was Sie ihm giebt es ist so wahr
> Gewährt ein ewig Sein.
>
> Es blühet hell in seiner Brust
> Der Lebensflamme Schein
> Im Himmlischen ist ihm bewußt
> Das reine irdsche Sein.

(Adolf Bach, *Neues aus dem Kreise La Roche – Brentano*, in: Euphorion 27 [1926], S. 332.)

686,30 *Studiermaschine]* Vgl. Anm. 45,34.

691,26 *Hamen]* Angel.

695,14 *Fackelzug]* Vgl. S. 1118 f.

699,16 *Kaiser gekrönt]* Goethe hatte in *Dichtung und Wahrheit* die Kaiserkrönung Josephs II. (1764) geschildert und dabei auch jene Stoffverteilung erwähnt (Bd. 9, S. 202 f.). Im Gegensatz dazu gab Karl Heinrich Ritter von Lang im ersten Band seiner Memoiren eine äußerst bissige Beschreibung der Krönung Kaiser Leopolds (1790), die B. auch in Erzählungen der Frau Rat Goethe vergegenwärtigt sein mochte (vgl. Oehlke, S. 79, 243), in der »Bettelstadt« Frankfurt.

702-724 *Es ist ja ⟨...⟩]* Vgl. den Brief Karolines an Savigny, Dezember 1805: »⟨...⟩ sage Bettine ich würde ihr sobald möglich schreiben« (Preitz 2, S. 212).

705,10 *inneren Sinn]* Vgl. Anm. 304,15.

706,35 *Herde Schweine]* Die Dämonen, die Jesus bei einem seiner Wunder Besessenen ausgetrieben hatte, fuhren in eine Schweineherde (vgl. Mark. 5,11).

707,22 *Wer ⟨...⟩ nie]* Aus Hölderlins *Hyperion* (Bd. 3, S. 104).

707,27 *Brief ⟨...⟩ von Goethe]* Dieser Brief (abgedruckt in: *Briefwechsel Goethes mit Jacobi*, Leipzig 1846, S. 220) fand sich im Nachlaß der Günderrode; Creuzer hatte ihr die Abschrift im November 1805 übersandt (vgl. Preisendanz, S. 189).

708,26 *Jupiter Olymp]* Vgl. Anm. 622,14.

711,19 *Schlaf]* Gemäß der Lehre Mesmers gewinnt die menschliche Seele im »magnetischen Schlummer« (IP, S. 21) den Kontakt mit der Gesamtnatur zurück.

712,16 *zu dem Land]* Anspielung auf das berühmte Lied der Mignon in Goethes *Wilhelm Meister* (Bd. 7, S. 145; vgl. Anm. 82,36 f. die Bildlichkeit für die Spanien-Reise); beim Spott über B.s »Mignon«-Rolle (vgl. S. 796) wird leicht übersehen, daß sie Italien tatsächlich als ihre Heimat betrachten durfte.

724,9/13 *Eos* ⟨. . .⟩ *Sonnenmeer]* Eos, die griechische Göttin der Morgenröte, kündigte die Ankunft des Sonnengottes Apoll/Helios an, der den Sonnenwagen mit den vom Schmiedegott Hephaistos gefertigten Rädern übers Firmament lenkte.

724-729 *Ich mußte abreisen* ⟨. . .⟩*]* In Kassel (vgl. S. 729,8 f.) hielt sich B. im Februar 1806 auf (vgl. Steig 1, S. 165).

725,26-29 *Die Wirklichkeit* ⟨. . .⟩ *gesetzt]* B. skizziert hier den aus biblischen Hinweisen (Gen. 3,15; Offb. 12,17) gestalteten ikonologischen Typus der Madonna vom Siege (de victoria).

725,36 *Deines Traums]* Eine Vorstufe dieser Stelle hat sich in einer Hs. von unbekannter Hand erhalten, auf der B. vermerkte: »Abschrift von einem Aufsatz von mir«:

Im Kindesalter, wo das große Seelengeheimnis noch ungeahnt in mir verborgen lag, nämlich vor ihrer Berührung mit anderen Seelen, da träumten mir die Geschicke der Menschen. Ich sah als Kind von wenig Jahren den Tod der Girondisten von meiner schönen Mutter beweinen und war verwundert was Tod wohl sein möge. Die Tränen, die über der Mutter gefaltete Hände ihr auf die Brust fielen, brannten mir angstvoll auf dem Herzen. Wenige Zeit nachher war die Mutter gestorben und lernte ich: *Tot sein* sei *Nicht mehr sein.* Die Todesschauer durchdrangen mich, ich fror, wenn ich dachte ans beweinte Nichtsein der Helden! In meiner damaligen Seele von wenig Jahren hämmerten viele gewaltige Geistergesellen, sie führten die scharfe Blutschaar mir durchs junge Herz und säeten die erstorbenen Helden in die Furchen und deckten sie, wie man den Samen deckt bis er Trieb gewinnt. Die Saat war noch lange vom Frühlingsschnee gedeckt und wie die Sonne kam, sie zu wecken, siehe, da erkannten die Geister ihrer Seele Aufgang: »den Heroismus«. ⟨. . .⟩ Doch Alles begrub sich wieder in Vergessen und Jahre vergingen wo die Seele voll Mitleid war prophetisch gegen die Menschheit, die ich nicht kannte.

In meinem 14ten Jahr kam ich mit der Günderode zusammen. Es war auf der grünen Burg eines Abends, wo wir im begrasten Feldgraben liegend bei Sonnenuntergang, bis zur sternhellen Nacht verweilt hatten, ich sah hinauf im heißen Übermut, so geistestrunken rief ich: Du Stern dort oben, ich bitte dich komm heute Nacht zu mir und was du verlangst, das will ich dir gewähren und wärs, daß ich dir mein Blut verspritzte. Die Günderod ward bange, sie konnte meinen leidenschaftlichen Aufruf dem ich unter so seltsamer Erregung Luft machte, nicht ertragen. Sie wollte mich noch vor dem Einschlafen zerstreuen, so kam es, daß wir nochmal lachten und scherzten vor dem Einschlafen, ich aber behielt heimlich doch den Stern im Aug, den ich vom Bett aus blinken sah, dem sie mich abwenden wollte, und behielt heimlich die Gewißheit meines Heroismus, daß ich etwas in ihm erleben werde. In der Nacht weckte mich die Günderode aus heftigem Weinen. Ach, rief ich, der Girondist, ich wollte seine Hand noch küssen, die er mir bot, aber das Beil ist gefallen, noch eh ich das Schaffot erreichen konnte. Ich konnte mich nicht trösten, daß dies mir im Traume nicht geworden war, es wechselte wunderbar zwischen Traum und Sternenlicht, das ich vom Bett aus leuchten sah, bald fühlte ich in der Brust mit starkem Herzklopfen des Helden jugendlichen Schritt wie im Traum an mir vorübereilen, bald dacht ich daß der Stern mir im Traum willfahrt habe und ich konnt sein Verlangen nicht erfüllen. Und die Günderode die mich nicht anders beschwichtigen konnte, fragte: Wie sah dein Held aus? Ich beschrieb sein Antlitz muthatmend und doch sanft war er ganz und gar, aber ich glaub er verachtet mich. Die Günderode ging ganz auf meinen Traumwahn ein, sie sagte: Nein er verachtet dich nicht, aber du hast noch einen weiten Lebensweg zu ihm aufs Schaffot, so konnt er dich nicht gleich mitnehmen, wart nur, du findest ihn wieder. Nun beschrieb ich ihr seine Kleidung und malte halb im Schlaf noch alle seine Züge auf.

730,30 *unendlichen Osten]* In den Werken der Günderrode, die hier wiederum in der Nachfolge des Novalis steht
und später auch von Creuzer angeregt ist, ist das Morgenland immer auch das Reich ursprünglicher Poesie; B. allerdings sucht in ihren späteren Werken auf die orientalische
Wirklichkeit einzugehen (vgl. Komm. zu Bd. III u. Alev
Tekinay, *Zum Orient-Bild Bettina von Arnims und der jüngeren
Romantik,* in: arcadia 16 [1981], S. 47-49).

743,28 *des Möris See]* Der bei Herodot genannte See
von Moiris bedeckte im Altertum einen großen Teil der
Oase Faijum in Oberägypten.

VERZEICHNIS DER SIGLEN
UND ABKÜRZUNGEN

A/B	*Achim und Bettina in ihren Briefen. Briefwechsel Achim von Arnim und Bettina Brentano*, hg. v. Werner Vordtriede, Frankfurt ²1981.
Adelung	Alberti Conrad Alberti, *Bettina von Arnim (1785-1859). Ein Erinnerungsblatt zu ihrem hundertsten Geburtstage*, Leipzig 1885.
AM	*Die Andacht zum Menschenbild. Unbekannte Briefe von Bettine Brentano*, hg. v. Wilhelm Schellberg und Friedrich Fuchs, Jena 1942.
Amelung	*Briefwechsel zwischen Clemens Brentano und Sophie Mereau*, hg. v. Heinz Amelung, Potsdam ²1939.
Archiv	Gertrud Meyer-Hepner, *Das Bettina von Arnim-Archiv*, in: Sinn und Form 6 (1954), S. 594-611.
Asmus	Rudolf Asmus, *Georg Michael de la Roche. Ein Beitrag zur Geschichte der Aufklärung*, Karlsruhe 1899.
Assing	Ludmilla Assing, *Sophie von La Roche, die Freundin Wielands*, Berlin 1859.
Assing, Varnhagen	*Aus dem Nachlaß Varnhagens von Ense ⟨. . .⟩*, hg. v. Ludmilla Assing, Leipzig 1865.
B.	Bettine von Arnim.
Baader	Franz von Baader, *Sämmtliche Werke*, 16 Bde., hg. v. Franz Hoffmann, Leipzig 1850 bis 1860.
Bach	Adolf Bach, *Goethes »Dechant Dumeiz«*. Heidelberg 1964.
Bach, La Roche	Adolf Bach, *Aus dem Kreise der Sophie La Roche*, Köln 1924.

Carriere, Religion — Moriz Carriere, *Die Religion in ihrem Begriff, ihrer weltgeschichtlichen Entwicklung und Vollendung. Ein Beitrag zur Verkündigung des absoluten Evangeliums und zum Verständniß der Hegel'schen Philosophie.* ⟨. . .⟩ *Als Anhang: Speculative Betrachtungen über die Dogmatik von Strauß*, Weilburg 1841.

Carriere, Vom Geist — Moriz Carriere, *Vom Geist. Schwert- und Handschlag für Franz Baader*, Weilburg 1841.

Corona — *Bettina an Clemens Brentano*, in: Corona 7 (1937), S. 36-59.

Dehn — T. P. Dehn, *Bettina von Arnim und Rußland*, in: Zeitschrift für Slawistik 4 (1959), S. 334 bis 359.

Drewitz — Ingeborg Drewitz, *Bettine von Arnim. Romantik – Revolution – Utopie*, München ²1979.

DWb — *Deutsches Wörterbuch*, von Jacob und Wilhelm Grimm. 33 Bde., ⟨Nachdruck⟩ München 1984.

Ebart — *Briefe der Sophie von La Roche an den Prinzen Friedrich von Gotha-Altenburg*, hg. v. Paul Ebart, in: Westermanns Illustrierte Deutsche Monatshefte 89 (1900/1901), S. 771-781.

Eichendorff — Joseph von Eichendorff, *Werke*, Bd. 3: *Schriften zur Literatur*, München 1976.

FBA — Frankfurter Brentano-Ausgabe: Clemens Brentano, *Sämtliche Werke und Briefe. Hist.-krit. Ausg.*, hg. v. Jürgen Behrens u. a., Stuttgart 1975 ff. ⟨Bd. 16: *Godwi* ⟨. . .⟩, hg. v. Werner Bellmann.⟩

FDH — Freies Deutsches Hochstift – Frankfurter Goethe-Museum.

Fk/A — Bettine von Arnim, *Clemens Brentanos Frühlingskranz*, hg. v. Heinz Amelung, Leipzig ³1921.

Fk/H   Bettina von Arnim, *Clemens Brentanos Frühlingskranz* ⟨. . .⟩, hg. v. Heinz Härtl, Leipzig 1974.

Frankfurt   *»Frankfurt aber ist der Nabel dieser Erde«. Das Schicksal einer Generation der Goethezeit,* hg. v. Christoph Jamme u. Otto Pöggeler, Stuttgart 1983.

Friederich   Johann Konrad Friederich, *Der Glückssoldat. Wahrheit und Dichtung oder Vierzig Jahre aus dem Leben eines Toten,* 4 Bde., hg. v. Alfred Semerau, München 1920.

Frühwald   Wolfgang Frühwald, *Das Spätwerk Clemens Brentanos. Romantik im Zeitalter der Metternichschen Restauration,* Tübingen 1977.

FW   *Bettine von Arnim und Friedrich Wilhelm IV. Ungedruckte Briefe und Aktenstücke,* hg. v. Ludwig Geiger, Frankfurt 1902.

Gassen   *Bettina von Arnim und Rudolf Baier. Unveröffentlichte Briefe und Tagebuchaufzeichnungen,* hg. v. Kurt Gassen, Greifswald 1937.

Gd/A   Bettina von Arnim, *Die Günderode,* hg. v. Heinz Amelung, Leipzig 1925.

Geiger   Ludwig Geiger, *Dichter und Frauen,* 2 Bde., Berlin 1896.

Geiger, Günderode   Ludwig Geiger, *Karoline von Günderode und ihre Freunde,* Stuttgart 1895.

Geiger, Stahr   *Aus Adolf Stahrs Nachlaß,* hg. v. Ludwig Geiger, Oldenburg 1903.

Gersdorff   Dagmar von Gersdorff, *Dich zu lieben kann ich nicht verlernen. Das Leben der Sophie Brentano-Mereau,* Frankfurt 1984.

Goethe   Johann Wolfgang von Goethe, *Werke. Hamburger Ausgabe in 14 Bänden,* ⟨Neuaufl.⟩ München 1981.

Grimm   Herman Grimm, *Bettina von Arnim,* in: Goethe-Jb. 1 (1880), S. 1-16.

GS   Clemens Brentano, *Gesammelte Schriften,* Bde. 8/9: *Briefe,* Frankfurt 1855.

GSA   Goethe- und Schiller-Archiv, Weimar.

Härtl   Heinz Härtl, *Briefe Friedrich Carl von Savig-*
             nys an Bettina Brentano, in: Wiss. Zeitschrift
             der Univ. Halle 28 (1979), S. 105-128.

Hahn   Karl-Heinz Hahn, *Bettina von Arnim in ih-*
             rem Verhältnis zu Staat und Politik, Weimar
             1959.

Hang   Adelheid Hang, *Sophie Mereau in ihren Bezie-*
             hungen zur Romantik, Diss. Frankfurt 1934.

Heinse   Wilhelm Heinse, *Sämmtliche Werke*, Bde.
             5-6, hg. v. Karl Schüddekopf, Leipzig 1903.

Henrici 148 *Bettine von Arnim. Literarisches und Politi-*
             sches aus ihrem handschriftlichen Nachlaß
             ⟨. . .⟩, Versteigerungskatalog Nr. 148 der
             Firma Karl Ernst Henrici, Berlin 1929.

Henrici 149 *Arnim und Brentano. Des Knaben Wunder-*
             horn. Handschriftliches aus dem Nachlaß der
             Bettine v. Arnim, Versteigerungskatalog
             Nr. 149 der Firma Karl Ernst Henrici, Ber-
             lin 1929.

Henrici 155 ⟨. . .⟩ *Handschriftlicher Nachlaß der Bettine*
             von Arnim ⟨. . .⟩, Versteigerungskatalog
             Nr. 155 der Firma Karl Ernst Henrici, Ber-
             lin 1929.

Herder   Johann Gottfried Herder, *Sämmtliche*
             Werke, hg. v. Bernhard Suphan, 33 Bde.,
             Berlin 1877-1913.

Hirsch-   Karoline von Günderrode, *Gesammelte*
   berg 1-3 *Werke*, hg. v. Leopold Hirschberg, 3 Bde.,
             Berlin 1920.

Hölderlin   Friedrich Hölderlin, *Sämtliche Werke*
             (Große Stuttgarter Ausgabe), 7 Bde., Stutt-
             gart 1946-1977.

Homburg   *Homburg vor der Höhe in der deutschen Geistes-*
             geschichte. Studien zum Freundeskreis um Hegel
             und Hölderlin, hg. v. Christoph Jamme u.
             Otto Pöggeler, Stuttgart 1981.

Hs.	Handschrift.
IP	*Ilius Pamphilius und die Ambrosia*, SW 5.
Jacobi	Friedrich Heinrich Jacobi, *Werke*, 6 Bde., hg. v. Friedrich Roth u. Friedrich Köppen, Leipzig 1820.
Jb	Jahrbuch.
Jäger	Paul Lothar Jäger, *Wolfgang Müller von Königswinter und die deutsche Romantik*, Diss. Köln 1923.
Jeep	Ernst Jeep, *Karoline von Günderrode. Mitteilungen über Leben und Dichten*, Wolfenbüttel 1895.
Kampf	Kurt Kampf, *Sophie La Roche. Ihre Briefe an die Gräfin Elise zu Solms-Lauterbach 1787 bis 1807*, Offenbach 1965.
Kat.	*Herzhaft in die Dornen der Zeit greifen . . . Bettine von Arnim 1785-1859. Ausstellung 1985. Freies Deutsches Hochstift*, hg. v. Christoph Perels, Frankfurt 1985.
Klinger	Maximilian Klinger, *Sämmtliche Werke*, Bde. 11/12, Stuttgart 1842.
Konrad	B., *Werke und Briefe*, 5 Bde., hg. v. Gustav Konrad, Frechen 1959 ff.
La Mara	La Mara ⟨d. i.: Marie Lipsius⟩, *Briefe hervorragender Zeitgenossen an Franz Liszt*, Bd. 1: *1824 bis 1854*, Leipzig 1895.
La Roche, Briefe	Sophie von La Roche, *Briefe über Mannheim*, Zürich 1791.
La Roche, Herbsttage	Sophie von La Roche, *Herbsttage*, Leipzig 1805.
La Roche, Liebe Hütten	Sophie von La Roche, *Liebe-Hütten*, Leipzig 1803.
La Roche, Schreibetisch	Sophie von La Roche, *Mein Schreibetisch*, 2 Bde., Leipzig 1799.
La Roche, Sommerabende	Sophie von La Roche, *Melusinens Sommer-Abende*, Halle 1806.

Liebmann   Louis Liebmann, *Bettina von Arnim und
                    Freiherr von Drais*, Frankfurt 1920 ⟨Son-
                    derabdruck aus: *Festschrift für Friedrich
                    Clemens Ebrard*⟩.

Lilienfein   Heinrich Lilienfein, *Bettina. Dichtung und
                    Wahrheit ihres Lebens*, München 1949.

Linder –   Clemens Brentano, *Briefe an Emilie Linder*,
  Briefe I   hg. v. Wolfgang Frühwald, Bad Homburg
                    v. d. H. 1969.

Linder –   Konrad Feilchenfeldt u. Wolfgang Früh-
  Briefe II   wald, *Clemens Brentano: Briefe und Gedichte an
                    Emilie Linder*, in: JbFDH 1976, S. 216-315.

Loeper   Gustav von Loeper (Hg.), *Goethe's Briefe an
                    Sophie La Roche und Bettina Brentano* ⟨. . .⟩,
                    Berlin 1879.

Mallon   Otto Mallon, *Bettina-Bibliographie*, in: Im-
                    primatur 4 (1933), S. 141-156.

Maurer   *Sophie von La Roche, Ein Lebensbild in Brie-
                    fen*, hg. v. Michael Maurer, München 1983.

Meyer-Hepner   Gertrud Meyer-Hepner, *Der Magistratspro-
                    zeß der Bettina von Arnim*, Weimar 1960.

MH 1, 2   Bettina von Arnim, *Briefe und Konzepte aus
                    den Jahren 1809-1846*, hg. v. Gertrud Meyer-
                    Hepner, in: Sinn und Form 5 (1953), H.
                    3/4, S. 27-58. – *Briefe und Konzepte aus den
                    Jahren 1849-1852*, ebd., H. 1, S. 38-64.

Milch   Werner Milch, *Die junge Bettine 1785-1811*,
                    Heidelberg 1968.

Milch,   Werner Milch, *Sophie La Roche. Die Groß-
  La Roche   mutter der Brentanos*, Frankfurt 1935.

Moltmann-   Elisabeth Moltmann-Wendel, *Bettina von
  Wendel   Arnim und Schleiermacher*, in: Evangelische
                    Theologie 31 (1971), S. 395-414.

Moritz   Karl Philipp Moritz, *Götterlehre oder Mytho-
                    logische Dichtungen der Alten* ⟨1791⟩, in:
                    ders., *Werke*, hg. v. Horst Günther, Bd. 2,
                    Frankfurt 1981, S. 608-842.

Ritter	Johann Wilhelm Ritter, *Fragmente aus dem Nachlasse eines jungen Physikers*, ⟨Faksimile nach der Ausgabe von 1810⟩ Heidelberg 1969.
Robinson	*Henry Crabb Robinson. Ein Engländer über deutsches Geistesleben*, hg. v. Carl Eitner, Weimar 1871.
Rohde	*Friedrich Creuzer und Caroline von Günderode. Briefe und Dichtungen*, hg. v. Erwin Rohde, Heidelberg 1896.
Schaub	Gerhard Schaub, *Le Genie Enfant. Die Kategorie des Kindlichen bei Clemens Brentano*, Berlin 1973.
Schelling	Friedrich Wilhelm Joseph von Schelling, *Ausgewählte Schriften*, 6 Bde., ⟨Nachdr. aus der Ausgabe von 1856-1861⟩ Frankfurt 1985.
Schenck zu Schweins- berg	*Meine Seele ist bey euch geblieben. Briefe Sophie Brentanos an Henriette von Arnstein*, hg. v. Karen Schenck zu Schweinsberg, Weinheim 1985.
Schilling	Gustav Schilling, *Encyclopädie der gesammten musikalischen Wissenschaften* ⟨. . .⟩, Stuttgart 1835.
Schleiermacher	Friedrich Schleiermacher, *Monologen* ⟨1800⟩, hg. v. Hermann Mulert, Leipzig 1914.
Schleiermacher, Religion	Friedrich Schleiermacher, *Über die Religion. Reden* ⟨. . .⟩ ⟨1799⟩, Hamburg 1958.
Schoof	Wilhelm Schoof, *Bettina von Arnim und die Buchhändler*, in: Börsenblatt für den Deutschen Buchhandel (Frankfurter Ausg.) 15 (1959), S. 125-129.
Schwartz	Karl Schwartz, *Landgraf Friedrich V. von Hessen-Homburg und seine Familie*, 3 Bde., Rudolstadt 1878.
Schultz	*Der Briefwechsel Bettine von Arnims mit den Brüdern Grimm 1838-1841*, hg. v. Hartwig Schultz, Frankfurt 1985.

Schultz/Fk   Bettine von Arnim, *Clemens Brentanos Früh-lingskranz* ⟨. . .⟩, hg. v. Hartwig Schultz, Frankfurt 1985.

Schulz   Ursula Schulz, *Wilhelm Levysohn (1815 bis 1871). Ein schlesischer Verleger und Politiker*, in: Jahrbuch der Schlesischen Friedrich-Wilhelms-Universität zu Breslau 14 (1969), S. 75-137.

Sengle   Friedrich Sengle, *Biedermeierzeit*, Bde. 1-2, Stuttgart 1971 f.

Silfverstolpe   Malla Montgomery-Silfverstolpe, *Das romantische Deutschland*, Leipzig 1912.

Spree-Athen   *Preußen. Dein Spree-Athen. Beiträge zu Literatur, Theater und Musik in Berlin*, Reinbek 1981 ⟨ = ⟩ *Preußen. Versuch einer Bilanz*, Bd. 4.

Springer   Anton Springer, *Friedrich Christoph Dahlmann*, T. 2, Leipzig 1872.

Steig 1-2   *Achim von Arnim und die ihm nahe standen*, hg. v. Reinhold Steig u. Herman Grimm, Bd. 1: *Achim von Arnim und Clemens Brentano*, Stuttgart 1894; Bd. 2: *Achim von Arnim und Bettina Brentano*, Stuttgart 1913.

Steinle   *Edward von Steinle's Briefwechsel. Briefwechsel mit seinen Freunden*, hg. v. Alphons Maria von Steinle, 2 Bde., Freiburg i. Br. 1897.

Steinsdorff   *Der Briefwechsel zwischen Bettine Brentano und Max Prokop von Freyberg*, hg. v. Sibylle von Steinsdorff, Berlin 1972.

Stoll   Adolf Stoll, *Friedrich Karl von Savigny. Ein Bild seines Lebens mit einer Sammlung seiner Briefe*, Bd. 1, Berlin 1927.

s. v.   sub voce »unter diesem Stichwort«.

SW   B., *Sämtliche Werke*, 7 Bde., hg. v. Waldemar Oehlke, Berlin 1920 ff.

UL   *Das unsterbliche Leben. Unbekannte Briefe von Clemens Brentano*, hg. v. Wilhelm Schellberg u. Friedrich Fuchs, Jena 1939.

Varnhagen   Karl August Varnhagen von Ense, *Tagebü-*
              cher, 14 Bde., Leipzig 1861-1870.

Vordtriede   Werner Vordtriede, *Bettina von Arnims*
              Briefe an Julius Döring, in: JbFDH 1963,
              S. 341-488.

Walde   Karl J. Walde, *Goethes Briefwechsel mit einem*
              Kinde und seine Beurteilung in der Literaturge-
              schichte, Diss. Freiburg 1940.

Weimar   Klaus Weimar, *Versuch über Voraussetzung*
              und Entstehung der Romantik, Tübingen
              1968.

Weitz   Marianne u. Johann Jakob Willemer, *Brief-*
              wechsel mit Goethe. Dokumente – Lebenschro-
              nik – Erläuterungen, hg. v. Hans-J. Weitz,
              Frankfurt 1965.

Werner,   Johannes Werner, *Die Schwestern Bardua.*
   Bardua   *Bilder aus dem Gesellschafts-, Kunst- und Gei-*
              stesleben der Biedermeierzeit. Aus Wilhelmine
              Barduas Aufzeichnungen, Leipzig 1929.

Werner,   Johannes Werner, *Maxe von Arnim. Tochter*
   Maxe   *Bettinas/Gräfin Oriola. 1818-1894. Ein Le-*
              bens- und Zeitbild aus alten Quellen geschöpft,
              Leipzig 1937.

Widmann   Berthold Widmann, *Zu Clemens Brentanos*
              Briefwechsel vom Sommer 1802 bis zum Herbst
              1803. Frühlingskranz, Brentano-Mereau und
              Angrenzendes, Diss. München, 1914.

Wülfing   Wulf Wülfing, *Zur Mythisierung der Frau im*
              Jungen Deutschland, in: Zeitschrift für Deut-
              sche Philologie 99 (1980), S. 559-581.

Wyss   Hilde Wyss, *Bettina von Arnims Stellung zwi-*
              schen der Romantik und dem jungen Deutsch-
              land, Bern 1935.

INHALTSVERZEICHNIS

NACHWEISE

Abb. 1: Bildvorlage im Besitz der Verwaltung der Staatlichen Schlösser und Gärten (Hessen), Bad Homburg v. d. Höhe

Abb. 2: Büste im Besitz des Freien Deutschen Hochstifts Frankfurt am Main
Foto: Ursula Edelmann

Die mit der Sigle FDH nachgewiesenen Texte sind hier nach den im Freien Deutschen Hochstift Frankfurt am Main verwahrten Handschriften mit dessen freundlicher Genehmigung veröffentlicht.

BETTINE VON ARNIM
WERKE UND BRIEFE

»Der Deutsche Klassiker Verlag:
ein gigantisches Vorhaben, ein Jahrhundertwerk«
Marcel Reich-Ranicki

DEUTSCHER KLASSIKER VERLAG
IM TASCHENBUCH

In dieser Reihe erschienen:

TB 1
Johann Wolfgang Goethe, Faust. Zwei Teilbände
Herausgegeben von Albrecht Schöne
2048 Seiten
Band 1: Texte · Band 2: Kommentare

»Goethes ›Faust‹ in Albrecht Schönes sensationeller Edition. Es ist fast unglaublich, was allein die Textsicherung erbrachte.« *(Frankfurter Allgemeine Zeitung)*

»Die ›Faust‹-Edition des Deutschen Klassiker Verlages: eine Überraschung, eine stille Sensation. ›Faust – Eine Tragödie‹ wirkt stellenweise wie ein neues Stück und Goethe – als Zumutung, als Herausforderung für den Leser.« *(Die Zeit)*

»Mit seiner neuen Lese- und Studienausgabe hat uns Schöne einen ›Faust‹ ohne den Rost der Pedanterie und ohne die Patina der kritiklosen Verehrung geboten, erläutert durch einen Kommentar voller Akribie und Ironie – mit anderen Worten: einen ›Faust‹ für das 21. Jahrhundert.« *(Arbitrium)*

»So viele Einsichten, Lektürehinweise und Denkanstöße wie auf den 1000 Seiten dieses Kommentars kriegt man kaum je in der Literatur. Es fragt sich einfach, ob die Deutschen zur Kenntnis nehmen wollen, daß ihnen hier ein atemberaubendes Stück Literatur erschlossen worden ist.« *(Süddeutsche Zeitung)*

»Kontrovers diskutierte, rätselvolle Passagen werden mit der heiteren Strenge der Vernunft – und vorzüglich an den Texten selbst orientiert – faßbar; auch das lange Zeit scheinbar Eindeutige erschließt sich neu. Mehr als zweieinhalb Jahrzehnte der Forschung liegen der Kommentierung zugrunde: Wenn man von einer Edition sagen kann, sie sei ein Lebenswerk – so von dieser: gewiß.« *(Neue Zürcher Zeitung)*

TB 2
Hans Jacob Christoffel von Grimmelshausen
Simplicissimus Teutsch
Herausgegeben von Dieter Breuer
1136 Seiten

»Diese Ausgabe bietet nun die Gelegenheit, Grimmelshausen zu
lesen, wie er geschrieben hat. Der Kommentar umfaßt an die 400
Seiten: eine kleine Enzyklopädie der Barockzeit.« *(Radio Bremen)*

»Dieter Breuer, einer der besten Kenner der deutschen Barock-
literatur, übertrifft im Stellenkommentar alle seine Vorgänger.«
(Süddeutsche Zeitung)

TB 3
Friedrich Schiller
Wallenstein
Herausgegeben von Frithjof Stock
1280 Seiten

»Schillers Opus magnum in einer opulenten Ausgabe, ausgiebig
kommentiert, mit allen Varianten, Paralipomena, wesentlichen
Zeugnissen ... Materialreich, in Zukunft wohl unentbehrlich.«
(Frankfurter Allgemeine Zeitung)

»Die Herausgeber der Schiller-Ausgabe haben allesamt meister-
haft gearbeitet. Es ist eine wahre Freude, sich anhand dieser mu-
stergültigen, mit großer Sorgfalt erarbeiteten Edition einen neuen
Zugang zu Schiller zu verschaffen.« *(Frankfurter Rundschau)*

TB 4
Friedrich Hölderlin
Sämtliche Gedichte
Herausgegeben von Jochen Schmidt
1152 Seiten

»Höchst bemerkenswert, wie Schmidt Hölderlin in seiner Zeit
verortet, ohne ihm dadurch irgendetwas von seiner Einzigartig-
keit zu nehmen.« *(The German Quarterly)*

»Vor allem der Kommentar läßt aufmerken. Über 600 Seiten stark,
ist er in vieler Hinsicht von außerordentlichem Wert.« *(Etudes
Germaniques)*

TB 5
Heinrich von Kleist
Sämtliche Erzählungen, Anekdoten,
Gedichte und Schriften
Herausgegeben von Klaus Müller-Salget
1328 Seiten

»Eine höchst anregende, wichtige, nützliche, fortan unentbehrliche Ausgabe« *(Kleist-Jahrbuch)*

»Was hier entfaltet wird, ist gegenwärtig nur wenigen Spezialisten bekannt. Das mit Abstand Beste, was man im Rahmen der existierenden Kleist-Ausgaben finden kann.« *(Süddeutsche Zeitung)*

TB 6
Deutsche Lyrik des frühen und hohen Mittelalters
Edition und Kommentare von Ingrid Kasten
Übersetzung von Margherita Kuhn
1136 Seiten

»Ein Band mit vielen interessanten Texten in einer handschriftlich verbürgten und editionstechnisch durchsichtigen Gestalt« *(Zeitschrift für deutsche Philologie)*

»Mit ihrer genauen synoptischen Übersetzung eine außerordentlich gut benutzbare Edition, die sich auch nicht fürchtet, eigene Wege zu gehen. Eine ausgewogene Einführung in die Probleme der Überlieferung, der Sprache und der Interpretation für jedes Lied.« *(Journal of English and Germanic Philology)*

TB 7
Wolfram von Eschenbach
Parzival
Zwei Teilbände
Herausgegeben von Eberhard Nellmann
Übertragen von Dieter Kühn
1840 Seiten

»Es gelingt Dieter Kühn weitgehend in bewundernswerter Weise, einerseits gut lesbar zu formulieren und andererseits philologisch präzise zu übertragen. (…)

Der Herausgeber Eberhard Nellmann kommentiert kundig, präzise, aspektreich und anregend. Man vertraut sich ihm gern, beruhigt und mit Gewinn an.« *(Zeitschrift für deutsches Altertum und
deutsche Literatur)*

»Besonders hervorzuheben sind Kühns souveräner Umgang mit
dem Wolframschen Französisch und seine Rücksicht auf den
Verstakt. Nellmanns Kommentar bewährt sich im germanistischen Alltagsgeschäft als außerordentlich kundiger und stets zuverlässiger Führer durch die Erzählwelten des *Parzival.« (Germanistik)*

TB 8
Karl Philipp Moritz
Dichtungen und Schriften zur Erfahrungsseelenkunde
Herausgegeben von Heide Hollmer
und Albert Meier
1365 Seiten

»Editorische Sorgfalt und beträchtlich kommentatorische Energien.« *(Frankfurter Allgemeine Zeitung)*

»Die Texte sind sorgfältig ediert, und alles Erklärungsbedürftige
ist kenntnisreich kommentiert. Die Ausgabe dürfte bei allen in ihr
enthaltenen Texten, was die Genauigkeit der Textdarbietungen
und die erschließende Leistung der Anmerkungen betrifft, kaum
zu übertreffen sein.« *(Frankfurter Allgemeine Zeitung)*

TB 9
Bettine von Arnim
Clemens Brentano's Frühlingskranz /
Die Günderode
Herausgegeben von Walter Schmitz
1205 Seiten

»Die erste kommentierte Bettine-Edition, die ein Desiderat war:
Hier ist der konstruierte und vielfach beschworene Gegensatz von
Leseklassiker und Studienausgabe aufgehoben. Und – sagen wir
es ruhig – es bereitet eine bibliophile Freude, in diesen geradezu
überzeugend-klassisch gestalteten schönen Bänden zu lesen.«
(Neue Zürcher Zeitung)

»Dieser erste Band ist mit großer Sachkenntnis und Sorgfalt
ediert worden. Gleiche Sachkenntnis und Sorgfalt haben auch
dem Kommentar gegolten, der mehr als ein Drittel des 1.200 Seiten dicken ersten Bandes ausmacht, und der Leser wird jede nur
denkbare und wünschenswerte Auskunft darin finden.« *(Frankfurter Allgemeine Zeitung)*

TB 10
Gottfried Keller
Die Leute von Seldwyla
Herausgegeben von Thomas Böning
870 Seiten

»Die sorgfältig ausgestattete Edition besticht durch einen soliden
Kommentarteil, der Textvarianten und philologische Anmerkungen bereithält.« *(Rheinischer Merkur)*

»Dank der konsequenten und gegenüber Fränkels Ausg. (1927)
und ihren Nachfolgerinnen sehr viel vorsichtigeren Textbehand-
lung stellt Bönings Edition die zuverlässigste, dem Originaltext
am nächsten stehende Ausgabe der Seldwyler-Erzählungen dar.«
(Germanistik)

Die Reihe wird fortgesetzt.